KB187311

역학서의 세계

-조선 사역원의 외국어 교재 연구-

저자 약력

정 광

서울대학교 문리과대학 국어국문학과 졸업
고려대학교 문과대학 국어국문학과 명예교수

이 저서는 2011년 정부(교육부)의 재원으로 한국학중앙연구원의 지원을 받아 수행된 연구임(AKS-2011-AAA-2101)

역학서의 세계
-조선 사역원의 외국어 교재 연구-

초판인쇄 2017년 09월 11일
초판발행 2017년 09월 21일

저 자 정 광
발 행 인 윤석현
발 행 처 도서출판 박문사
책임편집 최인노
등록번호 제2009-11호

우편주소 서울시 도봉구 우이천로 353 성주빌딩 3층
대표전화 02) 992 / 3253
전 송 02) 991 / 1285
홈페이지 http://www.jncbms.co.kr
전자우편 bakmunsa@hanmail.net

ISBN 979-11-87425-45-8 93700 정가 88,000원

역학서의 세계

-조선 사역원의 외국어 교재 연구-

정 광 저

❙ 권두언 ❙

최근에 출판한 졸저들이 매스컴을 타면서 필자의 전공에 관심을 갖는 분들이 꽤 있는 것 같다. 많은 분들이 필자를 언어학자로 생각한다. 그러나 어떤 신문에서는 국어학자로 소개하기도 하고 본인 스스로는 한국어의 역사, 즉 국어사가 전공이라고 생각한다. 그러나 그동안의 연구 업적을 보면 필자는 역학서의 연구가 주된 전공이라고 할 수 있을 것 같다.

'역학서(譯學書)'란 조선시대의 외국어 학습 교재들을 말한다. 한반도는 지정학적인 특성으로 북쪽의 유라시아대륙으로부터 정치, 경제, 문화적으로 많은 영향을 받았고 남쪽의 일본으로부터 끊임없이 침략을 받아왔다. 당연히 그들과의 접촉에서 언어의 소통이 필요했으며 일찍부터 이들의 언어를 교육하여 통역을 담당하는 역관을 양성해 왔다. 이를 위하여 외국어 교육이 조정의 지휘 아래서 이루어졌으며 이러한 외국어 교육에 사용한 교재를 역서(譯書), 또는 역학서(譯學書)라고 불렀다.

한국어의 역사를 연구하려면 우리의 옛 말을 기록한 문헌 자료에 의지하여야 연구를 할 수가 있다. 그런데 우리말은 5백 년 전까지만 해도 한자(漢字)로만 기록되었다. 이 문자는 우리말의 언어 현상을 파악하기 어려운 표의문자다. 중국어는 이 말을 표기하기에 적당한 한자로 표기되었고 북방의 다른 민족, 예를 들면 몽고어나 여진어도 모두 자신들의 문자를 갖고 있었으며 일본어도 한자를 변형시킨 독특한 문자로 표기되었다.

조선 초기에 한글이 발명되자 사역원의 역관들은 한글로 이 문자들의 발음을 표기하여 언어를 학습하였다. 한글을 발음기호로 사용한 것이다. 또 한글이 발명된 다음에는 역학서 자료들을 이 문자로 우리말로 언해하여 한글로 써서 배우기 쉽게 하였다. 이러한 언해 작업은 유경(儒經)이나 불경(佛經)에서도 있었지만 그 언해문은 매우 보수성이 강해서 언어의 변천을 제대로 반영하지 못한다. 그런데 사역원(司譯院)에서 외국어 학습 교재로 편찬한 역학서들은 이러한 언어의 변화에 민감하여 언어가 변하면 새로운 교재를 편찬하면서 새 언어를 교육하였다. 따라서 역학서는 피아(彼我)의 언어 변천을 잘 반영하는 특수한 자료로 평가된다.

우선 역학서 자체가 해당 외국어의 역사적 변천에 따라 수시로 개정되고 개편되었다. 사역원의 가장 중요한 외국어인 한어(漢語), 즉, 당시로서는 오늘날의 영어와 같은 존재였던 이 언어도 조선 초기의 원대(元代) 한아언어(漢兒言語)에서 명대(明代)의 남경관화(南京官話), 그리고 청대(淸代)의 만다린, 북경관화(北京官話)로 변천해 갔는데 그때마다 한어 교재인 한학서(漢學書)는 새로운 한어를 반영하는 개정본을 편찬하여 교체를 계속하였다.

예를 한어 교재인 <노걸대>로 든다면 {원본}<노걸대>에서 {산개(刪改)}<노걸대>로, 그리고 <노걸대신석(老乞大新釋)>으로, 다시 <중간노걸대(重刊老乞大)>로 바뀌면서 원대(元代) 한아언어(漢兒言語)와 명대(明代) 남경관화(南京官話), 그리고 청대(淸代) 만다린, 북경관화(北京官話)를 가르치는 교재가 되었다. 중국어의 시대적 변천에 따라 한어(漢語)의 교재가 변해 간 것이다. 중국에서 왕조(王朝)의 교체로 인한 공용어의 변천에 따라 교재를 교체한 것이지만 역관들은 역시 그러한 언어의 변천에 민감해서 우리말의 언해에서도 되도록 당시 사용되는 말을 썼던 것이다.

따라서 한국어의 역사 연구에서 역학서는 매우 중요한 자료가 아닐 수 없는데 이에 대한 연구는 매우 지지부진하였다. 필자는 국어사 연구 자료로서 역학서를 하나씩 고찰하면서 자기도 모르게 역학서 전반에 대한 연구에 빠져들게 되었다. 어떻게 이런 역학서가 편찬되었는가를 고찰하다 보니 동아시아 여러 민족들의 언어와 그 역사, 그리고 문자에 대하여 배우지 않을 수 없었고 이 민족들의 상호 문화 교류가 어떻게 이루어지는가를 고려하지 않을 수 없었다. 참으로 언어학 연구의 범위를 넘어가는 학문의 세계가 역학서 연구를 통하여 펼쳐진 것이다.

그리하여 이에 관한 전문학술서로 『역학서 연구』(서울: 제이앤씨, 2002)를 간행했다. 그러나 이 책은 그동안 여기저기 학술지에 발표한 역학서 관계 논문들을 모아놓은 논문집이어서 단행본으로 간행된 연구서라고 할 수가 없었다. 거기다가 한자투성이의 악서였다. 그럼에도 불구하고 이 책은 2003년 문화관광부에서 주관하는 그 해의 우수학술도서로 선정되었다.

지금은 학술원에서도 우수학술도서를 선정하지만 당시에는 문화관광부의 우수도서 선발제가 유일한 것이어서 이 책을 간행한 출판사에서는 매우 흥분했었다. 그리고 책은 얼마 지나지 않아서 절판이 되었다. 출판사로부터 재판을 내자는 말이 있었으나 논문집 형식의 책을 다시 내는 것은 받아들이기 어려웠다. 차일피일 미루다가 이번에 이 책에서 <역학서 연구>를 새로 쓴 셈이다. 즉, 먼저 책은 논문을 모아놓은 것이어서 서론에서는 같은 내용을 반복해서 쓰게 되고 앞뒤의 연결도 고려되지 않았다. 이번에는 맥락에 맞추어 내용을 정리하였으며 중복되어 쓴 것을 모두 삭제하였고 순서도 바꾸었다.

그리고 먼저 책을 낸 다음에 15년의 세월이 흘렀으므로 새로 연구된 내용, 특히 새로운 자료 발굴에 의한 새 역학서의 연구를 추가하였다. 이 작업을 계속하면서 지난 몇 달 동안 참으로 뜨거운 겨울을 보낸 것 같다. 단순한 언어 자료로서가 아니라 동아시아 여러 민족의 문화 교류라는 차원에서 이 책을 보아주기 바라며 계속해서 이러한 연구가 뒤를 잇기를 바라는 마음 간절하다. 끝으로 이 책의 마지막 교정에서 크게 도움을 준 최창원, 정유남 두 박사에게 고맙다는 말을 남기지 않을 수 없다.

2017년 3월 춘분에 저자

❙목차❙

역학서의 세계

-조선 사역원의 외국어 교재 연구-

총론(總論)

역학서의 세계
-조선 사역원의 외국어 교재 연구-

제1장 목차

1. 서언(緖言)

1.0.0 역학서(譯學書)란 조선시대 역관들의 외국어 학습 교재를 말한다. 한반도(韓半島)에서는 오래전부터 주변민족(周邊民族)의 언어를 관리들에게 학습시켜 그들과의 접촉에서 언어의 장애를 극복하여 왔다. 역관(譯官)이라고 불리는 이 관리들의 교육은 그 연원(淵源)이 멀리 신라(新羅)시대까지 거슬러 올라가지만 본격적인 외국어 교육기관으로 통문관(通文館)이 설치된 것은 고려(高麗) 후기의 일이다. 고려 충렬왕(忠烈王) 2년(1276)에 설치된 통문관은 사역원(司譯院)으로 개명하였다. 고려가 망하고 조선이 건국된 다음에도 사역원은 존속되었으며 갑오경장(甲午更張)으로 서양식 교육이 한반도에서 시작될 때까지 사역원은 600여 년의 세월에 걸쳐 외국어를 교육하는 전문 언어교육기관이었다.

고려시대에 사역원에서는 주로 한어(漢語)와 몽고어(蒙古語)를 교육하였으나 조선 초기에 일본어의 교육이 추가되었고 조선조의 제도가 완성된 세조(世祖) 대에는 여진어의 교육까지 설치되어 사역원의 사학(四學)이 완비된다. 즉 조선의 제도가 완비된 『경국대전(經國大典)』에서는 사역원(司譯院)에 중국어를 교육하는 한학(漢學)을 비롯하여 몽고어의 몽학(蒙學), 일본어의 왜학(倭學), 그리고 여진어의 여진학(女眞學)이 설치되어 각각의 언어를 교육하였다. 다만 만주족(滿洲族)의 침략을 받은 병자호란(丙子胡亂) 이후에는 여진학이 청학(淸學)으로 바뀌어 여진어 대신 만주어 교육이 이루어졌다.

1.0.1 사역원의 외국어 교육은 오늘날의 교육방법과 비교하여도 손색이 없을 만큼 체계적이고 철저하였다. 사역원에서는 5~6세의 어린 아이를 입교(入校) 시켜서 언어의 조기교육을 실시하였으며[1] 교과서도

---

1 졸저(1990)에 의하면 조선 후기에 왜학역관으로 이름을 날린 玄啓根(兒名 玄敬躋)은 만 5세의 어린 나이에 사역원에 入屬하였다고 한다. 조선시대의 외국어 교육에서 조기 교육에 대한 좀 더 자세한 것은 졸저(2014)를 참고할 것.

문자서(文字書)와 강독 교재, 어휘집을 자체적으로 편찬하여 교재로 삼았다. 강독 교재는 회화 위주의 실용적인 것이었으며 역관의 실제 임무와 관련된 것을 내용으로 하는 등 언어교육의 효율성을 기하였다. 이러한 사역원의 외국어 학습교재를 역서(譯書), 또는 외국어 교재(譯學書)라고 부른다.

사역원(司譯院)의 외국어 교재는 훈민정음 창제 이후에 표음문자로 번역되었다. 여기서 '번역(飜譯)'이란 뜻은 '언해(諺解)'와는 달리 단지 훈민정음이란 신문자로 해당 외국어의 내용을 해석하는 것만이 아니라 그 발음을 전사하는 것을 의미한다. 따라서 표의(表意)문자인 한자로 쓰인 중국어의 경우에도 당시의 발음을 정확하게 알 수 있으며 표음(表音)문자인 몽고-위구르 문자(蒙古畏兀字)와 일본의 가나(假名) 및 만주자(滿洲字)로 기록된 몽고어의 교재를 비롯하여 일본어, 그리고 만주어의 교과서를 통하여 당시 해당 언어의 정확한 발음을 훈민정음의 표기에 의해서 다시 한 번 확인할 수 있다. 더욱이 외국어 교재 자료들은 살아있는 생생한 구어(口語)를 대상으로 한 것이어서 해당 언어의 역사 연구에 매우 귀중한 자료가 된다.

반면에 해당 언어의 연구를 통하여 당시 사용된 훈민정음의 음가(音價)를 이 외국어 교재의 연구를 통하여 시대적으로 확인할 수도 있다. 따라서 훈민정음 제정 문자의 음가에 대한 역사적 연구의 면에서도 외국어 교재 자료는 역시 귀중하다. 예를 들면 다음에 언급할 홍치(弘治) 5년(1492)에 간행된『이로파(伊路波)』에서는 일본의 가나문자 하나하나의 발음을 훈민정음으로 주음(注音)하여 당시 훈민정음의 음가를 일본의 가나문자를 통하여 확인할 수 있고 또 반대로 가나문자의 음가도 훈민정음 문자로 확인할 수 있다. 한편 언문(諺文)으로 기록된 대역(對譯) 한국어들은 경서언해나 불경언해, 그리고 다른 언해자료나 언문표기 자료에서 볼 수 없는 당시 생생한 한국어의 모습을 보여준다.

이와 같은 이유로 조선 사역원의 외국어 교재 자료들은 한국어의 연구에서도 귀중한 자료이며 해당 외국어의 역사적 연구에도 매우 귀중한 자료가 된다. 예를 들면 1990년대 말에 발견된 고려 말~조선 초기에 간판(刊板)한 원대(元代) 한어(漢語)의 {원간(原刊)}<노걸대(老乞大)>는 몽고어의 영향을 받은 6백여 년 전 북경(北京)지방에서 통용되던 한아언어(漢兒言語)의 모습을 생생하게 보여준다. 앞으로 이 자료는 조선 중기에 개편된 명초(明初)의 남경관화(南京官話)를 반영한 <노걸대(老乞大)>와 <박통사(朴通事)>, 그리고 조선 후기에 수정(修訂)된 청대(淸代) 북경(北京)의 Mandarin의 <노걸대신석(老乞大新釋)>·<박통사신석(朴通事新釋)>과 더불어 중국어의 역사적 연구에 크게 기여하였다.[2]

1.0.2 조선시대의 외국어 학습 교재의 연구를 통하여 이 시대의 문화적 교류를 살펴볼 수 있다. 다음 장(章)들에서 집중적으로 논의하겠지만 사역원의 외국어 교재들은 역관들의 실무 수행에서 필요한 해당국의 언어와 문화를 교육하기 위하여 선택된 것이다. 따라서 주변 민족의 문화를 이해할 수 있는 내용을 역학서에서는 집중적으로 수용할 수밖에 없다. 제2장에서 다룰 한어 교재인 <노걸대>와 <박통사>는 당시 중국의 생활을 보여주도록 교재 내용을 편집하였다.

이 한어 교재의 연구에서, 특히 원간본(原刊本)에서는 지금까지 잘 알려지지 않은 원대(元代) 대도(大都), 즉 북경의 서민 생활을 그대로 보여준다. 그 한 예로 {원본}<노걸대>에서 당시에 사용되던 지폐 중통초(中統鈔)의 사용에 대한 여러 가지 대화를 통하여 이 시대의 화폐 사용에 대한 많은 지식을 줄 뿐만 아니라 그로 인하여 일어나는 많은 사회적 문제까지 알 수 있다. 그 외에 당시의 복식이라든지 음식 등을 소색하여 이 시대의 문화적 특징을 잘 보여준다.

이 책은 이러한 조선시대의 외국어 학습 교재, 즉 역학서에 대하여

2 고려 말~조선 초기에 간판한 元代 漢語의 {原刊}<老乞大>에 대하여는 鄭光·南權熙·梁伍鎭의 "新資料 高麗版 元代漢語 <老乞大>에 대하여"(<國語學會 冬季硏究會>, 1998년 12월)를 참조할 것. 이 자료는 2000년에 필자의 해제와 색인, 원문을 붙여 경북대학교 출판부와 北京의 北京外國語大學부설 출판사인 外硏社에서 영인본이 출판되었다.

고찰하고 그 서지학적(書誌學的) 특징을 비롯하여 내용과 용도 등에 대하여 고찰할 것이다.

2. 사역원의 설치와 설장수(偰長壽)

2.0.0 원(元)이 건국하여 중국의 동북지역에서 사용되는 한아언어를 공용어로 하였기 때문에 몽고의 원(元)과 접촉할 때에 이 언어와 몽고어가 필요하게 되었다. 이에 대하여는 역시 졸저(1988b, 2002)에서 상세하게 다루었으나 여기서는 설장수의 사역원 설치에 대한 부분만을 다시 살펴보기로 한다.

고려에서는 이 두 언어를 교육하기 위하여 충렬왕 2년(1276)에 통문관(通文館)을 설치하고 금내학관(禁內學官)으로 첨외(添外)의 관직에 있거나 40세 미만인 자에게 한어(漢語)를 교육하였다.[3] 이때에는 몽고어도 함께 교육한 것으로 보인다. 즉, 고려의 전신이었던 태봉(泰封)의 궁예(弓裔)는 사대(史臺)를 두어 제방(諸方)의 역어(譯語)를 담당하게 하였으며[4] 고려가 건국한 뒤에도 역어의 교육은 계속되었을 것이다. 고려 후기에는 통문관을 설치하여 한어를 비롯한 외국어의 국가적인 교육이 실시되었으며 이것이 후일 사역원(司譯院)으로 개명되어 역어를 관장하였다. 즉『고려사』(권76)「백관」「지(志)」(1) '통문관(通文館)' 조에

> 通文館, 忠烈王二年始置之。令禁內學官等參外年未四十者習漢語, 時舌人多起微賤, 傳語之間多不以實, 懷奸濟私, 參文學事金坵建議置

3 『고려사』(권76)「志」(제30) '通文館' 조에 "通文館, 忠烈王二年始置之。令禁內學官等添外年未四十者習漢語。{禁內學官: 秘書、史館、翰林、寶文閣、御書、同文院。}"이란 기사 참조.

4 『三國史記』(권46) '弓裔所制官號' 조에 "史台掌習諸譯語"라는 기사와 同(권50)「列傳」'弓裔' 조에 "又置史台, 掌習諸譯語"라는 기사 참조.

之。後置司譯院以掌譯語。- 통문관은 충렬왕 2년에 처음으로 설치하였다. 금내학관 등의 첨외, 즉 칠품 이하의 관리로 나이가 40세 미만인 자들에게 한어를 배우도록 명하였다. 당시에 역관들이 미천한 신분에서 나온 사람들이 많아서 통역을 할 때에 사실대로 전하지 않고 간사하고 저에게 이롭게 하였다. 참문학사 김구가 건의하여 설치하였는데 후에 사역원을 두고 역어를 관장하게 하다.

이라 하여 충렬왕 2년(1276)에 참문학사(參文學事) 김구(金坵)의 건의로 통문관(通文館)을 처음 설치하고 금내학관(禁內學官) 중에서[5] 참외(參外)의 벼슬(7품 이하의 관리)에 있는 40세 미만인 자에게 한어를 학습하게 하였음을 알 수 있다.

여기서 한어(漢語)라는 말에 주목할 필요가 있다. 당시 고려의 지식인들은 모두 한문을 배웠고 특히 문신(文臣)들은 유교(儒敎)의 경전을 통하여 중국 선진(先秦)시대의 아언(雅言)을 학습했으며 당송(唐宋)의 여러 문학작품을 통하여 통어(通語)에 능숙하였다.[6] 따라서 북송(北宋) 때까지도 고려의 지식인들은 중국인들과 의사소통이 가능하였다. 고려 전기에 문신(文臣)들이 중국에서 온 사신(使臣)들과 통역이 없이 소통하였음을 알려주는 많은 기사가 사료(史料)에 전한다.

그러나 원(元)이 중국을 통일하고 중원(中原)에 몽고의 제국(帝國)을 세우면서 북경(北京)을 서울로 하였다. 따라서 이때부터 북경어를 기반으

5 禁內學官은 秘書, 史館, 翰林, 寶文閣, 御書, 同文院의 文官을 말하며 式目, 都兵馬, 迎送을 합하여 禁內九官이라 하였다. 주3의 「高麗史」(권76) 「志」(권제31) 「百官」(2) '通文館'조 참조.

6 중국어의 역사에서 '雅言'이란 先秦시대 東周의 서울인 洛陽의 말을 기반으로 한 언어로 四書五經의 儒經이 모두 이 말로 저술되었다. 그에 비하여 '通語'란 漢과 唐의 수도였던 長安의 말을 기반으로 하는 언어로 유교 경전의 雅言에 비교하여 권위가 떨어지지만 많은 유경이 이 말로 주해되었으며 또 많은 문학작품이 通語로 저술되어 고려의 지식인들에게는 익숙한 언어였다. 서양인들의 중국어 역사에서 후자를 Ancient Chinese(中古語)라고 부르고 전자를 上古語(Archaic Chinese)라고 한다.

로 하는 중국의 동북지방의 말이 국가 공용어로 자리를 잡는다. 이 동북지방의 말은 이미 거란(契丹)의 요(遼)와 여진(女眞)의 금(金) 때에 중국의 동북지방에서 통용되던 언어였으므로 원(元) 제국(帝國)의 공용어로서 손색이 없었기 때문이다.

종래 여러 문헌에서 한아언어(漢兒言語)라고 불리던 이 말은 실제 중국어의 역사 연구에서 실재하는 언어로 인정되지 못하다가 필자가 고려 말에 편찬된 것으로 보이는 <원본노걸대>를 발굴하여 학계에 보고하여 정식으로 그 언어의 존재를 논의하기 시작하였다.[7] 그 전까지는 일본의 중국어 전문가, 예를 들면 요시카와(吉川光次郎), 다나카(田中謙二) 등은 한아언어(漢兒言語)가 몽문직역체(蒙文直譯体)라는 일종의 변체의 문체로 보았다(졸고. 1999d).

한아언어(漢兒言語)로 불리던 한어(漢語)는 전술한 아언(雅言)이나 통어(通語)와는 완전히 다른 언어였다. 문법이나 어휘에도 차이가 나지만 한자의 발음은 전혀 달라서 새롭게 배워야 했다. 한어(漢語)가 중국 동북(東北) 지방의 언어를 기반으로 하였기 때문에 음운에 있어서도 차이가 있었지만 이 지역에서 같이 살던 알타이제어의 영향을 받아 문법에서도 변화가 있었다.[8] 이 한어(漢語)가 오늘날의 중국의 통용어인 보통화(普通話)로 연결되지만 이 말은 고립적 문법구조에서 많이 벗어난 교착

---

7 漢兒言語에 대하여는 정광·남권희·梁伍鎭(1999)를 위시하여 졸고(1999b, c, d, 2000b, 2002d, 2004b)를 참고할 것. 졸고(1999b)는 일본인을 위하여 일본에서 간행되는 『朝鮮學報』에 실린 것이고 졸고(1999c)는 일본의 오사카시립대학에서 일본의 중국어 연구자들에게 강연한 것이다. 졸고(2000b)는 한국의 연구자를 위하여 서울의 『진단학보』에 실린 것이며 졸고(2002d)는 서양학자들을 위하여 영어로 *Explorations Linguistics*에 실었고, 졸고(2004b)는 중국에서 중국 연구자를 위하여 北京에서 중국어로 간행된 논문이다. 이러한 필자의 노력으로 漢兒言語, 즉 漢語의 존재가 점차 세계 학계의 인정을 받게 되었다.

8 알타이제어(Altaic languages)란 용어는 요즘 알타이어족설이 비판을 받으면서 잘 쓰지 않는다. 일본어학의 대가인 Maritine Robeets 여사는 그녀의 대단한 力著 Robeets(2015)에서 Altaic languages를 Transeurasian languages(유라시아제어)로 대체하여 사용하였다. 필자는 여사를 학회에서 만나 종래 알타이제어에 대하여 여러 가지 의견을 나누었다. 그 자리에는 알타이어족의 가설을 가장 앞장서서 부정하는 Alexander Vovin 교수도 있었다.

어와의 혼효어(混淆語)적인 성격을 가졌다.

이렇게 새로 생겨난 원(元) 제국(帝國)의 공용어인 한어(漢語)는 북경(北京)의 한아언어를 기반으로 한 것이어서 종래 장안(長安)의 언어를 기반으로 한 통어(通語)와는 많이 달랐다. 따라서 원(元)과의 접촉이 많았던 고려 후기에는 이들과의 접촉에서 한어(漢語)를 통역하는 역관을 따로 두지 않을 수 없었다. 즉, 고려 후기에는 한문도감(漢文都監)이나 한어도감(漢語都監)에서 미천한 계급에게 한어를 교육하여 역설(譯舌)로[9] 삼았고 통문관(通文館)의 설치 이후에 비로소 양가자제(良家子弟)를 교육하여 한어 역관(譯官)으로 활동하게 한 것이다.

2.0.1 사역원의 설치

고려 후기에 원(元)과의 교섭이 잦아지면서 고려에서는 한문도감(漢文都監)을 두어 한어(漢語)를 학습시켰고 공양왕 때에는 이를 한어도감(漢語都監)으로 개칭하였다.[10] 여기서는 한어 교육을 전담시켰으며 통문관의 후신인 사역원에서는 한어보다는 이문(吏文), 즉 한이문(漢吏文) 교육에 치중한 것으로 보인다.[11] 즉, 『고려사』(권77) 「백관」(2) '제사도감각색(諸司都監各色)' '십학(十學)'조에

> 恭讓王元年置十學, 教授官分隷。禮學于成均館, 樂學于典儀寺, 兵學于軍候所, 律學于典法司, 字學于典校寺 醫學于典醫寺, 風水陰陽等學于書雲觀, 吏學于司譯院。- 공양왕 원년에 십학을 두고 교수관을

9 譯舌은 譯官을 얕잡아 부르는 말이다. 『고려사』의 도처에 譯舌이란 호칭이 보인다.

10 『高麗史』(권77) 「志」(권제31) 「百官」(2) '諸司都監各色'조에 "漢文都監, 恭讓王三年改漢語都監, 爲漢文置教授官"이란 기사 참조.

11 漢吏文은 중국의 元에서 漢兒言語로 기반으로 시작한 吏文을 말한다. 교착적 문법 구조의 주변 언어에 영향을 받아 고립적인 중국어의 한문을 변형시킨 것이므로 조선에서도 그 편의성이 인정되어 우리말에 근거한 吏文을 만들어 사용하였다. 필자는 후자를 전자와 구별하기 위하여 朝鮮吏文이라 하고 元代의 것을 한이문이라 부를 것을 제안하였다(졸고, 2006a).

> 나누어 배치하였다. 예학은 성균관에, 악학은 전의시에, 병학은 군후소에, 율학은 전법사에, 자학은 전교시에, 의학은 전의시에, 품수음양학 등은 서운관에, 이학은 사역원에 두다.

이라 하여 공양왕 원년(1389)에 예학(禮學), 악학(樂學), 병학(兵學), 율학(律學), 자학(字學), 의학(醫學), 풍수음양학(風水陰陽學), 이학(吏學)의 십학(十學)을 두고[12] 교수관을 각사(各司)에 분예(分隷)하였는데 이학(吏學)은 사역원이 담당하였음을 알 수 있다.

여기에 등장하는 이학(吏學)을 이문(吏文)의 교육으로 본다면 졸고(2006a)에서 제안한 한이문(漢吏文)이란 중국에 보내는 사대문서에 사용된 독특한 한문체로 원대(元代)의 공문서에 널리 사용된 것이다. 즉, 원대(元代)의 『대원통제(大元通制)』, 『지정조격(至正條格)』 등에 사용한 문장은 한문의 고문(古文)이나 백화문(白話文)과도 다른 독특한 문체였으며 주로 행정문서에 사용되었기 때문에 이문(吏文)이란 이름을 붙인 것이고 졸고(2006a)에서는 조선의 이문과 구별하기 위하여 한이문(漢吏文)이라 불렀다.[13]

고려에서는 국초부터 문서감(文書監)을 두고 사대교린의 문서를 관장하도록 하였다. 후일 이것이 문서응봉사(文書應奉司)로 개칭되어 조선 승문원(承文院)의 기원이 되었으며 또 별도로 충혜왕 원년(1340)에 이학도감(吏學都監)을 두고 한이문(漢吏文)을 교육하였다.[14] 사역원에서도 이문에

12 『高麗史』에 언급된 禮學 등의 十學은 成均館 等 八司에 나누어져 있고 風水陰陽學을 둘로 나누어도 九學에 불과하다. 이에 대해서『增補文獻備考』에서도 "臣謹按麗史十學敎授分隷干各司, 而所臚列者, 只是八司。雖以風水陰陽分爲二學, 猶不滿十學之數, 可疑。"라 하여 같은 의문을 가졌는데 역학이 빠진 것이 아닌가 한다.

13 졸고(2006a)에 따르면 漢兒言語가 口語라면 漢吏文은 文語라고 한다. 즉, 元에서 罪人을 잡아 문초하면 그들은 자신들의 口語인 漢兒言語로 자백하고 이 供招를 그대로 한자로 적은 것에서 한이문은 시작되었다고 본 것이다. 따라서 漢吏文은 元帝國의 법률관계 문서에서 많이 사용되었다. 뿐만 아니라 元은 주변의 朝貢 국가에 보내는 문서도 이 한이문으로 작성하였으며 이것이 定式이 되어 중국의 사대문서를 이해하기 위하여 고려와 조선에서는 漢吏文을 별도로 학습하지 않을 수 없었다.

14 『增補文獻備考』(권221) 「職官考」 '承文院'조에 "高麗置文書監進色, 掌事大交隣文

대한 지식이 필요할 때가 있었으므로 한이문(漢吏文)의 교육도 실시되었다. 고려에서는 사역원이 통문관의 전통을 이어받아 단순한 역관의 양성이 아니라 금내학관(禁內學官)의 40세 미만인 자에게 한어(漢語)를 교육하기 위하여 시작된 것이므로 한문(古文)과 이문(實用文), 그리고 한어(會話)까지 할 수 있는 외교관의 양성이 그 목적이었다. 반면에 단순한 통역을 담당하는 역관은 한어도감(漢語都監)에서 배출되었다.

2.0.2 설치 목적

이와 같은 사역원의 조직과 제도의 전통은 조선 건국 초기에 그대로 계승되었다. 조선에서는 건국 초기 즉 태조 2년(1393) 9월에 사역원(司譯院)을 설치하고[15] 화언(華言), 즉 중국어를 이습하게 하였는데 이때에도 역어와 한이문을 동시에 교육한 것으로 보인다. 『태조실록』(권6) 태조 3년 11월 을묘(乙卯, 19일)조의 기사에 설장수(偰長壽)가 사역원을 설치해야 하는 목적과 기대되는 효과에 대하여 언급한 것이 소개되었다. 즉, 이 실록의 기사에

> 司譯院提調偰長壽等上書言: 臣等竊聞, 治國以人才爲本。 而人才以敎養爲先, 故學校之設乃爲政之要也。我國家世事中國, 言語文字不可不習。是以肇國之初, 特設本院, 置祿官及敎官敎授生徒, 倚習中國言語音訓文字體式, 上以盡事大之誠, 下以期易俗之效。[下略] - 사역원 제조 설장수 등이 상서하여 말하기를 "신들이 듣기로는 나라를

書, 有別監。後改稱文書應奉司, 有使副使判官, 皆以他官兼。本朝國初仍麗制, 太宗九年改置知事僉知事、檢討官、校理、修撰官、書記, 而各有權知。十年改置承文院, 置判事、知事、僉知事各一員, 校理、副校理、正字、副正字 各二員。十五年增置博士, 著作各二員。[下略](30앞 8~35앞 10行)"라고 한 기사로부터 承文院의 전신이 고려의 文書監進色임을 알 수 있다. 또 『高麗史』에 의하면 忠惠王 元年(1340)에 吏學都監을 두고 忠穆王 4年(1348)에 永山君 張沆, 僉議參理 金允臧 등 判事 7人과 副使 3人, 判官 3人, 綠事 4人을 두어 吏學을 진흥시켰음을 알 수 있다(『高麗史』 권37 「世家」 권제37 '忠穆王 4年'조와 『고려사』 권77 「志」 제31 「百官」2 '諸司都監各色'조).

15 『태조실록』(권4) 太祖 2年 9月 辛酉 조에 "置司譯院, 俾習華言"이란 기사 참조.

> 다스리는데 인재를 근본으로 삼아야 한다고 합니다. 그러므로 학교를 설치하는 것은 정치의 요체라고 할 수 있습니다. 우리나라는 대대로 중국을 섬기기 때문에 그 언어와 문자를 배우지 않을 수 없습니다. 나라를 세우던 초기에 특별히 [사역]원을 설치하고 녹관과 교관, 교수, 생도를 두어 중국의 언어와 발음, 뜻, 그리고 체식을 배우게 하였으니 위로는 사대의 정성을 다한 것이요 아래로는 그 효과가 쉽게 하기를 기대한 것입니다"라고 하다.[16]

라 하여 설장수(偰長壽)가 사역원의 제조(提調)로 있으면서 조선을 건국한 태조에게 사역원(司譯院)을 설치하여 중국의 언어, 음훈(音訓), 문자, 체식(體式)을 비습(俾習)시키도록 상서하였음을 알 수 있다.[17]

사역원이 설치된 태조 2年 10월에 병학(兵學), 율학(律學), 자학(字學), 역학(譯學), 의학(醫學), 산학(算學)의 육학(六學)을 두어[18] 양가자제로 하여금 이들을 이습(肄習)하게 하였으며 이 가운데 역학의 교육은 이보다 1개월 전에 설치된 사역원에서 담당하였을 것으로 보인다. 여기서 역학은 말할 것도 없이 중국어와 몽고어를 학습하여 통역의 일을 맡는 역관의 양성을 말하는 것이다.

태종 6년(1406)에는 상술한 육학(六學) 이외에 하륜(河倫)이 올린 계(啓)에 의하여 유학(儒學), 이학(吏學), 음양풍수(陰陽風水), 악학(樂學)의 4학을 추가하여 십학(十學)을 설치하였다. 이것은 고려 공양왕 때의 십학(十學, 실은 八學)에 역학(譯學)과 산학(算學)이 추가된 것이며 태조 때의 육학(六學)에서 병학(兵學)이 무학(武學)으로 바뀌었다.[19] 태종 때의 십학(十學)에 추

---

16 여기서 '體式'이란 漢吏文을 말한다고 보았다(졸고, 2006:32~33).

17 사역원의 제조인 설장수가 다른 雜學의 겸직인 提調들처럼 사역원의 정책과 인사문제에 대하여 최종적인 권한 행사를 할 수 있었다고 볼 수 있다(정다함, 2008:131). 더욱이 초창기의 사역원은 거의 그에 의하여 설계되고 운영되었다.

18 『太祖實錄』(권2) 太祖 2年 10月조에 "設六學, 令良家子弟俾習, 一兵學, 二律學, 三字學, 四譯學, 五醫學, 六算學"이란 기사 참조.

19 『太宗實錄』(권12) 太宗 6年 11月 辛未조에 "置十學, 從左政承河崙之啓也。一日儒、

가된 이학(吏學)도 초기에는 사역원에서 교육되었을 것이나 태종 10년(1410)에 승문원(承文院)이 설치되자 이학(吏學)은 승문원에서 교육되었다. 즉, 『반계수록(磻溪隨錄)』(권15) 「직관지제(職官之制)」(上) '승문원(承文院)' 조에

> 掌事大交隣文書及通習漢語吏文。[中略] 文官五品以下, 每冬會本院講漢語{二書}, 或吏文皆定所業, 吏文則無過二十人, 漢語勿限數。 五分以上賞加一階, 不通者降一階, 其無故不參者罷職。[下略] - [승문원은] 사대교린의 문서와 한어 및 이문의 교육을 관장한다. [중략] 문관 가운데 5품 이하의 관리는 겨울마다 승문원에 모여 한어를 {2책, <노걸대>와 <박통사>를 말함-역자 주} 강독하고 이문은 그 배우는 것이 정해져서 20인을 넘지 않으나 한어는 제한된 수효가 없다. 5분 이상의 점수를 얻으면 상으로 한 등급 올리고 이유 없이 불참하는 자는 파직한다. [하략]

라는 기사가 있어 승문원에서 매년 겨울에 한어와 이문을 오품(五品) 이하의 문관에게 교육하였음을 알 수 있다.[20]

세종 때에는 유학(儒學), 무학(武學), 한이학(漢吏學), 자학(字學), 역학(譯學), 음양학(陰陽學), 의학(醫學), 악학(樂學), 산학(算學), 율학(律學)의 십학(十學)이 있었다. 이때에도 역학(譯學)은 사역원에서, 한이학(漢吏學)은 승문원이 중심이 되어 교육을 하였으나 사역원에서도 이문을, 승문원에서

二日武、三日吏、四日譯、五日陰陽風水、六日醫、七日字、八日律、九日算、十日樂, 各置提調官。其儒學只試具任三館七品以下, 餘九學勿論時散自四品以下, 四仲月考試, 第其考下以憑黜陟。"라는 기사가 있어 太宗代의 十學이 儒, 武, 吏, 驛, 陰陽風水, 醫, 字, 律, 算, 樂을 말하며 儒學은 三館의 七品 이하에게, 그리고 나머지 九學은 四品 이하에게 고시하여 黜陟의 근거로 삼았음을 알 수 있다.

20 『經國大典』(권1) 「吏典」 「正三品衙門」 '承文院' 조에 "承文院掌事大交隣文書, 並用文官, [中略] 吏文習讀官 二十員, [下略]"이라는 기사와 同(권3) 「禮典」 '奬勸' 조에 "承文院官員, 每旬提調講所讀書"라 하여 經史類와 譯語類 이외에 吏學指南, 忠義直言, 童子習, 大元通制, 至正條格, 御制大誥, 吏文謄錄 등의 吏學書가 나열되었다. 또 같은 조의 '寫字'에 "漢語吏文寫字特異者雖犯罪作散, 除重犯私罪外仍仕。"라는 기사가 있어 承文院에서 吏文의 교육을 얼마나 중요하게 여겼는지 알 수 있다.

도 한어를 교육하였다는 기록이 보인다.[21] 또 이학(吏學)을 시험한 한이과(漢吏科)와 한어를 시험한 통사과(通事科)에서도 구어(口語)인 한어와 문어(文語)인 이문이 서로 교체되어 출제된다는 기록이 실록에 전해지므로 사역원에서도 이문(吏文)의 교육이 있었고 승문원에서도 <노걸대>, <박통사>를 통한 한어의 교육이 있었음을 알 수 있다.

그러나 『경국대전』에서는 한이과(漢吏科)가 없어지고 역과(譯科) 한학(漢學)만이 남게 되어 역관 양성을 위한 한어교육이 사역원의 임무가 되었고 이학(吏學)은 점차 문신(文臣)의 여기로서 승문원에서 이를 교육하게 된 것이다.[22] 한이과가 일시 설치되었으나 조선에서는 『경국대전』의 보수성이 매우 강해서 대전(大典)에 등재되지 못한 제도는 연속되기 어려운 탓인지 조선 후기에는 역과 한학만이 존속되었다.

2.0.3 한어(漢語) 교육의 중요성

사역원은 한어 교육이 중심을 이루었으며 태조 2년(1393) 9월에 사역원이 설치되었을 때에는 한어 교육의 한학(漢學)과 몽고어 교육의 몽학(蒙學)을 두었고 태종 15년에 일본어 교육의 왜학(倭學)이 병치되었는데[23] 『경국대전』에서는 여진어 교육의 여진학(女眞學)이 첨가되어 사역원 사학(四學)이 완비된다. 사역원의 사학에서 한어, 몽고어, 일본어, 여진어

---

21 『世宗實錄』(권47) 世宗 12年 庚戌 3月 '諸學取才' 조에 吏學과 譯學 漢訓의 經書 및 諸藝數目이 등재되었는데 吏學은 經史類 이외에 <朴通事>, <老乞大>의 漢語 교재가 포함되었다. 또 具允明의 『典律通補』(1786) 「禮典」 '漢語吏文' 조에 "漢語吏文: 臣令槐院抄二十九歲以下人習漢語, 三十九歲以下人習吏文並, 四十九許頃本院褒貶。坐起三處、考講三處。[下略]"라 하여 承文院의 문신들에게 吏文을 학습시켰음을 알 수 있다.

22 『磻溪隧錄』(권25) 「속편」 '言語' 조에 "四學及各州縣學, 每三朔一講漢語, [中略] 若我莊憲大王一新百度有意, 於是就設承文院。令文官始出身者必讀漢語吏文。又撰四聲通攷以卞其音, 又今凡百名物皆稱以漢語, 至今尙有傳習者。"라는 기사가 있어 世宗 대에 文官에서 이제 벼슬길에 나아간 사람들에게 반드시 漢語와 吏文을 읽게 하였음을 알 수 있다. 漢文에 익숙한 文臣들은 吏文을 쉽게 이해할 수 있었을 것이다.

23 조선 太祖 2년에 설치된 司譯院에서는 한어와 몽고어가 교육되었다. 졸고(1987) 참조.

가 교육되었으며 여진학은 현종 8년(康熙丁未, 1667)에 만주어를 교육하는 청학(淸學)으로 바뀌었다. 사역원은 조선 왕조를 통하여 상술한 외국어를 교육하고 역관을 관리하여 외교관계의 실무를 맡아왔으며 이러한 제도는 갑오경장(甲午更張, 1894)까지 계속된다.

위구르 귀화인 설장수(偰長壽)가 조선 건국 초에 사역원의 복치를 위하여 진력하고 그 제도와 수업 방식을 정하였을 것임은 두말할 나위가 없다. 그는 앞서 인용한 『태조실록』(권6) 태조 3년 11월 을묘(乙卯)조의 기사에서 사역원의 제조(提調)임을 알 수 있다. 사역원은 정(正), 부정(副正), 등의 녹직(祿職)이 있지만 그들은 도제조(都提調) 1인과 제조(提調) 2인의 문신들에 의하여 감독되었다. 실제로 사역원을 관리하고 감독하는 것은 이 3인의 고위 문신들이었다. 그들은 다른 고위직을 겸직하면서 사역원의 도제조나 제조는 겸임하는 직책이었다. 반면에 역관들이 돌아가면서 맡는 녹직(祿職)은 전임의 직이지만 오로지 역관의 업무를 수행하였으므로 항상 제조나 도제조의 재가(裁可)를 받아 업무를 수행할 수 있었다(졸저, 2014).

따라서 설장수는 사역원의 제조로서 중국의 한어를 교육했을 것이고 또 원(元)은 비록 망하였으나 아직 도처에 남아있는 몽고인들과의 교섭에서 필요한 몽고어를 교육하는 일에 직접 관여하였을 가능성이 있다. 특히 설장수는 고려 때부터 여러 차례 사신(使臣)으로 명(明)에 들어간 일이 있으므로 한어는 물론 명의 공용어인 남경관화도 능통하였을 것으로 보인다. 공민왕 때에 아비를 따라 고려에 귀화한 설장수는 공민왕 23년(1373)에 명나라로 보낸 성절사(聖節使)를 수행하여 금릉(錦陵), 지금의 남경(南京)에 간일이 있고 홍무(洪武) 7년(1376) 정월에 하정사(賀正使)로 역시 명나라에 간다.

이후 수차례 명에 다녀왔으며 조선이 건국한 다음에도 정종(定宗)이 즉위하자 무인(戊寅, 1398)에 이를 명(明)에 알리려가다가 마침 명 태조가 붕어(崩御)하여 역할을 진향사(進香使)로 바꾸어 명(明)에 입국한다(『정종실록』 권2 정종 1년 10월 19일(을묘) 3번째 기사).

이러한 그의 활동으로 보아 원대(元代)의 북경에서 통용되던 한어와 명대(明代)의 공용어인 남경관화(南京官話)를 숙지하고 있었음을 알 수 있다. 또 원(元) 제국(帝國)의 벼슬아치였던 그의 아비로부터 몽고어와 한아언어를 어려서부터 학습하였을 것이다. 더욱이 위구르인으로 그 가정에서 성장하였으므로 세습언어인 위구르어 및 위구르 문자에도 정통하였을 것임은 자명한 사실이다. 따라서 그는 몽고-위구르 문자로 쓰인 몽고어의 교육이나 원대(元代) 한어 학습 교재였던 <노걸대>, <박통사>의 중국어에 대하여도 잘 알고 있었던 것으로 추정된다.

2.0.4 고려의 통문관(通文館)

이미 여러 차례 논저로 발표한 바 있지만 사역원의 전신인 고려의 통문관(通文館)은 원대(元代)에 새로 생긴 한아언어(漢兒言語)와 몽고어를 교육하기 위하여 설치된 것이다. 원(元)과의 소통에서 이 두 언어는 필수적이었기 때문이다. 특히 원(元) 제국(帝國)의 공용어였던 한아언어(漢兒言語), 줄여서 한어(漢語)는 <노걸대>와 <박통사>라는 교재를 사역원에서 자체적으로 개발하여 교육하였다. 그러나 명(明)의 건국으로 금릉(錦陵), 즉 지금의 남경(南京)이 수도(首都)가 되었고 언어도 이 지역의 남경어가 명(明)의 공용어가 되면서 <노걸대>와 <박통사>도 이 언어로 수정되지 않을 수 없었다.

즉,『성종실록』성종 11년(1480) 10월 을축(乙丑, 19일)조의 기사에 "此乃元朝時語也, 與今華語純異, 或有未解處。卽以時語改數節, 皆可解讀。請令能漢者刪改之[中略] 選其能漢語者冊改老乞大、朴通事 -[명나라 사신을 따라온 대경이 <노걸대>와 <박통사>를 보고 말하기를], '이것은 바로 원(元)나라 때의 말이므로, 지금의 중국말[華語]과는 매우 달라서, 이해하지 못할 데가 많이 있다'고 하고, 즉시 지금의 말로 두어 구절을 고치니, 모두 해독할 수 있었습니다. 청컨대 한어에 능한 자로 하여금 모두 고치게 하소서. [중략] 한어에 능통한 자를 선발하여 <노걸대>와 <박통사>를 산개하다"라는 기사가 있어 이 시기에 <노걸대>와 <박통사>

의 한어를 남경관화로 고친 것을 알 수 있다.

그러나 졸저(2002, 2010)에서 살펴본 바와 같이 조선 초기에 중국어 교재로 사용된 {원본}<노걸대>는 원대(元代) 북경의 한아언어를 학습하는 교재였다. 즉 정광·남권희·양오진(1999)에서 검토한 이 판본은 조선 태종(太宗) 때에 간행된 것으로 추정되지만 학습 언어는 남경(南京)관화가 아니라 북경(北京)의 한어(漢語)였다. 이 책이 남경관화로 산개(刪改)된 것은 성종 11년(1480)의 일이다(졸저, 2002). 명(明)이 건국하여 이미 남경관화가 중원의 공용어로 사용되고 있음에도 불구하고 고려로부터 계속해서 조선에서도 한아언어를 교육하였는가 하는 문제의 정답은 설장수(偰長壽)에게 있다.

설장수는 원(元)의 대도(大都), 즉 지금의 북경에서 태어나서 자랐으므로 한어(漢語)를 구사하였다. 그가 <직해소학>을 저술한 것도 송대(宋代)에 편찬된 『소학』을 원대(元代)의 한어로 풀이한 것이다. 따라서 <직해소학>도 <노걸대>의 원본과 같이 한아언어를 학습하는 교재로 보아야 한다. 사역원을 창설하는 주역이었으며 그가 실제로 교육을 담당하였을지도 모르는 설장수의 한어 교육은 당연히 북경의 한아언어일 수밖에 없다. 그리고 이 말이 명초(明初)에도 중국의 상당한 지역에서 통용되고 있음을 말하는 것이다.

예를 들면 『성종실록』(권158) 성종 14년(1483) 9월 계미(癸未, 29일)조의 기사에 명(明)의 사절로 따라 왔던 두목(頭目) 갈귀(葛貴)가 <직해소학>을 보고 말하기를 번역은 매우 좋으나 간혹 옛 말이 있어 시용에 맞지 않고 또 관화가 아니므로 알아듣는 사람이 없을 것이라는 기사가 있다.[24] 이를 통하여 설장수가 한아언어를 매우 잘 구사하였으며 <직해소학>을 풀이한 설장수의 한어가 이미 명대(明代)에는 옛말이 되어 당시 공용어인 남경(南京)관화가 아님을 증언한다.

---

24 실록의 원문은 "頭目葛貴見直解小學曰: 反譯甚好, 而間有古語, 不合時用, 且不是官話, 無人認聽。"과 같다.

1) 위구르 귀화(歸化)인 설장수

2.1.0 조선의 건국 초기에 사역원을 설치하는 일의 주역은 위구르 귀화인 설장수(偰長壽)이었다. 고려 충렬왕 2년(1276)에 설치되어 한어(漢語)와 몽고어를 교육하던 통문관(通文館)을 후에 사역원(司譯院)으로 개칭하였다. 조선이 건국하면서 사역원은 조선 태조 2년(1393)에 다시 설치되는데 이때에 설장수가 주도하여 사역원을 새롭게 구성하였다. 따라서 설장수(偰長壽)의 영향이 사역원의 곳곳에 남아 있게 되었다.

따라서 조선시대의 외국어 교육을 주관한 사역원을 올바르게 이해하려면 설장수에 대한 고찰이 먼저 있어야 한다. 그는 고창(高昌)의 위구르인의 가문에서 출생하여 집안이 원(元)에 복속(服屬)하면서 원(元)에서 양육되다가 아비 설손(偰遜)을 따라 고려에 귀화하여 고려에서 과거에 급제하고 벼슬을 살았다. 여기서는 그의 고려 귀화와 조선 건국 초기에 사역원의 설치에서 보여준 그의 활약에 대하여 고찰하기로 한다.

2.1.1 위구르 민족과 위구르 문자

중국에서 원명지간(元明之間), 즉 원(元)과 명(明)의 교체기는 동아시아의 문명이 크게 바뀌는 시기로 역사가들은 기술한다. 몽고인들에 의한 원(元)의 세계주의(Cosmopolitanism)가 붕괴하고 중국 장강(長江) 이남의 오아(吳兒)들에 의하여 중화(中華)사상(Sino-centrism)을 기반으로 하는 명(明)이 건국되었기 때문이다. 따라서 이 시기에는 중국 주변의 여러 민족들과 중화(中華)의 한족(漢族)들이 서로 각축하는 동아시아 역사의 흐름에서 한족이 우위에 오르는 시기였다.

몽고의 칭기즈 칸(成吉思汗)이 중앙아시아의 스텝을 석권(席捲)하고 여기에 거주하던 많은 소수민족들을 한데 아울러 인류 역사상 전무후무한 대제국을 건설하였다. 그 중에 칭기즈 칸의 손자인 쿠빌라이 칸(忽必烈汗)이 이끄는 일파가 중국을 정복하고 원(元)을 세우면서 몽고 제국에 수용된 소수민족들이 원(元)에도 다수 수용되었다. 즉, 원(元)에서 백성인 '한인(漢人)'을 의미하는 몽고어 'Jaqud(札忽惕)'가[25] 한족(漢族)만을 가리키는 것이 아니라 거란, 여진 등 몽고인이 통치하는 여러 민족을 지칭한 것은 원(元)이 다민족 국가였음을 말하는 것이다.

몽고 제국(帝國)의 여러 소수민족 가운데 위구르족들은 다른 민족들에 비하여 고도의 발달된 문명을 갖고 있어서 특별한 지위를 누린 것 같다. 몽고의 칭기즈 칸은 위구르의 내만(乃蠻, Naiman)을 정복하고 포로로 잡아온 위구르인 타타퉁아(塔塔統阿, Tatatunga)로 하여금 위구르 문자로 몽고어를 기록하는 방법을 고안하여 태자(太子) 오고타이(窩闊臺, Ogödäi)와 여러 칸(諸汗)에게 가르쳤다.[26] 이것이 몽고-위구르 문자(蒙古畏

---

25 『至元譯語』「人事門」'漢兒'조의 "札忽歹[ja-xu-dai]"와 『元朝秘史』(권12) 55앞 5행 「金人每」의 '札忽惕[ja-qu-d']를 참고할 것. '札忽歹'와 '札忽惕'는 같은 말로서 전자의 '漢兒'는 북방 漢人, 즉 중국인을 말하지만 후자의 '金人每'는 契丹, 女眞人을 포함한다.

26 이에 대하여는 『元史』에 "塔塔統阿畏兀人也。性聰慧, 善言論, 深通本國文字。乃蠻大敭可汗尊之爲傅, 掌其金印及錢穀。太祖西征, 乃蠻國亡, 塔塔統阿懷印逃去, 俄就擒。帝詰之曰: 大敭人民疆土悉歸於我矣, 汝負印何之？ 對曰: 臣職也。將以死守, 欲求故主授之耳, 安敢有他？ 帝曰: 忠孝人也。問是印何用？ 對曰: 出納錢穀委任人才, 一切事皆用之, 以爲信驗耳。帝善之, 命居左右。是後凡有制旨, 始用印章, 仍命掌之。帝曰: 汝深知本國文字乎？ 塔塔統阿悉以所蘊對, 稱旨遂命敎太子諸王, 以畏兀字書國言。 — 타타퉁아는 위구르 사람이다. 천성이 총명하고 지혜로우며 言論을 잘 하였고 자기 나라 글자(위구르 문자를 말함 — 필자)를 깊이 알았다. 乃蠻의 大敭可汗(나이만의 황제를 말함)이 존경하여 스승을 삼고 금인(金印) 및 돈과 곡식을 관장하게 하였다. 태조(칭기즈 칸을 말함)가 서쪽으로 원정하여 나이반의 나라를 멸망시켰을 때에 타타퉁아가 金印을 안고 도망을 갔다가 곧 잡혔다. 황제(칭기즈 칸을 말함 — 필자)가 따져 물었다. '대양(大敭)의 인민과 강토가 모두 나에게로 돌아왔거늘 네가 금인을 갖고 무엇을 하겠는가?' [타타퉁아가] 대답하여 말하기를 '신(臣)의 직분입니다. 마땅히 죽음으로써 지켜서 옛 주인이 주신 바를 구하려고 한 것일 뿐 어찌 다른 뜻이 감히 있겠습니까?' 황제가 말하기를 '충효(忠孝)한 인물이로다. 묻고자 하는 것은 이 인장을 무엇에 쓰는 것인가?' 대답하기를 '전곡 출납을 위임받은 사람이 일체의 일에 모두 이것을 사용하여 믿고 증명하려는 것일 뿐입니다.' 황제가 좋다고 하고 [타타퉁아를] 곁에 두도록 명하였다. 이후로부터 모든 제도를 만드는 명령에 인장을 사용하기 시작하였고 [타타퉁아] 명을 받들어 이를 관장하였다. 황제가 말하기를 '네가 너의 나라의 문자를 깊이 아느냐?' 하였더니 타타퉁아가 모두 알고 있다고 대답하였다. [그는] 황제의 뜻으로 태자와 여러 왕들에게 위구르 문자로 나라의 말(몽고어를 말함 — 필자)을 쓰는 것을 가르치는 명령을 수행하였다(『元史』 124권 「列傳」 제11 '塔塔統阿'조)" 라는 기사 참조. [ ] 안은 독자들의 이해를 돕기 위하여 필자가 삽입한 것임. 이하 같음.

兀字, Mongolian Uigur alphabet)라고 불리는 몽고인 최초의 문자로 초기에는 웨올(維吾爾) 문자라고 불리기도 하였다.[27] 이 문자는 후대에 만주자로 변형되어 만주족의 청(淸)에서 공식 문자로 사용되었으며 지금도 몽고에서 끼릴문자와 공용한다.

2.1.2 동아시아의 위구르족

전통적으로 위구르족으로 불리는 종족이 8세기 중엽에 돌궐(突厥)을 쳐부수고 몽고 고원에 위구르 카한국(可汗國)을 세웠다. 그러나 이 나라는 9세기 중엽에 이르러 키르기스(Kirgiz)족의 공격을 받아 궤멸(潰滅)하였고 위구르족은 남쪽과 서쪽으로 나뉘어 패주하였다. 남쪽으로 도망간 위구르족은 당(唐)으로의 망명이 이루지지 않아서 뿔뿔이 흩어졌다. 서쪽으로 향한 위구르족의 일부가 현재 중국의 감숙성(甘肅省)에 들어가 그곳에 왕국을 세웠다가 11세기 초엽에 이원호(李元昊)의 서하(西夏)에 멸망하였다.

한편 현재의 신강성(新疆省) 위구르 자치구(自治區)에 들어간 별도의 일파(一派)는 9세기 후반 당시의 언자(焉耆), 고창(高昌), 북정(北庭)을 중심으로 한 광대한 지역에 '서(西)위구르왕국'으로 일반에게 알려진 위구르족의 국가를 건설하였다. 원래 위구르족의 근거지가 된 고창(高昌)은 투루판 분지에 있었다. 기원전 2세기경에 거사전국(車師前國, 혹은 車師 前王朝)와 거사후국(車師後國, 혹은 車師 後王朝)이 오늘날의 교하고성(交河古城)을 중심으로 투루판(吐魯番)의 분지를 장악했다.[28] 이 거사족(族), 즉 옥(玉)의 부족은 4세기까지 이 지역에서 평화롭게 살았다.[29]

---

27 몽고어의 문자 표기에 대하여는 Vladimirtsov(1929:19), Poppe(1933:76)를 참고할 것.

28 車師(거사)국은 '車師'를 혹은 '姑師'라고 부르기 때문에 '차사'로 읽지 않고 '거사'로 읽은 것이다. 車師前國은 거사前部라고도 불리고 투루판의 서쪽, 즉 交河城 지역을 다스리던 車師族의 국가였으며 車師後國은 거사後部라고 하며 투루판 분지의 務塗谷을 다스리던 나라였다. 後漢 때에 車師의 전, 후국과 東且彌, 卑陸, 浦類, 移支를 합하여 車師六國이라 하였다. 唐代에 멸망하였다.

29 우리말의 '구슬'은 '車師, 姑師'로 표음된 'kus'로부터의 차용으로 본다(졸저,

그러나 흉노(匈奴)계의 후예로서 탁발(拓拔)의 선비(鮮卑)족이 세운 북위(北魏)에서 쫓겨나 북량(北涼, 397~439)을 세운 저거몽손(沮渠蒙遜)에 의해서 고창국(高昌國)이 세워진다(『晉書』권129, 『魏書』권99, 『北史』권97 참조). 기원후 448년의 일이다. 그러나 이렇게 세워진 고창(高昌)국도 3대째인 저거무건(沮渠茂虔)이[30] 북위(北魏) 태문제(太武帝)의 침략을 받아 살해되고 나서 실질적으로는 한족(漢族)의 지배를 받다가 7세기 전반에는 북방 초원의 서돌궐(西突厥)로부터 침략을 받았으며 곧 당(唐)에 복속하게 된다. 당(唐)은 고창(高昌)을 서주(西州)로 개명하고 이곳에 안서(安西) 도호부(都護府)를 설치하여 군대를 주둔시켰다.

당(唐)이 안록산(安祿山)의 난으로 휘청거릴 때에 위구르족이 이곳으로 밀려들어와서 거처를 마련한다. 그들은 독실한 불교신자들이었으며 고도의 문명을 가져 역사에서 유명한 천불동(千佛洞) 사원을 세우기도 한다. 이 위구르의 고창(高昌)국도 13세기 전반 몽고족의 발흥(勃興)에 의하여 멸망의 길을 걷게 되었고 결국은 사라지게 되었다(河野六郎·千野榮一·龜井 孝, 1988:739). 이것이 『원사(元史)』에 등장하는 나이만(乃蠻)이며 우수한 문명을 가졌던 이 나라는 몽고 문화에 지대한 영향을 주었다. 몽고 제국의 세계주의가 이들을 모두 수용하였기 때문이다.

2.1.3 중국 내의 위구르족

몽고인들의 한 지파가 세운 원(元) 제국(帝國)에서도 위구르인들은 대단한 활약을 한 것으로 보이는데 원(元)이 명(明)에 의하여 패망하게 되자 몽고인들은 자신들의 근거지로 돌아가 북원(北元)을 세우고 명맥을 유지하였지만 다른 민족들, 특히 위구르인들은 명(明)과 고려로 많이 망명하였다. 당시 명(明)이 중화(中華)사상을 부르짖으며 호원(胡元)의 잔재(殘滓)를 타파하는데 열중하였지만 고려는 몽고의 세계주의를 그대

2011).

30 沮渠茂虔은 일명 沮渠牧犍으로도 불린다. 北涼의 시조인 沮渠蒙遜의 第3子로서 北涼의 哀王이다. 魏나라 太武帝의 親征으로 멸망한다.

로 유지하고 있었기 때문이다.

설장수(偰長壽)도 고려 때에 원(元)의 쇠망으로 고려에 귀화한 위구르인이었다. 그는 이 시대에 고려 귀화한 다른 중국인들과 함께 조선왕조의 건국 초기에 중국 명(明)과의 교섭에서 많은 역할을 하였다. 특히 그는 고려인들과 조선인들에게 원대(元代)에 등장한 새로운 중국어, 한아언어(漢兒言語)의 교육에 많은 공을 세웠다. 조선 건국 초기에 사역원(司譯院)을 설치하고 새로운 중국어와 몽고어를 교육하는 일을 도맡아 담당하였던 설장수를 통하여 조선시대에 어떻게 외국어 교육이 시작되었으며 그로 인하여 사역원의 외국어 교육은 어떤 특색을 갖게 되었는지 이제부터 고찰하고자 한다.

2) 설장수의 가계(家系)와 활동

2.2.0 색목인(色目人) 설장수는 위구르인으로 고창(高昌) 사람이다.[31] 고창(高昌)은 앞에서 고찰한 바와 같이 위구르인들의 본거지로 9세기 후반에 신강성(新疆省)에 들어간 위구르인들의 조상이 정착한 곳이다. 조선 전기의 『정종실록』(권2) 정종 1년 10월 을묘(乙卯, 19일)조의 기사에 '판삼사사(判三司事) 설장수의 졸기(卒記)'가 있어 그의 생애를 대체로 이해할 수 있고 박현규(1995) 및 백옥경(2008)에서 그의 가계와 생애에 대하여 고찰된 바가 있다.

기왕의 연구에서 몇몇의 착오 내지 오해가 없지 않지만 실록의 졸기(卒記)에 의하면 설장수의 아비인 백료손(伯遼遜)이 원(元)의 지정(至正) 기해(己亥, 1359)에 가족을 이끌고 고려에 귀화하였다. 당시 고려의 공민왕

---

31 『고려사』(권112)「열전」(권제25)「諸臣」'偰遜' 조에 "長壽, 字天民. 恭愍時, 以慶順府舍人, 居父憂, 王以色目人, 特命脫衰赴試. 遂登第, 官累判典農寺事. -[설] 장수는 자가 천민이다. 공민왕 때에 경순부의 사인(舍人)이었는데 부친의 상을 당하였다. 왕이 색목인으로써 특별히 탈상하여 시험을 보게 하였다. 합격하여 관직이 전농시(典農寺) 판사에 올랐다"라는 기사가 있어 그가 色目人으로 치부되었음을 알 수 있다.

은 전에 원(元)의 조정(朝廷)에서 그와 친분을 맺은 바가 있어 그를 우대하고 고창백(高昌伯)을 수여했다가 다시 부원후(富原侯)로 높였다고 한다. 그에게 아들이 다섯이 있으니 그 첫 아들이 설장수(偰長壽)이고 이어서 연수(延壽), 복수(福壽), 경수(慶壽), 미수(眉壽)가 있었다(『고려사』 권112, 「열전」 제25 '諸臣'조).

백료손(伯遼遜)의 4대조인 아린테무르(岳璘帖穆爾)는 위구르인으로 고창(高昌), 즉 투르판의 설연하(偰輦河)에 살았다. 몽고군에 의하여 고창국이 멸망할 때에 칭기즈 칸(成吉思汗)에 복속하고 그의 아들 하라보화(哈剌普華)가 원 세조, 즉 쿠빌라이 칸(忽必烈汗)을 따라 남송(南宋)을 정벌할 때에 군공(軍功)을 세워 관직에 임명되면서 원(元)의 중신(重臣)이 되었다. 이때에 고창(高昌)에 흐르는 고향의 강 이름인 설연하(偰輦河)의 설(偰)을 성(姓)으로 삼았다. 그리하여 하라보화(哈剌普華)의 두 아들인 문질(文質)과 윤질(倫質)이 설씨(偰氏) 성을 사용하였고 이후 후손들이 모두 이 성을 쓰기 시작하였다.

백료손(伯遼孫)도 설손(偰遜)이 되었으며 원(元) 순제(順帝) 때에 진사(進士)가 되어 환로(宦路)에 나아갔다. 후에 설손은 한림(翰林) 응봉문자(應奉文字)와 선정원(宣政院) 단사관(斷事官)을 거쳐 단본당(端本堂)의 정자(正字)가 되어 황태자에게 경(經)을 가르쳤으나 승상 하마(哈麻)에게 미움을 받아 단주(單州)의 지방 유수(留守)로 쫓겨났다. 후에 좌승상(左丞相) 하마가 실각하자 일시 대도(大都)로 돌아갔으나 다시 대녕(大寧)으로 물러나 그곳에 머물다가 홍건적(紅巾賊)이 대녕(大寧)을 침범하자 병란(兵亂)을 피하여 동으로 와서 고려에 망명한 것이다.[32]

2.2.1 고려에서의 설씨(偰氏) 가문

설손의 장자인 설장수는 원(元) 지원(至元) 6년(1340)에 태어나 원에서 살다가 아비를 따라 고려에 귀화한[33] 후에 공민왕 11년(壬寅, 1362)에 고

32 백옥경(2008:9)에는 설장수의 家系圖가 있어 그가 岳璘帖穆爾를 시조로 하는 哈剌普華의 5대 후손이며 偰長壽에게는 偰耐, 偰衙, 偰振의 세 아들이 있음을 밝혔다.

려의 진사과(進士科)에 합격하여 환로에 나아가니 나이 22세의 때이다. 이후 이성계의 무리와 더불어 우왕(禑王)과 창왕(昌王)을 몰아내고 공양왕을 세우는 일에 공을 세워 충의군(忠義君)에 봉해졌다. 고려가 망하던 임신(壬申, 1392)에 지공거(知貢擧)가 되어 과거를 주도하기도 하였다. 그 해 여름에 이성계의 역성(易姓)혁명에 동참하지 않아 일시 원악도(遠惡島)에 유배되었다가 이태조가 다시 그를 불러 검교문하시중(檢校門下侍中)을 제수하고 연산(燕山) 부원군에 봉하였다.

고려 말에 설장수는 명(明)에 보내는 사신으로 파견된다. 그가 우왕(禑王) 13년 5월에 명(明)에 사신으로 갔을 때에 명 태조 주원장(朱元璋)은 그를 고가(故家)의 자손이라 남다른 대우를 하였다(『고려사』권136「열전」49, '신우' 4). 조선에서도 정종(定宗)이 등극하자 이를 고하기 위하여 명(明)에 사신으로 설장수가 파견되었으나 역시 명(明)에서도 명 태조 주원장이 돌아가매 중로(中路)에 진향사(進香使)가 되어 명(明)에 다녀왔음은 전술한 바가 있다. 이후 여러 차례 명(明)에 파견되는 사행에 참가하게 된다.

원(元)이 쇠망의 길로 들어섰을 때에 그의 아비 설손(偰遜)은 고려로 귀화하였지만 설손의 동생인 설사(偰斯)는 6년 후에 명(明)에 귀의(歸依)하여 명 태조의 휘하에서 병부원외랑(兵部員外郞)과 상보사(尙寶司)의 관원으로 등용되었다. 설장수의 숙부인 설사(偰斯)는 공민왕 18년(1369)과 19년(1370)에 고려의 사신으로 온 일도 있다. 이러한 이력으로 설씨(偰氏) 가문은 고려와 조선, 그리고 명(明)에서 모두 환영을 받게 되었다. 설장수도 명 혜제(惠帝)의 건문(建文) 원년(1399) 6월에 중국에 다녀오고 그 해 10월에 병으로 돌아가니 향년 59세였다(『정종실록』, 권2, 정종 1년 10월 9일자 기사, 설장수 졸기).

설장수는 위구르인으로 원(元)에서 관직을 얻어 복무한 설손(偰遜)의

---

33 외국인이 고려나 조선에 망명, 또는 이민하는 경우에 이를 向化, 投化, 歸化라고 불렀다. 이 책에서는 向化와 投化를 주로 일본인이나 여진인 등에게 붙여 부르고 漢人들에게는 歸化로 부르고자 한다. 일본인의 경우는 渡來人, 漢人이나 여진인, 그리고 북방민족들은 東來人으로 한다. 이러한 이민족의 명칭에 대하여는 백옥경(2009: 201~202)를 참고할 것.

장자(長子)다. 따라서 가정에서 위구르어를 배웠을 것이며 원(元)에서 자랐으므로 제국(帝國)의 공용어인 한아언어(漢兒言語)에 능통하였을 것이다. 한아언어는 요(遼)와 금(金) 시대에 중국의 동북지방에서 유행하던 방언으로 중국어와 주변 여러 민족의 언어가 혼효된 일종의 크레올(Creole: 졸고, 2006a)이며 잡탕 중국어였다. 이 언어가 원(元) 제국(帝國)의 공용어가 되었으나 오아(吳兒)의 한족이 원(元)를 멸망시키고 명(明)을 건국하면서 수도를 금릉(錦陵), 즉 지금의 남경(南京)으로 정하자 원대(元代)의 한어(漢語)는 오랑캐 원나라의 말, 즉 호원한어(胡元漢語)로 불리면서 철저하게 순화(醇化)시킬 대상이 된 것이다.

그러나 명(明)의 영락제(永樂帝)가 수도를 다시 북경(北京)으로 옮기면서 이 지역의 통용어였던 이 한어는 다시 세력을 얻었으며 후에 이 말은 청(淸)의 만다린을 거쳐 북경관화(北京官話)로 굳어져 오늘날의 부퉁화(普通話)의 기반이 된 것이다. 이 언어는 사서오경(四書五經)의 언어였던 동주(東周) 낙양(洛陽)의 아언(雅言)과는 전혀 다른 별개의 중국어였으며 진(秦) 이후 한(漢)을 거쳐 당(唐)에 이르기까지 오랫동안 통용되던 장안(長安)의 통어(通語)와도 매우 다른 언어였다. 따라서 원대(元代)에는 유교의 경전을 이 한아언어로 풀이하는 작업이 유행하였다.

2.2.2 설장수의 〈직해소학(直解小學)〉

그런 와중에서 설장수가 『소학』을 한아언어로 풀이한 <직해소학>을 저술하여 조선 사역원의 한어 교재로 사용하였다. 즉, 『정종실록』(권2) 정종 2년(1399) 10월 19일(을묘) 세 번째 기사에 실린 설장수의 졸기(卒記)에 "所撰直解小學行于世, 且有詩藁數帙。 - [설장수가] 찬술한 직해소학이 세상에 간행되었고, 또 시고(詩藁) 여러 질이 있다"라는 기사가 있어 그가 <직해소학>을 편찬하였음을 알 수 있다. 이 책은 현전하는 것이 없어 분명하지는 않지만 중국의 유명한 유교 경전이며 아동 교재이던 <소학(小學)>을 원대 한아언어로 풀이한 것으로 보인다.

그의 <직해소학>은 원대(元代) 노재(魯齋) 허형(許衡)의 <직해대학(直解

大學)>을 본떠서 만든 책이다.[34] 원대(元代)에 박학다식하여 노재(魯齋) 선생으로 불리던 허형(許衡)의 『직해대학』은 역시 유교의 경전에서 사서(四書)의 하나로 불리는 『대학』을 원대 한아언어로 풀이한 것이다. 설장수가 그에게 지대한 영향을 준 허형(許衡)을 본떠서 <직해소학>을 찬술한 것은 역시 고려에서 한아언어를 교육하기 위한 것이다. 이러한 유교 경전을 당대 한어로 풀이한 것은 설씨(偰氏) 집안이 비록 위구르의 고창(高昌)국 사람들이지만 일찍부터 한(漢)문화에 동화되어 유교의 경전을 읽고 공부한 때문이다.[35]

위구르족의 고창(高昌)에서 귀화한 설장수의 가계는 백옥경(2008)에서 상세하게 논의되었다. 설장수의 조부인 설철독(偰哲篤)이 고창(高昌)에서도 일찍이 한화(漢化)된 가문으로 유명한 고창 염씨(廉氏)의 월윤석호독(月倫石護篤, 1301~1341)과 혼인하였다. 이 여인은 『효경』과 『논어』 등을 읽고 『여효경』, 『열녀전』 등을 외었다고 한다(蘇啓慶, 1999:29). 또 설장수의 모친인 조씨(趙氏)도 성격이 엄하고 법도가 있었다(『태종실록』 권29, 태종 15년 3월 壬寅 '설미수의 졸기)고 하여 이미 이 가문은 한족(漢族)에 동화되어 유가(儒家)의 인물로 자녀를 교육하였음을 알 수 있다. 설장수의 집안은 원대(元代)에 가장 한화(漢化)되어 과거에 많이 합격한 명문가였고 설손(偰遜)의 후손들도 모두 고려에서 과거에 급제하여 현달하게 된다.

전게한 바 있는 『정종실록』(권2) 정종 1년 10월 19일의 기사인 '판삼사사(判三司事) 설장수의 졸기(卒記)'에 "판삼사사 설장수가 졸하였다. 휘(諱)는 장수요, 자는 천민(天民)이었다. 그 선조는 회골(回鶻) 고창 사람이었다. 지정(至正) 기해(己亥,1359)에 아비 백료손(伯遼孫)이 가족을 이끌고

34 魯齋 許衡은 河內 사람으로 학자로 魯齋先生으로 불렸으며 字는 仲平이다. 元 世祖 때에 國子 祭酒로 불려가서 후일 中書省의 中書左丞을 지냈다. 박학다식하여 다방면에 관심이 있었으며 『魯齋心法』, 『魯齋遺書』를 남겼고 『直解大學』을 찬술하였다.

35 이 가문은 高昌에 살던 때부터 중국 문화에 同化되어 유교 경전을 읽고 元에서 실시한 과거에 문중의 여럿이 급제하였다. 설장수의 父와 祖父도 모두 元의 과거에 응과하여 급제한 바 있고 그로 인하여 벼슬에 나아갔다. 이에 대하여는 백옥경(2008)을 참고 할 것.

피난하여 동래(東來)하니, 공민왕이 옛 지우(知遇)라 하여 전택을 주고 부원군(富原君)으로 봉하였다. 임인(壬寅, 1362)에 공(公)의 나이 22세에 진사과(進士科)에 합격하여 벼슬이 밀직제학(密直提學)에 이르고, 완성군(完城君)에 봉해졌으며 추성보리공신(推誠輔理功臣)의 호(號)를 하사 받았다"라는 기사가[36] 있어 그가 원대(元代)의 한어는 물론 그 이전의 통어(通語), 즉 당송(唐宋)의 한문에도 능통하였음을 알 수 있다.

2.2.3 한아언어(漢兒言語)와 위구르 문자

그러나 그는 원래 위구르인이어서 가정에서는 위구르어를 세습언어(heritage language)로 상용하였을 것으로 추정된다. 비록 설장수의 5대조인 아린테무르(岳璘帖穆爾)가 몽고의 칭기즈 칸에 복속하고 4대조인 하라보화(哈剌普華)가 원(元)의 쿠빌라이 칸에게 귀의(歸依)하였으며 또 다시 그의 아비 백료손(伯遼孫)이 고려에 귀화하였더라도 집안에서는 위구르어를 그대로 계승하였을 것이다. 그리고 이 가문을 통하여 나라를 잃은 위구르 민족의 고단한 여정을 여실하게 볼 수 있다.

따라서 그는 위구르어와 원대(元代)의 한아언어, 그리고 고려어를 모두 습득한 인재로 보이며 그가 <직해소학>을 저술한 것은 고려 충렬왕 2년(1276)에 元의 한아언어와 몽고어를 교육하기 위하여 교재로 편찬한 것이다. 그가 위구르어를 배운 것은 그가 위구르인의 집안에서 양육되었으며 그의 모친도 위구르인이므로 그는 위구르어를 세습언어(heritage language)로 사용하였을 것은 자명한 일이다.[37]

---

36 원문은 "○判三司事偰長壽卒。諱長壽字天民, 其先回鶻高昌人。至正己亥父伯遼遜挈家避地于我國, 恭愍王以舊知, 賜田宅封富原君。壬寅公年二十二, 中同進士科, 仕至密直提學, 封完城君, 賜號推誠輔理功臣。丁卯, 以知門下府事, 奉表赴京, 奏免起取流移人戶李朶里不歹等, 仍蒙許襲冠服。庚午夏, 以高麗王氏復位定策功, 封忠義君。"(『정종실록』 권2 14엽 뒤)와 같다.

37 계승, 또는 세습언어(heritage language)는 최근 언어교육학에서 새로 등장한 술어다. 외국에 移民하여 다른 언어권에 살게 되었을 때에 집안에서 사용하는 가족들의 원래 사용하던 언어를 이렇게 부른다. 최근 학술회의에서 손성옥(2015)에 소개되어 Campbell(1984)에서 그 술어의 참 뜻을 확인하였다. 적절한 술어를 찾

고려에서는 충렬왕 2년에 통문관(通文館)을 설치하고 역설(譯舌)을 양성할 때에 한아언어의 교재를 편찬하였는데 이 <직해소학>도 그 언어를 교육하기 위하여 편찬한 것으로 보인다. 실제로 통문관은 사역원으로 개명하여 조선에서도 계속해서 역관 양성의 기관으로 존치(存置)되었다. 그리고 조선 전기에 사역원의 한어 교재로 <직해소학>이 <노걸대>, <박통사>와 함께 본업서(本業書)의 하나로 사용되었다는 기사가 『경국대전』이나 『통문관지』 등에 명기되었다.

즉, 『세종실록』(권47) 세종 12년 3월 18일(戊午)의 기사에 상정소(詳定所)에서 제학(諸學) 취재에 대한 계문(啓文)이 있다. 여기에서 한훈(漢訓, 한학을 말하며 한어의 교육을 뜻함)과 한이학(漢吏學)의 출제서로 <직해소학>의 서명이 보인다. 또, 『경국대전』(권3) 「예전」 '역과초시(譯科初試)'의 '강서(講書)'조에 배강(背講)을 해야 하는 본업서 3책의 하나로 <노걸대>, <박통사>와 함께 <직해소학>이 있다. 따라서 당시 역과 한학의 기본 출제서이며 한어 교육의 기초 교재였음을 알 수 있다.

<직해소학>은 『대학』을 당시 한아언어로 풀이하여 노재(魯齋)가 『직해대학』을 편찬한 것과 같이 송대(宋代)에 편찬된 훈몽교재인 『소학』을 당시 한어로 풀이한 것이다.[38] 원대(元代)에는 이와 같이 유교 경전을 한아언어로 풀이하여 아동 교육의 교재로 사용하는 일이 많았다. 그 대표적인 것으로 『직해효경(直解孝經)』을 들 수 있다. 이 책은 현전하기 때문에 '직해(直解)'라는 서명의 경전이 어떤 것인지 알 수 있다. 이에 대하여는 졸고(2006)와 졸저(2014)에서 이미 상세하게 논의되었으나 여기서는 <직해소학>을 이해하기 위하여 이를 다시 한 번 재론하고자 한다.

『직해효경』은 일명 <성재효경(成齋孝經)>이라고도 불리는데 역시 위구르인의 북정(北庭)[39]에서 성재(成齋)라는 호(號)의 소운석(小雲石) 해애(海

게 되어 고맙게 생각한다.

38 『小學』은 宋代에 아동용 교과서로 朱子의 가르침을 받아 劉子澄이 지은 것이다. 교육 받은 인간이 해야 할 일, 즉 灑掃, 應對, 進退에서의 예법과 善行과 嘉言을 고금의 여러 책에서 뽑아 편찬한 것이다.

涯, 1286~1324)가 유교 경전의 하나인 『효경(孝經)』을 한아언어로 풀이한 것이다. 즉, 일본에 전해지는 『신간전상성재효경직해(新刊全相成齋孝經直解)』에 붙은 성재(成齋)의 자서(自敍)에

> [前略] 嘗觀魯齋先生取世俗之□直說大學, 至於耘夫竟子皆可以明之, 世人□之以寶, 士夫無有非之者於以見 云云. [下略] - [전략] 일찍이 노재선생이 세속적으로 쓰이는 구어로 <대학>을 직접 풀이한 것을 보면 밭가는 농부나 아이들까지도 모두 분명하게 알 수 있으니 세상 사람들이 이를 보배로 여기며 선비들도 이를 보고 틀렸다는 사람이 없었다. 운운 [하략][40]

라는 기사가 있어 『직해효경』이 노재(魯齋) 허형(許衡)의 『직해대학』을 본떠서 한아언어로 『효경(孝經)』을 풀이한 것임을 알 수 있다.

『직해효경』을 편찬한 소운석(小雲石) 해애(海涯)는 호가 성재(成齋)이며 위구르인으로 북정(北庭)이 몽고군에 멸망한 이후에 원(元)에 귀의(歸依)한 후에 성을 관(貫)으로 하여 관운석(貫雲石)이라 하였으니 이에 대하여 『원사(元史)』(권143)에 다음과 같이 소개되었다.

> 小雲石海涯家世, 見其祖阿里海涯傳, 其父楚國忠惠公, 名貫只哥, 小雲石海涯, 遂以貫爲氏。 復以酸齋自號。 [中略] 初襲父官爲兩淮萬戶府達魯花赤。[中略] 泰定元年五月八日卒, 年三十九. 贈集賢學士中奉大夫護軍, 追封京兆郡公, 謚文靖. 有文集若干卷, 直解孝經一卷, 行于世..。 ― 소운석 해애의 가세는 그 조부 아리 해애의 전기를 보면 아버지가 초국(楚國)의 충혜공(忠惠公)으로 이름이 관지가(貫只哥)였으며 그리하여 소운석

39 北庭은 앞에서 고찰한 新疆省에 들어간 위구르인들이 정착한 곳이다. 칭기즈 칸의 몽고군에 정복되었다.

40 □ 부분은 원서가 훼손되어 해독하지 못한 부분임. 아마도 '語'자로 보인다. 이상은 졸저(2014:42)의 것을 수정 보완함.

> 해애는 '관(貫)'으로 성을 삼았다. 또 자호(自號)를 '산재(酸齋)'라 하였다. [중략] 처음에는 아버지의 관직을 세습하여 '양회만호부다르가치(兩淮萬戶府達魯花赤)'가 되었다. [중략] 태정 원년(1324) 5월 8일에 세상을 떠났다. 나이가 39세 집현학사 중봉대부(中奉大夫) 호군(護軍)을 증직(贈職)하였고 경조군공(京兆郡公)으로 추증되었다. 시호는 문정(文靖)이며 문집 약간 권과 『직해효경』 1권이 있어 세상에 유행하였다.[41]

이 기사를 보면 소운석 해애가 『직해효경(直解孝經)』 1권을 지어 세상에 유행시켰는데 그는 원래 위구르인으로 한명(漢名)을 부친의 성(姓)을 따라 '관(貫)'으로 하여 관운석(貫雲石)이라 하였음을 알 수 있다.[42] 그리고 『효경』을 당시 북경어, 즉 한아언어로 알기 쉽게 풀이한 것이 『직해효경』임을 아울러 알 수 있다. 그는 자호인 관산재(貫酸齋)란 이름으로 악부산곡(樂府散曲)의 작자로도 널리 이름을 떨쳤다.

설장수(偰長壽)가 한아언어의 교재로 찬술한 <직해소학>도 이와 유사한 것으로 추정된다. 다만 이 책이 오늘날 전하지 않아 실제로 어떤 교재였는지 확인할 수 없으나 앞에서 언급한 허형(許衡)의 『직해대학』이나 관운석의 『직해효경』과 같을 것이다. 그리고 이 교재는 원대(元代)의 공용어인 한아언어(漢兒言語) 학습을 위한 것이었으며 명대(明代)의 남경관화(南京官話)로 수정되지 않을 수 없었을 것이다.

이와 같은 한어(漢語)의 수정에 대하여는 이미 졸고(2006)와 졸저(2014)에서 자세히 검토되었다. 그에 의하면 성종 14년(1483)에 명(明)의 사신(使臣)으로 온 한인(漢人) 갈귀(葛貴) 등에 의하여 <노걸대>와 <박통사>가

41 졸고(2006)에서 수정하여 재인용함.

42 『직해효경』은 당시 매우 인기가 있었던 것으로 錢大昕의 『補元史藝文志』(권1)와 金門詔의 『補三史藝文志』에 "小雲石海涯直解孝經一卷 — 소운석 해애가 지은 직해효경 1권"이란 기사가 보이며 倪燦의 『補遼金元藝文志』와 盧文弨의 『補遼金元藝文志』에도 "小雲石海涯孝經直解一卷 — 소운석 해애의 효경직해 1권"이란 기사가 보인다. 明代 焦竑의 『國史經籍志』(권2)에는 "成齋孝經說 一卷 — 성재의 효경해설 1권"으로 기재되었다(長澤規矩也, 1933).

산개(刪改)될 때에 <직해소학>도 함께 수정되었다고 한다.[43]

3) 위구르 문자로 작성된 몽학서와 여진학서

2.3.0 위구르인으로서 고려에 귀화한 설장수가 조선의 건국과 더불어 사역원을 복치하고 당시 조선과의 통교(通交)에서 필요한 외국어를 교육할 때에 당연히 그의 영향을 받게 될 것이다. 그렇다면 그로 인하여 사역원의 여러 교재에서 위구르 문자가 애용된 것은 아닌가? 여기서는 이에 대하여 살펴보기로 한다.

당시 한어(漢語)의 표기에 사용된 한자(漢字)는 동아시아의 가장 강력한 문자이며 이미 이 땅에서도 상용되는 문자이므로 이를 교육하는 것은 문제가 없었다. 그러나 몽고어와 일본어, 그리고 여진어의 교육에서 어떤 문자가 교육되었을까? 몽고어는 원(元)의 국자(國字)로 제정한 파스파 문자가 아니라 몽고-위구르 문자로 몽고어 교재가 편찬된 것으로 보아도 아무런 무리가 없다. 왜냐하면 설장수가 사역원을 복치(復置)할 때에는 원(元)이 이미 망하고 명(明)이 건국되어 호원(胡元)의 잔재(殘滓)인 파스파 문자를 철저하게 폐절시켰기 때문이다. 그리고 오늘날 남아 있는 몽고어 교재들은 비록 그것이 임진왜란과 병자호란 이후에 다시 편찬된 것이라 하여도 모두 몽고-위구르 문자로 표기되었기 때문이다.

일본어 교육에서도 한자를 변형시킨 가나문자로 쓰인 교재를 사용하였을 것임은 자명한 사실이다. 왜냐하면 현전하는 왜학서들이 모두 가나문자로 작성된 것이며 졸저(1988)에서 밝힌 바와 같이 당시 사역원의 왜학 교재는 일본 무로마치(室町) 시대에 데라코야(寺子屋) 등의 사립학교에서 사용하던 아동용 교과서를 수입한 것이기 때문이다.

그러나 조선 전기에 사역원 사학(四學)의 하나였던 여진학의 교재들

43 『성종실록』(권158) 성종 14년 9월 20일(庚戌)의 기사에 "先是, 命迎接都監郎廳房貴和, 從頭目葛貴, 校正老乞大、朴通事。至是又欲質直解小學"이는 기사가 있어 이 사실을 알 수 있다.

은 어떤 문자로 작성되었을까? 이 문제에 대하여 논의한 경우가 아직 없었기 때문에 아무도 이에 대하여 정답을 줄 수가 없다. 주지하는 바와 같이 사역원의 여진학은 함경도 이북의 야인들, 즉 여진족의 언어를 교육하였다. 그러나 이 여진학은 병자호란(丙子胡亂) 이후에 만주어의 청학(淸學)으로 교체되어 오늘날 전해지는 여진학서, 즉 여진어 학습서는 하나도 없다. 다만 여진학서였던 <팔세아(八歲兒)>와 <소아론(小兒論)>이 후일 만주어 학습의 청학서로 재편되어 현전하기 때문에 이를 통하여 여진학서, 즉 여진어 교육의 어학 교재에 대하여 어렴풋이 유추할 수 있다.

2.3.1 위구르 문자

조선시대의 몽고어 교재와 여진어, 만주어 교재는 본서에서 모두 위구르 문자로 작성된 것이라고 주장하였다. 그러면 몽고어와 만주어 표기에 사용된 위구르 문자는 무엇인가? 위구르 문자(Uighur script)는 페니키아문자(Phoenician) 계통인 아람(Aramaic) 문자에서 파생한 소그드문자(Sogdian)의 하나다.[44] 고대(古代) 소그디아나(Sogdiana)로부터 중앙아시아 일대, 그리고 중국 본토에 이르기까지 활동하던 소그드인들이 사용하던 소그드문자를 이들과 교섭하던 위구르인들이 도입하여 이 문자로 여러 문헌을 작성하였다. 따라서 문자학계에서는 위구르 문자가 소그드문자와 같이 북서(北西)셈(Northwest-Semitic) 문자에 속한다고 보며 그 글자도 Aleph, beth, gimel의 순서로 시작되어 첫째와 둘째 글자가 희랍어와 라틴어, 그리고 영어의 알파벳과 유사하다.

위구르 문자가 소그드문자에서 온 것이고 문자의 배열순서는 같지만 그 글자의 음가와 정서법은 서로 달랐다. 거기다가 소그드문자는 오른쪽에서 왼쪽으로 횡서(橫書)하였지만 위구르 문자는 한자의 영향을 받았는지 주로 종서(縱書)로 썼다. 초기의 위구르 문자는 횡서한 것도

44 더 정확하게 말하자면 페니키아-아람문자(Phoenician-Aramaic script)로부터 발달한 문자다.

있었다고 하지만 남아있는 위구르 문헌들은 거의 모두 종서된 것이다. 다만 한문과 다르게 왼쪽에서 오른쪽으로 행을 이어갔다.

위구르 문자는 처음에는 소그드문자와 거의 같은 정서법을 가졌으나 시대의 변천에 따라 문자의 자형과 음가, 그리고 사용법이 달라졌다. 위의 [사진 1-1]에서 보이는 것처럼 12) samech의 /s/와 16) schin의 /š/의 자형이 동화되어 본래의 /š/를 표음하기 위하여 오른 쪽 옆에 2점을 찍었다. 또 3) gimel /ɣ/과 6) cheth /x, q/의 자형이 어말(語末)의 위치에서만 구별되었는데 6) cheth의 아랫부분을 길게 하고 3) gimel의 윗부분을 짧게 하였으나 서서히 gimel의 형태로 바뀌어 갔다.

〈表〉ウイグル文字の音価

名 称	転写	ウイグル音	語頭	語中	語末
1 aleph	'	ä			
	'	a, ä			
aleph+aleph	''	a			
2 beth	·β	v, w, f			
3 gimel	γ	γ			
4 vau	w	o, u, ö, ü			
aleph+vau	'w	o, u			
aleph+vau+jod	'wy	ö, ü			
5 zain	z	z			
点付加	ż	ż			
6 cheth	x	x, q			
点付加	q	q			
7 jod	y	y			
	y	y, ï, i, e			
aleph+jod	'y	ï, i, e			
8 caph	k	k, g			
9 lamed	δ	d, ð			
10 mem	m	m			
11 nun	n	n			
点付加	n	n			
nun+caph	nk	ŋ			
12 samech	s	s			
13 pe	p	b, p			
14 tzaddi	c	č			
15 resh	r	r			
16 schin	š	š			
点付加	š	š			
17 tau	t	t			
18	l	l			

[사진 1-1] 위구르 문자의 알파벳 순서[45]

5) zain /z/는 소그드 언어에서는 11) nun /n/과 구별하기 위하여, 또는 /ž/를 표음하기 위하여 1점, 또는 2점을 붙였다. 위구르어에서도 초기 문헌에는 /z/에 점을 더 하기도 하고 /ž/를 분명하게 표음하기 위하여 2점을 붙이기도 했다. 1) aleph /a, ä/와 11) nun /n/의 자형은 초기 문헌에서 변별하기가 어려웠다. 더욱이 어중(語中)의 위치에서 6) cheth, 3) gimel과의 구별도 어려웠다. 그로부터 11)

45 河野六郎·千野榮一·西田龍雄(2001:119)에 소개된 庄垣内正弘(1993)를 참고한 것이다. 이미 故人이 된 庄垣内正弘씨는 필자와 오랜 知人으로 고대 위구르 문자에 대하여 많은 敎示를 주었다. 첨부사진은 편집의 편의를 위하여 세로로 세웠다.

nun의 자형에 점차 1점을 붙이게 되었다.

위구르 문자는 원래 다음자성(多音字性)의 커다란 문자였다. 문자간의 구별도 비교적 확실했었는데 후기에 들어와서 초서체의 문자가 발달함에 따라 문자간의 구별이 매우 애매해져서 사본에 의하면 aleph, nun, gimel의 돌기 부분이 생략되어 1본의 봉선(棒線)이 여러 개의 문자를 대신하기도 한다. 예를 들면 /s--l/, /bwr--n/이 /saqal/ '수염', /burxan/ '부처'와 같이 한 줄의 선이 /aqa/, /xa/을 표기한다(河野六郎·千野榮一·西田龍雄, 2001:120).

후기의 위구르 문자는 한자의 영향을 받아 문자로서는 분석이 불가능하게 하나의 문자가 하나의 의미를 표하기도 한다. 이 시대에는 위구르 불경에서 한자를 섞어 쓴 위구르 문장이 발견된다. 한자는 음독하는 것과 석독하는 것이 있지만 대체로는 석독하였다. 석독 한자에다가 위구르어의 접사(接辭)가 덧붙여서 마치 우리 한문과 한글이 섞여 쓰인 문장과 같다. 당시 위구르에는 위구르 한자음이라는 것이 있었던 것 같은데 역시 우리가 별도의 한자음을 가졌던 것과 같다.

위구르 문자는 소그드문자를 차용하여 사용하여서 초기에는 소그드의 언어적 특색을 많이 가졌으나 한문 불경을 대량으로 번역하면서 한자 표기의 영향을 받게 되었다. 일반인들의 속문서에는 개인적인 특징이 들어난 치졸한 표기가 많이 남아있다.

소그드문자에는 해서체(楷書体)와 초서체(草書体)가 있는데 위구르 문자는 해서체를 차용하였으나 현재 중국의 신강성(新疆省) 위구르 자치구와 감숙성(甘肅省)에 남아있는 위구르 문헌에는 극소수지만 초서체의 소그드문자로 쓰인 것도 있다. 이 문자는 초기(9~11세기)와 후기(13~14세기) 문헌으로 나눌 수가 있으며 문자의 형태와 목록이 많이 다르다. 초기의 소그드문자를 도입해서 위구르어를 기록하던 때의 문자 모양은 두 문자가 크게 다르지 않았으나 후기 문헌에 보이는 위구르 문자는 초기의 소그드문자와 많이 달라서 확연하게 구분된다.

2.3.2 몽고-위구르 문자

몽고인들은 칭기즈 칸(成吉思汗)이 등장할 때까지 문자를 알지 못했다. 『원사(元史)』에 의하면 1203년에 위구르족의 나이만(乃灣)을 정복하고 포로로 잡은 타타퉁아(塔塔統阿)로 하여금 칸의 자식들과 신하들에게 위구르 문자를 교육하게 하여 몽고어를 기록하였다고 한다. 『장춘진인서유기(長春眞人西遊記)』에는 1222년에 칭기즈 칸에게 장생(長生)의 술(術)을 가르쳐줄 때에 위구르인인 아리선(阿里鮮)이란 서기(書記)가 이를 위구르 문자로 기록했다는 기사가 있어 위구르인이 사용하던 이 문자를 점차 몽고인들도 사용하기 시작한 것으로 본다.

SOGDIAN				UIGHURIC			
Finally	Medially	Initially	Transcription	Finally	Medially	Initially	Transcription
			a,ä				a,ä
			i,ï				i,ï
			o,ö u,ü				o,ö u,ü
			γ,q,x				γ,q,x
			g,k				g,k
			i,j				i,j
			r				r
			l				l
			t				t
			d				d
			č				č,ǧ
			s				s
			š				š
			z,ž				z
			n				n
			b,p				b,p
			v				w,f
			w				
			m				m
			h				

[사진 1-2] 소그드문자와 위구르 문자의 대비표[46]

1224년이나 1225년에 만들어진 칭기즈 칸의 돌(Chinggis Khan's Stone)이 현재로서는 몽고어를 위구르 문자로 쓴 가장 오래된 것으로 알려졌다.[47] 몽고인들이 차용하여 쓴 위구르 문자를 몽고-위구르(蒙古畏兀) 문자라고 한다. 차용한 것이기 때문에 몽고어를 기록하기에 적당한 문자가

46 Poppe(1965:66)에서 인용함.

47 이 칭기즈 칸의 돌(Chinggis Khan's Stone)은 러시아 列寧格勒의 亞洲博物館에 소장되었다고 함. 이에 대하여는 졸저(2012) 및 村山七郎(1948)과 Laufer(1907)을 참고할 것.

아니어서 후대에 다른 문자로 교체하려고 끊임없이 노력하였으나 모두 실패하고 현재 몽고의 교육 문자로 사용한다.[48]

조선 초기의 몽고어 교재들은 오늘날 전하는 것이 없어 확인할 수 없으나 서명으로 보아 몽고인들의 훈몽서로 보이며 모두 몽고-위구르 문자로 작성된 것으로 알려졌다. 왜 파스파 문자가 아니고 위구르 문자로 쓰인 것으로 보느냐하면 사역원(司譯院)이 설치되었을 때는 호원(胡元)의 잔재(殘滓)로 파스파 문자를 폐절시키려는 명(明)의 정책이 치열하게 전개된 때였으므로 이 문자로 작성된 서적을 조선에서 사용하기 어려웠을 것이다.

오늘날 남아 있는 몽학서들은 병자호란(丙子胡亂) 이후에 새롭게 편찬된 것이지만 모두 몽고-위구르 문자로 작성되었다. 그러나 한동안 전란(戰亂)에 남아있던 초기의 몽학서들이 그때에도 함께 사용했다는 기록이 있어서 호란(胡亂) 이후에 편찬된 <몽어노걸대(蒙語老乞大)>와 <첩해몽어(捷解蒙語)>와 같이 몽고-위구르 문자로 작성되었을 것임이 틀림이 없다. 몽고어를 위구르 문자로 표기하는 전통은 이미 조선 건국 초기에 위구르 귀화인 설장수(偰長壽)에 의하여 확립되었기 때문이다.

2.3.3 여진문자

『경국대전』에 규정된 사역원의 사학(四學)에는 여진어를 교육하는 여진학이 포함되었다. 그러면 이 여진학서들은 어떤 문자로 작성되었을까? 지금까지는 막연히 금(金)에서 제정한 여진문자로 작성되었을 것으로 믿어왔다. 그러나 이 문자는 금(金)에서 제정하였지만 요(遼)의 거란(契丹) 문자에 눌려 금(金)에서도 제정된 훨씬 후대에 사용하였고 금(金)의 멸망과 더불어 문자는 폐절된다.

---

48 몽고인들은 元代에 이미 이 문자의 결함을 알고 파스파 문자를 만들어 사용하였으나 元 帝國의 멸망과 함께 소멸되었다. 후에도 소욤보 문자(Soyombo script), 바긴드라 문자(Vagindra script) 등으로 불리는 몽고-위구르 문자의 변형을 만들어 사용하였으나 끝내 문자로 정착하지 못하였다.

즉, 여진족은 고유한 문자를 갖지 않았다가 아구타(阿骨打)가 여진족의 세력을 모아 금국(金國)을 건국하고 금(金)의 태조가 된 다음에 거란문자에 의지하여 한자와 유사한 표의문자를 만들었으며 후일 이를 보완하는 문자를 만들었다. 즉, 이 여진문자는 금(金) 태조 천보(天輔) 3년(1119)에 왕의 명으로 완안희윤(完顔希伊, 한자명 谷紳)으로 하여금 한자와 거란문자를 절충하여 만든 문자가 있고 금(金) 희종(熙宗)이 천권(天眷) 원년(1138)에 다시 여진자를 만들어 희윤(希伊)의 것과 병행토록 하였는데 후자를 여진소자(女眞小字)라고 하고 전자를 여진대자(女眞大字)라고 불렀다.

이 여진자의 해독은 아직 이루어지지 않았다. 오히려 그동안 여진자로 알려진 것도 실제는 거란(契丹) 문자임이 밝혀지기도 하였다(金啓綜, 1979). 여진자의 자료로 확인된 것으로는 현재 길림성(吉林省) 부여현(扶餘縣) 서가점향(徐家店鄕)의 석비외자촌(石碑崴子村)에 있는「대금득승타송비(大金得勝陀頌碑)」가 유명하다. 이 비문은 이곳에서 금(金)의 태조 아구타(阿骨打)가 거란의 요(遼)에 대항하여 거병할 것을 선서한 것이다. 금(金)의 5대 황제인 세종(世宗)이 대정(大定) 25년(1185)에 조종(祖宗)의 전승(戰勝)을 기념하여 이와 같은 비를 세운 것인데 양각(陽刻)한 것은 한문이고 이에 대한 여진어를 여진문자로 써서 음각(陰刻)하였다.

2.3.4 여진문자의 한반도 전래

이와 같은 여진문자는 함경북도 경원(慶源)에 여진자로 된 비(碑)가 있어 이 글자가 실제로 이 지역에 거주한 여진족들이 사용하였음을 보여준다.[49] 이 여진자를 고려에서 학습하였음은『고려사』(권22) 고종 12년 을유(乙酉)조에 "六月辛卯, 王如奉恩寺, 東眞人周漢投瑞昌鎭, 漢解小字文書, 召致于京使人傳習, 小字之學始此 - [고종 12년(1225)] 6월 신묘에 왕이 봉은사에 갔다. 동진(東眞)[50] 사람 주한(周漢)이 서창진에 투항하였다. 주

49 이 여진자의 비문은 국립중앙박물관에 소장되었다. 이 사실과 당시 함북 경원 지역은 고려의 영토 안에 있지 않았음을 알려준 김동소 교수에게 감사를 드린다.

한이 [여진]소자의 문서를 알아 서울로 초청하여 사람들로 하여금 배우게 하였는데 소자의 학습은 이로부터 시작되었다."라는 기사가 있다.

이것은 서창진(瑞昌鎭)에 투항한 동진(東眞)사람 주한(周漢)이 여진 소자의 문서를 해독하므로 서울로 초치(召致)하여 사람들에게 여진문자를 가르치도록 하였고 이로부터 소자(小字)를 배우게 되었다는 내용이다. 여기서 소자(小字)가 앞에서 말한 여진소자를 지칭한다면 고려 고종 12년(1225)부터 여진문자가 이 땅에서 학습되었음을 알 수 있다.[51]

조선에서는 여진학이 다른 한(漢), 몽(蒙), 왜학(倭學)의 삼학(三學)에 비하여 늦게 사역원에 설치되었다. 즉, 조선에서 사역원은 太祖 2년(1393)에 설치되었고 이때부터 몽고어 교육, 즉 몽학도 설치었으며 태종 13년(1413)에는 일본어의 왜학이 설치되었으나 여진학은 『경국대전』(1469)이 간행되었을 때 비로소 그 이름이 사역원에 보인다. 따라서 적어도 세종 12년(1430)까지는 여진학이 사역원에 설치되지 않은 것이다. 즉, 『세종실록』(권47) 세종 12년 3월 18일의 기사에 보이는 상정소(詳定所)의 제학(諸學) 취재(取才)에서 역학(譯學)으로는 한학(漢學), 몽학(蒙學), 왜학(倭學)만이 보이고 여진학(女眞學)은 없다. 따라서 이때까지는 여진어 교육이 이루어지지 않은 것으로 보아야 한다(졸저, 2014).

다만 『경국대전』 이전에도 사역원에서 여진어를 교육한 것으로 보이는 기사가 실록에 전한다. 즉, 『세종실록』(권64) 세종 16년 6월 경오(庚午, 25일)조에

> ○庚午禮曹啓: "解女眞文字者, 不過一二人, 將爲廢絶。 侍朝人及咸吉道女眞子弟中解女眞文字者, 選揀四五人, 屬於司譯院, 定爲訓導, 兼差通事

---

50 東眞은 고종 2년(1215)에 여진족의 浦鮮 萬奴가 만주의 遼陽에 세운 나라. 고종 21년(1234)에 몽고에 멸망하였다.

51 金 太祖의 女眞大字와 熙宗의 女眞小字는 金代에 女眞語 표기에 널리 사용되었으며 金 世宗(1161~1187)에는 이 文字로 中國의 經史類의 서적을 번역하고 女眞大學을 세워 학문적 발전을 도모하였다. 高麗에서는 元代 이전에 이들과의 접촉이 빈번하였음을 여러 史籍의 기록을 통하여 알 수 있다.

> 之任。" 從之。 - 경오일에 예조에서 아뢰기를, "여진문자를 이해하는 자가 불과 1, 2인이어서 장차 폐절(廢絶)하게 되겠사오니, 시조인(侍朝人-관리를 말함) 및 함길도의 여진인 자제 중에서 여진 문자를 이해하는 자 4, 5인을 추려 뽑아서 사역원에 소속시켜 훈도(訓導)로 삼으시고, 겸하여 통사(通事)로 임명하도록 하옵소서"하니, 그대로 따랐다.

라는 기사로 보아 조관(朝官)으로 있는 우리나라 사람이나 함길도에 사는 여진족의 자제 중에서 여진문자를 해독하는 사람을 뽑아서 사역원의 훈도(訓導)나 통사(通事)의 임무를 겸하게 한다는 내용이다. 이를 보면 이때에 사역원에서 여진어 및 여진문자의 교육이 있었음을 알 수 있게 한다.

『경국대전』(권3) 「예전」 '사역원'조에 한학, 몽학, 왜학과 더불어 여진학이 있어 사역원의 사학(四學)이 완비되었는데 여진어를 배우는 교재로는 대전의 같은 곳 '역과(譯科) 사자(寫字)'조에 "千字, 天兵書, 小兒論, 三歲兒, 自侍衛, 八歲兒, 去化, 七歲兒, 仇難, 十二諸國, 貴愁, 吳子, 孫子, 太公, 尙書" 등 15종의 여진어 학습서를 들었다. 그러나 이 여진학서는 오늘날 전하는 것이 없어 어떤 문자로 여진어를 기록하였는지 알 수가 없다. 다만 이 가운데 <소아론>과 <팔세아>가 만주어 학습의 청학서가 되어 그 내용을 알 수 있고 조선 사역원에서 사용하던 만주문자의 <천자(千字)>가 프랑스 파리국립도서관에 전해진다.

2.3.5 여진학서

여진어 학습의 여진학이 만주어의 청학(淸學)으로 바뀐 것은 강희(康熙) 정미(丁未, 1667)의 일이다. 『통문관지』(권1) 「연혁」 '관제(官制)'에 "康熙丁未女眞學改稱淸學 - 강희 정미에 여진학을 청학으로 개칭한다"라는 기사가 있다. 그러나 실제로는 청학(淸學), 즉 만주어의 교육이 이보다 훨씬 전부터 이루어졌다고 보아야 한다.

즉, 『역관상언등록(譯官上言謄錄)』의 숭정(崇禎) 10년 정축(丁丑) 12월 초

5日의 기사를 보면 의주부윤(義州府尹) 임경업(林慶業)이 청학(淸學) 역관(譯官)과 이문학관(吏文學官)의 필요함을 계주(啓奏)한 상소문이 실렸다.

그에 의하면 청학(淸學) 역관으로 서울에 있는 자는 단지 약간 명뿐이어서 나누어 보내 주기는 어렵지만 사역원 여진학관(女眞學官) 중에서 '稍解淸語者 - 청나라 말을 조금 아는 자'를 선택하여 보내주기를 바란다는 상소가 있어 본원(本院 - 사역원)에서 어떻게 하였으면 좋겠는가를 물었으며 그대로 시행하라는 내용이어서 이미 숭정(崇禎) 정축(丁丑, 1637)에 여진학에서 청학(淸學), 즉 만주어를 교육하고 있었음을 알 수 있다.[52]

따라서 청(淸) 태조 누르하치(努爾哈赤)가 만주족을 규합하여 후금(後金)을 세우고(1616) 중원을 정복한 다음에 청(淸) 태종이 후금(後金)을 청(淸)이라 고친(1636) 이후 명(明)나라를 완전히 멸망시키는(1662) 사이에 두 차례(1627, 1636)에 걸친 침략을 받은 조선에서는 만주어에 대한 필요가 급격하게 증대되었다. 비록 사역원에서는 명(明)이 완전히 망한 후인 강희(康熙) 정미(丁未, 1667)에 비로소 여진학을 청학(淸學)으로 개칭하였으나 그 이전부터 여진어를 대신하여 만주어의 교육이 이루어지고 있었음을 알 수 있다.

사역원 여진학에서 만주어를 교육하는 방법은 이미 『경국대전』(권3) 「예전」 '역과(譯科)'조 올라있는 여진어 교재를 만주문자로 바꾸어 만주어 학습서로 하였을 것임은 추측하기 어렵지 않다.[53] 그렇다면 『경국대전』에 등재된 <천자(千字)>를 비롯한 15종의 여진학서는 어떤 문자로 기록된 것일까? 오늘날 이들 여진학서가 하나도 전해지지 않아서 분명

---

52 [前略] 況臣不解文字, 多事之地不可無吏文學官, 亦令該曹從速下送事。據曹粘目內淸譯在京者 只若干人 似難分送。司譯院女眞學中, 稍解淸語者, 擇送爲白乎旀, 吏文學官定送事段, 前例有無, 自本曹詳知不得, 令本院處置何如？啓依允。(『譯官上言謄錄』 崇禎 10年 丁丑(1637) 12月 初5日條).

53 『經國大典』(권3) 「예전」 「諸科」 '女眞學' 조에는 女眞語를 배우는 譯學書로 "千字、天兵書、小兒論、三歲兒、自侍衛、八歲兒、去化、七歲兒、仇難、十二諸國、貴愁、吳子、孫子、太公、尙書 등 15種을 들고 있다.

히 알 수 없지만 세 가지 가능성이 있다.

첫째는 여진문자(小字 또는 大字)로 기록된 것, 둘째는 한문으로만 기록된 것, 셋째는 다른 표음문자로 여진어를 기록한 것이다. 첫째와 둘째의 가능성은 이들의 서명(書名)으로 미루어볼 때 대부분 중국의 경사류(經史類) 내지는 병서(兵書)라는 점에서 가능할 수 있으나 사역원 역학서의 성격을 살펴보면 대부분이 실용회화를 위한 발음중심의 학습이라는 점에서 첫째, 둘째보다 셋째의 가능성이 큼을 알 수 있다.

2.3.6 여진어의 위구르 문자 표기

주지하는 바, 이 시대의 표음문자로는 중국, 몽고, 만주 및 한반도에서 널리 알려진 것으로 위구르 문자와 元代에 제정된 파스파 문자를 들 수 있다. 파스파字는 몽고어 이외의 언어를 표기하는데 사용된 예를 찾기 어렵지만 위구르 문자는 다른 여러 언어의 표음적 표기에 사용되었으며 후일의 만주문자도 이 위구르 문자를 약간 변형시킨 것이다. 여기에서 사역원의 여진학서에 사용된 표음문자가 혹시 몽고어의 표기에 사용됐던 몽고외올자(蒙古畏兀字), 즉 몽고-위구르 문자가 아닐까 하는 의구심을 갖게 된다.

프랑스 파리 국립도서관에 소장된 <천자(千字)>는 원래『경국대전』의 여진학서에 있던 여진어 교재의 서명이나 후대에 사역원에서 만주어 학습에 실제로 사용된 책으로 보인다. 이 책은 한자의 <천자문>을 상하 이단(二段)으로 나누어 상단(上段)에는 만주문자로 천자(千字)의 중국어 발음을 쓰고 하단(下段)에는 한자로 천자(千字)를 썼으며 상·하 곳곳에 붉은 글씨의 한글로발음을 적어 놓았다.[54]

만주문자는 청(淸) 태조 누르하치(弩爾哈赤)가 에르데니(額爾德尼) 등을 시켜 몽고외올자(蒙古畏兀字)를 차용하여 만주어를 기록한 것으로 만력(萬曆) 27년(1599)에 제정하여 공표한 문자다. 후에 청(淸) 태종이 숭정(崇

54 이 資料는 國會圖書館에 그 Microfilm이 소장되어 있다.

禎) 5년(1632)에 몇 개의 문자를 더 첨가하고 권점(圈點)을 붙여 수정하였으며(Ligeti, 1952) 다하이(達海) 박사 등에 명하여 많은 중국의 서적을 만주어로 번역하여 이 문자로 기록하게 하였다.

이 문자는 몽고-위구르 문자와는 서로 다르지만 만주문자 이전의 여진학서가 몽고-위구르 문자로 기록되지 않았는가 하는 가정을 하게 되는 것은 한자를 변개시켜 만든 여진자(大字, 小字)가 때로는 몽고문자와 함께 쓰인다는 기사가 있기 때문이다. 즉『성종실록』(권241) 성종 21년 6월 무자(戊子, 7일)조의 5번째 기사에

> ○兵曹奉旨, 下書于建州右衛酋長羅下。王若曰, 爾管內童約沙, 今年春來寓我滿浦江外之地, 邊將雖反覆開諭以不可留之意, 而頑不聽命, 結廬耕田, 遷延不去。是不有我國也, 以我國之勢, 逐偸生假息之虜, 有何難焉? 第以約沙窮困來歸, 不卽迫逐, 今姑隱忍以聽其自去耳。皇朝天覆海涵, 罔間內外, 皆爲臣妾, 爾亦受天子之命, 爲本衛長, 所管部落, 皆天子之編氓, 不能存撫, 使之流移, 事若上聞, 豈無咎乎? 且我國事朝廷, 益虔不懈, 今使爾衛之人, 停留境上, 迫近我邊, 氷合無礙, 則往來不難, 跡似交通, 上國必加譴責, 其在彼此, 豈可爲安? 爾兵曹體此意, 明曉彼人, 期於勒還。今將事理, 備錄以示, 爾豈不知是非利害之機? 其亟還約沙, 無貽後悔。用女眞字、蒙古字, 翻譯書之。- 병조에서 교지를 받들어 건주 우위 추장(建州右衛酋長) 나하(羅下)에게 하서(下書)하니 "왕은 말하노라. 너희 관내의 동약사(童約沙)가 금년 봄에 우리의 만포강(滿浦江) 바깥 땅에 와서 사는데, 변장(邊將)이 비록 반복해서 머물 수 없다는 뜻으로 개유(開諭)하였으나, 완악(頑惡)해서 명을 듣지 아니한 채 집을 짓고 밭을 갈면서 지체하고 떠나가지 않는구나. 이것이 우리나라의 소유가 아니라 하나, 우리나라의 위세로 투생(偸生)하여 임시로 사는 오랑캐를 쫓는 데 무슨 어려움이 있겠는가? 단지 동약사가 곤궁하여 돌아온 것을 즉시 핍박하여 쫓지 아니한 것은 우선 꾹 참고 스스로 떠났다는 것을 들으려는 것일 뿐이다. 황조(皇朝)는 하늘을 덮고 바다를 담을 만큼 내외에 막힘이 없

어서 모두 신하가 되었고, 너 또한 천자의 명을 받아 본위(本衛)의 추장(酋長)이 되었으므로, 관할하는 부락이 모두 천자의 편맹(編氓 - 백성을 말함-필자 주)인데, 능히 어루만지지 못하고 흘러다니게 하였으니, 일이 위에 들리게 된다면 어찌 나무람이 없겠는가? 또 우리나라는 중국 조정을 섬겨 더욱 삼가서 게을리하지 않는데, 지금 너희 위(衛)의 사람이 경계상에 머물러 우리의 변경과 가깝게 붙어 있으므로, 어름이 얼어 막힘이 없으면 왕래하는 데 어렵지 아니하여, 그 자취가 마치 교통한 것과 같으니 중국에서 반드시 견책을 더할 것이라, 우리와 너희들에게 있어서 어찌 편안함이 되겠는가?'라고 하고, 그대 병조(兵曹)에서는 이 뜻을 본받아 그들에게 분명히 깨닫게 하여 반드시 쇄환할 것을 기약하라. 지금 사리를 가지고 갖추어 기록하여 보이기를, '너희들이 시비(是非)와 이해의 기미를 알지 못하겠는가? 빨리 동약사를 쇄환하여 후회를 끼침이 없도록 하라.'고 하라."하였다. 여진 문자와 몽고문자로 쓴 것을 번역하여 썼다.

이 기사를 보면 병조(兵曹)에서 건주우위(建州右衛) 추장(酋長)에게 여진자와 몽고자로 번역한 글을 보냈음을 알 수 있다.

실제로 여진어를 기록하는데 사용한 몽고-위구르 문자를 몽고여진자(蒙古女眞字)로 불렀던 예가 있다. 『성종실록』(권261) 성종 23년 1월 경인(庚寅, 19일) 8번째 기사에 "○右承旨權景禧啓曰: "諭都骨兀狄哈之書, 已用蒙古女眞字飜譯, 何以處之?" 傳曰: "予亦思之久矣。今不可輕易傳送, [下略]"- 우승지 권경희가 아뢰기를, '도골올적합(都骨兀狄哈)에게 효유할 글을 이미 몽고여진의 글자로 번역하였는데 어떻게 처리해야 하겠습니까?'하자, 전교하기를, '나도 또한 오랫동안 생각해 왔으나 지금 경솔히 전달할 수는 없겠다'라고 하다. [하략]"는 기사가 있어 몽고여진자로 번역한 유서(諭書)를 여진인들에게 보내려고 하였음을 알 수 있다. 당시 사역원에서는 원(元)의 되르베르진(帖兒月眞, 파스파 문자)뿐 아니라 몽고의 위올진(偉兀眞-위구르 문자)에 대해서 잘 알고 있었음을 추측하기

가 어렵지 않다.[55]

2.3.7 청학서가 된 여진학서

여진어 교재들이 위구르 문자로 쓰였다는 보다 신빙성 있는 증거는 여진학서를 청학서, 즉 만주어 학습서로 바꾸는 과정에서 발견된다. 병자호란 이후 급격히 그 필요성이 강조된 만주어의 학습은 『경국대전』(권3) 「예전」 '여진학(女眞學)' 조에 등재된 15종의 여진어 교재 중에서 왜란(倭亂)과 호란(胡亂)을 거치고 남아있는 5책의 여진학서, 즉 <구난(仇難)>, <거화(去化)>, <상서(尙書)>, <팔세아(八歲兒)>, <소아론(小兒論)>에 의하여 실시되었다고 한다.

즉, 『통문관지』(권2) 「과거」 '청학팔책(淸學八冊)' 조에 "初用千字文、兵書、小兒論、三歲兒、自侍衛、八歲兒、去化、七歲兒、仇難、十二諸國、貴愁、吳子、孫子、太公尙書並十四冊。 兵燹之後, 只有仇難、去化、尙書、八歲兒、小兒論五冊。故抽七處寫字, 以准漢學冊數。- 처음에는 <천자문>, <병서>, <소아론>, <삼세아>, <자시위>, <팔세아>, <거화>, <칠세아>, <구난>, <십이제국>, <귀수>, <오자>, <손자>, <태공상서>의 모두 14책이다. 전란 이후에 다만 <구난>, <거화>, <상서>, <팔세아>, <소아론>의 5책만 남았다. 그러므로 7곳을 추첨하여 사자하게 한느데 한학의 책수에 준한다."라는 기사로부터 여진학서였으나 병란 이후에 남은 5책, 즉 <구난(仇難)>, <거화(去化)>, <상서(尙書)>, <팔세아(八歲兒)>, <소아론(小兒論)>만을 가지고 만주어를 교육하였으며 역과 청학(淸學)의 시험에도 이 책을 출제서로 사용하였다는 것이다. 그러나 이 5책은 여진어를 학습하는 책이며 내용은 다하이(達海) 박사 등이 권점(圈點)을 붙여 만든 신(新) 만주문자가 아니라 앞에서 가정한 바와 같이 몽고여진자, 즉 몽고-위구르 문자로 표기되었을 가능성이 있다.

여진어와 만주어가 서로 별개의 언어이며(Grube, 1896; Benzing, 1956)

55 『세종실록』(권47) 세종 12년 3월 18일(무오)의 기사에 諸學取才 譯學을 蒙訓이라하여 蒙學書가 기록되어 있으며 書字로 '偉兀眞'과 '帖兒月眞'의 이름이 보인다.

문자 또한 달랐으므로 이 5책의 여진학서를 만주어의 학습에 사용하게 되면 語音과 문자에서 중요한 차이가 노정될 것이다. 실제로 이에 대해서 『통문관지』(권7) 「인물」 '신계암(申繼黯)' 조에

> 申繼黯平山人, 女眞學舊有國典所載講書, 而與淸人行話大不同, 淸人聽之者莫解。秋灘吳相國允謙 以公善淸語, 啓送于春秋信使之行, 十年往來專意硏究, 盡得其語音字劃。就本書中仇難、巨化、八歲兒、小兒論、尙書等五冊, 釐正訛誤, 至今行用於科試。出啓辭謄錄官至僉樞. - 신계암은 평산 사람이다. 여진학은 옛 대전의 여진학에 강서가 실려 있는데 청나라 사람들과 대화할 때에 매우 달랐다. 추탄(秋灘) 오상국 윤겸(允謙)이 신계암이 청나라 말을 잘 하므로 춘추의 사행에 보내도록 장계를 하여 10년 동안 왕래하면서 이것에만 전념하여 연구하게 하여 그 말과 발음, 글자를 모두 알게 하였다. 이 [여진학서의] 책 가운데 <구난>, <거화>, <팔세아>, <소아론>, <상서> 등의 5책을 취하여 잘못된 것을 고쳐서 지금 과거시험에 사용하도록 하였다. 『계사등록』에서 나온 것이고 그의 벼슬은 중추원 첨지사(정3품)에 이르다.

라는 기사가 있어 전날의 여진학서로 배운 말이 청나라 사람들과의 대화에서는 매우 다른 언어임을 말하며 청인(淸人)이 들어도 이해하지 못하였음을 알 수 있다.

그리고 신계암이 10년 동안 청(淸)을 왕래하면서 만주어의 語音과 만주문자의 자획(字劃)을 모두 배워서 여진학서 가운데 <구난(仇難)>, <거화(巨化, 去化)>, <팔세아(八歲兒)>, <소아론(小兒論)>, <상서(尙書)>를 만주어와 신 만주문자로 고쳐서 역과 청학에 쓰게 하였다는 것이다. 또 이 기사를 통하여 우리는 여진어와 청어(淸語), 즉 만주어가 서로 다른 언어임을 알 수 있을 뿐 아니라[56] 여진학서에 사용된 문자와 만주문자가 서

56 만주어는 주로 淸代의 언어를 말하지만 현대에는 文語만이 남아있고 소수의 만주족과 솔릉, 다구르族에 의해서 이 滿洲文語가 사용되고 있다. 女眞語는 징기스

로 자획이 다름을 알 수 있다.

만일 여진학서가 한자나 앞에서 살펴본 여진문자(女眞大字나 小字)라면 만주문자와 비교될 때 전혀 이질적인 이 두 문자를 단지 자획(字劃)이 다르다고만 말할 수 있겠는가? 이것은 앞에서 말한 몽고여진자로 불린 몽고 위구르 문자와 만주문자와의 관계로 이해할 때 비로소 합리적인 설명이 될 수 있다. 이에 대해서『역관상언등록(譯官上言謄錄)』의 숭정(崇禎) 12년(1639) 5월 11일조의 기사가 매우 많은 암시를 던져준다. 즉, 그 기사는,

> 司譯院官員以都提調意啓曰: 女眞學傳習之事, 其在于今時, 他學尤重, 自前流來番書未知出自何代, 而淸人見而怪之, 全未曉得。彼中方今行用之書, 卽前汗所著, 而音則淸音, 字則與蒙書大略相似 而點劃實異, 曉解者絶無。彼此相接之時, 無以通情。都提調吳允謙時, 具由入啓, 多方勸奬。本學中有才申繼黯, 春秋信使之行, 連續差送俾無, 與淸人來往問難, 語音精熟, 然後及學其書。繼黯專意硏究, 于今十載, 方始就緖。傳來冊本中 所謂巨化、仇難、八歲兒、小兒論、尙書等五冊, 以淸語寫出, 而淸旁註質之。上年勅使時, 從行淸人無不通曉, 以此可知其不誤也。[下略] - 사역원의 관원이 도제조의 뜻으로 장계하여 말하기를 "여진어를 배우는 일은 오늘날에 있어서 다른 언어를 배우는 것보다 매우 중요한데 전부터 내려오는 책들은 어느 시대로부터 나온 것인지 알 수 없으며 청나라 사람들이 보아도 이상하다고 하면서 전혀 알지를 못합니다. 그 가운데 현재 사용하고 있는 책은 전 임금 때에 지은 것으로 발음은 청나라 말이고 글자는 몽고글자와 대체로 같지만 점획(點劃)이 실로 달라서 아는 사람이 하나도 없고 피차가 서로 접할 때에 뜻이 서로 통하지 않습니다. 오윤겸이 도제조였던 때에 이런 사정을 갖추어 장계하여 여러 방법으로 [여진어의 공부를] 권장하였습니다. 여진학 가운데 재주

칸 이전부터 明代까지 만주지역에서 사용되었다. 女眞語는 고대 만주어의 한 方言으로 간주된다(Cincius, 1949; Grube, 1896; Benzing,1956; 渡部薰太郎,1935).

> 가 있는 신계암을 봄가을에 보내는 사행에 연속해서 보내어 빼지 않았으며 청인과 내왕하여 어려운 것을 묻고 말과 발음이 익숙하게 된 다음에 이 [여진학의] 책들을 배우게 하였습니다. 계암이 뜻을 오롯이 하여 연구한지 이제 10년이 되어서 비로소 가닥을 잡기 시작하였습니다. 전래되어오는 책 가운데 소위 말하는 <거화>, <구난>, <팔세아>, <소아론>, <상서> 등의 다섯 책을 청나라 말로 베껴내고 옆에 주를 달아 질문하였습니다. 지난 해 칙사가 왔을 때에 청나라 사람들을 따라 다니며 통하여 알지 못하는 것이 없었으니 이는 틀림이 없었음을 알 수가 있습니다. [하략]"라고 하다.

와 같은데 이 기사에 의하면 여진어를 배우는 교재들이 어느 시대에 만들어진 것인지 알 수 없고 청인(淸人)이 보아도 전혀 해독하지 못한다는 내용이다.

이것은 여진학서와 청학서가 전혀 다른 것임을 말하는 것이다. 그리고 그 중에서 현재 쓰고 있는 것도 전한(前汗)[57] 시대에 지은 것이어서 발음은 비록 청음(淸音, 만주어음)이나 문자는 몽고 글자와 대체로 같지만 점획이 달라서 해독하는 사람이 전혀 없었다는 내용이다. 이것은 병란 이후에 남아있던 5책의 여진학서, 즉 <거화(去化)>, <구난(仇難)>, <팔세아(八歲兒)>, <소아론(小兒論)>, <상서(尙書)>를 이제 사용하고 있는 책(方今行用之書)라 부른 것으로 보면 신계암 이전에는 이 5책의 여진학서를 갖고 청어(淸語), 즉 만주어를 학습한 것이다.

신계암이 고치기 이전의 5책에 사용된 만주문자는 청(淸) 태조가 몽고외올자를 빌려 만든 옛 만주자로 쓰였음을 말한다. 이때의 만주문자는 청(淸) 태종이 이를 수정하고 권점을 붙여 만들기 이전의 것이다. 따라서 이 5책은 전한(前汗, 淸 太祖) 시대의 소저(所著)로 본 것이며 발음은 만주어이지만 문자는 몽서(蒙古畏兀字)와 대체로 같고 청(淸) 태종이 수정

57 小倉進平은 이때의 前汗을 淸 太祖로 보았다(小倉進平, 1964:611).

한 만주문자와는 점획이 다르다고 본 것이다.[58] 청(淸) 태종 이후의 신 만주문자에 의한 청학서는 위의 기사대로 신계암에 의해 수정되었다. 그는 10년간 연속으로 청(淸)나라에 가는 춘추신사(春秋信使)에 차송(差送)되어 만주어의 어음(語音)과 문자를 연구하고 앞에 든 5책의 여진학서를 만주어와 새 만주문자로 바꾼 다음부터 본격적으로 만주어 교재로 사용하기 시작한다는 뜻이다.

이 5책 가운데 <구난(仇難)>, <거화(去化)>, <상서(尙書)>는 사역원에서 청학서로 새로 편찬된 <삼역총해(三譯總解)>와 <청어노걸대(淸語老乞大)>에 의해서 교체된다.[59] 이 새로운 두 청학서는 강희(康熙) 갑자(甲子, 1684)부터 과거시험에도 사용하였다. 따라서 <팔세아>와 <소아론>만이 후대의 만주어 교재로 계속해서 사용되었고 오늘날에도 그 판본이 전한다. 전술한 『통문관지』(권2) 「과거」 '청학팔책(淸學八冊)' 조와 『수교집록(受教輯錄)』[60] 에서 확인되는데 『수교집록』(권3) 「예전」 '권장(勸奬)' 조에 "蒙學則舊業守成事鑑、伯顔波豆、孔夫子、待漏院記之外, 添外新飜老乞大。淸學則舊業八歲兒論之外, 添外新飜老乞大、三譯總解, 仍爲定式敎誨使之。通行於科擧與試才之時。{康熙癸亥承傳} - 몽학은 옛날에 <수성사감>, <백안파두>, <공부자>, <백안파두>, <공부자>, <대루원기>로 배웠으나 그 외로 <신번노걸대>로 첨가하고 청학은 옛날에 <팔세아>,

58 淸 太祖 누르하치(努爾哈赤)가 에르데니(額爾德尼)를 시켜 몽고 위구르 문자를 빌려 만든 만주문자는 萬曆 27년(1599)에 공표하였다. 이것은 無圈點 만주자라 한다. 이것이 만주어를 표기하는데 부족하여 청 太宗 홍타이시가 崇禎 5년(1632)에 문자의 개혁을 다하이(達海)박사 등에게 명하였다. 그는 몽고 문자의 옆에 圈과 點을 붙여 몇 개의 문자를 추가하였다. 이 만주문자가 有圈點 만주자라고 하며 보통 만주문자라 하면 이것을 가리킨다. 辛亥革命(1911)로 淸이 망한 이후에는 사용되지 않고 현재는 19세기에 新疆省에 주둔하고 있던 만주족의 후예인 시보(錫伯)족이 일부 사용할 뿐이다.

59 <三譯總解>는 만주어의 『淸書 三國志』를 발췌하여 그 발음을 정음으로 쓰고 뜻을 언해한 것이며 <淸語老乞大>는 조선 성종 때에 刪改한 <노걸대>를 만주어로 번역하여 교재로 한 것이다. 그러나 과연 <청서삼국지>를 발췌한 것인가 아니면 <한문본 삼국지>를 번역한 것인가에 대하여는 논란의 여지가 있다.

60 『受教輯錄』은 李畬의 서문에 康熙 37년(肅宗 24, 1698) 戊寅 三月의 간기가 있다.

<소아론>으로 배웠으나 <신번노걸대>, <삼역총해>를 추가하기로 정하고 교회들로 하여금 과거와 취재의 시험에서 통행하게 하다. {강희 계해부터 전하다}"라는 기사로 청학(淸學)은 강희(康熙) 계해(癸亥, 1683)부터 <팔세아>, <소아론>[61] 이외에 <신번노걸대>(<청어노걸대>를 말함)와 <삼역총해>를 정식으로 과거와 취재의 시험에 사용키로 결정하고 강희(康熙) 갑자(甲子, 1684)부터 이 두 청학서를 처음 쓰기 시작하였음을 알 수 있다.[62]

따라서 역과 청학의 과거 시험에 <팔세아>, <소아론> 이외에 <청어노걸대>, <삼역총해> 등 4종의 교재에서 7곳을 추첨하여 외워 쓰게 하고(寫字) 한학과 같이 『경국대전』을 번역하게 하여 역어(譯語)를 시험하게 하였으니[63] 모두 8개의 문제가 출제되게 규정한 것이다. 이러한 기사들을 살펴보면 만주어로 된 청학서들 가운데 원래 여진학서였던 <팔세아>, <소아론>을 신계암이 새 만주자로 고쳐 만주어 교재로 사용하게 한 것임을 말한다. 즉 몽고 글자와 같은 옛 만주자로 된 것을 고쳤다는 뜻이다.[64]

2.3.8 기타 여진학서의 몽고-위구르 문자

여진학서가 위구르 문자로 작성되었다는 것은 많은 의문의 여지가 있다. 우선 여진족이 세운 금(金)나라에서는 그들의 문자를 새로 제정하여 사용하였으므로 여진학서는 이 문자로 작성된 것으로 보는 것이

61 『受敎輯錄』의 '八歲兒論之外'는 "八歲兒、小兒論之外"를 가르친다.

62 『通文館志』「科擧」'淸學八册'조에 "康熙甲子始用新飜老乞大、三譯總解, 而前册書中仇難、去化、尙書訖於時話, 改並去之。"라는 기사 참조.

63 『通文館志』 상게 부분에 "八歲兒、小兒論、老乞大、三譯總解四册, 抽七處寫字, 大典飜語同漢學。"이라는 기사 참조.

64 이 논문을 미리 읽은 만주어 전문가의 한 분이 신계암이 10년을 고생하여 여진학서를 청학서로 고쳤다고 하는데 단순히 옛 만주자를 권점을 붙인 신 만주자로 고치는데 이렇게 많은 시간이 걸렸을 것인가라고 지적하였다. 아마도 문자만이 아니라 언어도 여진어에서 만주어로 바꿔야 했을 것이며 그로 인하여 시간이 걸린 것이 아닌가 한다.

일반적인 태도다. 그러나 오늘날 전하고 있는 여진학서 <팔세아>, <소아론>은 비록 신계암이 만주어 교재로 수정하였지만 모두 만주-위구르 문자로 불릴 수밖에 없는 만주문자로 작성되었다. 따라서 여진학서였던 <팔세아>와 <소아론>도 몽고 외올자(畏兀字), 즉 몽고-위구르 문자로 작성되었던 것으로 추정할 수 있다. 왜냐하면 여진문자는 금(金)이 망하면서 문자도 함께 그 사용이 폐지되었기 때문이다.

또 파리 국립도서관에 소장된 <천자(千字)>는 비록 사역원에서 만주어 학습에 사용하던 자료로 쓰인 것 같지만 원래는 여진어의 교재로 그 서명이 『경국대전』에 명시되었다.[65] 이 <천자>도 위구르 문자로 표기되었다. 이와 같이 몽고어의 몽학과 여진어의 여진학에서 사용한 교재들이 모두 위구르 문자로 된 것은 역시 조선의 건국 초기에 사역원을 다시 설치하는 주역이었으며 사역원의 모든 제도를 새로 만들고 그를 감독하는 제조(提調)의 직에 있던 설장수(偰長壽)가 위구르 사람이라는 것을 떠올리지 않을 수 없다. 왜냐하면 그는 위구르족의 고창국(高昌國) 출신으로 집안이 위구르족이었으며 그도 계승, 또는 세습(世襲) 언어(heritage language)로 위구르어와 위구르 문자를 熟知하고 있었기 때문이다.

사역원의 몽고어 교재도 되르베르진(帖兒月眞), 즉 파스파 문자로 된 것이 있었으며 여진학서도 금(金)에서 제정한 여진문자로 된 것이 있었음에도 불구하고 위구르 문자의 교재를 택한 것은 아무래도 설장수의 의지가 작용한 것이 아닌가 한다. 왜냐하면 파스파 문자나 여진문자는 모두 표음적인 문자였으며 고려와 조선 전기에 이 땅에서도 널리 알려진 문자여서 이 문자로 여진학서가 편찬되었을 가능성이 없지 않지만 위에서 살펴본 바와 같이 위구르 문자로 되었을 것으로 추정되기 때문이다.

65 프랑스 파리 국립도서관에 소장된 만주어 학습서 <千字>에 대하여는 졸저(2002)에 상세히 소개되었다.

4) 설장수(偰長壽) 영향의 사역원

2.4.0 이상 설장수의 가계와 학문, 그리고 생애를 고찰하면서 그의 조선 사역원에 대한 공헌에 대하여 논의하였다. 그가 위구르족의 고창국 출신으로 위구르의 언어와 문자를 세습적으로 배워서 알고 있었으며 그가 조선 건국 초기에 사역원을 다시 설치할 때에 이를 주관하는 제조(提調)로서 몽고어와 여진어의 학습에서 위구르 문자를 주로 사용하게 하였다고 보았다.

이것은 그동안 역학서 연구에서 전혀 논의되지 않은 여진학서의 연구에 새로운 방향을 제시한 것으로 앞으로 많은 논란이 있을 것으로 보인다. 본고에서는 조선 초기의 여진어 교육에 사용한 교재들이 금(金)나라의 여진문자가 아니라 원대(元代)에 유행한 몽고-위구르 문자로 작성되었을 것이라는 주장에 대하여 몇 가지 근거를 제시하였다.

2.4.1 여진학서와 청학서

첫째는 여진학서였던 <소아론>과 <팔세아>를 신계암(申繼黯)이 만주어 학습서로 고칠 때에 글자의 점획(點劃)만을 수정하였다는 기사가 있다. 이것은 몽고-위구르자, 그리고 만주-위구르자의 관계에서 성립할 수 있는 말이다. 둘째는 프랑스 파리 국립도서관에 소장된 <천자(千字)>는 원래 여진학서로 『경국대전』에 규정되었던 책이라 여진학서였을 가능성이 있다. 그런데 현전하는 파리도서관의 판본에 한글, 즉 정음으로 주음한 곳이 있어서 조선 사역원에서 실제로 사용하던 자료로 볼 수 있다. 이 자료는 천자문을 만주-위구르자로 먼저 그 발음을 적고 하단에 한자를 적었다. 셋째는 실록과 여러 사료(史料)에서 함경도 접경지역의 여진인들에게 여진 몽고-위구르자로 유서(諭書)를 내렸다는 기사가 보인다. 역시 여진어를 몽고-위구르자로 기록한 증거가 될 것이다.

2.4.2 설장수의 위구르 문자

이상의 논거로 보아 조선 사역원의 설치에 주역이었으며 위구르인이었던 설장수에 의하여 여진어 교재들도 여진문자가 아니라 몽고-위구르 문자로 편찬되었을 것이라고 주장한 것이다. 이것은 설장수의 세습언어와 문자가 위구르어와 위구르 문자라는 사실에 입각한 것이다. 또한 이렇게 이해함으로써 원래 여진어 교재였다가 후대에 만주어 교재로 전환된 <소아론>과 <팔세아>를 둘러싼 여러 문제들이 해결될 수 있기 때문이다.

3. 사역원의 조직과 외국어 교육

3.0.0 사역원은 사대교린의 외교적 임무를 수행하고[66] 통역을 담당하던 역관을 양성하며 그들을 관장하던 정삼품(正三品)의 아문(衙門)이다. 앞에서 살펴본 바와 같이 사역원은 고려 충렬왕 2년(1276)에 설치된 통문관(通文館)을 후일에 사역원(司譯院)으로 개명한 것이며 조선 건국 초기, 즉 태조 2년(1393)에 복치(復置)되어 구한말의 갑오경장(1894)으로 폐지되기까지 5백여 년간 유지되었던 외국어 교육기관이었으며 역관을 관리하는 관서(官署)였다.

사역원의 연원(淵源)은 태봉(泰封)의 사대(史臺)와 신라의 왜전(倭典)에까지 소급될 것이다. 중국에서도 『주례(周禮)』의 '기(寄), 상(象), 적제(狄鞮), 역(譯)'으로 불리던 역관들을 관장하는 기관으로서 수(隋), 당(唐), 송

66 조선왕조 외교정책의 기본노선은 흔히 '事大交隣'으로 표현되었다. 19세기 말 開化期 이래, '事大'라는 표현은 '事大主義'와 결부되어, 우리에게 치욕의 역사를 연상시키는 단어로 이해되어 왔다. 그러나 '사대교린'에서 '사대'는 근본적으로 '교린'과 동일한 의미로 해석된다. 다만 당시 覇權을 장악하고 있던 나라와의 우호관계는 '事大', 기타 인접국과의 우호관계는 '交隣'으로 표현하였던 것이다. 이는 마치 儒敎의 전통적인 4大 德目인 '忠孝義信'이 원만한 인간관계를 유지하기 위한 덕목인 점에서는 같지만, 上下 관계는 '忠孝', 대등관계는 '義信'으로 표현한 것에 비견될 수 있을 것이다(정광·윤세영·송기중, 1992: 2307-2308).

(宋)의 홍로시(鴻臚寺) 등과 명(明)의 사이관(四夷館), 회동관(會同館), 청(淸)의 사역관(四譯館) 등에 대응하는 기관이었다(졸저, 1990). 사대 외교의 문서를 작성하던 승문원(承文院)을 괴원(槐院)이라 부르던 것과 같이 사역원은 상원(象院)으로 부르거나 비칭으로 설원(舌院)이라 하였다.

세계의 역사에서 조선왕조와 같이 외교 통역관을 양성하는 국가 기관을 지속적으로 설치 운영한 예는 극히 드물다. 물론 어느 나라의 역사에서나, 분명히 언어가 다른 이민족과의 접촉은 중요 역사적 사실로 기록되었고 또 간간히 통역에 관한 언급도 발견할 수 있으나 근대 이전에 사역원과 같은 관청을 설치하여 다른 민족의 언어의 통역을 담당하는 관리를 제도적으로, 그리고 지속적으로 양성했던 나라는 별로 많지 않았다. 사역원 제도 자체와 그와 직간접적으로 관계가 있는 역사적 사실들의 여러 가지는 우리 민족사의 특징이 된다.

3.0.1 사역원의 조직에 대하여는 졸저(2014)에서 자세하게 논급(論及)되었다. 여기서는 사역원의 외국어 교재 연구에 필요한 부분만을 발췌 요약하기로 한다. 특히 교육 조직을 검토하는 것은 역학서 교재들이 어떻게 편찬되었으며 또 그 사용은 어떠했는가를 이해하는데 도움이 될 것이다.

1) 사역원의 행정(行政) 및 교육조직

3.1.0 사역원은 역관의 관리와 외국어 교육기관이란 이원적(二元的)인 업무가 이루어지는 곳이다. 역관의 관리기관으로서 사역원의 조직을 행정조직과 교육조직, 역관조직으로 나눌 수 있는데 먼저 사역원의 행정조직을 살펴보기로 한다.

사역원의 행정조직은 『경국대전(經國大典)』(권1) 「이전(吏典)」 '경관직(京官職)' '사역원(司譯院)'조에 다음과 같이 정립되었다.

司譯院: 掌譯諸方言語. 都提調一員, 提調二員, 教授訓導外遞兒兩都目, 取才居次者差外任. 漢語習讀官三十員, 只解女眞譯語者分二番一年相遞. 京外諸學訓導仕滿九百遞, 正三品, 正一員從三品, 副正一員從四品, 僉正一員從五品, 判官二員從六品, 注簿一員, 漢學教授四員 {二員文臣兼}從七品, 直長二員從八品, 奉事二員正九品, 副奉事二員, 漢學訓導四員, 蒙學、倭學、女眞學訓導各二員. 書吏司譯院六, 慶尙: 倭學訓導二員 {釜山浦、薺浦}, 黃海道: 譯學訓導一員 {黃州}, 平安道: 漢學訓導二員 {平壤、義州} - 사역원은 제방의 언어를 통역하는 일을 맡는다. 도제조 1명, 제조 2명이 있고 교수와 훈도 이외는 체아직으로서 양도목을 임기로 한다. 취재할 때 2등한 사람은 외임(서울 밖의 지방 근무)으로 보낸다. 한어 습독관 30명이고 여진어만을 알고 있는 역관을 둘로 나누어 1년에 서로 교체한다. 서울 이외의 제학 훈도는 임기를 9백일로 하여 교체한다. {녹관은} 정3품의 정 1명, 종3품의 부정 1명, 종4품의 첨정 1명, 종5품의 판관 2명 종6품의 주부 1명, 한학교수 4명 {2명은 문신이 겸임}, 종7품의 직장 2명, 종8품의 봉사 2명, 정9품의 부봉사 2명, 한학 훈도 4명, 몽학·왜학·여진학 훈도 각 2명, 서리(書吏)는 사역원이 6명, 경상도는 왜학 훈도 2명(부산포·제포), 황해도는 역학 훈도 1명(황주), 평안도는 한학 훈도 2명(평양·의주)을 둔다.

이에 의하면 사역원은 감독관인 도제조(都提調), 제조(提調)가 있었으며 도제조는 정1품 시원임대신(時原任大臣)이 겸임하도록 하여 대체로 영상(領相)이 예겸하였다. 또 문신(文臣)으로서 종2품 이상이 겸하는 2원의 제조(提調)가 있었다. 행정관인 녹관(祿官)으로 사역원 정(正, 正3品), 부정(副正, 從3品), 첨정(僉正, 從4品), 판관(判官, 從5品), 주부(主簿, 從6品), 직장(直長, 從7品), 봉사(奉事, 從8品), 부봉사(副奉事, 正9品), 참봉(參奉, 從9品) 등이 있으며 教育官으로 훈상당사(訓上堂上, 正3品 이상), 교수(教授, 從6品, 漢學에 한함), 훈도(訓導, 正9品) 등이 있었고 이들을 통칭하여 교회(教誨)라고 하였다.

역관으로 어전통사(御前通事), 상통사(上通事), 차상통사(次上通事), 압물통사(押物通事) 등이 있었다. 이 중 녹직은 예조(禮曹)에서 취재하여 교체하는 양도목(兩都目) 체아직(遞兒職)이었고 교육을 담당하는 교회(敎誨)만이 실직(實職)으로서 30삭(朔), 또는 90삭(朔) 만에 체개하는 구임(久任)이었다. 또 역관직은 사행(使行)이 있을 때에만 근무하도록 하는 체아직이었다. 『통문관지』 등에서는 이들을 경관(京官)이라 불렀다(졸저, 2014).

이 경관(京官) 이외에 중국과 일본, 여진과의 접촉이 있는 지방에도 역관 겸 교회(敎誨)가 파견되었는데 훈도(訓導), 겸군관(兼軍官), 별차(別差)란 이름으로 불리는 이들을 外任이라 한다. 이 사역원의 官制는 시대의 변천에 따라 변화하였다. 이에 대하여는 졸저(1988)에 자세히 언급되어 여기에서는 생략하겠으나 겸군관에 대하여 좀 더 살펴보기로 한다.

사역원 직제의 변화는 대체로 임진왜란과 병자호란을 겪으면서 역관의 필요성과 외국어 학습의 중요성이 인식되고 그로 인하여 사역원에서는 계속하여 역관의 직과(職窠, 녹직의 수효)를 늘리게 된다. 그러나 『경국대전』에 규정된 직과를 함부로 늘리기가 어렵기 때문에 편법으로 등장한 것이 위직(衛職), 즉 군직(軍職)인 겸군관(兼軍官)으로 임명하는 방법이었다. 위직은 1년에 두 번 바뀌는 양도목(兩都目)이 아니라 네 번 바뀌는 사도목(四都目) 체아직(遞兒職)임으로 녹관체아직(祿官遞兒職)을 위직으로 바꾸면 그 고용 효과는 배로 늘게 된다. 따라서 적은 경비로 많은 역관을 고용할 수 있게 되며 조선 후기에 들어오면 대부분의 외임(外任)은 모두 위직(衛職)으로 발령된다(졸저, 1988b:28~36).

위에서 살펴본 바와 같이 교육에 관한 교회(敎誨)는 3년의 구임(久任)이고 역관들은 양도목, 또는 사도목(四都目)의 체아직(遞兒職)이므로 사역원은 기본적으로 외국어의 교육기관이었다. 따라서 사역원의 실제 운영자는 교육을 담당한 교수(敎授), 훈도(訓導), 즉 교회(敎誨)들이었고 다른 녹직과 역관직에 비하여 이들만이 실직(實職)이고 구임(久任)이었다. 즉, 사역원 정(正)을 비롯한 녹직이 양도목 체아직(遞兒職)임에 비하여 교수, 훈도만이 임기 30삭(朔)의 구임(久任)이었고 후일에는 이들의 임기가 40삭(朔), 45삭(朔)으로 늘어난다. 한학(漢學)의 경우 교수(종6품)가 있고 다른 삼학은 훈도(정9품)였으나 정3품 이상의 당상역관들이 훈도의 직을 수행하는 경우가 있어 이들을 교회(敎誨)라고 하였다.

또 교육을 담당한 역관으로 등제(等第, 赴京遞兒之稱-通文館志)의 체아직에 교회(敎誨)가 있었다. 교회(敎誨)는 부경사행(赴京使行, 중국으로 가는 사행)이나 통신사행(通信使行, 일본으로 가는 사행)에 파견되어 학습교재를 수정하는 일을 전담하기도 하였다. 이들을 질정관(質正官)으로 불렀으며 이 가운데에는 문신(文臣)도 있었다. 역관으로서는 훈상당상(訓上堂上)과 상사당상(常仕堂上)과 같은 당상역관이 주축을 이룬다. 조선 후기에는 당상역관들이 실제로 사역원을 운영하였으며 역관의 꽃이라 할 수 있는 외국어 교육과 통사(通事)의 요직을 모두 차지하였다.

3.1.1 상사당상(常仕堂上)

먼저 상사당상(常仕堂上)에 대하여 살펴보기로 한다. 『통문관지』(권1) 「연혁(沿革)」 '원적(原籍)(院官 總額)'조에 게재된 사역원의 원관(院官)으로 정(正)에 앞서 상사당상의 정원에 대하여 "無定員 - 정원이 없다"라고 제시되었다. 그리고 『통문관지』(권1) 「연혁(沿革)」 '원적(原籍){원관총액}' 조에

> 本院四學員, 人陞堂上則去官, 故例自兵曹付祿任使. 萬曆壬寅都提調尹相國承勳置堂上之廳. 自本院啓下還仕, 謂之常仕堂上, 設司勇二窠. 康熙丁丑加設司勇一窠, 每等計仕輪付. - 본원(사역원을 말함) 사학(四學)의 관원은 당상관에 승자하면 녹직을 벗지만 병조의 예에 따라서 녹임에 붙여 쓴다. 만력(萬曆) 임인(壬寅)에 사역원 도제조였던 영의정 윤승훈이 당상청을 설치하고 사역원에 돌아와 근무하게 하였는데 이를 상사당상이라고 하였다. 사용 2과를 두었다. 강희(康熙) 정축(丁丑)에 사용 1과를 더 두어 매년 근무한 것을 계산하여 윤부(=돌아가면서 녹봉을 받다)하도록 하다.

라는 기사가 있어 사역원에서 역관이 당상관에 오르면 녹관(祿官)에서 벗어나지만 병조(兵曹)의 예에 따라 다시 녹직(祿職)으로 근무하도록 한 것이 상사당상(常仕堂上)임을 알 수 있다. 이는 만력(萬曆) 임인(壬寅, 1602)년에 사역원 도제조이며 영상(領相)이었던 청봉(晴峯) 윤승훈이[67] 사역원 안에 당상청(堂上廳)을 두도록 하고 당상관의 역관들이 거관(去官)한 후에 다시 당상청에서 녹관(祿官)으로 근무할 때에 이를 '상사당상(常仕堂上)'이라 불렀으며 녹봉은 사용(司勇) 2과(窠)의 것을 받도록 하다가 후일 1과가 더 추가되었음을 알 수있다.

상사당상의 정원에 대하여는 앞에서 살펴본 바와 같이 『통문관지』에 "常仕堂上無定員 -상사당상은 정원이 없다"(권1 「沿革」 '原籍' 조)라는 기사가 있어 처음에는 누구든지 당상관에 승자한 역관은 상사당상이 될 수 있었던 것으로 보인다. 그러나 여기에 윤부(輪付)된 위직(衛職)의 직과(職窠)가 제한되었으므로 녹봉의 제한이 있어 점차 상사당상의 정원도 제한을 두게 되었다.

이러한 제도는 아마 다른 관서(官署)에서도 문제가 됐던 것으로 『통문관지』(권1) 「연혁(沿革)」 '원적(原籍)'의 [속(續)] '상사당상(常仕堂上)' 조에 "乾隆乙酉院官加資上言: 他司回啓者, 勿施事定奪, 出啓辭謄錄 - 건륭 을유에 사역원 원관이 가자로 인하여 상언하기를 '다른 관서에 계를 돌려 이 일은 시행하지 않고 모두 없애다'라고 하다. <계사등록>에서 나오다"라는 기사가 있어서 다른 관서에서 이런 일이 없도록 조치한 것으로 보인다.

---

67 尹承勳은 조선 명종 4년(1549) - 광해군 3년(1611) 때의 문신으로 字는 子述, 號는 晴峯, 諡號는 文肅이다. 선조 6년(1573)에 문과에 급제하여 宦路에 나아갔다. 임진왜란에 공이 있어 1594년 충청도 관찰사에 오르고 이어서 형조참의를 거쳐 요직을 역임하였다. 1597년 형조판서로서 謝恩使가 되어 명나라에 다녀왔으며 1601년 우의정에 승진하였다. 1603년 좌의정을 거쳐 이듬해 영의정에 올랐다. 유영경의 모함으로 한때 파직되었으나 곧 伸寃되어 領中樞府使가 되었다. 그가 사역원의 도제조를 겸임한 萬曆 壬寅(1602)은 右議政에 있었던 시기로 보이며 그는 謝恩使로서 명나라를 다녀온 이래 사역원의 도제조가 되어 역관들을 감독한 것으로 보인다.

고종 경인(庚寅, 1890)에 사역원에서 작성된 『상사당상정액절목(常仕堂上定額節目)』[68]에 "本院常仕堂上員額, 古之三四十員, 今爲近二百之處 [下略] - 본원의 상사당상의 인원수는 옛날에는 3, 40원이었으나 지금에는 200에 가깝다."라는 기사가 있어 상사당상의 정원은 30원(員), 후에 40원이었다가 구한말에는 200원(員) 가깝게 불어났음을 알 수 있다.

실제로 이 절목(節目)에서 "常仕堂上以等第科祿陞資者九十六定額 - 상사당상은 역과에 합격하고 승자한 자로서 96원을 정액으로 한다"라는 기사가 있고 이어서 "別遞兒堂上元定額十七員, 額外二十四員, 合四十一員. 而赴燕遞兒四窠通融, 汴仕是遣, 額外員月俸依常仕堂上份磨鍊爲處 - 별체아 당상은 원래 정원이 17원이고 정원 외 24원이 있어 모두 41원인데 연경에 가는 체아 4과의 녹봉으로 융통하고 정원 외 인원의 월봉은 상사당상의 녹봉에 의거하여 마련할 것"이라는 기사가 있어 상사당상의 정원이 원래 41원이던 것이 이 시대에 96원으로 조정되었음을 알 수 있다.

3.1.2 훈상당상(訓上堂上)

훈상당상(訓上堂上)은 교회(敎誨)를 거쳐 정삼품 당상관 이상의 품계를 받은 역관들로서 사역원의 가장 높은 벼슬아치다. 즉, 『통문관지』(권1) 「연혁」 '관제' 조에 사역원의 정(正)보다 앞서 맨 앞에 그 직위가 소개되었다. 그들은 사역원의 각종 시험의 시관(試官)으로 있으면서 외국어 교육의 전반을 감독하고 학업 성취를 평가하는 직위에 있었다.

처음에는 상사당상(常仕堂上)과 같이 만력(萬曆) 임인(壬寅, 1602)에 칠사

---

68 이 자료는 서울대학교 奎章閣에 소장된 고도서 자료(古5120-72)로서 표지에 "常仕堂上定額節目"이란 제목이 있고 '司譯院', '庚寅 十一月'이란 기록과 司譯院의 官印이 찍혔으며 5엽 뒷장에 都提調의 手決이 있는 것으로 보아 高宗 27년(1890, 庚寅) 11월에 사역원에서 작성하여 도제조의 決裁를 받은 節目의 하나임을 알 수 있다. 다만 표지의 우측 상단에 '附 燕行釐整'이란 附書가 있어 赴京使行의 인원 조정을 위한 것으로 보인다. 내용은 都提調에게 稟議한 堂上譯官의 定額에 관한 것으로 모두 8조로 이루어졌으며 마지막 조에 "未盡條件追後磨鍊爲處(미진한 조건은 추후에 마련할 것)"이란 기사가 있다. 이에 의거한 것인지 6엽의 1장은 壬辰(高宗29, 1892) 3월에 작성된 것으로 常仕堂上의 職窠를 3窠 더 늘린다는 규정이 추가되었다.

(七事, 사역원의 正, 教誨, 教授, 御前通事, 訓導, 上通事, 年少聰敏)를 경력한 한학(漢學)의 상사당상 중에서 선발하여 설치하였다. 이에 대하여는『통문관지』(권1)「연혁」'관제'조에

> 訓上堂上十二員 {正三品以上, 萬曆壬寅選漢學常仕堂上中, 曾經教誨而具七事, 履歷才堪專對者. 設三員,[中略] 摠察四學事, 以大護軍一、司直二、司正二、司猛一, 凡六窠每等陞降付. 所謂七事教誨, 正、教授、御前、訓導、上通事、年少聰敏. [中略] ○蒙學一員, 康熙癸亥置 ○倭學三員, 萬曆壬寅置. 康熙戊寅改二員, 丙戌定三員, 以司勇二窠付. ○清學二員, 康熙辛酉置, 以司勇二窠付. 以上三學訓上, 同參該學二六課講} - 훈상당상 12명 {정삼품 이상, 만력 임인에 한학의 상사당상 가운데 교회를 거치고 7사를 구비한 사람으로 경력이나 재능이 감내할 수 있는 자를 선발하였다. [중략] 사학의 일을 총찰하였으며 대호군 1과, 사직 2과, 사정 2과, 사맹 1과 등 모두 6과의 녹직을 매(每) 등(等)에 수여하다. 소위 칠사(七事)란 '교회, 정, 교수, 어전, 훈도, 상통사, 연소총민'을 말한다. [중략] 몽학 1원을 강희 계해(1683)에 두다. 왜학 3원을 만력 임인(1602)에 두었으나 강희 무인(1698)에 2원으로 고쳤다가 병술(1706)에 3원으로 정하고 사용 2과의 녹봉을 붙이다. 청학 2원을 강희 신유(1681)에 두고 사용 2과를 붙이다.} 이상 삼학 훈상이 같다.

라는 기사에서 위의 사실을 알 수 있으며 또 훈상당상이 모두 12원(員)으로 한학(漢學)에 6원, 몽학(蒙學)에 1원, 왜학(倭學)에 3원, 청학(淸學)에 2원이 있었음과 이들이 사역원 사학(四學)의 모든 외국어 교육을 총찰하고 있었음도 알 수 있다.

이는『육전조례』(권6) '사역원(司譯院)'조에 "訓上堂上十二員: 漢學六員, 掌四學, 譯講及公事通塞. 淸學二員, 蒙學一員, 倭學三員. 各掌本學偶語考講 - 훈상당상은 모두 12원(員)인데 한학 6원이 사학(四學)을 관장하고 역어의 강의와 공사의 막힌 곳을 풀게 하다. 청학은 2원(員)이며 몽학은 1원,

왜학은 3원으로 각기 해당 학의 우어(偶語)와 고강(考講)을 관장하다"라는 기사에서도 확인할 수 있다.[69]

이 당상역관들이 부경사행이나 통신사행에 몇 명이나 차송되었는지는 확실하지 않다. 즉, 『통문관지』(권1) 「연혁」 '등제(登第)'에는 "堂上元遞兒無定員, 訓上堂上常仕堂上中, 每行一員輪差 - 당상의 원체아는 정원이 없고 훈상당상과 상사당상 가운데 1명씩 매 사행에 교대로 보내다"라는 기사가 있고 일본 역관들의 기록인 『상서기문(象胥紀聞)』에는 "譯官倭學堂上{數不定}, 堂下 {教誨十員} 云云 - 역관 왜학의 당상 {수효는 정해지지 않음} 당하 {교회 10명} 운운"이라는 기사가 있다.

따라서 당상(堂上)역관이 사행(使行)을 수행하는 체아(遞兒)의 정원은 정해지지 않았지만 매 사행에 1원(員)이 수행할 수 있었음을 알 수 있다. 그러나 『통문관지』(권1) 「연혁」 '등제(等第)' [속(續)]편에 "堂上元遞兒, 乾隆乙酉訓上堂上一員, 常仕堂上一員, 每行差送. 見啓辭謄錄 - 당상 원체아는 건륭 을유(1765)에 훈상당상 1명, 상사당상 1명씩을 매 사행에 보낸다. 『계사등록』을 보라"란 기사에 의하면 상사(常仕)와 훈상(訓上)의 당상역관 2원(員)이 사행에 따라갈 수 있었음을 알 수 있다.

3.1.3 한학 교수와 삼학의 훈도

다음은 사역원의 교수(教授)에 대하여 살펴본다. 교수는 전술한 바와 같이 사역원 사학(四學) 중에서 한학(漢學)에만 국한되었는데 한학교수

---

69 훈상당상의 정원에 대하여는 『통문관지』(권1) 「沿革」 '官制' 조에 "訓上堂上十二員, {正三品以上, 萬曆壬寅選漢學常仕堂上中, 曾經教誨, 而具七事, 履歷才堪專對者, 設三員. 己酉增置至六員, 戊午改八員, 順治庚子改七員, 康熙戊午改九員, 庚申更定三員, 己巳定以六員, 摠察四學事. 以大護軍一, 司直二, 司正二, 司猛一, 凡六窠每等陞降付. 所謂七事教誨、正、教授、御前、訓導、上通事、年少聰敏, 而七事皆備甚難, 故康熙乙丑謄錄修整時, 取經教誨及正職, 或教授者許差. 丁丑又爲變通. 經教誨及御前, 或訓導兼一二履歷以上者許差事定式. ○蒙學一員, 康熙癸亥置 ○倭學三員, 萬曆壬寅置. 康熙戊寅改二員, 丙戌定三員. 以司勇二窠付. ○淸學二員康熙辛酉置, 以司勇二窠付, 以上三學訓上同參該學二六考講}"라는 기사가 있어 처음부터 12員으로 규정된 것이 아니고 여러 차례 변동이 있었음을 알 수 있다.

(漢學敎授)는 모두 4원(員)이고 그 중에 2원은 비록 종육품(從六品)의 낮은 직위지만 첨정(僉正, 從四品) 이상의 녹직(祿職)을 거치고 교회(敎誨)를 경력한 자 중에서 훈상당상이 추천하여 도제조(都提調)의 권점으로 택차한다. 이들은 공해(公廨)와 요리청(料理廳)을 관장하고 학관(學官)의 사표(師表)가 된다.

이들의 임기는 30삭(朔)의 실직(實職)이었으며 1752년에는 임기가 45삭(朔)으로 늘어나고 19세기에는 90삭(朔)으로 증가된다. 또 사만(仕滿) 시에는 동반(東班)으로 천전(遷轉)하는 특전도 있었다. 나머지 겸교수(兼敎授) 2원은 문신(文臣)이 겸임하되 제조(提調)는 자벽(自辟)하게 하였는데 이들은 사등원시(四等院試)와 위직취재(衛職取才)를 관장하게 하였다. 한학교수를 역임하면 동반(東班)으로 천전(遷轉)한다는 것에 대하여는 최세진을 예로 하여 제2장 4.1.3.2에서 자세히 검토되었다.

훈도(訓導)는 사역원의 삼학(三學), 즉 몽학, 왜학 여진학의 훈도를 비롯하여 외임(外任)에도 훈도가 있었다. 직제상 정구품(正九品)의 말직이나 각 학에서 역과(譯科)를 거친 참상관(參上官, 從六品 이상)에서 택차하였으며 부산포(釜山浦)의 왜학훈도(倭學訓導)는 당상역관을 차송할 정도로 중요한 실직(實職)이었다. 다만 몽학훈도(蒙學訓導)는 참하관(參下官, 正七品 이하)에서 선발하여 보냈는데 훈상당상이 천거하여 사역원에서 선발하였다. 훈도는 역학생의 외국어 학습을 담당하였다.

3.1.4 사역원 역생(譯生)

이상 사역원의 교관(敎官)들에 대하여 살펴보았다. 다음은 사역원에 입속(入屬)하는 역생(譯生)들, 다시 말하면 외국어 교육기관인 사역원에 입학하는 외국어 학습자들에 대하여 고찰하기로 한다. 사역원에서는 외국어 교육을 학습하려는 역학생도(譯學生徒, 譯生으로 불림)를 입속(入屬)시켰는데 이들에게도 얼마간의 녹봉(祿俸)이 주어졌다.

또 지방에서도 역생을 두어 역관의 보조 임무를 담당하게 하였다. 이것은 경비를 절감하면서 다인수로 하여금 역관의 임무를 수행하게 하는 효과를 가져왔다. 졸저(1990)에 의하면 영조 때에 왜학역관 현계근(玄啓根)이 5세에 사역원 동몽(童蒙)으로 입속한 차첩(差帖)이 천녕현씨가(川寧玄氏家)에 소장되었음을 소개한 일이 있다. 이에 대하여는 제5장에서 상론하겠지만 실제로 『통문관지』(권1) 「원적(原籍, 院官 摠額)」 '생도(生徒)' 조에

> 生徒八十人 {漢學 三十五人, 蒙學十人, 倭學十五人, 淸學 二十人 出經國大典}, 預差生徒 一百二十四人 {漢學 四十人, 蒙學 二十五人, 倭學 二十五人, 淸學 三十四人, 康熙乙卯査整廳定額}, 外方譯學生一百九十一人 {黃州、平壤, 漢學生各三十人、義州, 漢學生三十人, 女眞學生五人, 昌城、楚山、滿浦、碧潼、渭原, 女眞學生各十人, 薺浦、釜山浦, 倭學生各十人, 鹽浦 倭學生六人. 以上 出經國大典. 濟州 漢、倭學生各十五人. 康熙辛亥譯學盧尙迪時始置, 巨濟倭學生五人 康熙丁亥譯學金時璞始置} - 생도 80명 {한학 35명, 몽학 10명, 왜학 15명, 청학 20명, 『경국대전』에서 나오다}, 예차생도 124명 {한학 40명, 몽학 25명, 왜학 25명, 청학 34명, 강희 을묘(1675)에 정원을 사정하여 정하다}, 외방 역학생 191명{황주·평양 한학생 각 30명, 의주 한학생 30명, 여진학생 5인, 창성·초산·만포·위원에 여진학생 각 10명, 제포·부산포에 왜학생 각 10명, 염포에 왜학생 6명, 이상 『경국대전』에서 나옴, 제주 한·왜학생 각 15명은 강희 신해(1671)에 역학 노상적이 있을 때에 처음으로 두다. 거제 왜학생 5명은 강희 정해(1707)에 역학 김시복이 처음으로 설치하다}.

라는 기사가 있어 사역원 생도와 외방(外方) 역학생의 정원을 알 수가 있으나 이 인원은 추후 증감이 있었다(졸저, 1988b). 이를 정리하면 조선시대의 역학생은 다음과 같다.

사역원　　역학생

　　　　　生徒 - 80명

漢學生 - 35명 蒙學生- 10명 倭學生- 15명 淸學生- 20명
預差生徒 - 124명
漢學生 - 40명 蒙學生- 25명 倭學生- 25명 淸學生- 20명

외방(外方) 역학생- 206명(191명+15명)
漢學生- 105명
黃州·平壤- 각 30명 義州- 30명 濟州- 15명
女眞學生- 55명
義州- 5명 昌城·楚山·滿浦·碧潼·渭原- 각 10명
倭學生- 46명
薺浦- 10명 釜山浦- 10명 鹽浦- 6명 濟州- 15명 巨濟- 5명

2) 역관조직(譯官組織)

3.2.0 사역원은 외국어 학습기관이면서 조선조의 실무 외교관인 역관을 관장하는 곳이었다. 조선조는 건국 초기부터 1년에 4차례 중국에 사행(使行)을 차송(差送)하였고 일본에도 임진왜란 이후 도쿠가와(德川) 막부(幕府)의 요청에 의해서 수시로 대마도나 에도(江戶)에 통신사를 파견하였다.

중국에 차송하는 사행은 부경사행(赴京使行)이라 하였는데 동지사(冬至使), 정조사(正朝使), 성절사(聖節使), 천추사(千秋使)의 네 번에 걸친 사행(四行) 이외에도 사은(謝恩), 주청(奏請), 진하(進賀), 진위(陣慰), 진향(進香) 등의 사행(使行)은 일이 있을 때마다 차송하였다. 따라서 각 사행의 인원도 일률적으로 정할 수가 없어서 『경국대전』에서는 정사(正使), 부사(副使), 서장관(書狀官), 종사관(從事官)의 품계만 정했을 뿐이다.[70]

---

70 이에 대하여는 『통문관지』(권3) 「事大」 上 '赴京使行' 조에 "國初遣朝京之使, 有冬至、正朝、聖節、千秋四行, 謝恩、奏請、進賀、陳慰、進香等使則隨事差送. 使或二員, 一員而不限品. 從事官或多或少而無定額. 故經國大典只書、使、副使、書狀

이 부경사행을 수행하는 역관은 각 사행마다 조금씩 인원의 증감이 있었다. 동지사행(冬至使行)의 경우에 당상통사인 당상관(堂上官, 정3품 이상) 2원, 상통사(上通事) 2원, 질문종사관(質問從事官) 1원, 압물종사관(押物從事官) 8원, 압폐종사관(押幣從事官) 3원, 압미종사관(押米從事官) 2원, 청학신체아(淸學新遞兒) 1원으로 모두 19원의 역관이 수행하였다. 이외에도 의원(醫員, 1), 서자관(寫字官, 1), 화원(畵員, 1), 군관(軍官, 7), 만상군관(灣上軍官, 2)과 더불어 우어별차(偶語別差) 1원이 있어 동지사행(冬至使行))에 참가하는 역관의 수효는 20인을 헤아린다.[71] 우어별차의 경우는 사역원의 한(漢), 몽(蒙), 청학(淸學)의 우어청(偶語廳)에서 1인을 선택하여 차송하였다. 당상관은 원체아(元遞兒) 1과(窠)와 훈상당상(訓上堂上) 및 상사당상(常仕堂上)에서 윤차로 차송하는 1과(窠)가 있었다.

3.2.1 부경사행(赴京使行)의 역관

중국에 가는 부경사행(赴京使行)의 경우는 『통문관지』(권3) 「사대(事大)」(2앞-3뒤)에 규정된 파견 인원을 표로 보이면 다음과 같다.

[표 1-1] 연행사행(燕行使行)의 인적 구성[72]

使行의 官名	人數	品階	選拔 部署 (人數)	任務	備考
正使	1	正2品(從1品)			
副使	1	正3品(從2品)			
書狀官	1	正5品(從4品)		逐日記事 回還後啓下承文院	以上 經國大典
堂上官	2	正3品 이상	元遞兒, 別遞兒 각 1명	通譯	譯官

官、從事官從人之品 乘駄而未言諧數 [下略]'이란 기사를 참조할 것.

71 寫字官은 承文院의 書員으로서 表나 國書를 侍帶하였으며 灣上軍官은 行中의 매일 糧料 들을 관장하였다.

使行의 官名	人數	品 階	選拔 部署 (人數)	任 務	備 考
上通事	2		漢·淸學 각 1명	〃	〃, 후에도 같음
質問從事官	1		教誨 중 최우수자, 전에는 문관도 갔음.	譯學書의 수정	文官이 가면 '朝天官' 譯官은 '質正官'
押物從事官	8		年少聰敏 1명, 次上 元遞兒 1명, 押物 元遞兒 1명, 別遞兒 1명, 偶語別遞兒 1명, 淸學 被選 1명, 別遞兒 1명 계8명		
押幣從事官	2		教誨 1명, 蒙學 別遞兒 1명, 倭學 教誨·聰敏 중 1명		
押米從事官	2		教誨 1명, 蒙學 元遞兒 1명		
淸學新遞兒	1			門出入 및 支供 饌物 등사	이상 19명 사역원 차송
醫員	1		典醫監·內醫院 交差	同參方物領去	
寫字官	1		承文院 書員 1명	侍表帶	
畵員	1			同參方物領去	이상 各其司差送
軍官	7				正使 帶4인(1인은 대서장관), 副使 帶3人
偶語別差	1		司譯院 漢·蒙·淸學	偶語 學習	사역원 차송
灣上軍官	2		義州府	使行의 整頓, 下處, 행중糧料 등사	義州人 차정

72 『通文館志』의 '冬至行' 조(권3 2앞-3앞)에 "使一員{正二品 結御從一品}, 副使一員{正三品 結御從二品}, 書狀官 一員{正五品 結御正四品 隨品兼臺糾檢一行. 書狀官逐日記事 回還後啓下承文院 出經國大典}, [중략] 堂上官二員{元遞兒 別遞兒}, [중략] 上通事二員{漢·淸學 各一員 後倣此} 質問從事官一員{教誨中次第居先者按, 稗官雜記舊例別差文官一員隨去, 謂之朝天官, 後改曰質正官, 令承文院抄給。吏語方言之未解者註釋, 而諱其官號, 塡以押物。嘉靖乙未始以質正塡批文, 丁酉以後改以院官, 名

이에 의하면 중국에 파견된 사행(使行)을 수행하는 역관들은 당상관 2명부터 淸學 新遞兒까지 19명으로서 사역원에서 차출되며 순전히 한어, 몽고어, 만주어의 학습을 위하여 파견되는 우어별차(偶語別差)를 합하면 모두 20명의 역관이 파견된다.

그러나 『통문관지』의 {속편(續編)}에는 당상관(堂上官)이 구례에 의하여 원체아(元遞兒) 1원과 훈상당상(訓上堂上), 상사당상(常仕堂上)에서 번갈아 1원이 수행하도록 하였다. 그리고 건륭(乾隆) 을유(乙酉)(1765)부터 압물체아(押物遞兒)의 것을 원체아(元遞兒)에 이작(移作)하여 훈상당상과 상사당상에서 각 1원씩 파견하여 모두 3인의 당상역관이 파견하게 되었다.[73] 이 외로도 사자관(寫字官, 所帶 承文院書員一人), 일관(日官) 등이 참가하였는데 사은사행(謝恩使行)의 경우와 진위사행(陳慰使行), 진향사행(進香使行) 등의 경우는 참가 인원이 조금씩 달라진다. 예를 들어 사은사행의 경우는 다음과 같이 변한다.

謝恩行

使 1원 - 大臣或正一品 宗班儀賓中

副使 1원 - 從二品 結御正二品

日質問, 而隨其職爲第幾從事官}, 押物從事官 八員{年少聰敏一員, 次上元遞兒一員, 押物元遞兒一員, 別遞兒二員, 偶語別遞兒一員. 淸學被選一員, 別遞兒一員}, 押幣從事官三員{敎誨一員, 蒙學別遞兒一員, 倭學敎誨, 聰敏中一員}, 押米從事官二員{敎誨一員, 蒙學元遞兒一員}, 淸學新遞兒一員{掌彼地門出入及支供饌物等事, 以上十九員, 自本院差送。而內三員差管廚官, 掌三行乾糧一員, 差掌務官, 掌行中文書。故押幣押米等官, 若差其任則以押物官八員內移差勾管}, 醫員一員{兩醫司交差}, 寫字官一員{侍表帶, 承文院書員一人}, 畵員一員{以上各其司差送。 醫畵員則同參於方物領去} 軍官七員{正使帶四員, 內一窠以書狀官所辟塡差。副使帶三員, 使臣皆自望}, 偶語別差一員{爲漢、蒙、淸偶語學習, 自本院差送}, 灣上軍官二員{掌整頓三行 下處及行中逐日糧料等事, 以義州人差定。以上謂之節行, 每年六月都政差出, 十月終 至月初拜表, 以赴十二月二十六日封印, 前到北京都政。雖有故差退使臣, 必於六月內差出。康熙辛巳受敎}。"라는 기사 참조.

73 『通文館志』(권3) 「事大」 3엽뒤 첫행의 "堂上官: 舊例元遞兒一窠, 訓上堂上常仕堂上輪差, 乾隆乙酉因任事苟簡, 以加定押物遞兒移作元遞兒窠. 始令訓上常仕堂上各一員, 差送事定式[하략]" 참조.

書狀官 1원 - 正四品 結御正三品

堂上官 1원 - 元遞兒

上通事 2원

質問從事官 1원

押物從事官 8원 - 年少聰敏 1원 次上別遞兒 1원 押物別遞兒 2원 偶語別遞兒 1원

蒙學元遞兒 1원 別遞兒 1원 淸學被選別遞兒中 1원

淸學新遞兒 1원

醫員 1원

寫字官 1원

別遣御醫 2원

別啓請 1원

加定押物官 2원

偶語別差 1원

灣上軍官 2원

이 사은사행은 별견어의(別遣御醫)를 비롯하여 부경사행(赴京使行)과 다른 인원의 증가가 있으며 이러한 인원의 수행은 주청사행(奏請使行), 진하사행(進賀使行), 변무사행(卞誣使行)의 경우에도 같다고 하였다(『통문관지』 권3 「事大」 4엽앞 뒤 참조).[74]

3.2.2 통신사행(通信使行)의 역관

일본으로부터는 일본 국왕송사(國王送使)를 비롯하여 "畠山送使, 大內送使, 小二送使, 左武衛送使, 右武衛送使, 京極送使, 細川送使, 山名送使, 受

74 陳慰使行의 경우는 수행 譯官이나 醫員, 軍官 등의 수효는 같지만 正使 1원은 從二品(結御 正二品)이고 皇帝의 昇遐같은 큰 일의 경우에는 進賀使行과 같이 大臣(或正一品, 宗班중 선택)으로 하며 副使 1원은 正三品(結御 從二品), 書狀官 1원은 正六品(結御 五品)으로 낮추어진다.

圖書遣船人, 受職人” 등의 사신이 내조(來朝)하였고 대마도에서는 도주(島主)의 세견선(歲遣船, 25척)을 비롯하여 宗熊滿의 세견선(3척), 宗盛氏와 수직인(受職人)의 세견선(각 1척)이 매년 부산포에 왔었다(『통문관지』 권5 「交隣」 上 참조). 그러나 조선으로부터는 일본 측의 요청에 따라 통신사가 파견되었고 필요한 경우 대마도를 통하여 에도(江戶) 막부와 접촉하였을 뿐이다. 따라서 조정에서 파견되는 통신사행을 제외하고는 대마도에 경조사가 있을 때에 문위행(問慰行)으로 예조참의(禮曹參議)의 서계(書契)를 가진 당상역관이 차송되었다.

일본에 파견되는 통신사행에는 왜학 당상역관으로 당상관(堂上官) 3원이 수행하였으며 왜인(倭人)들은 이를 상상관(上上官)으로 불렀다. 상통사(上通事, 3원)는 한학역관 1원이 참가하였고 차상통사(次上通事, 2원)은 왜학 교회(敎誨) 중에서 선발하였다. 압물관(押物官, 3원)은 한학역관 1원이 포함되었으며 왜학역관은 교회나 총민(聰敏) 중에서 출신(出身)자를 선택하였다. 따라서 통신사행을 수행하는 역관은 11원이며 그중에서 9원이 왜학역관이었다.

통신사행에서 정사(正使), 부사(副使), 종사관(從事官)의 삼사(三使)를 비롯하여 상술한 11원의 역관과 제술관(製述官, 1), 양의(良醫, 1), 사자관(寫字官, 2), 의원(醫員, 2), 화원(畵員, 1), 자제군관(5), 군관(12), 서기(3), 별파진(別破陣, 2)을 상관(上官)이라 하였으며 마상재(馬上才, 2), 전악(典樂, 2), 이마(理馬, 1), 숙수(熟手, 1), 반당선장(伴倘船將, 각 3인, 三使가 각기 1인씩 거느림)을 차관(次官)이라 하였다.

이외에 복선장(卜船將, 3), 배소동(陪小童, 17), 노자(奴子, 49), 소통사(小通詞, 10), 예단직(禮單直, 1), 청직(廳直, 3), 반전직(盤纏直, 3), 사령(使令, 16), 취수(吹手, 18), 절월봉지(節鉞奉持, 4), 포수(砲手, 6), 도척(刀尺, 7), 사공(沙工, 24), 형명수(形名手, 2), 독현수(毒縣手, 2), 월도수(月刀手, 4), 순시기수(巡視旗手), 영기수(令旗手), 청도기수(淸道旗手), 삼지창수(三枝槍手), 장창수(長槍手), 마상고수(馬上鼓手), 동고수(銅鼓手, 각 6명), 대고수(大鼓手), 삼혈총수(三穴銃手), 세악수(細樂手), 쟁수(錚手, 각 3명)을 중관(中官)이라 하였다. 그리고 풍악수(風樂手, 12), 도우장(屠牛匠, 1), 격군(格軍, 270)을 하관(下官)이라 하여 400이 넘는 인

원이 사행에 참가하였다(『통문관지』 권6 「交隣」 下 참조).

이를 정리하면 다음과 같다.

上上官 - 三使(正使, 副使, 從事官), 堂上譯官
上 官 - 上通事, 次上通事, 押物通事, 製述官, 良醫, 寫字官, 醫員, 畵員, 子弟軍官, 軍官, 書記, 別破陣
次 官 - 馬上才, 典樂, 理馬, 熟手, 伴倘船將
中 官 - 卜船將, 陪小童, 奴子, 刀尺, 沙工, 形名手, 毒縣手, 月刀手, 旗手, 槍手, 鼓手, 銃手, 樂手
下 官 - 風樂手, 屠牛匠, 格軍

왜학역관에게는 통신사행의 수행보다 예조참의(禮曹參議)의 서계(書契)를 휴대하고 대마도에 파견되는 문위행(問慰行)의 파견에서 더욱 중요한 역할을 하게 된다. 이때에는 그들을 감독하는 문신(文臣)이 없으며 당상역관이 대표가 되어 외교업무를 수행하기 때문이다. 참고로 『통문관지』(권6) 「교린」 '문위행(問慰行)' 조의 기사에 규정된 인적 구성을 보면 다음과 같다.

問慰官(예조참의를 대신하여 대마도에 파견되는 역관):
당상역관(1 또는 2원), 당하역관 1원 ― 上上官
軍官(10), 隨行人(각 2), 船將·都訓導·書契色(각 1) ― 上官
小童(6), 小通事(7)(이중 우두머리 일명은 上官이 됨), 禮單色·廚房色(각 2)
伴纏色·戶房色·及唱(각 1), 砲手(2), 使令(4), 吹手(6), 旗手(4), ― 中官
沙工·滾手·水尺(각 1), 奴子(5)(3명은 당상역관, 2명은 당하관이 거느림)
格軍 (30 ― 下官[75]

75 일본에 파견되는 問慰行에 대하여는 『통문관지』(권6) 「交隣」 '問慰行' 조에 "壬辰變後, 島倭求和甚力, 朝廷不知其意眞出於家康. 丙午乃遣倭學堂上金繼信、朴大根

이를 보면 왜학 당상 역관 1인, 또는 2인이 문위관(問慰官)이 되어 상상관(上上官), 상관(上官), 중관(中官), 하관(下官) 등 60명 가까운 인원을 인솔하고 對馬島에 가서 조선을 대표하여 외교업무를 수행하였음을 알 수 있다. 이때의 당상역관은 한 고을의 군수나 현령보다는 지위가 높다고 할 수 있다. 이에 대하여 일본 역관들의 기록인 『상서기문(象胥紀聞)』에

> 右譯官倭淸漢學トモニ堂上崇祿大夫マテ登リ候テモ　正三品ノ衆ニ及ズ文官ノ従三品ニ鈞合郡縣令ニ同ジト云ドモ使臣ノ命ヲ受候テハ縣令ヨリハ少シ重シト云. - 이 역관들은 왜학, 청학, 한학이 모두 당상관인 숭록대부(종일품)까지 오른다고 하더라도 정삼품의 무리에 미치지 못하고 문관의 종삼품에 어울리는 군수·현령과 같다고 말하나 사신의 명을 받았을 때에는 현령보다는 조금 중요하다고 말한다.

이라 하여 당시 역관들의 지위를 단적으로 표현하고 있다.

3) 사역원의 외국어 교육

3.3.0 다음으로 사역원에서 시행된 역관이나 역학생들의 외국어 교육을 살펴보기로 한다.

等, 於對馬島以探之. 崇禎壬申島主平義成與其副官平調興相搆, 頗有浮言, 又遣崔義吉以探之. 及丙子義成自江戶還島, 報調興坐黜之狀, 乃請賀价欲誇耀於島衆, 特遣洪喜男以慰之. 自是島主還自江戶, {或因慶弔} 差倭報請則軋許差送, 乃爲恒例"라는 기사가 있어 이 사행은 平調興의 사건 이후 대마도주가 江戶에서 돌아와 우리 조정에 보고하기 위하여, 또는 경조사가 있을 때 이를 위문하기 위하여 항례로 이루어지게 되었음을 말하고 있다. 여기서 '平調興 사건'이란 임진왜란 이후에 對馬藩이 朝鮮과의 修交를 갈망한 나머지 國書를 위조했던 사건을 말하며 이어서 "問慰官: 堂上一員, {經該學教誨者, 如有別件事則加送一員} 堂下一員, {該學教誨案次差} 以上倭人稱上上官, 軍官 十人, 伴倘隨陪 各二人, 船將、都訓導、書契色, 各一人. 以上倭人稱上官. 小童 六名, 小通詞 七名, {內居首一名陞上官} 禮單色、廚房色各二名, 伴纏色、戶房色、及唱 各一名, 砲手二名, 使令 四名, 吹手 六名, 旗手 四名, 沙工,滾手,水尺 各一名, 奴子 五名{堂上率三名, 堂下率 二名} 以上倭人稱中官. 格軍三十名, 倭人稱下官"라는 기사가 있어 앞의 사실을 알 수 있다.

앞에서 언급한 바와 같이 사역원은 기본적으로 외국어를 학습하는 교육기관이었고 사역원의 실직(實職)은 교수(教授), 훈도(訓導) 등의 교육 직책이었다. 조선의 건국 초기에 설립된 사역원은 한학(漢學)과 몽학(蒙學)을 두었으며 곧 왜학(倭學)이 추가되었고 『경국대전』이 완성되었을 때는 여진학(女眞學)마저 증가되어 사역원 사학(四學)이 완비된다. 그리고 병자호란 이후에 여진학(女眞學)이 청학(淸學)으로 교체되어 한학, 몽학, 왜학, 청학의 사학(四學)이 된다.

사역원의 전신인 고려조의 통문관(通文館)은 충렬왕 2년(1276)에 처음 설치되었으며[76] 이와는 별도로 고려에서는 한문도감(漢文都監)을 두어 한어를 학습시켰다. 이와 같은 외국어의 학습을 고려에서는 '역학(譯學)'이라 하여 '예학(禮學), 악학(樂學), 병학(兵學), 율학(律學), 자학(字學), 의학(醫學), 풍수지리학(風水陰陽學)' 등과 함께 중요한 실용 학문의 하나였다.[77] 그러나 이 때의 역학(譯學)은 한어와 몽고어만이 학습된 것으로 보이며 이학(吏學), 즉 이문(吏文)의 교육도 사역원이 담당한 것으로 보인다.

후일 통문관은 사역원으로 개칭하고 한문도감도 한어도감(漢語都監)으로 그 이름을 바꿨으며 고려가 망하고 조선조가 건국된 다음에도 사역원은 계속되었다. 즉, 『태조실록』(권2) 태조 2년 9월 신유(辛酉)조에 "置司譯院 肄習華言 - 사역원을 설치하여 화언(중국어)을 교육하다" 란 기사가 있고 같은 10월조에 "設六學, 令良家子弟肄習, 一兵學, 二律學, 三字學, 四譯學, 五醫學, 六算學 - 육학을 설치하다. 양가의 자제에게 교육할 것을 명하였으니 [육학은] 1 병학, 2 율학, 3 자학, 4 역학, 5 의학, 6 산학이다"란 기사가 있어 조선이 건국된 직후 태조 2년(1393) 9월에 사

---

76 『高麗史』(권76) 「志」(권제30) '百官'조에 "通文館, 忠烈王二年始置之. 令禁內學官等, 參外年未四十者習漢語. 時舌人多起微賤, 傳語之間多不以實, 懷奸濟私, 參文學事金坵建議置之. 後置司譯院, 以掌譯語"라는 기사를 참조할 것.

77 『高麗史』(권77) 「志」(卷第31) '百官'조의 '諸司都監色' '十學'에 실린 기사에 의하면 (졸저, 1990:46) 恭讓王 元年(1389)에 十學을 두었으며 禮學은 成均館에서, 樂學은 典儀寺에서, 兵學은 軍候所, 律學은 典法, 字學은 典校寺, 醫學은 典醫寺, 風水陰陽은 書雲觀, 吏學은 司譯院에서 교육하도록 하였으나 譯學은 빠져있다.

역원을 설치하였고 역학이 '병학, 율학, 자학, 의학, 산학' 등과 같이 여섯 개 학문 분야의 하나였음을 알 수 있다.

역학(譯學)은 다시 한학(漢學), 몽학(蒙學), 왜학(倭學), 여진학(女眞學, 후일 淸學)으로 나뉘어 사역원과 변방의 지방 관서에서 한어, 몽고어, 일본어, 여진어(후일 만주어)를 각각 교육하였다.

3.3.1 입속(入屬)과 승차(陞差)

사역원의 입속은 일정한 절차에 따라 시험을 거쳐 허가된다. 먼저 사역원에 입속(入屬)하여 외국어를 학습하고자 하는 사람은 도제조(都提調)가 좌아(坐衙)한 날에 정장(呈狀)하고 천거의 정차가 끝난 다음 재주를 시험하여 그 입속을 허가한다. 먼저 본인의 성명과 본관을 기록하고 부모와 처의 사조(四祖, 祖父, 父, 母, 丈人)를 모두 쓴 단자(單子)를 제출하고 한학교회(漢學教誨) 1인과 역과에 등과한 참상관(參上官, 從六品 이상) 2인의 천거가 있는 보거단자(保擧單子)를 사역원의 녹관청(祿官廳)에 제출한다.[78]

사역원에 입속하기를 원하는 자가 20인이 되었을 때 녹관(祿官) 15인(取才 녹관 5인, 久任 녹관 10인)이 관아에 모여 먼저 내외(內外), 처(妻)의 사조(四祖)를 보고 다음으로 보거단자의 추천인이 쓴 추천의 내용을 보아 시험할 것을 결정하였다.[79]

---

78 『통문관지』(권2) 「勸奬」(제2) '入屬' 조에 "凡願屬之人, 呈狀于都提調坐衙日, 完薦試才許屬事. 受題後依署經之規. 以父母妻四祖具書單子及保擧單子, {具三保漢學教誨一員, 有等第參上官二員} 呈于祿官廳. 祿官十五員備位會衙, {取才祿官五員, 久任祿官十員備數. 願屬者滿二十人, 然後始爲完薦. 而若有見塞者則當日之坐, 勿許再薦事. 康熙戊子手決定式}"이란 기사 참조.

79 『통문관지』(권2) 「勸奬」(제2) '入屬' 조에 "先見其內外妻四祖, 次見其保擧人, 完議可否. {院吏捻紙寸許預納于各員前, 而跪于坐中, 讀告單子後, 持缸筒次預. 諳以受捻紙, 受畢到筒, 看其結否, 三結以上則不許入}"이라는 기사가 있어 입회인 15인이 먼저 內外, 妻의 사조를 보고 다음에 보거인의 추천을 보아 시험 기회를 줄 것인가를 결정하는데 사역원의 관리가 각 입회인의 앞에 종이를 꼰 것을 놓고 입속을 원하는 자의 단자를 坐中에 무릎 꿇고 읽은 다음에 통을 들고 차례로 돌려 종이 꼰 것을 걷는다. 받기를 마친 다음 통을 엎어 종이 꼰 것이 3개 이상이면 입속을 불허하는 방식을 취하였음을 알 수 있다. 한 번 불허가 되면 다시 천거할 수 없었다.

이들이 허가한 자들을 치부(置簿)하여 시험을 보게 하는데 겸교수가 좌기한 날 시강(試講)하여 성적의 고하에 따라 사학(四學) 생도(生徒)의 자리를 채우게 된다. 입속이 허가되면 수결(手決)를 친 첩문(帖文)을 발급하고 해당되는 방(房, 교실을 말함)에 기록하고 종사(從仕)하게 한다.

생도나 예차생도가 나이가 들어 전함(前銜)에 승차하기를 원하는 자는 역시 정장(呈狀)하여 겸교수(兼敎授)가 좌기(坐起)하는 날에 시험을 보아 승차(陞差)를 허가한다.

3.3.2 우어청(偶語廳)

사역원에서는 역생(譯生)들에게 외국어를 보다 효율적으로 교육하기 위하여 우어청(偶語廳)을 설치하고 젊고 재주 있는 역생들을 뽑아 이곳에서 집중적으로 전공 언어를 학습하게 하였다. 우어청(偶語廳)의 설치에 대하여 『통문관지』(권8) '고사(故事)'조에 다음과 같은 기사가 있다.

> 閔相國鼎重深慮譯語之鹵莽, 務恢勸課之方, 廣選四學年少有才者, 名以偶語廳. 以漢人文可尙、鄭先甲, 白于朝廩食爲漢語訓長, 被擄贖還人徐孝男、金孝源爲蒙語訓長, 李戢、崔厚澤爲淸語訓長, 倭學堂上安愼徽、朴再興爲倭語訓長. 日會公廨, 禁鄕話, 勤講習. 時復親試賞罰分明, 五年之間大有成效人榮其選. 至於庚午年大臣引見時語及偶語廳, 上曰: '壬戌年間閔鼎重爲提調時, 併設此廳, 使漢人文可尙等敎習漢語, 其時以爲有效' [下略] - 상국 민정중이 역어의 거칠고 서투름을 깊이 걱정하여 공부하기를 힘쓰고 넓게 권장하는 방안으로 사역원 사학에서 나이가 어리고 재주가 있는 자를 널리 선발하여 우어청이라고 이름 하였다. 중국인 문가상과 정선갑을 조정의 부조미를 받도록 사뢰어 한어훈장을 삼고 포로가 되었다가 돌아온 서효남과 김효원으로 몽어훈장을 삼았으며 이즙과 최후택으로 청어훈장을 삼았고 왜학 당상역관 안신휘와 박재흥으로 왜어훈장을 삼아 매일 공관에 모이게 하여 우리말을 금하고 외국어를 강습하도록 권장하였다. 때때로 친히 시험하여 상벌을 분

> 명히 하였더니 5년 사이에 효과가 있어 선발에 뽑힌 사람이 많았다. 경오년에 이르러 시어와 우어청을 인견하였다. 임금이 말하기를 '임술년에 민정중이 제조였을 때에 이 청을 설치하고 한인 문가상 등으로 하여금 한어를 교습하게 하였더니 그 때에 효과가 있었다'고 하셨다.[80]

이 기사를 보면 '우어청'은 숙종 임술(壬戌, 1682)에 설치되었고 재주가 있으며 연소한 역생(譯生)들을 모아 철저하게 외국어를 학습시키기 위하여 설치된 것임을 알 수 있다.

4. 역학서(譯學書)의 변천

4.0.0 사역원에서 역관들의 외국어 학습에 사용한 어학교재를 역학서(譯學書)라고 하였음은 앞에서 언급하였다. 사역원에서 한어를 비롯하여 몽고어, 일본어, 여진어, 또는 후일의 만주어를 교육하였기 때문에 이 각각의 교재를 한학서(漢學書), 몽학서(蒙學書), 왜학서(倭學書), 여진학서(女眞學書), 또는 청학서(淸學書)라고 한다. 이 외국어 교재는 조선시대의 실록과 『경국대전』 등의 국전에 역관 취재(取才)와 역과(譯科) 출제서로 그 서명이 등재되었다.

졸저(1988b:46~59)에 의하면 외국어 교재들은 『세종실록』의 상정소(詳定所) 계문(啓文)에 실린 제학(諸學) 취재로 수록된 것과 『경국대전』(권3) 「예전(禮典)」 제과(諸科)의 '역과(譯科)'조와 동 대전(권1) 「이전(吏典)」 '취재(取才)'조에 수록된 교재들을 한 시대의 것으로 묶을 수 있고 임진·병자 양란(兩亂) 이후에 사역원에서 자체적으로 편찬한 외국어 교재로서 후대에 『속대전(續大典)』에 정착된 것과 그 이후의 다시 개편되어 『대전통

80 본문에 어려운 낱말이 있다. 鹵莽(노망)은 "경솔하고 주의가 부족함. 일이 거칠고 서투름"이란 어휘로 『莊子』에 나오는 말이다. 廩食(늠식)은 "정부에서 받는 扶助米"를 말하며 '廩俸(늠봉)'이라고 도한다. 『漢書』에 나온다.

편(大典通編)』 등에 등재된 것으로 나누어 볼 수 있다고 하였다.

『경국대전』에 등재된 것을 초창기(草創期)의 외국어 교재라고 한다면 『속대전』에서 교체된 것을 정착기(定着期)의 외국어 교재라고 할 수 있으며 그 이후의 『대전통편(大典通編)』 등에 등재된 외국어 교재들은 『속대전』에 수록된 외국어 교재를 개정·증보한 것으로 볼 수 있다(졸저, 1988:47).

4.0.1 역서(譯書)와 역학서(譯學書)

사역원에서는 역관(譯官)과 역생(譯生)의 외국어 교육을 위하여 여러 제도를 마련하였을 뿐 아니라 외국어 학습을 위한 여러 교재를 해당국으로부터 수입하거나 자체적으로 편찬하여 교과서로 삼았는데 이를 역서(譯書), 또는 역학서(譯學書)라고 부른다. 역서는 조선조의 문헌에 자주 보이는 명칭이고 역학서는 현대 국어학자들이 명명한 이름이다. 따라서 이 책에서도 '역서(譯書)'가 옳은 명칭이지만 관례에 따라 '역학서(譯學書)'란 이름을 따르기로 한다.

조선시대의 각종 문헌에는 80여 종의 역학서가 그 서명을 보여준다. 즉 <조선왕조실록>의 여기저기에서 역학서의 서명이 산견되고, 『경국대전(經國大典)』을 위시하여 역대에 편찬된 여러 법전에서 역관의 취재(取才)와 역과(譯科) 등의 출제서로서 역학서의 이름이 수록되었다. 『통문관지』에는 역시 과시(科試)와 취재용(取材用)의 서책 목록에 그 서명이 보이고, 또 사역원의 장서(藏書)와 장판목록(藏板目錄)에도 일부 등장한다. 그 밖에도 『증보문헌비고(增補文獻備考)』 등에서도 서명이 소개되었다.

4.0.2 『세종실록』과 『경국대전』의 역학서

역학서의 서명은 『세종실록』부터 본격적으로 등장한다. 그러나 역생(譯生)들의 외국어 학습 교재인 역학서는 그들을 시험하여 역관에 임명하는 출제서로서 『경국대전』에 규정되어 구한말까지 지속된다. 일단 법전에 규정된 역과 및 역관 취재의 과시서들은 좀처럼 바뀌지 않고 사역원 등에서 각종 시험에 대비하여 사용하는 외국어 교과서가 되었다.

그러나 언어는 변화하는 것이어서 시대의 흐름에 따라 彼我의 언어가 변화하고 그에 맞추어 역학서는 개편되지 않을 수 없었다. 역학서의 개정은 『경국대전』에 규정된 역과(譯科) 및 역관 취재(取才)의 출제서를 바꾸면서 이루어진다. 그러나 대전의 변경은 대단히 어려운 일로서 사역원을 비롯한 외국어 교육기관에서는 같은 서명의 역학서를 수정하는 방법으로 역학서를 개정하였다. 따라서 이 역학서들은 시대적인 변천을 보여주는데 졸저(1988b:46~47)에 의하면 사역원의 변천과 역학서의 개혁을 그 시대적 특성에 따라 다음과 같이 세 시기로 나누었다.

初期 – 건국 초기부터 『경국대전』까지의 역학서 – 草創期
中期 – 『경국대전』 이후부터 『속대전』까지의 역학서 – 定着期
後期 – 『속대전』 이후부터 舊韓末까지 – 改訂·增補 修整期

(졸저, 1988b:47)

다만 초기(初期)와 중기(中期)의 역학서는 오늘날 대부분 실전되어 전하지 않고 오직 서명만을 통하여 어떤 교재였는지 추측할 뿐이다. 후기의 것은 대부분 현전하지만 중기의 것을 중간(重刊)한 것들이다. 각 시기의 역학서들에 대하여는 졸저(1988b)에서 상세히 다루었으므로 여기에서는 중요한 것만 간추려 고찰하기로 한다.

1) 초기(初期)의 역학서

4.1.0 고려의 전통을 이어받아 조선왕조의 건국과 더불어 설치된 사역원은 역관을 양성하고 그들을 관장하였다. 조선조 초기에 역관들은 도래(渡來) 외국인을 접대하거나 파견되는 사신(使臣)을 배행(陪行)하는 일을 맡아왔다. 이들의 외국어 교육은 『세종실록』(권47) 세종 12년(1430) 3월조에 수록된 상정소(詳定所)의 계문(啓文)에 처음으로 정리되어 나타난다.

이 계문에는 한이학(漢吏學)과 문자학, 역학(譯學)의 취재에 사용할 경서(經書) 및 제예(諸藝)의 수목을 정하였는데 역학(譯學)에는 한훈(漢訓, 한어 교재), 몽훈(蒙訓, 몽고어 교재), 왜훈(倭訓, 일본어 교재)을 게재하였다. 이렇게 규정된 역학 교재들은 『경국대전』에서 역과(譯科)의 과시서(科試書)나 취재(取才)의 교재로 등록되어 각종 시험의 출제서가 된다. 따라서 사역원에서는 이 교재로 상기한 외국어를 교육하였던 것이다.

그러나 역관들은 임진왜란과 병자호란을 기점으로 직제와 기구에 있어서 대폭적인 개혁이 있었으며 그 역할도 단순한 사신(使臣)의 수행이나 도래인(渡來人)의 접대에 국한되지 않고 국경이나 부산(釜山) 등지에서 거주하는 외국인을 감시하고 무역의 중개인으로써 활약하는 등 외국인과의 접촉으로 일어나는 모든 일을 담당하는 실무관리로서 역관은 자리를 잡았다.

따라서 외국어 교육기관으로서의 사역원(司譯院)은 외국과의 관계가 복잡해짐에 따라 역관의 필요성도 증대하게 되었고 사역원의 확장에 맞추어 외국어의 교육 목표도 점차 변모해가기 시작하였다. 이와 같은 교육 목표의 변화는 교육내용의 변화를 가져왔고 교육내용의 변화는 외국의 학습서인 외국어 교재, 즉 역학서(譯學書)의 개편을 수반하게 되었는데 이러한 개편은 사역원의 변천과 불가분의 관계를 맺고 있는 것으로 보인다.

전술한 바와 같이 사역원의 변천과 외국어 교재의 개혁을 시대적 특징에 따라 분류하면 대체로 세 시기로 크게 나눌 수 있다.

초기(初期) – 『세종실록』(권47)의 상정소(詳定所) 계문과 『경국대전』의 역학서 – 초창기(草創期)

중기(中期) – 『경국대전』(1469) 이후부터 『속대전(續大典)』(1744)까지 – 정착기(定着期)

후기(後期) – 『속대전』이후부터 『대전회통』(1865)까지 – 개정(改訂)·증보(增補) 수정기(修整期)

이와 같은 외국어 교재의 시대적 구별은『경국대전』을 비롯한 여러 국전(國典)과『통문관지(通文館志)』등을 통하여 그 변천 과정을 살펴볼 수 가 있다. 대체로 초기(初期)의 외국어 교재는 조선 초기의 왕조실록과『경국대전』(권3)「예전(禮典)」'제과(諸科)'의 '역과(譯科) 출제서', 또는「이전(吏典)」의 취재서(取才書)로 등재되어 있는 것을 말하며 중기(中期)의 것은『속대전』의 외국어 교재들과『통문관지』및 각종 사료(史料)에 수록된 역과, 원시(院試), 취재(取才), 고강(考講)에서 출제서로 사용된 외국어 교재들을 말한다. 후기(後期)의 것은『대전통편(大典通編)』이나『대전회통(大典會通)』,『전율통보(典律通報)』등에 수록된 역과 출제서로서 중기의 외국어 교재들을 개정(改訂), 증보(增補), 수정(修整)한 것으로 대부분 현전하고 있다. 이제 각 시대의 외국어 교재에 대하여 좀 더 구체적으로 살펴 보고자한다.

4.1.1『세종실록』의 역학서

초기의 외국어 교재는 전술한 바와 같이『세종실록』(권47) 세종 12년(1430) 경술(庚戌) 3월 18일 무오(戊午) 두 번째의 기사 중에 제학(諸學)의 취재(取才)에 대한 상정소(詳定所)의 계문(啓文)이 있다. 여기에 나타난 한이학(漢吏學), 문자학(文字學), 역학(譯學)의 취재에 사용된 외국어 교재와『경국대전』「예전(禮典)」의 역과(譯科) 및 취재의 출제서로 서명을 올린 외국어 교재들을 초기의 역학서라고 한다. 이들을 통하여 그 전체적 윤곽을 살필 수 있다.

『세종실록』의 제학(諸學) 취재에서는 각 취재의 출제서를 한이학(漢吏學)과 자학(字學), 역학(譯學)으로 나누고 역학을 다시 한훈(漢訓)과 몽훈(蒙訓), 왜훈(倭訓)으로 나누어 제시하였다. 한이학(漢吏學)의 출제들은 이문(吏文)의 작성을 위한 것으로 경서류와 중국의 관제(官制) 및 이문 작성의 지남서(指南書)들이다. 자학(字學)은 이문(吏文)을 정서(正書)하는데 필요한 한자의 서체(書體) 특히 전서(篆書, 大篆·小篆)의 사자(寫字)를 취재하였고 역학(譯學)은 실제 통역을 담당할 수 있는지를 취재하기 위한 실용적인 회화 중심의 외국어 교재들이 선정되었다. 역학은 다시 한어 학습의 한훈(漢訓)과 몽고어의 몽훈(蒙訓), 일본어의 왜훈(倭訓)으로 나누어졌다.

『세종실록』에 수록된 상정소의 계문(啓文)에는 여진어 학습의 여진훈(女眞訓)이 들어있지 않은데 이것은 당시 사역원에는 여진학(女眞學)이 아직 설치되지 않았음을 시사한다. 고려시대에 설치된 통문관(通文館)[81]의 전통을 이어받아 조선조 태조(太祖) 2년(1393)에 부활된 사역원(司譯院)[82]은 처음부터 한학(漢學)·몽학(蒙學)·왜학(倭學)·여진학(女眞學)의 사학(四學)을 둔 것이 아니라 한어(漢語)와 몽고어의 학습, 즉 한학(漢學)과 몽학(蒙學)으로 시작하여 태종(太宗) 15년(1415)에 왜학(倭學)이 추가되고[83] 그 후에 여진학(女眞學)이 부가된 것으로 보인다.

『세종실록』 이후의 각 왕조실록에도 외국어 교재가 부분적으로 나타나지만 초기의 외국어 교재를 제대로 정리해 준 것은 성종(成宗) 원년(元年, 1470)에 간행된 『경국대전』이라 할 수 있다. 즉, 『경국대전』(권1) 「이전(吏典)」 '정삼품아문(正三品衙門)'조 말미에 사역원이 있고 그 소임(所任)이 "掌譯諸方言語 - 여러 나라의 언어를 통역하는 일을 관장하다"라고 되어 있어 승문원(承文院)과 더불어 사대교린의 임무를 수행함에 있어 통역을 담당한 곳임을 알 수 있다(졸고, 1978b). 또 동 대전(권3)의 「예전(禮典)」 '제과(諸科)'의 '역과(譯科)'조나 '취재(取才)'·권장(勸奬)' 조에 한학, 몽학, 왜학, 여진학의 사학(四學)에 대하여 시재용서(試才用書), 즉 역학서를 규정하였다. 따라서 이 시기에 사역원 사학이 완비되어 각각의 외국어 교재가 각종 시험의 출제서로 결정되었다.

---

81 通文館은 高麗 忠烈王 2年(1276)에 설치되었다가 후일 司譯院으로 개칭함.

82 『太祖實錄』(권4) 太祖 2年 9月 조에 '辛酉置司譯院, 肄習華言'이란 기록 참조.

83 『世宗實錄』(권4) 世宗 12年 9月 조에 "禮曹啓: 去乙未年, 受教設倭學。令外方鄕校生徒, 良家子弟入屬, 合于司譯院。衣蒙學例遷轉本學, 非他學之例. 往還滄波劍戟之間, 實爲可懼, 故求屬者少。而生徒三十餘人唯用語, 非徒通事者難繼. 譯解倭書, 恐將廢絕. 請從初受教, 依蒙學加給一遞兒, 每二人遷轉, 以勸後來。從之。"라는 기사와 『太宗實錄』(권8) 太宗 14年 10月 丙申 조에 "命司譯院習日本語. 倭客通事尹仁輔上言 : 日本人來朝不絕, 譯語者少, 願令子弟傳習。從之。"라는 기록 참조

즉, 전술한 상정소의 계문(啓文)이 작성된 세종 12년(1430) 3월보다 40년 후에 완성된『경국대전』에서는 사역원의 사학이 완비되었고 그 각각의 외국어 교재가 대전의「예전(禮典)」'역과초시(譯科初試)'에 "講書{臨文講書, 背誦講書}, 寫字. 譯語 - 강서 {임문강서와 배송강서}, 사자, 역어"의 출제서로 규정되었다. '임문강서'란 책을 보고 강독하는 시험이고 '배송강서'란 책을 보지 않고 외워서 강독하는 시험이며 사자(寫字)란 글자를 외워서 베껴 쓰는 시험이다. 마지막의 '역어(譯語)'는 번역하는 시험인데 주로 대전(大典)을 풀이하는 시험이다. 여기에 등장한 역학서의 대부분은『속대전』에서 대대적인 개혁이 있기까지 오래도록 조선전기의 과시(科試), 취재, 권장(勸奬)에 출제서로 사용되었다.

4.1.2『세종실록』의 한이학(漢吏學)

『세종실록』(권47)의 상정소(詳定所) 계문에 수록된 제학(諸學)의 취재서(取才書) 가운데 한이학(漢吏學)은 "書, 詩, 四書, 魯齋大學, 直解小學, 成齋孝經, 少微通鑑, 前後漢, 吏學指南, 忠義直言, 童子習, 大元通制, 至正條格, 御製大誥, 朴通事, 老乞大, 事大文書謄錄, 製述: 奏本, 啓本, 咨文"을 들었으며 자학(字學)에서는 "大篆, 小篆, 八分"을 취재하였다.

역학 한훈(漢訓)은 "書, 詩, 四書, 直解大學, 直解小學, 孝經, 小微通鑑, 前後漢, 古今通略, 忠義直言, 童子習, 老乞大, 朴通事"에서 시험하도록 하였다. 몽훈(蒙訓)에서는 "待漏院記, 貞觀政要, 老乞大, 孔夫子, 速八實, 伯顔波豆, 土高安, 章記, 巨里羅, 賀赤厚羅; 書字: 偉兀眞, 帖兒月眞"로 몽고어를 시험하였고 왜훈(倭訓)에서는 "消息, 書格, 伊路波, 本草, 童子教, 老乞大, 議論, 通信, 庭訓往來, 鳩養勿語, 雜語, 書字"로서 일본어를 시험하도록 규정하였다.

상정소의 계문에서 한이학(漢吏學)과 자학(字學)의 시험에 사용하도록 규정한 여러 외국어 교재들은 사대문서를 취급하는 승문원(承文院)의 관원을 대상으로 한 것이며 역학(譯學)은 사역원(司譯院)의 역관을 대상으로 한 것이다. 조선왕조 초기의 승문원과 사역원은 중국 명(明)의 초기에 설치된 사이관(四夷館)과 회동관(會同館)의 관계를 연상케 한다.

중국에서는 외국의 외교문서를 번역하는 기관을 따로 두지 않았다가 명(明) 영락(永樂) 5년(1407)에 사이관(四夷館)을 두어 외국으로부터 접수되는 외교문서를 번역하게 하였고[84], 이것은 다시 청대(淸代)에 사역관(四譯官)으로 개칭되어 후대에까지 계속되었다. 한편 회동관(會同館)은 당대(唐代)로부터 그 이름이 보이다가 외국 사신의 접대를 위한 독립기관으로 설치된 것은 원(元) 세조(世祖) 대, 즉 지원연간(至元年間, 1264~1294)이었고[85] 그 후 명대(明代)에 계속되었다.

조선왕조에서도 사대교린의 문서는 승문원(承文院)에서 담당하였다.[86] 일본에 관한 외교문서 가운데 일본의 가나(假字)로 된 것은 취급하지 않았으며 주로 중국에 보내는 이문(吏文)으로 된 사대문서의 작성이 중심 역할이었던 것으로 보인다. 반면에 사역원(司譯院)은 명(明)·청(淸)·왜(倭)를 비롯한 인국의 사신(使臣)과 그 수행원을 접대하고 사행(使行)을 배행(陪行)하며 표류 도래인(渡來人)을 심문하는 등 실제 외국인과의 접촉을 관장하였다.

따라서 승문원의 관원과 사역원 역관의 학습 교재는 서로 다를 수가 있으며 승문원의 교재가 이문(吏文) 작성이 중심이 되었다면 사역원의 것은 실용 회화가 중요한 교육목표였다. 실제로 『경국대전』(권3) 「예전(禮典)」 '권장(勸奬)' 조에 실려 있는 승문원 관원의 소독서(所讀書)는 전술한 『세종실록』에 수록된 제학취재(諸學取才)의 한이학서(漢吏學書)와 대체

---

84 萬曆 重修本의 『大明會典』(卷221) '翰林院' 조에 "凡四方番夷文字, 永樂五年設四夷館"이란 기사와 『皇明實錄』 永樂 5年 3月 癸酉 조 및 『明史』(卷74) 「志」第50 '職官' 3에 "提督四夷館, 少卿一人 {正四品}, 掌譯書之事。自永樂五年外國朝貢。特設蒙古、女眞、西番、西天、回回、百夷、高昌、緬甸八館。置譯字生、通事 {通事初隷通政使司} 通譯語言文字, 正德中增設八百館。{八白館蘭者哥進貢} 萬曆中又增設暹羅館。初設四夷館隷翰林院。[下略]' 등의 기사를 참조. 기타 四夷館의 始末에 대하여는 神田喜一郎(1927) 참조.

85 이에 대해서는 『元史』(卷85) 「志」(第35) '百官' 조와 『新元史』(卷55) 「志」(第21) '官志' 조 참조.

86 『경국대전』(권1) 「吏典」 '承文院' 조에 "承文院: 掌事大交隣文書"라는 기사를 참조.

로 일치한다.[87] 또 『세종실록』의 제학취재에 실린 한이학(漢吏學) 취재서(取才書)와 역학(譯學) 한훈(漢訓)의 그것이 크게 다르지 않는데 이를 비교하여 적기(摘記)하면 다음과 같다.

가. 한이학(漢吏學)·역학(譯學)·한훈(漢訓)에 공통된 것.
書, 詩, 四書, 直解小學, 小微通鑑, 前後漢, 忠義直言, 童子習, 老乞大, 朴通事

나. 한이학의 취재(取才)에만 사용된 것
魯齋大學, 成齋孝經, 吏學指南, 大元通制, 至正條格, 御製大誥 事大文書謄錄, 製述: 奏本·啓本·咨文

다. 역학(譯學)·한훈(漢訓)의 취재에만 사용된 것.
直解大學, 孝經, 古今通略

위의 비교에서 한이학(漢吏學)과 역학 한훈(漢訓)이 학습하는 것은 비슷해서 대부분 같은 교재로 공부하였지만 한이학의 경우에는 중국의 제도나 이문(吏文)의 작성 등 문어(文語)의 교육에 치중하였음을 알 수 있다.

실제로 『통문관지』(권1)의 과거(科擧) 조에 기록된 한이과(漢吏科)에 관련된 내용을 보면

初試 初場 試賦詩 各一篇
終場 試吏文 一篇, 啓上書 一篇

87 『경국대전』(권3) 「禮典」 '勸獎' 조에 "承文院官員, 每旬提調講所讀書, 書、詩、四書、魯齋大學、直解小學、成齋孝經、少微通鑑、前後漢、吏學指南、忠義直言、童子習、大元通制、至正條格、御製大誥、朴通事、老乞大、事大文書謄錄。"라는 기사를 참조.

會試 初場 講吏文中二書, 四書中一書, 三經中一經, 漢語中一書(抽簽背講)
中場 試表箋中一篇, 記頌中一篇
終場 試排律一篇

이라 규정하여 이문(吏文), 사서(四書), 삼경(三經)을 강(講)하게 하고 한어(漢語, <老乞大>, <朴通事> 등을 말함)를 추첨하여 배강(背講, 책을 보지 않고 강함)하게 하였으며 표(表), 전(箋), 기(記), 송(頌)을 짓게 하거나 율시(律詩)를 짓게 하는 것이 한이과(漢吏科)의 과시(科試)임을 알 수 있어 단순한 한어(漢語)의 언어 시험만이 아님을 알 수 있다.

또 한이학(漢吏學)과 역학 한훈(漢訓)의 취재서를 내용별로 분류하면 다음과 같다.

漢吏學
經史書類 - 書, 詩, 四書, 魯齋大學, 成齋孝經, 小微通鑑, 前後漢, 忠義直言, 童子習
法制類 - 大元通制, 至正條格, 御製大誥
吏文類 - 事大文書謄錄, 製述: 奏本·啓本·咨文
譯語類 - 朴通事, 老乞大, 直解小學

譯學漢語
經史書類 - 漢吏學과 同
法制類 - 없음
吏文類 - 없음
譯語類 - 直解大學, (直解小學, 老乞大, 朴通事)

이상 한이학(漢吏學)과 역학(譯學) 한훈(漢訓)의 교재를 살펴보면 이 시기의 한이학(漢吏學)은 훈몽서를 그대로 사용하여 문과(文科)의 과시와 유사하다. 다만 사대문서의 작성을 위하여 중국의 법제라든지 이문(吏

文) 작성법에 대한 지식을 습득해야했다. 그리고 또 중국어의 일상용어를 익히기 위하여 <노걸대>, <박통사>와 <직해소학(直解小學)>을 교재로 택하였다.

역학 한훈(漢訓)에서는 실제 사대문서의 작성에는 참여하지 않으므로 법제류(法制類)와 이문류(吏文類)의 교재가 없는 대신 역어류(譯語類)의 교재로 <직해대학(直解大學)>을 추가하였다. 그러나 이 <직해대학>이 어떤 한어(漢語) 학습서이었는지 오늘날 알 길이 없으나 <노걸대>, <박통사>와 더불어 중국어의 일상용어의 교재로 애용되던 <직해소학(直解小學)>으로부터 어렴풋이 유추할 뿐이다.

4.1.3 『경국대전』의 역과 출제서

한편 『경국대전』(권3) 「예전(禮典)」 '제과(諸科)', '역과(譯科)'조에 다음과 같은 외국어 교재가 한학(漢學) 역과(譯科) 과시의 출제서로 등재되어있다.

譯科 初試

漢學 四書(臨文) 老乞大 朴通事 直解小學(背講)

譯語, 飜經國大典(臨文)

譯科 覆試

漢學講書 同初試(願講五經 小微通鑑 宋元節要者 聽臨文)

漢學譯語 同初試

이것은 한학 역과 초시(初試)에서 사서(四書)를 책을 보면서(臨文) 강독하게 하고 <노걸대>, <박통사>, <직해소학>은 책을 보지 않고(背講) 강독하게 하였으며 『경국대전』을 임문해서 번역하게 하였음을 말해준다.[88] 또 복시(覆試)는 초시(初試)와 같으나 오경(五經)이나 <소미통감(小微

88 "飜經國大典 {臨文}"에서 『경국대전』을 책을 보고 번역한다는 것이 해당국의 언어로 번역하는 것인지 우리말로 대전을 언해하는 것인지는 분명하지 않다. 필

通鑑)>, <송원절요(宋元節要)> 등을 강독하기를 원하면 임문(臨文)하여 강독하는 것을 허락하며 역어(譯語)는 초시(初試)와 같이 『경국대전』을 번역케 한다는 내용이다.

이것은 『세종실록』의 제학취재(諸學取才)에서 보았던 역학 한훈(漢訓)의 취재와 큰 차이가 없다. 다만 시(詩), 서(書) 등과 같은 경서와 <소미통감(小微通鑑)>과 같은 사서(史書)가 복시(覆試)에서 선택으로 밀려났고 <전후한(前後漢)>, <충의직언(忠義直言)>, <동자습(童子習)> 등 훈몽(訓蒙) 사서류(史書類)가 제외되었다. 그리고 역학 한훈(漢訓)의 취재에 사용한 외국어 교재에 비하여 <송원절요(宋元節要)>와 『경국대전』의 번역이 새로 등장하였다. 또 『노걸대』, 『박통사』, 『직해소학』을 다른 출제서와 달리 배강(背講)하게 함으로써 이 세 책의 중요성이 강조되었다.

이 사실은 『경국대전』의 다른 부분에서도 확인되는데 「예전(禮典)」 '취재(取才)' 조를 보면 "諸學四孟月, 本曹同提調取才。無提調處, 則同該曹堂上官取才。- 모든 학교에서는 4분기의 각기 첫째 달에 예조의 제조가 취재를 한다. 제조가 없는 곳은 해당 부서의 당상관이 취재를 한다"라 하여 예조(禮曹)에 속한 제학(諸學)은 사맹월(四孟月)에 예조가 해당관서의 제조(提調), 또는 당상관(堂上官)이 제학의 소속 관리들을 취재하도록 하였음을 알 수 있다. 이때 한학(漢學) 취재에 사용된 외국어 교재(譯學書)는 다음과 같다.

> 漢學　直解小學 朴通事 老乞大 {已上背講, 年四十以下者背誦}
> 四書經史(已上臨文 經史則自願) - 한학 취재의 출제서는 <직해소학>, <박통사>, <노걸대>이다. {이상은 책을 보지 않고 읽는다. 나이가 40 이하인자는 배송, 보지 않고 외운다} 사서(四書)나 경사(經史)의 책. {이상은 책을 보고 강한다. <경사>는 자원한다}

자의 소견으로는 후자인 것으로 보인다. 당시 모든 관리의 시험에서 『경국대전』의 언해는 공통 출제였다.

이것은 취재에서도 <직해소학>, <박통사>, <노걸대>가 배강(背講), 또는 배송(背誦)되었음을 말하며 사서(四書)와 경사서(經史書, 五經과 <小微通鑑>, <宋元節要>를 말함)를 자원하면 임문해서 강독토록 하였다.

이와 같이 세종 때의 역학 한훈서(漢訓書)에서 <직해소학>, <박통사>, <노걸대>가 다른 한학서(漢學書)보다 『경국대전』에서 특별한 대우를 받게 된 것은 앞으로 한학서의 방향을 제시해 준 것이며 이것은 다른 삼학(三學)에도 많은 영향을 주게 되었다. 즉 사역원의 외국어 교재는 실용적인 회화 교재가 필요하게 되었으며 이것은 역관들의 임무수행에 있어서 상용 회화의 언어 교육이 필요해졌기 때문이다.

4.1.4 한어(漢語) 교재 〈노걸대〉와 〈박통사〉

실제 한어(漢語) 회화의 교습을 위해서 고려 말기에 편찬한 것으로 알려진 <노걸대>와 <박통사>는[89] 조선왕조 초기에 애용되었다. 즉 『세종실록』 세종 16년 6월조에 "頒鑄字所, 印老乞大、朴通事于承文院、司譯院。此二書, 譯中國語之書也。- 주자소에서 <노걸대>와 <박통사>를 인쇄하여 승문원과 사역원에 나누어주다. 이 두 책은 중국어를 통역하는 책이다"라 하여 <노걸대>, <박통사>를 주자소(鑄字所)에서 인쇄하여 승문원(承文院)과 사역원에 나누어 주었다는 기사가 보인다.[90] 국초(國初)부터 이들은 <직해소학>과 더불어 한어의 회화 교재로서 특별한 대우를

89 이 두 책은 <노박>으로 불리며 한어 학습의 자매편이다. 편찬 시기는 兩書의 내용이나 기타 여러 사료의 기록으로 보아 閔泳珪(1964) 등에서는 高麗 末에 만든 것으로 보았다. 그러나 졸저(2004, 2010)에 의하면 元代 至正 丙戌(1346)에 元과 무역하기 위하여 수도인 大都를 여행한 고려 역관들의 저술로 보았다.

90 『세조실록』(권11) 세조 4년 정월 19일 戊寅조에 "戊寅, 禮曹啓: 講習漢訓事大先務, 但書册稀少, 學者未易得觀。講始將朴通事、老乞大各一件, 分送黃海、江原兩道, 刊板送于校書館, 印行廣布。從之。- 무인에 예조에서 계하기를 '한훈(漢訓)을 강습하는 것은 사대 업무에 먼저 해야 할 일이나 다만 책이 희소하여 배우려는 사람들이 쉽게 얻어 볼 수가 없습니다. 앞으로 <박통사>와 <노거대>의 각 한 벌을 황해도와 강원도에 보내어 판각하게 하고 이를 교서관에서 인행(印行)하여 널리 공포하게 하겠습니다' 그렇게 따르라"라는 기사가 있어서 황해도와 강원도 등에 <노박>을 보내어 이를 복각하여 간판하게 하고 이를 교서관에서 인쇄하여 간행하여 배포하였음을 알 수 있다.

받았던 것이다.

사역원 역관(譯官)의 소임이 사행(使行)을 수행하거나 사신(使臣)을 영접하는 것 이외에도 실제로 사행이 있을 때마다 있었던 공사(公私) 무역의 거래를 알선하는 일까지 맡게 됨에 따라 상고(商賈)의 한어(漢語)가 필요하게 되었고 따라서 이 두 책의 가치는 점점 높아지게 되었다. 또 이 두 책은 훈민정음으로 번역된 후에 다시 언해되었으며[91] 수차 수정(修整) 증보(增補)되어 조선왕조 후기까지 계속 사용되었는데 현재까지 밝혀진 이 두 책의 변천 과정은 다음과 같다.

[표 1-2] 〈노박〉의 변천

書名	編者	刊行年代
{原刊} 老乞大	未詳, 고려 역관들?	高麗末? 조선 건국초
{刪改} 老乞大	葛貴 등	成宗 14년(1483)
{飜譯} 老乞大	崔世珍	中宗 9年(1514)
老乞大諺解	邊暹 外	顯宗 11年(1670)
老乞大新釋	邊憲 外	英祖 37年(1761)
新釋老乞大諺解	上同	英祖 39年(1763)
重刊老乞大	李洙等	正祖 19年(1795)
重刊老乞大諺解	上同	上同
{原刊} 朴通事	未詳, 고려 역관들?	高麗末? 조선 건국초
{刪改} 朴通事	葛貴 등	成宗 14년(1483)
{飜譯} 朴通事	崔世珍	中宗 9年(1514)
朴通事諺解	邊暹 外	肅宗 3年(1677)
朴通事新釋	金昌祚 外	英祖 41年(1765)
新釋朴通事諺解	上同	上同

※{ }은 실제 서명(書名)은 아니나 널리 알려진 것.

91 <老乞大>·<朴通事>가 번역될 당시에는 飜譯과 諺解가 구별되어 사용된 것으로 보이다. 崔世珍은 <노박>을 번역하였는데 이 때의 번역은 이 두 책의 내용을 諺解한 것만이 아니고 그 한어 발음을 훈민정음으로 轉寫한 것을 말하며 이 때의 發音轉寫의 원칙을 '飜譯老乞大朴通事凡例'라는 제목으로 『四聲通解』의 末尾에 붙였다. 이 <번역범례>는 발음 전사에 있어서 韻書音과 實際音과의 차이에 대하여 많이 언급하였다. 졸고(1971)와 졸고(1974) 참조

초기의 외국어 교재에서는 경사류(經史類)와 훈몽류(訓蒙類)에 치중하여 사서(四書)와 삼경(三經), 그리고 경사류(經史類)가 많았으며 <노박>이 지나치게 상고(商賈)의 말에 치우침을 경계하였다.[92] 이 두 책은 이와 같은 결점을 보완해주는 의미에서 <직해소학(直解小學)>이 애용되었다. 이 책은 중국의 훈몽서(訓蒙書)인 <소학(小學)>을 여말선초(麗末鮮初)의 명신(名臣)으로 원(元)에서 귀화(歸化)한 위구르인 설장수(偰長壽)가 당시 한어(漢語)로 해석한 것이다.[93]

즉, 『세종실록』(권93) 세종 23년 8월 11일 세 번째 기사에 "判三司事偰長壽, 乃以華語解釋小學, 名曰直解, 以傳諸後 - 판삼사사 설장수가 중국어로 <소학>을 해석하여 이름을 <직해>라고 하였으며 후대에 전해온다"라는 기록과 이보다 앞서 『정종실록(定宗實錄)』(권2) 정종 원년 10월 19일 세 번째 기사에 설장수의 죽음을 추도하면서 "公天資精敏剛强, 善爲說辭, 爲世所稱。自事皇明, 朝京師者八, 屢蒙嘉賞。所選直解小學行于世, 且有詩藁數秩。三子, 耐、衜、振。- 공은 타고난 바탕이 정(精)하고 민첩하며, 강(剛)하고 굳세며, 말을 잘하여, 세상에서 칭송을 받았다. 황명(皇明)을 섬기면서부터 명나라 서울[京師]에 입조한 것이 여덟 번인데, 여러 번 아름다운 상을 받았다. 찬술한 <직해소학>이 세상에 간행

92 『세종실록』(권93) 세종 23년 8월 11일 을해의 세 번째 기사에 "上護軍閔光美等六十人上言曰: 臣等竊見我國 自三韓至于高麗, 世世事大。高麗設漢語都監及司譯尙書房, 專習華語, 其時漢人來寓本國者甚多。至國初, 置司譯院, 如龐和、荊華、洪揖、唐城、曹正等相繼訓誨。由是親炙習業, 人才輩出。然學徒所讀, 不過老乞大、朴通事、前後漢等書而已。且其書所載, 率皆俚近俗語, 學者患之。- 호군(上護軍) 민광미(閔光美) 등 60인이 상언(上言)하기를 '신 등이 살펴보옵건대, 우리나라는 삼한(三韓)으로부터 고려에 이르기까지 대대로 대국(大國)을 섬겼으므로, 고려에서는 한어도감(漢語都監)과 사역상서방(司譯尙書房)을 설치하고 오로지 중국어를 익히게 하였으며 그때에는 한인(漢人)이 우리나라에 와서 사는 자가 매우 많았습니다. 국초(國初)에 이르러서는 사역원을 설치하고 방화(龐和)·형화(荊華)·홍즙(洪揖)·당성(唐城)·조정(曹正) 등이 서로 계승하여 가르쳤으므로, 이로 인하여 친히 배우고 익히게 되어 인재가 배출되었습니다. 그러나 학도가 읽은 바는 불과 <노걸대>·<박통사>·<전·후한서(前後漢書)> 뿐이옵고, 또 그 서적에 기재된 것이 대개가 다 상스럽고 비속한 말이어서, 배우는 자들이 이를 걱정하였습니다"란 기사를 참조.

93 偰長壽에 대하여는 졸고(2015)를 참고할 것.

되었고, 또 시고(詩藁) 두어 질(帙)이 있다. 아들은 설내(偰耐)·설도(偰衜)·설진(偰振)이다"라는 기록이 있어 설장수가 중국어로 <소학>을 해석하여 '직해소학(直解小學)'이란 이름으로 간행하였고 후일에 이것이 세상에 널리 퍼졌음을 말하고 있다.

이『직해소학(直解小學)』은 전술한 <노박(老朴)>와 더불어 세종 대에 상정소(詳定所)에서 올린 계문(啓文)에서 역학(譯學) 한훈(漢訓)의 실용회화 교습서로서 그 서명을 올리고 있다.『경국대전』에서는 역과(譯科) 한학(漢學)의 과시에서 이 세 책만을 배강(背講)시킴으로써 다른 과시서(科試書)보다 그 중요성을 강조하였다. 이것은 사역원 역관들이 실용적인 중국어의 습득을 강조한 것이다.

『세종실록』에서도 이 세 책을 다른 한학서(漢學書)와 달리 임문(臨文)하여 강독하지 않고 배강(背講)하는 이유가 역관의 언어 교육은 실용언어의 습득에 있음을 명시한 것이다.[94] 그리고 <노박(老朴)>이 지나치게 실용적이고 회화 중심의 교재임을 보완하기 위하여 편찬한『훈세평화

94 『세종실록』(권33) 세종 8년 8월 16일 경축 7번째의 기사를 보면 모든 다른 외국어 교재도 背講하게 하였으나 赴京遞兒職을 맡았다든지 使臣의 접대를 위하여 오래도록 出仕하여 本業을 習讀할 여가가 없어 한학서를 背講하기 어려울 때 <소학>(<直解小學>을 말함) <노걸대>, <박통사>만을 四孟朔에 나누어 背誦하게 하고 나머지 漢學書는 前例대로 臨文해서 試講케 하였다는 기사가 보인다. 즉, 동 실록의 "禮曹據司譯院牒啓: 在前四孟朔取才, 依三館例, 以四書、詩、書、古今通略、小學、孝經、前後漢、魯齋大學、老乞大、朴通事, 周而復始, 臨文講試, 去庚子年, 並令背誦。然因赴京護送押送無時, 使臣館通事, 或累朔出使, 講習無暇, 且各年壯, 未易背誦。請小學、老乞大、朴通事等書, 分爲四孟朔背誦, 其餘諸書, 依前例臨文試講。且譯學之任, 言語爲大, 并試之。 從之。- 예조에서 사역원의 첩문(牒文)에 의거하여 계하기를 '앞서 사분기의 첫 달에 하는 취재를 삼관(三館)의 예에 따라 <사서(四書)>·<시(詩)>·<서(書)>·<고금통략(古今通略)>·<소학>·<효경>·<전한서(前漢書)>·<후한서(後漢書)>·<노재대학(魯齋大學)>·<노걸대>·<박통사> 등의 서책을 돌려 가면서 책을 앞에 펼쳐 놓고 강독하여 시험하였는데, 지난 경자년에는 모두 외우도록 하였습니다. 그러나 북경으로 가는 호송(護送)·압송(押送) 등의 일이 수시로 있어, 사신관(使臣館)의 통사(通事)가 혹은 여러 달을 두고 사행(使行) 길에 나가 있으므로 읽고 익힐 겨를이 없고, 또 각기 나이가 장년(壯年)이라서 책을 보지 않고 암송하기가 용이하지 않으니, 청하건대 <소학>·<노박> 등의 서적을 사맹삭(四孟朔)으로 나누어 외우게 하고, 그 나머지의 모든 서적은 전례에 따라 책자를 보며 강독하게 하고 또 역학(譯學)의 임무란 언어가 위주이니 아울러 이를 시험하도록 하소서' 하니 그대로 따랐다."라는 기사 참조

(訓世評話)』가 있었으나 그렇게 널리 사용되지는 않은 것 같다.[95]

이상 언급한 한어 교재 이외에도 초기의 한학서로 한어의 표준 발음 사전의 역할을 했던 『홍문정운역훈(洪武正韻譯訓)』과 『사성통고(四聲通攷)』, 그리고 이를 후대에 수정한 최세진(崔世珍)의 『사성통해(四聲通解)』를 들 수 있으며 어휘집으로 사용했던 『역어지남(譯語指南)』, 『이학지남(吏學指南)』, <음의(音義)>가 있었다.[96] 이들은 훗날 『어록해(語錄解)』, 『역어유해(譯語類解)』 등 본격적인 어휘집으로 발전하였다. 이들은 『세종실록』(권47)의 상정소에서 올린 계문(啓文)에 규정된 제학취재의 한이학(漢吏學)과 역학(譯學) 한훈(漢訓), 그리고 『경국대전』(권3) 「예전(禮典)」'역과(譯科) 한학(漢學)'에도 실리지 않은 한학서이다.

4.1.5 초기의 몽고어 교재

다음 초기의 몽학서(蒙學書)에 대하여 살펴보기로 한다. 역시 『세종실록』(권47)의 상정소 계문에 실린 제학 취재의 몽훈(蒙訓)조를 보면 "蒙訓: 待漏院記, 貞觀政要, 老乞大, 孔夫子, 速八實, 伯顔波豆, 吐高安, 章記, 巨里羅, 賀赤厚羅, 書字: 偉兀眞, 帖月眞"와 같이 몽고어 교육의 교재와 시험 방식을 규정하였다.

이것은 몽훈(蒙訓)이란 제목이 시사하는 대로 몽고어의 학습서임을 알 수 있으며 『경국대전』(권3) 「예전」 '역과' '사자(寫字)' '몽학'조에 "王可汗, 守成事鑑, 御史箴, 高難加屯, 皇都大訓, 老乞大, 孔夫子. 帖月眞, 吐高安, 伯顔波豆, 待漏院記, 貞觀政要, 速八實, 章記, 賀赤厚羅, 巨里羅"의 몽학서(蒙學書)를 들고 있어 『세종실록』의 그것보다 "王可汗, 守成事鑑, 御史箴 高難加屯, 皇都大訓"이 추가되고 서자(書字)에서 '偉兀眞'이 삭제되었다. 이 양자에서 같은 이름의 책으로 한자의 일부가 다른 것이 보이는

---

95 漢語 교재 『訓世評話』에 대해서는 姜信沆(1985)을 참조.

96 이들이 어떤 語彙集이었는지는 오늘날 失傳되어 알 수 없으나, <譯語指南>은 <四佳文集>에 실려있는 序文과 비교하여 『통문관지』 등에서 그 片貌를 알 수 있고 <音義>는 <老朴集覽>에 引用된 것으로 類推할 수 있다.

데 '토고안(土高安)'이 '吐高安'으로, '하적후라(賀赤厚羅)'가 '何赤厚羅'로, '첩아월진(帖兒月眞)'이 '帖兒眞'으로 바뀐 것이 그것이다.

또 『경국대전』(권3) 「예전(禮典)」 '취재(取才)' 조에

> 蒙學: 章記、帖月眞、孔夫子、賀赤厚羅、貞觀政要、待漏院記、吐高安、巨里羅、伯顔波豆、老乞大、速八實 {已上寫字} 守成事鑑、王可汗、御史箴、皇都大訓、高難加屯 {已上臨文, 臨文秩小冊, 則以二冊. 准漢學一冊} - 몽고어 교재는 장기, 첩월진, 공부자, 하적후라, 정관정요, 토고안, 거리라, 백안파두, 노걸대, 속팔실 {이상은 필기 사험} 수성사감, 왕가한, 어사잠, 황도대훈, 고난가둔 {이상은 책을 보고 시험함. 임문하는 책이 소질이면 두 책을 한학의 한 책으로 기준함}

라 하여 몽학서 16책을 들었는데 『세종실록』의 제학취재에 이미 이름을 올린 구본(舊本)은 사자(寫字)하도록 하였고 『경국대전』 「예전(禮典)」 '역과(譯科) 몽학(蒙學)'에 추가된 6책은 임문(臨文) 시강(試講)하게 하였다. 이것은 『통문관지』의 「과거」 '몽학팔책(蒙學八冊)' 조에

> 初用王可汗、守成事鑑、御史箴、高難加屯、皇都大訓、老乞大、孔夫子、帖月眞、吐高安、伯顔波豆、待漏院記、貞觀政要、速八實、章記、賀赤厚羅、巨里羅並十六冊, 兵燹之後, 只有時存五冊。[中略] -처음에는 왕가한, 수성사감, 어사잠, 고난가둔, 황도대훈, 노걸대, 공부자, 첩월진, 토고안, 백안파두, 대루원기, 정관정요, 속팔실, 장기, 하적후라, 거리라 등 모두 16책이다. 병란 이후에 단지 5책만이 남았다. [중략]

라는 기사에 보이는 몽학서(蒙學書)의 16책과 일치하며 이들을 사자(寫字), 즉 필기시험을 본 것은 이 몽학서들이 한자가 아니라 몽고자(蒙古字), 몽고-위구르 문자(畏兀文字)로 되어있음을 알 수 있게 한다. 이것은 같은

서명(또는 일부 한자가 바뀐 것도 있음)의 책이 원대(元代)에 널리 몽고족의 훈몽서(訓蒙書)로 사용된 것이 있음을 보아 당시 몽고인들의 아동 교재를 수입하여 사용한 것으로 보인다.

4.1.5.1 초기 역학서의 특징으로 해당국의 훈몽서를 수입하여 교재로 하였다. 예를 들면 『황도대훈(皇都大訓)』은 아린테무르(阿憐帖木兒) 등이 황제(皇帝)의 훈계(訓戒)를 몽고어로 번역하여 '황도대훈(皇圖大訓)'이란 이름으로 간행한 원대 몽고인들의 훈몽서(訓蒙書)와 동일한 책이거나 관계가 있을 것이다.[97] 『정관정요(貞觀政要)』 역시 당(唐) 현종(玄宗) 때에 오긍(吳兢)이 편찬한 한문본을 원(元) 인종(仁宗) 때에 아린테무르(阿憐帖木兒) 등이 몽고어로 번역한 것이거나[98] 그와 어떤 관계가 있을 것이다. 또 『수성사감(守成事鑑)』도 원대(元代)에 유행하여 널리 읽힌 『수성사감(守城事鑑)』[99]과 어떤 관계가 있는 것으로 보인다. 이 각각에 대하여는 Courant(1894~1896), 小倉進平(1964), 李基文(1967), Song(1979) 등에 언급되어있다.

여기서 우리는 '노걸대(老乞大)'란 서명에 주목되게 된다. 앞에서 한어(漢語)로 된 <노걸대>가 있음을 보았고 그것이 역학 한훈(漢訓)이나 역과 한학(漢學)에서 애용되었음을 살펴보았다. 원래 '老乞大'란 이름은 '老(lao) 乞大(kitad)'에서 온 것으로 'Mr. Chinese'란 의미(Song, 1987), 또는 'Great China'란 의미(渡部薫太郎, 1935)로 보았다. 그러나 '乞大'가 몽고인이 부르는 중국의 'kitad'를 한자로 적은 것이라면 몽고인의 중국어 학습서일 수도 있으나 내용으로 보아 고려인의 소작(所作)으로 믿어지며(閔泳珪,

97 『元史』(권120) 「紀」30卷 3葉 右 6行에 "阿憐帖木兒等譯帝訓成, 更名曰皇圖大訓"과 『元史』(권143) 「傳」 30卷 3葉 右6行 "馬祖常譯烏閏皇圖大訓"이란 기사를 참조.

98 『元史』(권24) 「紀」24卷 11葉 右1行에 "仁宗覽貞觀政要, 論阿憐帖木兒, 譯以國語刊行"와 『元史』(권36) 「紀」 36卷 5葉 左5行의 "命奎章閣學士院, 以國字譯貞觀政要. 鋟板模印以賜百官" 및 『元史』(권137) 「傳」24卷 3葉 左1行 "察罕譯貞觀政要以獻" 등의 기사를 참조.

99 『元史』(권167) 「傳」54卷 22葉 右 3行에 "王惲獻守城事鑑十五篇"라는 기사에서 元代에 『守城事鑑』이 널리 읽혀졌음을 알 수 있다.

1964) 몽고어 교재에는 '노걸대(老乞大)'만이 보이고 '박통사(朴通事)'가 없는 것에 주목하게 된다. 졸저(2004, 2010)에서는 노걸대(老乞大)가 '중국통'이란 의미를 가진 것으로 보았다.

전기의 몽고어 학습서 <노걸대>가 어떤 몽학서인지 확실한 기록이 없다. 일부 연구자들은 앞의 자료를 근거로 하여 몽고 어 <노걸대>가 한어 <노걸대>보다 먼저 성립된 것이라고 주장한다. 그러나 그에 대한 아무런 증거는 없다. 중기의 몽학서로 <몽어노걸대>는 '신번(新飜) 노걸대'란 이름으로 등장한다. 옛 몽고 어 <노걸대>가 아니라 병자호란 이후에 <한어노걸대>를 새롭게 몽고어로 번역한 것이라는 뜻이다.

『통문관지』에 의하면 '신번노걸대(新飜老乞大)'란 서명이 강희(康熙) 갑자(甲子, 1684)의 역과 몽학(蒙學)의 출제서로 나타난다. 즉, 『통문관지』(권2) 「과거(科擧)」 '몽학팔책(蒙學八冊)'조에 "守城事鑑, 御史箴, 孔夫子, 伯顔波豆, 待漏院記, 新飜老乞大, 飜經國大典"이라 하여 7종의 몽고어 출제서를 들고 그 주(註)에 "自康熙甲子, 時用新飜老乞大, 背試二處, 而前五冊各寫一處 - 강희 갑자년(1684)부터 신번노걸대를 사용하였는데 책을 보지 않고 두 곳을 시험하고 그 전의 5책은 각기 한 곳을 베껴 쓰게 하다"라 하여 '신번노걸대'만을 "背試二處- 두 곳을 책을 보지 않고 시험하다"하고 먼저 있던 5책(守成事鑑, 御史箴, 孔夫子, 伯顔波豆, 待漏院記)은 한 곳을 베껴 쓰게 하였음을 알 수 있어 몽학에서도 한학에서와 같이 <노걸대>가 매우 중용되었음을 알 수 있다.

이 '신번노걸대'는 병자호란 이후에 새로 <한어노걸대>를 몽고어로 번역한 『몽어노걸대(蒙語老乞大)』를 말한다(제3장을 참고). 이 책은 『통문관지』에 의하면 건륭 신유(乾隆辛酉, 1741)에 몽학관(蒙學官) 이최대(李最大) 등이 재물을 내어 간행하였음을 알 수 있고[100] 『첩해몽어(捷解蒙語)』에 부재된 '몽학삼서중간서(蒙學三書重刊書)'에 의하면 그 후에 이억성(李億成)에 의해서 1766年에, 그리고 방효언(方孝彦)에 의해서 1790年의 두 차례 걸

100 『通文館志』(권8) 「什物」[續]조에 "蒙語老乞大板, 乾隆辛酉蒙學官李最大等損財刊板"라는 기사 참조.

쳐 수정되었음을 알 수 있다.

4.1.5.2 몽학서에는 몽고인들의 훈몽서를 몽고어로 번역한 것과 <노걸대>와 같이 고려에 편찬된 한학서를 몽고어로 바꾼 것 이외에 처음부터 몽고어로 만들어진 것도 있다. 예를 들면 <속팔실(速八實)>은 Song(1978)에 의하면 [Su ba(ɣ) si]의 한자 표기로 '速(Su)先生(Teacher Su)'란 의미를 갖는데 '速'란 速中忽[Suɣu], 速別額台[Sübe'etei], 速別該[Sübegei], 速客[Süke], 速客該[Sükegei] 등에 나타나는 몽고인의 이름에서 첫음절을 표시한 글자로 보아 처음부터 몽고어로 된 서명이라고 주장하였다(Song, 1978:110-1).

이것이 사실이라면 이 책은 몽고어만으로 쓰인 것으로 생각되며 같은 예를 '백안파두(伯顔波豆)'에서도 찾을 수 있다. 이것은 몽고어 Bayan pãdu(r)의 한자 표기로 아마 바얀 바토르(伯顔拔都兒)로 불린 바얀 멜기드(伯顔蔑兒吉解, Bayan of the Merkid)의 일대기를 기록한 책으로 보인다. 이와 같이 몽고인이나 몽고어로 된 서명을 가진 몽학서는 몽고에서 아동 교재로 제작된 것을 그대로 수입하여 사용한 것이다.

이와 같은 예는 '토고안(土高安 또는 吐高安)'에서도 발견되는데 이는 몽고어 Toɣo'an > Toɣon [Kettle]의 서명이며 '장기(章記)'는 몽고어 Janggi (news), '거리라(巨里羅)'는 Geril~Gerel(light), '하적후라(何赤厚羅 또는 賀赤厚羅)'는 Unan Qatimhure, aci üre (merit), '왕가한(王可汗)'은 Ong Qaɣan(ong Qan), '고난가둔(高難加屯)'은 Unan Qutun(Lady Unan or three-year-old-lady)을 한자로 표기한 것이다(李基文, 1964 및 Song, 1978).

4.1.5.3 이상의 몽고어 교재들은 중기에 다시 편찬된『몽어노걸대』를 제외하고 모두 실전되어 그 내용을 알 수 없으나 그 서명에 의하여 추정하면 다음과 같이 네 부류로 나눌 수 있다.

첫째, 한적(漢籍)을 몽고어로 번역한 것 - 貞觀政要, 孔夫子, 守成事鑑, 御史箴, 待漏院記, 皇都大訓

둘째, 몽고어만으로 편찬된 것 - 章記, 賀赤厚羅, 吐高安, 巨里羅. 伯顔波豆, 速八實, 高難加屯, 王可汗

셋째, 사역원에서 자체적으로 편찬한 것 - 老乞大

넷째, 몽고문자를 배우기 위한 것 - 偉兀眞(위구르자를 습득하기 위한 것) 帖月(兒)眞(파스파자를 학습하기 위한 것).

이 가운데 '위올진(偉兀眞-몽고 위구르자)'은 모든 몽학서가 위구르 문자로 기록되고 이들의 과시(科試) 방법이 문자를 베껴 쓰는 사자(寫字)를 겸하게 되자 과시나 취재에서 이 책이 제외되어 『경국대전』의 역과 몽학에서는 빠지게 되었다. 또 <노걸대>를 제외하고는 모두 원대(元代)에 몽고인들의 아동 교과서로 사용되던 것으로 추정된다.

4.1.6 초기의 왜학서

초기의 일본어 교재인 왜학서(倭學書)들도 전술한 『세종실록』의 제학취재(諸學取才)의 역학 왜훈(倭訓)에 "消息、書格、伊路波、本草、童子敎、老乞大、議論、通信、庭訓往來、鳩養物語、雜語, 書字"등의 서명과 과시 방법이 보인다. 『경국대전』「예전」'역과 왜학(倭學)'조에 "伊路波、消息、書格、老乞大、童子敎、雜語、本草、議論、通信、鳩養物語、庭訓往來、應永記、雜筆、富士"라는 일본어 교재가 실려 있으며 동「예전」의 '취재왜학(取才倭學)'에도 "應永記、本草、伊路波、消息、議論、通信、鳩養物語、富士、老乞大、童子敎、書格、庭訓往來、雜語、雜筆 {已上寫字}"와 같이 대부분 중복되어 실려 있다.

『경국대전』의 왜학서는 역과(譯科) 왜학의 것이나 취재(取才) 왜학의 것이 비록 순서는 바뀌었지만 앞에서 들은 14책의 왜학서와 일치한다. 그러나 『세종실록』의 것과는 약간의 차이를 보이는데 『세종실록』의 상정소 계문에 들어 있는 제학취재(諸學取才) 왜훈(倭訓)에 들어 있는 일본 교재 가운데 '서자(書字)'[101]를 없애고 『경국대전』에서는 "應永記, 雜筆, 富士"의 3책을 더 첨가시켰다. 그러나 이 가운데 『이로파』 이외에는 모두 실전되어 그 모습을 알 수 없다.

그런 의미에서 오늘날 일본의 가가와(香川) 대학에 소장되어있는『이로파(伊路波)』는 초기의 왜학서를 이해하는데 중요한 정보를 제공해준다.『이로파』는 홍치(弘治) 5년(1492)에 사역원에서 편찬한 일본어 교재로『경국대전』보다 불과 30여년 전에 간행되었다. '伊路波'는 일본의 가나(假名)문자를 지칭하는 것으로 'いろは'를 말한다. 이 책에는 가나(假名)문자 47자를 히라카나(平假字), 2종의 마나(眞字), 그리고 가타카나(片假字)의 4체(体)로 나누어 '伊路波 四體字母 各四十七字'란 제목 아래에 가나문자를 제시하였다. 그리고 '右各字母外間音三十三字類, 別作 十三字類'란 제목 아래에 별도로 이체(異體)의 いろは(伊路波) 33자와 13자를 보였으며 히라카나(平假字)와 더불어 매 글자를 한글로 주음하였다.

이어서 '伊路波 合用言語格'이라 하여 소로체(候體) 서간문을 실었는데 일본어의 가나문자를 실제로 응용한 이 서간문에 무엇 때문에 '合用言語格'이란 제목의 붙였는가는 그간의 연구에서 분명하지 않다.『이로파』의 소로체(候體) 서간문을 주석한 다케오카(竹岡正夫)씨는 '合用言語格'을 "言語ヲ合ハセ用フル格 - 언어를 모아써서 사용하는 격"으로 보았으나[102], 합용(合用)이란 술어는 훈민정음이나 언문자모에서 초중종(初中終)성의 합용(合用)이란 의미로 사용된 것으로 생각된다. 즉 일본어의 가나문자를 훈민정음이나 언문자모의 자모(字母)로 이해하고 이들을 실제 합용하여 사용하는 예를 '合用言語格'이라 한 것으로 이해하여야 할 것이다.

그 외에 "消息, 書格, 老乞大, 童子教, 雜語, 草木, 議論, 通信, 鳩養物語, 庭訓往來, 應永記, 雜筆, 富士, 雜語" 등은 小倉進平(1940)과 Song(1978)에서 간략하게 고찰되었으며 특히 小倉進平(1964)에 의해서 인용된 마쓰시타(松下見林)의 『異稱日本傳』(1688)에 의하면 조선인들이 일본의 역사를 알

101 『世宗實錄』(권47) 詳定所 啓文의 諸學取才에 보이는 倭訓의 書字는 서명이라기보다 일본어 가나(假字)문자를 실제로 쓰게 한다는 뜻으로 보아야 할 것이다.

102 竹岡正夫 ; 伊路波 合用言格 釋文·注,『伊路波』影印, 香川大學開學十周年記念出版, 1959 참조.

지 못하고 비속한 일본의 동몽서(童蒙書)를 사용했다는 지적에 주의를 하게 된다.[103] 마쓰시타(松下見林)가 지적한 것처럼 『이로파』를 비롯한 왜학서가 일본의 여항(閭巷)에서 사용한 비속한 서적을 수입하여 사용한 것으로 보이는데 그중에서도 '消息, 書格, 通信, 庭訓往來, 富士' 등과 같이 서간문 작성법을 내용으로 하는 교재가 많은 것이 특징이라 할 수 있다.

일본어 교재 가운데 주목할 만한 것은 <노걸대>다. 이것은 아마도 <왜어노걸대(倭語老乞大)>를 지칭하는 것으로 보이며 이것은 <몽어노걸대(蒙語老乞大)>와 같이 <한어노걸대(漢語老乞大)>를 일본어로 번역하여 왜학서로 사용된 것으로 보이지만 오늘날 실전(失傳)되어 그 모습을 알 수 없다.

4.1.7 초기의 여진학서

여진어 학습 교재인 여진학서(女眞學書)는 다른 삼학(三學)에 비하여 늦게 사역원에 설치되었으므로 『세종실록』의 제학취재(諸學取才)에는 여진학서가 없다. 따라서 초기의 여진학서는 『경국대전』의 기사에만 의존하게 되는데 『경국대전』「예전」'역과' '여진학'조에 "千字, 天兵書, 小兒論, 三歲兒, 自侍衛, 八歲兒. 去化, 七歲兒, 仇難, 十二諸國, 貴愁, 吳子, 孫子, 太公, 尙書" 등 15개의 출제서가 실려 있고[104] 또 동 '취재(取才)'조

---

103 松下見林의 『異稱日本傳』에 "經國大典 [中略] 卷之二, 禮典寫字條: 倭學, 伊路波、消息、書格、老乞大、童子敎、雜語、本草、議論、通信、鳩養物語、庭訓往來、應永記、雜筆、富士。今案伊路波、消息以下, 多皆國俗免園之册, 老乞大胡語混訛。惜哉不令高麗人知國史諸書矣。"라 하여 初期의 倭學書를 國俗免園之册(卑俗한 冊)으로 보았다.

104 小倉進平(1964)와 Song(1978)에서 '太公尙書'는 한 책의 書名으로 되어있다. 이것은 『通文館志』(권2) 「科擧」조에 "淸學八册: 八歲兒、小兒論、新飜老乞大、三譯總解、飜經國大典, [中略] 初用千字文、天兵書、小兒論、三歲兒、自侍衛、八歲兒、去化、七歲兒、仇難、十二諸國、貴愁、吳子、孫子、太公尙書並十四册。兵燹之後只有仇難、去化、尙書、八歲兒、小兒論五册。[下略]에서 '太公尙書'를 하나의 서명으로 보아야 14 책이 되므로 다음의 <尙書>를 '太公尙書'의 약칭으로 간주하였다. 그러나 『경국대전』「禮典」取才 '女眞學'조에는 "小兒論、七歲兒、天兵書、十二諸國、仇難、千字、貴愁、太公、八歲兒、孫子、吳子、尙書、三歲兒、去化、自侍衛"의 15 종으로 되어있어 '太公'과 '尙書'를 별개의 女

에 15개의 여진학서가 순서가 바뀌어 실려 있다.

이 초기의 여진서는 오늘날 모두 전하는 것이 없고 다만 후일 만주어로 바뀌어 청학서(淸學書)로 계속 사용된 <팔세아(八歲兒)>와 <소아론(小兒論)>만이 오늘날 볼 수 있어 과연 여진어 학습서가 어떤 서적이었는지 추측하기 어렵다. 그러나 Courant(1894-6)과 小倉進平(1964)에 의해서 서명에 의하여 추정한 책의 내용이 고찰되었으며 특히 Song(1978)에 의하여 여러 각도에서 실전된 여진학서가 고찰되었으나 증명된 것은 하나도 없다.

이 초기의 여진학서는 "小兒論, 三歲兒, 八歲兒, 七歲兒"와 같이 지혜 있는 어린이에 관한 내용이 많고 "天兵書, 吳子, 孫子"와 같은 병서(兵書)에 관한 것이 다른 역학서에 비하여 두드러지게 많다. 최근 만주어 학습서로 사용됐던 것으로 보이는 <천자문(千字文)>이 프랑스 파리국립도서관에 소장되어 현전하며 이 판본이 국내에 알려져 관심을 모으고 있다.[105] 이 자료는 상하 양단(兩段)으로 나누고 상단(上段)에 천자문(千字文)의 중국어 발음을 만주자(滿洲字)로 썼다. 하단(下段)에 천자(千字)의 한자를 썼으며 붉은 글씨로 만주자와 한자의 발음을 한글로 써 넣었다. 필사로 써 넣은 한글 발음은 더러 빠진 곳도 있으며 대체로 만주문자의 발음전사는 축자(逐字) 표음을, 그리고 한자의 발음전사는 전통적인 사역원의 한어 발음표기 방식을 따랐다.

이 15종의 여진어 교재는 임진·병자 양란(兩亂) 이후에 "仇難, 去化, 尙書, 八歲兒, 小兒論"만이 남았고(『通文館志』(권2) 「勸獎」조 참조), 이 중에서 <팔세아(八歲兒)>와 <소아론(小兒論)>은 만주어 학습서로 바꾸고 언해하여 청학서(淸學書)로 계속 사용되었다. 이 여진학서들은 "千字(文), 兵書, 十二諸(列)國, 吳子, 孫子, 太公, 尙書"와 같이 한문으로 된 원전을 여진어로 번역하여 여진학서가 된 것이 있고[106] "小兒論, 三歲兒 自侍衛, 八歲兒,

眞學書로 기록하고 있다.

105 이 Microfilm이 國會圖書館에 소장되어있다.

106 『遼金元藝文志』에 한문서적을 여진어로 번역한 책의 목록이 실려 있다. 그 목록

去化(또는 巨化), 七歲兒, 仇難, 貴愁" 등은 처음부터 여진어로 된 여진인의 동몽서(童蒙書)인 것으로 보인다.

흥미 있는 것은 여진학서에 '노걸대(老乞大)'란 이름의 교재가 보이지 않는 것이다. 전술한대로 한어 교재의 한학(漢學)이나 몽고어의 몽학(蒙學), 그리고 일본어의 왜학(倭學)에는 각기 '노걸대'란 서명이 보이나 여진학에서는 이러한 교재가 보이지 않는 것은 <노걸대>가 성립한 고려 말기까지 여진어의 학습이 정식으로 인정되지 않았기 때문이다. 조선 왕조에 들어와서 여진학이 사역원에 설치되었으므로 '노걸대(老乞大)'란 이름의 여진어 교재는 미처 사역원에서 마련하지 못했던 것으로 보인다. 따라서 여진학서는 전혀 여진인의 훈몽서(訓蒙書)에 의존하게 되었고 후일 여진학이 만주어 학습의 청학(淸學)으로 바뀐 다음에 비로소 <청어노걸대(淸語老乞大)>가 사역원에서 편찬된다.

4.1.8 초기 역학서의 특징

이상 사역원의 사학(四學)이 초기에 사용한 역학서를 『세종실록』을 비롯한 조선의 왕조실록과 『경국대전』의 역과(譯科) 및 취재(取才)의 출제서를 중심으로 살펴보았다. 사역원 사학의 외국어 교재는 각각 독특한 특징을 갖고 있는데 한학(漢學)에서는 사서(四書)와 삼경(三經)을 중심으로 경서류가 중심을 이루었고 몽학(蒙學)은 중국의 경사(經史)와 몽고의 위인전(偉人傳)이 눈에 띄게 많았으며 왜학(倭學)은 서간문 작성법이 대종을 이루고 있다.

또 이들 삼학(三學)에서 실제 역관의 임무와 관련된 실용 회화서로 <노걸대>가 애용되었는데 한학(漢學)의 <노박(老朴)>이 시대적 변천을 거듭하였고 몽학(蒙學)에서는 <몽어노걸대(蒙語老乞大)>가 전술한 해당국의 훈몽서를 제치고 점차 중요한 교재로 각광을 받기 시작하였다. 이들은 후대에 더욱 그 중요성을 인정받게 되었다. 왜학에서도 <노걸대>

에 "女眞字孫臏書, 女眞字太公"등의 이름이 보이는 바 이것이 女眞學書에 보이는 <孫子>, <太公>으로 보이며 <十二諸國>과 <吳子>, <尙書>도 동일하였을 것이다.

가 이용되었으며 이것은 고려의 통문관이나 사역원의 전통을 조선의 사역원에서도 그대로 계승한 때문으로 보인다.

그러나 <왜어노걸대(倭語老乞大)>는 실제로 존재하였는지 잘 모르지만 내용이 왜학(倭學) 역관의 임무 수행과는 거리가 먼 것이었으므로[107] 그 중요성이 감소되어 드디어 중기에는 왜학 역관(譯官)의 임무를 내용으로 한 <첩해신어(捷解新語)>에게 그 자리를 양보하게 되었다. 왜학서의 경우에는 졸저(1988)에서 주장한 바와 같이 무로마치(室町) 시대의 데라코야(寺子屋)와 같은 사립학교에서 사용하던 훈몽서를 수입하여 사용하였다. 이에 대하여는 제4장에서 논의될 것이다.

끝으로 여진학(女眞學)은 고려의 통문관이나 사역원에 설치된 바 없으며 조선의 사역원에서도 세종 이후에 늦게 설치되었으므로 모든 여진학서가 여진인의 훈몽서에 의존하였다. 여진어 교재는 지혜로운 어린이의 이야기를 내용으로 한 것이 많고 병서(兵書)가 다른 역학서에 비하여 매우 많은 양을 차지하였다. 이와 같은 각 역학서의 특징은 사역원에서 해당국의 훈몽서를 수입하여 사용했기 때문에 생겨난 것으로 해당국의 아동 교육 이념과 관계를 맺고 있는 것으로 생각된다.

2) 중기(中期)의 역학서

4.2.0 초기의 사역원 외국어 교재가 해당국의 훈몽서에 의존한 것이라면 중기(中期)에는 보다 실용적인 교재를 사역원 자체에서 편찬하여 사용하려는 의욕이 강하게 나타난 시기이다. 이것은 왜란(倭亂)과 호란(胡亂)의 대란을 겪으면서 외국어 교육에서 그 실용성이 강조된 것에 연유하기도 한다. 이제 사역원 사학의 외국어 학습 교재가 조선 중기(中期)에는 어떻게 변천하였는지 살펴보기로 한다.

---

107 <老乞大>의 내용은 高麗人이 중국을 여행하면서 말과 모시, 인삼을 장사하는 중에 일어나는 대화를 모아놓은 것으로 日本人과 접촉하거나 日本을 여행하여야 하는 倭學 譯官의 任務와는 거리가 먼 내용이었다.

4.2.1 『속대전』의 한학서

중기(中期)의 한어 교재는 다른 역학서에 비하여 초기(初期)와 별다른 변동이 없는 것으로 보인다. 『경국대전』 이후에 조선 중기에 간행된 여러 국전, 즉, 『대전속록(大典續錄)』, 『대전후속록(大典後續錄)』, 『수교집록(受教輯錄)』, 『전록통고(典錄通考)』에 이르기까지 「예전(禮典)」 '제과(諸科)'의 '역과 한학서'는 변동이 없다.[108] 다만 『속대전(續大典)』(1744)에 이르러 『경국대전』의 한학 출제서 가운데 본업서(本業書)이었던 "老乞大, 朴通事, 直解小學"의 세 책 중에서 '직해소학(直解小學)'이 '오륜전비(伍倫全備)'로 바뀌었다.

즉, 『속대전(續大典)』 「예전」 '역과'조에 한학의 강서(講書)로는 "四書 {臨文}, 老乞大、朴通事 {見大典}, 伍倫全備 {新增} 以上背誦, 直解小學今廢 - 사서(四書) {임문한다}. <노걸대>, <박통사> {대전을 보라}, <오륜전비(伍倫全備)>, {새로 추가한다} 이상은 책을 보지 않고 외운다. <직해소학>은 이제 폐지한다"라는 기사가 이를 말하는 것으로[109] '오륜전비(伍倫全備)'는 『오륜전비기(伍倫全備記)』, 즉 『신편권화풍속남북아곡 오륜전비기(新編勸化風俗南北雅曲 伍倫全備記)』로서 적옥봉도인(赤玉峯道人)의 소작(所作)인데 춘추(春秋)시대 오국(吳國)의 충신 오자서(伍子胥)의 자손인 오륜전(伍倫全)과 오륜비(伍倫備)의 충신효친(忠臣孝親)에 관한 이야기를 다룬 책이다.

사역원에서는 숙종(肅宗) 병자(丙子, 1696)년에 이 원곡(元曲)을 언해하기

---

108 『경국대전』이후 國典의 變遷을 整理하면 다음과 같다.
『경국대전』 崔恒等受命編 睿宗元年(1469).
『大典續錄』 李克培等奉教編 成宗23年(1492).
『大典後續錄』尹 應輔等奉教編 中宗 37年(1543).
『受教輯錄』 李翊等受命編 肅宗 24年(1698).
『典錄通考』 崔錫鼎等受命編 肅宗 32年(1706).
『續大典』 金在魯等受命編 英祖 20年(1744).
『大典通編』金致仁等受命編 正祖 9年(1785).
『大典會通』 趙斗淳等受命編 肅宗 24年(1698).

109 이것은 『大典會通』(1865)에서는 『譯語類解』로 다시 交替되었다.

시작하였으나 숙종 을축(乙丑, 1709)년에 이르기까지 수정(修正)을 거듭하다가 교회청(敎誨聽)에서 숙종 경자(庚子, 1720)년에 겨우 완성되어 전함(前啣) 유극신(劉克愼) 등이 재물을 내어 간행하였다(서문 참조). '오륜전비(伍倫全備)' 역시 <직해소학(直解小學)>과 같이 <노걸대>, <박통사>가 지나치게 상고(商賈)의 속된 말로 되어있어 이를 보완하기 위한 것이었으나 그 실용성에는 문제가 있었던 것으로 그 후『역어유해(譯語類解)』로 대체되었다.

『역어유해』의 등장은 한학서의 또 하나 중요한 변화로 보인다. 초기에도 <역어지남(譯語指南)>, <명의(名義)>등의 어휘집이 사용되었음은 전술한 바 있으며 이 자료는『통문관지』에 의하면 강희(康熙) 임술(壬戌, 1682)에 신이행(愼以行), 김경준(金敬俊), 김지남(金指南) 등이 <역어유해>를 편찬하여 강희(康熙) 경오(庚午, 1690)년에 간행하였다[110].

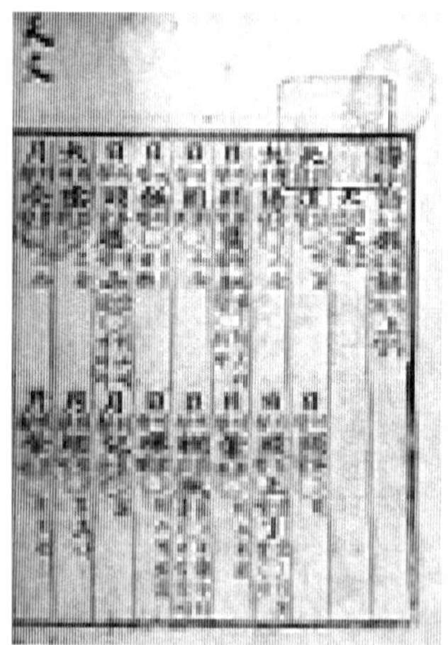

[사진 1-3] 〈역어유해〉(서울대 고도서 소장)

110 『通文館志』(권8)「什物」'譯語類解板'의 기사 참조.

『통문관지』에 의하면 이때의 한학서로 한학팔책(漢學八冊), 즉 <노걸대>, <박통사>, <오륜전비>가 기초 출제서 되고 사서(四書)와 『경국대전』의 번역이 기본적인 출제였으며 초기(初期)의 한학서 중에서 경사류(經史類)의 <소미통감(小微通鑑)>과 <송원절요(宋元節要)>가 부수적으로 출제되었다.[111]

4.2.2 중기의 새 몽학서

초기의 몽학서는 <왕가한(王可汗)> 등 16종의 몽고어 교재가 사용되었으나 왜란(倭亂)과 호란(胡亂)을 겪으면서 대부분 망실되고 "守成事鑑, 御史箴, 孔夫子, 伯顏波豆, 待漏院記"의 5종만 남아서 역학 과거에서 남은 5책 가운데 7처(處)를 사자(寫字)하도록 하였으며 분량은 한학(漢學)의 책 수에 준하게 하였다.[112]

강희(康熙) 갑자(甲子, 1684)부터 만주어의 청학(淸學)과 더불어 <신번노걸대(新飜老乞大)>가 중용(重用)되어 『통문관지』(권2) 「과거」 '몽학팔책(蒙學八冊)' 조에는 "守成事鑑, 御史箴, 孔夫子, 伯顏波豆, 待漏院記, 新飜老乞大, 飜經國大典"이라 하여 <수성사감>, <어사잠>, <공부자>, <백안파두>, <대루원기>, <신번노걸대>와 『경국대전』의 번역을 출제하였다. 여기서 <신번노걸대(新飜老乞大)>만은 책을 보지 않고 2처(處), 즉 두 곳을 시험하고 나머지 5책은 각기 한 곳을 사자(寫字)한다고 하여 <신번노걸대>가 몽학서에서도 과시(科試), 원시(院試), 취재(取才), 고강(考講)의 중요한 출제서였으며 이것은 한학, 청학, 몽학의 삼학(三學)이 <노걸대>를 중심으로 역학서가 개편되고 있음을 말하고 있다.

왜란과 호란(胡亂) 이후에 최초로 간행된 국전인 『수교집록(受教輯錄)』

---

111 『通文館志』(권2) 「勸獎」조에 "初試: 漢學八册, 老乞大、朴通事、五倫全備, 以上三册背誦 初用直解小學, 中間代以 伍倫全備、論語、孟子、中庸、大學、飜經國大典, 訓導傳語。以上五册臨講, 覆試: 講書寫字飜語 同初試。"라는 기사와 같은 책의 '取才, 考講'에 정한 本業書를 참조.

112 『通文館志』(권2) 「科擧」 '蒙學八册' 조에 "初用王可汗, [中略] 並十六册。兵燹之後, 只有時存五册。 故抽七處寫字, 以准漢學册數。自康熙甲子, 始用新飜老乞大, 背試二處, 而前五册各寫一處。詳見啓辭謄錄。"이란 기사 참조

(1698)에 "蒙學則舊業守成事鑑、伯顔波豆、孔夫子、待漏院記之外, 添以新飜老乞大。- 몽학은 옛날에 공부하기 <수성사감>과 <백안파두>, <공부자>, <대루원기>이었으나 이 외에로 <신번노걸대>를 첨가한다"라고 하여 강희 갑자(1684)부터 과거의 출제서로 사용된 <신번노걸대>가 정식으로 국전에서 몽학서로 인정되었다[113].

이 몽학서 <신번노걸대>가 초기의 몽고어 <노걸대>와 얼마나 다른지는 초기의 것이 남아있지 않아서 알 수가 없으나 『통문관지』 '몽학팔책'에 "兵燹之後, 只有時存五冊 - 병란 이후에 단지 5책만 남았다"라는 기사에 <노걸대>가 들어있지 않아서 왜란과 호란 이전의 <노걸대>와 양란(兩亂) 이후의 <신번노걸대>는 별개의 것으로 보이며 이것은 현전하는 『몽어노걸대(蒙語老乞大)』와 같은 계통의 것으로 보인다. 즉, 일본 대마도(對馬島) 역관들의 기록인 『상서기문습유(象胥紀聞拾遺)』(天保 12년, 1841)에 이때의 몽학서로 "蒙語老乞大(八本), 孔夫子、御史箴(一本), 守成事鑑(一本), 待漏院記(一本), 伯顔波豆(一本)"과 같이 6종의 교재를 들고 있다.

여기에 등장한 <몽어노걸대(蒙語老乞大)> 팔본(八本)은 사역원의 몽학관 이최대(李最大) 등이 간행한 『몽어노걸대(蒙語老乞大)』(1741)를 말하는 것으로 『수교집록』의 <신번노걸대>와 같은 것으로 보인다.

『속대전(續大典)』(1744)의 과거(科擧) 출제서로 몽학서는 "寫字: 蒙語老乞大 {見大典} 捷解蒙語 {新增} [中略] 其餘諸書今廢 - 필기시험은 <몽어노걸대> {대전을 보라} <첩해몽어> {새로 추가한다} [중략] 나머지 여러 책은 이제 폐지한다"라 하여 과거(科擧)의 몽고어 출제서로 <몽어노걸대>와 <첩해몽어>만을 두고 병란 이후에 남은 5책을 포함하여 모두 폐기하고 <첩해몽어>를 새로 추가하였다.[114]

---

113 前記한 『통문관지』의 "兵燹之後, 只有時存五冊"의 것과 비교하면 『受敎輯錄』에는 <御史箴>이 빠져있다.

114 『속대전』의 「取才」조에도 전술한 몽학서 5책을 모두 폐기하였다는 기록이 보인다. 즉 『續大典』「禮典」 '取才'조에 "蒙學: 蒙語老乞大 {見大典} 捷解蒙語 {新增} 以上寫字。文語 {新增} 飜答, 其餘諸書今廢"라는 기사를 참조. '文語 飜答'에 관하여는 졸저(2014) 참조.

又『통문관지』(권2)「과거(科擧)」[속(續)]의 '몽학'조를 보면

> 蒙學八冊: 守成事鑑、御史箴、孔夫子、伯顏波豆、待漏院記, 音義不適時用, 故乾隆丁巳筵禀定奪, 並去前書。以新飜捷解蒙語四卷, 行用並與老乞大, 抽七處寫字, 以准漢學冊數。- 몽학의 8책은 <수성사감>, <어사잠>, <공부자>, <백안파두>, <대루원기>는 발음과 뜻이 시용에 접합하지 않아서 건륭 정사에 경연에서 품하여 전의 모든 책을 모두 없앴다. 새로 번역한 <첩해몽어> 4권을 <노걸대>와 함께 행용(行用)하도록 하여 7곳을 추첨하여 베껴 쓰게 하는데 분량은 한학의 책 수에 맞춘다.

라 하여 건륭(乾隆) 정사(丁巳, 1737)에 음의(音義)가 시용(時用)에 부적합한 "守成事鑑, 御史箴, 孔夫子, 伯顏波豆, 待漏院記"를 모두 없애고 <첩해몽어(捷解蒙語)> 4권을 새로 번역하여 <노걸대>와 더불어 7처(處)를 사자하는 것으로 과거를 본다고 하였다.

『첩해몽어(捷解蒙語)』는 누구에 의해서 편찬되었는지 분명치 않으나『통문관지』[속(續)]의 '몽학'조에 "捷解蒙語板: 乾隆丁巳蒙學官李世杰等捐財刊板- 첩해몽어의 책판은 건륭 정사에 몽학관 이세걸이 재물을 들여 간판하였다"라는 기사가 있어 건륭 정사(1737)에 몽고어 역관 이세걸(李世杰)이 간판하였음을 알 수 있다.

『첩해몽어』가『속대전』에서 정식으로 몽학(蒙學) 과거의 출제서로 인정됨에 따라 초기의 몽학서는 모두 자취를 감추고 사역원에서 편찬한 <몽어노걸대>와 <첩해몽어>만이 과시(科試), 취재(取才)에 사용되었으며 역시 사역원에서 편찬된『몽어유해(蒙語類解)』가 어휘집으로 출제서로 인정되어 몽학서 전부가 사역원에서 편찬하여 간행한 것으로 바뀌게 되었고 전기에 볼 수 있던 몽고인들의 훈몽서는 모두 자취를 감추었다.[115]

---

115 <蒙語類解> 乾隆戊子(1768)에 刊行되어 미처『속대전(續大典)』의 蒙學書로는 登載되지 못하였으나『대전통편(大典通編)』(1785)에는 이 두 蒙學書와 더불어 <蒙語類解>의 이름도 보인다.

4.2.3 왜학서의 정착

왜학서(倭學書)도 몽학서에서 살펴본 바와 같이 중기(中期)에는 사역원에서 편찬한 것이 득세하게 되었다. 즉, 초기의 왜학서는 『이로파(伊路波)』 등 14종으로 <노걸대>를 제외하고는 서명으로 미루어보아 모두 당시 일본에서 사용된 훈몽서(訓蒙書)를 그대로 사용했거나 일부 훈민정음으로 주음(注音)하고 언해하여 사용한 것으로 보인다. 그러나 왜란(倭亂)을 거쳐 얼마간의 소강 상태를 지난 다음 조선과 일본의 관계는 다시 긴밀하게 되었는데 대마도(對馬島)의 요청으로 에도 막부(江戶幕府)와 교섭을 재개함에 따라 여러 차례 통신사(通信使)가 교환되면서 일본과의 접촉은 빈번하게 되었다.

따라서 일본과의 관계는 단순한 서신(書信)의 왕래에 그치지 않고 직접적인 접촉이 자주 있게 되었으며 동래(東萊) 왜관(倭館)의 역관들도 단순한 문서만의 교환에 그치지 않고 직접적으로 접촉하게 되었으며 왜어(倭語) 역관(譯官)의 임무도 통신사(通信使)를 수행하여 일본을 오고가면서 실제로 일본인과 접촉하거나 부산포(釜山浦) 등지에 주재하면서 공무역을 담당하는 왜인(倭人)들과 접촉하게 되었다. 그러므로 임무 수행에서 실용적인 회화의 학습이 필요하게 되었고 그에 따라 임진왜란(壬辰倭亂) 때에 일본으로 잡혀가 십여 년을 그곳에서 보내고 돌아온 강우성(康遇聖)에 의해서 『첩해신어(捷解新語)』가 편찬되었다.

<첩해신어>의 편찬으로 종래 사용되던 14종의 왜학서(倭學書)가 모두 폐기되기에 이른다. 즉, 『속대전』「과거(科擧)」 '역과(譯科)'조에 "寫字倭學, 捷解新語 {增補} - 왜학의 필기시험에 <첩해신어> {증보한다}"라는 기사와 동「취재(取才)」조에 "倭學: 捷解新語 {寫字} 文語 {飜答} 以上新增, 大典所載諸書今並廢- 왜학의 취재는 <첩해신어> {베껴 쓴다}와 문어(文語) {번역하여 답한다}이다. 대전 소재의 여러 왜학서는 이제 모두 폐지한다"라는 기사가 있다.

이로부터 『속대전』에서는 <첩해신어>가 유일한 왜학서로 인정되었다. 또 『통문관지』「과거」 '왜학팔책(倭學八冊)'조에 "捷解新語, 飜經國

大典。捷解新語十卷中, 抽七處寫字, 大典飜語 同漢學。初用伊路波 [中略] 富士並十四冊。語多疏略不適時用。故康熙戊午專以此冊行用, 悉去前書。見啓辭謄錄 - [왜학 팔책]은 <첩해신어>와 『경국대전』의 번역이다. <첩해신어>의 10권 중에서 7곳을 추첨하여 베껴 쓰고 대전을 번역하는 것은 한학과 같다. 처음에 <이로파> [중략] <부사> 등 모두 14책을 썼다. 말이 많이 소략하고 시용(時用)에 접합하지 않았다. 그러므로 강희 무오부터는 전혀 이 책으로 행용(行用)하고 전의 책은 모두 없앴다. <계사등록>을 보라"라 하여 초기의 왜학서 <이로파>, <부사(富士)> 등의 14종 왜학서를 모두 없애고 강희(康熙) 무오(戊午, 1678)부터 <첩해신어>만을 행용하였음을 밝혔다. 다만 무오(戊午)부터 정말로 14종의 왜학서를 없애고 <첩해신어>만을 과시(科試)에 사용했는지는 분명치 않다(졸고:1984 참조).

<첩해신어>의 편찬시기도 여러 가지 의문을 갖게 하는데 현재로는 강우성(康遇聖)에 의해서 1618년부터 일부가 작성되어 그가 동래부(東萊府)의 왜학(倭學) 별차(別差)로 있으면서 왜학 생도들의 교육에 일부 사용하다가 1636년에 세 번에 걸친 통신사(通信使)의 사행(使行)을 수행하고 나서 전권을 완성하고 강희병진(康熙丙辰, 1676)에 교서관(校書館)에서 활자로 인행(印行)되었다고 보는 것이 타당하다(졸고, 1984, 1985a. 1988b).

4.2.4 새로 등장한 청학서

다음으로 만주어 학습 교재인 청학서(淸學書)에 대하여 살펴보기로 한다. 왜란과 호란의 양란(兩亂)을 겪은 조선왕조의 중기에는 대청(對淸), 대왜(對倭)의 관계가 어느 때보다도 중요시되었다. 따라서 사역원에서 만주어 학습의 청학(淸學)과 일본어 학습의 왜학(倭學)도 종래 한학(漢學) 중심으로부터 상대적으로 중요도가 높아지게 되었다.

그중에서도 청학(淸學)은 만주족이 중국을 차지하여 여진족의 후금(後金)이 교린(交隣)의 나라에서 사대(事大)의 나라로 바뀌게 됨에 따라 여진어를 배우던 여진학도 만주어를 배우는 청학으로 바뀌면서 사역원 사학(四學)에서의 서열도 한학(漢學) 다음으로 격상되었다.[116] 사역원의 여진학(女眞學)이 청학(淸學)으로 바뀐 것은 여진어, 여진문자의 학습으로부터 만주어, 만주문자의 학습으로 변환됨을 의미한다. 따라서 역학서의 일대 혁신을 요구하게 되는데 실제로는 병자호란 이후 초기의 여진학서(女眞學書) 가운데 몇 개를 변개시켜 청학서(淸學書)로 사용하였다.

즉, 『통문관지』(권2) 「권장(勸奬)」(第二) '과거(科擧)'조를 보면 "淸學八冊: 八歲兒、小兒論、新飜老乞大、三譯總解、飜經國大典。"이라는 기사가 보이고 이어서 "初用千字文, [中略]尙書並十四冊, 兵燹之後, 只有仇難、去化、尙書、八歲兒、小兒論五冊- 처음에는 <천자문> [중략] <상서> 등 모두 14책인데 병란 이후에 다만 <구난>, <거화>, <상서>, <팔세아>, <소아론>의 5책이 남았다"라 하여 초기에 사용하던 14책의 여진학서 가운데 전란 이후에 오직 '仇難, 去化, 尙書, 八歲兒, 小兒論'만이 남아서 이 책들에서 7곳을 뽑아 사자(寫字)하게 하였다는 기사가 있다. 그리고 이어서 "康熙甲子時用新飜老乞大、三譯總解, 而前冊中仇難、去化、尙書, 訛於時話。故並去之。見啓辭謄錄 - 강희 갑자년에 <신번노걸대>, <삼역총해>를 사용하였다. 그리고 먼저 쓰던 책 가운데 <구난>, <거화>, <상서>는 당시 말에 맞지 않아서 모두 없앴다. <계사등록>을 보라"라 하여 '仇難, 去化, 尙書'도 모두 없앤다는 기사가 보인다.

초기에 사용되던 여진학서 중에서 '仇難, 去化, 尙書, 八歲兒, 小兒論'의 5책을 청학서(淸學書)로 전용하였는데 이들은 물론 여진어 교재였으므로 청학서(淸學書) 즉 만주어 교재로 개편하게 되었다. 이때에 여진학서를 청학서로 바꾼 것은 청학관(淸學官) 신계암(申繼黯)이었다. 즉 『통문관지』(권7) 「인물(人物)」 '신계암(申繼黯)'조를 보면

116 『通文館志』(권1) 「沿革」'官制'조에 "其屬官有蒙倭女眞學, 通爲四學。康熙丁未女眞學改稱淸學"이란 기사와 同 [續]조에 "乾隆乙酉, 淸學序於蒙學之上, 出啓辭謄錄"에 의하면 康熙丁未(1667)에 女眞學을 淸學으로 개칭하고 乾隆乙酉(1765)에 四學의 序列이 蒙學의 위에 있게 하였음을 알 수 있다. 그러나 실제 國典에서의 序列은 淸學이 여전히 四學의 末席을 차지하였는데 『大典通編』(1785)이나 『大典會通』(1865)에서도 倭學의 다음에 淸學을 두었다.

申繼黯平山人。女眞學舊有國典所載講書, 而與淸人行話大不同, 淸人聽之者莫解。楸灘吳相國允謙, 以公善淸語, 啓送于春秋信使之行, 十年往來, 傳意硏究, 盡得其語音字劃。就本書中仇難、去化、八歲兒、小兒論、尙書等五冊, 釐正訛誤, 至今用之於科試。{出啓辭謄錄}。- 신계암은 평산 사람이다. 여진학에는 옛날에 대전(大典)에 실린 강서가 있었으나 청나라 사람들과 더불어 대화를 할 때에 크게 맞지 않아서 그들이 들어도 이해하지 못하였다. 추탄 오상국 오윤겸은 신계암이 청나라 말을 잘하므로 계(啓)를 올려 춘추에 보내는 사행(使行)에 딸려 보내어 10년을 왕래하면서 오로지 이를 연구하게 하였다. 드디어 그 말과 발음 및 문자의 자획을 모두 알게 되어 청학서 가운데 <구난>, <거화>, <팔세아>, <소아론>, <상서> 등 5책의 잘못된 것을 고쳐서 이제 과거 시험에 사용하기에 이르렀다. {<계사등록>에서 나오다}.

이라 하여 『경국대전』에 소재(所載)된 여진학서의 말들이 청인과의 대화에서 통하지 않으므로 영의정 오윤겸(吳允謙)은 신계암이 만주어를 잘하는 것을 보고 춘추신사(春秋信使)에 딸려 보내어 10년간 이를 배우게 하여 여진학서 가운데 '仇難, 巨化, 八歲兒, 小兒論, 尙書'등 5책의 잘못을 모두 고치게 하였음을 알 수 있다.[117]

그러나 위의 여진학서를 청학서로 개편한 5책 가운데서 강희갑자(康熙甲子, 1684)에 <신번노걸대(新飜老乞大)>, <삼역총해(三譯總解)>를 청학서

117 같은 內容이 『譯官上言謄錄』에도 전해진다. 즉, 이 자료의 '己卯 5월 11일'조에 "司譯院官員, 以都提調意啓曰: 女眞學傳習之事, 其在于今視他學尤重, 自前流來番書, 未知出自何代。而淸人見而怪之, 全未得曉得。彼中方今行用之書 卽前汗所著, 而音則淸音, 字則如蒙書大略相似, 而點劃實異, 曉解者絕無。彼此相接之時, 無以通情。都提調吳允謙時 具由人啓, 多方勸奬。本學中有才申繼黯, 春秋信使之行, 連續差送。俾無與淸人往來, 問難語音精熟, 然後乃學其書。繼黯專意硏究于今十載, 方始就緖, 傳來冊本中, 所謂去化、仇難、八歲兒、小兒論、尙書等五冊, 以淸書寫出, 而淸旁註質之。上年勅使時, 從行淸人, 無不通曉, 以此可知其不誤也。本國之人雖解淸語, 而至於淸書則無有知之者。若非申繼黯盡誠學習, 何能就此前所未有之書? 以爲本學講讀之資耶? 此事極爲可嘉, 各別論賞以勸他人何如? 傳曰: 依啓。"라는 기록이 이를 말해준다.

로 사용함에 따라 시화(詩話)와 다른 '구난(仇難), 거화(去化), 상서(尙書)'를 모두 없앤다고 하여 결국 청학서는 <팔세아(八歲兒)>, <소아론(小兒論)>과 사역원에서 새로 편찬한 <신번노걸대>, <삼역총해>의 4종이 되었다.

왜란(倭亂)과 호란(胡亂)의 양란 이후에 최초로 간행된 국전인『수교집록(受敎輯錄)』(1698)에 "淸學別舊業八歲兒論之外, 添以新飜老乞大、三譯總解, 仍爲定式敎誨使之。通行於科擧與試才之時。{康熙癸亥承傳}- 청학이전에는 별도로 <팔세아>와 <소아론> 이외에 <신번노걸대>와 <삼역총해>를 첨가하여 교회(敎誨)들이 사용할 것을 정식으로 정했다. 과거와 취재 시험을 할 때에도 통행하게 한다."라는 기사가 있다. 여기서 "舊業八歲兒論之外"는 <팔세아>와 <소아론>을 말하는 것으로 본다면 강희계해(康熙癸亥, 1683)부터 <신번노걸대>와 <삼역총해>가 <팔세아>와 <소아론>과 더불어 청학서로 사용되었음을 알 수 있다.

또『속대전』「역과」'초시(初試)'조를 보면 "淸學: 八歲兒、小兒論 {見大典} 老乞大、三譯總解 {新增}, 其餘諸書今廢 - 청학은 <팔세아>, <소아론> {대전을 보라} <노걸대>, <삼역총해> {새로 추가함}, 나머지 여러 책은 이제 폐한다."라 하여 초기의 여진학서 중에서 병란 이후에 남았던 5종을 신계암(申繼黯)이 만주어로 개편하여 청학서로 사용하였으나 1683년부터 <삼역총해>와 <신번노걸대>를 편찬하여 사용함에 따라 <팔세아>, <소아론>만을 남기고 나머지는 모두 없앤다는 뜻이다.

중기의 청학서로는 이 4 종의 청학서만을 교재로 사용하게 되었다.『통문관지』(권2)「권장(勸奬)」제2 '녹취재(祿取才)'조를 보면 청학재(淸學才)에는 각 3책으로 춘하등(春夏等)에 <팔세아>, <청어노걸대>상의 4권, <삼역총해>상의 5권과 문어(文語)를 시재(試才)하였고 춘동등(春冬等)에 <소아론>, <청어노걸대>하의 4권, <삼역총해>하의 5권과 문어를 시재하게 하여 결국은 청학(淸學) 사책(四冊)(청어노걸대, 삼역총해, 팔세아, 소아론)을 중심으로 만주어의 학습은 이루어진 것으로 보인다.[118]

---

118 『통문관지』(권2)「勸奬」第二 '祿取才'조에 "淸學才三冊, 春夏等八歲兒、淸語老乞大上四卷、三譯總解上五卷, {三冊中, 抽一處寫字。抽一處背講} 文語一度 {秋冬第

『통문관지』「취재」조에 보이는 <청어노걸대>는 <삼역총해>의 서문에 의하면 강희경신(康熙庚申, 1680)에 <청어노걸대>의 번역을 시작하여 강희갑자(康熙甲子, 1684)에 완성시킨 것을 말하는데 『수교집록』과 『속대전』, 『통문관지』의 「과거(科擧)」조에는 한결같이 '신번노걸대(新飜老乞大)'라는 서명으로 나타난다. 신번(新飜)은 이미 번역된 것을 새롭게 번역한다는 의미를 가졌으나 『경국대전』의 여진학에 <노걸대>란 서명이 보이지 않으므로 여진어의 <노걸대>가 있었을 가능성은 거의 없다. 따라서 여진어의 <노걸대>를 새로 번역했다는 뜻이 아니고 한어(漢語)의 <노걸대>를 청어(淸語), 즉 만주어로 새롭게 번역한다는 뜻이다. 이것은 후일에 김진하(金振夏)에 의해서 만주인 서기, 즉 피사치(筆士帖)가 영고탑(寧古搭, Ningguta, 金寧)을 방문했을 때 그의 질정(質定)을 얻어 증보되었고 건륭을유(乾隆乙酉, 1765)에 평양감영(箕營)에서 간행되었다.

『삼역총해』는 『중간삼역총해(重刊三譯總解)』에 수록된 '삼역총해서문'에 의하면 숙종 7년(康熙庚申, 1680)에 노봉(老峰) 민상국(閔相國)이 사역원 제거(提擧)로 있을 때 신계암이 여진학서를 청학서로 개편한 <거화(去化)>, <구난(仇難)>, <상서(尙書)> 등에서 어휘 등이 부족함을 들어 최후택(崔厚澤), 이즙(李濈), 이의백(李宜白) 등에게 다시 이정(釐正)하게 하고 또 <청서삼국지(淸書三國志)>를 번역하여 『삼역총해(三譯總解)』 10권을 만들게 하였음을 알 수 있다.[119]

이것은 강희 계미(康熙癸未, 1703)에 박창유(朴昌裕) 등 6인이 당시 사역원의 도제조(都提調)였던 죽서(竹西) 신상국(申相國)에게 이 책의 간행을 청하여 허락을 받고 오정현(吳廷顯), 이의백(李宜白) 등이 중심이 되어 간행한 후 이름을 <청어총해(淸語總解)>라고 하였다는 기사가 있다.[120] 또 『통

放此} 秋冬等小兒論、淸語老乞大下四卷、三譯總解下五卷、文語一度"라는 기사 참조.

119 『重利三譯總解』에 부재된 '三譯總解序文'에 "今上卽位七年庚甲, 老峯閔相國提擧譯院, 以繼黯所册書, 字小語不廣, 無以會其通而盡其變。今崔厚澤、李濈、李宣白等更加釐正, 刪去化、仇難、尙書三册。而取淸書三國志相與難辨, 作爲三譯總解十卷。"이란 기사 참조.

문관지』「과거」조와 『수교집록』「권장」조의 기사에 의하면 강희 갑자(康熙甲子, 1684)에 <신번노걸대>, <삼역총해>를 청학(淸學)의 과거 시험에 처음 사용했다는 기사와 강희 계해(康熙癸亥, 1683)부터 이를 통행했다는 기록이 있다. 따라서 <삼역총해>는 만주어로 된 <청서삼국지(淸書三國志)>, 또는 <만한(滿漢) 삼국지>를 우리말로 번역하여 한(漢)·청(淸)·한(韓)의 삼역(三譯)이란 이름을 붙였으며 이를 강희 계해(1683)부터 과거(科擧), 원시(院試), 취재(取才), 고강(考講)에 사용하기 시작하였다. 그리고 강희 계미(康熙癸未, 1703)에 다른 역학서와 함께 활자로 간행하면서 <청어총해(淸語總解)>란 이름을 얻은 것으로 보인다.[121]

4.2.5 중기 역학서의 특징

이상 중기의 역학서에 대한 그 변천 과정을 살펴보았다. 이 시대의 역학서는 역관들이 임무수행을 위하여 실용회화의 습득을 목표로 모든 역학서를 개편해 나간 것이다. 그리하여 초기에 해당국의 훈몽서를 수입하여 사용하던 방법으로부터 벗어나 사역원 자체에서 실용성에 입각하여 실제 대화를 위한 교재를 편찬하고자 하였으며 초기의 역학서와 대체하여왔던 것이다.

이러한 목표는 『속대전』에서 역과 과시서의 과감한 변혁을 가져오게 되었고 한학(漢學)을 제외한 삼학(三學)에서는 거의 모든 역학서가 사역원 자체에서 편찬된 교재가 중심이 되어 교육하게 이른다. 그리고 한학에서도 사역원에서 수정하고 음주(音注)와 언해를 더한 <노걸대>, <박통사>가 중용되었으며 타학(他學)에서도 거의 모든 역학서들이 한글로 번역되었다.

---

120 전게 序文의 末尾에 "癸未九月有朴昌裕等六人, 齊辭于都提調竹西申相國, 願出損取剞劂, 以廣傳布則公可之。於是吳廷顯李宣白等, 以訓上主其事, 事訖名之曰清語總解。鳩工鋟梓苦心彈力, 凡十數日而始克就緖"라는 기사를 참조.

121 『통문관지』(권8) 「什物」조에 "老乞大板、三譯總解板、小兒論板、八歲兒板, 并廳官李世萬等書, 康熙癸未令淸學官朴昌裕等六人, 損財以活字開利, 藏於該學"이란 기사 참조.

초기의 역학서들이 비록 과시(科試)의 출제서에서 빠졌으나 사역원에서 역생(譯生)들을 교육하는데 언어교재로서 계속해서 사용되었다. 고려대학교 도서관에 소장된 전사역원봉사(前司譯院奉事) 백완배(白完培)의 청학(淸學) 역과초시(譯科初試)의 답안지에는 상단에 "千字, 天兵書, 小兒論, 三歲兒, 自侍衛, 八歲兒, 去化 七歲兒, 仇難, 十二諸國, 貴愁, 吳子, 孫子, 太公, 尙書, 三譯總解, 淸語老乞大" 등 여진학서의 서명이 있고 '飜大典通編'이라는 역어의 과제가 보인다.[122]

3) 후기(後期)의 역학서

4.3.0 중기(中期)의 사역원 역학서가 역관들의 실용적 요청에 의하여 자체적으로 편찬하여 초기(初期)의 역학서를 대체시켜왔다면 후기(後期)의 역학서는 중기의 것을 개정(改訂), 증보(增補), 수정(修整)하여 사용한 시기라고 할 수 있다. 즉, 사역원에서 실용회화를 중심으로 새롭게 편찬한 역학서들이 초기의 역학서와 대체되어 국전(國典)에 이름을 올림으로써 역학서의 대대적인 변혁이 있었다.

이러한 역학서의 개편은 『속대전(續大典)』(1744)에서 새로운 교재들을 역관의 과시(科試)와 취재(取才)에 사용하도록 규정함으로써 일단락을 짓게 된다. 『속대전』 이후의 사역원 역학서는 이들을 신석(新釋), 개수(改修), 중간(重刊), 보완(補完)하여 사용하였으며 매우 드물게 새로운 교재가 편찬되기도 하였다. 후기에 들어와서 사역원 사학(四學)이 어떻게 중기의 역학서를 개정(改訂), 증보(增補), 수정(修整)하였는가를 다음에 살펴보기로 한다.

4.3.1 후기의 한학서 신석과 중간

먼저 한학서(漢學書)의 개정, 증보, 수정은 한학의 본업서(本業書)인 <노

---

122 그러나 실제 출제는 <三譯總解>에서 3處, <八歲兒>, <小兒論>에서 各 1處, <淸語老乞大>에서 2處, 도합 7處에서 출제하여 寫字토록 하였다.

걸대>, <박통사>를 중심으로 이루어졌다. <노걸대>는 고려 말부터 통문관(通文館)과 그 후의 사역원(司譯院)에서 한학서로 애용되었음을 전술한 바 있으며 조선 중기(中期)에는 한학뿐 아니라 몽학(蒙學), 청학(淸學)에서도 <노걸대>란 이름의 교재를 갖기에 이르렀음도 앞에서 고찰하였다.

역학서에 신석(新釋)이란 명칭을 덧붙인 것은 조선 영조(英祖) 경진(庚辰, 1760)에 변헌(邊憲) 등이 {산개}<노걸대>를 개정하기 시작하여 <노걸대신석(老乞大新釋)>이란 서명으로 영조 계미(癸未, 1762)에 간행한 것이 처음으로 보인다.[123] 현전하는 <노걸대신석>의 홍계희(洪啓禧) 서문(英祖 辛巳, 1761의 刊記가 있다)에 의하면 변헌(邊憲)이 북경에 가는 부연사행(赴燕使行)에 참가하여 청나라를 왕래하면서 <노걸대>의 고본(古本)의 잘못을 고치어 새롭게 편찬한 것이 신석(新釋)이란 이름을 얻었다는 기사가 있다.[124] 이 신석본(新釋本)은 단순히 한어의 발음표기만 교정한 것이 아니라 본문의 내용도 일부 개정한 것으로 고본(古本), 즉 <산개본(刪改本)>과는 다르나 내용의 단락이나 구분은 대체로 비슷하다.

<노걸대>의 번역과 언해는 일찍이 중종(中宗) 때에 최세진에 의해서 시작되었고 그 후 중기(中期)에 다른 역학서가 언해될 때 함께 우리말로 풀이되었다. 그리고 이 언해본이 강희 경술(康熙庚戌, 1670)에 양파(陽坡) 정상국(鄭相國)의 명으로 운각(芸閣)에서 활자로 간행되었다는 기사가 있음을 전술한 바 있다. <노걸대신석>의 언해도 다른 신석본(新釋本)들과 거의 같은 시기에 이루어져 간행되었다.

신석(新釋)이란 이름으로 <박통사>를 수정하고 증보한 것은 <노걸대> 보다 앞섰다. 즉 상술한 <노걸대신석>의 홍계희(洪啓禧) 서문에 "旣又以朴通事新釋, 分屬金昌祚之意筵稟蒙允。自此諸書並有新釋, 可以無礙

123 『通文館志』(권8) 「什物」 [續]조에 "新飜老乞大板、諺解板, 乾隆癸未訓長邊憲修整, 芸閣刊板"이란 기사 참조.

124 英祖 37년(1761)의 刊記가 있는 洪啓禧의 '新飜老乞大序文'에 "及庚辰銜命赴燕, 遂以命賤臣等時, 譯士邊憲在行, 以善華語名。賤臣請專屬於憲, 及至燕館, 遂修改證別其同異, 務令適于時使於俗。而古本亦不可刪沒, 故併錄之, 蓋存羊之意也。 書成名之曰老乞大新釋, 承上命也。"란 기사 참조.

於通話也。今此新釋以便於通話爲主, 故往往有舊用正音, 而今反從俗者, 亦不得已也。"라는 기사가 있어 <노걸대신석> 이전에 김창조(金昌祚)가 새로 고친 <박통사신석>이 있었으며 그 후 여러 역학서가 신석(新釋)되기에 이르렀다는 내용이다.

그러나 『통문관지』(권8) 「집물(什物)」 [속(續)]조에 "新釋朴通事板, 諺解板, 訓長金昌祚等修整。乾隆乙酉箕營刊板"이란 기사에 의하면 김창조(金昌祚)의 <박통사신석>과 동 언해본이 건륭 을유(乾隆乙酉, 1765)에 기영(箕營, 平壤)에서 간행되었음을 알 수 있다. 김창조는 <노걸대신석>의 말미에 검찰관(檢察官)으로 이름을 올렸고 <박통사신석>에는 변헌(邊憲), 이수(李洙) 등이 검찰관으로 되어있어 이들에 의해서 <노박>의 신석은 이루어진 것임을 알 수 있다.

<노걸대신석>은 다시 중간되어 건륭 을묘(乾隆乙卯, 1795)에 이수(李洙) 등에 의해서 <중간노걸대(重刊老乞大)>와 동 언해가 간행되었으나[125] <박통사신석>이나 동 언해가 중간(重刊)되었다는 기사는 아직 찾아볼 수 없다. 다만 현전하는 『박통사신석언해(朴通事新釋諺解)』의 중(中)에서 권말에 "乙酉仲秋 本院重刊"이란 필사가 보여[126] 역시 <노걸대> 와 같이 중간되었을 가능성이 있다.

이와 같은 <노걸대>, <박통사>의 계속적인 개정은 중국에서 표준어의 변천과 더불어 불가피했던 것으로 고려 말에 편찬된 두 책이 원래는 원대(元代)의 한아언어(漢兒言語)를 반영한 것이며[127] 그 후에 명(明), 청대(清代)를 거치면서 변화된 관화(官話)를 학습하기 위해서 끊임없이 개편

125 『鏤板考』(卷四) '譯語類' 조에 "老乞大一卷, 諺解二卷, 不著撰人氏名 [中略] 當朝乙卯, 司譯院奉敎重訂"라는 기사에서 英祖 19年 乙卯(1795)에 重訂되었음을 알 수 있다.

126 一簑文庫에 소장된 『朴通事新釋類解』 第二卷 권말에 '乙卯中秋 本院重刊'이란 墨書가 보인다.

127 『成宗實錄』(권 40) 成宗11年 10月 乙丑 조에 "敬見老乞大、朴通事曰: 此乃元朝時語也, 與今華語頓異。多有未解處, 卽以時語改數節, 皆可解讀。請令能漢語者盡改之。"라는 기사로 <老乞大> 및 <朴通事>가 元代의 漢語로 인식하였음을 알 수 있다.

을 거듭하였으나 이러한 개정에도 한계가 있어서 드디어 새로운 중국어 회화서(會話書)를 편찬하기에 이르렀다.

그것이 바로 『화음계몽(華音啓蒙)』과 동 언해, 그리고 『화어유초(華語類抄)』이다. <화음계몽>은 광서 계미(光緒癸未, 1883)에 이응헌(李應憲)에 의해서 편찬되었으며 <화어유초>는 언제 누구의 소작인지 알 수 없으나 <화음계몽>이 편찬된 이후에 만들어진 것으로 보인다.[128] 또 중기(中期)의 한어 어휘집이었던 『역어유해』를 김홍철(金弘喆) 등이 증보하여 건륭 을미(乾隆乙未, 1775)에 『역어유해보(譯語類解補)』란 이름으로 간행하였다.[129]

4.3.2 후기의 몽학서의 중간

이 후기의 몽학서도 중기의 『몽어노걸대(蒙語老乞大)』와 『첩해몽어(捷解蒙語)』를 수정(修整)하고 중간하여 사용하였는데 중기에 사용된 <신번노걸대(新飜老乞大)>, 즉 『몽어노걸대』는 몽학관 이최대(李最大)가 건륭 신유(1741)에 간행하였음을 전술한 바 있으나 『첩해몽어』에 부재(附載)된 이익(李瀷)의 '몽학삼서중간서(蒙學三書重刊序)'에 의하면 몽학당상(蒙學堂上) 이억성(李億成)이 훈장으로 있을 때 한 번 정정하였고 건륭 경술(1790)에 다시 수정하여 간행하였음을 알 수 있다. 또 중기의 몽학서로서 사역원에서 편찬한 <첩해몽어>는 역시 <신번첩해몽어>란 이름으로 <신번노걸대>와 비슷한 시기에 편찬되어 건륭 정유(1737)에 몽학관 이세걸(李世杰) 등에 의해서 간행되었음은 전술하였으나 상기한 '몽학삼서중간서'에 의하면 방효언(方孝彦)에 의하여 건륭 경술(1790)에 다른 두 개의 몽학서, 즉 <몽어노걸대>와 <몽어유해>와 함께 수정 중간되었다.

후기에 들어와서 두드러지게 나타난 역학서의 특징은 어휘집의 간

---

128 『華音啓蒙』과 <華語類抄』는 <老乞大>, <朴通事>의 번역 이후 전통적인 발음표기, 즉 漢字一字의 左右에 正音과 俗音을 기록하던 二元的 발음표기법을 지양하고 一字一音의 발음표기를 보여주었다.

129 『譯語類解補』의 金弘喆의 序文과 『通文館志』「什物」[續] 조에 "譯語類解補板: 乾隆乙未, 訓上金弘喆修整, 本院刊板。"이란 기사 참조.

행을 들 수 있다. 초기에는 운서식 어휘집과 물명(物名) 등의 유서(類書)류가 중심이 되었으나[130] 중기(中期)에 들어와서는 『역어유해(譯語類解)』와 같은 유해류(類解類) 어휘집이 성공하자 『동문유해(同文類解)』가 편찬되고 계속해서 건륭 무자(1768)에 이억성에 의해서 『몽어유해(蒙語類解)』가 간행되었다.[131] 이것은 종전에 있던 것을 이억성이 수정하여 간행하였던 것으로 보이는데[132] 이것은 『첩해몽어(捷解蒙語)』와 『몽어노걸대(蒙語老乞大)』가 중간될 때 다시 수정되어 함께 간행되었다. 이의 증보(增補)는 방효언(方孝彦)에 의해서 건륭 경술(1790)에 이루어졌으며 역시 상기한 '몽학삼서중간서'에 의하면 1,600여 언을 추가하고 권말에 어록(語錄) 수백구를 첨가하여 『몽어유해보(蒙語類解補)』란 이름으로 간행하였다.

4.3.3 〈첩해신어〉의 개수와 중간

왜학서는 중기에 사역원 왜학훈도(倭學訓導) 강우성(康遇聖)이 편찬한 『첩해신어(捷解新語)』에 의하여 전기(前期)의 14종 왜학서가 전폐되었음은 상술한 바와 같다. 중기의 유일한 왜학서였던 <첩해신어>는 후기에 대대적인 개정(改訂), 증보(增補), 중간(重刊)을 거치게 되었다. 건륭 정묘(1747)에 최학령(崔鶴齡)이 통신사(通信使)를 수행하여 일본에 다녀온 후 건륭 무진(1748)에 1차 개수(改修)가 있었고 그 후 동래(東萊)에 있으면서 왜

---

130 韻書式 어휘집으로는 『蒙漢韻要』를 例로 들 수 있다. 이것은 尹子雲이 成化 13年(1477)에 諺文으로 번역하여 사용할 목적으로 간행한 간편한 몽고어사전이었다. 또 <物名>은 『同文類解』 安命說의 序文에 "淸學舊有所謂物名"이란 기사와 『通文館志』(卷2) 「勸奬」 '二六考講' [續]조와 '衛職取才' [續]조에 文語 대신에 物名을 몇張 背誦케한다는 기사가 있어 『同文類解』 이전에 <물명>이 많이 사용되었음을 알 수 있다.

131 『通文館志』(卷8) 「什物」 [續]조에 "蒙語類解板, 乾隆戊子蒙語訓長李億成修整. 本院刊板"이란 기사 참조.

132 '蒙學三書重刊序'에 "本學堂上李億成, 曾爲訓長時, 慨然方此, 每赴燕京輒就蒙古館, 與之論難字義演習語音, 歸與有志者履年講磨老乞大及類解等書, 校其訛謬, 更付剞劂, 新進之業是學者得其正"이란 기사에 의하면 <老乞大>와 <類解>(<蒙語類解>를 말함) 등의 책에서 잘못을 고쳐 다시 편찬하였다는 사실을 말하고 있음으로 李億成 이전에 <蒙語類解>의 藍本이 있었을 가능성이 없지 않다.

언대자(倭諺大字)마저 이개(釐改)하여 2차 수정이 있었으며『개수첩해신어(改修捷解新語)』란 이름으로 간행되었다.

이 개수본(改修本)은 강우성의 원간본과 매우 다른 것으로 단순한 부분적 수정이 아니라 전면적인 개정을 시도한 것이다. 중간본에 첨재된 무진개수시(戊辰改訂時) 고교관(考校官)으로 박상순(朴尙淳), 현덕연(玄德淵), 홍성구(洪聖龜) 3인이 통교제권(通校諸卷)하고 정도행(鄭道行), 황대중(黃大中), 현태형(玄泰衡)이 분권교정(分卷校正)하였으며 최학령(崔鶴齡)과 최수인(崔壽仁)이 수정 입재(入梓)하였다는 기사가 있어 개수의 전말을 규지할 수 있다.

이 개수본은 원간본과 같이 10권으로 되어있으나 권지십(卷之十)이 상·중·하로 나뉘어 모두 10권 12책으로 되어있고 각종 서식(書式)의 예가 추가되었다. 뿐만 아니라 이 개수본의 범례에는 일본의 가나(假字) 학습을 위한 '이려파(伊呂波)'가 붙어 있었던 것으로 보이며[133] 이로 인하여 <첩해신어>는 일본어 학습의 초보인 가나(假字)문자의 학습까지도 겸할 수 있게 되어 명실공히 유일한 왜학서로 자리를 굳히게 되었다.

이 개수본은 상국(相國) 김백곡(金栢谷)의 제의로 건륭 신축(1781)에 중간되었는데 이때에도 약간의 수정이 있었으며 최학령이 주관하였다. 이 중간본은 이담(李湛)의 '중간첩해신어서'에 의하면 최학령이 자법(字法)과 어록(語錄), 자원(字源), 동음이자(同音異字), 통용자(通用字)의 범례를 편찬하여 권말에 붙였음을 알 수 있게 한다.[134] 따라서 <첩해신어>는 일본어의 회화뿐 아니라 일본문학의 학습과 각종 서계(書契)의 작성에 이르기까지 왜학역관(倭學譯官)으로서 갖추어야 할 일본어의 지식을 망

---

133 <改修捷解新語>를 原本으로 하여 文釋한『捷解新語文釋』의 凡例에 "伊呂波眞字、半字、吐字、草字及簡格語錄, 雖在原書凡例中, 爲便此書考證並錄于下。"라는 기사로부터 '伊呂波'가 改修本의 범례에 수록되었음을 알 수 있다. 重刊本에는 文釋本과 같이 卷末에 첨부되었으며 重刊本에 添錄할 때 日本의『和漢各數』의 五十音圖을 더 添加하면서 '伊呂波半字堅相通橫相通' 의 이름을 붙인 것으로 보인다. 安田章(1970), 졸고(1985) 참조

134 李湛의 '捷解新語重刊序'에 "(前略) 其字法語錄源流之同異, 及同音各字通用之凡例, 亦崔知樞所纂。而並附于端, 讀者當自解之, 不復釐焉。"이란 기사 참조

라하게 되었다.

다만 일본어의 초자(草字)에 대한 지식이 왕래문서를 해독할 때 필요하였는데 이를 위하여 가경원년(1796)에 왜학어관 김건서(金健瑞)에 의하여 『첩해신어문석(捷解新語文釋)』이 편찬되었다. 그러므로 '첩해신어'라는 이름의 왜학서는 강우성의 원간본(刊行은 1676)과 최학령의 1, 2차 개수본(1차 개수는 무진, 1748) 그리고 중간본(1781)과 문석본(1796)의 5종이 있겠으나 현전하는 것은 원간본(康熙丙辰본)과 중간본, 문석본(文釋本)뿐이었다.

그러다가 야스다 아키라(安田章) 교수가 밝혀낸 프랑스 파리의 동양어학교 도서관(Bibliothèque de l'École des Langues Orientales Vivantes à Paris)에 소장된 12책의 <첩해신어>는 무진(戊辰) 개수의 판본으로 최학령(崔鶴齡)의 제1차 개수본(改修本)이었다(安田章, 1988). 이 책은 일본에서 1988년에 일본 교토(京都)대학 문학부 국어학국문학연구실에서 영인 출판되었다. 한국에서도 야스다 아키라·정광(1991)으로 영인본이 간행되어 이 방면의 연구자들에게 제공되었다. 따라서 5종의 <첩해신어> 판본 가운데 4종이 발견되어 세상에 알려졌다.[135]

이것 외에도 한학(漢學)의 어휘집인 『역어유해』의 영향을 받아 편찬된 『왜어유해(倭語類解)』가 있는데 편찬자와 편찬연대는 아직 확실치 않으나 강희(康熙) 연간에 홍순명(洪舜明)의 소찬(所撰)으로 알려지고 있었다.[136] 그러나 졸고(1986e)와 졸저(2004b)에 의하면 홍순명의 편찬인 <왜어유해>의 조본(祖本)은 간행되지 못하고 '왜어물명'이란 이름으로 사역원에 전해오다가 <몽어유해>와 <동문유해>가 간행될 지음에 <왜어유해>도 함께 간행될 예정으로 대마도에서 수정되었다.

당시 최학령(崔鶴齡)은 <첩해신어>의 개수를 전담하고 있어서 같은 수역(首譯)으로 있던 이명윤(李命尹)과 현태익(玄泰翼)이 이를 주관하여 대

---

135 필자는 최학령의 제2차 개수본은 바로 중간본이라고 본다. 따라서 원래 <첩해신어>는 원간본과 개수본, 중간본, 그리고 문석본의 4종이었다고 생각한다.

136 濱田敦, 土井洋一, 安田章(1959)와 中村榮孝(1961), 安田章(1970), 졸고(1978a)참조.

마도의 왜인(倭人)들의 도움으로 수정하였으나 돌아 오는 길에 배가 파선하여 이들이 모두 익사하고 원고도 수장되어 만주어와 몽고어의 유해인 <동문유해>(1748)와 <몽어유해>(1768)와 같이 간행되지 못하였다. 필자는 이보다 훨씬 후대인 1780년경에 한정수(韓廷修)가 중심이 되어 이를 수정하고 그 이듬해인 1781년에 판본으로 간행한 것으로 보았다 (졸저, 2004:47).[137]

이 책은 후일 일본의 대마도와 규슈(九州)의 사쓰마(薩摩) 등지에서 <화어유해(和語類解)>라는 이름으로 간행되어 반대로 일본인들의 조선어 학습에 사용되었으며[138] W. H. Medhurst의 『조선위국자휘(朝鮮偉國字彙)』에도 그대로 전재되는 등 서양인의 일본어, 조선어의 학습에 널리 사용되었다.[139]

4.3.4 청학서의 수정과 신석

후기에 청학서의 개정 증보는 『청어노걸대(淸語老乞大)』부터 시작되었다. 중기에 <신번(新飜)노걸대>란 이름으로 한어(漢語) <노걸대>를 만주어로 번역하여 청학서로 사용한 <청어노걸대>의 개정은 김진하(金振夏)에 의하여 건륭 을유(1765)에 이루어져 <신번청어노걸대(新飜淸語老乞大)>란 이름으로 기영(箕營)에서 간행되었다.[140]

그리고 중기에 『청서삼국지(淸書三國志)』, 또는 <만한(滿漢) 삼국지>를 번역하여 청학서로 만든 『삼역총해(三譯總解)』도 김진하에 의해서 건륭 갑자(1776)에 수정되어 사역원에서 간행되었고 초기의 여진학서를 만주어로 바꾸어 중기의 청학서로 사용한 <팔세아(八歲兒)>, <소아론(小兒

---

137 따라서 洪命福의 『方言集釋』(1778)에 보이는 일본어는 韓廷修 등이 수정한 <왜어유해>의 것이 아니다. 여기에 보이는 일본어가 洪舜明의 <왜어유해>라는 주장도 있다(安田章, 1978).

138 薩摩의 朝鮮資料에 대해서는 安田章(1966)을 참조.

139 W. H. Medhurst의 『朝鮮偉國字彙』에 대하여는 졸고(1978c) 참조.

140 『通文館志』(卷8) 「什物」 [續]조에 "“新釋淸語老乞大板, 乾隆乙酉箕營刊板”이란 기사 참조.

論)>도 김진하에 의하여 건륭 정유(1777)에 수정되어 신석(新釋)이란 이름을 붙여 사역원에서 간행하였다[141]. 김진하에 의해서 이루어진 중기의 청학서 전체적인 수정작업은 건륭 을유(1765)부터 건륭 정유(1777)까지에 걸쳐서 이루어졌으며 이것은 청학에서 『노걸대신석(老乞大新釋)』(1763)과 『박통사신석(朴通事新釋)』(1765)의 간행에서 보이는 일련의 신석작업과 궤(軌)를 같이하는 것이다. 청학에서도 같은 시기에 중기의 역학서를 개정하면서 신석이란 이름을 붙였으며 중기에 신번(新飜)이란 이름이 애용됐던 것과 같은 맥락에서 이해된다.

『신석삼역총해(新釋三譯總解)』는 후에 약간의 수정을 거쳐 『중간삼역총해(重刊三譯總解)』로 간행된 것으로 보인다. 건륭 갑오(乾隆甲午, 1774)의 간기를 가진 이담(李湛)의 중간서(重刊序)에

> [前略] 先以老乞大就質於淸人之習其書字, 筵白而刊行之。繼又考校三譯總解, 刪其訛誤, 獲成全書, 都提擧栢谷金相國聞而嘉之, 官給財力, 因使金公董, 其役張君再成書而入梓焉。[下略] - [전략] [김진하로 하여금] 먼저 <노걸대>(<청어노걸대>를 말함)를 질문하여 고치게 하였으며 청나라 사람들에게 서자를 배웠으며 경연(經筵)에서 임금께 아뢰어 간행하였다. 이어서 또 <삼역총해>를 교정하여 그 잘못을 전권에서 없앴다. 도제거 상국 김백곡이 이를 가상히 여겨 관에서 재물을 내고 김공으로 감독하게 하여 장재성군으로 하여금 글씨를 써서 책판을 새기게 하였다. [하략]

이라 하여 김진하가 <노걸대>를 수정간행하고 이어 『삼역총해(三譯總解)』도 그 와오(訛誤)를 고쳤다는 말을 듣고 당시 사역원 도제거(都提擧)였던 김백곡(金伯谷)이 이를 간행케 하도록 명하였다. 장재성(張再成)이 이를 정서(淨書)하여 책판에 새겨 중간하게 된 것이고 따라서 김진하가 신

---

141 『通文館志』(卷8) 「什物」 [續]조에 "新釋總解板, 乾隆甲午本院刊板, 新釋小兒論板、新釋八歲兒板, 乾隆丁酉本院刊板, 以上四書淸語訓長金振夏修整"란 기사 참조

석한 <삼역총해>를 김상국(金相國)의 명으로 김진하와 장재성 등이 건륭갑오(1774)에 중간한 것임을 알 수 있다.

중간(重刊)이란 이름으로 역학서를 수정 증보하여 간행한 것은 한학의 <노걸대>를 중간(1795)한 것과 몽학의 몽학삼서(<몽어노걸대>, <첩해몽어>, <몽어유해>)의 중간(1790)이 있었고 왜학의 <중간첩해신어>(1781)와 청학의 <중간삼역총해>(1774)가 있다. 이를 연차별로 살펴보면 청학의 <삼역총해>를 김진하가 신석하고 이를 중간한 것이 가장 먼저이고 이어서 왜학의 <첩해신어>가 중간되었고 계속하여 몽학삼서와 한학의 <노걸대>가 중간되었음을 알 수 있다.

청학서에서도 타학의 역학서에서 갖고 있던 <물명>이란 어휘집을 '유해'란 이름으로 간행하였는데 만주어 어휘집으로 <물명>이란 소책이 있었지만, 청의 『청문감(淸文鑑)』, 『대청전서(大淸全書)』, 『동문광휘(同文廣彙)』 등의 어휘집을 모방한 본격적인 유서(類書) 방식의 어휘집은 건륭무진(1748)에 청어 훈장 현문항(玄文恒)에 의해서 편찬되어 <동문유해>란 이름으로 간행되었다.[142] 또 『통문관지』(卷8) 「집물(什物)」조에 "同文類集板, 康熙辛未淸學官李海、吳相集、鄭萬濟捐刊板, 藏於該學。"이란 기사가 있어 강희 신미(1691)에 간행된 <동문유집>이란 만주어 어휘집이 있었던 것 같으나 오늘날 전하지 않아 자세한 것은 알 수 없다.

'동문유해'는 안명열(安命說)의 '동문유해발문(同文類解跋文)'이나 『통문관지』(卷8) 「집물(什物)」 [속]조에 "同文類解板, 乾隆戊辰淸語訓長玄文恒修整, 芸閣刊板"이란 기사가 있어 <동문유집>을 가지고 현문항이 수정 증보한 것을 <동문유해>라고 하였을 가능성이 있으나 현재로서는 확인할 길이 없다.

<동문유해>는 표제어가 한어(漢語)로 되어있고 그 밑에 우리말의 뜻

142 <同文類解>의 安命說 跋文에 "淸學舊有所謂物名, 是乃口耳郵傳一小册也。業是者病其訛謬 而莫戎正之且百年矣。本學訓長玄同樞文恒, 慨然有意於斯, 乃淸文鑑、大淸全書、同文廣彙等書, 專心用工釐以正之, 閱六寒暑而編成焉。名之曰同文類解"라는 기사를 참조할 것

을 쓴 다음 그에 해당하는 만주어가 한글로 쓰였다. 따라서 한어, 우리말, 만주어의 어휘를 알 수 있는데 이런 사실을 감안하여 <한청문감(漢淸文鑑)>이란 어휘집이 <동문유해>의 뒤를 이어 간행되었다고 본다. <한청문감>은 편찬연대가 분명히 밝혀지지 않았으나 건륭 40년(1775) 경(小倉進平, 1964: 619~620)에 이담(李湛), 김진하(金振夏) 등의 한학, 청학의 역관들이 편찬에 참가하였고 그 남본(藍本)은 <청문감>이라고 범례에 명시되어 있으나 <청문감>이란 이름의 만주어 어휘집이 여러 종이 있어 그중 어느 것을 남본으로 삼았는지는 분명하지 않다.

<한청문감>의 영향인지 모르나 그 후에 한어(漢語), 몽어(蒙語), 일본어, 만주어를 한 곳에 모은 유서(類書)식 어휘집이 유행하여 <삼학역어(三學譯語)>, <방언집석(方言集釋)>등의 어휘집이 있었지만 실용성은 없었던 것으로 사역원의 외국어 교재로 볼 수 없을 것이다.

4) 역학서의 변천의 특징

4.4.0 이상 사역원의 역학서가 어떻게 변천하여 왔는가를 살펴보았다. 조선 왕조의 건국과 거의 같은 시기에 설치된 사역원은 고려의 통문관(通文館), 한어도감(漢語都監), 사역원의 전통을 계승하여 조선 왕조에 들어와서는 한학(漢學), 몽학(蒙學), 왜학(倭學), 여진학(女眞學)의 사학(四學)을 완비하고 외국과의 접촉에서 사대교린의 임무를 수행하는 외교기관으로서, 또 역관(譯官)을 양성하는 교육기관으로서의 역할을 담당하여왔다.

조선 왕조 초기, 즉 태조 2년에 설치된 사역원은 조선조를 통하여 여러 차례 기구의 확장과 축소를 거듭하면서 변천해갔다. 역관을 양성하는 교육기관으로서 사역원은 외국어 학습을 위한 외국어 교재를 끊임없이 검토하고 개발하여왔다. 사역원의 기구가 확대되고 임무의 중요성이 커짐에 따라 역관의 양성도 점차 본격화되고 역학서의 개발도 박차를 가하게 되었다. 따라서 역학서도 점차 개선되고 발전하게 되었는데 이러한 역학서의 변천을 시대적으로 나누어 보면 사역원의 설치로부터 『경국대전』까지를 초기(初期), 『경국대전』이후로부터 『속대전(續大典)』까지를 중기(中期), 그리고 『속대전(續大典)』이후를 후기(後期)로 생각할 수 있다.

사역원의 설치와 더불어 사용된 초기의 역학서들은 『경국대전』의 완성과 더불어 「예전(禮典)」 '제과(諸科)'의 역과 과시서(科試書)로 일단 국전에 정착된다. 이 초기의 역학서들은 주로 해당국의 훈몽 교과서를 수입하여 사용하였거나 일부 훈민정음으로 음주(音注)하는 번역을 붙여 사용하기도 하였다. 그러나 고려 말 사역원에서 편찬한 것으로 보이는 <노걸대>, <박통사>와 같이 역관의 임무 수행에 알맞는 회화 교습서도 자체적으로 편찬하여 사용하였는데 이 두 역학서의 실용성이 인정되면서 후일의 역학서가 실용회화를 위주로 변천하여갔다.

4.4.1 『경국대전』 이후의 역학서

초기의 역학서는 한어 학습서, 즉 한학서(漢學書)가 중심이 되어 개발되었으며 다른 삼학(三學)은 몽학(蒙學)의 중요성이 점차 줄어들면서 역학서도 초학자의 한계를 넘지 못하는 훈몽류가 고작이었다. 또 이 시기에는 훈민정음의 창제와 더불어 외국어 학습의 발음기호로서 훈민정음을 사용하여 번역하였는데 이것 역시 한학서가 중심이 되었고 왜학서(倭學書)의 『이로파(伊路波)』정도가 그 혜택을 받아서 음주(音注)되었을 뿐이다.

『경국대전』 이후, 즉 중기의 역학서는 <노걸대>, <박통사>와 같은 실용적인 회화 교습서의 중요성이 인식되어 사역원 사학이 모두 실용적인 회화 중심의 교재를 편찬하고 내용도 역관의 임무수행과 관련을 갖도록 하였으며 언문으로 언해하거나 정음(正音)으로 음주하여 사용하였다. 따라서 중기에는 초기의 역학서를 대폭적으로 개편하게 되었는데 이와 같은 역학서의 변동은 임진·병자 양란(兩亂)을 통하여 더욱 가속화되다가 『속대전』의 완성과 더불어 겨우 그 변화가 일단락을 짓게 된다.

이 시대에는 새로운 역학서가 많이 편찬되었으며 초기에 수입된 해당국의 훈몽 교과서를 대부분 청산하고 사역원 자체에서 실용적인 역학서를 개발하여 편찬하였다. 이것은 임진·병자 양란(兩亂)을 거치면서 중국과 일본과의 외교, 군사, 무역 등에서 교류가 활발해져서 역관의 임무가 구체적으로 부각된 때문이다. 또 한학(漢學) 중심의 초기의 역학서 개발에 비하여 이 시기에는 왜학서와 청학서도 활발하게 개편되었으며 이 새로운 역학서가 초기의 것과 대체되어 사용되었다.

이 시대에는 역학서의 개발에서 실용성이 강조되었던 때이며 <역어유해>와 같은 유서(類書)의 유용성이 인정되기 시작한 때이기도 하다. 이때 새롭게 편찬된 역학서들은 『속대전』의 역과 과시서(科試書)로 등재되면서 일단락을 짓게 되어 정착된다.

4.4.2 『속대전』 이후의 역학서

『속대전』 이후 즉 후기의 역학서들은 중기에 사역원에서 편찬하여 정착시킨 역학서를 대대적으로 개수(改修), 증보, 수정, 중간하여 사용하였다. 그리하여 신석(新釋), 개수(改修), 보(補), 중간(重刊) 등의 이름으로 간행되었다. 또 모든 역학서를 정음(正音)으로 주음(注音)하거나 언해하여 사용하였고 <역어유해>의 영향으로 다른 삼학에서도 <유해(類解)>라는 이름의 유서(類書)식 어휘집을 편찬하고 그 보편까지도 편찬하여 사용하였다.

이상은 그동안의 연구를 토대로 하여 역사적으로 역학서 편찬의 상호 전후관계를 살핀 것이다. 어떤 특정 시대의 사역원과 역학서에 대한 보다 상세한 연구는 계속되어야 하며 새로운 사료와 자료의 발굴은 계속되어야 한다. 그 후에 비로소 보다 정확한 사역원과 역학서의 변천을 살필 수 있을 것이다.

5. 역학서의 책판(冊版)과 간행

5.0.0 다음은 사역원의 외국어 교재, 즉 역학서들은 어떻게 편찬되었으며 누가 어디서 간행하였는가에 대하여 검토하기로 한다. 그동안 역학서의 편찬과 간행에 대하여 어떠한 연구도 없었으나 최근 역학서의 책판과 더불어 새로운 역학서 자료들이 발굴되어 세상에 소개됨에 따라 이에 대한 연구가 조금씩 이루어졌다. 특히 『통문관지』에는 역학서의 간행에 대하여 자세한 기사를 남겼고 또 그 책판이 다수 발견되어 이 기사와 대조하여 검토하면 조선에서 역학서를 어떻게 간행하였는지 비교적 자세하게 알 수 있다.

여기서는 현존하는 역학서의 책판들과 그에 관한 『통문관지』의 기사를 비교 검토하는 방식으로 사역원의 역학서 책판의 간행을 살펴보고 그것이 어떻게 여러 이본(異本)을 낳게 하였는지 살펴보고자 한다. 현전하는 역학서 책판들은 개인적으로 소장하고 있는 것도 있지만 그것은 대체로 1~2매의 적은 수효이고 가장 많게는 고려대학교 부설 박물관에 소장된 것이 가장 많다. 물론 고려대 박물관의 수장(收藏)의 책판들은 많이 산일(散逸)되었지만 사역원이 소장하고 있던 책판의 주류라고 할 수 있다.

그러나 필자에 의하여 이 사실이 알려지기 전에는 일본 교토(京都)대학에 소장되었던 29매의 사역원 책판이 가장 많은 수효의 역학서 책판이었다. 먼저 이에 대하여 고찰하여 사역원 책판의 간판에 대하여 살펴보기로 하고 이어서 고려대 박물관 소장의 책판에 대하여 고찰한다.

1) 교토(京都)대학 소장의 역학서 책판(冊版)

5.1.0 1983년에 필자가 Japan Foundation의 Senior Fellow로서 일본을 방문했을 때에 일본 교토(京都)대학은 중앙도서관을 신축하고 각 학부나 연구실에 흩어져 있던 귀중도서, 고문서, 도첩(圖帖) 등을 정리하여

한 곳에 수장(收藏)하였다. 이 신축도서관 지하창고의 하나에는 일본에서 간판(刊板)한 책판들이 마치 장작을 쌓아놓은 것같이 보관되어 있다.

그 한편 구석에는 조선조 사역원에서 간판한 책판(冊版) 29매가 포함되어 있다. 이들은 『통문관지(通文館志)』의 목판 1매를 제외하고는 모두 외국어를 학습하는 외국어 교재의 목판이며, 사역원의 사학(四學, 漢·蒙·倭·淸學) 중에 한어(漢語) 학습의 한학(漢學)을 뺀 몽고어, 일본어, 만주어의 학습서를 간판한 책판들이다. 이들을 정리하면 다음과 같다.

[표 1-3] 교토대학 소장의 역학서 책판 목록

版心書名	枚數(葉數)	冊葉數
蒙語類解	1(2葉)	上卷-14·15葉
捷解蒙語	1(2葉)	卷 2-5·6
蒙語老乞大	2(4葉)	1-21·22, 7-15·20
改修捷解新語	7(14葉)	1-27·28, 3-11·12, 7-6·7, 8-1·2, 13·14, 9-11·12, 13·14
捷解新語文釋	1(2葉)	1-7·8
隣語大方	2(4葉)	5-19·20, 6-14·15
漢淸文鑑	1(2葉)	9-59·60
三譯總解	9(18葉)	1-15·16, 2-11·12, 3-1·2, 5·6, 4-11·12, 5-8·9, 18·19, 8-15·16, 10-5·6
淸語老乞大	4(8葉)	1-17·18, 2-5·6, 8-7·8, 9·10
通文館志	1(2葉)	4-7·8

이 책판들은 크기와 두께, 모양이 모두 다르고 판재(板材)와 판각(板刻)의 깊이도 서로 다르며 보관상태도 좋지 않아서 손잡이가 모두 떨어져 나간 것을 비롯하여 목판이 갈라진 것도 있고 판면이 심하게 마모된 것도 있다.

이 목판들은 1918년 7월에 당시 교토(京都)대학 언어학과 교수이었던 신무라(新村出) 박사에 의하여 『통문관지(通文館志)』의 목판 1매를 제외한 나머지를 모두 쇄출(刷出)하여 <조선사역원일만몽어학서단간(朝鮮司譯院

日滿蒙語學書斷簡)>(이하 <어학서단간>으로 약칭함)이란 제목을 붙여 화장(和裝)의 고서로 편철되었다. 필자가 참조한 <어학서단간>(京都大學 동양사연구실 桑原文庫 소장본)은 모두 9종의 사역원 외국어 교재 책판 28매 56엽이 쇄출(刷出)되어 편철되었으며 현재 동 대학 중앙도서관 창고에 수장된 책판과는, 『통문관지(通文館志)』의 목판 1매를 제외하고는 모두 일치하였다. 따라서 이 <어학서단간>은 바로 필자가 살펴본 목판을 쇄출한 것임을 알 수 있다.

5.1.1 〈어학서단간(語學書斷簡)〉

교토(京都)대학 도서관 소장의 <어학서단간>은 화장(和裝)으로 장정되었으나 9종의 책판이 서로 크기가 다르기 때문에 편철된 각 장의 크기도 들쑥날쑥하여 일정하지 않다. 이것은 여러 질을 쇄출하여 출판한 것으로 보이며 국내에도 몇 질이 전해지고 있다. 이 책의 간행 경위에 대하여는 신무라(新村出)씨의 '조선 사역원 일·만·몽 어학서 단간해설(朝鮮司譯院日滿蒙語學書斷簡解說)'(이하 '단간해설'로 약칭함)이 있어 자세한 것을 알 수 있다.

이에 의하면 원래 교토(京都)대학 문학부에 소장된 이 사역원 외국어 교재의 판목은 이학박사 와다(和田雄治) 씨가 기증한 것이며 일한병합(日韓併合)이 되기 오래전에 산일(散逸)된 것을 발견하여 보존한 것이라고 전해 들었음을 기록하였다. 이 '단간해설'에는 <어학서단간>의 제첨(題簽)이 나이토(內藤) 씨가 쓴 것이며 하코네(彦根)의 고활자를 빌려 식자한 목차가 덧붙여졌음을 밝히고 있다. 이 때의 목차에는 <첩해몽어(捷解蒙語)>가 '몽어첩해(蒙語捷解)'로 오기(誤記)되기도 하였다.

사역원에서 역생(譯生)들의 외국어 학습을 위하여 편찬된 외국어 교재는 사역원에서 관찬으로 간행되기도 하였지만 대부분은 역관(譯官)들이 자신이나 후학의 교육을 위하여 개인적으로 재물을 내어 책판을 간행하는 경우가 많았으며 그 중에서 좋은 외국어 교재로 인정된 것은 사역원 도제조(都提調, 大臣兼, 후일 都提擧) 등의 연품(筵禀, 경연에서 임금께 말씀드림)이나 계청(啓請, 장계로 청원함)에 의하여 교서관(校書館, 芸閣이라고도 함)에서 먼저 주자본(鑄字本)으로 간행하였다. 이와 같이 교서관에서 주자로 간행된 외국어 교재는 대개 역관의 체아직(遞兒職)이나 녹직(祿職)을 선발하는 취재(取才)에서, 또는 역과(譯科)와 같은 역관의 과거시험에서 출제서가 되었고 『경국대전』 등의 국전에 기록되어 반드시 이 역학서에서만 출제하도록 하였다.

사역원 외국어 교재의 간행에서 교서관의 주자본은 보존용이었고 실제로 역생들이 사용하는 외국어의 교재는 이 주자본을 교정하여 수정판을 내거나 이를 복각한 목판본이었다. 왜학서인 <첩해신어>를 예를 들면, 이 책은 임진왜란 초에 왜군에게 납치(拉致)되어 12세의 어린 나이에 일본에 끌려갔다가 10년후에 돌아온 강우성(康遇聖)이 편찬한 것이다. 그는 일본에서 쇄환(刷還)된 후에 사역원에 출사하여 왜학역관으로 활약하였으며 그가 부산포(釜山浦)의 왜학훈도로 있었던 만력무오(1618) 경에 그 곳 왜학 역생들의 일본어 교재로 마련한 것이 <첩해신어>의 초고(草稿)본이었다.

그 후 이 초고본은 강우성의 3차에 걸친 일본 여행을 통하여 대폭 증보되었으며 인조 14년(1636) 경에 전권의 원고가 완성되었고 그 후 수정을 거쳐 강희 병진(1676)에 교서관에서 주자본으로 간행되었다(졸저, 1988: 101~109). 이것은 전술한 바와 같이 강희 경술(1670)에 당시 사역원 도제조(都提調)를 겸임하고 있던 양파(陽坡) 정상국(鄭相國)이 계청(啓請)하여 주자 인행한 것이 있다. 이것은 보존용이었으며, 이중 상고(廂庫)에 보관되었던 것이 서울대학교 규장각에 전해지고 있다. 이 책이 간행된 다음 다음해 즉, 강희 무오(1678)부터는 종전에 역과와 취재에 사용하던 다른 왜학서를 모두 없애고 오직 <첩해신어>에서만 역과(譯科)와 취재(取才)의 倭學에서 출제되었다(졸저, 1988:112~115). 이 교과서의 주자본(鑄字本)을 교정한 수정본이 있으며[143] 또 제주에서 왜학의 외임(外任)으로 겸군관

143 일본 대마도의 宗家文庫에 소장된 『첩해신어』는 규장각 소장의 교서관 주자본과 같은 판본이나 상당한 부분이 교정되어 印行된 것이다. 宗家文庫의 교정에 대

(兼軍官)의 벼슬에 있던[144] 박세영(朴世英)이 이를 복각하여 간행한 목판본도 있다.[145]

5.1.2 〈첩해신어〉의 책판

주자본을 복각하여 간판한 목판본은 한 번에 쇄출하여 책으로 만드는 것이 아니라 목판을 두고 필요할 때마다 쇄출하였던 것으로 보인다. 실제로 사역권의 역생(譯生)들은 값비싼 주자본(鑄字本)보다는 이를 목판으로 간행한 것으로 교재를 삼았다. <첩해신어>의 개수(改修)도 같은 경로를 거쳤다. 즉 왜학역관 최학령(崔鶴齡)이 주관하여 개수한 제1차 개수본도 홍계희(洪啓禧)가 연품(筵禀)하여 건륭무진(1748)에 교서관에서 주자본으로 간행한 것이 있으며 이 개수본의 3권 이상을 그 이듬해부터 역과 왜학의 과시(科試)에 시험적으로 사용하자는 기록이 있다(『改修捷解新語』의 권두에 있는 '筵說' 참조). 이것이 무진개수본(戊辰改修本)으로 불리던 것이며 1987년에야 현전하는 파리동양어학교 소장본이 세상에 알려졌다(安田章, 1987). 이 무진개수본도 최학령에 의하여 10년에 걸쳐 왜언대자(倭諺大字), 즉 일본의 가나문자마저 수정되어 역관들이 사비를 들여 활자로 인쇄되었다.[146]

이 제2차 개수본은 오늘날 전하는 것이 아직 발견되지 않고 있으나 이를 복각한 중간본이 많이 전하고 있다. 그동안 '중간개수본(重刊改修

하여는 安田章(1985) 참조

144 사역원의 外任에는 衛職이 많으며, 제주와 통제영, 그리고 전라좌·우수영에는 왜학역관으로 겸군관 1과가 배치되었다(정광·한상권: 1985).

145 이 목판본『첩해신어』는 교서관에서 간행한 鑄字本을 수정하여 목판으로 간행한 것이다. 따라서 宗家文庫本에서는 교정된 부분이 복각본에는 교서관본 그대로 복각된 것도 있다. 현전하는 것으로는 고려대 晩松문고에 1책(권1~3)이 있고 山氣文庫에 2책(권4~10)이 있어 모두 3책으로 간행된 것으로 보이며 이들은 원래 僚卷이던 책이 散秩된 것으로 생각된다. 이 3책을 합본하여 홍문각에서 영인·출판되었다(安田章, 1988과 정광의 弘文閣 영인본 해제 참조).

146 이것은 최학령이 사재를 들여 활자로 印行하였다는 기사가 있으나 현전하는 것은 아직 발견하지 못하고 있다. <첩해신어>의 중간본은 이 신축개수본을 수정하여 복각한 것으로 보인다(李湛의 重刊捷解新語序 참조).

本)'으로 불려왔던 이 중간본은 최학령(崔鶴齡)의 2차 개수본을 변세겸(卞世謙)·박치윤(朴致倫) 등이 다시 교정하여 복각한 것으로 '신축중간본(辛丑重刊本)'으로 불리던 것이며 건륭 신축(1781)에 한학관 김형우(金亨禹)가 간판한 것이다(李湛의 '重刊捷解新語序'). 교토(京都)대학에 소장된 『改修捷解新語』의 책판은 김형우가 간판한 이 중간본의 것으로 보인다.

조선조 후기의 외국어 교재들은 『통문관지(通文館志)』등의 기록에 의하면 서울의 사역원이나 지방의 역관들이 주자본을 복각하여 간판하고 그 목판을 사역원에 보관하여 두고 필요에 따라 쇄출하여 사용하였음을 전술한 바 있다. 즉 『통문관지』(권8) 「집물(什物)」 '상원제어판(象院題語板)' 조에 "[이 책은] 강희 경술(1670)에 주자로 인행하다. 강희 기묘(1699)에 제주 역학 오진창(吳震昌)이 간판하여 보내온 것을 받은 것이다(康熙庚戌以鑄字印行. 己卯濟州譯學吳震昌刊輸納)"이란 기사와 "[전략] 이상의 板材(목판을 말함)를 (사역원) 대청 아방(兒房) 위의 장서루에 갈무리하다(以上板材, 藏于大廳兒房上藏書樓)"라는 기사가 있어 <상원제어(象院題語)>를 제주에서 간판하여 그 목판을 사역원에 보내 왔음을 알 수 있으며 <노걸대>·<박통사> 등 한학서의 책판이 장서루(藏書樓)에 소장되었음을 알 수 있다.

이 책판들은 사역원이 갑오개혁(1894)에 의하여 폐지될 때까지 사역원에 보존되어온 것으로 보인다. 즉 『통문관안(通文館案)』(1880년 편찬)의 기록이나 기타 사료(史料)에 의하면 적어도 갑오 경장까지는 이 목판들이 잘 보존되었으며 사역원의 폐지와 더불어 이곳에 소장된 목판들이 산일(散逸)된 것으로 보인다. 이것은 <단간해설>에서 교토(京都)대학 소장의 사역원 목판들이 일한병합(日韓併合, 1910) 훨씬 전에 산일된 것을 찾아내어 수집하였다는 전언을 환기하게 한다. 사역원 외국어 교재의 목판은 현재에도 몇 곳에 전해지고 있다.[147] 특히 일한병합(日韓併合) 이후에 사역원은 조선인쇄주식회사의 창고로 사용되었고 여기에 다량으로 남아있던 역학서의 책판들이 조선사편수회(朝鮮史編修會)로 옮겼다가 다

147 국내에도 사역원 판목, 즉 책판이 전해지고 있다. 이에 대하여는 정광·송기중·윤세영(1992)과 정광·윤세영(1998)을 참고할 것.

시 고려대 박물관으로 이전되어 보존되던 것을 필자가 발굴하여 세상에 소개하였다. 이에 대하여는 다음의 5.2에서 다루기로 한다.

5.1.3 교토(京都)대학 소장 책판

교토(京都)대학에 소장된 사역원 역학서의 책판들은 크기와 두께가 서로 다를 뿐 아니라 나무의 질도 각양각색임을 전술한 바 있다. 이 중에는 지방에서 간판하여 사역원에 보내진 것도 있을 것이며 책판을 제작한 시기도 각각 달라서 시대적인 차이도 있을 것이다. 앞에서 『개수첩해신어』의 책판이 실제로는 김형우가 중간한 신축개수본(辛丑改修本, 1781)의 목판이었음을 살펴보았으나 이제 나머지 책판의 간판에 대해서도 좀 더 자세히 살펴보고자 한다.

『통문관지』(권8) 「집물」 [속] 편에 다음과 같은 사역원 관계 서적의 목판을 간판한 기사가 실려 있다.

> 通文館志板 {乾隆戊戌 倭學官崔昌謙捐財刊板}
> 新釋淸語老乞大板 {乾隆乙酉 箕營刊板}
> 新釋三譯總解板 {乾隆甲午 本院刊板}
> [中略]
> 捷解蒙語板 {乾隆丁巳 蒙學官李世烋等捐財刊板}
> 蒙語老乞大板 {乾隆辛酉 蒙學官李最大等捐財刊板}
> 蒙語類解板 {乾隆戊子 蒙語訓長李億成修整 本院刊板}

이에 의하면 『통문관지』의 목판은 건륭 무술(1778)에 왜학역관 최창겸(崔昌謙)이 재물을 내어 간판한 것이고 만주어 학습서인 『신석청어노걸대』는 건륭 을유(1765)에 평양 감영에서 간판한 것이며 같은 청학서 『신석삼역총해』는 건륭 갑오(1774)에 사역원에서 간판하였음을 알 수 있다. 몽고어 학습서인 『첩해몽어』는 건륭 정사(1737)에 몽학역관 이세걸(李世烋) 등이 재물을 내어 간판(刊板)한 것이며 같은 몽학서 『몽어노걸대』

는 건륭신유(1741)에 몽학역관 이최대(李最大) 등이 재물을 내어 간판한 것이다. 같은 몽학서 『몽어유해』는 건륭무자(1768)에 몽고어 훈장 이억성(李億成)이 수정하여 사역원에서 간판한 것임을 알 수 있다.

이 가운데 몽학서인 『몽어노걸대』는 『몽어유해』를 수정하여 간판하기 전에 이억성이 이를 개간하여 건륭 병술(1766)에 간판한 것이 있다. 따라서 이억성은 이최대 등이 간판한 『몽어노걸대』와 종래 사역원에서 사용되던 『몽어유해』의 두 몽학서를 수정하여 개간한 것이다. 그러나 후일에 『몽어노걸대』, 『첩해몽어』, 『몽어유해』 등의 몽학삼서(蒙學三書)는 정조 14년(1790)에 몽학역관 방효언(方孝彦)이 개정하고 한학역관 김형우가 돈을 내어 목판본으로 중간한 것이 있다(『첩해몽어』 권두에 부재된 李瀷의 '몽학삼서중간서' 참조). 그러나 이때 개판(開板)한 것은 『첩해몽어』와 『몽어유해』의 보편(補篇)뿐이고 『몽어노걸대』와 『몽어유해』는 이억성의 개간본을 보간(補刊)하였을 뿐이다.[148] 다음에서는 이 두 몽학서의 보간이 무엇을 의미하는가에 대하여 좀 더 자세히 고찰하고자 한다.

왜학서의 3종 가운데 『개수첩해신어』는 전술한 바와 같이 정조 5년(1781)에 김형우[149]가 재물을 내어 간판한 것이며 『인어대방(隣語大方)』은

148 이익의 '몽학삼서중간序'에 "[前略] 捷解一書, 則並與字音語套而改之。始役半載, 功告訖, 本學訓長方君孝彦實主之。又於諸書厘正之暇, 裏集類解中闕漏者一千百餘言, 逐類添載, 彙作一本, 名之曰類解補。且集語錄數百餘句, 附之卷末。[下略] - [전략] '첩해(『첩해몽어』를 말함)'라는 한 책은 字音과 어투를 모두 고쳤다. 일을 시작한 지 반년 만에 끝났음을 고하였는데 이는 본학(몽학을 말함) 훈장 方孝彦군이 실제로 주관하였다. 또 여러 책을 고치는 사이에 <유해>(『몽어유해』를 말함)에서 빠진 것 1600여개를 모아서 분류하고 덧붙여서 한 권을 만드니 이를 <유해보>(<몽어유해보>를 말함)라 하였다. 또 <어록해> 수백 구를 모아서 권말에 첨부하였다"라는 구절이 있어 몽학삼서의 중간은 전에 이억성이 『몽어노걸대』와 『몽어유해』를 개편하였고 미쳐 교정하지 않은 『첩해몽어』만을 方孝彦이 반년에 걸쳐 전면적으로 수정하여 새로 간판한 것임을 알 수 있다. 또 방효언이 이들을 수정하는 사이에 『몽어유해』의 보편을 만들어 『첩해몽어』와 함께 간판하였음도 알 수 있다.

149 金享宇는 李瀷의 <몽학삼서중간서>와 『승정원일기』 등에서 몽학서를 중간할 때 연재 간판한 공이 있는 한학역관으로 기록되어 있고, 金享禹는 李湛의 <중간첩해신어서>에서 "金君享禹願捐財鳩工摹活字, 而刊諸板, 藏之院閣, 用偏後學印讀之."라는 기록에 그 이름이 보인다. 그러나 金享禹는 『譯科榜目』이나 『通文館志』 등에 그 이름이 보이지 않으므로 金享宇와 동일인이 아닌가 한다. 金享宇는

최기령이 대마도에서 구납(購納)하여 정조 14년(1790)에 개판한 것이다(『承政院日記』 정조 14년 7월 19일조 기사 참조). 또 『첩해신어문석(捷解新語文釋)』은 정조 20년(1796)에 왜학역관 김건서(金健瑞)가 문석(文釋)하여 간판한 것이다. 여기서 '문석(文釋)'이란 글자와 그에 대한 해석을 말한다. 즉, 가나문자의 초서(草書) 체로 쓴 것을 언해한다는 뜻이다.

따라서 경도대학에 소장된 10종의 사역원 책판은 『통문관지』 등에 그 간판의 기록을 남기지 않은 청학서 『한청문감(漢淸文鑑)』(1776년경 간판)을 포함하여 모두 18세기 후반에 간판된 것이다. 경도대학 소장의 사역원 책판은 같은 책의 것조차도 크기나 두께가 균일하지 않으나 『몽어노걸대』의 책판이 두께 2.4cm로 가장 무겁고 단단하며 『개수첩해신어』의 책판이 두께 1.7cm로 가장 가볍고 얇다.[150] 전체의 크기도 『몽어노걸대』의 판목(板木)이 가로 55.0 × 세로 25.4cm로 가장 크며 『몽어유해』의 판목도 이와 비슷한 크기이다. 이에 비하여 같은 몽학서이며 몽학삼서의 하나인 『첩해몽어』의 책판은 전체의 크기가 가로 46.4 × 세로 23.6cm이어서 앞의 두 몽학서 책판과 현저한 차이가 있다.

그 외에 왜학서의 책판이 조잡하고 얇은 것은 일본어의 교육이 사역원에서 그렇게 중요시되지 않았으며 사역원 사학(四學)의 서열에서도 왜학(倭學)이 그 말석을 차지한 때문으로 생각된다. 즉 『경국대전』의 사역원 사학은 한·몽·왜·여진학의 순서였으나 강희 정미(1667)에 여진학이 청학(淸學)으로 바뀌면서 건륭 을유(1765)에 두 번째인 몽학(蒙學)의 위에 놓이게 되어 결국 이후에는 한·청·몽·왜학의 순서가 되었다(『통문관지』 권1, 「沿革」, '官制'조 참조). 따라서 목판의 간판도 사역원의 사학(四學) 서열에 따라, 그리고 교재의 중요성에 따라 판재(板材)의 선별이 이루어졌

『역과방목』에 등재되어 있으며 그에 의하면 그는 乾隆 甲午(1774) 增廣試의 역과 한학에 2등 1인으로 합격하였다. 乙亥(1755)生이므로 19세에 등과한 것이다. 후일 正憲大夫(정2품) 知中樞府事에 오른 것으로 보아 堂上譯官으로서 당시 사역원의 중추적 인물이었음을 알 수 있다.

150 <개수첩해신어>의 간판이 제주에서 이루어졌다는 『통문관지』의 기사를 참조할 것.

을 것임을 능히 미루어 알 수 있다. 또 앞에서 살핀 몽학서와 같이 시대적으로 후대일수록 열악한 판재를 사용한 경우도 감안되어야 할 것이다.

5.1.4 책판의 목판 교정

앞에서 경도대학 소장의 책판을 살펴보면 역학서가 수정을 거듭하였으며 책판에서조차 교정이 이루어졌음을 알 수 있다. 특히 『몽어노걸대』 책판 2매 중에서 한 개의 목판(7권 15·20엽)은 특이하게 후면이 연속되지 않고 전면이 제15엽, 후면은 제20엽의 이상한 모습을 갖고 있으며 후면(제20엽)에는 목판을 교정한 흔적이 많이 보인다. 즉 20엽 좌면(20앞) 6행에 몽고자 'bürgü(갓)'와 그의 한글 주음 '뷜구'가 쓰여진 가로 2.9 × 세로 4.6cm의 교정목을 정교하게 삽입하였다. <몽어노걸대> 20엽의 책판에서 같은 교정이 4행과 7행에도 이루어졌다. 역시 '갓(笠)'에 해당하는 'bürgü(뷜구)'가 같은 모양으로 교정된 흔적인 보인다. 따라서 '갓'에 해당되는 몽고어를 'bürgü(뷜구: 帽子)'로 책판 교정하여 모두 대치하였음을 알 수 있다.

이때의 교정은 몽고어와 주음(注音)의 어느 것을 바꾼 경우로 생각할 수 있다. 필자의 소견으로는 'bürgü'의 주음만 바뀐 것으로 생각된다. 비슷한 교정이 우면 4행(20앞)에서도 이루어졌다. 이 곳에서도 몽고자 'ĵun(여름)'과 그 한글 주음 '쥰'이 새겨진 가로 2.9 × 세로 2.3cm의 교정목이 정교하게 삽입되었다. 이것도 'ĵun'의 주음 '슌'을 '쥰'으로 바꾼 것으로 생각된다. 이와 같은 교정은 쇄출(刷出)된 책에서는 판별이 불가능할 것이다.

이 목판의 반대편, 즉 제15엽에는 교정하기 위하여 삽입되었다가 뽑혀져 나간 흔적이 남아 있다([사진 1-4] 참조).

[사진 1-4] 〈몽어노걸대〉 권7 15엽 책판

즉, 제15엽 좌면(15앞) 마지막 행 상단에 크기가 세로 1.9 × 가로 2.9 × 깊이 0.3cm의 홈이 패여 있으며 이를 쇄출한 <어학서단간>에는 몽고자 'keregle'과 그의 주음 '커럭러'만이 보인다. 그러나 규장각 소장의 <몽어노걸대』에는 몽고자 'keregleju'와 그의 주음 '커럭러쥬'가 모두 나타나 있다. 따라서 이 홈은 후일 교정한 'ĵu, 쥬'가 빠져나간 것임을 알 수 있다. 이것은 몽고어 'keregle(쓰다)'에 활용어미 '-ĵu'가 연결된 것이며 아마도 몽고어 연결어미 '-ne'를 '-ĵu'로 교정한 것이거나 '-ĵu'의 주음 '슈'를 '쥬'로 바꾼 것으로 생각된다.

5.1.5 몽학삼서 중간의 보간(補刊)

이와 같이 『몽어노걸대판』에서만 집중적으로 발견되는 교정은, 이 책판이 건륭 무술(1778)에 이억성(李億成)이 재물을 내어 간판한 것을 중간할 때 새롭게 개판하지 않고 구판(舊版)을 보간(補刊)하였기 때문에 일어난 것이다. 즉 이익의 '몽학삼서중간서(重刊序)'를 보면 다음과 같은 기록이 있다.

> [前略] 昨年使節之回, 購得蒙文鑑一秩, 乾隆新頒之音, 而與淸蒙諸臣, 折衷蒙語新舊音之合於時用者, 傍以淸書註釋。乃蒙語之大方也, 以其音釋較

> 諸老乞大諸書, 太半不類。於是謀所以改舊刊新之道, 而漢學官金君亨宇, 願捐財鋟梓, 稟白都提擧遂開校整之役, 老乞大及類解二書, 則隨其字音之差異者, 仍舊板而補刊之。[下略] - [전략] 작년에 사절을 따라 갔을 때 <몽문감(蒙文鑑)> 한 질을 구입하였다. [이 책의 몽고어 글자는] 건륭제(乾隆帝) 때에 새로 반포된 것이며 청(淸)과 몽고의 여러 신하가 몽고어의 신·구 발음을 절충하여 시용에 맞게 한 것으로서 옆에 청서(만주문자-필자 주)로 주석을 붙인 몽고어의 중요한 학습서이다. 이제 그 발음과 새김을 <노걸대> 등 여러 책과 비교하여 보니 태반이 같지 않았다. 이에 옛 책을 개정하여 새 책을 간행할 길을 꾀하게 되었는데 한학 역관 김향우군이 돈을 내어 목판을 간판할 것을 원하고 도제거(都提擧)에게 교정의 일을 시작할 것을 품하였다. <노걸대> 및 <유해>의 두 책은 그 자음의 차이가 남을 고쳐서 구판(舊板)을 보간하였다.

이 기사에 의하면 『몽어노걸대』와 『몽어유해』의 두 책은 구판을 보간(補刊)하는데 그치고 실제로 개구(改舊) 신간(新刊)한 것은 『첩해몽어』와 『몽어유해』의 보편(補編)뿐이라는 것이다.

서울대학교 중앙도서관 규장각(奎章閣)에 소장된 『몽어노걸대』와, 이와 같은 구판으로 알려진 일본 동양문고본(東洋文庫本)에서 해당 책판 2매와 비교하여 보면, 앞에서 살펴본, 교정목이 빠져나간 부분을 제외하고는 완전히 일치한다. 따라서 현전하는 이 두 『몽어노걸대』는 사역원의 이 책판을 쇄출한 것으로 볼 수 있다.

규장각본 『몽어노걸대』의 간행에 대하여 김방한(1962)에서는 이억성(李億成)이 개간한 것으로 보았고 이기문(1964, 1967)에서는 방효언이 이를 수정하여 중간한 것으로 보았다. 그러나 이 판목의 교정으로 비추어 보면 이억성이 개간하여 간판한 목판을 방효언이 수정하여 목판 교정한 것으로 볼 수밖에 없다. 따라서 이익(李瀷)의 중간서(重刊序)에 나타나는 <몽어노걸대>와 <몽어유해>의 보간(補刊)은 영조 42년(1766)과 영조 44년(1768)에 이억성(李億成)이 개간하여 사역원에서 간판한 것을 정조 14

년(1790)에 방효언(方孝彦)이 수정하고 김형우(金亨宇)가 책판 교정하여 보충한 것으로 이해하여야 할 것이다.

따라서 『몽어노걸대』와 『몽어유해』는 영조 42~44년에 간판한 것이고 『첩해몽어』와 아마 『몽어유해』의 보편(補編)도 정조 14년에 간판된 것이어서 앞에서 살핀 바와 같이 전자와 후자의 목판은 크기와 두께, 판각의 길이가 현저하게 달라진 것이다. 또 이 사실은 이익의 '몽학삼서중간서(蒙學三書重刊序)'가 『첩해몽어』에만 부재되고 다른 두 몽학서에는 보이지 않는 수수께끼를 풀 수가 있다. 즉 정조 14년에 중간된 몽학삼서는 실제로 『첩해몽어』만이 전면적으로 개판(開板)된 것이어서 이익의 '중간서'를 여기에 부재한 것이다. 이 때에 『몽어유해』의 보편도 함께 개판되었고 다른 두 몽학서는 구판을 목판 교정하여 보간(補刊)하는데 그쳤음을 알 수 있다.

5.1.6 교토(京都)대학 책판의 출처

이상 교토(京都)대학 중앙도서관 지하창고에 소장된 사역원 관계 책판 29매에 대하여 고찰하였다. 그 결과 이 29매의 목판은 사역원에 보존되던 것이 갑오개혁 이후 여항에 흘러나갔으며 일본인으로 추측되는 호사가가 『통문관지』와 청학·몽학·왜학에 관계되는 역학서의 목판 각 3종씩을 표본적으로 채집하여 일본으로 반출한 것으로 보이고 이를 와다(和田雄治) 씨가 교토대학에 기증한 것으로 볼 수 있다.

이 목판은 모두 18세기 후반에 사역원과 지방의 역관들이 간판한 것이며 본고에서는 그 각각의 간판 연대를 밝혔다. 이 목판의 고찰로 대부분의 사역원 역학서가 처음에는 주자본(鑄字本)으로 간행되고 이를 복각하여 복각(覆刻)본을 간행하는 조선시대의 일반적인 출판형식에 맞추어 간행되었음을 밝히고 책판을 교정하는 경우도 있었음을 살폈다. 특히 그동안 논란이 되었던 규장각본 『몽어노걸대』의 간행에 대하여, 이억성이 개수하여 간판한 것을 방효언(方孝彦)이 책판 교정하여 중간(重刊)한 것이며, 이익의 '몽학삼서중간서'에 보이는 구판의 보간(補刊)

이란 것은 이억성(李億成)의 개수본을 김형우(金亨宇)가 재물을 내어 간행한 것으로 방효언(方孝彦)이 책판 교정하였다는 의미로 보아야 함을 주장하였다.

2) 고려대 박물관 소장의 역학서 책판

5.2.0 일본 교토(京都)대학에 소장된 역학서의 책판은 독지가(篤志家)가 이를 수집하여 대학에 기증한 것이지만 고려대학교 부설 박물관에는 이보다 훨씬 많은 역학서 책판들이 소장되었다. 필자에 의하여 세상에 알려진 이 책판들은 원래 사역원의 장서루(藏書樓)에 보관되던 것을 일한(日韓) 합병(合倂) 이후에 일시적으로 조선사연수회로 옮겼다가 광복 이후에 다시 고려대 박물관으로 옮긴 것이다. 다시 말하면 역학서의 본체가 고려대 박물관으로 옮겨져 보관된 것이다.

이에 대하여는 정광·윤세영(1998:5)에서

> 이 박물관에 소장된 목판에 대하여는 일본의 滿洲語學者이며 書誌學者인 今西春秋의 발언이 주목할 만하다. 즉 今西春秋(1958:53~54)에 다음과 같이 司譯院 역학서 판목에 관한 이야기를 적어 놓았다. "[전략] 십수년 전 전쟁 중의 일이었지만 田川孝三氏가 京城의 옛 司譯院 건물(당시 朝鮮書籍印刷會社의 倉庫였다)의 천정 위에서 舊 사역원의 판목을 다수 발견하였다. 당시 회사 사람들이 이 가운데 적당한 것을 골라서 箱火鉢(겉을 나무로 만든 상자 모양의 화로)을 만들기도 하는 것을 목도한 氏가 개탄하면서 社長에게 말하여 이것을 朝鮮史編修會로 옮겨서 보존하도록 하였다. 그 가운데는 象院題語와 같은 완전한 것, 완전하지는 못하지만 대량으로 남아있는 通文館志, 捷解新語 등이 있고 또 滿·蒙文의 것도 약간 있었던 것 같다고 氏는 기억하고 있었다. [하략]"라고 하였다.
>
> 이 발언에 의하면 庚戌 國恥 이후에 司譯院 건물은 朝鮮印刷會社의 창고로 쓰였고 그곳에 보관된 목판들이 방치되어 함부로 다루어지다

> 가 田川孝三氏의 권고로 朝鮮史編修會로 옮겨지게 되었고 이것이 광복 이후에 國史編纂委員會를 거쳐서 고려대학교 박물관으로 이전된 것이 아닌가 한다. <통문관지> 권8 什物 조를 보면 '老乞大板, 朴通事板'을 비롯하여 '象院題語板' 등을 언급하면서 "以上板材藏于大廳兒房上藏書樓"라 하여 역학서의 판목들을 사역원 대청의 兒房 위에 있는 藏書樓에 보관한 것을 알 수 있다. 이 장서루에 보간된 판목들을 田川孝三氏가 발견한 것으로 볼 수 있다.

이 보고에 의하면 사역원의 장서루에 보관된 역학서의 책판들이 비록 다수가 망실되었지만 남아있는 것들은 고려대 박물관으로 이전되어 소장된 것임을 알 수 있다. 말하자면 사역원에 소장된 역학서 책판의 주류가 조선사편수회를 거쳐 고려대로 옮겨져 보관된 것이다. 이 고려대 소장본의 역학서 책판들은 필자에 의하여 쇄출되어 정광·윤세영(1998)로 간행되었다.

5.2.1 고려대 역학서 책판의 개관

고려대 박물관에 소장된 사역원의 역학서 책판들은 박상국(1987)에 일부 조사가 되었지만 필자에 의하여 1990년 초에 완전하게 조사되어 학계에 보고되었다(정광·윤세영·송기중, 1992). 그리고 정광·윤세영(1998)으로 전권을 쇄출하여 소개하였는데 그에 의하면 고려대 박물관에 소장된 역학서 책판은 다음과 같다고 한다.

> <통문관지>의 목판 131(125)판
>
> <상원제어> 9판[151]
>
> <박통사신석> 21(19)판
>
> <박통사신석언해> 44(45)판

---

151 『상원제어』는 전술한 田川孝三氏의 회고록에는 완질이 남아있었다고 하였으나 9판밖에 없어 그 사이에도 많은 소실이 있었음을 알 수 있다.

<몽어노걸대> 11판(10)

<첩해몽어> 8판(9)

<팔세아> 1판(諸譯銜名)

<청어노걸대> 25(24)판

<삼역총해> 36(35)판

<동문유해> 44판

<개수첩해신어> 60(59)판

<첩해신어문석> 11(12)판

<왜어유해> 19(18)판

합계 420(409)　　　(　)의 숫자는 박상국(1987)에서 조사된 책판수.

5.2.2 소장 책판의 수장 번호별 정리

위의 책판 숫자를 보면 전체 역학서의 책판 가운데 그 열중에 하나 정도 남아 있는 셈이다. 정광·윤세영(1998:158~168)에는 수장(收藏) 번호별로 책판을 정리하였는데 이를 여기에 옮겨보면 다음과 같다.

[표 1-4] 고려대 소장의 역학서 책판 수장 번호와 서명, 권·엽수

박물관 수장 번호	판심서명	앞면		뒷면		비고
		권수	엽수	권수	엽수	
D-967	蒙語老乞大	4	1	4	6	
D-968		4	11			한면뿐
D-969		5	1	5	7	
D-970		5	21	5	22	
D-971		7	2	7	6	
D-972		7	8	7	16	
D-973		7	9	7	12	
D-974		8	1	8	5	
D-975		8	12	8	15	
D-976		3	6	6	16	
D-977	蒙語老乞大序	序	2	序	2	뒷면의 序는 蒙文임
D-976	淸語老乞大新釋	서	1	서	2	박물관 연번호 D-976이 중복됨
D-977	淸語老乞大	1	7	1	8	상동

박물관 수장 번호	판심서명	앞면		뒷면		비교
		권수	엽수	권수	엽수	
D-978		1	11	1	12	
D-979		1	13	1	14	
D-980		1	15	1	16	
D-981		2	19	2	20	
D-982		2	23	2	24	
D-983		3	1	3	2	
D-984		3	3	3	4	
D-985		3	5	3	6	
D-986		3	11	3	12	
D-987		3	15	3	16	
D-988		3	17	3	18	
D-989		3	21	3	22	
D-990		3	23	4	25	앞면과 뒷면의 卷數가 다름.
D-991		4	1	4	2	
D-992		4	7	4	8	
D-993		4	17	4	18	
D-994		5	23			한면뿐
D-995		6	3	6	4	
D-996		6	7	6	8	
D-997		6	9	6	10	
D-998		6	15	6	16	
D-999		7	9	7	10	
D-1000		7	16	7	15	
D-1001	倭語類解	상	7	상	8	
D-1002		상	13	상	14	
D-1003		상	17	상	18	
D-1004		상	21	상	22	
D-1005		상	25	상	26	
D-1006		상	27	상	28	
D-1007		상	43	상	44	
D-1008		상	49	상	50	
D-1009		하	1	하	2	
D-1010	倭語類解	讐正官		伊呂波間		讐整官 이하 諸譯銜名
D-1011		하	3	하	4	
D-1012		하	7	하	8	
D-1013		하	9	하	10	
D-1014		하	11	하	12	
D-1015		하	13	하	14	
D-1016		하	21	하	22	
D-1017		하	15	하	16	
D-1018		하	23	하	24	

박물관 수장 번호	판심서명	앞면		뒷면		비고
		권수	엽수	권수	엽수	
D-1019		상	1	상	2	
D-1068	題語		1		2	「象院題語」의 판심은 '題語'뿐임
D-1069			3		4	D-1020부터 D-1067까지는 「頂針」,
D-1070			7		8	「萬年圖」, 「範圍數」, 「選擇要略」,
D-1071			13		14	[觀梅」,「子平」 등의 판심을 가진
D-1072			15		16	목판들임.
D-1073			21		22	
D-1074			25		26	
D-1075			27		28	
D-1076			29		30	
D-1210	重刊三譯總解	序	1	序	2	D-1077부터 D-1209까지의 목판은
D-1211	三譯總解	1	7	1	8	「袁天綱」, 「應天歌」,「妙用」,「琢玉斧」,
D-1212		1	9	1	10	「增補」 등의 판심을 갖고 있음.
D-1213		1	19	1	20	
D-1214		2	1	2	2	
D-1215		2	9	2	10	
D-1216		2	13	2	14	
D-1217		2	15	2	16	
D-1218		2	19	2	20	
D-1219		2	21	2	22	
D-1220		2	23	2	24	23엽의 상단과 24엽의 하단이 毁損
D-1221		2	25	2	26	
D-1222		4	1	4	2	
D-1223		4	3	4	4	
D-1224		4	7	4	8	
D-1225		4	17	4	18	
D-1226		4	23	4	24	
D-1227		5	4	5	5	
D-1228		5	6	5	7	
D-1229		5	10	5	11	
D-1230		5	12	5	13	
D-1231		6	1	6	2	
D-1232		6	7	6	8	
D-1233		6	11	6	12	
D-1234		6	19	6	20	
D-1235		6	21	6	22	
D-1236		9	17	9	18	
D-1237		10	1	10	2	
D-1238		10	3	10	4	
D-1239		10	9	10	10	

박물관 수장 번호	판심서명	앞면		뒷면		비교
		권수	엽수	권수	엽수	
D-1240		10	13	10	14	
D-1241		10	15	10	16	
D-1242		10	19	10	20	20엽의 상단이 마멸됨.
D-1243		10	21	10	22	
D-1244		10	23	10	24	
D-1245	三譯總解	序	1	序	2	
D-1246	捷解新語文釋	1	9	2	1	
D-1247		凡例	2	凡例	3	
D-1248		2	2	2	3	
D-1249		2	6	2	7	
D-1250		2	8	3	10	앞면과 뒷면의 권수가 다름.
D-1251		5	2	5	3	
D-1252		5	6	6	1	앞면과 뒷면의 권수가 다름.
D-1253		5	1	5	7	
D-1254		8	3	8	4	
D-1255		10上	2	10上	3	
D-1256		10下	1	10下	2	
D-1257	捷解蒙語	1	13	1	14	
D-1258		2	19	2	20	
D-1259		3	13	3	14	
D-1260		3	15	3	16	
D-1261		3	9	3	10	
D-1262		4	7	4	8	
D-1766		서	1	서	2	卷首는 '蒙學三書重刊序'
D-1767	판심없음					앞면에 '乾隆42년 丁酉 9月 開刊'이란 刊記 있음. 檢察官金振夏, 書寫官 張再成, 뒷면은 공란(有界5行), <八歲兒>에 附載[152]
D-1768	판심없음					앞면에 校正官方孝彦 등, 書寫官 金致禎 등, 監印官金亨宇 등의 諸譯銜名, 뒷면은없음
D-1765	重刊捷解新語	서	1	서	2	
D-1263	改修捷解新語					刊記, 戊辰改修時考校官, 辛丑重刊時校正官
D-1264		1	1	1	2	

152 이 책판은 版心이 없고 '乾隆四十二年丁酉九月日 改刊'이란 刊記와 '檢察官 崇政大夫行知中樞府事 金振夏', '書寫官 通訓大夫行司譯院判官 張再成'이란 간행에 관련된 역관의 銜名이 기재되었다. 이 부분은 판본에서는 규장각에 소장된 <八歲兒>에 부재된 것이다. 따라서 몽학서가 아니고 청학서의 책판으로 분류될 것이다.

박물관 수장 번호	판심서명	앞면		뒷면		비교
		권수	엽수	권수	엽수	
D-1265		1	5		6	
D-1266		1	7		8	
D-1267		1	9		10	
D-1268		1	13		14	
D-1269		1	15		16	
D-1270		1	21		22	
D-1271		1	29		30	
D-1272		2	11	2	12	
D-1273			9		10	
D-1274			15		16	
D-1275			17		18	
D-1276		3	3	3	4	
D-1277			7		8	
D-1278			13		14	
D-1279			21		22	
D-1280			25		26	
D-1281			27		28	
D-1282		4	2	4	3	
D-1283			14		15	
D-1284			18		19	
D-1285			22		23	
D-1286			32		33	
D-1287			34		35	
D-1288		5	7	5	8	
D-1289			11		12	
D-1290		4	13	5	14	앞면과 뒷면의 권수가 다름
D-1291		5	15		16	
D-1292			17		18	
D-1293			19		20	
D-1294		4	12	5	13	앞면과 뒷면의 권수가 다름
D-1295		6	1	6	2	
D-1296			13		14	
D-1297			17		18	
D-1298		7	1	6	31	앞면과 뒷면의 권수가 다름
D-1299			4	7	5	
D-1300			12		13	
D-1301			16		17	
D-1302			20		21	
D-1303		8	5	8	6	
D-1304			9		10	
D-1305			11		12	
D-1306			13		14	

박물관 수장 번호	판심서명	앞면		뒷면		비교
		권수	엽수	권수	엽수	
D-1307			19		20	
D-1308			25		26	
D-1309		9	17		18	권9의 17·18엽이 D-1309이고
D-1310			15		16	D-1310은 15·16엽이어서 서로 뒤바뀜.
D-1311			1		2	
D-1312		10상	6	10상	7	
D-1313		10중	1	10중	11	
D-1314			9		12	
D-1315			7		13	
D-1316		범례	7		7	앞면과 뒷면의 권수가 다름
D-1317		10중	10		21	
D-1318		10상	1	10상	2	
D-1319		10하	6	10하	7	
D-1320			12		15	
D-1321			9		11	
D-1418	同文類解	상	1	상	14	앞면 '天文 同文類解', 뒷면 '人品'
D-1419			2		7	앞면 '天文', 뒷면 '地理'
D-1420			3		6	앞면 '時令', 뒷면 '地理'
D-1421			4		15	앞면 '時令', 뒷면 '身體'
D-1422			5		50	앞면 '時令', 뒷면 '政'(事가탈락?)
D-1423	語錄解		6	상	46	뒷면 판심은 '武備 同文類解 上'
D-1424	同文類解	상	56	하	4	앞면과 뒷면의 권수가 다름
D-1425			11	상	19	이하 판심의 문항 제목은 생략함
D-1426			12		20	
D-1427			13		51	
D-1428			17		18	
D-1429			22		55	
D-1430			21		23	
D-1431			35		36	
D-1432			26		27	
D-1433			28		29	
D-1434			30		31	
D-1435			33		52	
D-1436		상	34	하	48	앞면과 뒷면의 권수가 다름.
D-1437		상	37	상	39	
D-1438			41		42	
D-1439			47		48	
D-1440		목록	1	상	45	앞면의 판심은 '同文類解 上 目錄'
D-1441		하	1	하	9	
D-1442		발	1	하	61	앞면의 판심은 '同文類解跋'
D-1443		하	2		55	
D-1444			3		11	

박물관 수장 번호	판심서명	앞면		뒷면		비고
		권수	엽수	권수	엽수	
D-1445			5	상	16	
D-1771			7	하	8	추가분
D-1446			10		12	
D-1447			13		49	
D-1448			14		15	
D-1770			16		50	추가분. 下16葉은 磨滅이 심함.
D-1449			17		29	
D-1450			20		32	
D-1451			21		23	
D-1452			22		37	
D-1453			27		56	
D-1454			34		36	
D-1455			33		35	
D-1456			38		40	
D-1457			42		43	
D-1458			51		60	
D-1764		하	46	하	59	추가분
D-1763	朴通事新釋		1		2	추가분
D-1567			3		4	
D-1568-1			5		6	수장번호가 이중임
D-1568-2			7		8	
D-1569			11		12	
D-1570			13		14	
D-1571			19		20	
D-1572			21		22	
D-1573			23		24	
D-1574			27		28	
D-1575			29		30	
D-1576			35		36	
D-1577			37		38	
D-1578			39		40	
D-1579			43		44	
D-1580			45		46	
D-1581			47		48	
D-1582			51		52	
D-1583			59		60	
D-1584			61		62	
D-1585			65		66	
D-1762	朴通事新釋諺解	1	1	1	2	추가분
D-1586			3		4	3엽의 중간이 심하게 마멸됨
D-1587			15		16	16엽이 심하게 마멸됨

박물관 수장 번호	판심서명	앞면		뒷면		비교
		권수	엽수	권수	엽수	
D-1588			25		26	
D-1589			29		30	
D-1590			31		32	
D-1591			33		34	
D-1592			35		36	
D-1593			37		38	
D-1594			43		44	
D-1595			47		48	
D-1596			55		56	
D-1597			57		58	
D-1598			59	2	60	앞면 '卷一終', 뒷면 '卷二終'
D-1599		2	5		6	
D-1600			7		8	
D-1601			11		12	
D-1602			13		14	
D-1603			19		20	
D-1604			23		24	
D-1605			25		26	
D-1606			27		28	
D-1607			31		32	
D-1608			33		34	
D-1609			45		46	
D-1610			47		48	
D-1611			50	3	59	뒷면 '卷三終', 약간 마멸됨.
D-1612			53	2	54	
D-1613			55		56	
D-1614			57		58	
D-1615		3	1		2	
D-1616			3		4	
D-1617			7		8	
D-1618			13		14	
D-1619			15		16	
D-1620			17		18	
D-1621			23		24	
D-1622			27		34	
D-1623			37		38	
D-1624			45		46	
D-1625			47		48	
D-1626			49		50	
D-1627			51		52	
D-1628			53		54	
D-1629	通文館志	序	1	序	1	

박물관 수장 번호	판심서명	앞면		뒷면		비고
		권수	엽수	권수	엽수	
D-1630		序	3	序	4	
D-1631		目錄	2	目錄	4	
D-1632	通文館志	1	5	1	7	
↓		↓	↓	↓	↓	
D-1641		2	15	3	9	
D-1642		目錄	3	4	28	
D-1643		3	1	3	12	
↓		↓	↓	↓	↓	
D-1650		3	59	3	60	
D-1651		目錄	1	4	20	
D-1652		4	1	4	3	
↓		↓	↓	↓	↓	D-1730, D-1758은 앞면 뿐이고 뒷면은
D-1758		12	6			판심만 '通文館志'이며 공란임

이러한 역학서의 책판을 보면 『통문관지』의 것이 가장 많이 남아 있는데 이 책판들을 살펴보면 그동안 『통문관지』의 편찬에 대한 여러 논의들에 많은 오류가 있음을 알 수 있다. 먼저 그에 대하여 고찰하기로 한다.

3) 『통문관지』의 책판과 이본의 간행

5.3.0 『통문관지(通文館志)』는 조선조 사역원(司譯院)의 연혁(沿革)과 관사(官舍), 그리고 여러 제도(制度)를 분명히 하고 사역원에 소속된 사학(四學)과 36청(廳), 600여 명 역관의 임무를 규정한 것이다. 따라서 이 책은 조선시대 후기에 수행된 사대교린의 외교정책을 이해하는 데 없어서는 안 될 기본적인 자료이다.

이 자료의 편찬에 대하여는 『통문관지』 권두에 실린 김경문(金慶門)의 서문에 의하여 그 대강을 살펴볼 수 있다. 그에 의하면 존와(存窩) 최석정(崔錫鼎)이 사역원의 제거(提擧)로 있을 때에 한학의 당상역관(堂上譯官)이던 김지남(金指南)에게 이 책을 편찬하도록 명하였으며 이에 따라 김지남은 동료 2, 3인과 더불어 자료를 수집하였다. 후일 최석정은 김지남의 아들인 한학역관 김경문도 이 일을 거들도록 하여 숙종 무자(1708)에 초고를 완성하였으나 이 때에는 이미 김지남은 연로하여 김경문이 이 일을 주관한 것으로 보이며 서문도 그가 쓰게 된 것으로 알려졌다.

그러나 『통문관지』의 편찬과 그 간행에 대하여 기록한 김경문의 서문은 현전하는 활자본과 목판본의 간기(刊記)가 서로 다르고 또 많은 이본(異本)이 전해지고 있어 초간본의 성립과 후일 여러 이본의 간행에 대한 구체적인 사실은 아직 확실하게 파악되지 않고 있는 형편이다. 필자는 고려대학교 박물관에 소장된 『통문관지』의 목판을 중심으로 이 책의 간행 경위를 밝히고 후일의 중간(重刊)과 증수(增修), 증보(增補)의 과정을 살펴보았다(졸고, 1992).

특히 『통문관지』의 초간 활자본과 후대에 간행된 목판본의 간기가 각각 상이함에 대하여는 현전하는 목판에 교정이 있었음을 살펴보고 이에 대한 지금까지의 논의에 오류가 없었는지 다시 한 번 검토하려고 한다. 그리고 현재 전해지고 있는 판목(板木)과 고려대학교 박물관에 소장된 책판을 비교하여 『통문관지』의 중간, 증수, 증보에 관해 고찰하고 이를 체계적으로 정리하고자 한다.

5.3.1 고려대 소장의 『통문관지』의 책판

앞에서 살펴본 고려대학교 박물관에 소장된 사역원 역학서와 『통문관지(通文館志)』의 책판에 관한 대체적인 윤곽은 졸고(1990)에서 소개한 바가 있으며 정광·윤세영·송기중(1992)에 의해서 그 구체적인 모습을 살필 수 있게 되었다. 이에 의하면 고려대학교 박물관에는 조선 왕조의 사역원에 보전되어 온 역학서와 『통문관지』의 목판이 다수 소장되어 있다고 한다.

현재 고려대 박물관에 소장된 『통문관지』의 목판은, 이에 대하여 최초로 조사한 박상국(1987)에 의하면, '현존판수(現存板數) 125판(박상국, 1987:108)'으로 조사되었으나 필자의 조사에 의하면 수장번호(收藏番號) D-1629부터 D-1758까지(D-1752 缺) 모두 130매이었으며 그 중 D-1721,

D-1731, D-1732, D-1752, D-1753, D-1754, D-1758가 한 면씩만 새겨져 있기 때문에 실제로 판각(板刻)된 『통문관지』의 소장 책판의 엽수(葉數)는 모두 253엽이 된다.

『통문관지』의 판각된 책판의 실제 모습은 사주쌍변(四周雙邊)에 반엽광곽(半葉匡郭)의 크기가 24.2 × 17.3cm이며 유계(有界) 10행에 18자가 들어갈 수 있다. 내향이엽화문어미(內向二葉花紋魚尾)를 갖고 있으며 판심(版心)의 상단에 판심서명 '通文館志'가 있고 중단의 내향화문어미(內向花紋魚尾) 사이에는 '卷三 事大' 등의 권수와 소제(小題)가 판각되어 엽수(葉數)는 하단의 어미 밑에 쓰였다. 목판의 크기는 <수장품목록(收藏品目錄)>에서 조사된 바와 같이 각기 조금씩 다르며 각 권의 현전하는 목판은 다음과 같다. ( )은 엽수.

通文館志序 (1. 2), 重刊通文館志序(3. 4), 通文館志 目錄(1. 2. 3. 4)
通文館志 卷一 (2. 3. 5. 6. 7. 10. 11)
卷二 (3. 4. 5. 6. 9. 11. 12. 15. 16. 17)
卷三 (1. 6. 9. 10. 12. 17. 18. 19. 20. 24. 25. 29. 34. 40. 47. 59. 60)
卷四 (1. 2. 3. 5. 9. 10. 11. 17. 18. 20. 22. 23. 24. 26. 28. 30. 31. 32)
卷五 (2. 7. 8. 12. 13. 14. 16. 17. 18. 21. 22. 24. 26)
卷六 (1. 2. 6. 7. 8. 15. 16. 17. 18. 20. 21. 22. 23. 25)
卷七 (3. 4. 5. 6. 7. 8. 9. 10. 11. 12. 13. 14. 15. 16. 18. 20. 21. 22. 23. 24. 25. 26. 27. 29)
卷八 (1. 2. 3. 4. 8. 10)
卷九 (2. 3. 4. 5. 8. 9. 10. 11. 17. 22. 23. 24. 26. 27. 28. 30. 31. 32. 33. 35. 38. 39. 41. 44. 45. 47. 48. 49. 50. 51. 52. 53. 56. 57. 60. 61. 62)
卷十 (1. 4. 7. 8. 10. 11. 15. 19. 24. 28. 29. 30. 31. 36. 37. 40. 41. 46. 50. 52. 53. 54. 56. 57. 58. 59. 60. 61. 62. 63. 65. 66. 68. 69. 71. 72. 75. 76. 77. 78. 83. 84. 88. 89. 93. 94. 95. 96. 97. 98. 99. 100)
卷十一 (1. 4. 10. 11. 12. 13. 21. 27. 28. 33. 37. 39. 42. 48. 49. 50. 52. 53.

54. 56. 57. 62. 65. 70. 73. 74. 75. 76. 77. 81. 85. 86. 90. 93. 99. 100)

卷十二 (1. 2. 6. 7. 8. 13. 14)

이상 고대 박물관에 현전하는 『통문관지』의 목판을 보면 권9 기년(紀年)부터가 많이 남아 있고 특히 '기년속편(紀年續編)'[153]에 해당하는 권10과 권11의 것이 많이 남아 있다. 특히 정조(正祖) 2년에 간판된 것으로 보이는 김경문(金慶門)[154]의 초간본(初刊本) 서문과 이담(李湛)[155]의 중간서(重刊序)가 판각된 목판이 남아 있어 『통문관지』의 편찬과 간행에 관한 사실들을 밝힐 수 있게 한다.

5.3.2 『통문관지』의 여러 이본(異本)

『통문관지』는 숙종 46년(1720)에 간행된 경자(庚子) 초간본을 비롯하여 고종 25년, 즉 무자(戊子, 1888)의 중수본(重修本)에 이르기까지 많은 이본이 전해지고 있으며 그 중 중요한 것으로 경종즉위년(景宗卽位年), 즉 경자(庚子, 1720)과 영조 34년, 무인(戊寅, 1758)의 중수본, 그리고 정조 2년, 무술(戊戌, 1728)의 중간본을 후일 중수(重修), 또는 증보(增補)한 것이다. 김경문의 '통문관지서'와 현전하는 여러 이본의 비교 및 각종 사료(史料)의 기록에 의하면 『통문관지』는 사역원의 제조 최석정(崔錫鼎)의 명에

---

153 '紀年續編'은 후속해서 간행된 『통문관지』의 증보편에 추가된 그 시대 사대교린의 주요사항들을 말한다. 4장을 참조.

154 金慶門은 金指南의 아들이며 祖父의 <譯語類解>를 補遺하여 <譯語類解補>를 지은 손자 金弘喆과 더불어 三代가 漢語 譯官으로 명성을 얻었다. 김지남은 현종 13년(1650)에 譯科에 登科하여 漢學敎誨 資憲知樞(정2품)의 높은 품계에 올랐고 肅宗代에 한어역관으로서 많은 활약을 하였다.

155 李湛은 영·정조대에 활약하던 漢語譯官으로 영조 17년(1741)에 譯科 漢學에 급제하여 정조대에 堂上譯官으로 漢學敎誨 崇祿大夫 知樞에 이르렀다(『譯科榜目』 참조). 후일 '李洙'로 改名하였고 정조대에 譯學書의 重刊이 司譯院 四學에서 이루어졌을 때에 이를 적극 후원하였으며 漢學의 <중간노걸대>를 간행하기도 하였다. 뿐만 아니라 淸學의 <重刊小兒論>과 <重刊三譯總解>의 序文을 썼다. 『통문관지』가 중간될 때에도 사역원에서 이담 등이 중심이 되어 간행한 것으로 보인다.

의하여 숙종 34년(戊子, 1708)에 사역원 당상 역관 김지남, 김경문 부자가 찬술한 것으로 후일 몇 차례 수정을 거쳐 숙종 46년(庚子, 1720)에 3책으로 묶어 주자(鑄字)로 인간(印刊)한 것으로 알려 졌다.

초간본은 권1 연혁(沿革), 권장(勸奬), 권2 사대(事大) 상, 권3 사대(事大) 하, 권4 교린(交隣) 상, 권5 교린 하, 권6 인물(人物), 권7 고사(故事). 솔속(率屬), 집물(什物), 서적(書籍), 권8 기년(紀年)의 순으로 사역원과 역관들에 관련된 내용이 수록되어 있다. 이 초간본은 경종 원년, 경자(庚子, 1720)에 제1차 중수(重修)를 시작으로 하여 영조 34년(1758)에 제2차 중수가 있었으며, 정조 2(1778)에 중간(重刊)하면서 목판본으로 간행하였다. 이때 체재와 내용에 대폭적인 수정이 있었으며 권1부터 권7까지는 '沿革, 勸奬, 事大 上, 事大 下, 交隣 上, 交隣 下, 人物' 등이, 그리고 권8에는 '故事, 率屬, 書籍' 등이 수록되었으며 각 권에 속편(續編)이 부재되었다. 그리고 권9 기년(紀年)은 역대 사대교린의 실적이 추가되어 고종 25년까지 모두 17회 이상의 중수와 증보가 있었으며 전체의 분량도 권12까지 늘어났다.

5.3.3 『통문관지』의 초간본, 수정본

숙종 경자(庚子, 1720)의 초간본과 이를 중수하여 간행한 경종 원년(元年, 1721)과 영조 34년(1758)의 중수본, 그리고 정조 2년(1778)의 중간본 및 그 후의 중수 증보본을 현전하는 판본으로 비교하여 보면 다음과 같다.

(1) 庚子初刊本 ; 8권 3책

제1책 - 序文(戊子陽月 日漢學教授金慶門謹書), 目錄, 引用書目, 권1 沿革. 勸奬, 권2 事大 上

제2책 - 권3 事大 下, 권4 交隣 上, 권5 交隣 下

제3책 - 권6 人物(元閔生에서 金指南까지), 권7 故事. 率屬. 什物. 書籍, 권8 紀年(仁祖 14년丙子-肅宗 4년 戊午)

(2) 景宗元年 重修本 ; 8권 3책

서지사항과 체재, 서문은 초간본과 같으나 肅宗 戊午 이후의 변경사항이 각권에 증보되었으며 紀年이 숙종46년까지 추가됨.

목록: 권1 沿革. 勸奬, 권2 事大 上, 권3 事大 上, 권3 事大 下, 권4 交隣 上, 권5 交隣 下, 권6 人物, 권7 故事. 率屬. 什物. 書籍, 권8 紀年 권8 紀年의 수록년대는 '仁祖大王十四年丙子'부터 '肅宗大王四十六年庚子'까지임.

(3) 英祖 34년 重修本 ; 9권 3책

서지사항과 체제, 서문은 위 책과 같고 권6 인물에 金是瑜. 金慶門. 李樞 등이 첨가됨.

또 권9 紀年續編(경종원년-영조 34년)이 증보됨.

(4) 正祖 2년 重刊本 ; 10권 4책

서문: 김경문의 서문(庚子陽月 日漢學教授金慶門謹序)

李湛의 重刊序(戊戌仲秋崇祿大夫行知中樞府事李湛謹序)가 추가됨.

목록: 권1의 沿革(續附), 권2 勸奬(續附), 권3 事大 上(續附), 권4 事大 下, 권5 交隣上(續附), 권6 交隣 下(續附), 권7 人物, 권8 故事. 率屬(續附). 什物(續附). 書籍(續附), 권9 紀年(自丙子 至庚子 凡八十五年), 권10 紀年續編(自辛丑 至戊戌 凡五十八年)

인용서목: '續大典. 文獻備考. 東溟集'이 추가됨.

각 권의 증보:

권1 沿革(凡六條續附), 권2 勸奬第二(凡十四條續附),

권3 事大 上(凡十四條續附), 권4 事大 下(凡二十六條),

권5 交隣 上(凡十四條續附), 권6 交隣 下(凡二十二條續附),

권7 人物(玄德潤. 崔壽溟. 洪舜明 3인 추가),

권8 故事. 率屬(<續>書員. 庫直. 奴婢조가 추가됨), 什物(<續>詩懸板 등 12건 추가),

書籍(<續>經書正音 등 15건 추가),

권9 紀年(仁祖大王十四年丙子-肅宗大王四十六年庚子)

권10 紀年續編(景宗大王元年辛丑-今上二年戊戌)

각 권의 증보를 보면 이 중간본은 권4의 事大 下와 권9의 紀年만이 續編이 없을 뿐 나머지는 모두 속편이 부재되었다. 권10 紀年續

編을 권9 紀年의 續編으로 보면 실제로 속편이 附載되지 않은 것은 권4 事大 下 뿐이다.

(5) 正祖 5年(1781) 紀年 增補本 ; 10권 4책

본서는 정조 2년 중간본의 목판을 후쇄하고 다만 권10의 紀年만이 續編에 정조 戊戌(2년)부터 辛丑(정조 5년)까지를 추가한 것으로 목록의 권10 紀年續編조에는 중간본과 같이 "自辛丑 至戊戌凡五十八年"으로 되어 있다.

(6) 正祖 19년(1795) 紀年 增補本 ; 10권 4책

본서도 정조 2년 중간본의 목판을 후쇄하고 권10의 기년속편만을 추가한 것으로 목록은 중간본과 같고 다만 권10 기년속편에 '正祖 19年 乙卯'까지가 추가되었다.

(7) 純祖 2년(1802) 增補本 ; 11권 4책

본서는 권10 紀年續編에 '正祖 24年 庚申'까지가 추가되었고 권11 기년속편을 증보하여 '純祖 2年 壬戌'까지 추가하였다.

(8) 哲宗 3년(1852) 重修本 ; 11권 5책

서울대 도서관에 소장된 『통문관지』 중에는 목록에 보이는 紀年조의 下限年代가 '壬子', 즉 철종 3년인 판본(도서번호 884)이 있다. 본서는 散秩本이어서 실제로는 권11 紀年이 순조 2년의 증보본과 같이 '純宗大王二年壬戌'에서 끝났다. 그러나 이의 후쇄본으로 보이는 철종 12년의 판본에는 紀年의 하한연대가 '哲宗大王三年壬子'이고 5책으로 편철되었으므로 원래 본서는 철종 3년에 권11의 기년을 철종 3년까지 증보하여 11권 5책으로 간행한 판본이 있음을 알 수 있다. 또 철종 3년 이후에 간행된 판본의 목록에 "卷之十一 紀年續編 自辛酉至壬子 凡五十二年"으로 되었으며 여기서 '辛酉'는 "純祖元年辛酉"이고 '壬子'는 "哲宗三年壬子"이어서 그 사이가 52년임을 말하는 것이다.

(9) 哲宗 12년(1861) 增補本 ; 11권 5책

본서의 목록은 "권11 紀年續編 自辛酉至壬子 凡五十二年"으로 철

종 임자의 중수본과 같으나 실제로 권11의 본문은 '純宗大王元年申酉'부터 '今上(哲宗)十二年申酉'까지 61년간으로, 즉 철종 3년의 간본보다 10년이 더 추가되었다. 이는 앞에서 살펴본 바와 같이 이 기간의 기년만 추가되고 목록을 포함한 나머지 부분은 남아 있는 목판을 후쇄한 때문이다.

(10) 高宗 11년(1874) 增補本 ; 11권 5책

권11의 紀年조에 '今上十一年甲戌', 즉 고종 11년까지가 추가되었으며 나머지 부분은 위의 것과 같이 후쇄본이다.

(11) 高宗 18년(1881) 增補本 ; 11권 5책

권11의 기년조에 '今上十八年辛丑'까지가 추가되고 나머지는 후쇄본이다.

(12) 高宗 25년(1888) 增補本 ; 12권 6책

권12 紀年續編을 證劵하고 '今上十九年壬午'부터 '今上二十五年戊子'까지, 즉 高宗 19년(1882)부터 고종 25년(1888)까지를 추가하였으며 조선조에서 『통문관지』를 증보한 마지막 간본이다.

5.3.4 책판으로 본 『통문관지』의 편찬 과정

다음은 『통문관지』 편찬의 경위에 대하여 살펴보기로 한다. 이 책의 편찬에 관하여는 서론에서 잠깐 언급한 바가 있으나 그동안 이 책의 편찬 시기에 관한 논의에는 약간의 이론이 있다. 田川孝三(1953)에서는 원저의 편찬을 초간본과 경종 즉위년(康熙庚子, 1720) 및 영조 34년(1758)의 중수(重修)본에 실려 있는 김경문 서(序)의 말미에 "戊子陽月, 日漢學教授金慶門謹序"라는 간기에 의거하여 숙종 34년(戊子, 1708)에 완성된 것으로 보았다.

또 그 간행은 『통문관지』(권8) '서적(書籍)' 조에 "通文館志三本, 康熙庚子漢學官李先芳、卞廷老, 淸學官南德昌捐財以鑄字印納 - 통문관지 3본, 강희 경자년에 한학관 이선방, 변정노, 청학관 남덕창이 재물을 내어 주자로 인쇄하여 납본하다"란 기사로부터 이 책의 3본이 '강희경자(康

熙庚子,1720)'에 한학관 이선방과 변정노, 그리고 청학관 남덕창 등이 연재하여 주자본으로 간행하였음을 주장하였다.[156]

그러나 정조 2년(1778)의 중간본 이후에는 김경문의 서(序)가 "庚子陽月日漢學敎授金慶門謹序"로 바뀐 사실에 대하여 田川孝三(1953)은 후일의 목판본에서는 '戊子'가 '庚子'로 오기된 것으로 보았다. 김종원(1965)에서는 초간본(1720)과 경종 원년(1720)의 증보본 및 영조 34년(1758)의 증보본에서 보이는 '戊子陽月'(1708년 10월)이 단지 김경문의 서(序)가 쓰인 시기이며 원저가 '완성'된 것으로 보기는 어렵다고 하여 '오기설'에 이의를 제기하였다.

고려대 박물관에 소장된『통문관지』의 목판에는 김경문의 서문(序文)과 이담의 중간서(重刊序)의 책판이 모두 보전되었다. D-1629의 목판은 김경문의 '통문관지 서'가 앞면과 뒷면에 2엽으로 판각되었는데 2엽 말미에 "庚子陽月 日漢學敎授金慶門謹序"가 보인다. 따라서 이 목판은 김경문 서문의 간기가 '庚子陽月'로 된 모든 목판본의 대본이 된 것임을 알 수 있다. 서문의 책판에 보이는 이 간기는 田川孝三(1953)에 의하면 이담이 이를 중간할 때에 복각된 것으로 '戊子'가 '庚子'로 오기된 것이며 김종원(1967)에 의하면 개서(改書)된 것이다. 목판 D-1630의 '重刊通文館志序'는 "戊戌仲秋崇祿大夫行知中樞府事李湛謹序"가 있어 정조 2년 무술(1778)에 중간될 때에 작성된 이담(李湛)의 중간서문(重刊序文)임을 알 수 있다.

그러나 고려대학교 박물관에 소장된 김경문의 서문 목판은 자세히 보면 '庚子陽月'의 '庚'자가 육안으로 식별하기 어려울 정도로 정교하게 목판 교정이 된 것이다. 즉 이 '庚'자는 후일 목판을 도려내고 삽입

156 司譯院에서 필요한 譯學書 및 기타 書籍의 간행은 司譯院 都提調(擧)의 啓請으로 왕의 허가를 얻어 校書館에서 官撰으로 간행하는 경우가 있고 각 지방의 官衙에서 역시 官費를 들여 刊板하는 경우도 있으며, 譯官들의 개인적인 財力으로 간판하는 경우도 있다. 교서관에서 간행된 외국어 교재는 반드시 譯科의 科試用書로 인정되었으며 지방에서 간판된 것이라도 그 목판은 사역원으로 보내와서 보관된 것으로 보인다.

한 것으로 다른 각자(刻字)보다 약간 높게 판각(板刻)되었기 때문에 특히 마모(磨耗)가 심하다. 이를 사진으로 보이면 다음과 같다.

[사진 1-5] 김경문 서문의 '庚子陽月' 부분.[157]

필자는 이와 같은 김경문의 '통문관지 서' 목판이 정교하게 목판 교정된 것으로 보아 정조 2년의 중간본에서는 김지남·김경문 등의 초고를 저본으로 한 활자본을 그대로 판하본(板下本)으로 썼고 후일에 김경문의 서문을 실제 초간본이 간행된 경종 즉위년, 즉 경자년(庚子年)으로 바꾸어 놓은 것으로 볼 수밖에 없다. 즉 김경문의 서문이 작성된 '무자(戊子, 1708)' 이후에도 초간이 인간되는 '경자(庚子, 1720)'까지 증보가 계속되었으나 초간이 간행될 때에는 김경문의 서문은 초고대로 '戊子'이었으며 그 후의 활자본에서도 이 부분은 변함이 없었다.

또 이 주자본을 판하(板下)로 하여 복각(覆刻)한 목판본에서도 여전히 '戊子'이었지만 고려대 박물관 소장의 목판에서 보이는 것처럼 '庚'자가 교정되어 '戊子陽月'에서 '庚子陽月'로 바뀐 것이다. 이는 후대의 어느 중수본에서 서문이 완성된 시기가 아니라 초간본이 간행된 '庚子'로 개서(改書)한 것임을 말하고 있다. 따라서 田川孝三(1953)에서 주장된 바와 같이 정조 2년 중간본 이후의 김경문의 서문이 '戊子陽月'에서 '庚子

157 정교하게 '庚'자가 교정되어 새긴 목판이 삽입되었다.

陽月'로 오기되었다는 주장은 사실과 다르며 김종원(1965)의 주장과 같이 '戊子陽月'(1708)이 단지 김경문의 서가 쓰인 시기여서 후일 이를 초간본이 간행된 '庚子年'으로 바로잡은 것으로 보아야 할 것이다.

그러므로 『통문관지(通文館志)』의 편찬은 그 초고가 숙종 34년(戊子, 1708)에 완성되어 김경문의 서(序)까지 작성되었으나 그 간행은 숙종 46년(庚子, 1720)에 활자본(戊申字)으로 3책이 인간(印刊)되었음을 알 수 있다.

5.3.5 『통문관지』의 간행

『통문관지』 권두에 실린 김경문의 서문에 의하면 존와(存窩) 최석정(崔錫鼎)이 사역원 제거(提擧)로 있을 때에 사역원의 연혁과 관사, 그리고 위직(衛職), 외임(外任), 등제(等第), 사대, 교린 등의 여러 제도를 분명하게 하고 사역원에 소속된 사학(四學)과 36청(廳), 600여명 역관들의 임무를 기록으로 남기며 아울러 사역원의 '기지(紀志)'를 만들기 위하여 한학의 당상역관 김지남(金指南)에 명하여 본서를 편찬하도록 하였음을 알 수 있다.

김지남은 동료 2, 3인과 더불어 자료를 수집하였으며 후일 최석정은 김지남의 아들인 한학역관 김경문도 이 일을 거들도록 하여 숙종 무자(戊子, 1708)에 초고를 완성하였는데 이 때에는 이미 김지남은 연로하여 그의 아들인 김경문이 이 일을 주관한 것으로 보이며 서문도 그가 쓰게 된 것으로 보인다.

그러나 이를 주자(鑄字)로 인행(印行)하는 데는 많은 재력과 시간을 필요로 하는 것으로 그 간행은 12년 이후인 숙종 경자(庚子, 1720)에 이루어졌으며, 간행과 더불어 같은 해에 중수본이 이루어졌다. 이어서 같은 활자본의 증보본이 간행되었고 사역원에서도 이담(李湛) 등이 정조 2년에 이를 중간할 때에도 활자본의 것을 그대로 복각하였다.

그러나 후대의 어떤 중수본에서 김경문 서(序)의 말미에 쓰인 간기를 초고가 완성된 '戊子陽月'이 아니고 초간본이 간행된 '庚子陽月'로 교정한 것임을 앞에서 살펴보았다. 따라서 초간본이 간행될 때에 김경문의 서(序)는 '戊子陽月'의 간기를 가졌고 정조 2년의 목판본에서도 이 서문은 그대로 각인된 것으로 보인다. 이 사실은 위에서 김경문의 서(序)를 인각한 목판이 후일 '戊子陽月'에서 '戊'를 '庚'으로 목판 교정한 사실로서 확인할 수 있다.

초간본의 간행이 초고(草稿)가 완성된 시기에 비하면 너무 오랜 시일이 걸려 이루어진 사실에 의문을 가질 수 있다. 그러나 사역원 외국어 교재의 하나인 <첩해신어>는 이보다 더 오랜 시일이 걸려 주자본(鑄字本)으로 인간된다. 즉 이 책은 임진왜란 때에 포로로 잡혀갔던 강우성(康遇聖)에 의하여 광해군 무오(1618)에 초고의 일부가 이루어졌으나 그 후 세 차례 일본을 왕환(往還)한 다음 이 때의 일을 추가하여 인조 병자(1636)에 초고가 완성되었다. 그렇지만 이의 인간(印刊)은 숙종 병진(1676)에 이루어져 무려 40년의 세월이 지난 다음에 주자본으로 교서관(校書館)에서 간행된다(졸고, 1984). 이러한 예를 본다면 비록 병자호란(丙子胡亂)과 같은 국란이 있었지만 초고의 완성과 주자본의 간행 사이에는 상당한 시간이 걸릴 수가 있음을 알 수 있다.

이 왜학서 <첩해신어>는 숙종 을묘(1699)에 목판본으로 간행되는데 목판본이 나오기 이전까지 주자본은 여러 차례 수정되었으나 목판본 이후에는 주자본과는 달리 자유로운 수정이 어렵기 때문에 얼마간 시일이 지난 이후에 전면적인 개수가 이루어진다. 그것이 영조 무진(1748)에 제1차로 개편이 이루어진 <개수첩해신어>이고 이는 주자본으로 간행되어 몇 차례 수정을 거친 다음 정조 신축(1781)에 목판본으로 중간된다. 이와 같이 처음에 주자본으로 간행하여 수정을 거친 다음 목판본으로 간행하는 방법이 다른 역학서에서도 발견되므로 조선조 후기에 사역원의 일반적인 도서출판의 절차가 위와 같았음을 알 수 있다.

『통문관지』의 초간본도 주자본으로 간행되었다. 이와 같은 방대한 저서를 주자로 인간하는 데는 적지 않은 시일이 걸릴 것이다. 실제로 이 책이 간행되었을 때에는 편찬을 명한 최석정(崔錫鼎)도, 그리고 이 일을 직접 주관해 온 김지남(金指南)도 모두 이 세상을 떠났다. 최석정은 숙종 41년(1715)에 사망했고 김지남은 『통문관지』 초간본 권6 인물 김지남 조에 "存窩崔相國令, 公撰通文館志, 及公歿而始刊之。嘗以五子登科推恩加階, 官至知中樞府事 - 존와 최상국이 명하여 김지남이 <통문관지>를 편찬하였는데 그가 죽은 후에 간행이 시작되었다. 일찍이 다섯 아들이 과거에 급제하여 품계를 올리는 은혜를 받았고 벼슬이 지중추부사에 이르렀다"라는 기사로써 그의 사후에 『통문관지』의 간행이 시작되었음을 말하고 있다.

이 책이 인간(印刊)되는 도중에도 사역원의 '기전(紀傳)'은 계속 증보되었다. 숙종 무자(1708)에 일단 완성된 『통문관지』의 초고는 주자로 인간되어 숙종 경자(1720)에 간행되지만 숙종 무자 이후 증보된 기전(紀傳)은 주자 인간본과 같은 해인 경종 즉위년(1720)에 간행된 제1차 중수본에 나타난다.

김종원(1967)에 의하면 초간본에 비하여 제1차 중수본은 숙종 기축(1709)부터 경자(1720)까지의 기사(記事)가 전권의 전 항목에 걸쳐 본문 및 각주의 란에 수록되었다고 한다. 또 새로운 항목을 신설하거나 본문의 내용을 추가한 것도 있어 단순한 증보가 아니라 개편에 가깝다고 주장하였다. 아마도 경자년에 주자본을 간행할 때 추가하려던 것을 경종 즉위년의 제일차 중수본에 수록한 것으로 볼 수 있다.

이와 같은 간단한 증보는 주자본의 경우에는 비교적 자유롭게 이루어질 수 있다. 그러나 일단 목판본으로 간행될 경우에는 이러한 개편이 그렇게 손쉽게 이루어지지 않는다. 따라서 정조 2년의 중간본 이후부터는 주로 권9의 紀年조가 속편으로 추가된다. 따라서 초간본과 더불어 중요한 것은 정조 2년의 중간본이라고 할 수 있는데 이의 간행에 대하여는 이담(李湛)의 '중간통문관지서(重刊通文館志序)'가 있어 어느 정도 그 경위를 알 수 있다.

5.3.6 『통문관지』의 중간

정조 2년의 중간본은 모두 10권 4책으로 서울대 도서관에 소장된 4

종의 판본을 비롯하여 다수 현전하고 있다. 이담의 '중간통문관지서'에 의하면 이 책이 편성된 지 60여 년이 지났으므로 그간의 남북교빙지제(南北交聘之際)의 사례와 선변(嬗變), 관제, 권장의 연혁이 대부분 입과 귀로 전수되었고 또 활자로 간행된 것이 거의 남아있지 않기 때문에 백곡(栢谷) 김상국(金相國)이 사역원 제거로 있을 때에 5년에 걸친 수정과 속찬(續撰)을 입재(入梓)하여 광포(廣布)하게 되었음을 알 수 있다.

이 중간본은 초간본이나 그 후의 증보본과 다른 체재로 개판되었으며 이담의 서에 의하면 "[전략] 例之比古差異者, 於本調下添, 以時措之規書續字以別之 [하략]"이라 하여 옛 것에 비하여 차이가 나는 것은 본조(本條)의 아래에 첨가하고 후일에 조치된 규약은 '속(續)'자를 써서 구별한다고 하였다. 따라서 이 중간본은 종전의 판본에 비하여 체재를 일신한 것임을 알 수 있다. 이후의 간본은 극히 사소한 부분만이 첨삭되었을 뿐 이 중간본의 체재를 그대로 유지하였으며 변화를 보이는 것은 기년(紀年)조의 속편이 추가된 것에 지나지 않는다.

이상 현전하는 여러 이본의 고찰과 『일성록(日省錄)』 등의 기록에 의하여 田川孝三(1953)에서는 『통문관지』가 14회의 중수(重修), 개보(改補), 중간(重刊)되었다고 보았고, 김종원(1967)에서는 모두 17회 이상의 중간이 있었다고 보았다. 여기서는 내용의 수정이 있은 경우 이를 중수(重修)본으로 부르고 활자본을 목판으로 간행하면서 전면적인 체재와 내용을 개편하고 이담의 중간본(重刊序)가 붙어있는 정조 2년의 판본을 중간본으로 한다. 그리고 단순히 기년속편(紀年續編)의 '기전(紀傳)'만을 추가한 것은 증보(增補)본으로 분별하여 지금까지 알려진 『통문관지』의 서로 다른 이본을 연대순으로 정리하면 다음과 같다.

1. 숙종 46년(1720) 초간본
2. 경종 원년(1721) 중수본
3. 영조 34년(1758) 중수본
4. 정조 2년(1778) 중간본
5. 정조 5년(1781) 증보본
6. 정조 19년(1795) 증보본
7. 순조 2년(1802) 중수본
8. 순조 20년(1820) 증보본

9. 헌종 8년(1842) 증보본	10. 철종 3년(1852) 중수본
11. 철종 7년(1856) 증보본	12. 철종 12년(1861) 증보본
13. 철종 13년(1862) 중수본	14. 고종 11년(1874) 증보본
15. 고종 12년(1875) 중수본	16. 고종 18년(1881) 증보본
17. 고종 20년(1883) 증보본	18. 고종 25년(1888) 중수본

이와 같은 초간본과 그 후의 증보, 중간, 중수본을 비교하여 보면 경종 원년의 증보본은 권8의 기년조에 경종 원년까지의 기년이 추가되었을 뿐이고 영조 34년의 중수본은 권 6의 인물조에 김시유·김경문·이추 등을 추가하고 권9의 기년속편에 경종 원년부터 영조 34년까지의 '기지(紀志)'가 추가되었다. 그러나 정조 2년의 중간본에서는 목판으로 간행되었을 뿐 아니라 권1부터 권10에 이르기까지 거의 모든 항목에서 '속편(續編)'이 추가되었다.

이것은 중간본의 간행으로 그동안 『통문관지』의 모든 내용, 다시 말하면 임진왜란과 병자호란을 겪으면서 새로 마련된 사대교린의 여러 교빙제도(交聘制度)가 완성된 것을 의미하며 이 중간본 이후에는 주로 '기년속편'만이 추가되는 증보본이나 목록 등 극히 일부만 수정을 가하는 중수본이 있을 뿐이다.

5.3.7 『통문관지』의 기년(紀年) 속편

고려대 박물관에 소장된 목판 중에서 어떤 것은 『통문관지』의 기년 속편이 어떻게 증보되었는가를 보여준다. 즉 『통문관지』 목판 D-1741은 판심(版心)이 "通文館志 花紋魚尾 卷十一 紀年續編 花紋魚尾 十五六"으로 되었다. 그러나 실제 기사는 우엽(右葉) 첫 행에 "年奏派盛京兵部侍郎富/呢雅杭阿前往知照云云"의 20자가 각인되었고(이것은 細字 2行으로 각인되었으며 /는 改行된 것을 말함) 좌엽의 말행에 "通文館志 卷之十一"이란 권미서명이 보인다. 이것은 우엽 첫 행의 기사가 고종 25년본의 '哲宗大王七年丙辰'조에 "盛京禮部차咨山場巡查每屆三年 奏請簡派大員稽查 自咸豊

三年起乎拘至本年 叉届三/年 奏派盛京兵部侍郎富/呢雅杭阿 前往知照云云"(/는 改行)의 마지막 부분을 인각하였음을 말하는 것이고, 나머지는 빈칸으로 되었으며 또 좌엽 末行에 권미서명이 보이는 것은 이 목판으로 '권십일'이 끝났음을 말한다. 이 사실은 철종 7년에 기년속편의 증보가 있어 전술한 "奏派盛京兵部侍郎富 雅杭阿 前往知照云云"까지 추가되었음을 말한다. 여기까지의 목판으로 간행된 것이 전술한 (11)철종 7년 증보본이다.

그러나 12) 철종 12년 증보본과 그 이후의 판본에서는 권11 기년속편의 56엽을 개판하여 전혀 다르게 바꾸었으며 첫 행의 "年奏派盛京兵部侍郎富/呢雅杭阿 前往知照云云"에 이어서 "將劃卽知會···"가 계속된다. 따라서 목판 D-1741은 그 후의 증보에서 다른 것으로 개판(改版)되었는데 무슨 이유인지 증보하기 이전의 목판이 남아 있다.

같은 예로 목판 D-1744를 들 수 있다. 이것도 판심이 "通文館志 花紋魚尾 卷十一 紀年續編 花紋魚尾 六十七"로 되었고 우엽(右葉)에는 첫 행의 시작인 '채폐(彩幣)'부터 10행의 끝인 '천단(天壇)'까지 '哲宗大王十三年壬戌'의 기전(紀傳)이 수록되었다. 좌엽(左葉)에도 첫 행 "兩次恩詔"부터 7행의 "知照云云"까지 판각되었고 마지막 10행에 "通文館志卷之十一"이라는 권미서명이 보이지만 그 후의 판본에서 이 부분은 완전히 삭제되었다. 아마도 이 목판은 철종 13년에 중수할 때 간판(刊板)된 것으로 후일 증보, 또는 중수할 때에 개판(改版)된 것으로 보인다.

판본이 현전하지 않는 8) 순조 20년의 증보본과 9) 헌종 8년의 증보본은 『일성록(日省錄)』의 헌종 8년 임인 6월 15일조에 "司譯院啓言: 通文館志未成續編, 今至二十三年之久, 事實遺忘 文蹟散秩, 堂上譯官李尙迪自願刊板, 今已印出。凡購書刊板, 草記請賞, 曾有定式矣。合有論賞之道, 請施以加資之典。 允之。"라 하여 헌종 8년 임인에 당상역관 이상적에 의해서 속편이 간행되었고 또 그때부터 23년 전, 즉 순조 22년 경진(庚辰)에도 속편의 간행이 있었음을 알 수 있다(田川孝三, 1953:40). 역시 판본이 전하지 않는 11) 철종 7년의 속편도 『일성록(日省錄)』의 철종 7년 병진 5

월 13일조에 위와 같이 『통문관지』 속편을 인출한 역관 이야(李野), 박이성(朴頤性), 현일(玄鎰) 등을 가자하였다는 기사가 있어 이를 알 수 있다(田川孝三, 1953:41). 15) 고종 12년판도 현전된 판본은 아직 찾아볼 수 없으나 『일성록』 및 『승정원일기(承政院日記)』의 고종 12년 2월 16일조에 "漢學堂上官金景遂等通文館志續編校刊"이란 기사가 있어 이를 알 수가 있다. 17) 고종 20년판도 판본은 아직 보이지 않고 『일성록』과 『승정원일기』의 고종 20년 1월 20일조에 "漢學堂上官玄濟普等通文館志續編校正刊印"이란 기사로 속편의 간행 사실을 알 수 있다.

5.3.8 『통문관지』의 목록

다음은 '목록'의 변천에 대하여 고찰한다. 고려대 박물관 소장의 『통문관지』 목판에는 '목록'의 목판이 분산되어 있다. 즉, 목록 제1엽은 D-1651의 앞면(뒷면은 권사 제20엽)에 있고 목록 제2엽은 D-1631의 앞면, 그리고 목록 제3엽은 D-1642의 앞면(뒷면은 권4 제28엽)에 있으며, 목록 제4엽은 D-1631의 뒷면에 있다.

이와 같이 목록의 목판이 분산된 것은 중수할 때마다 목록을 수정하였기 때문이다. 현전하는 판목에는 목록과 내용이 일치하지 않는 경우가 있고 특히 목록에 보이는 기년(紀年)조의 하한연대(下限年代)와 실제 기년속편(紀年續編)의 내용에서 하한연대가 다른 경우가 많다. 예를 들어 보면 서울대 규장각에 소장된 정조 19년의 증보본(도서번호 796)은 목록의 '卷之十 紀年'조 하한연대가 "自辛丑 至戊戌 凡五十八年"이어서 경종 원년 신축(辛丑)에서 정조 2년 무술(戊戌)까지로 되어 있으나 실제로 권10의 기년조에서는 "今上十九年乙卯"까지, 즉 정조 19년 을묘(乙卯, 1795)까지 기사되었다. 이와 같은 사실은 정조 19년의 증보가 목록의 기년조가 하한연대도 미처 수정하지 못하고 권10의 기년 속편에 그때까지의 기전(紀傳)을 추가하는 것으로 끝났음을 말해 준다.

고려대 박물관 소장의 『통문관지』 목판은 D-1757의 권12 <기년속편(紀年續編)>이 13-14엽에서 끝이 났다. 이 중 14엽에 "今上二十五年戊子"

의 기사가 있으므로 고종 25년(光緖 戊子 1888)까지 『통문관지』의 책판은 간판되었음을 알 수 있다. 현전하는 판본도 고종 25년의 중수본이 가장 최근의 것이다.

5.3.9 『통문관지』의 편찬과 수정

이상 조선조 사역원에서 간행한 『통문관지』의 편찬과 수정으로 인한 이본의 간행에 대하여 현전하는 여러 이본의 비교와 고려대학교 박물관에 전해오는 이 책의 목판을 중심으로 고찰하였다. 『통문관지』의 편찬과 여러 이본의 간행에 대하여 본고에서는 그동안의 논의와는 다르게 김지남(金指南) 등에 의해서 숙종 4년(戊午, 1678)경에 일단의 원고가 마감되었고, 그후 김경문(金慶門) 등이 이를 정리하여 숙종 46년(戊子, 1708)에 이를 인쇄에 부치려고 김경문이 서문까지 작성하였으나 주자 인쇄에 상당한 시간을 요하여 숙종 46년(경자, 1720)에 비로소 초간본이 간행된 것으로 보았다.

『통문관지』의 이본은 초간본이 간행된 같은 해에 벌써 중수본(重修本)이 이루어졌으며 영조 34년(戊寅, 1758)에도 중수되어 모두 3종류의 활자본의 이본이 현전한다. 정조 2년(戊戌, 1778)에는 어느 정도 사역원의 제반 제도가 완정되었고 활자본에 의한 교정도 완수되어 목판본으로 중간본(重刊本)이 간행된다. 이때부터는 전면적인 개편이나 개간은 이루어지지 않고 부분적인 중수, 증보(增補)가 있었는데 주로 '기전속편(紀傳續編)'의 증보가 중심이 되었다. 고려대학교 박물관에 소장된 『통문관지』의 목판은 이들의 중수, 증보 과정을 잘 보여준다. 또 이 자료는 고종 25년(光緖 戊子, 1888)에 최후의 증보편이 간행될 때까지 모두 18회 이상의 중수, 중간, 증보가 있었던 것으로 보았다.

특히 고대 박물관에 소장된 목판 중에는 그동안 문제가 되었던 김경문의 서문 목판이 있어 서문 간기가 활자본과 후대 목판본의 그것이 서로 다르게 된 이유를 살펴볼 수가 있었다. 즉 활자본에 보이는 김경문의 '通文館志序'에 보이는 "戊子陽月"의 간기는 목판에서는 "庚子陽月"

로 바뀌었으나 그것이 후대의 목판 교정에 의한 것이므로 적어도 정조 2년의 중간본까지는 김경문의 서문이 "戊子陽月"의 간기를 갖고 있었던 것으로 보았다. 그리고 후대의 어떤 중수본에서, 아마도 순조 2년(壬戌, 1802)의 중수본에서 초간본이 간행된 "庚子陽月"로 김경문의 서문 간기를 목판 교정하여 고친 것으로 보인다.

『통문관지』의 편찬과 그 이본의 간행에 관한 논의는 다른 여러 사료의 기록과 더불어 현전하는 목판의 연구도 매우 중요하다고 생각된다. 조선조 사대교린의 외교관계에 있어서 이 자료가 갖고 있는 중요성을 감안할 때에 『통문관지』에 관한 서지적 연구의 필요성은 매우 절실하다고 아니할 수 없다. 동학 제위의 관심을 기대하여 마지않는다.

4) 역학서 편찬의 특징

5.4.0 근대국어의 한글 표기의 자료들은 중세국어의 그것에 비하여 양적으로는 물론 그 종류에 있어서도 전 시대에 비하여 월등하게 많다. 중세국어시대의 훈민정음 자료는 <용비어천가(龍飛御天歌)>와 같이 조선조의 건국을 찬양한 자료나 <석보상절(釋譜詳節)>을 위시하여 <월인천강지곡(月印千江之曲)>, <월인석보(月印釋譜)>, 그리고 간경도감(刊經都監)의 여러 불경 언해본에 이르는 불교관계 자료라든지 <삼강행실도(三綱行實圖)>의 언해를 비롯하여 경서 언해 자료들이 모두 중앙관서에서 관찬(官撰)으로 간행되었다는 특징을 갖고 있다. 더욱이 초기의 몇몇 자료들은 신문자 제정에 있어 그 실용성의 시험과 신문자의 보급이라는 목적을 갖고 있었다면 이 자료들은 당연히 <훈민정음>에 규정된 정서법을 충실하게 준수하였을 것이다.

그러나 근대국어 시대에 들어와서는 이 신문자가 '언문(諺文)'이란 이름으로 보편화되어 이 나라의 전 지역에서 거의 모든 계층의 사람들에게 실용적인 문자로 보급되었다. 근대국어 자료는 <훈민정음>에 규정된 정서법을 엄격하게 준용하지 않고 비교적 자유로운 표기를 보이게 되었다. 왜냐하면 이들은 『훈몽자회(訓蒙字會)』에 부재(附載)된 「언문자모(諺文字母)」에 의하여 언문을 배우고 그에 의거하여 한글을 사용하였기 때문이다.

이러한 표기의 근대국어 자료들은 지역적인 차이와 계층적인 차이를 보이게 되었으며 따라서 이에 대한 고찰이 선행되어야 근대국어의 연구에서 올바른 자료의 이용이 될 수 있을 것이다. 근대국어 자료의 편찬자들에게서 나타나는 지역과 계층, 직업별 차이는 매우 현저하여 이 차이에 따른 자료의 이질성도 결코 무시할 수 없다. 그 중에서도 매우 뚜렷한 특징을 가진 근대국어의 자료로서 사역원 역학서(譯學書)를 들 수 있을 것이다.

외국어의 교육과 역관의 관리를 담당했던 사역원에서 외국어 학습서 자료로 편찬한 역학서 자료들은 사역원이 처음으로 설치 운용되던 고려 후기와 조선 초기까지 그 연원을 거슬러 올라갈 수 있다. 고려조의 사역원 학습자료에 대하여는 『세종실록』의 기사와 『경국대전』의 기사로 어느 정도 그 윤곽을 파악할 수 있다.[158] 졸저(1988b)에 의하면 이 시대의 역학서 자료들, 즉 외국어 학습서들은 주로 해당국의 훈몽(訓蒙) 교과서를 수입하여 사용한 것으로 보았다. 그러나 그 중에서 한학서의 <노걸대> 및 <박통사>, 그리고 몽학과 왜학의 <노걸대>는 사역원에서 자체적으로 편찬한 것으로 보인다.

158 『世宗實錄』(卷47) 世宗 12年 3月조의 기사에 諸學取才에 대한 詳定所의 啓文이 등재되어 있으며, 諸學의 漢訓(중국어), 蒙訓(몽고어), 倭訓(일본어)조에 각각의 역학서가 기록되어 있다. 즉 諸學 漢訓에는 '書, 詩'를 비롯하여 '老乞大, 朴通事'에 이르는 13종의 중국어 학습서가 등재되었고, 蒙訓에는 '待漏院記'를 비롯하여 10종의 몽고어 학습서와 '畏兀眞, 帖兒月眞'의 書字 取才가 있었음을 말하고 있다. 倭訓에는 '消息, 書格' 등 11종의 倭學書가 등재되어 있다. <經國大典>에는 禮典 譯科와 取才조에 漢學(중국어)의 '四書, 老乞大, 朴通事, 直解小學' 등이 初試의 臨文·背講에서 科試 및 取才書로 규정되어 있다. 동 蒙學(몽고어)에서는 譯科 取才의 寫字 科試書로 '王可汗, 章記' 등 16종의 蒙學書가 기록되었고, 동 倭學에는 '伊路波, 消息' 등 14종의 倭學書, 그리고 女眞學으로 '千字, 天兵書' 등 15종이 역시 寫字의 科試書로 기재되었다(졸저;1988b 참조).

5.4.1 왜란·호란 이후의 역학서 편찬

근대국어 시대에 들어와서 이 사역원 역학서의 외국어 학습 자료들은 대폭적인 변화가 일어난다. 그 이유는 임진왜란과 병자호란에 의하여 실제 통역을 담당할 수 있는 역관의 필요성이 증대되었고 종전에 사용하던 역학서들의 실용성에 의문이 제기되었기 때문이다. 즉 전 시대에 언어교육에 사용되던 해당국 훈몽 교과서들의 언어가 실제로 일본인이나 만주인 또는 중국인과의 직접적인 대화에서 유용한 것이 아님을 알게 된 것이다.

그리고 역관들의 외국어 학습에서 한학의 <노걸대>·<박통사>와 같은 실용적인 회화교과서의 효용성이 인정되어 다른 삼학(三學)에서도 이와 같이 역관의 실제 임무와 연관 있는 내용의 역학서가 대두되게 되었다. 다만 왜학서의 경우는 <노걸대>와 <박통사>처럼 중국을 여행하는 데 필요한 내용이 아니라 실제로 역관에 거주하는 도래왜인(渡來倭人)의 접대나 통신사행(通信使行)을 수행하고 일본을 여행하면서 이루어지는 대화를 내용으로 하는 <첩해신어>로 나타난다. 또 병자호란 이후로 조선과 사대의 관계에 놓인 만주족의 언어를 사역원에서 교육하지 않을 수 없게 되어 사학(四學)의 하나인 여진학을 만주어 학습의 청학(淸學)으로 바꾸지 않을 수 없게 되었다.

근대국어 역학서 자료 중에서 가장 중요한 자료의 하나는 전술한 왜학서 <첩해신어>를 들 수 있다. 이미 알려진 바와 같이 <첩해신어>는 임진란에 피랍(被拉)되어 일본에 끌려간 뒤 10년 만에 쇄환(刷還)된 강우성(康遇聖)에 의해서 편찬된 것이다. 이 자료는 졸고(1984)에 의하면 1618년경에 그 일부가 편찬되어 사용되다가 1636년경에 전편이 완성되었으나 그 간행은 1676년으로 보이며 따라서 17세기 후반의 국어 자료로서 이용될 수 있다.

5.4.2 역학서의 한글 발음 전사

이 왜학서는 전 시대 한학서에서 최세진(崔世珍) 등이 시도했던 것과 같이 일본어 문자 하나하나에 언문자모의 표기체계에 맞추어 표음하였고 단락별로 의미를 번역하였다. 좀 더 구체적으로 말하면 전 시대에 <이로파(伊路波)>에서 보여준 가나(假名)문자의 발음전사 체계를[159] 버리고 고유어 표기에 사용된 언문자모의 표기 체계에 따라 일본어의 발음을 전사하였다. 이것은 <첩해신어>에 사용된 일본어의 가나문자 자체(字体)가 <이로파>의 그것을 답습하였음을 감안할 때에 매우 의미 있는 일이라고 아니할 수 없다.

근대국어 시대의 외국어 발음전사에서 왜학(倭學)의 일본어 표음은 고유어의 표기법과 크게 다를 것이 없었다고 할 수 있다. 이것은 한학서, 주로 <노걸대>·<박통사>의 중국어음 발음전사가 『홍무정운역훈(洪武正韻譯訓)』에서 보여준 표기체계를 그대로 유지하고 있었음에 비하여 매우 의미 있는 일이라고 아니할 수 없다. 이 <첩해신어>는 영조 24년(1748)에 제1차로 개수되었고 최학령(崔鶴齡)에 의하여 2차로 개수되었으나 이 제2차 개수본은 아직 발견되지 않고 있다.[160] 그 후 변세겸(卞世兼) 등이 수정한 중간본(重刊本)이 정조(正祖) 5년(1781)에 간행되었고 다시 정조 20년(1796)에 김건서(金健瑞)에 의해서 문석본(文釋本)이 편찬되었다.

5.4.3 유해류(類解類) 역학서

이 시대에는 한학의 『역어유해(譯語類解)』와 같은 어휘집으로 『왜어유해(倭語類解)』가 편찬되어 어휘 사전의 역할을 하였던 것으로 보인다. <

159 訓民正音의 <해례본>, <한문본>, <언해본>에 마련된 한글 표기법은 적어도 세 가지 표기 대상을 전제로 한 것이다. 즉, 고유어의 표기와 한자음의 정리, 그리고 <洪武正韻譯訓>에서 보이는 한어의 발음전사를 그 대상으로 하여 각각 서로 다른 표기 체계를 마련하였다. 그리하여 표기대상이 다를 때에는 그 표기법도 달라졌다. 필자의 생각으로는 <伊路波> 일본 假名文字의 훈민정음 발음전사는 <洪武正韻譯訓>에서 보이는 외국어 발음전사 체계에 따라 이루어진 것으로 보인다. 이에 대하여는 졸고(1991a)이나 본서의 제4장을 참고할 것.

160 제2차 개수본이 정식으로 간행되었을 가능성은 매우 적다. 현전하는 중간본 <첩해신어>의 판심서명이 범례부터 전권이 모두 '改修捷解新語'이고 이담의 중간 서문이 있는 4엽의 판심만이 '重刊捷解新語'임을 보면 제2차 개수본은 바로 중간본으로 간행되었을 것으로 추정된다.

왜어유해>는 종래 홍순명(洪舜明)이 1701년경에 편찬한 것으로 알려졌으나 실제로 이 책은 1780년대 초에 한정수(韓廷修)에 의해서 간행되었다(졸저;1988b). 역학서의 편찬과 간행은 사역원의 사학(四學)이 서로 유기적 관련을 맺고 이루어진다. 한학의 <역어유해>가 그 실용성에 있어서 인정을 받게 되면서 다른 삼학에서도 이와 유사한 어휘집의 간행을 추진하여 왔다. 그리하여 청학의 『동문유해(同文類解)』(1748)가 편찬될 때에 『몽어유해(蒙語類解)』도 같은 역관들에 의해서 편찬되었고 영조 44년(1768)에 간행되었다. 왜학에서도 이 시기에 <왜어유해>의 간행을 위하여 전부터 왜학에서 어휘집으로 사용하여 오던 책자 '왜어물명(倭語物名)'을 수정하려 하였으나 이를 담당한 역관들이 대마도에 가는 도중 파선하여 익사(溺死)하고 원고도 모두 수장됨으로써 중지되었다.[161]

병자호란을 겪으면서 조선은 청(淸)과의 접촉이 가일층 심화되었다. 이때의 중국 대륙과의 교섭에서 필요한 언어로는 중국어는 물론 종전의 몽고어 이외에 만주어의 지식도 필요하게 되었다. 중국어의 교육을 위해서는 사역원에서 종래 사용하던 한어(漢語) 역학서 중에서 <노걸대>, <박통사>가 더욱 중요시되었고 이 두 교재의 수정과 보완이 끊임없이 계속되었다. 이 두 책은 최세진이 번역한 이후에 근대국어 시대에 들어와서 변섬(邊暹) 등이 숙종 3년(1677)에 『박통사언해(朴通事諺解)』도 간행하였다. 그 후 영조 37년(1761)에 『노걸대신석(老乞大新釋)』이 나왔으며 그 언해본(1763)도 간행되었다. 영조 41년(1765)에는 『박통사신석(朴通事新釋)』이 편찬되었으며 그 언해본이 간행되었다. 정조 19년(1795)에는 『중간노걸대(重刊老乞大)』와 그 언해본이 간행되었으나 비슷한 시기에 <박통사>의 중간이 있었는지는 확실하지 않다.

161 '倭語物名'의 수정은 英祖 39년(1763)에 일본에 간 癸未通信使의 使行에서도 시도된 것으로 보인다. 이 사행에서 역학서의 수정을 맡은 教誨의 직에 堂上譯官인 玄泰翼·李命尹이 있어 이를 담당하게 되었다. 그 후 이들은 영조 42년(1766)에 對馬島 致賀兼 致慰使로 渡日하면서 <倭語類解>의 편찬을 위한 '物名'의 최종적인 수정을 꾀하였으나 中路에 破船하여 堂下 譯官 玄泰翼과 함께 3인이 弁沒함으로써 이 책의 간행은 모두 수포로 돌아가게 되었다.

한어 학습서로서 근대국어 시대에 편찬된 유서(類書)류의 사전으로 <역어유해>를 들 수 있다. 이것은 전 시대에 사용하던 <역어지남>, <명의> 등의 계통을 이어 받은 것이지만 이 책의 간행은 다른 삼학에서도 '유해(類解)'라는 이름의 어휘집의 편찬을 부추기게 되었음은 상술한 바 있다. 이 <역어유해>는 영조 51년 (1775)에 『역어유해보(譯語類解補)』로 증보된다.

5.4.4 근대시대의 몽고어 교육

중국대륙과의 접촉에서 중국어와 더불어 중요한 언어로는 몽고어가 있었다. 원(元)의 멸망과 함께 몽고인의 중국 통치는 끝이 났지만 아직도 중국의 곳곳에는 몽고어가 사용되고 있었던 것으로 보이며 조선에서는 중국에 사행(使行)을 파견할 때에 몽고어 역관을 수행시키는 관례가 있었다. 그리하여 사역원에서는 몽고어 교육이 계속되었는데 이 때에 사용된 몽고어 학습서도 병자호란 이후에 전면적인 개혁을 맞게 되었다. 즉, 호란(胡亂) 이전에 사용되던 몽고어 학습서는 일부를 제외하고 모두 없앴으며 <한어노걸대>를 새로 몽고어로 번역하여 <신번노걸대>란 이름으로 사용하기 시작하였다. 이것이 『몽어노걸대(蒙語老乞大)』로서 숙종 10년(1684)부터 임진·병자 양란(兩亂) 이후에 남아 있던 <수성사감(守成事鑑)> 등 '시존오책(時存五冊-당시 남아있던 5책)'의 몽학서와 함께 사용되었고, 영조 13년에 수정되어 동 17년(1741)에 간행되었으며, 동 42년(1766)에 중정(重訂)되었다(鄭光·韓相權, 1985).

이어서 『첩해몽어(捷解蒙語)』가 영조 13년(1737)에 편찬되어 <몽어노걸대>와 함께 쓰이면서 <수성사감> 등 일부 남아 있던 전 시대의 몽학서가 모두 폐지되었다(<通文館志> 卷2 「科擧」 '蒙學八冊' <續> 참조). 이 <첩해몽어>는 비교적 후대에 편찬된 것이어서 <몽어노걸대>가 중정될 때(1766)에 개정을 면하게 되었다. 그러나 후일 <몽어노걸대>와 <몽어유해>, 그리고 <첩해몽어>의 몽학삼서(蒙學三書)가 중간될 때(1790)에는 다른 두 책의 수정이 부분적인 책판의 보간(補刊)에 머물렀지만 <첩해몽

어>는 전면적인 개간(改刊)을 겪게 된다(졸고:1990c).

한어 어휘집인 <역어유해>의 유용성이 인정되어 다른 삼학(三學)에서도 유서(類書)류의 어휘집이 간행되기 시작하였는데 『몽어유해(蒙語類解)』는 몽학관 이세걸(李世杰) 등이 재물을 내어 건륭 정사(1737)에 간행되었고 만주어 어휘집인 『동문유해(同文類解)』는 건륭 무진(1748)에 청어 훈장 현문항(玄文恒)이 수정하여 운각(芸閣)에서 간행되었다. 이것은 영조 44년(1768)에 수정되어 사역원에서 간판되었고 몽학삼서가 중간될 때에도 부분적인 책판의 수정이 있었다(졸고:1990b).[162]

5.4.5 여진학서와 청학서의 편찬

병자호란 이후 사역원의 외국어 학습에서 가장 두드러진 변화는 여진학이 청학으로 바뀌어 여진어, 여진문자의 교육으로부터 만주어, 만주문자의 학습으로 전환되었다는 사실이다. 따라서 만주어 학습서, 즉 청학서의 편찬이 필요하게 되었는데 초기에는 기존의 여진학서를 일부 만주어 학습서로 변개하여 사용하였다. 즉, 『통문관지』(권7) 「인물」 '신계암(申繼黯)' 조에 의하면 신계암이 여진학서 중 '구난(仇難), 거화(巨化), 상서(尙書), 팔세아(八歲兒), 소아론(小兒論)'을 오랜 시간에 걸쳐 만주어 학습의 청학서로 바꾸어 만주어 학습에 이용할 수 있게 하였다고 한다.

여기서 과연 여진학서는 어떤 문자로 작성된 여진어 교재였을까 하는 문제가 제기된다. 졸고(2015)와 그에 의거한 제1장의 2. 사역원의설치와 설장수 조를 보면 원래 여진학서들은 여진문자로 작성되었을 것으로 알고 있었으나 위구르인 설장수에 의하여 몽고-위구르 문자로 작성되었다고 주장하였다. 위구르인으로 아비가 몽고의 원(元)에 귀화(歸化)하였다가 다시 고려로 귀의(歸依)한 설장수(偰長壽)가 조서 건국 초기에 이태조(李太祖)를 도와 사역원을 설치할 때에 사역원의 제조(提調)로

---

162 현전하는 『몽어유해』는 한어 역관 李瀷과 청어 역관 玄啓百·尹春咸이 수정하고 方孝彦이 감인하여 간행한 것으로 <蒙語類解補編>과 <語錄解>가 권말에 첨부되었다. 역시 金亨宇가 다른 역학서를 간행하면서 함께 출판한 것으로 보인다.

참여하였으며 그의 영향으로 여진학서들이 금(金)의 여진문자가 아니라 몽고-위구르 문자로 작성되었다는 주장이다.[163] 신계암이 여진학서를 청학서로 바꾸는 과정에 일어난 여러 사실들을 감안하면 이러한 추정은 매우 신빙성이 있어서 쉽게 여진학서를 청학서로 바꾼 것으로 보인다.

그러나 이 청학서들은 숙종 10년(1684)에 <청어노걸대>의 전신인 <신번노걸대>와 <청서삼국지(淸書三國志)>를 번역한 <삼역총해>가 간행되어 사용됨에 따라 여진학서였던 5책 중에서 '<팔세아>, <소아론>'을 제외하고는 모두 폐기하였다. 청학의 <동문유해>가 청(淸)의 <청문감(淸文鑑)>, <대청전서(大淸全書)>, <동문광휘(同文廣彙)> 등의 어휘집을 모방하고 한학의 <역어유해>의 체제에 맞추어 편찬되어 영조 24년(1748)에 간행되었음을 전술하였다. 그리고 청학서로서는 마지막으로 『한청문감(漢淸文鑑)』이 1775년경에 편찬되어 만주어 학습에 사용되었다.

이 청학서들은 다른 역학서와 같이 시대의 변천에 따라 수정을 거듭하였다. 먼저 『청어노걸대(淸語老乞大)』는 영조 41년(1765)에 개정되어 <청어노걸대신석(淸語老乞大新釋)>이란 이름을 얻었다. <청서삼국지>를 저본으로 한 <삼역총해>에 비하여 <청어노걸대>는 병자호란에 피로(被擄)되었다가 돌아온 '동환자(東還者)'들에 의하여 <한어노걸대>가 새롭게 번역된 것으로 처음부터 의방(依倣)할 원본이 없었기 때문에 저어(齟齬)가 없을 수 없었고, 또 백년이 지나서 '고금지이(古今之異)'마저 생겨 개정을 아니 할 수 없었던 것이다(洪啓禧의 <淸語老乞大新釋序>).

<삼역총해(三譯總解)>도 영조 50년(1774)에 수정되어 <신석삼역총해>라는 이름을 얻은 것으로 보이며 정조 1년(1777)에 <소아론(小兒論)>과 <팔세아>도 신석이 이루어진 것으로 보인다(『통문관지』 권8 「什物」 <續> 조). <삼역총해>는 다른 역학서들이 중간될 때에 당시 사역원 도제거(都提

163 조선 건국 초기에 여진어 학습서로 사용한 여진학서들이 金의 여진문자가 아니라 몽고-위구르 문자로 작성되었을 가능성은 여진문자는 金이 망한 다음에 즉시 없어졌고 여진학서들은 금이 망한 200년 가까운 시대에 마련된 것이다.

擧) 김백곡(金栢谷)의 명으로 중간되었다(李湛의 <重刊三譯總解序>).

5.4.6 역학서와 근대한국어

이상 사역원에서 외국어 학습을 위하여 편찬한 역학서 중에서 근대한국어의 자료로 이용될 수 있는 것을 개략적으로 살펴보았다. 앞에서 고찰한 바와 같이 적지 않은 양의 역학서가 간행되었으며 몇 차례에 걸쳐 수정을 거듭하였음을 알 수 있다. 이 역학서 자료들은 다음과 같은 특징을 갖고 있다.

첫째는 이 자료들이 외국어 학습이라는 목적으로 편찬된 것이며, 다른 자료에 비하여 표기법이나 언어의 표현에 주의를 기울인 독특한 성격을 갖고 있다는 사실이다. 대체로 문헌자료는 문어(written language)를 반영하는 것이 일반적이며 일상생활에 사용되는 구어(colloquial language)는 문헌자료에 나타나기 어렵다. 특히 한문의 영향으로 구어와 문어의 차이가 현격한 국어의 경우에 구어자료는 좀처럼 찾아보기 힘들다. 그러나 역학서 자료들은 학습자들의 임무로 보아 해당 언어에 대한 생생한 구어의 지식이 필요하였다. 해당어의 구어를 반영한 회화용 강독서들은 대역(對譯)이란 방법으로 근대국어로 번역되었으며 이 과정에서 근대국어의 구어가 이 자료에 나타날 수 있음은 미루어 생각하기 어렵지 않다. 근대국어 초기의 자료에서 찾아보기 어려운 주격 '-가'의 사용이 {원간}<첩해신어>에서 발견되는 것은 이 자료들의 성격을 단적으로 말해 준다.

둘째는 이 역학서 자료들은 해당어의 역사적 변천에 따라 수시로 개정되었으며[164] 해당 언어의 시대적 변화를 의식하고 역학서를 개편할

164 역학서의 개편에서 서문에 등장하는 '개정의 변'은 모두 언어의 '古今之殊', 또는 '古今之異'를 들고 있어 언어의 시대적 변화를 의식하고 있었음을 말해준다. 洪啓禧의 '改修捷解新語序'에 "[前略] 書成巳逾百年 二邦言語不無古今之殊 以比所錄則不能通話(하략)"나 李湛의 <重刊三譯總解序>에 "(전략)字句音釋亦不無古今之異"는 모두 해당 언어와 국어의 시대적 변화로 인한 언어소통의 장애에 대하여 언급하고 있다.

때는 대역의 국어도 그 역사적 변화를 감지하고 변화형을 보여 준 예를 찾아 볼 수 있다. 즉 <첩해신어>의 원간본(1676)에서 "日本 됴ᄒᆞᆫ 술을"(3권 18뒤)의 예와 제1차 개수본(1748)에서 "日本 됴흔 술을"(3권 24 뒤) 및 중간본(1781)의 "일본 죠흔 술을"(3권 23뒤)의 변화, 그리고 원간본의 "ᄉᆞᆲ디 아닐 일이엇마ᄂᆞᆫ"(2권 9앞)과 개수본의 "ᄉᆞᆲ지 아닐 일이언마ᄂᆞᆫ"(2권 13앞), 중간본의 "ᄉᆞᆲ지 아닐 일이언마ᄂᆞᆫ"(2권 18앞)의 예는 근대 국어 'ㄷ 구개음화'의 과정을 시대적으로 고찰하는 데 여간 유용한 예가 아닐 수 없다. 셋째는 사역원 역학서 자료들은 상호 연관되어 언해와 신석, 중간이 이루어졌다는 사실이다. 한학의 <노걸대>는 몽학의 <몽고어노걸대>, 청학의 <청어노걸대> 등과 함께 서로 유기적인 연관을 맺고 편찬되었으며 그 개정도 거의 비슷한 시기에 이루어진다. 역학서의 대폭적인 개정은 중국이나 일본에 보냈던 사행(使行)이 돌아왔을 때에 이루어진다. 즉 중국이나 일본에 보냈던 사행에서는 역학서의 수정을 담당하는 '교회(敎誨)'가 언제나 포함되어 있었으며 국가에 중요한 외교적 문서가 잘 해결되지 않아 그 탓을 역관들의 통역으로 돌리는 경우가 없지 않았고 사행의 정사(正使)가 통역에 관심이 있었을 때에 역학서의 수정은 대대적으로 이루어진다.[165]

수정의 방법은 현지에서 상대방의 역관에게 질문하여 교정하고 그 질정(質正)을 근거로 하여 사행(使行)이 돌아온 다음에 역학서의 개정이 이루어진다. 따라서 중국에서 사행이 돌아왔을 때에는 한학, 몽학, 청학의 개정이 이루어지고, 일본의 통신사행이 돌아왔을 때에는 왜학의 개정이 있었다. 그리하여 <노걸대>·<박통사>의 신석(新釋)이 이루어진 시기(1763~1765)에 청학의 <청어노걸대>가 신석되었고(1765) 이보다 조금 늦게 <삼역총해>, 그리고 <팔세아>, <소아론>도 신석되었다(<신석

165 그 대표적인 예로 洪啓禧를 들 수 있다. 그는 영조 23년(1747)에 일본의 丁卯使行의 通信正使로 渡日할 때 押物通事 崔鶴齡으로 하여금 <捷解新語>를 개정하게 하였고, 사행이 돌아온 이듬해에 제일차 개수본이 간행된다(<改修捷解新語> 卷頭에 부재된 洪啓禧의 序文과 '筵說' 참조).

삼역총해>의 1774, <팔세아>·<소아론>의 신석은 1777). 몽학 삼서가 중간되는 시기(1790)에 한학의 <노걸대>도 중간이 시작된 것으로 보이며(<중간노걸대> 1795) 이보다 조금 앞서 <삼역총해>와 <첩해신어>도 중간(重刊)된 것으로 보인다.

<첩해신어>의 개수(改修)는 통신사행의 귀환과 더불어 시작된다. 편찬자 강우성(康遇聖)이 세 차례에 걸쳐 일본의 포로쇄환 사행을 수행한 후에 이 책을 완성한 것과 같이 그 제일차 개수도 홍계희(洪啓禧)를 정사(正使)로 하는 정묘(1747) 통신사행에서 이루어졌으며 사역원의 다른 삼학(三學)에서 역학서를 중간할 때에 중간본이 간행되었다.

넷째 이와 같이 유기적으로 연관된 역학서의 개편은 일정한 간격을 두고 근대국어의 변천과정을 살펴볼 수 있게 한다. 예를 들면 한학의 <노걸대>는 중종 9년(1514)에 최세진에 의해서 번역된 이래로 숙종 11년(1670)에 언해되면서 수정되었고 영조 37년(1761)에 신석(新釋)된 것이 영조 39년(1763)에 다시 언해되어 이 두 자료로 1세기 이후의 변화형을 찾아 볼 수 있게 되었다. 이것은 정조 19년(1795)에 다시 중간되어 또한 그 후의 변화를 살필 수 있게 되었다(김완진, 1976). 특히 사역원 사학에서 신석과 개수, 그리고 중간이 일제히 있었던 영·정조대의 국어는 이 역학서 자료를 통하여 전대로부터의 변화를 상당히 깊이 있게 파악할 수 있게 할 것이다.

역학서의 세계

—조선 사역원의 외국어 교재 연구—

제2장

한학서(漢學書)

역학서의 세계
-조선 사역원의 외국어 교재 연구-

제2장 목차

1. 들어가기

1.0.1 한학서(漢學書)란 한어(漢語)를 교육하기 위하여 조선왕조에서 사용한 교재를 말한다. 중국어를 한어(漢語)로 부르기 시작한 것이 언제인지 확실하지 않지만 졸저(2014)에 의하면 원대(元代)에 중국 동북지방의 사투리였던 한아언어(漢兒言語)가 몽고 제국(帝國)의 공용어가 되면서 오래도록 통용어로 사용된 당대(唐代) 장안(長安)의 통어(通語)에 대하여 한아언어, 즉 줄여서 한어(漢語)가 중국에서 사용되는 언어를 가리키게 되었다.

주지하는 바와 같이 중국의 선진(先秦)시대에 사용된 상고어(上古語, Archaic Chinese)는 사서오경(四書五經)의 언어로서 동주(東周)의 서울 낙양(洛陽)의 말을 한자로 적은 것이다. 중국어의 역사에서 보통 아언(雅言)으로 알려진 이 말은 유교 경전의 언어여서 지금도 위력을 갖고 문어(文語)로서 사용된다. 그러나 진(秦)의 천하 통일과 이어진 한(漢), 수(隋), 당(唐)과 같은 통일 제국에서는 장안(長安)의 언어가 공통어로 사용되었다. 많은 문학 작품과 불경의 한문이 된 이 말은 보통 통어(通語), 또는 범통어(凡通語)라고 부른다.

그러나 북방민족들이 요(遼)를 세우고 중원에는 송(宋)이 건국되면서 중국에서 남북의 언어는 서로 대치되었으며 이것이 원(元)의 통일로 요(遼)와 금(金), 그리고 원(元)의 중심지였던 동북지방의 언어가 중국의 대표언어로 등장한다. 이 언어는 당(唐)의 장안의 언어와 달랐으며 사서오경의 언어인 아언(雅言)과는 거의 통역이 필요할 정도로 다른 말이었다. 따라서 사서오경이나 당송(唐宋)의 문학자품, 그리고 불경을 통하여 배우던 한문의 중국어, 즉 아언(雅言)이나 통어(通語)와는 별도로 한어(漢語)를 따로 배우지 않을 수 없게 되었다.

특히 몽고의 원(元)과 접촉이 잦았던 고려 후기에는 한어 학습을 위하여 한어도감(漢語都監)을 두었었고 이로도 부족하여 통문관(通文館)을 설치하여 양가자제로 하여금 한어를 배우도록 하였다. 왜냐하면 유교 경전의 언어인 아언(雅言)을 숭상하고 오랫동안 통어(通語)에 익숙했던 고려의 유신(儒臣)들은 한어(漢語)를 천시(賤視)하고 그 말의 사용을 기피하였기 때문이다. 그러나 한어(漢語)의 수요는 점차 확대되었고 명(明)이 건국하면서 한때 중국에서도 한어를 기피하였으나 북경(北京)이 다시 명(明)의 수도(首都)가 되면서 한어의 필요성은 더욱 굳어지게 되었다. 이렇게 시작된 한어의 교육은 통문관(通文館)의 뒤를 이은 사역원(司譯院)이 전담하게 되었다. 사역원 사학(四學)의 첫 번째로 한학(漢學)이 있었고 오늘날의 영어교육처럼 한어의 교육은 특별한 대접을 받았다.

1.0.2 조선시대의 몽고어, 왜어(倭語), 여진어 또는 만주어와 함께 한어(漢語)를 교육하는 제도는 고려의 것을 계승하여 발전시킨 것이다. 고려의 전신이었던 태봉(泰封)의 궁예(弓裔)는 사대(史臺)를 두어 제방(諸方)의 역어(譯語)를 담당하게 하였으며[1] 고려가 건국한 뒤에도 역어의 교육은 계속되었다. 고려의 후기에는 통문관(通文館)을 설치하여 한어를 비롯한 외국어의 국가적인 교육이 실시되었으며 이것이 후일 사역원(司譯院)으로 개명되어 역어를 관장하였다. 즉 『고려사(高麗史)』(권76) 「백관지(百官志)」(1) '통문관(通文館)' 조에

> 通文館, 忠烈王二年始置之, 令禁內學官等參外年未四十者習漢語。時舌人多起微賤, 傳語之間多不以實, 懷奸濟私, 參文學事金坵建議置之。後置司譯院以掌譯語。 - 통문관은 충렬왕 2년에 처음으로 설치하여 금내학관 등 참외로[2] 나이가 40미만인 자에게 한어를 학습시켰다. 그 때에는 설인(역관을 말함-필자 주)들이 미천한 신분이어서 통역을 할 때에 사실대로 하지 않고 간사하게 사사로운 일로 전하는 경우가 많았다. 참문학사 김구가 건의하여 설치하였고 후에 사역원을 두어 역어를 관

1 『三國史記』(卷46) '弓裔所制官號' 조 "史台掌習諸譯語" 라는 기록과 같은 책(卷50) 「列傳」 '弓裔' 조에도 "又置史台, 掌習諸譯語"라는 기사 참조.

2 '參外'는 정칠품 이하의 관원을 말함. '參下'라고도 함.

장하게 하였다.

이라 하여 충렬왕(忠烈王) 2년(1276)에 참문학사(參文學事) 김구(金坵)의 건의로 통문관을 처음 설치하고 금내학관(禁內學官) 중에서[3] 참외(參外)로 40세 미만인 자에게 한어를 학습하게 하였음을 알 수 있다.

이와는 별도로 고려에서는 한문도감(漢文都監)을 두어 한어를 학습시켰고 공양왕(恭讓王) 때에는 이를 한어도감(漢語都監)으로 개칭하고[4] 한어 교육을 전담시켰으며 통문관의 후신인 사역원에서는 한어보다는 이문 교육에 치중한 것으로 보인다. 즉 『고려사』(권77) 「백관(百官)」(2) '제사도감각색(諸司都監各色)' '십학(十學)'조에

> 恭讓王元年置十學, 教授官分隷, 禮學于成均館, 樂學于典儀寺, 兵學于軍候所, 律學于典法司, 字學于典校寺, 醫學于典醫寺, 風水陰陽等學于書雲觀, 吏學于司譯院 - 공양왕 원년에 십학을 두고 교수관을 나누어 예학은 성균관에, 악학은 전의시에, 병학은 군후소에, 율학은 전법사에, 자학은 전교시에, 의학은 전의시에, 풍수음양학은 서운관에, 이학은 사역원에 소속시켰다.

이라 하여 공양왕 원년(1389)에 '예학(禮學), 악학(樂學), 병학(兵學), 율학(律學), 자학(字學), 의학(醫學), 풍수음양학(風水陰陽學), 이학(吏學)'의 십학(十學)을 두고[5] 교수관(教授官)을 각사(各司)에 분예(分隷)하였는데 이학(吏學)은

3 '禁內學官'은 '秘書, 史館, 翰林, 寶文閣, 御書, 同文院'의 文官을 말하며 '式目, 都兵馬, 迎送'을 합하여 禁內九官이라 하였다. 『高麗史』(卷76) 「志」(卷第31) '百官'二 '通文館'조 참조.

4 『高麗史』(卷77) 「志」(卷第31) '百官'(2) '諸司都監各色'조에 "漢文都監, 恭讓王三年改漢語都監, 爲漢文置教授官"이란 기사를 참조

5 『高麗史』의 '十學'은 成均館 等 八司에 나누어져 있고 '風水陰陽學'을 둘로 나누어도 九學에 불과하다. 이에 대해서 『增補文獻備考』에서도 "臣謹按麗史十學教授分隷于各司, 而所臚列者, 只是八司。雖以風水陰陽分爲二學, 猶不滿十學之數, 可疑。"라 하여 필자와 같은 의문을 가졌는데 譯學이 빠진 것이 아닌가 한다.

사역원이 담당하였음을 알 수 있다. 이학을 이문(吏文)의 교육으로 본다면 '이문'이란 중국에 보내는 사대문서에 사용된 독특한 한문체로 원대의 공문서에 널리 사용된 것이다. 즉 원대(元代)의 『대원통제(大元通制)』, 『지정조격(至正條格)』, 『언전장(元典章)』 등에 사용한 한어 문장은 고문(古文)이나 백화문(白話文)과도 다른 독특한 문체로 주로 행정 문서에 사용되었기 때문에 이문(吏文)이란 이름을 붙인 것이다.[6]

1.0.3 고려에서는 국초부터 문서감(文書監)을 두고 사대교린의 문서를 관장하도록 하였으며 후일 이것이 문서응봉사(文書應奉司)로 개칭되어 조선시대에 승문원(承文院)의 기초가 되었으며 또 별도로 충혜왕(忠惠王) 원년(1340)에 이학도감(吏學都監)을 두고 이문을 교육하였으나,[7] 사역원에서도 이문에 대한 지식이 필요할 때가 있었으므로 여기서도 이문의 교육이 실시되었다. 고려에서는 사역원이 통문관의 전통을 이어받아 단순한 역관의 양성이 아니라 금내학관(禁內學官)들에게 한어를 교육하기 위하여 시작된 것이므로 한문(古文)과 이문(實用文) 그리고 한어(會話)까지 할 수 있는 외교관의 양성이 그 목적이었다. 반면에 단순한 통역을 담당하는 역관은 한어도감(漢語都監)에서 배출되었을 것으로 보인다.

6 元代의 吏文은 당시 이곳 주민들이 口語로 사용하던 漢兒言語를 그대로 한자로 적으면서 생겨난 문체로 漢兒言語의 文語라고 할 수 있다(졸고, 2006a). 주로 罪人의 문초에서 그들의 자백을 그대로 한자로 적은 것이 이 문체의 발단으로 소위 알타이어족이라고 불리는 이 지역의 교착어들과 접촉하면서 많은 문법 형태들이 끼어들은 漢語의 표기를 위한 것이다. 이러한 이문은 우리말 표기에도 적당하여 조선에서도 유행하였는데 원대의 吏文을 漢吏文, 조선에서 유행한 이문을 朝鮮吏文으로 구별하여 부른다(졸고, 2008, 2012).

7 『增補文獻備考』(卷221) 「職官考」 '承文院' 조에 "高麗置文書監進色, 掌事大交隣文書, 有別監, 後改稱文書應奉司。有使副使判官, 皆以他官兼。本朝國初仍麗制, 太宗九年改置知事、僉知事、檢討官、校理、修撰官、書記, 而各有權知。十年改置承文院, 置判事、知事、僉知事各一員 校理、副校理、正字、副正字各二員, 十五年增置博士, 著作各二員 [下略]"라고 한 기사로 承文院의 전신이 高麗의 文書監進色임을 알 수 있다. 또 '吏學'에 대하여는 忠惠王 元年(1340)에 吏學都監을 두고 忠穆王 4年(1348)에 永山君 張沆, 僉議參理 金允臧 等 判事 7人과 副使 3人, 判官 3人, 綠事 4人을 두어 吏學을 振興시켰음을 알 수 있다. 모두 元에 보내는 외교문서의 작성을 위한 것이므로 모두 漢吏文의 학습을 말한다.

이와 같은 사역원의 전통은 조선의 건국 초에 그대로 계승되었다. 조선 태조 2년(1393) 9월에 사역원을 설치하고[8] 화언(華言-한어)을 이습(肄習)하게 하였는데 이때에도 역어(譯語)와 이문을 동시에 교육한 것으로 보인다.『태조실록』(권6) 태조 3年 11월 을묘(乙卯)조의 기사에

> 司譯院提調偰長壽等上書言: 臣等竊聞, 治國以人才爲本。而人才以敎養爲先, 故學校之設乃爲政之要也。我國家世事中國, 言語文字不可不習。是以肇國之初, 特設本院, 置祿官及敎官、敎授、生徒, 俾習中國言語、音訓、文字、體式, 上以盡事大之誠, 下以期易俗之效。[下略] - 사역원 제조 설장수 등이 임금에게 아뢰기를 "신들이 듣기에 나라를 다스림에 있어서는 인재가 근본이 된다고 하였으며 인재는 교양이 먼저입니다. 그러므로 학교를 설치하는 것은 정사에서 중요한 일입니다. 우리나라가 대대로 중국을 섬겨서 [중국의] 언어와 문자를 학습하지 않을 수 없습니다. 이로써 처음 나라를 세울 때에 특히 본원을 설치하여 녹관과 교관, 교수, 생도를 두어 중국의 언어와 음훈, 문자, 체식을 배우게 하였습니다. 위로는 사대의 성의를 다하고 아래로는 쉽게 효과를 보기 위함이었습니다'라고 하다. [하략]

라 하여 사역원에서 중국의 언어, 음훈(音訓), 문자, 체식(體式)을 교육하였음을 알 수 있는데 이 때의 '체식(體式)'은 이문(吏文)의 독특한 문체를 가르치는 것으로 보아야 할 것이다.

사역원이 설치된 태조 2년 10월에 '병학(兵學), 율학(律學), 자학(字學), 역학(譯學), 의학(醫學), 산학(算學)'의 육학(六學)을 두어[9] 양가자제로 하여금 이들을 이습(肄習)하게 하였으며, 이 중 역학(譯學)의 교육은 이보다 1개월 전에 설치된 사역원에서 담당하였을 것이다.

---

8 『太祖實錄』(卷4) 太祖 2年 9月 辛酉조에 "置司譯院, 俾習華言"이란 기사 참조.

9 『太祖實錄』(卷2) 太祖 2年 10月 己亥조에 "設六學, 令良家子弟俾習, 一兵學, 二律學, 三字學, 四譯學, 五醫學, 六算學"이란 기사 참조.

태종 6년(1406)에는 상술한 육학(六學) 이외에 하륜(河倫)의 계(啓)에 의하여 '유학(儒學), 이학(吏學), 음양풍수(陰陽風水), 악학(樂學)'의 사학(四學)을 추가하여 십학(十學)을 설치하였는데 이것은 고려 공양왕 때의 십학(실은 八學)에 역학(譯學)과 산학(算學)이 추가된 것이며 태조(太祖) 조의 육학에 비하여 병학(兵學)이 무학(武學)으로 명칭만 바뀌었을 뿐이다.[10] 태종(太宗) 조의 십학에 추가된 이학도 초기에는 사역원에서 교육되었을 것이나 태종 10년(1410)에 승문원(承文院)이 설치되자 이학은 승문원에서 교육된 것으로 보인다. 즉 『반계수록(磻溪隨錄)』(권15) 「직관지제(職官之制)」上 '승문원(承文院)' 조에

> [承文院] 掌事大交隣文書及通習漢語吏文, [中略] 文官五品以下, 每冬會本院, 講漢語{二書}或吏文, 皆定所業 吏文則無過二十人, 漢語勿限數。五分以上賞加一階, 不通者降一階, 其無故不參者罷職。[下略]-- [승문원은] 사대교린의 문서를 관장하고 한어와 이문을 학습한다. [중략] 문관 5품 이하는 매 겨울 본원에서 모여 한어{2서-<노걸대>, <박통사>를 말함} 혹은 이문을 강한다. 모두 소업을 정하여 이문은 20인이 넘지 않게 하고 한어는 제한된 숫자가 없다. 5분 이상의 점수를 받은 자는 품계를 하나 올리고 불통자는 품계를 하나 내린다. 연고 없이 불참한 자는 파직한다. [하략]

라는 기사가 있어 승문원에서 한어와 이문을 오품 이하의 문관에게 교육하였음을 알 수 있다.[11]

---

10 『太宗實錄』(卷12) 太宗 6年 11月 辛未조에 "置十學, 從左政承河崙之啓也。一日儒、二日武、三日吏、四日譯、五日陰陽風水、六日醫、七日字、八日律、九日算、十日樂, 各置提調官, 其儒學只試具任三館七品以下, 餘九學勿論時散自四品以下, 四仲月考試, 第其考下以憑黜陟"라는 기사가 있어 太宗조의 十學이 儒, 武, 吏, 驛, 陰陽風水, 醫, 字, 律, 算, 樂을 말하며 儒學은 三館의 7品 이하에게, 그리고 나머지 9學은 4品 이하에게 考試하여 黜陟의 근거로 삼았음을 알 수 있다.

11 『經國大典』(卷1) 「吏典」 '正三品衙門' '承文院'조에 "承文院掌事大交隣文書, 並用文官 [中略] 吏文習讀官, 二十員 [下略]"이라는 기사와 同 「禮典」 '奬勸'조에 "承文院

세종 조에는 '유학(儒學), 무학(武學), 한이학(漢吏學), 자학(字學), 역학(譯學), 음양학(陰陽學), 의학(醫學), 악학(樂學), 산학(算學), 율학(律學)'의 십학(十學)이 완비되었다. 이 때에도 역학은 사역원에서, 한이학(漢吏學)은 승문원(承文院) 이 중심이 되어 교육을 하였으나 사역원에서도 이문(吏文, 한이문을 말함)을, 승문원에서도 한어(漢語)를 교육하였다는 기록이 보인다.[12] 또 한이학(漢吏學), 즉 한이문의 교육을 시험한 한이과(漢吏科)와 한어를 시험한 통사과(通事科)에서도 구어(口語)인 한어(漢語)와 문어(文語)인 한이문(漢吏文)이 서로 교체되어 출제된다는 기록이 실록에 전해지므로 사역원에서도 한이문의 교육이 있었고 승문원에서도 <노걸대>, <박통사>를 통한 한어의 교육이 있었음을 알 수 있다.

그러나 『경국대전』에서는 한이과(漢吏科)가 없어지고 역과(譯科) 한학(漢學, 한어 교육)만이 남게 되어 역관 양성을 위한 한어 교육이 사역원의 임무가 되었고 이학, 즉 한이학은 점차 문신(文臣)의 여기로서 승문원에서 이를 교육하게 된 것이다.[13] 한이과가 일시 설치되었으나 조선시대를 통하

官員, 每旬提調講所讀書 詩、書、四書、魯齋大學、直解小學、成齋孝經、少微通鑑、前後漢書、吏學指南、忠義直言、童子習、大元通制、至正條格、御制大誥、朴通事、老乞大、吏文謄錄"이라 하여 經史類(詩, 書, 四書, 魯齋大學, 直解小學, 成齋孝經, 少微通鑑, 前後漢書)와 譯語類(朴通事, 老乞大) 이외에 '吏學指南, 忠義直言, 童子習, 大元通制, 至正條格, 御制大誥, 吏文謄錄' 등의 漢吏學類가 열거되었다. 또 同 '勸奬' '寫字' 조에 "漢語吏文寫字特異者雖犯罪作散, 除重犯私罪外仍仕 - 한어와 이문의 쓰기에 뛰어난 자는 비록 범죄를 저질러 관직에서 물러나게 되었더라도 중범이나 사죄를 제외하고는 그대로 계속 근무하게 하다"라는 기사가 있어 承文院에서 한어와 吏文의 교육에 얼마나 힘썼는가를 알 수 있다.

12 『世宗實錄』(卷47) 世宗 12年 庚戌 3月 戊午 '諸學取才' 조에 詳定所에서 정한 吏學과 譯學 漢訓의 講書 및 諸藝 數目이 등재되었는데 吏學은 經史類 이외에 <朴通事>, <老乞大>의 漢語가 포함되었다. 또 具允明의 『典律通補』(1786) 「禮典」 '漢語吏文' 조에 "漢語吏文, 文臣令槐院抄二十九歲以下人習漢語, 三十九歲以下人習吏文, 並四十九許頉本院褒貶, 坐起三處. [中略] 考講三處 [下略]"이라 하여 承文院의 文臣들로 하여금 29세 이하는 한어를, 39세 이하는 吏文을 학습하게 하였음을 알 수 있다.

13 『磻溪隨錄』(卷25) '續編 言語' 조에 "四學及各州縣學, 每三朔一講漢語, [中略] 若我莊憲大王一新百度, 有意於是, 就設承文院, 令文官始出身者必讀漢語吏文。又撰四聲通攷以卞其音, 又今凡百名物皆稱以漢語, 至今尙有傳習者"라는 기사가 있어 世宗 조에 文官에서 出身을 시작한 사람들에게 반드시 漢語와 吏文을 읽게 하였음을 알 수 있으며 漢文에 익숙한 文臣들은 漢吏文을 쉽게 이해할 수 있었던 것으로 보인다.

여『경국대전』의 보수성은 매우 강해서 대전에 등재되지 못한 제도는 연속되기 어려운 탓인지 조선 후기에는 역과 한학만이 존속되었다.

사역원은 한어 교육이 중심을 이루었으며 태조 2년 9월에 사역원이 설치되면서 한학과 몽학(蒙學)이 있었고 태종 15년에 왜학(倭學)이 병치(並置)되었는데[14], 『경국대전』에서는 여진학이 첨가되어 사역원 사학(四學)이 완비된다. 사역원 사학에서 한어, 몽고어, 일본어, 여진어가 교육되었으며 여진학은 현종(顯宗) 8년(康熙丁未, 1667)에 만주어를 교육하는 청학(淸學)으로 바뀌었다. 사역원은 조선을 통하여 상술한 외국어를 교육하고 역관을 관리하여 외교 관계의 실무를 맡아왔으며 이러한 제도는 갑오경장(甲午更張, 1894)까지 계속된다.

1.0.4 이상의 고찰을 통하여 조선시대의 한어(漢語) 교육은 역과(譯科)라는 중인 계급의 출세를 위하여 혼신을 다하여 학습하도록 한 것이다. 다음에는 이 역과 한학이 실제로 어떻게 시행되었는지 살펴보기로 한다.

2. 역과 한학과 한학서(漢學書)

2.0.0 조선시대의 외국어 교재, 즉 역학서는 제1장에서 살펴본 바와 같이 실록과 대전에 과거와 취재 및 각종 시험의 출제서로 구 서명을 보여준다. 따라서 이 시대의 역학서를 살펴보려면 그 시대의 각종 시험에 출제되는 외국어 교재를 찾아내어 고찰하여야 한다.

한학서, 즉 한어 학습 교재들도 이 시대의 각종 시험에서 한어의 구사 능력을 시험하는데 사용되는 한어 출제서를 고찰해야 한다. 한어의 능력을 측정하는 각종 시험 가운데 가장 중요하고 난이도가 가장 높은

14 太祖 2年에 설치된 司譯院에서는 漢學과 蒙學만이 교육되었던 것으로 보인다. 졸고(1987b, c) 참조.

과거시험, 즉 역과(譯科)의 출제서를 살펴보는 것이 중요하다. 이 절(節)에서는 이에 대하여 고찰해 본다.

2.0.1 조선시대의 역과(譯科)

조선시대 사역원의 외국어 교육은 그 평가의 방법이 사역원에서 시행하는 각종 고강(考講)과 원시(院試), 그리고 필요에 의해서 실시하는 각종 취재(取才)가 있었으나 가장 중요하고 최상위의 평가는 예조(禮曹)에서 실시하는 역과(譯科)라고 할 수 있다. 젊은 시절의 역관들은 최종 목표인 역과의 급제를 위하여 외국어를 배워야 했다.『경국대전』에 규정된 바와 같이 과거시험에 합격하여야 출육(出六), 즉 6품 이상의 관직에 오를 수 있기 때문이다.

이로 인하여 사역원에서의 외국어 교육은 역과(譯科)를 위한 교육이라고 하여도 과언은 아닐 정도로 이 시험을 대비하여 교육하였고 역생(譯生)들은 이를 목표로 자신의 배워야 할 외국어의 교재를 외우고 사자(寫字), 즉 베껴 쓰는 공부를 반복하였다. 사역원의 모든 외국어 교재들은 역과의 출제서로 인정되었을 때에 비로소 제대로 된 역학서의 반열에 오를 수가 있게 된다. 따라서 역과 과시서(科試書), 즉 역과 출제서로 인정된 역학서들은 계속해서 수정되어 간행되었고 그렇지 못한 역학서들은 사라지게 되었다.

이러한 조선시대의 교육 구조를 보면 역과(譯科)의 시행과정을 살펴보면서 과시서(科試書)의 종류와 그 시험 방법을 고찰하는 것이 이 시대의 역학서를 이해하는 첩경이라고 아니 할 수 없다. 이제부터 역과를 고찰하기로 한다.

2.0.2 한양(漢陽) 유씨(劉氏)의 역과 한학 시권

오래전의 일이지만 서울 강동구 하일동 소재의 강릉(江陵) 유씨(劉氏) 종친회(宗親會)의 종무소(宗務所)에 기거하던 유종희(劉鍾輝) 옹(翁)은『역과팔세보(譯科八世譜)』에 오르도록 많은 역관을 배출한 한양(漢陽) 유(劉)씨의 후손[15]으로 그의 9대조인 유학기(劉學基)와 그 장남인 유운길(劉運吉) 부자에 관한 많은 고문서를 보관하고 있었다. 필자는 우연한 소개로 1986년 10월에 유옹(劉翁)을 방문하여 이 고문서들을 열람할 수가 있었는데 그 중에는 영조 신묘(1771) 식년시(式年試)와 정조 을유(1789) 식년시(式年試)의 역과 한학 초시(初試)·복시(覆試)에 응과한 유학기(劉學基)·운길(運吉) 부자의 시권(試券)이 다수 포함되어 있었다.

여기에서는 이 시권과 고문서들을 통하여 이 시대의 역과 한학의 실제적인 시행과 그 역과 과시서(科試書)인 한학의 역학서에 대하여 고찰하고자 하는 것이다. 필자는 1986년 6월에 헌종(憲宗) 갑진(甲辰, 1844)에 시행된 증광별시(增廣別試)의 역과 청학(淸學)에 부거(赴擧)한 백완배(白完培)의 시권을 살펴보면서 조선 후기의 역과 청학과 그 출제서인 만주어 학습서에 대하여 고찰한 바 있으며[16] 본서는 그에 후속하는 작업이라고 할 수 있다.

2.0.3 잡과(雜科)와 역과

역과(譯科)는 조선시대의 과거제도에서 문(文)·무(武) 양과(兩科)에 대하여 잡과(雜科)로 불리는 여러 과거 중의 하나이다. 잡과는 역과, 의과(醫科), 율과(律科), 산과(算科), 운과(雲科, 일명 陰陽科) 등을 말하며 이 시대의 기술관을 선발하는 시험이었다.[17] 조선 건국 초기에 시행되던 통사과(通事科)와 한이과(漢吏科)가 『경국대전』에서 역과로 통합되었고 그 후의 법전에서 역과의 출제서가 규정되어 있어서 사역원에서는 이 교재를 통하여 외국어(漢語, 蒙古語, 倭語, 女眞語 또는 滿洲語)를 교육하였는데, 이들을 사

15 漢陽 劉氏는 江陵 劉氏의 漢陽派로 <江陵劉氏·漢陽派 世系略圖>에 의하면 劉多佛(德章)이 그 始祖라 함.

16 이에 대하여는 1986년 6월 국어국문학회 전국연구발표회에서 구두로 발표하였다(졸고, 1987a).

17 이에 대해서는 辛洪烈(1967)과 李成茂(1971)에 言及되어 있으며 奎章閣에 소장된 『雜科榜目』(高宗 7年, 1830)에는 司譯院榜目, 觀象監榜目, 律科, 醫科榜目의 이름을 보이고 觀象監榜目의 表紙에는 雲科로 되었다.

역원 역서(譯書, 또는 譯學書)라고 불렀음은 제1장 총론에서 누누이 언급한 바 있다.

주지하는 바와 같이 이 사역원 역학서의 자료는 국어의 역사적 연구에서 매우 중요한 자료로 인식되고 있지만 한편 매우 독특한 성격의 자료라고 할 수 있다. 필자는 이 역학서 자료의 성격을 이해하지 못하고 이를 국어사 연구에 사용하였을 때, 많은 문제가 발생할 수 있음을 강조하여 왔다. 이 자료들이 다른 국어학 자료와 두드러지게 다른 점은 먼저 이 자료들이 외국어 학습용이며 역과나 취재(取才)의 시험용으로 편찬되었다는 점이다. 따라서 역학서의 자료적 특성을 이해하려면 그 자료가 외국어의 무엇을 학습하기 위하여 편찬되었는가를 살펴야 하며 그것이 실제로 역관의 시험, 즉 역과, 취재, 원시(院試), 고강(考講) 등에서 어떻게 사용되었는가를 먼저 고찰해야 한다.

2.0.4 시권(試券)으로 본 역과 한학(漢學)의 실제

여기서는 한학 역학서와 이들이 역과 한학에서 어떻게 출제되었는가를 살피고 실제로 역과제도가 한학서의 편찬에 얼마나 많은 영향을 주었는가를 밝히고자 한다. 사역원 역학서에 대한 연구는 그동안 많은 업적이 있었지만, 역학서를 실제 역과제도와 관련지어 고찰한 일은 찾아볼 수 없었다. 그러나 필자는 이러한 연구를 통하여 역학서에 대한 더 많은 사실들이 밝혀질 수 있을 것이라고 생각한다.

오래전의 일이지만 귀중한 자료를 소중히 보관하고 있었으며 필자에게 선뜻 열람과 사진 촬영을 허가하신 유종희(劉鍾輝) 옹(翁)께 감사를 드리지 않을 수 없다. 이제는 유명(幽明)을 달리하셨을 것이니 고인의 명복(冥福)을 빌어 마지않는다.

1) 한어 교육과 역과(譯科)의 변천

2.1.0 동아시아의 중국 주변의 여러 민족들은 중국의 과거제도를 들

여다가 국가 운영을 위한 인재 발탁의 방법으로 사용하였다. 중국에서의 과거제도는 흔히 한(漢)에서 연원(淵源)하여 수(隋)에서 흥(興)하고 당(唐)에서 성(盛)했으며 송(宋)에 이르러 완성되었다고 말한다(宮崎市定, 1946). 중국 주변의 여러 민족들은 이보다는 늦게, 주로 당(唐)의 영향을 받아 자신들의 과거제도를 정비하고 이를 운영하였다.

이 땅에서 과거제도의 효시(嚆矢)는 신라까지 거슬러 올라갈 수 있다. 즉 신라 원성왕(元聖王) 4년(788)에 시작된 독서출신과(讀書出身科)는 오늘날 우리가 가진 기록 중에서 최초의 과거에 준하는 제도라고 할 수 있다. 이 때는 '곡례(曲禮), 논어(論語), 효경(孝經)' 등의 경서(經書)와 '춘추(春秋), 좌씨(左氏)' 등의 사서(史書)를 통독한 정도에 따라 상독(上讀), 중독(中讀), 하독(下讀)으로 구분하였고 이와는 별도로 오경(五經), 삼사(三史), 제자백가서(諸子百家書)에 박통(博通)한 자는 상독보다 먼저 탁용(擢用)하였다는 기사가 『삼국사기』 등에 전해진다.[18]

신라 말기에는 신라인이 당(唐)의 빈공과(賓貢科)에 응과하여 급제하기도 하였는데 『동인문선(東人文選)』의 최해(崔瀣)에 의하면 당의 장경연간(長慶年間, 821~824)에 처음으로 김운경(金雲卿)이 당의 신라빈공과(新羅賓貢科)에서 '두사(杜師)'란 제명으로 예방(禮榜)에 오른 후에 당말(唐末)까지 56인의 급제자를 내었다고 한다. 또 오대(五代)때에는 후량(後梁)과 후당(後唐)에서 신라인 31인이 등과(登科)하였으며 고려 때에도 송(宋)의 빈공과(賓貢科)에 급제자를 내었으나 그것은 매 별시(別試)에 그 이름을 방미(榜尾)에 덧붙이는데 지나지 않았다 (『增補文獻備考』, 卷184 「選擧考」 1 참조).

『고려사』에 의하면 고려 건국 초에는 본격적인 과거 제도는 없었던 것으로 보인다. 고려 태조는 건국 이후 학교를 세우고 교학(敎學)에 힘을 썼는데 이에 대하여는 『고려사』(권74) 「지(志)」(제28) '선거(選擧)' 2 '과

18 '讀書出身科'에 대하여는 『增補文獻備考』(卷184) 「選擧考」(1) '科制'(1)에 "讀春秋左氏傳、若禮記、若文選, 而能通其義, 兼明論語、孝經者爲上讀。曲禮、論語、孝經者爲中讀。曲禮、孝經者爲下讀。若博通五經、三史、諸子百家書者起擢用前此。但以射選人至是改之。"라는 기사와 같은 내용의 『三國史記』(卷10) 「新羅本記」 第十 '元聖王 四年'조의 기사를 참조.

목(科目)' 2에

> 太祖十三年幸西京, 創置學校, 命秀才廷顎爲書學博士, 別創學院, 聚六部生徒教授。後太祖聞其興學, 賜綵帛勸之。兼置醫、卜二業, 又賜念穀百石爲學寶。- 태조 13년에 서경에 가시어 학교를 새로 세웠다. 수재 정악을 서학박사를 삼았으며 그에게 명하여 별도로 학원을 창업하고 6부에서 생도를 모아 교육하게 하였다. 후에 태조가 학문이 흥했다는 말을 듣고 채백을 내려 권장하고 겸하여 의업과 복업을 더 두게 하였으며 또 곡식 백석을 내려주어 학보, 즉 재단을 삼게 하였다.

라는 기사가 있어 태조 13년(930)에 서경(西京), 즉 평양에 학교를 설치하였으며 또 정악(廷顎)을 서학박사(書學博士)를 삼고 그로 하여금 학원을 별도로 열게 하였음을 알 수 있다. 서경에 학교를 세우고 곡식을 내려 학보(學寶)를 삼게 하였음을 볼 때, 이미 그 이전에 개경(開京)에도 이와 같은 일이 있었음을 추찰할 수 있으며(閔丙河, 1957) 고려 태조의 이와 같은 노력으로 고려에서는 관학(官學)과 사학(私學)이 동시에 일어나 교학이 크게 융성하게 되었음을 아울러 규지(窺知)할 수 있다.

2.1.1 한반도에서 과거제도의 변천

과거제도는 고려 광종(光宗) 때에 시작된다. 『고려사』를 비롯한 여러 사료(史料)를 보면 고려 광종 9년(958)에 후주(後周)의 귀화인(歸化人) 쌍기(雙冀)의 헌의(獻議)로 과거제도를 마련하였고 또 실제로 이때에 쌍기가 지공거(知貢擧)가 되어 과거를 실시한 것이 이 땅에서 최초의 본격적인 과거라고 할 수 있다. 즉 『고려사』(권73) 「지(志)」(제27) '선거(選擧)'(1)에

> 三國以前未有科擧之法。高麗太祖建學校, 而科擧取士未遑焉。光宗用雙冀言以科擧選士, 自此文風始興。大低其法用唐制, 其學校有國子、大學、四門又有九齋學堂, 而律、書、算學皆以國子。- 삼국 이전에는 과

> 거제도가 없었다. 고려 태조가 학교를 세웠으나 과거로 선비를 뽑지 않았다. 광종이 쌍기의 말을 채용하여 과거로 선비를 뽑아서 이로부터 문풍이 비로소 일어나기 시작했다. 대체로 과거법은 당나라의 제도를 쓴 것이며 학교는 국자감, 대학, 사문, 그리고 또 구재학당이 있었고 율학, 서학, 산학은 모두 국자감에서 교육했다.

라는 기사가 있어 같은 사실을 알 수 있다. 한편 이 기사에서 국자감(國子監)과 대학(大學), 사문(四門) 이외에 최충(崔沖)의 구제학당(九齋學堂) 등의 학교가 있어서 과거에 응시할 거자(擧子)들을 양성하였고 율학(律學), 서학(書學), 산학(算學)은 국자감에서 교육하였음을 알 수 있다(閔丙河, 1957).

고려의 광종(光宗)은 과거제도를 마련하고 실제로 광종 9년(958)에 한림학사(翰林學士) 쌍기(雙冀)를 지공거(知貢擧)로 삼아 진사(進士)와 명경(明經), 의업(醫業), 복업(卜業)의 과거를 실시하여 진사갑과(進士甲科)에 최섬(崔暹) 등 2인을, 명경과(明經科)에 3인, 복업(卜業)에 2인을 각각 합격시켰다.[19] 광종 때에는 모두 8차에 걸쳐 과거를 실시하여 39명의 합격자를 내었으며, 고려 말까지는 총 252회의 과거가 실시되어 6천 7백여인의 급제자를 내었다.[20]

광종 때에 시작된 과거제도는 그 후 보완과 개편이 거듭되었으며 대표적인 것으로 목종(穆宗) 7년(1004)에 개정과거법(改定科擧法)을 마련하여 과거의 시행일과 시행 방법이 구체적으로 규정되었다. 이에 의하면 제업(諸業, 文武 이외의 각 분야. 雜業이라고도 함)은 전년 11월에 선고(選考)를 끝내고 3월에 시취(試取)한 제술과(製述科)와 같은 날에 방방(放榜)하도록 하였

19 『高麗史』(卷73) 「志」(第27) '選擧' 조에 "光宗九年五月, 雙冀獻議, 始設科擧, 試以詩、賦、頌及時務策, 取進士兼明經、醫、卜等業。"이란 가사와 『고려사』(卷2) 「世家」(卷第2) '光宗 9年 5月' 조 및 『고려사』(卷96) 「列傳」卷第6 雙冀조의 기록 참조.

20 고려시대 과거시행의 回數와 及第者數는 曺佐鎬(1958:128~9)의 표에 의했으며, 『修山集』(卷13) 「高麗百官志」와 『靑莊館全書』(卷55) 「高麗」의 科擧施行 回數와 及第者數가 다른 것은 曺佐鎬(1958)에 의하면 史料의 차이와 소재의 取捨에 차이가 있는 때문이라 한다.

다.[21] 이와 같은 초창기의 과거제도는 동당시(東堂試)란 별명을 갖고 있었으며 고려 인종(仁宗) 14년(1136)에 일단 그 제도가 완성되어 정착된다.

고려 성종(成宗) 때에 국자감(國子監)이 설치되고 덕종(德宗) 즉위년(1032)에 국자감시(國子監試)가 생겨나면서부터[22] 이를 거쳐 동당시(東堂試)에 부거(赴擧)하게 되어 그 격이 한층 높아지게 되었다. 이는 현종(顯宗) 15년(1024)에 이미 향시(鄕試, 擧子試)가 있어[23] 조선시대의 향시(鄕試), 회시(會試), 전시(殿試)의 과거 삼층법(三層法)이 이때에 그 기틀을 잡은 것이다(曺佐鎬, 1965). 국자감시(國子監試)는 남성시(南省試)라고도 하고 국자감(國子監)이 성균관(成均館)으로 바뀐 다음 성균관시(成均館試)라고도 불린 것으로 진사(進士)의 칭호를 주었기 때문에 진사시(進士試)라고도 불리었다(曺佐鎬, 1958). 이 국자감시(國子監試)에서도 율(律), 서(書). 산(算)학의 잡학(雜學)을 시험하였음은 앞에서 이들 제업(諸業)이 국자감에서 교육되었음과 관련되는 것이다.

2.1.2 고려시대의 잡업과(雜業科)

다음은 조선시대 역과의 전신인 고려의 동당시(東堂試)에서 시험한 잡업(雜業)에 대하여 고찰하고자 한다. 『고려사』에 기록된 이 각각의 과시 과목과 방법, 출제서는 다음과 같다.

---

21 『고려사』(卷73) 「志」(卷第27) '選擧'1 '科目'1조에 "穆宗七年三月改定科擧法。先時每春月試取, 秋冬放榜。至是定以三月開場鎖闈, 貼禮經十條。明日試詩、賦越一日試詩、務策, 至十日定奏科第, 乃開鎖, 其明經以下諸業, 上年十一月畢選, 與進士同日放榜。"이란 기사 참조.

22 『고려사절요』(卷3) 顯宗 22년 '閏月'조에 "閏月設國子監試, 取鄭勑志等六十人, 試以賦及六韻十韻詩監試如次"와 『고려사』(卷5) 「世家」(卷第5) '德宗卽位年'조에 "閏月己酉始設國子監試"라는 기사 참조.

23 『고려사』(卷73) 「志」(卷第27) '選擧'1 '科目'1 조에 "顯宗五十年十二月, 判諸州縣, 千丁以上歲貢三人, 五百丁以上二人, 以下一人。令界首官試選, 製述業卽試以五言六韻詩一首, 明經則五經各一机. 依例送京。國子監更試, 入格者許赴擧, 餘並任還本處學習。如界首官貢非其人, 國子監考覈科罪。"라 하여 이 때에도 鄕試가 있었음을 알 수 있다. 또 『고려사』(卷42) 「世家」(卷第42) '恭愍王 五年'조에 鄕試 會試의 試式이 규정되었다.

[표 2-1] 동당시(東堂試) 잡업(雜業)과 출제서 및 분량

諸業名	日順	科目	課冊	量	科試方法	合格線
醫業	初日	貼經	素問經	八條	背誦	各通
	〃	〃	甲乙經	二條	〃	六條
	翌日	〃	本草經	七條	〃	以上
	〃	〃	明堂經	三條	〃	
	三日	讀	脉經	十條	破文兼義理	通六机
	〃	〃	〃	〃	破文	通四机
	〃	〃	針經九卷	合十卷	破文	通六机
	〃	〃	難經一卷			通四机
	〃	又讀	灸經		破文	通二机
呪噤	初日	貼經	脉經	十條	背誦	並通六
(卜業)	翌日	〃	劉涓子方	十條	〃	條以上
	三日	讀	小經瘡疽論	七卷	破文兼義理	通六條
	〃	〃	明堂經	三卷		以上
	〃	〃	大經針經	十机	破文兼義理	通六机
	〃	又讀		七卷	〃	〃
	〃	〃	本草經	二机	〃	通二机
地理業	初日	貼經	新集地理經	十條	背誦	並通六
	翌日	〃	劉氏書	十條	〃	條以上
	三日	讀	地理決經		破文兼義理	通六机
		〃	經緯令二卷	合十卷	破文	通四机
		〃	地理經四卷			
			口永決四卷			通六机
			月藏經	幷十卷	破文兼義理	通四机
			滒決一卷			

조선시대의 역과(譯科)나 한이과(漢吏科)는 과거제도에서 잡과(雜科)에 속하고 고려에서는 이를 잡업(雜業)이라 불렀다. 고려 광종 때에 처음 시행된 과거에서는 의업(醫業)과 복업(卜業, 呪噤業)밖에 없었으나 그 뒤에 '지리(地理), 율(律), 서(書), 수(數), 삼례(三禮), 삼전(三傳), 하론(何論)' 등의 잡업이 세분되었으며 정요업(政要業)도 있었던 것으로 보인다.[24] 『고려사』

에서 잡과라는 명칭은 문종(文宗) 12년 5월의 식목도감(式目都監)에서 올린 주(奏)에 나타난다. 역시 같은 책의 공양왕(恭讓王) 12년 5월의 조에는 정과(正科, 製述·明經)에 대하여 잡과(雜科) 또는 잡업(雜業)이란 명칭을 사용하였다.[25]

그러나 국자감에서 시행하는 국자감시(國子監試)의 잡업은 동당시의 잡업(雜業)과 조금씩 다르며 인종(仁宗) 14년부터는 의업(醫業)과 복업(卜業), 지리업은 각 본사(本司)에서 시선(試選)하였다는 기사가 있다.[26] 실제로『고려사』에 기록된 잡업의 급제는 목종(穆宗) 원년에 최성무(崔成務)가 지공거(知貢擧)가 되어 시행한 진사시(進士試)에 명법(明法) 23인, 명서(明書) 5인, 명산(明算) 11인을 끝으로 중단되었으며, 가장 많은 잡과(雜科)의 급제는 역시 목종 원년에 유방헌(柳邦憲)이 지공거가 되어 실시한 사방헌소거(賜邦憲所擧)에 명법 5인, 명서 3인, 명산 4인, 삼례(三禮) 10인, 삼전(三傳) 3인의 등과자(登科者)를 낸 것이다.

---

24 政要業은 曹佐鎬(1958)에 의하면『貞觀政要』를 肄業大經으로 하는 雜業의 하나로 推定하였다.『고려사』(卷73)「志」(第27) '選擧'1 '科目'1조에 "文宗三十三年六月, 判三禮、何論、政要業。監試諸業畢後, 國子監與本業員試取"라는 기사가 있어 東堂監試의 諸業이 끝난 후에 '정요업'을 試取하였음을 알 수 있다.

25 『고려사』에서 雜業科 혹은 雜科에 대한 기록을 찾아보면 同(卷75)「志」(卷第29) '選擧'(3)에 "辛禑九年二月, 左司議權近等言: '國之安危係乎州郡盛衰, 比年以來外方州縣吏輩規免本役, 稱爲明書業、地理業、醫、律業, 皆無實才出身免役。故鄕吏日減, 難支公務, 至於守令, 無所役使諸業出身者, 退坐其鄕, 恣行所欲, 守令莫之誰何? 是以州縣僅存之吏, 皆生覬覦之心, 臣等切恐州縣因此益衰。乞東堂雜業、監試明經一皆罷之'。禑令東堂雜業、監試明經, 依舊施行, 鄕吏則三丁一子許赴試"라는 기사가 있어 辛禑 9年(1383)년까지 東堂試에 雜業이 계속되었음을 알 수 있다. 또『고려사』의 같은 곳에 "文宗 十二年五月, 式目都監奏: 製述業康師厚十擧不中 [中略] 伏審戊子年制, 典吏、所由、注膳、幕士、驅史、門僕子孫登製述、明經及雜科 惑成軍功者許升朝行"라는 기사가 있어 雜業의 東堂監試를 製述, 明經과 구별하여 雜科라 불렀다.『고려사』 같은 곳에 "恭愍王十二年五月敎: 比年外吏規免本役, 多以雜科出身, 以致鄕邑彫廢, 自今只許赴正科, 毋令與於諸業"이라 하여 正科(制述·明經)에 대하여 雜科라는 말을 사용하였다. 모두 향리들이 雜科를 핑계하여 諸役을 피하는 것을 경계한 것이다.『고려사절요』에서도 醫·卜業 등의 과거를 雜業, 또는 雜業科라 하였으며 잡과는 同(卷34) 恭讓王 元年 12月조에 "[前略]) 鄕吏者惑稱軍功, 冒受官職, 惑憑雜科, 謀避本役 [下略]"이란 기사에서 사용되었다.

26 『고려사』(卷73)「志」卷第27 '選擧' 一 '科目' 一의 仁宗 14년조에 "凡醫卜地理業 各其本司試選"이란 기사 참조.

목종(穆宗) 원년 이후의 잡업 등과자에 대한 기록이 고려의 여러 사료(史料)에서 사라진 것은 두 가지로 해석이 가능하다. 하나는 曺佐鎬(1958)가 주장한 바와 같이 이에 대한 사료가 『고려사』나 『고려사절요』를 편찬할 때 남아 있지 않았다는 점과 다른 하나는 잡업의 과거가 진사시(進士試, 製述科를 말함)와는 다른 시기에 시행되었고 그 주관도 각 본사(本司)에서 하였기 때문에 별개의 과거로 인식된 것으로 보았던 점이다.

실제로 동당시(東堂試)의 잡업이 고려 말 우왕(禑王) 때에도 계속되었다는 기록이 있다. 즉 『고려사』(卷75) '신우(辛禑)' 조에 좌사의(左司議) 권근(權近) 등이 동당시의 잡업(明書業, 地理業, 醫律業)과 감시(國子監試)의 명경과(明經科)가 문란하여 모두 없앨 것을 진언한 바가 있으나 우왕은 이를 의구시행(依舊施行)하되 향리(鄕吏)의 부거를 제한한다는 기사가 보인다.[27] 이때의 동당감시는 『고려사』(卷76) 「지(志)」(第27) '선거(選擧)' 1조에 "忠肅王二年正月, 瀋王改東堂爲應擧試"이라는 기사가 있어 이미 응거시(應擧試)로 전락하였으나 각사(各司)에서 시행한 잡업의 급제자들이 동당시(東堂試)의 잡업으로 방방(放榜)되었음을 말한다.

2.1.3 이문(吏文)의 등장

이상 고려의 과거제도에서 동당시(東堂試)와 국자감시(國子監試)의 잡업(雜業)을 살펴보았으나 그 어느 곳에도 역학이나 한이학(漢吏學)이 있었던 기록은 찾아볼 수 없다. 고려에서 한문도감(漢文都監)이나 통문관(通文館)을 설치하여 한어(漢語)와 몽고어에 대한 교육이 있었음에도 불구하고 앞에서 살펴본 바와 같이 고려의 과거 제업(諸業)에 역어(譯語)나 이문(吏文)에 관한 것이 없는 것은 매우 특이한 현상이다.

이것은 고려에서는 한문을 배우면 그대로 중국인과의 대화가 가능하였던 것으로 보이는데 송대(宋代) 한자음의 발음이 고려의 한자음 즉 동음(東音)과 유사해서 한문에 익숙한 문신들이 중국인과의 대화에 따

27 주 23을 참조.

로 통역이 필요하지 않았음을 알 수 있다. 실제로 『계림유사(鷄林類事)』에 보이는 송대(宋代) 중국의 개봉(開封) 발음은 우리의 동음(東音)과 매우 유사함을 보여준다.[28]

또 이문(吏文)도 이것이 외교 문서에까지 등장한 것은 원대(元代) 이후로 보여 굳이 이문의 교육이 절실하게 요구되지는 않았을 것으로 보인다. 그뿐만 아니라 고려에서는 역학을 매우 천시하여 과거의 제업에 이를 포함시키지 않은 것으로 볼 수 있다. 즉, 『고려사』(권76) '통문관(通文館)'조에 "時舌人多起微賤"이란 기사가 있어 설인(舌人, 譯官)은 미천한 계급의 사람들이 종사하였음을 알 수 있다. 그러나 원대 이후 여말선초(麗末鮮初)에는 이에 대한 교육이 필요하게 되었으며 통문관의 설치가 바로 그러한 필요에 의한 것이었다.

2.1.4 한이문(漢吏文)과 조선이문(朝鮮吏文)

졸고(2006a)에 의하면 중국에서 이문(吏文)이 등장한 것은 원대(元代)로 보았다. 즉, 원(元) 제국(帝國)의 공용어였던 한아언어(漢兒言語)를 구어(口語)라고 한다면 이를 한자로 그대로 적은 문어(文語)를 이문(吏文)이라 불렀다. 이 새로운 형식의 문어(文語)는 한아언어가 종래의 통어(通語), 즉 중고(中古) 한어(漢語)와 다른 것과 같이 이문(吏文)도 한문의 고문(古文)이나 후대의 변문(變文)과 전혀 다른 새로운 한문 문체였다.

새로운 이문(吏文)은 주로 원(元)의 관리들이 단사관(斷事官)으로 불리는 제국(帝國)의 몽고 통치자들에게 올리는 보고문에서 사용되었으며 특히 죄인이 자백을 그대로 기록하는 법률의 문서에서 사용되었다. 원(元) 제국(帝國)에서는 이렇게 새롭게 형성된 이문을 정식 공용문서에서 사용하였을 뿐만 아니라 황제(皇帝)의 조칙(詔勅)은 물론 조공(朝貢)을 바

28 『鷄林類事』는 高柄翊(1958)에 의하면 高麗 肅宗 8~9年(1103~4)에 편찬된 것으로 前間恭作(1925), 方鍾鉉(1955), 姜信沆(1980)에 의하면 宋代 開封音의 漢字로 高麗語를 기록한 것인데 "犬曰家豨(가히), 水曰沒(믈), 低曰捺則(나즉)"과 같이 이 漢字를 東音으로 읽어도 많은 차이를 보이지 않을 정도로 宋代 開封音과 東音은 유사하였다.

치는 주변 국가의 외교문서에서도 이 문체를 사용하도록 하였다.

당연히 고려에서도 원(元)에 바치는 문서들은 종래의 고문(古文)이 아니라 새로운 이문(吏文)으로 작성하지 않을 수 없었고 그에 따라 이문의 교육이 고려에서 이루어지게 되었다. 이문(吏文)은 한어(漢語)에 몽고어와 같은 북방 교착어의 영향을 받은 한아언어(漢兒言語)를 기반으로 하여 형성된 문어(文語)다. 따라서 같은 교착어인 고려의 언어로 보면 한문(漢文)보다 오히려 이해하기 쉬운 한문의 문체였다. 그리하여 고려 말과 조선 전기에는 우리도 이문과 같은 새로운 한문 문체를 사용하였다.

우리말에 근거하여 새롭게 등장한 이문은 조선 전기에 공용문서에 사용하기 시작하였고『경국대전』에서는 이것을 국가 공용문의 한문 문체로 인정하였다. 따라서 조선시대의 공용문서는 한문의 고문(古文)보다는 오히려 이문(吏文)을 주로 사용하였으며 국가의 정문(正文)으로 삼았다. 졸고(2006a)와 졸저(2006c) 등에서는 원(元) 이후에 사용된 중국의 이문(吏文)과 조선 전기에 발달한 이문을 구별하여 후자를 조선이문(朝鮮吏文)이라 하고 전자를 한이문(漢吏文)이라 불렀다.

이러한 필자의 주장은 그동안 이문 연구의 근간을 흔드는 사항으로 아직까지 논란의 대상이 되고 있다.

2) 잡과(雜科)와 역과 한학

2.2.0 앞에서 고려로부터 시작된 과거제도에는 정과(正科)와 잡업과(雜業科, 또는 雜科)로 나누어 정과(正科)가 바로 진사과(進士科, 製述科를 말함) 또는 명경과(明經科)까지 포함하여 후일 문과(文科)의 기원이 되었다면 잡업과(雜業科)는 비록 삼례(三禮), 삼전(三傳), 하론(何論), 정요업(政要業)과 같이 경사(經史)의 특수 전문분야를 시취(試取)한 것이 있더라도 대부분은 의(醫), 복(卜), 산(算), 서(書), 법(法), 지리학(地理學)과 같이 기술관의 선거에 그 목적이 있어 후일 잡과(雜科)의 시원이 되었다.

그러나 전술한 바와 같이 고려의 잡업(雜業)에 역어(譯語)가 포함되었는지는 분명하지 않다. 『고려사』에서는 과거 제업(諸業)에서 역업(譯業)은 들어있지 않고 공양왕 때에 설치된 십학(十學)에도 역학(譯學)을 제외한 8학에 불과하였다. 『고려사』에서는 의식적이라고 할 만큼 과거 잡업과(雜業科)에서 역과(譯科)는 제외시킨 느낌이 들며 고려시대 제반 사료를 보면 역어(譯語)에 대한 관심은 고려 후기에 와서야 비로소 생겨나는 것처럼 보인다.

그러나 조선에서는 역어(譯語)에 대한 관심이 국초부터 대단하였고 그에 따라 역관의 선발에 대하여도 건국 초기부터 여러 가지 제도를 시도하여 급기야 역과(譯科)의 설치에 이르게 된다. 여기에서는 조선에서 역관의 선발은 어떠하였으며 역관은 시대에 따라 어떻게 그 선거가 변천되었는가를 살펴보고자 한다.

2.2.1 통사과(通事科)

먼저 조선 건국 초기의 통사과(通事科)에 대하여 살펴보기로 한다. 조선에서는 건국 초부터 역학(譯學)과 이학(吏學)에 관심을 가져 태조 2년 9월에 사역원을 설치하고 한어와 몽고어의 국가적 교육을 실시하였으며 같은 해 10월에 육학(六學)을 설치하면서 역학(譯學)을 정식 과목으로 두어 양가자제로 하여금 한어와 몽고어를 학습하게 하였음을 살펴보았다.

조선의 과거제도는 건국 초, 즉 태조(太祖) 원년에 고려의 제도를 개정하여 과거법(科學法)을 정하였다. 『태조실록』(권1) 태조 원년(元年) 7月 정미(丁未)조에 실려 있는 태조의 즉위교서에,

> [前略] 文武兩科, 不可偏廢。內而國學, 外而鄕校, 增置生徒, 敦加講勸, 養育人才。其科擧之法, 本以爲國取人, 其稱座主門生, 以公擧爲私恩, 甚非立法之意。今後內而成均正錄所, 外而各道按廉使, 擇其在學經明行修者, 開具年貫三代及所通經書, 登于成均館長貳所, 試講所通經書, 自四書、五經、通鑑已上通者, 以其通經多少, 見理精粗, 第其高下爲第一場; 入格者, 送于禮曹, 禮曹試表、章、古賦爲中場; 試策問爲終場, 通三場相考入格者

> 三十三人, 送于吏曹, 量才擢用, 監試革去。其講武之法, 主掌訓鍊觀, 以時講習武經、七書及射御之藝, 以其通經多少、藝能精粗, 第其高下, 入格者三十三人, 依文科例, 給出身牌, 以名送于兵曹, 以備擢用。- 문무(文武)의 양과는 한 가지만 취하고 한 가지는 버릴 수 없으니 중앙에는 국학(國學)과 지방에는 향교(鄕校)에 생도를 더 두고 강학(講學)을 힘쓰게 하여 인재를 양육하게 한다. 과거의 법은 본디 나라를 위하여 인재를 뽑는 것인데, 그들이 좌주(座主)니 문생(門生)이니 일컬으면서 공적인 천거로써 사적인 은혜로 삼으니 법을 제정한 뜻과 매우 다르다. 지금부터는 중앙에는 성균정록소(成均正錄所)와 지방에는 각도의 안렴사(按廉使)가 그 학교에서 경의(經義)에 밝고 덕행을 닦은 사람을 뽑아, 연령·본관·삼대(三代)와 경서에 통하는 바를 잘 갖추어 기록하여 성균관장이소(成均館長貳所)에 올린다. [이곳에서] 경에서 통하는 바를 시강하되 사서(四書)로부터 오경(五經)과 통감(通鑑) 이상을 통달한 사람을 뽑고 그 통달한 경서의 많고 적은 것과 알아낸 사리(事理)의 정밀하고 소략한 것의 높고 낮은 등급을 정하여 [가장 높은 사람을] 제일장(第一場)으로 한다. 여기에 입격(入格)한 사람은 예조(禮曹)로 보내면, 예조에서 표문(表文)·장주(章奏)·고부(古賦)를 시험하여 중장(中場)으로 하고, 책문(策問)을 시험하여 종장(終場)으로 한다. 삼장(三場)을 통하여 입격(入格)한 사람 33명을 상고하여 이조(吏曹)로 보내면, 이조에서 재주를 헤아려 탁용(擢用)하게 하고, 감시(監試)는 폐지할 것이다. [무과의] 강무(講武)하는 법은 주장(主掌)한 훈련관(訓鍊觀)에서 때때로 무경칠서(武經七書)와 사어(射御)의 기술을 강습시켜, 그 통달한 경서의 많고 적은 것과 기술의 정하고 그에 따라 높고 낮은 등급을 정한다. 입격(入格)한 사람 33명을 출신패(出身牌)를 주고, 명단을 병조(兵曹)로 보내어 탁용(擢用)에 대비하게 할 것이다.

라 하여 이 때에 문무(文武) 양과의 제도가 완성된 것으로 보인다. 즉 고려의 동당시(東堂試)를 없애고 성균관에서 시강통경(試講通經)하여(第一場)

예조(禮曹)에 보내고 예조에서 시표장고부(試表章古賦)하며(第二場) 다시 시책문(試策問)하였는데(第三場) 이것이 후일 초시(初試), 회시(會試, 또는 覆試), 전시(殿試)의 기틀이 되었다.

정도전(鄭道傳)은 『경제육전(經濟六典)』에서[29]

> [前略] 殿下卽位損益科擧之法, 命成均館試, 試以四書五經, 蓋古明經之意也。命禮部, 試以賦論古博學宏詞之意也。然後試以對策, 古賢良方正直言極諫之意也。一擧而數代之制皆備, 將見私門塞而公道開, 浮華斥而眞儒出, 致治之隆軼, 漢唐而追成周矣。嗚呼盛哉! 其武科、醫科、陰陽科、吏科、通事科 各以類附見焉。[30]

이라 하여 성균관시(成均館試)와 예부시(禮部試) 이외에 무과(武科), 의과(醫科), 음양과(陰陽科), 이과(吏科), 통사과(通事科)가 있었음을 알 수 있다.

실제로 『태조실록』에 이 통사과의 시식(試式)이 기록되어 통사과 시행의 전모를 밝힐 수 있다. 즉 동 실록(권6) 태조 3년 11월 을묘(乙卯)조의 기사에 사역원 제조 설장수(偰長壽) 등의 상서(上書)로 통사과 고시의 시식(試式)을 구체적으로 제시하였는데 이를 정리하면 다음과 같다.

> 通事科
>
> [考試方法] 每三年 一次考試
>
> [赴試資格] 勿論是本院生徒、七品以下人。但能通曉四書、小學、吏文、漢、蒙語者, 但得赴試。
>
> [課冊·出身品階]
>
> 習漢語者
>
> [第一科] 以四書、小學、吏文、漢語, 皆能通者爲第一科 與正七品

29 서울大 奎章閣에 鄭道傳의 『경제육전(經濟六典)』(奎1466)이 筆寫本으로 전해진다.

30 이 부분은 『증보문헌비고(增補文獻備考)』(卷186) 「選擧」三 '科制'三에, 그리고 『三峰集』에도 轉載되었다.

出身

[第二科] 通四書之半及小學、漢語者, 爲第二科, 與正八品出身。

[第三科] 止通小學、漢語者、爲第三科, 與正九品出身。

習蒙語者

[第一科] 能譯文字、能寫字, 樣兼寫偉兀字, 爲第一科。

[第二科] 只能書寫爲兀文字, 兼通蒙語者, 爲第二科, 出身品級同前。

[陞品]

其原有官品者, 第一科升二等, 第二科、三科各升一等。

[選者數]

漢語 第一科一人, 第二科三人, 第三科八人

蒙語 第一科一人, 第二科二人

通取一十五人, 以爲定額。若無堪中第一科者, 只取第二科、三科, 又無第二科, 只取第三科, 不拘定數。

[登用祿職]

每年都目, 各望並錄三人, 以漢語精通者爲頭。雖差年致數多餘, 亦不許錄於語音精通人員之上。若三人俱通者, 聽以差年到爲頭。

이에 의하면 이미 태조 3년(1394)에 사역원에서 한어와 몽고어를 시험하는 통사과(通事科)가 있었고 이 시험에서 최대 15인의 입격자를 낼 수 있었으며 입격자에게 홍패(紅牌)를 급여하였음을 알 수 있다. 또 한어의 고시는 <사서(四書)>와 <소학>(偰長壽의 『直解小學』을 말함)과 이문(吏文)에 관한 강서에서 출제하였음을 알 수 있다. 습몽어자(習蒙語者), 즉 몽고어 학습자의 고시 출제서로 기록된 <사서>, <소학>, <이문>은 후술할 세종 조의 제학(諸學) 취재의 경서제예수목(經書諸藝數目)에 나타난 역학 한훈(漢訓)의 한학서와 『통문관지』에 기록된 『경제육전(經濟六典)』의 한이과(漢吏科)의 출제서를 참고하면 알 수 있다.

『세종실록』(권47) 세종 12년 3월 무오(戊午)조에 상정소(詳定所)의 계(啓)에 의하면 이 때에 제학 취재에서 경서와 제예(諸藝, 여러 기술)의 수목(數

目)을 규정하였음을 알 수 있다. 즉 이 계문(啓文)에 의하면 '유학(儒學), 무학(武學), 한이학(漢吏學), 자학(字學), 역학(譯學), 음양학(陰陽學), 의학(醫學), 악학(樂學), 산학(算學), 율학(律學)'의 십학(十學)을 시취(試取)하기 위한 경서와 제예(諸藝)를 열거하였다. 이 가운데 한이학(漢吏學)과 자학(字學) 및 역학(譯學)의 취재에 사용한 경서, 제예의 수목을 살펴보면 다음과 같다.

[漢吏學] 書, 詩, 四書, 魯齋大學, 直解小學, 成齊孝經, 小微通鑑, 前後漢, 吏學指南, 忠義直言, 童子習, 大元通制, 至正條格, 御製大誥, 朴通事, 老乞大, 事大文書謄錄, 製述 奏本·啓本·咨文

[字學] 大篆, 小篆, 八分

[譯學 漢訓][31] 書, 詩, 四書, 直解大學, 直解小學, 孝經, 小微通鑑, 前後漢, 古今通略, 忠義直言, 童子習, 朴通事, 老乞大, 漢語

이것은 전술한 태조 조의 사역원 습한어자(習漢語者), 즉 한어 학습자의 시험에 사용한 사서(四書), 소학(小學), 이문(吏文), 한어(漢語)보다 더 확대되고 구체화된 모습을 보인다. 이에 의하면 한이학과 역학은 경사류(經史類 - 書, 詩, 四書, 大學, 小學, 孝經, 小微通鑑, 前後漢)와 이문류(吏文類 - 吏學指南, 忠義直言, 童子習, 大元通制, 至正條格, 御製大誥, 事大文書謄錄), 그리고 한어류(漢語類 - 朴通事, 老乞大)를 교육함으로써 서로 대동소이하였음을 알 수 있게 한다.

이문(吏文)의 학습에 있어서 '이학지남(吏學指南), 충의직언(忠義直言), 동자습(童子習)'은 초보자를 위한 실용 이문학서(吏文學書)이고 '대원통제(大元通制), 지정조격(至正條格), 어제대고(御製大誥)'는 원대(元代)에 사용된 이문(吏文)의 실용 예문들이다.[32] 한이학(漢吏學)에서는 주본(奏本)· 계본(啓本)·

31 譯學은 漢訓, 蒙訓, 倭訓으로 나뉘어 각기 한어 교재와 몽고어 교재, 그리고 일본어 교재를 나열하였다. 여기서는 漢訓, 즉 漢語 출제서만을 소개한다.

32 民國 19年(1930) 8月에 國立北平圖書館에서 內閣文庫에 소장된 明初 墨格寫本을 영인해 간행하였는데 그 속에 『通制條格』 6冊(第2-5卷, 第6-9卷, 第13-15卷 第16-17卷, 第18-22卷, 第27-30卷)이 포함되어 있다. 이 影印本 『通制條格』은 <大元通制>와 <至正條格>의 合本으로 보이며 그 첫 책에 孛朮魯翀의 '大元通制序'가 附載되어 있어

자문(咨文)을 제술(製述)하는 과목을 첨가하였고 역학(譯學)은 <박통사>·<노걸대>의 한어가 중점적으로 교육되었음을 알 수 있다. 그 외에 경사류(經史類)는 역학(譯學), 이문류(吏文類)는 이학(吏學)·역학(譯學)의 기초 공통 과목이었던 것으로 보인다.

2.2.2 『경국대전』의 역과 한학(漢學)

『경국대전』에도 역과와 취재의 한어 출제서 한학서(漢學書)들이 규정되었다. 즉, 『경국대전』(권3) 「예전(禮典)」 '역과 한학(漢學)' '초시(初試)'조에 "漢學: 四書 {臨文}, 老乞大, 朴通事, 直解小學 {背講}"이라 하여 <사서(四書)>와 <노걸대>, <박통사>, <직해소학>가 한학(漢學) 초시(初試)의 출제서였다. 복시(覆試)는 초시의 것에 <오경(五經)>, <소미통감(小微通鑑)>, <송원절요(宋元節要)>를 추가하여 원하는 사람에게 강(講)하게 시킨다는 기사가 있다. 한어의 교육이 모두 유교 경전(經典)과 사서(史書)를 교재로 삼았음을 알 수 있다. 물론 이 교재들은 우리 한자음이 아니라 중국의 한어음(漢語音)으로 읽어야 함은 말할 것도 없다.

또 『경국대전』(권3) 「예전(禮典)」 '취재(取才)'조에도 "한학은 <직해소학(直解小學)>, <박통사>, <노걸대>, {이상은 배강(背講)으로 하되 나이가 40 이하인 자는 배송(背誦)으로 한다} <사서(四書)>, <경사(經史)> {이상은 임문(臨文)으로 한다. ◯<경사>는 자원(自願)에 따르며 시험은 한 도목(都目) 안에 두 번 실시하지 않는다. 자원(自願)한 경사(經史) 시험의 분수는 본학(本學)에서만 쓴다}"라는 규정이 있어 이 시대에는 역시 <노걸대>, <박통사>, 그리고 <직해소학>이 기본 교재이고 사서(四書)와 경사(經史)를 교재로 사용한 것으로 볼 수 있다.

<大元通制>의 편찬 경위를 알 수 있다. <大元通制>는 中書左承 伯杭과 平章政事 商議中書 등이 元의 開國 以來 있었던 政制 法程 중에서 可著爲令者를 모아 놓은 것이다.

2.2.3 『경제육전』의 한이과(漢吏科)

조선의 건국 초에 과거법(科擧法)을 정하고 문과(文科) 이외에 무과(武科), 의과(醫科), 음양과(陰陽科), 이과(吏科), 통사과(通事科)가 있었음을 앞에서 언급하였고 그 가운데 통사과에 대해 고찰하였다. 이과(吏科)는 태조 원년 7월에 정한 과거법에는 없었고 그 후에 과제(科制)를 개정할 때 권근(權近)의 소청(所請)에 의하여 추가된 것으로 보인다.

즉, 『증보문헌비고(增補文獻備考)』(권186) 「선고과(選考科)」(2) '과(科)'(제2)의 '권근청개정과제(權近請改定科制) 병시한이과(幷試漢吏科)' 조에

> 權近上書曰: [中略] 漢吏之文事大要務不可不重。今醫、譯、陰陽、律等學, 皆有科目, 而此獨無之, 誠闕典也。乞依前條明科例, 文科試日幷試, 吏文之士許於正科, 同榜唱名。其赴文科者, 有欲幷試吏文者, 正科內加其分數。- 권근이 상서하여 말하기를 한이문은 사대의 중요하므로 중하게 여기지 않을 수 없습니다. 이제 의, 역, 음양, 율학 등은 모두 과목이 있는데 [한이학은] 혼자 없어 대전에 빠졌습니다. 앞에 명과(明科)의 예에 따라 문과 시험 날에 함께 시험을 보게하고 이문을 공부한 선비들을 정과를 보도록 허가하여 같은 방에 창명하게 하소서. 문과에 부거하고 이문을 함께 시험하려는 자가 있으면 분수를 더 하도록 하소서.

라는 기사가 있어 통사과에 이어 한이과(漢吏科)가 추가되었음을 말하고 있다.

2.2.3.1 『통문관지』에 의하면 이 한이과가 『경제육전(經濟六典)』에 그 시식(試式)이 규정되었다는 기록과 함께 그 구체적인 시험 방식을 다음과 같이 보여준다.

> 漢吏科
>
> 初試 分二場

[初場] 試賦·詩 各一篇
　終場 試吏文一篇, 啓·上書中一篇
會試 分三場
　初場 講吏文中二書, 四書中一書, 三經中一經, 漢語中一書 抽籤背講
　中場 試表·箋中一篇, 記·頌中一篇
　終場 試排律一篇
額數 只三人 出經濟六典
　殿庭放榜 賜紅牌遊街 中廟朝崔世珍卽漢吏科出身也(『통문관지』卷3「權奬」第二 '科學' 조) ([ ]는 筆者揷入)

이것을 상술한 세종 조의 제학취재(諸學取才)의 이학(吏學) 출제서와 비교하여 살펴보면 한이과의 초시(初試)는 초장(初場)에서 부(賦)와 시(詩)를 각 1편씩 시험하고 종장(終場)에는 이문(吏文) 1편과 계(啓)·상서(上書)에서 1편씩 시험하였다. 이 때의 이문이란 것은『이학지남(吏學指南)』등의 이학(吏學)서에서 일편을 말하는 것으로 보이며 계(啓)·상서(上書)는 <사대문서등록(事大文書謄錄)>의 것 중에서 1편을 말하는 것으로 보인다.

회시(會試)의 초장(初場)에서는 이문 가운데 2책을 추첨하여 배강(背講)한다고 하였는데『이학지남』등의 이학서나『대원통제(大元通制)』등의 이문 용례를 말하는 것으로 보이며 배강하였음을 감안할 때 전자의 것일 가능성이 있다. 사서(四書)와 삼경(三經)에서는 각 1서(書)·1경(經)을 추첨하여 배강하게 하고 한어(漢語) 중 1서(書)는 <직해소학>, <노걸대>, <박통사> 중에서 한 책을 추첨하여 시험한 것으로 보인다. 회시(會試)의 중장(中場)과 종장(終場)에서 표(表)·전(箋) 중 1편과 기(記)·송(頌) 중 1편, 배율(排律) 1편은 각각 사대 문서의 격식에 맞추어 제술(製述)하는 시험인 것으로 미루어 알 수 있다.

이 한이과(漢吏科)는『경국대전』에서는 삭제되고 대신에 역과(譯科)를 설치하였다. 즉, 위에서 인용한『통문관지』의 같은 곳에

國初名以漢吏科, [中略] 及撰經國大典, 刪去此科, 設置今科, 嘉靖辛丑慕齋金公安國建議復設。壬寅秋設初試會, 慕齋損官遂罰不行。各年受敎, 撰後續錄, 亦刪此一條云。稗官雜記 - 건국 초기에는 이름을 한이과라고 하였다. [중략] 『경국대전』을 편찬함에 이르러 이 과를 없애고 역과를 설치하였는데 가정 신축년에 모제 김안국이 건의하여 다시 설치하였다. 임인년 가을에 처음으로 시험을 하였으나 모제가 벼슬을 버리고 처벌되어 이행하지 못하였다. 매년 수교하여 『후속록』을 편찬할 때에도 역시 이 조문을 삭제하였다고 한다. <패관잡기>

라 하여 『경국대전』의 편찬 시에 한이과가 없어졌다가 가정(嘉靖) 신축(辛丑, 1541)에 김안국(金安國)에 의하여 일시 복설되어 임인(壬寅, 1542)년 가을에 초시(初試)를 설과하였으나 김공(金公)이 손관(損官)하여 계속되지 못하였고, 『후속록(後續錄)』(1543)을 편찬할 때에도 역시 한이과에 관한 조문을 산거(刪去)하였음이 『패관잡기(稗官雜記)』에 전해짐을 말하고 있다.[33]

2.2.3.2 이문(吏文)의 중요성은 『경국대전』 이후에도 인식되었던 것으로 보이는데 중종 때에는 문신과 한학의 역관을 망라하여 이문정시(吏文庭試)를 열고 한이문(漢吏文)에 능한 자를 승품(陞品), 가자(加資)하였으니 『통문관지』(권7) 「인물」 '최세진(崔世珍)' 조에

崔世珍精於華語兼通吏文, 成廟朝中院科選補, [中略] 嘉靖丙戌以吏文庭試第一特陞堂上, 己亥又試第一陞嘉善, 南袞設吏文學官 [下略] - 최세진

33 『증보문헌비고(增補文獻備考)』에도 漢吏科에 대한 <稗官雜記>의 기록을 인용하였다. 즉 同(卷186) 「選擧考」三 '科制'三 '權近請改定科制' '并試漢吏科' 조를 보면 "臣謹按國初有漢吏科 (中略) 載在經濟六典 至嘉靖壬寅安國建議復說 魚叔權得中初試 此載於叔權雜記 而此科不見於大典及續錄 又不入於國朝榜目 始行中廢而然歟"라는 기사가 있으며 『통문관지』의 기록과 비교해 보면 嘉靖 辛丑(1541)에 漢吏科가 復設되고 嘉靖 壬寅(1542)의 가을에 初試가 設科되었는데 魚叔權이 이 吏科에 得中하여 吏文學官이 되었음을 <稗官雜記>에 기록한 것으로 보인다.

> 이 중국어를 잘 하고 겸하여 이문에도 정통하였다. 성종 때에 원과에 선출되었다. [중략] 가정 병술년에 이문정시에서 1등을 하여 당상관으로 특별히 올랐고 기해년에 또 시험에서 1등을 하여 가선대부에 올랐다. 남곤이 이문학관을 설치하였다.

이란 기록으로 보아 최세진은 성종 때에 원과, 즉 사역원의 역과에서 합격하여 보임(補任)되었고 가정(嘉靖) 신축(辛丑, 1541)에 한이과가 일시 복설(復設)되기 전인 가정(嘉靖) 병술(丙戌, 1526)과 가정 기해(己亥, 1539)에 두 차례의 이문정시(吏文庭試)가 있었으며 최세진은 가정 병술의 정시(庭試)에 응과하여 제 1등이었으며 그로 인하여 당상역관에 특진하였고 가정 기해(己亥)에도 역시 제 1등으로 당선되어 가선대부(嘉善大夫)에 승자(陞資)하였음을 알 수 있다.

조선 후기에는 이학(吏學)이 전혀 문신(文臣)의 소업(所業)으로 넘어간 것으로 보인다. 즉, 구윤명(具允明)의 『전율통보(典律通補)』(1786) 「예전(禮典)」 '한어(漢語) 이문(吏文)'조를 보면 "文臣令槐院抄二十九歲以下人, 習漢語, 三十九歲以下人, 習吏文, 並四十九許頃本院褒貶, 坐起三處, 考講三處 [下略] - 괴원(승문원)에 명하여 문신으로 29세 이하인 사람들은 한어를 배우게 하고 39세 이하인 사람들은 이문을 배우게 하였다. 49세까지 모두 승문원의 포폄(褒貶)에 참고하고 좌기에서 세 곳, 고강에서 세 곳을 시험하다"이라고 하여 승문원(承文院)의 문신들로 하여금 한어와 더불어 이문(吏文)을 학습하게 하였음을 알 수 있다.

2.2.4 역과 한학(漢學)의 시식(試式)

조선의 모든 제도는 『경국대전』의 편찬과 더불어 완성되었다고 볼 수 있다. 과거제도도 대전(大典)의 편찬과 함께 완성되었고 그 때 설정된 역과(譯科)는 조선시대를 통하여 거의 큰 변동 없이 유지되어 왔다는 사실은 널리 알려진 사실이다.

조선의 역과(譯科) 한학(漢學)에 대하여 『경국대전』(권3) 「예전(禮典)」 '

제과(諸科)'의 '역과한학(譯科漢學)'조에 규정된 시식(試式)을 살펴보면 다음과 같다.

初試

[額數] 漢學二十三人(中略) 司譯院錄名試取 漢學鄕試 黃海七人 平安道五十人 觀察使定差使員 錄名試取

[講書] 四書{臨文}, 老乞大, 朴通事, 直解小學{背講}

覆試

[額數] 漢學三十人(中略) 本曹同本院提調錄名試取

[講書] 同初試{願講五經·少微通鑑·宋元節要者聽}{臨文}

[譯語] 漢學, 蒙學, 倭學, 女眞學 並飜經國大典{臨文}

위의 규정에 의하여 역과 한학의 초시(初試)·복시(覆試)에서 선발되는 인원과 강서(講書), 역어(譯語)의 방법을 알 수가 있다. 역과 한학은 몽학(蒙學), 왜학(倭學), 여진학(女眞學) 등과 달리 강서(講書)의 방법을 택하여 사서(四書)를 임문(臨文)해서 강서하고 본업서(本業書)인 <노걸대>, <박통사>, <직해소학> 등은 배강(背講)하였으며 역어(譯語)는 다른 삼학(三學)과 마찬가지로 『경국대전』을 번역하였다.

이와 같은 『경국대전』의 역과 한학의 시식(試式)은 오래도록 유지되었으며 구한말에 과거제도가 없어질 때까지 계속되었다. 다만 역과 한학의 강서가 다른 삼학(三學)과 같이 시대의 변천에 따라 개편, 증보, 보완되었으며 그에 의하여 역과의 출제서가 바뀌었을 뿐이다.

2.2.5 역과(譯科)의 변천

『경국대전』 이후에 조선조에서는 여러 제도를 조금씩 수정, 보완, 개편하였는데 이들은 『대전속록(大典續錄)』(1492, 權健의 序), 『대전후속록(大典後續錄)』(1543, 成世昌의 序), 『수교집록(受教輯錄)』(1698, 李畬의 序), 전록통고(典錄

通考)』(1706, 崔錫鼎의 序)에서 그 변천을 찾아볼 수 있다. 역과도 이와 같은 국전(國典)의 변천에 따라 조금씩 변동이 있었는데 전술한 대로 과책, 즉 출제서의 변천이 중심을 이루었고 특히 왜란과 호란을 거치면서 사역원 왜학과 여진학, 몽학에 대대적인 변화가 있었다.[34] 역과 한학의 출제서도 변동이 있었고 이는 『속대전』(1744)에 이르러 그 변화가 國典에서 정리된다.

『속대전』보다 조금 앞서 김지남(金指南)·경문(慶門) 父子가 편찬한 『통문관지』(1720)에[35] 왜·호 양란 이후 변화된 역과 출제서와 시식(試式)이 정리되었는데 이 중 역과 한학의 것을 살펴보면 다음과 같다.

> 漢學八冊: 老乞大、朴通事、伍倫全備以上三冊背講。{初用直解小學, 中間代以伍倫全備). 論語、孟子、中庸、大學, 飜經國大典 {訓導傳語}, 以上五冊臨講 - 한학의 출제서 8책, <노걸대>, <박통사>, <오륜전비>의 세 책은 책을 보지않고 강서한다. {처음에는 <직해소학>을 사용하였으나 중간에 <오륜전비>로 대신하다.} <논어>, <맹자>, <중용>, <대학>과 『경국대전』의 번역{훈도가 말을 전한다}은 책을 보고 강서한다(『통문관지』 권2 「권장(勸奬)」 第二 '과거'조).

이 규정은 본업서인 <노걸대>, <박통사>, <오륜전비>의 세 책은 배강(背講)하고 <논어>를 비롯한 사서는 임문(臨文) 강서하며 역어(譯語)의 출제인 『경국대전』의 번역도 임문하여 역어하되 훈도(訓導)가 시관(試官)에게 전어(傳語)하여 채점한다는 뜻이다. 역과 한학의 출제서는 배강(背講), 임강(臨講), 임문번역(臨文飜譯)의 방법으로 모두 8책으로 한다는 것이

34 司譯院의 女眞學은 康熙 丁未(1667)에 公式的으로 淸學으로 바뀌었으며 女眞語의 교육에서 滿洲語의 교육으로 전환하였다. 또 이 때에 倭學書와 蒙學書에서도 대대적인 변화가 있었다(鄭光·韓相權:1985). 이에 대하여는 제5장에서 상론되었다.

35 『통문관지』의 編纂에 대하여는 본서의 제1장과 田川孝三(1940)과 金鐘圓(1965), 그리고 정광·윤세영(1998)을 참조할 것.

다. 이 때의 '오륜전비(伍倫全備)'는 명(明) 구준(丘濬)의 원작을 적옥봉도인(赤玉峰道人)이 희곡으로 만든 것으로 생각되는 <신편권화풍속남북아곡오륜전비기(新編勸化風俗南北雅曲伍倫全備記)>를 숙종 46년(1720)에 사역원의 교해청(教誨聽)에서 언해한 <오륜전비언해(伍倫全備諺解)>를 말하는 것이다. 이것은 『경국대전』의 한학서이었던 설장수(偰長壽)의 <직해소학(直解小學)>[36]을 대신하여 『통문관지』에서 한어의 교과서로 등장한 것으로 숙종 때에 이미 <직해소학(直解小學)>은 한학서로 쓰이지 않았다.

역과 한학에서 8종의 한학서에서 출제하는 것이 다른 삼학(三學)에도 그 기준이 되어 비록 같은 역학서에서 출제되더라도 반드시 7처(處)를 사자(寫字)하게 하고 『경국대전』을 번역하게 하여 8문제를 출제하였다.[37]

2.2.5.1 『속대전』에서는 『통문관지』의 역과 한학의 시식(試式)을 거의 그대로 수용하였는데 이를 정리하면 다음과 같다.

譯科初試

司譯院提調二員 或一員兼教授 無故則亦參 同四學官各二員{該院差定} 試取

[額數] 式年{見大典} 增廣·同大增廣則漢學蒙學倭學各加四人

[講書] 漢學 四書{臨文}, 老乞大·朴通事{見大典}, 伍倫全備{新增} 以上背誦, 直解小學今廢

譯語 同大典

譯科覆試

36 <直解小學>에 대해서는 小倉進平(1940)과 小倉進平·河野六郎(1964)을 참조할 것.

37 例를 들면 道光甲辰增廣別試의 淸學初試에 應科한 白完培의 試券에도 <淸語老乞大>와 <三譯總解>, <小兒論>, <八歲兒>에서 7處를 寫字하였으며 道光 甲午式年의 蒙學初試 試券에서도 <몽어<노걸대>>, <첩해몽어> 등에서 7처를 寫字하도록 출제하였다(졸고, 1987a, b).

司譯院提調一員{二望}, 同四學官各二員試取, 本曹堂上官郞官各一員兩司官各一員送參下 三科覆試同

[額數] 同初

[寫字·譯語] 並同初試

[ ]부분은 필자삽입,『속대전』「예전」'역과'조.

이것을『경국대전』의 시식(試式)과 비교하면 액수에서 증광(增廣), 대증광(大增廣) 부분이 추가되었고 초시(初試)의 강서에서 <직해소학> 대신에 <오륜전비>가 들어가고 복시(覆試)에서 원강(願講) 부분이 삭제되어 초시와 같이 한학 팔책(八冊)으로 통일되었다.

2.2.5.2『속대전』이후의『대전통편』(1785)이나『대전회통』(1865)의 역과 한학은『속대전』의 것을 그대로 답습하였으나 다만『대전회통』에서 본업서의 '오륜전비'를 <역어유해(譯語類解)>로 교체하였다.[38] 이 시대의 역과 한학을『육전조례(六典條例)』에서 찾아보면 다음과 같다.

科式

式年增廣

初試 提調與本院二員試取, 漢學二十三人 [中略]

覆試 禮曹堂上郞聽一員, 同提調一員, 本院官二員試取. 漢學十三人 [中略]

講書 漢學: 老乞大·朴通事·譯語類解背誦, 四書·飜大典會通臨文 [中略]

初會試並同

『육전조례』(권6)「예전」'사역원'조.

38『대전회통』(卷3)「禮典」'譯科初試'조에 "漢學講書, 四書{臨文}, 老乞大、朴通事、直解小學{背講} [속(續)] 四書{臨文}, 老乞大、朴通事{見原典}, 伍倫全備{新增}, 以上背誦, 直解小學今廢 [補] 譯語類解{新增}{背誦}, 伍倫全備今廢"라는 기사에서 <譯語類解>가 <伍倫全備> 대신 정식으로 漢學의 本業 講書가 되었음을 알 수 있다(鄭光·韓相權, 1985).

이에 의하면 『속대전』에 비하여 액수나 시식에 별다른 차이가 없었고 다만 본업서(本業書)에 <역어유해>가 전술한 대로 '오륜전비'와 바뀌어 등재되었으며 역어(譯語)가 '번경국대전(飜經國大典)'에서 '번대전회통(飜大典會通)'으로 바뀌었는데 이것은 『대전통편』에서도 '번대전통편(飜大典通編)'으로 바뀌었다. 이와 같은 역과 한학의 시식(試式)은 『통문관안(通文館案)』(1880)에서도 그대로 답습되어 갑오경장에서 科擧制度가 없어질 때까지 그대로 계속된다.

실제로 서울대 중앙도서관과 정신문화연구원 도서관에 소장된 광서(光緖) 연간의 한학(漢學) 시권(試券)에는 <노걸대>, <박통사>, <역어유해>의 본업서 3책과 사서(四書), 그리고 '번대전회통(飜大典會通)'의 역어까지 모두 8종의 한학 출제서가 시권의 상단에 쓰였다.[39]

3) 영·정조대 역과 한학의 시권(試券)

2.3.0 1990년대까지 서울 강동구 하일동의 강릉(江陵) 유씨(劉氏) 종무소(宗務所)에 기거하던 유종휘(劉鍾輝) 옹(翁)은 가전(家傳) 고문서를 다수 보관하고 있으며 그 중에 건륭(乾隆) 신묘(辛卯, 1771)와 을유(乙酉, 1789) 식년시(式年試) 역과 초시(初試)·복시(覆試) 시권(試券)이 포함되어 있었음을 앞에서 언급하였다.

필자가 지금까지 조사한 바로는 역과 시권이 보존되어 있는 곳은 고려대 도서관의 백완배(白完培)의 청학(淸學) 초시(初試)를 비롯하여 규장각에 2점, 한국학중앙연구원에 1점, 그리고 국사편찬위원회가 최근 공개한 천녕(川寧) 현씨가(玄氏家)의 고문서에 포함된 6점의 시권(試券)이 알려졌을 뿐이다.[40]

---

39 光緖 年間의 漢學試券으로는 光緖 庚辰(1880)의 今庚辰增廣別試 譯科初試와 光緖 丁亥(1887)의 今丁亥增廣別試 譯科覆試, 그리고 光緖 己酉(1885) 皮敎宣의 初試, 光緖 戊子(1888) 金仁杭의 初試가 있다.

40 川寧玄氏家의 古文書는 <國史館開館紀念 史料展示會目錄 및 解題>, 國史編纂委員

이상의 시권(試券)중에서 한학(漢學)의 것으로는 가장 오래된 건륭(乾隆) 연간, 즉 영·정조 때의 시권을 살핌으로써 이 시대의 역과 한학의 실제를 밝혀보고자 한다.

2.3.1 신묘식년시(辛卯式年試)의 역과 한학 시권

먼저 신묘식년시(辛卯式年試)의 시권(試券)에 대하여 고찰한다. 유웅(劉翁)의 소장 고문서는 대부분 그의 9대조(代祖)인 유학기(劉學基)와 그의 세자제(子弟)의 것인데, 그 중에도 유학기의 고신(告身), 백패(白牌), 사패(賜牌)가 가장 많다. 특히 그가 건륭(乾隆) 신묘식년시(辛卯式年試)의 역과 한학에 응과(應科)한 초시(初試)·복시(覆試)의 두 시권은 이 시대의 역과 한학이 어떻게 시행되었는지를 아주 잘 보여준다.

2.3.1.1 이 시권 중에서 먼저 유학가의 내신묘식년시(來辛卯式年試) 역과 초시(譯科初試) 한학 시권(漢學試券)을 살펴보면 크기가 가로 83.7 × 세로 69.0㎝의 두꺼운 저지(楮紙)로 보존 상태는 매우 양호한 편이다.

다음의 [사진 2-1]에서 보이는 것처럼 우측 상단의 중간부터 하단에 걸쳐 "來辛卯式年譯科初試"라고 쓰였는데, 이 때의 '내신묘(來辛卯)'는 『통문관지』(권3)의 「과거」조에 "每式年增廣設科初試, 開場前期"라는 시식(試式)에서 알 수 있는 것처럼 매 식년시(式年試)의 전기(前期)에 개장하는 초시(初試)라는 뜻으로 건륭 신묘(辛卯)의 상식년(上式年), 즉 건륭(乾隆) 경인(庚寅, 1770)에 실시된 역과 초시라는 뜻이다.[41]

會, 1987을 참조할 것.

41 『고려사』(卷73) 「志」(卷第27) '選擧'(1) '科目'(1)의 睿宗 11년조 기사와 『增補文獻備考』(卷186) 「選擧考」(3) '科制'(3)의 '三年定式年, 初試及覆試試期' 조에 "禮曹啓曰: 式年諸科自正月至五月畢試, 東堂作之時, 擧子來往有妨於農, 請依中朝例, 每寅申己亥年, 試以初試, 子午卯酉年春, 試以覆試。上可之。"라 하여 初試는 寅, 申, 己, 亥年의 가을에, 覆試는 子, 午, 卯, 酉年의 봄에 시행되었음을 알 수 있다.

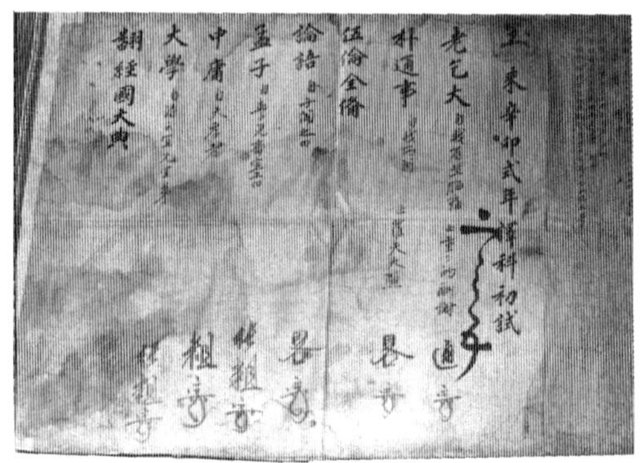

辛卯式年譯科初試

老乞大

朴通事

伍倫全備

論語

孟子

中庸

大學

經國大典

[사진 2-1] 유학기의 내신묘식년시 역과 초시 시권

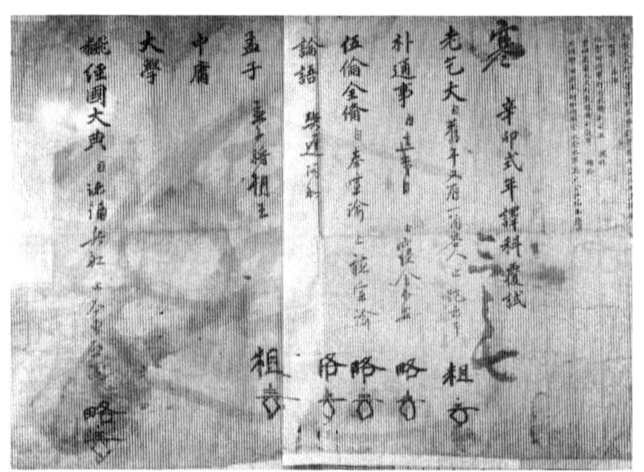

辛卯式年譯科覆試

老乞大

朴通事

伍倫全備

論語

孟子

中庸

大學

經國大典

[사진 2-2] 신묘식년시 역과 복시의 유학기 시권

우측 상단에 있는 시권의 비봉(秘封) 부분은 거자(擧子)의 신분, 성명, 본관, 거주지와 사조(四祖)의 신분, 성명, 본관(外祖만)이 적혀 있는데 이를 옮겨 적으면 다음과 같다.

朝散大夫行司譯院參奉劉學基 年二十二 本漢陽 居京

父幼學益海

祖禦侮將軍行忠武衛副司正興祚

曾祖嘉善大夫行龍驤衛副護軍碩齡
外祖禦侮將軍行加德鎭管永登水軍萬戶金弘瑞 本慶州

이 비봉(秘封)으로부터 시권(試券)의 작성자가 조산대부(朝散大夫, 從四品)의 품계로 사역원 참봉의 직에 있던 유학기이고 그의 본관은 한양(漢陽) 유씨(劉氏)로서 서울에 거주하며 당시 22세이었음을 알 수 있다. 그 외에 아래 4행은 거자(擧子)의 부(父)·조(祖)·증조(曾祖) 및 외조(外祖)까지의 사조(四祖)에 대한 신분과 이름, 본관(外祖)를 적었는데, 이 부분은 채점의 공정을 기하기 위하여 호명시식(糊名試式)의 규정에 따라 봉함(封緘)된 것올 비봉(秘封)이라 부른다.[42]

전술한 『속대전』과 『통문관지』의 역과 시식(試式)에 의하면 역과 초시는 사역원에서 제조(提調) 2원(員, 或1員兼敎授)과 사학관(四學官) 2원으로 된 입문관(入門官)을 정하고[43] 이들이 입문소(入門所)에 좌아(坐衙)하여 방을 붙이고 역과 개장(開場)을 고시한다. 거자(擧子)들은 유건(儒巾)과 홍단령(紅團領)을 갖추어 차리고 입문소에 나아가 입문관에게 사조단자(四祖單子)와 보거단자(保擧單子)를 제출한 다음 녹명(錄名)하면 허시(許試)하는데 이 때에 거자(擧子)가 써 온 상기 비봉(秘封) 부분을 확인하고 호명(糊名)하여 연번호(連番號)와 함께 인급(印給)하여 시원(試院)에서 돌려주었다. 이 시권에도 비봉 우측 상단에 '옥(玉)'이란 천자순(千字順)의 연번호가 있고 관인(官印)을 찍은 흔적이 보인다.

---

42 秘封은 보통 糊名 또는 糊封이라 불리였는데 赴試諸生이 券首에 姓名, 本貫과 四祖를 써서 試前 數日에 糊封하였다가 試前日에 試院에 내도록하였다(『고려사』 卷74 「志」 卷第28 '選擧'二 '科目'二 元宗 14年 10月조). 糊名試式이 처음 시작된 것은 高麗 顯宗 2년(1013)으로 『고려사』(卷72) 「志」(第27) '選擧'(1) '科目'(1)에 "顯宗二年禮部侍郎起奏, 定糊名試式"이란 기사가 이를 말한다.

43 入門官에 대하여는 『통문관지』(권2) 「科擧」에서 "每式年增廣, 設科初試開場前期, 本院定入門官四員{漢學三員內一員敎授, 二員有等第參上官, 一員三學出身有等第官, 排次輪差}"라 하여 初試의 入門官은 司譯院 四學중 3員이 漢學官(1員은 한학교수, 2원은 역과에 급제한 정6품 이상의 한학관)이고 나머지 1員은 三學(蒙, 倭, 淸學)에서 有等第者(역과 급제자)가 輪次하였음을 알 수 있다.

시권(試券) 상단의 우에서 좌로 '<노걸대>, <박통사>, 오륜전비, 논어, 맹자, 중용, 대학, 번경국대전(飜經國大典)'이란 역어(譯語) 출제의 역학서명이 보이며 이들은 앞에서 살펴본『속대전』의 역과 한학의 출제서나『통문관지』의 과거 한학의 출제서 8책과 일치한다.

한학서명의 아래에 각 출제서의 배강(背講), 임강(臨講) 또는 임문역어(臨文譯語)할 부분이 어디에서(自) 어디까지(止)로 적혀있고 이렇게 쓰인 과제(科題)의 아래에 '통(通), 략(略), 조(粗), 순조(純粗)' 등의 분수(分數)와 채점자의 수결(手決)이 있다. 중앙에서 왼쪽으로 비스듬히 큰 글씨로 '合'이란 주서(朱書)가 보이고 채점자와 동일한 수결이 역시 붉은 글씨로 쓰였다. 역과 초시(譯科初試)라고 쓴 앞에 행서체의 다른 글씨로 '二~十'이란 묵서(墨書)가 보이는데, 이것은 이 시권이 2등 10인으로 입격되었음을 말하는 것이다.

2.3.1.2 다음으로 [사진 2-2]에 보이는 유학기의 '신묘식년역과복시(辛卯式年譯科覆試)', 즉 복시(覆試)의 시권을 살펴보기로 한다. [사진 2-2]의 시권은 크기가 가로 84.7 × 세로 59.3cm의 두꺼운 저지(楮紙)로 초시의 것과 같은 지질이다. 우측 중앙 상단에서부터 '辛卯式年譯科覆試'라고 쓰여 있어 건륭(乾隆) 신묘(辛卯, 1771)에 실시한 역과 복시(覆試)임을 알 수 있는데 우측 상단에는 초시와 대동소이한 비봉이 보인다.

朝散大夫行司譯院奉事劉學基 年二十三 本漢陽 居京

父幼學 益海

祖禦侮將軍行忠武衛副司正興作

曾祖嘉善大夫行龍驤衛副護軍碩齡

外祖禦侮將軍行加德鎭管永登水軍萬戶金弘瑞 本慶州

이것을 초시의 비봉과 비교하면 응시자의 직이 사역원 참봉에서 부봉사(副奉事)로 올랐고 나이가 23세가 된 것이 다를 뿐 모두 동일하다. 비봉(秘封) 옆에는 역시 입문소(入門所)에서 인급(印給)한 연번호 '寒'이 있다. 출제서인 한학 팔책(八冊)이 초시에서와 같이 우에서 좌로 쓰여 있고 그 밑에 배강(背講), 또는 임강(臨講), 역어(譯語)의 과제(科題)가 적혀 있으며 초시와 같이 그 바로 밑에 분수(分數)와 채점자의 수결이 보인다.

채점자의 수결은 초시의 것과 유사하여 동일인이 초시와 복시를 모두 채점한 것으로 보인다. 시권의 중앙에 '合'이란 주서(朱書)가 보이고 그 옆에 희미하게 채점자의 수결이 역시 붉은 글씨로 쓰였다. 또 시권의 우측 중앙에 '三~七'이란 다른 필치의 글씨가 보이는데 이것은 이 시권이 3등 7인으로 입격하였음을 말한다. 실제로 『역과방목(譯科榜目)』(권1) '건륭신묘식년시(乾隆辛卯式年試)'조(84앞 9행)에 이 시권의 주인공인 유학기가 3등 7인으로 등재되어 있다.

2.3.2 기유식년시(己酉式年試)의 역과 한학 시권

다음으로 유학기의 장남인 유운길(劉運吉)의 '기유식년역과초시·복시(己酉式年譯科初試·覆試)'의 시권에 대하여 살펴보기로 한다. 건륭(乾隆) 기유(己酉, 1789)에 시행된 식년시(式年試)는 전술한 신묘식년시(辛卯式年試)보다 18년 후의 것인데 그 시식(試式)이나 과제(科題) 등은 대체로 두 시권이 유사함을 보이고 있다.

2.3.2.1 먼저 기유식년(己酉式年) 역과 초시(譯科初試)의 시권을 통하여 이 시대의 역과 한학을 살펴보기로 한다.

다음의 [사진 2-3]은 기유식년(己酉式年)의 역과에 응시한 유운길(劉運吉)의 초시 시권이다. 이 시권은 크기가 가로 74.2 × 세로 59.4cm이고 우측에 '내기유식년역과초시(來己酉式年譯科初試)'라고 쓰여 있어 건륭(乾隆) 기유(己酉)의 식년시의 전기(前期), 즉 건륭 무신(戊申, 1788) 가을에 시행된 역과 초시임을 말하고 있다.

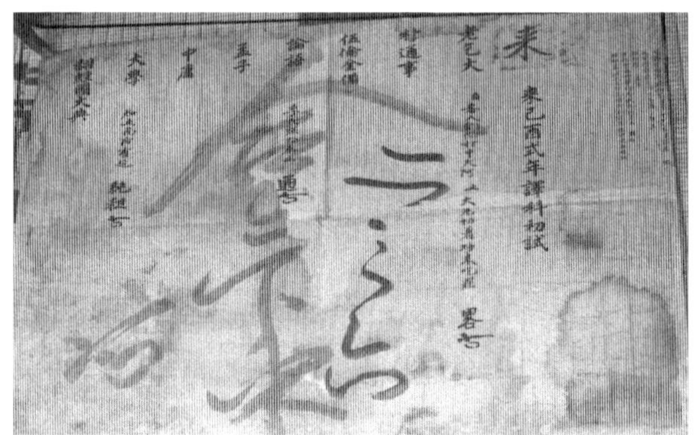

[사진 2-3] 유운길의 내기유식년 역과 초시 시권

이 시권의 우측 상단에 보이는 비봉(秘封)은 다음과 같다.

司譯院漢學前銜劉運吉年十七 本漢陽 居京
父宣務郎司譯院注簿學基
祖幼學益海
曾祖禦侮將軍行忠武衛副司正興祚碩齡
外祖嘉善大夫行龍驤衛副護軍安世完本順興

이를 보면 이 시권의 작성자가 앞에서 살펴본 신묘식년(辛卯式年) 역과한학(譯科漢學)의 주인공인 유학기의 아들임을 알 수 있고, 역과에 부거(赴擧)하기 전에는 사역원 한학전함(漢學前銜)의 벼슬에 있었음을 알 수 있다. 외조(外祖)가 다른 것 이외에 조(祖)와 증조(曾祖)는 유학기의 부(父)와 조(祖)에 해당되어 동일하다.

비봉(秘封)의 좌측에 '來'라는 천자순(千字順)의 연번호가 있고 관인을 찍은 흔적이 보이며 신묘식년(辛卯式年)의 것과 같이 상단에 우에서 좌로 한학 팔책(八冊)의 출제서가 쓰였다. 과제(科題) 다음의 분수(分數)와 채점자의 수결이 있고 중앙 좌측으로부터 비스듬히 '合'이란 주서(朱書)가 보이며 다음에 '二下'란 전체 성적이 적혀 있고 그 밑에 채점자와 동일한 수결이 보인다.

2.3.2.2 다음의 [사진 2-4]에서 볼 수 있는 '기유식년 역과복시(己酉式年譯科覆試)'의 시권은 크기가 가로 64.1 × 세로 59.8 cm이며 우측에 '금기유식년역과복시(今己酉式年譯科覆試)'라고 쓰여 있는데 이때의 '今己酉'는 '來己酉'에 상응하는 것으로 기유식년(己酉式年)의 당해 년이란 뜻이다. 비봉 부분은 유운길의 나이가 18세로 바뀐 것 이외에는 초시의 시권과 동일한데 다만 종합 순위가 시권 중앙 좌측에 '二~六'이라고 묵서(墨書)되어 있어 2등 6인으로 합격하였을 것이나 실제 『역과방목(譯科榜目)』(卷2) '乾隆 己酉式年'조(8뒤 1행)에는 '一等 三人, 二等五人, 三等六人'이어서 9번째로 기록된 유운길은 3등 1인임을 알 수 있다.

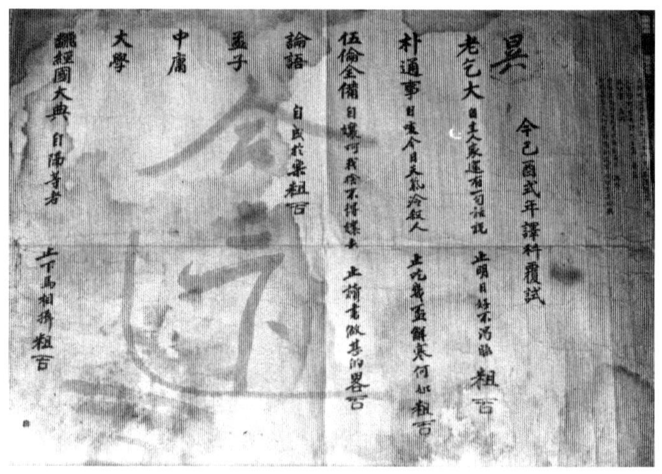

[사진 2-4] 유운길의 기유식년 역과복시 시권

2.3.3 시권(試券)의 주인공

다음으로 이 시권들의 작성 인물 가운데 유학기(劉學基)에 대하여 고찰한다. 앞에서 건륭신묘·기유(乾隆辛卯·己酉)의 역과 한학(漢學)의 네 개 시권이 유학기·운길(劉學基·運吉) 부자(父子)의 것이라고 하였다. 이들은 조선 중기부터 많은 역관을 배출한 한양(漢陽) 유씨(劉氏)의 자손으로 『역과유집(譯科類輯)』에 의하면 이 집안은 순치(順治) 경자(庚子, 1660) 증광시(增廣試)의 역과 한학에서 출신(出身)한 유상기(劉尙基)를 비롯하여 광서(光緖) 무자(戊子, 1888)까지 228년간 45명의 역과에 등제자(登第者)를 낸 역관의 명문가이었다.

2.3.3.1 유학기는 일찍이 사역원의 연소총민(年少聰敏)에 뽑혀 중국에 다녀온 후로 어린 나이에 조산대부(朝散大夫)의 품계를 받을 정도로 한어에 뛰어난 재주를 보였으며 80여세를 살면서 한어 역관으로 활약하여 정헌대부(正憲大夫, 正2品) 동지중추부사(同知中樞府事)까지 관직이 올랐다.

그의 생부(生父)는 유익해(劉益海)인데 유학(幼學)으로 출신(出身)한 일이 없으나 후일 유학기의 덕으로 '가선대부공조참판 겸 오위도총부총관(嘉善大夫工曹參判 兼五衛都摠府摠官)'으로 추층(追贈)되었다.[44] 그의 조부(祖父) 유흥조(劉興祚)는 어모장군(禦侮將軍) 충무위(忠武衛) 부사정(副司正)의 무반이었는데 역시 손자인 유학기의 덕으로 통정대부(通政大夫) 공조참의(工曹參議)로 증직(贈職)되었다.[45] 증조부(曾祖父)인 유석령(劉碩齡)은 가선대부(嘉善大夫) 용양위 부호군(龍驤衛 副護軍)을 지냈으며 외조(外祖)인 김홍서(金弘瑞)도 당시 어모장군(禦侮將軍) 가덕진관(加德鎭管) 영등수군만호(永登水軍萬戶)로서 역시 무관(武官)이었다.

---

44 『경국대전』(권1) 「吏典」 '追贈'조에 "宗親及文武官, 實職二品以上追贈三代, 父母准己, 祖父母曾祖父母各處降一等, 亡妻從夫職"의 규정에 의하여 劉學基가 二品인 嘉善大夫의 加資를 받은 2년 후, 嘉慶 7年(1802)에 3代가 追贈되었다. 劉翁의 所藏 古文書에 "敎旨: 學生劉益海, 贈嘉善大夫工曹參判 兼五衛都摠府副摠管者, 嘉慶七年六日 二十九日, 嘉義大夫同知中樞府事兼五衛將劉學基, 考依法典追贈"이란 告身 참조.

45 주43에 의하면 『경국대전』의 追贈法은 祖父母와 曾祖父母는 '各處 降一等'한다고 하였으므로 父인 劉益海보다 降1等되어 追贈되었다.

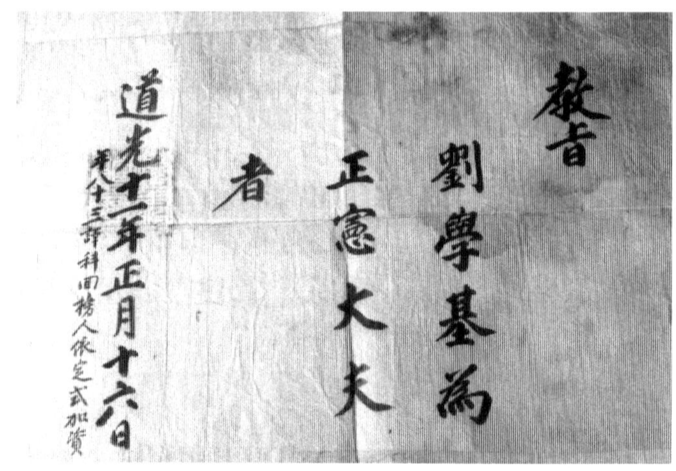
敎旨

劉學基爲

正憲大夫

者

道光十二年正月十六日

年八十三許科回榜人依定式加資

[사진 2-5] 유학기의 정헌대부 고신(告身)

<강릉유씨세계약도(江陵劉氏世系略圖)>에 의하면 유익해(劉益海)는 학기(學基), 협기(協基), 집기(集基)의 3형제를 두었는데 학기, 집기는 모두 역과 한학으로 출신(出身)하였고 유익현(劉益鉉)에 입양된 협기도 비록 역과에는 등과하지 못하였지만 사역원봉사(司譯院奉事)를 지낸 역관이었다.[46] 유학기는 운길(運吉), 봉길(逢吉), 진길(進吉)의 삼형제를 두었는데 이들은 모두 역과 한학으로 출신하였다. 즉, 운길(運吉)은 뒤에 언급하겠거니와 봉길(逢吉)도 『역과방목(譯科榜目)』에 의하면 가경(嘉慶) 갑자(甲子, 1804)에 시행된 갑자(甲子) 식년시의 역과 한학에 1등 2인으로 합격하였으며 진길(進吉)도 가경(嘉慶) 정묘식년시(丁卯式年試)의 역과한학에 1등 2인으로 등과하였다. 이 중 봉길(逢吉)은 학기의 동생인 집기(集基)에 입양되었는데 선무랑(宣務郞) 사역원주부(司譯院主簿)를 거쳐 통훈대부(通訓大夫) 사역원정(司譯院正)을 지냈음을 알 수 있다.[47]

46 『역과방목(譯科榜目)』에 의하면 劉集基는 乾隆 丙午式年試 譯科漢學에 3等으로 及第하였고 劉協基는 그의 아들 劉用吉이 嘉慶 甲子式年試 譯科漢學에 3等으로 合格하였다. 동 榜目(권2, 17앞)에 "劉用吉 字士行 丙午年 本漢陽 漢學押物主簿 父奉事協基"라는 기록이 있어 이를 알 수 있다.

2.3.3.2 다음으로 유학기 자신에 대해 살펴보기로 한다. 시권의 비봉과 『역과방목(譯科榜目)』의 기록에 의하면 기사(己巳, 1769)생으로 사역원 연소총민청(年少聰敏廳)에서 한어를 학습하고[48] 21세가 되는 건륭(乾隆) 34년(1769)에 조산대부(朝散大夫) 사역원참봉(司譯院參奉)으로 출사(出仕)하였다.[49] 건륭(乾隆) 35년(1770)의 역과 초시를 거쳐 건륭 36년(1771)의 복시(覆試)에서 3등 7인으로 합격하여 출신(出身)하였다. 복시의 합격으로 그는 정구품(正九品) 사역원 부봉사(副奉事)에 임명되었는데 이것은 『경국대전』의

譯科一等授從七品, 於本衙門叙用, 下同二等從八品階, 三等從九品階

(『경국대전』 권1 「吏典」 '司譯院' 조.)

라는 규정에 맞춘 것으로, 삼등으로 합격하여 정구품(正九品)의 부봉사(副奉事)로 서용(叙用)된 것이다.[50]

그 후 건륭 40년(1775)에 통훈대부(通訓大夫) 사역원 주부(主簿)로 승직되었다.[51] 그러나 건륭 43년(1778) 9월는 선무랑(宣務郎) 사역원 지장(直長)으로 그 품계와 직위가 강등되었는데 유옹(劉翁) 소장의 고문서에 "吏曹 乾隆四十三年九月日 奉教: 宣務郎劉學基, 爲宣務郎行司譯院直長者, 乾隆四十三年九月日 判書 參判 參議 正郎 佐郎"이라는 고신(告身)이 있다. 이것은 통훈대부(通訓大夫, 正三品 堂下)에서 선무랑(宣務郎, 從六品)으로, 주부(主簿, 從六品 參上)에서 직장(直長, 從七品)으로의 강등이며 그 이유는 알 수 없다.

---

47 劉翁 소장의 古文書에 劉逢吉의 漢城府 戶籍單子가 있어 이 사실을 알 수 있다.

48 年少聰敏은 萬曆 己丑(1589)에 설치되었다. 漢學의 年少者로서 將來가 있는 10人을 뽑아 本業書와 經史書를 학습시키고 每月 26日과 四季朔에 考試하여 그 分數에따라 赴京使行에 1遞兒를 보내어 漢語를 익히게 하였다(鄭光·韓相權:1985).

49 劉翁의 古文書에 '教旨: 劉學基爲朝散大夫, 行司譯院參奉者, 譯科三十四年 四月'라는 告身 참조.

50 同 古文書에 "禮曹奉教: 朝鮮大夫行司譯院副奉事劉學基, 譯科三等第七人出身者, 乾隆三十六年 四月初八日 判書 參判 參議 正郎 佐郎"라는 白牌가 있다.

51 同 古文書에 '教旨 劉學基爲通訓大夫行司譯院主簿者 乾隆 四十年 月 日'이란 告身 참조.

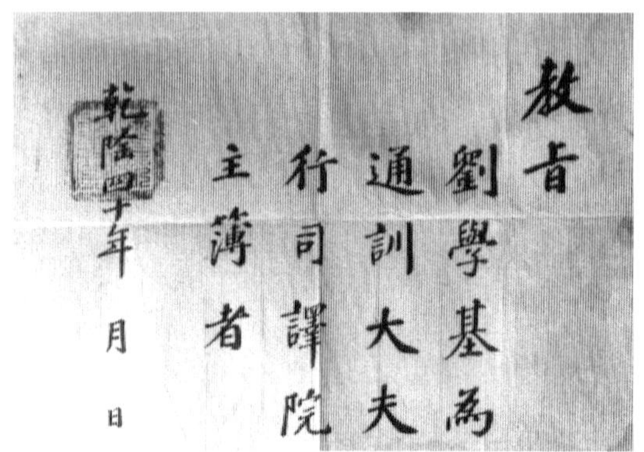
教旨
劉學基爲
通訓大夫
行司譯院
主簿者
乾隆四十年 月 日

[사진 2-6] 유학기의 주부(注簿) 고신

그 후 그는 순조롭게 승직되어 가경(嘉慶) 3년(1798)에는 절충장군(折衝將軍, 正三品 堂上) 행용양위부호군(行龍驤衛副護軍, 從四品)이 되어 당상관(堂上官)이 된다. 그의 출세는 정조(正祖)의 승하(昇遐)로 청(淸)에 보내는 고부겸청시청승습(告訃兼請諡請承襲)의 주청사(奏請使) 사행의 당상역관으로 선발되면서 가속화되었다. 즉 가경(嘉慶) 5년(1880)에 정조가 승하하자 이를 청조(淸朝)에 고부(告訃)하면서 그의 시호(諡號)와 순조(純祖)의 승습(承襲)을 주청(奏請)하는 사행을 보냈는데[52] 이 때에 유학기는 상사당상여관(常仕堂上譯官)으로 활약하였다. 이 일을 잘 마치고 돌아오자 순조(純祖)는 가경(歌磬) 5년 11월 20일에 노비(奴婢) 1구와 전(田) 3결(結)을 상으로 특사(特賜)하였다. 또 이튿날에 즉 11월 21일에는 가선대부(嘉善大夫, 從二品)로 가자(加資)되었고 그 이듬해 가경 6년 4월에는 가의대부(嘉義大夫)로 승품(陞品)하였다.[53]

---

52 嘉慶 5年 正祖 昇遐의 告訃兼請諡承襲의 奏請使는 續城尉 具敏和를 正使로 하였던 使行을 말한다. 『통문관지』(卷10) 「紀年續編」 正祖大王 24年 庚申조 참조.

53 同 古文書에 "教旨: 惟嘉善大夫行忠武衛副司直劉學基, 爾以告訃兼請諡承襲奏使行中堂上譯官, 奴婢中一口, 田三結, 特賜賞. 爾可傳永世者, 嘉慶五年十一月二十日, 又副承旨通政大夫兼經筵參贊官春秋館修撰官臣李"라는 賜牌가 있고, "教旨: 劉學基爲嘉善大夫者, 嘉慶五年十一月二十一日, 告訃兼請諡承襲奏請使, 常仕堂上譯官加資事, 承傳"라는 告身이 있어 이를 알 수 있다.

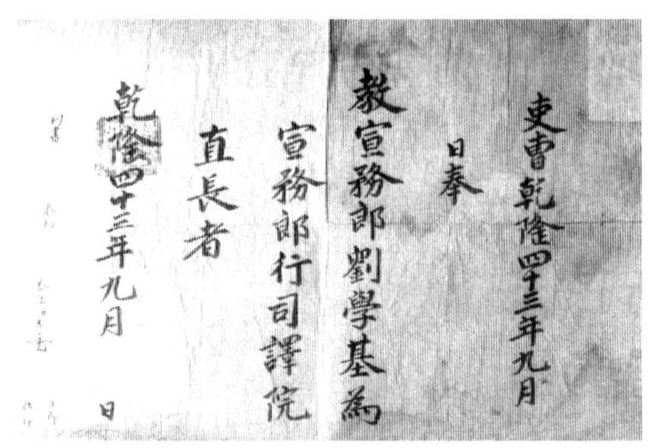
吏曹乾隆四十三年九月
日奉
敎宣務郎劉學基爲
宣務郎行司譯院
直長者
乾隆四十三年九月 日

[사진 2-7]유학기의 직장(直長) 고신(告身)

가경(嘉慶) 7년 6월에는 용양위부호군겸오위장(龍驤衛副護軍兼五衛將)이 되었으며 동지중추부사(同知中樞府事)를 겸하였다. 같은 해 6월 29일에 아내인 안씨(安氏)가 돌아가자 『경국대전』(권1) 「이전(吏典)」 '추증(追贈)' 조에 "亡妻從夫職 - 죽은 아내는 남편의 직을 따르다"의 예에 따라 정부인(貞夫人)으로 추증되었다.[54] 가경(嘉慶) 8년(1803)에 세자책봉(世子冊封)의 주청사행(奏請使行)으로 춘성위(春城尉) 심능건(沈能建) 등을 수행하여 주청역관(奏請譯官)으로 활약하고 전(田) 3결(結)과 노비 1구(口)를 특사상(特賜賞)으로 받았다. 즉, 유옹(劉翁) 소장의 고문서에

敎旨

惟譯官嘉善大夫前同知中樞府事劉學基

爾以冊封奏請譯官, 官田三結, 奴婢中一口特賜賞 爾可傳承世者

嘉慶八年二月 十九日

右承旨通政大夫兼經筵參贊官春秋館修撰官 臣任 手決

---

54 同 古文書에 "敎旨: 劉學基爲嘉義大夫行龍驤衛副護軍兼五衛將者, 嘉慶七年六月日"과 "敎旨: 淑人安氏爲貞夫人者, 嘉慶七年六月二十九日, 嘉義大夫同知中樞府事兼五衛將劉學基妻, 依法典從夫職"이란 告身을 참조.

라는 사패(賜牌)가 있어[55] 이를 알 수 있으며, 도광(道光) 8년(1828)에 80세가 되어 『경국대전』(권1) 「이전(吏典)」 '노인직(老人職)' 조에 "年八十以上, 勿論良賤除一階, 元有階者又加一階, 堂上官有旨乃授 - 나이가 80세 이상이면 천인이면 물론 1계를 제하고 원래 품계를 가진 자는 1계를 더하다. 당상관은 교지가 있으면 받을 수 있다"의 규정에 의하여 가장(加資)되어 자헌대부(資憲大夫, 正二品) 요양위대호군(龍驤衛大護軍)이 되었다. 또 도광 11년(1831)에는 나이가 83세가 되어 역과회방인(譯科回榜人)으로 가자(加資)되어 정헌대부(正憲大夫, 正二品)으로 승품(陞品)된다.[56]

회방인(回榜人)이라 함은 과거에 급제한 후 60년이 된 것을 말하는 것으로 그가 건륭(乾隆) 신묘(辛卯, 1771)의 식년시(式年試)에 등과(登科)하여 60년이 지난 도광(道光) 신묘(辛卯, 1831)의 일이다. 유학기는 정헌대부(正憲大夫)를 끝으로 타계한 것으로 보이는데, 『역과유집(譯科類輯)』 「한양유씨(漢陽劉氏)」 '유학기(劉學基)' 조에 "漢學聰敏, 正憲知樞"의 기사가 이를 말한다. 이를 보면 그가 사역원의 연소총민(年少聰敏)으로 출신하여 정헌대부(正憲大夫) 지중추부사(知中樞府事)를 지낸 인물임을 알 수 있다.

2.3.3.3 다음으로 기유식년(己酉式年) 역과 한학의 초시(初試)·복시(覆試) 시권(試券)의 작성자인 운길(運吉)에 대하여 살펴보기로 한다.

유운길(劉運吉)은 유학기의 세 아들 중 장남으로 『역과방목(譯科榜目)』과 시권의 비봉(秘封)에 따르면 임진(壬辰, 1772)生으로 18세가 되는 건륭(乾隆) 기유(己酉)의 식년시(式年試, 1789년 시행)에 응과하여 전술한 시권으로 합격하였는데 초시에 응과한 17세에 이미 사역원 한학전함(漢學前銜)이었음을 알 수 있다. 유옹(劉翁)이 소장한 유운길의 백패(白牌)와[57] 『역과

---

55 이 賜牌의 左側 下段에 "癸亥閏二月十九日, 同年同月日, 承傳. 册封奏請譯官劉學基, 熟馬臺匹"이란 馬帖이 附添되었다.

56 同 古文書에 "敎旨: 劉學基爲正憲大夫者, 道光十一年正月十六日, 年八十三譯科回榜人, 依定式加資"이란 告身이 있음.

57 同 古文書에 '禮曹奉敎: 司譯院漢學前銜劉運吉, 譯科三等第一人出身者, 乾隆 五十四年 三月 日 判書 參判 正郎 佐郎'이란 白牌가 포함되어 있다.

방목(譯科榜目)』(권2) '乾隆 己酉式年' 조에 의하면 이 역과에는 1등 3인, 2등 5인, 3등 6인으로 도합 14인이 합격하였는데 그는 이 방목(榜目)의 9번째로 이름을 올려 3등 1인이었음을 알 수 있다.

그 후 그는 가경(嘉慶) 19년(1814) 정월에 통정대부(通政大夫)에 승직되어 정3품 당상역관이 되었으며 도광(道光) 7년(1827) 8월에 다른 13인의 역관과 함께 승직되어 가의대부(嘉義大夫, 從2品)에 이르렀다.[58] 그 후의 족적은 찾을 길이 없으나 『역과유집(譯科類輯)』「漢陽劉氏」'劉運吉' 조에 "漢學教誨嘉義"라는 기록이 있어 그 이상의 품계에는 오르지 못한 것으로 보인다.

4) 역과 한학(漢學) 시권의 출제와 채점

2.4.0 다음으로 신묘(辛卯)·을유(乙酉) 식년시(式年試)의 출제와 채점에 대하여 살펴보기로 한다. 앞에서 살펴본 시권(試券)의 상단에는 역과 한학의 출제서, 즉 한학(漢學) 팔책(八冊)의 서명이 기록되어 있고, 그 바로 밑에 과제(科題)가 있어 거자(擧子)가 배강(背講), 또는 배송(背誦)하거나 또는 임문강서(臨文講書), 번역해야 할 부분이 지정되었다. 이를 통하여 실제 어떤 한어 역학서에서 어떻게, 그리고 얼마나 많은 분량이 출제되었는가를 살펴보고자 한다.

2.4.1 내신묘식년(來辛卯式年) 초시(初試)의 출제

먼저 내신묘식년초시(來辛卯式年初試)의 출제에 대하여 고찰한다. 유학기의 '내신묘식년역과초시'의 시권에 기록된 과제(科題)를 살펴보면 다음과 같다. [사진 2-1] 참조.

58 同 古文書에 "教旨: 劉運吉爲嘉義大夫者, 道光七年八月日 因備邊司革記, 四學譯官中可合陞用者十三人加資事, 承傳"라는 告身과 "教旨: 劉運吉爲通政大夫者, 嘉慶十九年正月初八日, 多有效榮可合任使加資事, 承傳"이란 告身이 있다.

老乞大	自我有些腦痛	止重重的酬謝
朴通事	自我兩箇	止羅天大醮
伍倫全備		
論語	自子聞之曰	
孟子	自孟子見齊宣王曰	
中庸	自夫孝者	
大學	自詩云宜兄宜弟	
飜經國大典		

이를 보면 역과 한학의 초시에는 전술한 한학 팔책(八冊) 중에서 <노걸대>, <박통사>, <논어>, <맹자>, <중용>, <대학>에서만 과제가 쓰여 있어 한학의 본업서(本業書)에서는 <노걸대>와 <박통사>에서만 출제되었고 사서(四書)에서는 모두 출제되었으며『경국대전』의 번역인 역어(譯語)는 출제되지 않았음을 알 수 있다.

2.4.1.1 <노걸대>에서의 출제는 먼저 어떤 版本에서 출제하였는가를 살펴보아야 할 것이다. 주지하는 바 <노걸대>는 한어 회화용 학습서로 고려 말에 편찬된 것으로 알려졌으며[59], 그 후 산개(刪改), 신석(新釋), 중간(重刊)되었으며 한글 번역도 번역(飜譯), 언해(諺解), 신석(新釋), 중간(重刊)을 거치면서 여러 차례 수정, 개정, 증보되었다. 따라서 많은 이본을 갖고 있는데, 현재 규장각(奎章閣)에 소장되어있는 <노걸대>란 이름의 고본(古本)만도 7~8종을 헤아린다. 현전하는 것 중에서 중요한 것만 적기(摘記)하면 중종 9년(1514)에 최세진에 의해서 번역된 것이 있고(소위 {飜譯}<老乞大>), 현종 11년(1670)에 변익(卞熤) 등이 언해한 <노걸대언해>가 있다. 또 영조 37년(1761)에 변헌(邊憲), 김창조(金昌祚) 등이 신석(新釋)한 <노걸대신석>과 동 언해가 있으며 정조 19년(1795)에 이수(李洙) 등이 중

59 <老乞大>의 편찬에 대하여는 閔泳珪(1943, 1964b) 및 丁邦新(1978), 그리고 본서의 다음 절을 참조할 것.

간(重刊)한 <중간노걸대>와 동 언해가 있다(鄭 光·韓相權, 1985 참조).

건륭신묘식년시(乾隆辛卯式年試)의 초시(初試, 1770)와 복시(覆試, 1771)는 시행 연대로 보아 영조 37년에 변헌(邊憲) 등이 신석한 <노걸대신석>에서 출제되었을 것임을 미루어 짐작하기 어렵지 않다. 이 책은 권두의 홍계희(洪啓禧) 서문에 의하면 한어 역관 변헌(邊憲)이 중국에 다녀와서 현종 때의 <<노걸대>언해>를 수정한 것으로 언해와 더불어 건륭(乾隆) 계미(癸未), 즉 영조 37년(1761)에 운각(芸閣)에서 간행되었다.[60]

이 시권의 <노걸대>의 과제(科題)는 '自我有些腦痛 止重重的酬謝'인데 이 책의 "我有些腦痛"부터 "重重的酬謝"까지를 배송(背誦)하라는 뜻이다. 『속대전』의 역과 한학 강서에서 본업서(本業書-老乞大, 朴通事, 伍倫全備)는 배송(背誦)하라는 규정이 있다. 따라서 이 부분을 책을 보지 않고 암송하라는 시험이다. 실제로 <노걸대신석>의 35뒤 8행부터 36앞 7행까지가 "○我有些腦痛頭眩"에서 "必要重重的酬謝"인데 원문 10행에 이르는 많은 양이다. <노걸대신석>은 한 구절이 끝나는 곳에 ○標를 하여 표시하였는데 한 구절은 대체로 10행으로 나뉘어졌으며 이 출제 부분도 이 한 구절 10행을 배송(背誦)하게 한 것이다.[61] <박통사>에서의 출제도 먼저 어떤 판본에서 출제되었는지를 살펴보아야 한다. <박통사>는 <노걸대>와 함께 『세종실록』의 제학취재(諸學取才) 경서제예수목(經書諸藝數目)에서 역학 한훈의 한어 출제서로 기록된 것을 비롯하여 오래도록 사역원 한학의 역과, 취재, 고강(考講) 등의 출제서로 사용되었으며 역시 산개(刪改), 신석(新釋)에 의한 이본을 갖고 있다.

2.4.1.2 최초의 <박통사>는 <노걸대>와 같이 고려 말에 편찬된 것으

---

60 『통문관지』(卷8) 「집물(什物)」 [續]조에 ""新釋老乞大板 諺解板 乾隆癸未 訓長邊憲 修整 芸閣刊板"란 기사 참조.

61 邊暹 등의 <重刊老乞大諺解>(平壤監營 重刊本)에서 이 부분은 '我有些腦痛頭眩 (中略) 太醫上重重的酬謝'(下卷 35뒤 9~37앞 10行)이어서 科題로 보아 同一하고 <重刊老乞大>와도 區別되지 않는다.

로 보이는데, <박통사>의 내용으로 보아 지정(至正) 병술(丙戌, 1346)頃에 원나라를 여행한 사람에 의해서 당시 연경(燕京)의 한어를 대상으로 하여 만든 한어 회화 학습서로 보는 견해가 있다.[62]

이 <박통사>는 성종 때에 대대적인 개편이 있었고 또 <노걸대>와 함께 숙종 3년(1677)에 변섬(邊暹) 등에 의해서 언해되었으나 이 언해본의 한어가 최세진의 번역본(飜譯本)의 그것과 매우 달라서 그 사이에 또 한 차례의 개정이 있었음을 알 수 있다. <박통사>의 신석도 <노걸대신석>보다 4년 후인 영조 41년(1765)에 김창조 등에 의해서 이루어졌는데 거의 동시에 언해도 이루어져 기영(箕營)에서 간판되었다.[63]

따라서 연대로 보아 이 시권에 보이는 <박통사>의 과제(科題) "自我兩箇 止羅天大醮"는 <박통사신석>이나 동 언해의 것을 배송(背誦)하라는 것임을 알 수 있다. 실제로 <박통사신석>의 51뒤의 10행이 '我兩箇到書舖裡去'이고 52앞의 10행이 '一日先生做羅天大醮'이어서 이 사이의 10행을 배송(背誦)시킨 것인데 그 분량은 <노걸대>의 출제와 유사하다.[64]

---

62 崔世珍 飜譯의 <朴通事>上(乙亥字覆刻本, 國會圖書館所藏)의 본문에 '南城永寧寺裏聽說佛法去來'라는 句節이 있고 邊憲 等의 <朴通事諺解>에는 이에 대한 상세한 註가 있다. 이에 의하면 高麗和尙 步虛는 高麗末의 名僧 普愚(1301~82)를 말하는 것으로 그는 忠穆王 2年(至正 丙戌, 1346)에 중국에 가서 江南 湖州의 霞霧山 天湖庵에서 石屋和尙으로부터 雲峰 直覺禪師의 臨濟宗을 배워 高麗에 전한 사람이다. 本文 中의 南城은 燕京, 즉 大都를 말하는 것으로 <朴通事>의 著者가 실제로 燕京에서 普愚를 만난 사실을 내용에 넣은 것이라면 忠穆王 2年부터 高麗 末(1392) 사이에 燕京을 다녀온 고려 譯官들의 저술로 볼 수 있다. 閔泳珪(1966)와 본장의 다음 절을 참조.

63 『통문관지』(卷8) 「집물(什物)」 [續]조에 "新釋朴通事板諺解板, 訓長金昌祚等修整, 乾隆己酉(1765) 箕營刊板"이란 기사가 있어 金昌祚가 <朴通事新釋>에 관여한 것을 알 수 있으나, 실제로 <朴通事新釋>의 卷末에는 그의 이름이 記載되어 있지 않다. 즉 同書의 卷末에 檢察官으로 邊憲과 李湛(후일 李洙)의 이름이 보이고 校正官으로 申漢楨, 洪愼憲, 卞光寶, 李運成, 金履熙의 이름이 보이며 書寫官으로 7人의 譯官이 기재되었다. 書寫官 趙東洙와 金履熙, 金漢謙의 이름 밑에 '諺解正書入梓'이란 기록이 보이므로 이들에 의하여 諺解部分의 諺文 書寫되었음을 알 수 있고 또 平壤監營에서 刊行할 때 新釋과 그 諺解가 동시에 이루어진 것으로 보인다. 監印官은 通訓大夫行平壤譯學 愼在忠으로 되어 있어 그가 箕營에서 간판할 때 監督하였음을 알 수 있다.

64 <朴通事新釋>은 한 句節이 끝나면 行을 바꾸었다. 그러나 이 句節은 매우 길어서 (51앞 10行부터 55뒤 7行까지) 그 시작인 "我兩箇到書舖裡去"로부터 10行이 되는 "一日

2.4.1.3 사서(四書)에서는 <논어>, <맹자>, <중용>, <대학>의 다음에 임강(臨講)할 과제가 적혀 있어 사서(四書)에서 모두 출제되었다. 그러나 <논어>에서의 출제는 "自子聞之曰", <맹자>는 "自孟子見齊宣王曰", <중용>은 "自夫孝者", <대학>은 "自詩云宣兄宣弟"이어서 임문강서(臨文講書)의 시작 부분만 적혀 있고 끝 부분이 없다. 아마도 시관(試官)이 적당한 곳에서 멈추게 하였음을 알 수 있다. 이 때의 사서(四書)는 <논어정음(論語正音)>, <맹자정음(孟子正音)>, <중용정음(中庸正音)>, <대학정음(大學正音)> 등 모두 『경서정음(經書正音)』에서 출제된 것으로 중국어의 발음으로 읽고 강서하였음을 알 수 있다.

『경서정음』은 옹정(雍正) 갑인(甲寅, 1734)에 사역원 원관(院官) 이성빈(李聖彬) 등이 <논어>(2本), <맹자>(3本), <중용·대학>(合 1本)과 <시경>(3本), <서경>(3本), <춘추>(2本)의 한어 발음을 정음(正音)으로 주음하고 합편(合編)하여 주자(鑄字)로 인쇄한 14책을 말하는 것이다.[65] 규장각(奎章閣) 소장의 『경서정음』에서 사서(四書)의 출제 부분을 찾아보면 먼저 <논어>는 『경서정음』 제12책 <논어정음(論語正音)> 권1 팔일편(八佾篇, 10앞 8~10행)에 "○子入大廟每事問, 或曰孰謂鄹人之 子知禮乎? 入大廟每事問, 子聞之曰: 是禮也"이어서 이 부분이 출제된 것으로 보인다.

<맹자>의 출제는 『경서정음』 제14책 <맹자정음(孟子正音)> 권1 양혜왕(梁惠王) 하편(22뒤 9~10행)에 "孟子見齊宣王曰: 所謂古國者非謂有喬木謂也"가 있어 이 부분을 강서(講書)하게 한 것으로 보인다.[66] <중용>의 출

先生做罷天大醮"까지를 끊어 출제한 것으로 보인다.

65 『통문관지』(卷8) 「書籍」 [續]조에 "經書正音 論語二本, 孟子三本, 中庸大學 合一本, 詩經三本, 經書三本, 春秋二本 雍正甲寅(1734) 院官李聖彬等措鑄字印納'"이란 기사가 있어 『經書正音』 14책의 간행 경위를 알 수 있으며 이 책은 서울대 규장각 등에 다수 현전하고 있다. 다만 규장각본 중의 하나(奎1674)는 第10冊 春秋正音 卷四 末尾에 檢察官으로 洪命福, 校正官으로 玄熀, 金益瑞, 書寫官 金亨瑞, 李師夏, 그리고 監印官으로 金漢泰의 이름이 보이고, '甲辰重刊通文館藏板'이란 간기가 있어 이 책이 乾隆 甲辰(1784)에 通文官에서 木板本으로 중간하였음을 알 수 있다.

66 <孟子正音> 卷1 梁惠王 下篇에 "孟子見齊宣王曰 爲巨室則必使工師求大木"(24a 10行)이 있어 이 부분의 출제일 수도 있다.

제는『경서정음』제11책 <중용정음(中庸正音)> 9뒤 1~2행에 "大孝者, 善繼人之志, 善述人之事者也"가 있어 이 부분이 출제되었고 <대학>의 출제는 역시『경서정음』제11책 <대학정음(大學正音)>의 8뒤 6~7행에 "詩云: 宣兄宣弟, 宣兄宣弟而後以敎國人"가 있어 역시 이 부분을 임강(臨講)하게 한 것이다.

2.4.2 신묘식년(辛卯式年) 복시(覆試)의 출제

다음으로 신묘식년(辛卯式年) 복시(覆試)의 출제에 관하여 고찰한다. 유학기(劉學基)의 복시(覆試) 시권을 보면 이 시험에서는 본업서인 <노걸대>, <박통사>, <오륜전비(伍倫全備)>에서 모두 출제되었고 사서(四書)에서는 <논어>와 <맹자>에서만 출제되었으며 초시(初試)와 달리『경국대전』의 번역인 역어(譯語)도 출제되었는데 이를 옮겨보면 다음과 같다. [사진 2-2] 참조.

老乞大	自舊年又有一箇客人	止跑去了
朴通事	自這幾日	止寢食不安
伍倫全備	自奉宣諭	
論語	樊遲問知	
孟子	自孟將朝王	
中庸		
大學		
飜經國大典	自諸浦兵船	止本曹啓聞

초시와 비교하여 보면 본업서에 <오륜전비>가 추가되었고 사서(四書)에서는 오히려 <중용>과 <대학>에서 출제되지 않았으며, 역어(譯語)에『경국대전』의 번역이 출제되었는데 사서(四書)가 복시(覆試)에서는 기초 과목의 성격을 가졌다면 본업과 역어(譯語)의 전공 부분이 강조된 것으로 볼 수 있다.

2.4.2.1 먼저 <노걸대>의 출제를 보면 이것 역시 역과의 시행 연대로 보아 <노걸대신석>에서 출제되었을 것인데, <노걸대신석>의 9뒤 7행이 "舊年又有一箇客人"이고 10앞 6행이 "那賊跑去了"이어서 이 사이의 10행을 배송(背誦)하는 문제임을 알 수 있다. 이 부분을 최세진의 번역본에서 찾아보면 백순재 씨(白淳在氏) 소장 {번역}<노걸대>상의 28뒤 7행이 "年時又有一箇客人"이고 30뒤 4행이 "那賊往西走馬去了"이어서 만일 이것이 강서(講書)의 출제이었다면 위와 같은 과제(科題)가 불가능할 것이다.

또 변헌(邊憲) 등이 언해한 <노걸대언해>(1670)와 변익(卞熤) 등이 교정한 <노걸대언해>(1745)에도 이 부분은 "年時又有一箇客人 ○젼년의 또 ᄒᆞᆫ 나그내이셔 [中略] 那賊往西走馬去了 ○그 도적이 西로 향ᄒᆞ여 ᄆᆞᆯ ᄃᆞᆯ려 가니라"이어서[67] 이 시권에 보이는 과제와 다르다. 따라서 이 시권의 출제가 <노걸대신석>(1761)에서 출제된 것이었음을 확인할 수 있다.[68]

2.4.2.2 다음 <박통사>의 출제를 보면 "自這幾日, 止寢食不安"이었는데 역시 <박통사신석>의 37뒤 4행이 "這幾日怎的不見有賣菜子的過去呢"이고 38앞 4행이 "無功食祿寢食不安"이어서 이 사이의 11행을 책을 보지 않고 암송하는 문제였다. 정답을 <박통사신석언해>에서 찾아보면 권2 39뒤 6행부터 40뒤 6행까지 31행이나 되는 많은 분량이다. 이것을 숙종 때에 간행된 <박통사언해>에서 찾아보면 중권(中卷) 33앞 11행부터 35앞 1행까지나 "聽的賣菜子的過去麽 ○드ᄅᆞ라 ᄂᆞᄆᆞᆯ씨 ᄑᆞᆯ리 디나가ᄂᆞ냐"에서 "無功食祿寢食不安 ○功이 업시 祿을 먹으면 寢食이 편티 아니타 ᄒᆞ니라"이어서 역시 이 시권과 같은 과제가 될 수 없다.

---

67 <老乞大諺解>(1670)의 上卷 26앞 2行~27앞 4行과 <老乞大諺解>(1745)의 동일 부분 참조.

68 이 부분은 <重刊老乞大>에서도 이 試券의 科題와 같이 "舊年又有一箇客人~那賊跑去了"이다.

2.4.2.3 다음 <오륜전비(伍倫全備)>의 과제를 살펴보기로 한다. <오륜전비기(伍倫全備記)>는 원래 명대(明代) 구준(丘濬)의 소작이며[69] 이것을 저본으로 하여 적옥봉도인(赤玉峰道人)이 '권화풍속남북아곡 오륜전비기(勸化風俗南北雅曲伍倫全備記)'라는 희곡(戲曲)의 대본으로 만든 것으로 추정되는데[70], 이 책은 조선 중기 이후 사역원의 한어 학습에 사용되어 온 것으로 보인다. 이것은 같은 본업서인 <노걸대>와 <박통사>가 명대(明代)의 구어(口語)를 반영하는 회화체의 한어 학습서임을 감안할 때 동궤(同軌)의 관화(官話)를 학습하는 대화체의 한어 학습서로 <직해소학(直解小學)>과 교체된 것이다. 이 <오륜전비기(伍倫全備記)>를 언해하여 사역원의 한어 본업서로 사용하려는 노력은 숙종 때부터 있었다.

현전하는 <오륜전비언해>의 권두에 수록된 고시언(高時彦)의 서문에 의하면 숙종 22년(1696)에 사역원에서 <오륜전비(伍倫全備)>를 諺解하려고 시작하였으나, 중도에서 폐철(廢輟)하고 숙종 35년(1709)에 사역원 교회청(教誨聽)에서 다시 시작하였는데 영의정 김창집(金昌集)의 독려(督勵)로 숙종 46년(1720)에 비로소 완성하였고 사역원 한학의 역관 유극신(劉克愼) 등이 경종 원년(1721)에 이를 간행하였다.

<오륜전비기>는 언해되기 이전부터 사역원에서 한어 교재로 사용한 것으로 보인다. 『통문관지』(卷8) 「집물(什物)」조에 "朴通事板. 伍倫全備板, 四聲通解板, 以上刊板年月未詳 - <박통사>의 책판과 <오륜전비>의 책판, <사성통해>의 책판은 간판 연월이 미상이다"라는 기사로부터 <노걸대>, <박통사>와 더불어 일찍부터 한어 학습에 이용되었음을 알

---

69 丘濬은 明나라 瓊山人으로 字를 仲深이라 하고 景泰年間(1450~57)에 進士試에 登科하여 宦路에 들었다. 明 孝宗조에 文淵閣 學士에 이르렀으며 性品이 好學하고 國家典故에 밝았으며 朱子學에 精通하여 『大學衍義補』 遺稿一 朱子學의 『家禮義節』 등의 著書가 있다. 또 『伍倫全備記』, 『投筆記』, 『擧鼎記』, 『羅囊記』 등 四種의 傳記가 있다. 『明史』(卷151), 『明史稿』(卷164) 萬斯同, 『明史』(卷237) 등 참조.

70 서울大 中央圖書館의 古圖書에 『新編勸化風俗南北雅曲伍倫全備記』란 이름의 零本(卷1, 2)이 소장되어 있다. 이 책의 卷頭에 있는 玉山 高並의 序文에 赤玉峰道人의 所作인 『伍倫全備記』에 대하여 언급하고 있어서 丘濬의 原作을 그가 雅曲으로 만든 것이 아닌가 생각한다.

수 있다. 사역원 간판(刊板)의 <오륜전비기>의 완질본(完秩本)은 아직 찾아볼 수 없으므로 그 언해본인 <오륜전비언해>에서 출제된 부분을 찾아보기로 한다.[71]

'오륜전비(伍倫全備)'의 과제(科題)는 "自奉宣諭, 止聽宣諭"인데 이것은 <오륜전비언해> 권3 17앞 11행부터 동 뒤 5행까지를 배송하라는 출제로 보인다. 이 부분을 옮겨보면

> 末 奉宣諭 ○宣諭를 받ᄌᆞ오니, 這策文理乎順 ○이策이 文理乎順ᄒᆞ고, 言詞激切 ○言詞ㅣ 激切ᄒᆞ니, 宣第二 ○맛당이 第二라, 第一甲第一名壯元伍倫全 ○第一甲 第一名 壯元은 伍倫全이오, 第一甲第二名榜眠伍倫備 ○第一甲 第二名 榜眠 伍倫備라, 聽宣諭○宣諭를 드르라.

이어서 이 부분을 암송하는 문제였다.

이 <오륜전비>는『경국대전』의 한학 본업서이었던 <직해소학>을『속대전』에서 교체한 것으로 <직해소학>이나 <오륜전비언해>가 모두 같은 본업서인 <노걸대>, <박통사>의 결점, 즉 지나치게 상고(商賈)의 언어만을 반영하기 때문에 이를 보완하기 위하여 채택한 것이다. 그러나 출제의 분량으로 보아 <노박> 양서에 비하여 매우 적으며 초시(初試)에서는 출제조차 되지 않았다. 또『대전회통』에서는 <역어유해(譯語類解)>로 이를 대체하기에 이른다.

2.4.2.4 사서(四書)는 <논어>와 <맹자>에서만 출제되었는데 초시에서와 같이 임강할 부분의 첫머리만 쓰였다. 즉, <논어>에서는 '樊遲問知'라는 과제(科題)가 있어 전술한『경서정음』제12책 <논어정음(論語正音)>

71 서울大奎章閣 소장의 <伍倫全備諺解> 8卷 5册은 現傳 唯一한 完秩本으로 알려졌다. 田光鉉 : "18세기 전기국어의 일고찰-<伍倫全備諺解>를 중심으로-",『어학』(전북대 어학연구소) 第5輯, 1978 참조. 그러나 규장각에는 또한 秩의 <伍倫全備諺解>가 傳하고 있다.

(卷1) '옹야편(雍也篇)'에 "樊遲問知, 子曰: 務民之義, 敬鬼神而遠之, 可謂知矣"(25앞 3~4행)의 부분을 강서하게 한 것으로 보인다. 또 <맹자>의 과제는 '孟子將朝王'이어서 이를 『경서정음』에서 찾아보면 <맹장정음(孟子正音)>(卷2) '공손축편(公孫丑篇)'의 "孟子將朝王, 王使人來曰: 寡人如就見者也"(17앞 6행)부터 강서하게 하였음을 알 수 있다.

2.4.2.5 역과 한학의 시식(試式)에도 강서(講書, 背講·臨講)의 방법 이외에 역어(譯語)의 방법으로 다른 몽(蒙), 왜(倭), 여진(女眞) 또는 청학(淸學)과 함께 『경국대전』을 번역하게 하여 전술한 한학 팔책(八冊)에는 본업서 3책과 사서 4책, 그리고 『경국대전』 번역이 있었다. 그러나 앞에서 살펴본 바와 같이 초시에서는 역어가 출제되지 않았다.[72] 그러나 복시(覆試)인 이 시권에서는 상단에 쓰인 한학 팔책(八冊)의 말미에 '飜經國大典'이 있고 그 밑에 "自諸浦兵舡, 止本曹啓聞"이란 과제(科題)가 있어 역어(譯語)의 출제가 있음을 알 수 있다. 이 부분을 『경국대전』에서 찾으면 동(권4) 「병전(兵典)」 '병선(兵船)'조에 "諸浦兵船及什物, 水軍節度使每歲抄見數報本曹, 本曹啓聞"(동 권4 60앞)이 있는데 이것을 한어로 번역하고 훈도(訓導)의 전언(傳言)에 따라 시관(試官)이 채점한 것이다.

2.4.3 내기유식년(來己酉式年)의 초시의 출제

다음으로 기유식년(己酉式年)의 초시·복시의 출제에 대하여 고찰하기로 한다. 유학기의 장남인 유운길(劉運吉)의 시권을 통하여 건륭(乾隆) 기유식년시(己酉式年試) 역과 한학의 출제를 살펴볼 수 있다. 기유식년시(己酉式年試, 1789)는 건륭(乾隆) 신묘식년시(辛卯式年試, 1771)보다 18년 후에 시행된 것으로 이 때의 초시·복시 시권에 나타난 역과 한학과 앞에서 고찰한 신묘식년시의 것을 비교 검토하여 역과 한학이 변천하는 모습을 살펴보기로 한다.

---

72 '道光甲辰增廣別試' 譯科 淸學에 應科한 白完培의 試券에는 初試에서도 譯語로서 '飜大典通編'이 출제되었다. 졸고(1987a) 참조.

내기유식년(來己酉式年) 역과 초시의 유운길 시권에는 다음과 같은 한학 과제가 적혀있다. [사진 2-3] 참조.

老乞大　自客人們打中火阿　止大片切着抄來吃罷

朴通事

伍倫全備

論語　李氏族於泰山

孟子

中庸

大學　知止而後有定

飜經國大典

이를 보면 이 초시(初試)에서 본업서인 <노걸대>·<박통사>·<오륜전비> 중에 <노걸대>만이 출제되었고 사서(四書)에서도 <논어>와 <대학>에서만 출제되었으며 역어(譯語)인 '번경국대전(飜經國大典)'은 출제되지 않았음을 알 수 있다. 이것은 신묘식년(辛卯式年)의 초시에 비하여 본업서인 <박통사>와 사서(四書)의 <맹자>, <중용>에서 출제되지 않아 역과한학의 초시가 매우 수월해졌음을 보여준다. 즉 왜(倭)·호(胡) 양란(兩亂) 이후 한동안 중요시된 역과가 다시 이완(弛緩)되고 있음을 말하고 있다.

2.4.3.1 <노걸대>에서의 출제는 이 초시가 시행된 시기로 보아 역시 <노걸대신석>과 동 언해에서 이루어졌을 것이다. 즉 앞에서 논급한 바와 같이 변헌(邊憲) 등이 신석한 <노걸대>가 영조 38년(1762)에 간행되었으며, 그 후에 이수(李洙) 등이 중정(重訂)한 <중간노걸대>와 동 언해는 정조 19년(1795)에 간행되었으므로 내기유식년초시(來己酉式年初試, 1788년 시행)의 역과 한학에서는 중간본(重刊本)에서 출제될 수가 없었다.

실제로 <노걸대신석>의 7뒤 3~10행이 "○客人們, 你打中火**啊**, 不打中

火啊? [中略] 大片切着, 炒來吃罷" 이어서 이 시권의 <노걸대> 과제(科題)와 일치하는데 다만 시권의 "你打中火阿"의 '阿'는 '啊'의 오자로 보인다. 이 부분의 <중간노걸대>는 "○客人們, 你打中火啊 不打中火啊? [中略] 大片切着炒來罷"(7앞 7행~7뒤 3행) 이어서 시권의 과제(科題)와 다르게 된다.[73]

출제의 분량은 8행으로 ○표로 구획된 한 구절이어서 신묘년(辛卯年)의 출제와 대체로 유사하다.

2.4.3.2 다음으로 사서(四書)에서의 출제를 보면 <논어>와 <대학>에만 과제가 있는데 <논어>의 밑에는 "季氏旅於泰山"이란 글귀가 보여『경서정음』제12책 <논어정음(論語正音)> 권1 팔일편(八佾篇)의 "季氏旅於泰山, 子謂冉有曰, 女不能救與, 對曰不能"부터 임문(臨文)하여 강서하도록 한 것이다. <대학>의 과제는 "知止而后有定"이어서『경서정음』제11책 <대학정음(大學正音)> 1앞 4행의 "知止而后有定, 定而后能靜, 靜而后能慮, 慮而作能得"을 강서하게 한 것이다.

2.4.4 기유식년(己酉式年) 복시의 출제

다음으로 유운길의 복시(覆試) 시권을 살펴본다. '금기유역과복시(今己酉譯科覆試)'의 유운길(劉運吉)의 복시(覆試) 한학 시권은 다음과 같은 과제(科題)를 보인다.

老乞大	自主人家有一句話說	止明日好不渴睡
朴通事	自咳今日天氣冷殺人	止吃幾盃解寒何如
伍倫全備	自孃啊我捨不得孃去	止讀書做甚的
論語	自成於樂	
孟子		

73 試券의 科題 마지막 부분 '大片切着炒來吃罷'의 '吃'이 <重刊老乞大>에는 빠져 있다.

中庸

大學

𧮫經國大典　　自隔等者　　　　　　止下馬相揖　[사진 2-4] 참조.

이를 보면 금기유역과복시(今己酉譯科覆試, 1789年 시행)의 한학은 본업서 3책에서 모두 출제되었고 사서(四書)에서는 <논어>만이, 그리고 역어(譯語)의 '𧮫經國大典'도 출제되어 초시와 비교하면 본업서에서 <박통사>와 <오륜전비>가 추가되었고 사서(四書)에서는 오히려 한 과목이 줄었다. 역어(譯語)는 초시에 없던 것인데 신묘식년(辛卯式年)에서도 역어는 복시에서만 출제되었음을 환기시킨다. 신묘식년(辛卯式年)의 복시와 비교하면 역어가 동일하게 출제된 것 이외에도 본업서가 모두 출제되었으며 다만 사서(四書)에서 신묘식년이 두 과목 출제였으나 기유년(己酉年) 복시(覆試)에서는 한 과목만이 출제되었다.

2.4.4.1 먼저 <노걸대>의 과제를 보면 "自主人家還有一句話說, 止明日好不渴睡"로 되었는데 이것을 초시에서와 같이 <노걸대신석>과 동 언해에서 찾아보면 <노걸대신석>의 18뒤 7행부터 19앞 6행까지의 10행이 "主人家, 還有一句話說, 人吃的雖是有了 [中略] 大家安息安息, 明日好不渴睡"로서 위의 과제와 일치한다.[74] 그러나 변익(卞熤) 등이 교정한 <<노걸대>언해>(平壤監營 重刊, 1745)에는 이 부분이 "主人家哥, 又有一句話, [中略] 明日好不渴睡"(上卷 50앞 5행~51뒤 3행)이어서 위와 같은 과제(科題)가 나올 수 없다.

2.4.4.2 <박통사>에서의 출제는 "自咳今日天氣冷殺人, 止吃幾盃解寒何如"인데 이 시권의 시행 연대로 보아 역시 <박통사신석>(1765)과 동 언해에서 출제된 것으로 보인다. 실제로 <박통사신석>에 "咳今日天氣

74 <重刊老乞大>의 이 부분은 "○主人家 還有一句話 (中略) 明日好不渴睡"로 되어 있어 科題의 '還有一句話說'에서 '說'이 빠져있다.

冷殺人, 腮頰凍的刺的疼哩, [中略] 且打些酒來吃幾杯解寒何如"가 있어 과제와 일치한다. 다만 과제(科題)의 '盃'가 원문에는 '杯'로 표기된 것이 다를 뿐이다.[75]

2.4.4.3 다음으로 <오륜전비>의 과제는 "自孃啊我捨不得孃去, 止讀書做甚的"인데 이를 <오륜전비언해>에서 찾아보면 권2 30앞 5~7행이

大生　孃啊我捨不得孃去. - 孃아 내 孃을 ᄇᆞ리고 가디 못ᄒᆞ리로소이다.

夫　說甚話. - 므슴 말을 니ᄅᆞᄂᆞ다.

教你讀書做甚的? ○널로ᄒᆞ여 글을 닑혀 므섯ᄒᆞ려 ᄒᆞ더뇨?

인데 이 세 구절을 배강(背講)하게 한 것이다. 이것은 같은 본업서인 <노걸대>나 <박통사>의 분량에 비하여 매우 적음을 알 수 있다.

역어(譯語)의 출제는 사역원 사학(四學)이 모두 『경국대전』을 번역하게 하였음은 전술한 바 있다. 이 시권에서도 '飜經國大典'의 밑에 "自隔等者, 止下馬相揖"의 科題가 보인다. 이는 『경국대전』(권3) 「예전(禮典)」 '京外官迎送相見'(46앞)조에

京外官相見, 隔等者 {如五品於三品之類}就前再拜, 上官不答 {差等則答拜,} 揖禮則隔等者就前揖, 上官不答{差等則答揖}, 道遇則下官下馬, 上官放鞭過行 {差等則下馬相揖}, 同等者馬上相揖, 堂上官則雖隔等並下馬相揖

를 번역하는 것으로 신묘식년(辛卯式年)의 역어(譯語)보다 상당히 긴 부분이 출제되었다. 이 부분은 역어 과제(科題)로 자주 출제된 것으로 보이는데 건륭(乾隆) 정묘(丁卯, 1747) 식년역과복시(式年譯科覆試)의 현경제(玄敬

75 卞熤의 <朴通事諺解>에는 中卷 29뒤 2行부터 30 뒤 4行까지가 "咳今日天氣冷殺人 ○애 오ᄂᆞᆯ 하ᄂᆞᆯ 긔운이 차 사ᄅᆞᆷ을 죽게ᄒᆞ니 (中略) 將去再吊一吊 ○가져가 다시 드리오라" 이어서 끝부분이 전혀 다르다.

躋, 啓根) 시권에도 '自隔等者, 止下馬相揖'의 과제가 보인다.[76]

2.4.5 역과 한학 시권의 채점

다음으로 유학기(劉學基)·운길(運吉) 부자(夫子)의 역과한학 초시·복시 시권의 채점에 대해 살펴보고자 한다. 이 네 개의 시권은 출제서인 한학 팔책(八冊)이 시권의 상단(上段)에 쓰이고 그 밑에 과제(科題)가 적혀있다. 그 다음에 각 과제에 대한 평가가 통(通)·략(略)·조(粗)의 분수(分數)로 표시되고 마지막에 평가자의 수결(手決)이 있다.

조선 시대의 과거제도에서 시권의 채점 방법은『경국대전』에 규정되어 있는데 이를 옮겨보면

> 講書: 通二分, 略一分, 粗半分 {寫字譯語同}
> 句讀訓釋皆不差誤, 講論雖未該通, 不失一章, 大旨者爲粗
> 句讀訓釋皆分明, 雖大旨未融貫者爲略,
> 句讀訓釋皆精熟, 融貫旨趣辨說無疑者爲通,
> 凡講取粗以上, 講籤從多相等從下 (『경국대전』卷3「禮典」6앞 1~5行)

라고 되어 있어 평가 기준을 분명히 하였다.

이를 보면 역과의 강서(背講, 臨講)나 사자(寫字, 蒙, 倭, 女眞 또는 淸學), 역어(譯語, 飜經國大典)가 모두 위와 같은 방법으로 평가되었음을 알 수 있는데 조(粗, 半分), 략(略, 1分), 통(通, 2分)에 따라 분수(分數)가 결정되고 이 분수에 의하여 차례(次第)가 결정되어 급락의 기준이 된 것이다.

2.4.5.1 먼저 유학기의 초시 시권을 보면『통문관지』에 규정된 역과 한학 팔책 중에서 이때에 출제된 본업서 2책과 사서(四書)의 채점이 '老乞大 通, 朴通事 略, 論語 略, 孟子 純粗, 中庸 粗, 大學 純粗'이어서 통(通, 2

---

76 본서의 제4장에서 논의된 乾隆丁卯式年 譯科覆試의 玄敬躋 試券 참조.

分)이 하나, 략(略, 1分)이 두 개, 그리고 조(粗, 半分)가 하나, 순조(純粗)가 둘이다. 상기 『경국대전』의 채점 기준에 '순조(純粗)'는 없었는데 이것도 조(粗)와 같이 반분(半分)으로 본다면 이 시권은 5분반(分半)을 얻었으며 만점이 12분이므로 45.8%의 성적을 올린 것이다.

[사진 2-1]에 의하면 시권 중앙에 '합(合)'이란 주서(朱書)와 함께 흐리게 '오반(五半)'이 보이며 우측 중하단에 '二~五'라는 묵서(墨書)가 있어 이 성적으로 초시에 2등 5인으로 합격하였음을 알 수 있다. 또 시권의 성적으로 보아 유학기는 본업인 한어의 회화에 능하였고 사서(四書)와 같은 공통 교양 과목에는 성적이 좋지 않았음을 알 수 있다.

이것을 18년 후에 실시한 내기유식년(來己酉式年) 역과초시에 응과(應科)한 유운길(劉運吉)의 시권과 비교하면 재미있는 결과를 볼 수 있다. 유운길의 초시 시권은 전술한 바와 같이 역과 한학 팔책 가운데 '<노걸대>, 논어, 대학'에서만 출제되어 <노걸대>에서는 략(略, 1分), <논어>에서는 통(通, 2分), <대학>에서는 순조(純粗, 半分)을 얻었다. 이것은 6분 만점에 3분반(分半)을 받아 58.3%의 성적이어서 유학기의 초시보다 좋은 분수(分數)를 받았다. 그러나 [사진 2-3]에 보이는 이 시권의 종합 평가는 '二~下'로서 2등 6인에 합격하였는데 시권의 중앙에 비스듬히 '合 二下'의 주서(朱書)와 중앙에서 우측 중단에 '二~六'의 묵서(墨書)가 이를 말하고 있다.[77]

2.4.5.2 다음으로 복시(覆試)의 채점을 살펴보기로 한다. 유학기의 복시 시권은 『통문관지』의 역과 한학 팔책 중에서 사서(四書)의 <중용>, <대학>을 제외한 6책에서 출제되었다. 본업서에서는 '老乞大 粗, 朴通事 略, 伍倫全備 略'의 성적이었고, 사서(四書)에서는 '論語 略, 孟子 粗'의 성적을 받았으며 역어(譯語)인 '飜經國大典'은 략(略)이어서 통(通)은 없고

77 國史館에 소장된 譯科漢學試券중에는 初試에서 4分으로 합격한 例가 있고(乾隆癸未 大增廣別試譯科初試의 玄烓의 試券) 覆試에서 10分으로 合格한 例(乾隆丁卯式年 譯科覆試 玄敬躋의 試券)가 있는데 後者의 경우 10分을 받았지만 3等 7人에 합격하였으므로 이 채점의 기준은 매우 주관적이었음을 알 수 있다.

략(略)이 셋, 조(粗)가 둘의 분수를 받았다. 이것을 환산하면 5분(分)의 성적이어서 12분(分) 만점에 비하여 41.7%의 성적에 불과한 것이다. 이것은 초시의 성적(45.8%)보다 나빴는데 유학기는 이 분수(分數)로 3등 7인의 차례(次第)를 얻어 합격하였으며 이 시권의 중앙에 비스듬히 써 있는 '合五'이란 주서(朱書)와 좌측 중앙에 '三~七'이란 묵서(墨書)가 이를 알려주고 『역과방목(譯科榜目)』에서도 확인할 수 있다.

그의 아들 유운길의 복시 시권은 한학 팔책 가운데 본업서의 3책과 사서에서 1책, 역어 1책으로 도합 다섯 과목이 출제되었는데 '老乞大 粗, 朴通事 粗, 伍倫全備 略, 論語 粗, 飜經國大典 粗'의 성적을 얻어 조(粗) 4개, 략(略) 1개로 3분의 성적을 얻었다. 이것은 10분(分) 만점에 30%의 성적으로 유학기의 복시보다도 나쁜 것인데도 불구하고 '二~下'의 성적으로 합격하였으며 이 試券의 좌측 중앙에 '合 二下'라는 주서(朱書)가 이를 말하고 있다.[78]

5) 역과 한학으로 본 한학서

2.5.0 이상 건륭(乾隆) 연간에 시행된 역과 한학(漢學)의 네 개 시권(試券)을 통하여 조선 시대의 역과 한학과 그의 출제서인 한학서(漢學書), 그리고 그 출제와 채점에 대하여 고찰하였다. 고려에서 처음 시작된 과거제도는 비록 동당시(東堂試)나 국자감시(國子監試)에서 잡업(雜業)이 있어 다양한 과목을 시험하여 인재를 등용하였지만 역과(譯科)는 포함되지 않았던 것으로 앞에서 기술하였다.

조선에는 건국 초기부터 중국을 비롯한 주변 국가와 민족의 역어(譯語)에 관심을 갖고 과거제도를 마련할 때 통사과(通事科)와 한이과(漢吏科)를 설치하였음을 앞에서 살펴보았다. 『경국대전』을 편찬하면서 과거

78 그러나 『역과방목(譯科榜目)』에는 1等 3人, 2等 5人, 3等 6人의 14人 登科者 가운데 劉運吉은 9번째에 등록되었으므로 그는 이 성적으로 3등 1人에 合格하였음을 알 수 있다.

제도를 정비할 때 통사과와 한이과는 역과(譯科)로 통합된다. 그러나 역과는 제방(諸方)의 통역을 담당할 역관의 선발이 그 중심 역할이어서 한어의 실용문인 한이문(漢吏文)은 문신들의 소업(所業)이 되었고 그 교육은 사역원이 아니라 승문원(承文院)에 이양되었으며 역과만이 주로 사역원의 소관이 되었다.

2.5.1 역과 한학의 출제서와 그 변천

조선 시대에 있어서 역과는 문과(文科, 소위 大科)의 복잡한 변천에 비하여 비교적 큰 변동은 없었다고 볼 수 있으나 중국과의 외교 관계의 변화로 여진학(女眞學)이 청학(淸學)으로 바뀌는 등의 변동이 있었다. 그뿐만 아니라 『경국대전』에 규정된 역과(譯科)의 출제서는 해당국의 언어가 변천함에 따라 수정과 개편이 불가피하게 되었는데, 이 역과 출제서는 사역원 사학(四學-漢, 蒙, 倭, 女眞 또는 淸學)에서 외국어의 학습 교재, 즉 역학서(또는 譯書)가 있었고 사역원은 해당 언어의 변천에 따라 끊임없이 역학서들을 수정, 개정, 증보하였다.

이와 같은 역학서의 개편은 역과 출제서의 변천을 가져왔으며 어떤 때에는 새로운 역학서에 의하여 전면적인 역과 출제서의 변화가 있기도 하였다. 그러나 한학서(漢學書)에는 이러한 변화는 없었고 『경국대전』에 규정된 역과 한학의 출제서들이 비교적 다른 삼학(三學)에 비하여 보수적으로 조선 후기까지 계속되었다.

사역원의 외국어 교육이나 역과의 출제서는 조선 중기에 양란(兩亂)을 거치면서 일대 혁신을 보인다. 이와 같은 변혁은 『속대전』에서 정착되는데 한학도 한학서의 대폭적인 수정이 이때에 있었다.

여기서 고찰된 건륭연간(乾隆年間)의 역과 한학 시권들은 이러한 변화를 거쳐 정착된 『속대전』의 역과 한학 시식(試式)에 의하여 시행된 것으로 당시 역과의 실제적인 모습을 살펴볼 수 있었다. 이때의 역과 한학은 『통문관지』에 규정된 출제서, 즉 '老乞大, 朴通事, 伍倫全備, 四書, 飜經國大典'의 한학 팔책(八冊)에서 출제되었는데, 그 중에서 본업서인

<노걸대>, <박통사>가 출제의 빈도나 분량, 비중으로 보아 가장 중심이 되는 한어 교재였음을 알 수 있었다. <오륜전비>는 覆試에서만 출제되었는데, <노박>에 비하여 교양이 있는 한어를 교육하기 위한 한학서였으나 역과에서 차지하는 비중은 매우 적었다. 역어(譯語)의 출제인 '飜經國大典'은 역시 복시(覆試)에서만 출제되었으나, 매우 수준 높은 한어 실력을 요구한 것으로 보인다. 사서(四書)의 출제는 주로 초시(初試)에서 많이 있어서 사서(四書-論語, 孟子, 中庸, 大學)가 한어 학습의 기초 과목이었음을 알 수 있었다.

이때의 실제 한어 학습서는 <노걸대>가 변헌(邊憲)·김창조(金昌祚) 등이 신석(新釋)하여 운각(芸閣)에서 간판(刊板)한 <노걸대>(1761년 간행)에서 출제되어 이 책으로 배송(背誦)하게 하였으며 <박통사>도 역시 변헌(邊憲) 등이 신석하고 김창조(金昌祖) 등이 기영(箕營)에서 간판한 <박통사신석>(1765年 刊行)에서 출제한 것이었음을 밝혔다. <오륜전비>는 사역원 교회청(教誨聽)에서 언해한 <오륜전비언해(伍倫全備諺解)>(1721년 간행)에서 출제한 것으로 보이며 사서(四書)는 이성빈(李聖彬) 등이 주자(鑄字)로 인간한 『경서정음』(1734년 간행)의 14책 중에서 <논어정음(論語正音)>, <맹자정음(孟子正音)>, <중용(中庸)·대학(大學正音)>에서 출제된 것으로 보았다.

본업서는 배송(背誦)의 방법으로 시험하여 각 출제서에서 배송할 부분을 '自~止'로 표시하고 사서(四書)는 임문강서(臨文講書)의 방법으로 강서할 첫 구절을 과제(科題)로 삼았으며 역어(譯語)는 『경국대전』의 번역할 부분을 본업서와 같이 처음과 마지막 구절을 과제(科題)로 주었다.

2.5.2 역과 한학서의 정리

또 유학기(劉學基)·운길(運吉) 부자의 시권을 비교함으로써 양란(兩亂) 이후 한동안 엄격했던 역과가 다시 점차 이완(弛緩)되는 것을 살필 수 있었다. <노걸대신석>이나 <박통사신석>에서의 출제로 살펴보면 이 두 역학서는 역과 출제의 분량만큼씩인 10행 내외를 한 단위로 하여 편집하였다.

끝으로 이 절에서는 영·정조 대의 시권을 자료로 하여 조선 시대 역과에 대하여 살펴본 것이기 때문에 조선 전기의 역과에 대하여는 분명하게 그 실제 시행된 모습을 밝히기가 어려웠다. 그러나 현재로는 임진왜란 이전의 譯科 試券 자료가 전하지 않기 때문에 이 이상의 연구는 기대하기 어렵다. 이 방면의 자료가 발견되기를 기대하여 마지 않는다.

3. 한학서의 간행

3.0.0 다음으로 한어 교재의 간행에 대하여 살펴보기로 한다. 사역원에서 가장 중요한 외국어의 교육은 말할 것도 없이 한어의 교육이다. 오늘날의 영어와 같이 한어는 모든 역관의 제1 외국어였던 것이다. 다음은 한어의 교재인 한학서의 간판에 대하여 고찰한다.

제1장에서 언급한 바와 같이 고려대 박물관에 소장된 역학서 책판 420판 가운데 『통문관지』 131판을 제외하면 모두 289판의 책판이 남는다. 이들은 한학서(漢學書)의 <상원제어> 9판, <박통사신석> 21판, <박통사신석언해> 44판이 있고 몽학서(蒙學書)의 <몽어<노걸대>> 11판, <첩해몽어> 8판, 그리고 왜학서(倭學書)의 <개수첩해신어> 60판, <첩해신어문석> 11판, <왜어유해> 19판이 있으며 나머지 청학서(淸學書)의 <팔세아> 1판(諸譯銜名), <청어<노걸대>> 25판, <삼역총해> 36판, <동문유해> 44판이 남아있다.

제1장에서 『통문관지』의 책판 연구와 고려대 박물관 소장의 역학서 책판을 통하여 많은 사실을 알 수 있고 해 묵은 논전이 책판 연구를 통하여 해결될 수 있음을 살펴보았다. 여기서는 현전하는 한학서의 책판에 대하여 어떻게 간판되는지를 고찰하기로 한다.

1) 고려대 소장의 한학서 책판

3.1.0 제1장 3. 역학서의 간행에서 2) 고려대 박물관에 소장된 역학서 책판의 연구를 통하여 조선시대의 역학서, 즉 외국어 교재의 출판과 간행을 살펴보았다. 고려대 소장의 한학서 책판은 정광·윤세영(1998)에 의하면 <상원제어> 9판, <박통사신석> 19판, <박통사신석언해> 44판이다. 이 책판을 분류 번호로 정리하면 다음과 같다. ( )은 엽수(葉數).

<상원제어(象院題語)>
D-1068(序, 1·2), D-1069(3·4), D-1070(7·8), D-1071(13·14),
D-1072(15·16), D-1073(21·22), D-1074(25·26), D-1075(27·28),
D-1076(29·30)

<박통사신석(朴通事新釋)>
D-1763(1·2), D-1567(3·4), D-1568a(5·6), D-1568b(7·8),
D-1569(11·12), D-1570(13·14), D-1571(19·20), D-1572(21·22),
D-1573(23·24), D-1574(27·28), D-1575(29·30), D-1576(35·36),
D-1577(37·38), D-1578(39·40), D-1779(43·44), D-1580(45·46),
D-1581(47·48), D-1582(51·52), D-1583(59·60), D-1584(61·62),
D-1585(65·66)

<박통사신석언해(朴通事新釋諺解)>
D-1762(권1 1·2), D-1586(권1 3·4), D-1587(권1 15·16),
D-1588(권1 25·26), D-1589(권1 29·30), D-1590(권1 31·32),
D-1591(권1 33·34), D-1592(권1 35·36), D-1593(권1 37·38),
D-1594(권1 43·44), D-1595(권1 47·48), D-1596(권1 55·56),
D-1597(권1 57·58), D-1598(권1 59·60), D-1599(권2 5·6),

D-1600(권2 7·8), D-1601(권2 11·12), D-1602(권2 13·14),
D-1603(권2 19·20), D-1604(권2 23·24), D-1605(권2 25·26),
D-1606(권2 27·28), D-1607(권2 31·32), D-1608(권2 33·34),
D-1609(권2 45·46), D-1610(권2 47·48), D-1611(권2 50·권3 59),
D-1612(권2 53·54), D-1613(권2 55·56), D-1614(권2 57·58),
D-1615(권3 1·2), D-1616(권3 3·4), D-1617(권3 7·8),
D-1618(권3 13·14), D-1619(권3 15·16), D-1620(권3 17·18),
D-1621(권3 23·24), D-1622(권3 27·34), D-1623(권3 37·38),
D-1624(권3 45·46), D-1625(권3 47·48), D-1626(권3 49·50),
D-1627(권3 51·52), D-1628(권3 53·54),

현재 남아 있는 책판의 수효와 서적의 엽수를 비교하면 모두 10분의 1정도의 책판만이 남아 있는 셈이다.

3.1.1 〈상원제어(象院題語)〉의 책판

고려대 소장의 <상원제어> 책판은 모두 9판 18엽이다. 즉 수장번호 D-1068부터 D-1076까지 모두 9판이 소장되고 있으며 D-1068 책판의 광곽(匡郭)은 가로 35cm이고 세로 20.5cm이며 두께 1.3cm의 얇고 조악한 판목이다. 나머지 목판도 이와 유사하며 가장 큰 것도 가로가 39cm(D-1075)를 넘지 않는다. 사주쌍변(四周雙邊)에 유계(有界) 8행이고 1행에 14자가 들어 있다. 상하내향화문어미(上下內向花紋魚尾)를 갖고 있고 판심서명은 '題語'이며 목판 D-1608 제1엽의 권수서명(卷首書名)은 '象院題語', 마지막 D-1076 제30엽의 권미서명(卷尾書名)은 '象 題語終'으로서 '象' 다음의 '院'이 탈각되었다. 현전하는 목판의 엽수는 "1, 2, 3, 4, 7, 8, 13, 14, 15, 16, 21, 22, 25, 26, 27, 28, 29, 30"로서 모두 18葉이다,

<상원제어(象院題語)>는 사역원의 별명이 '상원(象院)'이었으므로 사역원에서 중국으로 가는 부연사행(赴燕使行) 등에 필요한 지식을 각 항목별로 정리하여 백화문으로 기록한 것으로 보이는데 역관들의 중국어

학습에도 유용하게 사용되었다. 현전하는 판본에 의하면 <상원제어>는 "帝都山川風俗, 我國時政風俗, 聖節千秋冬至演禮, 大小朝, 節暇, 庶吉士, 三法司, 科道官, 禮部坐起節次, 考夷語, 算手, 自鴨綠江到遼東, 自遼東到山海關, 自山海官到北京, 天朝武科節次, 我國建治沿革, 孔顔孟氏世系, 天朝服色品帶, 上下馬宴, 夷齊廟, 醫巫閭山, 廣寧衛衙門, 北京公幹, 東西廠,藏氷, 穴(火제)傷踏勘, 西北撻子" 등으로 제목을 나누어 성절사(聖節使), 천추사(千秋使), 동지사(冬至使)와 같은 사행(使行)에서 역관들이 중국인과 더불어 나눌 수 있는 이야깃거리와 사행이 중국을 여행할 때에 필요한 지식을 백화(白話)의 문체로 기록한 것이다.

현전하는 규장각 소장의 <상원제어>는 이 책을 갖고 중국어를 학습한 것으로 보이며 어려운 한자어의 중국어 발음을 몇 군데 묵서하여 놓았다. 그러나 다른 한학서와 같이 이를 번역하거나 언해한 흔적은 보이지 않는다. 따라서 본서는 본격적인 한어의 학습서가 아니고 사역원 역관들이 공통으로 학습하던 교재였다고 볼 수 있다.

이 <상원제어>의 책판은 강희 기묘년(康熙 己卯, 1699)에 간판된 것으로 보인다. 즉 「통문관지」(권8) 「집물」 '[속(續)]'조에 "象院題語板, 康熙庚戌以鑄字印行, 己卯濟州譯學吳震昌刊板輸納。以上板材藏于大廳兒房上藏書樓。- 상원제어의 책판. 강희경술(1670)에 주자로 인행하다. 기묘년(1699)에 제주 역학 오진창이 [제주에서] 간판하여 옮겨 온 것을 받아 두다. 이상 판재를 [사역원]의 대청 아방 위의 장서루에 소장하다."라는 기사가 있어 <상원제어>가 강희경술(1670)에 주자(鑄字)로 인행(印行)되었으나 이를 복각한 목판본의 책판을 기묘년에 제주 역학 오진창이 간판하였음을 알 수 있고 이 책판을 사역원에 보내와서 그 판재를 사역원 대청의 아방(兒房) 위에 있는 장서루(藏書樓)에 수장(收藏)하였음을 알 수 있다.

현전하는 <상원제어>의 판본은 앞에서 언급한 대로 강희(康熙) 기묘(己卯)에 오진창(吳震昌)이 제주에서 간판한 목판에 의한 판본이다. 모두 1책으로 간행되었으며 『통문관지』(권8) '서적(書籍)' [속(續)] 조에 "象院題語 一本"이란 기사가 이를 말하여 준다. 따라서 <상원제어>의 판본은 숙종 25년(康熙 己卯, 1699)에 간판된 책판에 의한 것이다. 고려대 박물관에 수장된 9판의 <상원제어> 책판은 이때에 간판된 것의 일부인 것으로 보인다. 따라서 이 책판은 사역원의 책판 가운데 가장 오래된 판목으로 보인다.

서울대 규장각(奎章閣)에 소장된 <상원제어>의 판본(규 22734)은 조선총독부 도서관에 소장됐던 것으로 후일 경성제국(京城帝國)대학 도서관을 거쳐 오늘날 규장각에 수장(收藏)된 것이다. 전자의 판본과 고려대 박물관 소장의 책판을 비교하면 전자는 후자를 인쇄한 것임을 알 수 있다. 다만 전자의 판본은 잘 보이지 않는 부분이 가필되었고 전술한 바와 같이 어려운 한자의 중국어 발음을 한글로 써 넣었을 뿐이다. 고려대 박물관 소장의 목판은 이미 290여년의 세월이 흘렀기 때문에 판각이 마모된 부분이 적지 않다. 특히 판본에는 남아있는 구두점의 마멸이 심한데 4엽 우면(右面)은 판본에 모두 8개의 휴지점이 찍혀있으나 목판에서는 모두 마멸되었다.[79]

3.1.2 〈박통사신석(朴通事新釋)〉의 책판

고려대 박물관에 소장된 <박통사신석(朴通事新釋)>의 책판은 박상국(1987)에서 조사된 19판보다 2판이 더 추가되어 모두 21판이 남아 있다.[80] 현전하는 <박통사신석> 목판의 엽수는 "1·2, 3·4, 5·6, 7·8, 11·12, 13·14, 19·20, 21·22, 23·24, 27·28, 29·30, 35·36, 37·38, 39·40, 43·44,

---

79 <상원제어>의 이 부분은 제2행부터 '節暇'의 항목이 기재되었으며 "節暇是天朝各樣有名的日子. 冬至節日放暇三日. 正朝節日放暇五日. 元宵節日放暇十日." 등 모두 아홉 군데에 점이 찍혀있으나 목판에서는 모두 탈각되었다. 휴지점이 脫刻된 이외에는 界線이 비뚤어진 것이나 각 글자의 한 획 한 획이 모두 일치하는 것으로 보아 이 둘은 서로 다른 판본일 수가 없다.

80 박상국(1987)에서는 D-1568(+1)의 6·7엽, D-1584의 61·62엽, D-1585의 65·66엽이 빠져있고 25·26엽이 더 있어 19판이다. 수장품 목록(1989)에는 D-1567부터 D-1585까지 19판과 D-1763(1.2엽)이 「<박통사>신석」이어서(D-1762는 「<박통사>신석언해」) 모두 20판이다. 정광·윤세영(1998)에서는 박상국(1987)에 조사된 25·26엽은 없고 D-1568이 5·6엽과 7·8엽이 중복되어 모두 21판임을 밝혔다.

45·46, 47·48, 51·52, 59·60, 61·62, 65·66엽"이다.

<노걸대>와 더불어 한학서로서 중요한 위치를 차지했던 것은 <박통사>를 들 수 있다. 이 두 책은 '老朴二書'로 불릴 정도로 한어 학습서로서 항상 함께 개정되고 증보되었다. 한학서 <박통사>가 맨 처음 누구에 의해서 편찬되었는지는 알 수 없다. 다만 본문의 내용으로 보아 고려 말에 편찬된 것으로 보이며 『세종실록』에 본서의 서명이 많이 나타난 것을 보면 이 때에 한어 학습서로서 널리 유포되었음을 알 수 있다.[81] 본서는 『성종실록』(권122) 성종 11년 10월 을축(乙丑)조에 "敬見老乞大朴通事曰: '此乃元朝時語也, 與今華語頓異, 多有未解處。' 卽以時語改數節, 皆可解讀。請令能漢語者盡改之。-[대]경이 <노걸대>·<박통사>를 보고 말하기를 '이는 원나라 때의 말이어서 지금의 중국어와는 매우 다르고 알 수 없는 곳이 여러 곳이 있습니다'라고 합니다. 곧 이 때의 말로 여러 절을 고치면 모두 해독할 수 있을 것이오니 청하옵건데 한어에 능한 사람을 시켜 모두 고치도록 하시기를 바랍니다"라는 기사가 있어 성종 경자(庚子, 1480)에 이미 개정이 있었음을 알 수 있다.

오늘날 남아 있는 <박통사>는 중종 9년(1514)경에 최세진이 번역하여 상·하 2권 2책으로 간행한 활자본이 가장 오랜 것이다.[82] 이 <박통

81 『세종실록』(권47) 세종 12년 3월 戊午조에 전술한 바와 같이 十學의 取才에 사용되는 經書와 諸藝의 數目을 정하고자 詳定所에서 올린 啓文이 있는데 그 중 譯學 漢訓조의 講書 출제서로 '<노걸대>'와 더불어 '<박통사>'의 이름이 보인다. 뿐만 아니라 『세종실록』(권15) 세종 4년 正月조의 기사에는 老·朴 양서를 교서관에서 印行하여 廣布하였다는 기사가 있다. 이 외에도 실록의 여러 곳에 이 두 역학서의 이름이 실려 있어 이 때에 벌써 「<박통사>」는 한어 교재로서 널리 알려진 것으로 보인다. 또 南城 永寧寺에서 說法하는 高麗 和尙 步虛가 등장하는 등(원본과 최세진 번역본 상권 74엽) 본문의 내용으로 보아 본서는 「<노걸대>」와 같이 高麗末에 간행된 것으로 볼 수 있다. 민영규(1968) 및 졸저(2004a) 참조.

82 최세진의 번역본 <박통사>라고 보이는 零本 1책(上卷)이 國會圖書館에 소장되었다. 이 책은 乙亥字 활자본으로 알려졌으나 그것의 복각본으로 목판본이다. 간행 연대는 정확하지 않으며 다만 「四聲通解」(1517)에 '<노걸대>·<박통사>'의 飜譯 凡例가 부재되어 있으므로 이보다는 앞선 시기에 原本은 간행된 것으로 볼 수 있다. 지금까지의 학계의 의견은 중종 12년(1514)경에 <박통사>의 번역본이 간행된 것으로 본다.

사>는 숙종 3년(1677)에 변섬(邊暹)·박세화(朴世華) 등이 최세진의 번역본을 수정하여 3권 3책으로 간행한 것이 완질로 남아 있다. 즉 서울대 규장각에 소장된 <박통사언해>(규1810)는 권두에 부재된 이담명(李聃命)의 서에 '歲丁巳'(숙종 3년, 1677)라는 간기가 있고 권말에 수정관(讐正官)으로 변섬·박세화 등 12인의 사역원 역관의 함명(銜名)이 기재되어 있어 앞의 사실을 말해준다.

이담명의 서문에 의하면 최세진의 번역본이 전란에 없어져 역학자들이 곤란한 것을 보고 변섬·박세화 등 사역원의 한학 역관으로 하여금 <박통사>를 다시 언해하게 하였으며 선천(宣川) 역학 주중(周仲)이 여염집에서 우연히 찾아낸 최세진의 '<노걸대>집람(老乞大集覽) 상(上)·하(下)'와 '단자해(單字解)'를 덧붙여 함께 간행하였다고 한다.

<박통사신석>과 그 언해는 한어 훈장 김창조(金昌祚)에 의하여 영조 을유(1765)에 기영(箕營)에서 간행된 것으로 알려졌다. 즉 『통문관지』(권8) 집물(什物) [속(續)]조에 "新釋朴通事板、諺解板, 訓長金昌祚等修整, 乾隆乙酉箕營刊板 -<신석박통사>의 책판과 <언해>의 책판은 훈장 김창조 등이 수정하여 건륭 을유(1765)에 기영에서 간판하다"라는 기사가 있다. 또 홍계희(洪啓禧)의 '노걸대신석서(老乞大新釋序)'(영조 辛巳 37년, 1761, 8월 下澣)에 "旣又以朴通事新釋分屬金昌祚之意, 筵稟蒙允。自此諸書竝有新釋, 可以無礙於通話也。-이미 또 <박통사>의 신석을 김창조에게 나누어 맡기자는 뜻을 경연에서 품하여 허락을 얻었다. 이로부터 여러 책에 모두 신석이 있게 되었으며 말을 통역하는 데 막힘이 없게 되었다"라는 기사가 있어 이미 영조 신축 이전에 김창조가 <박통사>의 신석을 시도하였음을 알 수 있고 이로부터 <노걸대> 등의 한학서는 물론이고 '신석청어노걸대(新釋淸語老乞大)', '신석팔세아·소아론(新釋八歲兒·小兒論)' 등의 청학서에서 '신석(新釋)'이 있게 되었음을 알 수 있다.

<박통사신석>의 제66엽 책판(D-1585)에는 책판에 관여한 제 역관들의 함명(銜名)이 나열되었다.

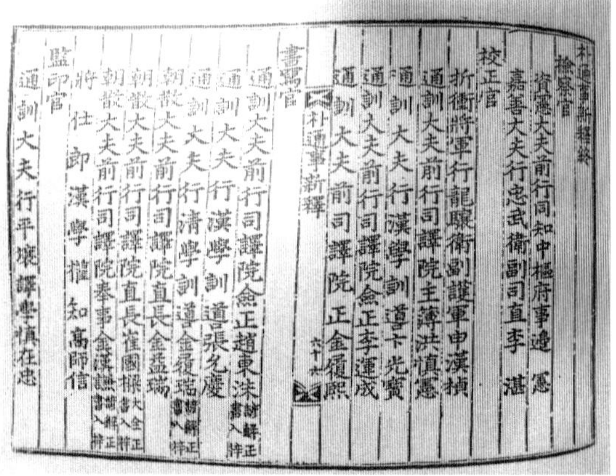

[사진 2-8] 〈박통사신석〉 책판의 제66엽[83]

이 [사진 2-8], 즉 <박통사신석>의 최종엽인 D-1585의 뒷면에는 '朴通事新釋終'이란 권미서명(卷尾書名)과 신석에 참여한 검찰관(檢察官), 교정관(校正官), 서사관(書寫官), 감인관(監印官)의 직함과 성명이 기재되었다. 이를 다음에 옮겨 보기로 한다.

檢察官

資憲大夫前行同知中樞府事 邊憲

嘉善大夫行忠武衛副司直 李湛

校正官

折衝將軍行龍驤衛副護軍 申漢楨

通訓大夫前行司譯院主簿 洪愼憲

通訓大夫行漢學訓導 卞光寶

通訓大夫前行司譯院僉正 李運成

通訓大夫前司譯院正 金履熙

83 정광·윤세영(1998:308)에서 이 책판을 쇄출한 것이다. 책판의 사진은 이 책의 207쪽에 실렸으나 역관들의 銜名이 분명하게 보이지 않기 때문에 탁본한 것을 싣는다.

書寫官

通訓大夫前行司譯院僉正 趙東洙(諺解正書入梓)

通訓大夫行漢學訓導 張允慶

通訓大夫行淸學訓導 金履瑞(諺解正書入梓)

朝散大夫前行司譯院直長 金益瑞

朝散大夫前行司譯院直長 崔國樑(大全正書入梓)

朝散大夫前行司譯院奉事 金漢謙(諺解正書入梓)

將仕郎漢學權知高師信

監印官

通訓大夫行平壤譯學 愼在忠

이상 검찰관, 교정관, 서사관, 감인관의 함명(銜名)을 보면 이 책판은 변헌(邊憲)과 이담(李湛)의 주재하에 신한정(申漢楨) 등이 교정에 참여하고 조동수(趙東洙) 등이 정서(正書)하여 입재(入梓)하였으며 평양에서 역학 신재충(愼在忠)의 감독으로 간판(刊板)하였음을 알 수 있다.

또 이 신석(新釋)과 그 언해(諺解)에 관련된 제역함명(諸譯銜名)이[84] 서문과 함께 '신석'에만 부재되었고 동 '언해'에는 붙지 않은 사실에 주목해야 한다. 이것은 '신석'과 그 '언해'가 동시에 이루어졌음을 말하는 것으로 중국어 원문만을 실은 '<박통사>신석'의 권말에 부재된 제역함명(諸譯銜名)에 "諺解正書入梓-언해한 것을 바르게 써서 책판에 올려 판각함"이라는 기사가 조동수·김이서·김한겸의 이름 아래에 실려 있는 것이 이 사실을 말해준다. 이 세 역관이 <신석언해>의 간행에 참가하였음을 밝힌 것이다.

<박통사신석>의 책판에 붙어 있는 신석에 관여한 역관들의 제역함명을 살펴보면 앞에서 살펴본 『통문관지』(권8) 「집물(什物)」 [속(續)]조에

84 간판에 관여한 인물에 대하여 서지학에서는 '諸臣銜名'이란 용어를 쓴다. 여기서는 간판에 참여한 역관들의 銜名임으로 '諸譯銜名'이란 용어를 사용하였다. 독자들의 이해를 바란다.

“新釋朴通事板諺解板, 訓長金昌祚等修整, 乾隆乙酉箕營刊板 - <신석박통사>의 책판과 동 언해의 책판은 훈장 김창조 등이 수정하여 건륭 을유(1765)에 기영에서 간판하다”라는 기사와 어긋난다. 즉, 이에 의하면 <박통사신석>에 간행에 관여한 역관들 가운데는 반드시 김창조(金昌祚)의 이름이 있어야 함에도 불구하고 그 이름이 보이지 않는다. 따라서 이 부분의 기사가 잘못되었거나 김창조 등이 수정하여 평양에서 간판한 것이 따로 있을 것으로 생각할 수 있다. 현재로서는『통문관지』의 기사가 잘못된 것으로 아마도 김창조가 변헌(邊憲)과 더불어 <노걸대>를 신석하여 언해한 일이 있었는데 이 기사는 이 사실을 말하는 것이 아닌가 한다. 이에 대하여는 다음의 ‘<노걸대>’와 ‘<노걸대언해>’의 신석과 중간을 참조하기 바란다.

<박통사신석>의 판본은 서울대 규장각에 소장된 것(一簑 古 495.1824-B992b)을 비롯하여 적지 않게 현전하고 있다. 일사문고본을 예로 들면 사주쌍변(四周雙邊)에 반엽광곽(半葉匡郭)이 26 × 19.3cm이며 유계(有界)에 1행이 20자를 판각하였고(小字는 2행으로 인각함) 판심(版心)은 상하화문어미(上下花紋魚尾)로서 언해본과 같다. 이것과 박물관 소장의 목판을 비교하면 이 일사문고 소장본을 위시하여 현전본의 거의 모두가 이 책판을 인쇄한 것이다. 일사문고본은 모두 1책 67엽으로 이중에 22엽의 책판이 남아있어 가장 많은 비율의 목판이 남아있는 셈이다.

규장각 소장본과 대부분의 판본에도 목판 D-1585의 66엽에 인각된 검찰관, 교정관, 서사관, 감인관 등의 제역함명이 찍혀 있다. 그러나 이 책의 권두에 실려 있는 ‘<박통사>신석서’가 중도에 낙장되어 그 간행에 관한 소상한 사실을 알 수 없으며 누구의 서문인지조차 확인할 수 없다. 다만 앞에서 살펴본 바와 같이 <노걸대신석>의 권두에 부재된 홍계희(洪啓禧)의 ‘노걸대신석서’(영조 辛巳, 1761)에 “旣又以朴通事新釋, 分屬金昌祚之意, 筵稟蒙允 - 이미 또 <박통사신석>을 김창조의 뜻으로 계획하여 경연에서 품하여 허가를 얻었다”라는 기사가 있어 김창조가 <박통사>의 신석과도 관련이 있음을 알려줄 뿐이다.[85]

그렇지만 <박통사신석>이 간행된 영조 을유(1765)에는 이미 김창조를 대신하여 변헌이 이 일을 주관하기에 이른 것으로 볼 수밖에 없다. 그리하여 <노걸대신석>에 검찰관이었던 김창조와 변헌의 2인은 <박통사신석>에서는 변헌과 이담(李湛, 후일의 李洙로 개명)으로 바뀌게 되었다. 아마도 김창조가 이 때에는 현역에서 일을 할 수 없게 된 것으로 추측된다.

<박통사신석>의 책판을 판본과 비교하여 보면 목판의 보존상태는 양호하여 비교적 판엽의 마멸이나 탈각이 심하지 않았다. 이 책판이 영조 41년(乙酉, 1765)에 기영(箕營)에서 신재충(愼在忠)에 의해서 간판된 것으로 보면 실로 230년 가까운 세월이 지난 것이다. 졸고(1987c)에 의하면 영조 47년(1771)에 설과한 신묘식년시(辛卯式年試) 역과한학(譯科漢學)에 응과하여 급제하였던 유학기(劉學基)의 시권(試券)이나 정조 13년(1789)의 기유식년시(己酉式年試) 역과한학에 응과하여 급제한 유운길(劉運吉, 유학기의 子)의 시권에는 이 <박통사신석>에서 출제한 과제(科題)가 보인다.

3.1.3 〈박통사신석언해〉의 책판

고려대 박물관에는 <박통사신석>의 목판과 더불어 <박통사신석언해>의 목판도 44판이 전해진다. 박상국(1987)에 45판이 현존한다고 조사되었으나 『수장품목록』(1989)에는 수장번호 D-1586부터 D-1628까지 43판, 그리고 D-1762의 책판을 합하면 모두 44판이다. 이 양자의 차이는 박상국(1987)의 조사에 보이는 권1의 61·62엽과 65·66엽이 『수장품목록』(1989)에 보이지 않고 반대로 D-1605(권2 25·26엽)가 박상국(1987)에서는 누락된 것이다. 정광·윤세영(1998)에서 확인된 <박통사신석언해>의 목판은 다음과 같다.

---

85 <노걸대신석>의 권말에 부재된 新釋의 檢察官, 校正官, 書寫官은 <박통사신석>과 달라서 檢察官에 '資憲大夫前知中樞府事 金昌祚'와 '嘉義大夫前同知中樞府事 邊憲'의 2인의 銜名이 보인다. 아마도 『통문관지』의 기사는 이 <노걸대>의 신석과 혼동한 것으로 보인다.

권1 1·2, 3·4, 15·16, 25·26, 29·30, 31·32, 33·34, 35·36, 37·38, 43·44, 47·48, 55·56, 57·58, 59,

권2 5·6, 7·8, 11·12, 13·14, 19·20, 23·24, 25·26, 27·28, 31·32, 33·34, 45·46, 47·48, 50, 53·54, 55·56, 57·58, 60,

권3 1·2, 3·4, 7·8, 13·14, 15·16, 17·18, 23·24, 27·34, 37·38, 45·46, 47·48, 49·50, 51·52, 53·54, 59

<박통사신석언해(朴通事新釋諺解)>는 <박통사신석> 1권 1책을 언해하여 3권 3책으로 만든 것으로 서울대 규장각(奎章閣)에 소장된 고도서본(古3917-8)을 비롯하여 일사문고(一簑文庫) 등에 소전(所傳)된다. 일사문고 소장본(一簑 古 495.1824-G415ba, 同 v.2,v.3)에 의하면 <박통사신석언해>는 모두 '천(天), 지(地), 인(人)' 3권 3책으로 목판본이며 사주쌍변(四周雙邊)에 반엽광곽(半葉匡郭)이 21.4 × 15.4cm로 유계(有界) 10행에 1행 20자가 인쇄되었다. 판심(版心)은 상하 화문어미(花紋魚尾)를 가졌고 표지서명은 '朴解'라고 묵서되었다.

이 일사문고본(다른 판본도 같지만)과 고려대 박물관 소장의 목판을 비교하면 양자가 동일한 것임을 알 수 있다. 즉 일사문고본에는 사용자가 권점을 찍은 것과 책의 공란에 낙서한 것을 제외하면 이 책판의 인쇄본과 완전히 일치한다. 이 <언해본>은 권1이 59엽, 권2가 60엽, 권3이 59엽으로 모두 178엽이고 박물관에 소장된 목판은 권1이 27엽, 권2는 32엽, 그리고 권3이 29엽이 남아있어 모두 88엽의 목판이 현전한다.

언해본의 책판은 <박통사신석>에 비하여 목판의 훼손이 심하다. 즉 수장번호 D-1586 권3의 3엽은 가운데 부분이 완전히 마멸되었고 D-1587 권1의 16엽은 전체가 심하게 마모되어 글씨를 알아보기 어렵다. 이 외에도 부분적인 마모가 보이는 목판도 적지 않은데 <박통사신석>에 비하여 언해본의 목판이 이와 같이 훼손이 있는 것은 당시의 역생(譯生)들이 원본보다는 언해본으로 한어를 학습하였고 그 결과 언해본의 인쇄가 많았음을 말하는 것이다. 이 <박통사신석>과 '동 언해본'의 책판은 평양에서 간판하여 사역원에 수납된 것으로 판재가 제주에서 간판한 <상원제어>보다는 훨씬 우수하다.

현전하는 책판 중에 수장번호 D-1598의 목판은 앞면이 권1의 최종엽(59엽)이고 뒷면은 권2의 최종엽(60엽)이다. 또 D-1611의 목판은 앞면이 권2의 50엽이고 뒷면은 권3의 최종엽(59엽)이어서 목판의 앞과 뒤가 연속되지 않을 뿐 아니라 권수조차 다르다. 이것은 목판의 빈 면을 이용하여 각인하려는 것으로 판목 하나라도 아끼려는 조선조의 검약 정신을 엿볼 수 있다.

2) 〈노걸대〉와 〈박통사〉의 변천

3.2.0 조선시대의 사역원 한학(漢學)에서 한어 교재로 가장 중요하고 기본적인 것은 <노걸대>, <박통사>라고 할 수 있다. 이 두 교재는 사역원의 창설 초기부터 갑오경장(甲午更張)으로 사역원이 폐쇄될 때까지 여러 차례 수정을 거듭하여 한어 교육의 기초 교재로 사용하였다. 앞에서 살펴본 바와 같이 <노걸대>는 고려 말에 고려 역관들이 편찬한 {원본}<노걸대>가 있었고 조선 성종 때에 명인(明人) 갈귀(葛貴)가 산개(刪改)한 {산개}<노걸대>가 있었으며 영조 때에 한학 역관들이 신석(新釋)한 <노걸대신석>이 있었다. 그리고 이수(李洙) 등이 중간(重刊)한 <중간노걸대>도 있었다.

<박통사>도 <노걸대>와 같은 시기에 {원본}<박통사>가 편찬되었고 명인(明人) 갈귀(葛貴)에 의한 {산개}<박통사>가 있었으며 <박통사신석)>도 <노걸대>의 신석(新釋)과 비슷한 시기에 이루어졌다. 다만 <박통사>의 중간(重刊)만은 <노걸대>와 달리 없었는데 아마도 <박통사>의 신석이 이루어지고 나서 바로 <노걸대>의 중간이 있었기 때문에 <박통사>의 중간은 생략된 것 같다.

이제 다음에 <노박>의 성립과 후대의 변천에 대하여 고찰하기로 한다.

3.2.1 〈노박〉의 성립

먼저 <노걸대>·<박통사>의 성립에 대하여 고찰한다. <노걸대>는 'Lao Kitai 또는 Kitat'의 표음으로서(渡部薰太郎: 1935) '乞大'는 '乞塔, 起炭, 吉代' 등으로 표기되며 모두 중국을 가리키는 '契丹(Kita)'의 표기라고 한다(羅錦堂, 1978). 丁邦新(1979)에서는 이에 따라 <노걸대>가 '老契丹'이란 의미로 쓰였다고 보았다. '契丹'은 중국의 북방민족이 중화(中華)를 가리키는 말이고 '老'는 존칭을 나타냄으로 <노걸대>는 '老中國'을 가리킨다는 것이라고 하였다. 羅錦堂(1978)에 의하면 인도에서 고대 중국을 震旦(Chinitan)이라고 부른 것이 지금까지 전해 내려오는 것처럼 거란(契丹)은 전체 중국이 아니라 요국(遼國)을 지시했던 것이 습관적으로 북방민족에게 원(元), 즉 중국을 의미하게 되었다는 것이다. 그리고 <노걸대>는 '노중국(老中國)', 또는 '중국통(中國通, 중국어의 通事)'이라는 뜻을 갖는다고 보았다. 渡部薰太郎(1935)에서는 <노걸대>를 'Great China'로 번역하였고, Song(1978)에서는 'Mr. Chinese'로 이해하였다. 반면에 '<박통사>'는 '박씨(朴氏)'의 성(姓)을 가진 고려 통사(通事)란 의미로 쓰였던 것 같다.[86]

<노걸대>는 자매서인 <박통사>와 같이 중국어 회화 학습서다. 이 책은 중국으로 물건을 팔러 가는 고려 상인(商人)이 도중에 중국 상인을 만나서 동행하면서 여행에서 주고받는 이야기 즉, 여정(旅程), 매매(賣買), 계약, 의약, 숙박, 식음, 연회 등에 관한 대화를 내용으로 한다. 그리고 <박통사>는 중국의 세시(歲時), 오락, 기사(騎射), 혼상(婚喪), 종교 등에 관한 비교적 고급 회화를 중심으로 하였다면 <노걸대>는 상고(商賈)의 실용 회화를 대상으로 하였다고 볼 수 있다.

3.2.1.1 조선시대에 <노걸대>와 <박통사>란 서명이 문헌에 처음 나

86 '朴'이란 姓氏는 중국에서는 없는 것으로 알려졌다. 다만 滿洲의 吉林省 일대에 살고 있는 '朴氏'의 성을 사용하는 사람들은 고려조나 그 후대의 귀화인으로 보아야 할 것이다.

타난 것은 세종 5년(1423)의 일이다. 즉, 『세종실록』 권20 세종 5년 6월 임신(壬申)조에 "禮曹據司譯院牒啓: 老乞大、朴通事、前後漢、直解孝經等書, 緣無板本, 讀者傳寫誦習, 請令鑄字所印出。從之。- 예조에서 사역원의 첩문에 의거하여 계하기를 '<노걸대>·<박통사>·전후한·직해효경 등의 책이 판본(板本)이 없어서 읽는 사람들이 베껴 써서 암송하여 배웁니다. 주자소에 명령하여 인출할 것을 청합니다'라고 하다. 그대로 따르다."라는 기사가 있어 세종 5년(1423) 6월에 주자소(鑄字所)에 <노걸대>·<박통사>를 인간(印刊)하도록 명하였음을 알 수 있다.

이에 따라 실제로 주자소에서 <노걸대>·<박통사>를 인간한 것은 세종 16년(1434)의 일이다. 전게한 『세종실록』 세종 16년 6월 병인(丙寅)조의 기사 "頒鑄字所印老乞大、朴通事于承文院司譯院, 此二書譯中國語之書也 - 주자소에서 <노걸대>, <박통사>를 인쇄하여 승문원과 사역원에 나누어주다. 이 두 책은 중국어를 번역하는 책이다."로 이를 알 수 있다.

그리고 『세종실록』 세종 8년(1426) 8월 정축(丁丑)조에도 사역원의 첩문(牒文)에 의거한 예조(禮曹)의 계문(啓文)이 있어 역학(譯學) 취재(取才)에 <노걸대>와 <박통사> 등의 역학서를 출제서로 한다고 하였다. 또 전게한 『세종실록』(권47) 세종 12년(1430) 3월 무오(戊午)조의 기사에는 제학(諸學) 취재(取才)에 관한 상정소(詳定所)의 계문(啓文)이 전재되었는데 제학 가운데 역학(譯學) 한훈(漢訓), 즉 한어(漢語)의 취재 출제서로 <노걸대>와 <박통사>(이하 <노박>으로 약칭)가 기재되었다.[87]

세조 때에도 <노박>이 인간(印刊)되었다는 기사가 있다. 『세조실록』(권11) 세조 4년(1458) 1월 무인(戊寅)조에

87 世宗 때에는 諸學(儒學, 武學, 漢吏學, 字學, 譯學, 陰陽學, 醫學, 樂學, 算學, 律學의 十學을 말함)이 있었고 이 중에서 譯學은 외국어 학습을 말하는 것으로 이것은 다시 漢訓(중국어 학습), 蒙訓(몽고어 학습), 倭訓(일본어 학습)으로 세분되었다. 조선조에서 제학에서 학문과 기술을 익힌 사람을 발탁하여 관직에 임명할 때에는 取才를 보았으며 과거(文·武 양과와 雜科)는 학문과 기술을 권장하기 위한 방편이었다. 실제로 祿職의 기술관은 취재의 방법으로 채용하였다. 졸저(1990) 참조.

> 戊寅禮曹啓: 講習漢訓事大先務, 但書冊稀, 小學者未易得觀, 請姑將朴通事、老乞大各一件, 分送黃海、江原兩道, 刊板送于校書館印行廣布。從之。- 무인일에 예조에서 계하기를 '중국어를 강습하는 것은 사대에 있어서 먼저 해야 할 일인데 다만 서책이 귀하여 어린 학생들이 쉽게 얻어 볼 수가 없습니다. <박통사>와 <노걸대> 각 1건을 황해도와 강원도에 나누어 보내어 목판을 새기게 하여 [그것을] 교서관에 보내도록 하고 교서관에서 이를 인쇄 간행하여 널리 배부하도록 하겠습니다'라고 하다. 그대로 따르다.

라는 기사가 있어 교서관에서 <노박>을 인행(印行)할 계획이 있었음을 알 수 있다.

성종 때에는 이의 번각본(翻刻本)이 간행된 것으로 보인다. 즉, 『성종실록』(권 73) 성종 7년(1476) 11월 임술(壬戌)조의 기사에 "壬戌御經筵, 講訖領事尹弼商啓曰: [中略] 又啓曰: 司譯院所藏老乞大、朴通事、直解小學等書, 前印者少, 故本院生徒患不得之。- 임술에 경연이 있었다. 강이 끝나고 영사(領事) 윤필상이 계하여 말하기를 [중략], 또 계하여 말하기를 '사역원에 소장된 <노걸대>·<박통사>·<직해소학> 등의 책이 전에 인쇄한 것이 적기 때문에 사역원 생도들이 얻지 못하여 걱정합니다'라고 하였다."라는 기사가 있어 <노걸대>, <박통사>, <직해소학> 등의 역학서는 판목을 사역원에 두고 여러 차례 쇄출하였음을 알 수 있다.

3.2.1.2 성종 때에 <노박>의 중국어에 대한 대대적인 교정이 있었던 것으로 보인다. 즉, 『성종실록』(권 122) 성종 11년(1480) 10월 을축(乙丑)조에

> 御書講, 侍讀官李昌臣啓曰: 前者承命質正漢語於頭目戴敬, 敬見老乞大、朴通事曰: '此乃元朝時語也。與今華語頓異 多有未解處.' 卽以時語改數節, 皆可解讀, 請令能漢語者盡改之。曩者領中樞李邊與高靈府院君申叔舟以華語作爲一書、名曰訓世評話、其元本在承文院。上曰: 其速刊行, 且

> 選其能漢語者刪改老乞大、朴通事。- 낮에 임금과의 강이 있을 때에 시독관 이창신이 계하여 말하기를 "전에 명(命)에 따라 한인(漢人) 두목 대경으로 하여금 한어를 질정하였습니다. 대경이 <노걸대>·<박통사>를 보고 '이것은 원나라 시대의 말이라 지금의 중국어와 매우 다릅니다'라고 말하였습니다. 모르는 곳이 많아서 오늘날의 말로 몇 구절을 고쳐야 겨우 모두 해독할 수 있었습니다. 그리하여 한어에 능한 사람으로 하여금 모두 고치도록 청합니다."라고 하였다. 영중추 이변과 고령부원군 신숙주가 중국어로서 한 책을 지으니 이름을 '훈세평화'라고 하였다. 그 원본은 승문원에 있었는데 임금이 속히 간행하라고 말씀하셨다. 또 한어 능한 사람을 뽑아서 <노걸대>·<박통사>를 개정하였다.

라는 기사가 있어 <노박>이 원대(元代)의 중국어로서 당시 명대(明代)의 말과 매우 달랐으며 그로 인하여 한어에 능한 사람을 뽑아 고치려고 계획하였음을 알 수 있다.

실제로 영접도감(迎接都監)의 낭청인 방귀화(房貴和)가 중국인 갈귀(葛貴)의 도움을 얻어 <노걸대>, <박통사>의 중국어를 교정하였다는 기사가 있어 위의 계획이 실현되었음을 알 수 있다. 즉, 『성종실록』(권 158) 성종 14년(1483) 9월 경술(庚戌)조에,

> 先是命迎接都監郎廳房貴和, 從頭目葛貴, 校正老乞大、朴通事, 至是又欲質直解小學, 貴曰: '頭目金廣妬我 疑副使聽讒, 故我欲先還, 恐難讐校, 若使人謝改正朴通事、老乞大之意, 以回副使之心, 則我亦保全矣。- 이보다 앞서 영접도감의 낭청인 방귀화가 두목 갈귀를 좇아 <노걸대>, <박통사>를 교정하였다. 오늘에 이르러서 다시 직해소학을 질정하고자 하니 갈귀가 말하기를 '두목 김광이 나를 질투하여 부사에게 참소하였는데 부사가 이를 듣고 의심하여 나를 먼저 돌려보내려고 하니 만일 사람을 시켜 내가 <박통사>와 <노걸대>를 교정하여 준 것을 사

례하여 부사의 마음을 돌리면 나 또한 보전할 것이다'라고 하였다.

라는 기사가 있어 위의 사실을 알 수가 있다.

오늘날 전해지는 최세진의 번역본이 이때의 수정본인지는 확실하게 알 수가 없다. 다만 사역원에서는 역학서가 수정되면 이전의 것은 파기하는 관례가 있어 이전의 <노걸대>와 <박통사>는 없어졌고 이때의 수정본이 중종 때까지 전해졌을 것으로 추측된다. 그러나 楊聯陞(1957)에 의하면 최세진의 번역본을 비롯하여 후대에 수정한 <노걸대>와 박통사에 아직도 몽고어 문법의 영향을 받은 원대(元代)의 중국어가 남아 있다고 한다.

즉, "你誰根底學文書來? - 네 뉘손ᄃᆡ 글 ᄇᆡ혼다?"(<번노> 上 2b 2-3)의 '根底('손ᄃᆡ'로 번역)',[88] 그리고 "我漢兒人上學文書 - 내 漢兒人의손ᄃᆡ 글 ᄇᆡ호니"(<번노> 上 2b 8-9)와 "師傅上唱喏 - 스승님ᄭᅴ 읍ᄒᆞ고"(<번박>上 49b 7)의 '上('손ᄃᆡ, ᄭᅴ'로 번역)'은 장소(또는 목적, 사유)를 표시하는 데 쓰이는 허사로서 이는 몽고어의 영향을 받은 원대(元代)의 중국어에서 사용되는 것이라고 하였다. 필자의 소견으로는 몽고어의 여격, 또는 처격의 영향을 받아 이를 표기한 것으로 보인다. 또 "咱弟兄們和順的上頭, - 우리 형뎨ᄃᆞᆯ히 화슌ᄒᆞᆫ 젼ᄎᆞ로,"(<번박> 上 5b 6-7)의 '上頭(젼ᄎᆞ로'로 번역)'도 원인을 표시하는 것으로 몽고어의 영향을 받아 쓰인 것이며 『노박집람』「누자해(累字解)」'상두(上頭)'조에 "젼ᄎᆞ로 今不用"이라는 기사가 있어서 이제는 사용하지 않음을 알 수 있다.

<박통사언해> 하권 말미에 부재된 <노걸대집람(老乞大集覽)>에도 원대(元代) 중국어의 영향에 대하여 언급하였다. 즉 "是漢兒人有"조 <노걸대집람>(上, 1a 4)의 '有'에 대하여 "元時語必於言終用'有'字, 如語助而實非語助, 今俗不用 - 원대(元代)의 언어에 반드시 말이 끝난 곳에 '有'자를 쓴다. 어조사 같지만 실은 어조사가 아니다. 이제는 속어에서 쓰지 않

88 『노박집람』<累字解>'根底'조에 "앏픠 比根前稍卑之稱"이란 注가 있어 '앞에'로도 대역할 수 있음을 알 수 있다.

는다."라고 하여 '有'를 문장 말에 쓰는 것이 원대의 어투며 지금의 속어에서는 사용하지 않아 원대의 언어와 당시의 중국어에 차이가 있음을 말하고 있다.

역시 『노박집람』「단자해」'麽'의 주에 "元語麽道 니ᄅᆞᄂᆞ다 麽音ᄆᆞ 今不用, - 원대의 말에 '麽道'는 '이르다'의 뜻이다. '麽[ᄆᆞ]'음은 이제는 쓰지 않는다."(<단자해> 4b 2~3)이라 하여 원대에 쓰이던 말과 차이가 있음을 말하고 있다. 다만 『노박집람』의 「단자해(單字解)」에 '者'에 관한 注로서 "蒙古語謂諾辭曰 '者', 兩書舊本皆述元時之語, 故多有'者'字. 今俗不用, 故新本易以'着'字. - 몽고어의 대답하는 말에는 '자'라고 한다. 양서의 옛 책은 모두 원대의 말을 기술하였기 때문에 '者'자가 많으나 지금의 속어에는 쓰이지 않는다. 그래서 새 책에는 '着'자로서 바꿨다."(<단자해> 6b 7~8)라고 하였으나 楊聯陞(1957)에서는 당(唐) 이래로 '者', '着'은 기사어구(起詞語句)의 끝에 늘 썼었기 때문에 이러한 설명은 사실과 다르다고 한다. 그러나 최근 발견된 <원본노걸대>를 보면 이러한 설명이 매우 적절했음을 알 수 있다(정광·남권희·梁伍鎭, 1999 참조).

3.2.1.3 다음은 <노박>의 원본이 편찬된 시기에 대하여 살펴보기로 한다. <노걸대>의 편찬시기에 대하여는 알려진 바가 없고 또 아무런 기록도 남겨져 있지 않다. 다만 본문에 "我從高麗王京來(내 高麗 王京으로셔브터 오라)"(老上 1a 2~3)라는 구절이 있어 고려 때에 만들어진 것으로 볼 수 있다.[89] 그러나 <노걸대>와 자매의 관계에 있는 <박통사>의 경우에는 이 책의 편찬시기를 가늠할 수 있는 몇 가지 증거를 남겨 놓았다.

즉, <번박>(상)에 "南城永寧寺裏 - 南城永寧寺뎌리, 聽說佛法去來. - 블웝 니ᄅᆞ논 양 드르라 가져. 一箇見性得道的高麗和尙, - ᄒᆞᆫ見性得道ᄒᆞᆫ 고렷화상이, 法名喚步虛, - 즁의 일후믈 블르되 보헤라 ᄒᆞᄂᆞ니, 到江南地面石屋法名的和尙根底, - 강남 짜해 石屋이라 ᄒᆞ논 일훔엣 즁의손ᄃᆡ 가

89 영조 37년(1761)의 간기를 갖고 있는 <老乞大新釋>에서는 이 부분이 "我朝鮮王京來"와 같이 '朝鮮'으로 바뀌였다.

니,[90]"(<번박> 상 74a 7행~75a 3행)라는 구절이 있는데 이 기사 중에 나오는 고려승 '보허화상(步虛和尙)'은[91] 민영규(1966)에서는 고려 명승 보우(普愚)로 보았고 그가 원(元)의 연경(燕京)에 머문 것은 지정(至正) 6년(1346)부터의 일로서 이 때에 이곳을 여행한 고려인이 지은 것으로 보아 '<박통사>'는 14세기 중엽에 집필된 것으로 보았다.

또 <박통사>에 등장하는 '노구교(蘆溝橋)'의 범람(氾濫)을 통하여 구체적인 편찬 일자를 찾아낼 수 있을 것이다. 즉, "今年雨水十分大 - 올히 비 므슬히 ᄀ장 하니, 水渰過蘆溝橋獅子頭 - 므리 蘆溝橋ㅅ란간앳 ᄉᄌ 머리를 ᄌ마 너머, 把水門都衝壞了 - 쉬문을다가 다 다딜어 ᄒ야ᄇ리고, 澇了田禾 - 뎐회 다 ᄡᅳ셔, 無一根兒 - ᄒᆫ 불회도 업다"(<번박> 上 6b 6~7a 1)에 나오는 '노구교(蘆溝橋)'는 북경(北京)의 서남(西南)쪽 교외에 있는 영정하(永定河 -金代에는 蘆溝河라 불렀음)에 걸려있는 다리다.[92]

이 다리는 금(金) 대정(大定) 20년(1189)부터 명창(明昌) 3년(1192)에 건설되었으며 길이는 265m, 폭은 약 8m가 된다. 다리에는 11개의 공석공(孔

---

90 石屋和尙에 대하여는『노박집람』<朴通事集覽> '石屋'조에 "法名淸珙 號石屋和尙 臨濟十八世之嫡孫也 普虛謁石屋 云云"이라고 설명하였고 이어서 佛敎 五宗의 하나인 臨濟宗이 普虛에 의하여 高麗에 전해졌다고 기록하였다.

91 『노박집람』의 <박통사집람> '步虛'조에 "俗姓洪氏, 高麗洪州人, 法名普愚. 初名普虛, 號太古和尙. 有求法於天下之志, 至正丙戌春入燕都, 聞南朝有臨濟正脈不斷, 可往印可. 蓋指臨濟直下雪嵓嫡孫石屋和尙淸珙也. 遂往湖州, 霞霧山天湖庵謁和尙, 嗣法傳衣. 還大都, 時適丁太子令辰十二月二十四日, 奉傳聖旨, 住持永寧禪寺, 開堂演法, 云云."(<박통사집람>상 15b 7~16a 1)이라는 설명이 있는데 이에 의하면 步虛는 고려 명승 太古和尙 普愚(1301~1382)로서 그가 元의 大都(지금의 北京)에 체류한 것은 至正 6년(1346)에서 至正 8년(1348)의 일임을 알 수 있다. 같은 내용이 <박통사언해>(상 65a 8~65b 2)에는 夾註로 붙였다.

92 이 교량에 대하여는『노박집람』<朴通事 상>의 '蘆溝橋'조에 "蘆溝本桑乾河 俗曰渾河 亦曰小黃河 上自保安州界 歷山南流 入宛平縣境 至都城四十里 分爲二派 其一東流經金口河 引注都城之壕 其一東南流 入于蘆溝 又東入于東安縣界 去都城三十里 有石橋跨于河 廣二百餘步 其上兩旁皆石欄 雕刻石獅形狀奇巧 成於金明昌三年 橋之路西通關陝 南達江淮 兩旁多旅舍 以其密邇京都行人 使客絡繹不絕"(박통사집람>(上) 4b 7~5a 2)라는 설명이 있다. 이에 의하면 '노구'는 본래 '상건하'라고 불렀고 속되게는 '혼하', 또는 '소황하'라고 불렀음을 알 수 있으며 '蘆溝橋'는 都城의 삼십리 밖에 있는 석교였다. 이 다리의 양쪽 난간에 돌로 된 石獅子의 조각이 매우 정교하다는 주석을 붙였다.

石拱)이 있고 난간에는 정교하게 조각한 돌사자의 머리가 485개가 있으며 이 사자의 석두상(石頭像)은 모양이 각기 다르고 웅장하며 생동하는 모습을 보인다. 梁伍鎭(1995)에 의하면 이 지역은 기후가 건조한 곳이어서 홍수가 매우 드물게 나타나기 때문에 지방지(地方志) 등의 조사에 의해서 노구교(蘆溝橋)에 큰물이 났던 때를 찾을 수가 있을 것으로 보아 보다 정확한 연대 추정이 가능할 것임을 주장하였다.

<박통사>의 제작연대를 추적하는 데 이용할 수 있는 또 하나의 자료는 '노조(老曹)'라는 사람의 장례식에 관련된 대목이다. 여기에서 '앙방(殃榜)'에 쓰여진 날짜가 "壬辰年二月朔丙午十二日丁卯, 丙辰年生人三十七歲, 艮時身故"(<박통사언해> 하 41b 6~8)이어서 전술한 보허(步虛) 화상(和尙)의 설법을 근거로 추정한 1347년과 비교하여 그에 가까운 '임진(壬辰)'년은 1352년이다. <박통사>는 대체로 이 시기에 중국을 여행한 고려인에 의하여 집필되었을 것이다.

앞에서 살펴본 바와 같이 <노걸대>는 항상 <박통사>와 같이 출현한다. 만일 이 두 책이 비슷한 시기에 제작되었다면 <노걸대>도 14세기 중반에 만들어졌을 것이다. <번노>의 하권 말미에서 마지막으로 고려 상인(商人)들이 귀국할 날짜를 정하기 위하여 오호선생(五虎先生)에게 길일(吉日)을 점치러 갔을 때에 "今年交大運丙戌, - 올히 대운이 병슐에 다드라 이시니,"(<번노> 下 71b)이라는 기사가 보여 그 해가 병술(丙戌)년임을 알 수 있게 한다. 이 병술(丙戌)년은 <번박>에서 보았던 보허(步虛) 화상이 설법한 바로 그 해에 해당된다. 즉, 원 순제(順帝) 지정(至正) 6년(1346), 그리고 고려 충목왕 2년 병술(丙戌)에 <노걸대>와 <박통사>의 저자는 중국을 여행하였고 연경(燕京)에서 본 보허(步虛)의 설법(說法)과 길에서 본 노조(老曹)라는 사람의 장례식을 <박통사>에 기록한 것으로 보인다.

3.2.2 〈노박〉의 여러 이본(異本)

한어(漢語) 학습서인 <노박>의 제 이본(異本)은 한어(漢語) 원문만을 기재한 한어본(漢語本)과 이를 훈민정음으로 번역, 또는 언해한 번역(飜譯)·언해본(諺解本)으로 나누어 생각할 수 있다. 물론 후자는 훈민정음 창제 이후에 편찬된 것으로써 가장 오래된 것은 중종(中宗) 때에 최세진의 번역본(飜譯本)으로 소급될 수 있다. 그러나 전자의 한어본(漢語本)은 <노박>의 편찬이 고려 말로 거슬러 올라감으로써 원본(原本)은 적어도 고려 말이나 조선 초기에 간행된 것으로 보아야 한다.

<노박>의 원본이 편찬된 시기에 대하여는 아직 정확하게 알려진 바가 없고 또 아무런 기록도 갖고 있지 않다. 그러나 이번에 발견된 {원본}<노걸대>의 본문에 "伴當恁從那裏來, 俺從高麗王京來, 如今那裏去? 俺往大都去(<원노> 1앞 2~3행)[93]라는 구절이 있어 '고려(高麗)'라든지 원(元)의 '대도(大都)'라는 나라 이름과 도시 이름으로 보아 원대(元代), 즉 고려 후기에 만들어진 것으로 볼 수 있다.

또 본문에 "如今朝廷一統天下, 世間用著的是漢兒言語"(<원노> 2앞 5~6행)라는 구절의 '일통천하(一統天下)'가 몽고의 쿠빌라이 칸(忽必烈汗), 즉 원 세조(世祖)가 남송(南宋)을 멸망시키고 중원을 통일한 것을 말하는 것으로 볼 수 있다. 그리고 <노걸대>의 마지막 부분에 고려 상인(商人)들이 귀국하는 길일(吉日)을 선택하러 점술가(占術家) 오호(五虎)선생을 찾아가 운세(運勢)를 본 것을 화제로 한 "今年交大運, 丙戌已後財帛大聚, 强如已前數倍"(<원노>39 뒤 2~3행)이란 구절의 '병술(丙戌)'도 위의 사실로 보아 원(元) 순제(順帝)의 지정(至正) 병술(丙戌, 고려 충목왕 2년, 1346)로 보아야 할 것이다. 그렇다면 이 때에 중국을 여행한 누군가에 의해서 <노박>은 저술된 것으로 추정된다.

3.2.3 〈노박〉의 간행

다음으로 <노박>의 간행에 대하여 살펴보기로 한다. <노박>의 간행

93 中宗조 崔世珍의 飜譯본에서는 이 부분이 "我從高麗王京來 - 내 高麗 王京으로셔 브터 오라"(<飜老>上1앞 2~3행)이고 英祖 37년(1761)의 간기를 갖고 있는 <老乞大新釋>에서는 이 부분이 "我朝鮮王京來"와 같이 '朝鮮'으로 바뀌었다.

에 대한 기사는 세종 때에 처음으로 나타나기 시작한다. 『세종실록』(권20) 세종 5년 8월 정축(丁丑)조에 "禮曹據司譯院牒呈啓: 老乞大、朴通事·前後漢、直解孝經等書, 緣無板本, 讀者傳寫誦習, 請令鑄字所印出。從之。- 예조가 사역원의 계첩에 의거하여 장계하기를 '<노걸대>, <박통사>, <전후한>, <직해효경>[94] 등의 책이 책판이 없기 때문에 읽고자 하는 사람들이 베끼거나 암송하여 배웁니다. 주자소에서 인출하여 주실 것을 청합니다.'라고 하다. 따르다"라는 기사가 <노박>의 간행에 대한 것으로 지금까지는 가장 이른 시기의 기록이다.

또한 『세종실록』(권64) 세종 16년 8월 병인(丙寅)조에는 "頒鑄字所印老乞大、朴通事于承文院司譯院, 此二書譯中國語之書也 - 주자소에서 <노걸대>·<박통사>를 인쇄하여 승문원과 사역원에 하사하다. 이 두 책은 중국어를 번역한 책이다"라 하여 <노박>을 인쇄하여 승문원(承文院)과 사역원에 배부하였다는 기사도 보인다. 이상의 두 기록으로 미루어 세종 때에 이미 <노박>의 두 한학서들이 활자로 인쇄되었음을 알 수 있다.

정광·남권희·梁伍鎭(1999)에서 소개된 소위 {구본}<노걸대>는 이 시대보다는 조금 앞선 시기에 간행한 것으로 보이며 고려 대에 한아언어(漢兒言語)를 학습하기 위하여 편찬된 <노걸대>의 원본(原本)으로 추정된다. 정광·남권희·梁伍鎭(1999)에서는 당시 발견된 {구본}<노걸대>가 조선의 태종 연간에 간행된 것으로 추정하였다. 따라서 이후에 간행된 것은 모두 이의 개정본(改訂本)이 될 것이다. 이제 <노박>의 한어본과 번역·언해본의 변천에 대하여 살펴보고 그 각각의 이본에 대하여 고찰하기로 한다.

3.2.4 〈노걸대〉의 변천

번역이나 언해가 없고 한어(漢語)만의 <노걸대>로서 원본에 해당하

94 『直解孝經』은 위구르人 貫雲石(1286~1324)이 『成齋孝經』을 元 至大 元年(1308)에 元代 북경어, 즉 漢兒言語로 번역한 것으로 『元典章』과 더불어 당시 북경어 연구 자료로서 매우 중요하다. 長澤規矩也·阿部隆一(1933) 참조.

는 구본(舊本)이 발견되었음으로 모두(冒頭)에서 언급한 바와 같이 대체로 {원본}<노걸대>, {산개}<노걸대>, <노걸대신석>, <중간노걸대>의 순서로 한학서의 <노걸대>가 변천한 것으로 볼 수 있다.

첫째 {원본}<노걸대>, 즉 <원노>는 <노걸대>의 원간본으로서 조선 초기에 간행된 판본으로서 원대(元代) 한아언어를 반영하며 고려 말에 편찬된 것의 복각본으로 보인다. 즉 이것은 조선 성종(成宗) 때에 수정되기 이전의 <노걸대>를 말하며 지정(至正) 7년(丙戌, 1346)경에 중국을 여행한 고려 역관에 의하여 편찬된 것임을 앞에서 살펴보았다. 1998년에 발견된 <노걸대>의 한어(漢語)는 졸고(1995b) 등에서 추정한 바와 같이 수(隋)·당(唐)·송대(宋代)의 표준어였던 통어(通語)가 아니라 몽고어가 혼효된 동북지방의 방언이었으며 이것이 원대의 공용어가 된 한아언어(漢兒言語)를 반영하고 있다. 또 이것은 중종(中宗) 때에 최세진이 <노박>을 번역할 때에 저본으로 삼은 {산개}<노걸대>, 즉 <산노>의 한어(漢語)와는 상당한 차이를 보이며 그 차이를 최세진이 비교하여 『노박집람(老朴集覽)』에 밝혀놓았다. 이 책에서 산개(刪改) 이전의 <노걸대>를 '구본(舊本)'이라 하였다.

둘째 <산노>는 성종 14년(1483)에 한인(漢人) 갈귀(葛貴)가 <노걸대>의 구본, 즉 <원노>를 수정한 것이다. <노박>의 수정에 대하여는 『성종실록』(권122) 성종 11년 10월 을축(乙丑)조에

> 御書講侍讀官李昌臣啓曰: 前者承命質正漢語於頭目戴敬, 敬見老乞大朴通事曰: "此乃元朝時語也。與今華語頓異, 多有未解處" 卽以時語改數節, 皆可解讀, 請令能漢語者盡改之。曩者領中樞李邊與高靈府院君申叔舟, 以華語作爲一書, 名曰訓世評話, 其元本在承文院。上曰: 其速刊行, 且選其能漢語者 刪改老乞大、朴通事。- 임금과의 낮 강의에서 시독관 이창신이 계하여 아뢰기를 "지난번에 명을 받고 한어를 두목 대경(戴敬)에게 질정하였더니 대경이 <노걸대>와 <박통사>를 보고 '이것은 원나라 때의 말임으로 지금의 중국말과는 매우 달라서 이해하지 못할 데가 많습

니다'라고 하고 즉시 지금의 말로 두어 구절을 고치니 모두 해독할 수 있었습니다. 청하건대 한어(漢語)에 능한 자로 하여금 모두 고치게 하소서. 그리고 전에 중추부 영사 이변과 고령부원군 신숙주가 중국어로 책을 하나 지어 이름을 <훈세평화>라고 하였으며 그 원본이 승문원에 있습니다"하니 임금이 말하기를 '속히 간행하라. 그리고 또 한어에 능한 자를 선발하여 <노걸대>와 <박통사>를 산개(刪改)하라' 하시다.

라는 기사가 있어 성종 11년에 <노박>을 산개(刪改)하도록 명하였음을 알 수 있다. 또 성종 14년(1483) 9월 경술(庚戌)조에

> 先是命迎接都監郎廳房貴和從頭目葛貴, 校正老乞大、朴通事, 至是又欲質直解小學, 貴曰: 頭目金廣妒我, 疑副使聽讒, 故我欲先還, 恐難讎校, 若使人謝改正朴通事、老乞大之意, 以回副使之心, 則我亦保全矣. - 이에 앞서 임금이 영접도감의 낭청인 방귀화에게 명하여 두목 갈귀를 시켜 <노박>을 교정하게 하였는데 이때에 이르러 또 <직해소학>을 질정하려고 하니 갈귀가 말하기를 "두목 김광이 나를 투기하고 부사가 참소하는 말을 들을까 의심스러워서 먼저 돌아가려 하니 (<직해소학>을) 교정하기가 어려울 듯합니다. 만약에 사람을 시켜서 <노박>을 교정한 것을 사례하게 하여 부사의 마음을 돌릴 수 있다면 나도 또한 보전할 수 있을 것입니다"라고 하다.

라는 기사가 있어 성종 11년(1479)에 이창신(李昌臣)의 계청(啓請)에 보이는 "한어에 능한 자를 선발하여 <노박>을 산개하라(上曰: 且選其能漢語者, 刪改老乞大朴通事)"는 성종의 명에 따라 <노박>의 수정이 시작되었음을 알 수 있다. 그리고 3년 후인 성종 14년(1483)에 갈귀(葛貴)가 <노박> 원본의 본문 가운데 내용이 불분명하거나 시의에 맞지 않는 것을 삭제하여 개정하는 작업이었으며 그리하여 '산개(刪改)'라는 이름을 얻은 것이다.

원대(元代)의 동북지방에서 유행한 한아언어(漢兒言語)는 명대(明代) 초

기에는 '남경관화(南京官話)'로 대체되었다. 당시에 사용되고 있는 명대(明代)의 관화(官話)에 대하여는 조선 성종 조에 조선 역관들도 이미 알고 있었으니, 전술한 『성종실록』(권158) 성종 14년(1483) 9월 경술(庚戌)조에 "頭目葛貴見直解小學曰: 反譯甚好, 而間有古語不合時用, 且不是官話, 無人認聽。- 두목 갈귀가 <직해소학>을 보고 말하기를 번역은 잘 되었으나 간혹 옛말이 있어 시용에 맞지 않으며 또 관화가 아니어서 들어도 아는 사람이 없다"라는 기사가 있다. 이것은 이미 중국의 북경(北京)에서는 한아언어(漢兒言語)가 쓰이지 않고 관화(官話)가 통용되고 있었음을 증언하는 것이다. 따라서 이 때에 <노박>의 산개는 원대 한아언어를 명대(明代)의 남경관화(南京官話)로 바꾼 것임을 알 수 있다.

셋째 <신노>, 즉 <노걸대신석>은 영조 37년(1761)에 김창조(金昌祚)와 변헌(邊憲) 등이 산개본(刪改本)을 다시 수정한 것으로 권두에 '노걸대신석서(序)'가 있다. 당시 사역원의 제거(提擧) 홍계희(洪啓禧)가 쓴 이 서문에 다음과 같은 기사가 있어 <노박>의 신석(新釋)에 대하여 구체적인 사실을 알 수 있는데 원문과 그 전문 해석을 鄭光·尹世英(1998:78~79)에서 옮겨보면 다음과 같다.

> [전략] 余嘗言不可不大家釐正, 上可之。及庚辰銜命赴燕, 遂以命賤臣焉。時譯士邊憲在行, 以善華語名, 賤臣請專屬於憲, 及至燕館逐條改證別其同異, 務令適乎時便於俗。而古本亦不可刪沒, 故幷錄之, 蓋存羊之意也。書成名之曰老乞大新釋, 承上命也。旣又以朴通事新釋, 分屬金昌祚之意, 筵稟蒙允, 自此諸書幷有新釋, 可以無礙於通話。[중략] 上之三十七年辛巳八月下澣 崇祿大夫行議政府左參贊兼弘文館提學 洪啓禧謹書 - 내가 일찍이 대가(大家)에게 고쳐서 바로잡지 않을 수 없다고 말하매, 임금께서 이를 허락하셨다. 경진년(1760)에 명을 받들고 연경(燕京)에 감에 이르러 드디어 그 일을 천신(홍계희 지신을 낮추어 말함)에게 명하였다. 이 때에 역관 변헌이 사행 중에 있었는데 중국어를 잘 한다고 이름이 났으므로 내가 변헌에게 오로지 맡길 것을 청하였다. 연경의 연관(燕

館-燕京, 즉 당시 북경에 있는 조선사행들의 숙소인 玉河館을 말함)에[95] 도착하여 [<노걸대>를] 조목조목 예문을 고치고 그 같고 다름을 구별하여 시의에 맞고 시속에 편리하도록 힘썼다. 그러나 고본을 역시 산몰(刪沒-校正하여 잘라냄)할 수 없어 모두 함께 기록하였으니 존양의 뜻(存羊之意-舊例와 虛禮를 일부러 버리지 않고 그대로 두는 것)을 나타낸 것이다. 책이 이루어져 이름을 '<노걸대신석>'이라 하였으니 임금의 명을 받든 것이다. 그리고 또 '<박통사신석>'을 김창조에게 맡길 것을 경연에서 임금에게 고하여 허락을 얻었다. 이로부터 모든 책(역서를 말함)에 '新釋'이 있게 되었으며 통화하는데 막힘이 없게 되었다. (중략) 금상 37년 신사년 8월 하한에 숭록대부 행 의정부 좌참찬 겸 홍문관 제학 홍계희가 삼가 쓰다.

이 서문에 의하면 영조(英祖) 경진(庚辰, 1760)에 왕비 책봉의 주청사(奏請使)로 부연사행(赴燕使行)에 참가한 바 있는 의정부 좌참찬(左參贊) 홍계희의 청에 의하여 한어 역관 변헌(邊憲) 등이 '{구본}<노걸대>(舊本老乞大)', 즉 전술한 <산노>를 영조 37년(辛巳, 1761)에 새로 수정하여 간판하였다고 한다. 변헌은 북경의 옥하관(玉河館)에서 한인들에게 질문하여 그 동안의 <노걸대>를 조목조목 개증(改證)하고 구본과 같고 다른 것을 구별하였으며 이 교정본을 김창조와 더불어 '<노걸대신석(老乞大新釋)>'이란 이름으로 기영(箕營)에서 간행하였음을 밝히고 있다.

---

95 조선에서 간 부경사행들은 清初에 외국 사행들의 숙소였던 會同館에 머물렀지만 康熙 28년(1689)에 清과 러시아가 Nerchinsk 조약(尼布楚 條約)을 맺은 다음에 러시아 사절들이 북경에 왕래하기 시작하였고 雍正 5년(1727)에 Kiakhta 조약으로 북경의 회동관이 러시아 사절들의 숙소로 지정되자 清은 玉河館을 따로 지어 조선사행을 머물게 하였다. 이로부터 고종 30년(1893)에 최후의 조공사행이 북경에 가기까지 玉河館이 조선 赴京使行의 숙소가 되었다. 雍正 5년은 영조 3년이므로 영조 36년(1760)에 북경으로 떠난 庚辰使行은 옥하관에 숙소를 잡았던 것으로 보아야 한다. 鄭光·尹世英(1998:78~79)에서 필자가 회동관을 부연사행의 연관으로 본 것은 옥하관이 조선사행의 숙소가 되기 이전으로 착각한 때문이다. 졸고(1987c)에서도 언급한 바와 같이 이를 바로잡고자 한다.

3.2.5 〈박통사〉의 변천

위에 인용한 홍계희의 서문에 의하면 김창조는 <박통사>도 신석하여 간행하도록 영조(英祖)의 허락을 받았음을 알 수 있다. 그러나 김창조의 <박통사신석>(이하 <신박>으로 약칭)은 아직 발견된 것이 없고 변헌과 이담(李湛)이 검찰관(檢察官)으로서 신석한 것으로 명기되었다. 그리고 실제로 김창조(金昌祚)가 주관할 것을 연품몽윤(筵稟蒙允)한, 즉 경연(經筵)에서 임금께 품하여 허가를 얻은 <신박>은 김창조의 <신노>보다 5년 후인 영조 41년에 간행된다. 따라서 이 때에는 김창조(金昌祚)는 이미 타계하였거나 설혹 살아있더라도 72세의 고령이어서 간행에는 직접 참여하지 못한 것으로 보인다.[96] 그리하여 현전하는 <신박>의 권말에 부재된 제역함명(諸譯銜名)에는 신석을 주관한 검찰관의 이름에 변헌(邊憲)과 이담(李湛)만이 실렸고 김창조(金昌祚)의 이름은 보이지 않는다.

『통문관지』(권8) '집물(什物)' [속]조에 "新釋老乞大板、諺解板, 乾隆癸未訓長邊憲修整, 芸閣刊板. 新釋朴通事板、諺解板, 訓長金昌祚等修整, 乾隆乙酉箕營刊板 - <신석노걸대>판과 동 언해판을 건륭 계미(1763)에 훈장 변헌이 수정하여 교서관에서 간판하다. <신석박통사>판과 언해판을 훈장 김창조 등이 수정하여 건륭 을유(1765)에 평양 감영에서 간판하다"라고 하여 현전하는 <신박>과 <신노>의 제역함명과는 정반대로 기록하였다. 현전하는 <노박>의 신석본을 보면 <신노>가 <신박>보다 먼저 김창조와 변헌 등에 의하여 평양에서 간판되었으며 이 사실은 이 신석본의 권두에 실린 홍계희의 '노걸대신석서(序)'로서도 확인할 수 있다.

<신박>은 변헌과 이담 등에 의하여 교서관에서 간판되었는데 불행

---

96 金昌祚는 『역과유집(譯科類輯)』(乾)과 『역과방목(譯科榜目)』(一)에 의하면 甲戌生이며 康熙辛卯式年試의 역과에 1등 3인으로 등제하여 漢學敎誨로 崇祿大夫 知中樞府事까지 관직이 올랐고 본관은 慶州로 金是瑜의 아들이라고 한다. 이에 의하면 肅宗 甲戌(1694)에 태어나서 18세인 숙종 辛卯(1711)에 등과한 것으로 보면 <노걸대신석>이 간행된 영조 37년(1761)은 68세가 된다. 따라서 <박통사신석>이 간행된 영조 41년(1765)에는 이미 72세의 고령이므로 참여하지 못하였거나 타계하였을 가능성이 있다. 정광·윤세영(2000) 참조.

하게도 현전하는 <신박>의 권두에 실린 '박통사신석서(序)'는 앞의 2엽만이 전해져 누구의 서문인지가 분명하지 않다. 구한말에 서울에서 활약하던 모리스 꾸랑은 이 신석본의 간행 연대를 전술한 『통문관지』의 기사에 의거하여 건륭(乾隆) 을유(乙酉, 1765)로 보았으나 그가 참고한 파리 동양어학교 소장본도 '박통사신석서'가 앞의 2엽만 실려 있으므로 신빙하기 어렵다.[97]

<노걸대>의 신석은 구본(舊本)과 비교하여 본문의 내용 및 항목에는 차이가 없고 다만 언어만이 대폭 수정되었다. 아마도 380여년 전에 편찬된 <노걸대>의 구본(舊本), 즉 <산노>를 영조 경진년(庚辰年)의 부경사행(赴京使行)에서 수역(首譯)으로 참가한 변헌이 중국인에게 한마디씩 질정(質正)하여 수정한 것이기 때문에 구어가 많이 반영된 것으로 보인다. 이 사실은 전술한 바 있는 홍계희의 '노걸대신석서'에서 확인할 수 있다. 이 책에 기록된 중국어는 <산노>와는 매우 다른 구어체 표현이 매우 많고 언어에서도 시대적 차이를 보이고 있다.

홍계희의 서(序)에는 <노걸대>를 수정한 역관으로 변헌(邊憲)만이 나타났으나 <신노>(奎 4871)에는 검찰관으로 '資憲大夫前知中樞府事 金昌祚, 嘉義大夫前同知中樞府事 邊憲'의 이름이 보이고 교정관(校正官)으로 '通訓大夫行監牧官 李天植' 외 6인, 그리고 서사관(書寫官)으로 조동수(趙東洙) 외 3인의 이름이 이 책의 권말에 각인되었다. 아마도 김창조는 <노걸대>를 신석하여 현지에서 수정한 경진(庚辰) 부연사행(赴燕使行)에는 고령으로 참가하지 못하였지만 사역원의 한학(漢學) 교회(敎誨)로서 원로이었기 때문에 그의 주도하에 평양에서 이 책이 간행되어 그의 이름이 맨 앞에 기재된 것으로 보인다. 권수서명은 '老乞大新釋'이며 현재 연세대와 서울대 규장각에 소장되어 있고 연세대본이 초간본으로

97 『통문관지』의 기사를 현전하는 <新老>의 홍계희 서문과 비교하면 많은 차이가 발견되는데 <新老>는 홍계희의 서문에 乾隆 辛巳(1761)라는 간기가 있으나 전술한 『통문관지』의 기사에서는 "新釋老乞大板 諺解板 --乾隆癸未 訓長邊憲修整 芸閣刊板"이라 하여 乾隆 癸未(1763)에 간판한 것으로 오기하였으며 또 홍계희 서문에는 '箕營刊板'으로 되었으나 '芸閣刊板'으로 하는 등 여러 곳에서 차이가 난다.

보인다.

넷째 <중간노걸대>(1795, 正祖 19년, 이하 <중노>로 약칭)는 <신노>를 다시 개수한 책으로, 정조 때에 사역원에서 이수(李洙)[98] 등이 명을 받들어 교수(校讐) 중간한 것이다. 이 중간에 참여한 제역함명(諸譯銜名)이 권말에 기록되어 있으며 그에 의하면 검찰관에 이수(李洙) 외 6인, 교정관에 홍택복(洪宅福) 외 9인, 서사관(書寫官)에 최감(崔瑊) 외 9인, 감인관(監印官)에 장도(張燾) 등의 이름이 보인다. 출간연대는 권말에 '본원중간(本院重刊)'이라는 간기가 있어 정조 을묘(乙卯, 1795)에 중간되었음을 알 수 있다.

<중노>의 판본은 그 후의 언해본과 같이 가장 많이 남아있으며 본문의 한어도 가장 새롭고 잘 선택되었다. 다만 중간본의 한어는 중국인에게 질정은 했을지 모르나 중국인이 직접 수정한 것이 아니므로 중간본의 중국어가 당시 중국 북경의 표준어, 즉 청대(淸代) 북경관화(北京官話, Mandarin)라고 보기는 어렵다. 이 중간본은 신석본의 한어가 지나치게 구어적인 표현이 많기 때문에 점잖은 문어체로 바꾼 것으로 보인다. 따라서 중간본인 <중노>는 신석본의 <신노>보다는 오히려 산개본인 <산노>의 표현으로 돌아간 곳이 많다.[99] 신석본과는 말은 매우 다르지만 각 항목별 내용은 큰 차이가 없고 항목수도 111항에 걸친 대화체로 구성되어 동일하다. 따라서 중간본은 한어의 변천에 따라 구본인 신석

98 李洙는 상술한 李湛이 훗날 개명한 것으로 『역과유집(譯科類輯)』에 의하면 본관이 金山이며 한학교회로서 崇祿大夫 知中樞府事에까지 올랐다. 景宗 辛丑(1721)에 태어나서 영조 辛酉年(1741) 역과 식년시에 합격하였다. 그가 <노걸대>의 重刊을 주도한 정조 19년(1795)은 그의 나이가 74세일 때이다.

99 梁伍鎭(2001:403)에 의하면 "이 간본(<중간노걸대>를 말함--필자 주)의 한어문은 <老新>(<노걸대신석>을 말함--필자 주)에 비하여 오히려 시간적으로 거리가 먼 명대 한어문 <노걸대>와 더 가까운 것이 주목되는 점이다. 그리고 <老新>이 출간된지 34년만에 다시 수정 출간된 것은 당시 <老新>이 失傳된 데 원인이 있지 않나 하는 추측도 있으나(康寔鎭, 1985:36) 역시 의문을 남기는 부분이다"라고 하여 <노걸대>의 중간본이 신석본에 비하여 복고적인 표현을 보이는 문제를 거론하였다. 본서에서는 중간본 수정자들의 한어에 대한 취향이 擬古的이어서 지나치게 구어체로 수정된 신석본에 대한 반발로 중간본의 수정이 舊本인 산개본의 표현으로 돌아간 것으로 본다.

본을 수정한 것이 아니라 보다 격식을 갖춘 중국어를 교육하기 위하여 수정한 것임을 알 수 있다.

신석본인 <신노>와 중간본인 <중노>의 간행은 불과 34년의 차이밖에 없다. 그러므로 언어의 변천을 감지하기에는 너무 시간적으로 짧은 기간이다. 이 중간본은 현재 서울대 규장각과 가람·일사문고, 연세대, 국립중앙도서관 등에 여러 이본이 소장되어 있다.

이상 현전하는 <노걸대>를 정리하면 {원본}<노걸대>(고려 충목왕, 1346년 경 편찬)와 한인 갈귀(葛貴) 등이 산개한 {산개}<노걸대>(1483년 刪改), 김창조(金昌祚)·변헌(邊憲) 등이 신석한 <노걸대신석>(1761년 新釋), 이수(李洙) 등이 중간한 <중간노걸대>(1795년 重刊)으로 크게 나눌 수 있다. 이 각각의 한어 원문의 첫 구절을 비교하면 다음과 같은 차이가 발견된다.

원 본 伴當恁從那裏來? 俺從高麗王京來。如今那裏去? 俺往大都去。
산개본 大哥你從那裏來? 我從高麗王京來。如今那裏去? 我往北京去。
신석본 阿哥你打那裏來? 我從朝鮮王京來。如今那裏去? 我往北京去。
중간본 大哥你從那裏來? 我從朝鮮王京來。如今那裏去? 我往北京去。

3) 한어본(漢語本) 〈노박〉

3.3.0 1998년 가을에 한어학서의 <노걸대>란 이름의 고서(古書) 한 책이 발견되어 학계의 적지 않은 관심을 끌었다. 이 책은 지금까지 실전(失傳)된 것으로 알려진 <노걸대>의 구본(舊本)으로서 고려 말에 편찬된 <노걸대>의 참모습을 보여주는 원본(原本)이었다. 이 자료는 정광·남권희·梁伍鎭의 해설을 붙이고 원문 한자의 동음(東音)에 대한 한글 가나다순 색인을 붙여 경북대학교 출판부에서 간행되었다(慶北大學校出版部, 2000). 이어서 중국 북경(北京)에서 필자의 주편(主編)으로 원문의 중국 병음(倂音)에 의거한 색인과 권점 및 띄어쓰기를 한 원문을 붙여 공간하여(鄭光

主編, 2002) 이 방면의 연구자들에게 공개되었다.

이 자료는 이제까지 알려진 어떤 <노걸대>보다도 오래된 것으로 적어도 간행 연대가 조선 태종(太宗) 이전의 것으로 추정되었다(정광·남권희·梁伍鎭, 1999). 특히 이 자료에 수록된 중국어의 원문이 지금까지 알려진 <노걸대>의 한어(漢語)와는 달리 원대(元代) 북방민족들의 '한아언어(漢兒言語)'를 반영하기 때문에 중국어의 역사를 연구하는 사람들에게 비상한 주목을 받았던 것이다.

최근 발견되어 소개된 <노걸대>, 또는 아직 실물을 볼 수 없는 <박통사>의 구본(舊本)이 존재한다는 것에 대하여는 이미 졸고(1977)에서 지적한 바가 있으며 그 부분을 인용하면 다음과 같다.

> [전략] <老乞大>·<朴通事>(이하 <老朴>으로 略稱)가 기록에 나타나는 것은 世宗朝까지 거슬러 올라가며 그 후 여러 번 改新된 기록이 보이는데 우리의 관심은 崔世珍이 실제로 보았고 또 飜譯의 臺本으로 삼은 原本은 어떤 것이었는가 하는 것이다. 먼저 <老朴> 兩書는 오늘날 남아있는 것을 크게 둘로 나눌 수 있는데 漢文本과 國譯本이다. [중략] 崔世珍이 參考한 원본은 改新 以前의 舊本과 新本의 두 가지가 있었음을 알 수 있다. 즉, 『노박집람』을 보면 '舊本書作', 또는 '舊本作'이라 하여 原本 이외에 舊本이 있음을 보인다. [중략] 舊本은 <『성종실록』 成宗 11년 10월 乙丑조에 "上曰: 且選其能漢語者, 刪改老乞大、朴通事 -임금이 말하기를 '또 漢語에 능한 자를 선발하여 老乞大·朴通事를 刪改하라'고 하다"에 나타나는 刪改 以前의 舊本으로 생각되며 이 古本은 오늘날 전해지지 않아 그 全貌를 알 수 없으나 後代의 漢文本과 별로 差異가 없었을 것으로 생각된다(졸고, 1977:134~136).

필자는 최세진(崔世珍)이 <노걸대>·<박통사>, 즉 <노박(老朴)>을 번역할 당시에 그가 저본(底本)으로 한 것은 성종 때에 산개(刪改)한 <노박>의 신본(新本)이었으나 당시에 <노박>의 구본(舊本)이 존재했으며 그가 <노

박>을 번역할 때에 이것도 참고하였음을 강조하였다. 졸고(1977)에서는 산개 이전의 구본이 오늘날 전해지지 않아서 <노박>의 변천 과정을 가늠하기 어렵다고 하면서 어서 <노박>의 구본이 나타나기를 바란다고 하였는데, 실제로 그 때에 지적한 <노걸대>의 구본(舊本)이 1998년 10월에 발견되어 정광·남권희·梁伍鎭(1999)에서 '{구본}<노걸대>'란 이름으로 소개되었다.

<노걸대>는 크게 원대(元代) 한아언어(漢兒言語)를 반영한 원본과 명초(明初) 남경관화(南京官話)를 반영한 산개본(刪改本), 청대(淸代) 만다린(Mandarin)을[100] 반영한 신석본(新釋本), 그리고 반대로 이를 의고적(擬古的)으로 수정한 중간본(重刊本)으로 4대별할 수 있다. 여기에 소개하려는 <노걸대>의 한어본은 원본에 해당되는 것으로 간주하였는데 그 이유에 대하여 <노박>의 성립을 중심으로 고찰하고, 그 이후의 변천에 대하여 현전 판본을 예로 하여 고찰하여 <노걸대>의 계보를 정립할 수 있다.[101]

3.3.1 {원본}〈노걸대〉의 한어(漢語)

중국은 국토가 광활하여 수많은 민족으로 구성되었고 그 언어도 다

---

100 淸代 만다린(Mandarin)은 오늘날 중국의 普通話 이전에 북경에서 사용된 공용어를 말한다. 중국어에서 '普通話'는 북방어인 漢語를 기초로 하여 淸末에서 民國 초기에 사용된 북경어를 말하며 역사적으로 많은 언어와 관계를 맺으면서 형성된 것이다. 그러나 보통화는 北京語와는 달리 '규범화된 漢民族의 공통어'로 규정되어 오늘날에는 중국 전역에 통용되는 표준어를 말한다. 普通話에 대하여는 『北京土語辭典』(徐世榮 編, 1990)의 序文을 대신한 徐世榮의 '北京土語探索'에서 "普通話以北方話爲基礎方言, 主要是講寫的形成歷史. 寫的淵源和某些語言成素与北方話, 北京話是有千幾万縷的關係的, 但兩者決不可劃等号. 以概念上講, 普通話是'規範化的現代漢民族共同語', 是'全國通用'的標準語; 而北京話則只是給北京一介地區服務的交際工具. 作用有大小之異, 級別有高低之差."(徐世榮 編, 1990:2)라는 설명이 있어 淸代 만다린을 기초로 한 北京話와 차이가 있음을 알 수 있다. <노걸대신석>의 漢語는 아직 오늘날의 普通話가 생성되기 이전의 북경어, 즉 청대 만다린의 일부를 반영한 것으로 보인다.

101 현전 <노박>의 판본에 대하여는 안병희(1994, 1996)에서 고찰이 있었고 이어서 정승혜(2000)에서 그 계보가 정립되어 체계적으로 정리되었다. 특히 후자의 연구에는 奎章閣 등에 소장된 현전 <노박>의 서지적 연구가 있어 본서에 크게 도움이 되었다.

종다기하다. 그리하여 각 민족이 공동으로 사용하는 언어가 필요하게 되었다. 주대(周代)에는 공동의 언어가 있었지만 이를 지칭하는 말이 없었으며 춘추(春秋)시대에는 이를 '아언(雅言)'이라고 하였다. 전국(戰國)시대에는 육국(六國)이 모두 제나라 말로 표준어를 삼았으나 동주(東周)의 수도 낙양(洛陽)의 언어를 기초로 한 아언(雅言)은 이 시대에도 상류 사회에서 통용되었고 오경(五經)과 사서(四書)의 언어는 이 아언으로 서술되었다.[102]

한대(漢代)에는 장안(長安)의 말을 기초로 한 공통어가 생겨나 '통어(通語)', 또는 '범통어(凡通語)'라고 하였으며 한나라의 융성과 더불어 모든 방언을 초월하여 중국 전역에 퍼져나갔다. 또한 위진(魏晉) 이후 수(隋)와 당(唐)을 거치면서 장안을 중심으로 한 통어는 중국어의 역사에서 가장 오랜 기간 표준어로서의 지위를 누렸다. 우리의 한자음 즉 동음(東音)은 이 시대에 형성된 것으로 보는 것이 일반적이다. 특히 송대(宋代)에는 북송(北宋)이 중원(中原)에 정도(定都)한 후에 변량(汴梁)을 중신으로 한 중원의 어음이 세력을 얻게 되면서 전 시대의 한자음을 유지하기 위하여 많은 운서(韻書)가 간행되었다. 특히 수대(隋代)에 육법언(陸法言)의 『절운(切韻)』이 당대(唐代) 손면(孫愐)의 『당운(唐韻)』으로, 그리고 송대 진팽년(陳彭年)과 구옹(邱雍) 등의 『광운(廣韻)』으로 발전하여 중국어의 한음(漢音)은 운서음으로서 정착하게 된다.[103]

몽고족이 중원(中原)을 정복하고 원(元)을 세운 다음 북경(北京)으로 도읍을 잡으면서 중국어의 표준어는 동북방언음으로 바뀌게 된다. 당시 중국의 동북지방에 살던 여러 북방 민족들을 한아(漢兒)라고 불렀으며

102 이에 대하여는 金薰鎬(2000)에 자세히 언급되었다. 특히 『論語』 '述而' 篇에 "子所雅言, 詩書執禮皆雅言也 - 공자가 시경과 서경을 읽을 때, 예를 집행할 때에는 모두 雅言을 말하였다"라는 구절과 『荀子』 '榮辱' 篇에 "越人安越, 楚人安楚, 君子安雅 - 월나라 사람은 월나라 말을 잘 하고 초나라 사람은 초나라 말을 잘 하나 군자는 아언을 잘 한다"는 이 사실을 뒷받침한다.

103 『廣韻』을 기본으로 한 『禮部韻略』 등은 당시 과거시험의 표준 운서였으므로 이 운서음은 전국적으로 널리 유포되었다.

이들의 언어는 종래의 아언(雅言)이나 통어(通語)와는 매우 다른 동북방 언음으로 한자를 발음하였다. 북경어가 표준어가 되기 이전의 동북방 음으로 발음하던 한아(漢兒)들의 언어를 한아언어(漢兒言語)라고 하였다.

이 언어는 새롭게 탄생한 언어였으며 그런 의미에서 당시의 북경어를 운서로 만든 『중원음운(中原音韻)』(周德淸, 1324)은 종래의 절운계(切韻系)의 운서, 즉 『절운(切韻)』, 『당운(唐韻)』, 『광운(廣韻)』 등과는 매우 다른 운서가 되었다. 『중원음운』은 한대(漢代)이래 수(隋)·당(唐)·송(宋)에서 전통적인 공통어였던 통어(通語)의 한음(漢音)이 북경어의 동북방음과 융합하여 새로 만들어진 공용어의 운서였으며 이것은 중국어의 역사에서 새로운 표준어의 등장을 의미하게 된다.

명(明)·청(淸) 시대의 중국 공통어를 '관화(官話)'라고 하였다. 중앙관서의 관리들은 중심으로 한 상류계급의 언어였기 때문에 이러한 이름을 얻은 것이다. 명초(明初)에는 금릉(錦陵), 즉 남경(南京)이 수도이었다가 영락연간(永樂年間, 1403~1424)에 북경으로 천도(遷都)하면서 많은 언의 교류가 남과 북에서 이루어졌다. 그 결과 강회(江淮) 방언을 기초로 한 명대(明代) 관화는 중국의 남북 전역에 영향을 주었으며 초기 서양 선교사들이 학습한 중국어는 바로 이 언어로서 그들에 의하여 많은 자료가 남게 되었다. 청대(淸代)에는 북경 주변의 동북방언음이 중시되어 북경(北京)의 관화(官話)가 공용어로서 지위를 굳혔다. 특히 이 시대의 북경관화를 'Mandarin'이라 하였는데 이 명칭은 포르투갈어인 'Falla mãdarin(官話)'에서 온 것이라는 주장이 있다.[104]

중화민국이 건국된 다음에도 중국의 표준어는 북경관화였으나 그 명칭은 '국어(國語)'였으며 표준어 사용 운동으로 국어는 중국에 널리 퍼지게 되었다. 중국 공산당이 중국 전역을 장악하고 중화인민공화국을 세운 다음에는 국어를 보통화(普通話)라고 불렀으며 이 보통화는 "북경어음을 표준음으로 하고 북방화(北方話)를 기초 방언으로 하며 모범

104 'Mandarin'이 '滿大人'의 언어, 즉 청나라 관리의 언어로 보려는 주장도 있다.

적인 현대 백화문(白話文) 작품을 어법 규칙으로 삼는 한민족(漢民族)의 공동어"(徐世榮, 1990:2)로 현대 중국에서는 규정되었다.[105]

1990년 말에 발굴되어 필자에 의하여 학계에 소개된 {원본}<노걸대>(이하 <원노> 라고 약칭함)의 한어문(漢語文)에는 '한아언어(漢兒言語)'란 용어가 많이 등장한다. '한아언어'는 몽고족이 중국을 통일하고 대도(大都), 즉 북경에 도읍을 정한 원대에 중국의 동북지역에서 거주하던 한아(漢兒)들이 사용하던 한어(漢語)를 말한다. 따라서 이 언어는 규범적인 문어로서의 중국어가 아니라 속된 구어체(口語體)의 표현이 많으며 당시 이 지역의 지배족의 언어였던 몽고어와 여진어의 영향을 많이 받아 정통 중국어와는 매우 다른 언어였다. 즉 <원노>에서 '한아언어(漢兒言語)'의 예를 찾아보면 다음과 같다.

ⓐ 恁是高麗人, 却怎麽漢兒言語說的好有(1앞 9행)
ⓑ 俺漢兒人上學文書來的上頭, 些小漢兒言語省的有(1앞 9~10행)
ⓒ 如今朝廷一統天下, 世間用著的是漢兒言語(2앞 5~6행)
ⓓ 過的義州漢兒田地裏來, 都是漢兒言語有(2앞 7~8행)
ⓔ 漢兒言語說不得的上頭, 不敢言語他每委實不是歹人既(15앞 2~3행)
ⓕ 俺漢兒言語不甚理會的(21뒤 7~8행)

3.3.2 {산개}〈노걸대〉

이것은 성종 때에 명대(明代)의 남경관화(南京官話)로 산개한 {산개}<노걸대>를 최세진(崔世珍)이 번역한 {번역}<노걸대>(이하 <번노>로 약칭)에서도 모두 '한아언어(漢兒言語)'로 유지되었고 그 말을 언해할 때에는 '한어(漢語)', 또는 '한인(漢人)의 말', '한아(漢兒)의 말'이라고 하였다. 예를 들면 이에 해당하는 <번노>의 예를 찾아보면 다음과 같다.

---

105 이에 대하여는 金薰鎬(2000)에 상론되었다. 특히 普通語가 원래는 일본어의 술어였다는 吳汝綸(1840~1903)의 주장을 소개하면서 普通話는 1906년 朱文熊의 『江蘇新字母』에서 '各省通用之話'라고 한 것이 처음임을 주장하였다.

ⓐ 你是高麗人, 却怎麽漢兒言語說的好? - 너는 高麗ㅅ 사ᄅᆞ미어시니 ᄯᅩ 엇디 漢語 닐오미 잘 ᄒᆞᄂᆞ뇨? (상 2뒤 6~8행)

ⓑ 我漢兒人上學文書 因此上, 些小漢兒言語省的. - 내 漢兒人의손ᄃᆡ 글 ᄇᆡ호니 이런 젼ᄎᆞ로 져그나 漢語 아노라. (상 2뒤 8행~3앞 2행)

ⓒ 如今朝廷一統天下, 世間用着的是漢兒言語, - 이제 됴뎡이 텬하를 一統ᄒᆞ야 겨시니 셰간애 ᄡᅳ노니 漢人의 마리니, (상 5앞 7행~5뒤 1행)

ⓓ 過的義州, 漢兒地面來, 都是漢兒言語, - 義州 디나 中朝 ᄯᅡ해 오면 다 漢語 ᄒᆞᄂᆞ니, (상 5뒤 3~5행)

ⓔ 他漢兒言語說不得的, 因此上不敢說語。- 제 漢語를 니ᄅᆞ디 몯홀ᄉᆡ 이런 젼ᄎᆞ로 말 니ᄅᆞ디 몯ᄒᆞᄂᆞ니라.(상 51뒤 8행~52앞 1행)

ⓕ 我漢兒言語, 不理會的, - 내는 漢兒의 마를 모ᄅᆞ모로, (하 6앞 7~8행)

이상의 예를 보면 이미 <산노>에서는 한아언어(漢兒言語)보다 한어(漢語)를 상용하였음을 알 수 있다. <원노>와 <산노>가 다른 언어를 기반으로 한 교재임을 말하는 것이다. 졸고(2007b, c)에서는 <산노>의 한어(漢語)가 금릉(錦陵), 즉 지금의 남경(南京)의 말을 기반으로 하는 남경관화(南京官話)임을 지적하였다.

3.3.3 〈신석 노걸대〉 및 〈중간 노걸대〉의 한어

그러나 영조 때에 신석(新釋)한 <노걸대신석>(이하 <신노>로 약칭함)에서는 이들이 모두 북경 만다린으로 바뀐다. 그러나 이 말이 너무 천박하다고 보아 <중간노걸대>에서는 관리들의 언어인 '북경관화(北京官話)'로 바뀐다. 따라서 적어도 <번노>가 간행될 당시까지는 사역원 역관들의 학습대상은 원대(元代)의 북경(北京)의 한어를 모태로 한 공용어, 즉 한아언어이었으나 후대에 중국 공용어의 변천에 따라 차례로 학습 대상의 한어가 바뀌게 된다.

<원노>에서 학습하려던 원(元) 제국(帝國)의 한아언어(漢兒言語)에서 '한아(漢兒)'는 넓은 의미에서 중국인을 가리키지만 역사적으로는 동북방

의 한족(漢族)이나 한족에 동화된 북방의 기타 소수 민족을 말하며 이에 대하여 장강(長江) 이남의 중국인은 '오아(吳兒)'라고 하였다. 따라서 북방 한족(漢族), 또는 지배족인 몽고인과 기타 소수 민족을 오아(吳兒)에 대하여 '한아(漢兒)'로 부른 것이다. 그러나 <노걸대> 및 <박통사>의 '한아언어'는 전술한 바와 같이 북경을 중심으로 한 원대(元代)의 동북방어(東北方語)를 말한다.[106]

이후 명대(明代) 초기의 남경관화(南京官話)를 거쳐 청조(淸朝)의 성립과 더불어 북경의 만다린, 그리고 북경관화(北京官話)로 한어 학습이 변천한 것이다.

3.3.4 〈노박〉의 저자(著者)

먼저 <노박>의 저작에 대하여 살펴보기로 한다. <노박>의 원본이 편찬된 시기에 대하여는 아직 정확하게 알려진 바가 없고 또 아무런 기록도 갖고 있지 않다. 그러나 이번에 발견된 <원노>의 본문에 "伴當恁從那裏來, 俺從高麗王京來, 如今那裏去, 俺往大都去(1앞2~3행)[107]라는 구절이 있어 '고려(高麗)'이라든지 원(元)의 '대도(大都)'라는 나라 이름과 지명으로 보아 고려 후기, 즉 원대(元代)에 만들어진 것으로 볼 수 있다. 또 본문에 "如今朝廷一統天下, 世間用著的是漢兒言語"(<원노> 2앞 5~6행)라는 구절의 '일통천하(一統天下)'가 몽고의 쿠빌라이 칸(忽必烈汗)、즉 원(元) 세조(世祖)가 남송(南宋)을 멸망시키고 중원(中原)을 통일한 것으로 본다면 <노걸대>의 마지막 부분에 고려 상인(商人)들이 귀국하는 길일(吉日)을 선택하러 점술가 오호(五虎)선생을 찾아가 운세를 본 이야기로 "今年交大運,

106 원래 중국어는 宋代에 北宋이 中原의 汴京에 도읍을 정한 후에 汴梁을 중심으로 한 中原의 어음이 널리 사용되었다. 북송이 杭州로 천도하여 南宋이 된 후에도 汴梁 방언은 여전히 표준어로서 영향을 발휘하였다. 다만 南宋 때에 남방으로 遷都하면서 北宋의 귀족과 官吏들이 남송으로 이주하여 북방의 雅音이 南方에 전달되었으며 여기에서 宋代의 독특한 吳音이 생겨난 것으로 보인다.

107 중종 때에 최세진의 번역본에서는 이 부분이 "我從高麗王京來 - 내 高麗 王京으로셔브터 오라"(<번노>上1앞 2~3행)이고 영조 37년(1761)의 간기를 갖고 있는 <老乞大新釋>에서는 이 부분이 "我朝鮮王京來"와 같이 '朝鮮'으로 바뀌었다.

丙戌已後財帛大聚, 强如已前數倍(<원노> 39 뒤 2~3행)이란 말에 나오는 '병술(丙戌)'을 원(元) 순제(順帝)의 지정(至正) 병술(丙戌, 高麗 忠穆王 2年, 1346)로 보아야 함을 앞에서 고찰하였다.

뿐만 아니라 <노걸대>와 자매관계에 있는 <박통사>의 경우에는 이 책의 편찬시기를 가늠할 수 있는 몇 가지 증거를 남겨놓았다. 즉, 앞에서 언급한 바와 같이 최세진의 <번노>(上 74앞 9행 ~ 75뒤 1행)에 "南城永寧寺裏, 聽說佛法去來 - 南城 永寧寺뎌레 블웝 니ᄅᆞᄂᆞᆫ 양 드르라 가져, 一箇見性得道的高麗和尙 - ᄒᆞᆫ 見性得道ᄒᆞᆫ 고렷 화샹이, 法名喚步虛 - 즁의 일후믈 블로ᄃᆡ 보헤라 ᄒᆞᄂᆞ니"에 등장하는 고려승 '보허화상(步虛和尙)'을 고려의 명승 '보우(普愚)'로 보고 그가 원(元)의 연경(燕京)에 머문 것은 지정(至正) 7년(丙戌, 1346)의 일로서 이 때로부터 멀지 않은 시기에 <박통사>는 집필된 것으로 앞에서 살펴보았다. <노걸대>와 <박통사>가 모두 지정(至正) 병술(丙戌)에 일어난 일을 내용으로 하고 있어 이와 비슷한 시대에 이 두 책의 교재가 한어의 교재로서 저작된 것이 아닌가 한다. 그렇다면 이 때에 중국을 여행한 누군가에 의해서 <노걸대>는 저작되었을 것이다.

또 <노박>과 관련된 문헌 기록과 최세진의 『노박집람』에는 "元朝時語, 元朝言語, 元時之語, 元時語, 元朝之語, 元語" 등이란 용어로 원대(元代) 한어(漢語)라는 설명이 자주 등장한다. 특히 『노박집람』의 범례에서 최세진은 '노박'의 '구본(舊本)'이 원래 모두 원대(元代)의 한아언어(漢兒言語)로 쓰였다고 기술하고 있다. 즉 동 범례에 "質問者, 入中朝質問以來也。兩書皆元朝言語, 其沿舊未改者今難曉解。前後質問, 亦有抵捂姑幷收, 以祛初學之碍。間有未及質問, 大有疑碍者, 不敢强解。宜竢更質。- '질문'이란 것은 중국에 들어가 질문해 온 것이다. 두 책은 모두 원나라의 말이어서 옛 것을 따른 것은 고치지 않으면 이제는 깨닫기 어렵다. 전후 질문에 또 어긋나는 것이 있어 초학자의 어려움을 덜어주기 위하여 모두 수록한다. 더러는 미처 질문하지 못한 것도 있지만 크게 의심스럽고 막히는 것은 억지로 해석하지 않았다. 마땅히 다시 질문하기를 기다릴 것이다"라고 하여 <노박> 양서가 본래 원대(元代)의 한어(漢語)로 되어서 구본(舊本)의 내용이 수정되지 않은 부분은 최세진 당시에도 그 뜻을 이해하기가 어려웠음을 말하고 있다.

같은 내용이 『성종실록』에 보인다. 즉 상술한 바와 같이 동 실록(卷122) 성종 11년(1480) 10월 을축(乙丑)조에

> 御書講侍讀官李昌臣啓曰: 前者承命質正漢語於頭目戴敬, 敬見老乞大朴通事曰: 此乃元朝時語也. 與今華語頓異, 多有未解處, 卽以時語改數節, 皆可解讀. 請令能漢語者盡改之 [下略] - 임금과의 서연(書筵)에서 시독관 이창신이 계하여 말하기를 "전자에 명을 받들어 두목 대경으로 하여금 질정하게 하였는데 대경이 <노걸대>, <박통사>를 보고 말하기를 '이것은 원조(元朝) 때의 언어이서서 알지 못하는 곳이 많습니다'하고 즉시 여러 절을 고쳐서 모두 해독할 수 있었습니다. 청하옵건대 한어에 능한 자로 하여금 모두 고치게 하십시오"라고 하다.

라는 기사가 있는데, 이 기사에 따르면 명(明)의 칙사(勅使)를 수행하여 고려에 온 두목 대경(戴敬)이 <노박>을 보고 이것은 원대(元代)의 한어여서 알 수 없다고 하였다는 것이다.

3.3.5 〈원노〉와 〈번노〉의 한어 비교

{원본}<노걸대>(약칭은 <원노>)와 {산개}<노걸대>를 저본으로 하여 이를 번역한 {번역}<노걸대>(약칭은 <번노>)의 한어는 많은 차이가 난다. 정광·남권희·梁伍鎭(1999:1~68)에서 그것을 도표로 보였는데 이를 몇 군데 수정하여 옮겨보면 다음과 같다.

[표 2-2] {원본}〈노걸대〉와 {번역}〈노걸대〉의 어휘 비교표

品詞	<舊老>	葉數	<飜老>	葉數	備考
名詞	大都	1앞, 1앞	北京	상1앞, 상1뒤	역; 北京
		3뒤	京	상10뒤	역; 셔울
		24뒤	京城	하16앞	역; 셔울
		5앞	京都	상15앞	역; 셔울
	順承門	3뒤	順城門	상11앞	역; 같음
	東京城	13앞	遼東城	상44뒤	역; 遼東잣
	遼陽城	24앞		하15뒤	위와 같음
	中統鈔	24뒤	白銀	하16뒤	역; 같음
		24뒤	官銀	하17앞	역; 구의나깃 은
	乖驕馬	22뒤	劣馬	하9앞	역; 갈외는 물
	伴當	1앞	大哥	상1앞	역; 큰 형님
		1앞	火伴	상1뒤	역; 벋
	僕奴	34뒤	伴當	하53뒤	역; 번당
	田地	2앞	地面	상5뒤	역; 짱
	這壁	21뒤	這邊	하6앞	역; 이 녀긔
	那壁	3뒤	那邊	상10앞	역; 뎌 녀긔
	東壁	19앞	東邊	상67앞	역; 동녁 겨틔
	南壁	20뒤	없음		
	帖落	9뒤, 10뒤	洒子	상31뒤, 상35뒤	역; 드레

品詞	<舊老>	葉數	<飜老>	葉數	備考
人稱代名詞	俺	1앞	我	상1앞	역; 내
		5앞	我一們	상16뒤	역; 우리
		12앞	我們	상42앞	역; 우리
	恁	1앞	你	상1앞	역; 네
指示代名詞	兀那	5뒤	那	상7앞	역; 뎌
	兀的	7뒤	這的	상25앞	역; 이
		7뒤	這	상25뒤	역; 이
	阿的	11뒤	這的	상39앞	역; 이거시
疑問代名詞	怎生	1뒤, 7뒤	怎的	상3뒤, 상25앞	역; 엇디
		15앞,	怎麽	상52뒤	역; 상동
名詞接尾辭	每	2앞, 9앞	們	상5뒤, 상7앞	뜻; 복수

品詞	<舊老>	葉數	<飜老>	葉數	備考
動詞	道	1앞, 3뒤	說	상2앞, 상11앞	역; 니ᄅᆞ다
	過	6앞	切	상19뒤	역; 사ᄒᆞ다(썰다)
	虛見	9앞, 22앞	看	상30뒤, 하8앞	역; 보다
	索	9앞, 12뒤	要	상30뒤, 상44앞	뜻; -하려고 하다
	溷踐	12뒤	攪擾	상44앞	뜻; 폐를 끼치다
	儘教	15뒤, 18앞	罷罷	상55앞, 상63뒤	뜻; 그대로 두다
	將	16앞	拿	상56앞	뜻; 가지다
	戰張	15앞	纏張	상52앞	뜻; 귀찮게하다
	褒彈	28앞, 36뒤	包彈	하31앞, 하62앞	뜻; 나무라다
	邀	16뒤	赶	상58앞	뜻; 몰다
	爨	17앞, 17뒤	炒	상61앞, 상61뒤	뜻; 볶다
	供	20앞	走	상69뒤	뜻; 걷다
	評	23앞	算	하11앞	뜻; 계산하다
	有	25앞, 뒤	等候	하18뒤, 하20뒤	뜻; 기다리다
形容詞	爭	2뒤, 30뒤	好	상7뒤, 하41앞	뜻; 어질다, 좋다
	生受	30앞	辛苦	하35앞	역; 슈고ᄒᆞ게
		15뒤	艱難	상54앞	뜻; 어렵다
	細	10뒤	少	상35앞	역; 쟉다
	小	39뒤		하71앞	역; 위와 같음
	乖	15뒤	利害	상55앞	역; 모딜다

品詞	<舊老>	葉數	<飜老>	葉數	備考
副詞	哏	2앞, 22앞	十分	상7앞, 하8뒤	역; ᄀᆞ장
		11뒤	忒	상39앞	역; 너므
	把似	2뒤	好歹	상7뒤	역; 모로매
	底似	6뒤	十分	상21앞, 상26뒤	역; ᄀᆞ장(너무)
	更	16앞, 20앞	又	상56앞, 상70앞	역; ᄯᅩ
		12앞, 19앞	還	상42앞, 상67앞	역; 그려도, ᄯᅩ
		20뒤	再	하2앞	역; ᄯᅩ
	演裏	13뒤, 17앞	還	상46앞, 상60앞	역; 당시론(아직)
	則	3뒤	只	상10앞	역; 그저
	索	25앞	委實	하19앞	역; 진실로
	厮	32앞, 32뒤	相	하46뒤, 하47앞	역; 서르
	猶自	23뒤	還	하12뒤	역; 다하(역시)

品詞	<舊老>	葉數	<飜老>	葉數	備考
前置詞	投	19뒤, 20앞	往	169뒤, 하1앞	뜻; -로 향하여
	投	31뒤	從	하43뒤	뜻; -로부터
後置詞	行	1뒤	上	상2뒤	뜻;-에게/-에게서
		1뒤, 1뒤	前	상3앞, 상3뒤	뜻; -앞에
	根底	30뒤	上	하41앞	뜻; -에게
		37뒤	根前	하65앞	뜻; 위와 같음
	上頭	15앞, 15앞	因此上	상51뒤, 상53앞	역; 젼ᄎᆞ로
	呵	1앞, 3앞	時	상2앞, 상6앞	역; -ᄒᆞ면

品詞	<舊老>	葉數	<飜老>	葉數	備考
助詞	也	6뒤, 7뒤	了	상22앞, 상25앞	역; -라, -다
	了也	8앞, 11앞		상26앞, 상37앞	역; -니, -다
	也者	3뒤, 31앞		상10앞, 하42뒤	역; -라
		31앞	也	42뒤	역; (-닛ᄃᆞ)나
		31앞	着	하42앞	역; -다가
	者	6앞, 6앞		상20앞, 상20뒤	역; -라
	那	1앞	了	상1뒤	역; -가?
		18뒤, 21앞, 35앞	麽	상66앞, 하3뒤, 하56뒤	역; -다?, -녀?, -냐?
		5뒤, 10뒤	阿	상17뒤, 상36앞	역; -가?, -오?
量詞	盞	21뒤, 22앞	杯, 盃	하6뒤, 하7앞	역; 잔
	裏	38앞	帖	하67뒤	역; ᄇᆞᆷ
	帖	38뒤	匣	하67뒤	역; 하ᄉᆞ, 뜻; 갑
	行	30뒤	次	하40뒤	역; 번

이 각각에 대하여는 정광·남권희·梁伍鎭(1999)에서 상세히 논의되었다. 그에 의하면 성종 때에 명인(明人) 갈귀(葛貴)에 의하여 교정된 <노걸대>는 부분적으로 고친 것이 아니라 전면적인 개편이었으며 주로 몽고어의 영향을 받은 원대(元代) 한아언어(漢兒言語)를 명대(明代) 남경관화(南京官話)로 바꾼 것으로 보았다. 위의 <원노>와 <번노>의 대비표는 실제로는 <원노>와 <산노>의 어휘 변화표라고 할 수 있다.

3.3.5.1 최세진이 활약하던 중종 때에는 <원노>도 아직은 병용한 것으로 보이며 그가 『노박집람(老朴輯覽)』을 편찬할 때에는 이를 함께 참조

한 흔적이 있다. 즉 『노박집람』의 '단자해(單字解)'와 '<노걸대집람> 상·하'에는 '구본(舊本)'의 한어에 대한 언급이 있다. 이것을 <원노>와 비교하여 과연 최세진이 『노박집람』을 편찬할 때에 <원노>를 어느 정도 참고하였는지 살펴볼 수 있다.

최세진이 <노박>을 번역하고 『사성통해』를 저술하였으며 『노박집람』을 편찬하는 과정에서 과연 어떤 <노걸대>를 저본으로 하였는가를 살피는 작업은 매우 중요하다. 전술한 바와 같이 <원노>가 성종 14년(1483)에 개편되었고 그보다 34년 후인 중종 12년(1517)에 최세진이 『사성통해』를 저술하였으며 <노박>의 번역과 『노박집람』의 편찬은 그보다 2~3년 먼저 이뤄졌다고 본다면 번역과 집람의 작업은 30년 전에 개편된 신본을 저본으로 하여 이루어졌을 것으로 보아야 한다. 그러나 『노박집람』에서는 구본에 관한 언급이 매우 많으며 주로 신본의 난해어·난해구·숙어를 풀이하면서 원래 구본에서는 어떤 어휘였는데 신본에서 이렇게 바뀌었다는 식으로 구본에 대하여 언급하고 있다. 우리는 이것을 통하여 구본의 어휘가 신본에서 어떻게 바뀌었는가를 알 수 있다.

『노박집람』의 <노걸대집람(老乞大集覽)>에 언급된 구본의 어휘를 찾아보면 {구본(舊本)}<노걸대>와 일치하며 모두 원대(元代) 한아언어(漢兒言語)로서 명대(明代)의 관화(官話)와는 차이가 나는 것들이었다. 아마도 고려 말에 원(元)의 연경(燕京)을 다녀온 상인들의 이야기를 소재로 한 <노걸대>의 원본, 즉 <원노>로 추정된다. 이제 『노박집람』에 언급된 신·구본의 어휘 변화를 <원노>와 <번노>에서 예를 찾아 살펴보고자 한다. 편찬 연대로 보아 <원노>가 먼저이므로 이것을 『노박집람』에서 변화되었다는 의미에서 '→'로 표시한다. 예를 들어 『노박집람』에서 <원노>의 '者'가 <산노>에서 '着'으로 변했다면 '者 → 着'으로 적는다.

㉠ 者 → 着

『노박집람』의 '단자해(單字解)'(6뒤 7~8행)에 다음과 같은 기사가 있다.

者, 蒙古語謂諾辭曰者, 兩書舊本皆述元時之語。故多有者字, 今俗不用, 故新本易以着字。- 몽고어에서 대답하는 말을 '者'라고 한다. 양서(兩書)의 구본(舊本)은 모두 원대어(元代語)로 기술하였으므로 '者'자가 많이 나타난다. 지금은 세간에서 사용하지 않고 있으므로 신본(新本)에서는 '着'자로 바꾸었다.

이 기사를 보면 몽고어의 영향을 받은 구본의 '者'를 신본에서는 '着'으로 바꾼 것임을 알 수 있는데 실제로 <원노>에서 종결어미 '者'는 <번노>에서는 거의 예외 없이 '着 '으로 바뀌었다. 예를 정광·남권희·梁伍鎭(1999)에서 두 개만 인용하면 다음과 같다.

你疾快做著五箇人的飯者(<원노> 6앞)
你疾快做着五箇人的飯着 - 네 샐리 다섯 사ᄅᆞᄆᆡ 밥 지스라(<번노> 상 20앞)

俺五箇人打著三斤麵的餅者(<원노>6앞)
我五箇人 打着三斤麵的餅着 - 우리 다ᄉᆞᆺ 사ᄅᆞᄆᆡ 서 근 ᄀᆞᆯᄋᆡᆺ ᄯᅥᆨ ᄆᆡᇰᄀᆞᆯ라(<번노> 상 20뒤)

㉡ 戰張 → 纏張

『노박집람』의 <노걸대집람>(상 2뒤 5행)에 "纏張, 音義云: 纏去聲, 纏張猶言雜談, 舊本書作戰張 - 전장(纏張)은 <음의>에 의하면 '纏'은 거성(去聲)이다. '전장(纏張)'은 '잡담(雜談)'과 같은 의미이다. 구본(舊本)에는 '戰張'이라 기술하였다"라는 기사가 있어 '戰張 → 纏張'의 변화가 있었음을 알 수 있다. 이에 대하여 이미 정광·남권희·梁伍鎭(1999)에서 논의하였으며 실제로 <원노>와 <번노>에는 다음과 같은 예가 발견된다.

休則管的戰張. (<원노>15앞)
休只管的纏張. - ᄉᆞᆯᄋᆡ여 힐후디 말라. (<번노> 上 52앞)

㉢ 乖驕馬 → 劣馬

『노박집람』의 <노걸대집람>(하 1앞 5~6행)에서 "劣馬, 劣作足蚸是蹶踔跳踉貌. 漢人謂不馴難御之馬曰劣馬, 舊本作乖驕馬, 亦謂不循軌度也 - '열마(劣馬)'의 '열(劣)'은 '치(踔)'와 같은 글자로서 뒷발질하고 날뛰는 모양을 의미한다. 한인(漢人)들은 온순하지 않고 부리기 어려운 말을 '열마(劣馬)'라고 한다. 구본(舊本)에서는 '괴교마(乖驕馬)'라고 하였다. 궤도에서 벗어나는 것을 의미하기도 하다"라는 기사가 있어 '乖驕馬 → 劣馬'의 변화가 있었음을 알 수 있다. 실제로 <원노>와 <번노>에 다음과 같은 예가 있다.

> 懷駒馬, 環眼馬, 乖驕馬, (<원노> 22 뒤)
> 懷駒馬, 環眼馬, 劣馬, - 삿기빈 뮬, 골회눈이, 골외는 뮬, (<번노> 下 9앞)

정광·남권희·梁伍鎭(1999)에 의하면 구본의 '괴교마(乖驕馬)'는 '불량한 말' 또는 '다루기 어려운 말'이라는 의미로서 현대 중국어에서는 사용되지 않으며 같은 의미의 '열마(劣馬 - 골외는 뮬)'는 지금도 여전히 사용되고 있다고 보았다.

㉣ 鈔 → 銀

<원노> 에서 자주 등장하는 화폐 '중통초(中統鈔)'는 후대의 <노박>에서 '관은(官銀, 구의나깃 은)', 또는 '백은(白銀, 시푼 은)'으로 교체되었다. 이것은 元代에 사용되던 화폐로서 지전(紙錢)인 '중통초(中統鈔)'를 명대(明代) 이후의 화폐인 관은(官銀)과 백은(白銀)으로 바꿔놓은 것이다. 예를 들면 다음과 같다.

> 兩言議定價錢, 中統鈔七定, (<원노> 24뒤)
> 兩言議定, 時値價錢, 白銀十二兩, - 두 녁 말로 의뎡ᄒᆞ야 시딕 갑스로 시푼 은 열두 량애 ᄒᆞ야, (<번노>下 16뒤)

如先悔的罰中統鈔一十兩, (<원노>24뒤)

如先悔的, 罰官銀五兩, - ᄒᆞ다가 몬져 므르리란 구의나깃 은 닷 량을 벌로 내여, (<번노> 下 17앞)

위에 든 <원노>의 예에서 '중통초(中統鈔)'의 '중통(中統)'은 원(元) 세조(世祖, 忽必烈汗)의 연호(1260~1263)로서 '중통원보(中統元寶)'는 원 세조 중통 연간에 제조된 화폐 이름이며 보통 '중통초(中統鈔)'라고 불렀다. 『노박집람』의 '<박통사>집람'(上 13앞)에 '중통초'가 원대 지폐의 명칭임을 밝혀놓았다.

물론 이 돈은 명대(明代)에 사용될 수가 없으며 따라서 <번노>에서는 "백은(白銀), 관은(官銀)" 등의 명대(明代) 화폐(貨幣)로 바뀌게 된 것이다. 따라서 <원노>의 중통초 7정(定)과 10량은 <번노>에서 각각 백은 12량과 관은 5량으로 바뀌었다.

'중통초'가 지폐였음은 『노박집람』의 <박통사집람>(상 13앞 6~8행)에 다음과 같은 기사가 있어 확인할 수 있다.

> 錢鈔: 錢者金帛之名, 古曰泉, 後鑄而曰錢。古者天降災戾, 於是乎量資幣權輕重以救民困, 代各鑄錢輕重不一, 鈔楮幣也。始於蜀之交子唐之飛錢, 至元朝有中統元寶, 交鈔通行寶鈔之名。- '전초(錢鈔)란 '전(錢)'이 '금백(金帛)'의 이름으로 옛날에는 '천(泉)'이라 하였으나 나중에는 주조(鑄造)한 것을 '전(錢)'이라고 하였다. 옛날에는 천재(天災)를 입으면 조정에서 재해의 경중에 따라 돈을 나누어줌으로써 백성의 어려움을 구제하였다. 왕조가 다름에 따라 주조한 돈의 무게는 각기 달라졌다. '초(鈔)'는 지폐(紙幣=楮幣)로서 촉(蜀)의 '교자(交子)'로부터 시작되었는데 당대(唐代)에는 '비전(飛錢)'이 있었고 원대(元代)에 이르러는 '중통원보(中統元寶)'가 있었다. '교초(交鈔)'는 유통되던 '보초(寶鈔)'의 이름이다.

이 기사에 의하면 '중통원보(中統元寶)', 또는 '중통초(中統鈔)'가 원대의 지폐이었음을 알 수 있다. 실제로 <원노>에는 중통초가 은화가 아닌 지폐임을 보여주는 예가 있다. 즉 중통초의 지폐가 진짜인지를 묻는 장면이 보이는데 <번노>에서는 이 부분이 은화(銀貨)에 쓰인 은(銀)의 질이 좋고 나쁨을 논하는 내용으로 바뀌었다. 그에 해당하는 <원노>와 <번노>의 예를 옮겨보면 다음과 같다. 번역문은 졸저(2010)의 것을 옮겨놓았다.

<원노>(37앞 9행 ~37뒤 4행)

客人**覰**、偌多交易、索甚麽爭這些箇料鈔? 好擇鈔也與料鈔一般使有。- 손님 보시오. 이렇게 많은 흥정에 얼마 안 되는 새 지폐로 다투겠소? 새 돈과 더불어 약간 찢어진 돈도 일반으로 사용한다오.[108]

那般者、依著恁。將好擇鈔來。- 그렇다면 당신이 말한 대로 합시다. 약간 찢어진 돈을 가져오시오.

這鈔都揀了也。俺數將布去。- 돈은 모두 냈소. 내가 베를 헤아려서 가져가겠소.

你且住者。這鈔裏頭眞假俺高麗人不識有。- 당신 조금 기다리시오. 이 돈이 진짜인지 가짜인지 나는 고려인이라 알 수 없소.

恁都使了記號印兒者。牙家眼同看了者。- 당신이 모두 보증을 하고 돈의 기호와 인장을 봅시다. 중개인도 같이 봅시다.

後頭使不得時、俺則問牙家換。- 나중에 쓸 수 없으면 중개인에게 물러 바꿀 것이오.

却不'當面揀點見數、出門不管退換'也。- '그 자리에서 수를 살폈으면 문을 나가서는 무를 수 없다'는 거 아닙니까?

그러나 <번노>에서는 지폐가 아니라 은자(銀子)의 좋고 나쁨을 다투는 대화로 바뀌였다.

108 한국어 번역은 졸저(2010)의 것을 인용하였다. 이하 같음.

<번노>(하 63뒤 9행~ 64뒤 9행) 띄어쓰기는 필자.

客人看, 這偌多交易, 要甚麽爭競 - 나그네여! 보라. 이리도록 만ᄒᆞᆫ 홍졍애 무스므려 싯구ᄂᆞ뇨?

這些箇銀子是好靑絲, 比官銀一般使 - 이 은이 됴ᄒᆞᆫ 구품이니 구의나깃 은골와 한 가지로 ᄡᅳᆯ거시라.

這們時依着你, 將好靑絲來 - 이러하면 너를조차 호리라 됴ᄒᆞᆫ 구품은 가져오라.

這銀子都看了, 我數將布去 - 이 은 다 보과라. 나는 뵈 혜여 가져가노라.

你且住着 - 네 아직 날회라.

這銀子裏頭, 眞的假的 - 이 읁 듕에셔 진짓 거신동 거짓 거신동?

我高麗人不識, 你都使了記號着 - 우리 高麗ㅅ사람이 아디 몯ᄒᆞ노니 네 다 보람두고

牙家眼同看了着 - 야ᄌᆞ와 보ᄂᆞᆫ ᄃᆡ 흠ᄭᅴ 보라.

後頭使不得時, 我只問牙家換 - 후에 쓰디 몯ᄒᆞ거든 내 야ᄌᆞᄃᆞ려 무러 밧고리라.

却不當面看了見數 - 또 아니 면당ᄒᆞ야셔 잇ᄂᆞᆫ 수를 볼거시디위

出門不管退換 - 문의 나면 므르기를 알라 몯ᄒᆞᆯ 거시라.

여기에 비교된 <원노>의 예와 그에 해당하는 <번노>의 예를 보면 전자는 중통초(中統鈔) 지폐의 진짜 가짜를 논하는 대화로서 지폐의 기호와 인장을 살피는 내용이지만 후자에서는 물건 값으로 지불한 청사(靑絲), 즉 구품(九品)의 관은(官銀)과 유사하게 통용되는 은자(銀子)임을 강조하고 있다.

또 <원노>에서 설정한 돈의 가치가 신본을 저본으로 한 <번노>에서 상당한 차이를 보인다. 먼저 흥정한 사람에게 주는 소개비의 액수가 <원노>와 <번노>에서 상당한 차이를 보인다. 이를 예를 들어 보면 다음과 같다.

<원노>(25앞)

咱每算了牙稅錢者。- 우리 중개료와 세금을 계산합시다.

體例裏、買主管稅、賣主管牙。你各自算將牙稅錢來。- 정해지기는 산 사람이 세금을 내고 판 사람은 중개료를 내는 것이니 당신들 각자 스스로 중개료와 세금을 계산하시오.

俺這八十五定價錢裏、該多少牙稅錢? - 나의 85정 속에 중개료와 세금은 얼마나 되오?

你自筭。一兩三分、十兩三錢、一百兩該三兩。- 당신 스스로 헤아려 보시오. 1량은 3분이고 십량은 3전이니 1백량은 3량에 해당되오.

八十五定鈔計四千二百五十兩。牙稅錢各該著一百二十六兩五錢。- 중통초 85정은 4,250량이니 중개료와 세금은 각각 126량 5전이오.

牙稅錢都筭了也。- 중개료와 세금을 모두 계산하였소.

<번노>(下 17뒤 6행~18앞 9행)

咱們算了牙稅錢着。 - 우리 즈름집 글월 벗긴 갑ᄃᆞᆯ 혜져.

舊例買主管稅, 賣主管牙錢, - 舊例에ᄂᆞᆫ 살 님재 글월 벗갌 갑슬 ᄀᆞᅀᆞ말오 ᄑᆞᆯ 님재 즈름갑슬 ᄀᆞᅀᆞ마ᄂᆞ니,

你各自算將牙稅錢來。- 네 각각 즈름갑과 글윐갑ᄃᆞᆯ 혜라.

我這一百零五兩, 該多少牙稅錢? 你自筭。- 우리 이 一百ᄠᅳᆫ 닷량애 牙錢稅錢이 언메나 ᄒᆞ뇨? 네 혜라.

一兩該三分, 十兩該三錢, 一百零五兩, - ᄒᆞᆫ 량애 세 푼식이오 열 냥애 세 돈 시기면 一百ᄠᅳᆫ 닷 량애,

牙稅錢該三兩一錢五分, 牙稅錢都筭了。- 牙錢稅錢에 석량 ᄒᆞᆫ돈 닷분이 드노소니 牙錢稅錢을 다 헤어다.

이 예를 보면 <원노>에서 중통초 85정이 4,250량이고 그에 대한 아전(牙錢, 중개료, 즈름값)과 세전(稅錢, 세금, 또는 문서 작성료, 글월값)을 126량 5전으로 계산하였다.[109] 따라서 1정이 50량이라면 4,250량의 중개료와

세금이 33.7%로서 126량 5전임을 알 수 있다. 그러나 성종 때에 개정본을 저본으로 한 <번노>에서는 즈름값(중개료)과 글월값(세금)을 105량의 30%인 3량 1돈 5푼으로 계산하였으며 그렇다면 중통초(中統鈔) 85정, 즉 4,250량을 은자(銀子) 105량으로 계산한 셈이 된다.

『노박집람』의 <박통사집람>(상 7뒤 10행~8앞 2행)에서 "共有二百兩銀, 今觀所典之物只得七十兩而云二百兩銀者, 盖舊本云有二百錠鈔。今本改鈔爲銀仍存鈔之舊數而不改也。- 모두 '200량의 은'이라고 되었다. 지금 보건대 전당 잡힌 물건이 '칠십량(七十兩)' 밖에 안 되는데 '이백량은(二百兩銀)'이라고 한 것은 아마 구본(舊本)에서 '이백정초(二百錠鈔)'라고 한 것을 금본(今本)에서 '초(鈔)'를 '은(銀)'으로 고치면서 '초(鈔)'의 숫자를 고치지 않고 그대로 두었기 때문일 것이다"라고 하여 구본의 '200정초'가 70량에 불과하지만 신본에서 그대로 '200량'이라고 한 것임을 알 수 있다.

여기서 '초(鈔)'라는 것은 원대(元代) 통용되던 '중통초(中統鈔)'를 말하는 것으로 전술한 내용으로 보아 중통초 4,250량이 은자 105량이므로 이 두 화폐의 비율은 40:1이다. 이에 대한 예를 <번박>에서 찾으면 다음과 같다.

---

109 '稅錢'에 대하여는『노박집람』의 '老乞大集覽'(상 1앞 9~10행)에 "牙稅錢: 牙見朴通事集覽, 稅錢事物紀原云: 晉宋齊梁時, 凡貨牛馬田宅有文券者, 率輸四百入官賣主三百買主一百, 後世因之。盖漢武帝筭商糸昏遺制 - '牙錢'은 '朴通事集覽'을 참조하라. '稅錢'은 <事物紀原>에 의하면 晉, 宋, 齊, 梁 시기에는 대체로 소, 말, 밭, 집을 판매하고 문서가 있을 경우 대개 400(냥?)을 조정에 헌납하도록 하였는데 판매자가 300냥을 부담하고 구매자가 100냥을 부담하였다. 후세 사람들이 이를 따라 하였으며 대개 漢武帝 때 거래 돈을 계산하던 제도가 전해진 것으로 추정된다."라는 기사를 보면 현대의 양도세나 소득세에 해당하는 세금임을 알 수 있다. '牙錢'에 대하여는 역시『노박집람』'<박통사>집람'(상 14앞)에 "牙家 事文類聚云今人云駔馬會爲牙 本謂之互郎主互市事也 唐人書互作(牙)似牙字因轉爲牙 今漢俗亦日牙子卽古之牙儈 -- <事文類聚>에 의하면 지금 사람들은 '駔馬會'(馬市의 중개인)를 '牙'라고 하는데 본래는 '互郎'이 시장의 거래를 담당하는 것을 의미하였다. 그런데 唐나라 사람들이 '互'를 (牙)로 표기하여 이 글자가 '牙'字와 비슷하였으므로 '牙'로 와전된 것이다. 지금은 漢人들도 일반적으로 '牙子'라고 하는데 즉 예전의 '牙儈'(거간꾼)를 가리킨다고 한다"라는 기사가 있어 '牙錢'은 '즈름값', 즉 仲介料임을 알 수 있다.

我典一箇房子裏 - 내 ᄒᆞᆫ 지블 삭 물오 사노라 ᄒᆞ니,

我再把一副頭面, 一箇七寶金簪兒, - 내 ᄯᅩ 곳갈 ᄒᆞᆫ ᄇᆞᆯ와 칠보 금빈혀 ᄒᆞ나콰,

一對耳墜兒, 一對窟嵌的金戒指兒, - 귀엿골회 ᄒᆞᆫ 솽과 날 바근 금 가락지 ᄒᆞᆫ 솽과를다가 ᄒᆞ야,

這六件兒, 的五十兩銀子, - 이 여슷 가지예 드리면 쉰 량 은이니,

共有二百兩銀子, 典一箇大宅子。 - 대되 ᅀᅵᄇᆡᆨ량 은이니 ᄒᆞᆫ 큰 지블 삭 물오 드러 이쇼리라. (<번박> 上 20뒤~21앞)

이에 대하여 <박통사언해>(상 20앞 ~20뒤)에서는 "내 ᄒᆞᆫ 집을 典儅ᄒᆞ려 ᄒᆞ야 내 ᄯᅩ ᄒᆞᆫ ᄇᆞᆯ 곳갈과 ᄒᆞᆫ 빵 귀엿골회과 ᄒᆞᆫ 빵 날 박은 금가락지 이 여섯가지로 五十兩銀에 典儅ᄒᆞ려ᄒᆞ니 대되 二百兩銀이 이셔야 ᄒᆞᆫ 큰 집을 전당하리로다"라고 개정되어서 여러 물건을 팔아 50량으로 집을 빌리려 하였으나 200량이 있어야 큰 집을 빌릴 수 있다는 내용이 되었다.

이것은 당시 시가로서는 터무니없이 높은 가격으로 원대(元代) 화폐 단위인 중통원보(中統元寶)로 200정(定)이라고 정한 값을 명대(明代) 화폐인 은자(銀子) 200량으로 바꾸면서 숫자는 그대로 두었기 때문에 생긴 가격으로 보인다. 실제로는 전술한 중통초와 은자의 비율을 40:1로 본다면 백은 5량이면 방을 구할 수 있고 곳갈과 귀걸이 한 쌍, 금가락지 한 쌍도 백은 1량 오푼이면 구할 수 있는 것이 된다.

3.3.5.2 다음으로 기타 후치사의 변화를 살펴보기로 한다.

먼저 후치사의 변화를 고찰하면 『노박집람』 '老乞大集覽'의 말미에 부재된 '음의(音義)'에는 다음과 같이 대명사 및 어조사의 변화에 대하여 언급하고 있다.

音義云: 舊本內說的[呵]字不是常談, 如今秀才和朝官是有說的。那箇[俺]字是山西人說的, [恁]字也是官話不是常談, 都塗(弔)了改寫的, 這們助

> 語的[那][也][了][阿]等字, 都輕輕兒微微的說。順帶過去了罷, 若緊說了時不好聽, 南方人是蠻子, 山西人是豹子北京人是태子。入聲的字音是都說的不同 - <음의>에 의하면 구본에서 사용한 '가(呵)'자는 일상용어가 아니며 현재 공부하는 사람이나 조정의 관리 중에 그 말을 사용하는 사람이 있다. 그리고 '엄(俺)'자는 산서인(山西人)이 사용하는 말이며 '임(恁)'자 역시 관화(官話)로서 일상용어가 아니므로 모두 지워버리고 고쳐서 쓴 것이다. 어조사인 '나(那)', '야(也)', '료(了)', '아(阿)' 등 이러한 글자들은 가볍게 발음하고 지나가야지 만일 발음을 분명히 하면 듣기가 좋지 않다. 남방인(南方人)은 '만자(蠻子)', 산서인(山西人)은 '표자(豹子)', 북경인(北京人)은 '태子'인데 이들은 입성자(入聲字)의 발음을 각기 다르게 한다.

이에 의하면 후치사 '呵'와 대명사 '俺', '恁'가 더 이상 쓰이지 않았음을 말하고 있다. 이 가운데 가정의 의미를 가진 '가(呵)'는 '시(時, -면)'으로 바뀌었다.

'呵 → 時'의 변화로 볼 수 있는 이 예는 『노박집람』에 "時, 猶則也。古本用呵字, 今本皆易用時字。或用便字 (單字解 5 앞) - '시(時)'는 '칙(則)'과 같다. 구본(舊本)에서는 '가(呵)'자를 사용하였는데 신본(新本)에서는 모두 '시(時)'자로 바꾸거나 또는 '편(便)'자를 사용하였다"라고 하여 구본의 '가(呵)'를 신본에서 '시(時)'로 교체하였음을 밝히고 있다. 이를 <원노>와 <번노>에서 사용의 예를 찾아보면 다음과 같다.

> 身已安樂呵, 也到得有。-몸이 건강하면 아마 도착할 수 있겠지요. (<원노>1 앞)
>
> 身已安樂時, 也到。- 모미 편안ᄒᆞ면 가리라. (<번노> 上 2 앞)
>
> 旣恁賣馬去呵, 咱每恰好做伴當去。-당신들도 말을 팔러 간다니 같이 가는 것이 잘 됐소.(<원노>3 앞)

你既賣馬去時, 咱們恰好做火伴去。- 네 ᄒᆞ마 ᄆᆞᆯ ᄑᆞᆯ라 가거니 우리 번지ᅀᅥ 가미 마치 됴토다. (<번노> 上 8 앞)

若這般厮虛見當呵, 便有十分病也減了五分。만일 그렇게 돌봐주면 설사 열의 심한 병이라도 다섯 정도 병으로 가벼워질 것이다. (<원노>32 뒤)
若這般相看時, 便有十分病也減了五分。- 이러ᄐᆞ시 서르 간슈ᄒᆞ면 곧 열 분만ᄒᆞᆫ 병이라도 닷 분이나 덜리라. (<번노> 下 47 앞)

정광·남권희·梁伍鎭(1999)에서는 '가(呵)'가 어기조사(語氣助詞)로 분석될 수도 있겠으나 예문이 보여 주는 바와 같이 가정의 의미를 나타내는 후치사 형태로 보는 것이 더욱 타당하다고 하였다. 이것은 몽고어에서 그 흔적을 찾아볼 수 있는데 『원조비서(元朝秘史)』에 의하면 '阿速'(-[b]asu/esü)의 대역문으로 '呵'가 사용되었으며 가정의 의미를 나타낸다.[110]

3.3.5.3 다음으로 1인칭의 변화에 대하여 고찰한다. {원본}<노걸대>에서는 1인칭으로 '俺'이 많이 사용되었고 2인칭으로는 '恁, 你'가 쓰였다. 이들은 대체로 원대 한아언어(漢兒言語)에서 발견되는 인칭대명사를 반영하는 것으로 보인다. 기존 <노걸대>에서는 8종(我, 我們, 咱, 咱們, 你, 你們, 他, 他們)만 사용되었다(太田辰夫, 1991:173). 그런데 구본에서는 <노박>에 없는 '俺'과 '恁'이 사용되었고 또 복수를 나타내는 접미사 '每'가 '們' 대신 사용되어 『원조비사(元朝秘史)』 등의 원대(元代) 인칭대명사의 용법과 거의 일치한다.

먼저 구본에서 사용된 1인칭의 '俺'은 번역본에서는 '我', 또는 그 복수형인 '我一們', '我們'으로 나타난다. 이 각각에 대하여 살펴보기로 한다.

110 '阿速'(-[b]asu/esü)의 '[b]'는 모음 뒤에서만 사용된다(余志鴻, 1992:3).

① 俺 → 我

俺從高麗王京來。- 저희는 고려의 서울에서 왔습니다.(<원노>1 앞)

我從高麗王京來。- 내 高麗 王京으로셔브터 오라(<번노> 上 1 앞)

② 俺 → 我一們

俺高麗體例親弟兄也不隔話, - 고려의 관례에는 친형제 사이에 말을 높이는 법은 없지요. (<원노>5 앞)

我一們不會體例的人, 親弟兄也不隔話 - 우리 흔가짓 수톄 모르는 사름들히 친동싱 형뎨도 말솜 즈슴 아니 흐느니(<번노> 上 16 뒤)

③ 俺 → 我們

俺喫了時 與他將些去。- 우리가 다 먹으면 가져다 줄 것입니다. (<원노>12 앞)

我們喫了時, 與他將些去。- 우리 먹고 뎌 위흐야 져기 가져 가져(<번노> 上 42 앞)

3.3.5.4 다음으로 2인칭의 변화는 '恁'에서 대부분 '你'로 교체되었다.

① 恁 → 你

伴當恁從那裏來 ? - 친구들 당신들은 어디서 오셨소? (<원노>1 앞)

大哥, 你從那裏來 ? - 큰형님 네 어드러로셔브터 온다?(<번노> 上 1 앞)

恁那衆學生內中多少漢兒人, - 그대들 학생 중에서 한인은 몇 명이고, (<원노>2 앞)

你那衆學生內中多少漢兒人, - 네 모든 션비 듕에 언메나 漢兒人이며, (<번노> 上 6 뒤)

구본에서는 복수를 나타내는 경우 '每'가 빈번히 사용되었지만 '俺

每'와 '恁每'의 형태는 발견되지 않는다. 한편 '恁'과 '你'를 자주 섞어 사용한 것으로 보아 그 구분이 그리 뚜렷하지 않았던 것으로 보인다.

② '恁'과 '你'의 혼용

恰待尋恁去來, 你却來了。- 마침 찾으러 가려고 했더니 네가 온 거야. (<원노>19 뒤)

待要尋你去來, 你却來了。- ᄒᆞ마 너희 ᄎᆞᄌᆞ라 가려 ᄒᆞ다니 네 ᄯᅩ 오나다. (<번노> 上 68 뒤)

3.3.6 『노박집람』의 구본(舊本)

이 외에도 『노박집람』에서는 <박통사>의 구본(舊本)에 관한 언급도 있어 전술한 바와 같이 전래되던 <박통사>의 원본이 있고 그것을 성종 14년(1483)에 <노걸대>와 함께 산개한 <박통사>의 신본이 있었음을 알려주는 증거를 『노박집람』에서 찾을 수 있다. 아마도 성종 때에 개편한 신본(新本), 즉 산개본(刪改本)이 최세진이 번역한 {번역}<박통사>, 즉 <번박>의 저본이었을 것이다. 실제로 『노박집람』에는 최세진이 성종 때에 개편한 신본과 그 이전의 구본을 비교하여 차이가 나는 어휘를 몇 개 들었다. 이에 의하여 우리는 {원본}<박통사>(이하 <원박>으로 약칭함)에 사용된 원대(元代) 한아언어(漢兒言語)를 몇 개 더 찾을 수 있는데 이들을 여기에 옮겨 보면 다음과 같다.

3.3.6.1 먼저 <박통사>에서 구본(舊本), 즉 <원박>과 <번박>의 다음과 같은 변화에 대하여 설명하기로 한다.

㉠ 赶脚的 → 挑脚

『노박집람』 '박통사집람'(상 5앞 6~7행)에 "挑脚: 舊本作赶脚的, 謂赶脚者賃驢取直之人, 謂挑脚者負擔重物求直之人也 - '도각(挑脚)'은 구본에서 '간각적(赶脚的)'이라고 하였다. '赶脚者'라는 것은 나귀를 빌려 주고 돈

을 받는 사람이고 '挑脚者'라는 것은 무거운 짐을 져다 주고 돈을 받는 사람이다"라고 하여 구본의 '赶脚的'이 신본에서는 '挑脚'으로 바뀌었음을 알 수 있다.[111] 번역본과 신석본, 및 중간본에서 이 예를 찾아보면 다음과 같다.

那挑脚的, - 뎌 삭 바들 사ᄅᆞ마 今日開倉, - 오늘 창 여더녀

(<번박>상 10 뒤, 1-2행)

이 예를 보면 <박통사>의 구본, 즉 <원박>에서 "那赶脚的 - 저 나귀를 빌려주는 사람"이라 했던 것을 "那挑脚的 - 저 짐을 져주는 사람"으로 바꾼 것을 알 수 있다. 아마도 '赶脚者'란 말이 더 이상 사용되지 않은 것으로 보인다. 그러나 원대(元代) 『경본통속소설(京本通俗小說)』 '요상공(拗相公)'에 "五鼓鷄鳴, 兩名夫和一個赶脚的, 牽着一頭騾, 一個叫騾都到了"(『漢語大詞典』 제9권 p. 1138)라는 구절이 있어 원대(元代) 한아언어에 '赶(趕)脚的'이 나귀를 끌어 그 등에 사람을 태우고 가는 사람이란 뜻으로 사용되었음을 알 수 있다. 이것이 성종 때의 산개본에서는 도각(挑脚, 짐꾼)으로 바뀐 것이다.

ⓛ 指纏兒 → 窟嵌戒指

『노박집람』 <박통사집람>에 다음과 같은 기사가 있다.

窟嵌戒指, 事物紀原云: 古者后妃羣妾御于君, 所當御者以銀環進之, 娠則以金環退之。進者著右手退者著左手, 今有指環卽遺制也。今按窟嵌者指

111 '挑脚'은 淸代 康熙年間에 간행된 <說岳全傳>에 "又不去做挑脚 要這草鞋河用"라는 구절에서와 같이 '짐꾼'이란 뜻으로 淸代 漢語에서 사용되었다(<漢語大詞典> 제6권 p.570). 성종조 <노걸대>의 산개본 이후에는 '赶(趕)脚的'이 '挑脚的'으로 바뀌었으며 <飜朴>은 물론 <朴通事諺解>에서도 "那挑脚的 ○뎌 삭짐지ᄂᆞᆫ 이아 今日開倉麽? ○오늘 開倉ᄒᆞᄂᆞ냐?"(上 11앞 8~10행)와 같이 '挑脚的'이 '삭짐지는 이'로 쓰였다.

環之背剜空爲穴, 用珠塡穴爲飾。總龜云: 亦名手記, 所飾玉石呼爲戒指面。舊本作指纏兒 音義窟音쿵, 窟是空字之誤, 窟音쿵 空音왕 - '굴감계지(窟嵌戒指)'는 <사물기원(事物紀原)>에서 말하기를 고대에는 왕비나 여러 후궁들이 임금을 모실 때에 은반지를 끼고 들어갔다가 임신을 하면 금반지를 끼고 물러 나왔다고 한다. 들어가는 자는 반지를 오른손에 끼고 물러 나오는 자는 왼손에 끼었으니 지금의 반지가 있는 것은 예로부터 전해져 온 것이다. 지금 생각해 보면 '굴감(窟嵌)'이라는 것은 가락지 위에 구멍을 내고 보석을 끼워 넣어 장식한 것이다. <총구(總龜)>에 의하면 이것을 '수기(手記)'라고도 하는데 거기에 장식한 옥석(玉石)을 '계지면(戒指面)'이라고 한다. 구본에서는 '지전아(指纏兒)'라고 하였다. <음의>에서는 '窟'의 발음을 '쿵'이라고 하였다. '窟'은 '空'의 오자이다. '窟'은 발음이 '쿵'이고 '空'은 발음이 '황'이다. (상 7뒤 6~9행)

이에 의하면 보석을 박은 반지를 <원박>에서는 '지전아(指纏兒)'라고 하였으나 이것을 신본에서는 '굴감계지(窟嵌戒指)'로 바꾼 것임을 알 수 있다. 예를 <번박>에서 들면 다음과 같다.

一對窟嵌的金戒指兒 - 날 바근 금가락지 흔 쌍과를다가 흐야

這六件兒, 的五十兩銀子 - 이 여슷 가지예 드리면 쉰 량 은이니 (<번박> 상 20뒤 5-8)

이 예에서 '상감(象嵌)'을 "날 박은"으로 풀이한 것은 다음의 설명과 관계가 있는 것으로 보인다.

㉢ 剌 → 王鼡

『노박집람』 <박통사집람>(상 9뒤 1~3)에

紫鴉忽, 瓓也。出南番西番, 性堅滑。有紅瓓紫瓓,, 亦有淡者色明瑩。有大如指面者, 儘大儘貴。古語云: 王鼡重一錢十萬可相, 瓓音날, 舊本作剌,

> 元語作剌兒 - 자아홀(紫鴉忽)은 '렵(𤫠)'이다. 남번(南番)과 서번(西番)에서 나는데 질이 단단하고 매끄럽다. '홍렵(紅𤫠)'과 '자렵(紫𤫠)'이 있으며 또 색깔이 연한 것은 맑고 투명하다. 손가락만한 것도 있는데 클수록 값이 비싸다. 고어(古語)에 "일전(一錢) 무게의 렵(𤫠)이면 십만(十萬) 냥을 바꾸다"고 하였다. '𤫠'은 발음이 '날'이다. 구본에는 '剌'로 되었고 원나라 말로는 '剌兒'라 한다.

라고 하여 구본의 '라(剌)'가 신본에서 '날(𤫠)'로 바뀌었음을 알 수 있다.

이것은 <번박>에서는 "ᄌᆞ타 날(紫鴉忽)"의 '날'로 차용되었고 ㉡의 <번박>의 예에서도 '상감(象嵌)'을 "날 박은"으로 풀이한 것은 "귀한 보석"의 뜻으로 '날'이 이미 당시 국어에 차용되어 사용되었음을 알 수 있는데 그 예를 <번박>에서 찾아보면 다음과 같다.

> 指頭來大 - ᄉᆞᆫ가락만 큰
> 紫鴉忽頂兒 - ᄌᆞ타 날 딩ᄌᆞ애
> 傍邊揷孔雀翎兒 - ᄀᆞᅀᅢ 공쟉의 짓 고잣고 (<번박> 상 29 뒤 5-7행)

㉣ 蒲樓翎兒 → 消息

『노박집람』 '<박통사>집람'(상 11앞 9~10행)에

> 消息, 以禽鳥毳翎安於竹針頭, 用以取耳垢者。俗呼爲消息, 舊本作蒲樓翎兒 - 소식(消息), 새의 가는 깃털을 竹針 끝에 꽂아서 만들어 귓속의 때를 파내는데 쓰는 것이다. 세속에서 '消息'이라 불렀다. 舊本에는 '蒲樓翎兒'으로 되어 있다.

라고 하여 귀이개를 구본, 즉 <원박>에서는 '포루령아(蒲樓翎兒)'라고 하였고 이것을 신본, 즉 <산박(刪朴)>에서는 '消息'이라 하였음을 알 수 있다. 이것을 <번박>에서 찾아보면 다음과 같다.

將那鉸刀, - 뎌 귀갓갈 가져다가

斡耳, - 귓 안 돌아 털 갓고

消息來, - 지체 소옴터리로 뷔 밍ᄀ니 가져다가

掏一掏耳朶 - 귓 구무 닷가 틔 업게 ᄒ라. (<번박> 상 44뒤 7~9행)

이 예에서 귀이개란 의미의 원대(元代)의 말 '蒲樓翎兒'가 이 때에는 '消息'으로 바뀌어 "깃의 솜 털로 빗자루를 만든 것"이라는 뜻을 가졌음을 알 수 있다. <번박>에서는 이 신조어가 사용된 것이며 <원박>에서는 아마도 '蒲樓翎兒'가 사용되었을 것이다.

㉥ 開口筵席 → 言定, 求親

『노박집람』 <박통사집람> (상 11뒤 1행)에

今日做筵席, 舊本作開口筵席。古所謂言定, 今俗云求親 - 오늘날 연석과 같은 것을 구본에서는 '개구연석(開口筵席)'이라 하였다. 예전에는 '언정(言定)'이라 하였고 지금은 세간에서 '구친(求親)'이라 한다.[112]

라는 기사가 있어 '開口筵席'이 '言定', 또는 '求親'으로 바뀌었음을 알 수 있다. 이를 <번박>에서 찾아보면 다음과 같다.

別處一箇官人取娘子 - 뎌긔 ᄒᆫ 관원이 겨집 얻노라 ᄒ야

今日做筵席 - 오늘 언약ᄒ논 이바디 ᄒ더라. (<번박>상 45앞 3~5행)

이 예에서 <원박>에서는 '開口筵席'(약혼식이란 뜻)의 '筵席'이 신본, 즉 <산박>에서도 사용되었고 이것은 원래 '言定(약속)'이라 하였던 것으로 그 뜻은 '求親'(구혼)이란 뜻이었음을 알 수 있다. '開口'는 원래 "식구, 또는 인구"라는 의미로 『관자(管子)』의 '규탁(揆度)'에 나오며(『한어대사전

112 한글 번역은 졸저(2011a)의 『노박집람 역주』(서울: 태학사. 공저 양오진)에서 옮겨 온 것이다. 이하 같음.

(漢語大詞典)』 제3권 p.658) '開口筵席'은 식구가 모두 모인 자리에서 혼인의 약속을 하는 것으로 현대의 약혼식에 준하는 것으로 보인다.

ⓑ 解幔筵席 → 圓飯筵席

『노박집람』 '朴通事集覽'에 다음과 같은 기사가 있다.

> 圓飯筵席 圓作完 是謂齊足之意 今按漢人娶妻親迎而女至男家以宿 則女家送女食于男家三日而止　止食之日女家必具酒饌送男家設宴謂之完飯筵席 質問云同 舊本曰解幔筵席 邵氏聞見錄宋景文公納子婦 其婦家饋食書云以食物餪女 公曰錯用字從食從而從大 其子退撿[113] 博雅餪字注云女家三日餉食爲餪女也 圓飯卽遺制也。- 원반연석(圓飯筵席)의 '圓'은 '完'으로서 '부족함이 없다'는 의미이다. 지금 생각컨대 중국 사람들은 신부를 맞을 때 신부가 시집을 가면 신부집에서 신랑집에 있는 신부에게 사흘간 식사를 보내 준다. 사흘째 되는 날 신부집에서는 술과 안주를 신랑집에 보내어 잔치를 베푸는데 이것을 '완반연석(完飯筵席)'이라 한다. '質問'에서도 이와 같다고 하며 구본에서는 '해만연석(解幔筵席)'이라 하였다. <소씨문견록(邵氏聞見錄)>에 의하면 宋나라의 경문공(景文公)이 며느리를 맞아들였는데 며느리 집에서 음식을 보내면서 편지에다 '以食物煖女'(딸이 먹도록 음식을 보낸다)라고 하였다. 이것을 본 景文公은 '煖'자는 '食' 변에 ''而'와 '大', 즉 '餪'(풀보기 잔치 난, 음식을 보낸다는 뜻의 한자--필자 주)를 써야 하는데 잘못 썼다고 하자 그의 아들이 편지를 되돌려 보냈다고 한다. <博雅>[114]의 '餪'자에 대한 注에 의하면 "신부집에서 사흘동안 음식을 보내 주는 것을 '餪女'라고 한다"고 하였다. '圓飯'은 즉 예로부터 전해온 제도이다. (상 12앞 4~8행)

113 '撿'은 '簡'(편지)으로 추정된다.

114 『博雅』의 본래 서명은<廣雅>로서, 三國時代 魏의 張揖이 편찬한 訓詁書다. 隋煬帝 때 황제의 이름인 '楊廣'을 피하기 위하여 <博雅>로 고치었는데 후에는 다시 본명을 회복하였다.

이에 의하면 {원본}<박통사>의 해만연석(解幔筵席)이 <산개박>에서는 원반연석(圓飯筵席)으로 바뀐 것을 알 수 있다. 역시 성종조의 개편에서 이러한 수정이 이루어졌을 것이며 '圓飯筵席'은 <아녀영웅전(兒女英雄傳)> 등에 "결혼식 다음날 부부가 동석(同席)하여 식사함"(『한어대사전』 제3권 p.658)의 뜻으로 쓰였으며 중국의 옛 풍속에 결혼한지 사흘째 되는 날에 신부집에서 신랑집에 술과 안주를 보내어 잔치를 벌리는 것을 말하는 것으로 보인다. 이 예를 <번박>에서 찾으면 다음과 같다.

> 第三日做圓飯筵席了時 사ᄒᆞᆯ 나래 큰 이바디 ᄒᆞ야 ᄆᆞᄎᆞ면
> 便着拜門 즉재 새 절보기 ᄒᆞ고(<번박>(上) 48앞 4~6행)

ⓐ 撒花 → 人事

『노박집람』 '朴通事集覽'(상 12 뒤 5행)에 "人事 土産 俗도산 舊本作撒花 - 인사(人事)의 '土産'은 속음(俗音)이 '도산'이다. 구본(舊本)에는 '撒花'라고 하였다-"라는 기사가 있어 살화(撒花)가 신본에서는 인사(人事)로 바뀐 것을 알 수 있다. 예를 <번박>에서 찾으면 다음과 같다.

> 多謝姐姐 만히 깃게이다 누의님하
> 我回來時 내 도라 오면
> 多多的與你人事 만히 너를 도산 주마(<번박>(上) 48 뒤 6~9행)

이 예를 보면 {원본}<박통사>의 '撒花'가 {刪改}<박통사>에서 '人事'로 교체되었으며 당시 국어에서는 '도산(土山)'이었음을 알 수 있다. 이것은 원대 한아언어(漢兒言語)에서 사용되던 '撒花'가 후일 '人事'로 바뀌었음을 말한다. 원래 '撒花'는 몽고어로서 '위협해서 금은을 요구하다'이란 뜻을 가졌으며 후세에 와전되어 '雪花'라고도 한다. 예를 들면 『수운집(水雲集)』에 "醉歌, 北軍要討撒花銀, 官府行移逼市民"이라든지 『통속편(通俗編)』 '화재(貨財)'의 '살화전(撒花錢)' 조에 "心史, 元兵犯宋, 凡得州

縣鄕村排門脅索金銀曰撒花"(諸橋轍次,『大漢和辭典』5권 p.379)라는 설명에 의하면 몽고군이 송(宋)나라를 침범하여 금품을 약탈하는 것이 '撒花'라고 하였음을 알 수 있다.[115]

그러나 원대(元代)에는 의미가 변하여 남에게서 선물을 받는다는 뜻이 되었으나 <박통사>의 이 부분, 즉 "대단히 감사하기 때문에 다음에 돌아올 때의 많은 선물을 가져오겠다"란 의미와는 매우 차이가 나므로 이를 의미가 비슷한 '인사(人事)'로 수정한 것으로 보인다. {원간}<노박>에 원나라의 몽고어가 많이 들어있다는『노박집람』의 증언을 뒷받침하는 예라고 할 수 있다.

중국어에서 '인사(人事)'는 여러 의미가 있으나 당(唐) 백거이(白居易)의 <양견장(讓絹狀)>에 쓰인 예는 "증여한 선물"을 의미한다. 이런 뜻의 '인사'가 <산개박>에서는 '도산'으로 언해되었다. 상술한『노박집람』의 설명에서 '도산'은 원래 '토산(土産)'의 속음이며 '선물'이란 의미로 당시 국어에서 통용되었음을 알 수 있다. 원래 '토산(土産)'은 당(唐) 백거이(白居易)의 <동남행일백운기두칠교서(東南行一百韻寄竇七校書)>에서 "그 땅에서 나는 산물"(『한어대사전』제2권 p.992)이란 의미로 사용되었다. '土産'은 일본에 차용되어 훈독하면서 '오미야게(膳物)'이란 뜻으로 지금도 사용되고 있음을 참고할 수 있다.

◎ 湯子 → 混堂, 堂子

『노박집람』'박통사집람'(상 13앞 4~5행)에 "混堂, 人家設溫湯浴室處。燕都人家設溫湯浴室處、燕都多有之。乃爇水爲湯非溫泉也。或稱堂子, 舊本作湯子 - 혼당(混堂)은 인가에서 온탕 욕실을 설치한 곳이다. 연도(燕都)

115 宋의 彭大雅의『黑韃事略』에 "其見物則欲, 謂之撒花 [中略] 撒花者漢語覓也。- 물건을 보고 욕심을 내는 것을 말하여 '撒花'라 한다. '撒花'는 중국어로 구하여 찾는다는 뜻이다."라는 해석을 참조할 것. '撒'은『集韻』에 '桑葛切', '花'는『廣韻』에 '呼瓜切'로 표음되었음으로 아마도 '撒花'는 몽고어 [sathua]의 한자 표음일 것으로 보이며 이것은 현대 몽고어의 'захиа'(명령, 注文)와 관련이 있지 않은가 한다. 이에 대해서는 후고를 기다린다.

의 인가에는 온탕 욕실을 설치한 집이 많다. 욕조의 물은 데운 것이고 온천의 물이 아니다. '당자(堂子)'라고도 하는데 구본에는 '탕자(湯子)'라고 하였다."라는 기사가 있어 욕실이란 의미의 '탕자(湯子)'가 원대 한아언어에서 통용되었으며 이러한 구본의 탕자(湯子)가 신본에서는 혼당(混堂), 또는 당자(堂子)라 바뀌었음을 말한다.

'혼당(混堂)'은 송대(宋代)부터 "목욕탕, 욕실"의 의미로 사용되었고 '당자(堂子)'는 원대에 "불당(佛堂), 불전(佛殿)"이란 의미로 쓰였으나 원(元) 양현지(楊顯之)의 『소상우(瀟湘雨)』(第2折)에서는 "我去那堂子裏把個澡洗"와 같이 '목욕탕, 욕실'의 의미로도 사용되었다. 이 예를 <번박>에서 찾으면 다음과 같다.

> 孫舍, - 손개여
> 混堂裏洗澡去來。 - 모욕탕ᄌᆞ애 모욕ᄒᆞ라 가져.
> 我是新來的莊家, - 내 새로 온 향삼이
> 不理會的多少湯錢。 - 탕ᄌᆞᆺ 갑시 언메나 ᄒᆞᆫ동 몰래라. (<번박>(上) 52앞 2~5행)

이 예를 보면 <번박>의 언해문에서 '혼당(混堂)'을 "모욕탕ᄌᆞ"라 하였는데 이것은 아마도 '목욕탕자(沐浴湯子)'의 와전(訛傳)으로 볼 수 있다. 이것은 '탕ᄌᆞ'로 축약되거나 '목욕탕ᄌᆞ(沐浴湯子)'가 차용되어 당시 국어에서 '모욕탕ᄌᆞ'가 되었고 축약하여 '탕ᄌᆞ'로도 쓰였다.

예를 들어 <번박>(상 52 뒤 3~7행)에 "我管着湯錢去來。 - 탕ᄌᆞᆺ 갑스란 내 아라 가져. 衣裳帽子靴子 옷 고의 감토 훠들 ᄒᆞ란 都放在這 裏頭 다 이 궤 안해 노하 두워, 分付這管混堂的看着 - 탕ᄌᆞ 맛ᄃᆞᆫ 사ᄅᆞᆷ 맛뎌 보라 ᄒᆞ고"의 '탕ᄌᆞ'는 모두 구본에 등장하는 원대 한아언어로서 당시 우리말에 차용되어 사용된 예라고 할 수 있다. 성종 때의 산개본에서는 '혼당(混堂)', 또는 '당자(堂子)'라고 하였음을 위의 예에서 알 수 있다.

ⓧ 斗石 → 斤兩

『노박집람』 '박통사집람'(상 13 뒤 8행~14앞 1행)에 "氣力, 音義云: 弓强弱

之力, 重十二斤曰一箇氣力。今按舊本以斗石爲重續䌫目兩石弓, 註三十斤爲鈞。四鈞爲石, 重百二十斤也 - '기력(氣力)'은 <음의>에 의하면 활시위의 강도를 재는 단위로서 무게 12근을 한 '기력(氣力)'이라 한다. 지금 생각하건대 구본에서는 '두석(斗石)'을 중량 단위로 하였는데 '속강목양석궁(續䌫目兩石弓)'에 대한 주에서 '30근(三十斤)은 한 균(鈞)이고 4균(四鈞)은 한 석(石)으로서 120근(百二十斤)의 중량이다'라고 하였다. 이것을 보면 구본, 즉 <원박>에서는 활시위의 강도인 기력(氣力)을 '두석(斗石)'으로 표시하였으나 성종 때 <노박>의 산개본에서는 '근량(斤兩)'으로 교정하였음을 알 수 있다. '기력(氣力)'이 활시위의 강도에 쓰인 예를 <번박>에서 찾으면 다음과 같다.

> 你打饋我兩張弓如何? - 네 나를 활 두 댱만 ᄆᆡᆼᄀᆞ라 주듸 엇더ᄒᆞ뇨?
> 你要打幾箇氣力的弓? - 네 몃 히멧 화를 ᄆᆡᆼᄀᆞᆯ이고져 ᄒᆞ시ᄂᆞᆫ고?
> 京都樅殿西敎場裏, - 셔울 종뎐 셧 녁 샤텽의셔,
> 官裏前面乍刂柳射弓的多有, - 황텟 앏픠 버들 것거 곳고 활 ᄡᅩ리 만ᄒᆞ니,
> 你打十箇氣力的一張, - 네 열 히멧 활 ᄒᆞᆫ 댱과,
> 七八箇氣力的一張。닐굽 여듧 히멧 활 ᄒᆞᆫ 댱을 ᄆᆡᆼᄀᆞᆯ오려. (<번박>(上) 59뒤 1~9행)

ⓩ 一瓶𠀋酒 → 米酒

『노박집람』'박통사집람'(중 1앞 10행 ~1뒤 2행)에 "米酒, 舊本作一瓶𠀋酒, 新本作米酒。今造酒用粳米糯米黃米, 凡支待使客皆用此等酒也, 不必擧米酒爲說。恐是新本仍存𠀋字而誤印爲米也。今從𠀋字讀恐或爲是 - 미주(米酒)는 구본에서는 '일병반주(一瓶𠀋酒)'라고 하였는데 신본에서 '미주(米酒)'라고 하였다. 요즘은 술을 빚을 때 멥쌀(粳米), 찹쌀(糯米), 기장쌀(黃米)을 이용한다. 무릇 사행의 손님(=使客)을 접대할 때는 모두 이런 술을 사용하므로 특별히 '미주(米酒, 쌀로 빚은 술)'라고 말할 필요가 없는 것이다. 아마 신본에서 '𠀋'자를 '米'자로 잘못 인쇄한 것 같다. 지금은 '𠀋'자로

읽는 것이 옳을 것이다"라는 주석이 있어 신본에서 구본의 것을 오해한 것도 없지 않은 듯하다.

이에 해당하는 예를 후대의 <박통사언해>에서 찾으면 다음과 같다.[116]

> 三斤豬肉, - 서근 豬肉과, 一瓶米酒和駱 - 훈 병 米酒과 타락과 ○米酒, 舊本作一瓶牛酒, 新本作米酒, 今造酒用粳米糯米黃米, 凡支待使客皆用此等酒也, 不必擧米酒爲說。恐是新本仍存牛字而誤印爲米也。今從牛字讀恐或爲是。(<朴解> 中 5뒤 10행~6앞 3행)

이 예에서 "一瓶米酒和駱 훈 병 米酒과 타락과"는 원래 <원박>의 '一瓶牛酒和駱'이었던 것으로 <원박>의 '牛'을 '米'로 오해한 것임을 알 수 있다.

ⓚ 吹燈兒 → 取燈兒

『노박집람』 '박통사집람'(중 7뒤 1~4행)에 "取燈兒, <南村輟耕錄>云: 杭人削松木爲小片其薄如紙, 鎔硫黃塗木片頂分, 許名曰發燭, 又曰焠兒。宋陶學士<淸異錄>云: 夜有急苦於作燈之緩, 批杉木條染硫黃, 一與火遇得燄必速, 呼爲引光奴。今之取燈兒其遺制也。今按舊本作吹燈兒, 焠音취, 則舊本吹燈之名恐或爲是 - 취등아(取燈兒)는 <남촌철경록(南村輟耕錄)>에 의하면 항주(杭州) 사람들이 소나무 조각을 종이처럼 얇게 깎아서 그 끝에 유황을 녹여 바른 것을 '발촉(發燭)'이라고 하며 또는 '취아(焠兒)'라고도 불렀다. 송나라 도학사(陶學士)의 <청이록(淸異錄)>에 의하면 밤에 급한 일이 있을 경우 불을 빨리 켤 수 없어 고생을 할 때에 삼나무 조각을 깎아서

116 예를 {번역}<박통사>에서 찾지 못한 것은 현전하는 <飜朴>이 上卷뿐이어서 <박통사>의 中卷에 해당하는 부분이 없기 때문이다. 여기에 참고한 <朴通事諺解>는 肅宗 丁巳年(1677)에 吏曹正郎으로서 司譯院의 漢學敎授이었던 李聃命이 序文을 써서 부재한 판본으로 邊暹 등이 수정한 것이며 서울대학교 소장본이다. 이 <朴通事諺解>는 이하 <朴解>로 약칭한다.

유황을 바른 것을 불에 대면 즉시 불이 붙는데 이것을 '인광노(引光奴)'라고 한다고 하였다. 지금의 '취등아(取燈兒)'가 바로 그것이 전해 내려온 것이다. 지금 생각건대 구본에서는 '취등아(吹燈兒)'라고 하였는데 '焠'는 발음이 '취'이어서 구본의 '吹燈'이라는 이름이 옳은 듯하다."라는 기사가 있어 역시 신본의 잘못을 지적하였다. 숙종 정사(丁巳, 1677)에 간행한 <박통사언해>에는 '취등아(取燈兒)'로 나타난다.

使鉤子的賊們更是廣, - 갈고리 ᄡᅳᄂᆞᆫ 도적이 ᄯᅩ 흔ᄒᆞ여

那着取燈兒, - 취등(取燈)을 가지고 ○<南村輟耕錄>云: 杭人削松木爲小片其薄如紙, 鎔硫黃塗木片頂分, 許名曰發燭, 又曰焠兒。宋陶學士<淸異錄>云: 夜有急苦於作燈之緩, 批杉木條染硫黃, 一與火遇得燄必速, 呼爲引光奴, 今之取燈兒其遺制也。今按舊本作吹燈兒, 焠音취, 則舊本吹燈之名恐或爲是。

到那一箇人家裏, - 아모 ᄒᆞᆫ 人家에 가

舌尖兒潤開了窓孔, - 혓긋으로 불워 창 굼글 ᄯᅮᆯ고(<諺解朴>(中) 35앞 5~11행)

이것을 보면 <원박>에서 '취등아(吹燈兒)'였던 것이 신본, 즉 산개본에서 '취등아(取燈兒)'로 바뀐 것으로 볼 수 있다.

ⓔ **躧 → 跐**

『노박집람』 '박통사집람'(중 7뒤 9행 ~ 8앞 1행)에

躧, <音義>云: **跐**音채, **躧**通用, 後同。今按舊本作**躧**, 韻書**跐**音재, 又ᄌᆞ。**躧**音새, 又시。兩字爲채音者, 韻書不收而俗讀則俱從채音, 並上聲, 今亦從之。<字學啓蒙>字作**跐** - 사(**躧**)는 <음의>에 의하면 '**跐**'의 음이 '채'이며 '사(**躧**)'와 통용된다. 뒷부분에서도 이와 마찬가지이다. 지금

> 생각건대 구본에서는 '𨅝'로 되었다. 운서(韻書)에서 '跐'는 음이 '재' 또는 'ᄌᆞ'이며 '𨅝'는 '새' 또는 '시'이다. 두 글자의 음이 '채'로 된 것이 운서에는 수록되지 않았으나 속음(俗音)으로는 모두 '채'로 읽고 상성(上聲)이므로 여기서도 그것을 따르도록 하였다. <자학계몽(字學啓蒙)>에서는 '跐'자로 되었다.

라고 하여 '𨅝(신을 끌 사)' 자와 '跐(밟을 차)' 자가 통용되므로 구본의 '𨅝'가 신본에서는 '跐'로 바뀌었음을 말하고 있으나 <박통사언해>에서 이 부분을 찾으면 실제로는 '𨅝'를 쓰고 있다. 예를 찾으면 다음과 같다.

> 那瓦水潤了無些氣力, - 뎌 디새 믈 빅야 져기 힘이 없스니,
>
> 只怕𨅝破了。그저 볼와ᄣᅳ릴가 저페라 ○<音義>云: 跐音채, 𨅝通用, 後同。今按舊本作𨅝, 韻書跐音재, 又ᄌᆞ。𨅝音새, 又시。兩字爲채音者, 韻書不收而俗讀則俱從채音, 並上聲。今亦從之, <字學啓蒙>字作跐(跐+木)[117](<朴解>(中) 40뒤 1~4행)

이 예를 보면 아마도 성종조의 산개본에서 수정한 "只怕跐破了"가 <박통사언해>에서는 "只怕𨅝破了, - 그저 볼와ᄣᅳ릴가 저페라"로 다시 바뀐 것으로 보이나 이 부분이 수록된 <번박>의 중권(中卷)이 현전하지 않아서 확인하기 어렵다.

3.3.6.2 이상의 논술을 종합하면 최세진의 『노박집람』은 '구본(舊本)'의 <노박>, 즉 {원본}<노박>과 그의 교정본인 신본(新本), 즉 {산개(刪改)}<노박>을 동시에 참고한 것으로 보인다. 『노박집람』의 '구본(舊本)'이란 것이 실제로 성종 때에 이 두 책을 산개(刪改)하기 이전 것으로 『노

117 『노박집람』'朴通事集覽'에 수록된 주석은 <박통사언해>에서 모두 본문의 해당 부분에 삽입하였다. 그러나 이 부분은 끝의 '跐'에 '木'을 더한 '𣛹'자로 바꿨다. 아마도 오자인 것으로 보인다.

박집람』의 "舊本云云"하는 기사를 새로 발견된 <노걸대>와 비교하여 고찰함으로써 이것이 {구본} <노걸대>임을 확인할 수 있었고 다시 이것이 새로 발굴된 {원본}<노걸대>에서 확인할 수 있다.

이 <노걸대>의 구본은 <박통사>와 같이 원대 한아언어를 학습하기 위하여 만든 중국어 교재로서 이 원본에 준하는 <노걸대>가 발견됨으로써 <노박> 간행의 역사적 변천과정을 어느 정도 정리할 수 있게 되었다. 원본의 수정판인 {산개}<노박>은 성종 때에 명나라 사신을 배행한 중국인 관리 갈귀(葛貴)에 의하여 수정된 것이며 이것이 최세진이 <노박>을 번역할 때에 저본으로 삼은 것이다.

그런데 산개(刪改) 이전의 구본은 『노박집람』을 비롯한 여러 곳에서 언급된 바와 같이 원대(元代)에 중국의 북방에서 통용되던 한아언어(漢兒言語)였으며 몽고어가 많이 혼용된 독특한 언어였다. 이에 대하여는 정광·남권희·梁伍鎭(1999)에서 이미 언급된 바가 있다. {원본}<노걸대>에 의하여 『노박집람』의 성격을 보다 분명하게 밝힐 수 있었고 <노걸대>의 구본으로 우리는 지금은 없어진 원대 한아언어를 상당수 찾아낼 수 있었다.

『노박집람』에 의하면 <노걸대>의 구본 이외에도 <박통사>의 구본에 대하여 언급하고 있으며 이들을 {번역}<박통사> 상 및 <박통사언해>를 통하여 원대 한아언어로부터 명대(明代)의 언어로 바뀐 것을 확인하였다. 그리하여 {원본}<박통사>의 '赶脚(견마잡이)'이 '挑脚(짐꾼)'으로 바뀌고 '指纏兒(반지)'가 '窟嵌戒指'으로, '포루령아(蒲樓翎兒, 귀이개)'가 '소식(消息)'으로, '개구연석(開口筵席, 약혼식)'이 '언정(言定, 약혼)' 또는 '구친(求親)'으로, '해만연석(解幔筵席, '近親'과 유사한 옛 풍속으로 신부집에서의 음식대접)'이 '원반연석(圓飯筵席)'으로, '살화(撒花, 선물)'가 '인사(人事)'로, '탕자(湯子, 목욕탕)'가 '혼당(混堂)' 또는 '당자(堂子)'로, '두석(斗石, 무게나 힘의 단위)'은 '근량(斤兩)'으로 각각 바뀌었으며 '일병반주(一瓶半酒)'의 '반주(半酒)'는 '미주(米酒)'로, '취등아(吹燈兒)'는 '取燈兒'로, '사(躧)'는 '차(跐)'로 변환되었다.

'一甁半酒'의 '반주(半酒)'가 '미주(米酒)'로 바뀐 것은 성종 때에 수정할 때 글자를 오독(誤讀)한 것으로 보이며 '취등아(吹燈兒)'의 '취(吹)'가 '取'로, 그리고 '사(躧)'가 '차(跐)'로 바뀐 것은 원래의 뜻이 없어지고 편이한 글자에 이끌린 것이다.

이러한 예를 통하여 볼 때, {원본}<박통사>에도 적지 않은 원대 한아언어(漢兒言語)가 혼입되어 있음을 추정할 수 있다. 특히 구본의 몇몇 어휘, 예를 들면 '탕ᄌᆞ(湯子)'가 당시 우리말에 차용되어 사용되었음을 알 수 있었다. '살화(撒花)'가 '인사(人事)'로 바뀌고 그것을 언해에서 '토산(土産)'이라 한 것은 이 어휘가 당시 우리말에서 사용되었음을 말하는 것이다. 이 어휘는 현재에는 우리말에서는 없어졌으나 일본어에서는 훈독하는 한자 어휘(おみやげ)로 남아서 쓰이고 있다.

4) 〈노걸대〉와 〈박통사〉의 여러 이본

3.4.0 <노걸대>와 <박통사>는 사역원의 설치되어 한어(漢語)와 몽고어의 교육이 이루어지기 시작할 때부터 한어의 기초 교재였던 것으로 보인다. 특히 <노걸대>는 고려 중기에 통문관(通文館)이란 이름으로 사역원이 시작될 때부터 몽고어 교육이 있었고 <노걸대>는 한어와 몽고어의 교재로 모두 사용되었던 것으로 보여서 가장 역사가 오랜 교재로 보아도 틀림이 없을 것이다.

이것은 전장에서 살펴본 바와 같이 초기의 몽고어 교재에 '노걸대(老乞大)'가 있었으며 '걸대(乞大)'가 중국을 가리키는 것은 몽고어에서 'Khitai'를 한자의 음차 표기인 것으로 보아 어떤 연구자들은 몽고어 <노걸대>가 먼저 있었고 이를 한어(漢語) 교재로 전용한 것이라는 주장도 생겨나게 되었다. 아무튼 <노걸대>는 이보다는 후대에 편찬된 것으로 보이는 <박통사>와 더불어 사역원 한어 교육에서 가장 기초적인 교재로 사용되었다. 그리하여 갑오경장(甲午更張)으로 사역원에서의 외국어 교육이 폐쇄될 때까지 7백여 년 동안 한어의 기본 교재의 자리를 지켜논 것이다.

이렇게 오랜 세월에 걸쳐 한어 교재로 사용되매 따라 한어(漢語)의 변천에 의한 교재의 수정이 계속되었다. 우선 크게 원대(元代) 한아언어(漢兒言語)를 학습하는 <원본>이 있었는가 하면 명대(明代) 남경(南京) 관화(官話)를 배우기 위하여 조선 성종 때에 수정한 <산개본>이 있었다. 그리고 청대(淸代) 만다린을 배우려는 <신석본>이 있었고 청대(淸代) 북경관화(北京官話)의 아어(雅語)를 교육하려고 수정한 <중간본>이 있었다. 이제 이 각각에 대하여 고찰해 보기로 한다.

3.4.1 {구본}〈노박〉의 간행

<노걸대>, <박통사> 등 조선 시대의 기본적인 한학서(漢學書)의 간행에 대한 기사는 세종(世宗) 때에 처음으로 나타나기 시작한다. 『세종실록』(권20) 세종 5년 8월조에 "禮曹據司譯院牒呈啓: 老乞大、朴通事、前後漢、直解孝經等書, 緣無板本, 讀者傳寫誦習, 請令鑄字所印出。從之。- 예조가 사역원의 계첩에 의거하여 계하기를 '<노걸대>, <박통사>, <전후한>, <직해(소학)>, <효경> 등의 책이 책판이 없기 때문에 읽고자 하는 사람들이 베끼거나 암송하여 배웁니다. 주자소에서 인출하여 주실 것을 청합니다'라고 하다. 그대로 따르다."라는 기사가 있다. 또한『세종실록』(권64) 세종 18년 8월(43앞) 조에는 "頒鑄字所印老乞大、朴通事于承文院司譯院, 此二書譯中國語之書也。- 주자소에서 <노걸대>, <박통사>를 인쇄하여 승문원과 사역원에 나누어주다. 이 두 책은 중국어를 통역하는 책이다."라 하여 <노걸대>와 <박통사>를 인쇄하여 승문원(承文院)과 사역원에 배부하였다는 기사도 보인다. 이상의 두 기록으로 미루어 세종 때에 이미 <노박>의 두 한학서들이 활자로 인쇄되었음을 알 수 있다.

정광·남권희·梁伍鎭(1999)에서 소개된 소위 {구본}<노걸대>는 이 시대에 간행한 것으로 보이며 고려 대에 한아언어(漢兒言語)를 학습하기 위하여 편찬된 원간본으로 추정된다(졸고, 2000b). <노박>의 원간본인 구

본은 본문의 한어가 모두 조선 성종 때에 산개(刪改)된 것이다. 따라서 이후에 간행된 것은 모두 이의 개정본이 될 것이다.

현전하는 한어 <노걸대> 가운데 가장 오래된 것으로 알려진 것은 그동안 산기문고(山氣文庫) 소장본으로 명종(明宗) 2년(1547) 이전에 간행된 갑인자(甲寅字) 복각본이었다.[118] 그런데 1998년 가을에 조선 태종 때에 간행된 것으로 보이는 <노걸대>의 구본(舊本)이 발견되었고 이것이 고려 말에 편찬된 <노걸대>의 원본임이 밝혀졌다(졸고, 2000b). 이 {원본} <노걸대>(약칭은 <원노>)에 대한 서지 사항을 정광·남권희·梁伍鎭(1999)에서 옮겨보면 다음과 같다.

> {原本}<노걸대>: 個人所藏
>
> 著者未詳, 刊年未詳, 1책(40張). 木板本 31.0 × 18.8 ㎝,
> 四周雙邊. 半葉匡郭 : 25.1 × 15.5 ㎝, 有界, 10行 21字.
> 版心 : 上下大黑口 上下內向黑魚尾. 表題 : 老乞大.

정광·남권희·梁伍鎭(1999)에 의하면 이 판본은 적어도 조선 태종(太宗) 때 이전에 간판된 것으로 보았고 고려 말에 편찬된 <노걸대>의 원본을 그대로 보여준다고 하였다. 이에 대하여는 이미 상세히 고찰한 바가 있다.

3.4.2 {산개}〈노걸대〉

다음으로 {산개}<노걸대>(이하 <산노>로 약칭)는 상술한 {원본}<노걸대>를 성종 때에 산개(刪改)한 것으로 원본의 본문 가운데 내용이 불분명하거나 시의에 맞지 않는 곳을 없애고 새로 수정한 것으로 본문의 회

118 이에 대하여는 안병희(1996:2)에서 "요컨대 오늘날 보게 되는 가장 오랜 老乞大는, 비록 철저하지는 못했으나 15세기 후반 성종 때에 수정된 책이다. [중략] 異本 가운데서 가장 오랠 뿐 아니라 가장 훌륭한 책은 通文館 소장인 甲寅字 覆刻本이다. [하략]"라고 언급된 것을 참조할 수 있다.

화 내용을 모두 107개의 단락으로 구별하였다. 즉 <산노>의 상권에 54개의 장면과, 하권에 53개의 장면으로 나누었는데 한어본에서는 난상(欄上)에 '一, 二...'으로 묵서(墨書)하여 표시하고 현종 11년의 언해본에서는 하나의 단락이 끝나는 곳을 '하향사엽(下向四葉) 화문흑어미(花紋黑魚尾)'로 표시하였다. 한어본 <중간노걸대>에서는 이 단락을 권점으로 표시하기도 하였다.

<산노>에는 임진왜란 이전에 간행한 것과 이후의 간본이 있다. 즉, 규장각에 소장된 3종의 <노걸대>(奎 5158, 奎 6293, 奎 6294)와 산기문고에 소장된 두 종류(甲寅字 覆刻本과 肅宗 29년의 목판본), 그리고 영남대, 계명대 등에 소장되어 있는 <노걸대>가 현재 알려져 있다. 현재 알려진 <산노>의 소장처와 서지 사항을 살펴보면 다음과 같다.

{刪改}<노걸대>

壬亂以前本 : ① 山氣文庫 所藏本[119]

壬亂以後本 : ② 弘文館 구장본(奎章閣 소장 奎 5158)

③ 侍講院 구장본(奎章閣 소장 奎 6293, 6294)

④ 山氣文庫本[120]

⑤ 嶺南大本

119 안병희(1996:3)에서는 山氣文庫 소장의 甲寅字 복각본 <노걸대>가 현전하는 最古本인 것으로 보았다. 이에 대한 언급을 옮겨보면 "國語學界에서 이용되는 자료로 말하면 飜譯老乞大와 老乞大諺解의 原文이 담겨진 책이다. 그 老乞大도 서너 종의 異本이 전한다. 추정되는 刊年의 차례로 그것을 살펴보기로 한다. 異本 가운데서 가장 오랠 뿐 아니라 가장 훌륭한 책은 通文館소장인 甲寅字 覆刻本이다. (중략) 紙質 16세기 전반의 楮紙이다. 따라서 覆刻은 16세기 전반에 되었으나, 그 바탕인 甲寅字本은 15세기 후반에 이루어진 책으로 추정된다. 原文은 앞의 影1에 부록으로 수록된 규장각 소장의 책과 일치한다. 語助辭 '則'이 '只'로 되는 등, 약간의 차이가 있으나 기본적으로 飜譯老乞大나 老乞大諺解의 원문과 일치한다. 崔世珍이 말한 新本이 바로 이 책을 가리킨 것이라 생각된다"(한자 띄어쓰기는 원문대로)라는 언급에서 山氣文庫 소장의 <노걸대>를 最古本으로 본 것은 {原本}<노걸대>가 발견됨으로써 수정되어야 할 것이다.

120 山氣文庫의 목판본은 肅宗 29년(1703)의 간기가 있음.

3.4.2.1 현전하는 <산노>는 상술한 바와 같이 임란(壬亂) 이전의 1종과 임란 이후의 4종이 알려졌다. 임란 이전의 <산노>인 산기문고본은 안병희(1996:3)에서 통문관 소장본으로 조사되어 보고되었는데 그에 의하면 1책 48엽으로 목판본이라고 한다. 사주단변(四周單邊)에 반곽(半郭)의 크기가 세로 24.6cm × 가로 16.8cm로 유계(有界) 10행에 1행이 17자로 되었으며 판심은 백구(白口)에 상하내향上下內向) 흑어미(黑魚尾)로 어미(魚尾) 사이에 판심서명인 '<노걸대>(老乞大)'가 있고 장차(張次)가 표시되었다.

이것은 갑인자(甲寅字) 활자본의 복각본이나 4엽, 47엽, 48엽의 3엽은 복각한 것이 아니라 새로 쓴 것이며 이 3엽을 제외하고는 모두 초쇄본이라고 한다.[121] 이것은 다음에 논급할 홍문관(弘文館) 구장본 및 시강원(侍講院) 구장본(모두 규장각 소장)과는 행격(行格)과 본문 내용이 완전히 일치하며 다만 판심과 광곽(匡郭)의 크기에 차이가 보인다(안병희, 1994:5).

이 책은 원소유자가 실제로 중국어를 학습한 책이었으며 책의 여러 곳에 원소유자의 주석이 보이고 1엽 앞 오른 쪽 상단에 "嘉靖二十六年丁未 二月十八日置簿, 戊申十二月十五日下等, 二十四日 楊州除授"라는 첨지(添紙)가 붙어 있다. 또 48엽 뒷면 여백에도 "嘉靖二十八年己酉六月十八日到楊州, 是夜夢遊於完北宮 ,主上騘角乘一男子云云"이라는 주기(注記)가 보여 책주(冊主)가 가정(嘉靖) 정미(丁未), 즉 명종 2년(1547) 2월 18일에 <노걸대>로 중국어를 학습할 사람으로 치부되었고 한어 시험에 합격하여 가정(嘉靖) 28년, 즉 명종 기유(己酉, 1549) 12월 24일에 양주(楊州) 목사로 부임하였음을 알 수 있다(안병희, 1996:5). 따라서 적어도 이 책은 명종 2년(1457) 이전에 출간된 것이다.

---

121 산기문고 소장의 갑인자 복각본이 초쇄본이라는 주장이 사실이라면 아마도 복각할 당시 저본이었던 甲寅字本에서 이미 3엽이 낙장이 되었던 것으로 볼 수밖에 없다. 낙장된 본을 저본으로 하여 복각한 목판본이 과연 가능할까 하는 문제는 앞으로 검토되어야 할 것이다.

3.4.2.2 다음으로 <산노> 가운데 임란 이후의 것으로 ② 홍문관(弘文館) 구장본(奎章閣 소장 奎 5158), ③ 시강원(侍講院) 구장본(奎章閣 소장 奎 6293, 6294), ④ 산기문고본(山氣文庫本), ⑤ 영남대본의 4종이 현전한다. 이 가운데 ② 홍문관 구장본과 ③ 시강원 구장본은 대체로 16세기 후반이거나 17세기 전반에 간행된 것으로 보이며(안병희, 1996) 책머리의 장서인(藏書印)에 따라 각각 <산노>의 홍문관(弘文館), 시강원(侍講院) 구장본이라고 부른다.

홍문관 구장본(奎 5158)은 1책 48張으로 목판본이며 책의 크기는 29.6 × 20.3cm이고 사주단변(四周單邊에) 반엽광곽(半葉匡郭)은 24.2 × 16.6cm로 상술한 바와 같이 산기문고본과는 약간의 차이를 보인다. 아마도 갑인자 복각본을 그대로 인각한 또 다른 판본으로 보인다. 기타는 유계(有界)에 10행 17자로 산기본과 일치하고 다만 판심(版心)이 상하(上下) 대흑구(大黑口), 또는 백구(白口)에 상하흑어미(上下黑魚尾)와 화문어미(花紋魚尾)가 섞여 있어 차이가 난다. 겉표지의 제목이 '화어(華語)'로 되어 있고 1엽 우하(右下)에 '홍문관(弘文館)'이란 도서인이 있어 홍문관에서 구장(舊藏)한 판본임을 알 수 있다.[122]

이것은 후쇄본(後刷本)으로 안병희(1994:5)에 의하면 전반적으로 인면(印面)이 희미하고 개찰(改札)한 곳이 더러 보인다고 한다. 더욱이 6엽, 9엽, 14엽, 46엽의 4엽은 보사(補寫)된 것으로 인쇄된 부분과 책장이 똑같고 책장 가장자리에 스민 물기도 같아서 떨어져 나간 장을 나중에 보사하여 붙인 것이 아니라 후쇄(後刷)할 당시 이미 이 엽(葉)의 책판이 없었던 것으로 추정하였다. 역시 원소유자가 실제로 이 책을 갖고 한어를 공부한 흔적이 도처에 남아있으니 구두점과 성조(聲調) 등이 주서(朱書), 묵서(墨書), 또는 남서(藍書)되었다.

122 정승혜(2000b:170)에 소개된 서지사항을 옮겨보면 "奎章閣本, 老乞大 <奎 5158> [著者未詳, 刊年未詳], 1책(48張). [木](甲寅字 翻刻本 : 後刷本) 29.6 × 20.3cm, 四周單邊. 半葉匡郭 : 24.1 × 16.5cm, 有界, 10行 17字. 版心:上下大黑口 또는 白口, 上下黑魚尾 또는 花紋魚尾混入, 表題:華語. 印:奎 5158 [弘文館]"과 같다. 광곽 크기에 작은 차이가 나는 것은 실측하는 위치가 다른 때문으로 보인다.

3.4.2.3 다음으로 <산노>의 시강원(侍講院) 소장본들인데(奎章閣 소장 奎6293, 6294) 두 책은 복본(複本)으로 판심은 백구(白口)에 화문어미(花紋魚尾)로 되었으나 흑구(黑口)나 흑어미(黑魚尾)도 간혹 섞여있다. 반엽광곽(半葉匡郭)의 크기는 23.2 × 16.5cm로 판심의 모양이나 지질로 보아 17세기 전반의 판본으로 추정하였다(안병희, 1994:5). 이 책도 역시 원소유자가 실제로 공부에 사용했던 것으로 그 흔적이 여기저기 남아있다. 奎6293본은 시강원 이외로 '조선총독부'와 '경성제국대학도서장(京城帝國大學圖書章)'이란 소장인이 있어 일제 강점기에 총독부에서 수집하여 서울대학으로 옮긴 것임을 알 수 있다.

이 책은 대만(臺灣)의 연경출판사업공사(聯經出版事業公司)에서 '노걸대언해·박통사언해(老乞大諺解·朴通事諺解)'란 제목으로 <노박언해>의 여러 이본을 영인 출판할 때에 함께 영인되어 편철되었다. 이 시강원 소장본은 소장자가 언해본의 본문과 면밀히 비교하여 해당 행의 상단(上段) 난외(欄外)에 '○ 諺解作 ○'과 같이 표시하였다.[123] 이를 통하여 {산개}<노걸대>의 원문과 언해본 <노걸대> 본문과의 차이를 일목요연하게 알 수 있다. 다만 본문 가운데 26엽 뒷면 4행에 '到你'라는 오기(誤記)가 언해서에서는 '你到'로 모두 교정되었으나 여기서는 그대로 있다. 이러한 오기가 상술한 산기문고본과 홍문관 구장본에 모두 같게 나타나므로 이 셋을 동일 판본으로 보기도 하였다(安美璟, 1989 등).[124]

다음으로 역시 산기문고본의 <노걸대>는 역시 안병희(1994)에서 자

123 예를 들면 2엽 뒷면 9행의 상단 난외에 '小諺解作少'라는 墨書가 보이고 6엽 뒷면 7행 상단 난외에도 '秆諺解作稈 下同'이란 기록이 보인다. 이것은 {刪改}<노걸대>의 "因此上些小理會的"(2뒤 9)이란 본문이 실제로 <<노걸대>언해>에서는 "因此上○이런 젼ᄎᆞ로, 些少理會的○져기 아노라"(上 5뒤 10행 ~ 6앞 1행)와 같이 '小→少'의 변화가 있고 <산노>의 "料是黑豆草是秆草. 是秆草好"(6뒤 7~8행)는 <<노걸대>언해>에서는 "料是黑豆草是稈草○콩은 거믄 콩이오 딥픈 좃딥피라 是稈草好○이 좃딥피 됴ᄒᆞ니"(上 16앞 8~9행)이어서 '秆→稈'의 변화가 있음을 볼 수 있다.

124 侍講院 소장본의 서지적 특징을 역시 정승혜(2000b)에서 옮겨보면 "奎章閣本 <奎6293 = 奎 6294> [著者未詳, 刊年未詳], 1책(48張). [木](寫字生體字의 翻刻本) 29.6 × 20.3cm, 四周單邊. 半葉匡郭 : 23.2 × 16.5cm, 有界, 10行 17字. 版心 : 上下白口 上下花紋魚尾(黑口 黑魚尾도 보임), 表題 : 華語. 印 : 6394 [侍講院]"과 같다.

세한 서지학적 연구가 이루어졌는데 그에 의하면 이 자료는 2권 1책의 목판본으로 하권의 말미(28엽 뒷면 8행)에 '康熙 四十二年四月日開版'이란 간기가 있어 숙종 29년(1703)에 간판된 것임을 알 수 있다고 한다. 숙종판으로 불리는 이 산기문고본은 상술한 규장각 소장본과 분권이 달라서 2권 1책이며 판식도 매우 다르다. 그 서지적 특징을 상술한 정승혜(2000b)에서 옮기면 다음과 같다.

> {산개}<노걸대> 通文館(山氣文庫)本
>
> [저자미상], 肅宗 29年(1703)
>
> 2卷 1冊, [木]. 四周雙邊. 半葉匡郭 : 25.8 × 16.8cm. 有界 10行 18字
>
> 刊記: 康熙四十二年(1703, 肅宗 29) 四月 日開版(下25 뒤 8)

안병희(1994)에서는 이 한문본이 언해본과 서로 요권(僚卷)으로 모두 4권 3책이었다고 주장하였다. 즉 안병희(1994:6)에서는 "肅宗版의 分卷은 諺解書에 근거한 것으로 생각된다. 새 課가 시작될 경우에는 行을 바꾸어서 二葉花紋魚尾를 앞세웠는데, 이는 老乞大諺解에서 卷頭의 첫 課를 제외한 모든 課의 시작되는 곳에 二葉花紋魚尾를 앞세운 것과 같은 漢學書인 朴通事의 諺解書가 飜譯朴通事부터 새 課를 새 行으로 바꾸어 시작한 방식을 받아들인 결과로 이해된다. (중략) 그런데 이 책은 앞 표지 마구리에 '共三'이라 써 있으므로 上下 2권 2책인 諺解와 完帙을 이루는 것으로 생각된다. 그러나 짝이 되는 諺解本이 어떤 책인지 분명하지 않다. 課 시작의 魚尾로 보면 老乞大諺解거나 그 중간본일 것으로 추정될 뿐이다"(띄어쓰기 한자는 원문대로)라고 하여 <노걸대언해> 2권 2책과 함께 <산노>의 2권 1책을 포함하여 모두 4권 3책이 완질본이었다고 보았다.

여기서 숙종판 <노걸대>의 요권(僚卷)인 <노걸대언해>는 아마도 현종 때에 언해된 <노걸대언해>를 말하는 것으로 보인다. 다음에 상론하겠지만 현재까지 알려진 <노걸대언해>는 현종 11년(1670)에 상국(相國) 정태화(鄭太和)의 계청(啓請)에 의하여 간행된 것이 있고 이를 수정하여 영조 21년(1745)에 신성연(申聖淵)·변익(卞熤) 등이 평양 감영에서 간행한 것이 있다. 따라서 숙종 29년(1703)에 <산노>의 한어본 2권 1책을 간행하고 현종 때에 언해한 <노걸대언해> 2권 2책을 합철(合綴)하여 모두 4권 3책의 <노걸대>를 간행한 것으로 보아야 할 것이다.

<노걸대>와 항상 그 수정 편찬을 같이 하여온 <박통사>는 숙종 3년(1677)에 변섬(邊暹)·박세화(朴世華) 등이 언해하여 <박통사언해>란 이름으로 간행하였다. 이 판본은 규장각에 소장되었는데 이담명(李聃命)의 서문이 있어 그 언해의 경위를 규지(窺知)할 수 있다. 아마도 <박통사>는 {산개}<박통사>(이하 <산박>으로 약칭) 3권 1책과 숙종 3년에 언해한 <박통사언해> 3권 3책을 합철하고 다음에 숙종판 <산노>와 현종판 <노걸대언해>를 함께 편철하여 사역원의 한어 회화교재로 사용한 것으로 볼 수 있다.

3.4.2.4 다음으로 <산노>의 현전 이본 가운데 마지막으로 영남대본(嶺南大本)에 대하여 언급하고자 한다. 이 자료는 安美璟(1989)에서 알려진 것인데 역시 안병희(1994:3)에 의하면 시강원(侍講院) 구장본과 동일하며 임란 이후에 간행된 생체자본(生體字本)과 같다고 보았다. 그러나 필자의 실사에 의하면 영남대학교 도서관에는 한어 <노걸대>가 3종이 있다. 그 가운데 도남 조윤제 선생의 구장본 <노걸대>(古도727, 도서번호 247933)는 갑인자(甲寅字)본의 복각본으로 3종의 <노걸대> 가운데 가장 오래된 것으로 보인다. 이 책의 서지사항은 다음과 같다.

{산개}<노걸대> 嶺南大 所藏本

1卷 1冊, 木版本

크기 27.0 × 31.8cm, 5針 한장본

四周雙邊. 半葉匡郭 : 23.8 × 16.4cm. 有界 10行 18字

藏書印: 陶南藏書

朱點이 있음.

물론 이 판본도 <노걸대>의 산개본(刪改本)으로 임란 이전에 간행한 것이다.

3.4.3 〈노걸대〉의 신석(新釋)

다음으로 <노걸대신석(老乞大新釋)>의 판본에 대하여 고찰한다. 김창조(金昌祚)·변헌(邊憲)이 개정한 <노걸대신석>은 영조 37년(1761)에 홍계희(洪啓禧)가 서문을 쓴 것이 몇 종 현전한다. 이 가운데 연세대학 소장본이 초간본으로 보이며 규장각에도 2종이 전해진다. 규장각본의 서지학적 특징을 여기에 옮겨보면 다음과 같다.[125]

<노걸대신석> 奎章閣本(奎 4871, 4872)

邊憲(朝鮮)등 撰. 1761년(英祖 37)
1冊(51張) 木版本 32 × 21.3 cm.
四周雙邊. 半葉匡郭 : 22.7 × 16 cm, 有界, 10行 20字.
版心 : 上三葉花紋魚尾.
表題 : 老乞大新釋. 版心題 : 老乞大新釋.
序 : 上之三十七年辛巳(1761년) 洪啓禧 序
奎 4871 卷末 : 檢察官 - 金昌祚, 邊憲
校正官 - 李天埴, 李命說, 李寅昇, 李性恭, 金鼎德, 李泰昌, 丁好信
書寫官 - 趙東洙, 李彦瑱, 鄭德純, 李煐
印 : 奎 4871 [承華淸宮]
紙質 : 奎 4872은 上級의 楮紙.

연세대 소장본은 겉표지가 '老乞大(全)'으로 되어 있고 제1엽에 '老乞

125 연세대본의 서지적 특징을 정승혜(2000b:195-6)에서 옮겨보면 "<老乞大新釋>, 延世大本 (412.8 <노걸대> 신-판), 邊憲(朝鮮)等 撰. 1761年(英祖 37). 1冊(46張). 木版本, 四周雙邊. 半葉匡郭 : 23.5 × 17 cm, 有界, 10行 20字. 版心 : 上花紋魚尾. 表題 : 老乞大新釋. 版心題 : 老乞大新釋. 序 : 上之三十七年辛巳(1761년) 洪啓禧 序"와 같다.

大新釋序'란 제목이 있으며, 그 상단에 '연세대학교 중앙도서관 장서'란 방형의 장서인이 있고 권수제(卷首題) 밑에 '?隱'이란 원형의 장서인이 있다. 판심의 백구(白口)에 '老乞大新釋'이란 판심제가 있고 하향(下向) 삼엽화문어미(三葉花紋魚尾) 아래에 '序 一', 또는 엽수(葉數)가 각인되었다. 숭록대부(崇祿大夫) 행의정부좌참찬(行議政府左參贊) 겸홍문관제학(兼弘文館提學) 홍계희(洪啓禧)의 서문은 4엽 반으로 유계(有界) 6행에 14자가 수록되었다.[126]

연세대 소장본의 본문은 '老乞大新釋'이란 권수제(卷首題) 다음에 전대의 <산노>와 다른 당시의 북경 속어가 "阿哥你打那裏來。我從朝鮮王京來..."와 같이 수정되었다. <노걸대>에서는 처음으로 조선(朝鮮)이란 국명이 사용된 것이다. 그러나 이 판본은 당시 유행하는 속어를 지나치게 많이 담고 있었기 때문에 오히려 다음에 수정되는 <중간노걸대>에서는 오히려 이 신석의 중국어를 <산노>의 것으로 되돌리려고 한 흔적이 보인다.

권말에 <노걸대>의 신석에 관여한 제역(諸譯)의 함명(銜名)을 기재하였는데 연세대 소장본으로부터 이를 옮겨보면 다음과 같다.

檢察官

資憲大夫前知中樞府事 金昌祚, 嘉義大夫前同知中樞府事 邊憲

校正官

通訓大夫前行監牧官 李天埴, 通訓大夫前司譯院正 李命說

通訓大夫 行司譯院訓導 李寅昇

通訓大夫行司譯院訓導 李性恭, 通訓大夫行司譯院訓導 金鼎德

通訓大夫前司譯院正 李泰昌

通訓大夫前行司譯院僉正 丁好信

126 이 <노걸대신석>의 洪啓禧 서문에 대하여는 정승혜(1998c)를 참조할 것. 이 글에서는 서문의 전문을 우리말로 풀이하고 난해구를 주석하였다.

書寫官

通訓大夫前行司譯院僉正 趙東洙 諺解正書入梓

通訓大夫前行司譯院 主簿 李彦塡

朝散大夫前行司譯院直長 鄭德純 諺解正書入梓

朝散大夫行司譯院參 奉 李煐

이를 보면 김창조와 변헌이 주도하여 <노걸대>를 신석하였음을 알 수 있고 조동수와 정덕순이 이를 언해하여 바르게 써서 침재(鋟梓)하였음도 알 수 있다. 언해 부분은 다음에 상론할 것이다.

3.4.4 〈노걸대〉의 중간(重刊)

다음으로 <중간노걸대(重刊老乞大)>에 대하여 고찰한다. 전술한 바와 같이 이수(李洙) 등이 중간한 <중간노걸대>의 현전본은 현재 국내에서는 서울대 규장각과 가람·일사(伽藍·一簑)문고, 연세대, 국립중앙도서관 등에 여러 이본이 소장되어 있고 국외에도 필자가 조사한 바에 의하면 동경(東京)의 동양문고(東洋文庫)와 도쿄대학(東京大學)의 오구라(小倉)문고, 그리고 고마자와(駒澤)대학 가나자와(金澤) 구장본(舊藏本) 등에 다수 소장되었다.

국립중앙도서관 소장본(도서번호; 한古朝40-2)은 '朝鮮總督府圖書之印'과 '朝鮮總督府 學務局 保傳本' 등의 도서인이 찍혀 있어 일제 강점기에 총독부가 수집하여 소장했던 것임을 알 수 있다. 여기서는 가장 많이 소장하고 있는 규장각본을 소개하기로 한다. 현재 규장각에는 이문원(摛文院, 규장각의 구명)의 구장본(奎 932)과 그와 동판본이 여럿 소장되어 있는데 이 가운데는 홍문관(弘文館) 구장본(奎 3173)도 포함되었다. 이들의 서지학적 특징을 정리하면 다음과 같다.

<重刊老乞大>

奎章閣本 奎 932, 2052, 3173, 3186, 3799, 4968-70 / 5198, 5563, 7852

李洙(朝鮮)등 正祖 受命撰. 1795년(正祖 19), 1冊(46張).

木版本 35.1 × 23.6 cm. 四周雙邊. 半郭 22.2 × 16.5cm, 10行 20字.

版心 : 上3葉花紋魚尾. 판심제 : 重刊老乞大

卷末 : 校檢官, 校正官, 書寫官, 監印官(等 諸臣銜名).

刊記 : 乙卯仲秋本院(司譯院) 重刊.

印 : [摛文院](朱文方印, 奎 932), [弘文館](朱文長方印, 奎 3173) [127]

<중간노걸대>는 신석본에 비하여 오히려 <산노>의 중국어에 가깝도록 수정되었으며 이것은 신석본이 지나치게 구어체를 반영한 것에 대한 반발로 보임을 전술한 바 있다. 특히 도쿄(東京)대학 오구라(小倉)문고 소장의 <노걸대> 1·2·3은 한어본 2권을 합철하여 1책을 만들고 언해본 2권을 합쳐 4권 3책이 한 질(秩)을 이룬 것이 있다.

3.4.4.1 오구라(小倉)문고 소장의 <노걸대>(L175174, L175175, L175176)는 모두 4권 3책으로 제1책의 서명은 '華語釋', 제2책은 '諺解 上', 그리고 제3책은 '諺解 下'로 되었으며 5침(針) 선장(線裝)의 마구리에 '共三'이란 묵서(墨書)가 있어 이들이 서로 요권(僚卷)임을 말한다. 이 3책은 반엽광곽(半葉匡郭)이나 책의 크기가 같으며 겉표지의 서명과 기타 서지사항이 모두 일치한다. 먼저 권수제(卷首題)가 '重刊老乞大'인 한어본 <노걸대>(L175174)는 겉표지가 다른 언해본과 같이 '老乞大 一'이고 다만 우측 상단에 '華語釋'이란 부제가 있을 뿐이다.

권수제(卷首題)가 '重刊老乞大諺解 上'인 제2책(L175175)은 언해본 상권이고 겉표지가 '老乞大 二'이며 '重刊老乞大諺解 下'인 언해본 하권의 제3책(L175176)도 겉표지가 '老乞大 三'이며 다만 이 두 언해본은 우측 상단에 '諺解 上', '諺解 下'란 부제를 붙였을 뿐이다. 이들은 규장각본과

127 奎 932에는 司譯院 과시추첨번호가 기입되었고 부분적으로 한자음이 표음된 것으로 보아 司譯院에서 실제로 사용된 것임을 알 수 있다. 奎 2052도 한자음이 일부 기입되었음.

동일 판본으로 다른 서지사항은 대체로 일치한다. 다만 '老乞大 一'의 한어문과 '老乞大 二·三'의 언해문은 판심이 조금 다르다. 그리고 한어본과 언해본의 본문 상단 난외에 제1과로부터 제110과까지 주서(朱書)로 표시하였는데 그 분량이 한어본과 언해본이 일치한다.

오구라문고본 <중간노걸대>에는 내 1엽에 3개의 장서인이 있다. 하나는 '東京帝國大學 文學部 語學研究室'(右上段 欄外)이란 장서인이고 또 하나는 '東京大學圖書'(제1-2행 하단), 그리고 제3의 장서인은 '小倉藏書'로서 두 번째 장서인의 아래에 찍혔는데 모두 주인(朱印)이다. 본문은 규장각본과 모두 44엽으로 권말에 '重刊老乞大終'이란 권미 서명도 일치하여 동판본으로 보인다.

3.4.4.2 다만 부재된 제역함명(諸譯銜名)에 서사관(書寫官)으로 적힌 이광우와 오명의는 각각 '宣務郎司譯院主簿李光祐'와 '宣務郎司譯院主簿吳命毅'에서 '宣□□□□□□簿李光祐', '宣□□□□□□簿吳命毅'와 같이 관직의 일부가 지워졌다. 규장각본은 이 부분을 온전히 보존한 것으로 보아 아마도 오구라본은 후쇄본으로 무슨 이유에서인지 목판에서 이 부분을 지웠거나 마모(磨耗)되어 후쇄본에서 보이지 않게 된 것으로 보인다.[128]

규장각본에서 이 부분을 옮겨보면 다음과 같다.

檢察官 崇祿大夫行知中樞府事 李 洙　　正憲大夫行知中樞府事 張 濂,
嘉義大夫行忠武衛副司直 金倫瑞　嘉善大夫同知中樞府事 玄啓桓
折衝將軍行忠武衛副司直 李鎭復　折衝將軍行忠武衛副司直 李邦曄
折衝將軍行忠武衛副司直 鄭思玄
校整官 通訓大夫前司譯院正 洪宅福　　通訓大夫前司譯院正 李永逵

128 일본의 駒澤大學 도서관 濯足文庫 소장의 金澤舊藏本 <중간노걸대>의 이 부분은 '宣務郎司譯院主簿'가 흐릿하게 보여서 규장각본보다는 후쇄본이지만 小倉文庫本보다는 먼저 쇄출된 것으로 보인다.

	通訓大夫前司譯院正 玄 熿	通訓大夫前司譯院正 張舜相
	通訓大夫前司譯院正 玄以遠	通訓大夫前司譯院正 李時觀
	朝奉大夫前司譯院僉正 張翼相	朝奉大夫前司譯院僉正 洪處純
	通訓大夫前行司譯院主簿 邊 鎬	宣務郎前司譯院主簿 李時健
書寫官	朝奉大夫前司譯院僉正 崔 瑊	朝奉大夫前司譯院僉正 李時鼎
	朝奉大夫前行司譯院判官 玄 淇	宣務郎司譯院主簿 李光祐
	宣務郎司譯院主簿 吳命毅	宣務郎司譯院主簿 鄭仁儉
	禦侮將軍行忠武衛副司正 李觀濠	正書入梓
	將仕郎漢學權知 李宜敬	將仕郎漢學權知 邊性求
	將仕郎漢學權知 方重叔	
監印官	漢學前銜 張 熹	

이상 <중간노걸대>의 현전본에 대하여 살펴보았다. <중간노걸대>는 <노걸대>류의 판본 중에서 가장 최근에 간행된 판본이어서 가장 많이 현전한다.

3.4.5 〈박통사〉의 산개본과 신석본

다음은 <박통사>의 변천과 현전하는 판본에 대하여 고찰한다. 앞에서 살펴본 것처럼 <박통사>도 <노걸대>와 같이 고려 말에 편찬되었으며 늦어도 조선 초기에는 판본으로 간행된 원본이 있을 것으로 추정된다. 또 성종 때에 한인(漢人) 갈귀(葛貴)가 이를 수정한 산개본(刪改本)이 있으며 <노걸대신석(老乞大新釋)>과 거의 같은 시기에 구본(舊本)을 수정한 신석본, <박통사신석(朴通事新釋)이 현전한다. 그러나 이를 중간한 <박통사>는 중간본 <노걸대>와는 달리 발견되지 않는데 이는 아마도 <박통사>의 중간본이 간행되지 않았기 때문인 것으로 보인다.

따라서 <박통사>는 <노걸대>와 같이 {원본}<박통사>가 있었을 것으로 추정된다고 앞에서 살펴보았다. 그리고 이어서 이를 <노걸대>와 같이 갈귀(葛貴)가 산개한 {산개}<박통사>가 있었고 영·정조 때에 변헌

(邊憲) 등이 신석(新釋)한 <박통사신석>이 있었다. 다음에 이들 각각에 대하여 살펴보기로 한다.

3.4.5.1 첫째 {원본}<박통사>는 <노걸대>의 원본과 같이 고려 말에 편찬되어 적어도 조선 초기까지 사용되었던 한어 회화교재로서 『노박집람(老朴集覽)』의 도처에 등장하는 <박통사>의 '구본(舊本)'은 실제로는 <노걸대>의 구본과 같이 {원본}<박통사>(이하 <원박>으로 약칭)로 보아야 할 것이다. 『노박집람』의 <박통사집람>에 기재된 "朴通事舊本 云云"은 최세진이 번역의 대본으로 삼은 성종 때의 {산개}<박통사>(이하 <산박>으로 약칭)와는 또 다른 구본(舊本)이 있음을 말해 준다(졸고:2000b).

『노박집람』에 인용된 '舊本朴通事'의 난해구와 그에 대한 풀이를 살펴보면 <원박>의 한어가 역시 {구본}<노걸대>와 같이 몽고어의 영향을 받은 원대(元代) 한아언어(漢兒言語)이며 따라서 {구본}<박통사>는 고려 말에 저작된 <박통사>의 원본으로 추정된다(졸고, 2000b). 그렇다면 이제까지 전해오는 {산개}<박통사> 이전에 <원박>이 실재하였음을 알 수 있다. <박통사>의 원본도 <원노>와 같이 발견되어 학계에 소개되기를 기다리는 마음이 간절하다.

<원박>은 정광(1995)에서는 고려 말에 간행한 것으로 추정한 바 있으며 梁伍鎭(1998)에서는 <원노>와 같이 충목왕(忠穆王) 2년(丙戌, 1346)경에 저작되었다고 보았다.

3.4.5.2 다음으로 {산개}<박통사>(이하 <산박>으로 약칭)에 대하여 살펴보기로 한다. <박통사>의 개정에 대하여는 전술한 『성종실록』(권195) 성종 14년(1483) 9월 경술(庚戌)조의 기사로서 중국인 갈귀(葛貴)에 의하여 <노박>이 수정되었음을 알 수 있으며 이 교정본은 전술한 바와 같이 성종이 "한어에 능한 자를 선발하여 <노걸대>·<박통사>를 산개하라(上曰: 且選其能漢語者, 刪改老乞大、朴通事)"(『성종실록』 권122, 성종 11년 10월 乙丑조)는 기사로부터 {산개}<박통사>란 이름으로 부르려고 한다. 이 책은 명

대(明代) 남경(南京) 관화(官話)를 학습하기 위한 교재로서 고려 말의 원본을 산개(刪改)한 것이며 중종 때 최세진이 <노박>을 번역할 때의 저본이 되었고 숙종 때에 언해한 <박통사언해>의 저본으로도 이용되었다. 이 책은 정조(正祖) 19년(1795)에 변헌(邊憲) 등이 수정한 <박통사신석>이 나오기까지 실로 300여년간 사역원에서 중국어의 표준학습서가 되었다.

현전하는 <산박>은 아직 소개된 것이 없다. 그러나 이를 저본으로 하여 언해한 <박통사언해>가 다수 현전하므로 그 한어 원문을 참고하기에는 어렵지 않다.

3.4.5.3 셋째 <박통사>의 신석(新釋)에 대하여 살펴보자. <박통사신석>(이하 <신박>으로 약칭)에 대하여는 여러 가지 서로 다른 기사가 있어 매우 혼란스럽다. <신박>은 <산박>을 약간 수정하여 엮은 한어 학습서로서 청대(淸代) 북경의 만다린을 학습하기 위한 교재다. 『통문관지』(권8) '집물(什物)' [속(續)]조에는 평양에서 김창조(金昌祚)가 수정하여 간판한 <신석박통사>와 <신석박통사언해>가 있었다고 하였으나 이것은 앞에서 살펴본 바와 같이 <노걸대신석>과 그 언해본을 수정하여 간판한 것을 반대로 기록한 것이다.[129]

이것은 앞에서 인용한 <노걸대신석>의 홍계희(洪啓禧) 서문(序文)에 "旣又以朴通事新釋, 分屬金昌祚之意, 筵稟蒙允. 自此諸書幷有新釋, 可以無礙於通話 - 이미 또 <박통사>의 신석을 김창조에게 나누어 맡기자는 뜻을 경연에서 품하여 허락을 얻었다. 이로부터 여러 책에 모두 신석이 있게 되었으며 말을 통역하는데 막힘이 없게 되었다"라는 기사로서 원래 김창조에게 <박통사>의 신석도 주관하기로 연품몽윤(筵稟蒙允)하였

129 {刪改}<朴通事>와 <朴通事新釋>의 漢語 本文이 후자의 修訂에 의하여 조금씩 다르다. 예를 들면 맨 첫 구절이 다음과 같이 다르다.
當今聖主, 洪福齊天, 風調雨順, 國泰民安。又逢着這春二三月, 又正是好時節, 休蹉過了好時光。(刪改本)
當今皇上, 洪福齊天, 風調雨順, 國泰民安。眞是好年景, 這春二三月。又正是好時節, 咱們不可虛度過了。(新釋本)

으나 웬일인지 현전하는 <신박>에는 검찰관(檢察官)으로 변헌(邊憲)과 이담(李湛)의 이름만 보이고 김창조는 어디에도 이름을 남기지 않았다. 즉 현전하는 일사(一簑)문고본 소장의 <신박>의 권말에 부재된 제역함명(諸譯銜名)에는 다음과 같은 한어 역관의 이름이 나열되었다.

檢察官 - 邊憲, 李湛

校正官 - 申漢楨, 洪愼憲, 卞光寶, 李運成, 金履熙, 趙東洙(諺解 正書入梓)

張允慶, 金履瑞(諺解 正書入梓)

金益瑞, 崔國楪(大全 正書入梓) 金漢謙(諺解 正書入梓), 高師信

監印官 - 平壤譯學 愼在忠[130]

3.4.5.4 이 기사에 김창조(金昌祚)의 이름이 보이지 않는 것은 앞에서 살펴본 것처럼 이 책이 간행될 때에는 그가 너무 고령이어서이거나, 아니면 이미 타계하여서 이 책의 간행에 직접 참여하지 못한 것으로 보인다. 또 상술한 『통문관지』(권8) '집물(什物)' {속(續)}조에 "新釋朴通事板, 諺解板: 訓長金昌祚等修整, 乾隆乙酉箕營刊板 - <박통사>의 신석판과 언해판은 훈장 김창조 등이 수정하여 건륭 을유(1765)에 기영에서 간판하

130 고려대학교 박물관에 소장된 사역원 역학서 책판 가운데 <朴通事新釋>의 책판으로 21판 40엽이 소장되었다. 이들은 정광·송기중·윤세영(1992)에서 소개되었으며 이 가운데 <朴通事新釋>의 간판에 참여한 諸譯의 銜名이 기재된 이 부분이 현전한다. 정광·윤세영(1998:308)에 전재된 <박통사> 책판의 탁본의 최종엽(66엽)에 '朴通事新釋終'이란 권미제가 있고 이어서 다음과 같이 <朴通事新釋>의 간행에 관여한 諸譯銜名이 나열되었다. 이것은 판본의 그것과 일치한다.

檢察官 資憲大夫行知中樞府事 邊 憲　　嘉善大夫行忠武衛副司直 李 湛
校正官 折衝將軍行龍驤衛副護軍 申漢楨　　通訓大夫前司譯院主簿 洪愼憲
通訓大夫行漢學訓導 邊光寶　　通訓大夫前司譯院僉正 李運成
通訓大夫前司譯院正 金履熙
書寫官 通訓大夫前司譯院僉正 趙東洙(諺解正書入梓) 通訓大夫行漢學訓導 張允慶
通訓大夫行淸學訓導 金履瑞(諺解正書入梓) 朝散大夫前司譯院直長 金益瑞
朝散大夫前行司譯院直長 崔國楪(大全正書入梓)
朝散大夫前行司譯院奉事 金漢謙(諺解正書入梓)
將仕郎漢學權智 高師信
監印官 通訓大夫行平壤譯學 愼在忠

다"이라 한 것은 김창조가 평양 감영의 한학훈장으로서 전술한 바와 같이 <노걸대신석>을 주도하였고 홍계희(洪啓禧)의 '노걸대신석서(老乞大新釋序)'에서는 <박통사>의 신석도 김창조에게 맡기기로 연품몽윤(筵稟蒙允)한 일이 있었기 때문이다. 그러나 『통문관지』의 기사에는 <신박>이 건륭(乾隆) 을유(乙酉, 영조 41, 1765)에 기영(箕營)에서 간행되었다고 기록하였다. 또한 상기 <박통사>의 신석에 관여한 제역함명(諸譯銜名) 가운데 감인관으로 평양역학 신재충의 이름이 보인다. 이것은 <신박>도 평양에서 간판한 것이 아닌가 하는 의문을 낳게 한다(정광·윤세영, 1998:203~5).

또 현전하는 서울대학교 중앙도서관 일사문고에 소장된 <박통사신석언해>의 제2권(地) 말미에 '乙卯中秋 本院重刊'이란 묵서가 있다. 이것은 정조 을묘(乙卯, 1795)에 사역원에서 <중간노걸대>와 <중간노걸대언해>를 중간한 것을 기록한 것으로 보이며 <박통사>의 경우는 <박통사신석>과 <박통사신석언해>를 목판본으로 간행하고 다시 이를 수정하였기 때문에 <박통사>의 중간(重刊)은 없었던 것으로 보인다. <박통사>의 신석은 변헌(邊憲)과 이담(李湛, 후일 李洙) 2인이 중심이 되어 수행하였다.

김창조가 신석한 <노걸대신석>은 지나치게 당시 북경 만다린의 구어(口語)를 반영하였기 때문에 이수(李洙) 등은 이를 다시 수정하여 <중간노걸대>를 간행하게 되었다. 그러나 변헌(邊憲)과 이수(李洙)는 김창조의 <노걸대신석>과는 달리 비교적 적절한 북경어로 <박통사>를 신석하여 목판본으로 간행하였다. 따라서 <박통사>의 중간은 없게 된 것으로 보인다. 이미 <박통사신석>은 지나친 구어(口語)의 사용을 자제하였기 때문이다.

3.4.5.5 모리스 쿠랑(Maurice Courant)의 *Bibliographie Coréenne*『조선서지』(1894:75~76)에서는 <박통사신석>에 대하여 이 책의 중국어가 청대 만다린과는 달랐음을 다음과 같이 언급하였다.

"新釋朴通事 *Sin syek pak htong sā* L'Interprète Pak, Nouvelle traduction.

1 vol. in-4, 68 feillets.

C. des Int.--L.O.V.

La préface indique que, la langue chinoise s'étant modifiée, les livres dont on se servait précédemment ne peuvent plus être employés pour apprendre à la parler; parmi ces anciens livres, elle mentionne le Yek e tji nam, le premier livre qui fut composé en bon coréen: "jusque là, les ouvrages à l'usage des" Interprètes étaient très défectueux; aussi Sye Ke tjyeng, 徐居正, a dit avec raison que l'intelligence du roi Syei tjong est supérieure à celle de tous les rois, puisque c'est lui qui est l'inventeur du coréen(始製諺文)." Dialogues en chinois parlé, sur toutes sortes de sujets: la langue differe légèrement de la langue mandarine telle qu'on l'emploie aujourd'hui. A la fin, liste des fonctionnaires et interprètes qui ont revu l'ouvrage et en ont surveillé l'impression, en 1765, à Hpyeng yang, 平壤: trois d'entre eux se sont spécialment occupés de la transcription coréenne, parmi eux ne figure par Kim Tchyang tjo, 金昌祚(voir No. 93). Pour cet ouvrage, il existe, à la Cour des Interprètes, des planches qui ont été gravées à une époque, qu'on ne saurait préciser(Cf. Htong moun koan tji, liv. 8, fol. 7).--4절판 1권, 68장. C. des Int.(- .사역원)에서 간행하고 L.O.V.(파리 동양어학교)에 소장, 서문은 중국어가 변화해서, 이전의 책들이 이 말을 배우기 위하여 더 이상 쓰이지 않게 되었음을 지적하였다. 그리고 또 서문에서는 서거정이 '그 때까지 역어에 사용할 책이 매우 불비하였으며 또한 세종대왕이 모든 왕들 가운데 가장 뛰어난 지혜를 가졌기 때문에 한글을 발명하였다'라고 쓴 역어지남의 서문을 인용하였는데 이 역어지남은 옛 책 가운데 유려한 한국어로 편찬된 최초의 것이다. [이 책의] 다양한 주제를 가진 중국어의 대화는 오늘날 사용되고 있는 가벼운 만다린(청대의 北京官話--집필자주)과 다르다. 마지막으로 1765년 평양에서 이 책의 교정과 인쇄의 감독을 맡은 관리들과 역관

의 명단을 적고 있다. 그들 중 세 명은 한글로 발음을 전사하는 작업을 맡았는데, 그들 중에 金昌祚(93번을 보라)란 이름은 실려있지 않다. 이 책을 위해서 시기를 정확하게 알 수 없는 때에 간판된 목판들이 사역원에 있다(통문관지 권8 7엽 참조).[131]

이에 의하면 모리스 쿠랑이 본 <박통사신석>의 한어는 당시 중국에서 사용된 '가벼운 만다린과는 다른 언어(la langue différe légèrement de la langue mandarine telle qu'on l'emploie aujourd'hui.)'임을 증언하고 있다. 실제로 그가 본 <박통사신석>에는 <박통사>의 신석을 주도하기로 연품몽윤(筵稟蒙允)한 김창조(金昌祚)의 이름이 없었으며 『통문관지』(권8)에 의하면 이 책의 책판이 사역원에 남아 있다고 하였다. 그리고 현전하는 <박통사신석>은 규장각본과 국립도서관 소장본 모두 '<박통사>신석서'의 뒷부분이 잘려 있어서 정확한 간기를 확인할 수 없다. 그러나 쿠랑은 전게한 『통문관지』(권8) '집물(什物)' {속(續)}조의 전게 기사에 의거하여 이 책이 평양에서 간행된 것으로 보았으며 이것이 학계의 정설로 되었다.

3.4.5.6 규장각(奎章閣)에는 변섬(邊暹) 등이 수정한 <박통사언해>만이 있으며 신석본은 전하지 않는다. 그러나 다른 도서관 등에 변헌(邊憲)·이담(李湛) 등이 간판한 <신박>의 판본이 몇 권 전해지고 있다. 현전 판

131 이 부분은 李姬載 譯(1994:120)에서 "1책. 4절판. 68장, L.O.V.COR.I.296--(司譯院), 序에서는 중국어가 변화되었기 때문에 중국어를 말하기 이전의 책들이 더 이상 사용되기 어렵다는 점을 지적했다. [중략] '또한 徐居正은 한글을 발명하신 세종대왕의 현명하신 모든 임금 중에 가장 뛰어나다는 점을 강조하고 있다.' [중략] '다양한 주제에 대한 中國語 口語體가 나오는데 오늘날 사람들이 사용하는 것과 양반층의 언어는 그 말이 다소 다른 것이다.' [중략] '그들 가운데 세 명은 한글로 베껴 쓰는 작업을 맡았는데 金昌祚란 이름만 표시되었다.' 운운" 등의 오역이 있다. 특히 "parmi eux ne figure par Kim Tchyang tjo, 金昌祚 - 그들 가운데 김창조란 이름은 실리지 않았다"란 부분은 "김창조란 이름만 표시되었다"라고 정반대로 해석하여 연구자들을 현혹시켰다. 원전을 참고해야 한다는 교훈을 일깨워 주는 사례라고 할 수 있다.

본 가운데 가장 대표적인 일사문고본의 서지적 사항을 소개하면 다음과 같다.

<朴通事新釋> <一蓑 古 495.1824-B992b>

邊憲(朝鮮)等受命撰. [刊年未詳]. 1冊(67張) [木] 32 × 20.3 cm. 四周雙邊

半葉匡郭 : 21.2 × 15.3 cm, 有界, 10行 20字.

版心 : 上下內向二葉魚尾. 表題 : 朴解. 印 : [金重漢印]

卷末 : 檢察官 - 邊憲, 李湛

校正官 - 申漢楨, 洪愼憲, 卞光寶, 李運成, 金履熙, 趙東洙(諺解正書入梓) 張允慶, 金履瑞(諺解 正書入梓), 金益瑞, 崔國樑(大全 正書入梓) 金漢謙(諺解 正書入梓), 高師信

監印官 - 通訓大夫行平壤譯學愼在忠

국립중앙도서관에도 일사문고본과 동일한 판본이 소장되었는데 이 두 책은 동일 판본일 뿐 아니라 동일 후쇄본이다. 예를 들면 홍계희(洪啓禧)의 것으로 보이는 <박통사신석>의 서문(序文)이 두 책 모두 중도에서 끊겼다. 즉 일사문고본과 중앙도서관 소장본(도서번호: 한古朝41-21)의 두 책이 모두 '朴通事新釋序'의 2엽 끝 부분인 "世宗神思睿智. 高出百王. 始製諺文"에서 끝났다. 아마도 이것은 두 책의 서문이 나머지 판목이 망실된 이후에 쇄출한 때문이며 이 때에 후쇄된 판본 가운데 하나는 국립중앙도서관에, 그리고 또 하나는 일사문고에 남게 된 것으로 볼 수밖에 없다.

모리스 쿠랑이 파리 동양어학교에 소장되었다고 소개한 <박통사신석>도 이 서문을 갖고 있는 것으로 보이며 상술한 쿠랑의 해제에 서문의 이 부분이 인용되었다.[132] 일사문고본과 중앙도서관 소장본은 권말

132 상술한 쿠랑의 <朴通事新釋> 해제에서 "l'intelligence du roi Syei tjong est supérieure à celle de tous les rois, puisque c'est lui qui est l'inventeur du coréen(始製諺文) - 세종대왕이 모든 왕들 가운데 가장 뛰어나 지혜를 가졌기 때문에 한글을 발

의 제역함명(諸譯銜名)에 검찰관(檢察官)으로 변헌(邊憲)과 이담(李湛)의 이름만이 보인다. 그렇다면 쿠랑이 "trois d'entre eux se sont spécialment occupés de la transcription coréenne, parmi eux ne figure par Kim Tchyang tjo, 金昌祚(voir No. 93). - 그들 중 세 명은 한글로 발음을 전사하는 작업을 맡았는데, 金昌祚(93번을 보라)란 이름은 실려 있지 않다"라고 한 것은 그가 일사문고본이나 중앙도서관과 동일한 판본을 본 것을 말하며 그 책의 권미에도 변헌(邊憲)과 이담(李湛)만이 검찰관으로 등재된 것으로 볼 수 있다. 쿠랑의 <신박>에 대한 언급을 이해하기 위하여 우리는 파리 동양어학교 소장본을 조사할 필요가 있으나 역시 같은 판본이다.

현재 대한민국 국회도서관에는 파리 동양어학교 소장본의 마이크로필름을 수집하여 소장하고 있다. 이 마이크로필름의 <박통사신석>을 프린트하여 살펴본 바에 의하면 역시 일사문고본이나 중앙도서관 소장본과 같이 '박통사신석 서(序)'가 같은 곳 "世宗神思睿智, 高出百王, 始製諺文"에서 끝났다. 따라서 이 세 책은 동일 판본일 뿐만 아니라 서문의 일부가 잘려져 나간 동일 책판의 후쇄본이다. 파리본에는 '박통사신석 서(序)'가 온전히 존재할 것으로 기대했던 필자는 이 영인본에도 같은 곳에 서문이 잘려져 나간 것을 보고 실망을 금치 못하였다. 현재로는 이 서문이 완전하게 실려 있는 판본은 없으며 따라서 이 서문이 누구의 소작인지, 그리고 언제 작성되었는지 분명하지 않다. 하루 바삐 완전한 서문을 가진 판본이 발견되기를 바라는 마음 간절하다.[133]

명하였다"라는 것은 바로 이 서문의 "世宗神思睿智, 高出百王, 始製諺文"을 불어로 풀이한 것이다.

133 일본 東洋文庫에도 <朴通事新釋>(도서번호 VII 1-39) 한 책이 소장되었다. 그러나 이 책에는 '朴通事新釋序'가 처음부터 실려 있지 않다. 아마도 서문의 책판이 완전히 망실된 다음에 후쇄한 것이거나 중도에 없어진 서문을 처음부터 쇄출하지 않고 서문을 빼고 편철한 것으로 보인다. 또 고려대학교 박물관에는 <박통사신석>의 책판이 21판 40엽이나 수장되었다. 제1엽부터 제8엽까지 권두 8엽의 책판과 이 책의 간행에 관여한 諸譯銜名이 기재된 최종엽이 收藏되었으나 서문의 책판은 역시 보이지 않는다. 아마도 서문의 책판은 일찍부터 없어진 것으로 보인다. 이에 대하여는 정광·윤세영(1998:205~6)을 참조할 것.

3.4.5.7 끝으로 <박통사>의 중간에 대하여 살펴보기로 한다. <노걸대>에는 <중간노걸대>와 그 언해가 전하지만 <박통사>는 '중간박통사'란 이름으로 간행된 것이 없다. 이것은 <중간노걸대>가 존재함에 비하여 매우 이례적인 일이다. 왜냐하면 <박통사>는 항상 <노걸대>와 함께 간행되고 수정되었기 때문이다. 다만 상술한 바와 같이 일사문고에 소장된 <박통사신석언해>의 제2권(地) 말미에 '乙卯中秋 本院重刊'이란 묵서가 있어 이 판본이 중간본으로 볼 수도 있으나 이것은 정조 을묘(乙卯, 1795)에 사역원에서 <중간노걸대>와 <중간노걸대언해>를 간행한 것을 지적한 것이다.[134]

아무튼 <박통사신석>과 <박통사신석언해>는 변헌과 이담(후일 李洙) 2인이 중심이 되어 수정 보완한 것으로 김창조가 주도한 <노걸대>의 신석과 같이 지나친 구어체의 문장으로 수정되지 않았기 때문에 이를 다시 재수정하여 <중간노걸대>와 같이 간판할 필요를 느끼지 않은 것 같다. 더욱이 <박통사>의 신석에 참가한 이담이 <노걸대>의 중간을 주도한 것은 그가 참가하지 않은 <노걸대>의 신석을 다시 수정한 것이지만 <박통사>의 신석에는 이미 그가 참가한 일이 있기 때문에 이를 다시 중간할 필요가 없었을 것이다.

따라서 <박통사>는 이 신석을 끝으로 더 이상의 수정본은 나오지 않았으며 상술한 바와 같이 변헌이 주도하고 이담 등이 가담하여 <박통사>를 수정하여 <박통사신석>이란 이름으로 간행하였고 이어서 그 언해본도 간행하였는데 이것이 <박통사>의 최종 수정본이라고 할 수 있다. 이것은 서유구(徐有榘)의 『누판고(鏤板考)』에도 "朴通事新釋一卷, 諺解三卷 [中略] 司譯院官邊憲等重訂, 司譯院藏. 印紙六牒二張 - <박통사신석> 1권 언해 3권 [중략] 사역원 역관 변헌 등이 중정하다. 사역원에 소장되다. 인쇄 종이 6첩 2장이다"이라는 기사가 있어 확인할 수 있다.

134 실제로 국립중앙도서관 소장의 <重刊老乞大>(全)(한古朝40-2)의 권미에도 四周雙邊으로 '乙卯仲秋 本院重刊'이란 묵서가 있다. 같은 부분을 옮겨 쓴 것으로도 볼 수 있다.

4. 최세진(崔世珍)의 〈노박〉 번역

1) 최세진의 출신 가계(家系)

4.1.0 <노걸대>, <박통사>를 처음으로 번역(飜譯)하여 <노박>에 쓰인 각 한자의 발음을 정음(正音), 즉 한글로 표음한 최초의 인물로 역학서의 연구에서 특별한 위치에 있는 역관이다. 이숭녕(1965)의 연구 이후에 김완진(1994)과 졸고(2000a)에서 '최세진은 역관이요 중인(中人)'이라는 주장은 안병희(1999, 2007)에서 강력하게 부정되었다. 최세진을 사족(士族)으로 보려는 주장은 그가 봉세자(封世子) 별시(別試)의 문과에 합격하여 김안국(金安國) 등의 문신들과 함께 동방(同榜)으로 합격한 사실을 들고 있으며 승문원(承文院) 제조(提調)나 사역원(司譯院)의 한학교수(漢學敎授)와 같은 문신(文臣)의 직책을 맡았던 사실을 들고 있다.

반면에 그가 중인 계급의 역관 출신임을 주장하는 논저에서는 그가 한이과(漢吏科) 시험에 장원(壯元)하여 이와 병시(幷試)된 문과 급제의 동방창방(同榜唱榜)의 영예를 얻은 것이며 사역원 정(正)과 같은 역관들이 맡는 직책을 담당하였고 상호군(上護軍), 오위장(五衛將)과 같은 서반(西班)의 직을 주로 맡았다는 점을 든다. 특히 역관들을 관리하는 사역원의 기관지인 『통문관지』에 다른 역관들과 함께 최세진의 이름이 나열된 것을 무엇보다도 움직일 수 없는 증거로 본다.

졸고(2017)에서는 원래 중인(中人) 계급으로 역관이었던 최세진이 조선 전기까지 유지된 동반(東班) 천전(遷轉)의 제도로 사족(士族)의 대접을 받은 것이라고 주장하였다. 이것은 중종 때에 있었던 한이문(漢吏文)의 장려를 위하여 한이과(漢吏科)를 운용하고 거기에서 장원(壯元)하거나 특별한 공이 있는 최세진을 동반(東班)으로 천전(遷轉)시킨 것으로 본 것이다.

4.1.1 최세진의 업적

최세진이 남긴 저서로는 세 분야가 있다. 첫째로는 한어 학습서들이다. <노박>의 번역과 『노박집람』은 한어 교재인 <노걸대>와 <박통사>의 교육에서 필요한 참고서로 특히 한어의 발음과 난해어, 난해구를 제대로 학습하는데 필요한 서적이다. 아마 『사성통해』도 같은 종류의 한어 학습의 발음 참고서로 보아야 할 것이다.

둘째로는 『이문집람(吏文輯覽)』과 『이문대사(吏文大師)』와 같은 이문(吏文)에 관한 학습서다. 앞의 『통문관지』의 최세진에 관한 기사를 보면 그가 화어(華語), 즉 중국어와 이문에 정통하였음을 알 수 있다. 졸고(2006a)에서 밝힌 바와 같이 이문(吏文)에는 조선이문(朝鮮吏文)과 한이문(漢吏文)이 있다. 그런데 앞의 두 문헌은 조선이문에 관한 것이다. 따라서 한이문(漢吏文)에 대한 지식은 중국의 여러 문헌들, 예를 들면 『이학지남(吏學指南)』 등에서 얻었을 것으로 보인다. 그가 앞의 두 문헌을 편찬한 것은 조선이문과 한이문의 차이를 밝히고 이를 구별하려는 목표가 있었던 것으로 볼 수 있다.

셋째로 『훈몽자회(訓蒙字會)』의 편찬으로 볼 수 있는 우리 한자음, 즉 동음(東音)과 그를 표음한 언문(諺文)에 대한 연구다. 그는 한어 학습서를 편찬하면서 한글이 한자의 발음 표기를 위하여 얼마나 편리한가를 깨닫게 되었을 것이며 그로부터 이 문자의 중요성을 이해한 것으로 보아야 할 것이다. 따라서 한어(漢語) 표기의 방법과 우리말 및 우리 한자음 표기의 차이를 이해하고 이를 교육하기 위하여 『훈몽자회』를 편찬한 것으로 이해된다.

특히 <언문자모(諺文字母)>에서 보이는 '其役, 尼隱, 池末*, 梨乙, 眉音, 非邑, 時衣*, 異凝'과[135] 같이 자음의 초성과 종성을 이두(吏讀) 등에서 자주 쓰이는 우리 한자로 표기하는 방법에 심취했을 가능성은 많다. 세종의 둘째 따님인 정의(貞懿)공주가 고안한 것으로 보이는 이 <언문자모>는 매우 유용한 것으로 받아들였을 것이다(졸저, 2015b). 그리고 중국 운서(韻書)와 성운학(聲韻學), 그리고 반절(反切)의 방법에 익숙한 최세진으

135 *표가 있는 한자는 석독자이므로 '末'은 '귿'이고 '衣'는 '옷'이다.

로서 훈민정음의 "ㄱ 君字初發聲"과 같은 음가 표시는 매우 어설픈 일로 보였을 것이기 때문이다.

넷째로 그의 말년의 일이지만 『효경언해(孝經諺解)』나 『소학편몽(小學便蒙)』 등과 같이 유신(儒臣)들이 감당할 서적을 편찬한 것은 그의 동반(東班) 천전(遷轉)과 관계가 있을 것이다(졸고, 2017). 유학자들이나 할 수 있는 일을 참람(僭濫)하게 시도한 것이다. 특히 『효경언해』는 중국 원대(元代)에 위구르인 소운석(小雲石) 해애(海涯)가 유경(儒經)의 <효경(孝經)>을 당시 한어, 즉 한아언어(漢兒言語)로 직해하여 『직해효경(直解孝經)』을 간행하였는데 이에 의지하여 한어(漢語)에 익숙한 최세진이 이를 우리말로 풀이하는 『효경언해』의 편찬은 그렇게 어려운 일이 아닐 수도 있다.[136]

4.1.2 최세진의 생애

최세진의 일생에 대하여 본격적으로 논의된 것은 방종현(1948)의 연구가 효시(嚆矢)라고 할 수 있다. 이어서 방종현(1954)에서는 최세진의 죽음을 애도하기 위하여 그와 동방 합격한 김안국(金安國)이 쓴 '최동지세진만(崔同知世珍挽)'에서 "逆旅浮生七十翁"를 인용하여 최세진의 향년을 70으로 추정하였다.[137]

그러나 그동안 이 만시(輓詩)의 해석과 이해가 잘못되었으며 인용한 만사(輓詞)에는 [사진 2-9]와의 비교에서 볼 수 있는 것처럼 많은 오자가 있었다. 졸고(1999)에서는 김안국의 '최동지세진만'의 만사(輓詞)가 실린 『모재선생문집(慕齋先生文集)』(15권 7책)의 초간본과 중간본을 이용하여 잘못된 오자를 밝히고 새로운 해석을 시도하여 그동안의 오해를 바로 잡았다.[138]

---

136 小雲石 海涯가 <孝經>을 元代 한어로 풀이한 일에 대하여는 졸고(2006a)와 졸저(2012)를 참고할 것.

137 전문을 이숭녕(1980)에서 재인용하면 다음과 같다(*은 필자가 밝힌 誤字).
逆旅浮生七十翁　親知凋盡寄孤窮*　登名四紀幾更變　餘榜三人又失公
爲希*自今誰共討　輯書裨後世推公*　嗟吾後死終無益　淚洒東風慟不窮

138 고려대 도서관 소장본은 원래 보성전문학교에서 收藏한 것으로 眉巖 柳希春의 서문이 들어있는 원간본이다. 임란 이전에 간행된 것이다.

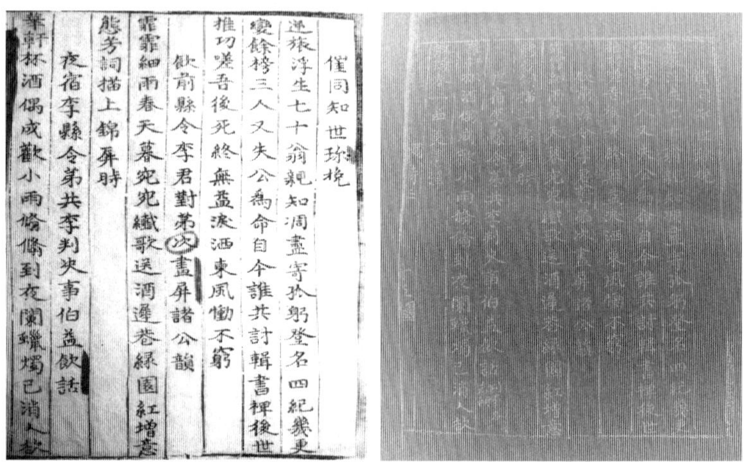

[사진 2-9] 고려대 도서관 소장의 초간본(左)과 동 만송문고 중간본 『모제집(慕齋集)』 「시집」(권3) 15앞 '崔同知世珍挽'

『모재선생문집』은 최세진과 봉세자(封世子) 별시에 동방(同榜)으로 합격한 김안국(金安國, 호는 慕齋)의 시문집으로 통칭 <모재집(慕齋集)>으로 불린다. 선조 7년, 만력(萬曆) 갑술(甲戌, 1574)에 유희춘(柳希春)이 간행한 것과 숙종 13년(1687)에 김구룡(金構龍)이 중간(重刊)한 것이 있다. 유희춘의 간행한 원간본을 보성전문학교에서 수장(收藏)하던 것이 현재 고려대학교 중앙도서관에 낙질본으로 「모재문집(慕齋文集)」(권1, 권3, 4) 3책과 「모재시집(慕齋詩集)」(권1, 권3, 4집) 3책, 모두 6책이 전한다. 「모재시집」에는 신석간(申石澗)을 비롯한 당시 많은 명사들의 만사(輓詞)가 실렸다.

'최동지세진만(崔同知世珍挽)'의 만사가 실려 있는 「모재시집」 권3이 원간본의 낙질본 속에 현전하고 있어 그동안 학계에서 통용되는 만사(輓詞)와 비교할 수 있으며([사진 2-9] 참조) 이를 통하여 안병희(1997)와 졸고(1999)와 졸저(1999)에서 그 오자가 바로 잡혔다. 그리고 숙종 연간의 중간본에서도 학계에 통용되는 오자의 만사(輓詞)는 없었으므로 어떻게 오자로 된 만사가 여러 연구서에 그대로 인용되었는지 참으로 불가사의한 일이라고 하지 않을 수 없다. 인용문의 원전 확인은 연구자의 의 무라는 기본적인 상식이 새삼 머리에 떠오른다.

방종현(1948, 1954:144)에서는 이 만사의 "逆旅浮生七十翁"이란 구절을 최세진이 70세를 산 것으로 오해하고 그가 타계한 1542년(『중종실록』 중종 37년 2월의 기사에 의함)으로부터 역산하여 1473년(성종 4년)을 그의 생년으로 보았다. 이것이 그동안 학계에 통용되었으나 이숭녕(1976:89~91)에서 『국조문과방목(國朝文科榜目)』의 한 이본(異本)을 소개하며 그곳의 최세진에 관한 기사 가운데 '병오원(丙午員)'이란 기사에 착안하여 새로운 주장을 폈다.

즉, 『국조방목』의 봉세자(封世子) 별시(別試) 방목(榜目)에 "講肄習讀崔世珍, 字公瑞, 同知, 丙午員 父正潑 [下略] - 강이습독관 최세진은 자가 공서(公瑞)이고 동지(同知) 벼슬을 지냈으며 '병오원'으로 아비는 [사역원의] 정(正)을 지낸 발(潑)이다"란 기사의 '병오원(丙午員)'을 '병오생원(丙午生員)'으로 보아 최세진이 성종 병오(丙午, 1486)의 생원시(生員試)에 합격한 것으로 추정하고 최세진이 성종 4년(1473)에 출생하였다면 성종 병오(丙午)의 생원시에 합격했을 때에는 나이가 불과 14세이므로 불합리하다고 주장하여 성종 4년에 출생했다는 종전의 가설에 이의를 제기하였다.

이어서 김완진(1994)에서는 중인(中人)으로서 최세진의 생애가 검토되었고 <문과방목(文科榜目)>의 여러 이본(異本)의 기사와 그 신빙성에 관한 문제가 거론되었다. 그리고 안병희(1997)에서 김안국의 만사(輓詞)가 실린 『모재집(慕齋集)』에 대한 서지학적 검토와 오자가 있음을 지적하면서 '逆旅浮生七十翁'의 해석에서 70을 살다간 최세진을 말하는 것이 아니라는 견해를 피력하였다.

그 후에 졸고(1999a)와 졸저(1999)에서는 이 이본(異本)의 '병오원(丙午員)'이[139] 성종 병오(1486)의 역과(譯科)에 합격하여 사역원에 출사(出仕)한

139 김완진(1994)에 의하면 방종현 선생은 이 부분을 '丙午參'으로 보았고 또 다른 방목에서는 이 부분이 누락된 점을 분명히 하였다. 이 논고에서는 원전의 비판이 매우 중요함을 강조하였고 필자는 여기에 참으로 示唆받은 바가 많다. 다른 방목에서 이 부분이 삭제된 것은 그가 生員試가 아니라 丙午譯科에서 登科하였기 때문으로 볼 수 있다.

것을 말하는 것이라 보았다. 사역원의 역생들이 역과 복시(覆試)의 응시하는 연령이 보통 20세 전후이므로 이때로부터 역산하여 세조 11년(1465)경에 태어난 것으로 본 것이다. 따라서 그의 향년을 77세로 추정하였다. 또 문제가 된 김안국의 '최동지세진만사'(『慕齋集』, 권3 15장 앞)에 나오는 '부생(浮生) 70'은 김안국 자신을 가리키는 것으로 보고 다음과 같이 전문을 우리말로 해석하였다.[140]

> 逆旅浮生七十翁(잠깐 다녀가는 뜬구름 같은 인생 70의 노인이)
> 親知凋盡寄孤躬(친한 이는 모두 사라져 이 몸만이 고독하게 남아 있구나)
> 登名四紀幾更變(과거 급제에 이름을 올린 지 40년, 그 동안 몇 번이나 세상이 바뀌었는가?)
> 餘榜三人又失公(동방 가운데 남은 것은 셋인데 또 공을 잃었으니)
> 爲命自今誰共討(이제부터 사대문서를 지을 때에 누구와 더불어 토론을 하리오?)[141]
> 輯書裨後世推功(그에게는 책을 지어 후세에 도움을 주는 공이 있으나)
> 嗟吾後死終無益(슬프다! 나는 그보다 뒤에 죽으나 아무런 이익 됨이 없으니)

---

140 필자가 졸고(1999a)를 쓸 때에는 안병희(1997)를 보지 못한 상태였다. 오자가 교정되지 않은 김안국의 挽詩를 몇 번이고 풀이하려다가 도저히 해석이 되지 않아서 원문을 찾게 되었고 그 결과 몇 군데 오자가 있음을 알게 되어 이를 바로잡은 다음에 겨우 해독이 가능하였다. 그러나 이미 오자가 있는 것에 대하여는 안병희(1997)에서 논의되었던 것이다.

141 "爲命自今誰共討"의 '爲命'은 외교문서의 작성을 말하는 것으로 『論語』 '憲問' 편에 "子曰: 爲命裨諶草創之, 世叔討論之, 行人子羽修飾之, 東里子産潤色之。- 공자가 말씀하시기를 위명, 즉 외교문서를 작성할 때에는 비심이 처음 짓고 세숙이 이를 토론하고 역관 자우가 이를 수식하고 동리의 자산이 이를 윤색하여 만들다"라는 구절이 있어 여러 단계를 거쳐 문서가 작성됨을 말하고 있다. 최세진은 한이문에 능통하여 늘 사대문서를 지을 때에 이를 주관하였으므로 世叔에 비견하여 '討論'하는 사람으로 본 것이다. 또 위의 해석에서 行人을 역관으로 본 것에 대하여 안병희(2007b:101)에서 "사대부로서 외국의 빈객을 접대하는 직책의 관원"이고 역관이 아니라고 비판하였다. 조선시대의 譯官도 외국의 賓客을 접대하는 관원이었고 중국에는 士大夫란 계급이 존재하지 않았음을 감안할 때에 行人이 조선시대 역관과 같은 역할을 한 직책임을 충분히 이해할 것이다. 行人은 周代의 관리 가운데 하나였고 漢代에 鴻臚寺의 屬官으로 大行人과 小行人이 있었다. 역관도 司譯院의 屬官이며 사역원은 중국 고대에 설치되었던 官署, 즉 漢의 鴻臚寺에 비교되는 官衙로 알려졌다(졸저, 1988b).

淚洒東風慟不窮(눈물을 동풍에 뿌리며 소리 내어 울기를 그칠 수가 없도다)[142]

졸고(1999a)에서 재인용.

4.1.2.1 안병희(1997)에서는 이 만사(輓詞)의 전문을 해석하지는 않았으나 중요한 오자에 대하여 언급하였고 안병희(1999a)에서는 최세진의 향년에 대하여는 76세로 추정하였으니 이 두 논문과 졸고(1999) 및 졸저(1999)는 그 때까지 묘지명(墓地銘)을 보지 못한 탓으로 정확한 생년을 밝히지 못한 것이다. 최세진의 묘지명은 신문(『조선일보』 1999년 10월 12일자, 사진 포함)에 소개된 바와 같이 과천(果川)의 한 아파트 기초공사에서 발굴된 2매의 백자도판(白磁陶版)으로 모두 90자의 명문(銘文)과 지문(誌文)이 적혀있다([사진 2-10] 참조).

이 묘지명은 안병희(1999b)에도 소개되었지만 여기에 옮겨보면 다음과 같다.

제1판 嘉善大夫 同知中樞府事 兼五衛將 崔公世珎之墓 東爲貞夫人
永川李氏之墓 夫人嘉靖辛丑九月葬 {夫人年四十七終}[143]

제2판 年至七十五 嘉靖壬寅以疾終 同年四月二十日葬于果川縣
午坐子向之原 夫人先公一年七月二十九日終([사진 2-10] 참조)

---

142 이 輓詩를 보면 대과의 방에 오른 지 40년(四紀)이란 글귀가 보여 역시 최세진의 죽음이 봉세자 별시의 대과에 합격한 연산군 9년(1503)으로부터 40년 후인 중종 37년(1542)의 일임을 말하고 있다. 김안국이 生員試, 즉 初試에 합격한 것은 전술한 『국조방목』의 기록에 의하면 연산군 신유(辛酉) 식년시(式年試, 1501년 시행)의 일이다. 金安國은 성종 9년(1478)에 출생하였으므로 23세 되던 해의 일이며 大科에 합격한 것은 3년 후의 일로서 그의 나이 26세의 일이다. 당시 최세진은 36세로서 10년의 차이가 있었으나 同榜이 되었다. 이후 김안국도 承文院에 등용되어 博士, 副修贊, 副校理 등을 역임하면서 최세진과 오랫동안 같이 근무하게 되었다.

143 { }안의 글자는 雙行 夾註로 된 것임.

[사진 2-10] 최세진의 묘지명(墓誌銘)

이 묘지명에 의하면 그가 가선대부(嘉善大夫, 종2품)에 중추부(中樞府) 동지사(同知事)와 오위장(五衛將)을 겸한 것이 가장 높은 벼슬이었음을 알 수 있고 그가 나이 75세인 가정(嘉靖) 임인(壬寅), 즉 중종 37년(1542)에 병사하였음을 알 수 있다. 또 경기도 과천현(果川縣)의 남쪽 언덕에 묻었으며 부인은 영천(永川) 이씨(李氏)로서 그보다 1년 먼저인 가정(嘉靖) 신축(辛丑, 1541) 7월 29일에 타계하였음을 알 수 있다.

이 묘지명에 적힌 사실들은 대부분 이미 실록 등을 통하여 알려진 것이나 그의 향년과 부인의 성(姓)과 생몰(生沒) 연대는 이것을 통하여 비로소 분명히 알게 된 것이다. 이에 의거하면 최세진은 향년 75세로서 실록의 죽은 날로부터 역산하면 세조 14년(1468)에 태어난 것으로 확인된다.

4.1.2.2 졸고(1999a)에서 최세진의 향년을 77세로 가정한 것은 앞에서 언급한 대로 『국조방목』의 '병오원(丙午員)', 또는 '병오참(丙午參)'이란 기사와 『통문관지』의 "成廟朝中院科選 - 성종 때에 [사역원의] 역과에

선출되다"란 기사에 의거하여 최세진이 성종 병오(丙午, 1486)에 역과 합격하여 출사(出仕)한 것으로 가정하였기 때문이다. 보통 역과 복시(覆試)에 응시하는 것이 20세 전후임으로 성종 병오(丙午)로부터 20년을 역산하여 세조 11년(1465)에 출생한 것으로 본 것이다.[144]

그러나 묘지명(墓誌銘)에 의거하여 그가 1468년 출생이라면 성종 병오(丙午, 1486)는 18세가 되는 해이며 '원과선(院科選)'은 사역원에서 실시하는 병오(丙午) 식년시(式年試)의 역과 복시(覆試)에 합격한 것이 된다. 당연히 『역과방목(譯科榜目)』에 이름을 올려야 하지만 주지하는 바와 같이 현존하는 서울대 규장각에 소장된 『역과방목』(규12654)이 홍치(弘治) 무오(戊午, 1498)부터 시작하기 때문에[145] 성종 병오(丙午, 1486) 식년시에 합격한 사실은 무려 12년이나 앞선 시기여서 당연히 이 역과방목에는 기재될 수가 없다.[146]

한편 안병희(1999b:61)에서 주장한 대로 최세진이 생원(生員)으로 소과(小科)에 합격하여 바로 승문원(承文院)의 강이습독관(講肄習讀官)이 되었다는 추정은 납득하기 어렵다. 왜냐하면 승문원(承文院, 일명 槐院)은 조선 태종 10년에 설치된 기관으로서 사대교린(事大交隣)의 문서를 작성하는 곳

144 안병희(2007:98)에서는 필자가 "成廟朝中院科"로 필자가 이를 잘못 끊어 읽어 오해한 것이라 하였는데 필자의 어떤 논문에서도 이 구절을 이렇게 끊어 읽은 일이 없다. 졸고(2000a)에서는 "成廟朝中院科選, 補講肄習讀官 - 성종 조에 원과에 선발되어 강이습독관으로 임명되었다"로 이해하고 院科를 司譯院에서 실시하는 역과 초시에 선발된 것을 말하는 것으로 보았을 뿐이다. 필자의 글을 읽고 논평한 것은 고마운 일이지만 쓰지도 않은 말을 지적하여 비판하는 것은 온당하지 않다. 오히려 이러한 誤讀은 안병희(2007:98)에서 밝힌 바와 같이 안병희(1997:135, 1999b:194~5)에서의 잘못을 스스로 지적한 것이다.

145 燕山君 4년에 실시한 戊午 式年試의 역과 覆試는 金荊秀, 李和宗 등 18인이 합격하였는데 이 가운데 이화종은 최세진과 더불어 당대 최고의 漢語 역관으로 알려진 인물이다. 『역과방목』은 倭亂과 胡亂 이전의 인물에 대하여는 매우 소략하게 기록되었다.

146 졸저(1990, 2014)에 의하면 조선후기의 일이기는 하지만 영조 신묘(辛卯, 1771)의 譯科 漢學 式年試에 응과한 劉學基, 그리고 역시 역과 한학으로 정조 己酉(1789)에 응과한 劉運吉 부자는 각기 22세와 17세의 나이에 覆試에 합격한 일이 있으므로(졸저, 1990) 최세진도 18세에 역과 복시에 합격하여 講肄習讀官으로 司譯院에 出仕한 것으로 보아야 할 것이다.

이며 그 곳의 강이습독관은 한어(漢語)와 한이문(漢吏文)을 학습하고 실제로 사대문서를 작성하는 직책이기 때문에 대체로 문신(文臣) 가운데 한어(漢語)와 한이문에 어느 정도 지식이 있는 인사가 참여한다. 따라서 생원(生員) 소과(小科)에 합격한 인물이 바로 한이문이나 한어를 학습하는 강이습독관이 될 수는 없고 또 『문과방목』에 '병오원'으로 기록되지도 않는다. [147] 역과 한학(漢學)의 복시(覆試)에 합격하여 강이습독관으로 나갔다고 보는 것이 올바른 추정이다.

4.1.3 최세진은 사족(士族)인가?

최세진이 문신이라는 주장은 강신항(1966b, 1978)에서도 주장된 것으로 『국조문과방목』에 연산군 9년(1503, 癸亥) 8월 28일 시행한 봉세자 별시의 급제자 명단에 최세진의 이름이 보이기 때문이다. 이때에 유명한 김안국(金安國)과 함께 2등으로 합벽하여 동방(同榜)이 된 것으로 보았다. 안병희(1999a,b; 2007)에서도 같은 주장이었다.

그러나 졸고(1999a)에서는 『통문관지』(권2) 「과거」 '한이과(漢吏科)' 조에 "中廟朝崔世珍卽漢吏科出身也 - 중종 때의 최세진은 한이과 출신이다"라는 기사가 있어 그가 문과에 급제한 것이 아니고 이와 병시(幷試)된 한이과(漢吏科)에서 장원(壯元)하였기 때문에 문과와 동방(同榜)으로 발표된 것으로 보았다.[148] 이에 대하여는 졸저(1990)에서 밝힌 바와 같이 조선왕조에서는 중기부터 한이문(漢吏文)의 학습을 권장하기 위하여 한이과(漢吏科) 출신을 문과에 동방(同榜)으로 창방(唱榜)하는 제도가 있었기 때문이다.[149]

---

147 生員小科에 합격한 것으로 『문과방목』에 '丙午員', 또는 '丙午參'으로 기록한 예는 찾기 어렵다. 졸고(1999a)에서 '병오원'이 '병오년에 관원이 되었음'으로 해석할 수 있다고 보았다.

148 이에 대하여는 『통문관지』(권2) 「勸奬」 제2, '科擧'의 '한이과' 조에 "{額數} 只三人, {放榜} 殿庭放榜, 賜紅牌遊街, 中廟朝崔世珍卽漢吏科出身也。 - 액수, 즉 급제자 수는 3인이고 방을 붙이는 것은 대궐의 뜰에 방을 붙여 알리며 홍패를 내려주고 거리에 유가한다. 중종조의 최세진은 바로 한이과 출신이다"를 참조할 것.

조선시대에는 건국 초기에 과거제도를 정하고 문과(文科) 이외에 무과(武科), 의과(醫科), 음양과(陰陽科), 한이과(漢吏科), 통사과(通事科)를 두었다. 한이과는 태조 원년 7월에 정한 과거법에는 없었으나 그 후에 과제(科制)를 개정할 때에 권근(權近)의 소청으로 개설된 것임을 밝혀놓았다. 즉, 『증보문헌비고(增補文獻備考)』(권186) 「선고과(選考科)」 2, '과제(科制)' 2에 "權近上書曰: [中略] 漢吏之文事大要務不可不重。今醫、譯、陰陽、律等學, 皆有科目。而此獨無之, 誠闕典也。乞依前朝明科例, 文科試日幷試。吏文之士許於正科, 同榜唱名。其赴文科者, 有欲幷試吏文者, 正科內加其分數。- 권근이 상서하여 말하기를 [중략] 한이문은 '사대외교의 중요한 일로서 중하게 여기지 않을 수 없습니다. 이제 의학, 역학, 음양학, 율학 등은 모두 과거가 있으나 한이학만은 홀로 없어 법전(『경세육전』을 말함 - 필자 주)에 빠졌습니다. 바라건대 전조(고려조를 말함-필자 주)의 명과(明科)의 예에 의거하여 문과 시험일에 함께 시험하고 한이문을 공부한 자도 정과(正科)에 응과할 것을 허가하여 동방창명하며 문과에 부거한 자도 이문에 병시(幷試)하기를 바라는 자는 정과(正科) 내에 그 점수를 추가하기를 바랍니다'하다."라는 기사가 있어 문과 시험일에 한이문과(漢吏文科)를 병시하고 합격하면 문과 급제와 동방(同榜)에 창명(唱名)하는 제도가 있었음을 알 수 있다(졸저, 1990:68~70).[150]

---

149 안병희(2007b:96~97)에서는 『통문관지』의 이 기사를 믿을 수 없다고 한다. 모두 『稗官雜記』(권2)의 '漢吏科'조 기사를 옮긴 것이고 『통문관지』에서는 이 "中廟朝崔世珍卽漢吏科出身也。"란 기사를 삽입한 것이라고 하였다. 그렇다면 『통문관지』와 『稗官雜記』의 기사를 모두 믿을 수 없다는 말이 된다. 이처럼 史料의 기사를 믿을 수 없을 때에는 그에 상응하는 이유를 말하는 것이 옳은 태도다. 『패관잡기』의 기사를 옮긴 것이라 믿을 수 없다는 것만으로는 납득이 되지 않는다. 왜냐하면 『增補文獻備考』에도 같은 내용이 전하기 때문이다.

150 안병희(2007b:96)에서는 이 기사가 『통문관지』에 있고 그 기사의 말미에 "出經濟六典"이라 하였으나 『經濟六典』을 참고할 수 없으니 확인하기 어렵다고 하였다. 權近의 上書에 나온 내용은 시대로 보아 바로 『경제육전』의 으로 볼 수가 있으며 연세대학교 국학연구원에서 복원한 『經濟六典 輯錄』(신선원, 1993:190)에 이 부분이 「속집상절」에서 "經濟六典, 祖宗朝有漢吏學, 各別設局敎習 而又設漢吏科, 如陰陽醫譯之科, 但雜科則唱榜禮曹, 而漢吏則文武科唱榜時 後行隨班, 欲其殊異於雜科, 而使人勸勉也"와 같이 복원되었다. 확인하기 어려울 것이 전혀 없는 자

이것은 최세진이 문과 급제가 아님을 전제로 하는 것이며 그가 문과에 급제한 것이 아닌 것은 후술할 『국조문과방목』(奎 106, 권 5)에 명기되었다. 즉, 동 방목의 연산군 9년(1503) 계해(癸亥) 8월 봉세자별시 제2등 2인으로 "崔世珍, 同知精於吏文華語 {未登第以質正官朝天, 臺諫以非舊例爲言。成廟曰: 我作古例何妨?} - 최세진은 동지 벼슬을 지냈고 한이문과 중국어에 정통하였다. {과거에 급제하지 않고 질정관으로서 중국에 간 것에 대하여 대간들이 옛 예에 어긋난다고 말하니 성종이 말하기를 '내가 고례를 만들면 무엇이 방해가 되는가?'라고 하였다}"({ }안의 것은 협주임. 이하 같음)"라는 기사가 있어 이 사실을 뒷받침한다.[151]

이에 근거하여 연산군 때에도 한어(漢語)와 한이문(漢吏文)의 학습을 권장하기 위한 한이과(漢吏科)를 문과(文科)와 병시(幷試)하여 문과 급제자와 동방의 영광을 준 것으로 보았다. 앞에 말한 『통문관지』의 기사는 바로 이 제도에 의하여 최세진이 한이과에 부거(赴擧)하여 급제하고 문과와 함께 동방(同榜)으로 발표한 것을 말한 것으로 볼 수 있다.

4.1.3.1 최세진은 연산군 9년(1503) 8월에 실시된 봉세자 별시와 병시(幷試)한 한이과(漢吏科)에 급제하여 승문원(承文院)의 강이습독관(講肄習讀官)으로 출사하였으나 연산군 9년 9월에 이세좌가 갑자사화(甲子士禍)로 처형되자(『燕山君日記』 권56, 연산군 9년 12월조의 기사), 그의 천거를 받은 바 있는 최세진의 급제도 파방(罷榜)되었다. 거기다가 파방 이후에 익명서(匿名書)의 투척자로 의심을 받았으나 다행히 승지(承旨) 권균(權鈞)이 변명하여 겨우 국문(鞫問)을 면하였다. 그러나 후일 최세진은 중국에서 사신이 왔을 때에 어전(御前)에서 통역한 공로를 인정받아 홍패(紅牌)를 환

료다.

151 성종이 舊例에 얽매이지 않고 儒臣이 아닌 역관 최세진을 발탁하여 質正官으로 중국에 파견한 일은 매우 유명한 일로서 전술한 『통문관지』(권7) 「人物」 '최세진' 조에도 등장한다. 성종 때에 임금의 총애를 얻었으며 문신이 갈 수 있는 질정관으로서 중국에 다녀왔음을 알 수 있다. 이후에는 사역원의 역관이 질정관으로서 중국에 가는 使行을 수행하는 것이 정식이 되었다(졸저, 1988).

급받았다.

즉, 연산군 12년 3월 13일 중국의 사신이 와서 왕을 뵙겠다고 하였으나 마땅한 통사(通事)가 없어 최세진이 이를 담당하였으며 이 공로를 인정받아서 파방이 취소되었다. 따라서 약 2년 5개월에 걸친 자격 정지이었으나 최세진은 이 때문에 학문에 대한 의욕을 잃어버린 것으로 보인다. 연산군 때에는 다른 모든 학문 분야와 같이 역학(譯學)도 침체되었고 이 시대의 최세진도 별다른 학문적 업적을 남기지 못하였다.

최세진의 학문 활동은 중종(中宗) 대에 들어와서 활기를 찾는다. 중종반정(反正) 이후 최세진은 연산군의 사위사(辭位使)인 김응기(金應箕)와 중종의 승습사(承襲使)인 임유겸(任由謙)이 북경에 갈 때에 질정관으로 동행하여 많은 활약을 한다(『中宗實錄』 중종 2년 2월 己丑조의 기사 참조). 이후부터 최세진에 대한 중종의 총애는 각별하게 되었으며 그에 따른 문신들의 시기와 모함이 잇달았다.

4.1.3.2 그 후에 최세진은 한어 교육에 전념하였고 점차 그의 한이문에 대한 지식이 인정되어 동반(東班)으로 천전(遷轉)하게 되었으며 문신(文臣)의 반열에 들게 되었다. 이로 인하여 그가 유신(儒臣)이란 오해를 불러온 것으로 보인다.

역관이 한이학(漢吏學)으로 공을 세워 동반으로 천전하는 제도에 대하여는 『통문관지』(권2) 「권장」의 '천전(遷轉)' 조에

> 漢學習讀官所業精通者, 啓授顯官。{出經國大典} 漢學講肄官雖未經守令, 依承文院例加階。{出大典前續錄} 漢學習讀官嚴立科程, 怠慢者黜之, 或用於殿最, 精通者成效者遷之東班。{出受教輯錄} - 한학 습독관으로서 맡은 업무에 정통한 자는 계(啓)를 올려 현관, 즉 양반 사대부가 할 수 있는 관직을 준다. {『경국대전』에서 나오다} 한학의 강이관, 즉 강의를 담당한 역관은 승문원의 예에 따라 품계를 더 올린다. {대전 <전속록>에서 나오다} 한학 습독관은 교과과정을 엄하게 세워서 태만한

> 사람을 내어 쫓거나 혹은 전최(殿最)의 고과 성적을 적용하고 정통한 사람이거나 일찍 효과를 본 사람은 동반(東班)으로 옮겨준다. {<수교집록>에서 나오다.}

라는 기사가 있어 한이문의 강이습독관(講肄習讀官)에서 우수한 성적을 올린 사람은 문신(文臣)의 동반(東班)으로 천전(遷轉)하는 제도가 있었음을 알 수 있다.[152]

그러나 이 제도가 너무 많은 요청이 있었고 또 양반 사대부의 반대로 실제 이해되기는 어려웠던 것으로 보인다. 즉, 『통문관지』(권2) 「권장」의 '천전(遷轉)' 조에는 위의 기사에 이어서,

> 謹按祿官先生案, 前輩之陞遷者, 其在祖宗朝代不絶書, 而近間中廢. 康熙庚辰因院官尹之徽等上言: '吏曹覆啓內啓授顯官, 旣是法典, 而近來醫籌錄事、禁漏等雜織, 陞遷之類, 亦非一二, 則今此稱寃不無所據. 自該曹隨才調用事蒙允'. 出啓辭謄錄. - 삼가 '녹관선생안'을 살펴보니 천전한 앞의 무리들이 옛 조종 때부터 끊임없이 상서하니 근간에 중도 폐하였다. 강희 경진에 원관 윤지휘 등이 상언하기를 "이조에 올린 계문 가운데 '계수현관- 계를 올려 현관을 내리다'는 이미 법전에 있습니다. 그러나 근래에 의학(醫學)이나 주학(籌學)의 녹사나 금루 등의 잡직에서 천전한 무리들이 역시 하나 둘이 아니어서 이에 의하여 칭원(稱寃)하는 것이 근거가 없는 것은 아닙니다. 해당 관서에서 재주에 따라 [천전의] 일을 쓸 것을 윤허하여 주십시오"라고 하다. {『계사등록』에서 나오다}

라는 기사가 있다. 이 기사에 의하면 중인(中人)들의 동반(東班) 천전(遷轉)이 매우 많은 문제가 있었으며 중도에 폐한 일도 있었음을 알 수 있다.

최세진은 이러한 혜택을 받아 사역원의 한학교수와 승문원(承文院)의

152 최세진은 이 경우에 모두 해당된다. 따라서 국법에 따라 文臣의 반열에 들어 간 것이다.

제조(提調)와 같은 문신(文臣)의 직을 역임하게 된다(『중종실록』 중종 10년 11월 丙申조의 기사 참조). 최세진의 동반(東班) 천전(遷轉)에 대하여 아무런 기록이 남아있지 않다. 그러나 바로 그가 승문원의 습독관과 훈회(訓誨)와 사역원의 한학교수를 역임하였다.

이들은 모두 문신(文臣)의 직함이다. 이러한 그의 이력이나 한이문에 대한 지식으로 이룩한 공로로 보아 분명히 이 혜택을 누렸을 것으로 보이며 이로 인하여 오늘날 그에 대하여 중인(中人)인가 아니면 사대부인가 하는 논의가 있게 된 것이다. 그리고 그가 동반천전(東班遷轉)으로 인하여 광서(光緖) 임오(壬午, 1882) 2월 상한(上澣)에 신정(新整)한 『역과유집(譯科類輯)』에 괴산(槐山) 최씨(崔氏)의 역과 등과자(登科字)들은 모두 삭제된 것이다.[153]

『역과유집(譯科類輯)』에 의하면 최(崔)씨 문중에 청주(淸州), 경주(慶州) 등 13개 본관이 등재되었으나 가장 많은 역관을 배출한 곳은 직산(稷山) 최씨 일문으로 다음에 경주(慶州) 최씨를 꼽을 수 있다. 그러나 괴산(槐山) 최씨는 하나도 보이지를 않아서 최세진 이후에 이 문중에서는 역학(譯學)을 가업(家業)에서 완전히 배제한 것으로 추정된다. 물론 『역과방목(譯科榜目)』에서도 같은 일이 있었을 것이다. 이 <방목>의 어디에도 괴산(槐山) 최씨는 보이지 않는다.

4.1.4 최세진은 중인(中人) 계급의 역관

최세진이 중인 계급의 역관 출신이라는 무엇보다도 확실한 증거는 『통문관지』(권7) 「인물」조에 중종 때에 역관으로 활약하던 이화종(李和宗)과 나란히 최세진의 이름이 보이는 것이다. 『통문관지』의 「인물」조에는 태종 때의 역관이던 원민생(元閔生)을 위시하여 조선시대에 수십 명의 유명한 역관을 나열시키고 그 공적을 적어놓았다. 최세진은 이 명단에서 다섯 번째로 이름을 올리고 다음과 같이 그의 생애에 대하여 언급하였다.

---

153 이 『譯科類輯』(乾, 坤) 2책은 원래 사역원 敎誨廳에 소장되었던 것이 국립도서관에 移藏되었다. 도서번호(③ 2517-6 위창 古).

> 崔世珍精於華語兼通吏文。成廟朝中院科選, 補講肄習讀官。旣數年親講所業, 大加奬歎, 特差質正官。言官啓曰: 以雜織而補質正之官, 古無比例。上曰: 苟得其人何例之拘? 自予作古可也。累赴京師。凡中朝制度物名靡不通曉, 凡事大文書皆出其手。嘉靖丙戌以吏文庭試第一特陞堂上, 己亥又試第一陞嘉善。南袞啓設吏文學官, 使受業於公, 嘗奉教撰四聲通解、老乞大、朴通事。又所撰有老朴輯覽、訓蒙字會、吏文輯覽、玉篇等書, 至今學者如指諸掌, 不煩尋師。{出稗官雜記} 其四聲通解自序有曰: 自學箕裘, 篤志不懈構成。是書云: 歷官內贍寺副正兼漢學敎授, 至同樞。- 최세진은 중국어를 잘 알았고 이문에도 정통하였다. 성종 조에서 원과(역과를 말함)에 뽑혀 강이습독관에 보임하였다. 이미 수년 동안 [임금이 참석하는] 친강에서 크게 칭찬을 들은 바 있다. 특별히 질정관으로 [중국에] 차송하였더니 언관들이 말하기를 "잡직으로 질정관에 보임하는 것은 옛날부터 예가 없습니다"라고 하였다. 임금이 말하기를 "그 사람을 얻었거늘 구차하게 어떤 예에 얽매이겠는가? 내가 스스로 옛 것을 만들어도 좋을 것이다"라고 하였다. 여러 번 중국의 서울에 갔었다. 중국의 제도와 물품을 모두 꿰뚫어 보았으며 모든 사대문서가 그의 손에서 나왔다. 가정 병술년(1526)에 이문정시에서 1등을 하여 당상관으로 특별히 승진하였고 기해년(1539)의 시험 [이문정시]에서 1등을 하여 가선대부(종2품)에 올랐다. 남곤이 계를 올려 이문학관을 설치하고 최세진으로 하여금 가르치게 하였다. 일찍이 임금의 명을 따라 <사성통해>, <노걸대>, <박통사>를 편찬하고 또 <노박집람>, <훈몽자회>, <이문집람>, <옥편> 등의 책을 찬하여 지금 배우는 사람들이 자유롭게 보아서 스승을 찾아다니는 번거로움이 없게 되었다 {<패관잡기>}. <사성통해>의 자서에 있기를 "스스로 배우기에 힘쓰고 게을리 하지 말고 돈독히 하라"고 하였다. 이 책에 관직을 지내기는 내섬시 부정 겸 한학교수라고 하였다. 중추원 동지에 이르다.

이 기사에서 그가 성종 때에 원과(院科), 즉 사역원에서 실시하는 역과에 급제한 것과 이문정시(吏文庭試)에 1등으로 합격한 것은 기록되었지만 그가 문과에 급제하였다는 언급은 어디에도 없다. 이 사실은 얼마 전에 발견한 그의 묘지명(墓誌銘)에서도 확인된다. 다음에 다시 언급하겠지만 그의 묘소에서 발굴된 묘지명에 문과급제의 기사가 보이지 않는다.

이것은 연산군 9년(癸亥, 1503)에 실시한 봉세자 별시에 최세진이 문과에 합격하였다는 사실에 대하여 의심을 갖게 한다. 오히려 앞에서 언급한 바와 같이 한이과(漢吏科)와 병시(幷試)하여 시험을 보고 문과와 동방(同榜)으로 발표했다는 쪽이 신빙성이 있다. 만일 그가 양반사대부였는데 『통문관지』(권7)의 「인물」조에 다른 역관들과 나란히 기명(記名)되었다면 후대에라도 괴산(槐山) 최씨(崔氏) 문중에서라도 그에 대한 항의가 있었을 것이다.

실제로 필자의 『조선시대의 외국어 교육』(김영사, 2014)이 간행되고 이 책의 출판에 대하여 국내 여러 일간지에 대서특필되었을 때에 최세진 후손들이 신문기사를 보고 필자를 찾아온 일이 있었다. 그들은 제적등본을 포함한 호적등본을 필자에게 보이면서 괴산(槐山) 최씨(崔氏)의 문중에서 왔음을 증명하였다.

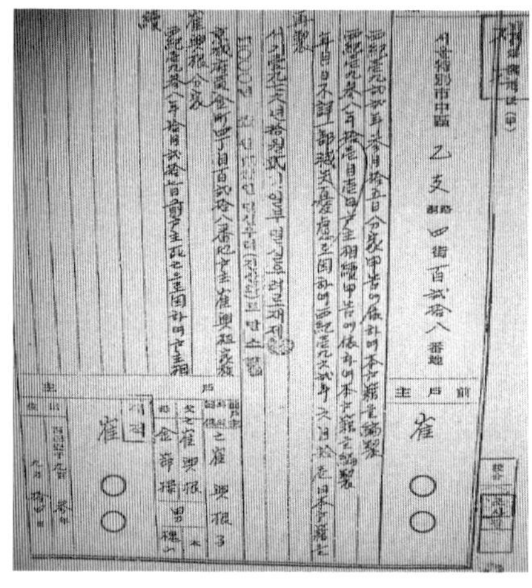

[사진 2-11] 괴산(槐山) 최씨 호적

4.1.5 최세진의 일생과 관직

이상의 연구를 종합하면 최세진의 생애는 어느 정도 윤곽을 잡을 수 있다. 최세진의 생애에 대하여는 졸고(1999e)를 비롯하여 필자의 여러 논저에서 언급되었고 수정에 수정을 거듭하였다. 주로 새로운 자료의 발굴에 따른 수정이었지만 때로는 필자의 식견이 미치지 못하여 저지른 과오도 없지 않다. 최근의 졸저(2015b)에서 그의 생애를 다음과 같이 정리하였다.

세조 14년(戊子, 1468); 譯官 槐山 崔氏 崔瀣의 아들로 태어남.

성종 17년(丙午, 1486); 사역원에서 실시한 丙午式年試 譯科 覆試에 합격. 18세

성종 17년(丙午, 1486)~연산군 9년(1503); 사역원 講肄習讀官으로 한어 학습.

연산군 9년(癸亥, 1503) 8월; 한이과에 장원급제하여 封世子 別試에 2등 2인으로 同榜唱名. 35세

연산군 9년(癸亥, 1503) 9월; 甲子士禍로 罷榜, 즉 봉세자 별시의 합격이 취소됨.

연산군 12년(丙寅, 1506) 1월; 익명서 투척의 의혹을 받았으나 승지 權鈞의 발명으로 무사함.

연산군 12년(丙寅, 1506) 3월; 어전 통역의 공로로 紅牌를 還給받음. 다시 강이습독관이 됨.

중종 2년(丁卯, 1507); 연산군의 辭位使와 중종의 承襲使를 수행하여 중국에 감.

중종 4년(己巳, 1509) 1월; 喪中 作妾으로 臺諫의 탄핵을 받아 강이습독관을 면함.

이때부터 『노걸대』, 『박통사』의 번역을 시작한 것으로 보임.

중종 10년(乙亥, 1515) 11월; 사역원의 한학 교수, 승문원의 訓誨 겸 습독관으로 漢語와 漢吏文의 학습에 임함. 『노걸대』, 『박통사』의 번

역을 완성함. 『老朴輯覽』 편찬.

중종 12년(丁丑, 1517); 승문원 참교(參敎), 사역원 한학교수에 재임명.

11월; 『四聲通解』 완성, '飜譯老乞大朴通事凡例'를 첨부함.

12월; 內贍寺 正에 임명, 대간의 탄핵으로 파직. 禮賓寺의 副正으로 좌천.

중종 13년(己卯, 1518) 4월; 예빈시 부정으로 있는 최세진을 대간이 탄핵함.

7월; 奏請使와 聖節使의 사행을 수행하여 북경에 감.

중종 15년(庚辰, 1520) 4월; 사역원 正에 임명됨. 다시 대간의 탄핵을 받았으나 무사함.

중종 16년(辛巳, 1521); 연초에 북경에 감. 採女 사건으로 대간의 탄핵을 받았으나 南袞의 변호.

중종 19년(甲申, 1524) 2월; 『世子親迎儀註』와 『冊嬪儀註』의 번역을 명받음. 벼슬은 軍資監의 正.

중종 22년(丁亥, 1527) 4월; 『訓蒙字會』를 완성함.

중종 25년(庚寅, 1530) 12월; 『皇極経世書集』을 진상. 僉知中樞府事의 직에 있었음.

중종 31년(丙申, 1536) 12월; 병환이 들어 출사를 못함. 조정에서는 사대외교에 많은 차질이 생김.

중종 32년(丁酉, 1537) 12월; 『韻會玉篇』, 『小學便蒙』을 저술하여 임금께 진상하여 鞍具馬와 술을 하사 받음. 벼슬은 上護軍.

중종 34년(己亥, 1539) 5월; 승문원 提調로서 『大儒大奏議』 2권, 『皇極経世說』 12권을 진상함.

『吏文集覽』을 편찬함.

중종 35년(庚子, 1540) 10월; 다시 병석에 누웠음.

중종 36년(辛丑, 1541) 6월; 중국 南京의 지도인 『京城志』와 『女孝経』, 그리고 지도 한 축을 임금께 올림.

중종 37년(壬寅, 1542) 2월 10일; 최세진 사망. 벼슬은 五衛將에 同知中樞

府事였음. (띄어쓰기, 한자는 원문대로)

4.1.6 최세진 시대의 문자 생활

세종이 훈민정음이란 명칭의 새 문자를 제정하였다. 이렇게 창제한 문자의 명칭을 보면 적어도 이 문자는 세 종류의 표기 대상을 염두에 두고 제정한 것임을 알 수 있다. 첫째는 개정된 우리 한자음, 즉 동국정운식 한자음의 표기를 위한 것이며 둘째는 중국의 표준 한어음, 즉 정음을 표기하였고 마지막으로 우리말과 우리 한자음을 표기하는데 이 문자를 사용하였다. 마지막에 든 표기를 언문(諺文)이란 명칭을 사용하고 둘째의 표기를 위하여 정음(正音)이란 명칭을 썼으며 첫째를 위해서는 훈민정음(訓民正音)이란 용어를 사용하였다.

중국의 한어음(漢語音)에 맞추어 인위적으로 개정한 동국정운식 한자음은 비록 절대군주가 백성들에게 가르쳐야 하는 바른 발음, 즉 훈민정음(訓民正音)으로 부르면서 강제로 이를 교육하였지만 언중(言衆)들은 이를 받아들이지 않았다. 따라서 세종과 세조가 돌아간 다음에 이 동국정운식 한자음은 사라지게 된다. 대신 중종 때에 그가 편찬한 <훈몽자회(訓蒙字會)>에서 이미 우리 한자음도 새 문자, 즉 언문(諺文)으로 정리되어 동국정운식 한자음을 밀어내고 제 자리를 차지하게 된다.

거기다가 연산군 때에 실시된 언문금압(諺文禁壓) 사건은 새 문자의 보급을 크게 위축시켰다. 한문 중심의 유신(儒臣)들도 새 문자를 멸시하였고 한문을 우리말에 맞추어 변화시킨 조선이문(朝鮮吏文)은 점차 통치문자로 발전하였다. 그리하여 조선시대에는 상류층의 유신들이 한문을 위주로 문자생활을 영위하였고 백성들이나 아녀자들은 언문(諺文)으로 소식을 주고받았으며 중간 계층의 아전서리(衙前胥吏)들은 이문(吏文)을 상용하였다. 신분계급사회의 조선에서나 볼 수 있는 특이한 문자사용의 실태라고 할 수 있다.

물론 상류 사회에서도 언문이나 이문을 사용하지 않은 것은 아니다. 시조(時調)나 가사(歌辭), 일부 산문(散文)에서 언문이 사용되었고 기생이나 서얼(庶孼)들 사이에서도 한문을 배우거나 이를 사용하는 일도 없지 않았다. 또 양반사대부들도 중앙에서 서정(庶政)을 살필 때나 지방의 목민관(牧民官)으로 파견되어 지방 행정을 감독할 때에는 이문(吏文)으로 된 장부와 백성들의 소지(所志)를 접하지 않을 수 없었다. 한문을 익히면서 한자에 대하여 깊이 알고 있는 문신(文臣)들이 조선이문을 이해하기는 어렵지 않았기 때문에 이문(吏文) 소지(所志)를 이해하였다. 그러나 대체적으로 상류, 중류, 그리고 서민 사회에서 문자 생활은 각기 자신들의 주된 표기 수단을 별도로 갖고 있었다고 본다.

2) 〈노박〉의 번역(飜譯)

4.2.0 한어 <노박>이 수정되어 원본(原本)에서 산개본(刪改本)으로, 다시 신석본(新釋本), 그리고 그 중 <노걸대>의 경우는 중간본(重刊本)으로 발전함에 따라 그 언해본(諺解本)도 그에 따라 수정되어 <노걸대언해(老乞大諺解)>, <신석노걸대언해(新釋老乞大諺解)>, <중간노걸대언해(重刊老乞大諺解)> 등이 간행되었다. <노박>의 언해는 훈민정음 창제 이후의 일로서 현재까지 성종 때에 산개(刪改)된 <노박>의 언해가 중종 때에 최세진에 의하여 이루어진 것이 최초로 알려졌다.

최세진이 {산개(刪改)}<노걸대>를 번역하여 간행한 것으로 추정되는 {번역}<노걸대>(이하 <번노>로 약칭) 상·하권이 1970년대에 발견되어 학계에 소개되었으나 서(序)와 발(跋)이 없어 누구의 저작인지 분명하지 않다. 이어서 {산개(刪改)}<박통사>를 번역한 {번역}<박통사>(이하 <번박>으로 약칭) 상권이 발견되어 이 분야의 전문가들의 연구를 거쳤다. 더욱이 중종 때 최세진이 <노걸대>와 <박통사>를 번역하였고 그 번역의 범례를 "번역노걸대박통사범례(飜譯老乞大朴通事凡例)"(이하 '번역노박범례'로 약칭함)라는 이름으로 『사성통해』(1517)의 말미에 부재하였기 때문에 최세진이 번역한 것으로 알려졌다.

이로부터 <노걸대>와 <박통사>를 번역한다는 것이 언해(諺解)가 아니라 한자음을 정음으로 표음하는 것이었음을 알 수 있다(졸고, 1995c). 이것은 그동안 <번노>와 <번박>이 한어(漢語)의 본문을 당시 우리말로 언해한 것으로 오해하기도 하였으며 '번역(飜譯)'과 '언해(諺解)'가 동일한 의미의 용어라고 알고 있었다. 또 이에 의거하여 현전하는 <노박>의 언해본을 최세진의 번역본으로 간주한 것이다.

중종 12년(1517)에 최세진이 간행한 『사성통해』의 말미에 부재된 '번역노박범례'는 최세진이 <노박>을 번역할 때, 즉 한어를 기록한 한자 하나하나의 한어 발음을 정음으로 표음하면서 그 때의 발음 전사(轉寫)의 기준이 되거나 문제가 되었던 점을 조목조목 나열한 것이다.[154] 이로부터 최세진이 정음으로 그 발음을 붙이고 뜻을 풀이한 <박통사>나 <노걸대>를 {번역}<노걸대>(上·下), {번역}<박통사>(上·中·下)란 이름으로 부르게 된 것이다(졸저, 1988b).

졸고(2000a)에 의하면 최세진(1467~1542)은 세조 13년에 사역원의 정(正)이었던 최발(崔潑)의 아들로 태어났다. 성종 때에 사역원 역과(譯科)에 급제하여 강이습독관(講肄習讀官)으로 발신(發身)하였다고 주장하였다. 연산조(燕山朝)에는 한이과(漢吏科)에 합격하여 연산군 9년(1503)의 별시(別試) 문과에 을과(乙科)로 동방(同榜)에 창방(唱榜)되는 특혜를 받았다. 그러나 갑자사화(甲子士禍, 1504) 때 처형된 이세좌(李世佐)의 천거를 받은 바 있다 하여 파방(罷榜)의 처분을 받았으나 어전(御前) 통역을 잘한 공으로 겨우 이를 면하였다. 중종 때에는 이문정시(吏文庭試)에 합격하여 여러 차례 가자(加資)되었기 때문에 『통문관지』(권2) 「과거(科擧)」조에 "中廟朝崔世珍卽漢吏科出身也 - 중종 때의 최세진은 한이과 출신이다"라는 기사가 실리게 되었다.

중종 4년(1509)에는 부경사행(赴京使行)을 수행하여 중국에 다녀왔을

154 여기서 용어의 정리가 필요하다. 한자음을 注音하는 한글은 동국정운식 한자음을 표음할 때에 訓民正音이라고 부르고 漢音을 표음할 때는 正音이라 부르며 우리말을 표기할 때에는 諺文, 또는 諺書라 부른다. 물론 최세진은 漢音에 正音에 대한 俗音이 있음을 인정하고 이를 따로 표음하였다. 漢語 한자음에서 정, 속음의 구별은 과거시험과 관련이 있어 매우 중요하다(졸저, 2015 참조).

때 사무역(私貿易)을 했다는 혐의를 받아 파직(罷職)되었다가 중종 12년(1517)에 내섬시(內贍寺) 부정(副正)으로 복직하였고 사역원의 한학교수(漢學教授)를 겸임하였다. 이후 역관으로서 서반(西班)의 여러 직을 전전하였으며 중종의 고임을 받아 동반(東班)으로 천전(遷轉)하는 혜택을 누렸다(졸고, 2015b). 이후 문신(文臣)으로 행세하여 전술한 『훈몽자회(訓蒙字會)』 등의 저술을 남겼다. 중종 36년(1541)에 동지중추부사(同知中樞府事)로 승진하고 이듬해 중종 37년에 75세를 일기로 일생을 마쳤다.[155]

4.2.1 {번역}〈노걸대〉

현전하는 <노박> 언해의 여러 이본(異本)에 대하여 살펴보면 먼저 <노걸대>를 우리말로 풀이한 것은 {산개}<노걸대>를 중종 때에 최세진이 번역하고 언해한 {번역}<노걸대>가 처음으로 보인다.[156] 전술한 바와 같이 {원본}<노걸대>가 한글 창제 이전인 고려 말에 편찬되었기 때문에 이를 언해한 것은 있을 수가 없다. 현전하는 {번역}<노걸대>(이하 <번노>로 약칭)는 전술한 바와 같이 상·하 2권 2책이 각기 별도로 발견되어 소장되었다. 그리고 초간본으로 보이는 을해자 활자본 『노박집람』도 현전하고 있다.

남광우(1972a)에서는 최세진의 <노걸대> 번역본으로 목판본인 백순재(白淳在) 씨 소장의 <노걸대 조(潮)>(표지서명, 권수서명은 '老乞大 上')를 학계에 소개하였다. 그리고 이 책은 중앙대학교 대학원에서 영인본으로 간

---

155 최세진의 생년은 『통문관지』 등에서 확인할 수 있으나 그가 죽은 해는 분명하지 못하였다. 그러나 최근 그의 墓地銘이 발견되어 75세를 일기로 사망한 것이 밝혀졌다. 졸고(2000a, 2015a) 참조.

156 최세진이 {번역}<박통사>와 <노걸대>를 번역하여 간행한 정확한 시기는 알려지지 않았다. 다만 최세진이 <노박>을 번역하고 나서 그 번역의 기준을 역시 그가 편찬한 『사성통해』의 말미에 부재하였는데 『사성통해』는 중종 12년(1517)에 간행되었으므로 적어도 이 때보다는 앞선 시기에 <노박>이 번역되었을 것으로 추정한 것이다. 여기서 '飜譯'이란 漢語 본문의 언해가 아니라 <노박>의 한자 하나하나의 漢語 발음을 한글로 주음한 것을 말하는 것으로 『사성통해』의 권말에 그 범례가 '飜譯老乞大朴通事凡例'라는 제목으로 부재되었다. 최세진의 번역을 {번역}<노박>으로 부르는 所以도 여기에 있는 것이다.

행하여 많은 사람이 이용에 편리하게 하였다. 졸고(1995b, c)는 이 책에 대한 서지 해제뿐만 아니라 현종 연간에 간행된 언해본과의 비교도 시도하였다.

또 고서박물관의 조병순 씨가 소장하고 있는 <노걸대 석(汐)>(표지서명, 권수서명은 '老乞大 下')도 남광우(1975)의 해제를 붙여 인하대학교 부설 인문과학연구소에서 영인본으로 출판하였다. <노걸대>의 '조석(潮·汐)'(판심서명은 '老乞大 上·下')은 바로 <노걸대 상>과 <노걸대 하>로서 요권(僚卷)이며 모두 목판본이다. 이것은 최세진의 『노박집람』 범례에 "兩書諺解簡帙重大, 故朴通事分爲上中下, 老乞大分爲上下, 以便繙閱 - 두 책의 언해는 분량이 많아서 <박통사>는 상·중·하로 나누고 <노걸대>는 상·하로 나누어 열람하기에 편하도록 하였다"라고 밝힌 것처럼 <노걸대>를 상·하 2권으로 나눈 그 두 책으로 보인다.

이에 대하여 좀 더 구체적으로 소개하면 다음과 같다.

4.2.1.1 {번역}<노걸대> 상은 원래 고(故) 백순재(白淳在) 씨 구장본(舊藏本)이었으나 현재 이 <번노> 상권은 소장처가 분명하지 않다.[157] 다만 1972년 중앙대학교 대학원에서 영인되어 공간되었으며 남광우(1972b)의 해제에 의하여 그 서지적 특징을 살펴볼 수 있다. 그에 의하면 <번노> 상권의 난상(欄上)에는 한음의 주음(注音)을 붓으로 교정한 것이 있었으나 영인본에서 이를 지웠다고 한다. 남광우(1972a)와 안병희(1996)에서는 이 책이 을해자본(乙亥字本)의 번각(翻刻)본인 <번박> 상권(上卷)과 판식(板式)이 동일하고 지질로 보아 16세기 초에 최세진이 번역하여 을해자로 간행한 것을 복각한 목판본으로 보았다. 이 책의 서지적 특징은 다음과 같다.

157 故 白淳在씨 소장본은 모두 阿丹文庫로 들어간 것으로 알려졌으나 이 책은 제외되어 阿丹文庫에 소장되지 않았다고 한다.

{飜譯}<노걸대> 上

표지서명 : 老乞大 潮 표지크기 : 33.1 × 22.1cm

목판본(을해자본의 覆刻) 71엽, 四周單邊 半葉匡郭 : 23.7×17.6cm. 有界 9행 19자. 註雙行.

版心 : 上下 黑口 三葉花紋魚尾 간혹 黑魚尾 版心題 : 老乞大上

4.2.1.2 {번역}<노걸대> 하(下)는 고서박물관의 조병순 씨가 수집하여 성암(誠庵)문고에 소장한 {번역}<노걸대 하>가 있다. 이것 역시 남광우(1975)의 해제를 붙이고 인하대학교부설 인문과학연구소에서 영인 출판하여 세상에 알려졌다. 이것은 상술한 백순재씨 구장본과 판식이나 크기, 자체가 완전히 일치하여 서로 요권(僚卷)임을 알 수 있고 상·하 한 질이 서로 다른 구득자에게 분리되어 판매된 것을 보인다. 원본에는 본문의 누락된 것을 인쇄하여 보정한 것이 있는데 영인본에는 이 부분이 삭제되었다고 한다. 그 서지적 특징은 다음과 같다.

{飜譯}<노걸대> 下

목판본(을해자본의 覆刻) 73엽, 四周單邊 半葉匡郭 : 23.7 × 17.6cm. 有界 9행 19자. 註雙行.

版心 : 上下 黑口 三葉花紋魚尾, 또는 黑魚尾 版心題 : 老乞大下

4.2.2 {번역}〈박통사〉

오래전에 {번역}<박통사>(이하 <번박>으로 약칭)의 상권(上卷, 乙亥字本의 복각본) 1책이 경상북도 상주군 조성목(趙誠穆)씨 구장본 가운데서 발견되어 여기저기 유전하다가 국회도서관에 소장되었다. 비록 2·3권이 낙질(落帙)된 영본(零本)이기는 하지만 최세진 생존 시에 간행된 것으로 보이는 귀중한 자료이며 1959년에 김사엽 선생의 해제를 붙여 경북대학교 대학원 국어국문학연구실에서 영인 간행되었다. 다만 <번박>의 중·하권은 아직 발견되지 않았으며 오로지 후대의 언해본과 신석의 언해본 등이 있어 대체적인 윤곽을 짐작할 뿐이다.

<번박>(상)은 최세진의 번역한 <노걸대>, <박통사> 중에서 오늘날 남아있는 유일한 활자본의 복각본이다. 즉, 이 책은 『훈몽자회』 초간본이나 『노박집람』과 같이 을해자(乙亥字)로 인간(印刊)된 것을 번각(翻刻)한 것이다. 그리고 권수서명이 '朴通事 上'이고 판심서명과 권미서명도 이와 같다. 따라서 이 책은 후대의 『박통사언해』에서 볼 수 있는 것처럼 <박통사> 상·중·하 삼권 중에 그 상권(上卷)임을 알 수 있다.

<노걸대>는 <박통사>와 함께 고려 말부터 한어 학습교재로 사용되었다. 이 두 한학서는 항상 같이 언급되었으며 오늘날 전해지는 이본(異本)으로 가장 오래된 것은 중종 때에 최세진이 편찬한 <노걸대>와 <박통사>의 '번역본'이라 하였다, 그러나 1998년에 {원본}<노걸대>(이하 <원노>로 약칭)가 1발견되어 가장 오래된 한학서는 <원노>가 되었다.

『통문관지』에 "崔世珍精於華語兼通吏文, 成廟朝中院科選, 補講肄習讀官, [中略] 公嘗奉敎撰四聲通解、諺解老乞大、朴通事, 又所撰有老朴輯覽、訓蒙字會、吏文輯覽、玉篇等書 [下略] - 최세진은 중국어을 잘 알고 겸하여 이문에도 능통하였다. 성종 때에 사역원 역과에 선발되어 중국어를 교육하는 강이습독관에 임명되었다. [중략] 공은 일찍이 임금의 명을 받아 『사성통해』를 편찬하였고 <노걸대>·<박통사>를 언해하였으며 또 『노박집람』과 『훈몽자회』, 『이문집람』, 『옥편』 등의 책을 편찬한 바 있다. [하략])"라는 기사가 있어 최세진이 언해한 '<노걸대>'와 '<박통사>'가 있음을 알 수 있다. 또 숙종 때에 간행된 <박통사언해>(숙종 3년, 1677년 간)의 권두에 실린 이담명(李聃命)의 서문에 "其在世宗朝. 有曰崔世珍者, 取朴通事一冊, 諺以釋之 - 세종 때에 최세진이란 사람이 있어서 <박통사> 한 책을 취하여 우리말로 주석하였다"라는 기사가 보여 최세진이 <박통사>'를 언해한 것을 알 수가 있다.[158]

{번역}<노걸대>의 상권 1책은 고(故) 백순재(白舜在) 씨가 고서점에서

158 여기서 언급된 '世宗朝의 崔世珍'은 '中宗朝의 崔世珍'의 착오일 것이다.

구득(購得)하여 소장했던 것으로 고(故) 남광우(南廣祐) 박사의 해제를 붙여 1972년에 중앙대학교 대학원에서 영인되었다. 또 하권 1책은 고서박물관의 고(故) 조병순(趙炳舜) 씨가 수집하여 성암문고(誠庵文庫)에 소장한 것으로 1975년 역시 남광우 박사의 해제와 더불어 인하대학교부설 인문과학연구소에서 영인되어 연구자들이 손쉽게 이용할 수 있게 되었다.

3) 『노박집람(老朴集覽)』

4.3.0 <노걸대>·<박통사>를 번역한 최세진은 이 두 책의 난해구를 설명한 『노박집람(老朴集覽)』을 편찬하였다. 이 『노박집람』은 동국대학교 도서관에 소장되었으며 일찍이 이병주(1966)에 의하여 세상에 그 모습을 보이게 되었다. <노걸대>와 <박통사> 중에서 난해한 어구와 고유명사 등을 뽑아서 설명한 어휘집이다. 즉, 『노박집람』의 범례에 "單字累字之解, 只取老乞大、朴通事中所載者爲解 - 단자해와 누자해는 오로지 <노걸대>와 <박통사>에 실린 것을 해설한 것이다"라 하여 한 자(字), 또는 여러 자(字)로 된 표제어를 <노박>에서 뽑아 해석하였음을 말하고 있다.

이 『노박집람』은 원본의 초간으로 보이는 을해자본(乙亥字本)이 황의돈(黃義敦)씨를 거쳐 현재 동국대학교도서관에 소장되어 전하며 이병주(1966)의 해제가 있다. 그리고 이에 대하여는 이병주(1965)와 졸고(1977), 그리고 김유범(2000)의 연구가 있으나 아직도 분명하지 않은 것이 적지 않았는데 그 가운데 상당 부분이 앞에서 소개한 <원노>에 관한 것이어서 {구본}<노걸대>, 즉 <원노>의 발견으로 『노박집람』의 많은 부분을 이해하게 되었다(졸고, 2000b).

뿐만 아니라 이를 통하여 오늘날에 최세진이 손을 댄 <노걸대>, <박통사> 관계의 자료를 거의 모두 찾아볼 수가 있다. 즉, 비록 상권(上卷)뿐이지만 원간 초간본의 활자본인 {번역}<박통사> 상을 비롯하여 같은 을해자본인 『노박집람(老朴集覽)』, 그리고 복각(覆刻)본으로 보이는 목판본 {번역}<노걸대> 상·하가 있고『사성통해』말미에 부재된 '번역노걸대박통사범례' 등이 모두 최세진의 소작이다.

4.3.1 동국대 소장의『노박집람』

『노박집람(老朴集覽)』은 고(故) 황의돈(黃義敦) 씨가 구장(舊藏)한 것을 동국대학교에서 구입하여 동 대학 도서관에 소장한 것으로 동국대학교 국문과 이병주 교수가 '李丙疇 編校 老朴集覽考'란 이름으로 영인 출판하여 세상에 알린 자료다(이병주, 1966b). 역시 최세진이 {산개}<노박>을 번역하면서 난해어, 난해구, 숙어를 한글을 섞어 한문으로 풀이한 것이다. 총 57엽이며 그 가운데 범례가 2엽, 단자해(單字解) 7엽, 누자해(累字解) 3엽, <노걸대집람(老乞大集覽)> 상 3엽, 하 4엽, 음의(音義) 1엽, <박통사집람(朴通事集覽)> 상 15엽, 중 9엽, 하 13엽의 순으로 편철되었다. 다만 <박통사집람> 상의 10엽은 낙장이 되었다.

서(序)와 발(跋)이 없어 누구의 소작인지 분명하지 않으나 그간의 여러 연구에서 최세진이 <노박>을 번역하면서 문제가 됐던 어휘들을 따로 모아 '집람(集覽=輯覽)'이란 이름으로 간행한 것으로 기술하였다(졸고, 1977). 이 책은 왜란과 호란 중에 없어졌다가 선천(宣川) 역학 주중(周仲)이 여염집에서 찾아내어 현종~숙종 연간에 <노박>을 언해할 때에 크게 이용하였다. 즉, 숙종 때에 중간된 이 <박통사언해>에 부재된 이담명(李聃命)의 전게 서문에

> 龍蛇之變書籍盡灰。而崔氏之釋, 從而失其傳, 學譯者多病之。近有宣川譯學周仲者, 於閭閻舊藏偶得一卷書, 曰老朴輯覽。其下又有單字解, 亦世珍所撰也。蓋漢語之行於國中者, 有老乞大有朴通事, 所謂輯覽卽彙二冊要語。而註解者自得是本, 窒者通疑者解, 不啻若醒之呼寐, 燭之過幽時。云云 - 전란 때에 서적이 모두 재가 되었다. 최씨의 해석도 따라서 실전되어 역학을 공부하는 자가 매우 아쉬워하였다. 근래에 선천의 역학 주중이란 자가 여염집에 구장(舊藏)한 고서 가운데 우연히 한 권의 책

> 을 얻었는데 '노박집람'이라 하였고 또 끝에 '단자해'가 있으니 역시 최세진이 편찬한 것이다. 나라 안에서 통행하는 한어는 <노걸대>와 <박통사>가 있으며 소위 '집람'이라 하는 것은 이 두 책의 중요한 어휘를 모아서 주해한 것이다. 이 책으로 스스로 배워서 막힌 것이 뚫리고 의심스러운 것을 풀어주니 마치 자다가 깨어난 것 같고 어두운 때에 촛불을 만난 것 같다. 운운

라고 하여 최세진이 풀이한 <노박집람>을 임진왜란 이후에 선천(宣川) 지방의 역학 주중(周仲)이 여염집에서 우연히 발견하였으며 그 책에 역시 최세진이 편찬한 '단자해(單字解)'가 있다고 하였다. 또 단자해와 함께 부재된 '노걸대집람'과 '박통사집람'의 '집람(集覽 = 輯覽)'이란 <노박> 두 책의 중요한 어휘를 모아놓았다는 뜻으로 이것으로써 이 책들의 난해구를 스스로 주해할 수 있으며 막힌 곳과 의심나는 곳을 모두 알 수 있음을 말하였다.

이것을 보면『노박집람』은 임진왜란 이전인 중종 때에 최세진에 의하여 편찬되었음을 알 수 있는데 후대에는 이를 해체하여 <노걸대언해>에는 '노걸대집람'을, 그리고 <박통사언해>에는 '박통사집람'을 해당 난해구에 협주로 부재하였다. 이것은『사성통해(四聲通解)』의 서문에 "臣將二書諺解音義, 書中古語裒成輯覽, 陣乞刊行, 人便閱習 [中略] 時正德十二年丁丑十一月日 - 신이 장차 두 책(<노박>을 말함)을 언해하고 음의를 붙이고자 하는데, 책 속의 옛말을 뽑아 집람을 완성하였으니 사람들이 보고 학습하기에 편하게 하기 위하여 간행을 허락해 주실 것을 청합니다. [중략] 때는 정덕 12년(1517) 정축 11월 일"이라는 기사가 보여 최세진이 <노박>을 언해하기에 앞서 이 책의 옛말을 모아 만든 '집람(輯覽)'이 있었음을 알 수 있다. 여기서 흥미를 끄는 것은 '음의(音義)'라는 술어다.

위 기사에 따르면 최세진이 <노박>을 언해하고 그 음의(音義, 발음과 말뜻)를 붙이고자 하였다는 것인데 여기서 언해란 한어 본문의 우리말 번

역이고 음의란 한자 하나에 그 발음과 뜻을 적는 것이어서 실제로 최세진이 <노박>을 번역할 때에 정음으로 언해와 더불어 음의를 붙였다는 것을 알 수 있다. '음의(音義)'가 실제로 어떤 모습이었는가를 보여주는 예가 <노박집람> '노걸대집람' 하권(下卷) 말미에 일부 편철되어 있는 "音義云: 舊本內說的[呵]字不是常談, 如今秀才和朝官是有說的 [下略] - <음의>에서 말하기를 <구본> 내에서 말한 '가(呵)'자는 늘 쓰는 말이 아니어서 학자나 조정의 관리들의 말에나 들어 있다"라고 하여 <음의(音義)>라는 어휘 참고서가 있었던 것으로 보인다. 이는 아마도 현전하는 『노박집람』을 사용하던 사람이 책을 새로 편철하면서 이 부분을 삽입한 것으로 보인다.

'노걸대집람'이나 '박통사집람'은 최세진 이전부터 선배 역관들이 중국의 여러 참고서를 조사하여 난해어·난해구·숙어 등을 풀이하고 또 이들이 중국에 갔을 때에 질문하여 기록한 것을 모아놓은 것을 최세진이 정리한 것이다. <노박집람>에는 40여 종의 서적이 인용되었는데 인용서적으로는 『남촌철경록(南村輟耕錄)』을 비롯하여 『번역명의(飜譯名義)』 등 원대(元代)의 백과사전이나 어휘집들이 많다. 이들은 최세진 혼자서만 참고한 것이라기보다는 상기 <노박>의 여러 집람(集覽)에서 이미 다른 선배 역관들에 의해 인용된 것이 대부분일 것이다. 실제로 역관들이 질문한 것은 '질문운(質問云)'이라 하여 설명하였는데 물론 이 '질문(質問)' 가운데는 최세진 자신이 질문한 것도 포함되었을 것이다.

<노박집람>에는 '노걸대집람(老乞大集覽)'(상·하)과 전술한 <음의(音義)> 반엽, 그리고 '박통사집람(朴通事集覽)'(상·중·하)이 있으므로 이들은 사역원의 한어 교재인 <노박>의 말미에 부재되어 역생(譯生)들에 의하여 이용되다가 최세진에 의하여 정리되어 한 권의 책으로 간행된 것으로 보인다. 즉 <노박집람>은 최세진 이전부터 사역원 한학에서 사용된 <노박>에서 이러한 형태로 편철되어 역생들의 한어 교육에서 이용된 것으로 생각할 수 있다. 이것을 최세진이 따로 모으고 '단자해(單字解)', '누자해(累字解)'를 붙여 '노박집람(老朴集覽)'이란 이름으로 간행한 것으로 보이며

그 결과 실록에는 이 책의 간행에 대하여 언급하지 않았던 것이다.

그러나 『통문관지』를 비롯한 사역원 한학 관계의 역학서에서는 이것을 모두 최세진 저작으로 기록하고 있다. 이 책이 병란에 실전되었다가 선천(宣川) 역학 주중(周仲)이 발견하여 후대의 언해에 이용되었음을 전게한 이담명(李聃命)의 <박통사언해>의 서문에 밝혀놓았다. 실제로 이 때에 언해되어 간행된 <노걸대언해>에는 <노걸대집람>'을 부재하였고 <박통사언해>에는 <박통사집람>'을 부재하여 후대에까지 {산개}<노박>의 언해에 영향을 준 것이다.

4.3.2 서지적 특징

<노박집람>은 총 57엽으로 범례(2葉 3面, 1면 空欄), 단자해(單字解, 7엽), 누자해(累字解, 3엽 5면, 1면 공란), 노걸대집람(老乞大集覽) 상(3엽 5면, 1면 공란), 노걸대집람 하(4엽 8면), 음의(音義, 1엽 1면, 1면 공란), 박통사집람(朴通事集覽) 상(15엽 30면, 10엽 낙장), 박통사집람 중(9엽 17면, 1엽 공란), 박통사집람 하(13엽 25면, 1엽 공란)의 순으로 <노박>의 난해어·난해구·숙어를 한문과 한글을 섞어서 풀이하였다.

이 책에는 서(序), 또는 발(跋)이 없고 간기도 없어 누가 언제 간행하였는지 알 수 없다. 다만 『통문관지』(권7) 「인물(人物)」 '최세진(崔世珍)'조의 기사나 전술한 『사성통해(四聲通解)』의 최세진 서문, 그리고 전술한 <박통사언해>의 序文에 의하면 <노박집람>은 최세진이 편찬한 것이고 그 판식(板式)과 을해자(乙亥字) 활자본임을 감안하면 중종 때에 간행되었을 것으로 추정할 뿐이다. 졸고(1977)에서는 <노박>의 번역보다는 뒤에, 그리고 『사성통해』(1517)보다는 앞선 시기에 간행된 것으로 보았다.

이 책은 최세진의 생존 시에 간행된 을해자 활자본으로 <노박> 관계의 현전하는 유일한 원간 초간본이다. 아마도 이 책은 『사성통해』(1517) 이전에 간행된 것으로 보이며 이것은 이 책의 표지에 배접된 종이가 '嘉靖 29年(1550) 4월 초1일 행현관 李某의 牒呈'이어서 더욱 이 사실을 뒷받침해 준다. 그러나 매우 보관 상태가 좋지 않아 필자가 2000년에 열람하였을 때에는 거의 판독이 불가능할 정도였다. 당시에 조사된 서지적 특징은 다음과 같으며 이병주(1966b)의 해제에 의존하였다.

老朴集覽

乙亥字 활자본 1책, 총 58장(1장 缺)

四周單邊 半葉匡郭 : 25×18.7cm, 有界 9행 18자, 註雙行,

版心 : 上下黑口, 內向三葉花紋魚尾

이로써 오늘날에 최세진이 손을 댄 '<노걸대>, <박통사>' 관계의 자료를 거의 모두 찾아볼 수가 있다. 즉, 비록 상권(上卷) 뿐이지만 원간 을해자 활자본의 복각본인 {번역}<박통사>상을 비롯하여 같은 을해자본인 『노박집람』, 그리고 활자본의 번각본(飜刻本)으로 보이는 목판본 {번역}<노걸대> 상·하가 있고 『사성통해』와 그 말미에 부재된 '번역노걸대박통사범례(飜譯老乞大朴通事凡例)' 등이 모두 최세진의 소작이다.

4) '번역노박범례'의 용어

4.4.0 <노걸대>와 <박통사>는 중종 때에 최세진에 의하여 '번역(飜譯)'되었으며 이후에 여러 번 수정되었다. 중종 12년(正德 12, 1517)에 간행된 최세진의 『사성통해』의 하권 끝에는 부록으로 '사성통고범례(四聲通攷凡例)'의 10조에 이어서 "국음(國音), 한음(漢音), 언음(諺音), 방점(傍點, 漢字下諺音之點), 非(ㅸ), 奉(ㅹ), 微(ㅱ) 三母, 淸濁聲勢之辨, ㅱㅸ爲終聲, 정속음(正俗音), 지지진(支紙寘) 삼운내치음제자(三韻內齒音諸字)" 등 9개조의 '번역노걸대박통사범례(飜譯老乞大朴通事凡例)'(이하 '번역노박범례'로 약칭)가 첨부되었다. 이 범례에는 "漢訓諺字皆從俗撰字旁之點, 亦依鄕語 - 한자의 뜻을 언문 글자로 쓸 때에 속된 글자의 방점 표기에 따랐으며 또 우리말에 의거한 것이다."라는 설명을 붙였었다.

이것은 당시 중국어와 국어의 음운을 비교한 허웅(1955)에서 인용되어 국어의 역사적 연구에서 후기중세국어의 음운에 대한, 특히 성조에 대한 중요한 기술로 알려졌다. 그리하여 '번역노박범례'는 중세국어의 음운 연구에서 적지 않게 거론되었으며 많은 논저에서 후기중세국어의 음운체계, 특히 성조체계를 거론할 때에 이 범례의 기술을 참고하였다.

그러나 실제로 '번역노박범례'에 사용된 다양한 용어가 의미하는 바에 대하여 본격적으로 고찰된 바가 없었으며 이 범례에 사용된 '국음(國音), 한음(漢音), 언음(諺音), 정음(正音), 속음(俗音), 재좌음(在左音), 재우음(在右音)'도 막연히 당시 중세국어의 음운으로 보거나 중국의 관화음(官話音), 정음, 속음, 한자의 동음(東音), 운서(韻書)의 규정음, 당시 중국어의 현실음, 최세진의 득문지음(得聞之音) 등으로 인식하여 왔다.

여기서는 '번역노박범례'가 어디까지나 최세진이 번역한 한어(漢語) <노걸대>, <박통사>의 범례라는 점을 감안하여 현전하는 최세진의 번역본 <박통사>(상)(국회도서관 소장, 乙亥字 覆刻本, 이하 <번역박통사(上)>'이라고 함)을 기준으로 하고 역시 '번역노걸대'라고 불리는 목판본 <노걸대>(상)(백순재 씨 소장, 중앙대학교 대학원 영인본)과 <노걸대>(하)(조병순 씨 소장, 인하대학교 인문과학연구소 영인본)를 참고로 하여 '번역노박범례'의 용어, 특히 국음(國音)·한음(漢音)·언음(諺音)이 실제로 무엇을 의미하는가를 고찰하고자 한다. 그리고 정음과 속음의 의미와 <노박>을 번역할 때 한자의 좌우 양편에 주음한 재좌음(在左音)과 재우음(在右音)의 관계도 아울러 살펴보고자 한다. 다만 예들은 모두 <번역박통사>(상)에서만 인용하였다.

4.4.1 국음(國音)의 의미

먼저 <번역노박범례>의 국음(國音)에 대하여 살펴본다. 이 술어는 '번역노박범례'의 첫머리에 '국음(國音)'이란 제하에 평음(平音)과 측음(仄音), 그리고 평성(平聲), 상성(上聲), 거성(去聲), 입성(入聲)에 대한 범례가 기재되었는데 그 전문을 옮기고 단락별로 풀이하면 다음과 같다.

국음(國音)

ⓐ 凡本國語音有平有仄, 平音哀而安, 仄音有二焉, 有厲而擧, 如齒字之呼者, 有直而高, 如位字之呼者。哀而安者爲平聲, 厲而擧者直而高者爲去聲爲入聲。- 무릇 우리나라의 어음에는 평음과 측음이 있는데 평음은 낮고 눌리는 소리이며 측음은 둘이 있어 하나는 세차고 들치어 '齒'자의 발음과 같은 것이 있고 또 하나는 곧고 높아서 '位'자의 발음과 같은 것이 있다. '낮고 눌리는 소리는 평성이고 세차고 들치는 소리와 곧고 높은 소리는 거성, 입성이 된다.

ⓑ 故國俗言語平聲無點, 上聲二點, 去國[159] 入聲一點 - -그러므로 우리나라의 속된 말에서는 평성은 점이 없고 상성은 점이 두 개, 거성, 입성은 점이 하나였다.

ⓒ 今之反譯漢字下在左諺音, 竝依國語高低而加點焉 - 지금의 번역에서 한자 아래 왼쪽에 있는 언문 표기음은 모두 우리말의 고저에 의하여 점을 더한 것이다.

ⓓ 但通攷內漢音字旁之點, 雖與此同, 而其聲之高低則鄕漢有不同焉。詳見旁點條 - 다만 <통고>내의 한음 방점은 비록 이와 같지만 그 소리의 높고 낮음이 향(鄕)과 한(漢), 즉 우리말과 중국말이 같지 않다. 자세한 것은 방점조를 보라.

이것의 의미를 다시 음미하여 보면 첫째 '本國語音 - 國音'은 평음(平音)과 측음(仄音)이 있으며 평음은 낮은 소리고 '애이안(哀而安 - 낮고 누리는 소리)'하여 사성(四聲)의 평성(平聲)과 같다. 측음(仄音)은 둘이 있어서 하나는 '치(齒)'자의 발음과 같이 상성(上聲), 즉 '여이고(厲而擧, - 세차고 들치는 소

159 "平聲無點上聲二點去國入聲一點"의 '去國'은 '去聲'을 말하는 것으로 '國'은 '聲'의 오자로 보인다.

리)'로 발음되고 하나는 '위(位)'자의 발음과 같이 거성(去聲), 입성(入聲), 즉 직이고(直而高--곧고 높은 소리)로 발음이 된다는 뜻이다.

4.4.1.1 평음, 즉 평성을 낮은 소리로, 상성을 낮은 데서 높아지는 소리로, 거성을 높고 씩씩한 소리로, 입성을 빠르고 닫히는 소리로 본 것은 훈민정음의 <해례본> '합자해(合字解)'에 "平聲安而和春也, 萬物舒泰 上聲和而擧夏也, 萬物漸盛。去聲擧而壯秋也. 萬物成熟。入聲促而塞冬也. 萬物閉藏。- 평성은 낮아 화(和)하니 봄이고 만물이 서서히 커지는 것이다. 상성은 낮다가 높아지니 여름이고 만물이 점차 무성해진다. 거성은 높고 장(壯)하니 가을이고 만물이 성숙함과 같다. 입성은 빠르고 닫히니 겨울이고 만물이 폐장하다"이라 하여 '平聲-哀而安'을 '安而和'로, '上聲-厲而擧'를 '和而擧'로 설명한 것과 같은 것이다. 이것은 국음(國音)이 고유어의 음운 내지는 한자음의 동음(東音)을 말하는 것으로 볼 수 있다.

4.4.1.2 둘째는 『사성통고』의 방점 규정에서 '국속언어'의 평성은 점을 붙이지 않고 상성은 점을 두 개, 거성과 입성은 점을 하나씩 붙인다는 것이다. 실제로 『사성통해』의 권두에 실린 '범례(凡例, 二十六條)'에는

> 四聲通攷各韻諸字, 一母四聲各著諺音, 平聲無點, 上聲二點, 去聲入聲一點。今撰通解只於平聲著其諺音, 上聲去聲則其音自同, 而平仄之呼可從本聲。故更不著其諺音及加點, 而只書上聲去聲也。- <사성통고>의 각운에 속하는 하나의 자모와 사성은 모두 언음을 붙였는데 평성은 점이 없고 상성은 점이 둘이고 거성, 입성은 점이 하나였다. 이제 <사성통해>를 편찬할 때에 평성에는 언음만을 쓰고 상성과 거성은 저절로 같으나 평음과 측음으로 나뉘어 발음될 때는 본래의 성조에 따르는 것이 옳으므로 다시 그 언음과 점을 붙이지 않고 상성과 거성에만 쓴다.

라 하여 한음을 훈민정음으로 주음(注音)할 때에 고유어의 방점법과는

조금 다르게 거성과 입성에 1점을 붙인다고 하였다.

우리말의 거성(去聲)과 한문의 입성(入聲)이 유사하다는 음운의 인식은 전술한 훈민정음 <해례본>에서도 발견된다. 즉 '합자해(合字解)'에서

> 凡字之左加一點去聲, 二點爲上聲, 無點爲平聲。而文之入聲與去聲相似, 諺之入聲無定, 或似平聲如긷爲柱, 녑爲脅, 或似上聲與:낟爲穀:깁爲繒, 或似去聲, 如몯爲釘, 입爲口之類, 加點則與平上去同。- 대저 한자의 왼쪽에 한 점을 더하면 거성이고 두 점이면 상성이고 점이 없으면 평성이다. 그러나 한문의 입성은 거성과 더불어 흡사하다. 우리말의 입성은 정해져 있지 않고, 혹은 평성과 같아서 '긷'이 기둥이 되고 '녑'이 옆구리가 된다. 혹은 상성과 같아서 ':낟'이 곡식이 되고 ':깁'이 비단이 되며 혹은 거성과 같아서 '·몯'이 '못(釘)'이 되고 '·입'이 '입(口)'이 되어 점을 더하는 것이 같다.

라고 하여 한문의 입성(入聲)을 우리말에서는 거성(去聲)으로 인식하고 우리말의 입성(入聲)은 다만 폐음절로서 성조에 따라 평성(平聲)과 상성(上聲), 거성(去聲)으로 발음됨을 말하였다.

4.4.1.3 셋째로 이번 <노걸대>, <박통사>의 번역에서는 한자 아래 왼쪽의 언음(諺音)에는(아마도 오른쪽의 잘못일 것임) 모두 나랏말의 고저에 의하여 가점한다고 하였으나 '방점(旁點, 漢字下 諺音之點)' 조에는

> 在左字旁之點則字用通攷所制之字, 故點亦從通攷所點, 而去聲入聲一點, 上聲二點, 平聲無點。在右字旁之點則字從國俗編撰之法而作字, 故點亦從國語平仄之呼而加之。- 왼쪽 글자의 방점은 통고에서 만든 글자를 쓴 것이므로 방점도 역시 통고의 방점에 따랐으며 거성·입성은 1점, 상성은 2점, 평성은 점이 없다. 오른쪽에 있는 글자의 방점은 글자가 우리가 속되게 만든 문자여서 방점도 우리말의 평측에 따라 붙인다.

라고 하여 왼쪽의 방점은 <사성통고>의 방점법에 의거한 것이고 오른쪽의 방점은 국속편찬지법(國俗編撰之法)에 의하여 만든 글자이므로 우리말의 평측(平仄)에 의거하여 가점한다고 하였다. 따라서 '국음(國音)'은 오른쪽의 주음(注音)으로서 우리가 속되게 만든 글자(國俗編撰之法而作字)이고 방점도 한어(漢語)의 사성(四聲)에 맞춘 것이 아니라 우리말의 성조에 맞추어 가점한 것임을 알 수 있다.

넷째로 <사성통고>의 한음에 붙인 방점은 역시 평성(平聲) 무점이고 상성(上聲) 2점, 거성(去聲)·입성(入聲)은 1점이지만 우리말과 중국의 발음이 다르다는 것이다. 역시 '방점(旁點)'조에

> 漢音上聲, 通攷則二點, 而其呼勢同國音平聲之呼。故反譯則無點。- 한음의 상성은 <사성통고>에서는 2점이었으나 그 발음의 성조가 국음의 평성과 같으므로, 번역할 때에 무점, 즉 점이 없다.

라고 하여 한음의 상성은 우리말의 평성과 같다고 하여 한음의 성조와 우리말의 그것이 서로 다를 수 있음을 말하고 있다. 여기에서 국음(國音)과 한음(漢音)이 향음(鄉音)과 한음(漢音)의 관계임을 알 수 있다.

4.4.1.4 이상의 고찰에서 '국음(國音)'이란 <노걸대>·<박통사>를 번역할 때에 한자 하나의 좌우에 정음으로 중국어의 발음을 전사하였는데 그 가운데 오른쪽의 발음을 말하는 것으로 향음(鄉音), 즉 우리말의 음운에 의거하여 기록한 것임을 알 수 있다. 즉, '국음(國音)'이란 우리말의 표기에 사용한 문자로서 우리가 속되게 만든 정음 문자와 그의 음가를 말한 것으로 이해된다. 이것은 국음, 즉 본국어음(本國語音)이 국속언어(國俗諺語)와 같고 이 번역의 왼쪽에 있는 한글 주음은(실은 오른쪽 주음이지만) 국음의 성조에 의거하여 가점되었음을 말하고 있다.

4.4.2 한음(漢音)의 의미

다음으로 한음(漢音)조의 기술을 살펴보기로 하자. 먼저 '번역노박범례'의 한음(漢音)조를 옮겨보면 다음과 같다.

> 한음(漢音)
>
> ⓐ 平聲全淸次淸之音, 輕呼而稍擧, 如國音去聲之呼。- 한음의 평성 전청, 차청음은 가볍게 발음하고 약간 높아지므로 국음의 거성과 발음이 같다.
>
> ⓑ 全濁及不淸不濁之音, 先低而中按, 後厲而且緩, 如國音上聲之呼。- 전탁 및 불청불탁음은 처음이 낮고 가운데가 눌리나 끝이 높아지고 또 느리게 발음되어 국음의 상성과 같은 발음이다.
>
> ⓒ 上聲之音, 低而安, 如國音平聲之呼。- 상성의 발음은 낮고 변함이 없어서 국음의 평성과 같이 발음된다.
>
> ⓓ 去聲之音, 直而高, 與同國音去聲之呼。- 거성의 발음은 곧고 높아서 국음의 거성 발음과 같다.
>
> ⓔ 入聲之音, 如平聲濁音之呼, 而促急。- 입성의 발음은 평성 탁음의 발음과 같으나 촉급하다.

이 한음(漢音)의 범례로부터 한음(漢音)과 국음(國音)의 관계를 살펴볼 수 있다. 범례의 이 규정에서 국음(國音)을 오른쪽의 주음으로, 한음(漢音)은 왼쪽의 주음으로 본다면 이들의 관계는 다음과 같이 정리할 수 있다. 먼저 ⓐ의 규정으로부터 다음과 같은 대응 규칙을 수립할 수 있다.

① 漢音의 平聲 全淸·次淸은 國音의 去聲과 같다.
(한음의 평성 전청, 차청 → 국음의 거성)

이것은 한음, 즉 왼쪽의 주음이 평성의 전청, 차청인 경우 국음, 즉 오른쪽의 주음은 거성의 전청, 차청이 된다는 대응 규칙이다. 이에 해당되는 예를 국회도서관 소장의 <번역박통사> 상(上)에서 찾아 재좌음과 재우음의 관계를 살펴보면 다음과 같다.

예. 乾 간 ·간(21앞), 多 도 ·도(11앞), 般 번 ·번(66앞), 心 신 ·신 (68앞), 將 쟝 · 쟝, 初 추 · 추(53뒤), 鋪 푸 · 푸(60앞), 揮 휘 · 휘(67앞)

이 예에서 '乾, 多, 般, 心, 將'의 재좌음(在左音)인 '간, 도, 번, 신, 쟝'의 평성(무점) 전청(全淸)음이 재우음(在右音)에서 '·간, ·도, ·번, ·신, ·쟝'의 거성(1점) 전청음으로 바뀌었음을 말하고 있다. 또 '初, 鋪, 揮'의 재좌음(在左音) '추, 푸, 휘'의 평성(무점) 차청(次淸)음이 재우음(在右音)에서 '·추, ·푸, ·휘'와 같이 거성(1점) 차청음으로 번역하였음을 말하고 있다.

4.4.2.1 이것은 ⓐ의 "(漢音의) 평성 전청, 차청음은 가볍게 발음하고 약간 높아지므로 국음(國音)의 거성과 발음이 같다"에서 "① 한음 평성 전청, 차청은 국음의 거성과 같다"는 규칙을 세울 수 있고 이를 재좌음인 한음과 재우음인 국음에 적용하면 재좌음인 한음의 평성 전청음 '간, 도, 번, 신, 쟝'이 국음인 재우음에서는 거성 전청음 '·간,·도,·번,·신,·쟝'으로 반역(反譯)된 것을 말한다. 그리고 재좌음인 한음 평성의 차청음 '추, 푸, 휘'가 재우음에서는 역시 국음의 거성 '·추, ·푸, ·휘'로 반역된 것이다. 따라서 ①의 대응 규칙에 잘 맞으며 위에서 살펴본 바와 같이 '한음=재좌음', '국음=재우음'의 관계를 확인할 수 있고 같은 예를 다음에서 더 찾을 수 있다.

② 한음(漢音) 평성(平聲)의 전탁(全濁)·불청불탁(不淸不濁)은 국음(國音) 상성(上聲)과 같다.

(한음의 평성 전탁, 불청불탁 → 국음의 상성)

②의 규정에 따르면 한음, 즉 왼쪽의 주음(注音)이 평성의 전탁음, 불

청불탁음일 경우 국음, 즉 오른쪽의 주음은 상성이 된다. 다만 다음에 논의할 평성 전탁은 차청음으로 바뀐다는 ⑧의 규정(후술할 것임)에 따라 한음의 평성 전탁이 국음에서는 상성 전청이 되고 불청불탁은 변하지 않고 평성이 상성으로 바뀜을 말한다. 역시 이에 해당하는 예를 <번역박통사>(상)에서 찾으면 다음과 같다. 이하 같음.

예. 檀 딴 :탄(24뒤), 錢 쪈 :쳔(26뒤), 玲 링 :링(27앞), 麽 마 :마(22뒤)

이 예들은 전술한 ⓑ의 "전탁(全濁) 및 불청불탁(不淸不濁) 음은 처음이 낮고 가운데가 눌리나 끝이 높아지고 또 느리게 발음되어 국음(國音)의 상성(上聲)과 같은 발음이다"에서 살펴본 바와 같이 "한음 평성의 전탁음과 불청불탁음은 국음의 상성으로 바뀌다"는 반역(=번역)의 규칙을 잘 보여준다. 즉, '檀, 錢'의 재좌음 '딴, 쪈'과 같은 평성(무점) 전탁음이 재우음에서는 ':탄, :쳔'과 같이 상성(2점) 차청음으로 바뀐 것이며 '玲, 麽'의 재좌음 '링, 마(평성 불청불탁음)'가 재우음에서는 ':링, :마(상성 불청불탁음)'로 바뀐 것이다.

4.4.2.2 ③ 한음 상성은 국음의 평성과 같다.
(한음의 상성 → 국음의 평성)

이 대응 규칙은 한음의 상성은 국음의 거성과 같다는 ⓒ의 규정에 따라 세워진 것이다. 이것은 방점 조에서도 "漢音上聲通攷則二點, 而其呼勢同國音平聲之呼, 故反譯則無點"라고 하여 한음 상성이 국음에서는 평성이 됨을 말하고 있다. 이의 예를 역시 <번역박통사>(상)에서 찾으면 다음과 같다.

예. 我 :어 오(40앞), 傘 :산 산(40앞), 淺 :쳔 쳔(23앞), 打 :다 다(48뒤), 等 :등 등(36뒤)

이 예들은 '我, 傘, 淺, 打, 等'의 재좌음이 상성(2점), 즉 ":어, :산, :천, :다, :등"이며 재우음, 즉 국음은 모두 평성(무점), 즉 "오, 산, 쳔, 다, 둥" 등으로 바뀌었다. 이것은 전청음과 차청음에서 일어난 것이고 전탁음과 불청불탁음은 ②의 규칙을 적용한다.

4.4.2.3 ④ 한음의 거성은 국음의 거성과 같다.

(한음의 거성 → 국음의 거성)

이것은 한음(漢音) 거성 가운데 '곧고 높은 것(直而高)'은 국음의 거성과 비슷하다는 ⓓ의 규정에 따라 만든 대응 규칙으로 거성에서는 한음과 국음이 차이가 없음을 말하고 있다. 이 예를 역시 <번역박통사>(상)에서 찾으면 다음과 같다.

예. 箇·거 ·거(67앞), 快·쾌 ·쾌(62뒤), 處·츄 ·츄(62앞)

이 예는 '箇, 快, 處'의 주음은 전청, 차청의 좌·우음이 모두 거성(1점)으로 되어 성조와 청탁의 변화가 없음을 보여준다.

4.4.2.4 ⑤ 한음 입성 중 평성 탁음과 같은 것은 국음의 상성이 되나 촉급하다.

(한음의 평성 탁음과 유사한 입성 → 국음의 상성)

이 대응규칙은 한음 입성 중에서 평성의 전탁음과 같은 것은 국음의 상성이 된다는 ⓔ의 규정에 따라 재좌(在左)음의 입성(1점)이 재우(在右)음에서는 상성(2점)이 되고 다음에 논의할 대응 규칙 ⑧에 의하여 한음의 전탁음은 국음의 전청음으로 바뀌며 촉급해진다는 뜻이다. 이에 대한 예를 <번역박통사>(상)에서 들면 다음과 같다.

예. 着 ·ᄍᆙᇦ :죠(27뒤), 白 ·ᄈᆜᆼ :버(29앞), 或·ᅘᅫᆼ :훠(33뒤), 活·ᅘᅪᇦ :호(45뒤)

이 예들은 재좌음의 입성(1점) 전탁음 '·ᄍᆙᇦ, ·ᄈᆜᆼ, ·ᅘᅫᆼ, ·ᅘᅪᇦ'가 재우음에서는 상성(2점)의 전청음 ':죠, :버, :훠, :호'로 바뀐 것을 말하는 것이다. 한음(漢音), 즉 재좌음의 입성 전탁이 국음, 즉 재우음에서 전청이 되는 것은 후술할 ⑨ '상, 거, 입성(1점)의 전탁 → 전청(사성의 변동은 ①, ②, ③의 규칙에 따름)'이란 규칙에 의한 것이다. 이에 대하여는 다음에 논의될 것이다.

4.4.3 재좌음(在左音)·재우음(在右音)

이상 대응규칙 ①~⑤는 국음과 한음이 한자 아래 오른쪽과 왼쪽의 한글 주음에서 보이는 대응 관계임을 보여준다. 오른쪽 주음을 재우음, 왼쪽 주음을 재좌음이라고 부르며 이 양자의 차이를 이것은 '노박범례'의 방점(傍點, 漢字下諺音之點)조에서 확인할 수 있는데 방점조의 기술을 정리하면 다음과 같다.

방점(傍點)

ⓐ 在左字旁之點則字用通攷所制之字, 故點亦從通攷所點, 而去聲入聲一點, 上聲二點 平聲無點。 - 왼쪽에 있는 글자의 방점은 곧 <통고>에서 만든 글자를 사용한 것이다. 그러므로 방점도 역시 통고의 소점에 따라서 거성, 입성은 1점, 상성은 2점, 평성은 점이 없다.

ⓑ 在右字旁之點則字從國俗編撰之法而作字, 故點亦從國語平仄之呼而加之。 - 오른쪽에 있는 글자의 방점은 국속편찬지법에 따라 만든 글자다. 따라서 방점도 역시 국어의 평측에 따라 가점한다.

ⓒ 漢音去聲之呼 如國音去聲相同 故鄉漢皆一點 - 한음 거성의 발음은 국음 거성과 더불어 같으므로 향(鄕)과 한(漢)이 모두 일점이다. ④ 거성 → 거성

ⓓ 漢音平聲全淸次淸通攷則無點, 而其呼與國音去聲相似, 故反譯則亦

一點, 漢人之呼亦相近似焉。 - 한음의 평성 전청, 차청은 <통고>에는 점이 없으나 그 발음은 국어의 거성과 비슷하므로 번역할 때 역시 1점을 붙이는데 한인의 발음이 역시 이와 비슷하다. ① 평성전청 → 거성

ⓔ 漢音上聲通攷則二點, 而其呼勢同國音平聲之呼, 故反譯則無點, 漢人呼平聲, 或有同上聲字音者焉。 - 한음의 상성은 <통고>에서는 2점이지만 그 발음의 세기는 국음의 평성 발음과 같아서 번역에서는 점이 없다. 중국인의 평성 발음은 혹시 상성자의 발음과 같은 것도 있다. ③ 상성 → 평성

ⓕ 漢音平聲全濁及不淸不濁之音, 通攷則無點, 而聲勢同國音上聲之呼, 反譯則亦二點。 - 한음의 평성 전탁 및 불청불탁의 발음은 통고에서는 점이 없으나 그 성세는 국음의 상성 발음과 같아서 번역할 때 역시 2점을 붙인다. ② 평성전탁 불청불탁 → 상성

ⓖ 漢音入聲有二音, 通攷則皆一點, 而反譯則其聲直而高呼, 如國音去聲者一點。 - 한음의 입성에는 둘이 있으나 통고에서는 모두 일점을 붙였다. 그러나 이번 번역에서는 그 소리가 직이고, 즉 곧고 높아 거성과 같은 것은 1점을 붙인다. ⑥ 한음 입성, 직이고 → 국음 거성

ⓗ 先低後厲而促急, 少似平聲濁音之呼者二點, - 처음이 낮고 뒤에 들치며 촉급하여 평성 탁음과 조금 같은 것은 2점을 더한다. ⑤ 평성전탁 → 상성

ⓘ 但連兩字皆上聲, 而勢難俱依本聲之呼者則呼上字, 如平聲濁音之勢然後呼, 下者可存本音, 故上字二點 若下字爲虛, 或兩字皆語助則下字呼爲去聲。 - 다만 연이어 두 자가 모두 상성이면 세기가 본성에 의하여 발음하기 어려우므로 윗자를 평성 탁음의 세기로 발음하고 난 후에 비로소 아랫자가 가히 본래의 음을 유지할 수 있다. 고로 윗자가 두 점, 즉 상성일 경우 만약에 아랫자가 허사이거나 혹 두 자가 모두 어조 사이면 아랫자를 거성으로 발음할 수 있다.

위의 기술에서 ⓐ는 재좌음이 <사성통고>의 규정자임을 말하며 ⓑ

는 재좌음의 거성·입성은 1점, 상성은 2점, 평성은 무점으로 주음(注音)하였다는 것이다. 그리고 재우음의 방점은 '국속찬자지법(國俗編撰字之法)'으로 작자(作字)한 것이어서 <사성통고>의 규정자와 다르며 실제 고유어 표기에 사용된 정음문자임을 밝혔다.

여기서 '국속편찬자지법'이란 운서의 일성일운(一聲一韻)에 정음자를 대응시킨 음절단위의 정음문자, 예를 들면 '老[·랕]'이나 '朴[·밯]'과 같은 표기가 아니라 고유어 표기에 사용된 정음문자에 근거하여 사역원 역관들이 편의적으로 만든 중국어 발음기호, 예를 들면 '老[·랖], 朴[·포]'와 같은 발음 표기를 말한다.

또 ⓒ는 한음 거성의 발음이 국음의 거성과 같아서 향어(鄕語, 고유어)와 한어(漢語)가 모두 1점이라는 설명이며 이에 따르면 향어와 한어가 결국은 국음과 한음의 비교와 같고 궁극적으로는 재좌음과 재우음의 차이를 말하는 것으로 볼 수 있다. 즉 앞에서 살펴본 재우음과 재좌음의 대응 규칙 "④ 한음 거성 → 국음 거성"을 반복한 것이다.

ⓓ의 규정은 한음, 즉 재좌음의 평성 전청, 차청이 <사성통고>에서는 점이 없어 평성이었는데 그 발음이 고유어의 거성과 비슷하므로 번역할 때 1점을 붙여 거성으로 표음한다는 뜻이다. 이는 앞의 "①한음의 상성 → 국음의 평성"을 다시 부연한 것이다.

ⓔ의 규정은 한음의 상성은 국음의 평성과 같아서 재좌음의 상성(2점)을 재우음에서 평성(무점)으로 표음한다는 내용이다. 이것도 전술한 ③의 대응규칙 "한음의 상성 → 국음의 평성"을 반복한 것이다. ⓕ의 규정은 한음 평성의 전탁 및 불청불탁이 <사성통고>에서는 평성이어서 점이 없지만 국음에서는 상성과 발음이 같아서 2점을 붙인다는 뜻으로 대응 규칙 ②"한음의 평성 전탁 불청 불탁 → 국음의 상성"을 재언한 것이다.

4.4.3.1 그러나 ⓖ의 규정은 새로운 것이다. 즉 한음 입성에는 둘이 있어서 전탁음과 그 외의 '곧고 높은 소리(직이고)'로 나눌 수 있는데 <사

성통고>에서는 이러한 구분을 하지 않고 모두 1점을 더하였다. 그러나 '곧고 높은 소리'는 국음의 거성과 같아서 비록 1점을 더한 것은 같지만 입성이 아니고 거성으로 간주한다는 것이다. 이를 대응규칙으로 만들면 다음과 같다.

⑥ 한음의 입성(入聲) 중 직이고(直而高)한 것은 국음 거성과 같다.
(한음 입성 '直而高' → 국음의 거성)

이것은 ⓓ의 규정에 따라 漢音의 입성 중에 '곧고 높은 것(直而高)'은 국음의 거성과 같은 것으로 간주하여 1점을 가점한다는 것이다. 이의 예를 역시 <번역박통사>(상)에서 찾으면 다음과 같다.

예. 的 · 딩 · 디(44앞), 織 · 징 · 지(29앞), 宿 · 슝 · 수(21뒤), 渴 · 컹 · 커(21뒤)

이 예에서 '的, 織, 宿, 渴'과 같은 입성자들이 재좌음에서는 입성이어서 1점을 가점하여 '·딩, ·징, ·슝, ·컹'이 되고(/ㆆ/는 입성운미) 재우음에서는 국음의 거성으로 간주하여 1점을 가점한 '·디, ·지, ·수, ·커'의 표음을 보인 것이다. 청탁의 변화는 없다.

방점의 ⓗ규정은 재좌음이 평성의 전탁음과 조금 비슷한 것은 재우음에서 상성으로 되어 2점을 더한다는 뜻으로 전술한 ⑤의 규칙 "한음의 평성 탁음과 유사한 입성 → 국음의 상성)을 부연한 것이다.

ⓘ의 규정은 만일 상성이 연거퍼 나타나면 억양상 모두 발음하기가 어려우므로 앞에 있는 상성을 평성으로 바꾼다는 것이다. 이를 규칙으로 나타내면 다음과 같다.

4.4.3.2 ⑦ 한음이 '상성 + 상성'이면 국음은 '평성 + 상성'이 된다.
(상성 + 상성 → 평성 + 상성)

이 규칙이 적용된 예를 찾아보자. "有酒有花以爲眼前之樂, - 수울 이

시며 고지 퓌여신 저기어든 눈 앏핏 즐기기를 홀 거시라"(<번역박통사> 7뒤 1-2)의 '有酒有'는 상성이 셋이 연결된 것으로 이 세 한자음의 재좌음은 ':잉, :짇, :잉'으로 주음되었으나 재우음은 '익, 쥐, :익'와 같이 두 번째의 '酒, 有'가 원래는 상성임에도 모두 평성으로 표음되었다. 또 "有甚麽句當? - 므슴 이리 잇는고?"(<번역박통사> 7뒤 9)의 '有甚麽'도 모두 상성자여서 재좌음은 ':잉, :씸, :마'와 같이 2점을 가점하여 상성임을 나타냈지만 재우음은 '익, 슴, :마'와 같이 첫 번째와 두 번째 상성이 평성(무점)으로 표음되고 마지막 것만 상성(2점)이 되었다.

또한 '노박범례'의 언음(諺音)조를 보면 "通攷所用次淸之音, 而全濁初聲之呼亦似之. 故今之反譯, 全濁初聲皆用次淸爲初聲, 旁加二點, 以存濁音之呼勢. 而明其爲全濁之聲'이라 하여 <통고>음, 즉 재좌음의 전탁 초성은 이번에 번역한 발음(今之反譯音), 즉 재우음에서 차청이 되지만 2점을 붙여 전탁음임을 밝힌다고 하였다. 이에 의하면 다음과 같은 대응 규칙이 가능하다.

4.4.3.3 ⑧ 한음의 평성 전탁 초성은 국음의 상성 차청 초성이 된다.
(평성 전탁 → 상성 차청)

예. 其 끼 :키(48앞), 桃 따 :타(40뒤), 紅 홍 :홍(27뒤), 才 째 :채(60뒤), 全 쭨 :췬(27앞), 瑚 후 :후(27앞), 黃 황 :황(37뒤)

이 예들은 '其, 桃, 紅. 才, 全, 瑚, 黃'의 한자음이 평성 전탁음인 재좌음의 '끼, 따, 훙, 째, 쭨, 후, 황'를 재우음에서는 상성의 차청음인 ':키, :타, :훙, :채, :췬, :후, :황'으로 바꾸어 적은 것을 말한다.

또 '번역노박범례'의 '청탁성세지변(淸濁聲勢之辨)'조에 "全濁 [中略] 上去入三聲初呼之聲, 逼同全淸"이라는 기술은 다음과 같은 대응 규칙을 가능하게 한다.

4.4.3.4 ⑨ 한음 상, 거, 입성의 전탁은 국음의 전청이 된다 (상, 거, 입성 전탁 → 전청). 사성의 변동은 ①, ②, ③에 의함.

예. 是 :쓰 ᄉᆞ(50뒤), 抱 :빻 ·밯(21앞), 便 ·뼌 ·변(73뒤), 上 ·쌍 ·상(27뒤), 着 ·짷 :죠(24앞), 白 ·삥 :버(29앞)

이 예는 '是, 抱, 便, 上, 着, 白'과 같은 한자들 가운데 '是 :씃, 抱 :빻'는 상성의 전탁음이고 '便 ·뼌, 上 ·쌍'은 거성의 전탁음이며 '着 ·짷, 白 ·삥'은 입성의 전탁음이다. 그러므로 재좌음은 모두 전탁음으로 쌍서자로 표음되었다. 그러나 재우음은 모두 전청음으로서 'ᄉᆞ, ·밯, ·변, ·상, :죠, :버'와 같이 초성에 전청자로 표음되었다.

4.3.3.4 이상 ①~⑨의 한음(漢音)과 국음(國音)에 대한 모든 기술이 한자 아래 한글로 주음(注音)된 재좌음(在左音)과 재우음(在右音)의 관계를 말함을 알 수 있다. 이를 정리하면 '노박범례'의 한음(漢音)은 재좌음이고 <통고(通攷)>에서 제정한 글자라서 정음(正音)이며 재우음은 국음(國音), 향음(鄕音)으로 최세진이 번역한 것이며 국속편찬자지법에 의하여 작자(作字)한 것이라 속음(俗音)임을 알 수 있다. 또 <노박범례>의 '정속음(正俗音)'조에 "今之反譯, 書正音於右, 書俗音於左 - 이번에 번역할 때에 정음을 오른쪽에 쓰고 속음을 왼쪽에 쓰다"라고 하였다. 아마도 이 기사는 좌우가 바뀐 것 같고 재좌(在左)음, 즉 한음(漢音)으로 정음이며 재우(在右)음, 즉 국음(國音)은 속음이다. 따라서 '번역노박범례'의 장황한 설명은 주로 재좌음과 재우음의 관계에 대한 것임을 알 수 있다.

4.4.4 언음(諺音)

끝으로 언음(諺音)에 대하여 살펴보기로 한다. '번역노박범례'의 국음(國音)조에 "今之反譯漢字下在左諺音, 竝依國語高低而加點焉 - 이번에 번역할 때에 한자 아래의 왼쪽에 있는 언음은 모두 우리말의 고저에 의

하여 점을 더한 것이다"이라 하여 한자 아래 재좌음을 언음으로 보았고 또 '사성통해범례'에는 "四聲通攷各韻諸字, 一母四聲各著諺音 - <사성통고> 각 운의 여러 글자들은 성모와 사성에 의하여 언음을 붙인 것이다"란 기사가 있어 언음(諺音)은 한자 아래에 주음(注音)된 좌우의 언문(諺文) 주음을 말하는 것으로 보인다.

즉, '사성통해범례'에 "今撰通解只於平聲著其諺音, 上聲去聲則其音自同 而平仄之呼可從本聲 故更不著其諺音及加點 而只書上聲去聲也。 - 이번에 <통해>(<사성통해>를 말함)를 편찬할 때에 오로지 평성에만 언음을 달고 상성과 거성은 그 발음이 서로 같아서 평측을 본래의 성에 의하여 발음한다. 그러므로 다시 언음을 붙이지 않고 점도 더하지 않았으며 다만 상성, 거성인 것만을 써놓았다"라 하여 한자 아래의 주음이 훈민정음으로 표음된 것이 언음(諺音)임을 알 수 있다.

4.4.5 '번역범례'의 한음(漢音), 국음(國音), 언음(諺音)의 관계

최세진의 번역은 그가 비교적 중국어에 익숙하지 않은 젊은 시절에 이루어졌던 것으로 1509년부터 1517년 사이에 번역된 것으로 추정하였다. 이 <노걸대>, <박통사>의 번역은 최세진으로서는 매우 부담을 느꼈던 작업으로 보였는데 후에 난해한 어휘나 구절을 추가로 풀이하여 『노박집람(老朴集覽)』으로 간행하였고 발음의 전사는 『사성통해(四聲通解)』의 권말에 '번역노박범례'을 부재하여 자신의 중국어음 표음을 부연하여 설명하였다. 이 범례에서 그는 한자 하나하나에 재좌음과 재우음으로 표시한 이원적(二元的)인 발음 표시의 이유와 원인을 설명하였는데 범례의 장황한 설명은 양자 간의 차이에 대한 것이었음을 밝혔다.

그리하여 번역노박범례에서 재좌음(在左音)은 한음(漢音)으로 불렸고 주로 <사성통고>의 발음 표시 방법, 즉 일성일운(一聲一韻)에 훈민정음자와 방점을 기계적으로 대응시킨 '통고소제지자(通攷所制之字)'였다. 반면에 재우음(在右音)은 '본국어음(本國語音)', 즉 국음(國音)이라고 불렸으며 고유어를 표기하기 위하여 마련된 '국속찬자지법(國俗撰字之法)'으로 작자(作字)한 것이었다. 재좌음은 정음(正音), 그리고 재우음은 속음(俗音)으로도 불렀다. 그리고 한자 아래 좌우에 훈민정음 주음을 모두 '언음(諺音)'이라고 하였다.

'번역노박범례'의 여러 규정은 최세진이 <노걸대>, <박통사>의 발음을 표시함에 있어서 운서의 각 성(聲)과 운(韻)에 기계적으로 정음자를 대입시킨 <사성통고>의 규정음, 즉 재좌음에 대하여 자신이 현실적이고 발음 가능한 언문자의 발음표시로 교체한 데 대한 이유와 그에 대한 설명이었음을 밝혔다. 이러한 논거는 '번역노박범례'가 <노걸대>, <박통사>의 번역에 대한 범례라는 점에 주목하여 범례의 내용을 검토하고 그로부터 얻어낸 좌우 양음과의 관계를 실제 <번역박통사>(상)의 한어(漢語)의 언문 주음(注音)에서 확인하여 얻어진 결론이다. 따라서 종래 막연히 이 범례가 중국어와 국어의 음운 비교일 것이라는 추측은 일단 재고되어야 할 것이다.

국어학사에서 선인들의 국어연구는 면밀한 검토를 거쳐 고찰되어야 한다. 다시 말하면 선인들이 사용한 각종 술어가 정확하게 무엇을 의미하는 주의 깊게 고찰하는 태도가 필요하다. 본서에서 고찰된 내용이 최세진의 다른 저작에서도 고찰되어 확인되기를 바라는 마음이 간절하다.

5. 〈노걸대〉와 〈박통사〉의 언해

1) {언해}〈노박〉의 간행

5.1.0 <노걸대>와 <박통사>는 앞에서 고찰한 최세진의 번역에서 이미 그 언해가 이루어졌다. 그리하여 {산개}<노박>의 한어(漢語) 원문을 최세진의 {번역}<노박>에서 우리말로 풀이하였다. 다시 말하면 최세

진이 <노박>을 번역한 것은 정음으로 한어음을 주음(注音)하고 그 뜻까지 풀이한 것이다. 이로부터 <소학>의 우리말 풀이를 <번역소학>이라고 명명하였음을 앞에서 논급하였다.

<노박>의 언해는 왜란(倭亂)과 호란(胡亂) 이후에 본격적으로 시행된다. 두 번의 참혹한 병란(兵亂)으로 중종 때에 최세진이 번역한 {번역}<노박>이 산일(散逸)되어 구해보기 쉽지 않았고 왜란(倭亂)에서 구원병으로 조선에 들어온 다수의 명군(明軍)들과의 접촉에서 한어(漢語)의 통역에 대한 수요는 매우 많았으므로 한어 교재의 정비가 시급하였다. 따라서 한어의 기초 교재이며 실용 회화 교재인 <노박>의 중요성이 더욱 높아져 이를 우리말로 언해하는 작업은 사역원에서 본격적으로 이루어졌다.

이제 이러한 상황에서 이루어진 <노박>의 언해에 대하여 살펴보기로 한다.

5.1.1 〈노걸대〉의 언해(諺解)

<노걸대>는 최세진의 것으로 추정되는 {번역}<노걸대>에서 이미 언해까지 이루어졌다. 즉, 최세진의 『사성통해(四聲通解)』 말미에 부재(附載)된 '번역노걸대박통사범례'에 의하면 '번역'이 <노박>의 한어를 기재한 한자의 발음 전사임을 알 수 있다(졸고, 1995c). 이후에는 한자의 발음 전사보다 내용의 우리말 풀이가 중심이 되어 '번역(飜譯)'보다는 '언해(諺解)'란 이름을 붙이게 되었다.

이것은 한글의 발명이 처음에는 한자음 발음 전사를 위한 목적으로 제정되어 정음(正音), 훈민정음(訓民正音) 등의 이름으로 불리다가 정의(貞懿) 공주가 정음으로 '변음토착(變音吐着)'의 난제를 해결하면서 우리말 표기로 발전하여 언문(諺文)으로 불리게 되었다(졸저, 2015b). 따라서 한어(漢語)를 우리말로 풀이하여 언문으로 적는 것을 언해(諺解)라고 하게 되었다. 이로부터 유경(儒經)과 불경(佛經)의 언해가 뒤를 이었다.

최세진의 당시, 즉 중종 때에는 '번역'과 '언해'가 혼용되기도 하였다. 그리하여 경서의 언해 가운데 '번역소학(飜譯小學)'과 '소학언해(小學諺解)'가 있어 '번역'이 '언해'로 오해되기도 하였다. 이것은 <번역소학>을 편찬한 김전(金詮)·최숙생(崔淑生) 등이 최세진의 {번역}<노박>에 이끌려 <소학>의 언해를 '번역'이란 이름으로 이해하고 '번역소학'이란 이름을 붙인 것이다. 김전(金詮)·최숙생(崔淑生)은 최세진과 동시대의 사람이며 당시 <노박>의 번역(飜譯)은 식자들의 대단한 관심을 끌었기 때문이다.

최세진의 {번역}<노박>의 저본이 되었던 {산개}<노박>은 명대(明代) 남경관화(南京官話)를 반영하다가 시대의 변천에 따라 중국어가 변하여 북경관화(北京官話)가 청대(淸代) 북경의 만다린으로 바뀌었으므로 그에 의하여 <노박>이 개편된 것으로서 그 개편의 시기는 영조 때의 일임을 전술한 바 있다. 김창조·변헌에 의하여 개편된 <노걸대신석>이 영조 37년(1761)에 기영(箕營)에서 간행되었고 <박통사신석>도 변헌·이담에 의하여 영조 41년(1765)에 간행되었음을 전술한 바 있다.

이후 임진왜란 이후에 숙종 때의 <노박>은 사역원의 역관들에 의하여 다시 언해되었고 최세진이 번역한 한자의 주음(注音)도 부분적으로 수정되었다. 현종 때에 간행된 <노걸대언해>와 숙종 때에 간행된 <박통사언해>는 모두 왜란(倭亂)과 호란(胡亂) 이후에 간행된 <노박>의 언해로서 최세진의 번역본이 두 차례의 전란에 인멸(湮滅)되었지만 그가 <노박>을 번역할 때에 저술한 『노박집람』을 참고하여 언해한 것이다. 따라서 최세진의 번역본과는 직접적인 관계가 없으며 중국어의 발음 표기와 언해가 전혀 새롭게 이루어졌다.

이 <노걸대언해>는 그 후 여러 차례 개편되었으며 한어의 주음(注音)도 부분적으로 수정되었으나 중국어 원문은 그대로 {산개}<노걸대>(이하 <산노>로 약칭)의 것을 유지하면서 100여년을 사역원에서 한어 교재로 사용되었다. 영조 때에 <노박>의 중국어가 청대 만다린으로 신석되기 직전인 영조 21년에 신성연(申聖淵)·변익(卞熤) 등이 <노걸대>를 언해하여 평양 감영에서 간행하였다.

영조 37년(1761)에 <노걸대신석>이 편찬되어 한어 원문이 바뀌자 이에 대한 언해가 영조 39년에 이루어져서 <신석노걸대언해>가 간행되었다. 그리고 정조 때에 이수(李洙) 등에 의하여 다시 원문인 漢語가 교정되어 <중간노걸대>가 간행되었고 이것도 곧 다시 우리말로 언해되어 <중간노걸대언해>가 간행되었다.

따라서 <노걸대>의 언해본으로는 먼저 중종 때에 최세진의 {번역}<노걸대>를 시작으로 하여 <노박>의 난해어·난해구를 풀이한 『노박집람』이 있고 이어서 현종 11년(1670)에 정태화(鄭太和)의 계청에 의하여 간행된 <노걸대언해>가 있으며 이를 다시 수정하여 영조 21년(1745)에 신성연·변익 등이 평양 감영에서 간행한 <노걸대언해>가 있다. 그리고 영조 39년(1763)에 김창조·변헌 등이 신석(新釋)하여 언해한 <신석노걸대언해>가 있으며, 마지막으로 정조 19년(1795)에 이수(李洙) 등이 중간하여 언해한 <중간노걸대언해>가 현전하고 있다.

5.1.2 〈박통사〉의 언해

<박통사>의 언해본도 <노걸대>와 같이 최세진의 {번역}<박통사>(이하 <번박>으로 약칭)로부터 언해본은 시작된다. 현종 때에 <노걸대>가 언해하면서 그보다는 조금 늦은 숙종 3년(1677)에 발견된 최세진의 『노박집람』을 참고하여 변섬(邊暹)·박세화(朴世華) 등이 <박통사>를 새롭게 언해하여 <박통사언해>(이하 <박언>으로 약칭)란 이름으로 간행하였다. 이 숙종 때 <박언>은 중종 때의 <번박>과 한글의 표기법과 한자의 주음방법이 매우 달라서 근대시대에 유행한 언문표기의 영향을 많이 받았다(졸고, 1998). 특히 <번박>에 비하여 <박언>은 한자로 표기된 한자어 사용이 5배나 증가하였으며 이런 현상은 후대의 언해서에서 점차 증가한다.

<노걸대신석>이 간행되어 한어 원문이 수정된 것과 거의 같은 시기에 <박통사>도 신석되어 원문이 바뀌게 된다. 영조 41년(1765)에 한어를 수정한 <박통사신석>(이하 <신박>으로 약칭)이 변헌(邊憲) 등에 의하

여 간행되고 이어서 같은 해에 <박통사신석언해>(이하 <신박언>으로 약칭)가 간행된다. 이 <신박언>은 <박언>과 같이 106개의 과목으로 이루어졌으나 내용은 매우 달라졌다. <노걸대>에 비하여 <박통사>는 고급 단계의 회화교재로서 다방면에 걸친 화제를 내용으로 하였는데 그동안 사회가 많이 변한 때문에 <산박(刪朴)>에 비하여 <신박(新朴)>의 내용이 변한 것이며 따라서 그의 언해서인 <신박언>도 변하게 된 것이다.

<신박언>의 언해문은 <번박>이나 <박언>보다 상대적으로 직역체이고 언해문에 섞어 쓴 한자어도 늘어났다. 원문과 언해문 사이에 다른 언해서와 같이 권점(圈點)을 붙였으나 구와 구 사이에는 <노걸대신석언해>(이하 <신노언>으로 약칭)와 같이 꺽쇠표시(ㄴ)를 하였다. 그러나 각 구절 뒤에 중요한 어휘에 대한 협주(夾註)가 붙지 않은 것은 <신노언>과 차이가 있다. 또 권말에 <신박>에 붙은 <박통사집람>이 <신박언>에는 부재되지 않아서 차이를 보인다.

2) {언해}〈노박〉의 제 이본(異本)

5.2.0 다음으로 <노걸대> 언해본의 이본(異本)에 대하여 살펴보기로 한다.

먼저 현종 11년 교서관판(校書館版) <노걸대언해>는 정승혜(2000b:183)에 의해서 소개되었다. 그에 의하면 현재 서울대학교 규장각에는 '노걸대언해'라는 제목을 가진 것으로 활자본과 목판본의 두 종류가 있다고 한다.

무신자(戊申字) 활자본의 <노걸대언해>(이하 <노언>으로 약칭)는 3종(규 1528, 2044, 2304, 2347)이 있는데 모두 같은 판본으로 간기가 없다. 그러나 『통문관지』(권8) 「서적(書籍)」 '내사노걸대언해 2본(內賜老乞大諺解二本)' 조에 "康熙庚戌陽坡鄭相國啓, 令芸閣鑄字印行 - 강희 경술에 양파 정상국이 계하여 운각에 명령하여 활자로 인행하였다"란 기사로부터 강희(康熙) 경술(庚戌), 즉 현종 11년(1670)에 영의정 정태화(鄭太和)의 계청(啓請)으로

<노언>이 교서관에서 활자로 인행되었음을 알 수 있다. 그리고 여기서 '주자인행(鑄字印行)'이란 기사는 규장각 등에 현전하는 무신자(戊申字) 활자본 <노언>의 간행을 말하는 것으로 본다. 한편 목판본은 영조 때에 평양 감영에서 간판한 것으로 활자본의 중간이며 다음에 언급할 것이다.

이 현종 11년 교서관판 <노언>는 중종조 최세진의 <번노>와는 150여 년의 차이가 있어 표기, 음운, 문법, 어휘 등에서 상당한 차이를 보이고 있으며 방점 표기가 없어졌고 한어음의 주음에서도 부분적인 차이가 발견된다. 그뿐만 아니라 체재에 있어서도 한 과가 끝나는 곳에 하향(下向) 사엽화문흑어미(四葉花紋黑魚尾)를 붙여 단락을 표시하였다. 전술한 바와 같이 <노걸대>는 산개본에서 상 54과(課), 하 53과(課)로 구분하여 모두 107과(課)로 나누었으나 그 단락 표시는 없었고 난외에 학습자가 과(課) 표시를 붙인 것이 있을 뿐이었다.

그러나 <노언>에서는 위에서 살펴본 바와 같이 <번노>와는 달리 흑어미(黑魚尾)로 단락을 표시하였다. 한어 원문과 언해문 사이에 권점으로 표시한 것은 <번노>와 다르지 않으나 다만 <노언>의 경우는 활자본이어서 크고 선명하다. 그리고 <번노>에는 한어 원문의 한글 주음과 언해문에 방점으로 성조를 표시하였으나 <노언>에서는 방점이 언해문은 물론 한어 원문의 주음에서도 없어졌다. 구절의 띄어쓰기도 <번노>가 비교적 세분하여 언해문을 붙였으나 <노언>는 한 문장이 끝난 곳에 언해문을 붙였다. 둘을 비교하면 다음과 같다.

<飜譯老>

大哥, ○큰 형님, 你從那裏來? ○네 어드러로셔브터 온다?

我從高麗王京來, ○내 고려 왕경으로셔브터 오라.

<諺解老>

大哥你從那裏來? ○큰 형아 네 어드러로셔브터 온다?

我從高麗王京來. ○내 高麗 王京으로셔브터 오롸.

이것을 보면 <번노>와 <노언>는 언해에 있어서 직접적인 영향은 없었던 것으로 보인다. 본문의 한어음에 대한 재좌(在左)·재우(在右)음의 한글 주음(注音)도 둘 다 『사성통해』의 정·속음에 의거한 것이기 때문에 눈에 뜨이는 차이는 보이지 않고 부분적인 이동(異同)이 있을 뿐이다.

규장각 소장의 <노언>(奎 2044)는 1944년에 규장각 총서 제9호로 한어본 <노걸대>와 함께 경성제국대학 법문학부에서 영인 출판하였다. 그러나 이 판본은 권하(卷下)에 많은 오자가 있어서 영인하기에는 적절하지 않은 판본이었다.[160] 다른 복사본에서는 이것을 교정하거나 다시 영인하여 출판하였으므로 영인본을 이용할 때에는 주의를 요한다.

규장각 소장본의 서지적 특징을 정승혜(2000b:185)에서 옮기면 다음과 같다.

<老乞大諺解>(奎 1528, 2044, 2304, 2347)

[鄭太和(朝鮮)撰. 1670(顯宗 11)][161]

上下 2권 2책 활자본(戊申字).

表紙書名 : 老乞大諺解. 크기 : 33.8 × 21.8cm(奎 1528) 35.6 × 22.8cm(奎 2044, 2304, 2347)

四周雙邊. 半葉匡郭 : 24.7 × 17.0cm. 有界 10行 19字. 註雙行

版心 : 上下內向二葉花紋魚尾, 版心題 : 老乞大諺解 上, 下

5.2.1 기영판(箕營版) 〈노걸대언해〉

영조 21년에 기영(箕營)에서 간행된 <노걸대언해>에 대하여 살펴본다. 규장각에 소장된 목판본 <노걸대언해>(奎 2303)는 다른 <노박>이나

160 1978년에 대만에서 <老乞大諺解·朴通事諺解>(聯經出版事業公司)란 제목으로 <노박>의 언해본과 한어본을 영인 출판할 때에도 <老乞大諺解>는 이 본을 다시 영인하였다.

161 이것은 『奎章閣韓國本圖書解題』의 것을 그대로 인용한 것으로 鄭太和의 啓請으로 <노걸대언해>가 인간에 붙인 것을 말한다.

그 언해와는 달리 이 책의 간행에 관여한 변익(卞熤)의 서문이 있어 그 간행의 경위를 어느 정도 규지할 수 있다. 권하(卷下)의 말미에 '平壤監營重刊'이란 간기와 변익의 서문에 '歲乙丑仲秋上澣'란 기사로 보아 영조 21년(乙丑, 1745)에 평양 감영에서 현종 11년의 <노언>를 목판본으로 중간한 것으로 보인다. 그러나 본문의 한어음 한글 주음이 매우 다르고 부분적으로 교정한 흔적이 있어 현종조의 활자본을 수정하여 목판본으로 간행한 것임을 알 수 있다.

이러한 한글 주음의 수정은 중국어의 변화에 기인한 것으로 후대에 간행될 <노걸대신석언해>와 <중간노걸대언해>에서 이러한 주음은 계속되었다. 실제로 이 교정본은 불과 40년이 못되어 <노걸대신석>과 같은 언해로 교체된다. 영조 11년 <노언>의 한어음(漢語音) 수정은 주로 재좌음(在左音)에서 이루어졌고 속음(俗音)인 재우음(在右音)은 그대로 유지되었는데 이 재우음의 수정은 <신석노걸대언해>에서 대대적으로 이루어진다.

이 평양 감영판 <언노>는 언해문에서 그 표기법이나 음운·문법 등에서 근대국어 후기의 특징을 반영하는데 표기법에서 'ㅿ'이 사용되지 않았고 'ㆁ'도 종성에서 쓰이지 않았으며 'ㆍ'를 제외한 모든 소실문자들이 사용되지 않았다. 어두자음군의 표기도 제한되어 <번노>등에서 보이는 'ㅴ', 'ㅵ' 등의 3자 합용의 표기가 모두 없어지고 2자 합용만 허용되었으며 'ㅂ'과 'ㅅ'은 단순한 된소리 표기 기호로 전락하여 어두자음군과 된소리 표기의 차이가 없어지고 말았다. 분철표기는 더욱 확대되었고 순음화 현상도 많이 나타났으며 일부 후치사들이 소실되거나 교체되었다.

5.2.2 규장각 소장의 〈노걸대언해〉

규장각 소장본(奎 2303)의 서지적 특징을 정승혜(2000b)에서 옮겨 보면 다음과 같다.

申聖淵(朝鮮)等撰.[162] 平安監營. 1745년(영조 21)

上下 2권 2책 목판본.

表紙書名 : 舊刊老乞大. 크기 36.0 × 23.0cm

四周雙邊, 半葉匡郭 : 24.0 × 16.8cm. 有界 10行 19字, 註雙行

版心 : 上下花紋黑魚尾, 版心題 : 老乞大諺解 上, 下

序 : 歲乙丑仲秋上澣 校正官... 卞熤 謹序

卷末 : 校正官 : 申聖淵, 卞熤, 李天埴

監董監印 : 朴道貫, 崔廷欽

書寫官 : 林得雨, 金履熙, 韓啓周

刊記 : 平安監營重刊

5.2.3 기영판(箕營版) 〈신석노걸대언해〉

영조 37년 기영판(箕營版) <신석노걸대언해>를 살펴보기로 한다. 앞에서 영조 37년(1761)에 <노걸대신석>이 편찬되어 한어(漢語) 원문이 바뀌자 이에 대한 언해가 영조 39년에 이루어져서 <신석노걸대언해>가 간행되었다고 하였다. 졸저(1988)에서 『통문관지』(권8) '집물(什物)' [속(續)]조에 "新釋老乞大板, 諺解板, {乾隆癸未訓長邊憲修整, 芸閣刊板}'이라 하여 영조 39년(乾隆 癸未, 1763)에 훈장인 변헌이 수정하여 교서관에서 간행한 <신석노걸대>와 그 언해의 책판이 있음을 밝히고 있으며 또 『통문관지』(권8) '서적(書籍)' [속(續)]조에 "新釋老乞大{一本}, 諺解{三本}"라 하여 <신석노걸대> 1책과 <신석노걸대언해> 3책이 있음을 명시하였다.

이 책은 수정·증보기에 이루어진 일련의 역학서의 '신석언해(新釋諺解)' 가운데 최초의 것으로 안병희(1996)에 의하면 1946년에 방종현 선생이 송석하 교수 소장의 <신석노걸대언해> 권2와 3을 소개한 뒤에 이 책은 행방불명이 되었으나 다행히 권1의 한 책이 화산문고의 다른 서

162 이 부분은 역시 <奎章閣韓國本圖書解題>의 것을 옮긴 것으로 卷下의 말미에 부재된 이 책의 간행에 관여한 諸譯銜命에서 맨 첫머리에 檢察官으로 申聖淵의 이름이 보이기 때문에 그를 撰述者로 한 것으로 보인다.

적과 함께 미국 컬럼비아대학의 동아시아 언어문화과 소장도서로 비치된 것이 알려졌으며 안병희(1996)에서 이에 대한 소개가 있었다.

<신석노걸대언해>는 전술한 <노걸대>의 언해류와 달리 한 권 한 책이 늘어서 3권 3책으로 이루어졌으며 모두 110과로 나누어 한 과(課)가 끝나면 한 자를 낮추어 교정 이전 {산개}<노걸대>의 해당 원문과 원문의 각 한자에 대한 주음(注音)을 옮겨 실어서 책의 분량이 늘어난 것이다. 수정 이전의 <산노>에서 해당 원문을 재인용할 때에 단락이 끝나는 곳에 꺽쇠(∠) 표시를 하였으며 이 표시는 언해문의 단락 표시에서도 발견된다. 이런 언해문의 단락 표시에 꺽쇠(∠) 표시를 이용한 것은 <박통사신석언해>에서도 동일하다.

컬럼비아대학 소장의 권1은 1과(課)부터 36과까지 실렸으며 모두 59엽으로 되었다. 원문과 언해문 사이에는 ○으로 표시하였으며 한 과가 끝나면 고본의 원문이 실리기 때문에 완전히 구분된다. 아마도 이 신석본의 언해에서 <노걸대>의 장면 분석이 완성되어 110과(課)로 나눈 것으로 보인다. 전술한 바와 같이 일본 도쿄(東京)대학 오구라(小倉)문고에 소장된 <중간노걸대>의 한어본과 언해본의 본문 상단 난외에 제1과로부터 제110과까지 주서(朱書)로 표시되었음을 살펴보았는데 이러한 장면 분석에 의한 분과(分課)는 신석본에서 완성된 것이다.

필자는 1979년 8월부터 1980년 7월까지 1년간 컬럼비아대학 동아시아 언어문화과에 방문학자로 있으면서 이 책을 열람한 바 있었으나 그 서지적 고찰을 적은 노트가 분실되어 소개를 유예하였다. 최근 영인본을 보면서 당시 열람한 기억을 되살려 그 서지학적 특징을 다음과 같이 정리하여 본다.

표지서명: 老乞大新釋諺解
권수서명: 老乞大新釋諺解 卷一
권1의 1책 零本, 목판본
四周雙邊, 半葉匡郭 23.3 × 17.0cm. 有界 10行, 주음·언해문

雙行

版心: 下 三葉花紋魚尾, 白口 版心題 : 老乞大新釋 諺解

5.2.4 사역원판 〈중간노걸대언해〉

다음으로 정조 19년 사역원판 <중간노걸대언해>를 살펴본다. 앞에서 <노걸대신석>을 다시 개수하여 정조 19년(1795)에 간행한 <중간노걸대>(이하 <중노>로 약칭)가 있으며 이 책은 정조 때에 사역원에서 이수(李洙) 등이 명을 받들어 교수(校讐) 중간한 것임을 언급하였다. 간행연대는 권말에 '乙卯仲秋 本院重刊'이라는 간기가 있어 정조 19년(乙卯, 1795)에 중간되었다고 보았다. 언해본도 거의 같은 시기에 간행되었을 것으로 보이는데 1796년에 간행된 『누판고(鏤板考)』(권4) '역어류(譯語類)' 주에 "老乞大一卷, 諺解二卷, 司譯院藏"이란 기사가 있어 그 전년에 <중간노걸대언해> 상·하 2권 2책이 간행되었음을 확인할 수 있다.

이 판본은 그 후의 언해본과 같이 가장 많이 남아 있으며 본문의 한어(漢語)도 가장 새롭고 잘 선택되었음을 전술한 바 있다. 도쿄(東京)대학 오구라문고본의 <중노>는 한어본 1권과 언해본 2권이 서로 요권(僚卷)이 되어 모두 3권 3책이 한 질로 보관되었다. <신석노걸대언해>가 3권 3책임에 비하여 중간본은 2권 2책으로 <산노>의 언해본과 같은 권수로 회귀하였으며 <신노>의 언해와 다른 것은 고본의 원문과 주음을 삭제한 점이다. 그만큼 분량을 줄여서 <노언>와 같이 상·하 2권 2책으로 한 것이다.

도쿄(東京)대학 오구라문고본 소장의 <중노>(L175174~6)는 본문 상단 난외(欄外)에 제 1과로부터 제 111과까지 주서(朱書)로 기입하였다.[163] 또 동 문고 소장의 <중간노걸대언해> 상·하(L175175~6)에서는 <신노>와 같이 각 과(課)별로 단락을 분리하였고 상단의 난외에 역시 주필(朱筆)로 각 과(課)의 번호를 매겼는데 한어본과 같이 '百十一'(하권 65엽 뒷면 2행 상

163 東京大學 小倉문고 소장의 <중간노걸대> 43엽 뒷면의 5행 상단 난외에 '百十一' 이란 朱書가 보임.

단 난외)이란 표시가 있다. 이것은 전술한 바와 같이 <신노>의 분과(分課)에 의거한 것으로 보인다.

<중간노걸대언해>는 현재 한국학중앙연구원의 장서각(藏書閣), 서울대 도서관의 규장각(奎章閣), 고려대 도서관의 만송문고(晩松文庫), 국립중앙도서관, 성균관대 도서관, 영남대 도서관 등에 완질, 혹은 낙질로 소장되었고 연세대 도서관에는 필사본도 전한다. 정승혜(2000b:197)에 의하면 규장각에만 한어본과 언해본을 합하여 20종이 넘는 <노걸대>의 중간본이 소장되었다고 하며 초쇄본(初刷本)과 후쇄본(後刷本)으로 나눌 수 있고 후쇄본은 책판이 꽤 마모된 이후에 쇄출한 것도 있다고 한다.

이 판본은 사역원이 폐쇄될 때까지 한어 학습 교재로 사용하였던 것이지만 정광·윤세영(1998)에 의하면 놀랍게도 그 책판이 전하는 것이 없다고 한다. 대표적인 규장각본(奎2049)의 서지적 특징을 홍문각 영인본의 김문웅 교수 해제를 참고하면서 정리하면 다음과 같다.[164]

> 규장각본 <重刊老乞大諺解>
> 표지서명 : 重刊老乞大諺解(墨書)
> 권수서명 : 重刊老乞大諺解 上·下
> 2권(上·下) 2책, 목판본, 상 65엽, 하 67엽
> 四周雙邊, 板匡 22.3 × 16.4cm, 有界 10行, 注音·諺解 雙行
> 版心 : 白口: 重刊老乞大, 版心題 : 諺解 上·下, 下向 三葉花紋魚尾
> 藏書印 : 弘文閣藏, 朝鮮總督府圖書之印, 京城帝國大學圖書章. 서울大學校圖書

도쿄(東京)대학 오구라(小倉)문고본에는 <중간노걸대언해>가 3종이 소장되었다. 먼저 도서번호 L175175~6의 <중간노걸대언해> 상·하 2책은 규장각본과 같은 판으로 모든 서지 사항이 동일하며 상단 난외에

---

164 <중노언>의 규장각 소장본(규2049)은 弘文閣 출판사에서 1984년에 김문웅 교수의 해제를 붙여 영인 출판하였다.

분과(分課)의 순서를 주필(朱筆)로 표시하였다. 또 도서번호 L175177~8의 <중간노걸대언해> 상·하도 겉표지가 '老解 上·下'인 것 이외는 앞의 것과 같으며 L175173~4도 겉표지가 '老乞大 上·下'인 것 이외는 앞의 것과 일치한다.

5.2.5 {번역}〈박통사〉 상

다음으로 <박통사>의 언해에 대하여 살펴보기로 한다. <박통사>의 언해는 전술한 중종 때에 최세진의 {번역}<박통사>를 필두로 하여 숙종 3년(1677)에 변섬(邊暹)·박세화(朴世華) 등의 <박통사언해(朴通事諺解)>(이하 <박언>으로 약칭), 그리고 영조 41년(1765)에 변헌(邊憲)·이담(李湛) 등의 <신석박통사언해(新釋朴通事諺解)>(이하 <신박언>으로 약칭)가 있다. 이제 이 각각의 현전 판본에 대하여 살펴보기로 한다.

중종 때의 {번역}<박통사>(이하 <번박>으로 약칭) 상(上)이 현전하는 <박통사>의 언해로 가장 이른 시기의 것이다. 즉, 최세진이 번역한 <번박>은 1책으로 된 <산박>을 중종 12년(1517)보다 조금 앞선 시기에 번역하여 상·중·하 3권 3책으로 만든 것으로 현재 국회도서관에 그 초간본으로 보이는 활자본의 복각본이 상권 1책만 소장되었는데 그 서지적 특징은 다음과 같다.

{번역}<박통사>(국회도서관 도서번호 VB 412.8b ㅊ231q1)
書名 : 朴通事 上, 제1권 1책, 活字本(乙亥字)의 覆刻木版本
크기 : 34.6 × 22.3cm, 四周單邊, 半葉匡郭 25.2 × 17.5cm,
板式 : 有界, 9行 19字 註雙行,
版心 : 上下 黑口 三葉花紋魚尾, 線裝
藏書印 : 宣賜之記, 星山李氏, 守福成之

'<노걸대>'는 '<박통사>'와 함께 고려 말부터 한어 학습교재로 사용되었다. 이 두 한어 학습서는 항상 같이 언급되었으며 오늘날 전해지는 번역본으로 가장 오래된 것은 중종 때에 최세진이 편찬한 <노걸대>와 <박통사>의 '번역본', 즉 {번역}<노박>으로 알려졌다. 즉, 『통문관지』(권7) 「인물(人物)」 '최세진(崔世珍)'조의 기사에 의하여 최세진이 언해한 '<노걸대>'와 '<박통사>'가 있음을 알 수 있다고 앞에서 살펴보았다.

또 숙종 때에 간행된 <박통사언해>(숙종 3년, 1677)의 권두에 실린 이담명(李聃命)의 서문에 "其在世宗朝, 有曰崔世珍者, 取朴通事一冊, 諺以釋之 - 세종 때에 최세진이란 사람이 있어서 <박통사> 한 책을 취하여 우리말로 주석하였다"라는 기사가 보여 최세진이 '<박통사>' 및 '<노걸대>'를 언해한 것을 알 수가 있다. 이에 대하여는 4.1.2의 각주 158을 참고할 것.

최세진에 대하여는 3.5.1 역관 최세진에서 이미 언급한 바가 있다. 최세진의 <노박>을 번역한 것은 그가 중종 12년(1517)에 간행한 『사성통해(四聲通解)』의 말미에 <노걸대>, <박통사>를 번역한 범례(凡例)가 부재된 것으로 보아 이보다는 앞선 시기에 <노걸대>, <박통사>의 번역이 이루어진 것으로 볼 수 있다. 그리고 후대의 '언해본'이나 '신석본', '중간본'의 언해에 비하여 오역(誤譯), 또는 오역에 가까운 언해가 있어서 그가 비교적 젊었을 때, 즉 한어가 익숙하지 않았을 때에 번역한 것으로 본다(劉昌惇, 1960). 그러나 실제 중국을 다녀온 후에 번역에 임했을 것으로 보면 부경사행(赴京使行)을 수행하여 중국에 다녀온 중종 4년(1509)보다는 후에, 그리고 『사성통해』(1517)보다는 앞선 시기에 <노걸대>와 <박통사>는 번역되었을 것이다.

최세진은 단순히 이 두 책의 본문만을 언해한 것이 아니라 본문에 쓰인 한자 하나하나의 중국어 발음을 훈민정음으로 표음하였으며 이와 같은 중국어 발음 전사의 원칙을 『사성통해』의 말미에 '번역노걸대박통사범례(飜譯老乞大朴通事凡例)'란 이름으로 부재하였다. 이로 인하여 최세진이 언해, 또는 번역한 <노걸대>, <박통사>를 '{번역}<노걸대>, {번역}<박통사>'라고 부르게 되었다.

5.2.6 〈박통사언해〉

다음으로 숙종 때에 간행한 <박통사언해>에 대하여 고찰한다. 숙종 때의 <박통사언해>는 전 3권 3책으로 목판본의 여러 질이 현전하고 있다. 숙종 때의 언해본은 권상(卷上)의 권두에 부재된 이담명(李聃命)의[165] 서문(숙종 丁巳, 1677의 간기)에 의하여 그 간행 경위를 알 수 있다. 이 서문은 숙종 3년(丁巳)에 당시 권대운(權大運)이 좌의정으로서 사역원의 도제조를 겸하고 있을 때에 이담명이 교서관(校書館) 교리(校理)로서 사역원의 한학교수(漢學敎授)를 겸하고 있어 이 서문을 쓴 것이다. 그 해당 부분을 옮기면 다음과 같다.

> 其在世宗朝, 有曰崔世珍者, 取朴通事一冊, 諺以釋之。俾象鞮肄業者皆得易知而易學, 其於譯學實有指南之功。龍蛇之變, 書籍盡灰, 而崔氏之釋從而失其傳, 學譯者多病之。近有宣川譯學周仲者, 於閭閻舊藏, 偶得一卷書, 曰老朴輯覽, 其下又有單字解, 亦世珍所撰也。盖漢語之行於國中者, 有老乞大有朴通事, 所謂輯覽卽彙二冊要語而註解者, 自得是本, 窒者通疑者解, 不啻若醒之呼寐, 燭之遇幽時。則左議政臣權大運, 實提調是院, 以譯學之未明, 華語之未熟爲慨然。使舌官邊暹、朴世華等十二人, 就輯覽考較證訂, 作朴通事諺解, 辛勤致志, 過一年始成。而以輯覽及單字解附其後擬, 以鋟諸梓而廣其傳。乃入告于上, 出而令暹、世華幹其事, 則暹、世華能捐其私財, 以供剞劂之費, 不月而工告訖, 自此習華語者不患 [下略] - 세종 때에 최세진이란 사람이 있어 <박통사> 1책을 가져다가 언문으로 해석하였는데 역학을 배우는 사람들에게 모두 쉽게 알아 배우기 쉽게 하여 역학에 있어서 실로 그 가르침의 공이 있었다. 전란 때에 서적이 모두

---

165 李聃命은 肅宗조의 文臣으로 字는 耳老, 號는 靜齋라고 하였다. 仁祖 丙戌(1646)에 태어나서 顯宗 庚戌(1670)의 別試에 급제하였고 숙종조에 弘文館 修撰과 校理를 거쳐 全羅監司, 慶尙監司, 大司憲, 都承旨, 吏曹參判을 역임하였다. 天資가 雅粹通敏하고 淸廉潔白하여 당대 문사의 으뜸으로 추앙을 받았다. 그가 '<박통사>언해序'를 썼을 때의 품계와 직위는 '通訓大夫(정3품) 吏曹正郎 知製敎兼校書館校理 漢學敎授 東學敎授'이었다.

> 재가 되었으며 최씨의 해석도 따라서 실전되어 역학을 공부하는 자가 매우 아쉬워하였다. 근래에 선천의 역학 주중이란 자가 여염집에 구장(舊藏)한 고서 가운데 우연히 한 권의 책을 얻었는데 '노박집람'이라 하였고 또 끝에 '단자해'가 있으니 역시 최세진이 편찬한 것이다. 나라 안에서 통행하는 한어는 <노걸대>와 <박통사>가 있으며 소위 '집람'이라 하는 것은 이 두 책의 중요한 어휘를 모아서 주해한 것이다. 이 책으로 스스로 배워서 막힌 것이 뚫리고 의심스러운 것을 풀어주니 마치 자다가 깨어난 것 같고 어두운 때에 촛불을 만난 것 같다. 좌의정 권대운이 사역원의 제조로서 역학이 분명하지 않고 중국어가 미숙한 것을 개연하게 여기어 역관 변섬·박세화 등 12인으로[166] 하여금 집람을 참고하여 비교하게 하고 면밀히 고증하여 <박통사>를 언해하도록 하였다. 시작한 지 1년이 지나서 언해가 완성되었으며 집람과 단자해를 뒤에 붙여서[167] 침재(鋟梓)하였다. 임금에 고하여 변섬과 박세화로 하여금 이 일을 주관하도록 하였으며 이 두 사람이 재물을 내어 이를 기궐(剞劂)에 붙여 한 달이 못되어 간판이 끝났다. 이로부터 중국어를 배우는 사람들의 걱정이 없어졌다. [하략]

이 기사에 의하면 <박통사언해>는 최세진의 {번역}<박통사>와는 직접적인 관계가 없이 그가 편찬한 『노박집람』과 단자해에 의거하여 새롭게 언해한 것으로 보인다. 실제로 {번역}<박통사>와 <박통사언해>의 대역문을 비교하여 보면 상당한 차이를 볼 수 있다.

현전하는 <박통사언해>는 서울대학교의 규장각을 비롯하여 고려대학교 만송(晩松)문고 등에 소장되었으며 모두 이담명의 서문에 보이는 '歲丁巳 十月 日'이라는 간기를 갖고 있어 숙종 3년(丁巳, 1677)에 사역원

166 이 12인의 명단이 <박통사언해>의 말미에 讐正官(邊暹, 朴世華, 李仁楷, 卞爾璹, 金揚立, 李後縫, 金益華, 金瑗, 卞爾璜, 高徵厚)과 書寫官(崔惟泰, 洪世泰)으로 나누어 실려 있다.

167 실제로 <박통사언해>의 하권 권말에는 "<노걸대>집람" 상(1엽)·하(1엽)와 "단자해" 1엽이 부재되었다.

에서 간행한 판본이거나 그의 후쇄본이다. 전 3권 3책으로 권상(卷上)의 권두에 이담명의 서문이 붙어 있고 권하의 말미에 '老乞大集覽 上·下'와 '單字解'가 부재되었으며 이어서 '讐正官·書寫官'이란 제하에 이 책의 간행에 관여한 제역함명(諸譯銜名)이 부록되었다.

그 가운데 가장 선본으로 보이는 규장각본(奎貴 1810)은 '廂庫'라는 장서인(朱文 長方印)으로 보아 사역원에서 간행하여 임금에 바친 것으로 보이며 이 책은 규장각총서(奎章閣叢書) 제8호로 경성(京城)제국대학 법문학부에서 영인 출판하였고 1978년 대만(臺灣)의 연경출판사업공사(聯經出版事業公司)에서 <노걸대언해>의 판본과 함께 영인, 출판하였다. 이 규장각본의 서지적 특징은 다음과 같다.

朴通事諺解(奎貴 1810)

書名 : 朴通事諺解, 제3권 3책, 木版本

크기 : 37.8 × 24.2cm, 四周雙邊, 半葉匡郭 26.2 × 18.6cm,

板式 : 有界, 11行 21字 註雙行,

版心 : 上下 內向二葉, 三葉花紋魚尾, 線裝

編者 : 邊暹(朝鮮) 等編

序 : 歲丁巳(1677)十月日, 李聃命

卷末 ; 老乞大集覽 上·下, 單字解, 讐正官, 書寫官

藏書印 : 廂庫(朱文長方印)

참고로 제3권 제3책의 권미에 부재된 이 책의 편찬에 관여한 제역함명(諸譯銜名)을 옮겨 보면 다음과 같다.

讐正官 通訓大夫前司譯院正臣 邊 暹　通訓大夫前司譯院正臣 朴世華
通訓大夫前司譯院正臣 李仁稆　通訓大夫前司譯院正臣 卞爾璹
通訓大夫前司譯院正臣 金揚立　通訓大夫前司譯院正臣 李後縺
通訓大夫前司譯院正臣 金益華　通訓大夫前行司譯院主簿臣 金 瑗

通訓大夫前行司譯院主簿臣 卞爾璜
通訓大夫前行司譯院主簿臣 高徵厚
書寫官 通訓大夫前司譯院正臣 崔惟泰
通訓大夫前行司譯院僉正臣 洪世泰

고려대학교 도서관 만송문고 소장본도 규장각본과 동일 판본으로 서지사항이 거의 일치한다.

5.2.7 〈박통사신석언해〉

다음으로 영조 때의 <박통사신석언해>에 대하여 고찰한다. 이 책은 전술한 바와 같이 『통문관지』(권8) 「집물(什物)」 [속(續)]조에 "新釋朴通事板, 諺解板-訓長金昌祚等修整, 乾隆乙酉箕營刊板"이란 기사에 의거하여 영조 41년(1765)에 평양감영에서 김창조 등에 의하여 간행된 것으로 보는 것이 학계의 일반적 통념이었으나 『통문관지』의 이 기사는 신빙할 수 없음을 전술한 바 있다. <박통사신석>이 변헌(邊憲)과 이담(李湛) 등에 의하여 간행된 것으로 보아 그 언해본도 이들에 의하여 교서관에서 간행한 것으로 보아야 할 것이다. 이것은 전술한 『누판고(鏤板考)』의 기사에 의하여 확인할 수 있다.

현전하는 <박통사신석언해>는 한국학중앙연구원의 장서각과 고려대학교 만송문고, 서울대학교 중앙도서관 고도서(현 규장각 소장), 국립중앙도서관, 연세대학교 도서관 등에 소장되었다. 이것 역시 <노걸대>의 중간본과 같이 사역원의 마지막 한어 교재였으므로 가장 많은 현전본을 갖고 있다. <중간노걸대언해>와 같이 1985년에 홍문각 출판사에서 서울대학교 고도서(一簑 古 495.1824 G415ba)를 영인, 출판하였다. 이에 대하여는 정승혜(2000b:194)에서 자세히 보고되었다.

일사본(一簑本)의 영인본과 정승혜(2000b)의 조사를 참고로 하면 <박통사신석언해>의 서지적 특징은 다음과 같다.

표지서명 : 朴解 單

권수서명 : 朴通事新釋諺解 卷一·卷二·卷三, 권1 59엽, 권2 60엽, 권3 59엽

목판본, 四周雙邊, 板匡: 31.2 × 20.7cm, 有界 10행, 注音·諺解 雙行

판심 : 白口, 上下 二葉花紋黑魚尾, 版心題 : 朴通事新釋諺解

3) 한어 교재 〈노박〉

5.3.0 지금까지의 연구를 종합하면 <노박>에 관련된 여러 이본 가운데 <노걸대>는 고려 말에 원대 한어를 학습하기 위하여 만든 중국어 회화 교재로서, 조선 초기에 간행된 {원본}<노걸대>가 있다. 이 원본은 고려 말에 편찬된 원본으로서 원대(元代) 북경(北京)의 표준어였던 한아언어(漢兒言語)를 반영하고 있다. 이 책은 조선 성종 때에 명대(明代) 남경관화(南京官話)로 대대적인 수정이 있었으며 중종 때에는 최세진에 의하여 훈민정음으로 번역되었다. 후대에 이를 다시 우리말로 풀이하고 한어음을 교정한 언해본이 몇 차례 간행되었다.

따라서 <노걸대>는 중국어만으로 된 한어본이 있고 이를 후대에 차례로 번역하고 언해한 번역·언해본이 있으며 이 각각의 <노걸대> 이본의 한어 원문은 중국에서 북경 표준어의 시대적 변천에 따라 원대(元代) 한아언어(漢兒言語)와 명대(明代) 관화(官話), 그리고 청대(淸代) Mandarin으로 변해갔다.

최세진의 <집람>은 원대 한아언어를 반영한 <노박>의 구본(舊本)과 명대(明代) 관화(官話)로 교정한 신본(新本)을 동시에 참고한 것으로 보인다. 『노박집람』의 '舊本'이란 것이 실제로 성종 때에 산개(刪改)하기 이전의 {원본}<노박>이며 최세진이 <집람>에서 "舊本云云"한 것을 새로 발견된 <노걸대>의 원본과 비교하여 보면 원대 한아언어를 반영하고 있음을 확인할 수 있다. 따라서 새로 발견된 <노걸대>의 구본(舊本)은 실제로는 고려 충목왕(忠穆王) 대에 편찬한 원본으로 보아야 한다.

여기서는 <노걸대>의 구본이 원간본(原刊本), 또는 그에 준하는 판본

으로 보아서 그로부터 <노걸대>의 변천을 비로소 체계적으로 정리할 수 있게 되었고 그에 의하여 <노걸대>를 간행한 역사적 변천을 어느 정도 규지(窺知)할 수 있게 되었다. 즉, 원본의 한아언어는 조선 성종 때에 명(明)나라 사신을 배행한 중국인 관리에 의하여 명대(明代) 관화(官話)로 수정되었으며 이것이 최세진이 번역할 때에 저본으로 삼은 것이다. 이것을 산개본(刪改本)이라고 이름을 붙였다.

그리고 이것은 다시 조선 영조 때에 사역원 역관들에 의하여 청대(淸代) 북경 Mandarin으로 고쳤는데 이를 <노걸대>의 신석(新釋)이라고 하였다. 이 신석본(新釋本)은 언해되었고 지나친 구어적 표현을 다시 부분적으로 수정하여 중간본(重刊本)으로 간행하였다. 따라서 <노걸대>는 중국어의 변천에 따라 원본(原本)으로부터 산개본(刪改本), 신석본(新釋本), 중간본(重刊本)으로 변해간 것이며 그 산개본부터는 모두 언해되었다.

<박통사>도 『노박집람』에 언급된 구본(舊本)이 있어 이것이 아마도 {원본}<박통사>를 말하는 것으로 보인다. 이 원본은 성종조에 <노걸대>가 산개될 때에 <박통사>도 같이 수정되었던 것으로 논술하였다. 이것은 중종조 최세진에 의하여 번역되어 {번역}<박통사>가 간행되었고 이 때의 을해자(乙亥字) 활자본이 복각되어 목판본으로 간행되었는데 그 상권 영본(零本)이 대한민국 국회도서관에 소장되어 현전하고 있다.

<박통사>는 숙종조에 변섬(邊暹)·박세화(朴世華) 등이 언해하여 <박통사언해>란 이름으로 간행하였다. 이것이 숙종판 <박통사언해>로서 숙종 3년(丁巳, 1677)에 이담명(李聃命)이 쓴 서문이 부재(附載)되었다. <박통사> 역시 <노걸대>가 김창조(金昌祚) 등에 의하여 신석된 다음에 변헌(邊憲)과 이담(李湛)에 의하여 신석되어 <박통사신석(朴通事新釋)>이란 이름으로 간행되었고 이를 언해하여 <박통사신석언해(朴通事新釋諺解)>라 하였으며 신석본과 함께 간행되었다. 그러나 <노걸대>가 이수(李洙, 李湛이 개명함) 등에 의하여 중간될 때에 <박통사>는 중간되지 않았으니 이미 이수(李洙)는 <박통사>의 신석에 참가하였기 때문이다.

제3장

몽학서(蒙學書)

제3장 목차

1. 들어가기

1.0.1 몽고어의 교육은 고려의 후기부터 시작된 것으로 본다. 정확히 말하여 칭기즈 칸에 의하여 발흥(勃興)한 몽고족이 스텝을 정복하고 그의 손자인 쿠빌라이 칸이 남송(南宋)을 멸망시키고 중원(中原)에 원(元)을 세워 고려를 침략하는 사이에 그 필요성이 증대되어 몽고어 교육을 국가적 사업으로 실시한 것으로 보인다. 조선의 사역원에서도 한학(漢學)과 동시에 몽학(蒙學)이 설치되어 중국어와 몽고어의 교육은 조선의 건국 초기부터 실시되었다. 『경국대전』에서 사역원(司譯院)의 사학(四學)이 완비된 다음에 몽학(蒙學)은 서열(序列)로 보아 한학(漢學) 다음의 자리를 차지하였으며 몽고의 원(元)이 망한 후에도 몽고어 교육은 중단되지 않았다.

만주족(滿州族)의 발흥과 더불어 사역원에서 여진학이 청학(淸學)으로 바뀐 다음에도 청학서(淸學書), 즉 만주어 교재가 같은 몽고-위구르 문자로 작성되었기 때문에 만주어 교육과 병행(並行)하여 몽고어 교육이 실시되었으며 갑오개혁(甲午改革)으로 역과(譯科) 제도와 사역원의 외국어 교육이 혁파(革罷)되기까지 몽학(蒙學), 즉 몽고어 교육은 계속되었던 것이다.

이와 같이 원(元)이 망한 후에도 계속해서 몽고어의 교육이 계속된 것은 중국의 동북방에 몽고족의 후손이나 몽고어를 사용하는 종족이 많아서 이 곳을 여행하거나 이들과 교역할 때 몽고어가 필요했기 때문이라고 생각된다. 따라서 조선에서의 몽고어는 국가 간의 외교관계를 유지하기 위한 역관파견이나 외국문서의 역어(譯語)가 필요했던 것이 아니고 여행 중 접촉에서 상품의 교역에 사용되는 몽고어였으므로 몽고어 역학서, 즉 몽학서(蒙學書)는 주로 상고(商賈)의 물건 흥정에 사용하는 회화에 치중되어 교육되었다. 이것은 중국어나 일본어의 학습과 비교하면 같은 사역원에서의 외국어 교육이더라도 그 사용 목적에 따라 달라질 수 있음을 말해준다.

1.0.2 사역원에서의 몽고어 교육은 설치 초기부터 있었다. 즉, 고려 후기 충렬왕(忠烈王) 2년(1276)에 사역원의 전신인 통문관(通文館)이 처음 설치되어 천민(賤民)이 아닌 양가자제들로 하여금 외국어를 학습하게 하였을 때에도 몽고어의 교육은 있었다. 아마도 사역원을 설치한 이유가 원(元)의 공용어였던 한아언어(漢兒言語)를 교육하려는 것이었지만 아울러서 몽고의 원(元)과 교류하기 위하여 몽고어의 교육도 절실하게 필요했기 때문이다.

조선시대에 들어와서도 몽고어를 교육하는 몽학(蒙學)은 사역원의 사학(四學)에서 한어 교육의 한학(漢學) 다음의 서열에 있었다. 그리하여 한학, 몽학, 왜학, 여진학의 순서로 사역원의 사학(四學)은 교수, 훈장, 생도를 배치하였다. 병자호란(丙子胡亂) 이후에 일시적으로 만주어의 청학(淸學)이 한학(漢學) 다음에 오른 일이 있지만 사역원 사학의 서열은 여전히 한학, 몽학, 왜학, 청학의 순서를 유지하였다.

몽고의 원(元)이 멸망하고 나서도 계속해서 몽고어를 교육한 것에 대해서는 분명한 이유를 찾을 수 없다. 더욱이 몽고와의 접촉이 거의 없었던 조선 후기에도 몽고어의 교육이 유지된 것에 대하여 아무런 연구가 없다.

2. 역과 몽학(蒙學)과 몽학서

2.0.0 제2장에서 역과 한학(漢學)을 통하여 조선시대 사역원(司譯院)의 한어 교육이 어떠하였으며 그 교재들로 무엇을 사용하였는가를 살펴볼 수 있었다. 같은 방법으로 역과 몽학(蒙學)을 총하여 사역원의 몽학(蒙學)에서 몽고어 교육이 어떠하였는지 살펴볼 수가 있다.

조선 왕조의 건국 초기에는 통사과(通事科)가 있어 한어(漢語)와 몽고어를 고시(考試)하였음은 전장(前章)에서 살펴보았다. 즉, 『태조실록』(권6) 태조 3년 갑술 11월조의 기사에 통사과의 시식(試式), 즉 시험 방식이 있어 문과(文科), 무과(武科), 의과(醫科), 음양과(陰陽科), 이과(吏科)와 더불어 기술관들의 입관보이(入官補吏)하는 고시 방법이 규정되어 있었다.

이 고시(考試)에서 몽고어 역관(譯官)을 선발하는 습몽어자(習蒙語者)의 경우에는 "能譯文字能寫字樣, 兼偉兀字, 爲第一科。只能書寫偉兀文字, 兼通蒙語者, 爲第二科。- 능히 [파스파로 쓰인] 문자를 번역하고 또 자양(字樣, 파스파 문자를 말함)을 쓸 수 있고 겸하여 위구르 문자를 번역하고 쓸 수 있다면 제1과로 삼다. 다만 위구르 문자만 쓸 수 있고 겸해서 몽고어에 통한 자는 제2과를 삼다"라고 하여 문자와 위구르(偉兀) 문자를 동시에 번역할 수 있고 능히 쓸 수 있는 자(者)를 제1과로 하고 위구르(偉兀)자만 쓸 수 있고 몽고어에 통한 자를 제2과로 한다고 하였다.

여기서 문자(文字), 또는 자양(字樣)이라 말한 것은 무엇일까? 지금까지 필자는 이것이 원대(元代)에 제정된 파스파 문자를 말한다고 보아 왔다. 졸고(1987b)에 의하면 조선 전기에는 몽고의 원(元)을 멸망시키고 오아(吳兒), 즉 남쪽 한인들의 명(明)을 세운 태조 주원장(朱元璋)이 철저하게 시행한 호원(胡元)의 잔재(殘滓)를 없애는 정책에서 원대(元代)의 파스파 문자를 가장 먼저 철폐하였다. 따라서 이 문자로 쓰인 모든 서적은 파괴되었는데 이러한 정책이 얼마나 철저하였는지 오늘날 중국에는 파스파 문자로 기록된 서적이 한 권도 남아있지 않다.

호원(胡元)의 잔재를 박멸(撲滅)하려는 명(明)의 정책은 주변의 조공(朝貢) 국가들에게도 따르게 하였다. 특히 원(元)에 복속하여 쌍성총관의 천호 벼슬도 하였고 이름까지 몽고식으로 개명했던 이자춘(李子春)의 아들 이성계(李成桂)가 세운 조선에 대한 감시가 매우 심했던 탓으로 '몽고(蒙古)'라는 말이나 원대(元代)에 제정된 파스파 문자를 대놓고 시험한다고 할 수가 없었기 때문에 '문자(文字)'라든지 자양(字樣)이란 표현을 쓴 것으로 보인다.

그러나 당시에 파스파 문자에 대한 지식을 매우 높이 여겨서 이 문자와 위구르 문자를 동시에 구사할 수 있는 몽학 역관을 제1과로 하고 벌써 무용지물이 된 파스파 문자를 배우지 않은 몽학관을 제2과로 하여 구별하였음을 알 수 있다. 이것은 조선 초기에 집권자들이 몽고의 원(元)에 대한 야릇한 추모의 염(念)을 엿볼 수 있는 대목이다.

1) 조선 초기의 몽고어 교육과 시험

2.1.0 『태조실록』(권6) 태조 3년 갑술(甲戌) 11월조의 기사에 사역원 제조(提調) 설장수(偰長壽) 등의 상서(上書)가 수록되었다. 이 기사에 통사과(通事科)의 몽고어 시험에 대하여 언급되었는데 그에 의하면 매 3년에 1차로 고시하여 이문(吏文)과 한어 및 몽고어 학습자들이 모두 시험을 볼 수 있다("吏文, 漢·蒙語者 俱得赴試")고 하였다. 이어서 통사과에 합격한 자는 홍패(紅牌)를 주고 제1과(第一科)는 '正7品出身(정 7품으로 출신하게 함)'이고 제2과(第二科)는 정8품으로 출신시켜서(正8品出身) 통사(通事)로 등용하였음을 앞에서 살펴보았다.

조선 세종 때에도 통사과(通事科)가 존속하였는지는 분명하지 않으나, 이 때에는 유학(儒學)을 비롯한 십학(十學)을 취재(取才)하여 인재를 등용하였다는 기사가 있다. 즉, 『세종실록』(권47) 세종 12년(1430) 경술(庚戌) 3월조에 수록된 상정소(詳定所)의 계(啓)에는 "유학(儒學), 무학(武學), 한이학(漢吏學), 자학(字學), 역학(譯學), 음양학(陰陽學), 의학(醫學), 악학(樂學), 산학(算學), 율학(律學)"의 십학을 취재하는데 필요한 "諸學取才, 經書諸藝數目 - 제 학의 취재에서 출제되는 경서와 여러 기예의 수목)"을 제시하였다.

2.1.1 『세종실록』의 역학 몽훈(蒙訓)

이 중 역학(譯學)은 한훈(漢訓), 몽훈(蒙訓), 왜훈(倭訓)으로 나뉘었으며, 역학몽훈(譯學蒙訓)에서 몽고어를 취재하는 몽학서가 기록되어 있다. 앞에서도 살펴보았지만 여기에 다시 옮겨보면

譯學 漢訓: [中略]

蒙訓: 待漏院記, 貞觀政要, 老乞大, 孔夫子, 速八實, 伯顔波豆, 土高

安，章記，巨里羅，賀赤厚羅. 書字: 偉兀眞, 帖兒月眞

과 같은데 이 중 <대루원기(待漏院記)>를 비롯한 몽학서에 대하여는 많은 연구가 있다. 여기서 외올진(偉兀眞)과 첩아월지(帖兒月眞)이라 함은 몽고문자의 몽고-위구르(畏兀) 문자와 파스파(八思巴) 문자를 말하는데 원래 몽고인들은 문자를 갖고 있지 않았으며 각지(刻指, 또는 刻止), 각목(刻木)이라는 계(契)와 결초(結草) 등의 방법으로 기사(記事)하여 서신을 전하거나 기록을 남겼을 뿐이다.[1]

2.1.2 몽고 문자의 교육과 시험

칭기즈 칸 이후에 몽고어를 기록하는 두 개의 문자를 만들었다. 하나는 위구르(維吾爾) 문자를 차용한 몽고-위구르(畏兀) 문자이고 또 하나는 중원(中原)에 원(元)을 세운 쿠빌라이 칸이 새로 만든 몽고신자(蒙古新字) 되르베르진(帖兒月眞), 즉 파스파(八思巴) 문자이다.

몽고에서 발흥(勃興)하여 중앙아시아의 스텝을 석권(席捲)한 칭기즈 칸(成吉思汗)이 1206년에 나이만(乃蠻)을 정복하고 태양칸(太陽汗)의 사부(師傅)이었던 위구르인 타타퉁아(塔塔統阿)를 잡아 포로로 데려와 위구르(고대의 維吾爾)자로 몽고어를 기록하는 방법을 태자(太子)인 오고타이(窩闊台, Ogotai, 諤格德依)와 여러 칸(諸汗)에게 가르쳤으니(『元史』124卷 「列傳」 第十一 '塔塔統阿'조) 이것이 몽고어를 기술한 몽고-위구르 문자의 시작이었으며(羅常培·蔡美彪, 1959) 그 후 몽고어의 기록은 주로 이 문자에 의존하게 되

1 趙珙의 『蒙韃備錄』을 보면 "今韃之始起並無文書。凡發命令遣使往來, 止是刻指{說郛本作止}, 以記之。爲使者雖一字敢增損, 彼國俗也。"라는 기사와 長泰眞人의 『西遊記』 上을 보면 "俗無文籍式約之以言, 或刻木爲契"이라 하는 것과 彭大雅와 徐霆의 『黑韃事略』에 "霆當考之韃人本無字書, 行於韃人本國考則具用小木, 長三四寸, 刻只四角, 且如差十馬則十刻, 大率只刻其數也。其俗淳而心專, 故言語不差, 其法說謊者死, 故莫敢詐僞。雖無字書自可立國, 此小木卽古木契也。"의 기사에서 契(木契)로 기록하였음을 알 수 있다. 그러나 李心傳의 『建炎以來朝野新記』 2集(卷19)에 "韃靼亦無文字, 每調發兵馬卽結草爲約, 使人傳達急於星火"라는 기사에서 結草의 방법도 있었음을 알 수 있다.

었다.

『세종실록』의 전술한 기사에 등장하는 위올진(偉兀眞)은 이 몽고-위구르 문자를 말한다. 또 되르베르진(帖兒月眞)은 파스파 문자를 말한다. 원 세조(世祖) 쿠빌라이 칸(忽必烈汗)이 토번(吐蕃)에 원정(遠征)했을 때에 팍스파(八思巴)라는 라마교(喇嘛教)의 승(僧)을 맞나 대도(大都)로 데려왔었다. 쿠빌라이 칸은 그를 매우 총애하여 원(元)의 헌종(憲宗)이 죽고 쿠빌라이가 대칸(大汗)에 오른 후 팍스파에게 국사(國師)의 이름을 내리고 정교(政教)의 고문역할을 시켰다.

팍스파는 쿠빌라이 칸의 명을 받아 티베트(西藏) 문자의 자획을 증감하고 자양(字樣)을 개정하여 몽고신자를 만들었다. 이를 지원(至元) 6년(1269)에 조령(詔令)으로 공포하여 공문서 등의 정문(正文)으로 사용하였는데, 이를 몽고신자, 되르베르진(dörberjin, 帖兒月眞, 四角文字), 또는 파스파(八思巴) 문자 등으로 불렀다.[2]

따라서 세종 때의 제학취재(諸學取才)에서 역학(譯學)의 몽훈(蒙訓), 즉 몽고어 시험에서 타타퉁아(塔塔統阿)의 몽고-위구르자와 팍스파의 사각(四角) 문자, 즉 되르베르진(帖兒月眞)의 파스파(八思巴) 문자를 모두 서자(書字)하여 시취(試取)하였음을 알 수 있다.

2) 역과 몽학(蒙學)과 몽학서

2.2.0 1986년 10월에 서울 근교의 민가에서 발견한 내갑오식년시(來甲午式年試)의 몽학초시(蒙學初試)의 시권(試券)을 중심으로 하여 조선시대의 역과몽학(譯科蒙學)과 그에 사용된 몽학서를 고찰할 수 있다. 필자는 졸고(1987a)에서 고려대 도서관에 귀중본으로 소장되어 있는 역과청학초

---

2 팍스파, 八思巴란 말은 蒙古語로 聖童이란 뜻이다. 八思巴는 土蕃 薩斯嘉人으로 七歲時 經書 數十萬言을 능히 외었으므로 國人이 八思巴(聖童) 또는 八思麻, 八思馬, 帕克斯巴라고 불렀다고 한다(『元史』 卷202 「傳」第 89 '釋老八思巴'조). 본서에서는 '八思巴'가 人名일 경우에는 티베트어에 맞게 '팍스파'로 하고 문자의 명칭일 경우에는 현대 중국어의 普通話 발음대로 '파스파'문자로 부르고자 한다.

시(譯科淸學初試)의 시권을 중심으로 역과청학(譯科淸學), 즉 만주어의 역과 시행과 그 만주어 교재에 대하여 살펴본 바 있다(본서의 제5장 참조). 본서의 제2장에서 한양(漢陽) 유씨(劉氏) 종가(宗家)에서 발견한 역과한학(譯科漢學) 초시(初試)·복시(覆試)의 시권을 통하여 역과 한학, 즉 중국어의 역과시험과 그 한학서에 대하여 고찰한 바 있고(졸고, 1987c), 이러한 작업이 사역원의 역학서의 성격을 이해하는 데 매우 가치 있는 일임을 강조하여 왔다.

조선에서 외국어 학습의 교과서이었던 사역원 역학서는 국어의 역사적 연구에서뿐만 아니라 해당 외국어의 역사적 연구에서 매우 독특한 자료로 알려져 왔다. 이 자료의 특수성을 이해하기 위하여 사역원의 외국어 교육방법이나 그의 인재의 전형 방법, 즉 역과(譯科)를 위시하여 취재(取才), 원시(院試), 고강(考講) 등의 외국어 시험방법을 살펴야 할 것이다. 왜냐하면 사역원 역학서는 이러한 교육방법과 시험방법에 의하여 편찬되었고 이들의 변화에 따라 역학서도 변천되어 왔기 때문이다.

2.2.1 『경국대전』의 역과 시식(試式)

세종 이후 세조 때에 이르러서는 『경국대전』의 편찬과 더불어 조선의 과거제도가 완비된다. 이 『경국대전』은 세조(世祖)의 사후인 예종(睿宗) 원년(1469)에 완성되었는데 『경국대전』에서는 국초의 통사과와 한이과(漢吏科)를 합쳐서 역과(譯科)를 신설하고 한학(漢學)과 더불어 몽학(蒙學), 왜학(倭學), 여진학(女眞學)을 두어 한어, 몽고어, 일본어, 여진어를 시험하였다.

즉, 『경국대전』(권3) 「예전(禮典)」 '제과(諸科)' '역과(譯科)' 조에

譯科初試

[額數]* 漢學二十三人, 蒙學、倭學、女眞學, 各四人, 司譯院錄名試取

[講書]* 漢學: 四書 {臨文} 老乞大、朴通事、直解小學 {背誦}

[寫字] 蒙學: 王可汗、守成事鑑、御史箴、高難、加屯、皇都大訓、老

乞大、孔夫子、帖月眞、吐高安、伯顏波豆、待漏院記、
貞觀政要、速八實、章記、何赤厚羅、巨里羅
倭學: 伊路波 [中略]
女眞學: 千字 [中略]
[譯語] 漢學、蒙學、倭學、女眞學, 並飜經國大典 {臨文}

譯科覆試
[額數] 漢學十三人, 蒙學、倭學、女眞學, 各二人, 本曹同本院提調, 錄名試取
[講書] 同初試
[寫字譯書] 同初試 *표 부분은 필자 삽입

라는 기사가 있어 역과초시는 몽학에서 다른 왜학이나 여진학과 같이 4인을 선발할 수 있고 복시(覆試)에서는 2인을 선발하되 초시는 사역원에서 녹명시취(錄名試取)하고 복시는 예조(禮曹)와 사역원의 제조(提調)가 녹명시취(錄名試取)하였음을 알 수 있다.[3]

역과(譯科)는 매 3년마다 열리는 식년시(式年試)와 증광시(增廣試)에 설과(設科)되는데 『속대전』에 의하면 제과(諸科) 식년(式年)은 3년 1시로 『속대전』의 반행년(頒行年)부터 자(子), 묘(卯), 오(午), 유(酉)년에 시행하였다. 증광시는 나라에 대경사가 있거나 경사가 겹칠 때에 설과하는 것이다. 경사스러운 일이 가장 많을 때는 대증광시(大增廣試)를 설과할 수 있는데 이때에는 입격자의 인원을 늘리는 수가 많다.[4]

초시는 매 인(寅), 사(巳), 신(申), 해(亥)년에 설과하고 복시는 자(子), 묘

3 科擧制度에서 覆試의 制度가 시작된 것은 高麗 成宗 2年(983)의 일로 光宗 9年(958)에 科擧制度가 처음 시작된 지 25年 後의 일이다. 이에 대해서는 졸고(1987c)에서 자세히 言及되었다. 『경국대전』에서는 처음부터 譯科에 初試·覆試制를 導入하였다.

4 『續大典』(권3) 「禮典」 '科擧' 조와 『增補文獻備考』(卷188) 「選擧考」5 '科題' 5(4葉b 5~7行) 참조.

(卯), 오(午), 유(酉)년의 봄에 실시하였는데 인(寅), 사(巳), 신(申), 해(亥)년에 실시한 초시는 '내(來)'자를 앞에 붙여 복시의 전년(前年)에 실시하는 것이 보통이다. 제2장에서 논급한 바 있는 건륭신묘(乾隆辛卯, 1771) 식년 역과복시 한학에 입격한 유학기(劉學基)와 건륭기유(乾隆己酉, 1789) 식년 역과복시 한학에 입격한 유운길(劉運吉)의 초시에는 각각 '來辛卯式年 譯科初試', '來己酉式年譯科初試'라는 제첨(題簽)이 시권 오른편 표지에 쓰여 있다.[5]

2.2.2 조선 전기의 역과 몽학(蒙學)

『경국대전』의 역과 시행방법을 잘 살펴보면 한학(漢學), 즉 한어(漢語)의 시험은 강서(講書)의 방법을 택하였지만 기타 몽학, 왜학, 여진학은 사자(寫字)의 방법으로 시험하였고 역어(譯語)는 사역원의 사학(四學)이 모두『경국대전』을 번역하는 것이었다. '사자(寫字)'란 역과의 출제서인 역학서를 외어서 옮겨 적는 것으로 그 시험방법이 강서에 비하여 매우 어려웠다. 즉, 강서는 책을 보고 읽고 풀이하는 임문강서(臨文講書, 臨講)가 있고 책을 보지 않고 외우고 풀이하는 배강(背講)이 있고 또 전문을 그대로 외우는 배송(背誦)의 방법이 있다. 물론 이때 임강(臨講)보다 배강(背講)이 어렵고 또 그보다 배송이 더 어려움은 불문가지의 사실이다.[6]

배송(背誦)할 수 있은 다음에 사자(寫字)할 수 있으므로 몽학서(蒙學書)의 '고난(高難), 가둔(加屯), 황도대훈(皇都大訓), 왕가한(王可汗), 수성사감(守成事鑑), 어사잠(御史箴)'은 권질(卷帙)이 많아서 사자하기가 어려워 전에는 임문 강시한 바 있으나『경국대전』은 다른 것들과 함께 사자의 열(列)에 두었기 때문에 모두 암송하여 답안지에 써야 하므로 이로 인하여 폐이

---

5 劉學基, 劉運吉 父子의 譯科 漢學 初試와 覆試의 試券에 대하여는 본서의 제2장과 졸고(1987a, 1987c)를 참조.

6 譯科 이외로 司譯院이나 吏曹에서 실시하는 院試·考講과 取才에서는 나이가 50세 이상인 자에게 背講이나 背誦할 것을 臨文하여 講書하게 하는 경우가 있다.『통문관지』(권2)「勸奬」第二 '院試'조에 "夏等冬等試本業一冊 當等取才所講兩冊中從願聽講 而年五十臨文(下略)"이라는 기사 참조.

불학(廢而不學)할 우려가 있어서 전례대로 임문시취(臨文試取)하게 하여 달라는 주청(奏請)이 있었고 이것이 가납되었다는 기사가 『성종실록』에 보인다.

즉 『성종실록』(권10) 성종 2년 5월 신묘(辛卯)조에

> 蒙學, 高難加屯、皇都大訓、王可汗、守成事鑑、御史箴, 卷帙多, 故前此臨文講試. 今大典並在寫字之列, 須得背誦後可以寫字, 此五書固難成誦, 恐因此廢而不學, 請依前例臨文試取. 並從之. - 몽학은 '고난가둔, 황도대훈, 왕가한, 수성사감, 어사잠'은 권질이 많기 때문에 전에는 책을 보고 강독하는 시험이었는데 이제 대전(『경국대전』을 말함-필자)에는 모두 필기시험(寫字)의 열에 들어있다. 반드시 보지 않고 암송(背誦)한 다음에 사자(寫字)가 가능한데 이 다섯 책은 외우기가 매우 어려워서 이로 인하여 공부하지 않기 때문에 폐학될 우려가 있어서 전례에 의거하여 책을 보고 시험하는 임문시취할 것을 청하였더니 모두 따르게 되었다.

라는 기사가 이를 말하여 주는데 여기서 전례(前例)라 함은 『경국대전』(권3) 「예전」 '취재'조에

> 蒙學, 章記、帖月眞、孔夫子、何赤厚羅、貞觀政要、待漏院記、吐高安、巨里羅、伯顏波豆、老乞大、速八實,　已上寫字。守成事鑑、王可汗、御史箴、皇都大訓、高難加屯, 已上臨文, 臨文秩小冊則, 以二冊准漢學一冊。- 몽학은 '장기, 첩월진, 공부자, 하적후라, 정관정요, 대루원기, 토고안, 거리라, 백안파두, 노걸대, 속팔실' 이상은 사자할 것. '수성사감, 왕가한, 어사잠, 황도대훈, 고난가둔' 이상은 책을 보고 시취할 것. 책을 보고 시취할 책이 작은 책이면 두 책을 한학 한 책에 준한다.

이라 하여 이 때에도 취재에서는 <장기(章記)>, <첩월진(帖月眞)> 등 11책의 몽학서는 사자(寫字)하였으나 <수성사감(守成事鑑)> 등 다섯 책은 원문을 보고 시취하였음을 알려준다. 성종 때의 전례(前例)라 함은『경국대전』의 취재에서 몽학(蒙學)도 임문(臨文) 시취가 있었으며 그에 준하여 역과에서도 같은 방법으로 시취할 것을 주청(奏請)한 것을 말한다.

2.2.3『통문관지』의 역과 시식(試式)

역과(譯科)에 대한 보다 자세한 설명은 사역원의 원지(院志)인『통문관지』에서 볼 수 있다. 즉,『통문관지』(권2)「권장(勸奬)」'과거(科擧)'조에 의하면 역과의 시행은 다음과 같이 진행된다. 즉 식년시(式年試), 증광시(增廣試), 대증광시(大增廣試)에 역과가 설과되면[7] 사역원에서 시관(試官)으로 입문관(入門官) 4원을 선정하고 이 입문관이 입문소(入門所)에 좌아(坐衙)하여 장방(張榜)하고 고시(告示)한다.

역과의 거자(擧子)들은 유건(儒巾)과 홍단령(紅團領)을 갖추고 사조단자(四祖單子)와 보거단자(保擧單子)를 작성하여 서정(書呈)한다. 사조단자는 거자의 부(父), 조부(祖父), 증조부(曾祖父), 외조부(外祖父) 등 사조(四祖)의 신분, 성명, 나이, 본관(本貫, 外祖)을 쓴 단자를 말하고, 보거단자는 완천지규(完薦之規)에 의하여 2인의 연명으로 거자의 신원을 보증하는 단자(單子)로서 한학 이외의 삼학(三學)의 거자는 수보(首保), 부보(副保) 이외에 반드시 해당 학의 참상관(參上官) 1원이 보(保)를 서야 한다.[8]

여기에 하자(瑕疵)가 없어야 비로소 이름 적고 시험을 허락하는데 이 때에 사역원 원생(院生)이 아닌 거자(擧子)는 외거(外擧)라 하여 차별을 둔

7 譯科를 비롯한 雜科는『續大典』이후 式年試, 增廣別試, 大增廣別試 이외의 謁聖試, 春唐台試에는 設科하지 않았다.『속대전』(권3)「禮典」'科擧'조와『增補文獻備考』(卷188)「選擧考」5 '科制'조의 기사 참조.

8『통문관지』(卷2)「勸奬」'科擧'조에 "保如完薦之規, 而三學擧子則首副保外, 必備當學參上官一員"이란 기사 참조.

다. 이들은 먼저 이차인례(移差人例)에 의하여 사조단자와 보거단자를 정장(呈狀)하고 득제완천(得題完薦)한 뒤에 치부(置簿)하고 녹명허시(錄名許試)하게 하는데 이들 외거(外擧)들은 사역원 원생(院生)과 같은 분수(分數)일 때는 그 아래가 된다.[9]

3) 몽학서의 변천

2.3.0 앞에서 『경국대전』과 당시의 실록에 명시된 역과 몽학의 출제서를 보면 비록 오늘날에는 남아있지 않으나 서명으로 보아 어떤 종류의 서적인가를 어렴풋이 추측할 수 있다. 즉, 『경국대전』(권3) 「예전」 '역과몽학'에 규정된 몽학 출제서로 "王可汗、守成事鑑、御史箴、高難加屯、皇都大訓、老乞大、孔夫子、帖月眞、吐高安、伯顔波豆、待漏院記、貞觀政要、速八實、章記、何赤厚羅、巨里羅" 16종의 서명이 보인다. 즉, 『통문관지』에서 이들 몽학서를 16종으로 보았다. 제1장 총론에서 이들이 모두 몽고인들의 훈몽서일 것으로 추정하였다.

『경국대전』 이외에도 『세종실록』과 『성종실록』 등에 몽학서가 등장하는데 이에 대하여 먼저 고찰하기로 한다.

2.3.1 몽고인의 훈몽서인 초기 몽학서

『경국대전』의 역과(譯科) 몽학의 출제서나 취재(取才)의 몽학서는 "왕가한(王可汗), 수성사감(守成事鑑), 어사잠(御史箴), 고난가둔(高難加屯), 황도대훈(皇都大訓), 노걸대(老乞大), 공부자(孔夫子), 첩월진(帖月眞), 토고안(吐高安), 백안파두(伯顔波豆), 대루원기(待漏院記), 정관정요(貞觀政要), 속팔실(速八實), 장기(章記), 하적후라(何赤厚羅), 거리라(巨里羅)" 등 모두 16종의 출제서가 보이지만 오늘날 하나도 전해지는 것이 없어 어떤 책인지 확실하지 않다.[10] 다만 서명(書名)에 의하여 제1장에서 살펴본 바와 같이 몽고인들

---

9 『통문관지』(卷2) 「勸奬」 '科擧' 조에 "非院生而赴擧子, 依移差人例, 呈狀得題完薦置簿, 然後錄名許試。而謂之外擧, 同分數則下於院生"이라는 기사 참조.

의 아동들의 훈몽서로 추정하였다.

즉, '왕가한(王可汗)'은 'Ong Qaɣan(王汗)', '수성사감(守成事鑑)'은 원대(元代)에 왕탄(王惲)이 황제에게 바쳤다는 '수성사감(守城事鑑)'과 어떤 관계가 있을 것이다.[11] <어사잠(御史箴)>은 관리들을 규찰(糾察)하는 어사(御史)들의 훈계를 모아놓은 책으로 보인다. <고난가둔(高難加屯)>은 제1장에서 살펴본 바와 같이 '[q]unan, three-year-old lady)를 한자로 표기한 것으로 칭기즈 칸의 부인이 어렸을 때에 총명한 것을 기리는 일종의 동화로 역시 아동들의 훈몽서일 것이다.

<황도대훈(皇都大訓)>은 황제의 훈계를 모은『황도대훈(皇圖大訓)』을 원(元)의 아린테무르(阿林鐵木兒)나 마조상(馬祖常) 등이 번역한 것과 관계가 있는 것으로 생각된다.[12] 황도(皇圖)란 "황제의 계획"을 말하는 것으로 이를 황도(皇都)로 바꾼 것은 수입 훈몽서의 특징이다. 즉, 해당 나라에서 훈몽서를 수입하여 사역원의 역학서로 사용할 때에는 한 글자를 바꿔서 서명을 붙였다.

다음의 <노걸대(老乞大)>는 아마도 구본 <몽어노걸대>를 말하는 것으로 보인다. 제1장에서 <노걸대>가 원래 몽고어로 작성된 것을 저본으로 하여 한어본을 지은 것으로 추정하였는데 아마도 초기의 <몽어노걸대>일 것이며 호란(胡亂) 이후의 <몽어노걸대>은 {산개}<한어 노걸대>를 당시 몽고어로 번역하였을 것이다. 왜냐하면 후기의 <몽어노걸대>의 몽고어는 칭기즈 칸 당시의 몽고어가 아니기 때문이다.

<공부자(孔夫子)>는 글자 그대로 공자(孔子)에 관한 우화(寓話)일 것이다. 여기서 당연히 연상되는 것은 초기의 여진학서에 보이는 <칠세아(七歲兒)>란 훈몽서다. 이 여진학서는 졸고(2001a)에 의하면 '공자항탁상

---

10 이 蒙學書에 대해서는 Courant(1894~1896), 小倉進平(1940), 小倉進平·河野六郎(1964), 李基文(1967), Song(1979), 鄭光·韓相權(1985) 등에 言及되어있다.

11 『원사(元史)』(권167)의 기사

12 『元史』(120卷)「紀」(30卷) 3葉 右6行에 "阿林鐵木兒等, 譯帝訓戒, 更名日皇圖大訓"과 同(143卷)「傳」(30卷) 3葉右 6行 "馬常譯鳥閏皇圖大訓"을 참조.

문서(孔子項託相文書)'라고 북방민족 사이에 널리 퍼진 설화를 소재로 한 훈몽서다. 이 설화는 7세의 항탁(項託)과 공자(孔子)가 지혜를 겨루어 공자(孔子)가 패배하는 이야기로 이루어진 설화다. 돈황(敦煌) 문서에서 발굴된 이 설화는 중국의 유교 문화에 대립하는 북방민족의 유교에 반대하는 유목민의 정서를 배경에 깔고 있다. 아마도 몽학서 <공부자(孔夫子)>도 이 설화를 소재로 하는 훈몽서일 가능성이 크다.

다음의 <첩월진(帖月眞)>는 제1장에서 살펴본 바와 같이 몽고어 'dörberjin'을 한자로 표기한 것이 帖月眞, 帖兒月眞으로 '사각(四角) 문자'라는 뜻을 가졌으며 파스파 문자를 가리키는 명칭이다. 아마도 파스파 문자를 학습하는 교재로 <첩월진(帖月眞)>이 있었던 것 같다. <토고안(吐高安)>은 '土高安'으로도 쓰며 몽고어 'toɣ'an'의 한자 표기로 보인다. 현대 몽고어의 'toɣon(kettle)'로 보면 '솥'과 관련된 우화(寓話)를 소재로 하여 편찬된 훈몽서일 것이다.

<백안파두(伯顔波豆)>는 몽고어 'bayan pādu(r)'의 한자 표기이며 아마도 '바얀 바토르(伯顔拔都兒)'로 불린 바얀 멜기드(伯顔蔑兒吉艄, Bayan of the Merkid)의 영웅 설화를 소재로 한 책으로 보인다. 역시 아동들에게 영웅들의 이야기를 들려주기 위하여 편찬된 훈몽서일 것이다. <대루원기(待漏院記)>는 송대(宋代)에 왕우(王禹)가 편찬한 것으로 옛 재상들의 정치에 대한 독려(督勵)를 모아놓은 책이다. 원래 대루원(待漏院)이란 당대(唐代)에 설치된 관아로 백관(百官)이 일찍 궁궐에 도착해서 궁문(宮門)이 열리기를 기다리는 곳인데 여기에서 주고받은 대신들의 이야기를 모은 것이다. 역시 훈몽서로 일찍부터 알려진 책이다.

<정관정요(貞觀政要)>는 일찍이 당(唐) 태종(太宗)의 정치를 당(唐) 현종(玄宗) 때에 오긍(吳兢)이 책으로 편찬한 것으로 원대(元代)에 과직(戈直)이 주(注)를 달고 아린테무르(阿隣帖木兒)가 몽고어로 번역하여 간행한 것을 말하는 것으로 보인다.[13] <속팔실(速八實)>은 몽고어 'Su ba(ɣ)s'의 한자

13 『元史』(24卷) 11葉 右1行에 "仁宗覽貞觀政要, 諭阿林鐵木兒, 譯以國語刊行"이라는 기사와 同(36卷) 「紀」(36卷) 5葉 左5行에 "命奎章閣學士院, 以國字譯貞觀政要, 浸板模

표기로 'Su(速) Baɣsi(八實)'을 말하며 '速(Su) 先生(teacher)'란 의미로 아마도 성이 '수(速)'라는 교사의 일화를 그린 책으로 보인다. 역시 훈몽서일 것이다. <장기(章記)>는 몽고어 'janggi(news)'의 한자 표기로 아마도 새로운 지식의 입문서로 보인다.

<하적후라(何赤厚羅)>는 '賀赤厚羅'로도 쓰며 몽고어 'haci hure, aci üre(merit)'의 한자 표기다. 아마도 아동들의 좋은 점을 정리하여 소개하는 책일 것이다. 마지막 <거리라(巨里羅)>도 'geril ~ gerel(light)'의 몽고어를 한자 표기한 것으로 본다.

이상 몽학서들은 제1장 총론에서 서명에 의하여 네 부류로 나누웠다. 즉, 첫째는 중국의 서적을 몽고어로 번역한 것(貞觀政要, 孔夫子, 守成事鑑, 御史箴, 待漏院記, 皇都大訓), 둘째는 몽고어만으로 편찬한 것(章記, 賀赤厚羅, 吐高安, 巨里羅, 伯顔波豆, 速八實, 高難加屯, 王可汗), 셋째는 사역원에서 편찬한 것(老乞大), 넷째는 몽고문자를 배우기 위한 것(偉兀眞-몽고-위구르 문자를 습득하기 위한 것, 帖月(兒)眞 - 파스파 문자를 학습하기 위한 것)으로 분류하였다. 이중 <위올진(偉兀眞)>은 모든 몽학서가 몽고-위구르 문자로 기록되고 이들의 과시가 모두 이 문자로 사자(寫字)를 겸하게 되자 과시(科試)나 취재(取才)에서 이 책이 제외되어 『경국대전』(권3) 「예전」 '역과 몽학'에서는 등재되지 않게 되었다.

이때의 몽학서는 다른 삼학(三學)과 같이 해당국의 훈몽교과서를 수입하여 사용하는 특징을 가졌다. 그러나 수입한 교재의 서명을 한 자(字) 바꾸어 표시하는 경우가 많다. 예를 들면 <수성사감(守成事鑑))>의 '성(成)'은 원래 '성(城)'이어서 '수성사감(守城事鑑)'이었는데 이를 한 자 바꾼 것이다. <황도대훈(皇圖大訓)>의 '황도(皇圖)'를 황도(皇都)로 한다든지 <하적후라(何赤厚羅)>의 '하(何)'를 '하(賀)'로 바꿔 '하적후라(賀赤厚羅)'로 쓰는 예가 있다. <토고안>도 '吐高安'과 '土高安'의 두 표기가 있다. 이유는 잘 알 수 없으나 해당국의 훈몽서를 그대로 받아들이는 것에 대

印以賜百官" 및 同(137卷) 「傳」(24卷) 3葉 左1行에 "察罕譯貞觀政要以獻" 이란 記事 등 參照.

한 거부감이 있었을 것이다.

2.3.2 중기(中期)의 몽학서

『경국대전』 이후의 여러 국전(國典)에 역과 몽학은 별다른 변화가 없이 그대로 계속된다. 그러나 선조 때의 왜란(倭亂)과 인조 때의 호란(胡亂)으로 조선조의 대외정책은 급변하게 되었고 그에 따라 사역원의 외국어교육도 변하게 되었다. 『수교집록』(권2) 「예전(禮典)」 '권장(勸奬)' 조에

> 蒙學則, 舊業守成事鑑、伯顔波豆、孔夫子、待漏院記之外, 添以新飜老乞大。淸學則舊業八歲兒、論之外, 添以新飜老乞大、三譯總解, 仍爲定式, 敎誨使之。通行於科擧與試才之時, 康熙癸亥承傳。- 몽학은 옛날에 '수성사감, 백안파두, 공부자, 대루원기'를 공부하였으나 그 외에 '신번노걸대'를 첨가하였다. 청학은 옛날에는 '팔세아, 아론(<소아론>을 말함-필자 주)'을 공부하였으나 그 외에 '신번노걸대'와 '삼역총해'를 첨가하였으며 이것으로 정식을 삼아서 교회로 하여금 과거와 취재를 시험할 때에 통행하게 하였다. 강희 계해년부터 전승되다.

이라는 기사가 있어 『수교집록』 이전에는 몽학에서 '守成事鑑, 伯顔波豆, 孔夫子, 待漏院記'의 네 책을 본업서로 하다가 강희(康熙) 계해(癸亥, 1683)부터 몽학과 청학이 모두 '신번노걸대(新飜老乞大)'를 첨가하여 과거와 취재에 통행하였음을 알 수 있다.

그렇다면 상기한 『경국대전』의 몽학서 16종은 어느 때부터인가 4종으로 줄어든 것인데 이에 대해서 『통문관지』의 기록에 의하면 왜란과 호란 이후의 일로 보인다. 즉, 『통문관지』(권2) 「권장」 제2 '과거' '몽학팔책(蒙學八冊)' 조를 보면 "初用王可汗, [中略] 巨里羅, 並十六冊。兵燹之後, 只有時存五冊。故七處寫字, 以准漢學冊數。[下略] - 처음에는 <왕가한>, [중략] <거리라> 등 모두 16책을 사용하였으나 전란 이후에는 오로지 다섯 책만 남아서 일곱 군데를 뽑아서 사자하게 하되 한학(漢學)의

책 수에 준하게 하다."라는 기사가 있어 왜(倭)·호(胡) 양란(兩亂)의 병선지후(兵燹之後)에 상기 5책만이 남아서(상술한 4책에 <御史箴>이 첨가되었음)이 5책 중에서 7처를 사자(寫字)하여 한학의 책수(冊數)에 준하게 하였다는 내용이 이를 말하고 있다.

2.2.3 후기의 몽학서

『경국대전』 이후의 역과(譯科)에서는 몽학, 왜학, 여진학(後日 淸學)이 모두 한학팔책(漢學八冊)에 준하여 출제되었다. 한학팔책은 사서(四書)와 본업서(本業書)인 <노걸대>, <박통사>, <직해소학(直解小學)>, 그리고 '번경국대전'이었다. 이와 같이 한학은 7종류의 한학서가 있고 대전(大典)을 번역하지만 다른 삼학(三學)은 16종의 출제서를 7책으로 간주하거나(前期의 蒙學) 1종의 역학서를 7책으로 간주하기도 하였다.[14]

『통문관지』(권2) 「권장(勸奬)」 '과거(科擧)' '몽학팔책(蒙學八冊)'조를 보면 "自康熙甲子始用新飜老乞大, 背試二處, 而前五冊各寫一處。詳見啓辭謄錄。 - 강희 갑자년부터 <신번노걸대> 사용하기 시작하였는데 책을 보지 않고 2곳을 시험하였으나 앞에 5책은 각기 한 곳을 사자하였다. 자세한 것은 <계사등록>을 보라."라는 기사가 보이는데 <신번노걸대>, 즉 한어 <노걸대>를 호란(胡亂) 이후에 몽고어로 새롭게 번역한 것을 강희(康熙) 갑자(甲子, 1683)부터 시용하였음을 알 수 있고 이것은 상술한 『수교집록』의 기사와 일치한다.

주지하는 바와 같이 조선에서 인조(仁祖) 때에는 정묘(丁卯, 1627), 병자(丙子, 1636)년에 두 차례에 걸친 호란(胡亂)으로 명(明)나라 일변도의 대외정책이 크게 흔들리게 되었다. 따라서 사역원의 외국어 교육도 강희(康熙) 정미(丁未, 1667)에 여진학을 청학(淸學)으로 바꾸고 만주어를 교육하

14 例를 들면 倭學八册은 <捷解新語> 하나만을 7册으로 看做하고 出題한다. 즉 『통문관지』(卷2) 「勸奬」第2 '科擧'조를 보면 "倭學八册: 捷解新語, 飜經國大典。捷解新語十卷中, 抽七處寫字, 大典飜譯, 同漢學。"이라 하여 <捷解新語>에서만 7處를 寫字시켜 漢學八册에 맞추었다.

기에 이르렀다.

새로운 만주어의 교육을 위하여 사역원에서는 여진학서를 청학서(淸學書)로 개편하기도 하였으며 새로운 청학서를 편찬하기 시작하였다. 즉, 숭정(崇禎) 12년(1639) 청학관 신계암(申繼黯)이 병선지후(兵燹之後)에 '只有時存'하던 여진학서 '<구난(仇難)>, <거화(去化)>, <상서(尙書)>, <팔세아(八歲兒)>, <소아론(小兒論)>'을 만주어 교과서인 청학서로 바꾼 사실이 『통문관지』나 『역관상언등록(譯官上言謄錄)』의 기록에 남아 있고[15] 강희(康熙) 계해(癸亥, 1683)에는 상기 5책 중에서 <구난>, <거화>, <상서>의 세 책마저 폐하고 <팔세아>, <소아론>에 <신번노걸대>, <삼역총해(三譯總解)>를 첨가하여 이 4종의 청학서에서 역과 청학의 출제가 이루어졌다(졸고, 1987a, 및 본서의 제5장).

몽학서인 <신번노걸대>(후일 <蒙語老乞大>)는 청학서인 <신번노걸대>(역시 후일에 <淸語老乞大>)의 편찬과 동시에 이루어져서 같은 시기에 역과 출제서로 인정된 것 같다. 즉, 왜·호 양란(兩亂) 이전의 몽학서에 <몽어노걸대>가 있었음은 『경국대전』의 역과나 취재의 몽학서뿐만 아니라 『세종실록』의 취재 몽학(蒙學)에도 그 서명(書名)을 발견할 수 있어 인정할 수 있다. 그러나 그 저본인 한학(漢學)의 <노걸대>(<漢語老乞大>)가 원대(元代)의 한아언어(漢兒言語)이기 때문에 성종 연간에 명대(明代)의 남경관화(南京官話)로 전면 개편한 바 있으므로(졸고,2007c, 및 본서의 제2장) 개편 이전의 <한어노걸대>에 바탕을 두었던 몽학(蒙學)의 <노걸대>는 무용지물이 되었던 것이다. 따라서 성종 이후의 개정 <한어노걸대>, 즉 {산개}<노걸대>에 맞추어 새로 몽고어와 만주어로 번역한 것이 <신번노걸대>이었으나[16] 이들은 그 후 각기 '몽어노걸대(蒙語老乞大)', '청어노걸

---

15 『譯官上言謄錄』 崇禎 12年 己卯 5月 11日條와 『통문관지』(권7) 「人物」 '申繼黯' 조의 記事 참조.

16 이들은 同名異書로서 『통문관지』(卷2) '科擧' 조에 "蒙學八册 (中略) 自康熙甲子始用新飜老乞大 淸學八册 (中略) 康熙甲子始用新飜老乞大 見啓辭謄錄"라 하여 蒙學과 淸學의 <新飜老乞大>가 康熙 甲子(1683)에 同時에 譯科 출제서로 등장한다.

대(淸語老乞大)'란 이름으로 불렸다.

4) 도광갑오(道光甲午)의 역과 몽학 시권

2.4.0 사역원 역학서가 계속해서 변화를 거듭한 것은 해당 외국어의 변화와 한국어의 변화, 한글의 외국어 발음 전사(轉寫) 체계의 변화, 그리고 해당 국가와의 외교적 관계의 변화에 의한 것이기도 하지만 그보다 더 직접적인 변화원인은 사역원에서의 외국어 교육방법과 그 평가방법의 변화에 있다고 생각된다(鄭光·韓相權, 1985).

여기서는 도광(道光) 갑오(甲午, 1834)에 시행된 갑오식년시(甲午式年試) 전기(前期)의 역과몽학 초시의 시권을 중심으로 조선의 역과몽학(譯科蒙學)과 그에 사용된 몽고어 교재의 변천을 살펴보고자 한다. 이 연구의 기틀을 마련해 준 몽학 시권은 제2장에서 언급한 서울근교인 상일동에 살던 유종휘 옹(劉鐘輝翁)이 소장하고 있는 많은 고문서 속에서 찾아낸 것이다. 유옹(劉翁)은 이것 이외에도 건륭(乾隆) 연간에 시행한 역과한학(譯科漢學)의 시권(試券)도 소중히 보관하고 있어 제2장의 역과 한학 연구에서 유용하게 이용되었음을 앞에서 살펴보았다. 양반 사대부와 관련된 고문서가 아니요 일개 중인(中人)인 역관의 고신(告身)과 호적, 사패(賜牌), 역과의 시권 등을 훌륭하게 보존하는 일은 대단히 드문 일로, 이러한 자료가 학문의 연구에 미치는 영향을 생각할 때 참으로 유옹에게 경의를 표하지 않을 수 없다.

2.4.1 『속대전』과 그 이후의 역과 몽학

『경국대전』 이후 역과 교과서들은 조금씩 변화가 있었고 왜·호 양란(兩亂)을 기점으로 청학(淸學)이 새로 생기는 등 역과(譯科) 전반에 걸쳐 대대적인 변화가 있었음은 <왕조실록>과 『통문관지』 등에서 찾아볼 수 있으나 『경국대전』이후의 여러 국전(國典) 중에서는 『속대전』에 그간의 변화된 것이 정착되었다.

『속대전』[17](권3) 「예전」 '역과'조는 다음과 같다.

譯科初試

[試官]* 司譯院提調二員, 或一員兼教授, 無故則亦參, 同四學官各二員{該院差定}

[期日]* 試取式年{見大典}

[額數]* 增廣、同大增廣則, 漢學、蒙學、倭學各加四人

[講書] 漢學四書 {臨文} 老乞大、朴通事 {見大典}、五倫全備{新增}, 以上背誦, 直解小學今廢

[寫字] 蒙學: 老乞大 {見大典} 捷解蒙語 {新增}

倭學: 捷解新語 {新增}

淸學: 八歲兒、小兒論 {見大典} 老乞大、三譯總解 {新增} 其餘諸書並今廢

[譯語] 同大典

譯科覆試 [中略] 寫字譯語, 並同初試　　　　*표 부분은 필자 삽입.

위의 기사를 보면 역과초시 몽학(蒙學)에서는 <노걸대>와 <첩해몽어(捷解蒙語)>만을 출제서로 인정하고 『경국대전』의 16종 몽학서와 『통문관지』의 시존(時存) 5책까지도 모두 폐하였음을 알 수 있다.

『통문관지』(권2) 「과거」조에 '몽학팔책(蒙學八冊)'으로 남아 있던 '兵燹之後, 只有時存五冊'을 <신번노걸대>와 <첩해몽어>로 바꾼 것은 『통문관지』 「과거」 [속(續)]조에 자세하게 설명되어 있다.

蒙學八冊: 守成事鑑、御史箴、孔夫子、伯顏波豆、待漏院記, 音義不適時用, 故乾隆丁巳筵稟定奪, 並去前書。以新飜捷解蒙語四卷, 行用並與老

17 金在魯의 進箋文에 乾隆 9年(1744)의 刊記가 있다.

> 乞大, 抽七處寫字, 以准漢學冊數。 - 몽학 8책은 <수성사감>, <어사잠>, <공부자>, <백안파두>, <대루원기>이다. [이 책들의] 음의(音義)가 시용에 적절하지 않아서 건륭 정사에 경연(經筵)에서 품하여 없애기로 정하고 앞의 책들을 모두 없앴다. <신번첩해몽어> 4권을 <노걸대>와 함께 사용하여 7곳을 추첨해서 사자하게 하되 한학의 책 수에 준하게 하다.

위의 기사에 의하면 건륭(乾隆) 정사(丁巳, 1737)부터 발음과 뜻이 시용(時用)에 부적한 <수성사감> 등 5책을 모두 없애고 <신번첩해몽어> 4권을 <노걸대>(<新飜老乞大>를 말함)와 함께 역과의 몽학팔책(蒙學八冊)으로 하여 역과 몽학에서 출제하였음을 알 수 있다.

이와 같이 전면적인 몽학 교과서의 개편은 <신번노걸대>(<蒙語老乞大>)와 {신번} <첩해몽어>의 편찬에 있다고 볼 수 있다. 즉, <신번노걸대>는 강희(康熙) 계해(癸亥, 1683)부터 역과 몽학에서 <수성사감> 등 5책과 함께 사용되었으며 강희 갑자(甲子, 1684)에는 이전의 5책에서는 각기 한 곳을 사자하고(各寫一處)하고 <신번노걸대>에서는 배시(背試) 2처하는 방법으로 <노걸대>의 비중을 높게 하였다. 또 <첩해몽어>가 편찬되어 건륭(乾隆) 정사(丁巳, 1737)에 몽학관 이세걸(李世杰) 등이 이를 간행하면서부터[18] 역과 몽학은 전혀 이 두 책에 의존하게 된다.

<신번노걸대>도 '몽어노걸대(蒙語老乞大)'란 이름으로 몽학관 이최대(李最大) 등이 건륭 신유(辛酉, 1741)에 간행하였다.[19] 즉, <중간첩해몽어>에 부재(附載)된 이익(李翼)의 몽학삼서(蒙學三書) 중간서(重刊序)에 의하면 <몽어노걸대>는 이억성(李億成)에 의하여 수정되어 방효언(方孝彥)의 <첩해몽어>와 함께 건륭 경술(庚戌, 1790)에 중간하였다고 한다(鄭光·韓相權, 1985).

이 시기에 몽학서로 <몽어유해(蒙語類解)>가 편찬되어 어휘집으로

18 『통문관지』(권8) 「什物」[續]조에 "捷解新語板: 乾隆丁巳蒙學官李世杰等捐財刊板"이란 기록 참조.

19 『통문관지』(卷8) 「什物」[續]조에 '蒙語老乞大板: 乾隆辛酉蒙學官李最大等捐財刊板'이란 기사 참조.

중요한 몫을 하게 되는데 이 책은 건륭 무자(戊子, 1768)에 이억성(李億成)에 의하여 수정 편찬되었다는 사실이 '몽학삼서중간서(蒙學三書重刊序)'와 『통문관지』에 남아 있다.[20]

『속대전』 이후의 역과 몽학은 별로 변함이 없었는데 『대전통편(大典通編)』(1785)은 『속대전』의 것을 그대로 답습하여 전혀 변동이 없고 『대전회통(大典會通)』(1865)에 이르러 몽학서에 <몽어유해>가 신증(新增)되었다.[21] <몽어유해>는 18세기 중엽에 편찬된 것임은 전술한 바 있으며 한어 표제어에 대하여 몽고어와 조선어를 대응시킨 일종의 유서(類書)류의 어휘집으로 몽고어 사전의 역할을 하였던 것이다.

<몽어유해>는 역과 출제서로서는 『대전회통』에 처음 등재되지만 취재(取才), 고강(考講) 등에서는 이미 전부터 많이 당등과책(當等課冊 - 당해 분기의 출제서)으로 사용되었다. 『대전회통』 이후 『육전조례(六典條例)』(1865), 『통문관안(通文館案)』(1880)에 이르기까지 별다른 변동이 없었고 다만 사역원 사학에서 역어(譯語)의 출제가 '번경국대전(飜經國大典)'(1785년 이후)에서 '번대전통편(飜大典通編)'으로 바뀌었다.

2.4.2 역과 몽학으로 본 몽학서의 특징

이상의 역과 몽학과 몽학서의 변천을 종합하면 『경국대전』 이전에는 『세종실록』의 세종 12년(1430) 제학취재(諸學取才) 가운데 몽훈(蒙訓)에

---

20 <蒙語類解>의 편찬시기는 安田章(1967), Song(1978), 졸고(1978b) 等을 참고하면 대체로 <同文類解>(1748)와 같은 시기로 보여지며 이것은 '新飜老乞大'란 이름으로 <蒙語老乞大>와 <淸語老乞大>가 同時에 편찬된 것과 같은 방법으로 보인다. 또 <蒙語類解>의 重刊은 李瀷의 蒙學三書重刊序에 "[前略] 舊有蒙語老乞大、捷解蒙語、類解等書, 今用於科試。[中略] 本學當上李公億成, 曾爲訓長時, 慨然於此, 每赴燕京輒就蒙古館, 與之論難字義, 演習語音。歸與有志者, 履年講磨老乞大及類解等書, 校其訛謬, 更付剞劂。[下略]"라는 기사와 『통문관지』(卷8) 「什物」[續]조에 "蒙語老乞大板 乾隆戊子蒙語訓長李億成修整本院刊板"이란 기사 참조.

21 『대전회통』(권3) 「禮典」'譯科初試' '蒙學'조(13앞)를 보면 '譯科初試: 蒙學寫字 原 王可汗, [中略] 續 老乞大 見原典, 捷解新語 新增, 其餘諸書今廢。補 蒙語類解 新增'라는 기사가 있는 바 여기서 {原}은 『경국대전』, {續}은 『속대전』, {補}는 『대전회통』을 말한다.

'待漏院記, 貞觀政要, 老乞大, 孔夫子, 速八實, 伯顔波豆, 吐高安, 章記, 巨里羅, 何赤厚羅'의 몽학서와 '偉兀眞 帖兒月眞'을 서자(書字)한다는 기사가 있어 사역원에서 몽고어의 교과서와 취재의 출제서를 알 수 있다. 『경국대전』에서는 역과 몽학(蒙學)에 상기 10종의 몽학서에다가 '王可汗, 守成事鑑, 御史箴, 高難加屯, 皇都大訓'의 5책을 첨가시키고 서자(書字)를 없앤 다음 첩월진(帖月眞), 즉 파스파 문자를 사자(寫字)의 출제서에 넣었다. 성종 2년(1471)에는 『경국대전』에서 추가된 5책은 임문(臨文) 강시(講試)하였다.

『통문관지』에 의하면 왜·호 양란(兩亂) 이후에는 '守成事鑑, 伯顔波豆, 孔夫子, 待漏院記, 御史箴' 등 병란 이후에 남은 5책에서 7처를 사자(寫字)하여 과시(科試)에 대하고 『수교집록』에서는 '時存五冊中' <어사잠(御史箴)>을 제하고 <신번노걸대>를 첨가시켰으나 이 책은 강희(康熙) 계해(癸亥, 1683)부터 역과 몽학의 출제서로 사용되었다는 기사가 있다.

그 후 『통문관지』(1720)에서는 역과(譯科)의 몽학팔책(蒙學八冊)으로 '守成事鑑, 御史箴, 孔夫子, 伯顔波豆, 待漏院記, 新飜老乞大, 飜經國大典'의 7책을 들었으며 『속대전』(1744)에서는 이 중 '신번노걸대', 즉 <몽어노걸대>와 '번경국대전'[22]만 남기고 <수성사감(守成事鑑)> 등 병선지후 시존(時存) 오책을 모두 없앴으며 <첩해몽어(捷解蒙語)>를 대신 추가하였다.

또 『대전회통(大典會通)』(1865)에서는 <몽어유해>를 첨가시켜 역과 몽학의 출제서로 <몽어노걸대>, <捷解蒙語>, <몽어유해>의 3책을 규정하였다.

2.4.3 내갑오식년(來甲午式年) 몽학 시권

제2장에서 언급한 유종휘(劉鍾輝) 옹(翁)은 자신의 6대조인 영~정조 때의 한학역관 유학기(劉學基), 운길(運吉) 부자(父子)의 역과 한학 시권을 비

22 '飜經國大典'은 『경국대전』을 飜譯한다는 뜻으로 司譯院 四學의 譯科에서 譯語에 해당하는 과제다. 擧子들이 『경국대전』을 번역하면 훈도가 이를 시관에게 傳語하는 형식으로 시험을 본다(鄭光·韓相權, 1985).

롯하여 고신(告身), 백패(白牌), 추증교지(追贈敎旨), 사패(賜牌), 호적단자(戶籍單子) 등의 고문서를 소장하고 있었다.

그 가운데는 '내갑오식년역과초시(來甲午式年譯科初試)'라는 제첨(題簽)이 있는 몽학 시권(蒙學試券)이 하나 포함되어 있다. [사진 3-1]에 보이는 이 시권(試券)은 세로 68.0 × 가로 65.2cm의 두꺼운 저지(楮紙)로 되어 있으며 우측 중간 부분부터 '來甲午式年譯科初試'라고 활자로 인쇄되었다. 따라서 이 시권은 갑오식년시(甲午式年試)의 전기(前期)에 실시하는 역과초시로서 '來甲午式年'이란 의미는 상식년(上式年), 즉 갑오 식년의 전 해인 계사년(癸巳年)에 실시하는 초시(初試)라는 뜻이다.[23]

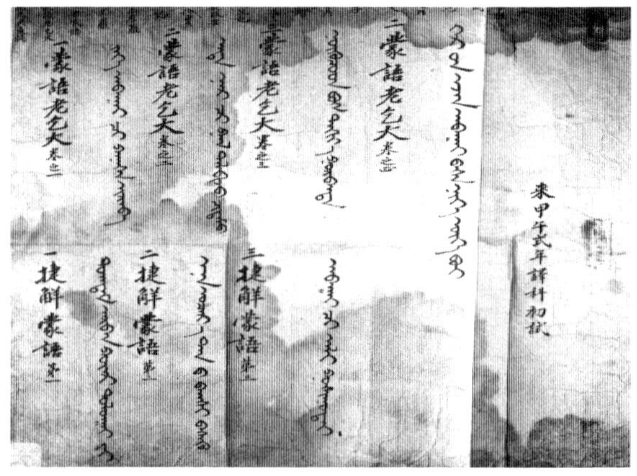

[사진 3-1] 도광갑오(1834) 식년시의 역과초시 몽학 시권

23 科擧의 시행 시기는 高麗 光宗 때에 처음 科擧之法을 정할 때에 每春月에 試取하고 秋冬에 放榜했지만 穆宗 7년 3월의 改定科擧法에서는 3月에 進士科를 開場하고 明經 以下 諸業은 그 前年 11月까지 畢選해서 進士科와 같은 날 放榜하기로 하였다. 그러나 朝鮮에서는 諸科 3年 1試와 式年試制를 마련하고 式年 諸科를 正月부터 5月에 畢하도록 하였으나『경국대전』에서는 中國의 例를 따라 每 寅, 申, 巳, 亥年의 가을에 初試를 열고 子, 午, 卯, 酉年의 봄에 覆試를 열도록 규정하였다. 따라서 來甲午式年 初試는 그 前年 癸亥年 가을이 된다.『高麗史』(권72)「志」'選擧' '科目'의 穆宗 7年조와 肅宗 11年조, 그리고『경국대전』(卷3)「禮典」'科擧'조 참조.

2.4.4 몽학 시권의 출제

이 시권은 상단 좌측 말단에 '번대전통편(飜大典通編)'이라는 역어(譯語)의 과제(科題)가 보이므로 『대전통편』(1785) 이후의 과거에서 작성된 것으로 보인다.[24] 즉 조선의 역과에서는 사역원 사학(四學)이 모두 역어(譯語)의 과제(科題)로서 『경국대전』을 번역하게 하였는데 『속대전』에서도 '역어동대전(譯語同大典)'이라 하여 『경국대전』과 동일하였음을 알 수 있고, 『통문관지』에서도 역어(譯語)의 과제(科題)는 '번경국대전(飜經國大典)'이었다.

실제로 건륭(乾隆) 신묘(辛卯, 1771)의 식년시(式年試) 역과 한학 초시(初試)·복시(覆試)의 유학기 시권이나 건륭(乾隆) 기유(己酉, 1789) 식년시의 유운길 시권에서도 '번경국대전(飜經國大典)'으로 되어 있다. 그러나 도광(道光) 갑진(甲辰, 1844)에 실시한 '증광별시(增廣別試)'에 응시한 청학관(淸學官) 백완배(白完培)의 시권에는 '번대전통편(飜大典通編)'으로 되어 있었는데 이 몽학 시권도 '번대전통편'으로 되어서 『대전통편』이 간행된 후의 갑오식년시(甲午式年試)에 시행된 역과 초시의 몽학 시권으로 생각된다.

뿐만 아니라 『대전회통』(1865)이 간행된 이후에는 역과 역어(譯語)의 과제(科題)가 '번대전회통(飜大典會通)'이어서 적어도 이 시기 이전에 시행된 역과(譯科)로 보여 이 시권은 정조 9년(1785)부터 고종 2년(1865) 사이의 갑자식년시(甲午式年試)의 전기(前期)에 실시한 역과 초시의 시권으로 생각할 수 있다. 따라서 이 시권은 순조(純祖) 34년(1834) 갑오식년시의 전기, 즉 순조 33년(癸巳, 1833)에 실시한 역과 초시의 몽학 시권임을 쉽게 알 수 있다. 이 시권의 우단(右段) 중간부분에 붉은 인장(印章)의 흔적이 보이고 좌변(左邊) 상, 하단 모서리에 백지(白紙)를 붙인 흔적이 보인다. 거자(擧子)의 신분을 알려주는 우측 상단의 비봉(秘封) 부분은 일부러 지웠거나 처음부터 쓰지 않았던지 아무런 글씨의 흔적이 남아있지 않다.

---

24 [사진 3-1]에서 이 부분은 잘려나갔다.

2.4.5 몽학 시권의 비봉(秘封)

원래 시권의 비봉(秘封)은 거자(擧子)의 신분, 성명, 나이, 본관, 거주지와 사조(四祖)의 신분, 성명, 본관(外祖의 경우만)을 써서 호봉(糊封)하는 것으로 호명(糊名)이라고 부르기도 하는데 이 땅에서 이와 같은 과거 시권의 호명방식은 고려 현종 2年(1011)에 예부시랑(禮部侍郎) 주기(周起)의 주(奏)에 의해서 정해진 것이다.[25]

이 호명지법(糊名之法)은 채점의 공정을 기하기 위한 것으로 사조(四祖)를 모두 쓰지 않고 부(父)의 신분과 이름만을 쓰기도 하는데 그렇게 할 경우 시권의 우변 하단에 거자(擧子)의 신분, 성명, 나이, 본관, 거주지와 부(父)의 신분, 이름을 쓰고 종(縱)으로 자른 후, 자른 부분(記載部分)을 말아 올려 기록한 것이 보이지 않도록 풀로 붙이고 '근봉(謹封)'이라고 쓴다.[26] 이 시권에는 우측 상단에 있어야 할 비봉(秘封)이 안보이므로 우변 하단에 덧붙인 백지가 호명(糊名)의 흔적이 아닌가 한다.

시권에는 천자문 순에 의한 연번호가 우측 상단의 비봉 좌측에 쓰였고 관인(官印)이 찍히는 것이 일반적이다.[27] 즉, 거자(擧子)가 시권의 종이를 시중 지전(紙廛)에서 구입하여 사조단자와 보거단자와 함께 입문소(入門所)에 제출하면 녹명허시(錄名許試)와 함께 연번호를 쓰고 그 위에 인급(印給)하여 거자(擧子)에게 돌려주는 것이 보통이다. 그러나 이 시권에는 연번호도 관인도 보이지 않는다. 경우에 따라 관인을 찍지 않을 수도 있는데 관인이 찍히지 않은 시권을 백문(白文)이라 부른다.

---

25 『高麗史』(卷73) 「志」卷第27 '選擧'一 '科目'一 顯宗 2年조에 "禮部侍郎周起奏, 是糊名試式"과 『高麗史』(卷74) 「志」卷第28 '選擧'二 '科目'二 元宗 14年조에 "參知政事金坵知貢擧, 舊制二府知貢擧卿臨同知貢擧, 共赴試諸生, 卷旨寫姓名本貫及四祖, 糊封試前數日"의 기사 참조.

26 崔承熙(1981)에 자세한 試券의 說明이 있음.

27 道光甲辰增廣別試의 白完倍의 譯科初試 試券에 連番號 '出'(千字文 순)과 官印이 있으며 乾隆年間의 劉學基·運吉 父子의 漢學試券에도 어김없이 連番號와 官印이 있다.

2.4.6 몽학 시권의 채점(採點)

모든 역과 시권은 출제부분에 채점자의 수결(手決)과 더불어 채점 결과인 분수(分數)를 통(通)·략(略)·조(粗)로 표시하고 전체의 성적을 역시 분수로(경우에 따라서는 一의 上中下, 二의 上中下 等) 주서(朱書)하고 수결하는 것이 보통인데 이 시권에는 채점한 흔적이 보이지 않는다. 이것은 후술할 사자(寫字) 답안의 내용으로 보아 비록 작성되었으나 제출하지는 않은 시권으로 보인다. 좌변 하단에 거자(擧子)의 호명(糊名)이 가린 채로 보존된 것도 이 시권으로 입격(入格)하지 못하였기 때문으로 생각된다.

도광갑진(道光甲辰) 증광별시 역과에 응시한 청학관 백완배(白完培)의 것처럼[28] 이 시권의 상단에도 우에서 좌로 '왕가한(王可汗)'에서 '번대전통편(飜大典通編)'까지 19개의 출제서와 과제(科題)가 쓰였다. 사자(寫字)의 답안은 시권을 상하 이단으로 나누어 상단(上段)은 좌측에서 우측으로 <몽어노걸대>의 권1부터 권4까지 각 1곳씩 4곳이 사자(寫字)되었으며 하단(下段)은 역시 좌에서 우로 <첩해몽어> 제일, 제이, 제삼에서 각 1곳씩 사자(寫字)되었다. 또 이 각 문제에는 '一. 蒙語老乞大 卷之一'과 같이 머리 번호가 보인다. 이것은 과제(科題)를 추첨할 때 붙인 번호로 생각된다.

이 시권의 상단(上段)에 우로부터 "王可汗, 守成事鑑, 御史箴, 高難, 加屯, 老乞大, 孔夫子. 帖月眞, 吐高安, 伯顔波豆, 待漏院記, 速八實, 章記, 何赤厚羅, 巨里羅, 捷解蒙語, 蒙語老乞大, 飜大典通編" 등 17종의 몽학 출제서와 역어(譯語)의 과제(科題)가 쓰였다. 이것은 『경국대전』(권3) 「예전」 '역과 초시', '사자(寫字) 몽학(蒙學)'조에 등재된 '王可汗'부터 '巨里羅'까지의 16종 몽학서와 일치한다. 그 다음의 두 몽학 출제서, 즉 <첩해몽어(捷解蒙語)>와 <몽어노걸대(蒙語老乞大)>가 있는데 제1장에서 이 두 책이 편찬된 시기와 경위에 대하여 언급한 바 있다.

---

28 道光甲辰 增廣別試 譯科初試의 白完倍 試券은 上段에 右에서 左로 "千字文、兵書、小兒論、三歲兒、自侍衛、八歲兒、去化、七歲兒、仇難、十二諸國、貴愁,、吳子、孫子、太公、尙書、三譯總解、淸語老乞大, 飜大典通編" 등 18種 淸學書가 쓰였다(졸고,1987a). 본서의 제5장 참조.

다만 <몽어노걸대>는 강희(康熙) 계해(癸亥, 1683) 또는 강희(康熙) 갑자(甲子, 1684)부터 <신번노걸대>란 이름으로 역과 몽학에 행용(行用)하였고 <첩해몽어>는 건륭(乾隆) 정사(丁巳, 1737)부터 <수성사감(守成事鑑)> 등 시존(時存) 5책을 대신하여 <몽어노걸대>와 함께 역과 몽학의 출제서가 되었던 것이며 『속대전』에 역과 몽학의 출제서로 정착하게 된다. 『대전회통』부터는 <몽어유해>도 역과 몽학의 출제서가 되었으나 이 시권에는 <몽어유해(蒙語類解)>는 보이지 않는다. 따라서 『대전회통』 이전에 시행된 역과의 시권임을 재확인할 수 있다.

이 시권의 과제(科題)에서 마지막에 '번대전통편(飜大典通編)'이 보인다. 이것은 이 시권의 작성 시기를 알려주는 증거로써 전술한 바 있는데 조선시대 역과의 과시(科試) 방법은 『경국대전』에 명시된 대로 한학(漢學)은 강서(講書)의 방법, 그리고 기타 삼학(蒙學, 倭學, 女眞學 또는 淸學)은 사자(寫字)의 방법으로 시취(試取)한다고 하였으니 물론 몽학(蒙學)의 경우에 사자(寫字)의 방법이 중심이 되지만 일부 몽학서를 임문강시(臨文背講)하는 경우가 있었음을 앞에서 언급한 바 있다.

이와 같은 강서(講書), 사자(寫字)의 방법 이외에 사역원 사학(四學)의 역과(譯科)에는 역어(譯語)의 방법이 있어 『경국대전』에는 '번경국대전(飜經國大典)'이라 하여 『경국대전』을 번역하도록 하였다. 즉, 건륭(乾隆) 신묘(辛卯) 식년시 역과 복시(覆試)에 응과한 유학기(劉學基)의 시권이나 건륭 기유(己酉) 식년시 역과의 복시에 응과한 유운길(劉運吉)의 시권에도 역어의 문제가 출제되었다.[29] 이것은 『경국대전』의 어느 부분을 지정하고 그 부분을 중국어로 번역하게 하였으며 이는 훈도(訓導)가 전어(傳語)하여 시관(試官)이 분수(分數)를 매기도록 규정된 것에 따른 것이다.[30]

---

29 譯科 漢學初試에는 譯語가 出題되지 않았다. 이에 대해서는 졸고(1987c), 또는 前章을 참조.

30 『통문관지』(권2) 「科擧」 '漢學八冊' 조에 "[前略] 論語、孟子、中庸、大學、飜經國大典 {訓導傳語}, 以上五冊臨講"이라는 기사에 의하면 『경국대전』을 飜譯하면 訓導가 傳語하여 그 分數를 정했음을 알 수 있다.

도광(道光) 갑진(甲辰) 증광별시(增廣別試)의 역과 초시에 응과한 백완배(白完培)의 청학(淸學) 시권에도 『대전통편』의 어느 부분을 번역하도록 출제되었다(졸고, 1987a). 이 몽학(蒙學) 시권에도 '번대전통편(飜大典通編)'이라 하여 백완배의 시권에서처럼 『대전통편』을 번역하는 것인데 실제로 출제되지는 않았던 것으로 시권에는 과제(科題)가 보이지 않는다.[31]

5) 도광갑오 역과 몽학의 출제와 몽학서

2.5.0 이 시권이 도광(道光) 갑오(甲午, 1834) 식년시의 역과 초시의 몽학(蒙學)의 것이라면 이의 출제는 『대전통편』에 등재된 몽학 과시서(科試書)에서 출제되었을 것이고 그에 규정된 과시(科試) 방법에 의하여 이루어졌을 것이다. 『대전통편』에 규정된 역과 시식(試式)은 앞에서 언급한 『속대전』의 것을 그대로 답습한 것으로 다음과 같다.

『대전통편』(권3) 「예전」 '제과(諸科)' '역과초시(譯科初試)'

[原] 額數: 漢學二十三人, 蒙學、倭學、女眞學各四人, 司譯院錄名取才
　　漢學鄕試: 黃海道七人、平安道十五人、觀察使定差使員, 錄名取才
[續] (額數): 式年、增廣、同大增廣, 則漢學、蒙學、倭學各加四人
　　(講書): 漢學諸書, 四書 {臨文} 老乞大、朴通事、直解小學 {背講}
[續] (講書): 四書 {臨文}, 老乞大、朴通事{見原典}, 五倫全備{新增}, 以上背誦 直解小學今廢,

蒙學{寫字}
[原] (寫字): 王可汗、守成事鑑、御史箴、高難加屯、皇都大訓、老乞大、孔夫子、帖月眞、吐高安、伯顔波豆、待漏院記、貞觀政要、

31 白完培의 譯科 淸學 初試試券에는 "三譯總解 {三處}, 八歲兒 {一處}, 淸語老乞大 {二處}, 小兒論 {一處}"에서 7처가 출제되고 이의 寫字가 끝난 下段右側 빈자리에 粗雜한 글씨로 『대전통편』의 飜譯할 부분이 적혀 있었다(졸고, 1987a).

速八實、章記、何赤厚羅、巨里羅

[續] (寫字): 老乞大 {見元典}, 捷解蒙語{新增,} 其餘諸書今廢 (以上中略)

譯語

[原] 漢學、蒙學、女眞學並飜經國大典 {臨文}

[續] 司譯院提調二員, 或一員兼教授無故則亦參, 同四學官名二員該院差定試取

([原]은『경국대전』先錄, [續]은『속대전』次錄) ( )은 필자 삽입.

이에 의하면 식년시의 경우 역과 몽학(蒙學)은 다른 삼학(三學)과 더불어 4인을 선발할 수 있으며 사역원에서 녹명시취(錄名試取)함은 전술한 바 있으나 실제『역과방목(譯科榜目)』에 도광(道光) 갑오(甲午) 식년시의 입격자는 몽학(蒙學)이 2인뿐이다.[32]

이것은 복시(覆試) 몽학의 액수와 일치하는 것은 아니다. 이것은 한학(漢學)을 제외한 삼학(三學)은 초시만으로 과시(科試)하고 한학(漢學)만 초시(初試)· 복시(覆試)의 과정을 거친 것으로 보인다. 상기『대전통편』의 규정에 의하면『속대전』부터 몽학 사자(寫字)는 <노걸대>와 <첩해몽어>에서만 출제하고 나머지 다른 책들은 모두 없앴음을 알 수 있다.

2.5.1 도광갑오 몽학 시권의 출제

실제로 이 시권에서는 <몽어노걸대> 권지 일, 이, 삼, 사에서 각기 1처씩 4처, <첩해몽어> 제일, 이, 삼에서 각기 1처씩 3처, 도합 7처를 사자(寫字)하였다. [사진 3-1] 참조. 이에 대하여는『통문관지』(권2)「과거」'몽학팔책(蒙學八冊)' 조에

---

32 『대전통편』(권3)「禮典」'諸科' '譯科覆試' 조에 "譯科覆試: [原] 額數: 漢學十三人, 蒙學倭學女眞學各二人, 本曺同本院提調錄名取才 [續] 式年增廣, 同大增廣, 則漢學、蒙學、倭學、淸學各加二人"이라 하여 譯科覆試에 蒙學은 다른 倭學, 淸學과 함께 2人을 뽑도록 되어있다.

蒙學八冊: 守成事鑑、御史箴、孔夫子、伯顏波豆、待漏院記、新飜老乞大、飜經國大典。守成事鑑、御史箴、孔夫子、伯顏波豆、待漏院記, 五冊書字, 老乞大抽二處背講, 大典飜語同漢學。初用王可汗, [中略] 巨里羅並十六冊, 兵燹之後, 只有時存五冊, 故抽七處寫字, 以准漢學冊數。自康熙甲子始用新飜老乞大, 背試二處, 前五冊各寫一處。- 몽학팔책은 <수성사감>, <어사잠>, <공부자>, <백안파두>, <대루원기>, <신번노걸대>, '번경국대전'이다. <수성사감>, <어사잠>, <공부자>, <백안파두>, <대루원기>의 다섯 책은 서자(書字)하고[33] <노걸대>에서는 두 곳을 추첨하여 배강(背講)하게 하고 <대전>의 번역은 한학(漢學)과 같게 한다. 처음에는 <왕가한> [중략] <거리라> 등 16책을 사용하였으나 전란(戰亂) 이후에 겨우 5책만이 남아서 7곳을 추첨하여 사자(寫字)하게 하였다. 강희 갑자(1684)년부터 <신번노걸대>를 사용하기 시작하여 두 곳을 뽑아 책을 보지 않고 강독하는 시험을 보게 하고 앞에 든 5책은 각기 한 곳을 사자(寫字)하게 하였다.

라 하여 전술한 바와 같이 전란 후에 <수성사감> 등 시존오책(時存五冊)에서 한학 책수(漢學冊數)에 준하여 7곳을 추첨하여(抽七處) 사자(寫字)하고 강희 갑자(甲子, 1684)부터 <신번노걸대>(<몽어노걸대>)를 시용(始用)하자 이를 배시(背試) 2처하고 나머지 5책은 각각 1처씩 사자한다는 내용이다. 이러한 『통문관지』의 역과 몽학 시식은 숙종 2年에 전례에 의해서 <장기(章記)> 등 몽학서 11책은 사자하고 <수성사감> 등 5책은 임문(臨文) 강시(講試)하게 한 역과 몽학의 방법을 환기시킨다. 그러나 이 시권에 의하면 이 때는 이미 전기한 『대전통편』의 규정대로 <노걸대>(<蒙語老乞大>), <첩해몽어>에서만 사자하게 한 것이다.

<몽어노걸대>는 전 8권으로 그 편찬 및 간행에 대하여는 앞에서 고찰한 바 있으며 <첩해몽어>는 전 4권으로 역시 그의 편찬과 간행에 대

33 사자(寫字)와 같은 뜻으로 외워서 베껴 쓰는 방식이다.

하여 언급하였다.[34] 이 시권에 사자(寫字)된 것을 옮겨보면 다음과 같다.

上段

一蒙語老乞大 卷之一

二蒙語老乞大 卷之二

三蒙語老乞大 卷之三

二蒙語老乞大 卷之四

一捷解蒙語 第一

二捷解蒙語 第二

三捷解蒙語 第三

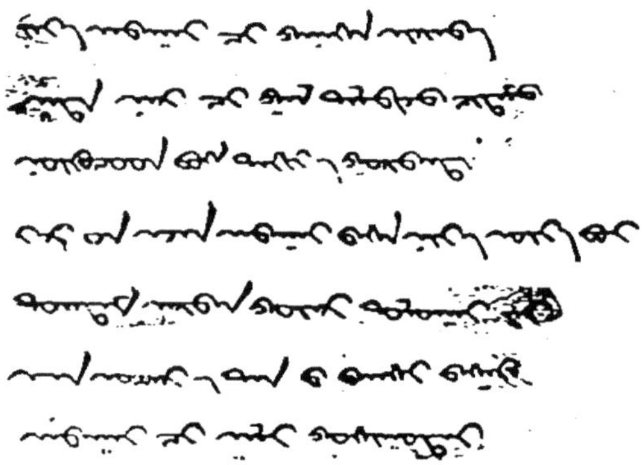

[사진 3-2] 내갑오식년 역과몽학 초시의 출제 몽고어

2.5.2 도광갑오 몽학 시권의 과제(科題)와 답안

이 시권의 사자(寫字)부분이 실제로 몽학서인 <몽어노걸대>와 <첩해몽어>의 어느 부분인가를 살펴보면 의외의 사실이 드러난다. 즉 이 시권은 <몽어노걸대> 권1, 2, 3, 4의 매권 첫 장 첫 행을 사자하였다. 즉, <몽어노걸대> 권1의 첫 장 첫 행은 "이커 아바개 치 하나사 이러버(큰兄아 네 어듸셔 온다)"(권1앞 1~2행) 인데 이 부분이 사자(寫字)되었다. <몽어노걸대>의 권2, 3, 4의 사자도 그 첫 장 첫 행이 "안다 날 치 갈 탈비쥬 치다무 치다후게 우ㅜ(나그ᄂᆡ들 네 불ᄢᅵᆺ기 아ᄂᆞᆫ다 아지 못ᄒᆞᄂᆞᆫ다)"(권2 1앞 1~3행), "눠쿠츈 봇 타 캬 굴반타 도고로뮈(번들아 닐라 ᄃᆞᆰ이 세 번 우러시니)"(권3 1앞 1~2행), "걸 군어젼 아바개 바사 니거 우거 뷔(主人兄아 ᄯᅩ ᄒᆞᆫ 말 잇다)"(권4 1앞 1~2행)와 같다. 이중 권2의 사자는 첫 행과 다음 행의 '차다후게'까지 쓰고 그 구절이 끝나는 '우ㅜ'는 미처 쓰지 못하였다.

---

34 <蒙學老乞大>의 중간본 8권 8책은 서울대학교 도서관 奎章閣 등에 소장되어 있고 <捷解蒙語>의 중간본 4권 4책이 同 奎章閣 가람文庫 등에 소장되어있다.

<첩해몽어>에서도 동일하게 제1, 2, 3의 첫 장 첫 행을 사자하였다. 즉 동 제1 1앞 1~3행은 "툭탐 알반 호얄 토로개 기 웅신 볼마수다굴 ㄷ 쳐거지러뮈(처음으로 反切을 닑어 닉여 외오고)"이고 동 제2 1앞 1~3행은 "어너 우챠라 탄 ㅜ 막시 바사쿠 이러너ㅜ 우게 ㅜㅜ(요ᄉᆞ이 너희 스승이 쪗쪗이 오ᄂᆞ냐 아니 오ᄂᆞ냐)"이며, 동 제3 1앞 1~2행은 "아바개 치 아리 호시구태(兄아 네 뉘그핸다)"인데 이 부분이 몽고-위구르 글자로 사자(寫字)되었다.

이와 같은 <몽어노걸대>와 <첩해몽어>의 매권 첫 장 첫 행을 사자(寫字)한 것은 그러한 출제의 가능성이 없다고 보아 일단 출제와 관계없이 자신이 암송하고 있는 가장 자신 있는 부분을 사자한 것으로 보인다. 이 사실은 이 시권이 채점되지 않은 사실과 더불어 시관(試官)에게 제출되지 않았음을 확인시켜준다. 또 가장 자신 있게 암송한 사자(寫字)도 틀린 곳이 있으며, 이것은 도광갑진(道光甲辰) 증광별시의 역과초시의 청학(淸學)에 응과하여 입격한 백완배의 시권과 비교해 볼 때 더욱 조잡한 답안임을 알 수 있다.

즉, 다음에 살펴 볼 백완배의 역과 청학 시권은 <삼역총해> 제1, 제2, 제3에서, 그리고 <팔세아>와 <청어노걸대>의 권1, 권2, <소아론>에서 한 곳이 출제되어 도합 7처이며 역어로 『대전통편』(권6) 「공전(工典)」 '영선(營繕)' 조에서 출제되었다. <삼역총해>는 제1권에서 14엽 앞 첫 행부터 3행까지를, 제2권에서는 9엽 뒤의 4~6행을, 제3권에서는 9엽 앞의 2~4행을, 사자하여 3행씩 만주자로 기사하였다. <청어노걸대>도 권1의 15엽 앞에서 1~3행을, 권2의 7엽 앞에서 3~5행을 사자하고 <팔세아>와 <소아론>도 3엽 뒤의 3~5행, 2엽 앞을 사자하여 4종의 청학서에서 7처가 출제되고 3행씩 사자(寫字)하였다.

이와 거의 같은 시기에 시행된 몽학초시에 이 시권처럼 각 몽학서의 첫 권 1행씩 사자된 것도 역시 출제와 관계없이 자신이 기억하고 있는 부분을 자의로 쓴 것으로 보인다. 더구나 청학에서는 '번대전통편(飜大典通編)'이 초시에서 출제되었음을 볼 수 있는데(졸고, 1987a) 이것도 몽학에서 같았을 것으로 생각되므로 이 시권은 시관(試官)에게 제출할 수 없으리만큼 불충분한 것이었음을 확인시켜 준다.

6) 마무리

2.6.0 이상 조선시대의 역과 몽학과 몽학서의 변천을 살펴보았고 도광갑오(道光甲午) 식년시의 역과 초시로 보이는 몽학 시권을 중심으로 실제 역과 몽학의 시행에 관하여 고찰하였다.

조선시대의 몽학서는 사역원의 몽고어 교과서로서 『경국대전』의 역과 이전에 있었던 통사과(通事科)와 사역원 고시(考試), 또는 제학취재(諸學取才)의 역학(譯學) 몽훈(蒙訓)에 <대루원기(待漏院記)> 등 10종의 몽학서를 강시(講試)하고 위올진(偉兀眞), 첩아월진(帖兒月眞)을 서자(書字)하는 방법으로 시행되었음을 왕조실록의 기사를 통하여 살펴보았다.

『경국대전』의 역과 몽학에는 상술한 『세종실록』의 역학 몽훈(蒙訓)에 보이는 10종의 몽학서 이외에 '왕가한(王可汗), 수성사감(守成事鑑), 어사잠(御史箴), 고난가둔(高難加屯), 황도대훈(皇都大訓)'의 5종이 더 첨가되었고 서자(書字)였던 위올진(偉兀眞)과 첩아월진(帖兒月眞) 가운데 이미 사용이 금지된 첩아월진(帖兒月眞)을 제외하고 <위올진(偉兀眞)>을 서자의 교재로 추기하여 모두 16종의 몽학서에서 사자(寫字)의 방법으로 출제하였다. 이 때의 사자는 출제된 부분을 외워 쓰는 것으로 위구르 문자로 사자하였고 되르베르진(帖兒月眞), 즉 파스파 문자는 태조(太祖) 때의 통사과(通事科)에서는 출제되었으나 『경국대전』에서는 이미 없어진 것으로 보인다.

2.6.1 『경국대전』의 몽학(蒙學) 취재(取才)에서는 새로 추가된 <왕가한(王可汗)> 등 5종의 몽학서를 임문(臨文) 강시하게 하였다. 왜(倭)·호(胡) 양란(兩亂) 이후에는 한 때 전란 이후에 남아있던 5책, 즉 '수성사감(守成事鑑), 백안파두(伯顔波豆), 공부자(孔夫子), 대루원기(待漏院記), 어사잠(御史箴)'에서만 출제되었던 역과 몽학이 강희(康熙) 계해(癸亥, 1683)부터 '신번노걸대(新飜老乞大)'란 이름의 <몽어노걸대>가 추가되었다(『통문관지』권2 「과

거」조). 또 한때는 상기 몽학서 중에서 <어사잠(御史箴)>을 제외한 4종의 몽학서와 <신번노걸대>에서 출제되기도 하였다(『수교집록』 권3).

또 건륭(乾隆) 정사(丁巳, 1737)부터 <첩해몽어>가 간행되어 그 이후 역과 몽학의 출제는 전혀 이 <첩해몽어>와 <몽어노걸대>에 의존하게 되었다(『속대전』권3 「역과」 '사자 몽학'조). 그 후 『대전회통』에서 <몽어유해(蒙語類解)>가 새로운 역과 몽학의 출제서로 등장하였을 뿐 대체로 『속대전』의 것이 그대로 답습되었다.

2.6.2 유종휘(劉鍾輝) 옹이 소장하고 있는 내갑오식년역과(來甲午式年譯科) 초시의 몽학 시권은 도광갑오(道光甲午) 식년시의 전년(前年, 1833) 가을에 시행된 것으로 보이며 『대전통편』에 규정된 역과 몽학의 규정에 맞추어 <몽어노걸대>와 <첩해몽어>에서 각각 4처와 3처가 출제되어 사자(寫字)하였고 『대전통편』의 번역인 역어(譯語)의 출제는 보이지 않는다.

이 시권은 비봉(秘封) 부분이 처음부터 없었거나 아니면 좌변 하단에 호봉(糊封)된 것이 완전히 절단된 것인지 거자(擧子)의 이름과 신분을 알 수 없도록 되었고 또 사자(寫字)의 답안이 모두 몽학 출제서의 제1엽 첫 행을 사자하여 실제로 출제된 문제의 답안이 아닌 것으로 보았다. 채점 및 채점자의 수결(手決)도 없는 것으로 보아 이 시권은 작성 후 제출되지 않고 거자가 가지고 돌아온 것으로 보인다.

그러나 우리는 이 시권 자료를 통하여 이 시기의 역과 몽학의 실제로 시행되는 모습을 살필 수 있었으며 도광갑진(道光甲辰) 증광별시(增廣別試)에 시행된 역과 청학(淸學)의 백왕배(白完培) 시권과 비교하여 볼 때 여러 가지 중요한 사항을 확인할 수 있었다.

2.6.3 끝으로 이 연구는 제2장에서 조선 초기에 시행된 역과 한학의 시권에 대한 고찰과, 사역원 사학의 역학서가 실제 역과에서 어떻게 사용되었는가를 살피는 작업의 하나로서 가치를 갖게 될 것이다. 따라서 졸고(1987a)에서 시도한 역과 청학 시권의 연구를 시작으로 하여 한학,

몽학의 시권에 대한 연구가 이루어진 것이고, 제4장에서 고찰된 왜학(倭學)의 시권에 대한 고찰로 사역원 사학(四學)의 역과와 그 출제서에 대한 연구가 마무리 될 것이다.

3. 몽학삼서(蒙學三書)의 중간

3.0.1 역학서의 개편에서 몽학서의 경우를 살펴보기에 앞서 몽학서가 등장하는 것은 조선 왕조 건국 초기에 십학(十學)의 취재에까지 소급된다. 상정소(詳定所)의 계문(啓文)이 실려 있는 『세종실록』의 역학 몽훈(蒙訓) 조에 "待漏院記·貞觀政要·老乞大·孔夫子·速八實·伯顏波豆·吐高安·章記·巨里羅·賀赤厚羅"의 몽학서와 "書字: 偉兀眞·帖兒月眞"의 시험 방식이 규정되었다(『세종실록』 권47 세종 12년 庚戌 3월 戊午조). 또한 『경국대전』(권3) 「예전」 '역과 초시' '사자(寫字) 몽학'조에 "王可汗·守成事鑑·御史箴·高難加屯·皇都大訓·老乞大·孔夫子·帖月眞·吐高安·伯顏波豆·待漏院記·貞觀政要·速八實·章記··赤厚羅·巨里羅" 등 16종의 몽고어 교재가 기재되어 있다. 전기한 鄭光·韓相權(1985)에서 필자는 이들이 모두 몽고의 훈몽서이었음을 주장하였다.

임진·병자 양란, 특히 병자호란 이후에 몽학서는 전술한 바와 같이 청·왜학서와 더불어 대폭적으로 개편되었으며 『속대전』에서는 상술한 『경국대전』의 몽학서를 모두 없애고 『통문관지』에서 '신번노걸대'라고 불리던 <몽어노걸대>와 왜학의 <첩해신어>를 본보기로 하여 새로 편찬한 <첩해몽어>만을 역과 몽학의 출제서로 규정하였다(졸저:1990). 그리하여 『육전조례(六典條例)』(1865)에도 역과 몽학의 과시서로 <몽어노걸대>와 <첩해몽어>만이 규정되었으며 과시(科試)와는 별도로 사역원 몽학에서는 몽고어의 어휘집으로 <몽어유해>를 편찬하여 사용하였는데 이것이 바로 사역원 몽학의 세 몽고어 교재로서 '몽학삼서(蒙學三書)'라고 불렀던 것이다.

여기서는 이 몽학삼서의 편찬과 후대에 이의 수정과 중간에 관하여 고려대 박물관에 소장되어 현전하는 목판을 중심으로 고찰하고자 한다.

3.0.2 17세기 중엽, 즉 병자호란 이후 조선 사역원에서 편찬한 <몽어노걸대>, <첩해몽어>, <몽어유해>는 사역원 몽학의 몽고어 학습교재로서 '몽학삼서(蒙學三書)'라고 불려왔으며 18세기 후반 이후에 개정을 거듭하였다. <첩해몽어(捷解蒙語)>의 권두에 부재(附載)된 이익(李瀷)의 '몽학삼서중간서(蒙學三書重刊序)'(이하 '중간서'로 약칭)에 의하면 이 몽고어 교재들은 경술(庚戌) 중춘(仲春, 정조 14년, 1790년 2월)에 중간되었음을 알 수 있다.

그러나 현전하는 몽학삼서의 간행 시기에 대하여 여러 가지 다른 견해가 있으며 후일 수정한 重訂과 중간의 시기도 <첩해몽어>를 제외하고는 아직 분명하지 않다. 예를 들면 서울대학교 규장각에 소장된 <몽어노걸대>의 간행 시기에 대하여 김방한(1962, 1967)과 이기문(1964, 1967)에서 서로 다른 주장을 하고 있다. 즉 김방한(1962)에서는 규장각 소장의 <몽어노걸대>가 이억성(李億成)이 개간하여 건륭(乾隆) 병술(丙戌, 1766)에 간판한 것으로 보았음에 대하여 이기문(1964, 1967)에서는 정조 14년(1790)에 몽학역관 방효언(方孝彦)이 개정하고 한학역관 김형우(金亨宇)가 연재(捐財) 간판(刊板)한 것으로 보았다.

필자는 일본의 경도(京都)대학에 소장되어 있는 <몽어노걸대>의 책판 2매(권1의 21·22葉과 권7의 15·20葉)와 <첩해몽어>의 책판 1매(권2의 5·6葉), 그리고 <몽어유해>의 1매(上卷의 14·15葉)를 고찰하면서 이 몽학삼서의 중간이 의미하는 바를 살펴보았다(졸고, 1989). 이 논고에서 필자는 몽학삼서의 중간이 <첩해몽어>에 부재된 이익의 '중간서'에 언급된 바와 같이 <몽어노걸대>와 <몽어유해>는 구판(舊板)을 보간(補刊)한 것으로 보았으며 중간할 때에는 <첩해몽어>와 <몽어유해>의 보편(補編)만이 전면적으로 개간(改刊)한 것으로 보았다.

뿐만 아니라 '중간서'에 보이는 '보간(補刊)'의 의미는 기존의 판목을 목판 교정하거나 일부 판목만을 개정하여 교체하는 방식의 부분적인 수정을 말하는 것이고 현전하는 <몽어노걸대>는 이억성의 개간본을 방효언이 위와 같은 부분 수정의 방법으로 고쳐서 중간한 것으로 볼 수 있다는 주장을 펼쳤다.

그 후 필자는 고려대 박물관에 소장된 <몽어노걸대>의 목판 11매와 <첩해몽어>의 목판 7매를 찾아내어 현전하는 규장각 소장본과 비교 검토하고 졸고(1989)에서 주장한 가설을 보다 구체적으로 보완하였다. 여기서는 현재 전해지는 몽학삼서의 목판을 검토하여 이들의 간행과 중정(重訂), 보간(補刊)과 중간(重刊)에 관한 여러 가지 사실을 고찰하고자 한 것이다.

1) 〈몽어노걸대〉의 간행과 개편

3.1.0 사역원 사학(漢·蒙·倭·女眞 또는 淸學)의 역학서, 즉 중국어, 몽고어, 일본어, 여진어 또는 만주어의 학습서는 17세기를 기점으로 하여 대대적인 개편이 이루어진다. 鄭光·韓相權(1985)에 의하면 조선시대 초기에 『세종실록』, 『경국대전』 등에 기재된 사역원 사학의 외국어 학습서들은 임진왜란과 병자호란 이후에 일대 혁신을 이루어 그 면목을 일신하였으며 종전의 교재가 주로 해당국의 훈몽서를 수입하여 사용하였다면 임진·병자 양란(兩亂) 이후에는 그 실용성에 맞추어 사역원에서 스스로 편찬하여 사용하였다고 제1장에서 주장하였다.

특히 한학을 제외한 몽학·왜학·청학의 삼학(三學)에서 이런 현상은 두드러졌으며 『통문관지』(권8) 「집물」, 「서적(書籍)」조에 보이는 '신번노걸대'란 이름의 <청어노걸대>·<몽어노걸대>의 편찬이라든지 왜학에서의 <첩해신어(捷解新語)>와 몽학의 <첩해몽어>, 그리고 한학의 <역어유해(譯語類解)>를 모방한 몽·청·왜학의 <몽어유해(蒙語類解)>, <동문유해(同文類解)>, <왜어유해(倭語類解)> 등의 편찬은 주로 왜·호 양란(兩亂) 직후의 시기에 집중되어 이루어졌다.[35]

35 이 類解類 역학서의 상호 관련에 대하여는 졸고(1978b)를 참고할 것.

그러나 그 이후 영·정조 시대에는 전 시대에 편찬한 사역원의 외국어 교재를 신석(新釋)·개수(改修)·증보(增補)·중간(重刊)하여 사용하였으며 주로 중국이나 일본으로 대대적인 사행(使行)이 파견되었을 때에 이 사행을 수행한 역관들에 의하여 현지에서 역학서의 수정이 이루어지고 귀국 후에 이들에 의하여 사역원에서 개편이 이루어지는 것이 그 시대의 상례였던 것으로 보인다(졸저, 1990). 여기서는 <몽어노걸대>에 대하여 현전하는 책판을 중심으로 그 개편과 간행을 살펴보기로 한다.

3.1.1 〈몽어노걸대〉의 보간(補刊)

<몽어노걸대>는 병자호란 이후 갑자기 만주어와 더불어 그 필요성이 높아진 몽고어의 학습을 위하여 중국어 학습교재였던 {한어}<노걸대>를 '청어노걸대'와 함께 당시 몽고어로 번역한 것이다. 이것은 『통문관지』에서 '신번노걸대(新飜老乞大)'란 이름을 얻었던 것으로 동(권2) 「과거」 '몽학팔책' [속]조에 "守成事鑑·御史箴·孔夫子·伯顏波豆·待漏院記·新飜老乞大·飜經國大典"의 기사에서 6종의 역과 몽학 출제서의 하나로 나타난다. 왜·호 양란(兩亂) 이전의 몽학서에도 '노걸대'가 존재함은 전장에서 살펴본 『세종실록』과 『경국대전』의 몽학서 목록에 그 서명이 보여서 알 수 있으나 『통문관지』의 '신번노걸大'는 당시 만주어 교재로 편찬된 <청어노걸대(淸語老乞大)>와 거의 동시에 새로 번역한 <몽어노걸대(蒙語老乞大)>를 지칭하는 것으로 전 시대에 존재했던 몽고어의 '노걸대'와 구별하기 위하여 '신번(新飜)'이란 이름을 붙인 것으로 생각된다.

<몽어노걸대>란 이름의 몽학서는 오늘날 서울대학교의 규장각과 일본의 도요분코(東洋文庫)에 한 질씩 전해지고 있으며 이기문(1964)에 의하면 L. Ligeti 교수가 또 하나의 고본(古本)을 소장하고 있음을 F. W. Cleaves 교수로부터 들었다고 쓰고 있다. 대체로 규장각본과 도요분코본(東洋文庫本)은 동일 판본으로 알려졌고 Ligeti 교수의 소장본은 다른 판본으로 알려졌지만 Ligeti 교수본에 대하여는 아무도 확실한 연구가

없다. 뿐만 아니라 뒤에 자세히 언급하겠지만 임진·병자 양란 이후에 새로 번역한 '노걸대'로서 현전하는 책 중에 완전히 다른 판본이 실제로 존재하기는 어려운 것으로 생각된다.

<몽어노걸대>의 간행에 대하여는 '몽어노걸대서(蒙語老乞大序)', 그리고 『누판고(鏤板考)』의 "蒙語老乞大 八卷, 本朝司譯院官玄文恒撰, 以蒙語方言音, 譯老乞大, 院官李億成重訂 - <몽어노걸대> 8권은 조선의 사역원 원관인 현문항이 편찬한 것이다, 몽고어 방언음으로 <노걸대>를 번역한 것이고 이억성이 중정하였다."와 『통문관지』(권8) 「집물」 [속]조에 "蒙語老乞大板, 乾隆辛酉蒙學官李最大等, 捐財刊板 - 몽어노걸대 책판은 건륭 신유에 몽학관 이최대 등이 재물을 내어 간판(刊板)하였다." 등의 기사가 있어 이최대(李最大)와 현문항(玄文恒)이[36] 당시의 몽고어음으로 {한어}<노걸대>를 번역하였고 건륭(乾隆) 신유(辛酉, 1741)에 이최대가 연재(捐財) 간판한 것을 이억성(李億成)이 다시 중정(重訂)하였다는 것이다.

그러나 졸고(1987a) 및 졸저(1990)에서는 병자호란 직후에 만주어로 '노걸대'를 번역할 때에 몽고어로도 이를 번역하여 모두 '신번노걸대(新飜老乞大)'라고 불렀으며 이것은 수사본(手寫本)으로 만들어져 사역원의 몽고어 학습교재로 사용되다가 이희대(李喜大) 등의 수정을 거쳐 이최대가 간판하면서 '몽어노걸대'란 이름을 얻은 것으로 논술하였다. 이 수정에 청학관 현문항이 참여한 것은 사역원 도제조(都提調)의 명에 의한 것으로 당시 청학(淸學)과 몽학(蒙學)은 서로 넘나들었던 것으로 보인다(졸저, 1990).

이 책의 간행에 관하여 보다 자세한 사실은 도요분코(東洋文庫)본에 부재된 '몽어노걸대서'에서 찾아 볼 수 있다.[37] 이 한문으로 된 서문은

---

36 『鏤板考』에는 玄文恒뿐이지만 <몽어노걸대>의 서문에 의하면 정사년(1737)에 사역원 都提調 金相公이 蒙學官 李喜大와 淸學堂上 玄文恒을 시켜 '老乞大'와 '物名'을 燕京에 벼슬하는 몽고인에게 문의하여 빠진 것 없이 모두 알게 하였으나 이를 간판하기에 이르지는 못하였던 것으로 보인다. 玄文恒이 淸學의 '物名'을 수정하여 <동문유해>를 간행하였음은 이미 알려진 사실이다(졸고, 1987a).

안명열(安命說)에 의하여 작성된 것으로 <몽어노걸대>의 간행에 대하여 자세하게 언급하였는데 '몽어노걸대서(序)'의 이 부분을 옮겨보면 다음과 같다.

> [前略] 至丁巳, 都提調虛舟金相公, 以老乞大物名尤緊切 ,使李喜大與淸學堂上玄文恒, 就質於蒙人之仕於燕者, 纖悉無遺, 其意勤矣。顧其帙頗巨, 猝難剞劂, 業是者每當科試, 輒手寫口誦, 不免有苟艱之歎。今書寫官李最大, 與其徒慨然相謀, 乃稟白爲請捐金繡梓, 日夜督促, 歷冬夏始訖。[中略] 歲申酉下, 伏日 安命說 - [전략] 정사년(1737)에 이르러 도제조 허주 김상공(金在魯를 말함인 듯)이 <노걸대>와 <물명(物名)>을 가장 긴요하게 여기어 이희대와 청학 당상인 현문항을 시켜 몽고인 가운데 연경(燕京)에서 벼슬하는 사람에게 물어 모두 깨우쳐 남김없이 알게 하였다. 그러나 그 질(秩)이 매우 많아서 졸연히 기궐(剞劂)에 붙이기가 어려웠으며 이를 공부하는 사람들은 매번 과거시험을 당할 때마다 손으로 베끼고 입으로 암송하여서 구간지탄(苟艱之嘆)을 면하기 어려웠다. 이제 서사관(書寫官) 이최대가 생도들과 더불어 이를 개연히 여기고 서로 도모하여 돈을 내어 수재(繡梓)하기를 청하여 품백(稟白)하고 주야로 독촉하여 겨울을 지나 여름에 끝나게 되었다. [중략] 신유년 하복일(下伏日)에 안명열(安命說)이 서하다.

이를 통하여 영조 13년(1737, 丁巳)에 몽학관 이희대(李喜大)와 청학(淸學) 당상역관이었던 현문항(玄文恒)이 연경(燕京)의 몽고인에게 질문하여 '노걸대'를 번역하고 이를 역과(譯科) 과시(科試)에 사용하다가 영조 17년(1741, 辛酉) 여름에 서사관 이최대 등이 돈을 내어 간판하였음을 알 수 있다. 서문에 이어서 '개간인원좌목(開刊人員座目)'이 있어 전훈도(前訓導) 이최대(李最大)가 교정겸서사관(校正兼書寫官)으로 일을 주도하고 박

37 이 '蒙語老乞大序'의 全文이 이기문(1964)에 실려 있다.

도성(朴道聖, 前奉事, 校正兼掌務官), 정진형(鄭震亨, 權知, 校正兼掌務官), 조태진(趙泰鎭)·이만협(李萬協, 前直長), 오덕희(吳德熙, 前銜), 김인수(金麟壽), 안세제(安世濟), 유은익(劉恩翼), 김지익(金志益) 등이 인간(印刊)에 참여한 것을 알 수 있다.

3.1.2 〈몽어노걸대〉의 중정(重訂)

이 <몽어노걸대>는 건륭 31년(영조 42, 1766)에 이억성에 의하여 중정(重訂)된다. 전술한 『누판고(鏤板考)』의 기사에도 "院官 李億成重訂"이 보이지만 이 책의 개정에 관한 보다 상세한 내용은 규장각본과 도요분코(東洋文庫)본에 동시에 실려 있는 '몽문서문(蒙文序文)'에서 찾아볼 수 있다.[38] 이억성이 자신의 몽고어 실력을 과시하기 위하여 몽문으로 쓴 이 중정(重訂)의 서문은 일찍이 김방한(1962)과 이기문(1964)에서 전문이 해독되었다.

고려대 박물관에 소장된 <몽어노걸대>의 목판 중에는 앞면에 도요분코(東洋文庫) 소장본에만 부재된 안명열(安命說)의 한문 서문이 새겨져 있고(판심-蒙語老乞大序 二), 뒷면에는 이억성의 몽문(蒙文) 서문이 새겨져 있다(판심-Lao ki da-yin üile- qoyar). 안명열의 한문을 서문(序文)이라 명시하였음에 비하여 이억성의 몽문은 üile(行狀, 慣例란 뜻)라 하여 서문이란 뜻의 orosil(序-오로실, 蒙語類解 上 32a, 俗音 orsol, bičik yin orosil-書籍의 序文)보다는

---

38 李億成의 이 蒙文 序文을 Cleaves교수는 'colophon'으로 불렀고 김방한 교수도 '跋文'이라 불렀다. 이것은 이 글이 규장각본의 최종권인 卷8의 末尾에 부재되었기 때문이었다. 이기문(1964)에서는 東洋文庫本에 이 글이 卷1의 初頭에 실려 있으므로 이를 跋文으로 보는 것에 강한 의문을 보이면서도 종래대로 발문으로 하였다. 필자는 이 글이 安命說의 한문 序文과 같은 목판에 새겨져 있으므로 이 글도 서문으로 편집되었을 것으로 생각한다. 규장각본이 이를 최종 권의 권말에 편철한 것과 권두의 安命說 서문을 생략한 것은 아직 우리가 모르는 어떤 사정이 있었으리라고 생각한다. 즉, 중간본을 간행할 때 중간의 대본이 된 이억성의 重訂 序文은 남겨두었지만 그 이전의 안명설 서문은 삭제할 수도 있을 것이다. 예를 들면 <改修捷解新語>(파리 東洋語學校 所藏)에 부재된 洪啓禧의 '改修捷解新語序'는 그 '辛丑重刊本'에서 삭제되었다. 고려대 소장의 목판으로 보면 東洋文庫본의 편철, 즉 安命說의 한문 서문과 이억성의 蒙文 서문이 권두에 있는 것이 이억성의 重訂本이 보이는 올바른 編綴이었다고 본다.

겸양한 감이 없지 않다.

이억성의 몽문(蒙文)으로 된 중정(重訂)의 서문을 김방한(1962)과 이기문(1964)에 의거하고 필자의 의견을 덧붙여 새기어 보면 다음과 같다.

제1엽 전면

1행 우리학당의 관원들이(사역원 蒙學譯官을 말함-필자 주) 읽고
익히는 몽고서(蒙學書를 말함-필자 주)가 여럿 있으나
문자의 어훈, 문자의 규칙, 음
양 자모, 철자하여 쓰는 법이 혼란하여졌다.

5행 그렇기 때문에 근심한 지 오래되었다. 어리석은 내가(이억성을 말함- 필자 주)
北京에 갔을 때(이억성이 王世孫 冊封 謝恩使行을 倍行하여 영조 40년에 北京에 간 것을 말함-필자 주) 韓尙書 (당시 사역원 提調였던 예조판서 韓翼摹를 말함-필자 주)가
龍座前(榻前을 말함-필자 주)에 啓奏하여 十二頭文字(十二字頭를 말함-필자 주)의 어훈을 개
정하라고 말씀했기 때문에 京城(北京을 말함-필자 주)에 이르러
온 후에 맡겨서 고치기에 적합한

제1엽 후면

1행 사람을 두루 찾다가
다행히 二品官員 Kiui mung qung(許夢閎)이라 이름하는
몽고인을 만나서 十二字頭를 쓰고 문자의 음양, 발음의 경
중을 잘 기록한 것을

5행 얻어 가져왔더니 乙酉년(1765) 夏仲
月(5월)에 문자를 새기는 관아(校書館을 말함-필자 주)에
어명을 내려 刻印 頒布하게 하였다.
이 때 관아의 으뜸 관원 洪公(당시 사역원 都提擧 洪鳳漢을 말함-필자

주)은

다시 이것을 걱정하였다. 이제 혼란스럽게 읽히는

제2엽 전면

1행 책의 잘못을 다시 개

정하면 좋아지리라고 하여 그 때 進

貢하러 갈 때 어리석은 나를

특히 보내므로 瀋陽 將軍衙門의

章京(janggi-만주어의 janggin에서 온 것으로 哨官에 해당하는 무관-필자 주)

Ba Lu라는 몽고인에게 부탁하여

5행 하나하나 고쳐 잘못 쓴

문자, 틀린 말을 다 갈아 고쳐

후세에 남기니 이 또한 여러 大

人(사역원의 文臣들을 말함-필자 주)들의 심려이니라. 어리석은 나는

여러 대인들을 충실히 섬기고 보살피리라.

제2엽 후면

1행 배우고 아는 것이 모자라며 보고

들은 것이 또한 적도다. 만일 저 모르는

곳이 있다면 아직 후일 아는

사람을 기다리리라.

5행 乾隆 三十一年 七月 吉日

訓導 李億成이 삼가

말하고

몽고어 학당의 관원(蒙學官을 말함-필자 주)

李學源이 쓰다.

(제2엽은 고려대 소장의 목판본에 의함)

이 이억성의 몽문(蒙文) 서문에 의하면 그가 영조 40년(甲申, 1764)에 북경에 갈 때 당시 사역원 제거(提擧) 한익모(韓翼驀)의 계주(啓奏)에 따라 몽문 십이자두(十二字頭 - 몽고 畏兀字를 말함-필자 주)의 어훈(語訓)을 수정하였으며 이때에 몽고인 관원 허몽굉(許夢閎)에 의뢰하여 이를 고쳤음을 알 수 있다. 이 몽문 서문의 해독과 인명의 한자는 『이수신편(理藪新編)』에 실려있는 '몽어노걸대십이자두문(蒙語老乞大十二字頭文)'에 의한 것이다.[39] 영조 41년(乙酉, 1765)에 사역원 도제거(都提擧) 홍봉한(洪鳳漢)의 명으로 이를 다시 수정하기 위하여 이억성을 보내어 심양(瀋陽)의 초관(哨官) Ba Lu라는 몽고인에게 일일이 고치도록 하였으며 영조 42년(乾隆 31년, 1766)에 인간하였음을 알 수 있다. 이것이 몽학관 이희대(李喜大), 청학관 현문항(玄文恒) 등이 '신번노걸대'를 수정하여 이최대(李最大) 등이 인간한 <몽어노걸대>를 제1차로 개정한 것이다. 이 서문에 의하면 이 책은 교서관에서 간판된 것으로 보인다.

<몽어노걸대>의 제2차 개정은 방효언(方孝彦)에 의하여 이루어졌고 한학관 김형우(金亨宇)가 연재(捐財) 간판하였다. 즉 <첩해몽어>에 부재된 이익(李瀷)의 '중간서'에

> [前略] 而漢學官金君亨宇願捐財鋟梓, 稟白都提擧遂開校整之役, 老乞大及類解二書, 則隨其字音之差異者, 乃舊板而補刊之, 捷解一書則幷與字音語套而改之。始役半載功告訖, 本學訓長方君孝彦實主之。[中略] 歲庚戌仲春下澣, 行副司直 李瀷 序 - [전략] 한학관 김형우가 재물을 내어 이를 침재(鋟梓)하기를 원하므로 도제거에게 [그가] 교정하여 개판하는 일을 사뢰었다. '노걸대'(<蒙語老乞大>-필자 주)와 '유해'(<蒙語類解>-필자 주)

39 이 蒙文序文의 해독에 도움을 준 것은 『이수신편(理藪新編)』(권20) 「蒙語老乞大十二字頭文」으로 이를 여기에 옮겨보면 "聖上四十年甲申, 司譯院提調韓翼驀, 以蒙語鹹莽建白: 使蒙學行副司直李億成、清學前判官邊翰基, 就正于淸人。在燕京偶逢蒙古人許夢閎者, 始得十二字頭, 字有首尾, 音分陰陽, 獨類推衍, 曲暢旁通, 可謂捷徑南針, 旣梓行之。明年五月, 本學權知李學源書之, 旁用我國訓民正音 隨聲附之。(중략) 右蒙文十二字頭畢"와 같다.

> 두 책은 그 자음의 차이에 따라 구판(舊版)을 보간하고 '첩해'(<捷解蒙語>-필자 주) 한 책은 자음과 더불어 어투도 고치었다. 일을 시작한 지 반년만에 끝났음을 고하니 몽학 훈장 방효언이 실제로 일을 주관하였다. [중략] 경술년(1766) 2월 하한(下澣)에 부사직 이익이 서하다.

이라 하여 <첩해몽어> 한 책은 자음(字音)과 어투를 모두 고쳤지만 <몽어노걸대>와 <몽어유해>의 두 책은 자음의 차이에 따라 구판을 보간하였음을 알 수 있다. 졸고(1989)에서는 이 보간(補刊)의 의미가 책판 교정을 통한 개정과 부분적인 판목의 교체를 뜻하는 것으로 보았다.

책판의 교정은 수정하려는 부분을 도려내고 교정한 것을 그에 맞는 나무에 새겨서 해당부분에 삽입하는 것으로 쇄출된 책에서는 그 흔적을 찾아보기가 매우 어렵다. 일본 교토(京都)대학에 소장된 <몽어노걸대>의 목판 2매 중에 권7의 15·20엽에서 실제로 교정하여 삽입한 교정목이 빠져나간 실례를 보았고 권1의 22·23엽에서도 상당한 목판 교정이 이루어졌음을 볼 수 있었다. 같은 사실을 고려대학교에 소장된 <몽어노걸대>의 책판에서도 발견할 수 있다.

3.1.3 고려대 소장의 〈몽어노걸대〉 책판

고려대 박물관에 소장된 <몽어노걸대>의 목판은 모두 11매로서 이를 정리하면 다음과 같다.[40]

---

40 고려대 부설 박물관에 收藏된 <몽어노걸대> 책판 11매는 정광·윤세영(1998/353~362)에 탁본되어 영인 게재하였다. 영인한 것으로 보면 책판의 좌면이 판본에서는 앞면이 되고 우면이 뒷면이 된다. 여기서는 책판 1엽의 앞면과 뒷면을 좌·우로, 예를 들면 <몽어노걸대> 권4의 1엽을 앞면(1a)을 '1좌'로 하고 뒷면(1b)을 '1우'로 표시한다.

[표 3-1] 고려대 소장 〈몽어노걸대〉 책판 목록

連番號	面	版心(卷數)	葉數	備考
① D-965	전	蒙語老乞大序	二	한문, 교정 없음
	후	Lao ki-da-yin üile	qoyar	蒙文, 교정 없음
② D-966	전	蒙語老乞大(三)	六	교정 없음
	후	상동(六)	十六	교정 없음
③ D-967	전	상동(四)	一	1좌 교정 세 곳, 1우 교정 세 곳
	후	상동(四)	六	6좌 교정 두 곳. 세 군데 교정목 빠짐, 6우 교정 다섯 곳, 한 곳 교정목 빠짐
④ D-968	전	상동(四)	十一	11좌 교정 세 곳. 11우 교정 열 곳.
	후	공란	공란	공란
⑤ D-969	전	상동(五)	一	교정 없음
	후	상동(五)	七	교정 없음
⑥ D-970	전	상동(五)	二十一	교정 없음
	후	상동(五)	二十二	교정 없음
⑦ D-971	전	상동(七)	二	2좌 교정 없음. 2우 한 군데 교정목 빠짐.
	후	상동(七)	六	교정 없음.
⑧ D-972	전	상동(七)	八	8좌 교정 한 곳. 한 군데 교정목 빠짐. 8우 교정 없음.
	후	상동(七)	十六	16좌 교정 두 곳. 세 군데 교정목 빠짐. 16우 교정 두 곳. 세 군대 교정목 빠짐.
⑨ D-973	전	상동(七)	九	교정 없음.
	후	상동(七)	十二	교정 없음.
⑩ D-974	전	상동(八)	一	1좌 교정 없음. 1우 교정 한 곳.
	후	상동(八)	五	5좌 교정 네 곳. 5우 교정 없음.
⑪ D-975	전	상동(八)	十二	12좌 교정 한 곳. 한 군데 교정목 빠짐. 12우 교정 없음.
	후	상동(八)	十五	15좌 교정 없음. 15우 한 곳 몽문만 교정. 한 군데 교정목 빠짐.

이 목판들을 살펴보면 권4의 11엽(D-968, 후면 공란)과 같이 판재(板材)가 두껍고 무거운 것(가로 44.2cm × 세로 25.6cm × 두께 2.8cm)과 동 권4의 1·6엽과 같이 가운데에 판을 대고 전·후 양면에 각인한 얇은 판을 댄 것(가로

43.9cm × 세로 26.3cm × 두께 2.1cm), 그리고 서(序, 전면 한문, 후면 몽문)와 같이 비교적 새 판목으로 가벼우며(가로 43.8cm × 세로 25.4cm × 두께 2.0cm) <첩해몽어>와 같은 판재(板材)로 된 것으로 나누어 볼 수 있다. 따라서 지금까지 필자가 살펴본 <몽어노걸대>의 목판은 다음과 같이 3종류로 나누어 볼 수 있다.

첫째 D-968 권4의 11엽과 같은 것은 이희대, 현문항이 교정하여 이최대가 간판할 때 만들어진 것으로 '구판(舊板)'으로 부를 수 있는 것이다.

둘째로 권4의 1·6엽(D-967)과 같이 목판 양면에 0.4cm 정도의 얇은 판에 각인하여 붙인 것은 이억성 등이 교정하여 교서관에서 인간한 '중정판(重訂板)'으로 볼 수 있다.

셋째로 한문 및 몽문의 서문(D-965)과 권5의 1·7엽(D-969)과 같이 가벼운 <첩해몽어>와 같은 판재(板材)로 된 것은 방효언이 수정하여 김형우가 간판한 신판(新版), 즉 '중간판(重刊板)'으로 보아야 할 것이다.

고려대학교 박물관과 일본 교토(京都)대학중앙도서관에 소장된 모두 13매의 <몽어노걸대> 목판은 위에서 살펴본 바와 같이 3종류로 구분하여 분류할 수 있다.

구판(舊板) - 고려대 소장의 권4-11엽(뒷면 공란)과 교토(京都)대학소장의 권1-21·22엽, 권7-15·20엽

중정판(重訂板) - 고려대 소장의 권4-1·6엽, 권7-9·12, 8·16엽, 권8-1·5엽, 12·15엽

중간판(重刊板) - 고려대 소장의 서문, 권3-6·16엽, 권5-1·7엽, 권7-2·6엽, 9·2엽

※전시중인 D970 권5-22·?는 조사가 불가능하므로 제외함.

또한 이 각각의 목판에 가해진 교정의 방법도 다양하다. 구판의 교정은 판목이 매우 두꺼우므로 수정부분을 파내고 교정목을 삽입하는 방법을 썼다. 따라서 교정목이 매우 깊이 박혀있어 좀처럼 빠지지 않

으나 일단 빠져나간 경우 깊이 0.8cm의 흠이 생긴다(졸고, 1989:110~111). 이 구판의 교정에는 권4의 11엽(D968)에서 본 바와 같이 아예 한 면을 깎아 버리는 경우도 있고 그 위에 다시 각인하는 경우도 있다([사진 3-3] 참조).

[사진 3-3] 〈몽어노걸대〉 권4 11엽—구판(D-968)

구판에 해당하는 권4-11엽에서는 뒷면이 깎아진 것 이외에도 많은 교정이 이루어졌다. 11뒤의 2행에 'bui 뷔'와 'kürgejü '쿨거쥬'의 'jü 쥬'가 교정되었고 7행의 'uɣu 우구'도 교정되었다. 11b의 1행에는 세 조각의 교정목이 박혀있는데 '(큰 형)아 몬져 (흔) 잔 먹으(라)'의 두 줄로 된 마지막 글자 '흔'과 '라'를 뺀 부분을 한 조각으로 교정하였다. 그리고 이어서 빠진 '흔'과 '라'를 'yeke aba(ɣai) 이커 아바(개)'의 'yeke aba 이커 아바'에 포함시켜 한 조각으로 하였다. 계속해서 빠진 'ɣai 개'를 다음의 'urda 울다'와 한데 묶어 '(aba)ɣai urda (아바)개 울다'를 한 조각에 교정하여 삽입하였다.

2행에는 'činu 치누', 3행에는 'küliyemüi 쿠랴뮈', 4행의 'činu 치누', 6행의 'arai ɣučin 아래 구친'과 'qoyar 호얄'이 각각 수정되었다. 그리고

6행의 'činu 치누'는 'nu 누'만을 교정하였고 7행에서도 마지막 'minu 미누'의 'nu 누'만을 교정하였다. 이상 권4 11엽의 교정을 아래에 정리하면 다음과 같다.

[표 3-2] 〈몽어노걸대〉 권4 11엽의 교정

행수	교정부분	비고
11좌 2행	bui 뷔	교정
11좌 2행	'kürgejü 쿨거쥬'의 'jü 쥬'	부분 교정
7행	uɣu 우구	교정
11우 1행	아몬져 잔먹으	역문 교정
1행	한 라 yeke aba 이커 아바	역문의 일부와 본문 교정
1행	ɣai 개 urda 울다	교정
2행	cinu 치누	교정
3행	küliyemüi 쿠라뮈	교정
4행	činu 치누	교정
6행	arai ɣucin 아래 구친, qoyar 호야	교정
6행	'cinu 치누'의 'nu 누'	부분 교정
7행	'minu 미누'의 'nu 누'	부분 교정

이 구판의 교정은 몽문(蒙文)과 그 한글 주음은 물론 역문(譯文)의 고유어까지 수정이 이루어졌다. 이것은 주로 이억성에 의하여 중정될 때에 이루어진 목판의 교정이겠지만 그 후 방효언에 의하여 수정되어 김형우가 중간할 때에도 목판의 교정이 있었으리라고 추측된다. 다만 어느 부분이 이억성의 수정이고 어느 부분이 방효언의 교정인가에 대하여는 후고에 미루어 두는 바이다.

3.1.4 〈몽어노걸대〉 중정판

<몽어노걸대>의 중정판(重訂板)에 대한 교정도 구판(舊板) 못지않게 많이 이루어졌으며 전술한 바와 같이 이 교정은 인각(印刻)된 얇은 목판을 오려내고 그와 같은 크기의 얇은 판에 수정한 것을 삽입하였다. 따라서

이 교정목은 잘 빠져나가게 되었고 실제로 권4의 6엽을 보면 무려 네 군데의 교정목이 빠져있다. [사진 3-4] 참조.

[사진 3-4] 〈몽어노걸대〉 권7 16엽-중정판(D-992)

중정판의 목판으로 보이는 ①권4의 1·6엽과 ②권7의 8·16엽, ③권8의 1·5엽, 그리고 ④권8의 12·15엽의 교정된 부분을 살펴보면 다음과 같다.

① [권4 1·6엽]

	行數	校訂 내용	비고
1좌	2행	bui 뷔	교정
	3행	bui 뷔	교정
	7행	yeügenem 여ㅜ거념	교정
1우	2행	'ecijü 어치쥬'의 'jü 쥬'	교정
	3행	'abču 압츄'의 'ču 츄'	교정
	4행	bui 뷔	교정

6좌	1행	bui 뷔	교정
	3행	öčügedür 워츄거둘	교정목 빠짐
		bui 뷔	교정목 빠짐
	5행	bi 비 öčügedür 워츄거둘	교정목 빠짐
	7행	bui 뷔	교정목 빠짐
6우	1행	'segkikü 석키쿠'의 'segkikü'	몽문만 교정
		serigün 서리균	교정
	2행	'güičejü 귀쳐쥬'의 'jü 쥬'	교정
	3행	küteljü 쿠털쥬	교정
	4행	naran 나란	교정
	7행	bui 뷔	교정목 빠짐

② [권7 8·16엽]

8좌	1행	'ide 이더'의 다음 부분	삭제
	3행	örlüge 월루거	교정목 빠짐
16좌	1행	ebedčin 어벋친	교정목 빠짐
	2행	ebedčin 어벋친	교정목 빠짐
	3행	ilari 이라리	교정
	6행	ebedčin 어벋친	교정목 빠짐
	7행	bui 뷔	교정
16우	5행	kereg dü 커럭 투	교정목 빠짐
	5행	'bolɣomjilaju 볼곰지라쥬'의 'ju 쥬'	부분교정
	6행	'ber 벌'의 '벌'	한글 주음만 교정
	7행	'ɣutaɣulbasu 구타굴바슈'의	
		'ɣutaɣulba 구타굴바'	부분 교정

③ [권8 1·5엽]

1우	6행	čimaɣi 치마기	교정

5좌	1행	örgüü 월구ㅜ	교정
		dotaɣu 도타구	교정
	4행	dotaji 도타지	교정
	6행	이 人蔘을 五分	역문만 교정

④ [권8 12·15엽]

12좌	4행	tu 투	교정목 빠짐
	7행	bui 뷔 je 저	교정
15우	6행	ge 거 ne 너	교정
	7행	'jüb 즙'의 'jüb'	몽문만 교정

이 중정판들의 교정은 전술한 바와 같이 얇은 교정판을 붙였기 때문에 교정목이 많이 떨어져 나갔다. 그리고 한글의 주음(注音)뿐만 아니라 몽고어의 수정에도 중점을 둔 것으로 보인다.

[사진 3-5] 〈몽어노걸대〉 권7 2엽-중간판(D-971)

방효언과 김형우의 중간판(重刊板)은 몽학삼서(蒙學三書)를 중간할 때 <몽어노걸대>의 구판과 중정판 중에서 전면 교정이 필요한 책판은 새로 개판(開板)하여 그 판재나 인각(印刻)이 <첩해몽어>와 같고 거의 교정도 없다. 이것이 중간판으로 다른 책판에 비하여 아직도 새것과 같다. 다만 중간판으로 보이는 권7의 2엽 후면 6행에 'öndürken 원둘컨'이 교정되어서 그 교정목이 빠져나갔는데 이것은 방효언 이후에도 다시 부분 교정이 있었던 것을 말해준다([사진 3-5] 참조). 이억성의 중정판은 방효언에 의하여 위와 같은 수정이 가해졌지만 그 수정이 철저하게 이루어진 것으로 보이지는 않으나 보다 상세한 고찰은 후고로 미룬다.

2) 〈몽어유해〉의 중간과 보편(補編)의 간행

3.2.0 <몽어노걸대>와 더불어 몽고어 강독 교재로 <첩해몽어>가 있고 그 어휘집으로 <몽어유해>가 있어 이들이 후일 몽학삼서로 불렸음은 앞에서 살펴보았다.

<몽어유해>도 병자호란 이후 <노걸대>가 만주어와 몽고어로 번역되어 '신번노걸대'란 이름의 만주어·몽고어 강독교재가 후일 정식으로 인간되면서 각각 <청어노걸대>, <몽어노걸대>의 이름을 얻은 것과 같이 '물명(物名)'이란 이름의 만주어·몽고어의 어휘집이 건륭(乾隆) 무진(戊辰, 1748)에 현문항에 의하여 수정되고 <동문유해>라는 청학서로 간행된 것과 거의 같은 시기에 같은 방법으로 <몽어유해>라는 몽고어 어휘집으로 간행된 것으로 보인다.

이 <몽어유해>는 『통문관지』(권8) 「서적(書籍)」 [속] 조에 "蒙語類解 二本"이란 기사가 있고 동 「집물」 [속] 조에 "蒙語類解板, 乾隆戊子蒙語訓長李億成修整, 本院刊板 - 몽어유해 책판은 건륭 무자에 몽어 훈장 이억성이 수정하여 사역원에서 간판한 것이다."이란 기사가 보여 건륭 무자(戊子, 영조 44년, 1768)에 앞에서 언급된 몽어훈장 이억성이 <몽어노걸대>와 함께 수정하여 사역원에서 간판하였으며 상·하 2권 2책으로 간행하였음을 알 수 있다.[41]

이 이억성의 중정판은 <첩해몽어>에 부재된 '중간서'에 의하면 정조 경술(庚戌, 정조 14년, 1790) 4월에 몽학관 방효언이 수정 증보하여 김형우가 연재(捐財) 중간하였다. 오늘날 전해지고 있는 것은 이 중간본뿐으로 규장각 소장의 목판본을 들 수 있다. 이에 대하여는 小澤重男(1961)과 이기문(1964, 1967), 김방한(1967, 1976), 그리고 Song(1978)에서 자세한 서지적 연구가 있었다.

3.2.1 〈몽어유해〉의 보간(補刊)

<몽어유해>의 중간에 대하여 필자는 앞에서 인용한 이익(李瀷)의 중간서에 "[前略] 老乞大及類解二書, 則隨其字音之差異者, 乃舊板而補刊之 [下略] - [전략] <노걸대> 및 <몽어유해> 두 책은 그 글자 발음의 차이에 따라 구판을 보간(補刊)하였다. [하략]"이라는 기사로부터 <몽어노걸대>와 더불어 몽학삼서가 중간될 때 보간(補刊)에 그쳤음을 알 수 있으며 졸고(1989)에서는 일본 경도(京都)대학에 소장된 <몽어유해>의 목판을 통하여 이것도 <몽어노걸대>와 같이 책판 교정 등의 부분적인 수정을 거쳐 기존의 목판을 보간(補刊)하여 간행한 것으로 보았다.

다만 전술한 이익(李瀷)의 중간서에 "裒集類解中闕漏者一千六百餘言, 逐類添載, 彙作一本, 名之曰類解補。且集語錄數百餘句, 附之卷末 - <유해>에 모아놓은 것 가운데 빠진 것이 1천 6백 여 말이 있어 유별로 더 첨가하여 실어 한 책을 만들어 이를 <유해보>라고 하였다. 또 <어록> 수백어구를 모아서 권말에 붙였다."이라는 기사가 있어, <몽어유해>에 빠진 것 1600여 어휘를 유해의 분류에 따라 첨재(添載)하여 한 책을 만들고 '유해보(類解補)'라 하였음을 알 수 있다. 또 어록해(語錄解)를 수백여 구 모아서 권말에 붙였다고 하였는데 현전하는 규장각본(奎章閣本)은 상·하 2권 2책 이외에 보편과 어록해가 실려 있는 제3책이 있어 이 중간서의 기사와 규장각본의 편철이 일치함을 알 수 있다. 다만 이 어록

41 병자호란 이후 몽학서의 개편에 대하여는 鄭光·韓相權(1985)과 졸저(1990)를 참고하고, '新飜捷解蒙語'의 간판에 대하여는『통문관지』(권8)「什物」[續]조에 "捷解蒙語板 乾隆丁巳 蒙學官李世杰等 捐材刊板"이란 기사 참조.

해는 도요분코본(東洋文庫本)의 <몽어노걸대>에도 부재되었다.

3.2.2 〈몽어유해〉의 현전 책판

이제까지 필자가 살펴본 사역원 역학서 관계의 목판 중에서 <몽어유해>의 것은 1매밖에 없었으므로 중간될 때에 어느 정도의 목판 교정이 이루어졌는지는 추측하기 어렵다. 다만 현전하는 규장각본을 살펴보면 상·하권과 보편(補編)의 것이 표제어의 한자나 몽문(蒙文)의 한글전사의 필치가 현저히 다르고 쇄출(刷出)된 모습도 달라서 서로 다른 간판과 판재의 목판에 의하여 인간된 것으로 보인다.

졸고(1989)에서 살펴본 <몽어유해>의 목판(상권-14·15엽)이 <몽어노걸대>의 구판과 유사하였음에 비하여 보편의 몽문(蒙文) 한글전사가 <첩해몽어>의 그것과 유사함을 보면 <몽어유해> 상·하 2권도 <몽어노걸대>와 같이 구판(舊板)과 이억성의 중정판(重訂板), 그리고 방효언의 중간판(重刊板)이 있었을 것으로 추측된다. 물론 보편(補編)은 방효언이 작성하여 새로 중간할 때 첨부한 것으로 <첩해몽어>와 동일하게 간판된 것이다.

3) 〈첩해몽어〉의 중간(重刊)

3.3.0 몽학삼서(蒙學三書) 중에서 이익(李瀷)의 '몽학삼서중간서(序)'가 권두에 부재된 것은 <첩해몽어>뿐이고 현전하는 규장각본과 도요분코(東洋文庫)본의 <첩해몽어>가 다른 두 몽학서에 비하여 균형 잡힌 몽고어와 그 한글 전사를 보여주고 있어 졸고(1989)에서는 몽학삼서가 중간될 때 이 <첩해몽어>만이 전면적으로 개간된 것으로 보았다.

<첩해몽어>는 앞에서 논급한 두 몽학서와 함께 병자호란 이후에 사역원에서 편찬된 것으로 『통문관지』(권2) 「과거」 '몽학팔책(蒙學八冊)' [속] 조에 "蒙學八冊: 守成事鑑、御史箴、孔夫子、伯顏波豆、待漏院記音義不適時用, 故乾隆丁巳筵稟定奪, 幷去前書。以新飜捷解蒙語四卷, 行用幷與老乞大, 抽七處寫字, 以准漢學冊數 - 몽학 8책은 <수성사감>, <어사

잠>, <공부자>, <백안파두>, <대루원기>였는데 음의(音義)가 시용에 적절하지 않아서 건륭 정사에 연품(筵稟)하여 없애기로 정하고 앞의 책들의 모두 없앴다. <신번첩해몽어> 4권으로 <노걸대>와 함께 행용(行用)하여 7곳을 뽑아 사자(寫字)하게 하는데 한학의 책 수에 준하다"라는 기사가 있어 건륭 정사(영조 13년, 1737)에 새로 번역한 <첩해몽어>를 '노걸대'(<몽어노걸대>를 말함)와 함께 역과 몽학의 출제로 하고 음의(音義)가 현실적으로 쓰기가 부적당한 <수성사감> 등의 옛 몽학서는 모두 폐기하게 하였음을 알 수 있다. 따라서 <첩해몽어>는 영조 13년 이전에 번역되었음을 알 수 있으며 <몽어노걸대>보다는 후에 이세걸(李世杰) 등이 연재 간판하였음도 다른 기록에 의하여 확인할 수 있다.

당시 사역원의 역학서 중에서 가장 인기가 있었던 것은 한학서에서 <노걸대>와 <박통사>였고 왜학서(倭學書)에서는 <첩해신어(捷解新語)>였다(졸저, 1990). 따라서 병자호란 이후에 청학서와 몽학서를 개편할 때 위의 두 역학서가 모델이 된 것은 당연한 일이라고 하겠다. 그리하여 <청어노걸대>와 <몽어노걸대>가 새롭게 번역되어 간행되었으나 왜학서인 <첩해신어>를 번역하기에는 내용상의 문제가 있었다. 즉 <노걸대>는 중국에 파견되는 역관이나 상인들의 일상용어를 교재의 내용으로 하였다면 <첩해신어>는 일본에 파견되는 왜학역관들의 임무에 맞는 용어나 대화를 내용으로 하였다.

따라서 중국에 파견되는 역관들이 사용할 몽고어의 학습교재에 일본에 갈 왜역(倭譯)들의 용어나 대화가 부적당한 것은 더 말할 나위가 없다. 그러므로 비록 <첩해몽어(捷解蒙語)>의 서명은 <첩해신어(捷解新語)>의 '첩해'를 빌려 왔지만 내용은 <노걸대>의 것을 많이 모방하였다.

3.3.1 〈첩해몽어〉의 개판

이 <첩해몽어>도 방효언(方孝彦)에 의하여 수정되어 김형우(金亨宇)가 간판하였음은 앞에서 논급한 두 몽학서의 경우와 같다. 다만 앞의 두 몽학서는 이억성(李億成)에 의하여 수정되어 건륭(乾隆) 병술(丙戌, 1766)에 간판한 것(<몽어노걸대>)과 건륭(乾隆) 무자(戊子, 1768)에 간판한 것(<몽어유해>)이 있으나 <첩해몽어>가 이억성에 의하여 수정되었다는 기록은 보이지 않는다(졸저, 1990). 따라서 방효언이 수정하여 중간할 때 다른 두 몽학서가 보간(補刊)에 그친 것과 달리 전면적인 개간의 손을 대게 된 것으로 본다.

<첩해몽어>의 중간에 대하여는 앞에서 인용한 이익의 중간서(重刊序)에 "捷解一書, 則幷與字音語套而改之。始役半載, 功告訖, 本學訓長方君孝彦實主之 - <첩해>의 한 책을 자음(字音)과 어투(語套)를 함께 고쳤다. 일을 시작한지 반년 만에 마쳤다고 했는데 본학의 훈방인 방효언이 실제로 일을 주재하였다"라는 기사로 <첩해몽어> 한 책만은 자음과 어투를 모두 고쳐서 일을 시작한 지 반년 만에 끝이 났음을 알 수 있고 이 개정 작업을 방효언이 주재하였음도 알 수 있다. 따라서 이 책의 중간은 목판의 교정이나 교체와 같은 '보간(補刊)'이 아니라 전면적인 개판(改板)을 의미한다.

고려대학교 박물관에는 이 <첩해몽어>의 책판이 권1(13·14), 권2(19·20), 권3(9·10), (13·14), (15·16), 권4(7·8), 간행기·빈칸 등 모두 7매가 보관되어 있다.[42] 권4의 말미(末尾)에 부재될 것으로 보이는 간행기(刊行記)에는 판심제목(版心題目)이 없고 전면에 다음과 같은 제역함명(諸譯銜名)이 적혔다.

校正官

行副司直 方孝彦 兼監印

前 正 朴尙秀

前 僉 正 趙重鎭

前 直 長 劉漢明 兼蒙書入梓書寫官

書寫官

前 奉 事 金致楨

前 奉 事 金信璧 兼掌務官

42 <몽어유해>의 제1차 수정에 대하여는 李瀷의 '蒙學三書重刊序'에 "本學堂上李公億成, 曾爲訓長時 [中略] 累年講磨老乞大及類解等書, 校其訛謬更剞劂, 新進之業是學者, 庶得其正. [下略]"이란 기사를 참조.

　　前參奉 方孝彥
　　行參奉 卞光豪
監印官
　　前僉正 金亨宇

이것을 보면 역시 방효언(方孝彥)이 교정과 인간을 주제하였음을 알 수 있고 이어서 중간의 간판에 관여한 교정관(校正官), 서사관(書寫官), 감인관(監印官)이 다수 있었음을 말하고 있다.

3.3.2 현전하는 〈첩해몽어〉의 책판

이 <첩해몽어>의 목판은 다른 두 몽학서의 그것과 달리 모든 목판이 균일한데 판식(板式)은 사주단변(四周單邊)에 반엽광곽(半葉匡郭)이 세로 23.0 × 18.8cm, 유계(有界)에 6행 20자를 썼다. 판심은 '捷解蒙語'란 제목과 내향이엽화문어미(內向二葉花紋魚尾)를 갖고 있다. 판은 사주(四周) 내의 크기가 가로 40.6 × 세로 23.4 × 두께 1.5cm로 비교적 가볍고 얇은 판이다. [사진 3-6] 참조.

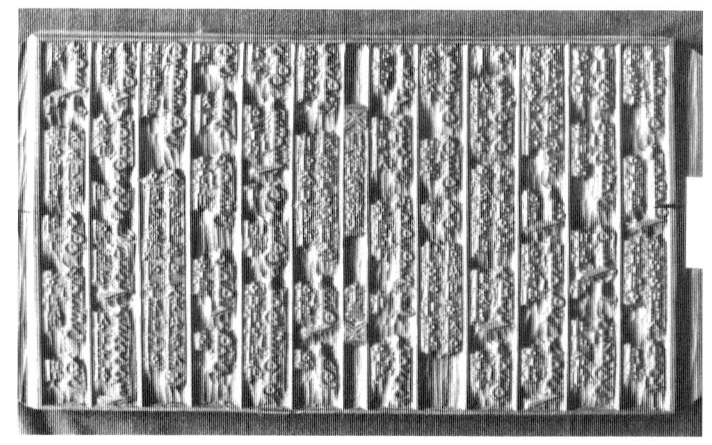

[사진 3-6] 〈첩해몽어〉 권1 13엽(D-1257)

필자가 조사한 <첩해몽어>의 책판은 모두 7매이고 1989년에 작성된 고려대학교 박물관 창설 55주년기념 『박물관수장품목록(博物館收藏品目錄)』에는 연번호 D-1257부터 D-1262까지의 <첩해몽어> 목판 6매가 수록되었다. 그러나 박상국(1987)에 의하면 <첩해몽어>의 목판은 이외에도 서(序, 1·2)와 또 하나의 간행기가 있는 것으로 기록되었다(박상국, 1987: 110~111).

4) 몽학삼서(蒙學三書) 중간의 의미

3.4.0 이상 <몽어노걸대>를 비롯하여 <몽어유해>, <첩해몽어> 등 몽학삼서에 대하여 현전하는 목판을 중심으로 그 중간의 의미를 살펴보았다. 이제 결론으로 몽학삼서 중간이 의미하는 바를 정리하고자 한다.

졸고(1989)에서 살펴본 것처럼 <몽어노걸대>와 <몽어유해>는 많은 목판 교정이 이루어져서 실제로 몽학삼서가 중간될 때에 이 두 책은 전체적인 개간을 한 것이 아니고 목판교정을 통하여 부분적인 수정을 가한 것으로 보았다. 고려대학교 박물관에 소장된 <몽어노걸대>의 목판에도 많은 책판 교정이 가해졌을 뿐만 아니라 판목의 판재도 서로 다른 것이 있어서 적어도 3종의 목판으로 구분될 수 있었다.

첫째는 청학관(淸學官) 현문항(玄文恒)과 몽학관(蒙學官) 이희대(李喜大)가 종래의 '신번노걸대'를 수정하여 이최대(李最大)가 연재(捐財)하여 간판한 <몽어노걸대>의 구판(舊板)이 있고, 둘째로는 후에 이억성(李億成)이 수정하여 교서관에서 간판한 중정판(重訂板)도 있으며, 셋째로는 방효언(方孝彦)이 수정하여 김형우(金亨宇)가 간판한 중간판(重刊板)도 있는 것으로 보았다. 이 구판의 목판과 중정판, 중간판의 그것이 각각 달라서 구판은 무겁고 둔중하며 중정판은 가운데 판을 대고 그 양면에 글자를 입재(入梓)한 얇은 판을 덧붙인 방법을 썼으며, 중간판은 <첩해몽어>와 같은 판재로서 가장 얇고 비교적 새것같이 보관 상태도 양호하다.

이 3종의 <몽어노걸대> 책판은 교정의 방법도 서로 달라서 구판의 교정은 판재가 두껍기 때문에 수정할 부분을 깊이 파내고 교정목을 삽입하였지만 중정판(重訂板)의 교정은 수정할 부분이 각인되어 있는 얇은 판을 도려내고 그와 같은 판을 끼워 넣었다. 따라서 수정목이 잘 빠져나간 것으로 보인다. 중간할 때 교체된 책판, 즉 중간판(重刊板)은 거의 수정이 없었다.

3.4.1 〈몽어유해〉의 책판

<몽어유해>의 목판은 일본 교토(京都)대학 소장의 것밖에 참고할 수 없어서 아직 단정적으로 말하기는 어렵지만 <몽어노걸대>와 같은 경로의 교정을 거쳤을 것으로 보았다. 다만 '몽학삼서중간서'의 기사대로 <몽어유해>의 보편(補編)은 방효언이 새로 편찬한 것으로 중간할 때에 개판된 것이다. 즉 규장각본의 제3책에 수록된 '보편'과 '어록해'는 중간 후에 편철된 것으로 볼 수 있다.

<첩해몽어>는 역시 '중간서'에서 언급된 것과 같이 방효언 등이 중간할 때 전권의 목판을 개간(改刊)한 것이다. 따라서 목판의 판재도 모두 같고 유한명(劉漢明)이 쓴 몽서(蒙書)나 김치정(金致楨) 등이 쓴 한글이 모두 균형이 잡혀 있다. 다만 이 <첩해몽어>의 목판도 수정한 곳이 있어 방효언 이후에도 몽학서의 부분적 교정은 계속된 것으로 보인다.

지금까지 몽학삼서의 중간에 관하여 현전하는 책판을 중심으로 고찰하였다. 따라서 어떻게 이러한 교정이 이루어졌는가에 대하여는 미처 살펴볼 수가 없었다. 이 세 차례에 걸친 교정의 이유와 그 대상에 대하여는 금후의 과제로 남겨둘 수밖에 없다.

역학서의 세계

－조선 사역원의 외국어 교재 연구－

제4장

왜학서(倭學書)

제4장 목차

1. 들어가기

1.0.0 국어의 역사적 연구에 있어서 사역원 왜학서(倭學書) 자료들이 매우 중요한 위치를 차지하고 있으며 이 자료의 올바른 이해를 위하여 역과 왜학(倭學)의 시행과 출제 및 채점에 관한 연구의 중요성을 필자는 기회가 있을 때마다 강조하여 왔다. 그 이유는 대부분의 역학서 자료들이 역과(譯科)나 역관(譯官)의 취재, 고강(考講)의 출제와 관련 맺으면서 편찬되었고 또 수정, 증보, 개수(改修), 중간되었기 때문이다.

1980년 말부터 조선 후기의 것이지만 몇 개의 역과 시권(試券)이 필자에 의하여 발굴되어 학계에 보고되면서 이 방면의 연구가 처음으로 거론되기 시작하였다. 역과 시권에 관한 연구가 비단 국어학의 역학서 자료의 이해에 머무는 것이 아니라 조선 왕조의 역사적 연구에서 중요한 몫을 담당하는 중인(中人), 즉 기술관의 선발에 관한 여러 사실을 알려준다는 점에서 그 중요성은 더욱 높아질 것이다. 그런 의미에서 이제까지 이러한 연구가 본격적으로 이루어지지 않은 사실은 참으로 기이하게 생각하지 않을 수 없다.

필자는 사역원의 사학(四學 -漢學, 蒙學, 倭學, 淸學) 중에서 먼저 역과 청학(淸學) 시권에 대하여 고찰한 바 있다. 즉, 헌종(憲宗) 갑진(甲辰, 1884) 증광별시(增廣別試)에 부거(赴擧)한 사역원 청학관(淸學官) 백완배(白完培)의 시권을 통하여 조선 왕조에 있어서 만주어의 교육과 그 역과 시취(試取)에 대하여 살펴보았다(졸고, 1987a). 이어서 한학(漢學)과 몽학(蒙學)의 역과 시권을 민가에서 찾아내어 중국어와 몽고어의 역과 시권(譯科試券)에 대하여 살펴보았다(졸고, 1987b, c).

몽학 시권(蒙學試券)은 전장에서 살펴본 바가 있는 헌종(憲宗) 갑오(甲午, 1834) 식년시의 상식년(上式年)에 시행된 '내갑오식년역과초시(來甲午式年譯科初試)'의 것이었으며 이를 통하여 조선 사역원에서 몽고어 교육과 그 역과 시취(試取)에 대하여 고찰하였다. 역과 한학(漢學) 시권(試券)은 제2장에서 살펴본 바와 같이 영조 신묘(辛卯, 1771) 식년시(式年試)와 정조 을

유(乙酉, 1789) 식년시의 역과 한학에 부거(赴擧)한 유학기(劉學基)·운길(運吉) 부자(父子)의 초시(初試)·복시(覆試) 시권을 근거로 이 시대의 한어 교육과 그 역과 시취(試取)에 관하여 고찰하였다.

사역원 사학(四學) 중 역과 왜학(倭學)의 시권(試券)은 이제까지 발견되지 않았으나 1987년 3월에 한국정부에서 국사관(國史館)을 신축(新築)하고 그 개관과 함께 국사편찬위원회에서 수집한 고문서를 전시하였는데 그 중에 천녕현씨가(川寧玄氏家) 전래의 고문서 중에서 역과 왜학(倭學)의 현경제(玄敬躋) 시권이 포함되어 있어 이 시대의 일본어 교육과 그 역과 시취의 실제를 살펴볼 수 있게 되었다.

2. 초창기(草創期)의 왜학서

2.0.0 우리나라의 외국어 교육에 관한 기록은 삼국시대까지 거슬러 올라갈 수 있다. 이 땅에서 외국어 교육이라 하면 역사적으로나 문화적, 그리고 지리적으로 가장 밀접한 관계에 있었던 중국의 언어가 가장 먼저 시작되었을 것임은 두말할 나위도 없을 것이다. 고조선(古朝鮮)과 한사군(漢四郡)을 거쳐 삼국시대에 이르기까지 끊임없이 유입된 한자(漢字)는 바로 한어(漢語), 즉 중국어를 배경으로 한 것이며 이 시대의 어문교육은 바로 중국어 교육을 의미하는 것이다(졸고, 1987c).

고유의 문자를 가지고 있지 않던 고구려, 백제, 신라의 삼국은 모두 한자를 차용(借用)하여 자국의 언어를 기록하였으며 한자의 교육이 이 삼국에서 국가적 교육의 하나로서 실시되었고 한문(漢文)을 사용하여 자국의 역사를 기록하는 수준에 이르게 되었다[1].

---

1 三國의 역사를 한문으로 기록한 것은 『三國史記』(卷20) 「高句麗本紀」(第八) '瓔陽王'조에 "十一年春正月[中略] 詔太學博士李文眞, 約古史, 爲新集五卷。國初始用文字時, 有人記事一百卷, 名日留記, 至是刪修"라는 기사가 있어 國初부터 漢字를 사용하여 <留記>가 作成되었고 嬰陽王 11年(600)에는 太學博士 李文鎭이 이를 刪修하여 <新集> 5卷을 편찬하였음을 알 수 있다. 또 『三國史記』(卷24) 「百濟本紀」 第二

뿐만 아니라 신라에서는 중국 유교(儒敎)의 경전(經典)을 읽고 이를 시험하여 인재를 등용하는 '독서출신과(讀書出身科)'를 두어 본격적으로 한문과 유교 경전의 교육을 실시하였다. 즉 『삼국사기』(권10) 「신라본기(新羅本紀)」(第十) '원성왕(元聖王)'조에

> 四年春, 始定讀書三品以出身, 讀春秋左氏傳、若禮記、若文選, 而能通其義, 兼明論語、孝經者爲上讀。曲禮、論語、孝經者爲中讀 曲禮、孝經者爲下讀。若博通五經、三史、諸子百家書者, 超擢用之。前祇以弓箭選人, 至是改之。- [원성왕] 4년 봄에 독서로 삼품의 출신을 정하였는데 춘추 좌씨전을 읽고 만약에 예기, 문선을 읽어 그 뜻에 통하며 겸해서 논어와 효경에 밝은 자를 상독(上讀)이라 한다. 곡례, 논어, 효경을 읽은 자는 중독(中讀)이라 하고 곡례, 효경만 읽은 자는 하독(下讀)이라 한다. 만약에 오경과 삼사, 제자백가에 박통한 자는 이들과 관계없이 탁용(擢用)한다. 전에 활쏘기를 존중하여 사람을 뽑던 일을 이제 고친다.

라는 기사가 있어 원성왕 4년(788)에 이르러 전대에 궁전(弓箭)으로 선인(選人)하던 것을 고치어 독서삼품출신과(讀書三品出身科)로 선거하였음을 알 수 있다[2].

또 신라에서는 상문사(詳文師)를 두고 한문을 전구(專究)하게 하였으며 이를 성덕왕(聖德王) 13年(714)에 통문박사(通文博士)로 바꾸고 경덕왕(景德王)대에는 이를 다시 한림(翰林)으로 바꾸었으며, 후에 학사(學士)를 두었다. 성덕왕 20년(721)에는 소내학생(所內學生)을 두어 한문을 학습하게 하

'近肖古王'조에 "三十年 [中略] 冬十一月王薨, 古記云: 百濟開國己來, 未有以文字記事, 至是得博士高興, 始有書記。然高興未嘗顯於他書, 不知其何許人也。"라는 기사가 있어 近肖古王 30年(375)에 박사 고흥이 <百濟本紀>를 漢文으로 저작하였음을 알 수 있다. 新羅에서는 眞興王 6년(545)에 居柒夫 등이 國史를 편찬하였는데 『三國史記』(卷4) 「新羅本紀」 '眞興王'조에 "六年秋七月, 伊湌異斯夫奏曰: 國史者其君臣之善惡元, 褒貶於萬代, 不有修撰, 後代何觀? 王深然之, 命大阿湌居柒夫等, 廣集文事, 俾之修撰" 이란 기사가 있어 이를 알 수 있다.

2 『增補文獻備考』(卷184) 「選擧考」 '科制'조에도 같은 내용이 기재되었다.

였다.[3] 이와 같은 한문, 즉 중국어 교육은 신라인으로서 당(唐)의 빈공과(賓貢科)에 부거(赴擧)하여 급제한 사람이 58인에 이르게 되었다[4].

1) 한반도에서 일본어 교육

2.1.0 제2장과 제3장에서 살펴본 것과 같이 고려가 건국되면서 태조 왕건(王建)은 개경(開京)과 서경(西京) 등에 학교를 세우고 교학(敎學)에 힘썼으며[5] 광종(光宗) 때에는 쌍기(雙冀)의 헌의(獻議)에 따라 과거제도를 마련하고 진사(進士)·명경(明經)의 양대업(兩大業)과 의(醫)·복(卜) 등의 잡업(雜業)을 과시(科試)하여 선발하였는데 이를 동당감시(東堂監試)라고 불렀으며 이와 같은 제도의 마련은 학문과 기술을 크게 흥륭하게 하였다.[6]

고려의 과거제도는 당대(唐代)의 것을 모방한 것으로 중국에서 과거제도의 시행은 중앙집권제의 확립에 크게 기여하면서 또한 학교제도의 발달을 가져오게 하였다(宮崎市定, 1946, 1987). 고려에서도 과거의 시행은 학교의 발전을 가져와서 국자감(國子監, 후일의 成均館), 대학(大學), 사문(四門)이 국학으로 설치되고 사학(私學)으로 최충(崔沖)의 구재학당(九齋學堂) 등이 번성하여 학문과 기술을 교육하고 과거(科擧)를 준비하게 하였다.

그러나 고려의 전반기에는 외국어를 교육하는 학교에 대한 기록이나 역어(譯語)를 담당한 기관에 대한 기록이 보이지 않는다. 그뿐만 아니라 동당시(東堂試)나 국자감시(國子監試)의 제업(諸業)에 의(醫)·복(卜)·지리(地理)·명법(明法)·명서(明書)·명산(明算) 등의 기술관들의 선고(選考) 시험이 있었음에도 불구하고 한어(漢語)의 역어(譯語)와 이문(吏文)에 대한

---

3 『三國史記』(卷39) 「雜志」第八 '職官' 조에 "詳文師, 聖德王十三年改爲通文博士, 景德王又改爲翰林, 後置學士, 所內學生聖德王十三年置"란 기사 참조.

4 唐의 賓貢科에 入格한 新羅人에 대하여는 崔瀣의 『東人文選』과 『增補文獻備考』(卷184) 「選擧考」(1)을 참조

5 이에 대해서는 金貞玉(1956), 閔丙河(1957), 宋浚浩(1981) 및 졸고(1987c)를 참조할 것.

6 이에 대해서는 曺佐鎬(1958), 金龍德(1959), 宋浚浩(1981) 및 졸고(1987c)를 참조할 것.

시험은 보이지 않는다.

여기에는 여러 가지 이유가 있겠으나 첫째는 고려의 과거제도가 당(唐)의 제도를 모방한 것이어서 당제(唐制)에 없는 역과(譯科)를 설치할 수 없었다는 점을[7] 들 수 있고, 둘째로는 송대(宋代)의 중국어는 한문을 알고 있는 문신(文臣)들에게 별도의 한어(漢語) 교육이 없어도 의사소통에 지장이 없었다는 사실을 지적할 수 있다(졸고, 1987c). 그러나 원(元)의 성립과 더불어 중국에서 관화의 변화가 있어 북경(北京)을 중심으로 하는 동북방 방언인 한아언어(漢兒言語)의 교육이 필요하였고 원대(元代)에 성행된 한이문(漢吏文)의 교육도 필요하게 되어 한어와 한이문의 교육이 고려 후기에 시작되었다(졸고, 1987c).

그러나 고려 전체를 통하여 역관(譯官)은 미천한 계급이 담당하였고 역관(舌人)들에 대한 인식도 좋지 않았다. 다만 후반기에 들어와 충렬왕(忠烈王) 2년(1276)에 통문관(通文館)을 설치하고 금내학과(禁內學官) 중에서 참외(叅外)로 40세 미만인 사람에게 한어와 한이문을 교육하여 비로소 귀족계급에서 한어와 한이문의 교육이 실시된 것이다.[8]

2.1.1 일본어 교육의 역사

중국과 더불어 한반도와 접촉이 많았던 일본의 언어도 일찍부터 교육되었던 것으로 보이는데 그에 관한 기록은 삼국시대까지 거슬러 올라간다. 신라는 일찍부터 왜전(倭典)을 두고 신라를 찾은 일본인을 접대

---

7 중국의 과거제도에서 譯科에 해당하는 것은 淸代의 飜譯科擧에서나 찾아볼 수 있다. 飜譯科擧는 淸朝가 특수한 목적을 가지고 飜譯官吏를 채용하기 위하여 중국 在來의 科擧와 유사하게 新設한 제도이다. 이것은 繙淸譯漢의 繙譯으로도 쓰이는데 外國語로 淸文을 만드는 것을 繙이라 하고 他國語를 漢文으로 만드는 것을 譯이라 하여 구별하였다. 順治(1644~61) 末期에 飜譯考試制가 정해졌지만 여러 차례 중도에 폐지되었다가 다시 復置되었다(宮崎市定, 1987:188).

8 通文館의 設置에 대하여는『고려사』(卷76) '通文館'조의 기록을 참조할 것. 通文館과는 별도로 고려 후기에는 漢文都監을 設置하였다. 李洪烈(1967)에 의하면 漢文都監(後日 漢語都監)을 通文館이나 吏學部監의 前身으로 보았으나(p.334) 通文館(後日 司譯院)과 漢文都監, 吏學都監은 각각 別個의 官署로 보아야 할 것이다.

하는 일을 맡게 하였으며, 일본 이외의 외국과의 접촉이 잦아지자 진평왕(眞平王) 43년(621)에 이를 영객전(領客典)으로 바꾸었다가(그러나 別途로 다시 倭典을 設置하였음) 경덕왕대(景德王代)에 사빈부(司賓府)로 개명하고 혜공왕대(惠恭王代)에는 이를 다시 영객부(領客府)로 바꾸었다[9]. 이때의 왜전(倭典)의 영객부가 일본인과 기타 외국인을 접대하는 곳이었다면 이곳에서 일본어나 다른 외국어를 통역하는 역관이 배치되었거나 또는 그 교육이 있었음을 추찰(推察)할 수 있다.

이와는 반대로 일본에서도 신라역어(新羅譯語)를 대마도(對馬島)에 두어 신라어를 학습한 것으로 보이는데 『일본후기(日本後記)』(<新訂增補 國史大系> 所收) '홍인(弘仁)'조에 "六年春正壬寅, 是月停對馬史生一員, 置新羅譯語 - [홍인] 6년(815) 봄 임인(壬寅)에 '이 달에 대마도의 사생(史生) 1원을 머물게 하고 신라역어를 두다"라는 기사가 이를 말해 준다. 신라역어(新羅譯語)에 대하여는 小倉進平(1940: 367~8)에서 많은 연구가 있어 대마도(對馬島)를 중심으로 일본에서도 신라어(新羅語)가 교육되었고 이러한 교육을 거쳐 신라어 통역을 맡은 역인(役人)을 신라역어라고 불렀던 것으로 보인다.

신라 이후 궁예(弓裔)의 태봉(泰封)에서는 사대(史臺)를 두어 제방(諸方)의 역어(譯語)를 담당하게 하였다는 기사가 있다. 즉, 『삼국사기』(권50) 「열전」(第十) '궁예(弓裔)'조에 "天祐元年甲子, 立國號摩震, 年號爲武泰。始置廣評省備員匡治奈, 今侍中。[中略] 又置史臺, 掌習諸譯語 [下略]"이란 기사가 있어[10] 천우(天祐) 원년(964)에 국호를 마진(摩震)이라 하면서 국가제도를 정비할 때에 사대(史臺)가 설치되어 외국어 교육을 담당하였음을

---

9 『三國史記』(卷38) 「雜志」第七 '職官' 上 '領客府' 조에 "領客府本名倭典, 眞平王四十三年改爲領客典, {後又別置倭典}。景德王又改爲司賓將, 惠恭王復故, 令二人眞德王五年置。位自大河飡至角干爲之, 卿二人文武王十五年加一人, 位興調府卿同大舍二人, 景德王改爲主簿, 惠恭王復稱大舍, 位與調府大舍, 同舍知一人, 景德王改爲司儀, 惠恭王復稱舍知, 位與調府舍知同史八人"의 기사와 『三國史記』(卷39) 「雜志」第八 '職官' 조에 "倭典已下十四官員數(闕)"이란 기사를 참조할 것.

10 『三國史記』(卷40) 「雜志」 第九 '職官' 下 '弓裔所制官號' 조에도 같은 기사가 보인다.

알 수 있으나 구체적으로 어떤 언어들이 교육되었는지에 대하여는 더 이상의 자세한 기록이 없어 알 수 없다.

2.1.2 사역원의 사학(四學)과 왜학

조선의 건국은 설인(舌人, 譯官)에 대한 인식도 다르게 되어 고려 후기부터 관심이 높아지던 역어(譯語)의 학습과 역관(譯官)의 양성이 보다 적극적으로 이루어졌다. 조선의 건국초기부터 고려 말(末)의 사역원을 복설(復設)하고 한어와 몽고어의 교육을 중앙관서에서 담당하게 하였다. 『태조실록』(권4) 태조 2년 9월 신유(辛酉)조의 기사에 "辛酉置司譯院, 肄習華言"(동 권4 10앞 10행)이라는 기사가 있어 태조 2년(1393) 9월에 사역원을 설치하고 화언(華言, 중국어)을 이습(肄習)하게 하였으며 그보다 1개월 후인 태조 2년 10월에 병(兵)·율(律)·자(字)·역(譯)·의(醫)·산학(算學)의 육학(六學)을 두어[11] 이중 역학(譯學)을 사역원(司譯院)에서 담당하게 하였다. 이것이 역학(譯學)에 대한 공식적 기록으로는 지금까지 밝혀진 최초의 것이다. 태종 6년(1406)에는 유(儒)·이(吏)·음양풍수(陰陽風水)·악학(樂學)을 추가하여 십학(十學)을 두었는데 이때의 이학(吏學)은 태종 10년(1410)에 설치된 승문원(承文院)에서 교육되었다.[12] 이와 같이 조선에서는 고려와는 달리 국초부터 역어와 이문을 교육하여 역관 양성에 적극적이었음을 볼 수 있다.

조선 태조 2년에 설치된 초기의 사역원에서는 처음에 한어와 몽고어만을 교육하고 일본어의 교육은 없었던 것으로 보인다. 즉, 『태조실록』(권6) 태조 3년 11월 을묘(乙卯)조의 기사에 "司譯院提調偰長壽等上書

11 『태조실록』(卷4) 太祖 2年 10月조에 '設六學, 令良家子弟肄學。一兵學、二律學、三字學、四譯學、五醫學。六算學'이라는 기록과 鄭道傳의 <三峰集>(卷8) 「朝鮮經國典」上 '學校'조에 "學校敎化之本也。(中略) 曰兵律、曰書雰、曰醫栥、曰象譯, 亦倣置敎授, 以時講勸其敎之也。"란 기록 참조.

12 『태종실록』(卷12) 太宗 6年 11月 辛未조에 "置十學, 從左政丞河崙之啓也. 一曰儒, 二曰武, 三曰吏, 四曰譯, 五曰陰陽風水, 六曰醫, 七曰字, 八曰律, 九曰算, 十曰樂, 各置提調官"이라는 기사 참조.

言: [中略] 設教授三員內漢文二員, 蒙古一員, 優給祿俸, 生徒額數, 分肄習業, 考其勤慢以憑賞罰, 并及教授之官 - 사역원 제조 설장수 등이 상서하여 말하기를 [중략] 교수 3원을 설치하지만 그 가운데 한문 2원, 몽고 2원을 두고 녹봉을 우대하여 지급하다. 생도의 정원을 나누어 공부하게 하고 근면하고 태만한 것을 살펴서 상벌을 주되 교수의 관리도 그렇게 하다."(하 56)이라 하여 사역원 교수(教授) 3원 중 2원이 한어(漢語)를, 1원은 몽고어를 가르쳤음을 알 수 있다. 그러나 몽고어의 교수는 후일 훈도(訓導)로 강등하였다. 『태종실록』(권19) 태종 10년 정월 신사(辛巳)조에 "置蒙語訓導官, 以前奉御周彦, 前中郎將宋希明爲之 - 몽고어 훈도관을 두되 전 봉어(奉御) 주언과 전 중랑장(中郎將) 송희명으로 훈도를 삼다"라는 기사가 있어 전봉어(前奉御) 주언(周彦)과 전중랑장(前中郎將) 송희명(宋希明)을 몽학훈도로 임명하였음을 알 수 있다. 이때에는 몽학의 경우 이 때에 교수 1원에서 훈도 2인으로 확충되었음을 알 수 있다.

왜학(倭學)이 사역원에 설치된 것은 이보다 훨씬 뒤의 일이다. 『태종실록』(권28) 태종 14년 10월 병신(丙申)조에 "命司譯院習日本語, 倭客通事尹仁輔上言: 日本人來朝不絶, 譯語者少, 願令良家子弟傳習。從之。- 사역원에 일본어를 학습하도록 명하다. 왜객통사(倭客通事) 윤인보가 상서하여 말하기를 '일본인이 우리나라에 오는 것이 끊이지 않는데 역어할 사람이 적으니 원하되 양가자제에게 영을 내려서 배우게 하소서' 하다. 이를 따르다"라는 기사가 있어 태종 14년(1415) 10월에 사역원에서 일본어를 전습(傳習)하도록 명하였음을 알 수 있다. 또 『세종실록』(권49) 세종 12년 8월 정유(丁酉)조에,

> 禮曹啓: 去乙未年受教設倭學, 令外方鄕校生徒良家子弟入屬, 合于司譯院, 依蒙學例遷轉本學。非他學之例, 往還滄波劍戟間, 實爲可憚。故求屬者少, 而生徒三十餘人唯用一遞兒遷轉。故生徒多托故不仕, 雖或一二人僅存, 不解文字只通言語, 非從通事者難繼, 譯解倭書恐將廢絶。請從初受教, 依蒙學例, 加給一遞兒, 每二人遷轉, 以勸從來。從之。- 예조에서 계하기

> 를 '지난 을미년에 수교하여 왜학을 설치하였고 외방의 향교 생도와 양가자제를 입속시켜 사역원에 합치게 하였으며 몽학의 예에 따라 본학(本學)으로 천전(遷轉)하게 하였습니다. [왜학은] 다른 언어와 달리 푸른 파도와 창검 사이를 갔다 오는 것이므로 실로 꺼리지 않을 수 없습니다. 그러므로 입속하려는 사람이 적고 생도 30여 인이 겨우 1체아만을 천전하니 생도들이 많이 핑계를 대고 근무하지 않아서 겨우 한두 사람이 있을 뿐이고 문자를 모르고 오로지 말만 통합니다. 통역할 사람이 이어지지 않을 것이며 일본 글자를 풀이할 사람도 장차 폐절할 것 같습니다. 청하옵건되 처음 수교할 때처럼 몽학의 예에 따라 일체아를 더 주시어 매 두 사람이 천전하여 종래와 같이 근무하게 하소서' 그렇게 따르다.

라는 기사가 있어 을미(乙未, 태종 15년, 1416)에 정식으로 왜학을 사역원에 설치하였으며 2체아를 주어 매 2인씩 천전(遷轉)하도록 하였음을 알 수 있다.

세종 때에도 태종 때의 십학(十學)을 답습하여 역학(譯學)을 비롯한 십학을 성균관(成均館) 등 각사(各司)에서 교육하고 취재(取才)하여 인재를 발탁하였다. 『세종실록』에 제학 취재 시에 사용할 경서(經書) 및 제예(諸藝)의 수목(數目)을 결정하여 달라는 상정소(詳定所)의 계문(啓文)이 전재되어있다. 즉 『세종실록』(권47) 세종 12년 3월 무술(戊戌)조에 '유(儒), 무(武), 한이(漢吏), 자(字), 역(譯), 음양(陰陽), 의(醫), 악(樂), 산(算), 율학(律學)'의 십학(十學)에서 취재에 사용할 경서 및 제예(諸藝)의 수목을 정한 상정소의 계문에는 역학에 한훈(한어), 몽훈(몽고어), 그리고 왜훈(일본어)이 있다. 왜훈(倭訓)에서, 즉 일본어 교육에서 사용하는 "소식(消息), 서격(書格), 이로파(伊路波), 본초(本草), 동자교(童子敎), 노걸대(老乞大), 의논(議論), 통신(通信), 정훈왕래(庭訓往來), 구양물어(鳩養勿語), 잡어(雜語), 서자(書字)" 등의 왜학서와 시취방법이 기록되어 있다.[13]

이때의 제학취재에서 역학(譯學)에는 한훈(漢訓), 몽훈(蒙訓), 왜훈(倭訓)

뿐으로 여진어에 대한 것이 없으며 이것은 아직 여진어의 역관을 인정하지 않았거나 미처 여진어의 취재에 관한 시식을 마련하지 못한 것을 말한다. 조선시대의 역관은 단지 통역만을 담당한 것이 아니라 실제로 사대교린(事大交隣)의 외교임무를 수행하는 직업 외교관이었으며 조선 전기에 중국, 일본, 그리고 야인(野人)들과의 접촉에서 역관의 역할이 매우 중요하였고 후기에도 부연사행(赴燕使行)이나 일본의 통신사행(通信使行)에서 당상역관(堂上譯官)으로 선발되면 즉시 관품(官品)이 오르거나 가자(加資)되고 전결(田結)과 노비, 우마가 하사되었다(졸고, 1987c). 실제 외교임무의 수행에서도 정사(正使), 부사(副使), 서장관(書狀官)의 삼사(三使)는 상징적 존재에 불과하고 대부분의 실무는 당상역관이 담당하였다고 한다(金良洙, 1983 참조).

2) 조선 초기의 왜학서

2.2.0 조선의 관제(官制)는 『경국대전』의 완성으로 완비된다. 세종 이후의 사역원에 대하여는 『경국대전』(권1) 「이전(吏典)」 '정삼품아문(正三品衙門)' 말석에 "司譯院, 掌譯諸方言語 [中略] 正九品副奉事二員, 漢學訓導四員, 蒙學、倭學、女眞學訓導各二員, [下略] - 사역원은 제방의 역어를 관장한다. [중략] 정9품의 부봉사가 2원, 한학 훈도 4원, 몽학, 왜학, 여진학 훈도 각 2원 [하략]"이란 기사와 『통문관지』(권1) 「연혁(沿革)」 '관제(官制)' 조에,

13 李洪烈(1967)에는 이때의 詳定所 啓文에 대하여 『세종실록』(卷47) 世宗 12年 正月 辛未조의 기록이라 하여 儒·武 兩學과 漢吏·譯·陰陽·醫·樂·算·律學의 7個 雜學을 들고 字學을 脫落시켜 모두 九學의 取才科目을 選定하였다고 논술하였다. 그러나 『世宗寶錄』(卷47) 世宗 12年 戊戌 正月 辛未조에는 그러한 기록이 보이지 않을 뿐 아니라, 同年 3月 戊午조의 詳定析 啓文에도 字學이 포함된 十學을 두었으며 이의 取才에 사용되는 經書·諸藝의 數目을 규정한 것으로 미루어 위의 논거에는 어떤 錯誤가 있었던 것으로 보인다. 國史編纂委員會刊 『世宗莊憲大王實錄』 卷47 참조.

高麗忠烈王二年始置通文館習漢語, 恭讓王三年改爲漢文都監, {出高麗史 職官志} 國初置司譯院, 掌譯諸方言語, {出輿地勝覽} 其屬官有蒙、倭、女眞學, 通爲四學, {康熙丁未女眞學改稱淸學} 屬禮曹 {出經國大典} - 고려 충렬왕 2년에 처음으로 통문관을 설치하여 한어를 배우게 하다. 공양왕 3년에 한문도감으로 고쳤다. {<고려사>「작관지」에서 나옴} 국초에 사역원을 설치하고 제방의 언어를 통역하는 일을 맡았다. {<여지승람>에서 나옴} 관리들은 몽, 왜, 여진학의 사학에 있었으며 {강희 정미년에 여진학을 청학으로 고쳐 불렀다} 예조에 속한다. {『경국대전』에서 나옴}.

라는 기사로 사역원에 한학(한어), 몽학(몽고어), 왜학(일본어), 여진학(여진어)의 사학(四學)이 있었으며 각각 정9품의 훈도가 2원씩(단 한학은 훈도가 4원) 배치되었음을 알 수 있다.[14]

뿐만 아니라 외임(外任)으로[15] 『경국대전』 (권1) 「이전」 '외관직(外官職)' '경상도' 조에 "倭學訓導二員, {釜山浦・薺浦}"라는 기사와 동(권2) 「병전」 '거진(巨鎭)' 조에 "義州、滑原、理山、碧潼、昌城、萬浦等鎭, 女眞通事各一人, 濟州鎭則倭通事, 一人並於數內差送"이란 기사로 부산포(釜山浦)와 제포(薺浦)에 왜학훈도 2원, 그리고 제주진(濟州鎭)에 왜통사 1원이 정식으로 배치되어 있었음을 알 수 있다[16].

---

14 司譯院에서는 漢學에만 教授가 있었으며 創設 당시 蒙學의 教授 1員도 太宗 10년에 訓導로 降等시켰음을 前述하였다. 司譯院에서 正, 副正, 僉正, 判官, 主簿, 直長, 奉事, 副奉事, 參奉 등의 祿職은 모두 兩都目內의 遞兒職이고 教授와 訓導만이 久任의 實職이었다. 『경국대전』(卷1)「吏典」'正三品衙門' '司譯院' 조에 "掌譯諸方言語, 都提調一員, 提調二員, 教授訓導外遞兒兩都目."의 기록을 참조.

15 外任에 대하여는 『통문관지』에 '外任: 名在原籍, 分差外方, 而瓜滿遞兒後還仕本院.'이란 기사 참조.

16 薺浦의 倭學訓導는 接待 館倭의 임무가 우선이었고, 釜山의 倭學訓導는 接待 館倭와 教訓 譯生이 주요 임무이었으며, 濟州鎭의 倭通事는 漂倭問情을 위하여 設置되었다. 이에 대하여는 『통문관지』(卷1)「沿革」'官制' '外任' 조에 "譯學訓導, 薺浦一員, 爲接待館倭設, 以倭學差送. 正德庚午革, 釜山一員, 爲接待館倭教訓譯生設, 以倭學教誨差送, 而有事倭館則以堂上差送, 以上出經國大典" 및 同 譯學兼軍官 조에 "濟

『통문관지』에 의하면 사역원의 왜학생도는 15인이었으며, 예차생도(預差生徒)가 25인이어서 도합 40인의 왜학역생(倭學譯生)이 있었는데 이것은 세종 때의 왜학생도 30여 인[17]보다 늘어난 것이며 『대전후속록』(1543)(권3) 「권장(勸奬)」조에 "倭學元額四十人"의 기사와 일치하는 것이다.

『경국대전』이 간행된 예종(睿宗) 원년(1469)에 제포(薺浦)와 부산포(釜山浦) 이외에도 웅천(熊川), 동래(東萊)에 왜학을 분치(分置)하겠다는 예조(禮曹)에서의 계문(啓文)이 있어[18] 지방에서는 부산포를 비롯하여 제포, 제주진, 웅천, 동래에서 각각 일본어를 교육하거나 왜통사(倭通事)가 주재하였음을 알 수 있다.

『경국대전』 이후 조선의 관제는 부분적인 변화가 있었으나 그 골격은 그대로 유지되었다. 사역원의 직제도 그 골격은 유지되었으나 『대전속록』과 『대전후속록』에서 조금씩 변화를 보였고 특히 임진·병자 양란을 거치면서 괄목할 변동이 있었으며 이러한 변화는 『수교집록(受教輯錄)』(1698), 『전록통고(典錄通考)』(1706)에 나타난다. 이와 같은 사역원 직제의 변천은 『통문관지』에 요약되었고 『속대전』(1744)에 정식으로 수록되어 정착된다.

2.2.1 왜학 역관 직위의 변천

이 사역원 직제의 변천은 졸저(2014)와 본서 제1장에서 상술되었으므로 여기서는 반복하지 않겠으나, 그 중에서 왜학(倭學)에 관한 것만 간추려 보면 다음과 같다. 『통문관지』에 의하면 사역원 왜학에 훈상당사(訓上堂上, 正3品 이상, 소위 堂上譯官을 말함) 12원 가운데 만력(萬曆) 임인(壬寅, 1602)에 3원을 설치하였다가 강희(康熙) 무인(戊寅, 1698)에 2원으로 감원하

州二員, 倭學一員, 爲漂倭問情設, 出經國大典 (下略)" 이란 기사를 참조할 것.

17 『세종실록』(卷49) 世宗 12년 8월 丁酉조에 "禮曹啓: 去乙未年受教設倭學 [中略] 而生徒三十餘人 [下略]"이란 기록 참조.

18 『睿宗實錄』(권1) 睿宗 元年 8월 甲寅조에 "禮曹啓: 曾設薺浦、釜山浦倭學訓導, 請分置熊川、東萊兩邑, 營建學舍, 而訓導及僕從馬料, 依諸邑鄉校例。從之。"라는 記事 참조.

였고 병술(丙戌, 1706)에 다시 3원으로 복귀하였으며 위직(衛職)으로 사용(司勇) 2과를 윤부(輪付)하였다.[19] 또 역학훈도(正9品) 10원 중 왜학이 2원이어서 『경국대전』의 액수(額數)와 같으나 외임(外任)은 상당한 변화가 있었다.

『경국대전』에는 왜학훈도(倭學訓導)를 부산(釜山)과 제포(薺浦)에 각각 1원씩 두었음은 전술하였으나 정덕(正德) 경오(庚午, 1510)에 제포의 왜학을 혁파하고 영의정 이원익(李元翼)의 계청(啓請)으로 천계(天啓) 계해(癸亥, 1623)에 왜학훈도 1원을 부산에 두어 왜어를 학습하게 하였는데 이를 왜학별차(倭學別差)라고 불렀다.[20]

『대전속록』에 의하면 제주(濟州)에 왜통사(倭通事)를 파견할 때에 취재 시 차례(次第)에 든 사람을 보낸다는 기록이 있어 제주의 왜학 겸군관(兼軍官)은 취재할 때에 차 순위에 든 사람을 차송(差送)하였으나 후에는 가감인(加堪人)을 택송(擇送)하도록 하였고 강희(康熙) 경신(庚申, 1680)부터는 윤차(輪差)의 방법도 원용하였다.[21] 또 통영(統營)에 역학훈도 2원을 순치(順治) 무자(戊子, 1684)에 설치하여 그중 1원을 왜학으로 하였으나(또 하나는 漢學訓導) 강희(康熙) 병술(丙戌, 1706)에 비변사(備邊司)의 회계(回啓)에 의하

---

19 실제로 譯官의 꽃이라면 堂上譯官을 말하며 赴京使行이나 通信使行에서 堂上譯官의 역할은 대단히 중요하였다. 朝鮮 前期에는 漢學 이외의 三學(蒙·倭·淸學)에는 倭·胡 兩亂 前까지 堂上譯官이 설치되지 않았다. 그러나 壬辰倭亂 이후 萬曆 壬寅에 倭學堂上이 처음으로 설치되고 丙子胡亂 이후 淸學 2員과 蒙學 1員의 訓上堂上이 康熙 辛酉(1681)와 康熙 癸亥(1693)에 設置되었으며 司勇 2窠로 輪付하게 하였다. 訓上堂上은 使行에서 堂上元遞兒나 堂上別遞兒로 파견되어 堂上譯官의 임무를 띠게 되는데 所謂 七事(敎誨, 正, 敎授, 御前, 訓導, 上通事, 年少聽敏)를 모두 거쳐야 비로소 訓上堂上의 자격을 갖게 된다(『통문관지』 卷1「沿革」'官制' '訓上堂上'조 참조).

20 이에 대하여는 『통문관지』(卷1) 「沿革」'官制' '外任'조에 "譯學訓導: [中略] 別差-員, 天啓癸亥梧里李相國元翼, 爲應少輩之能倭語, 啓諸以敎誨中, 未經訓導者, 聽敏中有將來者, 輪回差送、而只今習語, 以竢後日之用。公幹則專責於訓導。詳見啓辭謄錄。"라는 기사 참조.

21 『大典續錄』(卷1) 「吏典」에 "濟州倭通事, 以取才之次人差遣"이란 기사와 『통문관지』(卷1) 「沿革」'官制' '外任' '譯學兼軍官'조에 "全羅左水營一員、右水營一員、忠淸水營一員, 爲漂倭問情設, 并以倭學差送。[中略] 以上法典 雖以取才居次者差送云。而中古以來并以可堪人擇送。自康熙庚申義州、統營、濟州則以違厭避, 令五等第輪差。[下略]"란 기사 참조.

여 거제(巨濟)로 이전하였으며 후일 이를 다시 옥포(玉浦)로 이주시켰다. 전라좌수영과 우수영, 그리고 충청수영에도 각각 1원의 왜학역관을 배치하였으나, 충청수영의 것은 강희(康熙) 경술(庚戌, 1671)에 권감(權減)되었다(이상 『통문관지』 卷1 「관제」 '외임' 및 [속]조 참조).

왜학생도는 『대전후속록』(1543)에서 일시 50인이 되었으나[22] 『통문관지』에 의하면 사역원 왜학생도 15인, 예차생도 25인이 강희(康熙) 을묘(乙卯, 1675)부터 정액(定額)으로 규정되었고 우어청(偶語廳)에 건륭(乾隆) 신유(辛酉, 1741)부터 왜학이 30인, 왜학전함(倭學前啣)이 50인으로 정액을 삼았다. 외방 역학생으로 제포, 부산포에 각 10인, 염포(鹽浦)에 6인은 『경국대전』의 규정과 같으나 제주에 15인(康熙 辛亥, 1671년 시치), 거제에 5인(康熙 丁亥, 1707年 시치)이 추가되었다(『통문관지』 卷1 「官制」 '原籍' '院內總額' 및 '外方譯學生'조 참조). 또 등제(等第), 즉 부경(赴京) 및 통신사행의 체아직(遞兒職)으로 『대전후속록』에 의하면 왜학교회 10원과 연소총민(年少聰敏) 15원을 두었으며 왜학(倭學) 교회(敎誨)는 병자호란 때 권감되었다가 순치(順治) 계사(癸巳, 1650)에 복설되었다(『통문관지』 권1 「官制」 '等第'조 참조).

이에 대하여 일본 측의 기록인 『상서기문(象胥紀聞)』을 보면,

> 譯官 倭學 堂上{數不定} 堂下{敎誨十員} 同{聰敏十五員} 同偶語廳{數不定} 但 倭譯ニ志シ候者ハ最初ニ前銜ト云部ニテ稽古イタシ候由 訓導二{京一員 釜山一員 同別差一員} 譯官二{慶尙道 巨濟 全羅道 順天}置 小通事三十名 (中略) 右譯官倭淸漢學トモニ堂上崇祿大夫マテニ登リ候テモ正三品ノ衆ニ及ズ文官ノ從三品ニ鈞合郡縣令ニ同シト云ドモ使臣ノ命ヲ受候テハ縣令ヨリハ少シ重シト云 - 역관 왜학의 당상 {액수 정하지 않음}, 당하 {교회 10원} 같음{총민 14원}, 같음 {우어청 액수 정하지 않음}, 다만 왜역에 뜻을 둔 자는 처음에 전함(前銜)이란 곳에서 공부합니다. 훈도 2인 {서울에 1원, 부산에 1원, 같은 별차 1원}, 역관 2인 {경

22 『大典後續錄』(卷3) 「勸奬」조에 "倭學元額四十人, 加定十人, 其中十人, 年少聽敏者各別抄擇敎誨考講, 歲秋通計分數, 十次通者本學遞兒職除授"라는 기사 참조.

> 상도 거제, 전라도 순천}에 두다. 소통사 30명 [중략] 이 역관들은 왜학, 청학, 한학과 함께 당상의 숭록대부까지 오를 수 있지만 정2품에는 이르지 못하고 종3품의 군수, 현령과 같다고 하지만 사신(使臣)의 명을 받으면 현령보다 조금 무겁다고 한다.[23]

와 같다.

『속대전』 이후 조선 시대 제도의 변동은 『대전통편』(1785), 『대전회통』(1865), 『육전조례(六典條例)』(1865)에 나타나며 『통문관안(通文館案)』에서 사역원의 제도상 변화를 최종적으로 정리할 수 있다.

『대전통편』이나 『대전회통』에서 사역원 직제상의 변화는 별로 두드러지게 나타나지 않는다. 『육전조례(六典條例)』(권6) 「예전」 '사역원'조를 보면 "訓導十員(正九品), 漢學四, 淸學·蒙學·倭學各二 - 훈도는 10원 {정9품}, 한학은 4원, 청학, 몽학, 왜학은 각 2원"라 하여 왜학훈도 2원은 『속대전』의 것과 변화가 없으며 같은 곳에 "訓上堂上十二員, {漢學六員} 掌四學譯講及公事通塞, 淸學二員, 蒙學一員, 倭學三員, 各學本學偶語考講} - 훈상당상(역관)은 12원 {한학은 6원} 사역원 사학의 역강(譯講) 및 공사의 막힌 곳을 통하게 함. 청학 2원, 몽학 1원, 왜학 3원은 각기 전공 언어나 본학의 우어(偶語)와 고강(考講)을 담당함"라 하여 훈상당상(정3품 이상 당상역관)이란 기사에 왜학 3원이 있어서 우어청 왜학의 고강을 관장하였음을 알 수 있다. 또 "倭學教誨十員, 聰敏十五員, 偶語廳倭學三十員"이라 하여 『통문관지』 의 등제(等第) 왜학교회 총민(聰敏)의 액수와 동일하다.

외임(外任)으로는 전라도 좌·우수영(水營)과 제주·통제영에 각 1원의 왜학역관(겸군관)이 있고 부산의 왜학훈도와 별차(別差)가 각 1원씩 설치되어[24] 『통문관지』의 기록과 같다. 다만 『통문관안(通文館案)』에 의하면

23 『象胥紀聞』은 筆寫本으로 여러 異本이 있다. 본서에서 인용한 것은 天理大學 圖書館所藏本(黑川眞賴·眞道藏本)을 참조하였다.

24 『六典條例』(卷6) 「禮典」 '各道譯學' 조에 '[前略] 全羅左水營{漢學·倭學}, 濟州{漢學·

부산별차가 고종 13年(1876)에 동래(東萊)의 왜학교회로 승자되어 왜학 겸군관이 5인으로 늘었고 또 부산의 왜학훈도도 검찰관으로 승자되어 왜학당상이 차송되었음을 알 수 있다(鄭光·韓相權, 1985 참조).

이상 조선에 있어서 사역원 직제의 변동을 중심으로 왜학(倭學)의 변천을 살펴보았다. 다음에는 왜학서(倭學書)의 변천을 살펴보기로 한다.

2.2.2 초기 왜학서의 시대적 변화

조선 건국 초기부터 사역원이 설치되고 제방(諸方)의 역어(譯語)를 관장하게 되면서 사역원은 두 가지 중요한 업무를 담당하게 되었다. 하나는 역관을 관리하여 부경사행(赴京使行)이나 통신사행(通信使行)을 수행하면서 통역을 담당하게 하고 표류 도래인(渡來人)을 심문하거나 북방 국경의 한인(漢人)·야인(野人) 및 남·서해안의 관왜(館倭)와 표왜(漂倭)들과의 접촉을 담당하게 하는 것이다. 또 하나는 유능한 새 역관을 양성하고 기성의 역관도 끊임없이 연수시키는 외국어의 교육을 담당하는 것이다. 사역원의 11개 녹직(祿職) 중에서 교육을 담당한 훈도(訓導)와 교수(教授)만이 구임(久任)의 실직(實職)이고 나머지 정(正)·부정(副正) 이하의 녹직은 양도목(兩都目)의 체아직이었음을 보더라도 사역원이 외국어 교육기관으로서의 역할이 더 중시되었음을 알 수 있다.

사역원에서는 주변국가의 외국어를 교육하기 위하여 교회(教誨 - 訓導, 教授, 兼教授)를 임명하고 양가자제를 입속(入屬)시켜 한어, 몽고어, 일본어, 여진어 또는 만주어를 교수하였다. 또 외국어 교육을 위하여 많은 외국어 교재도 마련하였는데 이렇게 마련한 교재들을 역서(譯書) 또는 역학서(譯學書)라고 불렀다(졸고, 1971).

이 역학서들은 해당 외국어의 변천과 국어의 변화 그리고 한글 표기체계의 변동, 중국에서 왕조의 교체로 인한 표준어의 변화에 따라 변천을 거듭하였다. 鄭光·韓相權(1985:205~6)에서는 조선에서 『경국대전』의

倭學}, 統制營{漢學·倭學}, 釜山{倭學訓導·別差}'란 기사 조.

간행과 그 후 왜·호 양란(兩亂)을 기점으로 하여 역학서의 변천을 세 시기로 나누어 보았다. 제1장 총론에서도 언급하였지만 그에 의하면,

전기(前期) - 조선의 건국 초기부터 『경국대전』까지, 초창기(草創期)의 역학서

중기(中期) - 『경국대전』 이후부터 『속대전』까지, 정착기(定着期)의 역학서

후기(後期) - 『속대전』 이후부터 구한말(舊韓末)까지, 개정(改訂), 증보기(增補期)의 역학서

라 하였는데 전기(前期)의 역학서들은 주로 해당국의 훈몽서들을 수입하여 사용하였다. 중기(中期)에서는 왜·호 양란(兩亂)을 거치면서 이들 언어와 직접적인 접촉에 의하여 보다 실용적이고 회화 중심의 교과서를 사역원에서 스스로 편찬하여 사용하기 시작하였다. 후기(後期)는 중기(中期)에 편찬된 것을 신석(新釋), 개수(改修), 증보(增補), 중간(重刊)하여 사용하였다(졸저, 1988b).

여기서는 이와 같은 분류에 따라 조선시대 사역원에서 사용한 왜학서(倭學書)를 세 시기로 나누어 개관하고 이와 더불어 영조 정묘(丁卯, 1747) 식년시의 역과 왜학에 부거(赴擧)한 현계근(玄啓根)의 시권에 보이는 왜학서가 이와 같은 변천 과정에서 어떤 위치를 차지하고 있는가를 밝혀 보고자 한다.

2.2.3 『세종실록』과 『경국대전』의 왜학서

전기의 왜학서로서는 먼저 『세종실록』(권47) 세종 12年 3月 무오(戊午)조에 태종 때에 설치된 십학(十學)의 취재에서 사용할 경서와 제예(諸藝)의 수목(數目)을 결정하려는 상정소(詳定所)의 계문(啓文)이 게재되었는데 그중에 왜학서의 서명이 보인다. 이것을 옮겨보면 동 역학 왜훈(倭訓)에 “소식(消息), 서격(書格), 이로파(伊路波), 본초(本草), 동자교(童子敎), 노걸대

(老乞大), 의론(議論), 통신(通信), 정훈왕래(庭訓往來), 구양물어(鳩養勿語), 잡어(雜語)"라 하여 11종에 달한다.

한편『경국대전』(권3)「예전」'제과' '역과초시' '왜학(倭學)'조에 사자(寫字)의 출제서로 "이로파, 소식, 서격, 노걸대, 동자교, 잡어, 본초, 의론, 통신, 구양물어, 정훈왕내, 응영기(應永記), 잡필(雜筆), 부사(富士)" 등 14개의 왜학서가 등재되었다. 이것은 세종 12년(1430)에 취재에 사용된 11개의 왜학서에 비하여 '응영기, 잡필, 부사'가 더 추가된 것이다.『경국대전』에 규정한 역과는 초시와 복시로 나누어 3년 1시의 식년제(式年制)이었으며 중인계급이 환로(宦路)에 출신할 수 있는 길이어서 조선에서는 외국어 학습자를 유치하는 수단으로 설과한 것이다.

그러나 실제 사행을 수행하는 역관과 녹직(祿職)의 임명은 취재에 의하였다.『경국대전』(권3)「예전」'취재'조에는 사맹월(四孟月)에 예조(禮曹)와 각사(各司)의 제조(提調)가 실시하는 취재의 시식(試式)이 규정되어 있으며, 이 때 제학 취재의 왜학에 관한 시식이 있었다. 여기에 등재된 취재 왜학의 출제서를 보면 다음과 같다.

> 取才, 諸學四孟月, 本曹同提調取才。無提調處, 則同該曹堂上官取才。[中略] 倭學, 應永記、本草、伊路波、消息、議論、通信、鳩養物語、富士、老乞大、童子敎、書格、庭訓往來、雜語、雜筆 已上寫字。- 취재는 제학이 사맹월(1년을 넷으로 나누어 그 첫 달. 즉 1월, 4월, 7월, 10월을 말함)에 예조와 동 제조가 취재한다. 제조가 없는 곳은 해당 관서에서 당상관이 취재한다. [중략] 왜학은 <응영기>, <본초>, <이로파>, <소식>, <의론>, <통신>, <구양물어>, <부사>, <노걸대>, <동자교>, <서격>, <정훈왕래>, <잡어>, <잡필>을 사자(寫字)한다.

이것은 같은 곳에 기록된 역과 왜학 초시의 사자(寫字) 왜학 출제서와 동일하며 순서만 바뀌었을 뿐이다. 이 왜학서들은 오늘날 '이로파(伊路波)'를 제외하고 모두 실전되어 어떠한 책인지 알 수 없으나 小倉進平·

河野六郎(1964), Song(1978), 韓沽劤 外 四人(1986) 등에서 書名에 의하여 부분적으로 고찰되었다.

이에 관한 일본 측의 기사로는 마쓰시타 겐린(松下見林)의 『이칭일본전(異稱日本傳)』에서 『경국대전』의 '이로파(伊路波), 소식(消息)' 이하의 왜학서가 거의 '국속토원지책(國俗兎園之册)'에[25] 불과하며 그 중 '노걸대'는 호어(胡語)가 혼와(混訛)되어 있다고 하면서 왜 고려인들은 일본의 국사제서(國史諸書)를 공부하지 않는가 한탄하였다.[26]

『세종실록』의 世宗 12年(1430) 기사나 『경국대전』(1469)의 편찬 연대로 보아 이곳에 게재된 왜학서들은 적어도 일본 무로마치(室町) 시대의 중엽, 또는 그 이전에 사용한 일본의 훈몽서(訓蒙書)들임을 알 수 있다. 위와 같은 내용과 유사한 기사가 『통항일람(通航一覽)』에도 전해진다. 즉 같은 책(권111) 「조선국부(朝鮮國部)」87 '필담창화부(筆談唱和部)'에 다음과 같은 기사가 있다.

> 經國大典和學部載庭訓注來、童子教等書目, 此皆兎園策而已。如六國史、懐風藻、經國集及諸實錄、律令等, 皆未傳貴國耶? 吾國水戶義公, 以一代雄才, 撰大日本史二百四十卷。但以未刊行, 不廢敷人間, 貴邦東國通鑑亦營, 以義公校刊行于世, 云云。

이라 하여 영조 24년(1748)에 도일한 통신사행(正使 洪啓禧)의 제술관(製述官) 박경행(朴敬行)과의 필담에서 태의령(太醫令) 조산대부(朝散大夫) 다치바나 겐군(橘元勳)은 역시 '정훈왕래(庭訓往來), 동자교(童子教)' 등의 『 경국대

25 '兎園之册'은 비속한 책을 가리킴. '兎園'은 梁 孝王의 정원을 말하며 여기에 소장된 장서들은 모두 俚語로 작성된 것이라고 알려진 데서 온 故事成語임.

26 松下見林의 『異稱日本傳』(卷下)의 '四'에 "經國大典 [中略] 卷之三 禮典 [中略] 寫字 倭學 伊路波, 消息, 書格, 老乞大, 童子教雜語本草, 議論, 通信, 鳩養物語, 庭訓往來, 應永記, 雜筆富士. 今接伊路波消息以下, 多皆國俗兎園之册, 老乞大胡語混訛, 惜哉 不令高麗人知國史諸書矣"라는 기사를 참조할 것. 筆著가 參考한 것은 『改定史籍集覽』(1901) 第廿册 '新加通記類' 第十三 '異稱日本傳' 卷下之四 p.662에 수록된 것인데 위에서 보이는 것처럼 띄어쓰기가 틀렸다.

전』의 왜학서를 '토원책(兎園冊)'일 뿐이라고 보았다.

2.2.4 일본의 훈몽서와 초창기의 왜학서

필자는 鄭光·韓相權(1985)에서 사역원의 외국어 교과서가 초창기(草創期)에는 해당국의 훈몽서를 수입하여 사용하였음을 주장한 바 있고 졸고(1987c)에서도 이에 대하여 부연(敷衍)한 바 있다. 한어, 몽고어, 일본어, 여진어를 교육하던 초기의 사역원 사학에서는 '노걸대·박통사'와 같은 사역원 자체에서 편찬된 교재도 있지만[27] 대부분은 해당국의 동몽서(童蒙書)를 사용하였다.

사역원 한학의 한어 교재인 사서(四書)나 <직해소학(直解小學)> 그리고 몽학의 몽고어 교재인 <대루원기(待漏院記)>, <정관정요(貞觀政要)>, <공부자(孔夫子)>, <속팔실(速八實)>, <백안파두(伯顔波豆)>, <토고안(吐高安)>, <장기(章記)>, <거리라(巨里羅)>, <하적후라(何赤厚羅)>, <왕가한(王可汗)>, <고난가둔(高難加屯)>'은 元代에 널리 사용된 몽고인의 훈몽서였으며(李基文, 1964, 1967 및 Song, 1978) 여진학의 '<천자(千字)>, <천병서(天兵書)>, <소아론(小兒論)>, <삼세아(三歲兒)>, <자시위(自侍衛)>, <팔세아(八歲兒)>, <거화(去化)>, <칠세아(七歲兒)>, <구난(仇難)>, <십이제국(十二諸國)>, <귀수(貴愁)>, <오자(吳子)>, <손자(孫子)>, <태공(太公)>, <상서(尙書)>' 등은 역시 여진족의 훈몽서로 보인다.[28]

『세종실록』 제학취재 역학 왜훈(倭訓)에 보이는 왜학서와 『경국대전』 역과 왜학에 소재된 왜학서는 조선 초기에 삼포(三浦)에 거주하는 왜인

---

27 <老乞大>와 <朴通事>는 원래 中國語를 배우는 會話教科書로 편찬된 것이었으나 <老乞大>는 蒙古語와 日本語의 교육을 위하여 '蒙古語老乞大', '倭語老乞大'도 편찬했던 것으로 보인다. 병자호란 이후에는 '老乞大'의 내용을 滿洲語로 번역한 '清語老乞大'도 편찬되어 만주어 학습에 사용하였다. 이 때에 <蒙古語老乞大>도 漢語 <노걸대>의 것을 새로 번역하여 이들을 모두 '新飜老乞大'란 이름으로 불렀다(졸저, 1990 참조).

28 이중 <小兒論>과 <八歲兒>가 淸學書(滿洲語 教科書)로 바뀌어 現傳하는데 둘 다 小兒의 知慧를 자랑하는 내용이다(졸고, 1987a). 이에 대하여는 제5장에서 상론되었다.

(倭人)에 의하여 전수된 것이라는 기록이 일본 측에 남아 있다. 즉 이토 도가이(伊藤東涯)의 『소술잡초(紹述雜抄)』에 소수된 「동애담총(東涯談叢)」(권 지하)[29]의 '정훈(庭訓)·동자교(童子教)' 조에

> 近世授童子以蒙求、千字文, 其下者止於庭訓、童子教。闔國通習, 延播三韓, 朝鮮世祖莊王時, 命崔恒、姜希孟、徐居正等, 修經國大典六卷, 成化五年徐居正序。禮曹譯科初試, 寫字倭學, 有伊路波、消息、書格、老乞大、童子教、雜筆、富士等, 皆似書題號, 而今不可曉。朝鮮傭參叢話 {成文公撰有二十卷},[30] 其時倭人在三浦, 耕土爲田, 斑衣絡繹於遍圍, 有蔓延離圖之弊。又海東諸國記 {申叔舟著}, 對馬島之人, 初請來寓三浦, 熊川之乃而浦, 東萊之富山浦,[31] 蔚山之鹽浦, 號爲三浦。互市鉤魚, 其居土及通行, 皆有定處。不得違越, 事畢則還回, 緣留民漸止繁滋云云。元明之間, 吾民富山浦可見, 豈其時携往吾邦文字耶? 然其書今不可悉知。- 근세에 아이들은 <몽구>, <천자문>으로 교육하고 그 아래 사람들은 <정훈>, <동자교>에 머문다. 온 나라에서 통습하는데 삼한에까지 퍼져나가 조선 세조 장왕 때에 최항, 강희맹, 서거정 등이 『경국대전』 6권을 찬수하여 성화 5년에 서거정이 서를 썼다. 예조의 역과 초시에 사자 시험으로 <이로파>, <소식>, <서격>, <노걸대>, <동자교>, <잡필>, <부사> 등이 있는데 모두 책의 서명으로 보아 이제 알 수가 없다. 조선 <용참총화>에 {성문공이 편찬하여 20권이 있다} 그때에 왜인이 삼포에 있어서 땅을 일구어 밭을 삼아 반의낙역(斑衣絡繹 - 얼룩덜룩한 일본인의 옷차림)이 주위에 널려있어 너무 만연하여 떠나려고 하는 폐가 있었다. 또 <해동제국기>에 {신숙주 저} 대마도가 들어와 처음에 삼포에 머

29 伊藤東涯의 『紹述雜抄』는 일본 大阪府立圖書館의 所藏本을 참고하였는데 이것은 일본 文久 元年(1861)의 書寫期를 가지고 있다. 원래 이 책의 後記에 의하면 일본의 明和 庚寅(1770)에 편찬된 것으로 보이며, 또 하나의 書寫本이 天理大學圖書館에 소장되어 있다.

30 成俔의 『慵齋叢話』를 지칭하는 것으로 보임.

31 釜山浦를 말하는 것으로 보임.

물었는데 웅천의 내이포, 동래의 부사포, 울산의 염포가 삼포라고 부른다. 시장을 열고 물고기를 잡았으며 사는 곳과 통행하는 곳이 모두 정한 곳이 있어서 부득이하게 위반할 경우 일을 마치면 돌아와서 알려야 했는데 머무는 사람이 많아지기 때문이다. 운운. 원명(元明) 사이에, 즉 원과 명이 교체하는 사이에 우리 백성들(일본인)이 부산포에서 볼 수 있었는데 그때에 우리 나라 문자를 가져가지 않았겠는가? 그러나 그 책들은 지금 전혀 알 수가 없다.

라는 기록이 있어 이 왜학서들이 원명(元明) 사이에, 즉 여말(麗末)선초(鮮初)에 삼포(三浦)에 거주하던 왜인들이 가져온 서적으로 보았으나 어떤 책인지는 알 수 없다고 하였다.

3) 일본 무로마치(室町) 시대의 사학(私學)

2.3.0 그러면 다음에는 이 시대의 일본에서는 어떠한 훈몽서들이 있었는가를 살펴보기로 한다.

일본에 있어서 학교교육의 시원은 중국의 한자가 전래된 때까지 거슬러 올라간다. 일본 응신(應神) 16년(285)에 백제의 아직기(阿直岐)와 왕인(王仁)에 의하여 한자의 초보교과서인 <천자문(千字文)>과 <논어(論語)>가 전수되고 그 후 계속해서 한반도와 중국으로부터 많은 문인(文人)들이 도일(渡日)하여 한자의 사용을 촉진시켰고 유학(儒學)을 흥융(興隆)하게 하였다.[32]

그리하여 이중(履中) 4년(403)에는 제국(諸國, 일본의 各藩國을 말함)에 국사(國史, ふみひと)를 두고 언사(言事)를 글로 써서 사방(四方)에 전달하였다는

---

32 文部省(1910)에 의하면 王仁의 後裔를 文氏라 하고 王仁보다 四年後에 渡日한 阿知使主(アチオミ)를 漢氏(アヤ氏)라고 불러 區別한다고 하였는데 漢氏는 大和에서, 文氏는 河內에서 각각 代代로 文筆을 管掌하여 왔으므로 이들을 東西(ヤマトムチ)의 史部(フヒトベ)라고 불렀다고 함(文部省, 1910:11~12).

기록이 있어[33] 이 때에 한자가 널리 사용되었음을 알 수 있다. 또 흠명(欽明) 13년(552)에 일본에 불교가 전래되고 이것이 토착신앙인 신도(神道)와 통합되면서 급격하게 번성하였다.[34] 일본의 학교교육은 본래의 신도와 외내의 유교, 불교의 교육에서 시작되었다(文部省, 1910:37).

일본의 사료에 보이는 최고(最古)의 학교는 '법륭학문소(法隆學問所)'로서 추고(推古) 15년(674)에 성덕(聖德) 태자가 창건한 것이다. 그러나 이것은 불가(佛家)의 교육을 위한 것이므로 일반인의 교육기관으로 가장 오랜 것은 천지(天智) 때(662~671)에 백제에서 도래한 귀실집사(鬼室集斯)가 처음으로 학직두(學職頭, ガクショクノカミ)가 되었던 대학료(大學寮)를 들지 않을 수 없다. 이 학교는 관학(官學)으로서 천무(天武) 때(673~686)에 창건되었다. 또 이 때에 지방에는 부학(府學)과 국학(國學)을 두어 크게 학문이 장려되었으며 문무(文武) 5년(大寶年)에 '대보령(大寶令)'을 제정하여 교육에 관한 제도를 정비하였다.

대보령(大寶令)으로 설치되어 정비된 대학(大學)에서는 '명(明)·경(經)·서(書)·산(算)' 등 여러 과목이 있었으나 후일 명경(明經)·기전(紀傳)·명법(明法)·명산(明算)의 사도(四道)로 완정(完定)되었다[35]. 명경도(明經道)는 경전류를 연수하던 것으로 주로 '주역(周易), 상서(尙書), 모시(毛詩), 주례(周禮), 의례(儀禮), 예기(禮記), 효경(孝經), 논어(論語), 춘추좌씨전(春秋左氏傳)'의 9

---

33 『日本書記』(卷9) 第十二 '履中天皇'조에 "四年秋八月辛卯朔, 戊戌始之於諸國置國史, 記言事, 達四方志"라는 기사 참조.

34 佛敎가 傳來된지 半世紀도 못 된 推古代(593~627)에는 벌써 寺院이 46個, 僧侶가 816人, 比丘尼가 569人을 헤아리게 되었다고 한다.

35 일본 初期의 大學은 地方諸國의 國學에 대해서 中央의 官吏 양성기관으로서 설치된 것이다. 그 기원은 天智朝(662~71)에 있지만 구체적인 制度는 '大寶令'에 의해서 만들어졌다. 大實令은 唐의 '永徽令'을 藍本으로 하여 文武 4년(700)에 刑部(おさかべ)藤原不比等(후지와라노 후히토) 등 19인이 撰述을 시작하여 養老 5년 後半에서 6년 初(721~2) 사이에 완성된 것으로 天平寶宇 元年(757) 5月에 이르러 처음으로 실시되었다. 大學은 八省의 하나인 式部省에 所屬되어 頭(カミ)아래 事務官과 博士 助博士(後日 養老令에 의해서 助敎로 바뀜)가 있었으며 學科에는 本科(明經), 明法, 書, 算의 4科가 있었는데 天平年間(729~748)에 文章이 추가되었다. 共通 必須科目으로 音道(漢音의 發音)가 있었으며, 學生은 大學生이외에 算生, 書生이 있었으나 蔭位制에 의해서 貴族의 子弟가 大學을 忌避하였기 때문에 매우 저조하였다고 한다(久木幸男, 1968).

종이었으며 후에 공양(公羊)·곡량(穀梁)의 2전(傳)이 추가되었다.[36]

기전도(紀傳道)는 역사 및 문장을 학습하던 과목으로 삼사(三史, 史記, 漢書, 後漢書)와 <삼국지(三國志)>, <진사(晋史)>를 각기 1사(史)로 하고 <이아(爾雅)>와 <문선(文選)>도 역시 하나의 과시서(科試書)로 하되 삼사(三史)와 <문선>은 대경(大經)으로 간주하였다. 명법도(明法道)는 법률과 제도의 학습을 주안으로 하였는데 주로 일본의 율령(律令)을 전공하는 것이었다. 법서(法書)는 율(律)을 대경으로 하고 령(令)을 소경(小經)으로 하였다.

산도(算道)는 수학(數學)과 천문(天文)·역술(曆術)을 배우는 것으로 산술(算術)은 '손자(孫子), 오조(五曹), 구장(九章), 해도(海島), 육장(六章), 철술(綴術), 삼개중차(三開重差), 주패(周稗), 구사(九司)'의 9경(經)을 학습하였으며 이를 모두 소경(小經)으로 간주하였다. 천문서(天文書)는 '천관서(天官書), 천문지(天文志), 오행대의(五行大義), 율력지(律曆志), 대연력(大衍曆)' 등으로 각 1경(經)으로 삼아 학습하였다.[37] 특히 흥미가 있는 것은 음도(音道, 漢音을 배우는 과정)가 공통 필수과목이라는 점이다. 이에 의하면 대학(大學)의 학생들은 한어(唐代의 발음)를 공통 필수로 하였음을 알 수 있다.

지방의 부학(府學)과 국학(國學)도 대체로 대학(大學)과 같은 교육과정을 마련하였다.[38] 또 대학(大學)과 국학(國學)에서 시험을 실시하여 합격한 자를 거인(擧人, 大學의 시험에 통과한 자), 또는 공인(貢人, 國學에서 選擧한 자)

36 經典의 卷秩의 多少에 따라 大·中·小의 셋으로 나누어 <禮記>, <左傳>을 大經으로 하고, <毛詩>, <周禮>, <儀禮>를 中經으로 하며 <周易>, <尙書> 및 <公羊·穀梁傳>을 小經으로 나누어 學生들은 各 1經을 전공하도록 하였는데 <孝經>과 <論語>는 基礎 共通科目으로서 모든 學生이 肄習하게 하였다.

37 明法道와 算道의 肄業大經과 小經은 <高麗史>의 東堂監試 雜學의 明法業, 明算業의 출제서와 大同小異하다(졸고, 1987c:40~42). 물론 이들은 모두 中國의 雜途 出身의 과거 제도와 관계를 맺고 있다(宮崎市定, 1987).

38 國學은 '大實令'에 의하여 日本의 各 지방 領主國에 1個所를 설치하였던 것으로 地方 豪族의 子弟를 교육하기 위한 學校였다. 國博士 1員과 郡司子弟의 國學生(定員 20~50명)으로 되었으며, 儒學 專攻科를 主體로 하여 백성에게 醫術을 가르치는 과정도 併設되었다. 8세기 말부터 9세기 초까지를 全盛期로 하여 그 이후는 점차 衰退하였다. 府學은 筑前大宰府에 둔 것을 말한다. 桃裕行(1984), 久木幸男(1968) 및 文部省(1910) 참조.

이라 불렀으며 태정관(太政官)에 보내어 인재로 등용되었다고 한다.[39] 이것은 일본이 중국·한국과 더불어 모두 수(隋)·당(唐)의 과시제도와 교육제도의 영향을 받고 있었음을 말하는 것이다.

2.3.1 역사적으로 본 일본의 학교

학교는 과거를 예비하는 기관이었다. 당시 당(唐)의 경사(京師)에는 숭문(崇文)·홍문(弘文)의 2관(館)이 있어 황친(皇親), 외척의 자제를 수용하고 또 장안(長安)에는 국자학(國子學)과 태학(太學)이 있어 각각 문무관(文武官) 3품 이상, 또는 5품 이상의 자제를 입속(入屬)시켰으며, 그 외에 사문학(四門學)이 있어 6품 이하의 서인(庶人)을 교육시켰다. 따로 율학(律學), 서학(書學), 산학(算學)이 있어 8품 이하의 자제 및 서인에게 특수교육을 시켰는데 지방의 주현(州縣)에도 학교가 있어 성적이 우수한 자를 과거에 응시할 수 있게 하였다고 한다(宮崎市定, 1987:34).

이와 같은 당(唐)의 학교제도는 신라·고려의 학교 제도에 많은 영향을 주었고 일본의 헤이안(平安) 때에도 영향을 주었다. 대학(大學)과 국학(國學), 부학(府學)과 같은 관학(官學) 이외에도 헤이안(平安) 시대에 들어와 사립학교가 귀족들의 손에 의하여 설치되어 대단히 번창하기에 이른다.[40] 특히, 가나(假名) 문학의 발달과 더불어 일본문학의 학습과 감상 그리고 스스로 작품을 쓰기 위한 가나즈카이(假名遣, 가나문자 정서법)의 학습이 점차 일반 서민교육에서 싹트기 시작하였다.

가마쿠라(鎌倉)시대에 들어와 전대(前代)의 대학과 국학은 유명무실해졌으며 공가(公家), 무가(武家)의 교육은 가정교육에 의존하게 되었다. 따라서 전대의 유학(儒學) 중심의 관학은 급격히 쇠퇴하고 실용적인 무학

---

39 國學과 大學에서의 試驗은 每年 보는 것과 每月 보는 것이 있었는데 每年試에 合格하는 것을 及第라 불렀으며 이들은 上第, 中第, 下第의 구별이 있었다(桃裕行, 1947; 久木幸男, 1968). 이것은 新羅의 讀書三品出身科의 上讀·中讀·下讀의 구별과 비교하면 매우 흥미있다.

40 平安時代에 설립된 私立學校 중 중요한 것만 들어 보면, 弘文院을 爲始하여 勸學院, 文章院, 綜藝種智院, 學館院, 奬學院 등이 있다(文部省, 1910:74~77).

(武學), 법률학(法律學) 등과 일본문학, 미술 등의 교육이 새롭게 중요과목으로 등장하였다. 특히, 이 시대에는 가마쿠라 바쿠후(鎌倉幕府)의 무단정치에 의하여 관학이나 사학의 학교들이 쇠퇴한 대신에 '데라코야(寺子屋)' 같은 서민 교육기관이 번성하게 되었다.

2.3.2 일본 중세의 데라코야(寺子屋) 교육

일본의 중세시대는 귀족과 무사(武士)와 더불어 또 하나의 중요한 권력집단으로 사원(寺院)이 있었다. 일본에 있어서 불교사원은 치외법권(治外法權)의 별세계로서 독자적인 문화를 향유할 수 있었다. 일본의 중세시대는 천태(天台)·진언(眞言) 등의 구불교(舊佛敎)로부터 선(禪)·정토(淨土)·법화(法華) 등의 신불교(新佛敎)도 있어서 여러 가지 종파(宗派)로 나뉘어졌으나 모든 사원(寺院)의 공통적인 사회적 역할의 하나는 일반 서민들에게 초보적인 문자교육, 즉 한자와 가나(假名)를 읽고 쓰기를 가르치는 교육기관이라는 점이다.

이것을 사원의 교육이라고 이름을 붙인다면 이 교육은 출가(出家)한 승려(僧侶)의 교육과 출가하지 않은 세속인(武士, 庶民의 자제)을 맡아 교육하는 두 가지로 나뉘게 된다. 후자를 수발교육(垂髮敎育)이라 하여 출가해서 사원에 머물고 있으나 아직 속인(俗人)의 모습을 하고 있는 소년을 수발(垂髮)·동형(童形) 등으로 부른다.[41] 수발(垂髮)을 절에 머물게 하는 풍습은 헤이안(平安) 초기부터 기록에 나타나지만 이들에게 학교교육을 실시하였다는 기록과 수발교육의 방법 및 규준에 대해서는 가마쿠라(鎌倉)시대 초기부터 많은 문헌에 자세히 나타난다.[42]

---

41 出家할 예정으로 寺院에 머물고 있지만 아직 俗人의 모습을 하고 있는 少年들을 中世 以前에는 '兒(또는 稚兒), 垂髮, 少人, 童形' 等 여러 가지 이름으로 불렀다(石川謙, 1960:41).

42 寺院의 교육에 대해서는 仁和寺의 門跡 守覺法親王의 기록인 <左記>, <右記>가 가장 오래고 또 가장 精密하게 기술하였는데, 文治年間(1185~1189)의 著作이라고 알려진 <右記>의 '童形消息ノ事' 조에 垂髮敎育의 日課, 學習科目, 禮節, 修行生活守則, 其他 등에 대하여 자세히 기록하여 놓았다(石川謙, 1960:41~42).

이와 같이 가마쿠라(鎌倉) 시대에 들어와 번성하기 시작한 데라코야(寺子屋)의 교육은 실용 본위의 학습 태도에서 자연발생적으로 생겨난 것이며 이와 같은 교육관의 진전에 따라 만들어진 교재가 '왕래물(往來物)'이라는 이름의 훈몽서(訓蒙書)라고 할 수 있다. 이 고왕래류(古往來類)의 교과서는 헤이안(平安) 후기부터 시작되었는데 石川謙·石川松太郎(1967~74)에 의하면 11세기 후반 헤이안(平安) 시대의 후지와라노 아키히라(藤原明衡, ? ~1066)가 편찬한 것으로 알려진 <메이고오라이(明衡往來)>를 시작으로 하여 가마쿠라(鎌倉), 요시노(吉野), 무로마치(室町), 아즈치(安土), 모모야마(桃山)의 5대에 걸쳐 초등교과서로 애용되어 왔다.[43]

근세에 이르러는 매우 넓은 의미의 왕래물(往來類) 교과서가 여러 분야에서 간행되어 '왕래(往來)'라는 이름은 교재(教材)라는 의미로 바뀌어 갔다. 근세의 이와 같은 '왕래(往來)'와 구별하기 위하여 헤이안(平安) 후기로부터 아즈치(安土)·모모야마(桃山) 시대까지의 왕래를 고왕래(古往來)라고 부른다.

이 고왕래(古往來)의 편찬자와 학습자는 일반 가정이나 사원(寺院)의 데라코야(寺子屋) 등과 같은 사학(私學)의 교사(教師)이며 학생으로서, 관학(官學)과는 무관하였다. 따라서 이 고왕래(古往來)의 훈몽서는 정치체제의 변화와 관계없이 에도(江戶) 말기(末期)까지 거의 800년에 걸쳐 초등교과서의 왕좌를 지켜왔다.

왕래류(往來類) 훈몽서를 통하여 학습했던 사람들의 신분을 보면 헤

---

43 石川謙(1949)에서는 39個의 訓蒙書를 다음과 같이 時代別로 分類하여 놓았다.
平安後期 -- 明衡往來, 季綱往來, 東山往來, 續東山往來, 西郊往來, 管丞相往來, 釋氏往來
鎌倉時代 -- 貴嶺問答, 十二月往來, 新十二月往來, 消息詞, 垂髮往來, 雜筆往來, 常途往來, 御渡往來, 手習覺往來
吉野時代 -- 拾要秒, 大乘院雜筆集, 異制庭訓往來, 新撰遊覺往來, 新禮往來, 山密往來, 南都往來
室町時代 -- 十二月消息, 庭訓往來, 富士野往來, 消息往來, 喫茶往來, 應仁亂 消息, 尺素往來, 敎兒往來, 風情往來, 抉言秒, 新撰額聚往來, 謙倉往來, 手習往來, 腎木往來, 蒙求臂鷹往來, 會席往來
이것은 그 후, 石川謙·石川松太郎(1967~74)에서 修訂·補完되었다.

이안 시대에는 중류사회, 즉 하급귀족의 자제가 대부분이었으나, 가마쿠라(鎌倉)나 요시노(吉野) 시대에 이르면 귀족의 자제와 상류무가(上流武家)의 자제가 사원(寺院)에서 기숙하면서 함께 배우는 풍습이 있었다. 그러나 무로마치(室町) 시대에서 아즈치(安土), 모모야마(桃山) 시대에 이르면 사원에서 숙박하면서 배우는 풍습은 점차 없어지고 중류(中流) 이상의 사무라이(武士) 자제가 자신의 집이나 선생의 집(師家)에서 공부하는 풍습이 생겼다.

따라서 이때의 교육은 사원에서의 교육보다 하루에 학습하는 시간도 짧아지고 학습에 바치는 연한도 짧아져서 이 시기에 편찬된 왕래류 교과서는 귀족적인 교양교재가 삭제되고 거의 무사(武士)의 일상생활과 관계있는 지식(주로 문자)만을 될 수 있는 대로 축약해서 편찬하거나 단어 본위로 편집한 단편의 왕래류가 많아졌다. 편찬자도 가마쿠라(鎌倉), 요시노(吉野) 시대에는 이름이 있는 승려의 저작이 많았지만 무로마치(室町), 아즈치(安土), 모모야마(桃山) 시대에 이르면 무명의 승려나 시정(市井) 서가(書家)의 저작이 많아졌다.

『경국대전』에 보이는 초기의 왜학서들은 무로마치(室町) 시대에 편찬된 왕래류와 같거나 유사한 서명을 보이고 있다. 따라서 이때 일본에서 사용된 왕래류 교과서에 대한 보다 세밀한 연구가 필요하다.

2.3.3 『미즈카라노카가미(身自鏡)』의 일본 초등교육

일본의 교육사에서 왕래물이 훈몽서로서 발달하여 온 과정에 대하여는 平泉澄(1926)와 高橋俊乘(1923, 1943)의 연구가 있고 岡村金太郎(1922, 1925)의 왕래물 분류와 그 목록의 작성을 볼 수가 있다. 특히 石川謙(1949, 1960)의 연구가 정밀하게 이루어졌으며 이 연구 결과가 石川謙·石川松太郎(1967~1974)의 『일본교과서대계(日本教科書大系)』(전 15권 별권 2)에서 잘 정리되었다.

일본 교과서의 변천 과정과 사역원 왜학서에 대해서는 따로 논의하기로 하고 여기서는 다만 다마키 요시에(玉木吉得)의 자서전인 『미즈카라노카가미(身自鏡)』에 보이는 당시 초등교육의 실제 모습과 그에 사용된 동몽교과서를 소개하고 사역원 왜학서가 이 시대의 동몽서와 얼마나 밀접한 관계를 가졌는가를 살펴보고자 한다.

모리 모토나리(毛利元就)에게 등용되어 3백석(百石)의 녹봉(綠峰)을 받았던 다마키 요시에(玉木吉得)는 에이로쿠(永祿) 7년(1564) 그가 13세 되던 해에 학업을 위하여 쇼라쿠지(勝樂寺)에 입산(入山)하였으며 16세, 즉 에이로쿠(永祿) 10년(1567) 봄에 하산(下山)하였는데 그 사이 2, 3년간의 학교 과정을 『미즈카라노카가미(身自鏡)』에 기재하였다. 이를 요약 정리하면 다음과 같다.

[표 4-1] 寺子屋에서의 玉木吉得 학습시간표

年次	科目	學習書
第1年次 (13才時)	習字	いろは(初五日間), 假名文 眞名字
	讀書	洗心經, 觀音經
		庭訓往來, 式條, 童子教, 實語教, 往來物
第2年次 (14才時)	習字	草·行의 二體
	讀書	論語, 朗詠, 四書五經, 六韜三略, 其他
第3年次 (15才時)	習字	眞體中一體(約干)
	讀書	古今集, 萬葉集, 伊勢物語, 源氏物語의 一部, 八代集, 九代集.
	其他	和歌, 連歌의 習作

학습시간은 습자(習字)가 제1년차에 종일 いろは와 가나(假名)문자와 마나(眞名), 즉 한자를 연습하고 독서는 조조(早朝)에 불경, 저녁에 <정훈왕래(庭訓往來)> 등을 읽었다. 제2년차에는 초서(草書)와 행서(行書)를 습자(習字)하고 독서를 종일하되 <논어>, <낭영(朗詠)>, <사서오경(四書五經)>, <육도삼략(六韜三略)> 등의 유교 경전과 병서, 그리고 화가(和歌)를 읽었다(石川謙, 1960).

이상의 일본 훈몽서의 변천을 개관하면, 『세종실록』과 『경국대전』의 왜학서들은 위와 같은 사원의 데라코야(寺子屋)와 같은 사학(私學)의 동몽교과서가 대부분이었고 다만 <노걸대>의 한어, 또는 몽고어를 일본어로 번역하여 회화용 교과서로 이용한 것으로 보인다.

2.3.4 〈이로파(伊路波)〉의 문자 교육

초기의 왜학서 중 유일하게 현전하는 <이로파(伊路波)>는 이미 神原甚造(1925)에 의해서 세상에 알려진 뒤 濱田敦(1952)과 河野六郎(1950)에 의해서 면밀하게 고찰되었다. 일본 센고쿠(戰國) 시대의 무장(武將)인 모리 모토나리(毛利元就)에게 등용되어 300석의 녹봉을 받던 다마키 요시에(玉木吉得)는 에이로쿠(永祿) 7년(1564) 13세 되던 해에 배움을 위해 쇼라쿠지(勝樂寺)에 입산했다가 16세가 되던 에이로쿠(永祿) 10년(1567) 봄에 하산했는데 그가 데라코야에서 교육받은 3년간의 교과과정을 앞에서 살펴보았다(졸저, 2002b:343). 이를 보면 제1년 차에는 처음 5일간 '이로하(いろは)'를 학습해 가나(假字)와 마나(眞字)를 습자했다고 적었다.

'이로하(いろは)'의 학습에 쓰인 교재가 실제로 있었는지는 확인하기 어렵다. 그러나 조선 사역원에서 편찬한 <이로파>는 가나문자 학습을 위한 교재로서 훈민정음으로 가나문자의 각 발음을 표음했다.[44] 졸저(2002b:397~398)에 따르면 가가와(香川)대학 소장본 <이로파>는 '이로파사체자모 각사십칠자(伊路波四體字母 各四十七字)'의 4장과 '이로파합용언어격(伊路波合用言語格)'의 18장으로 모두 22장이어서 아마도 별개의 2권을 합한 것으로 보인다. 앞의 4장은 가나문자의 4개 글자체를 보였고 나머지 18장은 후체서간문(候體書簡文)을 한자는 없이 히라카나로만 쓴 것이

44 조선 성종 24년(1492)에 간행한 <이로파>는 일본 가가와(香川)대학 소장본(이하 가가와본으로 약칭함)의 첫 장에 권두서명 '伊路波'가 있고 그 밑에 "洛住判事 神原甚造本"이란 장서인(藏書印)이 있어 낙양(洛陽, 일본 京都의 異稱)에 거주하는 간바라(神原甚造) 판사의 소장임을 알 수 있다. 그리고 그가 이 책을 소개한 神原甚造(1925)에 따르면 그가 교토에서 법관으로 재직할 때 의사였던 고니시(小西) 씨로부터 구입한 것이며 아마도 고니시 씨는 임진왜란 때 왜군의 선봉장이었던 고니시 유키나가(小西行長)의 후손이 아닌가 하는 추측을 적어놓았다. 이 추측이 맞는다면 성종(成宗)조에 사역원에서 간행한 이 책은 왜란 때 일본으로 반출된 것으로 보아야 할 것이다.

어서 가나문자의 연습을 위한 것임을 알 수 있다.[45] 이 자료의 내용은 졸저(2002b)에서 자세히 소개되었다.

4) 가가와(香川) 대학 소장의 〈이로파(伊路波)〉

2.4.0 일본 가가와(香川)) 대학에 임진왜란(壬辰倭亂) 때에 반출된 것으로 보이는 <이로파(伊路波)> 1책이 소장되었다. <이로파>는 '이로파사체자모(伊路波四體字母) 각사십칠자(各四十七字)'의 4장과 '이로파합용언어격(伊路波合用言語格)'의 18장으로 모두 22장이어서 아마도 별개의 2권을 합한 것으로 보인다. 앞의 4장은 가나문자의 4개 글자체를 보였고 나머지 18장은 후체서간문(候體書簡文)을 한자는 없이 히라카나로만 쓴 것이어서 가나문자의 연습을 위한 것임을 알 수 있다.[46]

일본 가가와켄(香川縣) 다카마쓰시(高松市)에 있는 가가와(香川)대학의 부속도서관에 간바라분코(神原文庫)의 하나로서 진장(珍藏)되어 있는 『이로파(伊路波)』는 모두 22장의 얇은 책으로서 붉은 진사(辰砂) 칠이 드문드문 벗어진 허름한 나무상자 속에 보관되어 있었다. 상자의 뚜껑에 '伊路波'란 서명이 묵서(墨書)되어 있는 흰 종이를 붙였으며 그 옆에는 붉은 종이를 덧붙였다. 상자는 좀이 먹고 모서리가 부서져 나간 낡은

45 졸저(2002b)에서는 『세종실록』과 『경국대전』의 왜학서로 소개된 것 가운데 '이로파(伊路波)'와 '서격(書格)'을 합편한 것으로 추정했다. '서격'은 '합용언어격(合用言語格)'과 같은 의미로 가나문자를 맞추어 쓰는 방법을 말하는 것으로 볼 수 있어서 결국 가나문자의 사용법을 말하는 것으로 이해한 것이다. 이 소로분타이(候文体) 서간문은 『정훈왕래(庭訓往來)』 같은 다른 서간문 학습서와 달리 모두 히라카나로만 쓰여서 이것이 서간문 학습서가 아니라 가나문자를 복습하기 위한 것임을 알 수 있다.

46 졸저(2002b)에서는 『세종실록』과 『경국대전』의 왜학서로 소개된 것 가운데 '이로파(伊路波)'와 '서격(書格)'을 합편한 것으로 추정했다. '서격'은 '합용언어격(合用言語格)'과 같은 의미로 가나문자를 맞추어 쓰는 방법을 말하는 것으로 볼 수 있어서 결국 가나문자의 사용법을 말하는 것으로 이해한 것이다. 이 소로분타이(候文体) 서간문은 『정훈왕래(庭訓往來)』 같은 다른 서간문 학습서와 달리 모두 히라카나로만 쓰여서 이것이 서간문 학습서가 아니라 가나문자를 복습하기 위한 것임을 알 수 있다.

것이어서 오래 전부터 이 자료가 이 속에 보관되어 왔음을 알 수 있다.

그러나 상자 안에 보관되어 있는 『이로파』 1책은 이미 간행된 지 500년의 세월이 흘렀음에도 불구하고 뒷표지에 물이 스며들어 부분적으로 변색한 것 이외에는 거의 새 것과 다름없는 완벽한 것이었다. 또 표지를 넘겨 '伊路波'로 시작되는 첫 장부터는 한자, 가나(假名), 훈민정음 등의 글자들이 방금 활자로 찍어낸 것같이 생생하고 선명하게 보였다

일본에서 간행된 서적들, 특히 고화지(古和紙)에 수사(手寫)한 필사본들이 거의 충손(蟲損)의 피해로 인하여 백년도 견뎌 내기 어려웠던 것이 비하여 습기 많은 이 곳에서 좀도 하나 먹지 않은 상태로 온전하게 그 모습을 유지하고 있는 이 책을 보면서 우리 선조들의 제지술과 묵(墨) 만드는 기술, 인쇄술이 얼마나 뛰어났는가를 실감하게 되었다.

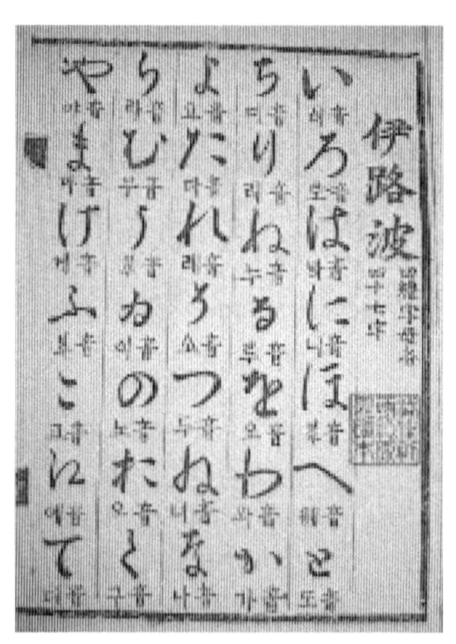

[사진 4-1] 가가와(香川)대학 소장의 〈伊路波〉

5침(針)으로 편철된 한 장본(韓裝本)의 겉표지에는 아무런 제목도 없고, 표지서명이 있어야 할 곳은 흰 종이를 덧붙여 놓았다. 뒷표지에도 아무런 표시가 없고 '神原文庫 829.1'이라는 가가와대학(香川大學) 도서관의 도서 분류표지만 붙어 있을 뿐 겉표지와 같은 두터운 한지(韓紙)로

되었다. 겉표지를 넘기면 표지 뒷면에 네모난 붉은 색 장서인(藏書印, 香川大學附屬圖書館)과 그 밑에 타원형의 푸른색 잉크로 찍힌 수서인(受書印, 香川大學圖書館, 昭 43.3.31, 231154)이 있다.

한 가지 흥미 있는 것은 다른 간바라(神原)문고의 장서들은 겉표지의 뒷면에 전술한 장서인과 수서인 사이에 타원형으로 된 '寄贈圖書, 神原文庫, 香川大學設立準備委員會'라는 주인(朱印)이 보이는데[47] 수서일자(受書日字)도 쇼와(昭和) 42년(1967) 3월 31일로 찍혀 있지만 『이로파(伊路波)』에는 이 기증도서의 주인(朱印)이 없고 수서년도(年度)도 1년 차이가 난다. 아마도 이 책만은 기증되지 않고 대학에서 구입한 것으로 보인다.

본문 첫 장에 '伊路波'라는 권수서명(卷首書名)이 있고 그 바로 밑에 원래 소장자였던 간바라 신조(神原甚造) 씨의 장서주인(藏書朱印 - 洛住判事 神原甚造本)이 찍혀 있다. <이로파>의 크기는 필자의 실측(實測)에 의하면, 가로 20.7×세로 30.1cm이고 첫장 반엽의 광곽은 가로 24.7×세로 16.4cm이며, 둘째장 이하의 광곽은 이보다 조금 작아서 가로 21.3×세로 16.4cm였다. 활자본으로, 유계(有界)에 매 반엽 6行으로 되었고, 사주단변(四周單邊)에 상하내향태선흑어미(上下內向太線黑魚尾)를 갖고 있으며 판심(版心)에는 서명이 없고 엽수(葉數)만 기록되어 있다.

전권(全卷)은 전, 후 2부로 나누어 엽수(葉數)를 표시한 것으로 보인다. 즉 권수서명이 '伊路波' '四體字母各四十七字'인[48] 전부(前部)는 1에서 4까지의 엽수 표시가 되어 있고, 후부(後部)의 '伊路波 {合用言語格}'은 18엽이 최종엽이어서 모두 22엽의 전(前), 후부(後部)를 합철한 것으로 보인다.[49] 이것은 이 책의 권말에, 더 정확히 말하면 후부의 마지막 18엽

---

47 神原文庫에 소장된 『龍門傳(농문뎐)』과 『排字禮部韻略』 上, 下의 受書印을 例로 들 수 있다. 이들도 모두 韓裝本으로 우리나라에서 건너간 책을 수집하여 소장한 것이다.

48 「伊路波(四體字母各四十七字)」에서 ( )안의 글자는 小字로 쓴 것으로 大字로 된 「伊路波」의 밑에 2行으로 記入한 것이다. 이하 모두 같음.

49 『伊路波』가 서로 다른 두 책을 합철한 것이라고 볼 수 없다는 주장이 있다. 濱田敦(1952)에서는 "[前略] 모두 22張으로 袋綴된 冊子 가운데 처음의 4張, 이 부분은

앞에 "伊路波 {終已上 二十二張}'이라는 권말서명(卷末書名)이 있어 처음부터 22엽을 합철(合綴)한 것으로 보이지만 이것이 같은 책이기 때문에 '已上 二十二張'이란 기록을 남긴 것으로는 보기 어렵다.

이 사실은 오히려 전부(前部)의 이로파 가나문자 학습의 기초편(基礎篇)에 해당하는 4엽과 그의 응용편(應用篇)인 후체서간문(候體書簡文) 18엽을 후부에 합철하여 모두 22장(張)이 되었다는 뜻으로 볼 수 있다. 응용편에 해당하는 후체서간문은 앞에서 언급한 바 있는 『경국대전』의 왜학 취재 과시서 중에서 '서격(書格)'과 같은 서명을 가진 책을 의미할 수도 있다. 다만 응용편에 해당하는 '合用言語格'의 후체서간문은 소위 마나(眞字)로 불리는 한자가 전혀 섞여 있지 않고 모두 히라카나(平假名)로 되어 있어 <소식(消息)>이나 <정훈왕래(庭訓往來)> 등과 같은 서간문 학습서가 아니고 단순한 가나문자를 연습하여 숙달시키기 위한 교재였음을 알 수 있다.

2.4.1 〈이로파(伊路波)〉와 〈서격(書格)〉

초기의 왜학서인 <서격(書格)>이 '伊路波 {四體字母 各四十字}'에 합철되어 '合用言語格'으로 되었을 가능성은 매우 많다. 그것은 <서격>이란 왜학서가 일본의 데라코야(寺子屋) 등에서 사용되던 동몽교과서에 그 이름이 보이지 않는다는 점으로 보아 사역원에서 가나문자 연습을 위하여 편찬한 것으로 볼 수 있다. 서명으로 보아 '글씨 쓰는 법(法)'이어서 가나(假名)문자의 서법(書法)이란 의미로 생각된다는 점을 들 수 있다. 그러나 <이로파>의 자료 영인본(1959)에 부재된 다케오카 마사오(竹岡正夫)의 주석(註釋)에 의하면 '合用言語格'을 "合ハセ2用ツル 言語ヲ1格 - 언어를 모아서 쓰는 格"으로 해석하였다.

福島邦道(1974)에서는 나카무라 다모쓰(中村完) 씨의 교시(教示)라 하면

張 표시가 따로 되어 있고 第5張부터는 따로 다시 張 표시가 이루어 졌다. 그러나 맨 마지막 장의 內題에 「伊路波 終 已上 二十二張」이라고 쓰여 있음으로 결코 서로 다른 두 책을 나중에 合綴한 것이 아님을 알 수 있다. [下略]"이라고 주장한다.

서 '합용(合用)'이 훈민정음의 합용병서(合用並書) 등에 쓰인 합용일 가능성을 시사하였고, 졸고(1985)에서는 초성, 중성, 종성의 합용법(合用法)에서 가나(假名)문자를 초성 또는 중성의 자모로 보고 이들을 합용(合用)하여 언어(일본어)를 기록하는 격(格, 法)으로 이해하였다.[50] 이것은 <이로파>가 다음에서 자세히 언급하겠지만 <소식(消息)> 등의 초기 왜학서와는 달리 사역원에서 자체적으로 편찬한 것으로 볼 때 두 책을 합철하여 재편하였을 가능성은 더욱 높아진다고 할 수 있다.

권미(卷尾)에, 즉 후부(後部) 18엽의 뒷면 첫 행에 '弘治五年 秋八月日'이란 간기가 있어 이 책은 홍치(弘治) 5년(1492) 8월에 간행되었음을 알 수 있다. 그러나 서문이나 발문 등 그 이상의 기록이 없어 이 책의 편자나 편찬과정은 알 수 없다. 다만 『세종실록』과 『경국대전』 등에 역과 왜학의 과시서로 그 서명을 남긴 '伊路波'의 일본어 가나문자를 사역원 자체에서 한학서의 례에 따라 훈민정음으로 그 발음을 전사하였고, <서격(書格)> 등과 같은 가나문자 학습서와 합철하여 같은 '이로파(伊路波)'란 이름으로 간행하였을 것으로 추측할 뿐이다.

이 자료는 神原甚造(1925)의 소개에 의하면, 그가 교토(京都)에 머물 때 의사(醫師)인 고니시(小西) 씨로부터 구입하였다고 한다.[51] 『이로파』 영인본(1959)의 권말에 부재된 近右泰秋 등 4인의 이로파 간행위원들이 쓴 발문을 보면 이를 구입한 간바라(神原) 씨는 대대로 의가(醫家)였던 고니시(小西) 씨의 가계(家系)가 임진왜란 때의 고니시 유키나가(小西行長)와 관계가 있지 않았을까 하고 상상하면서 미소를 짓더라고 회고하였다.

50 실제로 『伊路波』 前部 基礎篇의 末尾에 있는 「制作十三字類」의 맨 마지막 부분에 ん음을 '音은 逐字下 如諺文終聲例合用'이라 하여 終聲의 合用이란 『訓民正音』의 술어를 쓰고 있다. '言語'란 말도 上記 「制作十三字類」의 말미에 '或一二聲, 或三四五聲字則, 言語助辭字。'라는 기록이 있어, '言語'가 일본어를 가리키고 있음을 알 수 있다.

51 神原甚造氏는 法官(判事)으로서 京都에 在職 중에 이 책을 入手하였다. 卷首書名 『伊路波』 밑에 찍혀 있는 「洛住判事 神原甚造本」이란 藏書印도 그가 판사로서 洛陽(일본인들이 부르는 京都의 異稱)에 살면서 소장한 책이라는 의미를 담고 있다.

2.4.2 〈이로파(伊路波)〉의 구성

이 자료는 전부(前部) 4엽과 후부(後部) 18엽으로 나뉘어 있고 전부(前部)에 해당하는 부분은 '伊路波(四體字母 各四十七字)'라는 제하(題下)에 제1엽 앞면과 뒷면의 4행까지 히라카나(平假名) 자체의 'いろは' 47자와 그 발음이 "い 이音, ろ 로 音, は 바音... "의 순에 따라 훈민정음으로 주음(注音)되었다. 47자가 끝나는 곳에 "京音교, 上音샤"가 있고, 이어서 "一 피도, 二 후다, 三 미, 四 요, 五 이두, 六 무, 七 나나, 八 야, 九 고고노, 十 도우, 百 퍄구, 千 션, 萬 만, 億 오구 "의 순으로 쓰여 있다.

제1엽 뒷면 5행부터는 'まな(四十七)'라는 제하(題下)에 "以, 呂, 波, 仁, 保,..." 등 가나(假字 또는 假名)의 원래 한자, 즉 마나(眞字-まな) 47자가 제 2엽의 앞면까지 실려 있으며, 훈민정음에 의한 주음(注音)은 없다. 제2엽 뒷면 처음부터는 다시 'まな(四十七)'라는 제하에 "伊, 路, 葉, 刃,..." 등 가나(假字)의 다른 기원의 한자 47자가 제3엽 2행까지 실려 있고, 제3엽 4행부터는 'かたかな(四十七字)'라는 제하에 "イ, ロ, ハ, ニ, ホ,..." 등 가타카나(片假名) 47자가 쓰여 있다. 그리하여 히라카나(平假名), 마나(眞字), 마나(眞字), 가타카나(片假名) 등 일본 가나문자의 '四體字母, 各四十七字'의 자형을 보인 것이며 그 중 첫 번째 자체인 히라카나(平假名)의 47자와 그 끝에 계속된 '京. 上', 그리고 一에서 '十, 百에서 億'까지의 수자에 대한 일본어음을 훈민정음으로 전사하였다.

제3엽 5행부터는 '右各字母外同音三十三字類'라는 제하(題下)에 위에서 언급된 47자의 사체자모(四體字母) 외에로 음(音)은 같지만 다른 자형을 보이는 이체자 33자가 제4엽 앞면까지 쓰여 있고 이것도 역시 훈민정음으로 주음(注音)되었다. 문자의 예시는 33자였지만 실제 발음전사는 21음(音) 뿐이어서, 어떤 것은 같은 음을 2 또는 4까지 서로 다른 문자로 표시되었다. 제 4엽 뒷면 첫 행에는 '別作十三字類'라는 제하에 '御, 申,...' 등 일본 문어(文語)에서 특수하게 쓰이는 문자 13종의 자형을 들고 그 발음을 표음하였다.

전부(前部)의 최종엽인 제4엽 5행부터 6행까지는 "右四體字母, 各四十

七字, 合一百八十八字。皆有音而無意如諺文, 數外音同體異字母。四十六字, 或一二聲, 或四五聲則言語助辭字。"라 하여 일본어의 가나(假字)문자 47자가 각기 4개의 자체여서 모두 188자의 자형을 보인 것이며, '모두 소리만 있고 뜻이 없는 것이 언문(諺文)과 같다'라고 하여 이 문자들이 표음적임을 말하고 있다. 또 47자 이외의 것으로 발음은 같고 자체가 다른 것이 46개(同音 33字 + 別作 13字)가 있어, 1·2성(聲) 혹은 4·5성(聲)이 한 글자로 표시되는데 이는 언어(일본어)의 조사(助辭)에 쓰이는 글자라고 설명하였다. 여기까지 전부(前部) 4엽은 가나(假字)문자 학습의 기초편(基礎篇)으로 '伊路波(四體字母各四十七字)'라는 제목을 붙인 것이다.

후부(後部)의 18엽은 전부(前部)의 응용편(應用篇)에 해당하는 것으로 '伊路波(合用言語格)'이란 제하(題下)에 제1엽부터 18엽까지 판심(版心)의 엽수(葉數)가 새로 매겨 진다. 이로 인하여 별권의 책을 합철(合綴)한 것이라는 주장이 나오게 된 것이다. 이 부분에는 히라카나(平假名)와 별작(別作)의 가나(假名) 자체로 쓰인 2종의 서간문(書簡文)이 실려 있다. 뒤의 것은 앞의 편지에 대한 답장으로 보이며 조선의 역관들과는 관계없는 일본 귀족들의 안부와 소식을 전하는 내용의 편지이다. 따라서 이 부분은 앞에서 언급한 대로 일본에서 수입한 초창기의 왜학서 중의 어느 하나임을 알 수 있다.

그리고 '합용언어격(合用言語格)'도 전술한 대로 히라카나인 일본문자를 하나의 자모로 보고 이를 서로 합용(合用)하여 언어, 즉 일본어를 기록하는 격(格, 法)으로 이해하여야 할 것이다. 이것은 기초편(基礎篇)인 전부(前部)의 'いろは'의 사체자모(四體字母) 각 47자 중에서 맨 처음에 훈민정음으로 주음(注音)한 히라카나 47자와 별작(別作) 13자 등의 독법(讀法)이나 서법(書法)을 연습시키기 위하여 '전·후' 2부, 또는 2권을 합철(合綴)한 것으로 보인다.

응용편(應用篇)에 해당하는 후부(後部)의 서간문(書簡文)은 그 내용으로 보아 가나문자를 학습하는 초보 단계의 일본어 입문서로서는 이해하기 어려운 고급 문장인 후체서간문(候體書簡文)이기 때문에 이것으로 일본어를 학습하려는 목적으로 첨부된 것은 아니고 문자의 연습을 위하여 부재(附載)한 교재로 볼 수밖에 없다.

5)『경국대전』에 추가된 왜학서

2.5.0『세종실록』 소재의 상정소(詳定所) 계문(啓文)에 소개된 왜학 취재(取才)의 교재 11종은 전술한『경국대전』(권3)「예전」'제과'조의 '역과(譯科) 초시(初試)'에 왜학(倭學)의 출제서로 규정되었다.『세종실록』에 수록된 왜학서에 대하여는 졸저(1988b)에서 상세히 고찰하였다. 그런데『경국대전』에는 상술한 실록의 11종의 왜학서에 "응영기(應永記), 잡필(雜筆), 부사(富士)"의 3종이 추가되어 모두 14종의 왜학 출제서가 규정되었다.

따라서 이 3종의 왜학서는 상정소(詳定所)의 계문(啓文)이 작성된 세종 12년(1430)보다는 후에, 그리고『경국대전』이 완성된 예종 원년(1469)보다는 먼저 사역원에서 일본어 교재로 채택된 것으로 볼 수 있다. 여기서는 이 3종의 일본어교재를 검토함으로써 조선 전기의 왜학서의 성격을 규지(窺知)하고자 한다.

2.5.1 〈응영기(應永記)

<응영기(應永記)>는 石川謙(1949)와 石川謙·石川松太郎(1967~74)에는 보이지 않지만 일찍이 岡村金太郎(1922 및 1925)에는 역사류(歷史類)의 갑(甲) 첫머리에 실려 있다. 岡村金太郎(1921)에 의하면 메이지(明治) 23년(1890) 교육 칙어(勅語)를 발포할 때까지 발행된 왕래류의 훈몽서는 1800여종에 달하고 그중 정확하게 '왕래(往來)'라는 말을 붙인 것만도 500여종에 이른다고 한다.

이와 같은 훈몽서를 岡村金太郎(1922, 1925)에서는 '熟語類, 消息類, 訓育類, 歷史類, 地理類, 實業類, 合書類, 理學類, 雜書類'로 나누었는데[52] 이

52 이 分類는 岡村金太郎(1921)에 의한 것으로 그의「往來物分類目錄」(1925)의 目次에 다음과 같이 整理되었다.

중 '역사류(歷史類)'는 "유명(有名)한 사적 사항의 서술, 고문서"로 정의하였다. 이 역사류는 숙어류와 혼동되기도 하였는데 숙어류(熟語類)부에 "본조삼자경(本朝三字經) 등 역사에 관한 것도 있음"이라 하여 이 양자의 구분이 자의적이었음을 말하고 있다. 또 역사류도 갑(甲, 有名한 史的 事項)과 을(乙, 古文書)로 나누어 역사류갑(歷史類甲)의 첫머리에 <응영기(應永記)>를 싣고 "朝鮮의 『경국대전』 卷之三에 引用되었음, 群書一覽에 依함(富士野往來 參照)"이라 하여 <응영기(應永記)>가 『경국대전』의 왜학서에 기재된 사실을 강조하였다[53].

<응영기(應永記)>는 일명 '大內義弘退治記'라고도 하며 일본의 오에이(應永)의 난(亂)을 소재로 하여 저작된 것이다. '應永의 亂'은 무로마치(室町) 초기인 오에이(應永) 6년(1599)에 오우치 요시히로(大內義弘)가 일으킨 반란으로 요시히로(義弘)가 관동관령(關東管領)인 아시카가 미쓰카네(足利滿兼) 등과 결탁하여 쇼군(將軍) 아시카가 요시미쓰(足利義滿)에 대항하여 거병(擧兵)했지만, 요시미쓰(義滿)는 이들을 토벌하고 쇼군(將軍)의 권력을 확립한 사건으로 <오에이키(應永記)>는 이것을 소재로 하여 막부(幕府)에의 충성을 교육하는 훈몽서로 만든 것이다.

熟語類-字盡ツ, 千字文類, 三字經類, 物名等ヲ文章=繼レルモノ, 詩歌 等
消息類-明衡, 尺素, 庭訓ノ類, 用文章, 消息詞
訓育類-訓育, 神儒佛, 法令
歷史類-有名ナル史的事項ノ叙述
地理類-地理, 物産, 年中行事
實業類-商業, 農業, 工業, 雜
合書類-童子往來, 諸重犯記錄
理學類
雜書類

53 岡村金太郎(1925)에는「富士野往來」가 歷史類·乙의 첫머리에 記載되었는데 그 註釋에 "(前略) 又群書一覽 卷二의 '朝鮮의 崔恒·金國光 等이 編한 經國大典 卷之三'에 말하기를 '倭學은 伊路波·消息 書格, 老乞大, 童子教, 雜語, 本草, 議論, 通信, 鳩養物語, 庭訓往來, 應永記, 雜筆, 富士 云云'이라 하여 此等에 의하면 庭訓往來는 일찍부터 세상에 보급되었다고 볼 수 있고 此處에 '富士'라고 하는 것은 '富士野往來'일 것이며, 그렇다면 足利時代의 應永頃에 쓰였음이 틀림없다.「安齊隨筆」에 '富士野往來'는 京都將軍(무로마치時代를 말함-筆者註)의 末頃에 지은 것이나 적어도 天正(1573-1591) 以前의 것임이 틀림없다."라고 하였다. 岡村金太郎(1925:651).

오우치 요시히로(大內義弘)는 오에이(應永) 6년(1399) 6월에 자신이 백제의 시조 온조(溫祖) 고씨(高氏)의 후예임을 자처하고 선조(先祖)의 연고가 있는 곳에 삼백결(三百結)의 토지를 하사하라고 조선(朝鮮) 정종(定宗)에게 요구하였다. 오우치(大內義弘)는 일찍이 삼국(周防·長門·石見)의 수호(守護)로 있으면서 고려(高麗)와 통교한 일이 있으며(『고려사』 卷134 辛禑 5年條) 이마가와(今川了俊)의 뒤를 이어 구주탐제(九州探題)에 오른 후에는 더욱 적극적으로 조선과 통교하여 왔다.

조선 태조 4년(1395) 12월에는 공물(貢物)을 보내오고(『태조실록』 卷8 太祖 14年 12月 甲辰조) 다음해(1396) 3월에는 통축(通竺)·영림(永琳)의 두 승려를 보내어 왜구(倭寇)를 금하고 잡아간 사람을 환송하였음을 조선의 조정에 보고하였다(『태조실록』 卷9 太祖 5年 3月조). 태조 6년(1397)에는 영범(永範)·영곽(永廓)을 보내어 왔으므로 태조는 전 도승지(都承旨) 박돈지(朴惇之)를 회례사(回禮使)로 하여 이들과 함께 도일하게 하였다. 박돈지(朴惇之)는 교토(京都)에 들어가 무로마치(室町) 바쿠후(幕府)에게 삼도(三島)의 왜적(倭賊)을 금해줄 것을 요구하였는데, 쇼군(將軍) 아시카가 요시미쓰(足利義滿)은 이를 흔연히 허락하여 금왜구(禁倭寇)를 약속하였다(『정종실록』卷1 定宗 元年 5月乙酉조).

오우치 요시히로(大內義弘)는 이와 같이 조선과 관계가 깊었으므로 그의 요구에 대하여 사전(賜田)을 할 것인가, 관작(官爵)을 내릴 것인가로 의논이 분분하였으나 이 해(定宗 元年, 1399)에 그가 오에이(應永)의 난(亂)을 일으켜 실敗하고 12월에 사카이(堺)에서 자살하였으므로 모든 것이 중지되었다. 필자가 참고한 <응영기(應永記)>는 『군서유종(群書類從)』(明治 33年刊) 권제374 「합전부(合戰部)」(第六)에 소수(所收)된 것으로 이것은 동예산(東睿山) 보문원본(普門院本)을 塙保已一이 검교(檢校)하여 현대활자로 인쇄한 것이다. <응영기(應永記)>는 <후지노오라이(富士野往來)>와 함께 고왕래 훈몽서의 비서간(非書簡) 독본류에 속하는 것이며 역사교재의 성격을 띤 것이다.

<응영기(應永記)>가 저작되고 나서 바로 『경국대전』의 왜학서로 채택

된 것은 오우치 요시히로(大內義弘)가 조선에 익히 알려진 인물이기 때문으로 생각된다. 반란(反亂)을 일으켰다가 토멸(討滅) 당하는 역사적 사실을 소재로 한 훈몽서는 많이 발견되며 몽학서(蒙學書)의 <왕가한(王可汗)>도 그 예의 하나라고 볼 수 있다.

2.5.2 〈부사(富士)〉

<부사(富士)>는 『세종실록』에는 그 이름이 보이지 않고 『경국대전』에서 <잡필(雜筆)>과 <응영기(應永記)>와 함께 추가된 것이다. 이 <부사(富士)>는 무로마치(室町) 초기에 편찬된 것으로 알려진 「후지노오라이(富士野往來)」를 말하는 것으로 보이는데, 저자는 알려지지 않았으나 편찬 년대는 平泉澄(1926)가 『경국대전』에 소수된 사실을 지적하고, 高橋俊乘(1943)은 「소가모노가타리(曾我物語)」가 유포된 이후 그 영향을 받아 만들어진 것으로 보았다.[54] 川瀨一馬(1943)도 이 책이 문장과 내용으로 보아 「마나본 소가모노가타리(眞字本 曾我物語)」의 영향을 많이 받았던 것으로 생각하여 세 사람이 모두 무로마치(室町) 초기의 편찬으로 보았다[55].

이 「후지노오라이(富士野往來)」는 지금까지의 왕래류(往來類)와 달리 서간(書簡) 문체가 아닌 여러 가지 공문서식의 문장을 보인 것이다. 전술한 川瀨一馬(1943)에 의하면 이런 부류(部類)의 왕래(往來)는 역사교재의 성격을 가진 것과 지리교재의 성격을 띤 것으로 나눌 수 있다고 한다. 「후지노오라이(富士野往來)」는 후지노(富士野)의 마키가리(卷狩)를[56] 무대로

---

54 「曾我物語」는 日本 伊豆·箱根 관계의 唱導僧에 의해서 鎌倉 中期부터 南北朝時代에 걸쳐 성립된 軍記物語이다. 假名本은 12卷, 眞名本은 10卷으로 되었는데 曾我兄弟의 복수에 관한 것으로부터 그 後日談에 이르기까지 傳來故事를 섞어서 이야기체로 쓴 것이다.

55 川瀨一馬(1943)에서는 이 책이 亥慧法印의 '地藏獄卒訴陳狀'과 같이 하나의 스토리를 記事文體로 쓰고 그 記述 속에 각종의 일상지식과 어휘를 많이 집어넣어 흥미를 갖고 공부할 수 있는 初等普通敎育의 교과서로서 편찬된 것으로 보았다. 이와 같은 記事文體로서 특수분야의 授學을 목적으로 하는 전문교과서는 요시노(吉野) 시대에 발달하기 시작한 것이므로 「富士野往來」가 이 시대를 거슬러 올라갈 수 없다고 보았다(川瀨一馬, 1943下, 1415~6). 또 그는 眞字本漢文本은 요시노(吉野) 시대에 편찬되었지만 假名本은 무로마치(室町) 中期 이후로 보았다.

하여 그때그때 작성된 여러 종류의 공문서를 모아 놓은 것으로 무가(武家)의 공사에 필요한 여러 문체를 교육하기 위한 훈몽서인데 그 내용은 다음과 같다.

일본 겐큐(建久) 4년(1193) 4월 23일에 '那須等ノ御狩'가 열렸으며 가마쿠라(鎌倉) 바쿠후(幕府)의 초대(初代) 쇼군(將軍) 미나모토노 요리토모(源賴朝)는 계속해서 후지노(富士野)·아이자와(藍澤)에 나쓰가리(夏狩, 여름사냥)을 열려고 5月 8日 스루가(駿河國)에 가서 동 16일부터 후지노미카리(富士野御狩)가 시작되었다. 이 사냥이 절정에 이르렀을 28일 자정(子正)에 (祐泰)의 유자(遺子) 소가(曾我) 형제(十郎祐成와 五郎時致)가 아비의 원수인 구도 스케쓰네(工藤左衙門尉祐經)을 토벌하였다 이 경위는 「아즈마카가미(吾妻鏡)」에도 쓰여 있지만 남북조(南北朝) 시대에 「소가모노가타리(曾我物語)」로서 정리되어 무로마치(室町) 시대에는 요곡(謠曲) 「겐푸쿠소가(元服曾我)」, 「고소데소가(小袖曾我)」, 「요우치소가(夜討曾我)」 등으로, 에도(江戶) 시대에는 여러 조루리(淨瑠璃)·가부키(歌舞伎)에 각색(脚色)되어 세상에 널리 알려졌다. 「후지노오라이」는 이를 소재로 하여 왕복 서간의 형식을 빌려 만든 역사와 실용 어휘를 배우는 교과서로 편찬된 것이다.

역사교재의 성격을 보이는 것으로 응인란(應仁亂)의 전황(戰況)과 참상(慘狀)을 기록한 소식(消息) 문체의 「오닌란쇼소쿠(應仁亂消息)」가 있다. 「후지노오라이(富士野往來)」는 중세시대의 왕래류에서 매우 특수한 성격을 가졌던 것으로 무가(武家) 독자의 여러 문체를 사용한 실용문을 모아 놓은 것이다. 후일 이것이 지리교재의 성격을 띤 「쥬산미나토신죠키(十三湊新城記)」 등으로 발전하여 갔으며 에도(江戶) 시대에는 전문교재의 왕래(往來)로 발전하였다.

현전하는 「후지노오라이(富士野往來)」의 최고본(最古本)은 문명(文明) 18년(1486)의 서사기가 있는 것으로 회문(廻文, 第1), 부문(副文, 第2), 배문(配文), 착도장(着到狀), 마키가리(卷狩)의 실황보고서장(實況報告書狀, 第3), 소가

56 卷狩는 일종의 몰이사냥으로 日本의 富士山麓에서 室町時代에 유행하였다. 특히 매(鷹)를 이용한 富士山의 사냥은 유명하며 많은 기사를 남기고 있다.

형제(曾我兄弟)의 구토(仇討)에 대한 질문장(質問狀)과 보고장(報告狀, 第5) 등 모두 5개 조로 되어 있다.[57] 이 제본(諸本)의 목록과 소장처가 遠藤和夫(1987)에 정리되어 있다. 사역원에서는 이 서사본보다 조금 앞선 시기의 것을 구입하여 왜학서로 사용하였을 것으로 보인다.[58]

2.5.3 〈잡필(雜筆)〉

다음은 숙어(熟語)·어구집류(語句集類)의 <잡필(雜筆)>에 대하여 살펴보기로 한다. <잡필(雜筆)>은 『세종실록』의 역학 왜훈(倭訓)에는 실려 있지 않고 『경국대전』에서 '오에이키(應永記)', '후지(富士)'와 함께 등장한 것으로, 상술한 '쇼소쿠오라이(消息往來)'의 '소식(消息)'처럼 '잡필왕래(雜筆往來)', 일명 '잡필초(雜筆抄)', '잡필집(雜筆集)'을 줄여 부른 것으로 보인다.

이 왕래(往來)의 저자도 알려지지 않았고 편찬 년대도 구구한데, 일찍이 모즈메 다카미(物集高見)와 구로가와 마미치(黑川眞道) 등 영정(永正) 원년(1504)의 소작(所作)으로 보았으나, 平泉澄(1926)은 『경국대전』에 이 서명이 보이므로 무로마치(室町) 초기의 편찬으로 올려 잡았고 이 가설은 高橋俊乘(1943)에 의하여 지지되었다. 石川謙(1949)에서는 한층 더 거슬러 올라가서 가마쿠라(鎌倉) 시대의 중기(中期)로 보았다. 이것은 尊圓法親王(1300~1359)의 자필에 의한 필사본이 계속해서 발견되기 때문에 요시노(吉野) 시대에 이미 상당히 보급된 것으로 보아 그 제작년대를 가마쿠라(鎌倉) 시대로 본 것이다.[59]

---

57 田浩氏 소장본 이외에 다수의 異本이 남아 있는데 遠藤和夫(1987)에 의하면 寫本·版本을 합해서 40本에 달한다고 한다.

58 「節用集」에는 天正 4年(1577) 本(「安齋隨筆」 卷十三 富士野往來條)과 永祿 12年(1510)本, 弘治 2年(1557)本 등에서 「富士野往來」를 引用한 곳이 있으며 慶安 3年(1651)에 刊行된 「貞德文集」, 天文 17年(1549)의 「運步色葉集」, 文明 16年(1485)의 「溫故知新書」 등에 이 往來의 이름이 보이므로 이때에 널리 보급된 것으로 보인다.

59 日本 京都의 曼殊院에 소장된 「雜筆往來」의 一軸에 "右一卷者祖師贈一品, 尊圓法親王眞蹟尤可謂至寶者也. 臨池末流二品在, 制親王記之. 元和七年臘月十一日寫之. 良恕親王"라는 裏書가 보인다. 이에 의하면 尊圓法親王와 筆寫本인 「雜筆往來」를 元和 7年(1625)에 良恕法親王이 다시 筆寫하였음을 알 수 있다. 尊圓은 伏見帝의 第

현전하는 것으로는 가마쿠라(鎌倉) 중기(中期)에 존원(尊圓)의 필사본이 남아 있고 요시노(吉野) 시대의 서사본으로 잔간일엽(殘簡一葉)이 전해지고 있다[60]. 그 외에 영정(永正) 원년(1504)에 하야시 쇼쥬(林松壽)가 서사한 것이 있는데(群書類從本), 이는 尊圓筆本과 약간의 차이가 있다[61]. 山田忠雄編 『國語史學の爲に』(1986)의 '잡필초(雜筆抄)'에 의하면 '잣피쓰오라이(雜筆往來)'의 여러 책은 25종의 이본(異本, 斷簡 一本 포함)이 있고 이들은 360구(句) 내외(373~277句)의 광본계(廣本系)와 170구 내외(176~136句)의 약본계(略本系)로 나누어 볼 수 있다(山田忠雄, 1986:123, 諸本解說조)고 한다.

필자가 참조한 것은 교토(京都)대학 소장본으로 응인(應仁) 2년(1468) 5월 13일의 서사기를 가지고 있다(京都대학 文學部 國史研究室 소장). 이 <잣피쓰오라이(雜筆往來)>는 일상생활에 필요한 실용적인 지식을 어휘, 단구(短句), 단문(短文)의 형식으로 모아서 한 권의 왕래를 만든 것으로, 소식문례집(消息文例集)과는 다른 체재를 갖췄다. 이 왕래(往來)는 일본의 중세시대에 매우 널리 보급되었으며 이와 유사한 '신사쓰 오라이(新札往來)', '세키소 오라이(尺素往來)' 등도 생겨났다(石川謙, 1949:84-86). 에도(江戶) 초기의 석학(碩學) 기요하라노 노부가다(淸原宣賢)의 '霜月九日狀'(松永貞德 編) 「貞德文集」에 수록, 이 책은 慶安 3年, 1660의 刊本이 있음)에 필독의 '왕래(往來)'로서 '메이고 오라이(明衡往來), 세기소 오라이(尺素往來), 잣피쓰(雜筆), 후지노 오라이(富士野往來), 소간 오라이(素眼新札)'의 5책을 들었다.[62]

六子로 天台座主가 되어 大乘院이라고 부르며 書法을 배워 一家의 筆法을 이루었다. 良恕(1574~1643)는 陽光帝의 第三子로 曼珠院에 들어가 佛道를 배웠다. 天台座主(170代) 또는 龍華院이라고 불리던 그는 書畵에 能하여 많은 山水畫와 墨跡을 남기었다한다. 지금까지 밝혀진 尊圓法親 眞蹟本은 8개가 남아있고 그중 土井忠生氏의 소장본은 內題가 '雜筆抄'이고 卷末에 '筆者 洞雲齊 宗叮(花押)'라는 기록이 보인다. 室町後期의 書寫라고 한다.

60 요시노(吉野) 시대의 書寫本에는 殘簡一葉으로 高山寺의 朱印이 있고 末尾에 '雜筆抄一卷'이란 題簽이 보인다. 이 자료도 역시 土井忠生氏 소장으로 石川松太郎(1970)에 轉載되었다.

61 尊圓筆本은 33條目 453句로 되었지만 群書類從本은 여기에 8條目 109句를 더하여 41條目 598句가 되었다(『群書類從』 권 140 消息部 참조).

62 淸原宣賢의 霜月九一狀에 "消息, 文言御覺有度由, 先明衡往來、尸素往來、雜筆、

이 <잣피쓰오라이(雜筆往來)>는 역시 무로마치(室町) 시대의 중기(中期), 즉 15세기 후반에 들어와 널리 보급된 것으로 보아 적어도 세종 12년(1430)까지는 사역원에서 교재로 선택되지 않다가 그 후에 왜학서로 채택되어 『경국대전』(1465)에 추가된 것으로 보인다.

3. 조선 중기의 왜학서

3.0.0 『경국대전』에 역과 왜학(倭學)의 사자(寫字) 출제서로 규정된 14종의 왜학서는 임진왜란(1592)까지 계속해서 사역원에서 일본어의 교육에 사용되었던 것으로 보인다. 즉 『경국대전』의 간행 이후 임진란까지 두 차례 수정(修訂) 보완(補完)하여 『대전속록』(1492), 『대전후속록』(1543)이 간행되었으나 왜학서의 변동에 대한 기록은 찾아볼 수 없고 실록이나 기타 사료에서도 그와 같은 기사는 보이지 않는다. 임진란을 기점으로 조선에서는 일본을 교린국(交隣國)으로서 인정하여 외교관계가 성립되었으며 7년 전쟁을 통하여 일본어에 대한 필요성은 그 어느 때보다도 높았을 것임을 미루어 짐작하기 어렵지 않다.

따라서 사역원의 일본어 교육도 구태의연한 일본의 왕래물(往來物)이나 교훈용 훈몽서에 의존할 것이 아니라 보다 실용적인 회화 중심의 학습서가 필요하게 되었다. 특히 전란 중에 납치되어 일본에 억류되었다가 쇄환(刷還)된 임진왜란의 조선인 피랍인(被拉人) 중에는 상당 기간 일본에 체재하면서 일본어에 능숙해진 쇄환(刷還) 피랍인 많았고[63] 그들에

富士野往來、素眼新札御讀, 覺候而, 字心御相傳可, 然候, 其外高麗難字者, 玉篇、節用集仁而御詰候所, 可有御誘引候, 又者文, 止所 名書樣, 官位高下依候而, 繼原紙なとの講尺御聽聞可, 然候 恐々謹言"이라는 기사 참조.

63 壬辰倭亂과 丁酉再亂 이후 朝鮮과 日本은 일시적으로 國交가 단절되었으나 對馬島의 간청으로 光海君 元年(1609)에 己酉條約을 맺고 國交를 再開하였다 日本과의 通交는 宣祖 40년에 呂祐吉을 正使로 하여 처음 回答兼 俘虜刷還을 위한 使行이 日本을 다녀온 후 여러 차례 壬辰亂의 被虜人을 刷還하려고 俘虜刷還使가 往還하면서 國交가 再開되었다. 그 후 이것은 日本의 慶吊에 파견되는 通信使로 바뀌면서

의해서 보다 생생한 일본어 교육이 이루어질 수 있었음도 역시 쉽게 추찰할 수 있다.

그 중에서 두드러진 사람은 진주인(晋州人) 강우성(康遇聖)을 들 수 있다. 그는 선조 임진년(1592)에 납치되어 10년간 일본에 억류되었다가 쇄환되었는데 광해군 원년(1609)에 역과에 급제(及第)하고 동래(東萊) 부산포(釜山浦)에서 왜학훈도(倭學訓導)로서 관왜(館倭)의 접대와 왜학역생(倭學譯生)의 교육에 종사하였다.[64] 그는 광해군 9년(1617)에 일본의 회답사 겸(回答使兼) 부로쇄환사(俘擄刷還使)인 오윤겸(吳允謙)을 수행하여 제1차 도일(渡日)한 것을 비롯하여 인조 2~3년(1624~5), 인조 14~15년(1636~7)의 세 차례에 걸친 통신사행(通信使行)을 수행하였다.[65] 그는 이와 같은 왜학 역관(譯官)의 경험을 토대로 관왜(館倭)의 접대와 통신사행의 수행에서 필요한 일본어의 대화를 모아 <첩해신어>라는 일본어 회화 교재를 편찬하였다.

1) 〈첩해신어〉의 저자

3.1.0 앞에서 살펴본 바와 같이 조선 중기의 역학서는 왜란(倭亂)과 호란(胡亂)을 겪으면서 실용적인 외국어 교육의 필요성을 절감하게 된다. 따라서 초창기(草創期)에 해당국의 훈몽서를 수입하여 교재로 사용하던 사역원의 외국어 교육은 전후에 그 면목을 일신하게 된다.

왜학서도 무로마치(室町) 시대의 데라코야(寺子屋)와 같은 사학(私學)에서 사용하던 훈몽서를 들여다가 왜학 교재를 사용하던 것을 지양(止揚)하고 스스로 왜학 역관의 임무 수행에 알맞은 대화 내용을 교재로 한

朝鮮과 日本의 江戶幕府와의 外交 接觸이 계속되었다.

64 『仁祖實錄』(卷20) 仁祖 7年 五月 丁酉의 記事에 의하면 康遇聖은 光海君 5年(1613)부터 同 7年(1615)까지 釜山浦 倭學訓導로 있었음을 알 수 있다.

65 康遇聖의 第1次 渡日에 관하여는 李石門의 『扶桑錄』(1617)과 吳允謙의 『東槎錄』에 기록되어 있고, 第2次 渡日은 正使 鄭岦을 隨行한 것으로 副使 姜弘重의 『東槎錄』이란 기록이 있으며, 第3次 渡日은 正使 任絖의 『丙子日本日記』에 기록되었다.

새로운 왜학서가 편찬되었다. 그것이 <첩해신어>이고 이후에는 사역원 왜학의 일본어 교육이 모두 이 교재로 하여 이루어졌다. 따라서 중기 왜학서는 <첩해신어>를 중심으로 이뤄진다고 보아도 과언은 아니다.

3.1.1 왜학 역관 강우성(康遇聖)

<첩해신어>의 편찬에 대하여는 많은 연구가 있으나[66] 졸고(1984)에 의하면 강우성(康遇聖)이 부산포(釜山浦)의 왜학훈도로 있을 때(1613~5) 관왜(館倭)들과 나누던 대화나 통신사행을 수행할 때에 왜인(倭人)들과 수작(酬酌)하던 이야기를 회화체로 만들어 부산포의 왜학생도에게 일본어 학습의 교재로 사용된 것이 그 남상(濫觴)이 아닌가 한다.[67] 일부의 원고가 만력(萬曆) 무오(戊午, 1618)에 완성되었으며 그 후 세 차례의 통신사행을 수행하면서 사행이 일본을 여행할 때 일어난 일과 일본에서 견문(見聞)한 일을 역시 회화체로 엮어 상술한 남본(藍本)과 합편하여 <첩해신어>의 초고(草稿)를 완성한 것이다. 中村榮孝(1961)에 의하면 숭덕 초년(崇德初年), 즉 1636년경에 초고가 완성되었다고 보았다.

먼저 원본의 편찬과 간행에 대하여 그간의 연구에서 문제가 됐던 부분과 미심한 점을 살펴보기로 한다. 원본의 편찬에 대하여는 저자가 이를 완성한 시기, 즉 이 책의 편찬시기가 언제일 것인가 하는 문제가 아직도 분명하지 않다. 실제로 {원간}<첩해신어>의 초간이 교서관에서 활자본으로 인간된 것은 '강희 15년 병진(康熙十五年丙辰)'으로 숙종 2년(1676)의 일이다.[68] <첩해신어>는 강우성이 왜학 역관으로 근무하면서

66 {原刊}<첩해신어>의 編撰에 대하여는 小倉進平(1940), 森田武(1955, 1957), 大友信一(1957), 龜井孝(1958), 中村榮孝(1961), 李元植(1984) 등의 연구가 있다.

67 <改修捷解新語>의 重刊本 凡例에 "新語之刊行, 雖在肅廟丙辰, 而編成則在萬潛戊午間, 故彼我言語各有異同, 不得不筵稟改正"이란 기사가 있어 <첩해신어>의 간행이 비록 肅宗 丙辰(1676)에 있었으나 그 編成은 萬曆 戊午(1618) 間에 있었다고 말하고 있는데 이는 <첩해신어>의 일부(卷1~4, 그리고 卷9의 前半部)가 編成된 것을 말하는 것으로 보인다(졸고, 1984).

68 {原刊}<첩해신어>의 初刊 活字本이 奎章閣에 소장되었다. 이 초간 활자본에는 "康熙十五年丙辰孟冬開刊"이란 간기가 卷末에 명기되었다.

임무에 필요한 내용의 일본어를 소재로 하여 회화 학습서를 만든 것이다. 이 책의 저자에 대하여는 『통문관지』(권7) 「인물」 '강우성' 조에

> 康遇聖, 晉州人, 壬辰被擄十年乃還, 熟諳倭俗, 且善其語。嘗以國典所載倭語冊子, 語多疎略, 乃設爲館倭接待, 信使酬酌之說, 彙作十卷, 名曰捷解新語。各樣節目, 無不詳備。康熙庚戌陽坡鄭相國啓請, 鑄字印布。自戊午後, 專以此書行用於科試。{出啓辭謄錄}. 凡再赴信使, 五任釜山訓導, 官至嘉善。- 강우성은 진주 사람이다. 임진년에 포로가 된 지 10년 만에 돌아와서 일본의 풍속을 익히 알고 또 그 말도 잘 했다. 일찍이 국전에 소재된 왜어 책자들은 말이 많이 소략하였다. 이에 관왜의 접대와 신사 사행에서의 수작하던 말을 모아 10권을 지어 이름을 첩해신어라고 하였다. {<계사등록>에서 나오다} 대체로 두 번 신사 사행에 갔고[69] 다섯 번 부산훈도를 했으며 벼슬은 가선대부에 오르다.

이란 기사가 있어 선조 때의 진주인(晉州人) 강우성이 관왜(館倭)를 접대한 내용과 통신 사행(使行)을 수행하면서 이루어진 왜인(倭人)과의 수작을 내용으로 하여 <첩해신어>를 휘작(彙作)하였고 이것이 강희(康熙) 경술(庚戌), 즉 현종 9년(1670)에 양파(陽坡) 정상국(鄭相國 - 鄭太和를 말함)의 계청(啓請)으로 주자(鑄字) 인포(印布)하였음을 알 수 있다.

그리고 이 기사는 임진왜란 때에 피랍(被拉)되어 10년을 일본에서 지내고 쇄환(刷還)되어 돌아온 강우성이 일본의 풍속을 잘 알고 일본어에

---

69 『통문관지』(권7)의 기사에 보이는 '再赴信使'가 의미하는 것은 두 가지로 나누어 볼 수 있다. 하나는 光海君, 또는 仁祖가 보낸 通信使를 수행하여 일본에 간 것을 말할 수도 있으나 『海行摠載』의 기록에 의하면 강우성은 3차례에 걸쳐 渡日하여 위의 기록과 차이가 난다. 아니면 對馬島主에게 갔던 禮曹判書의 통신사를 의미할 수도 있다. 島主에게 보내는 통신사는 倭學譯官이 담당했었으며 보통 2인의 堂上譯官이 禮曹判書의 書契를 갖고 파견되었으나 강우성이 파견된 기록은 아직 찾을 수가 없다.

능통하였음을 말하고 있다. 실제로 강우성은 왜학(倭學) 역관이 되어 부산포의 왜학훈도(倭學訓導)를 다섯 차례 역임했고 세 차례에 걸쳐 통신사(通信使)를 수행하여 일본에 다녀왔다. 이 책은 통신 사행의 수행과 관왜(館倭)의 접대라는 왜학 역관들의 임무와 관련된 대화를 내용으로 하였으며 왜관의 왜인들과 주고받은 서간문을 작성하는 例文까지 들고 있어 매우 체계적이고 실용적인 왜학교재이어서 왜란(倭亂) 이후에 갑자기 늘어난 왜학 역관이나 역생(譯生)들의 일본어 교재로서 매우 인기를 끌었다.

3.1.2 강우성(康遇聖)의 일생

강우성의 일생을 전술한 『통문관지』나 조선왕조실록, 『역과방목(譯科榜目)』,그리고 강우성이 수행했던 통신 사행의 기록을 『해행총재(海行摠載)』에서 찾아보면[70] 그는 선조 신사(辛巳, 1581)년에 산학(算學) 주교수(籌教授) 강유경(康有慶)의 아들로 태어나 임진란 초년(1592)에 왜군의 포로가 되어 일본에 끌려갔으며 일본에 억류된 사이 선조 33년(1600)에 일본의 도쿠가와 이에야스(德川家康)와 도요토미 히데요시(豊臣秀吉)의 잔당(殘黨)과 싸웠던 소위 '세키가하라(關ヶ原)' 전투에서 도쿠가와(德川)의 군중(軍中)에 편성되어 이 전투에 참가한 일도 있다. 그 이듬해인 선조 34년(1601)에 전현감(前縣監) 남충원(南忠元) 등이 쇄환될 때 강우성도 함께 고국으로 돌아온 것으로 보인다.[71]

---

70 강우성이 통신사를 수행하여 일본에 다녀 온 것은 모두 세 차례에 이른다. 그의 일본에서의 행적은 이 使行을 기록한 <海行摠載>의 여러 기록에 나타나는데 그가 첫번째 수행한 光海君 9년(1617)의 回答使兼俘虜刷還使의 사행은 正使 吳允謙(楸灘)의 <東槎上日錄>과 從事官 李景稷(石門)의 <扶桑錄>을 통하여, 그리고 두 번째 仁祖 2년(1624)에 正使 鄭岦을 따라 갔던 使行은 副使 姜弘重이 쓴 <東槎錄>을 통하여, 마지막으로 仁祖 14년(1636)에 通信使 任絖, 副使 金世源을 수행할 때의 일은 任絖의 <丙子日本日記>와 김세원의 <海槎錄> 등에서 그의 행적을 찾을 수 있고 역관 강우성의 일본에 억류되었을 때의 일이 기록되었다.

71 이에 대하여는 『宣祖實錄』 권138 宣祖 34년 6월 甲午조에 "倭人十名, 持日本國講和文書二件, 以我國被擄男女二百五十口, 及前縣監南忠元, [忠元上之舅妹夫也, 丁酉年被擄] 來乘船三隻, 泊于釜山이란 記事가 있어 宣祖 34년 6월 18일에 南忠元과

그는 귀국 후에 사역원 왜학의 역관으로 활약하였고 광해군 6년(1609)에 실시된 만력 기유(萬曆己酉) 증광시(增廣試)의 역과 왜학에 3등 3인으로 급제하였다. 그 후 역관으로서 입신(立身)하여 왜학역관의 꽃인 부산포(釜山浦)의 왜학훈도를 5차례나 역임하면서 이곳 왜관(倭館)의 왜인(倭人)들을 접대하고 왜학 생도들에게 일본어를 교육하였는데 이 때의 경험이 <첩해신어> 권1부터 권4까지, 그리고 권9와 권10에 들어 있다.

이 부분은 부산포의 왜학(倭學) 역관(譯官)들에게 실제로 역관의 임무 수행에 필요한 실용 회화를 교육하기 위하여 조선에 입국하여 왜관(倭館)에 머무는 왜인들과 이곳 관리들이 주고받은 대화를 내용으로 하여 권1부터 권4까지, 그리고 권9의 전반부를 편성하였다. 권9의 후반부에는 일본의 각도주군(各道州郡)의 명칭을 실었고 권10에는 왜인들이 보내온 소로체(候體) 서간문을 실어 일본의 지리와 일본식 서간문의 해독을 학습하게 하였다(졸고, 1984).

왜학 역관들의 일본어 학습은 다른 사역원 한(漢), 몽(蒙), 청학(淸學) 등 삼학(三學)의 역관들과 달리 독특한 일본어의 서계(書契)를 별도로 익혀야 했다. 이것은 왜학 역관의 임무와 관련된 것으로 대마도(對馬島) 도주(島主)의 간청으로 이루어지는 조선과 일본과의 공무역은 예조(禮曹)의 허가 아래 이루어졌고 당시 조선의 조정(朝廷)과 동래(東萊) 부사(府使)가 발급하는 공문서는 한문을 이해하지 못하는 왜인들을 위하여 왜학 역관들이 번역한 일본어의 서계(書契) 문체로 전달이 되었으며 왜인들이 제출하는 각종 문서와 청원서도 그들이 사용하는 소로체(候體) 서간문의 형식으로 작성되었다. 따라서 왜학 역관들은 일본어의 이와 같은 문체를 이해하여야 했으며 이를 위하여 왜어 회화와는 별도의 학습이 필

기타 우리나라 被擄人 남녀 250명이 釜山에 돌아왔음을 알 수 있고 趙慶男의 <亂中雜錄>에도 같은 기사가 실려 있다. 森田 武(1985)에서는 『宣祖實錄』 권140 宣祖 34년 8월 壬子조의 기록에 의하며 이 때에 康遇聖과 함께 일본에 억류되어 있던 朴元璜 등이 귀국한 것으로 보아 강우성도 이때에 刷還된 것으로 보았다. 이것이 사실이라면 강우성은 12세에 일본에 拉致되어 22세이 이르는 실로 10년간의 세월을 敵地 일본에 있었음을 알 수 있다.

요했다. 이와 같은 일본어 서간문 학습의 전통은 홍치(弘治) 5년(1492)에 간행된 왜학서 <이로파(伊路波)>의 제2부가 이러한 소로체(候體) 서간문의 예문으로 이루어졌음을 볼 때에 매우 오래된 것임을 알 수 있다.[72]

3.1.3 부산포(釜山浦)의 왜학훈도

<첩해신어> 권10에 수록된 서계(書契)들은 모두 권 1-4의 내용과 관련이 있는 것이어서 이들이 이 부분을 편찬할 때, 즉 강우성(康遇聖)이 부산포(釜山浦)의 왜학훈도로 있을 때 왜인들로부터 접수한 서계임을 알 수 있다. 위에서도 <첩해신어>의 권1-4가 부산포의 왜학훈도가 수행할 역관의 임무에 알맞은 대화를 내용으로 하고 있음을 언급하였지만 부산포 왜학훈도의 임무를 『통문관지』에서 찾아보면 다음과 같다.

즉, 『통문관지』(권1) 「연혁(沿革)」 '외임(外任)'의 '역학훈도'조를 보면 "釜山一員, 爲接待館倭 敎訓譯生設, 以倭學敎誨差送。而有事倭館則, 以堂上差送。以上出經國大典 - 부산포의 왜학훈도는 1원이며 관왜의 접대와 역학새의 교육을 위하여 설치하였으며 왜학교회를 차송하였다. 왜관에 일이 있으면 당상역관을 차송하였다. 이상 『경국대전』에서 나오다"라 하여 부산포의 왜학훈도는 왜관(倭館)에 기류(寄留)하는 왜인(倭人)들을 접대하고 왜학 역생(譯生)들을 교육하기 위하여 설치한 것이며 사역원의 왜학 교회(敎誨)에서 차송하는데 왜관에 특별한 일이 있을 때에는 왜학 당상역관을 차송(差送)할 수도 있음을 알 수 있다.

따라서 강우성은 5차례 부산포(釜山浦)의 왜학훈도를 역임하면서 경험한 임무의 내용을 권 1-4에, 그리고 왜인들과 그가 주고받은 서계(書契)를 권10에 수록한 것으로 볼 수밖에 없다. 부산포의 왜학훈도는 당상역관이 차송되는 경우가 있으므로 강우성이 정삼품(正三品) 이상으로 승자(陞資)한 이후에도 부산의 왜학훈도로 파견되었을 가능성이 있다.

---

72 弘治 5년(1492)판 왜학서 <伊路波>와 그곳에 소재된 倭語 書契에 대하여는 졸고(1991)를 참고할 것.

3.1.4 통신사행(通信使行)의 수행

또 강우성은 광해군 9년(1617)에 회답사겸(回答使兼) 부로쇄환사(俘虜刷還使)인 오윤겸(吳允謙)을 수행하여 제1차 도일한 것을 시작으로 하여 인조 2~3년(1624~5)에 제2차로 화답사(回答使) 정립(鄭岦)을 따라 일본을 다녀왔고 다시 인조 14~15년(1636~7)에 통신사(通信使) 임광(任絖)을 수행하여 제3차로 일본을 왕환(往還)하였다. 이 세 차례에 걸친 통신사행의 수행 경험을 소재로 일본에 사행을 수행하는 역관들의 대화 내용을 <첩해신어> 권5부터 권8에 삽입하였다.[73]

이와 같이 후일에 추가로 삽입하였다고 볼 수밖에 없는 권5~8은 그 일본어의 문체가 권1~4와 다른 점을 들어 이 부분이 별도로 작성된 것임을 밝힌 것도 있고(安田章, 1981) 대역(對譯) 국어의 표기가 다른 점을 들어 이 사실을 증명하려던 경우도 있다(辻星兒, 1975). 최근에는 대역국어와 음주(音注) 부분은 강우성 이외에 복수의 인물이 관여했을지도 모른다는 가설이 제기되었다(李康民, 1991). 이에 따라 <첩해신어>의 성립 시기는 두 부분, 즉 권1~4와 권9 후반부 및 권10을 한데 묶어 부산왜학편(釜山倭學篇, 이하 '부산편'으로 약칭)이라 하고 그 나머지 부분을 신사수행편(信使隨行篇, 이하 '신사편')이라 한다면 이 두 편이 각각 다르다고 보는 학설이 많다. 森田武(1955, 1957)에서는 부산편이 인조 2-10년(1624~1632)에 성립되었고 신사편은 인조 3~14년(1625~1636)에 이루어진 것으로 보았다. 大友信一(1957)에서도 부산편의 성립은 위와 같고 다만 신사편은 인조 14~21년(1636~1643)으로 늦추어 추정하였다. 반면에 中村榮孝(1961)에서는 이 두 편 모두가 인조 14년(1636)이후에 성립된 것으로 보았다.

---

73 강우성의 3차례에 걸친 통신사행의 수행과 관련된 <첩해신어> 권5-8 부분의 성립년대에 대하여 森田 武(1955)와 大友信一(1957), 中村榮孝(1961)의 주장이 각각 다르다. 졸고(1984)에서는 강우성이 3차례의 일본 往還을 토대로 하여 仁祖 14년(1636) 이후에 이 책의 권5-8부분이 작성되어 삽입되였음을 주장하였다.

2) 〈첩해신어〉의 편찬과 간행

3.2.0 조선 중기(中期)의 역학서들은 왜(倭)·호(胡) 양란(兩亂) 이후에 실용적인 언어의 학습을 목표로 하였다. 그리하여 해당국의 훈몽서들을 수입하여 교재로 사용하던 전 시대의 관례를 모두 없애고 사역원에서 역관 활동과 관련이 있는 실용적인 교재를 자체적으로 편찬하여 사용하였다. 이것이 가능했던 것은 전란(戰亂)에 납치되거나 포로가 되어 상당 기간 동안 해당국에 체류하면서 언어를 깊이 학습하고 돌아온 경우가 많았기 때문이다.

그들은 전란 이후에 쇄환(刷還)되어 조선에 돌아온 이후에 사역원의 교회(敎誨)가 되어 언어를 교육하였다. 그리고 언어 교육에 필요한 교재를 스스로 저술하여 사용하다가 후일 인정을 받아 활자본으로 초간본이 만들어진다. 다시 이를 인행되어 수정을 거친 다음에 목판본으로 간행하여 역생들이 입학할 때에 책판을 쇄출하여 교재로 사용하였다. 호란(胡亂) 이후에 청(淸)의 군사에 포로가 되었다가 환향(還鄕)한 쇄환 포로들이 만주어와 몽고어로 <노걸대>를 새로 번역하여 이 두 언어의 교재로 삼는 일이 있었다.

왜학(倭學)에서 그 대표적인 예로 전술한 왜학역관 강우성(康遇聖)이 편찬한 <첩해신어>를 들 수 있다. 그는 임진왜란 때에 10살의 어린 나이로 납치되어 일본에 체류하면서 일본어를 배운 다음에 쇄환(刷還)되어 사역원에서 왜학 교회(敎誨)로 활약하면서 왜학 역관의 실무에 알맞은 대화로 엮은 <첩해신어(捷解新語)>를 저술한다. 여기서 '신어(新語)'라고 한 것은 종래의 훈몽서에서 배우던 일본어와 다른 새 언어라는 뜻이다.

3.2.1 〈첩해신어〉 원고의 작성

여기서는 <첩해신어>가 그 일부(권1~4, 권9~10)는 강우성이 부산포(釜山浦)의 왜학훈도로 있을 때에 작성되었고 그 나머지는 그가 3차에 걸친 통신사행의 수행을 내용으로 하여 후일 삽입한 것이라는 졸고(1984)의 주장을 다시 한 번 확인한다. 먼저 권1~4의 내용은 모두 부산(釜山)의 왜학역관(訓導 겸임)이 왜관에 기류(寄留)하는 왜인들과의 공무 수행과 무역 협상에 필요한 대화 내용이다. 이 부분은 원본의 제1차 개수본인 <개수첩해신어>의 권두에 실린 '범례(凡例)'의 모두(冒頭)에 "新語之刊行雖在肅廟丙辰, 而編成則在萬曆戊午間, 故彼我言語各有異同, 不得不筵稟改正"이란 기사에서 <첩해신어>의 간행이 숙종 병진(丙辰, 1676, 원간 활자본의 간행 년도를 말함)에 이루어졌지만 그 편성은 '만력 무오(萬曆戊午, 1618)간(間)'임을 밝히고 있다. 이 범례는 <중간첩해신어>에도 그대로 전재(轉載)되었다. 만력(萬曆) 무오(戊午)는 광해군 10년으로 강우성이 제1차로 일본을 왕환(往還)한 때로서 회답사 겸 부로쇄환사를 수행하고 돌아와 부산포(釜山浦)의 왜학훈도로서 근무할 때에 해당된다.

이 범례는 중간본에도 전재되었고 전게한 『통문관지』(권7) 「인물」 '강우성'조의 기사에도 보이는 "乃設爲館倭接待, 信使酬酌之說, 彙作十卷"의 내용과 일치한다. 다만 "信使酬酌之說"을 내용으로 한 신사편(信使篇)도 이 때에 이루어졌다고 보기 어려운 것은 그 내용이 제2차로 도일(渡日)하여 회답사 정립(鄭岦)을 수행했던 때의 일이 많이 삽입되었기 때문이다.

小倉進平(1940)에서는 전편이 만력(萬曆) 무오(戊午)에 성립된 것으로 보고 후자에서는 그 후에 신사 수행편을 대대적으로 교정하였다고 보았다. 그러나 그 동안의 많은 연구에 의하면 신사편은 강우성이 제3차 일본 왕환(往還)이 끝난 뒤에 새로 작성되어 삽입한 것으로 볼 수밖에 없다. 특히 통신사행의 수행은 외임(外任)인 부산포의 왜학훈도의 임무가 아니라 사역원 왜학 역관들의 소임으로서 그가 사역원의 교회(敎誨)로 승임하여 내직으로 옮긴 다음의 일인 것으로 보인다. 즉, 부산포의 왜학 역생들에게 일본어를 교육하는 교재로서 <첩해신어>의 권1~4를 편찬하였고 그가 사역원의 교회(敎誨)로 승임(陞任)하여 당상역관, 즉 훈상당상(訓上堂上)으로서 중앙에서 통역과 교육을 담당하였을 때 <첩해신

어>의 전편(全篇)이 완성된 것으로 볼 수 있다.[74]

3.2.2 〈첩해신어〉 원본의 간행

다음으로 <첩해신어> 원본의 성립과 간행에 대하여 살펴보기로 한다. 졸고(1988b)에서 논의된 사역원에서 역학서를 간행할 때에 일반적으로 보이는 절차는 다음과 같다. 먼저 전래하여 오는 여러 종류의 교재를 역생(譯生)들이 필사하여 사용하고 그 중에서 효용성이 인정된 것을 정밀한 교정을 거쳐 활자본으로 간행한다. 이 활자본은 다시 교정되어 규장각(奎章閣)에 보관되고 이를 판하본(板下本)으로 하는 복각본(覆刻本)이 목판으로 각인된다.

이 목판본의 간행은 한 교재의 완성을 의미하며 사역원 역생들은 이를 수시로 쇄출(刷出)하여 주교재로 사용하는 것이다. 대체로 교서관(校書館)에서 관찬(官撰)으로 활자본을 간행하는 것은 그 역학서가 역관들의 과거시험에서 출제서가 되었음을 의미하며 역과의 출제서로 지정된 역학서는 국전(國典)에 등재된다. <첩해신어>의 간행도 이와 같은 사역원 역학서의 간행 절차를 거쳤다.

먼저 강우성이 부산포의 왜학 훈도로 있을 때에 그곳 왜학 생도에게 교육할 때에 교재로 사용했던 <첩해신어>의 전반부(권1~4)와 3차례에 걸친 일본 왕환(往還)을 내용으로 하여 사역원의 왜학 교회로서 후일에 추가한 후반부(권5~8), 그리고 통신사행의 수행과 동래부(東萊府) 왜학 역관의 임무 수행에 필수적인 서간문체를 다룬 부분(권9의 후반부와 권10)을 종합하여 편집한 것이 <첩해신어>라는 이름을 얻게 된 것이다.

이렇게 마련된 수고본(手稿本)은 필사되어 전해졌으며 이것이 어느 시기에 그 효용성이 인정되어 언문으로 대역문(對譯文)과 정음으로 주

---

74 司譯院의 祿職에는 遞兒職과 實職인 敎誨가 있고 衛職이 있다. 그리고 使行이 있을 때 한시적으로 임명되는 赴京·通信遞兒職이 있다. 倭學 敎誨는 堂上官(정3품 이상)으로 訓上堂上이 있고 訓導, 別差가 있으며 이들을 衛職으로 反作하여 譯學 兼軍官으로 하는 軍職이 있다. 왜학이 通信 使行을 수행하는 通事職으로는 上通事, 次上通事, 押物通事 등이 있다. 이에 대하여는 졸저(1988)을 참조.

음(注音)이 이루어졌다. 이 원간본의 언문 대역과 정음의 주음(注音)이 누구의 손으로 되었는지는 분명하지 않다. 아마도 복수의 인원이 일정량의 분량을 분담하여 이루어진 것으로 보인다. 왜냐하면 각권의 대역(對譯)과 주음(注音)에 쓰인 정음이 서로 다르기 때문이다.[75]

이것은 후일 다시 정밀한 교정을 거치게 되고 『통문관지』와 <개수첩해신어>의 범례(凡例)에 기록된 것처럼 강희(康熙) 15년 병진(丙辰, 1676)에 사역원 도제조(都提調)인 정상국(鄭相國)의 계청(啓請)으로 교서관에서 활자본으로 인간된다. 이 초간 활자본은 오늘날까지 전래되어 규장각(奎章閣)에 소장되고 있다. 이 초간본은 교정되어 재판되었는데 이 초간의 정판본(整版本) 하나가 대마도 소케분코(宗家文庫)에 소장되었다. 전자를 병진본(丙辰本), 또는 규장각의 소장본으로 보고 후자를 정판본(整版本), 또는 유포본(流布本)으로 부르기도 한다(安田章, 1985).

활자본은 실제 역생들의 이용을 위하여 목판본으로 간행하게 된다. 즉 『통문관지』(권8) 「집물(什物)」 '捷解新語板' 조에 "安同樞愼徽書, 康熙丙辰陽坡鄭相國啓, 令芸閣鑄字印行, 庚辰濟州軍官朴世英刊板于濟州"라는 기사가 있어 안신휘(安愼徽)가 쓴 <첩해신어>가 전술한 바와 같이 강희(康熙) 병진(丙辰)에 교서관에서 주자(鑄字)로 인행한 것이다. 또 강희(康熙) 경진(庚辰, 1700)에 제주(濟州) 역학(譯學) 박세영이 제주에서 간판한 목판의 복각본이 있음을 알 수 있다.

실제로 이 병진(丙辰)본의 복각본이 오늘날 전해지고 있다. 서울의 산기문고(山氣文庫, 通文館主 故 李謙魯翁의 소장문고)에 소장된 목판본 <첩해신

75 이에 관하여는 安田章(1977)에 자세히 언급되었다. 예를 들면 "雜物[さうもつ]"에 대한 注音은 '소우모쭈'(권3 22,23,24, 권4 24)와 '소우모쯔'(권8 1,2,3)로 서로 다르고 "朝鮮[てうせん]"도 '죠우션'(권3 15, 권8 24, 권9 4,13)과 '됴우션'으로 다르게 표음되었다. 전자는 이미 이 때에는 음가를 상실한 'ㅿ'을 사용한 예이고 후자는 口蓋音化된 한자음의 현실음을 인정하는가에 따른 차이로 볼 수 있다. 이러한 차이는 注音者의 표기의식이 서로 달랐음을 말하고 있다. 이와 같은 예는 순수일본어의 주음에서도 나타난다. '珍らし'의 어두 'め'의 주음이 '면'(대부분)과 '몐(권3과 권2 1, 권6 5)으로 다르게 표음되었다. 여기에서 적어도 권3의 정음 주음은 다른 권과는 다른 사람의 손으로 이루어진 것으로 볼 수밖에 없다.

어>는 권1부터 권3까지의 제1책을 낙질(落帙)한 2책(권 4~10) 뿐이지만 마지막 제10권 말미(末尾)에 '康熙三十八年己卯孟春, 濟州譯學朴世英監董開刊'이란 간기가 보인다.[76] 이것은 전술한『통문관지』의 기록보다는 1년 앞선 강희(康熙) 경진(庚辰, 1699)에 제주에서 간행된 병진(丙辰) 복각본임을 알 수 있다.

그리고『통문관지』의 기록은 이 목판을 사역원에서 수납한 때를 기록하였거나 간기와는 달리 실제 간판은 1년 후의 일이었음을 말한 것으로 보인다. 이 목판본은 왜어를 학습하는 역생(譯生)들을 위하여 다량으로 간행된 것으로 보이는데 安田章(1985)에 의하면 이 병진복각본은 전술한 유포본을 복각한 것이 아니라 병진초간본을 별도로 교정하여 복각한 것으로 알려졌다. 따라서 이 복각목판본도 또 하나의 이본이 된 것이다.

이 초고(草稿)는 필사되어 그가 다시 부산포(釜山浦)의 왜학훈도로 있으면서 그곳 역생들의 일본어 교재로 사용되다가 외임(外任)이 풀려 그가 경직(京職)인 사역원의 훈상당상(訓上堂上)으로 승차하여 사역원의 일본어 교육을 관장할 때 사역원에서도 이 교재를 사용한 것으로 보인다.[77]

3.2.3 활자본 〈첩해신어〉

이렇게 비공식으로 사용되던 <첩해신어>는 강희(康熙) 경술(庚戌, 1670)에 당시 영의정으로서 사역원 도제조(都提調)를 겸임하던 양파(陽坡) 정

76 山氣文庫 <첩해신어>의 落秩本으로 보이는 康熙庚辰의 覆刻本 제1책(권1-3)이 고려대학교의 晩松文庫에 소장되어 있었다. 1990년에 弘文閣에서 간행된 <첩해신어> 諸異本의 영인에서는 이 두 낙질본을 합본하여 <木板本 捷解新語>란 이름으로 필자의 해제를 붙였다.

77 康遇聖의 官職은『통문관지』(卷7)「人物」'康遇聖'조에 "凡再赴信使, 五任釜山訓導, 官至嘉義"이란 기록과『譯科榜目』(권1) "康遇聖, 辛巳生, 本晋州, 倭學敎誨嘉義"에 의하면 嘉義大夫(從二品)에까지 올랐었음을 알 수 있다. 司譯院의 職制에 의하면 堂上譯官(正三品 以上)을 訓上堂上이라 불렀고 司譯院의 堂下譯官이나 譯學生徒들의 교육을 담당하였다. 또 堂上譯官은 司譯院의 考講, 院試의 試官이 되기도 하였으며, 譯科에서도 參試官으로 참여하여 사역원의 중심이 되었다. 訓上堂上은 원래 漢學에만 있다가 壬辰亂 이후에는 倭學에도 2窠를 두었다(鄭光·韓相權, 1985).

태화(鄭太和)의 계청(啓請)에 의하여 교서관에서 간행하게 되었는데 왜학 당상(倭學堂上) 안신휘(安愼徽)가 정서(淨書)하여 숙종 2년(康熙 丙辰, 1676)에 활자로 인행하였다. 이 운각(芸閣) 인행의 활자본 <첩해신어>는 오늘날 서울대학교 규장각에 귀중본으로 소장되었으며 오늘날 이를 원간본(原刊本)이라고 불러 왔다.

사역원 역서가 활자본으로 교서관에서 인행된다는 사실은 역과의 출제서로 인정됨을 말한다. 즉, 『통문관지』(권2) 「과거」 '왜학팔책' 조에,

> 捷解新語、飜經國大典, [中略] ○初用伊路波、消息、書格、老乞大、童子教、雜語、本草、議論、通信、鳩養物語、庭訓往來、應永記、雜筆、富士, 幷十四冊。語多疎略, 不適時用。故康熙戊午, 專以此冊行用, 悉去前書。見啓辭謄錄. - [과거의 출제서는] <첩해신어>와 『경국대전』의 번역이다. ○ 처음에는 <이로파>, <소식>, <서격>, <노걸대>, <동자교>, <잡어>, <본초>, <의논>, <통신>, <구양물어>, <정훈왕래>, <응영기>, <잡필>, <부사>의 모두 14책이다. 말이 매우 소략하고 시용에 적합하지 않다. 그러므로 강희 무오에 오로지 이 책, [<첩해신어>로]로 행용하고 앞의 책은 모두 버렸다. <계사등록>을 보라.

이라 하여 강희(康熙) 무오(戊午, 1678)에 초기의 14종 왜학서를 모두 없애고 오직 <첩해신어>만을 역과 왜학의 출제서로 사용하기 시작하였음을 알 수 있다. 이것은 강희(康熙) 병진(丙辰, 1676)에 교서관(校書館)에서 이 책이 간행된 2년 후의 일이다.

강희(康熙) 경진(庚辰, 1700)에는 이 병진활자본의 복각본(木板本)이 간행되었는데 『통문관지』(권8) 「집물」 '첩해신어판(捷解新語板)' 조에도 "安同樞愼徽書, 康熙丙辰陽坡鄭相國啓, 令芸閣鑄字印行, 庚辰濟州兼軍官朴世英刊板干濟州 - 안신휘가 글을 쓰다. 강희 병진(1676)에 양파 정상국이 계청(啓請)하여 교서관에서 인행할 것을 명하다. 경진(1700)에 제주의 겸군관인 박세영이 제주에서 간판(刊板)하다"라는 같은 기사가 있다.

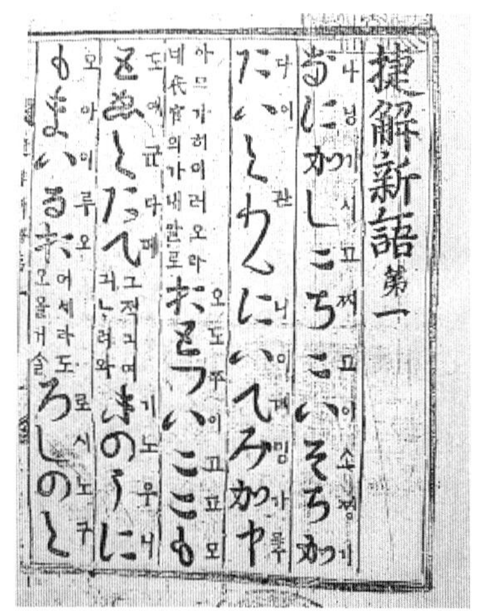
捷解新語 第一

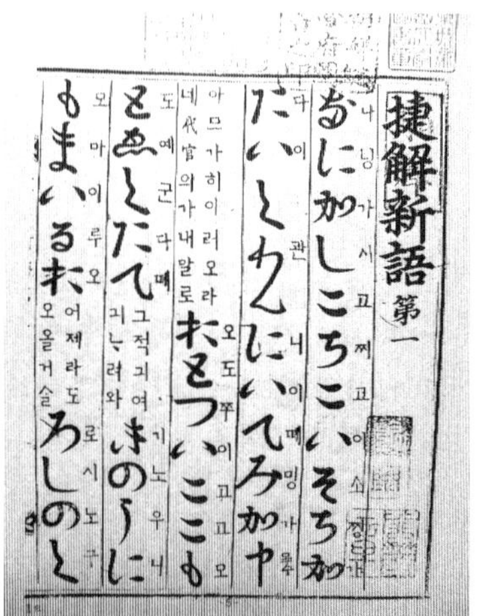
捷解新語 第一

[사진 4-2] 활자본 〈첩해신어〉의 원간본(오른쪽)과 경진(庚辰) 복각본(왼쪽)

이 원간본의 복각본(이하 경진복각본)은 원간본을 수정하여 입재(入梓)하였으므로 단순한 복각본만은 아니다(安田章, 1986). 또 이 경진복각본은 사역원 왜학에서 실제 일본어 학습서로 사용된 것인데 고려대학교 도서관의 만송문고(晩松文庫)에 1책(卷 1~3)이 소장되었고 전술한 이겸로(李謙魯)씨의 산기(山氣)문고에 2책(卷 4~7, 卷 8~10)이 소장되었다.[78] 이들은 본래 같은 질(秩)로서(全 3冊) 제1책이 고려대학에, 제2, 3책이 산기문고에 산질(散秩)된 것으로 보인다.

3.2.4 중기 왜학서의 특징

이상 중기의 왜학서를 정리하여 보면 임진난 이후에 『경국대전』에 등재된 초창기(草創期)의 14종 왜학서가 강희(康熙) 무오(戊午, 1678)에 실거(悉去)되고 역과 왜학에는 오직 <첩해신어>만이 행용되었다. <첩해신

78 이에 대하여는 安田章(1986)의 연구가 있다. 筆者는 安田章 教授와 함께 高麗大學校圖書館을 訪問하여 晩松文庫本에 所藏된 <첩해신어>의 庚辰覆刻本 第1冊(卷第1~第3)을 閱覽한 일이 있고, 山氣文庫의 第2, 3冊도 李謙魯翁의 好意로 수차 訪問하여 閱覽한 일이 있다. 李翁의 厚意에 감사를 드린다.

어>에는 강우성(康遇聖)의 초고(草稿)본 2종(萬曆 戊午에 편찬된 것과 崇德 初年에 보완한 것)과 강희(康熙) 병진(丙辰)에 교서관에서 간행된 활자본, 그리고 강희(康熙) 경진(庚辰)에 이를 수정 복각한 목판본, 즉 경진복각본(庚辰覆刻本)이 있었음을『통문관지』의 기록과 현전하는 여러 이본을 근거로 하여 고찰하였다.

그러나 역과 왜학의 출제서로서는『수교집록』(1698)과『전록통고』(1706)에는 등재되지 않다가[79]『속대전』(1744, 권3)「예전(禮典)」'제과(諸科)'의 '역과'에서 "寫字倭學, 捷解新語 新增 [中略] 其餘諸書並今廢, 譯語 同大典 - 왜학의 사자(寫字) 시험은 <첩해신어>를 새로 추가한다. [중략] 나머지 여러 왜학서는 이제 모두 폐기한다. 역어의 시험은『경국대전』과 같다"이라는 기사로서 법전(法典)에 정식으로 역과왜학의 출제서로 <첩해신어>가 인정된다.

그러나『속대전』의 '취재(取才)'조에는 "倭學, 捷解新語 {寫字} 文語 {飜答}, 以上新增, 大典所載書今並廢 - 왜학은 <첩해신어>로 사자(寫字) 시험하고 문어(文語)는 번역하여 답변한다. 이상 새로 추가한 것이고『경국대전』에 소재된 왜학서는 이제 모두 폐기하다"라 하여 <첩해신어>의 사자(寫字) 이외에 문어(文語)의 번답(飜答)이 보인다. 이때의 문어는 후대에 편찬된 <첩해신어문석(捷解新語文釋)>에 보이는 마나(眞名)의 초서체로 쓰인 문장의 번답(飜答)을 말하는 것으로 생각되지만 문석본(文釋本)은『속대전』이후에 간행된 것이므로 이때의 문어(文語)는 문석본의 초고(草稿)이었거나 초기의 왜학서 중 어느 것을 말하는지도 모른다.

79 『수교집록』과『전록통고』는 모두 壬辰亂 후에 變改된 法規를 정리한 것이지만 譯科倭學에 관하여는『경국대전』의 것을 그대로 踏襲하고 있다. 특히『전록통고』에서는 이 책이 출판될 때에 이미 <첩해신어>만을 譯科倭學의 寫字로 行用한 것임에도 불구하고 이에 대한 기록이 없는 것은 疑問을 갖게 한다.

4. 후기의 왜학서

4.0.0 『속대전』 이후의 사역원 역학서는 중기(中期)의 것을 신석(新釋), 개수(改修), 증보(增補), 중간(重刊)해서 사용하였으며 유해(類解)와 같은 어휘집을 간행하여 교재로 사용하였다. 따라서 사역원의 외국어 교육은 문장의 강독과 더불어 어휘의 학습이 중심이 되었다. 그러나 외국어의 정서법과 발음전사는 중기(中期)의 것과 비교하여 볼 때 크게 변화된 것이 없다. 이것은 초기(初期)의 역학서에서 사용된 정서법과 발음전사를 중기의 역학서에서는 모두 대폭 수정한 것과 매우 대조적인 현상이다.

『속대전』 이후의 왜학서도 中期에 편찬된 <첩해신어>를 개수(改修)하거나 중간(重刊)하여 사용하였고 이의 문석본(文釋本)을 간행하였으며 어휘집으로 '왜어물명(倭語物名)'과 <왜어유해(倭語類解)>를 편찬하고 간행하였다. 일본어의 가나(假名)문자와 그 축자발음(逐字發音) 전사를 위하여 편찬한 초기(初期)의 <이로파(伊路波)>도 대폭 수정하여 <첩해신어>의 말미(末尾)에 부재함으로써 <첩해신어>만으로 일본어 교육이 이루어지도록 하였으며 다만 <왜어유해>가 어휘 학습과 난해어 해독의 사전 역할을 하였다.

그러나 <첩해신어>의 권말에 부재(附載)되었던 <이려파(伊呂波)>가 단행본으로 로마 바티칸 도서관에서 발견되어 원래 일본어 가나(假名)문자의 학습을 위한 いろは의 교재가 <이려파(伊呂波)>란 서명으로 단독으로 사용되었을 가능성이 보인다. 즉, 졸고(2014b)로 소개된 이 왜학서 자료는 로무알두스(Romualdus)라는 이태리의 선교사가 중국에서 수집하여 보르지아(Borgia) 가(家)에 기증한 것을 다시 바티칸 도서관에서 수집하여 수장(收藏)한 것이다. 이에 대하여는 다음 4.5.4에서 살펴보기로 한다.

1) 〈첩해신어〉의 제1차 개수

4.1.0 후기(後期)의 왜학서 중에서 먼저 <첩해신어>의 개수와 중간, 문

석(文釋)에 대하여 고찰 한다.[80]

<첩해신어>의 개수(改修)는 2차에 걸쳐 이루어졌다. 이 <첩해신어>의 2차에 걸친 전면적인 개수에 대하여는 이담(李湛)의 '중간첩해신어서(序)'에 다음과 같이 언급하였다.

> 此倭學之有捷解新語也。粤在壬辰之難 院官康遇聖久被擄, 習熟其語言, 歸成是書, 用於科試。而歲月寢久, 語音差異, 與之酬酌率多扞格而矛盾。逮至丁卯通信之行, 使臣承朝命往質之。崔知樞鶴齡、崔同樞壽仁在行中, 寔主其事。與倭人之護行者, 互相質難, 逐段釐改, 歸告于朝, 令芸閣印布。而語音雖盡讐正, 倭諺大字猶仍舊本, 而未及改。其後崔知樞以公幹在萊州, 又從通詞倭人, 博求大坂江戶間文字, 參互而考證, 凡點劃偏傍之不合其字法者, 一皆正之。斯編始爲完書, 仍以私力, 活字印行。- 이 왜학에는 <첩해신어>가 있다. 옛날 임진왜란 때에 사역원 원관인 강우성이 오랫동안 잡혀있어서 그 말을 익히 배우고 돌아와서 이 책을 지었으며 과거시험에 사용하였다. 그러나 세월이 오래 되어 말소리가 차이가 나서 더불어 수작할 때에 간격과 모순이 매우 많았다. 정묘 통신사행에 이르러 사신이 가서 질문하여 고치라는 조정의 명을 받았다. 최학령과 최수인이 사행에 있어서 그 일을 주관하였다. 호행하는 왜인들과 더불어 서로 어려운 곳을 질문하여 단계별로 고쳤으며 돌아와 조정에 고하고 교서관에 명하여 인포(印布)하게 하였다. 그러나 어음(語音)은 비록 모두 고쳤으나 왜언(倭諺) 대자(大字)인 문자는 구본과 같아서 미처 고치지 못하였다. 후에 최학령이 동래(東萊)에서 주간하고 통사 왜인들로 하여금 널리 오사카와 에도에서 사용하는 [가나] 문자를 구하게 하여 서로 참고하고 고증하여 점과 획이 맞지 않는 것을 모두 바르게 하였다. 이 것이 드디어 책으로 완성되어 사력(私力)으로 활자

80 그 동안《첩해신어》의 改修에 대하여는 많은 論議가 있었다. 특히 中村榮孝(1961), 濱田敦(1961, 이는 浜田敦:1970에 再錄됨), 安田章(1965, 이는 安田章:1980에 再錄됨), 森田武(1955, 이는 森田武:1985에 再錄됨)의 연구는 注目할 만하다.

로 인행하였다.

이 기사에 의하면 왜학 교재로 <첩해신어>가 있었으나 구본(舊本)의 것이 세월이 오래되어 본문의 어음에 차이가 생겼고 대화에도 많은 간격과 모순이 생겨서 정묘(丁卯) 통신사행의 사신(使臣)들이 조정의 명을 받아 이를 왜학 역관들에게 수정하게 하였음을 알 수 있다. 그리고 이 일은 정묘사행의 일원으로 참가한 왜학역관 최학령(崔鶴齡)과 최수인(崔壽仁)이 주관하였는데 이들이 사행(使行)을 호행(護行)하는 왜인(倭人)들에게 질문하여 고친 것을 귀국하여 조정에 고(告)하고 교서관에서 주자로 인포(印布)하였음을 알 수 있다.

4.1.1 무진(戊辰) 개수본

이렇게 영조 정묘(丁卯, 1747)의 통신사행에서 수정하여 다음 해 무진(戊辰, 1748)에 개수한 것이 제1차 개수이며 오늘날 현전하는 <중간첩해신어>의 권말에 부재된 '무진개수(戊辰改修)'를 말하는 것이다. 즉, 현전하는 <첩해신어>의 중간본에는 마지막 제십(第十) 하권 권말에 '무진개수시고교관(戊辰改修時考校官)'으로 9인의 왜학 역관과 '신축중간시교정관(辛丑重刊時校正官)'으로 6인의 역관의 함명(銜名)이 부재되었는데 이 중 무진(戊辰) 개수시의 것을 옮겨보면 다음과 같다.

戊辰改修時考校官

折衝將軍行龍驤衛副護軍 朴尙淳
折衝將軍行龍驤衛副護軍 玄德淵
折衝將軍行龍驤衛副護軍 洪聖龜　　以上 通校諸卷
通訓大夫行司譯院訓導 李昌基
通訓大夫行司譯院僉正 鄭道行
朝散大夫前行司譯院奉事 黃大中
禦侮將軍行忠武衛副司猛 玄泰衡　　以上 分卷校正

禦侮將軍行忠武衛副司猛 崔鶴齡
朝散大夫前行司譯院奉事 崔壽仁　　以上 修正入梓

이를 보면 무진(戊辰)년에 제1차 개수가 있었고 이때에 박상순 이하 8인의 역관이 이를 교정하여 간행하였음을 알 수 있다. 또 전게한 이담(李湛)의 '중간서'에 의하면 이 때에는 '왜언대자(倭諺大字)'가 미처 수정하지 못하였기 때문에 최학령(崔鶴齡)이 동래(東萊)에 있을 때에 통사왜인(通詞倭人)들로 하여금 오사카(大阪)와 에도(江戶)에서 가져온 가나(假名)문자와 비교하여 이를 마저 개정하여 사력(私力)으로 인포한 것이 있음도 알 수 있다. 이것이 제2차 개수본으로 불리는 것이다. 이에 의하면 정묘(丁卯)사행(使行)에서 어음과 수작 대화의 수정이 이루어진 제1차 개수본과 최학령이 개인적으로 '왜언대자(倭諺大字)', 즉 <첩해신어> 본문의 크게 쓴 일본어의 가나(假名)문자를 고친 제2차 개수가 있었고 또 신축년(辛丑年)에 이를 중간(重刊)이란 이름으로 간행한 것이 있음을 분명히 알 수 있다.

4.1.2 제1차 개수본의 성립

먼저 '무진개수(戊辰改修)', 즉 제1차 개수를 살펴보기로 한다. 제1차 개수가 이루어진 '정묘통신지행(丁卯通信之行)'은 영조 23년(1747)부터 그 이듬해(戊辰, 1748)까지 일본의 9대 쇼군(將軍) 도쿠가와 이에시게(德川家重)의 즉위를 축하하기 위하여 홍계희(洪啓禧)를 정사(正使)로 하여 파견된 사행을 말하며 이 때에 수행한 왜학역관은 소위 수역(首譯)이라 불리는 당상역관(堂上譯官) 3인을 포함하여 모두 10인이었다.[81] 그러나 이 행중제

81 참고로 丁卯通信之行의 倭譯을 『通航一覽』(권70 「朝鮮國部」 46)이나 『韓使來聘略記』(교토대학 東洋史學研究室藏本)에서 찾아 모두 적어보면 다음과 같다. 먼저 『通航一覽』의 '寬延戊辰, 朝鮮人來朝姓名號略'에 의하면 먼저 "正使 洪啓禧, 副使 南泰耆, 從事官 曺命采"의 이름이 보이고 "○上上官三員, 僉知 朴尙淳 {字子淳, 號竹窓, 年四十九} 僉知 玄德淵 {字季深, 號疎窩, 年五十五}, 僉知 洪聖龜 {字大年, 號壽巖, 年五十一} ○上判事三員. 僉正 鄭道行 {字汝一, 號靜庵, 年五十五}, 訓導 李昌基 {字大卿, 號廣灘, 年五十三}, 主簿 金弘喆 {字聖叟 號葆眞齋, 年三十四} ○次上判事二員, 黃大中 {字正叔, 號蒼崖, 年三十四}, 副司猛 玄大衡 {字穉久, 號長湖, 年三十一}. ○押物判事

역(行中諸譯)의 10인 중에서 최학령(崔鶴齡)은 가장 관직이 낮은 압물통사(押物通事)의 당하(堂下) 역관에 불과하였고 또 최연소 역관이었다. 그럼에도 불구하고 그에게 <첩해신어>의 수정을 주관하게 한 것은 정사(正使) 홍계희의 뜻으로 보인다. 즉 『승정원일기(承政院日記)』의 정묘(丁卯) 5월 12일자의 기사에는 통신사행에 관한 여러 가지 품정(稟定)할 일이 있어서 홍계희가 영조를 청대(請對)한 일이 있었으며 여기에서 <첩해신어>의 개정에 대한 논의가 있었다는 기사가 있다.[82]

> 啓禧曰: 臣既承傳對之命, 而聞倭譯通話, 極爲齟齬云。故招問於行中諸譯, 仍取所謂捷解新語觀之。[中略] 新語亦不可不改正, 俾勿錯誤於彼人之行用言語矣。倭譯崔鶴齡, 爲東萊館守差備時, 問於館倭等, 懸注於三韻通考, 彼人之字音及方言, 一開卷瞭然, 若依此釐正新語, 則前頭通話時必有大益。今番行中崔鶴齡 亦以員役隨去, 而此役浩汗, 不可專責於一人, 分授於行中諸譯之稍解妙理者, 使之互相質正, 作爲成書。待還朝後稟旨入刻, 以用於譯科及取才如何? 上曰: 依此舉行可也.

四員, 判官 黃垕成 {字大而, 號敬庵, 年五十四}, 僉正 崔鶴齡 {字君聲, 號芳湖, 年三十九}, 主簿 崔壽仁 {字大來, 號美谷, 年四十), 判官 崔嵩齋 {字如高, 號水庵, 年五十九}" 등의 왜학 역관의 이름이 보인다. 그러나 『韓使來聘略記』에는 '次上判事'로 玄大衡 대신 "朴宗大 判官"(41엽)으로 되었다. 이것은 후자의 것이 오류로 보이며 다만 『通航一覽』의 '玄大衡'은 '玄泰衡의 잘못으로 보인다. 이들의 生年과 登科年을 참조하면 다음과 같다.

堂上譯官--玄德淵(1694년생, 1714년 登科), 朴尙淳(1700년생, 1721년 登科),
　洪聖龜(1698년생, 1721년 登科) --소위 上上官을 말함.
上通事-- 李昌基(1696년생, 1722년 登科), 鄭道行(1694년생, 1714년 登科),
　金弘喆(1714년생, 1740년 登科) -- 소위 上判事를 말함.
　金弘喆은 乾隆 庚申 증광시 역과 漢學에서 장원함.
次上通事--黃大中(1715년생, 1735년 登科), 玄泰衡(1718년생, 1741년 登科)
　--소위 次上判事
押物通事--崔鶴齡(1710년생, 1732년 登科), 崔壽仁(1709년생, 1735년 登科),
　黃垕成(1683년생), 崔嵩齋(1688년생)--소위 押物判事,

82 이에 대하여는 <英祖實錄> 권65 英祖 丁卯 5월 13일자에도 "通信使洪啓禧等請對東萊設宴 依例爲之 忠州安東慶州三邑宴 一併停減"이란 기사가 있어 이를 뒷받침한다.

4.1.3 최학령(崔鶴齡)의 1차 개수

이 『승정원일기』의 기사에 의하면 최학령(崔鶴齡)은 동래(東萊)의 왜학 역관으로 있을 때에 이미 일본어의 한자음을 왜관에 기류하는 왜인들이나 『삼운통고(三韻通考)』 등을 참조하여 정리한 일이 있음을 알 수 있고 이 때의 능력을 높이 평가한 홍계희(洪啓禧)가 최학령에게 <첩해신어>의 수정을 주관하게 시킨 것임을 알 수 있다.

실제로 홍계희는 한학서인 <노걸대신석>의 신석(新釋) 서문을 쓴 바 있어 한어(漢語)와 다른 외국어에 대한 일가견이 있었던 것이다. 그러나 다만 이 일이 매우 방대하여 한 사람에게만 전담시키기에는 어렵기 때문에 행중제역(行中諸譯) 중에서 이 일을 할 수 있는 자에게 분담하도록 하였는데 그 결과는 10인의 수행 역관 중에서 9인이 이 일을 담당하게 되었고 이들의 명단이 제1차 개수본에 게재하게 된다.

즉, 제1차 개수본인 파리 동양어학교 소장의 <개수첩해신어>에는 권두에 홍계희의 서문(序文)과 '범례(凡例)', '연설(筵說)'이 있고 이어서 '고교제인(考校諸人)'이라 하여 <첩해신어>의 제1차 개수에 관여한 9인의 역관 함명(銜名)이 다음과 같이 등재되었다. 이들은 모두 정묘 통신사행을 수행한 왜학 역관이었으며 전술한 바와 같이 <중간첩해신어>의 제10 하권에 부재된 '무진개수시고교관(戊辰改修時考校官)'의 함명(銜名)과 일치한다.

折衝將軍行龍驤衛副護軍 朴尙淳
折衝將軍行龍驤衛副護軍 玄德淵
折衝將軍行龍驤衛副護軍 洪聖龜
通訓大夫行司譯院訓導 李昌基
通訓大夫行司譯院僉正 鄭道行
朝散大夫前行司譯院奉事 黃大中
禦侮將軍行忠武衛副司猛 玄泰衡
禦侮將軍行忠武衛副司猛 崔鶴齡
朝散大夫前行司譯院奉事 崔壽仁

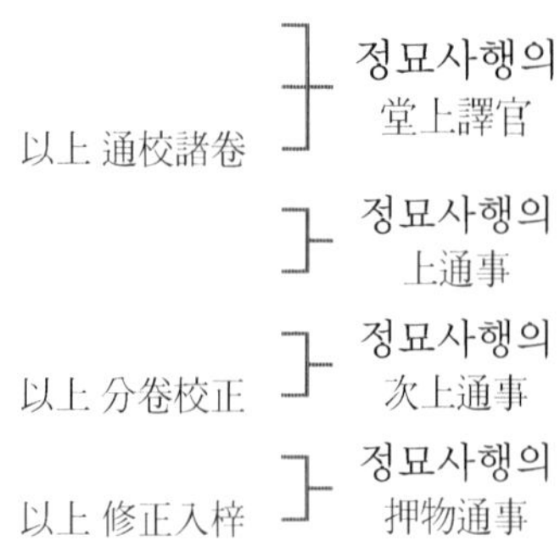

제1차 개수에서 중요한 변화는 <첩해신어>의 전권을 장면에 따라 분류하고 그 장면의 제목을 붙인 것이다. 즉, 安田章·鄭光(1991)의 부록으로 붙인 <첩해신어>의 무진 개수본에 제1권은 '여대관초상접(與代官初相接), 송사선문정(送使船問情)'의 대화로 보아 그 제목으로 상단 난외(欄外)에 써넣었고 제2권은 '차례강정(茶禮講定), 차례문답(茶禮問答), 찬품기명논란(饌品器皿論難), 봉진물간품(封進物看品)'의 대화라고 하여 같은 방법으로 기재하였다. 제3권은 '하선연문답(下船宴問答), 행중배례(行中盃禮), 송사최답서(送使催答書)'이며 제4권은 '동납간품정당(銅鑞看品停當), 동납간품(銅鑞看品), 공목입급정당(公木入給停當), 공목입급(公木入給)'으로 장면의 제목을 붙였다.

제5권은 '신사탐후선(信史探候船), 신사도마도(信使到馬島)'으로 제목을 삼았고 제6권은 '신사여도주어(信使與島主語), 이마도향강호(離馬島向江戶), 도주청하륙헐(島主請下陸歇)'에서의 대화로 보았으며 제7권은 '축전주례후신사(筑前主禮候信使), 신사접강호(信使接江戶), 입강호견관백(入江戶見關白)'의 장면에서 나눈 이야기라고 하였다. 제8권은 '신사불수금(信使不受金), 신사환도대판성(信使還到大坂城), 도주청신사전연(島主請信使餞宴)'의 내용이며 제9권은 '여대관상약진무(與代官相約振舞), 화어겸찬(和語謙讚), 일본각도주군(日本各道州郡)'에 관한 것으로 정리하였다.

제10권은 상권(上卷)에서 '초상접장(初相接狀), 입관후선통장(入館後先通狀), 강정차례장(講定茶禮狀), 차례후하(茶禮後賀), 차례후예물장(茶禮後禮物狀)'에 관하여 주고받은 서계(書契)의 예문이며 중권(中卷)에서는 '봉진연논정장(封進宴論定狀), 봉진연(封進宴), 정당후통보장(停當後通報狀), 연향일봉진물건위선간품사장(宴享日封進物件爲先看品事狀), 봉진연후하장(封進宴後賀狀), 일본선출래안내장(日本船出來案內狀), 착선하장(着船賀狀)'과 같은 서계를 보은 것이고 마지막 하권(下卷)에서는 '동납물허출급상인사장(銅鑞勿許出給人事狀), 청공목미입급장(請公木米入給狀), 청회차진무장(請廻次振舞狀), 진무후하장(振舞後賀狀)'의 예문을 실었다.

이렇게 각 장면(場面)과 각종 서계(書契)의 제목을 다음의 [사진 4-3 위]

에 보이는 것처럼 상단의 난외(欄外)에 써 놓았다. 이러한 전통은 제2차 개수본에도 그대로 유지되었을 것이며 중간본이나 문석본에서도 계속 되었다. 문석본(文釋本)에서는 상단의 난외(欄外)에 쓰지 않고 본문 가운데에 써 넣었다. 또 제1차 개수에서는 각권의 대화가 누구의 말인지 밝혀놓았다. 즉, 상단의 난외에 '주(主)', '객(客)'으로 발화자를 표시하였고 서계(書契)에서는 제목을 난외에 써넣었다. 이렇게 함으로써 원본보다는 개수본이 훨씬 이해하기가 쉽게 되었다. 다만 왜언대자(倭諺大字), 즉 일본어의 가나(假名)문자가 초창기(草創期)의 <이로파(伊路波)>에서 보여주는 히라카나이어서 자형이 구식이라는 비판을 면하지 못할 것으로 보인다.

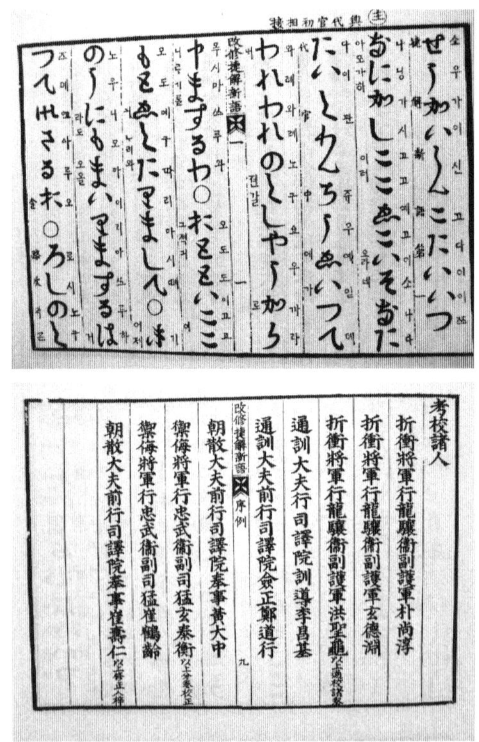
(主) 與代官初相接

改修捷解新語 一

考校諸人
折衝將軍行龍驤衛副護軍朴尙淳
折衝將軍行龍驤衛副護軍玄德淵
折衝將軍行龍驤衛副護軍洪聖龜
通訓大夫行司譯院訓導李昌基
通訓大夫前行司譯院僉正鄭道行
朝散大夫前行司譯院奉事黃大中
禦侮將軍行忠武衛副司猛玄泰衡
禦侮將軍行忠武衛副司猛崔鶴齡
朝散大夫前行司譯院奉事崔壽仁

改修捷解新語 序例 九

[사진 4-3, 4] 〈첩해신어〉 무진(戊辰) 개수본의 제1권 첫 장과 최종엽의 고교제인(考校諸人)

4.1.4 홍계희(洪啓禧)의 개수(改修) 서문

제1차 개수본의 권두에는 홍계희의 '개수첩해신어서(序)'와 '연설(筵說)'이 부재(附載)되어 있어 <첩해신어>가 이 정묘사행(丁卯使行)에서 어떻게 수정되었는가를 자세히 알려주고 있다. 즉, 홍계희 서문에 "[前略] 及登途使諸譯, 與彼人之護行者, 互相質難, 逐段更改。往來凡七朔, 還到馬州之芳浦 阻風滯十餘日, 而後乃訖歸告於朝, 付之剞劂 [下略] - 그리고 가는 길에 행중제역을 시켜서 그쪽의 호행(護行)하는 사람들에게 서로 어려운 곳을 질문하고 단락에 따라 고쳤다. 거의 7개월에 걸친 왕래로 대마도에 돌아와서 바람 때문에 막히어 10일 체류한 다음에 귀국하여 조정에 고하고 기궐(剞劂)에 붙였다"라는 기사는 이담(李湛)의 중간서(重刊序)에도 일부가 그대로 전재되었는데 7개월에 걸친 통신사행의 일본 방문 중에 행중(行中) 제역(諸譯)으로 하여금 사행(使行)을 수행하던 왜인(倭人)들에게 어려운 구절을 질문하도록 하여 단락 별로 개정하였음을 알 수 있다. 여기에서 '행중제역(行中諸譯)'은 정묘 통신사행을 배행했던 10인의 역관 중에서 위에 적은 당상역관(堂上譯官) 박상순(朴尙淳) 이하 9인을 말한다.

그들이 <첩해신어>의 개수를 위하여 질문했던 호행(護行) 왜인(倭人)들은 이 정묘 통신사행의 일을 그림으로 그려 설명한 기쿠야(菊屋七郎兵衛)의 『조선인대행렬기대전(朝鮮人大行列記大全)』(1748년 정월간)에 의하면 소(宗) 대마도주(對馬島主)의 안내자들을 말하는 것이다. 또 자제군관(子弟軍官)으로 이 사행(使行)에 참가한 정사(正使) 홍계희의 차남 홍경해(洪景海)의 『수사일기(隨槎日記)』에 의하면 이 통신사행을 수행한 대마도의 도주(島主)의 행중(行中)이 모두 1500여 명이었고 그 중 우리말을 하는 전어(傳語, 통사)가 50인이라고 적었다(安田章·鄭光, 1991:34). 아마도 홍계희 서문에 보이는 '피인(彼人)'은 이 50인의 대마도 전어(傳語)를 말하는 것으로 보인다.

4.1.5 〈개수첩해신어〉의 연설(筵說)

<개수첩해신어>의 권두에 실려 있는 '연설(筵說)'에 의하면 사행(使行)이 돌아온 후에 홍계희의 '개수첩해신어서(序)'와 이담(李湛)의 '중간첩해신어서(序)'의 "歸告於朝"에 해당하는 무진(戊辰) 팔월 초오일(初五日, 1748. 8. 5)에 있었던 통신삼사(通信三使)의 입시(入侍) 보고에서 정사(正使) 홍계희와 부사(副使) 남태기(南泰耆), 종사관(從事官) 조명채(曺命采)는 모두 입을 모아 이번 사행에서 <첩해신어>를 이개(釐改)하여 돌아온 것을 자랑하였다.

筵說

戊辰八月初五日通信三使臣入　侍時通
信正使洪啓禧所　啓文鄭惟在譯舌而近
來倭譯全不通話以今番使行言之苟簡特
甚蓋以倭譯所習捷解新語與卽今倭語全
不相似故雖萬讀爛誦無益於通話臣於辭

改修捷解新語 序例 七

朝時以釐正仰請矣今行使行中譯官逐一釐
改今成全書以此刊行何如副使南泰耆曰
捷解新語今作無用之物而今番正使洪啓
禧之所釐正者宜於時用自　朝家使之刊
布則大有所助矣從事官曺命采曰此冊子
成出關係非常而亦極難矣正使臣洪啓禧

[사진 4-5] 무진(戊辰) 개수본의 연설(筵說)

즉, [사진 4-5]에 보이는 '연설(筵說)'에 "副使南泰耆曰: '捷解新語今作無用之物, 而今番正使洪啓禧之所釐正者宜於時用, 自朝家使之刊布則大有所助矣' 從事官曺命采曰: '此冊子成出關係非常而亦極難矣。正使臣洪啓禧殫心竭力終能訖工。而譯官中崔壽仁及故首譯崔尙嶫之孫崔鶴齡兩人, 年少譯官中最有自中之望, 而可任將來者也。此兩譯處亦全委此事而今爲成書, 誠可幸矣' - 부사 남태기가 말하기를 '<첩해신어>는 이제 무용지물이었는데 이번에 정사 홍계희가 고친 것은 시용(時用)에 맞아서 조정이나 개인적으로 간포하면 크게 도움이 될 것입니다'라고 하다. 종사관 조명

채가 말하기를 '이 책자는 매우 어렵게 만들어졌습니다. 정사 홍계희가 마음을 다하고 힘을 다 써서 능히 일을 마칠 수 있었습니다. 그리고 역관 가운데 최수인과 수역 최상집의 손자인 최학령 두 사람이 연소 역관 중에서 가장 유망하여 이 일을 맡아 할 수 있었습니다. 이 두 역관에게 이 일을 위탁하여 이제 책을 완성하였으니 참으로 다행한 일입니다'고 하다"라는 기사는 위의 사실과 최수인과 최학령 두 연소역관(年少譯官)이 이 일을 전담하여 완성시켰음을 말하고 있다.

또 동 연설(筵說)에 "啓禧曰: '押物通事崔鶴齡主其事, 而以禮單輸運事落後, 故其書末及持來。待其上來, 使寫字官繕寫, 使崔壽仁崔鶴齡更爲校正, 自芸閣開刊, 自明年大比初試始用。而明年則先用三卷以上似宜矣' 上曰: '依爲之'- 홍계희가 말하기를 '압물통사 최학령이 이 일을 주관하였는데 예단을 운수하는 일로 뒤에 떨어져서 책을 가져오지 못하였습니다. 그가 올라오기를 기다려 사자관으로 잘 쓰게 하고 최수인, 최학령으로 하여금 다시 교정하게 하여 교서관에서 개간하면 내년부터 초시에 사용하게 할 수 있고 먼저 명년에 3권 이상을 사용해 보면 좋을 것 같습니다.' 임금이 말하기를 '그렇게 하라'라고 하다"라는 기사에서 개수된 <첩해신어>를 명년(1749)에 있을 역과(譯科) 초시(初試)에 사용하려고 하였음을 알 수 있다.

영조는 정묘(丁卯) 통신사가 떠나기 전에 있었던 홍계희의 청대(請對)에서 요청한 바에 이끌린 탓인지 <첩해신어>의 개정에 비상한 관심을 갖는다. 삼사(三使)의 귀국보고를 들은 후에도 영조는 이 책을 홍계희로 하여금 직접 갖고 들어오게 하여 읽도록 하고 그 어음(語音)과 자토(字吐)를 논의하였다는 기사가 역시 『승정원일기』에 보인다.[83] 그리고 영조

83 이에 대하여는 『承政院日記』 영조 丁卯 8월 5일조에 "三使先退後, 上曰: '注書出去, 與儒臣, 持召對册入來捷解新語亦爲持入'. 臣臺命, 卽承命出來. 與儒臣吳彦儒, 持召對册入伏曰: '捷解新語在於使臣洪啓禧家, 故卽今持來, 而先爲入來矣.' 上曰: '正使更爲入侍, 而捷解新語果來, 亦爲持入.' 臣臺命, 卽承命出來, 與使臣持捷解新語入伏. 上曰: '此册使臣讀之.' 洪啓禧讀至半篇, 語音字吐論難後, 啓禧先退"라는 기사를 참조할 것.

의 관심은 여기에서 끝나지 않고 개정된 <첩해신어>의 원고를 직접 보려고 하였다. 무진(戊辰, 1748) 8월 11일의『승정원일기』에는 영조가 정묘사행에서 개정된 <첩해신어>를 독촉하는 모습이 "'捷解新語何時可來也?' 啓禧曰: '擇物通事崔鶴齡, 以輸運事落後, 故尙未持來云矣.' 上曰: '信行卜馱, 尙未入來耶?' - [임금이 묻기를] '<첩해신어>는 언제 오느냐?' 홍계희가 말하기를 '압물통사 최학령이 운반하는 일로 떨어져 아직 오지 않았다고 합니다.' 임금이 말하기를 '사신행의 짐 실은 것이 아직 들어오지 않았느냐?'"라는 기사에 나타난다.

이 날은 이 책의 수정을 주관했던 최학령이 아직 귀경하지 않아서 영조는 개정된 <첩해신어>의 원고를 볼 수가 없었다. 이와 같은 내용이 전술한 '연설(筵說)'에도 기재되었는데 <첩해신어>를 개정한 일개 미관말직인 당하(堂下) 역관의 압물통사(押物通事)를 제왕(帝王)이 기다린 것은 당시 역관들에게는 미증유의 과분한 처분이었다. 따라서 이러한 내용의 연설(筵說)을 무진개수본(戊辰改修本)의 권두에 실어서 이를 교재로 왜어를 학습하는 역생들로 하여금 긍지를 갖게 하려는 사역원의 의도가 숨어있었던 것으로 보인다.

영조(英祖)가 개수된 <첩해신어>의 원고를 본 것은 그 해(1748)의 8월 17일의 일이다. 즉『승정원일기』동일자의 기사에 "上曰: '注書出去, 崔鶴齡持捷解新語入侍事分付.' 臣臺命, 卽承命出來, 與鶴齡偕入進伏. 上命: 上冊子一卷御覽, 下問字音後還給 - 임금이 말하기를 주서는 나아가서 최학령에게 <첩해신어>를 갖고 입시하라고 분부하시다. 신이 명에 따라 나아가서 최학령과 함께 들어와 부복하니 상이 명하기를 이 책자의 1권을 직접 보시고 자음을 하문하신 다음에 돌려주었다"라는 기사가 있어 통신삼사(通信三使)의 보고와 정사(正使) 홍계희의 보고에서 언급됐던 최학령이 직접 개정된 <첩해신어>의 원고를 갖고 입궐하여 영조에게 보였음을 알 수 있다.

4.1.6 무진(戊辰) 개수본의 간행

정묘(丁卯) 통신사행을 마친 삼사(三使)의 귀국보고에서 주청(奏請)됐던 이 개정본의 간행도 매우 빠르게 진행된 것으로 보이며 『승정원일기』의 영조 무진(戊辰, 1748) 9월 14일자에 "卽今倭語捷解新語, 已自芸閣開刊始役云"이란 기사가 있어 이 때에 벌써 개수된 <첩해신어>의 개간(開刊)이 교서관에서 시작되었음을 알 수 있다. 그러나 이 책의 완간은 그 이듬해, 즉 기사(己巳, 1749) 봄에 이루어진다. 즉, 『승정원일기』의 영조 무진(戊辰) 11월 11일자의 기사에 의하면 <첩해신어>의 인간 작업이 동궁(東宮)의 학습교재인 <시전(詩傳)>의 간행 때문에 늦어져 그 이듬해 봄으로 연기된 것을 말해준다.[84]

이렇게 진행된 <첩해신어>의 제1차 개수, 즉 전술한 정묘(丁卯) 사행에서 수정이 계획되어 무진년(戊辰年) 귀국 시에 전면적인 개수가 이루어져서 기사년(己巳年)에 인간된 '무진개수본(戊辰改修本)'은 이제까지 기록에만 남아 있고 실전(失傳)된 것으로 알려진 환상의 책이었다. 즉 『한국고서종합목록(韓國古書綜合目錄)』에 '改修捷解新語'라고 이름 붙여 규장각 소장으로 소개된 것(p.17)과 서울대학교 고도서 및 국립중앙도서관 소장본으로 소개된 것(p.657)을 실제로 확인하여 보면 모두 <중간첩해신어(重刊捷解新語)>이었다.

특히 국립중앙도서관 소장의 <첩해신어>는 11책으로 되어 있어 원간본 10책과 중간본 12책과의 사이에 11책으로 된 개수본이 존재했었는가 하는 추측까지 있었으나 실물을 확인한 결과 마지막 제십하권(第十下卷)을 뺀 11권 11책의 중간본이었다. 다만 '이려파(伊呂波)'라든지 '간격어록(簡格語錄)' 등의 부록들은 모두 제십(第十) 상권(上卷)에 부재되었었다.[85]

---

84 『承政院日記』의 영조 무진(戊辰) 11월 11일자에 "文秀曰: '方當嚴冬, 且日短甚矣. 無寃錄捷解新語等册, 待明春日長之時付役, 則所費不多, 可以速成, 此皆非時急之事, 姑置之. 詩傳則東宮次第進講之册, 只此印出何如?' 上曰: '依爲之, 此餘校書館所印册子, 詩傳外并皆待春擧行可也'"라는 기사를 참조.

85 國會圖書館 司書局에서 편찬한 『在佛韓國關係文獻目錄』(1969년 5월 간행)에는 "프랑스 파리에 있는 도서관에 소장된 한국관계 자료를 총망라 한다"는 범례가 있

戊辰八月初五日, 通信三使臣入侍時, 通信正使洪啓禧所啓: '交隣惟在譯舌, 而近來倭譯全不通話, 以今番使行言之, 苟簡特甚。蓋以倭譯所習捷解新語, 與卽今倭語全不相似, 故雖萬讀爛誦, 無益於通話。臣於辭朝時, 以釐正仰請矣。今行使行中譯官, 逐一釐改今成全書, 以此刊行如何?' [中略] 上曰: '此則正使之勤也, 行中已持來耶?' 啓禧曰: '押物通事崔鶴齡主其事, 而以禮單輸運事落後, 故其書未及持來, 待其上來, 使寫字官繕寫, 使崔壽仁崔鶴齡更爲校正, 自芸閣完刊 自明年大比初試始用, 而明年則先用三卷以上, 似宜矣。' 上曰: '依爲之'。[86]- 무진(1748) 8월 초닷새에 통신사의 세 사신이 입시했을 때에 통신사의 정사인 홍계희가 계하여 아뢰기를 '교린의 일은 오로지 역관에 있으나 근래에 일본어 역관이 전혀 말을 통하지 못합니다. 이번 통신사행으로 말하면 어려움이 특히 심하였습니다. 일본어 역관이 배우는 것은 <첩해신어>이지만 지금의 일본어와 비교하면 전혀 비슷하지 않습니다. 그러므로 비록 만 번을 읽고 여러 번 외운다 하더라도 통화에 무익합니다. 신이 조정을 떠날 때에 고칠 것을 앙청하였습니다. 이번에 가는 사행의 역관들에게 하나씩 고치게 하여 이번에 모든 책을 개정하여 간행하는 것이 어떻겠습니까?'하다. [중략] 상이 말하기를 '이 일은 정사의 부지런함이다. 행중에 가져왔느냐?' 계회가 아뢰기를 '압물통사 최학령이 그 일을 주관하였는데 예단을 운수하는 일로 뒤에 떨어져 오기 때문에 그 책을 미처 가져오지 못하였습니다. 그가 올라오기를 기다려 사자관으로 하여금 잘 베끼게 하고 최수인·최학령으로 하여금 다시 교정하게 하여 운각에서 간행하겠습니다. 내년에 있을 역과 초시에 사용하기 시작하겠으나 내년에는 먼저 3권 이상을 사용하는 것이 옳을 것 같습니다'라고 하

지만 여기에도 파리東洋語學校(지금은 파리 제3대학 병설임)에 소장된 '改修捷解新語'에 대한 정보는 없었다. 즉 동 목록 제1편에 木版本과 活字本 및 筆寫本의 한국본 목록이 있지만 語學書 21種(pp. 22~23) 가운데 '捷解新語'는 물론 倭學書에 관한 언급은 없었다.

86 이는 <改修첩해신어>의 卷頭에 洪啓禧의 序文과 함께 附載되었고『승정원일기』에도 유사한 내용이 실렸음을 전술하였다.

다. 상이 말하기를 '그대로 하라'하다.

라는 기사가 있어 정묘 통신사행(丁卯通信使行)을 수행한 최수인과 최학령이 <첩해신어>의 개수(改修)를 맡아서 완수하였고 이를 사자관(寫字官)에게 선사(繕寫)한 후 뒤에 두 사람에게 다시 교정케 하여 교서관에서 간행하게 하였음을 알 수 있다. 이 개수본은 다음해의 역과초시에 시용(始用)하되 먼저 3권을 사용하여 보는 것이 어떨지를 물었는데 영조의 허락이 있었으며 그 후 실제로 이 개수본은 영조 24년(戊辰, 1748)에 교서관에서 활자로 인행된다.[87]

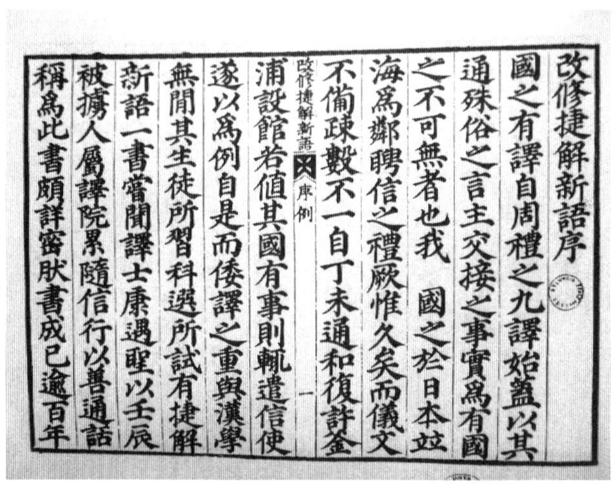
改修捷解新語序
國之有譯自周禮之九譯始盖以其
通殊俗之言主交接之事實爲有國
之不可無者也我 國之於日本竝
海爲鄰聘信之禮厥惟久矣而儀文
不備疎數不一自丁未通和復許釜
改修捷解新語 序例 一
浦設館若値其國有事則輒遣信使
遂以爲例自是而倭譯之重與漢學
無間其生徒所習科選所試有捷解
新語一書嘗聞譯士康遇聖以壬辰
被擄人屬譯院累隨信行以善通語
稱爲此書頗詳審肰書成已逾百年

[사진 4-6] 〈첩해신어〉 무진 개수본의 서문

이것은 『통문관지』(권8) 「서적」조의 '속(續)'조에 "改修捷解新語十二本, 倭學書。乾隆戊辰, 倭語訓長崔鶴齡等, 修整鑄字印行。 - <개수첩해신어> 12본은 왜학서이며 건륭문진에 왜어 훈장 최학령 등이 수정하여 주자로 간행하였다"이라는 기사와 일치하여 건륭(乾隆) 정묘(丁卯, 1747)

87 巴里東洋語學校 圖書館 所藏本의 <改修捷解新語> 卷頭에 洪啓禧의 序文이 있는데 그 末尾에 '上之二十四年戊辰八月下澣' 이라는 刊記가 보인다.

에 일본에 다녀온 최학령 등의 개수본이 그 이듬해인 건륭(乾隆) 무진(戊辰, 1748)에 12책으로 간행하였으며 이것이 <첩해신어>의 제1차 개수본임을 알 수 있게 한다.

이 1차 개수본은 오랫동안 세상에 알려지지 않다가 프랑스 파리의 동양어학교 도서관(Bibliotheéque de l'Ecole des Langue Orientales Vivantes, à Paris) 소장본이 安田章(1988)에 의해서 학계에 소개되었고 安田章·鄭光(1991)로 영인본이 간행되어 이 책의 고향인 서울에서도 그 모습을 볼 수 있게 되었다. 이 책이 발견될 때까지만 해도 실제로 제1차 개수본이 존재한다는 사실을 아무도 몰랐던 것이다.[88]

제1차 개수 때에는 <첩해신어>의 왜어 어음(語音)만을 수정하였다. 실제로 파리 동양어학교 도서관 소장본에는 제12권 후미에 이로파(伊路波), 또는 이려파(伊呂波) 등에 대한 아무런 부록이 없다. 다만 권두에 홍계희(洪啓禧)의 '개수첩해신어서(序)'와 '범례', 그리고 '연설(筵說)'이 있어 <첩해신어>의 무진(戊辰) 개수본의 편찬 경위를 상세하게 알 수 있게 할 뿐이다.

2) 제2차 개수와 중간

4.2.0 <첩해신어>의 제2차 개수는 전혀 최학령 단독으로 이루어진다. 즉 전술한 이담(李湛)의 '중간첩해신어서(序)'에 "而語音雖盡讐正, 倭諺大字猶仍舊本, 而未及改。其後崔知樞以公幹在萊州, 又從通詞倭人, 博求大坂江戶間文字, 參互而考證。凡點劃偏傍之不合其字法者, 一皆正之, 斯編始爲完書。仍以私力, 活字印行"라는 기사에서 볼 수 있는 것처럼 제1차 개수에서 미처 개정하지 못한 원간본(舊本)의 왜언대자(倭諺大字)를 최학령이 동래(東萊)의 왜학훈도로 있을 때에 통사 왜인들을 통하여 오사카와 에도(江戶)의 가나(假名)문자를 서로 참고하고 고증하여 점획과 편방

---

88 이 책의 발굴 경위가 安田章(1988)의 後記와 安田章·鄭光(1991)에 後記에 감동적으로 기술되었다. 특히 이 자료를 오랫동안 추적해 온 필자로서는 感懷가 새롭다.

이 정서법에 맞지 않는 것을 모두 고쳐서 전편(全篇)의 개수를 완성하여 사력(私力)으로 활자 인행하였음을 알 수 있다.

『역과방목(譯科榜目)』에 의하면 최학령(崔鶴齡)은 옹정(擁正) 임자식년시(壬子式年試, 1732년 시행) 역과 왜학에서 등과하였으며 "字君聲, 庚寅(1710)生, 本茂朱, 倭學教誨, 崇祿永府知樞, 父譯正憲壽溟"이라 하여 벼슬이 왜학 교회로서 숭록대부(崇祿大夫, 從一品) 중추부(中樞府) 지사(知事)에까지 이르렀음을 말하고 있고 부친인 최수명(崔壽溟)도 역관으로서 정헌대부(正憲大夫, 正2品)까지 승자한 당상역관이었으며 대대로 역관을 많이 배출한 무주(茂朱) 최씨가(崔氏家)의 사람이었음을 알 수 있다. 그는 정묘(丁卯) 통신사행의 압물통사(押物通事)로서 사행(使行)에 참가하였으며 아마도 그때에는 사역원의 첨정(僉正, 從4品官) 벼슬에 있었던 것으로 보인다. 이 때에 그는 <첩해신어>의 제1차 개수에 적극 참가하여 이담의 '중간서'에 "逮至丁卯通信之行, 使臣承朝命往質之, 崔知樞鶴齡崔同樞壽仁在行中, 寔主其事"라는 기사를 쓰게 한 것이다.

4.2.1 최학령의 2차 개수

최학령은 <첩해신어>의 2차 改修에서 제1차 개수 시 미처 고치지 못했던 원간본의 왜언대자(倭諺大字)를 중점적으로 수정한 것으로 보인다. 이에 대하여는 역시 전술한 이담의 중간서에 "而語音雖盡讐正 倭諺大字猶仍舊本 而未及改"라는 기사에 나타나지만 이러한 수정작업은 최학령이 東萊의 倭學教誨로 재임 중에 이루어진 것으로 보인다. 安田章(1963)에 의하면『통항일람(通航一覽)』(권130)「조선국부(朝鮮國部)」(106)에 "朝鮮國商易共より交易之儀中越'(1751년 1월)狀에 '君聲崔判事印'이 있으므로 최학령은 정묘(丁卯, 1747) 통신사행에서 돌아와 바로 동래(東萊)의 왜학교회(教誨)로 임명되어 몇 년간 그곳에서 근무한 것을 알 수 있다"고 하였다.[89] 그가 동래에서 제2차 개수 작업을 수행하였음은 이담(李湛)의 중간

89 君聲은 崔鶴齡의 字이다.

서에 "其後崔知樞以公幹在萊州 云云"의 기사에 나타난다.

그러나 <첩해신어>의 제2차 개수도 다른 역학서의 개정에서 보이는 바와 같이 통신사행이 일본을 왕환(往還)했을 때 본격적으로 이루어진다. 최학령은 조엄(趙曮)이 정사(正使)가 되어 일본에 갔던 계미 통신사행(1763~4)의 수역(首譯)으로 다시 일본에 가게 된다. 이 계미사행에 대하여는 전술한 『통항일람』과 『한사내빙약기(韓使來聘略記)』, 그리고 『해사일기(海槎日記)』에 자세한 기록을 남기고 있다. 그 중에서도 『해사일기』 권말의 '삼사일행록(三使一行錄)'에는 정사(正使) 조엄(趙曮)과 부사(副使) 이인배(李仁培), 종사관(從事官) 김상익(金相翊)의 삼사(三使) 이외에 수행원의 함명(銜名)이 기재되어 있다.

여기에 이담(李湛)의 중간서에 등장하는 제1·2차 개수에 참여한 최학령과 최수인의 이름이 보인다.[90] 이 사행에서 최학령은 에도(江戶)와 오사카(大阪)에서 통사(通詞) 왜인을 통하여 구입한 가나문자를 서로 참고하여 제2차 개수의 왜언대자(倭諺大字)의 수정에 반영하였으며 이 사실은 이담의 중간서에 "又從通詞倭人, 博求大坂江戶間文字, 參互而考證, 凡點劃偏傍之不合其字法者, 一皆正之"라는 기사로부터 확인할 수 있다.

4.2.2 제2차 개수본의 간행

이렇게 수정된 제2차 개수본은 최학령이 私力으로 활자 인행하였다. 즉 전술한 이담의 중간서에 "斯編始爲完書 仍以私力 活字印行"이라는 기사는 이 사실을 말하고 있으며 따라서 활자본으로 된 제2차 개수본이 있었음을 알 수 있다. 그러나 이 제2차 개수본은 아직 발견되지 않고 있다.

---

90 『海槎日記』 卷末의 '三使一行錄'에 崔鶴齡에 대하여는 "譯官資憲崔鶴齡 字君聲 庚寅生 茂朱人 一房首譯"이란 기사가 있어 崔鶴齡이 資憲大夫(正2品)로서 首譯(堂上譯官)의 임무를 맡고 있었음을 알 수 있다. 최수인에 대하여는 "崔壽仁, 字大來, 己丑生, 淸州人, 二房次上通事"라는 기사가 있어 그의 자와 생년, 그리고 본관을 알 수 있으며 차상통사의 임무를 맡았음을 말하고 있다.

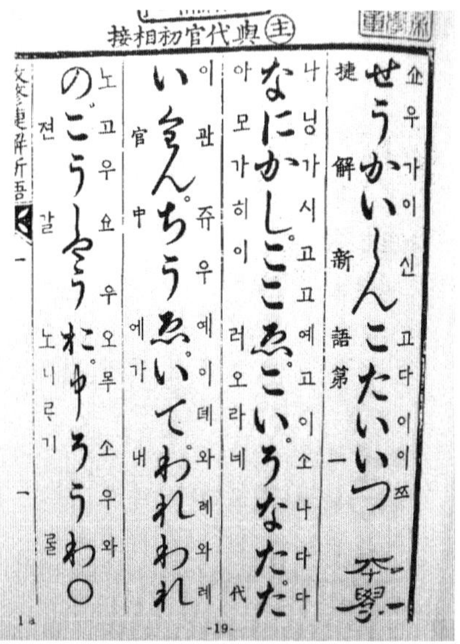
主 典代官初相接

捷解新語第一

せうかいしんこたいいつ

쇼우가이신 고다이이쯔

なにかしここゑこいろなただ

나닝가시고고예고이소나다다

아모가히이 러오라네 代

いきんちうゑいてわれわれ

이관쥬우예이뎨와레와레

官中 예가내

のごうしゃうたゆろうわ○

노고우쇼우오모소우와

전갈 노니릉기 룰

改修捷解新語 一

-19-

[사진 4-7] 〈첩해신어〉 제2차 개수본(중간본)

이에 대하여 이 개수본을 발굴하여 소개한 安田章(1987)에서는 논문의 말미에 "第一次改修戊辰版と圖らずも出會えて, 捷解新語關係の諸本で, いまだその內容を確認することが出來ないのは, 第二次改修本だけとなった. 第一次改修の評價と第二次改修の眞意とを知り, また, その刊行時期を明らかにするためにも, 戊辰版の<改修捷解新語序>に替わる序文を持つであろう第二次改修本の出現の日が鶴首されるところである"라고 하여 무진판(戊辰版)의 홍계희 서문과 같이 제2차 개수의 전말(顚末)을 소개해주는 서문을 가진 제2차 개수본을(활자본으로 되었을 것이지만) 학수고대(鶴首苦待)한다고 하였다.

야스다 아키라(安田章) 씨는 일본 교토(京都)대학 문학부 일본어학일본문학과 교수로서 평생을 <첩해신어>의 연구에 바쳤으며 또한 많은 연구업적을 남겼다. 그는 이 개수본을 영인하여 세상에 소개한 교토(京都)대학 문학부 국어학국문학연구실편의 영인본 <개수첩해신어(改修捷解新語)>(本文·日本語索引·解題)에서 해제의 말미에 "本書が世に出て六種の捷

解新語の內で最後に殘ることになった第二次改修本がその生れた韓國の地でその國の友人の手によって見出される日を今は待ちたい - 이 책이(개수본을 말함) 세상에 나옴으로써 6종의 <첩해신어> 가운데 최후로 남게 된 제2차 개수본은 이 책이 태어난 한국 땅에서 그곳 친구의 손에 의하여 발견되기를 지금은 기다리고 싶다"라고 적었다. '그곳 친구'는 필자를 말하지만 아무튼 제2차 개수본 <첩해신어>의 발굴은 필자뿐만 아니라 이 방면 연구자들의 중요한 과제의 하나라고 하지 않을 수 없다.

3) 〈첩해신어〉의 문석(文釋)

4.3.0 최학령(崔鶴齡)이 주도한 <첩해신어>의 제2차 개수본이 본문의 왜언대자(倭諺大字)를 당시 일본에서 사용하는 가나(假名)문자로 바꾸는 작업이었음을 앞에서 살펴보았다. 최학령은 2차 개수본의 권말에 가나(假名)문자의 학습을 위하여 '이려파(伊呂波)'의 '진자(眞字), 반자(半字), 토자(吐字), 초자(草字), 간격어록(簡格語錄)' 등을 부록으로 덧붙였다.[91] 이것은 일본의 가이하라 아쓰노부(貝原篤信)의 『화한명수(和漢名數)』[92] 소재의 '이려파(伊呂波)'를 전재한 것으로 이담의 중간서에 "又從通詞倭人, 博求大坂江戶間文字, 參互而致證"이라는 구절에서 볼 수 있는 것처럼 『화한명수(和漢名數)』를 비롯한 당시의 가나즈카이(假名遣)에 관한 일본서적을 참고한 것으로 보인다.

<첩해신어>의 제2차 개수본을 통하여 'いろは'나 '고쥬온즈(五十音圖)'와 같은 초보적인 가나즈카이(假名遣)으로부터 관왜(館倭)의 접대나 통신사행을 수행할 때에 이루어지는 회화에 이르기까지, 그리고 각종 서계(書契)의

91 역시 李湛의 重刊 序文에 "其字法語錄源流之同異, 及同音各字通用之凡例, 亦崔知樞所纂, 而並附于卷端 讀者當自解之, 不復厘贅焉" 이라는 기사가 이를 말해 준다. 이에 대해서는 安田章(1970), 졸고(1985) 참조.

92 원명은 『倭漢名數』였으나 후대에 고친 것이다. 졸고(1985a)에서 저자인 貝原篤信와 서명에 대하여 자세하게 소개되었다.

작성과 일본 주군(州郡)의 명칭에 이르기까지 당시 왜학 역관의 임무 수행에 필요한 일본어를 모두 <첩해신어>만으로 학습할 수 있도록 하였다. 그러나 이 제2차 개수본과 그를 저본으로 한 중간본으로도 배울 수 없었던 것은 진가자(眞假字, 마나)의 초서체에 대한 표기방법과 해독이었다.

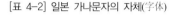

[표 4-2] 일본 가나문자의 자체(字体)

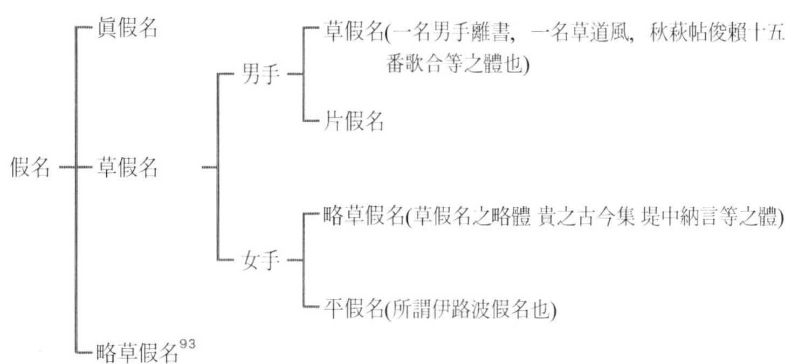

일본의 가나즈카이(假名遣), 즉 가나(假名) 정서법에 의하면 가나 표기법이 남자용과 여자용으로 나뉘어 남자는 주로 마나(眞假字)를 초서체로 썼고 여자는 히라카나(平假名)을 사용하였다. 마쓰야 다카다(松屋高田)의 <마쓰야힛키(松屋筆記)>(卷107)에 수록된 平小山田與淸의 'いろは文字' 조를 보면 일본의 가나(假名)를 위의 [표4-3]과 같이 분류하였다. 일본에서의 가나(假名)문자는 한자에서 나왔다고는 하지만 여러 자체(字体)가 있음을 보여주었다.

앞의 [표 4-2]에 의하면 남자는 소가나(草假名)와 가타카나(片假名)를, 여자는 랴쿠소가나(略草假名)와 히라카나(平假名)를 사용하였음을 알 수 있다. 조선에 보내는 일본의 각종 서계(書契)나 왕복문서는 마나(眞假字)

93 眞假名은 '古事記, 萬葉集, 佛足石碑歌, 日本紀竟宴歌, 神樂, 催馬樂, 風俗' 등 古本의 假名이고 眞假名이란 이름은 圓融院의 『扇合』에 나타난다. 略體假名은 草假名의 略體를 말함(『松屋筆記』 國書刊行會編輯本 p.382).

의 초서체(草書體), 즉 소가나(草假名)으로 작성되었으므로 <첩해신어>의 왜언대자(倭諺大字)인 히라카나(平假字)의 학습만으로는 일본에서 보내온 서계(書契)를 해독할 수 없었다.

4.3.1 〈첩해신어문석(捷解新語文釋)〉의 편찬

일본의 각종 서계(書契)에 쓰인 소가나(草假名)를 학습하는 교재로 <첩해신어>를 이 자체(字体)로 쓴 <첩해신어문석>이 간행된다. <첩해신어문석(捷解新語文釋)>의 편찬 과정은 이 책의 범례에 "此書與倭人之有文識者, 反覆問難, 逐句證釋, 積年歲而成之。彼人言語物情, 皆可類推而默諳, 其於交隣往復之際, 鉤情覘俗之方, 不能無小補云爾 - 이 책은 왜인들 가운데 문식(文識)이 있는 자에게 반복해서 어려운 곳을 묻고 구절에 따라 증석(證釋)하여 오랜 세월이 쌓여 이루어졌다. 그쪽 사람들의 언어와 물정을 모두 유추할 뿐이지 나타내어 말을 하지 않는다. 교린의 왕복하는 사이에 끌어당기고 엿볼 뿐인데 여기에 작은 보탬이 없지 않을 수 없을 것이다"라는 설명으로 알 수 있다.

최학령(崔鶴齡)의 제2차 개수(改修) 시에 초창기의 가나문자 교재인 <이로파(伊路波)>도 수정하여 <이려파(伊呂波)>란 이름으로 제2차 개수본의 권말에 합철(合綴)한 것으로 보인다. 즉, 일본 가나문자의 학습을 위하여 <이로파(伊路波)>의 '사체자모(四體字母) 각사십칠자(各四十七字)'의 "히라카나(ひらかな), 마나(眞名, 1), 마나(眞名, 2), 카타카나(かたかな)"에 대하여 가나문자의 '진자(眞字), 반자(半字), 토자(吐字), 초자(草字), 간격어록(簡格語錄)' 등을 제시한 6엽의 <이려파(伊呂波)>를 편찬한 것으로 보인다.

<이려파>는 일본의 가이하라 아쓰노부(貝原篤信)의 『왜한명수(倭漢名數)』에 소재된 같은 제목의 것을 거의 그대로 전재한 것으로 상술한 이담(李湛)의 중간서(重刊序)의 "又從通詞倭人, 博求大坂江戶間文字, 參互而致證。"이라는 구절에서 볼 수 있는 것처럼 『왜한명수』[94] 와 기타의 일본

94 京都大學 圖書舘 소장의 『新編增補和漢名數』는 明和 2年(1765)의 再刻本으로 版心 書名은 '倭漢名數'로 되어 있고, 권두서명은 '新編增補和漢名數(再板)'으로 되어

가나문자 사용법, 즉 가나즈카이(假名遣)에 관한 일본서적을 참고한 것이다.

그러나 이 제2차 개수본과 그를 저본으로 한 중간본으로도 배울 수 없었던 것은 마나(眞假字)의 초서체(草書體)에 대한 표기방법과 해독이었다. 일본의 가나즈카이(假名遣)에서 마나(眞字)의 소쇼(草書)와 히라카나(平假名)와의 관계는 국어의 진서(眞書)와 언문(諺文)에 비유될 만하다. 이를 위하여 <첩해신어>의 문석(文釋)이 간행된다. 이것이 <첩해신어> 계통의 마지막 이본이다.

<첩해신어문석(捷解新語文釋)>은 가경(嘉慶) 원년(1796)에 왜학역관 김건서(金健瑞)에 의하여 간행된다. 문석본의 권두(卷頭)에 실린 범례(凡例)에,

> 倭學講習, 以捷解新語爲津筏。而倭書亦如我國之有眞諺, 有眞無諺, 偶語不通。有諺無眞, 書契莫解。故講習之艱視, 諸學倍之。今此所編以文字釋倭語, 以倭書寫文字, 務便講習, 俾有先難後易之効。- 일본어를 배우는 데는 <첩해신어>가 주요한 교재다. 그러나 일본어의 표기에도 우리나라의 眞書와 諺文과 같은 것이 있어서 [우리말에] 진서만 있고 언문이 없으면 말이 통하지 않는 것처럼 [일본어에서는] 가나문자만 있고 진서가 없으면 書契, 즉 편지나 문서를 읽지 못한다. 그러므로 [일본어를] 배우기가 다른 언어보다 배가 어렵다. 이번에 편찬한 것은 문자로서 일본어를 해석한 것이며 일본 글자로 한자를 쓴 것이니 배우기 편하고 처음에는 어렵지만 다음에는 쉬운 효과가 있을 것이다.

있으며 卷首에는 '和漢名數序'가 있다. 卷末에 '元祿五季壬申初名吉辰'과 더불어 '明和二年乙酉猛春吉辰再刻'이란 두 개의 刊記가 있다. 그러나 卷首의 貝原篤信의 序文에는 '元祿二年春分日筑前州後學貝原篤信書'라는 기사가 있어 元祿 2年(1689)에 완성되어 元祿 5년(1692)에 간행한 것을 書名을 바꾸어 再印한 것으로 보인다. 일본 山形縣 米澤市 米澤縣立圖書館의 直江文庫에 소장된『和漢名數』는 확실한 刊記가 없어 분명하지 않으나 京都大學 소장본보다 古本으로 보인다. 본고에서는 이 두 책을 對照하여 참조하였다. 版心書名으로 보아 貝原篤信가 刊板한 이 책의 이름은 원래 '倭漢名數'이었으며 元祿시대에 간행되었으나 후대에 서명을 '和漢名數'로 바꾸어 일본 明和년간에 재간되었음을 알 수 있다.

이라는 기사가 있어 문석본의 편찬이 일본 가나(假名)의 진자초서(眞字草書, 眞書를 말함)를 배워 일본에서 보내오는 서계(書契)를 해독하기 위한 것이었음을 알 수 있다. 이를 위하여 한자를 일본어로 해석하고 왜서(倭書, 眞假名을 말함)를 한자로 기록하되 강습에 편리하도록 하였음을 알 수 있다.

이에 의하면 문석(文釋)은 사역원 왜학에서 오랜 세월에 걸쳐 일본인의 수정을 거친 것이며 이 자체(字体)의 교육이 필요함에 따라 편찬되었다. 이 문석본(文釋本)은 서울대 도서관의 규장각 등에 몇 질이 현존해 있으며 권말에 <중간첩해신어>와 같이 '이려파진자반자병록(伊呂波眞字半字並錄), 이려파토자(伊呂波吐字),[95] 이려파합자(伊呂波合字), 이려파진자초자병록(伊呂波眞字草字並錄)'이 부재(附載)되었다.

4.3.2 현전 〈첩해신어문석〉의 서지적 고찰

<첩해신어문석>은 서울대 규장각에 한 판본(奎 1678)이 소장되었다. 목판본으로 전 12권 4책이며 반엽광곽(半葉匡郭)이 22.6 × 15.6cm이고 유계(有界)이며 매엽 7행에 14자 정도가 쓰였다. 판심은 4엽 하향 화문어미가 위에만 붙어있고 판심서명은 어미 상단에 '捷解新語文釋'으로 표시되었고 어미(魚尾) 하단 중간에는 엽수 표시만이 있을 뿐이다. 권말, 권10 하(下)의 끝에 '이려파진자반자병록(伊呂波眞字半字竝錄)'과 '이려파토자(이呂波吐字), 이려파합자(伊呂波合字), 이려파진자초자병록(伊呂波眞字草字竝錄), 간격어록(簡格語錄)이 부록이 게재되었다. 각 권의 난외(欄外)에는 대화의 주인공을 중간본에서처럼 주(主)와 객(客)으로 구분하여 표시하였는데 주(主)는 역관이고 객(客)은 부리는 사람이거나 상대 왜인을 가리킨다. 부록은 제목을 난외(欄外)에 적었다.

---

95 古典刊行會에서 1934年(昭和 9年)에 奎章閣의 <捷解新語文釋>을 原刊本과 함께 刊行하였는데 웬일인지 文釋本 卷末의 '伊路波眞字半字並綠, 伊路波吐字' 라고 上段 欄外에 쓰인 제목들이 지워져 있었다. 또 이것을 臺本으로 한 京都大學 文學部 國語學國文學硏究室編의 『三本對照捷解新語』의 같은 부분에도 이 지워진 부분이 그대로 轉載되었다. 한 때 우리나라에서도 京都대학의 삼본대조 영인본이 유행한 것을 생각하면 우리의 국어사 자료 인식이 어느 정도인지 알 수 있다.

각 권에 장면별로 '여대관초상접(與代官初相接), 송사선문정(送使船問情)'(이상 권1) '차례강정(茶禮講定), 차례문답(茶禮問答), 찬품기명논란(饌品器皿論難), 봉진물간품(封進物看品)'(이상 권2) '하선연문답(下船宴問答), 행중배례(行中盃禮), 송사최답서(送使催答書)'(이상 권3) '동납간품정당(銅鑞看品停當), 동납간품(銅鑞看品), 공목입급정당(公木入給停當), 공목입급(公木入給)'(이상 권4) '신사탐후선(信史探候船), 신사도마도(信使到馬島)'(이상 권5) '신사여도주어(信使與島主語), 이마도향강호(離馬島向江戶), 도주청하륙헐(島主請下陸歇)'(이상 권6) '축전주례후신사(筑前主禮候信使), 신사접강호(信使接江戶), 입강호견관백(入江戶見關白)'(이상 권7) '신사불수금(信使不受金), 신사환도대판성(信使還到大坂城), 도주청신사전연(島主請信使餞宴)'(이상 권8) '여대관상약진무(與代官相約振舞), 화어겸찬(和語謙讚), 일본각도주군(日本各道州郡)'(이상 권9) '초상접장(初相接狀), 입관후선통장(入館後先通狀), 강정차례장(講定茶禮狀), 차례후하(茶禮後賀), 차례후예물장(茶禮後禮物狀)'(이상 권10상) '봉진연논정장(封進宴論定狀), 봉진연(封進宴), 정당후통보장(停當後通報狀), 연향일봉진물건위선간품사장(宴享日封進物件爲先看品事狀), 봉진연후하장(封進宴後賀狀), 일본선출래안내장(日本船出來案內狀), 착선하장(着船賀狀)'(이상 권10 중) '동납물허출급상인사장(銅鑞勿許出給商人事狀), 청공목미입급장(請公木米入給狀), 청회차진무장(請廻次振舞狀), 진무후하장(振舞後賀狀)'(이상 권10 하)와 같이 장면의 내용을 제목으로 붙였다. 한글 주음(注音)이나 언해도 없으면 전혀 일본 가나(假名)문자의 초서체를 익히는 교재로 볼 수 있다.

고려대 박물관의역학서 책판에도 <첩해신어문석>의 책판이 11판 22엽이 전해진다. 비교적 후대의 간행본이라 그 책판도 전해진 것이다.

4) 〈첩해신어〉의 중간본과 고려대 소장의 책판

4.4.0 <첩해신어>의 중간에 대하여는 신축(辛丑, 1781) 중간본(重刊本) 권두에 부재된 이담(李湛)의 '중간서'에

> [前略] 而但書成旣久, 印本散逸, 新學未免撤業, 講試以患苟簡乃者。栢谷金相國十年提擧, 勸課有方爰採衆論, 啚所以廣布而久傳。適金君亨禹願捐財鳩工摹活字, 而刊諸板, 藏之院閣, 用備後學印讀之資, 相國之嘉惠是學以豈偶然也哉。[下略] - 다만 책이 이루어진지 오래되어 인쇄된 책이 흩어져서 새로 공부하는 사람들이 이 공부의 철폐를 면할 수 없었고 강서 시험에서 구차하게 줄일 수밖에 없었다. 백곡 김상국이 10년간 [사역원의] 제거로 있으면서 공부하기를 권하고 그 방법을 여러 사람의 논의하여 [이 책을] 널리 배포하고 오래 전할 것을 모색하였다. 때마침 김형우 군이 재물을 내어 활자로 인간하기를 원해서 여러 판본를 간행하여 사역원의 장서각에 보존함으로써 후학이 인쇄하여 읽을 수 있도록 하니 김상국의 훌륭한 혜택이 어찌 우연한 일이겠는가?

라는 기사를 통하여 상국(相國) 김백곡(金栢谷)이[96] 10년간 사역원 제거(提

96 '栢谷 金相國'에 대하여는 乾隆 甲午(1774)의 간기를 가진 李湛의 '重刊三譯總解序'에도 "都提擧栢谷金相國"이라고 나타난다. 또 전술한 辛丑(1781) 중간본의 권두에 있는 '重刊捷解新語序'에서 "栢谷金相國十年提擧"라는 기사로 보아 상당 기간 司譯院의 제거로 있었던 인물임을 알 수 있다. 따라서 '백곡 김상국'은 英祖 42년(1766) 領議政에 임명된 이래 正祖 10년(1786)까지 여러 차례 相國의 지위에 올랐던 金治仁(1716~1790)으로 생각한 적이 있다. 그는 乾隆 甲午와 辛丑年에 領議政에 있었고 英祖가 昇遐하고 正祖가 즉위하자 '告訃兼請承襲奏請使'로서 淸에 다녀오는 등 使臣으로서 중국에 다녀온 일이 있으므로 譯官의 역할이나 司譯院의 외국어 교육에 대하여 지대한 관심을 가졌던 인물로 추정된다. '柏(栢)谷'의 號를 가진 조선시대의 金氏는 지금까지 宣祖~肅宗조의 詩人 金得臣만이 알려져서 그동안 김득신으로 기술하였으나 그는 嘉善大夫의 品階에 安豊君을 襲封하였을 뿐 相國의 직에 오른 일이 없었다. 다만 김치인의 호가 '栢谷',또는 '柏谷'인지는 확인할 길이 없다. 정광·윤세영(1998)에서는 栢谷 金相國이 영조 42년(1766)에 우의정을 지내고 영조 51년(1775)에 영의정에 올랐으며 정조 5년까지 領中樞府事를 지낸 華西 金尙喆(1712~1791)로 보기도 하였다. 김상철이 역학서의 중간서에 나오는 백곡 김상국일 가능성이 높은 것은 그가 아들 宇鎭의 죄에 연루되어 파직된 정조 5년(1781) 이후에는 백곡 김상국의 이름이 나타나지 않기 때문이다. 또는 영조 21년(1745)에 공조판서, 그리고 후에 左參贊에 올랐던 梅谷 金始炋을 말하는 것일지도 모른다고 하였다. <삼역총해>의 중간서를 쓴 영조 50년(1774)의 領議政은 金相福으로 그는 영조 48년(1772)에 영의정이 되었다가 영조 51년 6월에 삭직되었다. 따라서『通文館志』의 중간서(정조 2년 작성)에 그 이름을 올릴 수가 없을 것이다. 아직 누구인지 확실한 판단을 하기 어렵다.

學)로 있으면서 <첩해신어>가 이미 제작된 지 오래고 또 그 인본(印本)이 산일(散逸)되어 새로 왜어를 학습하는 역生들이 학업을 철폐하기에 이르렀다는 중론(衆論)에 의하여 이를 다시 중간할 뜻을 가졌는데 마침 김형우가 연재(捐財)하여 출판하기를 원하므로 최학령의 제2차 개수본을 '구공모활자(鳩工募活字 - 활자를 모아 인쇄하기로)'하여 목판으로 간판한 것임을 알 수 있다.

4.4.1 고려대 소장의 〈첩해신어〉 책판

앞의 조사에 따르면 이 중간본은 목판본으로 간행된 것이다. 그리고 그 책판(冊版)이 고려대학교 박물관에 일부가 소장되어 있음은 전술한 바와 같고 또 많은 간본(刊本)이 오늘날 남아 있다. 즉 규장각 소장본(奎3952, 12권 12책 목판본)을 비롯하여 국립중앙도서관 소장본, 서울대학교 중앙도서관 고도서본과 일본의 도요분코본(東洋文庫本, 이 판본은 교토대학 문학부 국어학국문학연구실에서 '重刊改修捷解新語'라는 이름으로 영인되었음) 등이 모두 중간본이다.

실제로 고려대 박물관에 수장된 <중간첩해신어>의 책판(冊版)은 정광·송기중·윤세영(1992)에서 다음과 같이 정리되었다.

[표 4-3] 고려대학교 소장 〈첩해신어〉 책판 목록

소장번호	판심 서명	앞면		뒷면		비고
		권수	엽수	권수	엽수	
D-1765	重刊捷解新語	서	1	서	2	
D-1263	改修捷解新語					戊辰改修時考校官, 辛丑重刊時校正官
D-1264	이하 上同	1	1	1	2	
D-1265	〃	1	5		6	
D-1267	〃	1	7		8	
D-1267	改修捷解新語	1	9		10	
D-1268	〃	1	13		14	
D-1269	〃	1	15		16	

소장번호	판심 서명	앞 면		뒷 면		비 고
		권수	엽수	권수	엽수	
D-1270	〃	1	21		22	
D-1271	〃	1	29		30	
D-1272	〃	2	11	2	12	
D-1273	〃		9		10	
D-1274	〃		15		16	
D-1275	〃		17		18	
D-1276	〃	3	3	3	4	
D-1277	〃		7		8	
D-1278	〃		13		14	
D-1279	〃		21		22	
D-1280	〃		25		26	
D-1281	〃		27		28	
D-1282	〃	4	2	4	3	
D-1283	〃		14		15	
D-1284	〃		18		19	
D-1285	〃		22		23	
D-1286	〃		32		33	
D-1287	〃		34		35	
D-1288	〃	5	7	5	8	
D-1289	〃		11		12	
D-1290	〃	4	13	5	14	앞면과 뒷면의 권수가 다름
D-1291	〃	5	15		16	
D-1292	〃		17		18	
D-1293	〃		19		20	
D-1294	〃	4	12	5	13	앞면과 뒷면의 권수가 다름
D-1295	〃	6	1	6	2	
D-1296	〃		13		14	
D-1297	〃		17		18	
D-1298	〃	7	1	6	31	앞면과 뒷면의 권수가 다름
D-1299	〃		4	7	5	
D-1300	改修捷解新語		12		13	
D-1301	〃		16		17	
D-1302	〃		20		21	

소장번호	판심 서명	앞 면		뒷 면		비 고
		권수	엽수	권수	엽수	
D-1303	〃	8	5	8	6	
D-1304	〃		9		10	
D-1305	〃		11		12	
D-1306	〃		13		14	
D-1307	〃		19		20	
D-1308	〃		25		26	
D-1309	〃	9	17		18	
D-1310	〃		15		16	
D-1311	〃		1		2	
D-1312	〃	10상	6	10상	7	
D-1313	〃	10중	1	10중	11	
D-1314	〃		9		12	
D-1315	〃		7		13	
D-1316	〃	범례	7		7	
D-1317	〃	10중	10		21	
D-1318	〃	10상	1	10상	2	
D-1319	〃	10하	6	10하	7	앞면과 뒷면의 권수가 다름
D-1320	〃		12		15	
D-1321	〃		9		11	

이상 위의 논문에 소개된 <첩해신어> 중간본의 책판은 모두 60판 120엽으로 중간본의 316엽(重刊序-4엽, 改修凡例-3엽, 제1-30, 제2-26, 제3-33, 제4-35, 제5-22, 제6-31, 제7-21, 제8-27, 제9-19, 제10상-15, 제10중-22, 제10하-18, 伊呂波-8, 戊辰改修時考校官-1, 辛丑重刊時校正官-1) 중에서 38%의 책판이 잔존한 것이다. 이 중에 이담(李湛)의 '중간서(重刊序)' 2엽만이 판심을 '重刊捷解新語'로 하였고 나머지는 모두 '改修捷解新語'임이 우리의 관심을 끈다. 이것은 제2차 개수본을 판하(板下)로 하여 복각한 판본이 있었음을 말하는 것이다. 즉, 최학령(崔鶴齡)이 사력(私力)으로 인행한 활자본을 복각(覆刻)하여 목판본을 만들어 역생(譯生)들의 왜학교재로 사용하던 것이 있었고 이를 후대에 변세겸(卞世謙) 등이 수정하여 중간한 것이 아닐까 하는 가

정을 하게 된다.

이러한 가정은 현재되는 <첩해신어>의 책판이 목판 교정한 부분이 많다는 사실로 증명할 수 있다. 즉, 상게한 <첩해신어> 책판의 일람표를 살펴보면 앞면과 뒷면이 서로 권(卷)을 달리하거나 순서가 틀린 경우가 없지 않다. 예를 들어 소장번호 D-1290, D-1294, D-1298, D-1315의 책판은 앞면과 뒷면의 권수(卷數)가 다르고 D-1313은 같은 권10의 중권(中卷)이지만 엽수(葉數)가 앞면은 1엽임에 반하여 뒷면은 11엽으로 되어 있어 순서가 맞지 않는다.

이렇게 앞뒷면의 번호가 순서대로 되지 않은 것은 D-1317, D-1320의 책판에서도 발견된다. 책판 앞뒤의 엽수가 권1의 1, 2엽, 또는 권2의 3, 4엽과 같이 순서대로 되어 있지 않고 들쭉날쭉한 것은 어느 한 면을 완전히 밀어내고 수정된 것을 각인한 때문이며 책판 앞뒤의 엽(葉)이 권수(卷數)가 다른 것도 같은 가정을 할 수 있다. 즉 이것은 이 책판들이 대대적으로 수정되어 목판교정이 있었음을 말하는 것이다.

<첩해신어>의 중간이 대대적으로 내용을 수정한 것이 아니라 부분적인 목판 교정만이 있었다는 가정은 이담(李湛)의 중간서(重刊序)에서도 시사되고 있다. 즉 <중간첩해신어>의 권두에 부재된 이담의 중간서는 제1차 개수와 제2차 개수에 대하여 그 개수의 목적과 수정 방법을 자세하고 장황하게 설명하였지만 중간에 대하여는 매우 간단하게 언급하였다. 실제로 이담의 중간서에는 이 책을 중간하는 이유로서 "而但書成旣久, 印本散逸 新學未免撤業, 講試以患苟簡乃者"라고 한 '인본산일(印本散逸)'의 이유밖에는 들고 있지 않으며 또 수정에 관여한 인원이나 과정, 방법에 대하여도 전혀 언급하지 않았고 다만 김형우가 연재 간판한 것만을 기록하였다. 따라서 기왕에 있었던 제2차 개수본의 목판을 부분적으로 수정하여 간판한 것이 <첩해신어>의 '중간(重刊)'으로 볼 수밖에 없다.

4.4.2 역학서의 중간본

대체로 사역원의 역학서는 한학서를 중심으로 편찬되고 다른 몽학, 청학은 한학서에 준하여 그 편찬과 수정이 이루어졌다. 예를 들어 한학서인 <노걸대>는 중종 때에 최세진에 의해서 번역(飜譯)되었고 현종 때에 언해(諺解)되었다. 그러나 조선 후기에 들어와서 영조 때에 다시 언해된 <노걸대언해>는 강희(康熙) 경술(庚戌, 1670)에 교서관에서 주자(鑄字)로 인행한 것이 있고 영조 21년(1745)에 변익(卞熤) 등이 평양감영에서 중간한 것이 있다. 그리고 이것은 다시 건륭(乾隆) 계미(癸未, 1763)에 변헌(邊憲) 등이 수정하여 교서관에서 간판한 <노걸대신석>과 <신석노걸대언해>가 있다. 이 때에는 한학서인 <박통사신석>도 이루어졌고 청학서인 <청어노걸대>와 몽학서인 <몽어노걸대>의 '신석(新釋)'도 비슷한 시기에 이루어졌다.

영조 때에 한학서와 청학, 몽학서의 신석이 이루어질 때 왜학서에서는 <첩해신어>의 '개수(改修)'가 이루어진 것으로 보인다. 실제로 제1차 개수본인 무진판(戊辰版) <개수첩해신어>의 서(序)를 쓴 홍계희(洪啓禧)는 한학서인 <노걸대신석>의 서문도 쓴 바가 있으며 청학의 <청어노걸대>의 '신석서'도 그가 쓴 것이다. 따라서 영조 때에는 그 때까지 사용하던 사역원 삼학(三學, 漢·淸·蒙學)의 교재를 대대적으로 수정하여 '신석(新釋)'이란 이름으로 간행할 때에 왜학에서는 <첩해신어>를 개수(改修)한 것으로 보아야 할 것이다.

이후 정조 때에는 사역원 사학(四學)이 그 전대의 신석본을 다시 부분적으로 수정하고 사역원에 수장된 책판을 목판 교정하여 '중간본(重刊本)'이라는 이름으로 간행하는 작업이 유행한 것으로 보인다. 예를 들면 한학서의 <노걸대>는 이수(李洙, 李湛의 개명) 등이 정조 을묘(乙卯, 1795)에 <중간노걸대>와 <중간노걸대언해>를 간행한다. 이에 대하여는 현전하는 <노걸대>의 판본을 살펴보면 자세히 알 수 있지만 『누판고(鏤板考)』(권4) 「역어류(譯語類)」에 "老乞大一卷, 諺解二卷, 不著撰人氏名 [中略] 其諺解則崔世珍撰, 當宁乙卯司譯院奉敎重訂"이라는 기사의 '중정(重訂)'이 '중간(重刊)'을 의미하는 것이 아닐까 한다. 기왕에 수정된 것을 다시 수정하여 간행한다는 의미를 중간(重刊)이 갖고 있는 것으로 생각할 수밖에 없다. 그렇다면 <첩해신어>의 중간은 '개수'의 중정(重訂)을 의미하는 것이 아닐까?

4.4.3 〈첩해신어〉 중간의 의미

전술한 바와 같이 이수(李洙)는 <첩해신어>의 '중간서'를 작성한 이담(李湛)이다. 이 시대에 이르러서는 문신(文臣)이 역학서의 서문(序文)을 쓰는 일이 거의 없어지게 된 것 같고 새로 편찬하거나 개정한 역학서의 서문은 사역원 사학(四學)의 교회(教誨)들이 분담한 것으로 보인다. 정조 때에 간판된 역학서의 중간본은 <삼역총해(三譯總解)>, <소아론(小兒論)>, <팔세아(八歲兒)>와 같은 청학서, 그리고 <몽어노걸대(蒙語老乞大)>, <첩해몽어(捷解蒙語)>, <몽어유해(蒙語類解)> 등과 같은 소위 몽학삼서(蒙學三書)가 주로 중간(重刊)되었다.

이들의 중간에 대한 서문은 청학서의 경우에는 청학관(淸學官) 김진하(金振夏)가 쓰고 몽학서는 몽학관(蒙學官) 이익(李瀷)이 집필하였다. 이러한 사역원 역학서의 중간 정책에 의하여 <첩해신어>는, 더 정확히 말하면 <개수첩해신어>는 중간된 것이며 사역원의 당상역관으로서 한학의 훈상당상(訓上堂上)에 있던 이담(李湛)이 그 중간서(重刊序)를 쓴 것이다. 실제로 그가 이 서문을 쓸 때에는 숭록대부(崇祿大夫, 종1품) 중추부(中樞府) 지사(知事 정2품관)의 높은 품계와 직위에 있었다.[97] 『역과방목(譯科榜目)』(권1) '건륭신유식년(乾隆辛酉式年)'조의 첫머리에 "李洙, 字樂夫, 辛丑生, 本金山, 漢學教誨崇祿永付知樞, 初名湛"이란 기사는 그가 영조 신유(辛酉, 1741)에 시행된 식년시의 역과에 장원(壯元)으로 등과하여 한학 교회(教誨)로서 전술한 품계와 직위에 올랐음을 말한다.

<첩해신어>의 개수본을 중간할 때에도 부분적인 수정이 있었을 것

97 조선 후기에는 譯學을 勸奬하기 위하여 譯科를 확충하고 국가에 유공한 역관들에게 加資하는 편법을 써 왔다. 그리하여 漢學譯官 중에는 淸에 奏請使의 譯官으로 따라가 일을 成事하고 돌아오는 경우에 상당한 官爵을 내린 경우가 있고 웬만한 역관들은 正2品의 正憲大夫에까지 올라갔다. 이에 대하여는 졸저(1990a)을 참조할 것.

으로 추정된다. 현재로는 최학령(崔鶴齡)이 활자로 인간한 제2차 개수본이나 이를 복각한 목판본(중간본의 대부분이 이를 板下本으로 하였겠지만)이 발견되지 않아서 중간본과 제2차 개수본과의 차이가 얼마만큼 큰 것인지 알 수 없지만 현재 남아있는 중간본의 책판에서 책판 앞뒤의 엽수(葉數)가 순서대로 되지 않았거나 권수(卷數)가 다른 것이 적지 않은 것으로 보아서 상당한 부분이 수정되었을 것으로 보인다.

비록 한학관 김형우(金亨宇)가 연재 간판하였지만 왜학관 변세겸(卞世謙) 등이 개수본을 다시 수정하였으며 이 때의 교정에 참가한 왜학역관의 함명(銜名)을 '신축중간시교정관(辛丑重刊時校正官)'이란 제목을 붙여 중간본의 말미에 첨부하였다. 그러나 이 목판마저 그 판심(版心)은 '改修捷解新語'이었다는 사실이 우리의 주목을 끈다. 즉, 수장번호 D-1263의 책판은 앞면에 '戊辰改修時考校官'의 제역함명(諸譯銜名)이 기재되었고 뒷면에는 '辛丑重刊時校正官'의 함명(銜名)이 각인되었는데 앞면은 물론 뒷면의 판심도 '改修捷解新語'로 되었다. 이것을 보더라도 <첩해신어>의 중간은 제2차 개수본의 중정(重訂)에 불과하였고 처음부터 부분적인 목판 교정으로 시도되었음을 알 수 있다. 참고로 이 부분에 기록된 신축년(辛丑年) 중간의 교정관을 옮겨보면 다음과 같다.

辛丑重刊時 校正官

修義副尉忠武衛副司猛 卞世謙

朝奉大夫司譯院僉正 鄭思鈺

宣教郎行司譯院訓導 趙重明

修義副尉忠武衛副司猛 林瑞茂

奮順副尉忠武衛副司猛 金徽重

朝奉大夫前司譯院僉正 朴致倫

이 교정관의 관직을 보면 모두 당하관(堂下官)이어서 무진본(戊辰本), 즉 제1차 개수에 참가했던 기라성같은 왜학 역관의 면면은 보이지 않는다. 이것도 신축(辛丑)년 중간이 매우 소규모로 소략하게 이루어졌음을 말해준다.

끝으로 신축년 중간이 최학령(崔鶴齡)의 제2차 개수본인 <개수첩해신어>의 중간임에도 불구하고 교토(京都)대학 문학부 국어학국문학연구실에서 영인본을 간행할 때에 붙였던 것과 같이 그 서명을 '중간개수첩해신어(重刊改修捷解新語)'로 할 수 없음은 사역원의 한학서가, 예를 들면 <노걸대> 등이 비록 신석본을 중간한 것이지만 이들의 서명은 언제나 '중간노걸대(重刊老乞大)'이었고 '중간노걸대신석(重刊老乞大新釋)'이 아니었음에 연유한 것이다. 따라서 교토(京都)대학의 '重刊改修捷解新語'라는 서명은 잘못된 것이다.

4.4.4 〈첩해신어〉 간행의 시말(始末)

이상 <첩해신어>의 성립과 원간본의 제이본 및 2차에 걸친 개수와 그 이본, 그리고 중간에 대하여 고찰하였다. 이제 <첩해신어>의 간행은 과연 몇 차례나 있었으며 현전하는 판본은 어떤 것이 있는가를 살펴보기로 한다.

<첩해신어> 원간본의 성립은 만력(萬曆) 무오(戊午, 1618)에 '부산왜학편(釜山倭學篇)'이 편성되고 나머지 '신사수행편(信使隨行篇)'과 서계(書契) 등은 강우성(康遇聖)이 3차에 걸친 통신사행을 수행하고 돌아온 인조 병자(丙子, 1636) 이후에 완성된 것으로 보았다. 이것은 현전하는 중간본과 새로 발견된 개수본의 범례(凡例) 첫머리에 명시된 "新語之刊行雖在肅廟丙辰, 而編成則在萬曆戊午間"이란 기사에 근거한 것이다.

이 <첩해신어>의 수고본(手稿本)은 필사되어 왜학 생도들에게 전해오다가 숙종 병진(丙辰, 1676)에 교서관에서 활자로 인간한 초간본이 있다. 다시 이를 정판(整版)한 것으로 대마도 소케(宗家)문고 소장본이 있으며 이들은 모두 원간활자본(原刊活字本)으로 불린다. 이 활자본을 수정한 것이 목판으로 간행되었는데 이것이 바로 제주에서 왜학 역관 박세영(朴世英)이 숙종 기묘(己卯, 1699)에 복각한 목판본이며 이 원간 목판본은 개

인 소장인 산기문고(山氣文庫)와 고려대학교 중앙도서관의 만송문고(晩松文庫)에 각각 분리되어 소장되었다.

이 원간본은 정묘(丁卯) 통신사행을 수행한 왜학역관들에 의하여 현지에서 수정된다. 이것이 영조 무진(戊辰, 1748)에 개수된 <개수첩해신어>로서 최근 프랑스 파리의 동양어학교에 소장된 것이 세상에 알려졌다. 제1차 개수본은 정묘사행(丁卯使行)에서 <첩해신어>의 개수를 주관한 최학령에 의하여 다시 수정된다. 그는 정묘사행으로부터 돌아와 동래의 왜학교회로 있을 때에도 제1차 개수본의 수정을 계속하였고 이어서 영조 39년 계미(癸未) 통신사행에서 오사카(大阪)와 에도(江戶)의 가나(假名)문자를 참고하여 구본(舊本)의 왜어대자(倭諺大字)를 모두 바꾸는 대대적인 수정을 완성하였다. 이 제2차 개수본은 최학령이 단독으로 수행한 것으로 보이며 사력(私力)으로 주자(鑄字) 인간되었으나 오늘날 그 판본은 아직 발견되지 않고 있다.

<첩해신어>의 중간은 제2차 개수본을 부분적으로 목판 교정하는 중정(重訂)의 의미를 갖는다. 그리하여 제2차 개수본의 목판을 부분 교정하고 권두에 이담(李湛)의 중간서(重刊序)를 붙여 간행하는 정도의 수정을 가한 것이 <중간첩해신어>라고 볼 수밖에 없다고 주장하였다.

끝으로 첩해신어의 개수와 중간은 사역원 역학서 전체의 개정 방침에 의거한 것으로 한학을 비롯한 다른 사역원 삼학(三學)이 역학서의 신석(新釋)을 시도할 때에 왜학에서는 <첩해신어>를 개수(改修)한 것으로 보이고 다른 삼학의 역학서가 중간될 때에 <첩해신어>도 중간(重刊)된 것으로 보았다. 따라서 <첩해신어>의 성립(成立)과 개수(改修), 그리고 중간(重刊)에 대하여는 사역원 전체의 역학서 편찬 및 개정 정책에 관련되며 이와 같은 사역원 역학서 전체와의 관련을 살피는 것이 매우 중요함을 강조하고자 한다. 최학령의 제2차 개수본이 사력(私力)으로 인행된 것은 당시 사역원의 역학서 개편정책(改編政策)이 없었음에 기인하는 것으로 볼 수 있다.

5) 바티칸도서관의 〈이려파(伊呂波)〉

4.5.0 이태리 로마의 바티칸 도서관에 <이려파(伊呂波)>란 서명의 모두 8엽에 16쪽으로 된 고서가 소장되었다. 이것은 19세기 초엽에 이태리에서 파견된 선교사가 중국의 북경에서 조선인에게서 받은 것으로 원래 <첩해신어>의 중간본에 부재(附載)되었던 것을 떼어서 단행본으로 만든 것으로 보인다. 이 자료를 검토하면 사역원의 왜학에서 어떻게 가나(假名)문자를 교육했는지 알 수가 있다.

이 자료는 졸고(2014b)로 세상에 소개했던 것인데 2016년 11월에 필자가 로마를 방문하여 확인한 것이다. 귀중한 자료를 소중하게 보관한 바티칸 도서관과 열람에 편의를 아끼지 않은 도서관 관계자에게 감사를 표한다. 특히 사진 촬영 등의 어려운 요청을 수락하여 자료 이용에 도움을 주신 몇 분이 보여준 국경을 넘은 학문에 대한 이해에 대하여 깊은 사의를 표한다.

4.5.1 〈첩해신어〉 이본(異本)의 가나문자

최학령(崔鶴齡)은 정묘(丁卯, 1747) 통신사행 이후에 다시 영조 39년(1763)의 계미(癸未) 통신사행에서 <첩해신어> 본문의 왜언대자(倭諺大字)마저 수정하였다. 그는 동래(東萊)의 왜학역관으로 왜인통사(倭人通詞)로부터 일본의 오사카(大坂)와 에도(江戶)에서 사용되는 가나문자를 구하여 참고하고 점획(點劃)과 편방(偏傍)이 자법(字法)에 불합(不合)한 것을 고증(攷證)하여 모두 바르게 고치는 대대적인 수정을 완성하였다. 그리고 이와 같은 교정을 계미(癸未) 통신사행에서 확인하여[98] 최학령이 사력(私力)으로 주자(鑄字) 인행(印行)하였다는 기사가 있어서[99] 여기에서 비로소 왜언

98 사역원의 역학서는 교정이 끝난 다음에 반드시 현지의 수정을 거쳐 간행되었다(졸저, 1988).

99 『重刊捷解新語』의 李湛의 序에 "而語音雖盡讐正, 倭諺大字猶仍舊本而未及改。其後崔知樞以公幹在萊州, 又從通詞倭人, 博求大坂江戶間文字, 參互而攷證, 凡點畫偏

대자(倭諺大字), 즉 가나(假名)문자마저 수정되어 다시 간행되었으며 이것이 제2차 개수, 즉 신축(辛丑) 중간본임을 앞에서 고찰하였다.[100]

<첩해신어>는 가경(嘉慶) 원년(1796)에 역관 김건서(金建瑞)에 의해서 <첩해신어문석>이 편찬되어 "以文字釋倭語, 以倭書寫文字"의 예를 보였다. 문석(文釋)의 범례에 의하면 마나(眞字)와 가나(假字)를 섞어 쓰는 왜어(倭語)의 문장을 보이기 위하여 <첩해신어문석>을 만든다고 하였는데[101] 왜어(倭語)의 독음이나 주(註)가 한글로 되어 있지 않고 히라카나(平假字)와 마나(眞字)를 섞어 행서체(行書體)로 쓰였다. 따라서 <첩해신어>란 이름의 왜학서는 강희병진(康熙丙辰, 1676)에 주자(鑄字)로 간행된 원간본 이후로 두 차례의 개수와 한 차례의 중간이 있었으며 별도로 '문석(文釋)'이란 이름의 왜학서를 포함하여 적어도 5종류의 이본이 있음을 알 수 있다. 이를 도표로 보이면 다음과 같다.

[표 4-4] 〈첩해신어〉의 제이본

書名	刊年	略稱	所藏處	備考
{원본} 『捷解新語』	1676	原刊本	奎章閣	활자본, 목판본(1700)이 따로 있음
{제1차} 『改修捷解新語』	1747	戊辰改修本	파리 東洋語學校	목판본만. 활자본은 전본 없음
{제2차} 『改修捷解新語』	?	제2차 개수본	아직 전본 없음	활자본으로 간행했다는 기사 있음
『重刊捷解新語』	1781	辛丑重刊本	규장각 등	앞의 서문만 版心書名이 重刊捷解新語이고 본문의 판심은 改修捷解新語임
『捷解新語文釋』	1796	文釋本	규장각 등	여러 곳에 소장됨

傍之不合其字法者 一皆正之。斯編始爲完書, 仍以私力活字印行。"이라는 기사를 참조.

100 <捷解新語>의 改修에 대해서는 中村榮孝(1961) 및 安田章(1965) 參照.

101 『捷解新語文釋』의 凡例에 "倭學講習以捷解新語爲津筏, 而倭書亦如。我國之有眞諺, 有眞無諺偶語不通, 有諺無眞書契莫解, 故講習之艱視諸學倍之。今此所編以文字釋倭語, 以倭書寫文字, 務便習卑有先難後易之效。"라는 기사를 참조.

4.5.2 〈첩해신어〉의 이려파(伊呂波)

일본어의 문자 학습을 위하여 가나(假字)의 여러 자체(字体)와 그에 대한 한글의 대역음을 붙인 '이려파(伊呂波)'는 현존하는 <첩해신어>의 중간본(重刊本)과 문석본(文釋本)의 권말에 부재(附載)되어 있다. 그리고 중간본은 앞에서 살펴본 바와 같이 제2차 개수본에 서(序)만을 붙여 그대로 복각한 것임으로 전술한 5종의 <첩해신어> 가운데 원간본과 제1차개수본을 빼고는 모두 <이려파(伊呂波)>를 부재(附載)한 것이 되는데, 이것은 왜어 학습에 가나문자의 교육을 위한 것이었다.

앞에서 보인 [사진 4-2]의 {원본}『첩해신어』(제1권 제1엽앞)와 [사진 4-3, 4]의 왼편에 보이는 제1차 개수본의 왜언대자(倭諺大字)를 비교하면 별다른 차이가 없는 것을 볼 수 있다. 그러나 [사진 4-8]의 제2차 개수본과 다음 [사진 4-9]의 <첩해신어>의 신축중간본(辛丑重刊本)은 본문의 판심서명이 '改修捷解新語'이지만 앞의 제1차 개수본과는 다른 가나문자를 보여준다. 그리고 <첩해신어>의 마지막 판본인 문석본의 [사진 4-9]에서는 전혀 다른 가나문자의 초서체를 볼 수 있다.

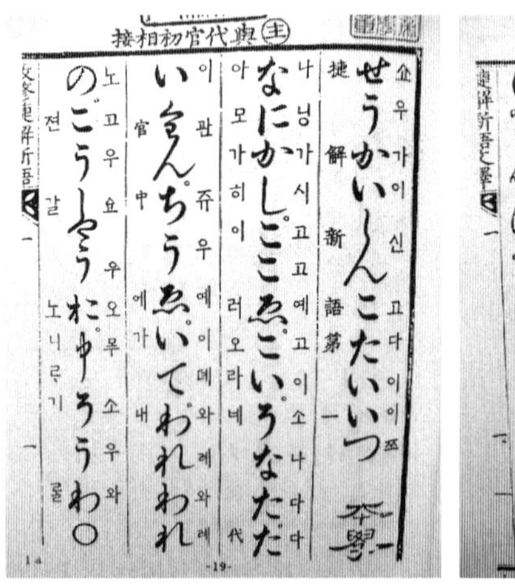
捷解新語第一

[사진 4-8] 〈첩해신어〉
신축(辛丑)중간본(제1권 제1엽앞)

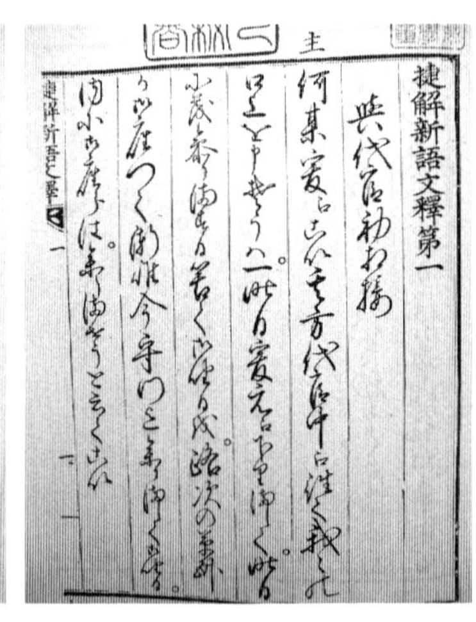
捷解新語文釋第一

[사진 4-9] 〈첩해신어〉 문석본
(제1권 제1엽앞)

4.5.3. 단행본의 〈이려파(伊呂波)〉

<이려파(伊呂波)>는 문석본(文釋本)의 범례에 언급된 바와 같이 권말에 '伊呂波眞字半字, 吐字, 合字, 草字及簡格語錄'라는 제목을 상단 난외에 쓴 6엽(葉)이 부재(附載)되었고 중간본(重刊本)에는 이것 이외에 '伊呂波半字竪相通·橫相通'이 첨가된 8엽(葉)으로 된 <이려파(伊呂波)>가 부재되었다. 중간본과 문석본의 것을 적기(摘記)하면 다음과 같다.

[표 4-5] 이려파(伊呂波)의 부록(附錄)

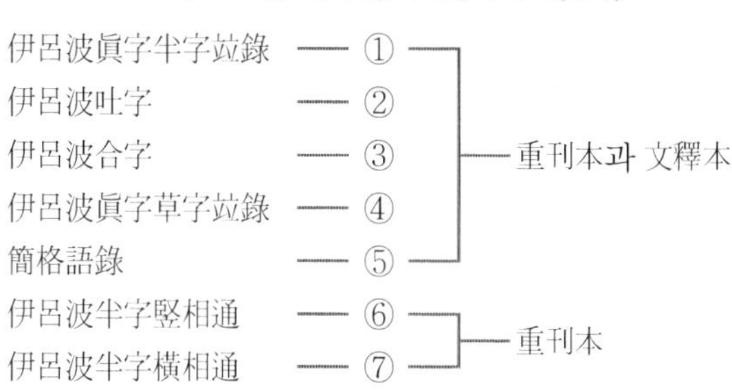

신축중간본 권10 다음에 부재된 이와 같은 <이려파(伊呂波)> 8엽(葉)은 판심서명이 없고 엽수(葉數)가 일(一)부터 팔(八)까지 별도로 붙였고 ⑥과 ⑦ 부분이 누락된 문석본에서도 판심은 없이 일(一)부터 육(六)의 엽수가 붙어 있다. 따라서 문석본은 중간본에 있던 오십음도(五十音圖)의 2엽을 삭제한 것임을 알 수 있다.

4.5.4 로마 바티칸 도서관 소장의 〈이려파〉

중간본의 8엽은 별도의 단행본으로 발견되기도 하는데 로마 교황청의 바티칸 도서관에 소장된 Stefano Borgia(1731~1804)의 구장본(舊藏本) 가운데 '伊呂波'란 이름의 한적 자료(整理番號 Borg.cin.400)가 있다. 필자가 2016년 11월에 이 도서관을 방문하여 살펴본 바에 의하면 상단과 하단의 난외(欄外)에 많은 낙서가 보인다. 아마도 소장자들이 기입한 것으로 보이는데 이를 사진으로 보이면 다음의 [사진 4-10]과 같다.

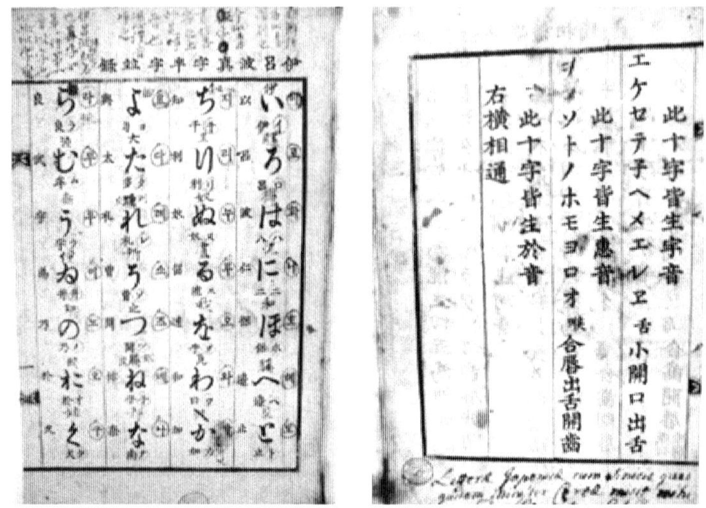

[사진 4-10] 바티칸 도서관 소장 〈이려파〉 제1엽과 최종엽[102]

이 도서는 Paul Pelliot의 바티칸도서관 <한적목록(漢籍目錄)>에 다음과 같이 소개되었다.

> 400 Syllabaire japono-coréen, par ordre de l'iroha. 8ff. [Iroha 伊呂波, célèbre manuel de japonais pour les Coréens. Porte des notes manuscrites en marge.] - 번호 400, 이로하 순의 일본-조선의 음절문자표. 8엽(1엽 2쪽). [이로하(伊呂波)는] 조선인을 위한 유명한 일본어 교재. 난외(欄外)에 손으로 써 넣은 것이 있음.][103]

이 설명을 보면 <이려파(伊呂波)>가 단행본으로 편철되어 역관들의 일본어 가나문자 교육에 사용된 교재였음을 알 수 있으나 원래는 신축(辛

102 상단과 하단의 欄外에 많은 낙서가 보인다. 아마도 소장자들이 가나문자 학습의 흔적일 것이다.

103 Pelliot·Takada(1995:43)에서 인용함. Pelliot·Takada(1995)는 Pelliot(1922)에서 일차 작성된 바티칸도서관의 漢籍目錄을 Takada Tokio(高田時雄)가 다시 정리한 것이다.

丑) 중간본이 간행될 때에 이것을 <첩해신어>의 후미에 추가한 것이다.

1804년에 사거(死去)한 Borgia는 늦어도 1798년에는 로마에 돌아왔을 것으로 보인다. 그가 동양에서 구입한 장서(藏書)는 사후 2년이 지난 1806년에 바티칸의 포교성성(布敎聖省, Sacra Congregatio de Propaganda Fide)에 기증되어 소장된 것임을 보여주는 장서인(SAC. Cong. De. Prop. Fide)이 찍혀 있고 <이려파(伊呂波)>의 말엽(末葉, 8뒤)에 다음과 같은 낙서가 라틴어로 쓰였다. 이를 사진으로 보이면 다음과 같다.

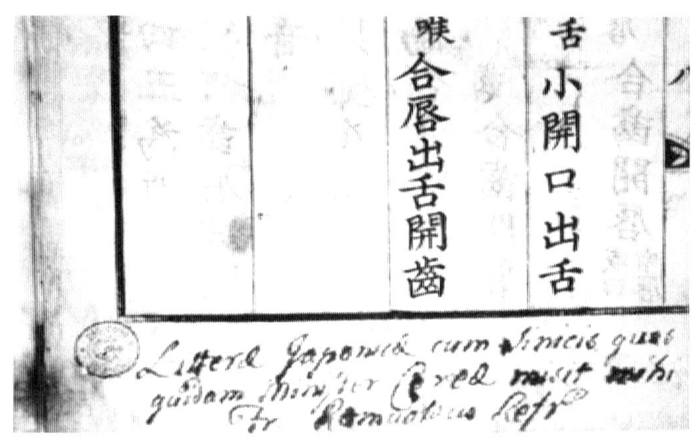

[사진 4-11] 바티칸 도서관 소장 〈이려파〉의 최종엽 하단

이 하단의 난외(欄外)에 쓰인 내용의 라틴어는 이 책을 누가 어디서 구입하였는가를 알려주는데 이를 본문과 번역을 옮겨 보면 다음과 같다.

> Literæ Japonicæ cum Sinicis, quas quidam Minister Coreæ misit mihi Fr. Romualdus Refr. - 한자(漢字)가 붙어 있는 일본어의 문헌, 조선의 어떤 사자(使者)가 나에게 주었다. 수사 Romualdus 형제.

이 낙서(落書)를 보면 수도사 Romuald가 북경(北京)에서 조선의 연행사(燕行使)로부터 받은 것임을 알 수 있다.[104] Romuald는 1780~1790년에 북경에서 활동하였으므로 이 자료는 적어도 이때에 수집되어 1800년대 초에 Borgia의 장서가 되었을 것이다.

이러한 단행본의 <이려파(伊呂波)>의 존재를 감안할 때에 이것은 애초에 <첩해신어>의 부록으로 작성된 것이 아니고 별도의 왜학 교재였을 가능성이 있다.[105] 濱田敦(1970:89)에서는 이것이 홍치(弘治) 5년판 <이로파(伊路波)>의 개정판일 수 있다고 추정하였다. 여기에서 만일 <이려파(伊呂波)>가 단행본으로 간행되었다면 과연 언제 누가 이를 편찬하였는가 하는 문제가 제기된다. 安田章(1980;176)에서는 위의 주장을 수긍할 수밖에 없다고 보고 <첩해신어>의 중간본(重刊本)의 8엽짜리와 문석본(文釋本)의 6엽짜리에 대하여 다음과 같이 언급하였다.

> かくて重刊改修本について、「伊呂波」を拔く版、①から⑥まで[=6丁版]をもつ版、①から⑦まで[=8丁版]を完備する版の、少なくとも三段階は考えなければならない。尤も今日見られるのは第一、第三段階のそれであるが、文釋本から第二段階のそれもあったことが推察し得ないかと思う。そして第三段階のそれは、文釋本以後の增補でなければならない。- 다시 중간개수본에 대하여 <이려파>를 뺀 판본, [표 4-5에서] ①에서 ⑥까지(6쪽판)를 가진 판본, ①에서 ⑦까지(8쪽판)를 완비한 판본의, 적어도 3단계를 생각하지 않으면 안 된다. 더욱이 오늘날 볼 수 있는 것은 제1, 제3단계의 것이지만 문석본에서 제2단계의 것도 있었다고 추찰할 수 있지 않을까 생각한다. 그래서 제3단계의 것은 문석본

104 Romualdus는 라틴어 어형으로 Romuald의 속격이고 영어로는 Romuald Kocielski를 말하며 漢字名은 羅機洲, 또는 羅機淑으로 쓴다. 프란시스코회 수도사로서 天文學을 전공하였고 1782년에 北京에 갔었으며 生沒 연대는 분명하지 않지만 1750~1791년으로 본다. 그가 北京에 滯在할 때에 받은 이 책은 1792년경에 로마의 Borgia에게 보내진 것으로 추정된다.

105 이것은 이미 濱田敦(1965:45)에서 "その柱は魚尾を存するのみで、書名の記載なく、また張付も別になっているところからすれば、本來捷解新語とは別に開板され、その再刷以後のある版より合綴されるに至ったものかと思われる。"라는 주장이 있었다.

이후에 증보하지 않으면 안 되었다.

이와 같은 주장은 <첩해신어>의 신축중간본(1781) 문석본(1796)의 간행 연도와 비교해 볼 때에 가능해 보이지만 천주교 프란시스코회 Romuald Kocielski 수사가 조선 연행사(燕行使)로부터 이 자료를 받은 1790년대 초를 생각하면 이미 ①에서 ⑦까지가 완성되어 있었음을 알 수 있다. 따라서 제2차 개수가 끝난 어느 시기에 초창기의 <이로파(伊路波)>를 대신하여 <이려파(伊呂波)>란 가나(假名) 학습 교재가 만들어졌고 이것을 <첩해신어>의 신축 중간본과 문석본에 합철(合綴)한 것으로 보아야 할 것이다.

4.5.4.1 위의 4.5.3에 보인 <이려파(伊呂波)>의 ①은 히라카나(平假字) いろは를 큰 글자(大字)로 쓰고 그 밑에 마나(眞字)와 가타카나(片假字)를 좌우에 작게 썼으며 대자(大字)의 좌편에 또 다른 자체의 마나(眞字)를 쓰고 그 우편에 한글로 독음을 붙였다. 예를 들면 'い'자는 그 대자(大字) 아래 좌우에 소자(小字)로 '伊, イ'를 쓰고 좌편에 역시 소자(小字)로 '以', 우편에 이 글자의 독음이 '이'가 있어 성종 때인 홍치(弘治) 5년(1492)에 간행된 <이로파(伊路波)>의 사체자모(四體字母)와 그 독음(讀音)을 한 글자씩 한눈에 볼 수 있도록 모아놓았다.

이 ①는 ②, ③, ④와 같이 중간본과 문석본의 말미에 부록으로 수록되어 있는데[106] 이 ①의 이려파반자(伊呂波半字)와 진자(眞字)는 가이하라

106 京都大學 文學部 國語國文學研究室에서 <捷解新語>의 原刊本과 重刊本, 그리고 文釋本을 <三本對照 捷解新語>란 제목으로 영인 간행하였다. 濱田敦의 解題에 의하면 昭和 九年(1934)에 古典刊行會에서 奎章閣의 原刊本과 文釋本을 영인하였는데 그것을 台本으로 다시 영인한 것이라고 하였다. 그러나 현재 규장각에 소장되어 있는 文釋本에 附錄된 伊呂波에는 匡郭 上段部에 '伊呂波眞字半字並錄'(1葉앞)과 '伊呂波吐字'(2葉앞)라는 제목이 남아 있으나 京都大學의 영인본에서는 이 부분이 지워져 있고, 東洋文庫에 소장된 重刊本에는 이 부분이 그대로 남아있다. 고려대 박물관에 수장된 첩해신어 목판에는 <伊呂波> 부분이 모두 缺落되었다(정광·윤세영, 1998).

아쓰노부(貝原篤信)의 『왜한명수(倭漢名數)』의 것을 참고로 하여 편성되었다는 주장이 있다(安田章, 1961). 『왜한명수』의 '왜음오십자(倭音五十字)'와 '이로하마나(伊呂波眞字, 稱之眞字假字), 가타카나이로하본자(片假字伊呂八本字)'는 <첩해신어>의 ①부문에서 소자(小字)로 된 가타카나(片假字)와 마나(眞字)에 상응한다. いろは의 대자(大字)와 그 왼쪽의 마나(眞字)는 『왜한명수』의 '이로하마나(伊呂波眞字)'에서 여러 개의 자원(字源)을 들었을 때에 <첩해신어>의 이려파(伊呂波)는 그 첫 번째의 것을 택한 것으로 보인다.

그러나 마나(眞字)의 자원(字源)이 하나인 경우는 <첩해신어>의 이려파(伊呂波)와 일치하지만 "ヘ邊或曰反字又曰閉字 - ヘ는 변(邊)에서, 혹은 반(反)에서, 혹은 폐(閉)에서"와 같이 셋인 경우는 맨 첫 자인 '변(邊)'을 택하여 <첩해신어>의 이려파에서 ①부분은 『왜한명수』의 '이로하마나(伊呂波眞字)'와 '가타카나이로하본자(片假字伊呂八本字)'의 것을 참고하여 작성한 것으로 보인다. 이것은 홍치(弘治) 5년의 <이로파(伊路波)>의 사체자모(四體字母)와 관련이 전혀 없다고 할 수는 없지만[107] 자형이 매우 다르고 <이로파(伊路波)>가 4종의 가나(假字)를 따로 소개하였음에 비하여 <이려파(伊呂波)>의 ①은 이 사체자모를 한 곳에 모아 놓음으로써 4종의 가나를 한눈에 익힐 수 있게 하였다.

4.5.4.2 특히 고쥬온즈(五十音圖)를 사역원 왜학서에 처음으로 소개한 중간본의 ⑥이려파반자수상통(伊呂波半字竪相通)과 ⑦이려파반자횡상통(伊呂波半字橫相通)의 것은 완전히 일본의 『왜한명수』에서 인용한 것이다.[108] 물론 <첩해신어>의 중간본이나 문석본의 간행연대로 보아서 『이

---

107 成廟朝 <伊路波>와 <捷解新語>의 伊呂波와의 관계에 대하여는 濱田敦(1959) 참조.

108 『왜한명수』, 또는 『화한명수』가 조선에 전달된 것은 18세기 중엽으로 보인다. 李瀷의 『星湖先生全集』(권15)에 수록된 「答洪錫余 戊寅」에 "聞有和漢名數一書至國. 日本人所撰, 極有可觀. - 화한명수란 책 하나가 우리나라에 들어왔다는 말을 들었다. 일본인이 지은 것인데 가히 볼만한 책이다"라는 記事가 있다. 그리고 이런 사실을 李瀷에게 전달한 弟子 安鼎福(1712~1791)의 『順菴先生文集』(권2) 「上星湖先生書 戊寅」에 "[前略} 倭書有和漢名數爲名者二卷, 卽我肅廟庚午年, 貝原篤信之所著也.[후략] - 일본 책으로 서명을 <화한명수>라고 하는 책이 2권 있습니다. 우

려파자고록(以呂波字考錄)』의 것을 인용할 수 있겠지만[109] ①의 '이려파진자반자병록(伊呂波眞字半字並錄)'이 『왜한명수』의 '이려팔본자(伊呂八本字)'와 관계가 있으므로 후자의 것보다는 전자에서 인용한 것으로 보아야 할 것이다.

즉, 『왜한명수(倭漢名數)』의 「경적류(經籍類)」 제11에 다음과 같은 기사가 있다.

> 倭音五十}字, 本邦一切言語音聲反切, 無不出此者, 竪橫並相通用, 苟辱通我國音語須 習曉之。小兒初學和學者, 宜先習之, 不要學伊呂波。アイウエヲ喉音 淸
>
> 右此五者爲字母, 其餘四十}五字永之則, 生此五字。
>
> 왜음(倭音) 50자는 이 나라의 모든 언어 음성의 반절이 모두 여기에서 나오지 않는 것이 없으며 세로와 가로로 서로 통용되어 우리나라 말의 발음을 모두 통하니 반드시 배워서 깨우쳐야 한다. 어린 아이들이나 처음으로 일본 글자를 배우는 사람들은 마땅히 이를 먼저 배워야 하고 이려파는 배울 필요가 없다.
>
> 아, 이, 우, 에, 오 는 후음이고 청음이며 이 다섯을 자모로 하고 그 나머지 45자는 모두 이 다섯 자에서 나오는 것이다.

이 기사에 이어서 왜음(倭音)의 오십음(五十音)을 표시하는 글자를 후(喉), 아(牙), 치(齒), 설(舌)의 순서로 배열하였다.

리 숙종 경오년(1690)에 가이하라 아쓰노부(貝原篤信)라는 사람의 지은 것입니다. [하략]"라는 편지가 있다. 이것으로 보안 順菴 안정복이 그의 스승인 星湖 이익에게 『화한명수』를 소개한 것으로 보인다. 이때에 소개한 것은 연대로 보아 明和 2年(1765)에 改版한 『新編增補和漢名數』인 것 같다. 原刊의 『倭漢名數』는 卷首의 貝原篤信의 序文에 "元祿二年春分日筑前州後學貝原篤信書"라는 刊記가 있어서 元祿 2年(1689)에 완성되어 元祿 5년(1692)에 간행한 것임을 말해 준다. 앞의 주34 참조.

109 『以呂波字考錄』에도 『增補和漢名數』의 倭音五十字를 引用하면서 이는 『增補和漢名數』의 六卷 63葉의 것을 인용한다는 기록을 남겼다. 『以呂波字考錄』 卷之下 31葉뒤 참조.

이 인용문에 대하여 ⑥의 '이로파반자수상통(伊呂波半字竪相通)에서는 "苟辱通我國音語須習曉之"와 "小兒, 不要學伊呂波"을 삭제하고 또한 "初學和學者"의 '和'를 '倭'로 고쳐 <첩해신어>의 중간본에서는 다음과 같이 인용하였다.[110]

> 倭音五十字, 本邦一切言語音聲反切, 無不出此者。 竪横竝相通用, 初學倭學者, 宜先習之。
>
> アイウエヲ喉音 淸,
>
> 右此五者爲字母, 其餘四十五字永之則, 生此五字。

이하 부분은 전혀 『왜한명수』의 것과 일치하여 '本邦'과 같은 일본인의 표현도 그대로 두었다. 일본에서는 이려파(伊呂波)보다 왜음오십자(倭音五十字)의 것이 보다 널리 퍼져서 『왜한명수』에서도 왜음 오십자가 먼저 설명되고 이려파(伊呂波)는 그 다음에 소개되었다. 그러나 사역원 왜학에서는 일본 가나(假名)의 학습은 이려파에 의존하고 고쥬온즈(五十音圖)는 중간본에만 부록되었을 뿐 문석본의 이려파(伊呂波)에서는 다시 삭제되었다.

일본의 가나(假名)문자를 학습하는 두 가지 방법, 즉 이려파(伊呂波)와 고쥬온즈(五十音圖)에서 사역원 왜학이 이려파(伊呂波)만을 선택한 것은 여러 가지 이유가 있겠지만 성종 때에 사역원에서 간행한 <이로파(伊路波)>의 영향이 컸기 때문으로 보이며 훈민정음 창제와 더불어 중국의 성운학(聲韻學), 반절법(反切法), 파스파(八思巴) 문자의 사용법 등을 잘 알

110 『倭漢名數』의 倭音五十字의 기록을 伊呂波半字竪相通에서 削除한 부분은 '苟辱通我國音語 須習堯之'와 '小兒', 그리고 '不要學伊呂波'의 세 부분이다. 司譯院 倭學 譯官들에게 倭語가 我國音語가 아니므로 이 부분은 삭제된 것이고 '小兒初學和學者'에서 小兒는 역시 譯官들에게 해당되지 않으므로 삭제되었다. 끝으로 '不要學伊呂波'는 이미 伊呂波半字竪相通 앞에 伊呂波가 登載되었고 실제로 司譯院 倭學에서 五十音圖보다 伊呂波를 중심으로 왜어의 假字를 학습시켰기 때문에 이 부분도 당연히 삭제될 수밖에 없었다. 다만 "本邦一切言語音聲反切"의 '本邦'도 '倭國'으로 바꾸어야 했으나 그대로 두었다.

고 있었고 훈민정음의 아설순치후와 전청, 차청, 전탁, 불청불탁으로 음운을 분석하는 일에 익숙했던 조선의 사역원 역관들에게 고쥬온즈(五十音圖)를 받아들이기 어려웠을 것으로 생각된다.

4.5.4.3 [표 4-5]의 '④ 이려파진자초자병록(伊呂波眞字草字竝錄)'은 이려파(伊呂波)의 초자(草字)를 여러 이자(異字)와 함께 보이고 그 좌편에 초자(草字)의 자원(字源)인 마나(眞字)를, 그리고 우편에는 한글로 독음을 붙였는데 말미에는 홍치 5년판의 <이로파(伊路波)>에서 '별작십삼자류(別作十三字類)'란 제하(題下)에 보였던 '御, 申, 內, 候, 元' 등의 특수 가나(假名)를 예를 들었다. 이것은 왜어초자(倭語草字)로 쓰인 각종 서간문(書簡文)이나 서계(書契)를 읽는 데 필요한 자전(字典)의 역할을 했던 것이다.

다음 {표 4-6]에서 ④의 초자(草字)와 더불어 ⑤의 간격어록(簡格語錄)도 가나(假名)서간문을 해독하는 데 필요했던 것으로 일본의 가나서간문은 비록 한문으로 되어 있으나 그 자획(字劃)이나 정서법이 매우 달라서 특수한 용법을 가진 어휘의 자체(字体)에 대한 참고를 위한 것이었다. 파리동양어학교 소장본 <개수첩해신어>의 범례(凡例, 重刊本에도 부록됨)에

> 第十卷則是往複文字, 文字亦與我國有異。 而不書其字樣只書伊呂波, 旁書彼語註以我語如他卷之例。 故只誦其語莫辨其本意何在, 而若見彼書口不能讀, 此如不習何異? 今本則中書伊呂波, 左我音右彼語如他卷之例。 - 제10권은 왕복 문자인데 문자는 역시 우리나라와 더불어 다른 점이 있다. 그러나 그 글자 모양을 쓰지 않고 오로지 이로하만 쓰며 그 말의 옆에 다른 책의 예와 같이 우리말로 주를 달았다. 그러므로 그 말을 암송하지만 그 본뜻이 어디에 있는지 알지 못하고 그쪽의 책을 보아도 능히 읽지 못하니 배우지 못한 것과 어찌 다르겠는가? 이번 책에서 다른 책의 예와 같이 이로하를 가운데에 쓰고 왼쪽에 우리 발음, 오른 쪽에 그 말을 적었다.

이려파(伊呂波)로만 쓰였기 때문에 이해하기 어려웠다는 말과 이번 책(改修本)에서는 가운데에 이려파(伊呂波)로 쓰고 좌편에(실제는 우편임) 그 독음을 쓴 다음 우편(실제는 좌편)에 일본식 한자(眞字)를 쓴다는 내용이다. ⑤의 간격어록(簡格語錄)은 이러한 방법으로도 서계(書契)의 이해가 불충분하기 때문에 서간문에 자주 사용되는 관용어 중에서 자체가 보통 이려파의 히라카나(平假字)와 다른 것들을 모아 놓은 것으로 우편에 독음과 좌편에 뜻을 한글로 기록하였다.

4.5.4.4 우리의 관심은 [표 4-5]에서 ⑤의 '간격어록(簡格語錄)'에 이어 ②의 '이려파토자(伊呂波吐字)와 ③의 합자(合字)에 있다. ②는 이려파(伊呂波)란 히라카나(平假字) 47자와 'ん'자의 결합례를 보여준 것으로 이려파(伊呂波) 이외에 '란, 관, 슌, 윤'의 4례를 더 예시하였는데 일본에서는 이와 같은 가나즈카이(假名遣)를 찾아보기 어렵고 굳이 예를 찾자면 『행능경가나즈카이(行能卿假名遣)』에 'いん' 이하 이려파(伊呂波) 독음 35자(おん 제외)의 이자가나(二字假名, にじがな)를 보인 것이 있을 뿐이다.[111] 이것은 성종 때의 <이로파(伊路波)>의 '별자삼십자류(別作三十字類)' 말미에 기록된 발(撥)자 설명에 "ん音 遂字下, 如諺文終聲例合用 - ん음의 글자는 글자 아래에 있어 언문의 종성과 같이 합용한다"와 같이 훈민정음의 종성(終聲)과 같이 쓰이는 예를 보인 것으로 생각된다.

③의 이려파합자(伊呂波合字)에서는 2개 이상의 가나(假字)가 결합하여 일음절의 장음(長音)을 표시하는 방법을 보인 것으로 사행요음(サ行拗音)과 우단요음(ウ段拗音) 장음절, 그리고 개합요음(開合拗音)의 표기방법을 소개한 것이다(安田章, 1970).

②의 토자(吐字)와 ③의 합자(合字)의 예는 사역원에서 일본의 음절문자를 언문(諺文)자모에서와 같이 초, 중, 종성의 합용에 의한 것으로 이해하려는 태도에서 작성된 것이다. 일본의 가나(假字)를 언문자모(諺文字

111 木板增一의 『假名遣研究史』의 36葉 이하 '行能卿家傳假名遣'조 참조.

母)와 같이 이해하려는 태도는 성종 때의 <이로파(伊路波)>에서부터 있었던 것이며 <이로파>의 '사체자모각사십칠자(四體字母各四十七字 - 平假字·眞字, 眞字·片假字의 四體)'와 '右各字母外 同音三十字類, 別作十三類'의 예를 보이고 그 말미에

> 右四體字母, 各四十七字, 合一百八十八字, 皆有音而無意, 如諺文數外音同體異。字母四十六字, 或一二聲, 或三四五聲, 字則言語助詞字。- 다음의 사체 자모는 각 47자이며 모두 188자이다. 모두 발음만 있고 뜻은 없어 마치 언문에서 소리는 같고 자체는 다른 것과 같다.

라는 기사를 보면 가나(假字)의 사체자모(四體字母) 188자가 언문자모의 '가갸거겨……'와 같은 자모수를 가진 것으로 이해하고 음동체이자모(音同體異字母) 46자를 별도로 소개한 것이라든지 <첩해신어문석>의 범례에 "捷解新語中行伊呂波, 卽倭諺也。右彼語左我言, 以資誦讀, 其功大矣。- 첩해신어의 가운데 줄의 이로하는 일본의 언문이다. 오른쪽에 일본어, 왼쪽에 우리말로 써서 읽는데 그 공이 크다"라 하여 이려파(伊呂波)를 왜언(倭諺)으로 본 예를 찾을 수 있는데 일본 가나(假字)가 보통 일자(一字) 일음절인 것을 언문자모에서처럼 이자(二字) 일음절(初, 中聲合字), 삼자(三字) 일음절(初, 中, 終聲合字)의 예로 이해하려는 것이 [표 4-5]에서 ②와 ③이 작성된 의도인 것으로 생각된다.

일본에서는 '토자(吐字)'와 '합자(合字)'라는 용어가 일반적이 아니며 비록 실담합자(悉曇合字)의 방법으로부터 가나(假名) 표기에 이를 도입한 후미오(文雄)의 『화자대관초(和字大觀鈔)』가 있었다고 하나[112] ③의 합자(合字)는 ②의 토자(吐字)와 같이 『훈민정음』 또는 「언문자모」에서 말한 합자(合字)의 개념에서 그 본뜻을 찾아야 할 것이다(졸고, 1985). 즉, ②이려파(伊呂波)의 토자(吐字)는 <이려파반자(伊呂波半字)>에서 보인 바대로 'ん'을

112 文雄의 『和字大觀鈔』(卷下) 附錄 '假字合字' 참조.

연자(連字)시켜 이자가나(二字假名)을 만든 것인데 이자가나(二字假名)의 예로 촉음(促音) 'つ'을 연자시킨 예를 볼 수 없는 것은 언문자모의 종성으로 'ㅈ' 또는 'ㅊ'와 같은 파찰음이 올 수 없음에 기인하는 것이다.[113] 또, ③이려파합자(伊呂波合字)에서 개합요음(開合拗音)의 표기 '각, 약, 독' 등은 언문자모의 종성(終聲) '役ㄱ'의 표기에 영향을 받은 것으로 생각된다.

4.5.4.5 끝으로 중간본에만 수록된 ⑥과 ⑦은 <첩해신어>의 이려파(伊呂波)를 이해하고 그 성격을 파악하는 데 주요한 것으로 이려파와 더불어 일본에서 가나(假名)학습에 널리 사용된 고쥬온즈(五十音圖)를 소개한 것이다. 이려파(伊呂波)가 일본의 가나문자를 배우기 쉽도록 노래를 지어 부른 이름에서 연유된 것으로 후일 일본문자의 명칭이 되어 이려파(伊呂波, 以呂波, 伊呂八, 伊路波로도 씀), 마나(眞字), 반자(半字) 등의 이름으로 불리였는데 이로하마나(伊呂波眞字)가 가나문자의 자원(字源)을 밝혀 적는 것이라면 이로파반자(伊呂波半字)는 마나(眞字, 漢字)를 간략화시켜 만든 히라카나(平假名)과 가타카나(片假名)을 말하는 것으로 가나(假名) 47자는 하나 이상의 마나(眞字, 이것은 字源이 서로 다르기 때문이다)와 히라카나(平假字), 그리고 가타카나(片假字)를 갖고 있어서 『이로파(伊路波)』에서는 사체자모(四字體母)란 제목으로 2종의 마나(眞字)와 히라카나(平假字), 가타카나(片假字)를 보였다.

졸고(2016)에서는 한중일(韓中日) 동양 삼국에서 한자음의 표시를 위하여 사용하던 반절법(反切法)이 고대인도의 반자론(半字論)에서 온 것이며 서역에서 온 역경승(譯經僧)들이 한자로 범어(梵語)를 표기하기 위하여 고안된 것이라고 주장하였다. 즉, 종래 중국에서 이 한자의 발음은 이 한자의 발음과 같다는 식의 직음법(直音法)에서 2자 표음의 반절법으로 발전시킨 것이다. 즉, 한자 동(東)의 발음을 '德紅切'이라 하여 '德'자의 성(聲)인 [t]와 '紅'자의 운(韻)인 [ong]을 결합하여 [tong]으로 표음하는 방식이다.

---

113 諺文字母에서 종성으로 쓰일 수 있는 것은 '役隱(末)乙音邑(衣)凝'과 같이 /k n t l m p s n(ng)/ 뿐이다.

이것은 고대인도의 반자론(半字論)에서 온 것이다. 이는 자음과 모음으로 구성된 범자(梵字)의 어두(語頭) 자음과 이에 후속하는 모음을 각기 반자(半字)로 인식하여 범자(梵字)의 알파벳을 교육하기 위한 것으로 반자교(半字敎)의 반자론에서 얻은 발상이다. 불경에 자주 등장하는 반만이교(半滿二敎)는 만자(滿字)교와 반자(半字)교로서 실담(悉曇) 문자인 만자와 그 각각의 알파벳인 반자를 교육하는 것으로 문자 교육을 말한다. 범자를 실담(悉曇)으로 부르는 것은 실담(悉曇, siddhaṃ)이 원래 'sidh(완성하다)'의 과거수동분사(過去受動分詞)인 'siddha'에 중성(中性) 명사의 주격단수어미(主格單數語尾) 'ṃ'를 붙인 형태로 "완성된 것"이란 뜻을 가졌기 때문이다. 즉, 반자(半字)에 대하여 만자(滿字)를 말한다.

일본의 오십음도(五十音圖)는 일본 헤이안(平安) 시대에 역시 불경(佛經)의 수입으로 널리 알려지게 된 반절법(反切法)과 실담(悉曇)에 이끌려 가나(假名)문자를 정리한 것이다. 그러나 후세에 이려파(伊呂波)에 눌려 가나문자의 교재로 사용되지 못하다가 20세기에 들어와 빛을 보기 시작하였다.

<첩해신어>의 제2차 개수본을 통하여 '이려파(伊呂波)'나 '고쥬온즈(五十音圖)'와 같은 초보적인 가나즈카이(假名遣), 즉 가나문자 사용법으로부터 관왜(館倭)의 접대나 통신사행의 수행 시에 이루어지는 대화(對話)에 이르기까지, 그리고 각종 서계(書契)의 작성과 일본 주군(州郡)의 명칭에 이르기까지 사역원 왜학 역관의 임무 수행에 필요한 일본어를 모두 <첩해신어>만으로 학습할 수 있도록 하였다.

4.5.5 〈이려파〉의 오십음도(五十音圖)

앞에서 <첩해신어>의 신축(辛丑) 중간본에 '⑥이려파반자수상통(伊呂波半字竪相通), ⑦이려파반자횡상통(伊呂波半字橫相通)'라는 이름으로 가나문자 50음도(音圖)가 소개되었음을 살펴보았다. 그리고 이것은 일본 가이하라 아쓰노부(貝原篤信)의 『왜한명수(倭漢名數)』의 것을 인용한 것임을 밝혔다.

'이려파반자수상통(伊呂波半字竪相通), 횡상통(橫相通)'에 대하여 전술한

바와 같이 신축(辛丑) 중간본에 "倭音五十字, 本邦一切言語音聲反切, 無不出此者。竪横竝相通用, 初學倭學者, 宜先習之。アイウエヲ喉音清, 右此五者爲字母。其餘四十五字永之則, 生此五字。- 일본어의 50글자는 우리나라(여기서는 일본을 말함)의 모든 언어와 음성, 그리고 반절(한자음을 말함)이 여기서 나오지 않는 것이 없다. 세로와 가로가 서로 통용하므로 처음으로 왜학을 배우는 사람은 반드시 이것을 먼저 배워야 한다. 'アイウエヲ'는 후음(喉音)이고 [청탁의] 청음(清音)이며 이 다섯 글자가 자모(字母)가 되면 나머지 45자는 모두 이 5자에서 나오다"라 하고 이어서 45자를 소개하였다. 이를 도표로 그리면 다음과 같다.

[표 4-6] 伊呂波半字竪相通, 横相通의 오십음도

片仮名	左同	左同	左同	左同	五音	清濁
ア イヤ, ウワ	イ イ井, ウイ	ウ イユ, ウ	ヱ イエ, ウヱ	ヲ イヨ, ウオ	喉音	清
カ キヤ, クワ	キ キ井, クイ	ク キユ, クワ	ケ キエ, クヱ	コ キヨ, クオ	牙音	濁
サ シヤ, スワ	シ シ井, スイ	ス シユ, スウ	セ シエ, スヱ	ソ シヨ, スオ	齒音	濁
タ チヤ, ツワ	チ チ井, ツイ	ツ チユ, ツウ	テ チエ, ツヱ	ト チヨ, ツオ	舌音	濁
ナ ニヤ, ヌワ	ニ ニ井, ヌイ	ヌ ニユ, ヌウ	子[114] ニエ, ヌヱ	ノ ニヨ, ヌオ	舌音	清
ハ ヒヤ, フワ	ヒ ヒ井, フイ	フ ヒユ, フウ	ヘ ヒエ, フヱ	ホ ヒヨ, フオ	脣音 (輕)	濁
マ ミヤ, ムウ	ミ ミ井, ムイ	ム ミユ, ムウ	メ ミエ, ムヱ	モ ミヨ, ムオ	脣音 (重)	清
ヤ イヤ, ユワ	井[115] イ井, ユイ	ユ イユ, ユヱ	エ イエ, ユウ	ヨ イヨ, ユオ	喉音	清
ラ リヤ, ルワ	リ リヤ, ルイ	ル リユ, ルウ	レ リユ, ルヱ	ロ リヨ, ルオ	舌音	清
ワ イヤ, ウワ	イ イ, 、ウイ	ウ イユ, ウ、	ヱ イエ, ウヱ	オ イヨ, ウオ	喉音	清

114 'ネ'를 말함.

그리고 이에 대하여 "右堅相通第二位生第四位, 第三位生第五位。 故二三爲能生, 四五爲所生アカサタナハマヤラワ。牙齒脣共開, 永此十字則皆生阿音。- 세로로 서로 통하는 것은 두 번째 것(イ段音)이 네 번째(エ段音)를 낳을 수 있고 세 번째(ウ段音)는 다섯 번째(オ段音)를 낳을 수 있다. 따라서 두 번째와 세 번째는 능히 네 번째와 다섯 번째를 낳을 수 있어 'アカサタナハマヤラワ'를 만들 수 있다. 아음(牙音)은 치음(齒音)과 순음(脣音)과 더불어 개음(開音)여서 이 [アカサタナハマヤラワ] 10자는 모두 아(阿)음에서 나온 것이다."라는 해설을 덧붙여 /a, ka, sa, ta, na, ha, ma, ya, ra, wa/의 가나문자가 모두 개모음의 [a]를 갖고 있음을 설명한 것이다.

앞의 해설에서 두 번째가 네 번째를 낳을 수 있다는 것은 이들이 모두 [i]와 [yu, ü]를 모음으로 갖는 전설모음이며 세 번째가 다섯 번째를 낳을 수 있다는 것은 이들이 모두 원순모음임을 말한다.[116] 따라서 이 가나문자의 50음도는 고대 인도의 비가라론(毘伽羅論)으로부터 영향을 받아 조음위치와 조음방식으로 음운을 분류한 것이다.

이로부터 일본어는 /a. i, u, e, o/의 5모음으로 이루어졌고 이것은 결국 'ウ イユ, ウ,'를 전설모음의 /ü/와 후설의 /u/의 복모음으로 본다면 일본어는 전설모음의 /i, e, (ü)/와 후설의 /a, o, u/의 6모음 체계인 것을 알 수 있다. 이 5모음에 아설순치후의 위치에서 조음이 되는 자음과 결합되어 이루어지는 문자가 'カ, サ, タ, ナ, ハ, マ, ヤ, ラ, ワ'행음(行音)의 9개 자음을 결합시킨 45자의 음절문자이고 여기에 아행음(阿行音) /a, i, u, e, o/를 더 하여 일본의 가나문자 50글자가 된다.

4.5.5.1 고대인도의 비가라론에서는 음운을 조음위치에 따라 '아(牙,

115 'ヰ'를 말함.

116 ア行音 'ウ'가 단일모음 [u, o]만이 아닌 것은 위 표의 ウ자 하단에 'イユ[jyu]'란 발음 표시를 참고할 것. 일본어 'ウ'의 이러한 음운론적 특징이 'ウ' 앞에서 齒音(dental), 齒莖音(alveolar)을 口蓋音化시키는 것이 아닌가 한다. 주지하는 바와 같이 일본어에서 [tu, du]의 발음이 불가능하고 'つ[tsu]、づ[dzu]'로 발음된다.

연구개음), 설(舌, 치음, 치경음), 순(脣, 양순음), 치(齒, 경구개음), 후(喉, 인두음)'로 나누고 이어서 조음방식에 의하여 '전청(全淸, 무표 계열), 차청(次淸, 유기음 계열), 불청불탁(不淸不濁, 유성, 또는 비음 계열), 전탁(全濁, 유성음 계열)'으로 나누었다.[117] 훈민정음에서 아음(牙音)이 전청자 /ㄱ/을 그 첫 글자로 한 것은 이미 널리 알려진 사실이고 이어서 '설음(舌音), 순음(脣音), 치음(齒音), 후음(喉音)'의 순서로 'ㄷ, ㅂ, ㅅ, ㅈ, ㆆ, ㅎ'로 배열한 것도 주지의 일이다.

그러나 <첩해신어>의 '이려파반자수상통(伊呂波半字竪相通)'에서는 후음(喉音)의 ア행음(行音), 즉 'アイウエオ'를 50음도의 첫 행으로 삼았고 이어서 아음(カ行音), 치음(サ行音), 설음(タ, ナ行音), 脣音(ハ, マ行音), 그리고 다시 후음(ヤ行音), 설음(ラ行音), 후음(ワ行音)으로 나누었다. 이것은 발성기관에서 가장 깊은 위치의 후음(咽頭音)을 첫 번째 음계열로 하고 이어서 아음(연구개음), 치음(경구개음), 설음(치음, 또는 치경음), 순음(양순음)의 순서를 택한 것으로 보인다.

졸고(2016)에 소개된 당(唐)의 지광(智廣)이 편찬한 『실담자기(悉曇字記)』(권1)에서는 모음의 마다(摩多)와 자음의 체문(体文)을 해설하고 그 합성법을 18장으로 나누어 설명하였다. 이에 의하면 마다 12음(音)과 체문 35성(聲)은 다음과 같다.

> 摩多 - 阿[a], 阿[ā], 伊[i], 伊[ī], 歐[u], 歐[ū], 藹[e], 藹[ai], 奧[o], 奧[au], 暗[ɑṃ], 痾[ɑḥ][118]

---

117 鄭樵의 『通志』에 수록된 '七音略序'에 "四聲爲經, 七音爲緯。 江左之儒知縱有平上去入爲四聲, 而不知衡有宮商角羽半徵半商爲七音。 縱成經衡成緯, 經緯不交, 所以先立韻之源。"이라 하여 四聲과 七音으로 한자음을 분석하여 이 두 개가 만나는 점에서 한자음을 정할 수 있다고 본 것이다. 그리고 七音, 즉 牙·舌·脣·齒·喉·半舌·半齒의 調音位置 資質들은 고대인도의 毘伽羅論에서 온 것으로 역시 前揭한 鄭樵의 '七音略序'에 "七音之源起自西域, 流入諸夏。梵僧欲以其敎傳之天下, 故爲此書。"이라는 기사가 있어 佛經과 함께 古代印度의 毘伽羅論, 또는 半字論, 悉曇學 등의 음성학이 중국에 유입되었음을 말하고 있다(졸저, 2006:86).

118 이 12 모음자는 『대반열반경』(권8) 「문자품」의 14 摩多에서 '아이(野, ɑj), 오우(炮, ow)'가 빠진 셈이다. 번역한자도 『실담자기』와 『대반열반경』의 한자가 모두 다르다. 후자는 당(唐)의 지광(智廣)이 편찬한 것이고 전자는 서역의 고승(高僧) 담무

体文 - 迦[ka], 佉[kha], 誐[ga], 伽[gha], 哦[nga],

者[tsa], 車[tsha], 惹[za], 社[zha], 若[ɲa],

吒[ṭa, 他[ṭha], 茶[ḍa], 茶[ḍha] 拏[ṇa] 多[ta], 他[tha], 陀[da], 陀[dha], 那[na],

波[pa], 頗[pha], 婆[ba], 婆[bha], 磨[ma],

也[ja], 羅[ra], 囉[la], 縛[va] 奢[śa] 沙[ṣa] 紗[sa], 訶[ha] - 遍口聲

濫[llam], 乞灑[kṣa] - 重字[119]

이것은 고대인도의 범자(梵字)가 마다(摩多, mātr)라 하여 12모음을 기초로 하고 여기에 자음을 결합시킨 체문(体文)의 35자를 더 하여 모두 47자의 문자를 제시하였다. 이려파(伊呂波)의 가나문자가 47자인 것은 이것과 관련이 있으며 원래는 마다(摩多)가 12자였으나 여기에 별마다(別摩多) 4자(r, ř, l, ĺ)를 더 하여 모두 16자가 되었다. 여기에 34 체문(体文)을 더 하여 모두 50자의 범자(梵字)가 되는데 이를 실담오십자문(悉曇五十字門)이라고 한다.[120] 이것과 일본 가나(假名) 50자의 고쥬온즈(五十音圖) 및 47자의 이려파(伊呂波)를 비교하면 일본의 가나(假字)문자가 범자(梵字), 즉 실담(悉曇)에서 연유하였음을 알 수 있게 한다.

참(曇無讖)이 416년에서 423년 사이에 번역한 북본(40권)을 말하는데 이 불경이 고려대장경에 포함되어 고려에서 널리 읽혔다. 모음(摩多)에서의 이러한 차이는 서역 승려와 당(唐)의 현지인 사이에 한자음의 인식이 달랐음을 보여준다. 유송(劉宋, 420~443) 때에 혜엄(慧嚴)이 번역한 남본도 있다.

119 범자(梵字)의 전산 지원이 안 되어 글자를 제시하지 못하였다. 마다 12음과 체문 35성의 발음 표기는 필자가 시도한 것으로 일부 河野六郎·千野榮一·西田龍雄(2001:474)을 참고하였다.

120 『大般涅槃經』(권3) 「文字品」에서는 "是十四音名日字本"이라 하고 "아(噁, a: 짧은 음의 아), 아(阿, ā: 장음의 아), 이(億, i, 짧은 음의 伊), 이(伊, ī, 장음의 이), 우(郁, u: 짧은 음의 憂), 우(憂, ū, 긴 음의 우), 에(咽, e), 애(野, ai), 오(烏, o), 오(炮, ō, 긴 오), 암(菴, 아마도 ü를 말함인 듯), 아(惡, ah)"의 12자를 설명하였다. 여기에 別摩多 '리(哩, r), 리(哩, 긴 ř), 려(呂, l), 로(嚧, 긴 ĺ)'의 4자를 더 하여 16자의 摩多를 이룬다. 다시 여기에 34 体文을 더 하여 悉曇五十字門이라 한다.

4.5.5.2 훈민정음 <해례본>에서도 '제자해'의 설명에 아음(牙音)보다 발음위치가 더 깊숙한 후음(喉音)에서 시작할 일이지만 오행(五行)에 맞추어 아설순치후(牙舌脣齒喉)의 오음(五音)으로 한 것임을 밝혀놓았다. 즉, 『훈민정음』「해례(解例)」의 '제자해(制字解)'에

[전략]
喉邃而潤, 水也。聲虛而通, 如水之虛明而流通也。於時爲冬, 於音爲羽。- 목구멍(喉)은 깊숙한 곳에 있어서 젖었으니 [오행으로 보면] 물(水)이다. 소리는 허하고 통하니 마치 물이 허하고 맑아서 두루 흐르는 것과 같다. 시절로 치면 겨울(冬)이 되고 [五音으로는 宮商角徵羽]의 우(羽)이다.
牙錯而長, 木也。聲似喉而實, 如木之生於水而有形也。於時爲春, 於音爲角。- 어금니(牙)는 서로 어긋나고 길으니 [오행의] 나무(木)다. 소리는 후음과 비슷하나 실체가 있어서 마치 나무가 물에서 나와서 형체를 갖추는 것과 같다. 시절로 봄(春)이고 [오음으로는] 각(角)이다.
舌銳而動, 火也。聲轉而颺, 如火之轉展而揚揚也。於時爲夏, 音爲徵。- 혀(舌)는 날카롭고 움직여 [오행의] 불(火)이다. 소리는 구르고 날리니 마치 불꽃이 구르며 퍼져나가서 날아오르는 것과 같다. 시절로는 여름(夏)이고 [오음으로]는 치(徵)다.
齒剛而斷, 金也。聲屑而滯, 如金之屑瑣而鍛成也。於時爲秋, 於音商。- 齒(이)는 단단하고 끊어져서 [오행의] 쇠(金)이다. 소리는 부스러지고 막혀서 마치 쇠의 부스러기가 모여서 단련하여 이루어지는 것과 같다. 시절로는 가을이고 [오음으로는] 상(商)이다.
脣方而合, 土也。聲含而廣, 土之含蓄萬物而廣大也。於時爲季夏, 於音爲宮。- 脣(입술)은 네모져서 [오행의] 땅(土)과 부합하다. 소리는 머금고 넓으니 땅이 만물을 함축하고 광대한 것과 같다.
시절로는 늦은 여름(季夏)이며 [오음으로는] 궁(宮)이다.
然水乃生物之源, 火乃成物之用, 故五行之中, 水火爲大。喉乃出聲之門, 舌乃辨聲之管, 故五音之中, 喉舌爲主也。喉居後而牙次之, 北東之位也。

> 舌齒又次之, 南西之位也。 脣居末, 土無定位而寄旺四季之義也。 是則初聲之中, 自有陰陽五行方位之數也。- 그러나 물(水)은 생물(生物)의 근원이고 불(火)은 물건을 만드는데 쓰이는 것이니 오행 가운데 물과 불이 큰 까닭이 있다. 목구멍은 소리는 내는 문이고 혀는 소리는 구변하는 관이니 오음 가운데 목구멍과 혀가 중심이다. 후음(喉音)은 가장 뒤에서 나고 아음(牙音)이 그 다음이며 [방위로는 후음과 아음은] 북동(北東)의 위치다. 설음과 치음이 그 다음인데 남서(南西)의 위치다. 순음은 끝에 있으며 [오행에서] 땅(土)이 방위가 정해지지 않고 사계(四季)에 맞추어 왕성하게 한다는 뜻과 같다. 이렇다면 초성 가운데 스스로 음양과 오행, 방위의 수효가 있는 셈이다.

라 하여 발음기관의 위치를 깊숙한 곳으로부터 '후(喉) → 아(牙) → 설(舌) → 치(齒) → 순(脣)'로 보았음을 알 수 있다. 조음위치를 말하는 것임을 쉽게 이해할 수 있다.

4.5.5.3 일본 가나문자의 50음도(音圖)에서 ア행음(行音)이 첫째로 온 것은 이러한 순서에 따르려고 한 것으로 보인다. 이런 사실들이 <첩해신어> 신축(辛丑)중간본의 말미에 부재(附載)된 ⑥이려파반자수상통(伊呂波半字竪相通)에 정리되었다.[121] 다만 수상통(竪相通)의 분류에서는 전혀 발음방식에 의한 음운의 청탁(淸濁)을 무시한 것은 일본어의 특징 때문으로 보이다.

즉, 수상통(竪相通)에서 전청(全淸), 차청(次淸), 불청불탁(不淸不濁), 전탁(全濁)과 같은 4개의 발음방식을 따르지 않고 오로지 청(淸)과 탁(濁)으로 구분하였는데 장애음을 탁(濁)으로, 그리고 공명음이나 유성음을 청(淸)으로 구별하였을 뿐이다. 유기음 계열인 차청음(次淸音)이나 유성음 계

---

121 竪相通에는 喉音(ア行音), 牙音(カ行音), 齒音(サ行音), 舌音(タ行音, ナ行音) 脣音(ハ行音, マ行音), 그리고 다시 喉音(ヤ行音), 舌音(ラ行音), 喉音(ワ行音)의 順序로 되었다. 『倭漢名數』의 것을 가져온 것이지만 어떻게 이런 순서가 되었는지는 未詳이다.

열인 전탁음(全濁音)을 구별하지 않았고 비음(鼻音)의 불청불탁(不淸不濁)도 구별하지 않았다. 유기음 계열의 음운이 없고 비음이 따로 변별적이지 못한 일본어 음운의 특성에 맞춘 자음의 구별 방법이었을 것이다.

4.5.5.4 다음으로 ⑦이려파반자횡상통(伊呂波半字橫相通)에서 주의를 끄는 것은 /아, 이, 우, 에, 오/ 모음의 음양(陰痒)과 입술, 치아(齒牙)의 개합(開合)이다. /ア, カ, サ, タ, ナ, ハ, マ, ヤ, ラ, ワ/와 같이 [a(阿)]를 모음으로 갖는 음운은 양성(陽聲)이며 /イ, キ, シ, チ, ニ, ヒ, ミ, 井, リ, イ/와 같이 [i(伊)]나 나머지 [u(宇)]와 [e(惠)], 그리고 [o(於)]를 모음으로 갖는 음운은 음성(陰聲)이라 하여 후설개모음의 [a]를 전설폐모음의 [i], 또는 후설원순모음의 [u], 전설반폐모음의 [e], 그리고 후설반폐모음의 [o]와 구별하였다.

즉, 중간본의 끝에 부재된 횡상통(橫相通)에 "アカサタナハマヤラワ牙, 齒脣共開, 永此十字則皆生阿音。右一行爲五音之首, 稱男聲爲開音陽聲也。- ka, sa, ta, na, ha, ma, ya, ra, wa는 牙音이어서 이(齒)와 입술(脣)이 모두 열리니 이 10자의 발음 모두 ア[a(阿)]음에서 나온다. 이 ア단음(段音)이 오음(五音)의 으뜸이 되어 남성(男聲)이라 칭하며 개음(開音)이고 양성(陽聲)이다"라고 하여 ア가 후설개모음 [a]를 가진 발음이고 ア단행(段行)이 기본자임을 설명하였다.

그리고 나머지 4단행(段行), 즉 イ, ウ, エ, オ단행(段行)은 여성(女聲)이고 합음(合音)이며 음성(陰聲)이라 하였다. 즉, 횡상통(橫上通)에서는 위에 인용한 구절에 이어서 "左四行皆稱女聲, 爲合音陰聲也。- [나머지 イ, ウ, エ, オ段音의] 4단음(段音)은 모두 여성(女聲)이라 부르고 [脣齒가] 합쳐지며 음성(陰聲)이다"라는 구절이 있어 ア단음(段音) 이외의 'イ, ウ, エ, オ' 단음(段音)을 여성(女聲)으로 보았고 순친(脣齒)의 합음(合音)이며 음성(陰聲)이라고 하였다. 그리고 나머지 4단음(段音)에 대하여 다음과 같이 설명하였다.

> イキシチニヒミ井リイ齒, 合齒開脣。 此十字皆生伊音。- /i, ki, si, chi, ni, hi, mi, wi, ri, i/는 치음(齒音)이고 이를 닫고 입술은 연다. 이 10자는

모두 이(伊[i])음에서 나온 것이다.

ウクスツヌフムユルウ脣, 合齒開脣{或曰窄脣}。此十字皆生宇音。- /u, ku, su, tsu, nu, hu, mu, yu, ru, u/는 순음(脣音)이고 이를 닫고 입술은 연다. 이 10자는 모두 우(宇[u])음에서 나온다.

エケセテネヘメエレヱ舌, 小開口出舌。 此十字皆生惠音。- /e, ke, se, te, ne, he, me, e, re, we/는 설음이고 입을 조금 열고 혀에서 발음한다. 이 10자는 모두 에(惠[e])음에서 나온다.

ヲコソトノホモヨロオ喉, 合脣出舌開齒。 此十字皆生於音。/wo, ko, so, to, no, ho, mo, yo, ro, o/는 후음이고 입술을 닫고 이를 열어 혀에서 발음한다. 이 10자는 모두 오(於[o])음에서 나온다.

이것이 정확하게 무엇을 설명하는지 알 수는 없다. 다만 ア단음(段音)을 아음(牙音), イ단음(段音)을 치음(齒音), ウ단음(段音)을 순음(脣音), エ단음(段音)을 설음(舌音), 그리고 ヲ단음(段音)을 후음(喉音)으로 본 것은 그 모음의 특징을 그런 방법으로 설명한 것이 아닌가 한다. 즉 후설개모음의 '아(ア[a])'를 아음(牙音)으로, 전설폐모음의 '이(イ[i])'를 치음(齒音)으로, 후설원순고모음의 '우(ウ[u])'를 순음(脣音)으로, 전설반폐모음의 '에(エ[e])'를 설음(舌音)으로, 후설반폐모음의 '오(オ[o])'를 후음(喉音)으로 설명한 것으로 추측한다.

4.5.6 가나(假名)문자의 〈고쥬온즈(五十音圖)〉

이상 사역원 왜학에서 일본어의 가나문자를 어떻게 교육하였는가를 알기 위하여 왜학 교재를 중심으로 고찰하였다. 초창기(草創期)에는 <이로파(伊路波)>를 통하여 가나문자를 교육하였다. 이 교재는 아마도 일본 무로마치(室町) 시대의 훈몽교과서인 같은 이름의 교재를 들여다가 훈민정음으로 그 발음을 주음(注音)하여 가나문자 교육에 사용한 것으로 현재에는 일본에 반출되어 가가와(香川)대학 도서관에 소장되었다.

조선 사역원에서 편찬한 <이로파(伊路波)>는 임진왜란 이후에도 계속 사용되었다. 조선 중기에 왜란(倭亂)과 호란(胡亂)을 겪으면서 초창기의 역학서들이 거의 모두 교체되었고 왜학서도 <첩해신어>로 단일화되었으나 이 교재만은 계속해서 사용된 것으로 보인다. 1980년대 말에 세상에 알려진 파리 동양어학교 소장의 <첩해신어>가 제1차 개수인 무진(戊辰) 개수본의 목판본이었는데 여기에 사용된 왜언대자(倭諺大字)가 『이로파』의 것과 같다.

가나문자는 <첩해신어>의 제2차 개수에서 새롭게 바뀌었다. 왜학역관 최학령(崔鶴齡)이 주도하여 개정한 제2차 개수본은 활자본으로 간행하였다는 기사가 있으나 아직 찾지 못하고 있다. 다만 이때에 초창기의 가나문자 교재였던 <이로파(伊路波)>를 수정하여 <이려파(伊呂波)>란 이름의 단행본을 간행한 것으로 추정된다. 바티칸 도서관에 소장된 <伊呂波> 단행본을 통하여 이 사실을 확인할 수 있다. 그리고 제2차 개수본의 일부 목판을 교정하여 중간한 것이 <중간(重刊)첩해신어>이며 여기에는 일본어의 가나문자 학습을 위하여 고쥬온즈(五十音圖)를 포함한 <이려파(伊呂波)>의 전부를 합철(合綴)하였다.

즉, 신축(辛丑)중간본으로 알려진 <중간첩해신어>의 권말에는 '이려파진자반자병록(伊呂波眞字半字竝錄)'을 첨부하였고 'ん'을 어말에 겹쳐 쓰는 '이려파토자(伊呂波吐字)', 이중모음이나 어말자음을 합쳐 쓰는 '이려파합자(伊呂波合字)', 가나문자의 여러 이체자를 보인 '이려파진자초자병록(伊呂波眞字草字竝錄)', 그리고 약자(略字)를 보인 '간격어록(簡格語錄)'이 있다. 거기에 '이려파반자수상통(伊呂波半字竪相通)'과 '횡상통(橫相通)'을 더 첨부하여 일본어 가나학습의 <이려파> 교재를 모두 제시하였다. 그러나 문석본에서는 50음도(音圖)에 해당하는 부분은 제외하였다.

가나문자 학습의 고쥬온즈(五十音圖)는 중간본에 '이려파반자수상통(伊呂波半字竪相通)'과 '이려파반자횡상통(伊呂波半字橫相通)'이란 이름으로 제시되었다. 특히 이 고쥬온즈(五十音圖)에는 アカサタナハマヤラワ를 조음위치에 따라 아설순치후(牙舌脣齒喉)로 나누어 보였으며 순서는 후음(喉音)→아음(牙音)→치음(齒音)→설음(舌音)→순음(脣音)으로 하였다. 훈민

정음의 순서와 다른 것이 눈에 뜨인다. 다만 조음방식에 따른 전청(全淸), 차청(次淸), 전탁(全濁), 불청불탁(不淸不濁)은 거의 이용하지 않았다. 다만 일본어음을 청음(淸音)과 탁음(濁音)으로 나누었는데 이를 제대로 이해하여 적용한 것 같지는 않다.

특히 횡상통(橫相通)에서 50개의 가나문자를 순친(脣齒)의 개합(開合)으로 나누어 ア단음(段音)을 남성(男聲), 양(陽), 개음(開音)으로 보고 나머지 イ, ウ, エ, オ의 4단음(段音)을 여성(女聲), 음(陰)으로 나누어 각기 음운의 특징을 합치개순(合齒開脣, イ, ウ段音), 소개구출설(小開口出舌, エ段音), 합순출설개치(合脣出舌開齒, オ段音)로 본 것은 고대인도의 비가라론(毘伽羅論)에서 보여준 조음음성학이 일본 가나문자에도 원용된 것이 아닌가 한다. 다만 이에 대한 더 많은 연구가 있어야 할 것이다.

5. 〈왜어유해〉의 성립과 간행

5.0.0 <첩해신어> 이외에도 한어(漢語) 역학서 <역어유해(譯語類解)>(1690)와 같은 체재의 일본어 어휘 교재인 <왜어유해(倭語類解)>가 있어 사역원의 일본어 학습에서 이용되었다. 오늘날 전하는 <왜어유해>는 1800년대 초에 간행된 것으로 보이는 한정수(韓廷修)의 수정본이다. 이 유해류 왜학서는 1700년대 초엽에 홍순명(洪舜明)이 편찬한 것으로 알려진 유해(類解)를 저본으로 하여 이를 수정한 것인데 『통문관지』(권7) 「인물」 '홍순명(洪舜明)'조에 "[前略] 公質于日本人雨森東, 作長語及類解等書, 用於課試 [下略] - [전략] 공(홍순명을 말함)은 일본인 우삼동에게 질문하여 <장어> 및 <유해> 등의 책을 지어 시험의 출제서로 하였다 [하략]"란 기사가 있어 '장어(長語)'와 '유해(類解)'와 같은 왜학서를 그가 지은 것이라 했는데 여기서 '유해'를 <왜어유해>로 본 것이다.[122]

홍순명(洪舜明)이 18세기 초, 또는 17세기 말에 편찬한 '유해(類解)'가 현전하는 <왜어유해>와 동일하게 보려는 가설이 Courant(1894~6)과 金澤庄三郎(1911, 1933), 小倉進平(1940), 浜田敦(1958) 등에서 주장되었다. 그러나 홍순명이 편찬한 '유해'는 인간(印刊)하지 않은 채 사역원에서 전해지고 있던 '왜어물명(倭語物明)'의 책자로서 앞에서 언급한 영조 계미(癸未, 1763) 통신사행에서 당상역관으로 수행했던 최학령(崔鶴齡), 이명윤(李明尹), 현태익(玄泰翼)과 같은 사행(使行)의 당상역관이었던 현계근(玄啓根), 유도홍(劉道弘) 등이 이를 교정했다는 기사가 있다.[123]

그 후 영조 병술(丙戌, 1766)에 대마도의 치하 겸(致賀兼) 치위사(致慰使)로 다시 도해(渡海)한 당상역관 현태익(玄泰翼), 이명윤(李命尹)과 당하역관 현태형(玄泰衡)이 이를 다시 수정하여 <동문유해(同文類解)>(1748)와 <몽어유해(蒙語類解)>(1768)를 간행할 때에 함께 인간하고자 하였지만 이들이 중로(中路)에 파선(破船)하여 엄몰(渰沒)하였기 때문에 이는 허사가 되었다. 결국 <왜어유해(倭語類解)>는 이들보다 후대에 간행될 수밖에 없었다.(安田章, 1977 및 졸고, 1987e).

다만 홍순명(洪舜明)이 지었다고 보는 왜어물명(倭語物名)의 책자, 즉 '유해(類解)'는 현전하는 <왜어유해>의 조본(祖本)이며 홍명복(洪命福)이 편찬한 <방언집석(方言集釋)>(1778)의 일본어에 그 흔적을 남기고 있다고 보는 학설이 유력하다(中村榮孝, 1961; 宋敏, 1968; 安田章, 1977). 현전하는 <왜어유해>는 일본에 전해지고 있는 가나자와 쇼자부로(金澤庄三郎) 박사의 구장본(舊藏本, 현재 東京의 駒澤大學 소장, 이하 <가나자와 구장본>으로 약칭함)과 한국 국립중앙도서관에 소장된 것이 있는데 졸고(1987e)에 의하면 이 두 질의 <왜어유해>는 동일 판본이지만 <가나자와 구장본>은 후대에 쇄출한 후쇄본으로서 6엽의 책판이 없어져 필사하여 보철(補綴)하였고 많은 탈획, 탈자, 오교정이 보이고 있어 자료 이용에 주의를 요한다(졸저, 1988a).

---

122 여기에 쓰인 雨森東은 雨森東五郎라고도 불리는 雨森芳洲(아메노모리 호슈)를 말한다.

123 趙曮이 正使가 되어 英祖 癸未(1763)에 일본에 다녀온 通信使行의 전말을 쓴『해사일기(海槎日記)』(1763년, 成大中의 序가 있음)의 英祖 癸未 12월 16日의 기사 참조.

<왜어유해>와 같은 어휘집으로 중국어, 만주어, 몽고어와 함께 일본어를 구록(俱錄)한 『방언집석(方言集釋)』이나 이의봉(李儀鳳)의 <고금석림(古今釋林)>(1789)에 수록된 「삼학역어(三學譯語)」가 있었지만 이 두 어휘집은 사역원에서 일본어 학습에 실용된 것은 아니라고 보이며 엄밀한 의미의 왜학서에는 넣을 수 없을 것이다.[124]

이 외에도 일본 쓰시마한(對馬藩)의 상관(象官, 역관)들이 조선어 학습용으로 편찬한 <인어대방(隣語大方)>을 최학령이 정조 14년(1790)에 일본에서 구납(購納)하여 사역원에서 개판(開板)한 일이 있으나 이 책은 사역원의 일본어 교육에서 실용적으로 사용되었다는 기록은 찾을 수 없다.

1) 왜학서의 영인본

5.1.0 최근 국어학의 문헌자료에 대한 관심이 높아지고 이들 자료에 대한 정밀한 서지학的 고찰이 이루어지고 있음은 국어학의 올바른 발전을 위하여 크게 경하(慶賀)할만한 일이 아닐 수 없다. 그리하여 주로 국어의 역사적 연구의 분야에서지만 적지 않은 업적이 있었으며 특히 많은 자료의 영인 출판은 연구자들로 하여금 도서관이나 소장가를 찾아 헤매는 번거로움을 덜어주었다는 점에서 바람직한 일이다.

미묘한 언어의 변화가 시대적 변천에 따라 반영되는 국어사 자료들은 엄밀한 고증과 서지학적 검증을 거쳐야 비로소 국어사 연구에 이용될 수 있다. 그 가운데서도 조선시대 외국어 학습에 사용되었던 사역원 역학서 자료들은 국어와 해당 외국어의 역사적 연구에 아주 중요한 것이지만, 이용에 앞서 그 자료의 서지학적 연구가 절대적으로 필요한 까다로운 자료라고 할 수 있다.

따라서 이 자료들의 서지학적 연구는 국어학자뿐만 아니라 해당 외국

124 이 시대에는 實學思想의 영향으로 조선시대의 여러 문화유산을 정리하여 集大成하려는 노력이 있었다. 淸의 영향도 컸으리라고 생각하는데 <方言集釋>이나 <三學譯語>의 편찬은 이러한 시대사조에 의한 것으로 보아야 할 것이다.

어 학자, 특히 일본어의 역사적 연구자들에 의하여도 주의 깊고 면밀하게 진행되었다. 특히 일본어 학습서인 왜학서에 대하여는 거의 일본인 학자들에 의해서 그 연구가 독점되었다고 하여도 과언은 아니다. 더욱이 왜학서 자료의 영인도 대부분 일본인 연구자들에 의하여 일본에서 간행되었으며 특히 일본 교토(京都)대학 문학부(文學部) 국어학국문학연구실(國語學國文學硏究室)은 사역원에서 출판된 왜학서를 거의 모두 영인하였을 뿐 아니라 일본어에 대한 색인과 사용된 언어에 고찰도 매우 심도 있게 이루어졌다. 그리고 우리 학계에서는 이들의 연구를 무비판적으로 수용하였다.

필자는 이와 같은 사실에 대하여 매우 기이하다는 느낌을 가져왔다. 이들의 연구에는 하자(瑕疵)가 없을까? 이들의 연구를 아무런 비판 없이 받아들여도 괜찮은 것인가? 일본에서 영인 출판된 자료를 그대로 이용할 때에 문제는 없을까? 실제로 가장 권위가 있다는 교토(京都)대학의 <첩해신어> 영인본을 예로 하여 살펴보기로 하자.

5.1.1 교토(京都)대학의 〈삼본대조 첩해신어〉

왜학서에서 임진왜란 이후에 일본어의 강독 교재로 유일하게 사역원에서 사용되던 <첩해신어>를 상술한 교토(京都)대학 문학부 국어학국문학 연구실에서 영인하여 출판하였다. '삼본대조 첩해신어(三本對照捷解新語) 본문편(本文編)'이란 제목으로 병진(丙辰) 활자본 <첩해신어>(원간본으로 알려졌음)와 중간본(중간개수본으로 불렸음), 그리고 문석본(文釋本)을 대조하여 영인함으로써 이용에 편리하게 한 것이다. 이 책은 1972년 9월 25일에 300부 한정판으로 간행되었다.

이 영인본의 해제에서는 중간본을 개수본으로 오인하고 있을 뿐 아니라 병진(丙辰) 활자본 이외에 정판본(整版本, 목판본으로 간행됨. 사역원 역생들은 실제로 이것을 교재로 하였음)이 있었던 사실을 간과하고 있으며 이 정판본을 저본(底本)으로 하여 제1차로 개수한 활자본(戊辰改修本)이 있었다는 사실을 전혀 모르고 있는 등의 여러 가지 잘못이 있다. 오늘날의 연구에 의하면 매우 부적절한 편집에 의한 영인본으로 여겨진다.

또 이 책의 대본으로 삼은 <첩해신어문석(捷解新語文釋)>은 서울대학교 규장각에 소장된 것에 의거한다고 서두에 밝혔으나(浜田敦의 端緒) 실제로는 1934년 고전간행회(古典刊行會)에서 상기 규장각본을 영인한 것을 재영인한 것이다. 이 영인본은 고전간행회가 영인할 때 권말(卷末)에 부재(附載)한 '이려파(伊呂波)'의 광곽(匡郭) 상단의 난외(欄外)에 기입된 '伊呂波眞字半字並錄'(1葉 a)과 '伊呂波吐字'(2葉 a)의 제자(題字)를 삭제했는데 교토(京都)대학의 '삼본대조본'도 이 부분이 지워져 있다. 이 영인본의 일부는 이와 같이 원본의 일부를 삭제하기도 하였다.

이러한 결함이 있음에도 불구하고 <첩해신어>에 관한 많은 연구논문에 이 영인본이 자료로 이용되어 있고 심지어는 서울의 어떤 영인 출판사에서는 이 삼본대조본을 무단으로 복사하여 간행하였다는 말을 듣고 필자는 참으로 부끄러움을 느끼지 않을 수 없었다. 실제로 필자의 눈에 뜨인 대부분의 왜학서가 이 영인본을 무단 복사한 것이었다. 그러나 <첩해신어>는 서울의 여러 도서관에 원본이나 그에 준하는 이본이 전해지고 있을 뿐 아니라, 바로 얼마 전까지만 해도 이 자료는 규장각(奎章閣)에서 원간본만을 제외하고는 누구나 마음대로 열람할 수 있는 일반 도서로 되어 있었으며, 최근에 와서야 다른 이본들이 귀중본으로 지정되었다.

5.1.2 〈왜어유해〉의 영인

같은 잘못이 <왜어유해(倭語類解)>에서도 발견된다. 현재 서울에 나도는 <왜어유해>의 모든 영인본 역시 상기한 교토(京都)대학 문학부 국어학국문학연구실에서 영인한 것으로 이 책은 원래 가나자와(金澤庄三郞) 씨 구장본(舊藏本)이었는데 도쿄(東京)의 아자부(麻布)에 있는 에이헤이지(永平寺)의 별원(別院)에 소장되었다가 고마자와(駒澤)대학의 도서관으로 이장(移藏)된 것이다. 이 가나자와(金澤) 구장본은 이 책을 영인하면서 교토(京都)대학 국어학회장 엔도(遠藤嘉基) 씨의 서문에서 밝힌 바와 같이, 그때까지는 천하 유일본으로 알려졌었다. 따라서 한국어학의 연구 자료로써 이 가나자와 구장본만이 이용되었으며 우리나라에서도 1990

년대 이전에는 이 교토(京都)대학 영인본만이 알려졌다.

그러나 서울의 한국국립중앙도서관에 또 한 질(秩)의 <왜어유해>가 소장되어 있고 필자의 조사에 의하면 가나자와 구장본보다 훨씬 선본(善本)으로서 이 두 책을 비교하여 보면 가나자와 구장본은 동일 판본이기는 하지만 후쇄본으로서 이미 쇄출할 때에 일부 책판이 없어져 보사(補寫)하였다. 그리고 남아 있는 책판들도 탈획(脫劃)과 마모(磨耗)가 아주 심하여 여러 곳에서 획이 떨어진 글자나 탈자(脫字)의 흔적이 보인다. 그럼에도 불구하고 오늘날까지 국어학계에서는 <왜어유해>를 자료로서 이용할 때 가나자와 구장본, 그것도 교토(京都)대학의 영인본에 의존하고 있으며 심지어는 이 대학의 문학부 국어학국문학연구실에서 작업한 색인과 해설까지도 허가 없이 여러 차례 출판되었다고 한다.

이 무슨 참괴(慙愧)스러운 일인가? 국립도서관에 소장된 <왜어유해>는 누구라도 원하기만 하면 볼 수 있는 일반도서로서(필자는 이 책이 어째서 귀중본으로 지정되지 않았는지 이해할 수 없다) 이 방면에 관심이 있는 사람은 언제라도 열람할 수 있고 심지어는 대출도 가능하다. 여기서는 이와 같은 국어학 자료의 인식에 대한 반성으로 왜학서의 자료를 소개하고자 한다. 국어의 역사적 연구는 자료의 발굴과 그 가치를 찾아내는 데서 시작된다는 고전적인 생각에서 이 연구는 이루어진 것이며, 다른 분야에서 장족의 발전을 보인 국어학이 유독 왜학서의 연구에서만 일본인 학자에 의존하는 시대는 벗어나야 할 것이다.

2) 한국국립중앙도서관 소장의 〈왜어유해〉

5.2.0 사역원 왜학서로서 <왜어유해(倭語類解)>는 Courant(1894~6)과 金澤庄三郞(1911)에 소개된 이래 많은 연구가 있었고, 그때까지 유일본으로 알려진 가나자와 구장본이 교토(京都)대학 문학부 국어학국문학연구실편(國語學國文學硏究室編)으로 1958년 본문의 영인에 일본어로 쓴 해제와 일본어 색인을 붙여 간행되었다. 그 후의 <왜어유해>는 이 가나

자와 구장본만이 세상에 알려져 한국어의 역사적 연구에 어휘집 자료로서 이용되어 왔다.

그러나 국립중앙도서관에도 또 하나의 완질(完帙)이 전해져 왔는바 이에 대하여 한국에서는 국립도서관(1972) 등에서, 일본에서는 安田章(1986)에 의하여 그 자료적 가치가 조금씩 소개되었다.

국립중앙도서관 소장의 <왜어유해>는 동 도서관에서 편찬한 『고서목록(古書目錄) 3』(1972年刊)에

> 倭語類解 上·下(朝鮮) 韓廷修等編修, 木版本.
> <刊年未詳> 2冊, 四周雙邊, 半廓 23.7 × 16.9cm, 八字, 行數不同, 注雙行, 內向二葉 花紋魚尾
> 책 크기 34.1× 21.5cm

라는 해제가 있어 그 대체적인 모습을 살펴볼 수 있다.

상하(上下, 乾坤) 2권 2책으로 된 <왜어유해>는 상권에 목록 1엽(葉)과 본문 56엽, 하권에 역시 목록 1엽과 본문 54엽, 구결 2엽이 있고 권미(卷尾)에 수정관(讐整官), 서사관(書寫官), 감인관(監印官)의 관직과 이름이 기재되었다. 2책 모두 권수(卷首)에 국립도서관의 장서인이 있고 '登錄 서기 1946. 9. 15. 古 00793, 국립도서관'이라는 수서(受書)일자와 도서번호가 기재되어 있다. 또한 상권 말미(末尾)의 '倭語類解 上終'이란 미제(尾題)의 바로 밑에 '碧霞藏', '提壺' 등의 장서인이 보이고 그 밑에 '橋邊本'이란 묵서(墨書)가 보이며 그 앞 중에에는 같은 필치로 '弘化年調之'라고 쓰여 있다.

하권에도 장서인만 없고 '橋邊本'과 '弘化年調之'라는 묵서가 마지막 엽(葉)의 하단에 같은 글씨로 쓰여 있다. 또 상권의 뒷 표지에도 '橋邊藏'이란 묵서가 보이는데 이와 같은 사실로 보아 이 책은 '하시베(橋邊)'라는 이름의 일본인이 소장했던 것을 해방 후에 국립도서관에서 구입한 것으로 보이며(受書日字는 1946년 9월 15일) 곳곳에 주필(朱筆)로 일본어를 교정하였는데 교정이 일본어에만 국한된 것으로 보아 혹시 작성자인 일본인의 수

정이 아닌가 생각된다. 이 <왜어유해>는 Courant(1894~6)에서 규장각 소장본으로 소개되었으나 이 책이 M. Courant이 보았던 것인지는 확실하지 않으며 현재 규장각에는 이런 이름의 도서가 소장되어 있지 않다.

5.2.1 가나자와 구장본(金澤舊藏本)

가나자와 구장본은 필자가 고마자와(駒澤)대학에서 직접 실물을 조사해 본 바에 의하면, 그리고 교토(京都)대학 소장의 Micro film이나 동 대학 영인본에 게재된 하마다 아쓰시(浜田敦)의 서지(書誌)에 의하면 국립중앙도서관본과 같은 판본으로 보인다. 즉 浜田敦(1958)에 조사된 바와 같이 이 책은 상하(乾坤) 2권 2책이며 세로가 약 31cm, 가로 20.5cm로 국립중앙도서관 소장본(이하 '국도관본'으로 약칭)과 약간의 차이를 보이지만 자형(字形)이나 판식(板式)이 동일하고 오각(誤刻) 부분까지도 일치하고 있어 동일 판본으로 생각된다. 표지서명(表紙書名)은 '倭語類解 乾·坤'으로 상·하권 모두 국도관본과 같고 상권에는 권두에 목록 1장이 있으며 이어서 본문 56장과 권말에 권두의 목록과 동일한 것이 1장 중복되어 편철(編綴)되었다.

하권의 권두에도 역시 목록 1장이 있고 이어서 54장의 본문이 있으며 '倭語類解 下終'이란 권미서명(卷尾書名) 다음에 계속해서 구결(口訣) 2장, 이려파간음(伊呂波間音) 1장이 있고 (모두 版心은 '倭語類解 下'로 되었음) 권미(卷尾)에 수정관(讐整官), 서사관(書寫官), 감인관(監印官)의 이름이 부첨되었다(版心은 '倭語類解').

이상의 서지적 고찰에 의하면 국도관본과 일치하지만 가나자와 구장본은 상권의 제 25·26엽, 그리고 하권의 제41·42, 48·54엽의 도합 6엽이 필사되어 보철(補綴)되었다.

그리고 한자로 쓴 구결은 한글로 표기한 것이 국도관본은 한자 아래에 써넣었으나 가나자와 구장본에서는 한자 옆에 축자표음(逐字表音)형식으로 써넣었다. 다만 국도관본의 마지막에 필사되어 추가된 '爲邑巨等(ᄒᆞ읍거든)'은 가나자와 구장본과 같이 한자의 옆에 써넣었다.

5.2.2 국도관본과 가나자와 구장본의 차이

국도관본과 가나자와 구장본의 중요한 차이는 후자에 '伊呂波間音'이 추가된 것이다. 국도관본에는 하(坤)권의 말미에 '倭語類解 下終'이란 권미서명 다음에 구결만(2엽) 부재(附載)되었으며 판심서명과 엽수(葉數) 표시도 '倭語類解 下 一', '同 二' 뿐이었으나, 가나자와 구장본에는 이외에도 '이려파간음(伊呂波間音)'이 첨가되어 판심의 엽수도 '倭語類解 下 三'까지 늘어난다(이 葉의 下向花紋魚尾 上段에 '伊呂波間音'이란 內題가 있음). 이 부분의 첨가로 인하여 安田章(1986)에서는 가나자와 구장본을 완전한 것으로 보고 국도관본을 보조 자료로 생각하였다.

이 '이려파간음(伊呂波間音)'은 일본어의 탁음(濁音)의 한글 표기와 음가를 말한 것으로 가나(假名)의 'ガ, バ, ザ, ダ' 행의 탁음을 각각 'ㆁㄱ, ㅁㅂ, ㅿ, ㄴㄷ'로 표기하고 그 음가를 '가 - 가아間, 빠 - 마바間, 따 - 다나間'의 방법으로 나타내었다. 이것은 애초부터 <왜어유해>에 부재됐던 것이 국도관본에서 낙장(落張)된 것인지 아니면 가나자와 구장본을 후쇄할 때 추가된 것인지 분명하지 않으나 필자의 소견으로는 후일 추가된 것으로 보인다. 왜냐하면 '이려파간음'이 소재된 <왜어유해> 하 3엽은 완전 독립된 장(張)으로 반엽(半葉)만이 사용되었으며 나머지 반엽은 빈 장(張)으로 남았다. 국도관본은 구결이 끝난 하권 2엽에 이어 수정관 등 제역(諸譯)의 함명(銜名)이 기재된 마지막 장이 편철된다. 따라서 가나자와 구장본에서 '이려파간음'이 처음부터 있었다면 하삼엽(下三葉)의 남은 반엽(半葉)에 '이려파간음'을 인각(印刻)했어야 할 것이다.

3) 현전 두 판본의 비교

5.3.0 앞에서 현전하는 국도관 소장본과 가나자와 구장본과의 사이에 보이는 서지학적 차이에 대하여 살펴보았다. 그러나 이와 같은 서지상의 차이 이외에도 두 책은 본문에서 서로 다른 점이 있는데 후일 주필(朱筆)로 수정한 것을 제외하고 그 차이를 적기(摘記)하면 다음과 같다.

다만 이 비교에서 가나자와 구장본은 교토(京都)대학 문학부 국어학국문학연구실의 영인본에 의거하였다([표 4-7] 참조).

[표 4-7] 국립중앙도서관본과 金澤구장본의 相違부분 비교표

	標題漢字	國立圖書館本	가나자와 구장본	出處	備考
上卷	星	호시(ほし)	□시	1a	影印時削除
	霜	시모(しも)	ᅀᅵ모	2b	ㅅ → ᅀ 校正
	民	민	면	14b	민 → 면 誤校正
	童	와라베(わらべ)	와라	14b	베 脫字
	奴	야즈ᅁᅩ(やつご)	이즈ᅁᅩ	15b	야 → 이 脫劃
	暢	죠우	□□	21a	2字 脫字
	端正	다따시이(ただしい)	다따시이	23a	따 → 따 濁音表記校正
	敏	사도시(さとし)	시도시	23a	사 → 시 脫劃
	狀	사간나루(さかんなる)	사간니루	23b	나 → 니 脫劃
	奢	샤치	샤시	23b	치 → 시 脫劃
※	唐突	다이기나(たいきな)	다이기니	24a	나 → 니 脫劃
	辭	모노ᅁᅡ다리(ものがたり)	모노ᅁᅡ다비	24b	ㄹ → ㅂ 誤校正
	稟	목시아ᅁᅨ(もうしあげ)	목우시아ᅁᅨ	25a	筆寫時 '우' 첨가
	告	고홀고	고	25a	필사시 '홀고' 생략
	提起	데이기	데기	25b	필사시 '이' 생략
	嘲弄	죠롱	죠론	25b	필사시 롱 → 론 誤記
	嘲弄	아ᅀᅡ계루(あざける)	아ᅀᅡ비루	25b	필사시 계 → 비 誤記
	詰	나ᅀᅵ루(なじる)	나이루	26b	필사시 ᅀᅵ → 이 校正
	殿	ᄕᅦᆫ(でん)	덴	31b	濁音表示 ㄴ탈획
	鈍	ᄕᅩᆫ(どん)	돈	40a	탁음표시 ㄴ탈획
	牌	하이	차이	41a	하 → 차로 誤校正
	牌	사ᅁᅨ후ᄕᅡ(さげふだ)	사ᅁᅨ후ᄕᅵ	41a	ᄕᅡ → ᄕᅵ로 탁음표시 교정과 脫劃
※	掌甲	고데가계(こてかけ)	고데기계	41a	가 → 기로 탈획
	黶	옌(えん)	연	51a	예 → 여로 'ㅣ' 탈획
	六	여손 륙	여슨륙	54b	손 → 슨 校正
下卷	鼠	네스미(ねずみ)	네스ᄆᆡ	23b	미 → ᄆᆡ로 誤校正
	毛	터럭모	터러모	24a	럭 →러 脫劃
	吠	호유루(ほゆる)	호유ᄅ	24a	루 → ㅜ 탈획
	觸	소구(ぞく)	스구	24a	소 → 스탈획 또는 校正

[표 4-8] 〈왜어유해〉 탁족본과 국립중앙도서관본의 차이표

	標題漢字	國立圖書館本	가나자와 구장본	出處	備考
下卷					
※	鯔魚	이셰ᅌ고이(いせごい)	이셰ᅌ고	24b	ᅌ고이→ᅌ고, '이' 脫字
※	鏡魚	예비가네(えびかね)	에비기네	25a	예→에, 가→기 脫劃
	鼈	스본(すぼん)	스보	25b	본→보 脫劃
	倒虫	이시ᅌ가니	이시ᅌ기니	25b	ᅌ가→ᅌ기 脫劃
	螺	사ᅀᅡ예(さざえ)	사사예	25b	ᅀ →ㅅ 校正
	蝸	따이료우 又云과유우	따이료우 又云과와우	26b	유우→ 와로 ㅇㄱ 磨耗
	莘荑花	고뿌시노하나 (こぶしのはな)	고뿌시노하나	29b	'나' 脫字
	杜鵑	즈즈ᅀᅵ(つつじ)	杜鵑花 즈즈ᅀᅵ노하나	29b	'花'와 '노하나' 挿入
※					
	鳳仙花	호우셴과(ほうせんくわ)	호우셴괴	29b	과→괴 脫劃
	葦	아시(あし)	이시	31a	아→이 脫劃
	虔	하바가리(はばかり)	하바야리	35a	가→야로 磨耗
	處	곧 쳐	곧 처	41a	筆寫時 쳐→처 校正
	共	ᄒᆞᆫ가지공	ᄒᆞ가지공	41b	필사시 ᄒᆞᆫ→ᄒᆞ 誤記
	設	호도꼬시 又云 모우구루	호도교시 又云 모우구루	41b	필사시 꼬→교 오기
	夥	만을 화	만을 과	42a	필사시 화→과 校正
	尋	다즈네(たずね)	다즈비	42b	필사시 네→비 誤記
	附屬	후쇼구	후쇼□	47a	'구' 字 磨耗
	尋常	요노즈네 又云 우가또	요노즈네 又云우□또	47b	'가' 脫字
※					
	萬籟	요로ᅀᅳ노고예 (よろずのごえ)	요로소노고예	47b	ᅀᅳ→소 교정
※					
	幾介	남보까	남보가	48a	筆寫時 ㄱ 脫落
	檻穽	함정	한정	48a	筆寫時 ㅁ→ㄴ 誤記
	長門州	나ᅌ가도	나ᅌ기도	51b	ᅌ가→ᅌ기 脫劃

이상 양본의 차이를 살펴보면 탈획(脫劃)이나 탈자(脫字) 등에 의한 것임을 알 수 있다. 특히 중성자(中聲字)의 '아, 야, 어, 여...'에서 많은 탈획이 생겨서 국도관본의 '아'가 '이'로, '야'가 '아' 또는 '이'로, '어'가 '이'로 '여'가 '어'로 가나자와 구장본에 나타났다. 즉 '奴, 야즈ᅌ고→이즈ᅌ고', '拇指 오야우비→오아유비', '敏 사도시→시도시', '壯 사간나루

→사간니루'의 탈획을 보여주며 경우에 따라서는 글자가 완전히 탈락되는 탈자(脫字) 현상도 가나자와 구장본에서 보여준다. 예, '暢 죠우→□□, 虔 하바가→하바□리, 尋常 又云 우가또→우□또'.

5.3.1 탈획(脫劃), 탈자(脫字), 그리고 보사(補寫)

이러한 탈획, 탈자 현상은 상권의 23엽, 24엽, 41엽, 45엽과 하권의 24엽, 25엽, 29엽, 35엽에서 많이 보인다. 가나자와 구장본에서 책판이 없어져 필사하여 보충한 부분이 국도관본과 상당한 차이를 보일 것으로 예상되었으나 보사(補寫)된 부분이 보여주는 차이는 불과 10여 곳에 불과하여 매우 정교하게 옮겨 적은 것으로 보인다. 그중 차이가 나는 곳을 적기(摘記)하면 다음과 같다.

稟 모시아계 → 모우시아계 ('우' 첨가)
告 고홀고 → 고 ('홀고' 누락)
提起 데이기 → 데기 ('이' 삭제)
譽 기릴예 → 길릴예 ('기릴 → 길릴' 誤寫)
嘲弄 죠롱, 아ᄼ계루 → 죠론, 아ᄼ비루 ('ㅇ → ㄴ, 계 → 비'로 誤寫)
詰 나ᄾ루 → 나이루('ᄾ → 이'로 교정) [이상 상권 25·26葉]

處 곧쳐 → 곧처 ('쳐 → 처' 교정)
共 ᄒᆞᆫ가지공 → ᄒᆞᆨ가지공 ('ᄒᆞᆫ→ᄒᆞᆨ'로 誤寫)
夥 만을화 → 만을과 ('화 → 과'로 교정)
行 군따 리→ 군다리 ('따 →다'로 濁音 표시 생략)
尋 다즈네 → 다즈미 ('네 → 미'로 誤寫)
幾介 남보까 → 남보가 ('까 → 가'로 誤寫)
檻穽 함정 → 한졍 ('ㅁ → ㄴ' 誤寫) [이상 하권 41·42, 48엽]

위의 보사(補寫) 부분이 보이는 차이 이외에 역시 보사된 54엽에는 아무런 상이함이 없다.

이들 보사(補寫)된 부분의 차이점을 살펴보면 대부분이 한글의 오사(誤寫)에 기인한 것이며 특히 'ㅇ'과 'ㄴ, ㅁ'의 구별이 불분명한 것으로 보아 일본인이 필사하여 보충한 것으로 보인다. 따라서 가나자와 구장본은 일본의 어떤 곳, 즉, 대마도 등지에서 국어를 학습하기 위해서 사용되었던 것으로 보인다. 金澤庄三郎(1911)이나 그 후의 『탁족암장서 육십일종(濯足庵藏書 六十一種)』(1933)에서도 이 책의 구입 경로에 대하여 전혀 언급하고 있지 않기 때문에 확실한 사실은 알 수 없다.

5.3.1.1 아무튼 국도관본에 비하여 가나자와 구장본은 많은 탈획·탈자를 갖고 있어 국도관본에 의하여 그 동안의 <왜어유해>가 보여 준 애매했던 사실들이 분명하여질 수 있다. 예를 들면 가나자와 구장본을 저본(底本)으로 하여 교토(京都)대학 국어학국문학연구실에서 일본어 색인을 작성하였을 때 이 책의 탈획으로 인한 몇 개의 오류가 발견된다. 즉, 가나자와 구장본의 '鯔魚 이셰ᅌ고'에 의하여 <일어유해(日語類解)>에서는 '이세ᅌ고(いせご)'로 교정하였고 교토(京都)대학 국문학회의 색인에서는 'いせこ'로 가나(假名) 표기를 하였으나 이것은 '이세고이(いせごい)'로서 마지막 '이'가 탈자된 것이다. 즉, '치(鯔, 숭어)'의 이명(異名)인 'いせごい'(伊勢鯉)는 'いせご'로도 불리지만 가나자와 구장본의 '이세ᅌ고'는 원래 국도관본의 표기대로 '이세ᅌ고이'였으며 마지막의 '이'가 탈자된 것으로 보는 것이 타당하다.[125]

또 <왜어유해>(상권) '掌甲'은 가나자와 구장본에 '고데기게'로 되어 <일어유해>에서는 제외되었고 교토(京都)대학의 색인에서는 'こてきけ(掌甲)'로 가나표기를 하였으나 국도관본에 의하면 'こてかけ'이어야 할 것이다. '鏡魚'도 가나자와 구장본에 '에비기네'로 되어 <일어유해>에

125 'いせごひ「名」魚ほら 鱸の 異名'(『日本古語辭典』) 및 'Ixeqoi'(イセゴイ) 鯔 または 鯔屬の魚(土井忠生, 森田武, 長南實; 『邦譯日葡辭書』) 俳諧, 毛吹草六, 大淀の浦や伊勢の鯉秋の波(德文), 참조.

서는 삭제되었으나 국도관본은 '예비가네'이므로 교토(京都)대학 색인의 'えびかね'와 같아진다. 이것은 <일어유해>에 의하면 'yebigani(エビカニ)'로 인식하여 '鰕蟹(게)', 또는 '伊勢海老(새우)'를 말하는 것으로 이해하였다.

5.3.1.2 같은 현상은 도충(倒虫)에서도 발견할 수 있다. 이것도 탈획에 의하여 '이시기니'로 가나자와 구장본에 나타나서 <일어유해>에서는 제외되었고 교토(京都)대학의 색인에 'いしかに(倒虫)'으로 정정되었으나 그 근거를 국도관본에서 확인할 수 있다.

이상 교토(京都)대학 문학부 국어학국문학연구실편의 <왜어유해> 색인에서 가나자와 구장본을 저본(底本)으로 하였기 때문에 잘못된 것을 정리하면 다음과 같다.

[표 4-9] 〈왜어유해〉 제본(諸本)의 오자(誤字) 대조[126]

標題語番號	가나자와 구장본	교토(京都)대학 索引	國立圖書館本	筆者訂正
2419	이세ᄭᅩ	いせご(鯔魚)	이세ᄭᅩ이	いせごい(伊勢鯉)
2486	과워우	くわう(蝸)	과유유	くわぎう(蝸牛)
2762	시□이미루	しかいみる(驗)	시ᄭᅡ이미루	しがいみる(志慨見る)445)
422	와라	わら(童)	와라베	わらべ
709	다이기니	たいきに(唐突)	다이기나	たいきな
733	모노ᄭᅡ다비	ものがたび(辭)	모노ᄭᅡ다리	ものがたり
1239	고데기계	こてきけ(掌甲)	고데가계	こてかけ

이와 같은 오류는 가나자와 구장본이 후쇄본이어서 판목의 마멸과 탈자(脫字), 탈획(脫劃)에 의해 생겨난 것이므로 국립중앙도서관본에 의하여 바로 잡을 수 있을 뿐 아니라 앞으로 <왜어유해>의 자료적 이용은 이 국도관본이 중심이 되어야 할 것이다.[127]

126 中村正直譯『西國立志』8권 23頁 '次に錄する事にても, その志慨(しがい)を見るべし'라는 보기 참조.

5.3.2 〈왜어유해〉의 편찬자

<왜어유해>의 편찬에 관하여 언급된 것은 김지남(金指南)·김경문(金慶門) 부자(父子)의 『통문관지』(권7) 「인물」 '홍순명(洪舜明)'의 기사를 근거로 홍순명이 지은 것으로 알려졌다. 우선 『통문관지』의 기사를 옮겨보면 다음과 같다.

> 洪舜明, 字水鏡, 喜男之曾孫也。舊例對馬島酋家臣有書契, 而自稱宰臣辭甚傲慢。康熙辛巳公承朝命責諭, 仍革其家臣書契。草梁民居數百與倭館相接, 奸弊日滋。己丑公力陳于廟堂, 撤民舍築城以界之, 邊禁始肅。倭語比諸方最難曉, 公質于日本人雨森東, 作長語及類解等書, 用於課試。公性嚴直, 處首任二十年, 守法不撓, 人敬重之, 久益見思。英廟嘗臨筵, 敎曰: '其爲國之心有足可尙, 今安得如此人者而任之乎?' 歸鹿趙相國表公墓曰: 君習倭情, 每南徼有事, 必諮君以決。又曰君有孝友行, 見不善若免已, 輕財喜施與, 盖象鞮而士君子也。官至折衝。- 홍순명은 자가 수경이고 홍희남의 증손이다. 옛날에 대마도 주인의 가신이 보낸 서계는 스스로 재신(宰臣)이라고 부르며 말이 매우 오만한 것이 관례였다. 강희 신사(辛巳)에 공이 조정의 명을 받아 이를 꾸짖어서 가신의 서계를 고치게 하였다. 초량에 사는 백성들 수백 명이 왜관과 상접하여 간사한 민폐가 자주 일어나므로 기축년에 공이 묘당에 알려 백성들을 철수시키고 성을 쌓아 경계를 짓게 하여 비로소 숙연하기 시작하였다. 왜 말은 다른 곳의 말과 비교하여 가장 알기 어려우므로 공이 일본인 우삼동(雨森芳洲를 말함)에게 질문하여 '장어'와 '유해' 등의 책을 지어 시험의 출제서로 하였다. 공은 성격이 엄격하고 정직하였으며 수역(首譯)의 직을 맡아 20년 동안 법을 지키고 흔들리지 않았으며 사람을 공경하고 중하게 여겼으며 더욱 오랫동안 생각하고 보았다. 영조가 일찍이 경

127 한국 국립중앙도서관 소장의 『倭語類解』는 졸저(1988a, 2004b)의 영인본에 의하여 한국에서 볼 수 있을 뿐만 아니라 鄭光 主編(2016)의 영인본에 의하여 일본에서도 참고할 수 있게 되었다.

연에서 말하기를 '나라를 위하는 마음이 가상하다. 이제 어찌 이런 사람을 얻어 일을 맡길 것인가?'하시다. 귀록 조상국이 공의 묘에서 말하기를 '그대는 일본의 정세에 익히 알아 매번 남쪽에 일이 있을 때에 반드시 그대에게 자문하여 결정하였다' 하다. 또 말하기를 '그대는 친구를 잘 섬기고 옳지 않은 일을 보면 벗어나려고 하지 않고 재물을 가볍게 여기고 베풀기를 좋아하였으니 모두 역관과 선비의 군자로다' 하다. 관직은 절충에 이르다.

이 기사에 "公質于日本人雨森東, 作長語及類解等書, 用於課試"의 '유해'를 <왜어유해>로 보고 홍순명(洪舜明)이 강희(康熙) 신사(辛巳, 1701)에 일본의 대마도에 도항(渡航)하여 쓰시마한(對馬藩)의 번신(藩臣)이며 대마도에서 조선어 통사의 양성을 위하여 조선어 교육을 담당하고 있던 아메노모리 도고로(雨森東五郎, 雨森芳洲)에게 일본어를 문난질정(問難質正)하여 편찬한 것으로 보아왔다.

홍순명(洪舜明)은 상술한 기사에서 본 것처럼 선조 때의 명역(名譯) 홍희남(洪喜男)의 증손자이다. 왜학교회(倭學敎誨) 홍만재(洪萬載)의 아들로 숙종 3년 강희(康熙) 정사(丁巳, 1677)에 태어났으며 숙종 31년 강희(康熙) 을유(乙酉, 1705)에 역과 왜학에 합격하였다(『譯科榜目』上 康熙 乙酉 式年試조 참조). 따라서 역과 왜학에 입격하기 이전에 유해(類解)를 편찬하였다고 보기 어렵고, 홍순명이 대마도에 도항한 시기와 아메노모리 호슈(雨森芳洲)의 연령, 그리고 아메노모리가 부산에 내조(來朝)한 시기 등에 석연치 않은 점이 있어 <왜어유해>의 편찬과 그 시기에 관한 논의가 계속되고 있다.

5.3.2.1 외국인으로 <왜어유해>의 편찬자와 그 시기에 대한 고찰은 Courant(1894~6)에서 처음 이루어진 것으로 보인다. M. Courant은 상술한 『통문관지』의 기사를 들고 <왜어유해>가 강희(康熙) 신사(辛巳, 1701) 경에 홍순명에 의하여 편찬되었다고 보았다.

반면에 金澤庄三郞(1911)의 <왜어유해>에 대한 해설을 보면

> 朝鮮人이 지은 日本語의 辭書이다. 天文·時候·干支·地理·方位·人倫等의 項目을 따라 낱말을 모은 것이 약 3천 5백, 漢字의 아래에 그 朝鮮音訓과 日本字音을 2行으로 쓰고 下段에 日本語譯을 諺文으로 덧붙였다. 著者 및 刊行의 年代는 모두 不明이지만 本書의 끝에 信行使所經地의 이름을 들어놓은 중에 日光山 權現堂이 보이는 것으로 미루어 알 수 있는데 朝鮮人 通信使가 日光의 廟를 參拜한 것이 寬永 13年(1636), 同 20年(1643), 明曆 元年(1655)이다. (중략) 이것은 雨森芳洲의 <交隣須知>의 臺本이 되었다(필자 초역).

라는 해설이 있어 이 책의 편찬을 본문에 나타나는 통신사 소경지(所經地) 가운데 닛코산(日光山) 권현당(權現堂)을 조선의 통신사가 참배한 사실로써 추정하려고 하였으며 실제로 그가 편찬한 <일어유해>의 序文에서는 <왜어유해>가 간에이(寬永)·메이레키(明曆) 연간(1636~1655)에 편찬되었다고 기록하였다.

또 金澤庄三郞(1911)의 증보라고 볼 수밖에 없는 그의 『탁족암장서 육십일종(濯足庵藏書 六十一種)』(1933)의 <왜어유해> 조에서도 위의 사실을 재인용하고 조선의 사자(使者)가 처음으로 닛코묘(日光廟)를 참배한 간에이(寬永) 13년(1636) 이후에 만들어졌을 것이며 M. Courant이 『통문관지』의 기록에 의거하여 강희(康熙) 신사(辛巳)에 홍순명에 의해서 편찬되었다는 가정에 동조하였다. 또 아메노모리가 편찬한 『교린수지(交隣須知)』의 남본(藍本)이 되었다는 사실로도 이 책보다 <왜어유해>가 먼저 되었음을 알 수 있어 강희 신사의 편찬설을 지지하였다.

최현배(1942)는 이 책을 숙종 때에 '孫舜明' 지음으로 하였으나 이는 홍순명(洪舜明)의 오기로 보인다. 小倉進平·河野六郞(1964)에서도 M. Courant에 의하여 주장되고 金澤庄三郞(1911)에 의해 부연된 홍순명의 1701년 편찬설을 그대로 답습하였다. 小倉進平(1940)에서는 홍순명이 강희 신사(1701)에 조명(朝命)에 의하여 대마도에 도항(渡航)한 사실이 있으며 동 을유(乙酉, 1705)에 역과에 등제(登第)하였고 또 동 기축(己丑, 1709)에 초량

(草梁)에 성을 쌓았다는 등의 기사가 보이므로 <왜어유해>는 아마 강희(康熙) 연간 즉, 호에이(寶永)~쇼토쿠(正德)(1704~1715)경에 만들어진 것이라 추정하였다.

그리고 이의봉(李儀鳳)의 <삼학역어(三學譯語)>(1789)의 일본어들이 이 책에서 채록한 것이 명백하다고 주장하였다. 또 <왜어유해>는 다른 유해류(類解類) 역학서 즉, <역어유해(譯語類解)>(1690), <동문유해(同文類解)>(1748), <몽어유해(蒙語類解)>(1768)와 같은 유해류 여러 책 사이에 내용적으로 어떤 관계가 있으리라고 보았으며 가나자와가 생각한 것과는 달리 실제로는 이 책이 다른 유해류 역학서보다 後代에 편찬되었을 것이라고 하여 상반되는 주장을 보여준다.

前間恭作(1957)은 이들 유해류 역학서 사이에 어떤 관계가 있음을 강조하고 <역어유해>가 먼저 편찬되어 <왜어유해>는 그것의 화역(和譯) 즉, 일본어 번역에 불과하다고 주장하였다. 그러나 이 주장은 현전하는 <왜어유해>와 다른 유해류와의 비교를 통하여 고찰한 바에 의하면 사실과는 거리가 있음을 알 수 있다(安田章, 1979; 졸고, 1978). <왜어유해>는 표제어나 그 언해, 한글 주음(注音) 등에서 <역어유해>를 비롯한 다른 유해류와 매우 다른 모습을 보이기 때문이다.

浜田敦(1958)에서도『통문관지』의 기록에 의하여 홍순명을 현전하는 <왜어유해>의 편찬자로 보는 학설에 찬성하였다. 그리하여 홍순명이 왜학역관으로서 활동했던 시기로서 분명하게『통문관지』에 기록되어 있는 강희(康熙) 신사(辛巳, 1701)부터 동 기축(己丑, 1709) 사이에서 크게 벗어나지 않는 기간, 즉 17세기 말부터 18세기 초에 걸친 시기에 편찬되었다고 추정하였다. 그러나 아메노모리(雨森芳洲)가 그렇게 늙지 않은 시기, 즉 그가 60세 때라고 한다면 1681년에 해당된다고 하여 1701~9년 사이의 편찬설에 꼬리를 달았다. 또 그는 다른 유해와 함께 이 책이 관판(官版)으로 간행되었으므로 과시(科試)에 사용하는 역학서서 편찬된 것임은 두말할 나위가 없으며 하권 권말에 첨재된 '수정관(讐整官), 서사관(書寫官), 감인관(監印官)' 등의 기사가 이를 분명하게 말하고 있다고 주장하였다.

그렇지만 현전하는 <왜어유해> 권말에 기재된 수정관, 서사관, 감인관들은 모두 1740년 이후에 출생한 사람들로서 1701~9년에는 태어나지도 않았다. 뿐만 아니라 이 책이 역과 왜학(倭學)의 과시서로 사용된 증거는 아무데도 없다(졸고, 1988b). 오히려 필자의 생각으로는 <역어유해>가 다른 유해류(類解類)와는 달리『속대전』이후의 조선의 법전에 역과 왜학의 출제서로 등재되지 않았기 때문에 현전본이 희귀한 것이라고 생각한다.

즉,『대전회통』(1865)에서 <역어유해>는 본업서인 <오륜전비(伍倫全備)>를 대신하여 역과 한학(漢學) 출제서로 기재되었고 역과 몽학(蒙學)에서는 <몽어유해(蒙語類解)>가 신증(新增)되었다. 대전(大典)에 역과(譯科)의 출제서로 등재되어 있는 <역어유해>와 <몽어유해>는 비교적 오늘날 전하는 것이 많으나 역과의 출제서로서 법전에 등재되지 않은 <동문유해(同文類解)>와 <왜어유해(倭語類解)>는 현전하는 것이 매우 적다. 아마도 과거를 준비하기 위하여 역관들의 공부도 진행되었고 역과의 출제서가 아닌 것들은 그 실용적 가치가 떨어진 것으로 보인다.

5.3.2.2 李基文(1961)에서는 이 책의 저자와 간행연대는 미상이라 하고 <역어유해(譯語類解)>보다 조금 뒤에 홍순명이 편찬한 것이며 18세기 초엽에 간행된 것으로 추정하였다(同 改訂版, 1972, p.188). 中村榮孝(1961)에서는 영조 계미(癸未, 1763)에 조엄(趙曮)을 정사(正使)로 하는 통신사행의 행장(行狀)을 기록한『해사일기(海槎日記)』에 "首譯輩以爲倭語物名冊子, 譯院亦有之, 而以其次次飜謄之, 故訛誤旣多 - 수역배들이 왜어물명으로 삼고 있는 책자는 사역원에도 역시 있으나 계속해서 베껴 쓴 것이기 때문에 잘못된 곳이 많다"라는 기사가 있음을 거론하면서 이 때의 '왜어물명(倭語物名)'의 책자가 <왜어유해>이거나 그와 유사한 어휘집을 말하는 것으로 추정하였다. 그리하여 '물명(物名)'은 과시(科試)에는 사용되지 않아서 인쇄되지 않은 채 사역원에 비치되어 여러 차례 필사되어 전해졌

음을 밝혔다. 이 계미(癸未) 통신사행에서의 수역배(首譯輩)들이라 함은 정사(正使) 조엄(趙曮)을 수행한 왜학 당상역관 최학령(崔鶴齡), 이명윤(李命尹), 현태익(玄泰翼)을 말하는 것이며 당하역관으로는 압물통사(押物通事) 현계근(玄啓根), 유도홍(劉道弘)이 있었다.

현전하는 <왜어유해>를 <통문관지>의 기록에 보이는 홍순명의 저작과는 별개의 책으로 보려는 주장이 제기되었다. 宋敏(1968)에서는 <방언집석>과 <왜어유해>의 비교를 통하여, 특히 일본어의 'は'行音 한글 표기와 <왜어유해>의 수정관·사서관의 등과(登科) 연도를 참작하여 <방언집석>보다는 나중에 간행된 것으로 추정하고 1786년을 1~2년 전후한 시기에 <왜어유해>가 간행되었다고 보았다.

安田章(1977)에서는 中村榮孝(1961)에 소개된 『해사일기(海槎日記)』를 재인용하면서 홍순명의 저작인 <왜어유해>의 조본(祖本)은 간행되지 않은 채 '왜어물명(倭語物名)' 이라는 이름으로 70여 년을 사본(寫本)으로 전해 내려온 것이 있어서 그것이 "以其次次翻謄之, 故訛誤旣多"의 기록에서 볼 수 있는 것처럼 계속해서 베껴 쓰는 동안에 많은 와오(訛誤)가 생겨났다고 보았다. 또 『해사일기(海槎日記)』의 같은 곳에 "且彼人之方言 或有變改者, 舊冊難以盡憑"이라 한 것으로부터 일본어에도 변개가 있어서 옛 책으로는 진빙(盡憑)하기 어렵다고 하였다. 그리하여 "趁此日對倭人時, 釐正其訛誤 成出完書而習之"라는 표현이 말하는 것처럼 왜인과 만났을 때 그 와오(訛誤)를 이정(釐正)하여 완전한 책으로 만들어 학습하도록 하였음을 알 수 있다.

이 때에 이 일을 맡은 사람은 전술한 수역배(首譯輩), 즉 당상역관 최학령, 이명윤, 현태익이었는데 이 중에서 최학령은 이미 조명(朝命)에 의해서 <첩해신어> 개수(改修)의 임무를 수행 중이었으므로 이 일은 이명윤, 현태익의 두 당상역관에 의하여 주재되었다. 이들은 영조 癸未의 통신사행에서 돌아온 다음 3년 후인 영조 병술(丙戌, 1766)에 대마도의 치하 겸(致賀兼) 치위사(致慰使)로 다시 도해(渡海)하여 전게한 왜어물명 책자의 와오(訛誤)를 이정(釐正)하였으리라고 보이나 이 책임을 맡은 현태익, 이명윤과 당하 역관 현태형(玄泰衡)이 중로(中路)에 파선하여 일행이 모두 엄몰(渰沒)함으로써 이 일은 허사로 돌아가게 된다.[128] 만일 이 때에 이정(釐正)이 무사히 끝났다면 <왜어유해>도 <동문유해>(1748), <몽어유해>(1768)와 같이 1760년대 말까지는 인간되었을 것으로 생각된다.

그 후 한정수(韓廷修) 등에 의하여 간행된 <왜어유해>가 현태익·이명윤 두 역관의 파선에 의한 익사로 무위로 돌아간 왜어물명의 책자와는 별개의 책이었다는 주장이 安田章(1977a)과 동(1980)에서 거듭된다. 安田章(1978)에 의하면 홍명복(洪命福)의 <방언집석(方言集釋)>(1778)에 보이는 '轉, 默, 尋常'의 일본어 'ウタタ, ヤッバリ, ウカト' 등에 대한 <왜어유해>의 용례를 살펴보고 <방언집석>의 일본어가 한정수(韓廷修) 등이 수정한 현전하는 <왜어유해>의 것이 아니라 홍순명(洪舜明)의 편찬으로 보이는 '왜어물명'의 책자, 즉 <왜어유해>의 조본(祖本)으로 추정하였다(安田章, 1978:277). 'ウタタ'를 비롯한 몇 개의 <방언집석> 어휘는 「왜어유해」의 조본에서 인용된 것으로 보았다.

<방언집석>이 저작되었을 때는 한정수 등이 수정한 <왜어유해>는 아직 간행되지 않았으나 <방언집석>의 많은 어휘가 <왜어유해>와 일치하며 더욱이 유해에는 수록되었지만 일본어로서는 적절하지 않은 '氣 キゲ'(긔운 上, 18b) 등이 그대로 <방언집석>에 보이는 것은 <왜어유해>가 조본(祖本)의 것을 미처 이정(釐正)하지 못한 채 수록한 것으로 본 것이다. 그러나 <방언집석>의 성립 이후에 한정수 등이 간행한 <왜어유해>의 일본어는 상술한 몇 개를 제외하고는 거의 외국인의 소작(所作)이라는 느낌을 갖게 하지 않는다.

5.3.3 현전 〈왜어유해〉 판본의 간행

그러면 국립도서관 소장본인 현전하는 <왜어유해>는 언제 간행된

---

128 『增正交隣志』에 "英祖四十二年丙戌, 關白家治生子, 島主義蕃退休, 姪義暢承襲, 遣堂上玄泰翼、李明尹、 堂下玄泰衡, 致賀兼致慰, 中路破船一行渰沒 [下略]"이란 記事 참조.

것인가? 이것은 하권 권미에 부재된 수정관(讎整官), 서사관(書寫官), 감인관(監印官)의 생애를 추적함으로써 간행 연대를 추정하는 것이 현재로서는 가장 좋은 방법으로 생각한다. 국도관본과 가나자와 구장본에 부재(附載)된 수정 및 서사, 감인관은 다음과 같다.

讎整官 前判官 韓廷修
書寫官 前奉事 閔鼎運 正書八梓
前參奉 丁樂升
前直長 皮文會
監印官 副司勇 李養儀

이들의 관직은 다른 사역원 역학서에서 보이는 것과는 달리 모두 판관(判官, 정5품), 봉사(奉事, 정8품), 참봉(參奉, 정9품), 직장(直長, 종7칠품), 부사용(副司勇, 종9품) 등의 미관말직이며 그나마 감인관(監印官)을 제외하고는 전직(前職)에 불과하다. 이 사실은 이 책이 역과 왜학(倭學)의 과시서(科試書)로 지정되지 않은 사실과 연관이 있는 것으로 보인다.

감인관의 부사용(副司勇) 이양의(李養儀)를 제외한 수정관, 서사관 4인에 대하여 『역과방목(譯科榜目)』에서 그 신원을 찾아보면 다음과 같다.

韓廷修: 字士敏, 辛酉生, 本清州, 倭學教誨通政命虎子, 乾隆癸未增廣別試.
閔鼎運: 字仲受, 戊辰生, 本驪興, 倭學教誨奉事, 父雲科判官致淵, 乾隆丁酉式年.
丁樂升: 字明瑞, 丁卯生, 本禮山, 倭學教誨主簿, 父國泰, 乾隆癸卯增廣別試.
皮文會: 字伯友, 甲戌生, 本洪川, 倭學, 父司勇載福, 乾隆癸卯增廣別試

이에 의하면 수정관 한정수(韓廷修)는 건륭(乾隆) 신유(辛酉, 1741)생으로 건륭(乾隆) 계미(癸未, 1763)에 등과(登科)하였고 다음으로 민정운(閔鼎運)은 건륭(乾隆) 무진(戊辰, 1748)생으로 건륭(乾隆) 정유(丁酉, 1777)에 등과하였다. 그리고 정낙승(丁樂升)은 건륭 정묘(丁卯, 1747)생으로 건륭 계묘(癸卯, 1783)에 등과하였으며 피문회(皮文會)는 건륭 갑술(甲戌, 1754)생으로 정낙승(丁樂升)과 같은 해에 등과하였다. 이들 4인 중 피문회(皮文會)를 제외하고는 모두 왜학교회(倭學教誨)로서 왜학서를 수정할 임무를 맡았던 사람들이다.

5.3.3.1 이중 가장 연장자이며 가장 먼저 등과한 한정수는 당상역관(通政大夫, 정3품 당상관)까지 관직에 올랐으나 이 책을 수정할 때에는 사역원 전판관(前判官) 즉 정5품관이었으므로 그의 주도하에 이 책을 간행한 것으로 보인다. 또한 이 사실은 이의봉의 『고금석림』에 첨재된 「삼학역어」(『古今釋林』 卷29~34)의 모두(冒頭)에 "蒙語類解, 舌官李億成釐改, 同文類解, 舌官玄文恒釐正, 倭語類解, 舌官韓廷修讐釐 - <몽어유해>는 역관 이억성이 고친 것이고 <동문유해>는 역관 현문항이 이정한 것이며 <왜어유해>는 역관 한정수가 수정한 것이다"라는 기사와도 일치한다.

<삼학역어(三學譯語)>는 역관 홍명복(洪命福)이 저작한 <방언집석(方言集釋)>의 뒤를 이어 다시 한 번 한(漢)·왜(倭)·몽(蒙)·청학(淸學)을 모두 구록한 대역(對譯) 어휘집을 기도한 것으로 <왜어유해>의 편찬을 기다려서 이루어진 것으로 보인다. 이것은 <왜어유해>의 가나자와 구장본에 전재된 '왜어구결(倭語口訣)'과 '이려파간음(伊呂波間音)'이 <삼학역어>의 권말(권34)에 게재된 사실로 뒷받침된다. 그러나 정조 2년 무술(戊戌, 1778)에 간행된 <방언집석>에는 <왜어유해>에 대한 기록은 보이지 않으므로 <방언집석>과 <고금석림>의 사이에 한정수가 이정(釐正)한 <왜어유해>, 즉 국도관본과 가나자와 구장본의 <왜어유해>가 간행되었음을 알 수 있다.

또 安田章(1967)에서는 『변례집요(邊例集要)』(권16)에

> 丁未十月府使李敬一時, 渡海堂上譯官韓廷修, 堂下譯官丁一星等, 去月下來而韓廷修身病猝重, 差健無期, 裁判差倭歸期迫急, 勢難遲待是如爲白

> 乎所, 同堂上譯官, 令該院, 郎速改差 [下略] 정미 10월에 부사 이경일 때에 도해 당상역관 한정수, 당하역관 정일성 등이다. 지난 달에 내려온 한정수가 몸에 병이 위중하여 나아질 기약이 없으며 재판으로 온 차왜의 돌아갈 기일이 급하게 다가오므로 더 기다리기가 어렵습니다. 같은 당상역관을 해당 원에 명하여 속히 바꾸어 보내소서.

이라는 기사로부터 정미년(丁未年, 1787)까지 수정이 이루어졌다고 보기 어렵지만 상기 서사관 3인의 역과 입격사실로부터 <왜어유해>가 1785~1788年 사이에 간행되었다고 보았다(安田章, 1980).

5.3.3.2 그러나 사역원의 녹관직(祿官職)은 역과의 입격 여부와 관계없이 사역원 주부(主簿, 從六品)의 이하까지 즉 직장(直長)의 직까지는 서용될 수 있었으므로(鄭光·韓相權, 1985:174) 서사관 3인의 역과 등제(登第) 이후로 간행연대를 추정하는 것은 정확하다고 보기 어렵다. 오히려 상기 『변례집요(邊例集要)』의 기사에 의하면 정조 정미(丁未, 1787)에 <왜어유해>를 수정한 한정수가 당상역관이었으므로 이 책의 수정이 그 후의 일이라면 그의 이름 앞에 당상역관에 해당하는 관직이 적힐 것이지 전판관(前判官, 從五品)이라는 당하관(堂下官)의 관직이 올 수가 없을 것이다.

따라서 '前判官 韓廷修'라는 기록으로 보면 <왜어유해>는 그가 당하관이었을 때에 수정된 것으로 그가 당상역관이었던 정조 정미(丁未, 1787)보다 훨씬 이전의 일이고 또 <방언집석>에 그 서명이 보이지 않으므로 이 책이 간행된 정조 무술(戊戌, 1778) 이후로 좁혀 생각할 수 있다. 또 한정수가 판관(判官, 從五品)에서 당상역관(正3品 以上)으로 승진하는 기간을 감안하면 1780년대 초, 즉 1781년에서 1782년 사이로 편찬 연대를 추정할 수 있다.

5.3.4 〈왜어유해〉의 영향

<왜어유해>는 사역원 왜학에서 일본어 학습을 위하여 편찬한 왜학

서로서 조선 후기의 왜학 역관들이 참고한 일본어 어휘집이다. 그러나 이 책은 반대로 많은 외국인들의 한국어 학습에 사용되었고 서양인이나 중국인의 일본어 학습에도 사용되었다.

가나자와(金澤庄三郎)는 그의 『조선서적목록(朝鮮書籍目錄)』(1911)에서 <왜어유해>를 해설하면서 이 책이 아메노모리(雨森芳洲)의 <교린수진(交隣須知)>의 대본이 되었다고 하였고 또 이 목록의 증보로 보이는 『탁족암장서 육십일종(濯足庵藏書 六十一種)』(1933)의 '왜어유해'조에 "[전략] 雨森東は東五郎芳洲にして, その著せる交隣須知が本書を藍本とせることも, 亦この事實を傍證すといふべし [하략]"이라고 하여 아메노모리가 <왜어유해>를 남본(藍本)으로 하여 <교린수지>를 편찬하였음을 누누이 강조하였다.

<교린수지>(四卷)는 아메노모리(雨森芳洲)의 자저(自著)라고 보기보다는 당시 대마도의 조선어 통사(通詞)들이 편찬하여 사용하던 것을 아메노모리가 힘을 보태어 만든 것으로 보는 주장이 있으며(小倉進平, 1940:60) 이 때에 그가 참고한 것은 한정수가 수정하여 인쇄한 <왜어유해>가 아니라 필사본으로 사역원에 비치된 홍순명(洪舜明)의 '왜어물명'일 것이다. <교린수지>는 현전하는 <왜어유해>와 매우 다르며 전4권을 '천문(天文)·사절(時節)·주야(晝夜)·방위(方位)·지리(地理)·강호(江湖)' 등 60여 항목으로 나누고 표제어를 주제로 하는 국어의 회화문을 실었으며 이를 일본어로 대역한 것이다. 이 <교린수지>가 홍순명의 '왜어물명'을 남본(藍本)으로 한 것이라면 이를 통하여 <왜어유해>의 조본(祖本)인 '왜어물명'의 모습을 추정할 수 있을 것이다.

<왜어유해>는 일본 규슈(九洲)의 사쓰마(薩摩)에 끌려간 임진왜란 시의 조선 피랍인(被拉人)들의 모국어 학습자료로 이용되었다. 일본 교토(京都)대학에 소장된 <화어유해(和語類解)>는 사쓰마(薩摩) 나에시로가와(苗代川)에 억류되어 살아온 임진왜란의 조선 피랍인들이 모국어 학습에 사용하기 위하여 <왜어유해>를 필사한 것으로 원래는 대마도 조선어 교육소에서 필사한 것을 나에시로가와(苗代川)의 조선인들이 다시 복사하여 사용한 것으로 보인다.[129]

가나자와(金澤庄三郞) 씨는 자신이 구입하여 소장하고 있던 <왜어유해>와 상술한 <화어유해> 등을 비교하고 약간의 일본어 교정을 가하여 1912년에 일본 도쿄(東京)에서 <일어유해(日語類解)>란 이름의 어휘집을 간행하였다. 또 서양인 중에서는 영국인 선교사 W. H. Medhurst가 여기에 <천자문(千字文)>을 부재(附載)하고 영어로 번역하여 『조선위국자휘(朝鮮偉國字彙)』(영문명: *Comparative Vocabulary of the Chinese, Corean and Japanese Languages:* to Which is added the Thousand Character Classic in Chinese and Corean)라는 이름으로 인도네시아의 바타비아(지금의 자카르타)에서 1835년에 간행하였다. 이것은 서양인의 한국어 및 일본어 학습에서 어휘집으로 사용하기 위한 것이었다.

이 외에도 Hoffman의 <왜어유해> 주석본(註釋本)이 있고 Siebold·Hoffman이 <유합(類合)>을 주해하면서 참고한 '*Wei jü lui kiai*'도 <왜어유해>를 말하는 것이며 Belcher의 <조선어휘집(朝鮮語彙集)>도 이 <왜어유해>의 영향을 받은 것이다.

5.3.5 두 판본이 주는 교훈

이상 국립도서관에 소장된 <왜어유해>를 중심으로 <왜어유해>의 성립과 편찬자, 외국인의 국어학습에 끼친 영향 등을 고찰하였다. 특히 지금까지 유일본으로 알려진 가나자와 구장본과의 비교를 통하여 국도관본의 가치를 살펴보았다. 또한 현전하는 <왜어유해>는 지금까지 M. Courant과 가나자와(金澤庄三郞)을 비롯한 일본학자들의 추정과는 달리 그 편찬시기를 1780년대 초로 보아야 하며, 홍순명(洪舜明) 소작(所作)으로 알려진 것은 이 <왜어유해>의 조본(祖本)에 불과한 <왜어물명>이어서 이 양자는 체재나 형식이 매우 달랐을 것이라고 추정하였다.

뿐만 아니라 국립도서관본과 가나자와 구장본과의 비교에서 발견되는 차이점은 거의 모두 가나자와 구장본의 탈획(脫劃) 또는 탈자(脫字),

129 이에 대해서는 安田章(1980), 졸고(1987)을 참조할 것.

교정(校正)에 의한 것이므로 가나자와 구장본은 국립도서관본과 동일 판본이기는 하지만 훨씬 후대에 남아있는 책판으로 쇄출한 후쇄본임을 밝혔다. 또 가나자와 구장본은 일본에 유출되어 대마도 조선어학소(朝鮮語學所)에서 일본인의 손에 수정된 것으로 필자는 추정하였다.

따라서 종래 가나자와 구장본을 <왜어유해>의 기본 자료로 보아야 한다는 주장은 옳지 못하며, 반대로 국립도서관본에 의하여 그동안 잘못된 점들을 분명하게 바로잡을 수 있다는 점에서 국립도서관본이 기본 자료가 되어야 함을 주장하였다. 이 <왜어유해>는 사역원의 다른 역서와는 달리 외국인의 국어학습이나 일본어 학습에 중요한 교과서로 이용되었다는 점도 또한 아울러 밝혔다.

이 부분은 필자가 편저한 『제본집성(諸本集成) 왜어유해(倭語類解)』(解說·本文影印·國語索引)의 해설부분을 일부 발췌한 것이다. 이 책은 국립중앙도서관 소장의 <왜어유해>와 일본 나에시로가와(苗代川)의 <화어유해>, 그리고 가나자와(金澤庄三郞)의 <일어유해>를 모아서 영인한 것이다. 이 책의 출판 이후 <왜어유해>에 대한 보다 많은 연구가 이루어지기를 바라마지 않는다.

6. 역과 왜학의 초시·복시

6.0.0 이 땅에서 실시된 과거제도의 연원(淵源)은 전장(前章)에서 살펴본 바와 같이 신라시대의 독서출신삼품과(讀書出身三品科)에서 찾을 수 있으나 중국의 과거제도를 도입하여 본격적으로 인재를 선거(選擧)하여 등용한 것은 고려 광종(光宗) 때의 일이다. 즉, 고려 광종 9년(958) 5월에 후주(後周)에서 귀화(歸化)한 쌍기(雙冀)의 헌의(獻議)에 따라 과거(科擧)를 개설하고 취진사(取進士) 사갑과(賜甲科)의 최섬(崔暹) 등 2인, 그리고 명경(明經) 3인, 복업(卜業) 2인을 선거한 것이 본격적인 과거제도의 시작이라고 할 수 있음을 앞장에서 언급한 바 있다.

이 과거제도는 당제(唐制)를 그대로 파용(頗用)한 것으로 처음에는 동당시(東堂試)라고도 불렸으며 후일의 국자감시(國字監試)와 구별되었다.[130] 曺佐鎬(1958)에 의하면 과거제도가 광종 9年에 처음으로 실시된 이후에 여러 차례 수정되고 보완되었다고 한다. 졸고(1987c)에 의하면 고려의 과거제도는 목종(穆宗) 7년(1004)의 '개정과거법(改定科擧法)'에 이어서 인종(仁宗) 14年(1135)에 일단 그 제도가 완성된 것으로 본다.

조선에 들어와서는 고려의 과거제도를 계승하여 건국 초기에 과거법을 制定하였는데 『태조실록』(권1) 태조 원년 7월 정미(丁未)조에 실려 있는 태조의 즉위교서에 "文武兩科不可編廢, 內而國學, 外而鄕校增置, 生徒敦加講勸, 養育人才, 其科擧之法本 [下略] - 문무 양과는 없애기가 불가하다. 안으로는 국학, 밖으로는 향교를 늘려서 설치하여 생도를 늘리고 공부를 권하여 인재를 양성하는 것이 과거의 근본이다"이라 하여 문무 양과를 국초부터 설치하고 경향(京鄕)에 인재를 기르게 하는 것이 과거의 기본적인 설치 이유임을 분명히 하였다.

6.0.1 정과(正科)와 잡과(雜科)

고려에서 실시된 동당시(東堂試)에는 제술(製述)·명경(明經)의 2업(業)을 기본으로 하고 '의(醫)·복(卜)·지리(地理)·율(律)·서(書)·삼전(三傳)·삼례(三禮)·하론(何論)' 등의 제업(諸業)을 잡업(雜業) 또는 잡업과(雜業科), 잡과(雜科)라 하여 시식(試式)이나 합격자의 방방(放榜), 출신서품(出身敍品), 서용(敍用)에 있어서 차등을 두었다(졸고, 1987c).

조선에서도 문무(文武) 양과(兩科)에 대하여 의(醫)·역(譯)·음양(陰陽)·율

130 『고려사』(卷76)「志」(節27)'選擧'1에 "三國以前未有科擧之法, 高麗太祖首建學校, 而科擧取士未遑焉。光宗用雙冀言, 以科擧選士, 自此文風始興。大抵其法頗用唐制, 其學校有國子、大學、四門, 有九齋學堂, 而律、書、算學皆肄國子, 其科擧有製述、明經二業, 而醫、卜、地理、律、書、算、三禮、三傳、何論等雜業, 各以其業試之。而賜出身, 其國子升補試, 亦所以勉進後學也。[下略]"라는 기사와 同 '科目' 1에 "光宗九年五月, 雙冀獻議, 始設科擧, 試以詩、賦、頌及時務策, 取進士兼明經、醫、卜等業"이라는 기사 참조.

과(律科)는 잡과(雜科)라 하여 부거(赴擧)의 신분에 차등을 두었으며 출신(出身) 서품(敍品)이나 등용에 있어서 제한을 두었음은 이미 많은 연구에서 밝혀진 바 있다. 그러나 조선 초기에는 정과(正科, 文武兩科)와 잡과(雜科)의 구별이 분명하지 않았던 것으로 보인다. 즉 『태조실록』(권1) 태조 원년 8월 신유(辛酉)조에

> 定入官補吏法。凡初入流品作七科, 曰文蔭、曰文科、曰吏科、曰譯科、曰蔭陽科、曰醫科 吏曹主之。曰武科兵曹主之。其出身文字, 如前朝入仕例, 明寫年甲、本貫、三代, 署經臺諫。不由七科者, 不許入流品 每除拜, 所司考其出身文字, 方許署謝。- 입관보리법을 제정하였다. 대개 처음에 유품(流品)에 입사(入仕)하는 것을 7과로 만들어 문음(文, 門蔭)이니, 문과(文科)니, 이과(吏科)니, 역과(譯科)니, 음양과(陰陽科)니, 의과(醫科)니 하는 것은 이조(吏曹)에서 주관하고 무과(武科)니 하는 것은 병조(兵曹)에서 주관한다. 출신(出身) 문자는 고려 때에 처음 입사(入仕)하는 예와 같이 하고 나이, 본관, 삼대(증조, 조, 부)를 분명하게 써서 대간(臺諫)에서 서경(署經)하게 한다. 7과를 거치지 않으면 유품에 들어오는 것을 불허하며 매번 제배(除拜)할 때에 맡은 관청에서 출신과 문자를 살핀 다음에야 출사(出謝)에 서경(署經)함을 허락한다.[131]

라 하여 칠과(七科, 文蔭, 文科, 吏科, 譯科, 蔭陽科, 醫科, 武科)를 통하여 입관보이(入官補吏)하는 법, 즉 칠과입관보이법(七科入官補吏法)을 제정하였으며 이 중 6과는 이조(吏曹)에서, 그리고 무과(武科)만은 병조(兵曹)에서 주관하였음을 알 수 있다

또 정도전(鄭道傳)의 『삼봉집(三峰集)』(권7) 「조선경국전(朝鮮經國典)」 상 '예조(禮曹)' '공거(貢擧)'조에

---

131 '署經'이란 관원을 임명한 다음에 그 사람의 이름과 문벌, 이력을 모두 갖추어 대간에 보내어 그 가부를 묻는 일을 말하며 '出謝'란 告身, 즉 직첩을 내려주는 일을 말하고 '除拜'란 벼슬을 除授하는 것을 말한다.

> 殿下卽位, 損益科擧之法, 命成均館, 試以四書、五經 蓋古明經之意也。命禮部, 試以賦論, 古博學廣詞之意也。然後試以對策 古賢良方正直言極諫之意也。一擧而數代之制皆備, 將見私門塞而公道開, 浮華斥而眞儒出, 致治之隆, 較漢唐而追成周矣。嗚乎盛哉 其武科、醫科、陰陽科、吏科、通事科 各以類附見焉。- 전하가 즉위하여 과거의 법제를 자르고 더하였다. 성균관에 명하여 사서, 오경을 시험하게 하였으니 모두 옛 명경(明經)의 뜻이요, 예부에 명하여 부론(賦論)을 시험하게 하니 옛날 박학(博學) 광사(廣詞)의 뜻이다. 그런 다음에 대책(對策)을 시험하니 옛 현량방정과((賢良方正科)에서 직언하고 간언하는 뜻을 살린 것이다. 한 번에 여러 대에 걸친 제도를 모두 갖추니 사문(私門)은 막히고 공도(公道)는 열릴 것이요 부화(浮華)하지 않은 진실한 선비가 나올 것이며 다스림이 융성할 것이니 한(漢)과 당(唐)에 비교할 만하고 주(周)를 따라 이룰 만하다. 아! 참으로 성대하구나. 무과, 의과, 음양과, 통사과도 그 부류에 따라 붙이다.

이라는 기사가 있어 조선 건국 초기의 과거제도를 살필 수 있다.

이 기사에 의하면 이 때의 과거는 문과(文科)가 성균시(成均試)와 예부시(禮部試)로 나뉘어 실시되었고 이 안에 무과(武科), 의과(醫科), 음양과(陰陽科), 이과(吏科), 통사과(通事科)가 있었음을 알 수 있다.[132] 이와 같은 기록을 살펴보면 조선 초기에는 잡과(雜科)에 대한 차별이 별로 크지 않았음을 알 수 있으며 이것은 고려의 명문귀족이 몰락하고 조선에서는 아직 신흥(新興) 양반 사대부 계급이 성립되지 않았기 때문이거나 이들이 별로 힘을 발휘하지 못하던 시기였기 때문으로 보인다. 그러나 태종 때에는 벌써 문과(文科)에 대하여 잡과(雜科)를 차별하려는 조짐이 보인다. 즉, 『태종실록』(卷1) 태종 원년 6월 신유(辛酉) 조에

132 이 가운데 吏科와 通事科에 대하여는 졸고(1987c)나 본서의 제2장을 참고할 것.

> [前略] 伏覩禮曹受判, 醫、譯、律、陰陽等科入格之人, 亦依文科放榜, 仍給紅牌。窃謂雜科小藝, 固非文科譬也。願依己卯年例施行。從之。- [전략] 엎드려 예조(禮曹)의 수판(受判-受敎)을 보건대, 의(醫)·역(譯)·율(律)·음양(陰陽) 등의 과(科)에 입격한 사람도 또한 문과의 방방에 의하여 그대로 홍패(紅牌)를 주도록 되었으나 잡과의 작은 기예는 문과에 비할 것이 아닙니다. 원컨대 기묘년 예에 의하여 시행하소서.

라 하여 잡과(雜科) 입격자(入格者)에게 문과(文科)와 동일하게 홍패(紅牌)를 주는 것에 반대하였다.

세조 때에 이르면 문신(文臣)들이 유학(儒學) 이외의 것을 잡학(雜學)이라 하여 이를 경시하거나 기피하려는 현상이 대두된다. 태조 때에 시작된 육학(六學, - 兵, 律, 字, 譯, 醫, 算學)을 더욱 확대하여 태종 때에는 십학(十學)을 두고[133] 이 각각에 대하여 사중월고시법(四仲月考試法)을 제정하여 후일 취재(取才)의 효시(嚆矢)가 되었다. 세종 때에는 이 십학(十學)의 취재를 정식으로 하고 상정소(詳定所)로 하여금 십학의 취재에 출제할 경서(經書)와 제예(諸藝)의 수목(數目)을 결정하게 하였으며[134] 태종 때의 사중월고시법을 사맹월취재법(四孟月取才法)으로 바꾸어 제학(諸學)애서의 인재 선발을 강화하였다. 그러나 『세조실록』(권34) 세조 10년 8월 정해(丁亥)조에서 김종직(金宗直)은,

> [前略] 宗直啓曰: "今以文臣分肄天文、地理、陰陽、律呂、醫藥、卜筮、詩史七學, 然詩史本儒者事耳, 其餘雜學, 豈儒者所當力學者哉? 且雜學各有業者, 若嚴立勸懲之法, 更加教養, 則自然咸精, 其能不必文臣然後可也。" [下略] - 김종직이 아뢰기를, "지금 문신(文臣)으로 천문(天文)·지리

---

133 朝鮮 太祖 때의 六學은 『태조실록』(卷4) 太祖 2年 10月 己亥조를 참조하고 太宗 때의 十學은 『태종실록』(卷2) 太宗 6年 11月 辛未조의 기사를 참조할 것.

134 『세종실록』(권47) 世宗 12年 3月 戊午조에 수록된 詳定所의 啓에 "諸學取才, 經書諸藝數目"을 참조.

> (地理)·음양(陰陽)·율려(律呂)·의약(醫藥)·복서(卜筮)·시사(詩史)의 7학(學)을 나누어 닦게 하는데, 그러나 시사(詩史)는 본래 유자(儒者)의 일이지만, 그 나머지 잡학(雜學)이야 어찌 유자들이 마땅히 힘써 배울 학(學)이겠습니까? 또 잡학(雜學)은 각각 업(業)으로 하는 자가 있으니, 만약 권징(勸懲)하는 법을 엄하게 세우고 다시 교양을 더한다면 자연히 모두 정통할 것인데, 그 능통하는 데에 반드시 문신이라야만 좋은 것이 아닙니다"라고 하다.

라 하여 천문(天文), 지리(地理)와 음양(陰陽) 등 7학을 잡학(雜學)이라 불렀고 이를 반드시 문신(文臣)이 아니 하더라도 할 수 있다고 보았다. 이에 대하여 세조는 노(怒)하여 김종직을 국문하려 하였으나 그가 언관(言官)임을 감안하여 파직에 그쳤지만 후대에 내려올수록 유신(儒臣)들의 잡학을 경시하는 경향은 점점 커져 갔다.

6.0.2 『경국대전』의 역과(譯科)

조선의 제반 제도는 세조 때에 그간의 법전(法典)을 총 정리한 『경국대전』의 편찬과 더불어 일단 완정(完定)된다. 과거제도도 『경국대전』에서 정비되는데 동 대전(권3) 「예전」 '제과(諸科)' 조에

文科	初試·覆試·殿試
生員·進士科	初試·覆試
譯科·醫科·陰陽科·律科	初試·覆試

라고 제과(諸科)를 분류하여 시식(試式)을 정하고 동 대전(권4) 「병전」 '취재' 조에 무과(武科)의 초시·복시·도시(都試, 每年春秋試)의 시식을 규정하였다.

이를 보면 문과(文科)만이 초·복·전시(殿試)의 과거삼층법(科學三層法)이[135] 마련되었고 "文科十年一重試, {堂下官許赴, 額數及試法, 臨時稟旨, 武科同} - 문과는 10년에 한 번 중시(重試)를 본다. {당하관을 시험보게

허락하고 액수와 시험 방법은 임시로 임금에게 품지(稟旨)하여 정한다. 무과 동일하다}"이라 하여 문과와 무과만이 10년에 한 번 중시(重試)가 시행되었을 뿐 기타 제과(諸科)는 모두 초·복시의 2단계 선거법이 있었음을 알 수 있다.

한편 동 대전(권3) 「예전」 '취재' '제학(諸學)'조에는 "醫學, 漢學, 蒙學, 倭學, 女眞學, 天文學, 地理學, 命課學, 律學, 算學"의 취재에 사용할 강서(講書)가 나열되었고 "已上 各學諸書, 輪次試之. 下同 - 이상 각 학의 여러 강서는 돌아가면서 시험하다"이란 기사가 있어 취재 방법이 규정되었음을 알 수 있다. 이어서 '畵員·道流·樂生·樂工'의 취재는 제학(諸學)과 같이 한다고 하여 취재에 사용할 강서(講書)와 제예(諸藝)를 규정하여 놓았다.

이상에 의하면 문과(文科)는 생원(生員)·진사과(進士科, 小科, 白牌 授與)의 위에 군림하여 대과(大科)라고 불리며 급제자(及第者)에게 홍패(紅牌)를 수여하는 등 제과(諸科)와는 다른 대우를 보여 주어 후일 무과(武科)와 더불어 양반사대부(兩班士大夫)의 출신(出身)하는 길이 되었다.[136]

6.0.3 잡학(雜學)의 차별

그 외의 역(譯)·의(醫)·음양(陰陽)·율학(律學)은 취재로써 필요한 인재를 등용하였으며 특별히 뛰어난 경우에 과거에 급제시켜 홍패(紅牌)를 수여하고 출신(出身)하게 하였으나[137] 이들의 환로(宦路)는 본업(本業)에 제한

---

135 科擧三層法은 唐·宋의 科擧制度에서 起源된 것으로 地方長官이 考試官이 되어 시행하는 鄕試(豫備考試)와 그 合格者를 禮部에서 再試驗하는 會試(省試, 覆試) 그리고 國王이 스스로 考試官이 되는 殿試를 말한다. 高麗의 科擧制度에서 初期에는 鄕試가 없었고 會試와 殿試를 합한 東堂監試가 있었을 뿐이었으나 顯宗 15年(1024)에 擧子試(鄕試)가 생기고 國子監試가 생겨 科擧三層法에 準하게 된다(曹佐鎬, 1958).

136 『경국대전』(卷3) 「禮典」'諸科'조에 "罪犯永不敍用者、贓吏之子、再婚失行婦女之子及孫、庶孼子孫, 勿許赴文科、生員、進士試"라 하여 文科·生員·進士試의 赴擧는 신분상 제약이 있었음을 알 수 있다.

137 『세종실록』(卷3) 世宗 元年 4月 甲午조에 "禮曹放雜科榜, 給紅牌饋酒果, 譯科十五人、陰陽科九人、醫科九人、律科九人, 皆賜出身"이라는 기록이 있어 譯科를 비

되었고 관품(官品)의 승급(陞級)에도 한계가 있었다. 이러한 역·의·음양·율과를 잡과(雜科)라 불러 문무 양과와 구별하였으며 화원(畵員)·도류(道流)·악생(樂生)·악공(樂工)들은 그나마 잡과에도 들지 못하고 오직 취재에 의해서만 채용하는 기술직에 불과하였다. 이러한 조선시대의 과거제도에서 보이는 차별은 엄격한 신분계급사회의 부산물(副産物)이라고 볼 수 있다.

조선에서 후대에 갈수록 잡과를 경시하는 풍조는 더욱 심화되고 있으며 중종 때에 한이과(漢吏科) 출신의 최세진(崔世珍)을 비롯하여 많은 우수한 역관들이 문신의 질시와 핍박으로 탄압을 받아 왔다.[138] 이의 반동으로 조선 후기에 이르면 잡과의 중요성이 위정자에 의해서 강조된다. 그 대표적인 예로 정조(正祖)는

> 教曰: 名以科試則其爲重大, 正科、雜科豈有間焉。雖以雜科言之, 天象之推測, 地理之究解, 御藥之調和, 法律之平反, 象鞮之喋利, 建除之通曉, 凡此數者孰非重大之事乎? 固不可以雜科而忽之也。(『增補文獻備考』卷191, 「選擧考」8, '科題' '雜科'正祖 元年 3月條)

라고 하여 잡과의 중요성을 강조하였다. 그러나 조선시대의 전반에 걸쳐서 양반 사대부는 잡학(雜學)과 잡직(雜職)을 비하시켜 왔으며 잡과(雜科) 역시 중인(中人)들의 전유물로서 비록 등과(登科)하더라도 사대부의 반열(班列)에는 들지 못하였다.[139]

롯한 陰陽·醫·律科 出身者에게도 紅牌를 주었음을 알 수 있다.

138 崔世珍의 生涯에 대하여는 李崇寧(1965)와 졸고(2015b)를 참조하고 최세진을 비롯한 譯官들이 文臣의 탄압을 받은 사실에 대하여는 實錄을 비롯한 여러 史料에서 찾을 수 있다(졸고, 2000a).

139 조선 후기에는 이러한 차별이 매우 완화되어 譯科에 登科한 다음에 다시 文科에 赴擧하여 入格하고 지방 守令으로 부임하는 경우가 종종 있었다. 예를 들면 倭學譯官 玄啓根의 曾孫인 玄鎰(在明의 子)은 道光 丁亥(1827)에 시행된 增廣別試의 譯科漢學에 入格하여 『譯科榜目』에 등록되었으나(1等 1人 壯元) 다시 文科에 應科한 試券(國史編纂委員會 所藏 No.19127, 三~上의 分數를 받았다)이 있어 文科에도 赴擧하였음을

1) 역과 왜학(倭學)과 그 변천

6.1.0 앞에서 살펴본 바와 같이 조선시대의 역과는 세월의 흐름과 더불어 조금씩 변해 간다. 역과의 왜학(倭學)도 역과의 변천에 따라 변해 갔으며 특히 임진왜란을 겪으면서 왜학서의 대대적인 혁신으로 역과 왜학의 출제서가 전면적으로 수정된다. 즉, 전 시대에 일본의 아동용 훈몽서를 들여다가 교재로 삼았던 것을 대부분 없애고 왜학 역관의 임무에 필요한 실용적인 대화와 일본문자 교육에 알맞은 교재를 사역원에서 자체적으로 개발하여 사용하였다.

그렇게 만들어진 일본어 교재가 바로 <첩해신어>인 것이다. 이 왜학서도 앞에서 살펴본 바와 같이 여러 차례 개수(改修)를 거듭하여 역관 임무에 알맞은 대화의 학습과 각종 교린 문서의 해독에 필요한 일본 가나(假名)문자의 학습에 필요한 지식을 <첩해신어>에 함께 포함시켜 간행하였다. 그리하여 <첩해신어>의 원간본은 바로 수정되어 목판본으로 간행된 유포본이 있고 1차, 2차에 걸친 개수본이 있으며 이를 다시 수정한 중간본이 있다. 그리고 일본에서 보내온 서계(書契)의 해독을 위하여 마지막으로 <첩해신어문석>을 간행하여 가나(假名)문자의 마나(眞字)를 초서로 쓰는 법까지 학습할 수 있는 종합 교재로 발전시킨 것이다.

일본어 학습의 사전적인 역할은 <왜어유해>가 하였다. 처음에 홍순명이 편찬한 것으로 알려진 '유해(類解)'는 왜어물명(倭語物名)이었고 이것은 간행되지 않고 사역원 왜학에 비치하여 역생(譯生)들이 베껴 쓰다가 만주어의 <동문유해>와 몽고어의 <몽어유해>를 간행할 때에 함께 간행하려고 대마도에 가서 수정하다가 그들이 모두 파선하여 익사함으로써 1780년대 초에 한정수 등에 의하여 판본으로 간행된다.

이러한 왜학서의 변천은 역과 왜학의 출제서에서도 대대적인 변화

알 수 있으며 中人 집안에서 崇祿知樞에까지 官品이 올라 縣監을 歷任하였다.

를 가져온다. 여기서는 이에 대하여 먼저 고찰하기로 한다.

6.1.1 『경국대전』의 역과 왜학

조선의 건국 초기의 통사과(通事科)에는 한어와 몽고어밖에 없음을 전장(前章)에서 밝힌 바 있다(졸고, 1987c). 왜학역관의 선발에 대한 사료는 『세종실록』에서 처음 발견된다. 즉 전술한 『세종실록』(권47) 세종 12년 3월 무오(戊午)조에 기록된 상정소(詳定所)의 계(啓)에 제학취재(諸學取才) 경서제예(經書諸藝)의 수목(數目)을 정하면서 역학의 왜훈(倭訓)조에 왜학역관을 취재하는 출제서로 '소식(消息)' 등 왜학서 11종을 게재하였다.

또 『경국대전』(권3) 「예전」 '제과'의 '역과 사자(寫字)'조에 역과왜학에 대한 시식(試式)이 규정되었는데, 이를 정리하면 다음과 같다.

譯科初試:

※ [額數] 漢學二十三人, 蒙學、倭學、女眞學各四人, 司譯院錄名試取
漢學鄕試: 黃海道 七人、 平安道 十五人, 觀察使定差使員, 錄名試取

※ [講書] 漢學: 四書{臨文}、老乞大、朴通事、直解小學{背講}
[寫字] 蒙學: 王可汗 [中略]
倭學: 伊路波、消息、書格、老乞大、童子敎、雜語、本草、議論、通信、鳩養物語、庭訓往來、應永記、雜筆、富士
女眞學: 千字 [中略]
[譯語] 漢學、蒙學、倭學、女眞學, 並飜經國大典{臨文}

譯科覆試:

[額數] 漢學 十三人, 蒙學、倭學、女眞學 各二人, 本曹同本院提調錄名試取
[講書] 同初試(中略)
[寫字·譯語] 同初試

([ ]와 ※표 부분은 필자삽입)

이 기사에 의하면 역과왜학은 몽·청학과 함께 향시(鄕試)가 없고(역과 한학만이 鄕試가 있음) 초시(初試)에 4인, 복시(覆試)에 2인의 입격자를 낼 수가 있으며 시식(試式)은 사자(寫字)·역어(譯語)의 방법으로 출제되는데 사자(寫字)는 <이로파(伊路波)> 등 14종의 왜학서에서 출제됨을 알 수 있다. 또 역어(譯語)는 사역원 사학이 모두 『경국대전』의 번역이며 이것은 복시에서도 동일함을 알 수 있다. 초시는 사역원에서 녹명시취(錄名試取)하고 복시(覆試)는 예조(禮曹)와 사역원의 제조(提調)가 녹명시취, 즉 이름을 적고 시험을 보았다.[140]

식년시의 과거는 3년 1시(試)로 당년의 전추(前秋), 즉 상식년(上式年) 가을에 초시를 보고 당년 춘초(春初)에 복시(覆試)와 전시(殿試)를 보았으며(『경국대전』 권3 「예전」 '제과'조) 역과는 초시와 복시뿐으로 전시(殿試)가 없었는데 이에 관한 시식(試式)이 『통문관지』에 상세하게 기록되어 있다. 그에 의하면 역과는 매 식년시(式年試)나 증광시(增廣試), 대증광시(大增廣試)에 설과되며 초시는 개장(開場) 전기(前期)에 사역원에서 입문관(入門官) 4원을 정하고 이들이 좌아(坐衙)하여 장방(張榜)하고 고시한다. 거자(擧子)들은 유건(儒巾)과 홍단령(紅團領)을 갖추어 입고 사조단자(四祖單子)와 보거단자(保擧單子)를 입문소(入門所)에 서정(書呈)하고 녹명한 다음 부시(赴試)할 것을 허가받는다(조고, 1987a). 시관(試官)은 도제조(都提調)·제조(提調)이며 참시관(參試官)은 겸교수(兼敎授)와 훈상당상(訓上堂上)들이다.[141]

6.1.2 역과 왜학의 시식(試式)

역과 왜학의 출제는 왜학팔책(倭學八冊)에서 7곳을 추첨하여 사자(寫

---

140 『통문관지』(卷1) 「沿革」 '官制'에 의하면 司譯院에는 都提調가 1員, 提調가 2員이 있어 業務를 監督하였는데 都提調는 大臣(正一品)이 兼하고 提調는 從二品 이상의 文臣이 겸하였다.

141 『통문관지』(卷1) 「沿革」 '官制'조에 의하면 사역원의 祿職 중에서 兼敎授는 敎授(從六品) 4員 중 2員을 文臣이 겸하는데 이들을 兼敎授라 부르고 訓上堂上은 正三品 이상의 堂上譯官들을 말한다. 壬辰·丙子 兩亂 이전에는 漢學에만 訓上堂上이 있었고 常仕堂上 중에서 敎誨를 지난 七事를 구비한 사람을 선발하여 임명하였다.

字)하고 『경국대전』에서 1곳을 번역하는 역어(譯語)의 문제가 있었다. 왜학팔책이란 『경국대전』에 역과왜학 사자(寫字)의 출제서로 등재된 <이로파(伊路波)> 등 14종의 왜학서를 한학팔책(漢學八冊)에 준하여 7곳을 추첨하여 사자하는 것이다. 여기서 '한학팔책'이라 함은 사서(四書)와 <노걸대>, <박통사>, <직해소학>, 그리고 '번경국대전(飜經國大典)'을 말하는 것으로 14종의 왜학서는 소질(小秩)의 2책을 한학서의 1책으로 간주하기도 하였다(졸고, 1987c). 왜학뿐만이 아니고 몽학과 여진학과 후일의 청학에서도 사자(寫字)와 역어(譯語)의 출제는 한학팔책을 기준으로 하였다.

『경국대전』 역과 왜학의 출제서로 등재된 왜학서들은 임진란을 거치면서 일본어의 학습에 적합하지 않음이 드러났다. 그리하여 임란(壬亂) 이후에는 강우성(康遇聖)의 <첩해신어>가 동래 부산포의 왜학이나 사역원의 왜학에서 중요한 일본어 학습서로 등장하였다. 강희(康熙) 병진(丙辰, 1676)에 이를 교서관에서 활자로 인행하였으며 강희(康熙) 무오(戊午, 1678)에는 다른 초기의 왜학書들을 모두 병폐(並廢)하고 <첩해신어>만을 역과왜학에서 출제서로 사용하였음을 전술하였다.[142] 실제로 『통문관지』(권2) 「과거」 '왜학팔책' 조에서는 "倭學八冊 捷解新語、飜經國大典, 捷解新語十卷中, 抽七處寫字, 大典飜語同漢學"이라 하여 『경국대전』의 규정과는 달리 <첩해신어>에서만 7곳을 추첨하여 寫字하고 『경국대전』을 번어(飜語)하여 한학팔책의 출제에 준하게 하였음을 알 수 있다.

『통문관지』의 이와 같은 역과 제학(諸學)의 시식(試式)은 『속대전』에 정착된다. 즉 『속대전』(권3) 「예전」 '제과' '역과'조를 보면 다음과 같다.

譯科初試:

※ [試官] 司譯院提調二員, 或一員敎授, 無故則亦參. 同四學官 各二員,

142 『통문관지』(卷2) 「科擧」 '倭學八册' 조에 "初用伊路波 [中略] 富士并十四册, 語多疎略, 不適時用。故康熙戊午專以此册行用, 悉去前書. 見啓辭謄錄"이라는 기사 참조.

{該院差定} 試取

[額數] 式年 {見大典} 增廣、同大增廣則漢學、蒙學、倭學 各加四人

[講書] 漢學: 四書{臨文} 老乞大、朴通事{見大典}、伍倫全備{新增}{以上背誦}

[寫字] 蒙學: [中略], 倭學: 捷解新語 {新增}, 淸學: [中略], 其餘諸書並今廢

譯科覆試

※ [試官] 司譯院提調一員 {二望}, 同四學官各二員試取, 本曹堂上官、郎官各一員, 兩司官各一員進參, 下三科覆試同

[額數] 式年(見大典) 增廣, 同大增廣則漢學、蒙學、淸學各加二人

[講書] 同初試

[寫字, 譯語] 並同初試 (※표 부분은 필자 삽입)

이에 의하면 역과초시의 시관(試官)은 사역원 제조(提調, 從二品 以上의 文臣) 2원이 담당하고 겸교수(兼敎授, 從六品 參上官) 1원이 무고(無故)하면 참석하는 수가 있으며 이들의 감독 아래 한·몽·왜·청학의 사학관(四學官) 각 2원이 시취(試取)하였음을 알 수 있다. 이때의 사학관 2원은 사역원에서 차정(差定)하였는데 한학은 훈상당상(訓上堂上, 正三品 以上)에서, 기타 삼학(三學)은 훈도(訓導) 중에서 차정하였다.

역과복시의 시관은 사역원 제조 1원(二望中)과 동 사학관 각 2원이 시취하고 예조의 당상관과 낭관(郎官)이 각 1원 그리고 양사(兩司, 司憲府·司諫院)에서 각 1원이 진참(進參)한다고 하였다. 복시의 시관(試官)에 대하여 『통문관지』에는 "試官, 都提調、提調, 參試官, 兼敎授、訓上堂上"이라 하여 도제조와 제조가 시관이 되고 겸교수와 훈상당상이 참시관이 된다고 하였으나 위의 『속대전』의 기록을 보면 도제조(都提調)가 아닌 제조(提調) 2원 중에서 1원과 사학관 각 2원이 시취하되 예조의 당상관 1원과 제조관(提調官) 1원, 그리고 양사(兩司)에서 각 1원이 진참(進參)한다고 하

였다. 그러나 『통문관지』(권2) 「과거」 [속]조에

> 試官: 禮曹堂上、本院提調{一員}, 參試官: 禮曹郎官{一員}, 本院漢學參上官 {二員 ○提調及參上官皆自本院備擬, 開場前一日送禮曹, 入啓受點。三學訓導各二員, 亦以參試官, 擬送受點, 而實察該學訓導之任}, 監試官二員 {司憲府、司諫院} [下略] - 시관은 예조의 당상관이나 사역원의 제조(1원)가 된다. 참시관은 예조의 낭관이나 사역원의 참상관 {2원 ○제조 및 참상관은 모두 사역원에서 비의(備擬, 3인을 추천함)하여 개장 전일에 예조에 보내고 위에 계하여 낙점을 받는다. 삼학(三學)의 훈도 각기 3인도 참시관이 될 수 있으며 추천하여 낙점을 받는데 실제로 살피는 것은 훈도의 임무다}. 감시관은 2원인데 사헌부와 사간원에서 온다.

이라는 기록이 있어 시관(試官)과 참시관(參試官), 그리고 감시관(監試官)의 선정에 대하여 설명하였다.

이에 의하면 예조의 낭관(郎官)과 사역원의 한학 참상관(參上官, 교수·겸교수), 그리고 삼학(三學) 훈도 각 2원이 참시관(參試官)이 되며 시관은 예조의 당상(堂上)과 사역원 제조(1원)로 하는데 사역원에서 비의(備擬), 즉 3인을 추천하여 개장 하루 전에 예조에 보내고 입계(入啓)하여 낙점을 받아 선발하였음을 알 수 있다. 감시관(監試官)은 사헌부(司憲府)와 사간원(司諫院)에서 각 1원씩 차출하였다. 채점은 『경국대전』에 규정된 '통(通)·략(略)·조(粗)'의 기준에 따라 분수(分數)를 정하고 한학(漢學)을 장원(壯元)으로 하고 나머지는 분수에 따라 차등을 정하여 출방(出榜)한다.

입격한 자는 예조에서 봉교(奉教)하되 백패(白牌)를 하사하고 궤주(饋酒)하며 다음날 예궐(詣闕)하여 사은하는데 1등은 종7품을 수여하고 사역원에 서용(敍用)하며 2등은 종8품, 3등은 종9품계를 수여한다(『통문관지』 권3 「과거」 [속]조). 장원(壯元)은 방방(放榜) 후에 도목(都目)의 녹관을 천장(薦狀)할 때에 직장(直長, 從七品)에 특부(特付)하는데 이를 '신은체아(新恩

遞兒)'라고 한다. 이것은 사역원 사학이 윤차(輪次)하면서 작과(作窠), 즉 자리를 만들어 여기에 취임하는데 만약 취재(取才)로 이미 직장(直長)을 거쳤으면 주부(主簿, 正6品)로 승부(昇付)한다.

『속대전』 이후의 역과시식은 별다른 변화를 보이지 않는다. 즉 『대전통편』(1785) 「예조」 '제과' '역과시식'의 '왜학'조에 "[續]捷解新語新增, 其餘諸書今廢"라 하여 『속대전』의 것을 그대로 전재하였고 『대전회통』(1865)과 『육전조례』(1865)에서도 동일하였는데 『대전회통』(권3) 「예조」 '역과초시'조에,

> 倭學 寫字: [原] 伊路波、消息、書格、老乞大、童子教、雜語、本草、議論、通信、鳩養物語、庭訓往來、應永記、雜筆、富士
> [續] 捷解新語新增, 其餘諸書今廢
>
> ([原]은 『경국대전』, [續]은 『속대전』)

라 하여 변함이 없다. 또 『육전조례(六典條例)』(권6) 「사역원」 '과시(科試)' 조에,

> 式年、增廣初試: 提調與本院官二員試取, 漢學二十三人, 淸學、蒙學、倭學 各四人, ○大增廣, 各加四人, 覆試: 禮曹堂上郎廳 {一員}, 同提調 {一員}, 本院官 {一員}, 取漢學十三人, 淸學、蒙學、倭學各二人, ○大增廣, 各加二人, 講書 漢學 [中略], 倭學: 捷解新語{寫字}, 飜大典會 通{臨文}, 初、會試並同

이라 하여 『속대전』의 것과 조금씩 다르다.

이와 같은 조선 법전에 나타난 역과왜학의 시식을 보면 사자(寫字)의 방법으로는 <첩해신어>가 유일한 역과 왜학의 출제서였으며 이것은 전술한 바와 같이 제2차 개수본(改修本)을 거쳐 중간본(重刊本)과 문석본(文釋本)에서 출제된 것이다. 그 이전에 개수·중간될 경우에는 그 개수

본·중간본이 출제서가 되었다.

2) 왜학 역관 현계근(玄啓根) 시권

6.2.0 국사편찬위원회에서 수집한 천녕현씨가(川寧玄氏家)의 고문서 속에 역과왜학의 試券이 포함되었다. 즉, 영조 23년(1747)에 시행한 정묘식년(丁卯式年) 역과왜학의 복시(覆試)에 부거한 현경제(玄敬躋)의 시권이 고문서에 포함되었다. 이는 <첩해신어>의 개수(改修)와 <왜어유해>의 간행에 직접 관여했던 왜학역관 현계근(玄啓根)의 시권으로 현경제(玄敬躋)는 그가 개명하기 이전의 이름이었다. 이 역과왜학 복시 시권(覆試試券)은 이제까지 필자가 찾아본 역과 시권 중에서 가장 오래된 것이며 현재까지는 현전하는 역과왜학의 유일한 시권이다.

한국 국사편찬위원회에서는 천녕현씨가의 고문서 36점을 포함하여 많은 고문서를 정리하여 국사관(國史館) 개관기염 사료(史料)전시회에 전시하였다(1987년 3월 23일~4월 4일). 이중 역과 한학과 왜학의 시권을 비롯하여 역과백패(譯科白牌), 녹패(祿牌), 차첩(差帖), 소지(所志), 관문(關文) 등이 포함되어 있는데 먼저 천녕현씨가와 그에 소장된 고문서에 대하여 살펴보기로 한다.

6.2.1 천녕현씨가(川寧玄氏家)의 고문서

천녕현씨(川寧玄氏)는 한양유씨(漢陽劉氏), 밀양변씨(密陽卞氏), 신평한씨(新平韓氏), 경주최씨(慶州崔氏), 평양조씨(平壤趙氏), 우봉김씨(牛峯金氏), 온양방씨(溫陽方氏), 임천백씨(林川白氏) 등과 함께 조선 후기에 많은 역관(譯官)을 배출한 집안으로서 연산군 4년(1498)부터 역과의 등과자(登科者)를 적기시작한 『역과방목(譯科榜目)』에 천녕현씨가 등장한 것은 만력(萬曆) 을묘(乙卯) 식년시(1615년 시행)에 급제한 현찬(玄璨)이다. 그는 천녕현씨의 시조(始祖)로 보이는 현수겸(玄壽謙)의 3대손으로 현수겸은 용(龍)·호(虎)·무(武)의 3형제를 두었는데 이들의 자손이 번성하여 각각 일가를 이루었다. 천녕현씨는 역과뿐 아니라 의과(醫科), 율과(律科), 산과(算科) 등의 잡과에 부거(赴擧)하여 많은 입격자를 배출한 조선 중기 이후의 전형적인 중인계급의 가문이었다.

졸고(1988)에서 작성한 천녕현씨가의 가계(家系)는 『역과유집(譯科類輯)』을 기초로 하여 『잡과방목(雜科榜目)』과 『역과방목(譯科榜目)』을 참고로 작성한 것이다. 초고를 완성하고 참고문헌을 점검하다가 稻葉岩吉(1933)의 말미에 천녕현씨(川寧玄氏) 족보(族譜, 一)가 도표로 그려져 있어 우연한 일치에 경악을 금할 수 없었다. 필자는 정묘(丁卯) 식년시 왜학 시권의 주인공인 현계근(玄啓根)을 추적하기 위한 것이었고 稻葉岩吉(1933)은 조선시대의 주인(疇人)에 대한 고찰을 위한 것이어서 이 둘 사이에는 상당한 차이를 보여준다.

稻葉岩吉(1933)에 의하면 천녕현씨의 족보에 나타난 용(龍)·호(虎)·무계(武系)의 잡과출신 및 중인직에 출사한 수를 살펴보면 무계(武系)가 284명 중 104명이 출사하였고 용계(龍系)는 198명 중 57명이, 호계(虎系)는 168명 중 48명, 도합 640명 중 209명이 '역(譯)·의(醫, 惠民署·活人署 및 司蓄署의 出仕者 포함)·천문(天文)음양(陰陽)·율(律)·산업(算業)' 등 중인직에 종사하였음을 밝혔다.

필자의 조사에 의하면 무계(武系)는 역업(譯業)에 종사한 자가 14명에 불과하지만 의업(醫業)은 51명, 산업(算業)은 25명, 운과(雲科, 陰陽) 10명, 율과(律科) 2명, 기타 2명으로 주로 의업(醫業)에 많이 몰려 있고 용계(龍系)와 호계(虎系)는 역과(譯科)에 44명(기타 9명)과 41명(기타 6명)의 출신자를 내어 전혀 역업(譯業)에 세습적으로 종사하였음을 알 수 있다.[143]

졸고(1988)에 의하면 현수겸(玄壽謙)의 후손 중에서 용계(龍系)는 그의 증손인 현찬(玄璨)이 전술한 만력(萬曆) 을묘(乙卯) 식년시(1615년 시행)의 역

143 筆者가 『譯科類輯』에 의거하여 졸고(1988)에서 작성한 表 1, 2, 3, 4와 稻葉岩吉(1933)에 附載된 川寧玄氏家의 族譜圖가 서로 다른 것은 後者가 『川寧玄氏族譜』에 의하여 작성된 것이기 때문인데 이 族譜와 『雜科榜目』이나 『역과방목(譯科榜目)』의 기록은 조금씩 다르다.

과 한학에 급제한 것을 시작으로 하여[144] 광서(光緖) 무자(戊子) 식년시(1888년 시행)에 그의 13대손인 현표(玄杓)의 입격에 이르기까지 천녕현씨가(川寧玄氏家)에서 273년간 총 101명이 역과에 급제하여 그 이름을 『역과방목(譯科榜目)』에 남기었다.[145] 이 중 용계(龍系)는 44명이 역과에 입격하였으며 그중 한학이 34명으로 압도적으로 많다(왜학 6명, 청학 4명), 이와 같이 용계(龍系)의 후손들이 한학에 집중된 것은 사역원에서 한어역관의 필요성이 가장 많았던 사실과 부업(父業)을 세습적으로 이어받아야 하는 조선 중인계급의 신분사회에서 그 이유를 찾을 수 있을 것이다.[146]

또 호계(虎系)의 자손들은 현호(玄虎)의 손자 덕윤(德潤)이 강희(康熙) 을유(乙酉, 1706)의 식년시에 역과 왜학으로 입격한 이래 11대에 걸쳐 모두 41명이 역과로 출신하였는데 왜학이 19명, 한학이 12명, 청학이 6명, 몽학이 4명으로 사역원 사학에 골고루 종사하였으나 왜학이 주로 세습되어 온 것으로 보인다. 현덕윤(玄德潤)이 처음 역과왜학에 등과한 이래 4대 현시정(玄時亭)이 도광(道光) 임오(壬午, 1822)의 식년시에 왜학으로 급제할 때까지 전혀 호계(虎系)의 후손들은 왜학에만 그 이름을 보인다.[147]

---

144 玄龍은 仁祥을 낳고 그는 璨·瑱·琢의 세 아들을 두었는데 璨은 萬曆乙卯 式年試에 壯元으로, 그리고 瑱도 萬曆 丙辰(1616) 增廣別試의 譯科漢學에 1等 3人으로 入格하였다(『譯科榜目』 卷1 8b). 玄瑱이 丙辰 增廣別試 譯科에 1等 3人으로 入格한 白牌가 國史館의 川寧玄氏 古文書에 소장되어 있다.

145 『譯科榜目』이 記載되기 시작한 燕山君 4年(1498)부터 高宗 28年(1891)까지 394년간에 162회의 譯科가 設科되었으며 2,839명의 入格者가 登錄되었다고 한다(李洪烈, 1967). 그러나 실제로 『譯科榜目』에 記載된 수효는 2,784명으로(奎章閣 所藏本에 의함) 이중 川寧玄氏家에서 輩出한 비율은 3.6%에 지나지 않는다. 그러나 譯科倭學은 倭學出身 339명(141회 실시) 중에 川寧玄氏家에서 27명을 배출하여 8%에 달한다. 특히 川寧玄氏 虎系에서 世襲的으로 倭學譯官에 종사하였는데 이와 비견되는 倭學譯官의 輩出家門은 慶州 崔氏家를 들 수 있다. 稻葉岩吉(1933)에는 川寧玄氏 族譜에서 총 640명 가운데 109명이 譯科에, 61명이 醫科에, 28명이 算科에 登科하였다고 하여 부분적인 차이를 보인다.

146 譯學이 父子世襲의 관계에 있는 예를 하나 들어보면 虎系의 九代孫 玄學周는 漢學이었다가 淸學으로 바꾸어 上通事가 되었는데 그의 아들 昌運도 똑같이 漢學에서 淸學으로 바꾸어 上通事에 올랐다. (졸고, 1988)의 표3 참조.

147 川寧玄氏 玄虎 子孫으로서 마지막으로『譯科榜目』에 이름을 남긴 사람은 8代孫 學仁으로 光緖 戊子(1888) 式年試(特敎初試人 幷付會試)에 2等 23人으로 入格하였다. 入

사역원에서 한학과 몽·왜·청 3학 중의 급제 비율을 보면 식년시의 경우 역과초시에 한학이 23人, 기타 3학이 각 4인이며 역과방목에 오르는 복시의 경우에는 한학이 13인, 몽·왜·여진학(후일 淸學)이 각 2인(『경국대전』 제과 역과조)으로 불과 2인만을 선거하는 역과왜학 복시에 19명을 입격시킨 호계(虎系)는 조선시대에 가장 많은 왜학 역관을 배출한 가문의 하나라고 아니 할 수가 없다.

다음으로 무계(武系)의 자손들은 용계(龍系)나 호계(虎系)처럼 역관으로서는 번성하지 못하였다. 현무(玄武)의 손자인 예일(禮逸, 慶祥의 子)이 만력(萬曆) 기미(己未, 1619)에 실시한 증광별시의 역과한학에 등과하였으나 후손이 없어 대를 잇지 못하였다. 현무(玄武)의 또 다른 아들 득홍(得洪)의 자손은 번창하여 여러 기술직에 종사하였는데 역과에는 12대손 풍서(豊瑞, 啓基의 子)가 함풍(咸豊) 무오(戊午, 1858) 식년시의 역과왜학에 등과한 것을 마지막으로 12대에 걸쳐 15명이 『역과방목(譯科榜目)』에 이름을 남기었다(漢學 11명, 淸學 3명, 倭學 1명, 蒙學 2명).[148]

이상의 고찰을 정리하면 천녕현씨가(川寧玄氏家)는 조선 중기 이후 역관을 많이 배출한 중인의 가문이었으며 용계(龍系)는 주로 한학, 호계(虎系)는 왜학, 그리고 무계(武系)는 의학(醫學)에 세습적으로 종사하였음을 알 수 있다.[149] 국사편찬위원회가 수집하여 국사관에 소장시킨 천녕현씨가의 고문서는 현욱(玄頊), 현덕우(玄德宇), 현계근(玄啓根), 현후(玄㷞), 현

格者 45명 중 43번째임.

148 稻葉岩吉(1933)의 川寧玄氏 武系에 대한 연구에서는 譯科 14人, 醫科 51人, 算科 25人, 雲科 10人, 律科 2人, 惠民署 1人, 도합 104명이 雜職에 종사하였다고 하여 필자의 조사와는 조금 다르다. 稻葉岩吉의 川寧玄氏 族譜圖는 朝鮮史 編修會 書記 玄陽燮氏 家藏의 玄氏族諸에 의한 것임을 논문의 끝에 明記하였다. 稻葉岩吉(1933)에는 玄武의 자손이 모두 284명 중에서 104명을, 玄龍은 180명 중 57명을, 玄虎는 168명 중 48명의 雜科 登科者를 내었다고 하였으나 숫자상의 차이가 발견된다.

149 川寧玄氏家는 肅宗 때의 譯科 合格者 514명중에서 13명을 배출하여 전체의 2.5%를 차지하고 金海金氏家의 13명과 함께 10位를 차지한다. 당시의 譯科 登科順으로 보면 全州 李氏 26명(5%), 密陽 卞氏 24명(4.7%), 慶州 金氏 21명(4.1%), 淸州 韓氏 19명(3.7%), 河東 鄭氏 19명(3.7%), 牛峰 金氏 18명(3.5%), 慶州 崔氏 18명(3.5%), 密陽 朴氏 17명(3.3%), 固城 金氏 15명(3.6%)의 순서를 보인다(金良洙,1983:43).

재명(玄在明), 현일(玄鎰) 등 용계(龍系)의 9대에 걸친 6인에 관련된 16종의 고문서로서 이를 정리하면 다음과 같다.[150]

㉮ 玄頊의 雜科白牌 -- 萬曆 丙辰(1616) 增廣試의 譯科에 제 1等 제 3인으로 입격한 白牌

㉯ 玄德宇의 雜科白牌 -- 崇禎 己卯(1639) 式年試 譯科에 제 2等 제 2인으로 入格한 白牌

㉰ 玄啓根(兒名 殷瑞, 冠名 敬躋)의 古文書

㉠ 童蒙 玄殷瑞를 사역원 倭學生徒로 入屬시키는 差帖(영조 6년, 1730)

㉡ 生徒 玄殷瑞를 前啣으로 陞差시키는 關文(영조 18년, 1742. 8)

㉢ 譯科初試에 合格한 후 父喪으로 覆試를 陳試하고자 要請한 所志(영조 20년, 1744)

㉣ 玄敬躋의 譯科倭學 試券(年紀未詳)

㉤ 玄敬躋의 乾隆丁卯(1747) 式年試 譯科倭學覆試 試券

㉥ 前僉正 玄敬躋가 啓根으로 改名하고자 하는 所志(영조 34년, 1758)

㉱ 玄煿(一名 玄熢)의 古文書

㉠ 乾隆癸巳(1773) 增廣別試 譯科 漢學 初試의 試券

㉡ 同 增廣別試의 覆試 試券

㉢ 同 增廣別試의 入格 白牌(第1等 第1人 壯元)

㉣ 資憲大夫知中樞府事의 祿俸을 표시하는 己巳年(1809)분 祿牌[151]

㉲ 玄在明의 告身 -- 玄在明이 漢學 訓上當上으로 正憲大夫行忠武衛副司正에 陞職된 教旨, 道光 2년(1822)

---

150 川寧玄氏 龍系에서 玄頊의 直系 後孫은 頊(漢學教誨, 通政) → 德宇(漢學教誨, 壽義同樞) → 珏(漢學奉事) → 尚夏(武科) → 深(判官) → 啓根(倭學教誨, 資憲知樞) → 玄鎰(漢學教誨. 資憲知樞, 縣監)의 9代로서 이중 珏과 尚夏(武科), 深의 3代만이 譯科에 登科하지 못했다.

151 祿牌에 대하여는 『경국대전』의 「祿牌」조에 "凡應受祿者, 每春孟朔給牌, 兵曹同"이란 기사를 참조할 것. 玄煿의 祿牌는 兵曹에서 받은 것으로 "兵曹奉教: 賜資憲大夫知中樞府事玄煿今己巳年, 第一科祿者, 嘉慶十四年 六月 日 判書 參判 正郎 手決"의 書式으로 되었다.

⑥ 玄鎰의 試券

㉠ 道光丁亥(1827) 增廣別試 譯科漢學覆試의 試券[152]

㉡ 文科試券(年紀未詳)

이상의 고문서로 살펴보면 천녕현씨 용계(龍系)의 현욱(玄頊) 이후 9대에 걸친 것인데 현계근(玄啓根), 현후(玄煿) 부자(父子)의 것이 가장 많고 그 후 재명(在明)과 일(鎰)의 4대에 집중되어 있는 것으로 보아 현일(玄鎰)의 후손 중에서 누군가가 이를 대대로 보전하여 온 것으로 보인다.[153]

6.2.2 현경제(玄敬躋)의 왜학 시권

국사편찬위원회(이하 '국편'으로 약칭)이 수집한 천녕현씨가(川寧玄氏家)의 고문서 중에는 현경제(玄敬躋)의 왜학 시권 2종이 포함되어 있어 이 시대의 역과 시행에 대한 귀중한 정보를 제공하여 준다. 즉, 현경제의 역과시권은 왜학초시의 대신으로 볼 수밖에 없는 것과([사진 4-12]) 또 하나는 정묘식년(丁卯式年) 역과복시(영조 정묘, 1747 시행)라고 명기된 역과왜학 복시의 시권([사진 4-13])이 포함되어 있다.

[사진 4-12]에서 보이는 현경제의 왜학 시권은 가로 61 × 세로 61cm의 두꺼운 저지(楮紙)에 쓰였으며 비봉(秘封)은 우측 하단에 거자의 신분과 성명을 기입하고 잘라서 말아 올려 근봉(謹封)한 흔적이 남아 있는데 신분은 지워졌으나 성명만은 남아 있다. 비봉 바로 좌측에 '八天'이란 연번호가 보이고 중앙 우측 하단에 '三下'란 평점의 결과가 보인다. 사자(寫字)는 소위 원간본 <첩해신어> 제5권의 26엽뒤 2행부터 동 27엽앞 1행까지 모두 5행을 서자(書字)하였다.

152 國史編纂委員會(1987)에는 年紀未詳으로 되어 있음.

153 國史編纂委員會(1983)에서는 이 古文書의 購入에 대하여 아무런 기록도 남기지 않았다.

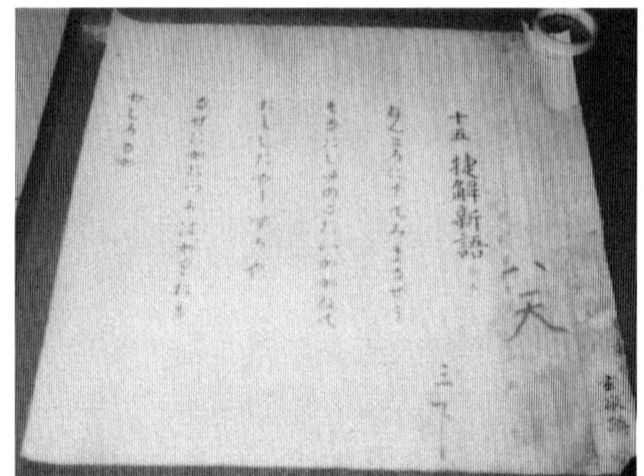

[사진 4-12] 현계근(玄啓根, 敬躋)의 역과 왜학초시 시권

[사진 4-12]과 비교하기 위하여 경진복각본(庚辰覆刻本) <첩해신어>의 이 부분을 옮겨 적으면 다음과 같다.

ねんころにヤてみまるせう
녕고로니뫁시떼미마루쇼유(극진히 엿ᄌᆞ와 보오리)

そなたしゆのこたいかかねておくしたやうすちや
소나다 슈 노고다잉가가녀데오구시따요우쓘쟈
(자ᄂᆡ네 ᄃᆡ답이 블셔 겁ᄒᆞᄂᆞᆫ 양이로ᄃᆡ)

なせにかたつら はかりおもわしらるか
나셰니가다주라 바가리오모와시라루까
(엇디 ᄒᆞᆫ편만 ᄉᆡᆼ각ᄒᆞ시ᄂᆞᆫ고)

이 시권의 답안을 <첩해신어>의 원문과 비교하면 거의 틀림이 없이 기재하였으나 그 평가는 '三下'이어서 별로 좋은 성적은 아니다.

6.2.3 영조 정묘(丁卯) 역과 왜학 복시(覆試)의 시권

다음의 [사진 4-2]에서 보이는 현경제의 역과복시 시권은 가로 109.5 × 세로 74.5cm의 두꺼운 저지(楮紙)로 되어 있으며 우측 상단에 비봉(秘封)이 있고 이어서 '丁卯式年譯科覆試'라고 쓰인 제첨(題簽)이 보인다. 그리고 바로 그 상단에 '율(律)'이란 천자문 순의 연번호와 관인(官印)이 찍혀 있다. 이 관인은 중단과 하단에도 찍혀 있어 시권을 바꾸거나 중간을 잘라내고 다른 것을 붙일 수 없도록 한 것이다. 시권은 상단에 우에서 좌로 '伊路波, 消息, 書格, 老乞大, 童子敎, 雜語, 本草, 議論, 通信, 鳩養物語, 庭訓往來, 應永記, 雜筆, 富士, 捷解新語, 經國大典'의 16종 왜학서가 기재되었다. 이것은 『경국대전』에 규정된 역과왜학의 사자(寫字)와 역어(譯語)의 출제서이며 그 후 『속대전』에 신증된 사자(寫字)의 왜학서로 <첩해신어>까지 모두 쓴 것이다.

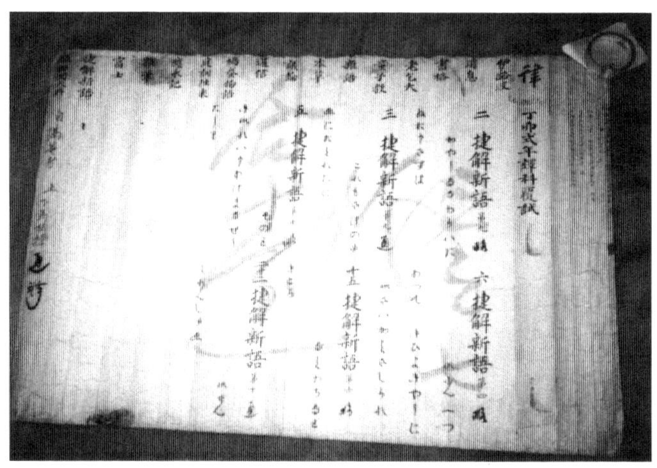

[사진 4-13] 현계근(敬躋)의 정묘식년 역과복시

그러나 실제 출제는 사자(寫字)에서 <첩해신어> 권제9(문제 번호 2, 3, 이하 같음)에서 2문제, 권제7(5), 권제4(6), 권제6(15), 권제10(22) 등 모두 6문제가 출제되어 서자(書字)되었다. 상단에 쓰인 16종의 왜학서 중에서 맨 끝에 보이는 역어의 출제 '번경국대전(飜經國大典)' 밑에 "自隔等者 止下馬相揖"이란 과제(科題)가 보이며 그 각각의 사자(寫字)의 출제서명과 역어의 과제 밑에 '통(通)·략(略) 조(粗)'란 채점의 결과가 묵서되어 있다. 다만 역어의 과제 밑에 보이는 채점의 결과인 '통(通)' 다음에는 시관(試官)의 수결(手決)이 별도로 쓰였다.

시권의 중앙에는 주서(朱書)로 '合'이란 글씨와 역시 시관(試官)의 수결(手決)이 보이고 '三~七'이란 성적이 역시 붉은 글씨로 표기되었다. 이 주서들은 이 시권이 3등 7인으로 합격하였음을 말하는 것이다.

6.2.4 현계근(玄啓根)의 출신 성분

이 시권의 비봉에 의하면 거자(擧子)의 신분과 성명, 나이, 본관, 거처를 알 수 있으며 이어서 거자의 사조(四祖)에 대하여 거자와의 관계, 신분과 이름, 본관(外祖의 경우)을 알 수 있는데 이를 옮겨 적으면 다음과 같다.

朝散大夫行司譯院副奉事玄敬躋 年二十二本川寧居京
父通訓大夫行司譯院判官深
祖禦侮將軍行釜山鎭管包伊浦水軍萬戶尙夏
曾祖朝散大夫行譯院副奉事珏
外祖崇祿大夫行知中樞府事李樞本金山

이에 의하면 이 시권의 작성자는 조산대부(朝散大夫, 從四品) 사역원 부봉사이며 이름은 현경제(玄敬躋)이고 나이가 22세, 본관은 천녕(川寧)이며 서울에 살고 있음을 알 수 있다. 거자의 부친은 현심(玄深)으로 통훈대부(通訓大夫, 正三品 堂下)에 사역원 판관(判官, 從五品)을 지냈고 조부는 무관으로 어모장군(禦侮將軍, 正三品 堂下)에 포이포(包伊浦) 수군만호(水軍萬戶)를 지낸 현상하(玄尙夏)이며 증조(曾祖)는 강희(康熙) 임인(壬寅, 1722)에 설과된 증광별시 역과한학에 급제한 현곽(玄珏)으로서 조산대부(朝散大夫)에 사역원 부봉사(副奉事, 正九品)를 지냈다. 또 이 비봉으로 현경제가 22세 되던 영조 정묘(丁卯, 1747)의 식년시에 부거(赴擧)한 것임도 아울러 알 수 있다.

6.2.4.1 현경제(玄敬躋)는 구명(舊名)을 은서(殷瑞)라 하였으나 이 이름은 천녕현씨(川寧玄氏)의 명자항렬(名字行列)에 맞지 않았다. 졸고(1988)에 보인 천녕현씨 용계(龍系)의 가계도[(표 2)에 의하면 용계(龍系)의 항렬자(行列字)는 "祥(上字), 獨名(玉변), 德(上字), 獨名(人변, 또는 雙字, 水변), 尙 또는 夏(上字 또는 下字), 獨名(水변), 啓(上字), 獨名(火변), 在(上字), 獨名(金변), 濟(上字), 獨名(木변)"의 순으로 바뀌어 갔는데 같은 천녕현씨 중에서도 호계(虎系)와 무계(武系)가 모두 달랐다. 무계(武系)의 명자항렬을 용계(龍系)와 비교해 보면 "祥(下字), 獨名(玉변)(以上 一致) 萬(上字, 龍系의 德), 夏(上字, 獨名), 文(上字, 夏), 載(上字, 獨名), 啓(上字, 龍系와 一致), 瑞(下字, 獨名), 光(上字, 在), 健(下字, 獨名)"의 순으로 바뀌어 갔다. 따라서 '은서(殷瑞)'의 서자(瑞字) 항렬은 현경제보다 하나 아래가 되므로 관명(冠名)을 경제(敬躋)로 고쳤다 그러나 경제(敬躋)도 천녕현씨의 항렬자에 맞지 않으므로 후일 '계근(啓根, 行列字 啓)'으로 바꾸었는데 이때의 개명소지(改名所志)가 현씨가(玄氏家)의 고문서에 남아 있다. 이 소지(所志)는,

> 前僉正玄敬躋
> 右謹言所志矣段矣 身名字有應避之嫌 改名啓根足如手 公座簿良中改塡事
> 　行以爲只爲行向敎是耳
> 提調 處分 手決 戊寅八月 日 所志[154]

라고 하여 현경제의 신명자(身名字)에 응피지혐(應避之嫌)이 있어 계근(啓根)으로 개명하니 공좌부(公座簿)에 개진(改塡)하여 달라는 소지(所志)다. 이 무인(戊寅, 1758) 8월의 소지는 『속대전』(권1) 「리조」 '개명(改名)'조에

154 이 所志는 國史館에 다른 川寧玄氏 古文書와 함께 소장되어 있다(國編. No. 19120).

"大小人員改名者, 其祖先或宗宰, 或罪人明白同名者外勿聽 - 대소인원의 개명은 그 선조, 또는 종가, 또는 죄인과 분명하게 같은 이름이 있지 않으면 허가하지 않다"란 엄격한 규정이 있음에도 불구하고 소지(所志)에 제조(提調)의 처분수결(處分手決)이 있어 허락되었음을 알 수 있다.[155]

6.2.4.2 현계근에 관하여 『역과방목(譯科榜目)』에는 건륭정묘(乾隆丁卯) 식년시의 입격자 중 3등 7인으로 다음과 같이 기재되었다.

> 玄啓根, 字晦伯, 丙午生, 本川寧. 倭學敎誨, 資憲知樞. 初名敬躋. 父譯判官深(『역과방목』권1 73뒤 1행)

이 기사에 의하면 현계근(玄啓根)은 병오(丙午, 1726)생으로 자(字)는 회백(晦伯)이며 왜학교회를 거쳐 자헌대부(資憲大夫, 正2品)에 지중추부사(知中樞府事, 正2品)에까지 품계(品階)가 올랐음을 알 수 있다. 그는 천녕현씨가에서 한학역관을 많이 배출한 용계(龍系)이었으나 일찍이 5세 때에 사역원에 입속하여 왜학생도가 된다.[156] 국사관(國史館)에 소장된 현씨가의 고문서에,

> 司譯院入屬事, 童蒙玄敃瑞, 身學生徒有闕本良中, 爲先入屬向事. 都提調提調合議定置有等以合下, 仰照驗施行須至帖者, 右帖下倭學生徒房
>
> 雍正 八年 十二月 日 正 手決 僉正 手決 以下 司譯院諸祿官銜名 手決[157]

---

155 『經國大典』(卷1) 「吏典」 '改名'조에 "凡改名者本曹啓, 移藝文館, 置簿給文"이라 하여 吏曹에서 啓請하여 藝文館에 移送하고 置簿한 다음 給文하여 이루어짐을 알 수 있다.

156 司譯院의 入屬 節次는 『통문관지』(卷2) 「勸奬」(第二) '入屬'조 "凡願屬之人, 呈狀于都提調坐衙日, 完薦試才許屬事. 受題後依署經之規, 以父母妻四祖具書單子及保擧單子, 呈干祿官廳. 祿官十五員備位會衙, 先見其內外妻四祖, 次見其保擧人完薦可否, 取其二結以下置簿許試. 試講於兼敎授坐起, 依栍高下, 隨闕塡差於四學生徒, 粘手決狀帖文成給, 而棒甘于該房錄案從仕"라고 明示되어 있다.

157 이 差帖의 右側 中段에 '玄敃瑞身學生'이라고 쓰인 行間에 冠名, 改名 啓根이란 흐

이라는 차첩(差帖)이 있어([사진 4-14] 참조) 옹정(擁正) 8년(1730) 12월에 현계근이 5세 때에 현은서(玄殷瑞)란 이름으로 사역원에 입속(入屬)하여 왜학생도방(倭學生徒房)에 보내졌음을 알 수 있다.[158]

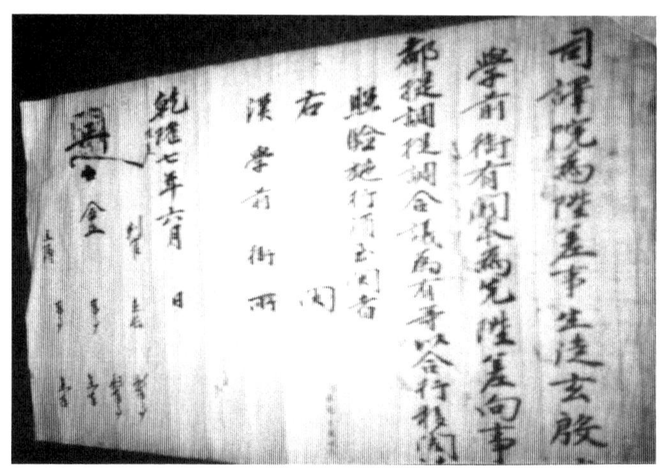

[사진 4-14] 현은서(玄殷瑞, 玄啓根)의 사역원 입속(入屬) 차첩(差帖)

그가 17세 되던 건륭(乾隆) 7년(1742) 6월에 그는 전함(前銜)으로 승차(陞差)하여 한학 전함소(前銜所)에 이관된다. 즉 국사관 소장 현씨가 고문서에 생도(生徒) 현은서(玄殷瑞)를 한학전함(漢學前銜)으로 승차(陞差)한다는 관문(關文)이 있다(國編 No. 19115).

전함으로의 승차는 『통문관지』(권2) 「권장」(第二) '승차(陞差)' 조에,

實預差生徒年壯, 願陞前銜者亦呈狀, 受題則除完薦, 試於兼敎授坐起, {以所讀本業} 從願陞差. 自他司移差者, 則因本衙門移文, 受都提調許屬手決, 而同新入屬例, 完薦可否, 然後試補於各學前銜. 依前粘手決狀, 帖文成

린 墨書가 보인다.

158 司譯院 生徒定額은 80人으로 이중 倭學은 15人이었다. 반면 預差生徒는 124人으로 倭學은 25人이었다. 『통문관지』(卷1) 「官制」 '原籍' '生徒·預差生徒'조 참조.

> 給, 而捧甘于該所, 錄案冠帶從仕 - 예차생도가 나이가 들어 전함으로 오르기를 원하면 역시 원하는 문서를 제출하여 수제(受題)하고 완천(完薦)을 면제하여 겸교수 좌기할 때에 시험하여 {본업서를 읽힌다} 원에 따라 승차하도록 한다. 다른 관사에서 이동하려면 이 아문(衙門)으로 문서를 옮기고 도제조로부터 입속 허가의 수결을 받으면 새로 입속하는 예에 따라 완천의 가부를 정하고 시험을 본 후에 각 학의 전함(前銜)에 보한다. 전례에 의하여 수결한 것을 풀로 붙여 첩문을 만들어 지급하고 해당 관소에 올리며 기록하고 관대(冠帶)하여 근무하다.

라는 규정이 있어 승차(陞差)의 과정을 알 수 있다.

현계근은 한학(漢學) 전함으로 승차하여 사학(四學)의 우어청(偶語廳)에서 한어를 학습하면서 취재에 선발되면 부경사행(赴京使行)이나 사역원의 녹직(祿職), 또는 위직(衛職)을 맡을 수도 있고 외임(外任)에 나아갈 수도 있어 한 사람의 역관(譯官)으로서 활약하게 된다.[159] 그러나 현계근이 왜학생도방(倭學生徒房)에서 일본어를 학습하다가 전함(前銜)으로 승차하면서 어찌하여 한학으로 바꾸었는지가 명확하지 않다. 다만 그의 가계(家系)는 주로 한어역관을 배출한 용계(龍系)로서 아버지인 심(深)과 그의 실제(實弟)인 계정(啓楨)과 계환(啓桓, 況에 養子됨), 그리고 아들 순(順)까지도 한학으로 출신하였다(졸고, 1988의 川寧玄氏 家系圖 참조).

6.2.4.3 사역원은 사대교린의 외교를 수행하면서 중국어의 한학(漢學)이 중심이 되어 인원과 대우에 있어서 다른 삼학(三學)에 비하여 한학은 특별한 대우를 받았다. 예를 몇 개 들면 역과(譯科)의 장원(壯元)은 항상 한학에 있었으며[160] 교수(教授, 從六品 參上官)도 한학에만 있었고 삼학(三學)

---

159 『통문관지』(卷1) 「官制」 '原籍' 조에 의하면 司譯院의 前銜官은 모두 273員으로 萬曆 癸酉(1573)에 受敎하여 定額한 것인데 漢學이 87員, 教誨가 23員, 蒙學 45員, 倭學 50員, 淸學 68員이었다.

160 『통문관지』(卷2) 「科擧」 조에 "以漢學爲壯元 餘從其分數次第出榜"이란 기록 및 본

에서는 훈도(訓導)만이 있었다. 특히 역과 선발인원은 다른 삼학에 비할 바가 아니어서 역과복시에서 한학은 13명, 기타 삼학은 각 2명이 정액(定額)이어서 모두 6명에 불과했었고 연산군 4년부터 고종 28년까지 394년간 역과에 등과한 2,839명 중 1905명이(67%) 한학 출신이었다. 이상의 여러 이유로 현계근은 왜학 생도방에서 일본어를 학습하였지만 전함(前銜)으로 승차하면서 본업을 바꾸어 보다 장래성 있고 유리한 한학을 택한 것으로 보인다.

6.2.5 현계근의 초시 입격과 진시(陳試)

현계근은 19세가 되던 건륭(乾隆) 갑자(甲子, 1744) 식년시의 역과초시 한학에 부거하여 입격하였는데 이 초시(初試)는 상식년(上式年, 1743) 가을에 시행되었을 것이나[161] 갑자년(甲子年) 5월에 부상(父喪)을 당하여 진시(陳試), 즉 시험을 연기할 것을 요청하였다.[162] 역시 현씨 고문서에 이때의 진시소지(陳試所志)가 남았는데 이를 옮겨 적으면 다음과 같다.

> 譯科初試擧子喪人玄敬躋,
>
> 右謹言所志矣段矣, 身今甲子式年譯科初試, 以漢學擧子入格矣. 五月分遭父喪是如乎, 依例陳試事後考次立旨, 成給爲只爲行下向敎是事
>
> 禮曹 處分 手決 依法典
>
> 甲子 十月 日 所志

이 소지(所志)에 의하면 현경제는 갑자식년(甲子式年) 역과초시에 한학으로 입격하였으나 부상(父喪)을 당하여 복시(覆試)에 부거함을 진시(陳

서의 第3章 참조.

161 『增補文獻備考』(卷186) 「選擧考」3 '科制'3에 "經國大典至是始, 命領行諸科三年一試, 前秋初試, 春初覆試殿試。"라는 기사 참조.

162 陳試란 初試나 鄉試에 入格한 擧子가 親喪 등의 이유로 會試에 赴擧하지 못할 때 다음 科試의 會試에 應科할 수 있도록 연기함을 말하는 것이다.

試)하겠다는 것이며 법전에 의거하여 허가되었음을 알 수 있다.

그러나 다음 식년시인 건륭(乾隆) 정묘(丁卯, 1747)에는 역과왜학(譯科倭學)의 복시(覆試)에 응과하여 입격하였다. 초시(初試)에는 한학(漢學)에 입격하고 복시(覆試)에는 왜학(倭學)에 부거하는 것이 가능한지는 모르겠지만 3년상(喪)을 치르면서 한학복시에 대한 준비가 안 되어 원래의 본업이었던 왜학에 응과한 것으로 보인다. 문제는 초시는 한학에 입격하고 복시는 왜학에 부거할 수 있는가 하는 것인데 이때에 우리의 관심을 끄는 것은 전기한 현경제의 또 하나의 왜학 시권이다([사진 4-12] 참조).

[사진 4-12]의 왜학 시권은 아무런 제첨(題簽)이 없어 어느 때 어떤 역과왜학에서 작성된 것인지 알 수 없다. 진시(陳試)가 허가되었지만 현계근은 이미 이때에 왜학으로 돌아갈 것을 결심하고 정묘(丁卯) 식년시의 역과왜학 초시에 다시 응과한 것으로 생각된다. 그러나 이미 갑자년 식년시의 초시에 입격하였기 때문에 정식으로 초시를 보지 않고 별도 사자(寫字) 시험을 본 것으로 보이며 그 때문에 '정묘식년역과초시(丁卯式年譯科初試)'라는 제첨이 빠져 있지 않은가 한다.[163] 그러나 이에 대해서는 또 다른 자료가 발견되어 이 사실을 뒷받침하기 전까지는 불명으로 둘 수밖에 없다.

6.2.6 현계근의 복시(覆試) 입격과 역관 활동

현계근은 영조 23년(1747) 정묘(丁卯) 식년시 역과 복시에서 왜학에 부거하여 제3등 제7인으로 입격하였다. 즉, 현계근(玄啓根)의 이름이 『역과방목(譯科榜目)』(권1)의 건륭(乾隆) '정묘식년(丁卯式年)'조에 15번째로 기록되어(1等 3人, 2等 5人, 3等 11人) 제3등 7인으로 입격하였음을 알 수 있고 현씨가 고문서에 소장된 이 복시의 시권에 '三~七'이란 묵서(墨書)가 이를

163 이보다 24년 후인 英祖 辛卯式年試의 譯科漢學에는 初試의 試券에 '來辛卯式年譯科初試'라는 題簽이 있고 道光甲辰增廣別試(1844)의 淸學初試에 赴擧한 白完培의 試券에도 '今甲辰增廣別試譯科初試'라는 題簽이 보인다(졸고, 1987a, c).

말하고 있다([사진 4-13]참조).

그 후 그는 중진 왜학역관으로 활약하였다 영조 39년(1763, 癸未)에 관백(關白) 미나모토 이에시게(源家重, 德川家重)이 퇴휴(退休)하고 그의 아들 미나모토 이에하루(源家治, 德川家治, 第9代 將軍)가 신립(新立)한 것을 축하하기 위하여 통신사를 보냈는데 이때에 그는 압물통사(押物通事) 장무관(掌務官)으로 일본을 다녀왔다.[164] 이 사행에서 그는 대단한 활약을 한 것으로 보이며 조엄(趙曮)의 『해사일기(海槎日記)』 계미(癸未)년 12월조 기사에,

> 十六日戊戌, 朝微雪, 陰寒西北風. 留藍島, 兩國言語之相通, 全賴譯舌, 而隨行十人達通彼語者甚鮮, 誠可駭然, 此無他. 倭學生涯比益蕭條, 朝家勸懲近亦練虜故耳. 首譯輩以爲倭語物名冊子, 譯院亦有之, 而以其次次謄謄之, 故訛誤旣多. 且彼人方言, 惑有變改者, 舊冊難以盡憑. 趁此日對倭人時, 厘正其訛誤, 成出完書而習之. 則方言物名庶可洞知, 如是則與彼人酬酌之際, 必無所礙云, 故三使相議, 許其厘正, 以玄啓根、劉道弘定爲校正官, 使首譯而董飭之, 未知可能作成書否也. - [12월] 16일 무술(戊戌), 아침에 눈이 조금 오다. 흐리고 추우며 서북풍이 불다. 아이노시마에 머물다. 양국의 언어가 상통하는 것은 전부 역관들에 의지하는데 수행하는 10인이 그쪽 언어에 달통한 사람이 매우 적어서 참으로 놀라울 뿐이다. 왜학생이 점점 더욱 적어져서 조정에서는 힘들여 권징(勸懲)할 뿐이다. 수역배들이 <왜어물명>이란 책자를 가졌는데 사역원에도 또 있는 것이지만 여러 번 베껴 써서 틀린 것이 많다. 또 그쪽 말이 변개(變改)된 것이 있어서 옛날 책으로는 의자할 수가 없다. 이날에 이르러 왜인들을 만날 때에 잘못된 것을 고쳐서 완전한 책을 만들어 배우게 하면 그 말의 물명을 모두 알 수 있으며 그쪽 사람들과 수작할 때에 막히는 곳

164 『통문관지』(卷10) 「紀年」 '續編' '英宗大王 39年 癸未'조에 "[前略] 關白源家重退休, 其子源家治新立請賀使, 遣趙曮、李仁培、金相端, 通信役將發送, 緣由具咨順付咨官"이란 記事와 이때의 使行에 대하여 기록한 趙曮의 『海槎日記』 및 南玉의 『日觀記』 참조.

> 이 엇을 것이다. 삼사(三使)가 상의하여 그 고칠 것을 허락하니 현계근과 유도홍으로 교정관을 삼아 수역들로 하여금 감독하게 하였는데 능히 책을 완성할 수 있을지 없을지는 알 수 없다.

라 하여 삼사(三使)가 상의해서 현계근과 유도홍(劉道弘)을 교정관으로 삼아 왜어물명(倭語物名)이란 책자를 고치게 하였음을 알 수 있다. 이 때의 '왜어물명'은 <왜어유해>의 조본임을 앞에서 살펴보았다(安田章, 1986). 이 책자는 그 때까지 간행하지 않고 번등(飜謄)해서 사용하였던 것을 교정한 것이라고 생각된다. 그러나 현계근의 교정도 하나의 책으로 간행될 수 있을 정도의 것은 아니었던 것임을 상기 기사의 말미에 "未知可能作成書否也 - 능히 책으로 될 수 있을지의 가부는 알 수 없다"는 기사로서도 추찰할 수 있다.

사역원 역서의 이정(釐正)은 교회(敎誨)가 담당한 임무로서 대전의 『후속록』(1543)에서 정식으로 설치된 등제(等第, 赴京遞兒職)의 하나에 교회(敎誨)가 들어있다.[165] 정원은 23원이며 그중 어전통사 8원, 교회 전함(前銜) 15원으로 구분된다. 이 교회(敎誨)는 사역원에서 외국어를 교육하는 교사들을 말하는 것으로 가장 우수한 역관을 선발하였다. 사역원에서 훈상당상(訓上堂上)이나 상사당상(常仕堂上), 또는 당상별체아(堂上別遞兒)와 같은 당상역관이 되려면 반드시 교회(敎誨)를 거쳐야 한다. 부경체아직(赴京遞兒職)의 교회는 사계삭(四季朔)에 서도고강(書徒考講)을 통하여 매 사행에 4체아를 중국에 가는 사행에 포함시켰는데 1체아는 역학서의 난구(難句) 불명어(不明語)를 질문하기 위한 것이고 또 하나는 황력자관(皇曆咨官)으로 매년 차송(差送)하였다. 남은 2체아는 세폐(歲幣)나 세폐미(歲幣米)를 영거(領去)하기 위하여 절행(節行)에만 차송하였다.[166]

---

165 『속대전』(권3) 「奬勸」 '年少聰敏' 조 참조.

166 『통문관지』(권1) 「沿革」 '官制' '等第敎誨' 조에 "敎誨二十三員, {載大典後續錄 額內} 御前通事八員, 敎誨前御十五員, 院中極選之地. 訓上及堂上別遞兒, 必以經是任者爲之. 御前有司猛一窠, 敎誨有司猛一窠, 四季朔書徒考講, 付赴京四遞兒. 一則質

왜학교회(倭學敎誨)도 『후속록(後續錄)』에서 규정한 것이며 정액은 10원이고 신사시(信使時) 상통사(上通事)로 2체아, 도해시(渡海時)[167] 1체아(혹 2체아)를 안차(按次)하여 차송하고 연례 출사(出使)에는 1체아, 일특송사(一特送使), 부특송사(副特送使)의 예단뇌거(禮單賚去)를 위하여 1체아, 재판차왜(裁判差倭)의 차비관으로 1체아, 도합 3체아를 역시 안차로 차송하였다.[168]

현계근이 영조 때의 계미통신사행(癸未信使行)에서 압물통사(押物通事) 장무관(掌務官)임에도 불구하고 삼사(三使)가 왜어물명의 이정(釐正)을 명한 것은 이 사행의 수역(首譯)인 최학령과 차상통사인 최수인이 <첩해신어>의 제2차 개수(改修)에 전념하고 있었기 때문으로 보인다. 즉 통신사행의 교회(敎誨)직을 맡고 있던 이 두 사람은 영조 무오(戊午, 1748)에 제1차 개수가 끝난 <첩해신어>를 다시 수정하여 제2차 개수본을 준비하고 있었으며 이때에 수정된 제2차 개수본은 왜언대자(倭諺大字)까지 자법(字法)에 맞도록 수정하여 사력(私力)으로 인행하였다. 또 교회(敎誨)의 직에 있지 않았던 현계근, 유도홍이 이정(厘正)한 왜어물명은 귀국 후에 책으로 간행되지 않고 후일 한정수(韓廷修)에 의하여 수정되어 1780년대 초에 <왜어유해>란 이름으로 간행되었다(졸저, 1988).

그 후 현계근은 순조롭게 승진하여 교회(敎誨)의 직을 거쳐 당상역관이 되었으며 정조 경자(庚子, 1780)에 다시 도해(渡海)하여 대마도에 가게 된다. 즉 『증정교린지(增正交隣志)』(권6) 정종(正宗) 4년 경자(庚子)조에 "正宗四年庚子 關白家治信者君死, 島主義帳死, 子義功承襲, 遣堂上崔鳳齡、玄啓根, 堂下卞世謙, 致賀兼弔慰 - 정조 4년 경자에 관백 이에하루(家治)가

問每行差送, 一則黃潛賚咨官, 每年差送. 一則歲幣領去, 一則歲幣米領去, 皆只差於節行. 而米遞兒順治辛丑權減, 康熙癸亥本廳上言複舊"라는 기사 참조.

167 '信使時'란 江戶 幕府까지 가는 通信使行을 말하고 '渡海時'란 역관들이 對馬島 島主를 만나러 가는 것을 말한다.

168 『통문관지』(卷1) 「官制」 '等第' '倭學敎誨'조에 "倭學敎誨十員, {載大典後續錄} 有司猛二窠及御前司勇一窠, 四等試才付. 而司勇則本學訓上無祿遞兒, 故自前借付. 康熙丁丑藥泉南相國啓, 移于訓上赴京一遞兒只於節行, 與聰敏交差, 丙亂後權減. 順治癸巳複舊, 信使時上通事二遞兒, 渡海時一遞兒或二遞兒, 并接次差送. 年例出使, 一特送使副特送使, 禮單賚去, 及裁判差倭差備官等三遞兒, 亦按次差送"을 참조.

죽고 대마도주 요시나가(義暢)도 죽었으며 아들 요시카쓰(義功)가 뒤를 이었으매 당상역관 최봉령과 현계근, 그리고 당하역과 변세겸으로 하여금 축하와 조위를 표하게 하다."라는 기사가 있어[169] 현계근이 당상역관으로서 치하겸조위사(致賀兼弔慰使)로 대마도에 갔었음을 알 수 있는데 그의 나이 55세 때의 일이다.

이때 현계근은 최봉령(崔鳳齡)과 함께 대마도주(對馬島主)에 보내는 예조참의(禮曹參議)의 하서(賀書)와 위서(慰書), 그리고 관백(關白)에게는 조서(弔書)를 전하였다. 정조 5년(1781) 12월에 왜학 훈상당상에 잉자(仍資)되었고 정조 8년(1784) 10월에 자헌대부(資憲大夫)에 가자(加資)되었다. 정조 10년(1786)에는 지중추부사(知中樞府事)에 올랐다. 그는 정조 20년(1796)에 받은 정이품(正二品)의 녹패(祿牌)가 있어 70세인 이때까지 생존하였음을 알 수 있다.

3) 현계근 왜학 시권의 출제와 채점

6.3.0 앞에서 살펴본 현계근(玄啓根)의 왜학 시권([사진 4-12])은 <첩해신어>의 소위 원간본 권제오(卷第五) 26뒤 2행부터 27앞 1행까지 6행을 사자(寫字)한 것이다. 현계근이 역과에 부거한 영조 정묘(丁卯, 1747)에는 아직 <첩해신어>의 제1차 개수도 이루어지지 않았던 때이다. 즉, 이 책의 1차 개수는 영조 23년(1747)에 홍계희(洪啓禧)를 정사(正使)로 하여 에도막부(江戶幕府)의 미나모토 이에시게(源家重)의 신립하사(新立賀使)로 갔었던 정묘(丁卯) 통신사행을 수행한 최수인과 최학령이 이개(釐改)한 것이라 아직 개정이 이루어지기 전임을 전술하였다.

따라서 현계근이 응과한 정묘(丁卯) 식년시의 역과왜학에서는 원간

---

169 같은 기록이 『통문관지』(卷10) 「紀年」 續編 71b 3行에 "島倭奉書禮曹告: 關白嗣子家基身死, 遺崔鳳齡玄啓根等問慰, 及慰島主平義暢身死, 義功新立致賀"라는 기사에도 나타난다. 이에 의하면 對馬島에서 禮曹에 告訃가 있었던 것으로 보이며 崔·玄 두 堂上譯官이 對馬島의 義功에게 致慰·致賀의 사절로 파견되었음을 알 수 있다.

본 <첩해신어>, 더 정확히 말하면 교서관의 활자본을 저본으로 하여 이를 정판하여 복각한 목판본(庚辰覆刻本) <첩해신어>에서 출제되었을 것으로 보인다. 이 판본은 전 10권 3책으로 1책은 고려대 만송(晩松)문고에, 그리고 2책은 산기(山氣)문고에 소장되어 있다.

[사진 4-13]에서 본 정묘(丁卯) 식년시 역과복시의 현계근 왜학 시권에는 <첩해신어>의 권9에서 2문제, 권7, 권4, 권6, 권10에서 각 1문제, 모두 6문제가 출제되어 사자(寫字)되었다. 이것은 지금까지 발견된 다른 2학, 즉 청학(淸學)과 몽학(蒙學)의 시권에서 모두 7문제가 출제되어 사자(寫字)된 것과는 조금 다른 모습을 보인다(졸고, 1987a, b). 물론 이것은 전술한 대로 한학팔책(漢學八冊)에 준한 것이나 실제로 역과 한학(漢學)에서는 7문제가 출제된 일이 없었다(졸고, 1987c). 그러나 이것은 『통문관지』(권2) 「과거」 '왜학팔책(倭學八冊)' 조에 "捷解新語, 飜經國大典. 捷解新語十卷中, 抽七處寫字, 大典飜語同漢學 - [과시서(科試書)는] <첩해신어>와 '번경국대전이다. <첩해신어> 10권 가운데 7곳을 뽑아 사자(寫字)하면 대전의 번역은 동일하다"라는 기사에 의하면 <첩해신어> 10권 중 7곳을 뽑아 사자하고 『경국대전』을 번역하는 것은 한학(漢學)과 같았음을 말하고 있으나 이 규정과도 맞지 않는다. 다만 역과 한학(漢學)에서는 복시(覆試)에서 대체로 6문제가 출제되었다.

6.3.1 현계근 복시(覆試)의 출제와 답안

먼저 첫째 문제는 <첩해신어> 권제구(卷第九)에서 출제되었다.

二. 接解新語 第九 - がやうなゐわらいたねおさすは

이것은 경진복각본(庚辰覆刻本) <첩해신어>의 '제9 11뒤 4~5행을' 사자(寫字)한 것으로 복각본에서 이를 옮겨보면 다음과 같다.

がやうなゐわらいたねおさすは

가요우나루와라이다녀오산숨바(이러탓 흔 우음 바탕을 니르디 아니면)

둘째 문제도 <첩해신어> 권제9에서 출제되었다.

三. 捷解新語 第九 - これもさけのゆゑにおくれたに

이것은 경진복각본 <첩해신어>의 제9 7뒤 2~3행을 사자(寫字)한 것으로 원문을 옮겨 보면 다음과 같다.

これもさけのゆゑにおくれたに
고레모사계도유예니오구레따니(이도 술의 타ᄉᆞ로 미덧습더니)

셋째 문제는 <첩해신어> 권7에서 출제되었다.

五. 捷解新語 第七 - そのときおれいあけまるせうたうり

이것은 경진복각본 <첩해신어>의 제7 14뒤의 5행부터 15앞의 1행까지 寫字한 것이다

そのときおれい申 あけまるせうたうり
소노도기오레이목시앙계마루쇼우도우리 (그저긔 御禮 ᄉᆞᆯ올 줄을)

넷째 문제는 <첩해신어> 권4에서 출제되었다.

六. 捷解新語 第四 - ごぶんへつあってきひよきやうにございかくさしられ

이것은 경진복각본의 제4 3앞의 3행~6행을 사자(寫字)한 것이다.

ごぶんへつあって　　きひよきやうに

오ㄱ훔뻬쭈안데(분별 두셔)　　기비요기요우니 (氣米됴케)

ございかくさしられ

오ㄱ사이가구사시라레(직간 ᄒᆞ옵소)

다섯째 문제는 <첩해신어>의 권6에서 출제되었다.

十五, 捷解新語 第六 - なくわちなときころ

이것은 경진복각본의 제6 12앞 2~3행을 사자(寫字)한 것이다.

なくわちなときころ

낭과지난도깅고로(아므ᄃᆞᆯ 아므ᄯᅵ)

여섯째 문제는 권10에서 출제되었다.

二十三. 捷解新語 第十 - ごせんくわんしゆゑ

이것은 경진복각본의 제10 4뒤 5 ~ 6행을 사자(寫字)한 것이다.

ごせんくわんしゆゑ

오ㄱ셤관슈예(御僉官衆에)

이상 6문제를 답안과 경진복각본 <첩해신어>의 해당 부분을 비교하면 거의 틀림없이 사자(寫字)되었다. 그러나 채점은 매우 엄격하여 첫째 문제가 략(略), 둘째 문제가 통(通), 셋째, 넷째, 그리고 다섯째 문제는 모두 략(略)이고 여섯째 문제는 통(通)으로 모두 략(略)이 4개, 통(通)이 2개로 모두 8분(分)의 분수(分數)를 얻었다.[170]

6.3.2 역과 왜학의 역어(譯語) 채점

다음으로 역어(譯語)의 채점을 살펴보기로 한다.

상술한 『통문관지』(권2) 「역과」 '왜학팔책(倭學八冊)'조에 의하면 왜학(倭學)의 역과(譯科) 출제는 <첩해신어>에서 '抽7處', 즉 7곳을 뽑아하여 사자(寫字)하고 역어(譯語)는 『경국대전』을 번역하는 것으로 한학(漢學)과 동일하다고 하였다.

역어의 출제는 사역원 사학(四學)이 모두 『경국대전』을 번역하였으며 문신(文臣)인 시관(試官)은 이 번역을 판단할 수 없으므로 참시관(參試官)인 해당 언어의 훈도(訓導)가 전어하여 채점하였다(試官 및 參試官에 대하여는 전술한 것을 참조하기 바람). 즉, 한학은 참상관(參上官, 2員 敎授)이 시관(試官)이 되지만 왜학과 기타 몽학, 청학은 훈도가 참시관(參試官)이 되어 대전의 번역을 시관(試官)에게 전어(傳語)하여 평가하도록 규정되었으나 실제는 참시관이 이를 채점한 것으로 보이는데, 유독 역어(譯語)의 출제인 '번경국대전(飜經國大典)'에만 분수(分數)의 채점 밑에 수결(手決)을 둔 것이 이를 말하여 준다.

이 시권의 역어 출제는 상단 우에서 좌로 쓴 14종의 왜학서의 서명 말미에 '飜經國大典'이라 쓴 아래에 '自隔等者 止下馬相揖'이란 과제(科題)가 바로 그것이다. 이것은 『경국대전』(권3) 「예전」 '경외관상견(京外官相見)'조에

> 京外官相見, 隔等者, {如五品於三品之類} 就前再拜, 上官不答, {差等則答拜} 揖禮則隔等者就前揖, 上官不答 {差等則答揖} 道遇則下官下馬, 上官放鞭過行, {差等則下馬相揖} 同等者馬上相揖, 堂上官則雖隔等幷下馬相揖

---

170 譯科에 寫字나 譯語에서 '通·略·粗'의 採點 基準과 分類는 『경국대전』(卷3) 「禮典」 '諸科講書'조에 규정되었으며 이에 대해서 졸고(1987a)나 이 책의 제1장 총론을 참조할 것.

이라는 규정이 있는데 이것을 '隔等者'로부터 '下馬相揖'까지, 즉 '경외관상견' 항목의 전문을 임문(臨文)하여 번역하라는 것이다.

이 부분은 역과의 역어(譯語)에서 자주 출제되었던 것으로 건륭(乾隆) 기유(己酉, 1789) 식년시의 역과복시 한학(漢學)에서도 이 부분이 출제되어 이때에 부거한 유운길(劉運吉)의 시권에도 같은 과제(科題)가 보인다(졸고, 1987c 및 제2장 참조). 이 역어(譯語)의 평가는 '통(通)'을 받았으며 그 밑에 수결(手決)을 두었음은 상술한 바 있다.

6.3.3 시권의 성적과 분수(分數), 등수

현계근의 정묘식년(丁卯式年) 역과복시의 왜학 시권에 보이는 출제와 그 채점을 종합하여 보면 모두 7문제에 통(通)이 3개, 략(略)이 4개로 모두 10분(分)을 받았으며 14분(分) 만점(滿點)에 71%의 성적으로 합격한 것이다. 이것은 앞에서 살펴본 한학(漢學) 시권의 성적에 비하여 아주 우수한 것이었으나 이 분수(分手)로 겨우 3등 7인으로 합격하였으니 역시 왜학(倭學)에 차별이 있었음을 알 수 있다. 이것은 현계근의 아들 현후(玄煟, 烓)가 7분의 분수를 받아 1등 1인의 장원급제(壯元及第)하였음과 비교하여 볼 때 역시 한학과 기타 삼학(三學)과의 차별이 있었음도 알 수 있다.

끝으로 각 문제에 붙어 있는 머리 번호에 대하여 간단히 살펴보기로 한다. 출제서인 <첩해신어>의 위 부분에 쓰여 있는 '二, 三, 五, 六, 十五, 二十二' 등의 숫자는 추첨할 때 붙인 문제 번호로 보이며 이것은 다른 역과(譯科)에서도 모두 발견된다(졸고, 1987a, b, c). 따라서 역과의 각 출제서에 출제 분량만큼 구분하여 번호를 매긴 다음 이를 추첨하여 과시(科試)하는 방식을 택한 것임을 알 수 있다. 출제의 공정성을 도모하기 위한 수단으로 보인다.

6.3.4 현계근 역과 왜학 시권의 의의

이상으로 영조 정묘(丁卯) 식년시 왜학에 부거한 현경제(玄敬躋, 啓根)의 시권을 중심으로 조선시대에서 외국어 교육인 역학과 역과왜학, 그리고 왜학서의 변천 과정을 살펴보았다.

이 땅에서 외국어 교육을 국가적으로 실시한 것은 삼국시대에까지 거슬러 올라갈 수 있으며 적어도 8세기경에는 중국어 교육을 전담하는 기관이 신라에 있었음을 논술하였다. 일본어의 교육도 신라에서 이미 공식적인 기관을 두고 실시되었으며 이들을 시험하여 관리로 등용하던 제도도 이 시대에 마련된 것으로 보인다. 조선시대의 잡과(雜科)는 고려의 동당시(東堂試) 잡업과(雜業科)에서 연원(淵源)한 것이지만 역과(譯科)는 여기에 포함되지 않았음을 밝혔다. 조선에 들어와서 통사과(通事科)와 한이과(漢吏科)를 두어 칠과입관보이법(七科入官補吏法)에 의거하여 중국어와 몽고어의 통사(通事)를 선발한 것이 역과의 시작으로 보인다. 조선의 건국 초기에 설치된 통사과와 한이과가 『경국대전』에서 역과로 통합되어 중국어와 몽고어 외에 일본어, 여진어, 후일의 만주어의 시험이 과거에서 있게 된 것이다.

『경국대전』 이전의 여말(麗末)이나 선초(鮮初)에는 역관들의 출신을 위한 과거는 없었으며 취재(取才)에 의하여 필요한 인원을 선발하여 임용하는 기술직에 불과하였다. 특히 고려조에서는 역관을 설관(舌官)이라 불러 매우 천시하였으며 고려조의 후기에 통문관(通文館)을 설치하고 금내학관(禁內學官)에게 한어와 한이문(漢吏文)을 교육하기 전까지는 설인(舌人)들은 미천한 계급이 담당하였다.

조선조의 건국과 더불어 처음부터 역관의 중요성이 강조되었으며 그 지위도 격상되었다. 『경국대전』 에 이르러서는 역관을 선발하는 역과(譯科)가 다른 잡과(雜科)의 선두에 서게 되었으며 사역원에 사학(四學)이 완비되어 중국어, 몽고어, 일본어, 여진어 후일 만주어의 교육이 국가기관에서 이루어지게 되었다. 특히 일본어와 만주어는 왜(倭)·호(胡) 양란(兩亂)을 거치면서 그 중요성이 높아져 사역원에서 이 두 언어의 교육이 강조되었고 왜학 역관이나 청학 역관의 지위도 향상되었다.

이러한 조선시대의 외국어 교육정책은 많은 외국어 학습서를 편찬하게 하였으며 이 학습서들은 언어의 변천과 더불어 끊임없이 개편되었는데 이 역학서 자료들은 오늘날 해당 언어와 국어의 역사적 연구에 중요한 자료로서 각광을 받고 있다.

여기서는 영조 정묘(丁卯, 1747)에 실시한 역과의 현경제(玄敬躋) 왜학시권을 근거로 하여 일본어 교육과 왜학서의 변천을 살펴보았고 이 시권의 출제, 채점, 시식(試式) 등을 고찰하여 역과 왜학의 실제적인 모습을 살펴보았다. 이와 함께 국사편찬위원회에서 수집한 천녕현씨가(川寧玄氏家)의 고문서에 대하여 살펴보았으며 많은 의(醫)·역관(譯官)을 배출한 현씨가의 가계를 살핌으로써 조선조의 중인계급인 역관이 어떻게 사역원에 입속하여 일본어를 학습했으며 어떻게 역과를 통하여 출신하고 한 사람의 역관으로서 어떤 삶을 살았는가를 고찰하였다. 즉, 현계근(玄啓根, 敬躋)을 통하여 조선조 후기의 왜학역관이 어떤 임무를 수행하고 사회적 신분은 어떠하였는가를 밝히고자 한 것이다.

실제로 당시 역과왜학의 복시(覆試)가 <첩해신어>의 경진복각본(庚辰覆刻本) 전십권에서 6곳이 추첨되어 출제되었으며 『경국대전』을 번역하는 역어(譯語)의 문제도 출제되었음을 밝히고 이 각각의 출전을 분명히 하였다. 이 시권의 평가는 매우 엄격하여 거의 원문과 동일하게 사자(寫字)하였지만 71%의 성적밖에 얻지 못하였으며 또 이성적으로 겨우 3등 7인에 입격한 것으로 보아 역과에서 왜학(倭學)이 한학(漢學)에 비하여 차별이 있었음을 알 수 있었다.

제4장의 연구는 어디까지나 국어의 역사적 연구에서 중요한 자료로 이용되고 있는 사역원 역학서, 특히 그 중에서도 왜학서의 변천과 그 자료적 특성을 살피기 위하여 쓰인 것이다. 따라서 당시 중인계급의 하나이었던 역관들의 사회적 신분이나 정치·경제적 역할에 대하여는 깊은 연구가 이루어지지 못하였다. 더욱이 역과왜학의 실제 모습을 보여주는 시권도 현재 하나밖에 발견되지 않았기 때문에 여기에서 논의된 것이 많은 문제점을 가지고 있다. 임진 이전의 시권(試券)자료는 현재 하나도 발견되지 않아서 조선시대 전반을 통한 실제 모습도 분명하게

알 수 없다.

그런 의미에서 이 연구는 하나의 시도에 불과하며 앞으로 이 방면의 많은 연구가 계속되기를 바라 마지않는다.

제5장

청학서 및 여진학서

제5장 목차

1. 들어가기

1.0.0 사역원의 만주어 학습은 병자호란(丙子胡亂) 이후의 일로서 그 전에는 사역원의 사학(四學)으로 여진어를 교육하였다. 여진족(女眞族)은 흑수말갈(黑水靺鞨)의 일족으로 만주의 길림성(吉林省), 흑룡강(黑龍江) 유역과 한반도의 함경북도 동북부 지역에 살고 있던 야인(野人)이라 불리던 종족을 말한다.

고려 초기에는 이들이 고려에 잘 복속하였으며 그들이 세력을 길러 금(金)나라를 세운 후에도 고려와의 관계는 나쁘지 않았다. 그러나 몽고족에 의하여 금(金)이 패망한 후에는 이들이 몽고의 세력에 밀려 자주 조선을 침범하였고 조선 초기에는 여진족과 크고 작은 많은 접전이 있었다. 광해군 8년(1616)에 청(淸) 태조 누르하치(弩爾哈赤)가 후금국(後金國)을 세워 만주를 통일하자 여진족은 후금(後金)에 흡수되었고 조선과의 관계는 후금(後金), 후일의 청(淸)이 대신하게 되었다.

고려나 조선 초기에는 여진족과의 교류가 역사적으로, 또는 지역적 인접성으로 보아 빈번하지 않을 수 없었으며 이들과의 접촉에서 통역의 필요성이 있었다. 여진어의 학습은 고려나 조선의 건국 초기에 이르기까지 통문관(通文館), 사역원(司譯院) 등의 중앙관서에서 공식적으로는 이루어지지 않았던 것으로 보인다. 즉, 고려 말에 설치된 통문관(通文館)이나 그 후에 개명된 사역원(司譯院), 한문도감(漢文都監)이 주로 중국어의 학습 기관이었으므로 고려시대에 여진어의 교육은 없었다. 조선 초기에 복설된 사역원도 한어 학습으로 시작하여 몽학(蒙古語), 왜학(日本語) 등이 차례로 설치되었으나[1] 여진어 학습의 여진학(女眞學)은 세종 때까지 공식적으로 사역원에서는 없었던 것으로 보인다.

1.0.1 여진족은 고유한 문자를 갖지 않았다가 아구타(阿骨打)가 여진족

---

1 이에 관해서는 본서의 제1장 총론이나 鄭 光·韓相權(1985)을 참조할 것.

의 세력을 모아 금국(金國)을 건국하고 금(金)의 태조가 된 다음에 요(遼)의 거란(契丹) 문자를 본 떠서 한자와 유사한 표의문자를 만들었으며 후일 이를 보완하는 표음문자를 만들었다. 이 여진문자는 금(金) 태조 천보(天輔) 3년(1119)에 왕의 명으로 완안희윤(完顔希伊, 한자명 谷紳)으로 하여금 한자와 거란문자를 절충하여 만든 것이 있고 금(金) 희종(熙宗)이 천권(天眷) 원년(1138)에 다시 여진자를 만들어 희윤(希伊)의 것과 병행토록 하였다. 후자를 여진소자(女眞小字)라고 하고 전자를 여진대자(女眞大字)라고 불렀다.

함경북도 경원(慶源)에 여진자로 된 비(碑)가 있어 이 문자들이 실제로 고려에서도 사용되었음을 보여준다. 즉, 여진자를 고려에서 학습하였음은 이 것 이외에도『고려사』(권22) 고종 12년 을유(乙酉)조에 "六月辛卯, 王如奉恩寺, 東眞人周漢投瑞昌鎭, 漢解小字文書, 召致于京使人傳習, 小字之學始此 - 6월 신묘에 왕이 봉은사에 가시다. 동진 사람 주한이 서창진에서 투항하였는데 주한이 '소자'로 쓰인 문서를 알았으므로 서울로 불러서 사람들에게 전습하게 하였으니 이로부터 소자를 배우는 일이 시작되었다"라는 기사가 있는데 여기서 '소자(小字)'가 앞에서 말한 여진소자(女眞小字)를 지칭한다면 고려 고종 12년(1225)부터 여진문자가 이 땅에서 학습되었음을 알 수 있다.[2]

1.0.2 조선시대의 여진학은 다른 삼학(三學)에 비하여 늦게 사역원에 설치되었다. 즉, 조선에서 사역원은 태조(太祖) 2년(1393)에 다시 설치되었고 이때부터 몽학(蒙學)도 함께 설치된 것으로 보인다. 태종(太宗) 13년(1413)에는 왜학(倭學)이 설치되었으나 여진학은『경국대전』(예종 원년, 1469년)이 간행되었을 때 비로소 그 이름이 사역원에 보이며 적어도 세

2 金 太祖의 女眞大字와 熙宗의 女眞小字는 金代에 女眞語 표기에 널리 사용되었으며 金의 世宗朝(1161~1187)에는 이 文字로 中國의 經史類를 번역하였고 女眞大學을 세워 학문적 발전을 도모하였다. 高麗에서는 元代 이전에 이들과의 접촉이 빈번하였음을 여러 史籍의 기록을 통하여 알 수 있다.

종 12년(1430)까지는 여진학이 사역원에 설치되지 않은 것으로 생각된다. 『세종실록』(권47) 세종 12년 3월 무오(戊午)조에 보이는 상정소(詳定所)에서 제학(諸學) 취재(取才)의 경서(經書)와 제예(諸藝)의 수목(數目)을 정할 때에도 역학으로는 한학·몽학·왜학만이 보이고 여진학은 없으며 『경국대전』에서 비로소 여진학이 추가되어 사역원 사학(四學)이 완비되었다.

그러나 『경국대전』 이전에도 사역원에서 여진어를 교육한 것으로보이는 기록이 있다. 즉, 『세종실록』(권64) 세종 16년 6월 경오(庚午)조에,

> 庚午禮曹啓: 解女眞文字不過一二人, 將爲廢絶, 侍朝人及咸吉道女眞子弟中, 解女眞文字者, 選揀四五人, 屬於司譯院, 定爲訓導兼差通事之任。從之。- 경오(25일)에 예조에서 아뢰기를 "여진 문자를 이해하는 자가 불과 1, 2인이어서 장차 폐절하게 되겠사오니 시조인(侍朝人) 및 함길도의 여진인 자제 중에서 여진 문자를 이해하는 자 4, 5인을 추려 뽑아서 사역원에 소속시켜 훈도로 삼으시고, 겸하여 통사로 임명하도록 하옵소서"하니, 그대로 따랐다.

라는 기사가 있어 이 때에 사역원에서 여진어 및 여진문자의 교육이 있었음을 알 수 있게 한다.

1.0.3 앞에서 고찰한 바와 같이 『경국대전』에서 사역원은 한학, 몽학, 왜학, 여진학의 사학(四學)을 두어 역관과 역관 지망생, 즉 역생(譯生)들로 하여금 한어, 몽고어, 일본어, 여진어를 학습하게 하였다. 그러나 중국에 만주족의 청조(淸朝)가 수립되고 이 땅에서 병자호란(1636)을 겪으면서 여진학은 청학으로 바뀌게 되고 여진어 대신 만주어가 교육되었다.

이에 대하여는 鄭光·韓相權(1985)과 졸저(1988b), 졸고(1998)에서 자세히 논한 바 있으며 실제로 『통문관지』(권1) 「연혁」 '관제(官制)' 조에 "國

初置司譯院, 掌譯諸方言語。{出輿地勝覽} 其屬官有蒙、倭、女眞學, 通爲四學。 {康熙丁未女眞學改稱淸學}, 屬禮曹。{出經國大典} - 국초에 사역원을 두어 제방의 언어를 통역하는 것을 관장하였다 {『여지승람』에서 출전}. 그 속관으로는 몽·왜·여진학이 있어 모두 사학(四學)이라 하였다 {강희 정미에 여진학은 청학으로 개칭하였음}. 예조(禮曹)에 속하다{경국대전에서 출전}"이라는 기사에 의하면 강희(康熙) 정미(丁未, 1667)에 여진학을 청학으로 개칭하였음을 말하고 있다.

그러나 만주족은 여진족의 일부로서 건주여진(建州女眞)과 해서여진(海西女眞)을 기초로 하여 여진 각부를 통일한 것이며 청조(淸朝)안에는 야인여직(野人女直), 한인(韓人), 한인(漢人), 몽고인, 시버(錫伯), 달라이(達斡爾) 등의 여러 민족이 흡수되어 있다. 조전(趙展)씨[3]의 보고서에 의하면 만주족은 16세기말부터 17세기 초에 걸쳐 누르하치(努爾哈赤)에 의하여 여진 각부가 통일되고 1636년에 여진(女眞)의 호칭을 만주(滿洲)라고 고치도록 명령하였다. 이어서 이들은 산해관(山海關)을 넘어 중원에 들어가 명(明)을 멸망시키고 청조(淸朝)를 건립하였으며 청조 일대를 통하여 만주족은 통치민족이 되었다.

이러한 정치적 지위를 이용하여 학교를 건립하고 만주어를 보급하면서 만주족은 문화적 발전을 거듭하였다. 그리하여 순치(順治)·강희(康熙)·옹정(雍正)의 3대에는 대부분의 군사·정치상의 중요사항이 만주 문자로 기록되었고 공문서도 만문(滿文)으로 작성되었다. 그러나 만주족의 언어와 문화는 몽고족의 원(元)과 마찬가지로 점차 한화(漢化)되어 건륭(乾隆)·가경(嘉慶)·함풍(咸豊)의 3대에는 공문서가 만한(滿漢) 합벽(合璧)의 형식이 많았으며 함풍(咸豊)·동치(同治) 이후에는 만문(滿文)의 사용이

3 趙展씨는 1931년 중국 黑龍江省 寧安縣에서 출생한 滿洲族으로 伊爾根覺羅(이르겐교로)가 그 만주어 이름이다. 鑲紅旗人에 속하고 있으며 1957년 東北人民大學 歷史系를 졸업하고 그 해부터 北京의 中央民族學院에 근무하면서 滿洲族의 歷史 文化에 관한 연구를 담당하였다. 1985년 中央民族學院 民族研究所 東北蒙古研究所 副主任으로 있을 때에 일본에 와서 "中國에 있어서 滿洲學의 復興에 대하여"라는 제목의 보고서를 『天理大學學報』에 실었다. 趙展(1985) 참조.

현저하게 줄어들게 되었다.

1.0.4 趙展(1985)에 의하면 청대(清代)에는 많은 만문(滿文)학자가 있었고 만주족 출신의 번역 대가가 있어서 많은 중국의 한적(漢籍)이 만주어로 번역되었음을 밝히고 있다.[4] 뿐만 아니라 <청문감(清文鑑)>을 비롯한 만주어 사서(辭書)도 다수 편찬되었으며 <만문노당(滿文老檔)>, <만주실록(滿洲實錄)> 등의 만문(滿文)으로 쓰인 역사서도 적지 않다고 한다. 특히 필자의 관심을 끄는 것은 만문(滿文) 교학의 수요를 해결하기 위하여 편찬된 교재들이다. 중요한 것으로 <청문계몽(清文啓蒙)>[5], <청문허자지남편(清文虛字指南編)>, <청문접자(清文接字)>, <청문지요(清文指要)>,[6] <청어백조(清語百條)> 등을 들고 있지만 그 어느 것도 사역원의 청학서로 사용된 흔적이 없다.

중국의 통치족인 만주족의 언어를 학습하는 사역원의 청학에서는 당연히 만주문자의 교육이 가장 우선되는 교육과정이었다. 순치(順治) 시대로부터 옹정(雍正) 시대까지는 물론이고 건륭(乾隆)·가경(嘉慶) 연간에도 만주어의 교육에서 만문교육은 가장 핵심적인 중심과제였다. 이 시대의 만주어 교육은 만문으로 번역된 <청서삼국지(清書三國志)>, 또는 <{만한} 삼국지>를 한글로 번역하고 주음(注音)한 <삼역총해(三譯總解)>라든지 한어(漢語) <노걸대>를 만주어로 번역한 <청어노걸대(清語老乞大)>, 그리고 여진학서였던 것을 만주어 학습용으로 바꾼 <팔세아(八歲

4 趙展씨에 의하면 清代의 만주족 출신의 번역 대가로 '阿什坦, 和素, 徐元夢, 傅達禮, 巴尼琿, 培寬, 顧八代, 札克丹' 등을 들고 있다.

5 『清文啓蒙(Cing wen ki meng bithe)』은 滿·漢文으로 된 만주어 학습서로서 현재 일본 內閣文庫에 소장된 것은 전 4권으로 되었다. 권두서명은 '滿漢字清文啓蒙(Manju nikan hergen(i) cing wen ki meng bithe)'이며 "雍正庚戌(1730) 孟春之朔日作, 忠堂主人 程明遠 題"의 간기가 있는 정명원의 序가 있다. 이 외에도 大英博物館, 西獨逸圖書館, 일본의 東洋文庫 등에도 이본이 소장되었다.

6 『清文指要』 및 『續清文指要』는 大英博物館, 파리국립도서관 등에 소장되어 있으며 제3책의 중간에 '乾隆己酉年 雙峰閣藏板'이란 간기가 있어 적어도 『속청문지요』는 건륭 기유년(1789)에 간행되었음을 알 수 있다.

兒)>, <소아론(小兒論)>에 의해서 만주어 교육은 이루어졌다. 중국어와 만주어의 어휘를 찾아볼 수 있게 한 <한청문감(漢淸文鑑)>도 청학서의 하나라고 할 수 있다.

<한청문감>을 제외한 이 때의 모든 청학 강독서는 만문(滿文)으로 쓰고 그 오른편에 한글로 발음을 표기하였으며 한 단락이 끝난 곳에 역시 한글로 풀이말을 쓴 회화용 교재였다. 따라서 이 교재에 의한 만주어 교육은 회화 교육과 더불어 만주자 교육이 동시에 이루어지게 되었다. 제5장에서는 이러한 만주어 교재의 청학서를 중심으로 그 이전의 여진학서에 대하여 고찰하고자 한다.

2. 사역원의 여진학 교재

2.0.0 앞에서 적어도 세종 16년(1434)에는 사역원에서 여진어를 교육하였으며 『경국대전』(1469)에서는 사역원의 사학(四學)으로 여진학이 있었으므로 다른 삼학(三學)과 같이 교재를 마련하여 여진어를 교육한 것임을 알 수 있는데 그렇다면 사역원의 여진학서에는 어떤 교재가 사용되었을까 청학서 연구에 앞서 이에 대하여 먼저 고찰하기로 한다.

제1장 총론에서 살펴본 바와 같이 『경국대전』의 편찬과 더불어 한학, 몽학, 왜학과 더불어 여진학이 있어 사역원의 사학(四學)이 완비(完備)된다. 그리고 『경국대전』(권3) 「예전」 '역과' '여진학'조에 역과 여진학에 사용할 여진학서, 즉 여진어 교재로 "천자(千字), 천병서(天兵書), 소아론(小兒論), 삼세아(三歲兒), 자시위(自侍衛), 팔세아(八歲兒), 거화(去化), 칠세아(七歲兒), 구난(仇難), 십이제국(十二諸國), 귀수(貴愁), 오자(吳子), 손자(孫子), 태공(太公), 상서(尙書)" 등 15종의 여진학서를 나열하였다.[7]

7 『통문관지』(권2) 「科擧」 '淸學八冊'조에는 "初用千字文、兵書、小兒論、三歲兒、自侍衛、八歲兒、去化、七歲兒、仇難、十二諸國、貴愁、吳子、孫子、太公、尙書 並十四冊"이라 하여 冊數와 書名에 부분적인 차이를 보인다. 이 기사를 보면

이 중에서 사자(寫字)의 방법으로 역과 여진학의 초시(初試)와 복시(覆試)를 시행한다고 하였다. 또 여진학 생도의 수효는 사역원 여진학에 20인, 의주(義州)에 5인, 창성(昌城)에 5인, 북청(北靑)에 10인, 이산(理山)에 5인, 벽동(碧潼)에 5인, 위원(渭源)에 5인, 만포(滿浦)에 5인으로 다른 삼학(三學)에 비하여 지방, 주로 함경도의 동북방지역에서 널리 퍼져 있었다. 아무래도 이 지역에서 여진인과의 접촉이 있으므로 이곳 관아에서 여진어를 교육하여 역관으로 사용한 것으로 보인다. 이것은 이 지역이 실제로 야인(野人)과의 접촉이 많았기 때문이다.

1) 여진학과 청학(淸學)

2.1.0 여진학(女眞學)이 청학(淸學)으로 바뀐 것은 강희(康熙) 정미(丁未, 1667)의 일이다. 『통문관지』에 의하면 "康熙丁未女眞學改稱淸學 - 강희 정미에 여진학을 청학으로 개칭하였다"라는 기사가 있어 이를 확인할 수 있지만 실제로 청어(淸語), 즉 만주어의 교육은 훨씬 전부터 이루어졌다. 『역관상언등록(譯官上言謄錄)』의 숭정(崇禎) 10년(1637) 12월 초 5일조의 기사[8]를 보면 의주부윤(義州府尹) 임경업(林慶業)이 청학 역관과 이문학관(吏文學官)의 필요성을 계주(啓奏)한 상소문이 실려 있다.

이에 의하면 청학(淸學) 역관으로 서울에 있는 자는 단지 약간일 뿐이어서 나누어 보내 주기는 어렵지만 사역원 여진학관 중에서 '稍解淸語者 - 만주어를 조금 이해하는 자'를 선택하여 보내주기를 바란다는 상소가 있어 본원(사역원)에서 어떻게 하였으면 좋겠는가를 물었으며 그

『경국대전』의 '千字, 天兵書'는 '千字文, 兵書'의 오기로 보이며 '太公, 尙書'를 한 책으로 간주한 것으로 추정된다. 이 각각의 淸學書에 대하여서는 小倉進平·河野六郎(1964)와 Song(1978), 및 鄭光·韓相權(1985)를 참조할 것.

8 [前略] 況臣不解文字, 多事之地不可無吏文學官, 亦令該曹從速下送事, 據曹粘目內, 淸譯在京者, 只若干人, 似難分送. 司譯院女眞學中, 稍解淸語者, 擇送爲白乎旀, 吏文學官定送事段, 前例有無. 自本曹詳知不得, 令本院處置何如? 啓依允(『譯官上言謄錄』崇禎 10年 丁丑 12月 初5日條).

대로 시행하라는(啓依允) 기사가 있어 이미 숭정(崇禎) 정축(丁丑,1637)에 여진학에서 청학(淸學), 즉 만주어를 교육하고 있었음을 알 수 있다.

따라서 청(淸) 태조 누르하치(努爾哈赤)가 만주족을 규합하여 후금(後金)을 세우고(1616) 중원(中原)을 정복한 다음 태종(太宗)이 후금(後金)을 청(淸)이라 고치고 명(明)을 완전히 멸망시킨 사이(1636~1662)에 두 차례에 걸친 침략을 받은 조선에서는 만주어에 대한 수요가 급격하게 증대되었다. 비록 사역원에서는 명(明)이 완전히 망한 후인 강희(康熙) 정미(丁未, 1667)에 비로소 여진학을 청학으로 개칭하였으나 그 이전부터 여진어를 대신하여 만주어의 교육이 이루어지고 있었음을 알 수 있다.

2) 여진학서(女眞學書)

2.2.0 사역원 여진학에서 만주어를 교육하는 방법은 이미 『경국대전』에 등재된 여진학서를 만주문자로 바꾸어 만주어 학습 교재로 하였을 것임은 상상하기 어렵지 않다. 그러나 만주어를 학습하기 이전에는 여진어를 교육하였고 대전에 수록된 여진어 학습서들은 만주어가 아니라 여진어의 교재였다. 그렇다면 『경국대전』의 여진학서로 등재된 <천자(千字)>를 비롯한 15종의 교재는 어떤 문자로 기록된 것일까? 오늘날 이들 여진학서가 하나도 전해지지 않아서 분명히 알 수 없지만 세 가지 가능성이 있다. 첫째는 전술한 여진문자(女眞小字 또는 大字)로 기록된 것, 둘째는 한문(漢文)으로만 기록된 것, 셋째는 다른 표음문자로 여진어를 기록한 것으로 나누어 볼 수 있다.

첫째와 둘째의 가능성은 이들의 서명(書名)으로 미루어 볼 때 대부분 중국의 경사류(經史類) 내지는 병서(兵書)라는 점에서 가능할 수 있으나 사역원 역학서의 성격을 살펴보면 대부분이 실용적인 교재라는 점에서 첫째, 둘째보다 셋째의 가능성이 큼을 알 수 있다. 주지하는 바, 이 시대의 표음문자는 중국, 몽고, 만주 및 한반도에서 널리 알려진 것으로 위구르 문자가 있었으며 또 원대(元代)에 창제된 파스파(八思巴) 문자가 있다. 팍스파, 또는 팍바문자로 불리는 파스파 문자는 몽고어 이외의 언어를 표기하는 데 사용된 예를 찾기 어렵지만 위구르 문자, 즉 외올(畏兀)문자는 다른 여러 언어의 표음적 표기에 사용되었으며 후일 만주문자도 이 위구르 문자를 약간 변형시킨 것이다.

여기에서 여진학서에 사용된 표음문자가 혹시 몽고어의 표기에 사용됐던 위구르 문자가 아닐까 하는 의구심을 버릴 수가 없다. 파리국립도서관(巴里國立圖書館)에 소장된 <천자(千字)>는 조선 사역원에서 만주어 학습에 실제로 사용되었던 것으로 보이는데 이 책은 상하(上下) 2단으로 나누어 상단에는 만주문자로 천자(千字)의 중국어 발음을 쓰고 하단에는 한자로 천자문(千字文)을 썼으며 상·하 곳곳에 붉은 글씨의 한글로 발음을 적어 놓았다.[9]

2.2.1 만주–위구르 문자

만주문자는 청(淸) 태조 누르하치(努爾哈赤)가 에르데니(額爾德尼) 등을 시켜 몽고문자, 즉 몽고-위구르 문자를 모방하여 만주문자를 만력(萬曆) 27년(1599)에 만들었다가 청(淸) 태종이 숭정(崇禎) 5년(1632)에 몇 개의 자형을 더 첨가하고 권점(圈點)을 붙여 수정하였으며(Ligeti, 1952) 다하이(達海) 박시 등에 명하여 많은 중국의 고전을 만주어로 번역하여 이 문자로 기록하게 하였다. 이 문자는 몽고-위구르 문자와는 서로 다른데 만주문자 이전의 여진학서가 몽고-위구르 문자로 기록되지 않았는가 하는 가정은 한자를 변개시켜 만든 여진자(大字, 小字)가 때로는 몽고문자와 함께 쓰인다는 기록이 있기 때문이다.

즉, 『성종실록』(권241) 성종 21년 6월 무자(戊子)조에 "兵曹奉旨下書于建州右衛酋長羅下, 王若曰 [中略] 用女眞字蒙古字飜譯書之. - 병조에서 교지를 받들었는데, 건주 우위 추장 나하에게 하서하는 것이었다. 왕이 이르기를 [중략], 여진자와 몽고자를 사용하여 번역한 것을 썼다"라는

9 이 資料는 大韓民國國會圖書館에 그 microfilm이 소장되어 있다.

기사가 있어 병조(兵曹)에서 건주우위(建州右衛) 추장(酋長)에게 여진자와 몽고자로 번역한 글을 보냈음을 알 수 있게 한다. 실제로 여진어를 기록하는데 사용한 위구르자를 '몽고여진자(蒙古女眞字)'로도 불렀던 것 같다.

『성종실록』(권261) 성종 23년 1월 경인(庚寅)조에 "右承旨權景禧啓曰: 諭都骨兀狄哈之書, 已用蒙古女眞字飜譯, 何以處之? 傳曰: 予亦思之久矣, 今不可輕易傳送 [下略]-- 우승지 권경희가 아뢰기를 '도골올적합(都骨兀狄哈)에게 효유(曉諭)할 글을 이미 몽고 여진자로 번역하였는데 어떻게 처리해야 하겠습니까?' 하자 전교하기를 '나도 또한 오랫동안 생각해 왔으나 지금 경솔히 전달할 수는 없겠다' [하략]"라 하여 몽고 여진자로 번역한 유서(諭書)를 여진인들에게 보낸 일이 있음을 알 수 있다. 당시 사역원에서는 원(元)의 되르베르진(dörberjun, 帖(兒)月眞, 八思巴文字)뿐 아니라 몽고의 외올진(偉兀眞, 위구르 문자)에 대해서도 잘 알고 있었음을 추측하기 어렵지 않다.[10]

2.2.2 청학서로 고친 여진학서

이에 대한 보다 확실한 증거는 여진학서를 청학서, 즉 만주어 학습서로 바꾸는 과정에서 발견된다. 병자호란 이후 급격히 그 필요성이 강조된 만주어의 학습은 『경국대전』에 등재된 15종의 여진학서 중에서 임진(壬辰)·병자(丙子)의 병화(兵火)를 거치고 남아있는 5책의 여진학서, 즉 '<구난(仇難)>, <거화(去化)>, <상서(尙書)>, <팔세아(八歲兒)>, <소아론(小兒論)>'으로 만주어 교육이 실시되었다.

즉, 『통문관지』(권2) 「과거」 '청학팔책(淸學八冊)'조에 "初用千字文, [中略] 並十四冊, 兵燹之後, 只有仇難、去化、尙書、八歲兒、小兒論五冊. 故抽七處寫字, 以准漢學冊數 - 처음에 <천자문> [중략] 등 모두 14책을 사용하였으나 병란 이후에는 다만 <구난>, <거화>, <상서>, <팔세아>, <소아론>의 5책이 있었다. 그러므로 7곳을 뽑아 베껴 쓰게 하였는데 한학의 책수에 준

10 『세종실록』 世宗 12年 庚戌의 '諸學取才' '譯學'조에 蒙訓이라 하여 蒙學書가 기록되어 있는데 書字로 偉兀眞과 帖月兒眞의 이름이 보인다.

하였다"라는 기사는 청학은 병란 이후에 남은 5책, 즉 처음에 여진학서이었던 것으로 병란 이후에 남은 5책을 가지고 만주어를 교육하였으며 이 5책에서 7곳을 뽑아 역과 청학의 시험에 사용하였음을 알 수 있다.

그러나 <구난>·<거화>·<상서>·<팔세아>·<소아론>의 5책은 원래 여진어를 학습하던 책이며 그 기록은 만주문자가 아니라 앞에서 가정한 바와 같이 몽고여진자, 즉 위구르 문자로 표기되었을 것이다. 여진어와 만주가 서로 별개의 언어이며(Grube, 1896; Benzing, 1956) 문자 또한 달랐으므로 이 5책의 여진학서를 만주어 교재로 사용하기에는 어음(語音)과 문자에서 중요한 차이가 노정될 것이다. 실제로 이에 대해서『통문관지』(권7)「인물」'신계암(申繼黯)' 조에

> 申繼黯平山人, 女眞學舊有國典所載講書, 而與淸人行話大不同, 淸人聽之者莫解. 秋灘吳相國允謙, 以公善淸語, 啓送于春秋信使之行, 十年往來專意研究, 盡得其語音字劃。就本書中仇難、巨化、八歲兒、小兒論、尙書等五冊, 釐正訛誤, 至今行用於科試。出啓辭謄錄官至僉樞 - 신계암은 평산 사람이다. 여진학은 옛날에 국전(『경국대전』을 말함)에 소재된 강서가 있었으나 청나라 사람들과 더불어 대화하는 데 크게 같지 않았으며 청나라 사람이 들어도 이해하지 못하였다. 상국 오윤겸 추탄은 공(신계암을 말함)이 청어를 잘 하므로 춘추의 사행에 보내도록 장계하여 10년을 왕래하면서 연구에 전념하고 그 어음과 자획을 모두 알게 되었다. 본 여진학서 가운데 <구난>·<거화>·<팔세아>·<소아론>·<상서> 등 5책을 가져다가 잘못된 것을 바로 잡아 이제 과거시험에 사용하게 이른 것이다. 계사등록에서 출전하였으며 관직은 첨추에 이르렀다.

라는 기사가 있다. 이것은 신계암(申繼黯)이 10년을 청(淸)에 왕래하면서 만주어의 어음(語音)과 만주문자의 자획(字劃)을 모두 배워서 여진학서 가운데 <구난(仇難)>·<거화(巨化, 去化)>·<팔세아(八歲兒)>·<소아론(小兒論)>·<상서(尙書)>의 만주어와 만주문자로 잘못된 것을 바로 잡아 과거 시험

에 쓰게 하였음을 알 수 있게 한다.

이 기사를 통하여 우리는 여진어와 청어(淸語), 즉 만주어가 서로 다른 언어임을 알 수 있을 뿐 아니라[11] 여진학서에 기록된 문자와 만주문자가 서로 자획(字劃)이 다름을 알 수 있다. 만일 여진학서가 한자나 여진문자(女眞大字나 小字)라면 만주문자와 비교될 때 전혀 이질적인 이 두 문자를 단지 자획이 다르다고만 말할 수 있겠는가? 이것은 앞에서 말한 몽고여진자(蒙古女眞字)로 불린 위구르 문자와 만주문자와의 관계로 이해할 때 비로소 합리적인 설명이 될 수 있다.

이에 대해서 『역관상언등록(譯官上言謄錄)』의 숭정(崇禎) 12년(1639) 5월 11일조의 기사는 매우 많은 암시를 던져주는데 그 기사를 옮겨보면

> 司譯院官員, 以都提調意啓曰: 女眞學傳習之事, 其在于今時, 他學尤重。自前流來番書未知出自何代, 而淸人見而怪之, 全未曉得。彼中方今行用之書, 卽前汗所著, 而音則淸音, 字則與蒙書大略相似, 而點劃實異, 曉解者絶無。彼此相接之時, 無以通情。都提調吳允謙時, 具由入啓, 多方勸奬, 本學中有才申繼黯, 春秋信使之行, 連續差送, 俾無與淸人來往問難, 語音精熟, 然後及學其書。繼黯專意硏究, 于今十載, 方始就緖, 傳來冊本中, 所謂巨化、仇難、八歲兒、小兒論、尙書等五冊, 以淸語寫出, 而淸旁註質之。上年勅使時, 從行淸人, 無不通曉 以此可知其不誤也 [下略] - 사역원 관원이 도제조의 뜻으로 계하여 말하기를 "여진학을 학습하는 일은 지금에 있어서 다른 어학보다 더욱 중요합니다. 전부터 유래한 여러 교재들은 어느 시대에 나온 것인지 알 수 없습니다. 청나라 사람들이 보고 이상하게 생각하고 전혀 깨닫지 못합니다. 그들이 현재 사용하고 있는 글은 먼저 임금이(前汗, 청 태조 누르하치를 말함) 지은 것으로 발음은 청

11 滿洲語는 주로 淸代의 언어를 말하지만 현대에는 文語만이 남아있고 소수의 滿洲族과 솔릉, 다구르族에 의해서 이 滿洲文語는 사용되고 있다. 女眞語는 징기스칸 이전부터 明代까지 滿洲地域에서 사용되었다. 많은 여진어를 전공한 학자들이 女眞語는 古代 滿洲語의 한 方言으로 간주하였다. Činčius(1949), Grube(1896), Benzing(1956), 渡部薰太郎(1935) 등 참조.

> 나라의 발음이나 글자는 몽고의 글과 대체로 같으며 실제로 점과 획이 차이가 나서 읽어도 아는 사람이 하나도 없을 뿐만 아니라 피차에 접촉할 때에 뜻을 전혀 통하지 못합니다. 오윤겸이 (사역원의) 도제조일 때에 여러 이유를 들어 장계하였으며 다방면으로 (만주어 학습을) 권장하였습니다. 본학(청학을 말함) 가운데 재주 있는 신계암을 춘추사신의 사행에 연속으로 보내어 청나라 사람들과 내왕하며 어려운 것을 묻게 하였습니다. [청나라 말의] 어음에 매우 숙달되었고 그 다음에 글자를 배워 신계암이 오로지 이에 대하여 연구에 전념한 것이 이제 10년이 되었습니다. 바야흐로 그 가닥을 잡기 시작하였으며 전래하는 교재 가운데 소위 <거화>, <구난>, <팔세아>, <소아론>, <상서> 등 5책을 청어로 베끼고 옆에 주를 달어 고쳤습니다. 지난해에 칙사가 왔을 때에 청나라 사람을 따라 다니며 통하지 않는 곳이 없으니 그 고친 것이 잘못이 없음을 이로써 알 수 있습니다"라고 하였다. [하략]

와 같다. 이 기사에 의하면 전부터 내려오는 교재, 즉 사역원의 여진학서가 어느 시대에 만들어진 것인지 알 수 없고 청인(淸人)이 보아도 전혀 해독하지 못한다는 내용이다.

이것은 여진학서와 청학서가 전혀 다른 것임을 말하는 것이다. 그리고 그 중에서 당시에 사용하는 교재도 전한(前汗)이[12] 지은 것이어서 발음은 청음(淸音, 만주어 발음)이나 문자는 몽서(蒙書)와 대체로 같지만 첨획(點劃)이 달라서 해독하는 사람이 전혀 없었다는 내용이 있다. 신계암 이전에는 여진학서였던 <구난>, <거화>, <상서>, <팔세아>, <소아론>으로 만주어를 학습하였던 것으로 보인다. 그러나 여기에서 만주어를 기록한 문자는 청(淸) 태조가 몽고-위구르 문자를 빌려 만든 것으로 초기의 만주문자, 즉 무권점(無圈點) 만주자로서 청(淸) 태종이 이를 수정하고 권점(圈點)을 붙여 만들기 이전의 것이다.

12 小倉進平은 이때의 前汗을 淸 太祖로 보았다. 小倉進平·河野六郎(1964:611) 참조.

3. 역과 청학(淸學)과 청학서

3.0.0 조선시대의 외국어교육은『경국대전』에 의하면 한학, 몽학, 왜학, 여진학의 사학(四學)을 설치하여 취재와 역과에 의하여 이들의 외국어 역관을 선발하고 인접의 외국과 접촉할 때 통역을 담당하도록 하였다. 사역원 사학 가운데, 여진학과 여진어의 역과(譯科)는 청(淸)의 건국 이후 청학(淸學)과 만주어의 역과로 변화하였다.

오래 전의 일이지만 조선 후기에 실시한 역과(譯科)에서 만주어의 답안지, 즉, 청학(淸學) 시권(試券)이 필자에 의하여 발굴되어 세상에 알려지게 되었다(졸고, 1987a). 이렇게 소개된 만주어 시권을 통하여 당시 만주어 교육과 교재들을 비교적 상세하게 알 수 가 있다. 이 절(節)에서는 이에 대하여 고찰하고자 한다.

1) 도광 갑진(甲辰) 증광시의 만주어 시권

3.1.0 고려대 중앙도서관에 소장된 도광(道光) 갑진(甲辰, 1844)에 시행된 증광별시(增廣別試)의 만주어 시권을 사진으로 보이면 다음과 같다.

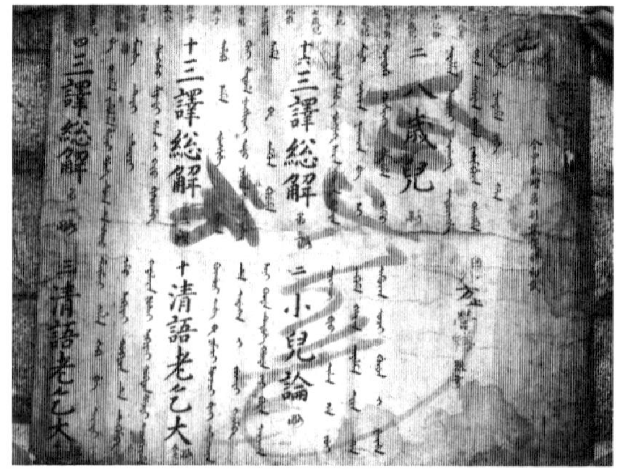

[사진 5-1] 갑진증광별시(甲辰增廣別試) 청학초시(淸學初試) 시권(試券)

이 자료는 조선 후기 도광(道光) 갑진(甲辰)에 실시된 증광별시의 역과 청학초시(淸學初試)의 시권(試券)으로서 헌종(憲宗) 10년(1844년 시행)에 2등으로 합격한 백완배(白完培)의 것이다.[13] 크기는 세로 77.0 × 가로 94.0cm이며 조선시대에 조정에서 교지(敎旨) 등에 자주 사용하던 두꺼운 저지(楮紙)에 문제는 인쇄되었고 답안은 필사된 것으로 두루마리 형태로 보존되어 있다.

3.1.1 청학 시권(試券)의 호봉(糊封)

이 답안지는 상·하 이단(二段)으로 나누어졌으며 상단(上段) 우측 모퉁이의 호봉(糊封)에는 응시자인 백완배와 그의 부(父), 조부(祖父), 증조(曾祖), 외조(外祖)의 성명이 쓰였는데 응시자 이외의 성명에는 채점의 공정성을 얻기 위해서 먹으로 지워져 있다. 이를 옮겨 적으면 다음과 같다(○○은 먹으로 지운 부분).

> 啓功郎前行司譯奉事白完培年二十四 本林川 居京
> 父通訓大夫前行司譯院判官 ○○○
> 祖通訓大夫行司譯院判官 ○○○
> 曾祖朝報大夫行司譯院奉事 ○○○
> 外祖資憲大夫知中樞府事尹 ○○ 本坡平

위의 기사에 의하면 이 시권의 작성자는 당시 계공랑(啓功郎, 東班 從七品)으로 사역원 봉사(奉事, 從八品)이었던 백완배(白完培)이며 본관(本貫)이 임천(林川)이고 24세에 응시하였음을 알 수 있다. 현전하는 『역과방목(譯科榜目)』에 의하면 백완배는 신사생(辛巳生, 純祖 21年, 1821)으로 사역원 판관(判官)을 지낸 백증환(白曾煥)의 아들이며 청학(淸學) 신체아판관(新遞兒判

---

13 이 자료의 발굴은 필자에게는 특별한 의미가 있다. 우연하게 고려대 중앙도서관의 당시 관장이던 고 신일철 교수의 소개로 이 자료를 보고 1987년 6월에 열린 국어국문학회 전국 학술대회에서 이를 소개한 다음부터 필자에게는 여기저기에서 많은 시권 자료들이 추천되거나 소개되었기 때문이다.

官)이던 백원배(白元培)의 실제(實弟)이다. 임천(林川) 백씨가(白氏家)는 대대로 역관을 많이 배출하였는데 특히 청학(淸學) 역관이 많았다.

『역과방목(譯科榜目)』(卷1) ‘도광갑진증광별시(道光甲辰增廣別試)’조에 의하면 일등에 3인, 이등에 7인, 삼등에 9인, 도합 19인이 합격하였으며 백완배는 2등 7인(二等 七人)에 이름이 올라 있어 이 시권으로 역과 청학 초시(淸學初試)에 이등(二等)으로 합격하였음을 알 수 있다.

3.1.2 청학(淸學) 시권의 출제서

이 답안지의 상단(上段) 끝부분에 우(右)에서 좌(左)로 <천자(千字)>를 비롯한 17종의 청학서와 ‘번대전통편(飜大典通編)’이라는 역어(譯語)의 과제(科題)가 실려 있는데 이를 순서대로 옮기면 다음과 같다.

千字、千兵書、小兒論、三歲兒、自侍衛、八歲兒、去化、七歲兒、仇難、十二諸國、貴愁、吳子、孫子、太公、尙書、三譯總解、淸語老乞大, 飜大典通編.

또 우측(右側) 상단의 중간 부분부터 ‘금갑진증광별시 역과초시(今甲辰增廣別試 譯科初試)’라고 인쇄되었고 우측 상단 모서리에 ‘출(出)’이라는 천자문 순서에 따른 연번호가 묵서(墨書)되었다([사진 5-2]).

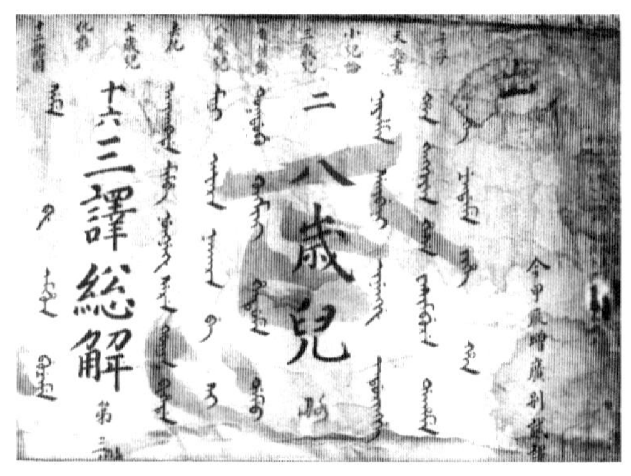

[사진 5-2] 백완배 청학 시권의 왼쪽 상단 부분

역과 청학(淸學)에 대한 과제(科題)의 답안은 좌측으로부터 우측으로 상·하 2단으로 나누어 썼으며 좌측 상단으로부터 "四 三譯總解 第一, 十三譯總解 第二, 十六 三譯總解 第三, 二 八歲兒"의 순으로, 그리고 하단에는 역시 좌측으로부터 "三 淸語老乞大 卷之一, 十 淸語老乞大 卷之二, 二 小兒論"의 순으로 3행의 만주어가 만주-위구르 문자로만 기록되어 있다. 그리고 하단의 <소아론>에서 출제된 우측에는 전혀 다른 조악한 필치로 "自外方, 止營繕"이라는 『대전통편』에서 출제된 역어의 과제(科題)가 씌어있다([사진 5-3]).

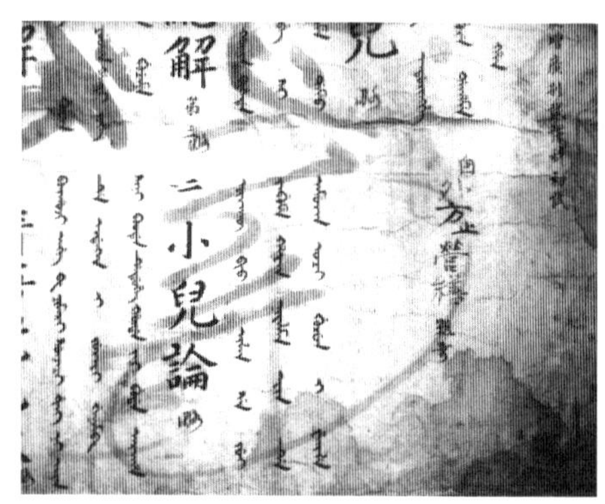

[사진 5-3] 청학 시권의 역어(譯語) 출제 부분

<팔세아>에서 출제된 부분으로부터 좌측으로 비스듬하게 '合'이라는 주서(朱書)가 보이고 '三譯總解 第二'라고 쓰인 끝부분으로부터 비스듬히 시관(試官)의 수결(手決)이 역시 주서(朱書)로 쓰였다. 출제된 역학서명의 아래, 또는 권수를 적는 바로 밑에(하단의 <淸語老乞大>는 권수 옆에) 평가 결과가 '략(略), 조(粗)'로 표시되었고 『대전통편』의 번역 부분에는 역어의 채점인 '조(粗)'가 있으며, 그 바로 아래에 역어를 채점한 시관(試官)의 수결(手決)이 있다. 자료의 중간 상단에 장서인(藏書印)이 있고 그 아래에 고려대 도서관의 소장번호(00807)가 있다.

이상의 고찰을 종합하여 보면 이 자료는 도광(道光) 갑진(甲辰, 1844)에

실시한 증광별시의 역과 청학초시(淸學初試)의 답안지로서 작성자는 당시 계공랑(啓功郞)의 품계에 있던 전사역원봉사(前司譯院奉事) 백완배의 것임을 알 수 있다. 문제의 출제는 <삼역총해>의 제일, 제이, 제삼에서 각 1곳, 그리고 <팔세아>와 <소아론>에서 각 1곳, 그리고 『대전통편』의 번역으로 『경국대전』에서 한 부분이 출제되었음을 알 수 있다.

2) 조선 후기의 역과 청학(淸學)

3.2.0 조선시대의 과학제도 중에서 역과에 대하여는 『경국대전』(권3) 「예전」 '역과' 조에 그 선발인원과 시행방법이 상세하게 규정되어 있음을 앞에서 살펴보았다. 즉, 『경국대전』의 역과(譯科)조에 보면 역과 초시(初試)에 한학이 23인, 몽학·왜학·여진학이 각각 4인으로 경시(京試)는 사역원에서 녹명(錄名)하여 허시(許試)하고 향시(鄕試)는 관찰사(觀察使)가 정차사원(定差使員)하여 녹명(錄名) 시취(試取)하며 황해도에서 7인, 평안도에서 15인을 선발할 수 있게 하였다.[14]

또 역과의 시행은 강서(講書, 背講, 背誦, 臨文講書)의 방법과 사자(寫字), 역어(譯語, 臨文飜譯)의 방법을 사용하였는데 한학(漢學)의 경우는 주로 강서(講書)의 방법을 사용하였다. 그러나 한자가 아닌 문자로 된 몽학, 왜학, 여진학은 사자(寫字)의 방법을 주로 사용하였고 역어(譯語)는 사역원 사학(四學)의 한, 몽, 왜, 여진학이 모든 임문(臨文)으로 『경국대전』을 번역하게 하였다.

복시(覆試)의 경우도 선발인원의 수와 강서(講書)의 종류가 부분적으로 달랐을 뿐 사자(寫字)나 역어(譯語)는 초시(初試)와 동일하였다.[15] 역과

14 『경국대전』(권3) 「禮典」 '譯科 初試' 조에 "漢學二十三人, 蒙學、倭學、女眞學各四人, 司譯院錄名試取, 漢學鄕試, 黃海道七人, 平安道十五人, 觀察使定差使員, 錄名試取"라는 기사 참조.

15 『경국대전』(권3) 「禮典」 '譯科 覆試' 조에 "額數: 漢學十三人, 蒙學、倭學、女眞學各二人, 本曹同本院提調錄名試取"와 "講書: 同初試, 願講五經、少微通鑑、宋元節要者聽臨文, 寫字譯語, 同初試"라는 기사 참조.

에서 강서의 방법은 시관(試官)이 지적한 한어 역학서의 해당 부분을 책을 보거나 보지 않고 한어(漢語) 발음으로 읽고 우리말로 풀이하는 방법이고 사자(寫字)의 방법은 역시 출제된 부분을 외워 쓰는 방법이며 역어(譯語)의 방법은 출제된 부분을 해당 외국어로 번역하는 방법이다. 따라서 역과의 거자(擧子, 과거의 응시생)들은 끊임없이 교재인 역학서들을 외우고 그 뜻을 새겨야 했는데 이런 교육을 담당하고 실제로 역과나 취재를 주관했던 관청은 사역원이다.

3.2.1 사역원의 외국어 교육과 평가

앞에서 살펴본 바와 같이 사역원은 고려시대의 통문관이 사역원으로 개명된 것으로 조선에서는 태조 2년(1393)에 설치되었다.[16] 사역원의 역할은 『고려사』의 '통문관'조에 "後置司譯院, 以掌譯語"이라는 기사나 『경국대전』(권1) 「이전(吏典)」 정삼품아문(正三品衙門)의 말석에 있는 '사역원'조에 "掌譯諸方言語"의 규정, 그리고 『통문관지』(권1) 「연혁」 '관제(官制)'조에 "國初置司譯院, 掌譯諸方言語。{出輿地勝覽} 其屬官有蒙、倭、女眞學通爲四學。{康熙丁未女眞學, 改稱淸學}"이란 기사로 보아 제방의 언어(주로 한어, 몽고어, 왜어, 여진어 또는 만주어)를 번역하는 일을 관장하였음을 알 수 있다.[17]

사역원은 이와 같은 임무를 수행하기 위하여 역관을 지망하는 역생(譯生)들을 입속(入屬)시켜 외국어를 교육하였고, 이들 중에서 통역을 감당할 역관을 선발하여 관리하였으며 계속적인 외국어 교육과 그를 위

16 司譯院은 高麗 忠烈王 2年(1276)에 參文學事 金坵의 건의에 의하여 通文館이 設置되고 그 후 司譯院으로 改稱하였으며 다시 恭讓王 3年(1391)에 漢文都監으로 改名하였다. 즉 『고려사』(권66) 「志」 卷第三十 '百官 通文館'조에 "通文館: 忠烈王二年始置之, 令禁內學官等參外, 年未四十者習漢語 {禁內學官: 秘書、史館、翰林、寶文閣、御書、同文院也、並式目、都兵馬、迎送, 謂之禁內九官} 時舌人多起微賤, 專語之間多不以實, 懷奸濟私, 參文學事金坵建議置之, 後置司譯院, 以掌譯語"와 『태조실록』(권4) 太祖 2年 9月 辛酉조에 "辛酉置司譯院 肄習華言 - 신유(19일)에 사역원을 설치하고 중국어를 익히게 하다"라는 기사 참조.

17 { }안의 부분은 小字로 된 2행의 협주를 말한다. 이하 같음.

한 교재를 편찬하였다. 이 중에서 사역원이 역관을 선발하는 방법은 예조(禮曹)에서 실시하는 역과를 비롯하여 사역원에서 실시하는 원시(院試), 취재(取才 - 祿取才, 衛職取才, 赴京取才), 고강(考講 - 書徒考講, 二六考講) 등이 있었는데[18] 역과는 중인(中人) 계급의 미천한 신분들이 출신(出身)할 수 있는 유일한 방법이었으므로 매우 중요하게 생각된 것이다.

3.2.2 조선시대의 역과(譯科)

조선시대의 역과는 사역원에 입속(入屬)한 생도나 이미 출사(出仕)한 역관, 위직(衛職) 등과 외방(外方)에서 역관의 자질을 갖춘 사람들이 응시할 수 있었다. 역과는 대과(大科)와 같이 식년시(式年試), 증광시(增廣試), 대증광시(大增廣試)로 나누어 시행되었는데 3년마다 실시되는 식년시에는 경시(京試)에서 한학이 23인, 기타 삼학(三學)이 각 4인으로 도합 35인을 선발할 수 있도록 『경국대전』에는 규정되어 있으나, 실제로는 19인 미만을 합격시켜 왔다.[19] 증광시(增廣試)·대증광시(大增廣試)에는 인원을 늘려 뽑도록 규정되었으나,[20] 실제로는 식년시와 비교하여 8~9인 정도가 증가되거나 같은 수인 19인을 뽑기도 하였다.

과장(科場)은 개장하기 전에 사역원에서 입문관(入門官) 4원(漢學 3員中 1員 教授, 2員 有等第 參上官 1員)이 좌아(坐衙)하여 방(榜)을 붙여 고시한다. 거자(擧子)는 유건(儒巾)에 홍단령(紅團領)의 복식을 갖추고 사조단자(四祖單子)

---

18 이 중 赴京取才는 中國에 파견되는 使臣을 수행할 譯官의 선발로서 禮曹에서 실시하기도 하고 考講의 결과에 의하기도 하였으나 숙종 23년(1697) 이후에는 徒仕差送의 방법으로 전환하였다(鄭光·韓相權, 1985:190).

19 燕山君때부터 譯科 登第한 者의 名單을 보여주는 『譯科榜目』에 의하면 式年試의 경우 覆試에서 대체로 19人을 합격시켰다.

20 『續大典』(권3) 「禮典」 '講書' 조에 "式年見大典, 增廣同大增廣, 則漢學、蒙學、倭學各加四人"라는 기사와 『續大典』의 같은 곳 '譯科 覆試' 조에 "額數: 式年見大典, 增廣同大增廣, 則漢學、蒙學、倭學、淸學各加二人"라는 기사, 그리고 『통문관지』(권2) 「勸奬」 '科擧 譯科' 조에 "大增廣: 初試四學各加取四人, 出續大典"과 "取漢學十三人, 蒙、倭、淸學各二人, 出經國大典 ○大增廣: 四學各加取二人, 康熙丁酉趾齊閔尙書鎭厚, 一從初試取其半事定奪. 詳見啓辭謄錄"이라는 기사 참조.

와 보거단자(保擧單子)를 입문소(入門所)에 제출하여 녹명(錄名)한 뒤에 역과에 응시할 수 있다는 허락을 받는다. 이 때의 보거단자(保擧單子)는 사역원에 입문(入門) 할 때에 완천(完薦)의 규례(規例)에 의한 것으로 한학 1원과 등제 참상관(等第參上官- 과거에 급제한 6품 이상) 2원의 천거를 받아야 하며 한학을 제외한 거자(擧子)는 수(首), 부보(副保) 외에 반드시 당해 참상관원(參上官員)의 천거를 받아야 한다.

3.2.3 역과의 시관(試官)과 채점

시관(試官)은 사역원 도제조(都提調 - 大臣이 兼함)·제조(提調)이고 참시관(參試官)은 겸교수(兼教授)·훈상당상(訓上堂上)이 되며 감시관(監試官)으로 사헌부(司憲府), 사간원(司諫院)에서 2원을 파견하였다. 합격은 한학을 장원(壯元)으로 하고 나머지는 분수(分數)에 따라 차례로 출방(出榜)하고 방방(放榜)한다. 역과의 장원(壯元)은 사역원 종7품직(從七品職)을 제수(除授)하였으며 2등은 종8품직(從八品職)을, 3등은 종9품직(從九品職)을 제수하였다.

앞에서 분수(分數)에 따른다는 것은 역과의 강서(講書) 및 사자(寫字), 역어(譯語)의 채점 방법을 말하는 것으로 『경국대전』(권3) 「예전」 '강서'조에 "通二分, 略一分, 粗半分. 寫字譯語同"이라 하여 강서·사자·역어의 과시(科試)를 통(通), 략(略), 조(粗)로 구분하고 통은 2분, 략은 1분, 조는 반분을 주도록 채점한 다음 종합 분수에 따라 차례(次第)를 정하는 방법이다. 『경국대전』에 규정된 통(通), 략(略), 조(粗)의 기준은 제2장 2.4.5 역과 한학 시권의 채점에서 자세히 설명하였다.

앞에서 역과의 시취방법으로 강서와 사자, 역어가 있음을 살펴보았는데 이에 대해서 좀 더 구체적으로 고찰하고자 한다.

3.2.4 역과(譯科) 청학의 시식(試式)

역과에서 강서, 사자, 역어로 출제되는 역학서는 『경국대전』을 비롯한 국전(國典)에 명시되어 있으며 이들은 시대의 변천에 따라 전환되어

갔다. 즉, 조선 초기의 사역원에서는 해당국의 훈몽 교과서를 수입하여 교재로 사용하였고 왜란(倭亂)과 호란(胡亂)의 양란(兩亂) 이후의 중기에는 사역원 자체에서 일상회화 중심의 역학서를 스스로 편찬하여 사용하였으며 18세기 중엽 이후의 후기에는 중기의 것을 수정, 개수, 중간, 증보하여 사용하였다(鄭光·韓相權, 1985).

『경국대전』에 의하면 초기의 역과 초시에서는 한학의 경우 사서(四書)를 임문(臨文)하여 강서(講書)하고 본업서(本業書)인 <노걸대>·<박통사>·<직해소학>을 배강(背講)하게 하였으며 몽학은 <왕가한(王可汗)>을 비롯한 16종의 몽학서를 사자(寫字)하게 하였다. 그리고 왜학은 <이로파(伊路波)>를 비롯한 14종의 왜학서를, 여진학은 <천자(千字)>를 비롯한 15종의 여진학서를 사자(寫字)케 하였다. 또 역어(譯語)는 사역원 사학이 모두 『경국대전』을 임문(臨文)해서 번역하도록 하였다. 역과의 복시(覆試)에서도 초시와 대동소이하지만 한자(漢字)의 강서가 일부 증가되었고 초시는 사역원에서 녹명(錄名) 시취(試取)하였으나 복시는 예조(禮曹)에서 이름을 적고 시험을 보았다.[21]

강서(講書)는 책을 보면서 한어로 읽고 그 뜻을 새기는 임문(臨文), 또는 임강(臨講)의 방법과 책을 보지 않고 한어를 읽고 새기는 배강(背講)의 방법이 있으며 책을 보지 않고 외우는 배송(背誦)의 방법도 있었다. 따라서 임강(臨講, 또는 臨文)보다는 배강(背講)이 어렵고 또 그보다 배송(背誦)이 더 어려울 것임은 자명한 사실이다. 그러므로 한학에서는 양이 많은 사서(四書)는 임강(臨講)하도록 하고 <노걸대>, <박통사>와 같은 본업서(本業書)는 배강(背講)하는 것이 역과의 방법이었는데 취재(取才)나 고강(考講)에서는 40 또는 50세가 넘은 사람에게는 본업서도 임강(臨講)하도록 한다는 기사가 『통문관지』에 보인다.[22]

---

21 앞에서 引用한 『경국대전』의 覆試 額數와 『통문관지』(권2) '科擧 續' 조에 "覆試設於禮曹, 開場前期本院入門官, 四員 {如初試之規}"라는 기사를 참조할 것.

22 『통문관지』(권2) '院試' 조에 "當等取才所講兩冊中從願聽講, 而年五十臨文. 三學則於當等課册內抽試 一處"의 기사와 同 '書徒考講' 조에 "季朔坐起日, 試御前教誨教

사자(寫字)의 방법은 더욱 어려워서 출제된 역학서의 해당 부분을 배송(背誦)할 수 있도록 암기한 다음, 그것을 다시 해당국의 문자로 베껴 써야 하는 방법이다. 실제로 성종 때에 배송과 사자(寫字)의 시취에 대하여 양이 많은 역학서를 이런 방법으로 시험하기가 어려워 국전(國典)에는 비록 전권을 배송하도록 되어 있으나 이를 분할하여 시취한다는 기록이 보인다. 즉, 『성종실록』(권10) 성종 2년 5월 신묘(辛卯)조에

> 禮曹啓: 大典内司譯院, 漢學四等取才時, 四書、小學、老乞大、朴通事中抽試三書, 四書則臨文, 小學、老乞大、朴通事則皆背誦. 若老乞大、朴通事帙少可誦, 直解小學背誦爲難, 今後講願春夏等講一二卷, 秋冬等講三四卷, 分卷試取. [下略] - 예조에서 아뢰기를 '대전(경국대전을 말함-필자 주) 안에서는, 사역원 한학의 사등취재(四等取才) 때에 <사서>와 <소학>·<노걸대>·<박통사> 가운데 세 책을 뽑아 시험하되, <사서>는 책을 보고 강하고 <소학>·<노걸대>·<박통사>는 모두 책을 보지 않고 암송한다고 하였다. <노걸대>·<박통사> 같은 것은 책의 분량이 적어 외울 수 있으나, <직해소학>은 책을 보지 않고 강하기가 어렵습니다. 청컨대 금후로는 춘등(春等)·하등(夏等)에는 1, 2권을 강하고, 추등(秋等)·동등(冬等)에는 3, 4권을 강하여, 책을 나누어서 시취하소서. [하략]' 하였다.

라는 기록은 <직해소학(直解小學)>이 양이 많아서 춘하등(春夏等)에서는 권1, 2를, 추동등(秋冬等)에서는 권3, 4를 배강(背講)하도록 한다는 내용이다.

또 사자(寫字)의 경우는 더욱 어려워서 한학 이외에 삼학(三學)의 시취에 사용된 이 방법은 배송(背誦)할 수 있도록 암기한 다음에 비로소 사자(寫字)할 수 있는 것으로 역시 성종 때의 기록에 보면 취재에서 사자(寫字)의 분량을 줄여야 한다는 청원이 있었음을 알 수 있게 한다. 즉, 『성종

誨前御, 各本業 {老乞大、朴通事、伍倫全備六册, 每季朔半卷式, 凡十二等而周背講, 御前年四十, 教誨年五十臨講}"이란 기사 참조.

실록』의 위와 같은 부분에

> 蒙學: 高難、加屯、皇都大訓、王可汗、守成事鑑、御史箴卷帙多 故前此臨文講試. 今大典並在寫字列, 須得背誦後, 可以寫字. 此五書固難成誦, 恐因此廢而不學, 講依前例臨文試取。並從之。- “몽학의 취재 때에 <고난>, <가둔>, <황도대훈>, <왕가한>, <수성사감>, <어사잠>은 책의 권질이 많은 까닭으로 전에는 책을 보고 강하는 시험을 보았는데 이제 대전(경국대전을 말함-필자 주)에는 사자(寫字)하는 줄에 아울러 있습니다. 모름지기 배송을 한 뒤에야 사자할 수 있을 것입니다. 이 다섯 책은 진실로 외우기가 어려우니 이로 인하여 폐하고 배우지 않을까 염려됩니다. 청컨대 전례를 따라 책을 보고 시험하도록 하소서” 하니 모두 그대로 따랐다.

라 하여 몽학에서 <고난(高難)>, <가둔(加屯)>, <황도대훈(皇都大訓)>, <왕가한(王可汗)>, <수성사감(守成事鑑)>, <어사잠(御史箴)>은 권질(卷帙)이 많아서 전에는 임문(臨文) 강시(講試)해 왔으나 현재의 『경국대전』에는 모두 사자(寫字)의 열에 들어 있어 베껴 쓰도록 되어 있는데 이는 반드시 배송(背誦)을 한 후에 사자(寫字)할 수 있으나 이 5책은 다 외우기가 매우 어렵고 이 때문에 몽학을 배우지 않으려고 할지도 모르므로 전례대로 임문(臨文)하여 시취(試取)하기를 바란다는 내용이다.

이러한 기사들로부터 배송(背誦)과 사자(寫字)의 시험방법이 매우 어려웠음을 알 수 있다. 취재(取才)와는 달리 역과(譯科)에서는 『경국대전』의 규정대로 배송과 사자의 방법을 그대로 실시한 것으로 보인다. 즉, 과시(科試)의 분량은 사역원 사학(四學)이 모두 한학 책수에 기준을 둔다고 하였다. 즉, 『통문관지』(권2) 「권장」 ‘과거 몽학팔책(蒙學八冊)’ 조에 “兵燹之後, 只有時存五冊. 故抽七處寫字, 以准漢學冊數. 自康熙丙子, 始用新飜老乞大, 背試二處, 而前五冊各寫一處. 詳見啓辭謄錄. - 병란 이후에는 오로지 다섯 책이 남아 있었다. 그러므로 일곱 곳을 뽑아 사자하게 하여 한학의 책 수에 준하게 하였으나 강희 병자(1696)부터 <신번노걸대>를 사용하기 시작하여 두 곳을 배시(背試-책을 보지 않고 시험을 보는 것)하게 하고 전의 다섯 책은 각기 한 곳을 사자하게 하였다. 자세한 것은 『계사등록』을 보라"를 보면 한학의 책수에 준하여 7곳을 뽑아 사자(寫字)하게 하였음을 알 수 있다.

여기서 기준이 되는 한학의 책수는 『통문관지』의 같은 부분에서 '한학팔책(漢學八冊)'조를 보면 "老乞大、朴通事、伍倫全備, {以上三冊背講 ○初用直解小學, 中間代以伍倫全備} 論語、孟子、中庸、大學、飜經國大典, {訓導傳語 ○以上五冊臨講} - <노걸대>, <박통사>, <오륜전비> {이상 3책은 배강한다. ○ 처음에는 <직해소학>을 사용하였으나 중간에 <오륜전비>로 대신하였다} <논어>, <맹자>, <중용>, <대학>과 『경국대전』의 번역 {훈도가 말을 전한다. 이상 5책은 임강한다}"라는 기사가 있다.

이에 의하면 한학의 본업서인 <노걸대>, <박통사>, <오륜전비>의 3책은 배강(背講)하게 하고 사서(四書)는 임강(臨講)하게 하며 역어(譯語)는 『경국대전』을 번역하면 훈도가 이를 전어(傳語)하여 평가한다는 내용이다. 이것은 본업서 3종과 사서(四書) 및 『경국대전』의 번역으로 도합 8종의 문제가 출제됨을 의미하는데 이것을 바꾸어 말하면 이 8종의 역학서가 바로 한학(漢學) 역생(譯生)들의 교과서가 됨을 의미한다.

3.2.5 역과 청학(淸學)의 과시(科試)

청학(淸學) 과시(科試)의 분량도 『통문관지』의 같은 부분의 '청학팔책(淸學八冊)'조에 명시되어 있다. 즉, 『통문관지』(권2) 「권장」 '과거 청학팔책'조에 "八歲兒、小兒論、新飜老乞大、三譯總解、飜經國大典。八歲兒、小兒論、新飜老乞大、三譯總解四冊, 抽七處寫字, 大典飜語同漢學。- [청학팔책은] <팔세아.>, <소아론>, <신번노걸대>, <사역총해>의 4책이다. 이 4책에서 7곳을 뽑아 사자(寫字)하게 하고 대전(大典)의 번역은 한학과 같다"이라 하여 역과 청학(淸學)은 청학 8책, 즉 <팔세아>, <소아론>,

<노걸대>, <삼역총해> 등 4종의 역학서에서 7곳을 뽑아 사자(寫字)케 하고 역어(譯語)는 『경국대전』을 번역하게 하는 것이 한학(漢學)과 같다는 내용이다. 이것 역시 한학팔책(漢學冊數)에 기준을 둔 것이라는 기사가 보이는데 『통문관지』의 같은 부분 '청학팔책(淸學八冊)' 조 끝에,

> 初用千字文 [中略] 並十四冊, 兵燹之後只有仇難、去化、尙書、八歲兒、小兒論五冊. 故抽七處寫字, 以准漢學冊數. 而前冊中, 仇難、去化、尙書, 訛於時話. 故並去之. 見啓辭謄錄 - 처음에는 <천자문> 등 모두 14책을 사용하였으나 병란 이후에는 다만 <구난>, <거화>, <상서>, <팔세아>, <소아론> 등 다섯 책이 있었다. 그러므로 7곳을 뽑아 외워 쓰게 하여 한학의 책수에 준하게 하였다. 옛날 책 가운데 <구난>, <거화>, <상서>는 당시의 말과 달라서 모두 없앴다. 자세한 것은 계사등록을 보라.

라는 기사를 보면 한학 책수에 준하여 병선(兵燹) 후에 남아 있던 5책 가운데서 <팔세아>, <소아론>, 그리고 강희(康熙) 갑자(甲子, 1684)부터 시용(始用)한 <신번노걸대>, <삼역총해> 등 4종의 청학서에서 일곱 군데를 뽑아 사자하게 하였음을 알 수 있다. 따라서 청학(淸學)의 역과(譯科)는 한학(漢學)의 7책(本業書 3종과 四書)에서 출제한 것과는 달리 모두 4종의 청학서에서 일곱 군데를 추첨하여 출제하고 『경국대전』을 번역하는 역어(譯語)의 방법은 한학(漢學)과 같았음을 알 수 있다.

역과 과시(科試)의 방법은 앞에서 언급한 대로 강서(講書 - 背講, 背誦, 臨文)와 역어(譯語)의 방법이 한학(漢學)의 시험이었고, 다른 몽, 왜, 청학의 삼학(三學)에서는 강서 대신 사자(寫字)의 방법이 있었으며 역어(譯語)는 한학과 같았으나 후기(後期)에는 원시(院試), 취재(取才), 고강(考講) 등에서 문어(文語)의 방법도 추가되었다.[23]

23 『통문관지』(권2) '院試' {續} 조에 "春等秋等 文語二度 乾隆癸亥 淸語代以物名十張 蒙學物名七張"이라는 기사와 '祿取才' 조에 "蒙學才三冊, [中略] 文語一度, 秋冬等

사자(寫字)의 방법은 앞에서 언급하였거니와 역어(譯語)의 방법은 『경국대전』에 의하면 한학(漢學)을 비롯한 사역원 사학(四學)이 모두 『경국대전』을 임문(臨文)하여 번역하였다 이에 대하여는 『경국대전』(권3) 「예전」 '역과' 조에 "譯語, 漢學、蒙學、倭學、女眞學, 並飜經國大典, {臨文} - 역어의 시험은 한학, 몽학, 왜학, 여진학이 모두 『경국대전』을 번역한다. {다만 책을 보고 강서한다"이란 기사와 『경국대전』의 같은 부분에 "역어 동대전(譯語 同大典)"이란 기사로 역어의 과시 방법을 알 수 있다. 또, 『대전통편』에 의하면

> 譯語 [原] 漢學、蒙學、倭學、女眞學, 並飜經國大典. (臨文)
> [續] 司譯院提調二員, 或一員兼敎授. 有故則亦參同四學官各二員, 該院差定試取. ([原]은 『경국대전』, [續]은 『續大典』을 말함).

이라 하여 역어(譯語)의 시취(試取) 방법을 보여준다. 또, 『통문관지』(권2) 「과거」 '한학팔책(漢學八冊)' 조 말미에 "飜經國大典, 訓導傳語 - 『경국대전』의 번역은 훈도가 말을 전하다"라고 되어 있으며 동 '몽학팔책(蒙學八冊)' 조에는 "大典飜語 同漢學 - 대전의 번역은 한학과 같다"라는 기사가 보이고 '청학팔책(淸學八冊)' 조 말미에도 "飜經國大典"으로 되어 있어 사역원 사학(四學)의 역과 역어(譯語)의 시험문제는 『경국대전』을 해당어로 번역하고 이를 훈도(訓導)가 시관(試官)에게 전어(傳語)하여 평가하였음을 알 수 있다.

3) 갑진(甲辰) 증광별시 청학의 출제

3.3.0 실제로 전술한 갑진증광별시(甲辰增廣別試)에서 백완배(白完培)의 시권은 <삼역총해>에서 3문제, <팔세아>에서 1문제, <청어노걸대>에

倣此。[下略], 倭學才三册, [中略] 文語一度, 秋冬等 捷解新語下五册, 文語一度"의 기사와 같이 蒙學·倭學·淸學에서는 文語의 시험을 並課하였다.

서 2문제, <소아론>에서 1문제, 도합 7문제가 출제되어 『통문관지』(권2) 「권장」 '과거 청학팔책(淸學八冊)' 조에 명시된 바와 같이 본업서 7문제와 대전(大典)의 번역인 역어(譯語)의 1문제를 합하여 모두 8문제가 출제되었다.

3.3.1 〈삼역총해〉에서의 출제

좀 더 구체적으로 살펴보면 먼저 <삼역총해>에서는 모두 10권 가운데 제1권, 제2권, 제3권의 3권에서만 출제되어 3행씩을 사자(寫字)하게 하였는데 제1권은 14엽 앞면의 1행부터 3행까지, 제2권에서는 9엽 뒷면의 4~6행을, 제3권에서는 9엽 앞면의 2~4행을 베껴 쓰도록 출제하였다. 답안지에 필사된 것을 옮기면 다음과 같다. [사진 5-4~10] 참조.

① 三譯總解 第

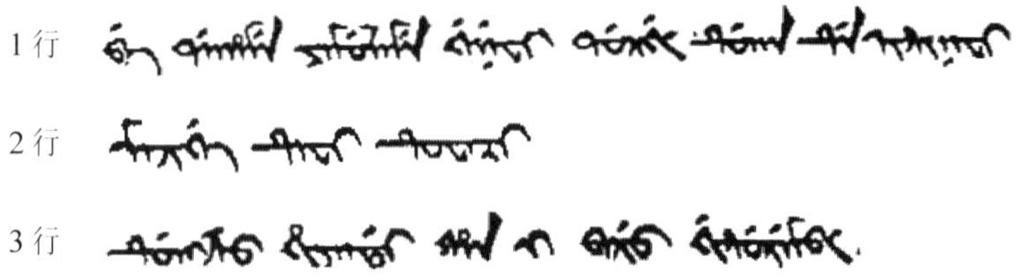

1行

2行

3行

[사진 5-4] 〈삼역총해〉 제1 출제 부분

② 三譯總解 第二

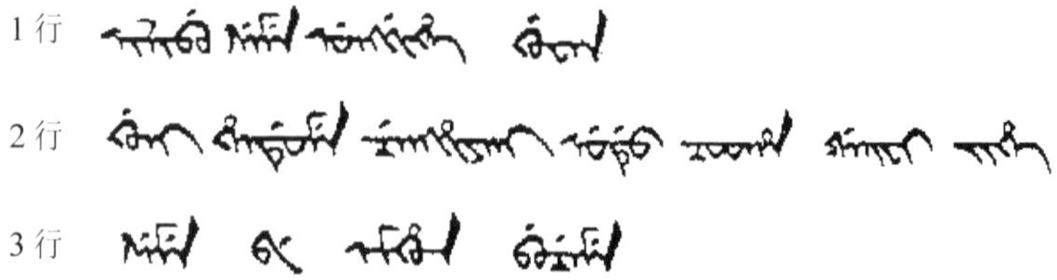

1行

2行

3行

[사진 5-5] 〈삼역총해〉 제2 출제 부분

③ 三譯總解 第三

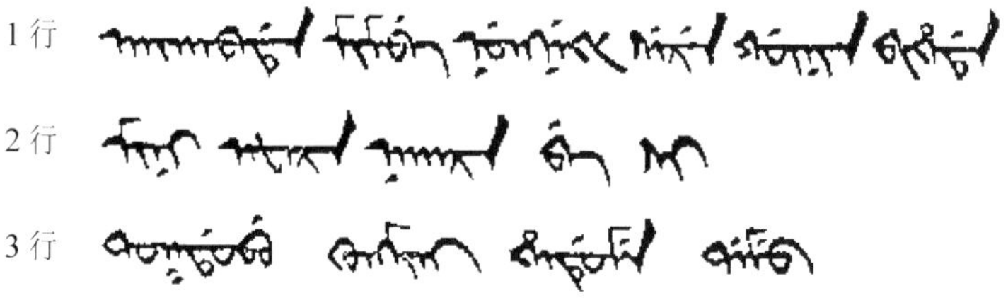

1行

2行

3行

[사진 5-6] 〈삼역총해〉 제3 출제 부분

우선 ① <삼역총해> 제1권의 사자는 동 제1권 14엽 앞면의 1행부터 3행까지, 즉 "[어무 이넝기 뤄부 둥조] 버 다하머 야무라머 거너피 돌기 두카 더 이시나피 마지거 터피 투와치([홀ᄅᆞᆫ 呂布ㅣ 董卓]을조차 됴회에 가셔 안 문에 다ᄃᆞ라 젹이 안자셔 보니), 둥조 한디 한 이 바루 기수럼비(董卓이 獻帝ᄭᅴ 향ᄒᆞ여 말ᄒᆞ니)"의 2구절에서 1~3행에 들어있는 부분의 만주문자만을 사자(寫字)한 것이다([ ]은 답안지에 없는 부분·이하 같음).

② <삼역총해> 제2권의 사자(寫字)는 동 9엽 뒷면의 4~6행까지, 즉 "[아지거 되밈버 너너머 거너피 아훈 버] 이리부 스머 웅기허([젹은 아ᄋᆞ 나를 몬져 가셔 형]을 머무로라 ᄒᆞ여 보내엿다) 관 궁 헌두머 청향 우두 촌하 개피 지허 스머(關公이 니로되 승샹이 비록 군 거ᄂᆞ리고 온다 ᄒᆞ여도) 비 엄훈 부쳐머 [아팜비 스피](내 혼자 죽도록 [싸호리라 ᄒᆞ고])"의 3구절 중에서 4~6행에 들어간 부분만 사자(寫字)한 것이다.

③의 <삼역총해> 제3권은 동 9엽 앞면의 2~4행에 출제된 것으로 "[순 촨 헌두머] 애카바더 밈버 눙너키 스러 구닌 비허더([孫權이 니로되] 힝혀 나ᄅᆞᆯ 침노코져 ᄒᆞᄂᆞᆫ ᄉᆡᆼ각이 이시면), 미나 아파라 나카라 버 시 톡도부(나의 싸호며 말기ᄅᆞᆯ 네 졍ᄒᆞ라), 쿵밍 헌두머 다무[경견 궁 버 애카바더 미니 기순 버 다하라쿠 아욘 슴비](孔明이 니로되 다만 [明公은 힝여 내 말을 좃지 아니면 엇지 ᄒᆞ료 ᄒᆞ니])"의 3구절에서 2~4행에 들어간 부분만 사자하였다.

3.3.2 〈청어노걸대〉의 출제

<청어노걸대>에서는 권1과 권2에서 출제되었다.

④ 淸語老乞大 卷之一

1行

2行

3行

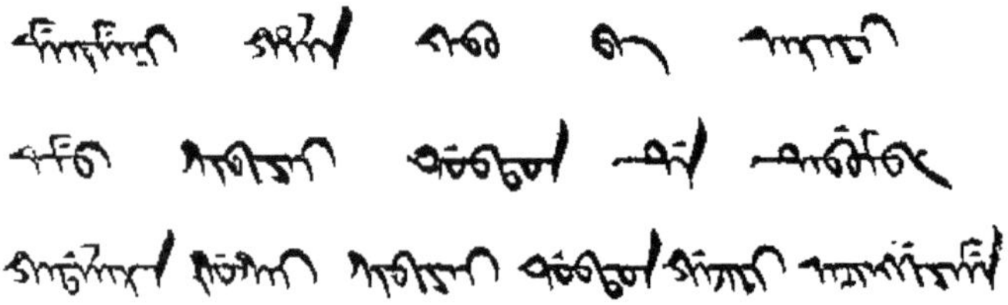

[사진 5-7] 〈청어노걸대〉 권1 출제 부분

⑤ 淸語老乞大 卷之二

1行

2行

3行

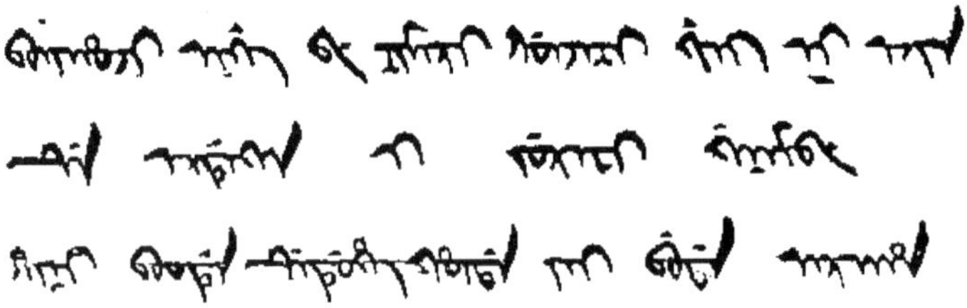

[사진 5-8] 〈청어노걸대〉 권2 출제 부분

④의 답안은 <청어노걸대>(권1) 5엽 앞면 1행부터 3행까지, 즉 "[냘마 토머 엄터 츄스 모 슈시허] 웨러피([사ᄅᆞᆷ마다 ᄒᆞᆫ 대쪽식] ᄆᆡᆼ들고), 메머니 하라 거부 버 아라피 어무 시배 돕톤 더 더붐비(各各 姓名을 뻐 ᄒᆞᆫ 사슬통에 담고), 카다라라 슈새 시배 톱톤 가지피 아칭갸머(檢擧ᄒᆞᄂᆞᆫ 션ᄇᆡ 사슬통 가져와 ᄒᆞᆫ드러)"의 3구절을 3행에 들어간 부분만 사자(寫字)한 것으로 1행의 첫머리 '웨러피'는 답안지에는 빠져 있다.

⑤의 답안은 <청어노걸대>(권2) 동 7엽 앞면의 3~5행을 사자한 것으로 "뵈호지 아거 비 치마리 순쟈치 깅 니 어린 더 얼더컨 이 쥬라피 거넘비(主人형아 내 ᄂᆡ일 五更時에 일즉 써나갈 거시니), 시니 보더 더두허 후다 재

부다 아라하 [후다 버 보도] (네 집의 잔 갑과 쏘 밥지은 [갑슬 혜라])”의 2구절을 3행에 들어간 부분만 사자한 것이다.

3.3.3 〈팔세아〉와 〈소아론〉의 출제

⑥ 八歲兒

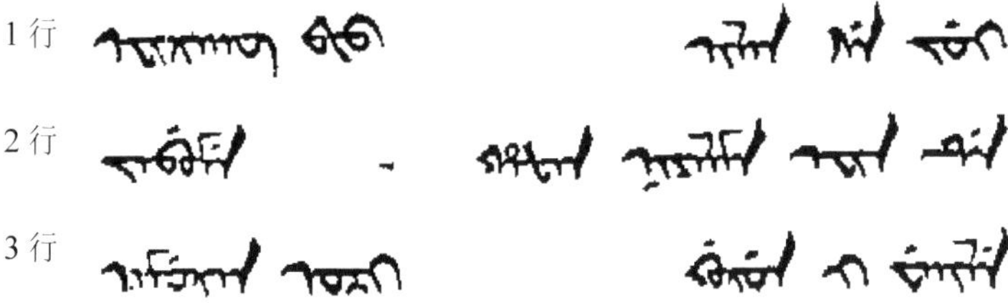

[사진 5-9] 〈팔세아〉 출제 부분

⑦ 小兒論

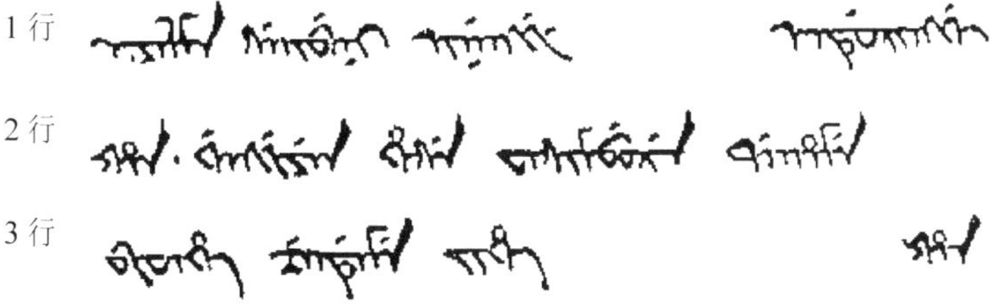

[사진 5-10] 〈소아론〉 출제 부분

먼저 ⑥ <팔세아>의 출제는 3엽 뒷면의 3~5행의 “[아지거] 냘마 세버니 이넝기([小]人이 젼일에), 언두링거 한 겅견 허스 와심부러 다하머(皇上이 聖旨 ᄂᆞ리오심으로), 빈허 쳔더머 지허(글 겻구라 왓ᄂᆞ이다), 한 [돈지피](皇帝 [드르시고])”를 사자한 것이다.

다음으로 ⑦ <소아론>에서의 출제는 “[어러 쥐 시 애누] 어피라쿠 빈(이 아ᄒᆡ 네 엇지 노롯 아니 ᄒᆞᄂᆞ다), 이란 서 쥐 쟈부머(三歲兒ㅣ ᄃᆡ답호되), 하판

냘마 어핀 더 아무란 오치(官員 사름이 노롯 즐기면), 구룬 이 웨러 [파츄훈](國事ㅣ [어즈럽고])"는 <소아론>의 2엽 앞면에서 2~4행까지를 사자한 것이다.

3.3.4 역과 청학의 답안 채점

이상 4종의 청학서에서 추칠처(抽七處), 즉 7곳을 뽑아서 출제된 문제의 답안을 살펴보았다. 대체로 원문과 비교하면 충실하게 사자되었으나 그 채점은 대단히 엄격하며 '통(通)'은 없고, (1), (3), (4), (6), (7)의 문제가 '략(略)', (2)와 (5)의 문제는 '조(粗)'에 그쳤다.

시권의 맨 끝에 있는 역어(譯語)의 과시에 대하여 살펴보기로 한다. 전술한 역과(譯科)의 청학(淸學)에는 <삼역총해>, <청어노걸대>, <팔세아>, <소아론> 등의 청학서에서, 일곱 군데를 선택하여 사자(寫字)하는 시험과 『경국대전』을 당해 외국어로 번역하는 역어(譯語)의 시험이 있었다. 이 역어 시험은 18세기까지 복시(覆試)만이 출제되었는데, 19세기에 들어가서 몽학(蒙學)과 청학(淸學)의 복시가 없어져 초시(初試)만으로 선거하게 된 다음부터는 초시에 역어가 출제되었다(이에 대하여는 졸저, 1988b 참조).

이 시권(試券)의 주인공 백완배가 수험(受驗)한 역과 청학에도 초시에 역어가 출제되었다. 즉, 이 답안지의 하단(下段) 우측에 조악한 글씨로 '自外方 止營繕'이라는 역어(譯語)의 문제가 보인다. 이것은 『대전통편』을 번역하는 시험이었다. 『대전통편』은 『경국대전』을 후에 개편한 것으로서, 정조 9년(1785)경에 김치인(金致仁) 등이 수명(受命)하여 편찬한 것이다.

백완배의 역어문제 '自外方 止營繕'은 『경국대전』(권6) 「공전(工典)」 1엽 뒤의 3행에 있는 "外方公廨啓聞後營繕"을 번역하는 시험이었다. 즉, '外方'으로부터 '營繕'에 이르는 부분을 번역하라는 뜻이다. 이것은 사역원 청학훈도(淸學訓導)가 역과의 시험관에 전어(傳語)하는 방법으로 행하였지만, 이 문제만이 채점자의 수결(手決)이 있으므로 청학훈도(淸學訓導)가 채점한 것임을 알 수 있다.

3.3.5 조선 후기 역과 청학의 특징

여기에 소개한 만주어의 시권은 조선 후기인 도광(道光) 갑진(甲辰, 1844)에 실시된 갑진증광별시(甲辰增廣別試)에 응시해서 2등 4인으로 합격한 백완배(白完培)의 것이다. 이 시권을 통하여 조선시대의 과거제도 가운데 역과청학, 즉 만주어의 시험이 어떻게 실시되었는지 밝히게 되었다.

조선시대의 사역원에서는 한학, 몽학, 왜학을 설치하고 한어와 몽고어 및 일본어를 교육하였지만 그 후에 여진학도 만들어서 여진어까지 교육했다. 이 여진학은 강희(康熙) 정미(丁未, 1667)부터 만주어 교육으로 바뀌어 청학(淸學)이라 하였다.

『경국대전』(권3) 「예전」 제과의 '역과 여진학(女眞學)' 조에는 여진학의 역관을 선발하기 위한 출제서로서 사용되었던 15종의 여진어 학습 교재가 기재되어 있다. 이 내용 가운데 대부분은 조선 중기의 왜란(倭亂)과 호란(胡亂) 때문에 사라졌고 겨우 <거화>, <구난>, <팔세아>, <소아론>, <상서>만 남아있었다. 청학이 여진학 대신에 교육되었던 병자호란 직후에는 이 5종의 여진학서를 만주어 교재로 전환하여 만주어 교육이 이루어져 왔다. 이로부터 청(淸) 태조가 에르데니(額爾德尼) 등에게 명해서 만든 만주문자가 여진학서에서 볼 수 있는 여진자와 크게 다르지 않았음을 추정할 수가 있다. 즉 『경국대전』에 보이는 여진학서들은 여진족들이 세운 금(金)의 건국 초기에 완아희윤(完顔希尹, 谷神) 등이 한자와 거란(契丹) 문자를 절충해서 만든 여진문자로 쓰인 것이 아니라 몽고여진자(蒙古女眞字)로 불린 몽고-위구르 문자로 쓰였다는 것을 필자는 주장하였다.

그 후에 청(淸) 태조가 에르데니(額爾德尼)에게 명해서 만든 초기 만주문자(萬曆 27, 1599 제정)에 청(淸) 태종이 권점(圈點)을 붙여서 개정하여 신만주(新滿洲) 문자를 만들었다(崇禎 5, 1632). 조선 중기에 처음으로 여진학서를 개편해서 만주어 학습서를 만들었을 때에는 개정 이전에 쓰여 있었던 만주문자를 썼는데 신계암(申繼黯)이 앞에서 말한 5종의 만주어 교재를 신 만주문자로 바꾸고 여진어의 어투를 없애서 본격적인 청학서를 만들었다. 강희(康熙) 계해(癸亥, 1683)에 이르러 사역원에서 <삼역총해>, <청어노걸대>를 직접 편찬하고 앞에서 말한 병란 이후의 5종 가운데서 <거화(去化)>, <구난(仇難)>, <상서(尙書)>를 만주어 학습서로 바꾸었다. 따라서 이 때부터 역과청학, 즉 만주어의 시험은 이 5종의 만주어 교재에서 출제되었다.

실제로 도광(道光) 24년(1844)에 실시된 갑진증광별시에 응시한 백완배의 답안지에는 <삼역총해>에서 3문제, <팔세아>에서 1문제, <청어노걸대>에서 2문제, <소아론>에서 1문제가 출제되었고 그 답안이 사자되어 있다. 또, 이 답안지에 따르면, 『경국대전』을 만주어로 번역하는 역어에 대한 문제도 출제되었다. 사자(寫字)의 답안을 보면 비교적 정답을 썼으나 채점은 극히 엄격해서 백완배는 이 답안지로 5분반(分半), 즉 약 30%의 분수(分數)를 얻었고 2등 4인(7번째)으로 합격하였다.

조선에서 여진어와 만주어 교육은 사역원이라는 국가 외국어 교육기관에 의해 교육되었다. 만주어에 대해서는 당시 교육 현장에서 쓰인 교과서가 전해져 오고 있어서 만주어에 관한 역사적 연구를 위한 귀중한 자료가 되고 있다. 다만, 여진어의 교과서는 현존하지 않기 때문에 구체적인 연구는 불가능하다. 이후 이 방면의 자료발굴과 연구의 진척을 기대한다.

4. 청학서 〈천자문〉

4.0.0 조선시대의 사역원에서는 한학, 몽학, 왜학, 청학을 설치하고 한어(漢語)를 비롯하여 몽고어, 일본어, 만주어를 교육하였음은 전장에서 살펴본 바 있다. 사역원의 사학(四學)이란 이름으로 부르던 4개의 외국어 교육 기관은 조선조 초기에는 한학, 몽학, 왜학, 여진학의 사학(四學)으로 여진어를 교육하기도 하였으나 병자호란 이후 여진학을 청학(淸學)으로 바꾸고 만주어를 교육하였다.

왜란(倭亂)과 호란(胡亂)을 겪은 후에 사역원의 외국어 교육은 한학(漢學)에서는 중국어의 회화 교육에 주력하였고 몽학, 왜학, 청학에서는 회화 교육은 물론 몽고-위구르 문자, 일본 가나(假名)문자, 그리고 만주-위구르 문자를 초보 과정에서 교육한 다음에 이어서 그 문자로 쓰여진 교재를 중심으로 언어가 학습되며 평가되었다(졸저, 1990). 따라서 한학에서 이루어지는 중국어 학습은 한자로 쓴 구어체 문장의 학습이 중심이 되었으며 서당(書堂)의 경서(經書) 학습과 같이 교재를 강독하고 원문을 암기하였고 평가도 같은 방법으로 이루어졌다.

그러나 한학을 제외한 나머지 몽학, 왜학, 청학(이들을 사역원 三學이라고도 함)은 한학과 다른 방법으로 교육하였는데 먼저 해당국의 문자를 학습하고 다음에 그 문자로 만든 교재를 암기하는 방식으로 교육이 진행된다. 이와 같은 교육 방법은 졸저(1990)에서 논의한 바와 같이 사역원의 원시(院試), 고강(考講), 취재(取才)와 역과(譯科)에서 출제 및 채점의 차이를 가져오게 되었다. 즉 한학의 중국어 능력 평가는 '강서(講書, 背誦, 또는 背講)'의 방법이 주종을 이루고 기타 삼학(三學)은 '사자(寫字)'의 방법으로 출제되고 평가되었다.[24]

따라서 사역원 삼학의 외국어 교육은 문자의 교육으로부터 시작될 수밖에 없었으며 가장 초보적인 교재로서 문자 학습서가 해당국에서 수입되거나 사역원에서 자체적으로 편찬되었다. 사역원의 외국어 학습 교재는 졸저(1988b)에서 주장한 바대로 초기에는 해당국의 동몽(童蒙)교과서를

24 朝鮮朝 科擧의 譯科나 取才에서 사용된 講書의 방법은 '臨講, 背講, 背誦'의 세 방법이 있었다. 臨講의 방법은 교재의 원문을 보면서 읽고 풀이하는 방법이고 背講은 원문을 보지 않고 암송하며 풀이하는 방법이다. 다만 背誦은 풀이하지 않고 원문을 암송할 뿐으로 年少聰敏한 역생들의 취재에는 자주 이 방법이 이용되었다. 또 <捷解蒙語>나 <捷解新語>, <淸語老乞大>와 같이 언해가 붙어 있는 것은 배강, 또는 배송의 방법을 쓰고 漢學의 <박통사>, <노걸대>와 같이 한문만으로 된 것은 임강의 방법으로 과시, 취재하였다. 寫字의 방법은 외워서 쓰는 시험이다. 蒙學書, 倭學書, 淸學書와 같이 한자가 아닌 畏兀字, 假名, 滿洲字 등과 같은 고유한 문자로 해당어가 쓰였을 때 이를 암기하여 옮겨쓰는 寫字의 방법이 역과나 취재, 원시에서 주로 사용되었다.

수입하여 교재로 사용하였다. 『세종실록』과 『경국대전』에 등장하는 사역원 사학의 과시서 및 취재(取才)의 출제서들은 그 서명(書名)으로 보아 해당국에서 아동 교육용 교재였던 것으로 보이며 제4장 왜학서에서 왜학서를 근거로 하여 초기의 일본어 학습서가 무로마치(室町) 시대에 일본에서 널리 사용되던 '고왕래(古往來)'류의 교과서이었음을 밝힌 바 있다.

만주어 교육의 청학(清學)에서도 먼저 만주문자의 교육으로 시작하였는데 그렇다면 가장 초보적인 만주문자의 교육은 어떻게 시작되었을까? 우리의 이러한 의심을 풀어 줄 한 권의 책을 이제부터 살펴보고자 한다.

1) 만주어 문자 교육과 〈만한(滿漢)천자문〉

4.1.0 학계에 소개된 청학서 <만한(滿漢) 천자문(千字文)>은 바로 만주어 교육을 위한 교재로 편찬된 것이다. 여기서는 이에 대하여 고찰하고 이 청학서가 만주어 교육에서 어떤 기능을 담당하였는가를 살펴보고자 한다. 이미 졸고(1991a)에서는 사역원 삼학의 외국어 교육에서 일본어의 문자 학습이 어떤 방법으로 이루어졌는가를 살피기 위하여 왜학서 <이로파(伊路波)>를 중심으로 일본의 가나(假名)문자 교육을 고찰한 바 있다. 따라서 본 장에서는 사역원 청학의 만주어 교육에서 가장 기본적인 만주자 교육이 어떻게 이루어졌는가를 <만한(滿漢)천자문>을 중심으로 고찰하고자 한다.

4.1.1 파리본 〈만한(滿漢)천자문〉

프랑스 파리의 국립도서관(Bibliothèque Nationale)에는 조선 사역원 청학에서 만주어 학습에 사용된 것으로 보이는 만(滿)·한자(漢字)의 <천자문> 한권이 있다. 이 책은 1엽을 상·하 2단으로 나누어 상단에는 만주문자로 천자문의 중국어 발음을 쓰고 하단에는 그에 해당하는 한자를 기록하였으며 간판된 후에 훈민정음으로 그 발음을 손으로 써 넣었다.

표지에는 '千字文 全'이라고 세로로 묵서(墨書)되었고 권수서명(卷首書名)은 상단에 만주자로 'ciyan ja wen', 하단에 한자로 '千字文'이라 쓰여 있으며 판심(版心)의 상(上) 흑어미(黑魚尾)의 난 위에 한자로 '千字文'이라고 쓴 판심제(版心題)가 보인다.

상(上)·하향(下向)의 흑어미(黑魚尾)가 있고 상하 모두 8행에 광곽은 세로 20.0 × 가로 14.3cm이며 도합 15엽으로 제15엽 뒷장과 16엽이 없는 결본(缺本)이다.[25] 15엽의 앞장도 판심 쪽으로 훼손이 있고 15엽의 뒷장은 상단의 극히 일부만이 조금 남아 있다. 표지의 뒷면에는 '葛(EX LIBRIS COLLIN DE PLANCY)'이라고 쓴 쪽지가 붙어 있다.[26] 뒷 표지 중앙에 'CORÉEN 3'이란 장서표가 붙어 있고 첫 장의 하단과 10엽 앞장의 상단, 그리고 맨 마지막 장의 중간에 'R. F. BIBLIOTHÈQUE NATIONALE SSW'라는 동그란 장서인이 붉게 찍혀 있다.

4.1.1.1 이와 같은 <{만한(滿漢)} 천자문>은 5엽 앞장까지 한글로 그 발음을 만주자와 한자의 오른쪽에 기입하였다. 즉 만주자 표기의 천자음(千字音)을 오른편에 흑색과 붉은 색의 한글로 표음하였는데 5엽의 뒷면부터는 붉은 색으로 만주자의 표기만을 축자표음(逐字表音)하였고 1엽부터 5엽 첫 장까지는 검은색으로 만주자와 한자의 발음을 모두 한글로 묵서(墨書)하여 기입하였다. 붓으로 써 넣은 것이므로 잘 보이지 않는 곳도 있고 5엽 뒷장부터는 한 번 나온 같은 발음은 생략하기도 하였다.

예를 들면 10엽의 뒷장 8행의 "kun쿤, cy, kiya키야 si시(昆 池 碣 石)"와 같이 만주자만 한글로 주음되었지만 'cy 池'는 그것이 빠져 있다. 그러나 다음 제2행에 "gi기 tiyan티얀 cy치 ceng청(雞 田 赤 城)"에서 같은 만주

25 이러한 서지적 고찰은 Courant(1894~6, No.3256)을 비롯하여 Plancy(1911) 등의 연구에서 참고할 수 있으며 岸田文隆(1994~5)에서도 고찰되었다.

26 岸田文隆(1994~5)에서는 이것을 臧書印으로 보았으나 도장의 형태로는 보이지 않고 朱印의 흔적도 없으며 오히려 쪽지를 붙인 모습이 보이므로 Collin de Plancy의 장서에 붙인 書標로 보아야 할 것이다.

자 표음 'cy치 赤'이 있어 이것 때문에 앞의 것은 생략된 것으로 보인다. 또 같은 장의 'tai 恒'와 'ioi 譽'도 이미 알고 있는 것이어서 한글 주음이 빠져있다. 만주자 'ioi'의 표기는 '宇, 餘, 雨, 玉, 羽, 虞, 育, 與, 禹, 於, 魚'에서 많이 출현하였으므로 'ioi 譽'의 만주자의 한글 표음은 생략한 것으로 보인다.

4.1.1.2 {만한}<천자문>은 사역원 청학 역생들의 만주자 학습에 이용된 것으로 이 책으로 공부한 역생(譯生)이 자신의 만주어 학습을 위하여 천자(千字)의 만주자 표기나 한자의 한음(漢音)을 한글로 표음한 것으로 볼 수밖에 없다. 뒷 표지의 안쪽에는 프랑스 민족도서관의 간단한 해제를 타이핑하여 붙여 놓았는데 이를 옮겨 보면 다음과 같다.

> 717. LE LIVRE DES MILLE MOTS(Tchyen tja moun). Texte chinois et traduction en mandchou; le coréen a été ajouté à la main, en rouge. Impression coréenne du XVIe siècle, extremement rare. Un volume petit in-8, incomplet à la fin. - 천 단어의 책-천자문. 중국어와 만주어 번역 교재; 한국어가 손으로 쓴 붉은 글씨로 첨가되었다. 16세기 조선 활자본으로 희귀본. 8절의 작은 책으로 낙질본임.
>
> C.3256. CE VOLUME PEUT ÊTRE CONSIDERÉRÉ COMME UN EXEMPLAIRE UNIQUE. Il est cité parmi les ouvrages employés en 1469 dans les examens de mandchou et perdu depuis. - 이 책은 유일본으로 여겨짐. 1469년 만주어 시험의 출제서 가운데 들어 있었고 그 후에 없어짐.

왜 이러한 해제가 붙었는지는 앞에서 언급한 이 책의 여러 서지 사항을 환기하게 되며 많은 부분에서 적당하지 않은 설명이 발견된다. 먼저 한국어를 붉은 글씨로 써 넣었다는 부분은 한글로 만주자의 발음과 한자의 중국음을 붓으로 써 넣은 것을 말하는데 앞에 부분은 붉은 글씨가 아니고 뒷부분만이 그러하다. 또 이 책이 15세기 조선조에서 활자로 간행되었는지도 확실하지 않다.

우선 이 책의 표지를 보면 4침(針)의 흔적이 있어 중국이나 일본 판본의 장정(裝幀)으로 보이며 판식과 편철의 방법도 다른 사역원 역학서와 매우 다르다. 그리고 역시 조선조에서 간행된 것이라면 훈민정음으로 그 발음을 처음부터 표기하였을 것이고 나중에 손으로 부기할 이유가 없기 때문에 이 땅에서 간행된 것으로 보기 어렵다. 이것은 졸고(1991a)에서 살펴본 바와 같이 왜학서 <이로파(伊路波)>가 15세기 말에 간행되었음에도 한글 대역(對譯)의 발음 표기가 처음부터 원문에 들어 있음을 감안할 때 더욱 의심을 갖게 한다.

무엇보다도 16세기 조선활자본으로 보기 어려운 것은 16세기에는 사역원에서 만주자로 쓰여진 만주어를 학습하지 않았다는 사실이다. 병자호란 이후, 즉 강희(康熙) 정미(丁未, 1667)에 사역원에서는 여진학을 청학으로 변환하여 만주어를 학습하게 하였고 만주문자가 제정된 것은 청(淸) 태조, 또는 태종 이후의 일이기 때문에 만주자로 된 만주어 학습서의 간행 연대는 병자호란 이후의 일이다. 그리고 1469년 만주어 역관 시험의 출제서 가운데 들어 있다는 설명도 예종 원년(1469)에 간행된 『경국대전』의 「예전」 '역과초시'의 여진학 사자(寫字) 과시서에 <천자문(千字文)>이라는 서명이 등재되어 있었기 때문인 것 같다.

4.1.1.3 이 책에 대하여 Courant(1894~6)은 Collin de Plancy가 수집한 책(No.3256)으로 소개하였고 Ernest Leroux가 편집한 그의 도서목록에도 이 책의 서명이 보인다.[27] 주지하는 바와 같이 꼴랭 드 플란시(Collin de Plancy, 한자명 葛林德, 1853~1922)는 대한제국의 프랑스 공사(公使)로서 서울에 체재하는 동안 상당한 양의 문화재, 특히 고서를 수집하여 파리 동양

27 J. M. Puyraimond과 W. Simon, 그리고 M. R. Sèguy 등이 파리 國立圖書館에서 1979년에 작성한 '만주 관계 목록(Catalogue du fonds Mandchou)'에도 이 책에 대하여 자세한 서지해제가 붙어 있다.

어학교에 기증하였으며 최근에 파리의 동양어학교 도서관에서 발견한 <개수첩해신어>도 그가 반출한 것이다.[28] 플란시의 장서에 대하여는 모리스 꾸랑, Maurice Courant의 『조선도서서지목록』에서 언급되었다.

즉, 꾸랑은 플란시가 수집한 한국본을 비롯하여 교황청 대리대사 뮤텔(S. G. Mutel)이 수집한 것, 1866년 병인양요(丙寅洋擾) 때에 불란서 극동함대 사령관 로제(Rose) 제독이 전리품으로 획득한 외규장각 구장본(현재는 파리의 국립도서관에 소장됨), 1888년 프랑스 선교사 바라(Varat)가 수집하여 지금은 파리의 기메 박물관에 소장된 것, 런던의 대영 박물관에 소장된 한국본과 Gabelentz(G. von der Gabelentz)가 수집한 것, 동경(東京)의 우에노(上野) 도서관과 증상사(增上寺)에 소장된 것 등 한국본 3,240부의 목록을 작성하고 서양식의 간단한 서지해제를 붙인 『조선도서서지목록(朝鮮圖書書誌目錄, Bibliographie Corèenne)』 3책을 간행하였다.[29]

이러한 Courant(1894~6) 및 동(1901)의 제2편 <언어부> 제2장 'Langue Mantchoue'에서는 '천자문(千字文)'을 청학서로 들고 있다. 이에 대하여 小倉進平(1940)에서는 "千字文, 兵書, 三歲兒, 自侍衛, 七歲兒, 十二諸國, 貴愁, 吳子, 孫子"의 9종은 여진학에 속하는 것이라고 주장한다. 그러나 Courant이 지적한 '천자문(千字文)'이 <{만한(滿漢)}천자문>이라면 이것은 분명히 만주어를 학습하는 청학서일 것이다.

4.1.1.4 <천자문>이란 서명이 조선조의 역관 교재로 기록된 최초의

---

28 Collin de Plancy는 駐서울 佛蘭西 公使館員으로 부임하였다가 후일 公使로 승진하였으며 1902년에는 大韓帝國으로부터 太極章 勳一等이 수여되었고 1906년 1월 20일 公使의 직을 사임하고 귀국하였다. 小倉進平(1940/40) 및 "The Korean Review" Vol.II, No.10, p.461 및 Vol.III, No.11, p.39, 그리고 Vol. VI, No.1 등 참조.

29 Maurice Courant은 東京 駐在 불란서 公使館의 通譯官으로 있으면서 1890년 5월부터 1892년 2월까지 서울에 在任한 일이 있다. 이 때부터 그는 조선도서해제의 편찬을 준비하기 시작하여 파리와 런던, 東京, 서울 등지에서 접목한 한국본 서적의 목록을 작성하고 해제를 붙였다. Courant(1894~6)은 1888년부터 1891년까지 그가 수집하여 파리東洋語學校에 기증한 한국본의 목록을 실었으나 그 후에 서울에서 수집한 것에 대하여는 補遺編(Courant, 1901)을 추가로 간행하였다.

것은 전술한『경국대전』이다. 즉, 이 대전의 역과 초시 사자(寫字) 여진학 조에 "千字文、兵書、小兒論、三歲兒、自侍衛、八歲兒、去化、七歲兒、仇難、十二諸國、貴愁、吳子、孫子、太公、尙書"라 하여 15종의 여진어 학습서를 들고 있고 동 취재(取才) 여진학 조에도 같은 기록이 보인다(졸저, 1990:230). 이 여진학은 다음에 상술하겠지만 병자호란 이후에 청학으로 바뀌어 만주어를 학습하게 됨에 따라 이 여진학서 가운데 몇몇이 만주어 학습서로 개편된다.

이 여진학서들은 여진자로 기록된 여진어 학습서이었거나(졸저, 1988b:59) 몽고여진자(또는 몽고-위구르 문자)로 쓰인 동몽(童蒙) 여진어 교재이었을 것이다(졸저, 1990:233). 이 가운데 왜란(倭亂), 호란(胡亂) 양란(兩亂) 이후에 '仇難, 去化, 尙書, 八歲兒, 小兒論'의 5책은 신계암(申繼黯)이 만주-위구르 신자(新字)로 고쳐 쓰게 하여 만주어 교재로 사용한 것임을 앞에서 언급하였다. 그리고 또 이 중에서 '팔세아(八歲兒), 소아론(小兒論)'은 신만주자로 수정되어 조선조 후기에도 계속 만주어 학습서로 사용되었고 오늘날 서울대 규장각(奎章閣)에도 이 두 책은 그 모습을 전하고 있다.

4.1.2 사역원의 〈천자문〉

『경국대전』 이후 조선의 국전은 변천을 거듭한다. 특히 임진·병자 양란 이후에 간행된『속대전』에서는 대대적인 개편이 이루어졌다. 이 대전의「예전」'역과' 및 '취재'에 한학·몽학·왜학·청학의 사학(四學)이 있어 국전(國典)에 처음으로 '청학(淸學)'이 등장하게 된다. 그러나『속대전』에는 청학의 역과(譯科)나 취재(取才)의 출제서에 '천자문'이 보이지 않는다. 즉,『속대전』(권3)「예전」'역과 사자(寫字)'의 '청학(淸學)'조를 보면 "八歲兒, 小兒論 {見大典}, 老乞大, 三譯總解 {新增}, 其餘諸書今廢 - <팔세아>, <소아론> {대전을 보라} <노걸대>, <삼역총해> {새로 증설하다} 그 나머지 모든 책은 폐하다"라는 기사가 있어 '노걸대(<청어노걸대>를 말함), 삼역총해'가 새롭게 추가되고『경국대전』의 나머지 여진학서는 이제 모두 없앤 것을 알 수 있다.

그러나 『통문관지』와 실제 필자가 찾은 청학 역과 시권(試券)에는 '천자(千字)' 또는 '천자문(千字文)'의 서명이 계속 나타난다. 먼저 『통문관지』(권2) 「과거」 '청학팔책(淸學八冊)' 조를 보면 "[前略] 初用千字文、兵書、小兒論、三歲兒、自侍衛、八歲兒、去化、七歲兒、仇難、十二諸國、貴愁、吳子、孫子、太公、尙書 幷十四冊[下略]"이라 하여 처음에는 '천자문(千字文)'을 비롯한 14종의 청학서가 있었음을 말하고 있다. 그러나 『경국대전』에 의하면 이들은 모두 여진학서임을 알 수 있다. 따라서 『통문관지』에서는 여진학과 청학을 구별하지 않았고 이들을 같은 것으로 간주한 것으로 보인다.

졸고(1987)와 졸저(1990)에 소개된 역과 청학의 시권에는 『경국대전』에서 여진어의 과시서로 등재된 여진학서가 만주어 시험 출제서로 기재되었다. 즉, 앞의 3.1.1과 3.1.2에서 살펴본 바와 같이 헌종(憲宗) 11년(1844)에 시행된 갑진증광별시(甲辰增廣別試)의 청학(淸學)에 응과한 백완배의 시권에는 상단에 청학의 과시서(科試書)로 "千字, 天兵書, 小兒論, 三歲兒, 自侍衛, 八歲兒, 去化, 七歲兒, 仇難, 十二諸國, 貴愁, 吳子, 孫子, 太公, 尙書, 三譯總解, 淸語老乞大, 八歲兒大典通編" 18종의 청학서를 들었다(졸저, 1990:241). 이 때의 '千字, 天兵書'는 '千字文, 兵書'의 오기로 보이나 다른 시권이 발견되지 않는 한 속단할 수 없다.

이 시권에 기재된 역학서들은 신계암(申繼黯)이 만주어로 개편한 것이 있지만 대부분 여진학서이고 전술한 바와 같이 『속대전』에서는 <청어노걸대>, <삼역총해>를 신증하면서 '其餘諸書幷今廢'라 하여 <팔세아>, <소아론>을 제외하고 나머지 책을 모두 없앴다고 하였으나 어떤 이유인지 백완배의 시권에는 이 역학서들이 모두 출제서로 기재되었다.

다만 실제로는 <삼역총해>에서 3문제, <청어노걸대>에서 2문제, <팔세아>·<소아론>에서 각각 1문제, 도합 7문제가 출제되었을 뿐이다(졸고, 1987, 본장의 3.3.1, 3.3.2, 3.3.3 참고). 이런 현상은 몽학(蒙學)의 시권이나 왜학(倭學)의 시권에서도 같았는데 이 두 시권에도 『경국대전』에 등재된 몽학과 왜학의 과시서가 모두 기재되었으나 실제 출제는 『속대전』

에 규정된 출제서에서 사자(寫字)하게 하였다. 따라서 졸저(1990)에서는 여진학이 비록 후대에 청학으로 개편되었지만『경국대전』에서 여진학에 대한 규정을 청학에 적용시켜 형식적으로나마 대전의 전통을 유지하려던 것으로 기술하였다.

그러나 프랑스 파리의 국립도서관에 소장된 <만한천자문>은 사역원의 청학 역관들이 만주문자를 학습하는 데 사용한 것임이 분명하고 따라서 백완배의 시권 상단에 기재된 청학 출제서들이『경국대전』에 여진어 과시서로 규정된 여진학서들이 아닐 수도 있음을 말하고 있다. 그러므로 졸저(1988b:59)에서 주장한 바와 같이 한자로 된 중국의 고전을 여진어로 번역하여 여진인의 훈몽교과서로 사용한 '천자문(千字文), 병서(兵書), 십이제국(十二諸國), 오자(吳子), 손자(孫子), 태공(太公), 상서(尙書)' 등의 서적 가운데 어떤 것은 만주어로 다시 바뀌어 만주인의 동몽교과서로 사용된 것이 있었고 사역원의 청학, 즉 만주어 학습에도 이를 수입하여 사용하였다고 보아야 할 것이다.

<여진자손빈서(女眞字孫臏書)>, <여진자태공(女眞字太公)>과 같은 여진어 병서(兵書)나 사서(史書)들이 초기의 사역원 여진학에서 여진어 학습서로 수입되어 사용되었을 가능성은 매우 높다. 필자는 위에서 언급한 바와 같이 졸저(1988)에서 조선 전기(壬辰·丙子 兩亂 이전)의 사역원 왜학서가 일본 무로마치(室町) 시대에 훈몽서로 일본에서 널리 사용된 왕래류(往來類) 교과서였음을 밝힌 바 있다. 이러한 현상은 비단 왜학에만 국한되지 않고 몽학과 여진학, 청학에서도 동일하였으리라고 추측된다.[30]

30 실제로『경국대전』몽고어 과시서로 규정된 "王可汗, 守成事鑑, 御史箴, 高難加屯, 皇都大訓, 老乞大, 孔夫子, 帖月眞, 吐高安, 伯顔波豆, 待漏院記, 貞觀政要, 速八實, 章記, 何赤厚羅, 巨里羅"(「禮典」'譯科 蒙學' 조)에 대하여는 小倉進平(1940), 이기문(1964, 1967)과 성백인(1984), 송기중(1985) 등에서 그 몽고어 서명에 의한 고찰이 있었으며 여진학서에 관하여도 부분적인 연구가 있었다. 그러나 이 책들이 실제로 몽고나 여진의 훈몽교과서인지는 밝히지 못하였고 앞으로도 몽고와 여진의 교육제도와 교과서의 변천이 밝혀지지 않은 상태에서 더 이상의 연구는 불가능하리라고 생각된다. 졸저(1988)에서 왜학서가 중세 일본의 훈몽교과서임을 밝힌 것은 일본에서 왕래류 교과서의 변천을 일본 연구자들이 매우 자세하게 연구한 결과

2) 현전하는 〈만한천자문〉

4.2.0 <천자문(千字文)>은 한자교육에서도 가장 초보적인 교과서로 인정된 것이다. 또 여진인들도 <천자문>을 통하여 초보적인 여진문자를 교육한 것으로 보이고 사역원에서도 이를 들여다가 여진어 교육의 교과서로 이용한 것으로 보인다. 아직 명확한 연구 결과는 없지만 만주인들도 여진인들처럼 <천자문>을 통하여 가장 초보적인 문자교육을 시작하였을 것으로 추측된다. 이 사실은 만주문자로만 된 <청서천자문(淸書千字文)>이 있으며(일본 內閣文庫 소장) 이 <천자문>과 거의 같은 판본의 <만한천자문(滿漢千字文)>이 로마의 바티칸 도서관(Biblioteca Apostolica Vaticana)에 소장되어 있다. 즉, 神田信夫(1965:240)에 로마의 바티칸 도서관 소장의 만주본을 소개하면서 <만한천자문(man han ciyan dz wen)>에 대하여 언급하였다.

이것을 우리말로 옮겨 여기에 인용하면 "[전략] 다음 바티칸도서관에도 <만한천자문(滿漢千字文)>이 있다. 서명은 전술한 대영 박물관이나 라이덴에 있었던 심계량(沈啓亮)의 것과 같지만 전혀 다른 이본(異本)이다. 봉면(封面)에는 이 서명(書名)의 왼쪽에 '京都永魁齋梓行(ging gecen yung kui folofi selgiyehe)'라는 것뿐으로 서발(序跋)이 없고 작자도 간행년도 알 수 없다. 본문은 모두 16엽(葉)으로 매반엽(每半葉) 8행, 상하 2단으로 나누어 하단에 한자, 상단에 그 한자음을 만주자로 나타내었다"라고 하여 바티칸도서관 소장의 <만한(滿漢) 천자문>을 소개하였다.

4.2.1 바티칸 소장본과 내각문고 소장본

池上二郞(1963)에서 심계량(沈啓亮)의 <만한천자문(滿漢千字文)>과 일본 나이카쿠분코(內閣文庫) 소장의 초본(抄本) <청서천자문(淸書千字文)>을 만주-위구르 자에 의한 한자음의 전사방법으로 비교하였으나 바티칸의

가 있었기 때문이다.

것이 오히려 심계량(沈啓亮)의 것과 달라서 만주자의 서체가 심계량(沈啓亮)의 것보다 훨씬 단정했다고 보았다. 이 책도 전술한 <전주십이자두(箋註十二字頭)>와 대체로 같은 크기의 소책자로서 그 체재나 서체로 본다면 강희(康熙) 중엽 경(頃)의 간본으로 생각해도 좋을 것이라고 하여 파리 국립도서관본의 <만한(滿漢)천자문>과 거의 같은 판본이 로마의 바티칸 도서관에도 소장되었음을 말하고 있다.[31]

이 <{만한} 천자문>은 앞에 인용한 神田信夫(1965)에 의하면 강희(康熙, 1662~1722) 연간의 중엽에 간행된 것으로 보았으며 그 용도가 만주인의 문자 교육, 즉 만주문자와 한자의 교육을 위한 훈몽교과서였을 것으로 생각된다. 따라서 사역원에서도 청학의 역생들에게 만주문자를 교육하기 위하여 이 책을 들여다가 한글로 그 발음을 전사하여 이용한 것으로 볼 수밖에 없다.

4.2.2 대영(大英)박물관 소장본

池上二良(1963:390~1)에는 대영박물관(British Museum)에 소장된 <만한천자문(Man han ciyan dzu wen)> 1책을 소개하고 있다. 이에 의하면 이 책은 심계량(沈啓亮)이 쓴 <만한(滿漢)천자문>을 광성(廣城) 동문당(同文堂)에서 재간(梓刊)한 것을 일본 경도(京都)의 규벽재(奎壁齋)에서 간행한 것으로서 한자의 천자를 각각 그 아래에 현대 북경음(北京音)의 동음자로 표음하고(예. 日逸, 月悅, 盈明, 昃側 등) 그 옆 칸에 만주자로 발음을 적었다(예. zi, yuwei, ing, je 등)고 하였다.[32] 이 책의 서사자로 기재된 '심계량(沈啓亮)'은

---

31 로마 바티칸 도서관 소장의 만주본은 겨우 십여 점으로 그 가운데 <箋註十二字頭(giyan ju šiel dz teo)>는 매우 진귀한 것이다. 沈啓亮의 저서로 모두 11엽이며 표지의 중앙에 滿漢 合壁으로 書名을 크게 쓰고 그 오른쪽에 '婁東沈啓亮較正(luo dung šen ki liyang kiyoo jeng)', 그리고 그 왼쪽에 '增補滿洲雜話(dzeng pu man jeo dza hūwa), 京都復魁齋梓行(ging du wen then jy dz šing)'라고 역시 滿漢 合壁으로 써 놓았다.

32 池上二良(1963)에 의하면 이 책의 표지 한 가운데에 'Man han ciyan dz wen'이란 滿文書名이 있고 그 오른편에 '滿漢千字文'이란 漢文書名이 있으며 다시 그 오른편에 '京都奎壁齋梓行', 그리고 '福賢堂'이란 刊板處가 기재되어 있다고 한다. 그리고 卷尾에는 '沈啓亮書 Śun ki liyang śu 廣城同文堂梓'란 기록이 있다고 한다.

강희(康熙) 22년(1683)에 만한사전(滿漢辭典)인 『대청전서(大淸全書)』의 서문을 작성한 인물로서 이 <만한천자문(滿漢千字文)>도 같은 시기에 편찬된 것으로 보인다.[33]

이 외에도 新村出(1927:48, 75, 106)에 의하면 일본의 내각문고(內閣文庫)에 소장된 <청서천자문(淸書千字文)>은 천자문의 한자음을 만주자로 쓴 것으로 3본이 있다고 한다. 필자가 찾아 본 것으로 전일 간바라(神原甚造) 씨의 소장서 중에 한림원(翰林院) 편수 우진(尤珍)이 만주어로 쓴 서문을 가진 <청서천자문>도 있었다. 그리고 <백체천문(百體千文)>에 포함된 <청서천자문>이 베를린 국립도서관, 대영 박물관 등에 소장되어 있어서 <천자문>을 통한 만주자 학습이 매우 성황을 이루었음을 알 수 있다.

3) 사역원의 만주-위구르 문자 교육

4.3.0 앞에서 『경국대전』 여진학의 과시서에 <천자문>이 있었음을 살펴보았다. 즉 예종 원년(1469)에 간행된 『경국대전』의 「예전」 '역과초시'의 여진학 사자(寫字) 출제서에 <천자문(千字文)>이 있었으며 이는 『통문관지』(권2) 「과거」 '청학팔책(淸學八冊)' 조에

> 八歲兒、小兒論、新飜老乞大、三譯總解、飜經國大典, {八歲兒、小兒論、老乞大、三譯總解四冊, 抽七處寫字, 大典飜語同漢學 [下略]} - [역과 청학의 과시(科試)는 8책으로] <팔세아>, <소아론>, <신번노걸대>, <삼역총해>, 『경국대전』의 번역이다. {팔세아, 소아론, 노걸대, 삼역총해의 4책에서 7곳을 추첨하여 사자(寫字)하게 하고 경국대전을 번역하는 것은 한학과 같다. [하략]

33 현전하는 만주 문헌에 대한 소장 목록 작성 및 서지적 연구는 그렇게 활발하다고 말하기 어렵다. 지금까지 언급한 것 이외에 중요한 것을 들어 보면 李德啓氏의 "國立北平圖書館故宮博物院圖書館滿文書籍聯合目錄"(1933년 출판)과 Fuchs(1931, 1936, 1942) 및 Kotwicz(1928) 등이 있다.

{○初用千字文、兵書、小兒論、[中略] 幷十四冊. 兵燹之後, 只有仇難、去化、尙書、八歲兒、小兒論五冊. 故抽七處寫字, 而准漢學冊數. 康熙甲子始用新飜老乞大、三譯總解, 而前冊中仇難、去化、尙書訛於時話, 故幷去之. 見啓辭謄錄} - {처음에는 <천자문>, <병서>, <소아론> [중략] 등 모두 14책을 사용하여 과거를 보았다. 전란 이후에 단지 <구난>, <거화>, <상서>, <팔세아>, <소아론>의 5책만이 남았다. 그럼으로 [이 책에서] 7곳을 추첨하고 사자(寫字)하게 하여 한학의 책 수에 준하게 하였다. 강희 갑자년부터 <신번노걸대>와 <삼역총해>를 처음으로 사용하였고 먼저 책 중에 <구난>, <거화>, <상서>가 시대의 말과 달라서 모두 없앴다. 계사등록을 보라}.

라고 하여 청학 역과의 과시 방법을 규정하고 있을 뿐 아니라 여진학서와 청학서를 동등하게 보았다.

조선에서 청학(淸學), 즉 만주어 학습은 청조(淸朝) 이후의 만주어를 배우는 것으로 사역원에서는 만문(滿文), 즉 만주-위구르 문자로 기록된 청학서를 교재로 하여 교육하였음을 앞에서 살펴보았다. 또 만주족은 여진족의 일부로서 청조(淸朝) 안에는 야인여직(野人女直), 한인(韓人), 한인(漢人), 몽고인(蒙古人), 시버(錫伯), 달아이(達斡爾) 등의 여러 민족이 흡수되어 있다고 하였다. 그리고 1636년에 여진(女眞)의 호칭을 만주(滿洲)라고 고쳤으며 산해관(山海關)을 넘어 중원에 들어가 명(明)을 멸망시키고 청조(淸朝)를 건립하였다고 하였다. 따라서 만주족은 여진족의 일부이며 만주어도 여진어와 같은 계통의 것으로 볼 수 있다.

4.3.1 사역원 청학의 만주자

실제로 『역관상언등록(譯官上言謄錄)』의 숭정(崇禎) 10년(1637) 정축(丁丑)조에 의주(義州) 부윤(府尹) 임경업(林慶業)이 사역원으로 하여금 청학 역관을 많이 양성하게 하라는 장계(狀啓)가 있다. 그 가운데 "[前略] 淸譯在京者只若干人, 似難分送. 司譯院女眞學中稍解淸語者, 擇送爲白乎旀, [下

略] - [전략] 만주어 역관 가운데 서울에 있는 자는 약간뿐이어서 나누어 보내기 어렵습니다. 사역원 여진학 가운데 만주어를 조금 아는 자를 가리어 보내려고 ᄒᆞ옵오며 [하략]"라는 기사가 있어 이 때까지는 청어(淸語), 즉 만주어는 여진학에서 교육된 것을 알 수 있다. 따라서 여진어와 만주어는 동일한 것으로 간주하였던 것으로 보인다. 그러나 이 때의 여진학에서 만주어를 학습한 것은 만주인과의 대화에서 무용했던 것 같다.

전게한 『역관상언등록』의 강희(康熙) 19년(1680) 경신(庚申) 윤팔월(閏八月) 초이일(初二日) 조의 기사에 "司譯院官員以都提調意啓曰: 丁丑之初本院淸學無通話之人, 自備邊司抄得被擄贖還中曉解淸語者屬之本司, 謂之淸學付祿差任, 其後本院淸學之習熟淸語者, 利其燕行輪差之. [下略] - 사역원 관원이 도제조의 뜻으로 계하기를 정축년(崇禎 10, 1637) 초에 사역원의 청학은 [그 나라 사람들과] 통화하는 사람이 없었습니다. 비변사로부터 [병자호란 때에] 포로가 되었다가 속환된 사람 가운데 만주어를 잘 아는 자를 약간 얻어서 사역원에 소속시키고 이들을 청학의 부록차임(付祿差任)이라 불렀습니다. 그 후에 사역원 청학에서 만주어를 잘 익힌 자를 중국에 가는 사행에 돌아가면서 가도록 하였습니다. [하략]"라는 기사가 있어서 실은 숭정(崇禎) 정축(丁丑, 1637)에는 만주어에 능통한 역관이 없었음을 말하고 있다. 이것은 여진어 학습이 바로 만주어 학습을 의미하는 것이 아님을 말하고 있다.

그리고 청조(淸朝)에서는 만주자를 만들어 자신들의 언어를 기록하였는데 청(淸) 태조 누르하치(努爾哈赤)가 에르데니(額爾德尼) 등으로 하여금 몽고-위구르(畏兀字)를 모방하여 만주자를 제정한 것이 만력(萬曆) 27년(1599)의 일이다. 이것이 무권점자서(無圈點字書, tongki fuka aku hergen i dangse)라고 불리는 것으로 청(淸) 태조는 이 문자로 칙명을 비롯한 모든 공문서를 기록하게 하였다. 그 후에 청(淸) 태종은 다하이(達海)를 시켜 이를 변조하여 유권점(有圈點) 만주신자를 제정하였으며 만주어의 기록뿐 아니라 많은 한서(漢書)를 만주어로 번역하여 이 문자로 기록하게 하였다.

두 번에 걸친 만주어의 도입과 수정은 모두 몽고-위구르 문자에서 온 것이다. 따라서 필자는 이 문자를 만주-위구르 문자라고 명명한다. 위구르 문자를 도입하여 몽고어에 맞도록 수정하여 표기한 것이 몽고-위구르 문자라고 한다면 이를 들여다가 만주어 표기에 알맞도록 고친 것이 만주문자이므로 만주-위구르 문자라는 명칭이 어울린다고 보기 때문이다. 다만 여기서는 이를 통상 사용하는 만주자로 부른다.

4.3.2 신구(新舊) 만주자의 교육

청조(淸朝)의 초기에는 사역원의 여진학에서 혹시 만주어를 학습하였더라도 이 만주자는 이해하지 못하였던 것으로 보인다. 즉, 상술한 『역관상언등록』 숭정(崇禎) 12년(1639) 기묘(己卯) 5月 11日조에,

> 司譯院官員以都提調意啓曰: [中略] 本國之人雖解淸語, 而至於淸書則無有知者. 若非申繼黯盡誠學習, 何能就此前所未有之書以爲本學講讀之資耶? 此事極爲可嘉, 各別論賞以勸他人何如? 傳曰依啓. - 사역원 관원이 도제조의 뜻으로 임금께 아뢰어 말하기를 [중략] '본국 사람은 만주어를 이해하는 사람은 있어도 만주문자를 아는 사람이 없었습니다. 만약에 신계암이 정성을 다하여 학습하지 않았다면 어찌 능히 이전에 없던 글자로 쓰인 청학을 강독할 수 있었겠습니까? 이 일은 아주 가상한 일이어서 각별히 상을 주어 다른 사람들을 권장하는 것이 어떻겠습니까?' 하니 계청한 대로 하라고 전하다.

라는 기사가 있어 이때에는 새로 만든 만주자를 이해하는 사람이 없었고 신계암이 비로소 신만주자를 학습하여 사역원에서 만주어 교육이 이루어졌음을 말하고 있다.

유사한 내용이 『통문관지』에도 전해진다. 동서(권7) 「인물」 '신계암' 조에 "申繼黯: 平山人, 女眞學舊有國典所載講書, 而與淸人行話大不同, 淸人聽之者莫解. 楸灘吳相國允謙以公善淸語, 啓送于春秋信使之行, 十年往來

專意研究, 盡得其語音字劃. 就本書中仇難、去化、八歲兒、小兒論、尙書等五冊, 釐正訛誤, 至今用之於科試. - 신계암 평산인. 여진학은 옛날에 경국대전 소재의 강서가 있었다. 그러나 청인들의 대화와 크게 같지 않아서 청인이 들어도 알아듣지 못했다. 추탄 오윤겸이 상국으로 있을 때 공(신계암-필자 주)이 만주어를 잘하므로 임금께 아뢰어 춘추 사행이 갈 때에 딸려 보냈다. 십년 동안 왕래하면서 오로지 연구에 전념하여 만주어의 어음과 문자의 자획을 완전히 깨우쳤다. 청학서 중에 <구난>, <거화>, <팔세아>, <소아론>, <상서> 등 5책을 바로잡고 틀린 것을 고쳐 오늘에 이르러 역과의 과시서로 쓰이다"라는 기사가 있어서 신계암이 <팔세아> 등 5책의 여진학서를 고쳐서 만주어와 만문의 학습서로 사용하게 되었음을 말하고 있다.

신계암이 <팔세아> 등 5책의 청학서를 개편한 내용은 상술한 『역관상언등록』의 숭정(崇禎) 12년(1639) 기묘(己卯) 5월 11일조의 기사에도 나타난다.

司譯院官員以都提調意啓曰: 女眞學傳習之事其在于今視他學尤重. 自前流來番書未知出自何代, 而淸人見而怪之, 全未曉得. 彼中方今行用之書卽前汗所著, 而音卽淸音, 字卽與蒙書大略相似而點劃實異, 曉解者絶無. 彼此相接之時無以通情, 都提調吳允謙時具由入啓, 多方勸奬. 本學中有才申繼黯, 春秋信使之行連續差送, 俾無與淸人來往問難, 語音精熟, 然後乃學其書. 繼黯專意研究于今十載, 方始就緖, 傳來冊本中所謂去化、仇難、八歲兒、小兒論、尙書等五冊, 以淸語寫出, 而淸旁註質之. 上年勅使時, 從行淸人無不通曉, 以此可知其不誤也. - 사역원 관원이 도제조의 뜻으로 임금께 아뢰어 말하기를 여진학의 교육과 학습은 오늘에 있어서 타학보다 더욱 중요합니다. 전부터 유래하는 교과서는 어느 시대에 나온 것인지 알 수 없고 청인이 보아도 괴이하게 여겨 전혀 깨닫지 못합니다. 그 가운데 오늘날 행용하는 글자는 전한(前汗, 淸 太祖를 말함-필자 주)이 지은 것이라 어음은 만주어이지만 글자는 몽고자와 대략 같고 점과

획이 실제로 달라서 깨달아 이해하는 자가 하나도 없으며 피차에 서로 접촉할 때 뜻이 통하는 바가 없습니다. 오윤겸이 사역원 도제조일 때에 자세한 연유를 입궐하여 말씀드려서 여러 모로 권장하게 하였습니다. 사역원 청학에 신계암이라는 재주 있는 사람이 있어서 춘추 신사(信使)에 연속해서 차송하였더니 청인과 왕래하거나 묻는 데 어려움이 없었습니다. 어음(語音)을 깊이 알고 그 후에 문자를 배워서 오로지 연구에 전념하기를 이제 십 년이 되었습니다. 바야흐로 가닥을 잡아서 전래되는 책 가운데 소위 거화, 구난, 팔세아, 소아론, 상서 등 5책을 만주어로 베껴 내고 그 옆에 질문하여 주를 달았습니다. 지난해 칙사가 왔을 때 따라온 청인들과 통하지 않음이 없으니 이것이 곧 그 잘못이 없음을 알 수 있습니다.

위의 기사에 의하면 신계암은 청(淸) 태조 때의 에르데니(額爾德尼)가 제정한 만주구자(滿洲舊字)로부터 청(淸) 태종 때의 다하이(達海) 등이 수정한 유권점(有圈點) 만주신자(新字)에 이르기까지 숙지하여 능통한 것으로 보이며 만주자를 도입하여 만주어 교재를 편찬함으로써 청학(淸學)을 일으킨 것으로 보인다. 그 후에 <한어노걸대>를 만주어로 번역한 <신번노걸대>(이것은 후일의 <淸語老乞大>를 말함)와 <청서삼국지(淸書三國志)>를 우리말로 번역한 <삼역총해(三譯總解)>가 추가되면서 전술한 바와 같이 신계암의 5책 중에 '<거화>, <구난>, <상서>'는 폐기하기에 이른다. 그리하여 사역원의 만주어 학습서는 '<팔세아>, <소아론>, <삼역총해>, <청어노걸대>'의 5종만이 강서로 남아 역과 청학의 출제서가 되었고 이와는 별도로 <한청문감(漢淸文鑑)>이 편찬되어 만주어 학습에 이용되었다.

4.3.3 〈만한천자문〉의 만주자 학습

그러나 파리의 국립도서관에 소장된 <만한(滿漢)천자문>은 앞에 말한 청학서 이외에도 청조(淸朝)의 동몽교과서를 수입하여 만주어 학습에 이용한 교재가 있었음을 말한다. <천자문>과 같은 훈몽서를 자국의 언어로 번역하여 한자와 더불어 자국의 문자교육에 이용하는 것은 중국 주변의 나라에서는 흔했던 일로 보인다. 우선 여진어의 학습에 이용된 <천자문>도 양(梁) 무제(武帝) 때에 산기시랑(散騎侍郎) 주흥사(周興嗣)가 편찬한 <천자문(千字文)>을 여진어로 기록한 것으로 보이며 같은 방법으로 만주어 교육에서도 전술한 바와 같이 <청서천자문>, 또는 {만한}<천자문> 등의 훈몽서가 간행된 것으로 생각할 수 있다. 이것은 사역원 청학 역관들이 사신(使臣)을 배행하여 중국 갔을 때 만주어 학습서를 사 가지고 돌아온 것으로 볼 수 있고 이것들도 청학에서 매우 유행한 교재가 된 것으로 보인다.

4) 〈만한천자문〉의 한글 주음(注音)

4.4.0 만주어로 된 <천자문>에는 <청서천자문(淸書千字文)>(일본 內閣文庫 소장본 등)과 바티칸 소장의 <만한천자문(滿漢千字文)>, 그리고 파리 국립도서관의 <만한(滿漢) 천자문>의 3종류가 있다. 후자의 2종류는 원래 같은 것이었으나 손으로 쓴 한글의 발음 표기를 첨가한 것이 다를 뿐이다.

岸田文隆(1994~5)에서는 이 3종류의 <천자문>을 부분적으로 비교하였으나 여기서는 만·한자 <천자문>의 한글 전사와 발음 표기가 어떻게 이루어졌는가를 살피는 데 관심을 제한하기로 한다.

4.4.1 파리본 〈만한 천자문〉의 한글 주음

파리 국립도서관에 소장된 <만한 천자문>은 전장에서 살펴본 바와 같이 반엽(半葉)을 상하(上下) 2단으로 나누어 상단에는 만문으로 4자의 한어 한자음을 기록하고 그 하단에 해당 한자를 기재하였으며 5엽 첫 장까지는 상단의 만문을 한글로 전사하고 하단의 한자의 오른편에도 그 북경음을 한글로 표음하였다. 예를 첫 장 서두에서 찾으면 "tiyan, di, hiowan, fuwang(티얀, 디, 휘완, 황)/ 天, 地, 玄, 黃(텬, 디, 흰,황)"과 같다. 예시한 인용에서 만주자는 로마자로 전사하였고 '티얀, 디, 휘완, 황'은 만주자 표기의 한글 전사이며 '탼, 디, 훤, 황'은 한자의 북경음 표음이다.

'tiyan 티얀', '天 탼'과 같이 만주자의 한글 전사와 한자의 한어음 표음이 서로 다른 것은 만주자의 축자전사(逐字轉寫 - 글자 하나하나에 발음을 붙임)와 당시 북경음(北京音)의 발음 표기와의 차이에 원인이 있는 것으로 보인다. 예를 들어 '天'의 현대 북경음은 [tian]으로 전통적인 사역원의 한학서에서는 [텬]({번역}<노걸대> 상 64뒤 9행)으로 표음되었는데 여기서는 [티얀], [탼]으로 전사되었다. 전자가 전통적인 운서음의 표기라면[34] 후자는 만주자로 표기된 'tiyan'의 축자(逐字) 전사이거나 현실음의 표기로 볼 수밖에 없다.

예를 들어 앞 장에서 논급한 '宇, 餘, 雨, 玉, 羽, 虞, 育, 與, 禹, 於, 魚' 등의 만주자 표기는 [ioi]이지만 그 한글 전사는 '이ㄲ'이고 한자의 한음(漢音)은 '위'였다. 그러나 5엽 첫 장 이후에는 한음의 표음은 없어졌고 만주자에만 표음하였기 때문에 '禹'(10b 2행)와 '魚'(11b 3행)의 만주자 표기가 [ioi]임에도 불구하고 그에 대한 한글 표음은 '위'로 되어 있어 같은 만주자의 한글전사에도 불구하고 5엽 뒷장의 전사와 그 앞의 것이 다르다. 따라서 이 경우에 만주자의 축자 전사로 보기 어렵다.[35]

그리고 '譽'(10뒤 1행)와 '於'(11앞 4행)는 전술한 대로 한자의 한음 표음은 물론 만문의 한글 전사도 없다. 그리하여 5엽 뒷장 이전의 묵서된 한글 표음과 그 이후의 붉은 글씨로 쓴 한글 표음과는 확연하게 구별되는

34 '天'의 漢語音 훈민정음 표음을 <四聲通解>에서 찾으면 'ㅌ透'聲 '先(平)'韻으로 [텬]이며 <노걸대> 등 漢語 역학서의 注音에서는 '텬'으로 통일되어 표음되었다. 그러나 <滿漢千字文>의 冒頭에 나오는 '天'의 滿文 표기는 [tiyan]이며 이를 만문에 맞추어 한글로 축자 전사하면 '티얀, 탼'일 수밖에 없다. 여기서 우리는 전자가 현실음보다는 운서음 내지는 규정음의 표음이고 후자가 현실 北京音에 가까운 표음인 것으로 생각할 수 있다.

35 만주자로 [ioi]로 주음된 '雨(1b 2행), 羽(2a 3행), 虞(2b 1행), 育(2b 6행), 與(4b 7행)' 등은 모두 만문의 한글 축자 전사가 '이ㄲ'이며 한자의 한글 표음은 '위'였다. 그러나 '譽(10b 1행)'는 만주자에도 한자에도 한글 표음이 없었고 '浴(14b 8행)'은 만주자 [ioi]의 한글 표음을 '위'로 하고 한자의 한글 표음은 5엽 뒷장 이후의 다른 한자들과 같이 없었다.

데 아마도 앞의 것은 만주자의 학습과 한자의 중국 발음 학습이 별도로 이루어진 것이고 5엽 뒷장 이후의 것은 한자의 북경음 학습을 중심으로 한글 표음이 이루어진 것으로 볼 수밖에 없다.

4.4.2 한글 주음의 근거

여기서 보이는 만주자의 한글 축자(逐字) 전사는 오늘날 남아 있는 청학서에서 그 모형을 찾을 수 있다. 예를 들어 <삼역총해>에서 '子'의 만문 주음은 [dzi]이고 그 한글 주음은 '즈'이다. 즉 <삼역총해> 제10권 23엽 뒷장 1~2행에 'dzi lung hendume(子龍이 니로되)'의 한글 표음은 "즈 룽 헌두머"로서 만주자의 축자 전사가 아니라 실제 발음에 가까운 한글 표음을 보여준다.[36] 같은 예를 <삼역총해>에서 '현덕(玄德)'의 '玄(hiowan)'(권10 21앞 3행 외 여러 곳)의 한글 표음에서 찾을 수 있다. 이에 대하여 <삼역총해>는 '**환**'으로 주음하고 <천자문>에서는 만문의 경우 '휘완', 한자의 경우 '**환**'으로 표음하였다. <천자문>의 경우 전자는 만문의 축자 표음으로 보인다.

4.4.2.1 필자의 관심은 일모자(日母字) [ㅿ]의 표음 방법이다. 이미 『홍무정운역훈』이나 『사성통해』에서 일모자(日母字)의 성(聲)은 'ㅿ'으로 표시되었으며 이 자료의 만주자로는 [z]로 표음되었는데 여기에서도 전통적인 반치음 'ㅿ'로 표음하였다. 예를 들면 'zi, 日'(1앞 3행)은 만문과 한자의 한글 표음이 모두 'ᅀᅵ'였고, 'zin, 人'(2앞 5행)은 'ᅀᅵᆫ'이었다. 이 외에도 'zin, 仁'(6뒤 6행)은 만문(滿文)의 한글 표음이 'ᅀᅵᆫ', 'zu, 如'(5앞 5행)는 'ᅀᅲ'로 표음되었는데 이들은 모두 현대 북경음에서 [r]로 발음되는 것이다.

또 'io, 友'는 만문의 한글 표음만 있는데 일모자(日母字)임에도 'ᅀᅴ'로 표음되었다. 이를 보면 이 때의 [ㅿ]의 음가는 일모(日母)의 성(聲), 즉 권

36 <삼역총해>에서 '子龍'에 보이는 '龍(룽)'의 <만한 천자문> 표음은 동일하여 'lung 龍'(2a 4행)에서 만문과 한자의 한글 표음이 모두 '룽'이었다.

설음 [ʑ]을 표음한 것으로 볼 수밖에 없다. 훈민정음의 변천에서 이 시대의 ‘ᅀ’음은 이미 그 음가를 잃고 의고적 표기나 ‘ᄉ[s]’의 유성적 환경의 변이음을 표음하는 데 쓰였을 뿐이다. 따라서 사역원의 훈민정음 사용은 고유어 표기의 경우와 외국어의 발음전사의 경우와 서로 달리 사용되었다는 졸고(1978a)의 주장을 이런 예들이 뒷받침하고 있다.

즉, 졸고(1978a:181)에 의하면 『사성통해』의 ‘支紙寘’ 3운내 치음(齒音) 제자의 한음 표시는 반치음 ‘ᅀ’자를 종성(終聲)으로 사용하였음을 밝혔다. 이 예를 {번역}<박통사 상>(1515년경 간행, 이하 <번박>으로 약칭)에서 찾으면 다음과 같다.

耳: ᅀᅳᇫ ᅀᆞ (44뒤 8행), 兒: ᅀᅳᇫ ᅀᆞ (15뒤 7행), 子: ᅎᅳᇫ ᅎᆞ (15뒤 1행),
時: ᄿᅳᇫ ᄾᆞ (34앞 5행)[37]

<번박>보다 200년 가까이 늦게 간행된 <역어유해>(1690)에서 이의 표음을 찾으면 다음과 같다.

耳: ᅀᅳᇫ ᅀᅳᆯ (上 44앞 5행), 兒: ᅀᅳᇫ ᅀᅳᆯ (上 32뒤 10행),
子: ᅎᅳᇫ ᅎᅳ (上 32앞 1행), 時: ᄿᅳᇫ ᄾᅳ (上 3앞 6행)

이에 대한 <만한 천자문>의 만주자와 한글 표음은 다음과 같다.

耳[el](ᄋᆞᆯ) (13뒤 1행), 兒[el](아) (6뒤 1행),
子[dzi](ᅎᅳ) (6뒤 1행), 時[si](시) (9앞 7행)

*[ ]는 만주자의 로마자 전사, ( )은 만주자 표기의 한글 표음

37 중종대 최세진의 <老乞大>, <朴通事>의 번역은 이 두 텍스트 내 漢字 하나하나의 밑에 운서음과 현실음을 좌우로 나누어 훈민정음으로 표음하였다. 그러므로 “耳:ᅀᅳᇫ ᅀᅳᆯ”의 주음은 ‘耳’자 밑에 운서음 ‘ᅀᅳᇫ’과 현실음(또는 俗音, 今俗音, 得聞之音으로도 불린다) ‘ᅀᅳᆯ’이 좌우에 나란히 표음되었다. 이에 대하여는 본서의 제2장과 졸고(1974) 참조.

이러한 한음(漢音)의 표음을 살펴보면 이 <천자문>의 만주자 표기는 <역어유해>의 재우음(在右音)과 거의 같은 발음을 표기하고 있고 그 한글 전사는 이보다도 더 후대의 표기법을 보여준다. 즉, <역어유해>의 ‘耳 ᅀᅳᆯ’을 ‘을’로, ‘兒 ᅀᅳᆯ’을 ‘아’로, 그리고 ‘時 ᄉᆞ’를 ‘시’로 표음한 것은 <역어유해>보다도 후대의 한글 표기의 결과라고 볼 수 있다.

4.4.2.2 岸田文隆(1994~5)에 의하면 이 자료의 한자에 붙인 한글 표음과 <화음계몽언해>(1883년간, 규장각 소장본, 奎2993)에 수록된 천자문의 정·속음과 비교한 결과 정음의 표기와 유사함을 보인다고 보고하였다. 주지하는 바 최세진의 <노걸대>, <박통사>의 번역 이후 한학서에서 한자 좌우에 정·속음을 표음하는 방법은 언해된 거의 모든 한학서에서 유지되어 왔다. 일반적으로 재좌음, 즉 정음(正音)은 보수적인 운서음이고 재우음(俗音)은 되도록 현실음을 반영한 것이다. <노걸대>, <박통사>의 번역에서 기준이 된 한어음의 정·속음은 <사성통해>에 규정되었고 이후 중국음의 표준음이 변화함에 따라 이 정·속음도 변환을 거듭한다. 그리하여 한어음의 정음(표준음)과 속음(현실음)도 시대에 따라 달라졌고 이 자료의 한어음을 학습자가 기입할 때에는 시기적으로 『규장전운(奎章全韻)』의 운서음과 관련을 맺고 있는 것으로 보인다.

이러한 한자의 만주자 표기와 그 한글 전사는 김진하(金振夏)가 중간한 <삼역총해>의 그것과도 비교할 수 있다.

<만한 천자문>	<삼역총해>
ioi 위 羽 위(2앞 2행)	ioi 위 (羽)(제9 9뒤 5행)
jeo 져 周 쥐(2뒤 3행)	jeo 져 (周)(제10 3뒤 4행)
cang 챵 長 챵(3뒤 7행)	cang 챵 (長)(제9 9뒤 3행)
kung 쿵 孔(6뒤2행)	kung 쿵 (孔)(제3 3뒤 3행)
ming 밍 明(8앞 7행)	ming 밍 (明)(제3 3뒤 3행)
howa 후와 華(7앞 8행)	howa 화 (華)(제9 5앞 6행)

fei 베 飛(7뒤 5행)	fei 페 (飛)(제10 7뒤 5행)
joo 죠 趙(10앞 1행)	joo 죠 (趙)(제10 11앞 4행)

이에 의하면 이 자료와 <삼역총해>의 만주 표기의 한글 전사가 거의 유사하고 아래의 3개만이 부분적으로 다르다. "華"의 '후와'와 '화'는 후자가 좀 더 고전적인 전사이며 "飛"의 '베'와 '페'는 반대로 전자가 의고적 전사인 것으로 보인다. 마지막 "趙"의 '죠'와 '죠'는 전자의 한글 전사가 잘못된 것으로 보아야 할 것이다. 따라서 <천자문>의 만주자 한글 전사는 아직 이 문자에 숙달되지 못한 역생(譯生)의 자의적인 표기로 볼 수밖에 없다.

池上二良(1963:99)에 의하면 <청어노걸대>(乾隆 30, 1765)[38]와 <소아론>, <팔세아>도 <삼역총해>와 같이 'ioi, io'를 'jui, ju'로 전사하는 경향이 있다. 즉, 'o'를 'ㅜ'로 표기하여 'niowangiyan(기러기)'은 "뉘왕기얀"으로 전사되었고 'lio(呂)'는 "뤼"로 전사됨을 밝혔다. 그러나 'unenggio(진실노야)', 'bio(잇느냐)', 'jio(오라)'의 경우 "우넝고", "뵤", "죠"와 같이 [o]를 'ㅗ'로 전사하였다. 이것은 근대국어에서 [i] 다음에 'o, u'가 [u]로 중화되어 '우'로 표기되는 현상이 아직 외국어 발음 전사에서는 정착되지 않은 상태를 반영하는 것이다. 다만 "周"의 한음 표기가 '쥐'인 경우에 <삼역총해>와 같은 전사를 보이고 있다.

4.4.2.3 이상의 한글 전사와 한음의 표음을 보면 <삼역총해>, <청어노걸대>, <팔세아>, <소아론>보다는 조금 이른 시기에 이 <만한 천자문>의 만주자 한글 전사와 한자음의 한글 표음이 이루어진 것으로 보인다.

---

38 이 책은 '淸語老乞大新釋序'라는 序文을 갖고 있으며 '乾隆 39年 刊'이라는 刊記가 있다. 같은 해에 '重刊三譯總解序'도 작성되어 이 시기에 淸學書의 대대적인 新釋, 重刊이 있었던 것으로 보인다. 원래 金澤庄三郎의 舊藏本으로 永平寺別院에 소장되어 있다가 현재는 駒澤大學 圖書館에 소장되었다.

주지하는 바와 같이 <삼역총해>는 강희(康熙) 42년 계미(癸未, 1703)에 김세홍 등이 개간(開刊)하였으며 건륭(乾隆) 39년(1774)에 김진하 등에 의하여 개간(改刊)되었다. 이 개간본은 이담(李湛)의 '중간삼역총해서'가 있어서 중간본으로 알려졌으며 <청어노걸대>도 같은 시기에 '신석(新釋)'이 이루어진 것으로 서문에 나타난다. <팔세아>는 건륭(乾隆) 42년(1778)에 개간되었으며 <소아론>도 동일한 시기에 개편이 이루어진 것으로 보이는데 이 <만한 천자문>은 이보다는 조금 이른 시기에, 그러나 <역어유해>(1690)보다는 훨씬 후대에 한글 표기가 삽입된 것으로 보인다.

4.4.3 파리본 한글 주음의 특징

조선의 사역원 청학에서는 <만한 천자문>을 수입하여 만주자의 학습에 사용하였으며 학습자가 만주자와 한자의 한음을 이해하기 위하여 만주자 표기의 경우는 한글로 축자(逐字) 전사하였으며 한음(漢音)의 경우는 한글로 표음하여 손으로 기입하였다. 필자의 생각으로는 이 자료는 적어도 두 사람 이상의 역생(譯生)이 한글로 만주자를 전사하고 한음을 표음하여 기입한 것으로 보았으며 일부 즉, 5엽의 앞장까지는 초심자가 묵서로 부기(附記)하였고 그 이후부터는 상당한 수준의 역생이 붉은 글씨의 한글로 만주자를 전사하였다.

<만한 천자문>이 간행된 시기는 바티칸도서관 소장본의 간행 시기와 같은 것으로 보아 神田信夫(1965)에서 주장한 바와 같이 강희 연간의 중엽에 간행되었거나 이 때의 간본을 후일 복각한 것으로 보았다. 이 자료에 한글 표기가 삽입된 것은 훨씬 후대의 일로서 필자는 <삼역총해> 등 청학서들의 중간본이 간행된 시기(18세기 후반)보다는 조금 이른 시대에 만·한 <천자문>의 만주자 한글 전사와 漢字의 북경음 표음이 삽입된 것으로 보았다.

<천자문>을 통하여 만주어, 또는 만주자를 학습하는 것은 여진어학으로 그 연원을 거슬러 올라갈 수가 있다. 청학서인 <팔세아>, <소아론>이 원래 여진어 학습서였으나 신계암이 이를 만주자로 옮겨 청학

서로 개편한 것과 같이 원래 여진학서에서 <천자문>으로 여진어의 기초와 여진자를 학습하던 것과 같은 방법으로 청학에서도 <만한 천자문>으로 만주자 학습을 시행한 것으로 추정하였다.

그동안의 연구에서 아직 밝힐 수 없던 것은 여진어 <천자문>의 모습이 어떠하였을까 하는 문제다. 또 이것이 어떻게 <청서(淸書) 천자문>이나 <만한 천자문>으로 발전하게 되었으며 이 양자의 관계는 어떠한가 하는 문제도 분명하지 않다. 이것은 여진어 <천자문>이 발견되기를 기다리는 수밖에 없을 것이다.

5. 〈소아론〉과 반(反) 유교문화

1) 여진학서와 청학서

5.1.0 조선시대의 사역원에서는 한학, 몽학, 왜학, 청학을 설치하고 한어(漢語), 즉 중국어를 비롯하여 몽고어, 일본어, 만주어를 교육하였음은 이미 널리 알려진 사실이다. 사역원의 사학(四學)이란 이름으로 불렀던 4개 외국어 교육은 조선조 초기에는 여진어를 교육하는 여진학이 포함되었으나 병자호란(1636) 이후 강희(康熙) 정미(丁未, 1667)에 정식으로 여진학을 청학으로 바꾸고 만주어를 교육하였다. 그러나 여진학의 일부로 만주어를 이해했던 조선 사역원에서는 여진어 역관들로 하여금 병자호란 때에 조선을 침략한 만주인들의 언어를 통역하게 하였으나 전혀 통하지 못하자 여진어 대신에 만주어를 교육하게 되었다.

만주어 교육의 시작은 올바른 교과서를 편찬하는 일이었다. 병자호란 직후에 사역원에서는 그동안 사용하던 여진어 교과서를 개편하여 만주어를 교육하였다. 사역원에 청학이 설치되기 이전에 여진학서가 청학서, 즉 만주어 교과서로 개편되었으며 현재로는 인조 7년(1629) 경에 여진학관 신계암(申繼黯)에 의하여 여진학서를 청학서로 개편하는 작업이 시작되었다는 기록을 찾을 수 있다(졸저, 1990:226~228).

여진어를 교육하는 “천자문(千字文), 병서(兵書), 소아론(小兒論), 삼세아(三歲兒), 자시위(自侍衛), 팔세아(八歲兒), 거화(去化), 칠세아(七歲兒), 구난(仇難), 십이제국(十二諸國), 귀수(貴愁), 오자(吳子), 손자(孫子), 태공(太公), 상서(尙書)” 등의 여진어 교과서 가운데 왜란과 호란을 겪은 다음에 남아있던 “거화(去化, 巨化), 구난(仇難), 팔세아(八歲兒), 소아론(小兒論), 상서(尙書)” 등의 5종의 여진학서를 개편하여 훗날 만주어 학습의 청학서로 만든 것은 전술한 인조 때의 청학 역관 신계암이다. 그는 구만주자(舊滿洲字)로 여진학서인 이 5종의 역학서를 만주어 학습서로 개편하였다. 그러나 청나라에서는 곧 만주신자(滿洲新字)가 공포되어 이 5종의 청학서도 시용(時用)에 맞지 않게 되었으며 따라서 이 가운데 <거화>, <구난>, <상서>도 폐지하게 되었고 <소아론>, <팔세아>만이 만주신자로 다시 개편되어 숙종 29년(1703)에 목판본으로 간행되었다.

5.1.1 현전하는 〈소아론〉

현전하는 <팔세아>, <소아론>은 정조 2년(丁酉, 1777)에 <청어노걸대>, <삼역총해> 등과 함께 숙종조 간본을 중간한 것이다(李湛의 淸學四書重刊序 참조). <청어노걸대>와 <삼역총해>는 사역원에서 편찬한 것으로 조선시대의 청학서는 신계암이 여진학서를 만주어 학습서로 개편한 것과 후대에 사역원에서 자체적으로 편찬한 것의 두 종류가 있다. <소아론>은 원래 여진어 학습서로 편찬된 것을 신계암이 청학서로 개편한 것이다.

청(淸) 태조 누르하치(努爾哈赤)가 에르데니(額爾德尼)를 시켜 몽고-위구르 문자를 변개하여 만력(萬曆) 27년(1599)에 무권점(無圈點) 만주자를 만들었다. 청(淸) 태종 6년(1632)에는 에르데니의 만주 구자(舊字)에 몇 개의 문자를 더 첨가하고 권점을 붙여 유권점(有圈點) 만주신자를 공포하고 다하이(達海) 박사 등을 시켜 많은 중국 고전을 만주어로 번역하게 하였다. 전술한 신계암은 초기의 무권점 만주자로 종래 사역원에서 사용하고 있던 여진학서를 개편하여 만주어 학습서로 만든 것이다.

『통문관지』(권7) 인물 '신계암(申繼黯)'조의 기사와 『역관상언등록(譯官上言謄錄)』 숭정(崇禎) 12년(1639)의 기록에 의하면 신계암이 임진왜란과 호란 이후에 남은 5종의 여진학서, '거화(去化, 巨化), 구난(仇難), 팔세아(八歲兒), 소아론(小兒論), 상서(尙書)'를 10년에 걸쳐 만주문자의 청학서로 개편하였다는 기록이 보인다. 따라서 신계암은 만주신자가 미처 공포되기 이전에, 즉 숭정(崇禎) 12년보다 10년 앞선 숭정 2년(1629)에 여진학서를 청학서로 개편하는 작업을 시작하였던 것이다.

그러나 훗날 호란(胡亂)에 피로(被虜)되었다가 쇄환(刷還)된 동환자(東還者)들에 의하여 만주신자로 <신번노걸대>, 즉 <청어노걸대(淸語老乞大)>가 편찬되고 이어서 <삼역총해(三譯總解)> 등의 만주신자에 의한 만주어 교과서가 편찬되자 '거화, 구난, 상서'의 3종은 쓰이지 않게 되었고 <팔세아(八歲兒)>, <소아론(小兒論)>은 다시 만주신자로 개편되어 숙종 29년(1703)에 목판본으로 간행하게 되었다.

사역원의 외국어 학습교재는 졸저(1988)에서 주장한 바와 같이 초기에는 해당국의 동몽(童蒙)교과서를 수입하여 교재로 사용하다가 점차 사역원에서 자체적으로 교재를 편찬하여 사용하였다. 『세종실록』과 『경국대전』에 등장하는 사역원 사학의 교재들은 그 서명으로 보아 해당국의 아동용 훈몽서였으며 제4장에서는 왜학서를 근거로 하여 초기의 일본어 학습서가 무로마치(室町) 시대에 일본에서 널리 사용되던 고왕래(古往來)류 교과서를 수입하여 사용하였음을 밝힌 바 있다.

5.1.2 여진학서 〈소아론〉

청학서 <소아론>은 원래는 여진어를 학습하는 여진학서였으며 중국 전래의 '공자항탁상문(孔子項託相問)'의 설화를 소재로 한 여진족의 훈몽교과서였다. 사역원에서 이를 수입하여 여진어 교과서로 사용하다가 훗날 만주어 학습의 청학서가 된 것이다. 지금까지 알려진 항탁(項託) 설화를 소재로 한 '소아론'이 어떻게 성립되었는가를 살펴보는 일은 이 자료를 이해하는데 매우 중요하다. 여진인들은 공자(孔子)를 악인(惡人)으로 보려는 반유교적인 항탁(項託) 전설을 왜 훈몽교과서로 편성하였는가, 또 어찌하여 이러한 <소아론>이 유교 국가였던 조선의 사역원에서 여진어 교과서, 그리고 훗날 만주어 교과서로 사용되었는가를 아울러 고찰한다.

청학의 전신인 여진학에 대하여는 『경국대전』에 역과 여진학의 출제서, 즉 여진어 교과서의 서명이 보인다. 즉, 『경국대전』(권3) 「예전」 '역과' '초시 사자(寫字) 여진학' 조에 "천자(千字), 천병서(天兵書), 소아론(小兒論), 삼세아(三歲兒), 자시위(自侍衛), 팔세아(八歲兒), 거화(去化), 칠세아(七歲兒), 구난(仇難), 십이제국(十二諸國), 귀수(貴愁), 오자(吳子), 손자(孫子), 태공(太公), 상서(尙書)"라 하여 15종의 여진어 학습서를 들고 있고 동 취재(取才) 여진학 조에도 같은 기록이 보인다(졸저, 1990:230).[39]

이 여진학은 병자호란 이후에 청학으로 바뀌어 만주어를 학습하게 됨에 따라 이 여진학서 가운데 몇몇이 만주어 학습서로 개편된다. 이 여진학서들은 여진의 금(金), 또는 거란의 요(遼)에서 아동들의 문자와 지혜를 교육하던 훈몽교과서였으며(졸저, 1988b:59) 아마도 금(金), 또는 요(遼)의 여진어를 몽고-위구르 문자(또는 蒙古女眞字)로 기록하였을 가능성이 있다(졸저, 1990:233).

이 가운데 임진·병자 양란 이후에 '구난, 거화, 상서, 팔세아, 소아론'의 5종은 신계암 등이 만주 구문자(舊文字)로 고쳐 쓰게 하여 만주어 교재로 사용하였다(졸저, 1988b, 및 졸고, 1998). 그리고 또 이 중에서 '팔세아,·소아론'은 만주 신문자(新文字)로 수정되어 조선조 후기에도 계속 만주어 학습서로 사용되었고 오늘날 규장각에도 이 두 책은 그 모습을 전하고 있다. 서울대의 고도서나 규장각에 현전하는 <팔세아>와 <소아론>

---

39 『통문관지』(권2) 「과거」 '청학팔책' 조에도 '初用'이라 하며 같은 여진학서가 기재되었으나 모두 14책이라 하였다. 아마도 '太公尙書'를 하나의 책으로 본 것 같으나 이어지는 다른 기사에서는 '尙書'를 별도의 책으로 보았다. 그리고 『통문관지』의 같은 곳에서는 '千字文, 兵書'로 되어서 『경국대전』의 '千字, 天兵書'와 다르다. 아마도 후자의 것이 전자의 오기인 것으로 보인다.

은 모두 후대의 수정본으로 영조 41년(1765)에 수정한 것을 정조 2년(丁酉, 1777)에 중간한 것이다.

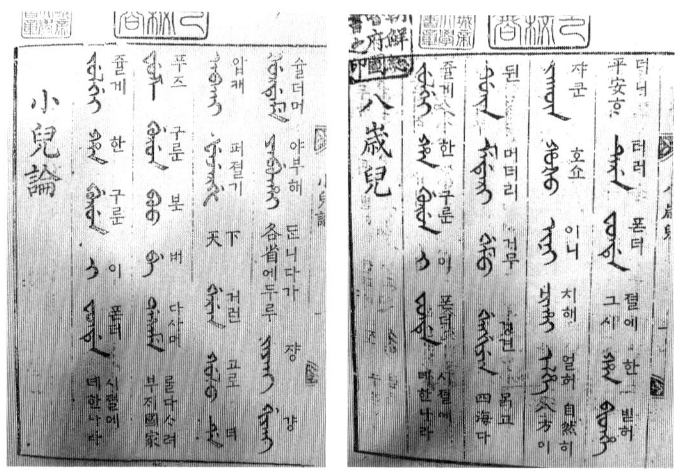

[사진 5-11] 〈소아론〉과 〈팔세아〉

본서 제5장의 3.1.0에서 소개된 역과 청학(淸學)의 시권(試券), 즉, 만주어 시험답안지에는 『경국대전』(권3) 「예전」 '역과' '여진학'조에서 과시서(科試書)로 등재된 여진학서가 만주어 시험 출제서로 상단에 기재되었다. 즉, 헌종(憲宗) 10년(1844)에 시행된 갑진증광별시(甲辰增廣別試)의 청학(淸學)에 응과한 백완배(白完培)의 시권에는 상단에 청학의 만주어 출제서로 "千字, 天兵書, 小兒論, 三歲兒, 自侍衛, 八歲兒, 去化, 七歲兒, 仇難, 十二諸國, 貴愁, 吳子, 孫子, 太公, 尙書, 三譯總解, 淸語老乞大, 䌛大典通編" 등 18종의 청학서를 들었다(앞의 3.1.1에 제시한 [사진 5-1], [사진 5-2] 및 졸저, 1990:241를 참조). 이 때의 '千字, 天兵書'는 '千字文, 兵書'의 오기로 보이는데 『통문관지』(권2) 「과거」 '청학팔책(淸學八冊)'조에는 '천자문(千字文), 병서(兵書)'로 되었기 때문이다. 아마도 역과 청학의 시권(試券)에는 『경국대전』의 것을 그대로 옮겨놓은 것으로 보인다.

5.1.3 신계암의 여진학서 수정

이 시권에 기재된 역학서들은 신계암 등이 만주어로 개편한 것이 몇 개 있지만 대부분 여진학서이고 전술한 바와 같이 『속대전』에서는 <청어노걸대>, <삼역총해>를 신증(新增)하면서 "其餘諸書幷今廢 - 나머지 모든 책은 이제 모두 폐지하다"라 하여 <팔세아>, <소아론>을 제외하고 나머지 책을 모두 없앴다고 하였으나 어떤 이유인지 백완배의 시권에는 이 역학서들이 모두 출제서로 기재되었다. 역시 『경국대전』의 것을 그대로 옮긴 것으로 본다.

다만 실제로 출제된 것은 『속대전』 이후의 『대전통편』에서 규정한 대로 <삼역총해>에서 3문제, <청어노걸대>에서 2문제, <팔세아>·<소아론>에서 각각 1문제, 도합 7문제가 출제되었을 뿐이다(졸고, 1987a). 이런 현상은 몽학(蒙學)의 시권이나 왜학(倭學)의 시권에서도 같았는데 이 두 시권에도 『경국대전』에 등재된 몽학과 왜학의 과시서(科試書)가 모두 기재되었으나 실제 출제는 『속대전』에 규정된 것에서 사자(寫字)하게 하였다. 따라서 졸저(1990)에서는 여진학이 비록 후대에 청학으로 개편되었지만 『경국대전』에서 여진학에 대한 규정을 청학(淸學)에 적용시켜 형식적으로나마 대전(大典)의 전통을 유지하려던 것으로 기술하였다.

5.1.4 여진학서의 특징

중국의 역사에서 북방 유목민족들이 중국에서 국가를 건설한 것은 거란(契丹)의 요(遼)를 비롯하여 여진(女眞)의 금(金), 만주의 청(淸) 등이 있다. 특히 금(金)의 세종(1161~1187)은 여진족의 고유문화와 언어, 문자를 유지하기 위하여 여진자의 사용을 권장하고 많은 중국의 고전을 여진어로 번역하였다. 상술한 여진학서 가운데 병서(兵書), 즉 '오자(吳子), 손자(孫子)' 등과 '십이제국(十二諸國), 태공(太公), 상서(尙書)' 등의 사서(史書)는 아마도 여진어로 번역된 중국의 고전으로 보인다. 그 외에 '천자문'을 비롯한 '소아론, 삼세아, 팔세아, 칠세아, 구난(仇難)' 등은 금(金), 또는 요(遼) 등에서 사용된 아동용 훈몽교과서로 돈황(敦煌)의 변문으로 필사된 '공자항탁상문'의 설화를 소재로 한 교재로 보아야 할 것이다.

졸저(1988b:59)에서 주장한 대로 한자로 된 중국의 고전을 여진어로 번역하여 여진인의 훈몽교과서로 사용한 '천자문, 병서, 십이제국, 오자, 손자, 태공, 상서' 등의 서적 가운데 어떤 것은 만주어로 다시 고쳐서 만주인의 훈몽교과서로 사용하였고 이 가운데 <천자문> 등은 사역원의 청학에서 만주어 학습 교재로 이를 수입하여 사용한 것으로 보인다.[40] 다음에 논의할 <소아론>도 여진어 동몽교과서였던 것을 만주어 학습서로 고친 것이다.

따라서 <여진자손빈서(女眞字孫臏書)>(<孫子>를 말함), <여진자태공(女眞字太公)>과 같은 여진어로 된 병서(兵書)나 사서(史書)들이 초기의 사역원 여진학에서 여진어 학습서로 수입되어 사용되었을 것이다. 필자는 위에서 언급한 바와 같이 졸저(1988b)에서 조선 전기(壬辰·丙子 兩亂 이전)의 사역원 왜학서가 일본 무로마치(室町) 시대에 훈몽서로 일본에서 널리 사용된 왕래류(往來類) 교과서였음을 밝힌 바 있다. 이러한 현상은 비단 왜학(倭學)에만 국한되지 않고 몽학(蒙學)과 여진학(女眞學), 청학(淸學)에서도 동일하였으리라고 추측된다.[41]

40 만주어 학습의 <천자문>에 대하여는 본 장의 제4절의 4.1.1과 졸고(1995a)를 참조할 것. 이 논문에서는 중국에서 간행한 <滿漢千字文>에 한글로 주음한 자료를 통하여 조선 후기에도 <천자문>을 통한 만주어 학습이 있었음을 주장하였다.

41 실제로『경국대전』몽고어 과시서로 규정된 "王可汗, 守成事鑑, 御史箴, 高難加屯, 皇都大訓, 老乞大, 孔夫子, 帖月眞, 吐高安, 伯顔波豆, 待漏院記, 貞觀政要, 速八實, 章記, 何赤厚羅, 巨里羅"(『禮典』'譯科' '蒙學'조)에 대하여는 小倉進平(1940), 李基文(1964, 1967)과 成白仁(1984), 宋基中(1985, 1987) 등에서 그 몽고어 서명에 의한 고찰이 있었으며 여진학서에 관하여도 부분적인 연구가 있었다. 그러나 이 책들이 실제로 몽고나 여진의 훈몽교과서인지는 밝히지 못하였고 앞으로도 몽고와 여진의 교육제도와 교과서의 변천이 밝혀지지 않은 상태에서 더 이상의 연구는 불가능하리라고 생각된다. 졸저(1988b)에서 왜학서가 중세 일본의 훈몽교과서임을 밝힌 것은 일본에서 왕래류 교과서의 변천을 매우 자세하게 연구한 결과가 있었기 때문이다.

5.1.5 만주어 학습서 〈소아론〉

처음부터 만주어 학습서로 편찬된 <삼역총해>나 <청어노걸대>에 비하여 여진학서로서 금(金), 또는 요(遼)로부터 수입하여 만주어 학습서로 개편한 <팔세아>, <소아론>은 매우 량이 적다. 두 책의 본문이 각기 12엽과 13엽 정도로서 두 책을 합해야 25엽을 넘지 못한다. 이 가운데 <소아론>은 세 살 먹은 아이와 공부자(孔夫子)가 지혜를 겨루는 것이고 <팔세아>는 5천 선비와 여덟 살 먹은 아이가 황제 앞에서 글 경쟁하는 일을 적은 것이어서, 이 두 책이 모두 어린이의 교육을 위한 아동용 훈몽서임을 알 수 있다.

현전하는 것이 없어 내용을 알 수 없는 '삼세아(三歲兒)', '칠세아(七歲兒)', 그리고 '구난(仇難)'도 같은 내용의 교재로 생각된다.[42] 이것은 모두 여진자로 편찬되었을 것이며 여진인들, 아마도 여진의 금(金)이나 거란의 요(遼)에서 아동용 훈몽서로 개발한 교재였을 것이고, 초기 사역원에서는 이를 수입하여 여진어 교재로 사용하였음을 알 수 있다.

우선 <소아론>의 언해 전문을 옮겨보면 다음과 같다.

> 녜 한나라 시졀에 부ᄌᆡ 國家를 다ᄉᆞ려 天下 各省에 두루 ᄃᆞᆫ니다가 쟝강셩에 다ᄃᆞ르니 부ᄌᆞ 가ᄂᆞᆫ 길히 쟈근 세 아ᄒᆡ들이 막아셔서 셩ᄊᆞ고 노롯ᄒᆞ더니 부ᄌᆞ를 보고 노롯 아니 ᄒᆞ고 그저 안잣거ᄂᆞᆯ 부ᄌᆡ 니로되 "이 아ᄒᆡ 네 엇지 노롯 아니 ᄒᆞᄂᆞᆫ다?" 三歲兒ㅣ ᄃᆡ답호되 "官員 사ᄅᆞᆷ이 노롯 즐기면 國事ㅣ 어즈럽고 百姓 사ᄅᆞᆷ이 노롯 즐기면 農桑을 뉘 거두료? 官員 百姓 믈논ᄒᆞ여 노롯ᄉᆞᆯ 원치 아니 ᄒᆞᄂᆞ이다."
>
> 부ᄌᆡ 니로되 "쟈근 아ᄒᆡ 네 엇지 그리 만히 아ᄂᆞ뇨? 네 내 뭇ᄂᆞᆫ 일을 다 잘 ᄃᆡ답ᄒᆞᆯ다?" 三歲兒ㅣ ᄃᆡ답호되 "부ᄌᆞ의 무르시ᄂᆞᆫ 말ᄉᆞᆷ을 잘 ᄃᆡ

42 <三歲兒>와 <仇難>이 어떤 내용의 교재였는지 현전하는 것이 없기 때문에 알 수 없다. 그러나 제목으로 보아 <小兒論>과 같이 천재소년 項託의 설화 가운데 다른 이본을 소재로 한 것이거나 아니면 <소아론>의 별칭으로 보인다. 왜냐하면 項託이 일곱 살 때에, 혹은 다른 설화에서는 세 살 때에 공자와 지혜를 겨루었다고 보기 때문이다.

답ᄒᆞ리이다.” 부ᄌᆡ 무르되 “쟈근 아ᄒᆡ 네 드르라. 놉흔 뫼흘 업게 ᄒᆞ쟈 深川을 업게 ᄒᆞ쟈 官員 사ᄅᆞᆷ을 업게 ᄒᆞ쟈 그러ᄒᆞ면 고로 아니 되오랴?” 三歲兒ㅣ ᄃᆡ답호되 “놉흔 뫼흘 업게 ᄒᆞ면 범과 곰이 어ᄂᆡ 의지에 살며 深川을 업게 ᄒᆞ면 남샹이와 고기 어ᄂᆡ 의지에 이시며 官員 사ᄅᆞᆷ을 업게 ᄒᆞ면 법녜ᄅᆞᆯ 엇지 ᄇᆡ호며 百姓 사ᄅᆞᆷ이 뉘게 힘 어드료? 고로 되오믈 期約지 못 ᄒᆞ리이다.”

부ᄌᆡ 니로되 “쟈근 아ᄒᆡ 네 엇지 그리 다 일을 아ᄂᆞᆫ다? 내 ᄯᅩ ᄒᆞᆫ 일을 무르리라.” 三歲兒ㅣ 뒤흐로 믈러 두 손 잡고 니로되 “무슴 일을 무르시리잇가?” “엇던 사ᄅᆞᆷ의게 妻 업고 ᄯᅩ 어던 겨집의게 지아비 업고 ᄯᅩ 엇던 사ᄅᆞᆷ의게 일홈업고 ᄯᅩ 엇던 城에 官員 업고 ᄯᅩ 엇던 술의에 ᄡᅵ 업고 ᄯᅩ 엇던 믈에 고기 업고 ᄯᅩ 엇던 블에 ᄂᆡ 업고 ᄯᅩ 엇던 쇠게 쇠아지 업고 ᄯᅩ 엇던 ᄆᆞᆯ게 ᄆᆡ아지 업고 ᄯᅩ 엇던 약대게 삿기 업ᄉᆞ뇨? 이런 일을 아ᄂᆞᆫ다?” 三歲兒ㅣ ᄃᆡ답ᄒᆞ되 “부텨의게 妻 업고 仙女의게 지아비 업고 ᄀᆞᆺ난 아ᄒᆡ게 일홈 업고 뷘 城에 官員 업고 轎子에 ᄡᅵ 업고 반도블에 ᄂᆡ 업고 나모ᄆᆞᆯ게 ᄆᆡ아지 업고 ᄒᆞᆰ쇠게 쇠아지 업고 ᄀᆞᄅᆞ 약대게 삿기 업고 우믈 믈에 고기 업ᄂᆞ니이다.”

부ᄌᆡ 니로되 “쟈근 아ᄒᆡ 네 그리 알면 내 ᄯᅩ 므르리라. 요 우희 골난다 ᄒᆞᆷ을 아ᄂᆞᆫ다? 집 ᄋᆞᆲ해 ᄀᆞᆯ난다 ᄒᆞᆷ을 아ᄂᆞᆫ다? ᄃᆞᆰ이 쐥 번ᄉᆡᆼᄒᆞᆫ다 ᄒᆞᆷ을 아ᄂᆞᆫ다? 개 제 님자ᄅᆞᆯ 즛ᄂᆞᆫ다 ᄒᆞᆷ을 아ᄂᆞᆫ다?” 三歲兒ㅣ ᄃᆡ답호되 “골이라 ᄒᆞᆷ은 요ᄒᆡ ᄉᆡᆫ 돗기오, ᄀᆞᆯ이라 ᄒᆞᆷ은 거슬이 세온 발이오, ᄃᆞᆰ이 쐥 번ᄉᆡᆼᄒᆞᆫ다 ᄒᆞᆷ은 쎼 ᄀᆞᆺ흐모로 그러ᄒᆞ니이다. 개 제 님자ᄅᆞᆯ 즛ᄂᆞᆫ다 ᄒᆞᆷ은 쇽졀업시 여러 손을 만나 즛ᄂᆞ이다.” 부ᄌᆡ 니로되 “쟈근 아ᄒᆡ 네 엇지 그리 만히 아ᄂᆞ뇨? 네 내게 ᄯᅩ 무르라”

三歲兒ㅣ 이리 니로믈 듯고 ᄃᆡ답호되 “내 무슴 말을 무르믈 잘 ᄒᆞ며 부ᄌᆞ의 믓지 아니ᄒᆞ여 엇지 잘 ᄒᆞ료? 이제 ᄆᆞ음에 ᄉᆡᆼ각ᄒᆞᆫ 일을 뭇고져 ᄒᆞᄂᆞ이다. 여러 나모 즁에 소남근 엇지ᄒᆞ여 겨ᄋᆞᆯ 녀름 업시 프르고 곤이와 기러기ᄂᆞᆫ 믈에 헤움을 잘 ᄒᆞ고 벅국이ᄂᆞᆫ 우ᄂᆞᆫ 소ᄅᆡ 크뇨?” 부ᄌᆡ 니로되 “松柏은 속이 ᄇᆡ모로 겨ᄋᆞᆯ 녀름 업시 프르고 곤이와 기러기ᄂᆞᆫ

발이 너브모로 믈에 헤움을 잘 ᄒᆞ고 벅국이ᄂᆞᆫ 목이 길모로 우롬이 크니라" 三歲兒ㅣ ᄃᆡ답호되 "松栢은 속이 ᄇᆡ모로 겨을 녀름 업시 프를지면 대ᄂᆞᆫ 어ᄂᆡ 속이 ᄇᆡ모로 겨ᄋᆞᆯ 녀름 업시 프르고 곤이와 기러기ᄂᆞᆫ 발이 너브모로 믈에 헤움을 잘 ᄒᆞᆯ지면 남샹이와 고기ᄂᆞᆫ 어ᄂᆡ 발이 너브모로 믈에 헤움을 잘 ᄒᆞ고 벅국이ᄂᆞᆫ 목이 길모로 우ᄂᆞᆫ 소ᄅᆡ 클지면 죠고만 머구리ᄂᆞᆫ 어ᄂᆡ 목이 길모로 우는 소리 크다 ᄒᆞ리잇가?"

부ᄌᆡ 니로되 "내 너ᄅᆞᆯ 試驗ᄒᆞ여 짐즛 무럿더니 네 아ᄂᆞᆫ 거시 ᄀᆞ장 明白다" ᄒᆞ여 크게 기리니 그 시졀의 듯ᄂᆞᆫ 사ᄅᆞᆷ들이 三歲兒ᄅᆞᆯ ᄀᆞ장 착다 ᄒᆞ여 니ᄅᆞ고 일로 ᄆᆞᄎᆞ니라. (띄어쓰기, 구두점은 필자).

이상의 내용을 보면 <소아론>의 내용은 세 살 먹은 아이(三歲兒)와 공부자(孔夫子)가 지혜를 다툰 것임을 알 수 있다. 그런데 이와 같은 내용의 이야기가 중국의 전국(戰國)시대 이전부터 설화(說話)로 전해졌으며 <삼세아(三歲兒)>는 이 설화 속의 천재 소년 항탁(項託)을 말한다.

항탁은 일명 항탁(項槖)으로도 쓰며 사마천(司馬遷)의 『사기(史記)』의 「감무열전(甘茂列傳)」에 감라(甘羅)와 여불위(呂不韋)의 대화 속에 "夫項槖生七歲爲孔子師 - 항탁은 태어난 지 7년 만에 공자의 스승이 되다"라는 구절에도 그 이름이 보인다. 또 이 설화는 『태평광기(太平廣記)』(권 247)의 '산동인(山東人)' 조에 '공자항탁상문서(孔子項託相問書)'라는 이름으로 수록되었는데 내용은 <소아론>의 것과 유사한 것이 일부 들어 있다.

2) 공자항탁상문서(孔子項託相問書)

5.2.0 공자(孔子)와 항탁(項託)의 상문서(相問書)라고 이름 붙인 이 설화는 한족(漢族)의 유교사상에 반대하는 중국 전국(戰國)시대의 북방민족에 의해서 조작된 것으로 보이며 '소아론(小兒論)'이란 이름으로 반유교적 교육의 훈몽서로 편찬된 것이다. 공자와 항탁에 관련한 전설은 돈황(敦煌)에서 발견된 사권(寫卷)에서도 찾아볼 수 있다. 민영규(1964c)에 의

하면 독일의 Stein과 프랑스의 Pelliot가 반출한 돈황(敦煌) 문서 가운데 <소아론>과 같은 내용이 변문(變文)으로 기록되어 전해지며, Stein이 가져온 것(S.396 문서)에는[43] "天福八年癸卯歲十一月十日淨土寺學郎張延保記"라는 서사기(書寫記)까지 적혀 있어 이 '소아론'이 후진(後晋)의 천복(天福) 8년(943) 10월에 정토사(淨土寺)의 학생인 장연보(張延保)에 의하여 필사되었음을 알 수 있다.[44]

5.2.1 상문서(相問書)와 〈소아론〉

필자는 도쿄(東京)대학 동양문화연구소 소장의 『신전탁오선생통고지장잡자(新鐫卓吾先生通考指掌雜字)』(字/類書/132, 通し番號 20894, 이하 『통고지장잡자』로 약칭)에 수록된 '소아론(小兒論)'과 Voigt(1966)에 수록된 Walter Fuchs 박사의 'Chinesische und Mandjurische Handschriften und Seltene Drucke'에 사진판으로 실린 '소아론'을 참고하여 서로 조금씩 다른 공자항탁상문서(孔子項託相問書)가 여러 종류 있음을 확인할 수 있었다. 우선 민영규(1964c)에 전재된 돈황(敦煌) 문서의 항탁(項託) 변문(變文)과 이탁오(李卓吾)선생의 『통고지장잡자』에 수록된 '소아론', 그리고 Fuchs 박사 구장본인 '소아론'을 비교하고, 그에 해당하는 청학서 <소아론>을 각 단락별로 대비하여 고찰하면 다음과 같다.[45]

---

43 민영규(1964c)에는 Peillot가 가져온 敦煌 문서(p.3883)의 전문을 그와 Stein의 다른 문서와 교합하여 전재하였다. 그리고 부록으로 明代 萬曆 연간에 李廷機가 교정하고 丘宗孔이 增釋한 『歷朝故事統宗』(권9)에 수록된 「小兒論抄」의 전문을 게재하였다. 여기서는 이 부록도 참고하였다.

44 淨土寺는 敦煌城 내에 있는 寺院으로 절 안에 학교를 설치하여 僧俗들을 교육하였다. 學郎은 그 寺刹의 학교에 있는 학생을 말한다. 金文京(2007)에서 인용한 『敦煌學大辭典』(上海辭書出版社, 1998)의 '淨土寺'와 '學郎'조의 해설을 참고. 이 논문에서는 張延保에 대하여 敦煌의 歸義軍 節度使의 張淮深의 아들에 張延思, 張延嗣, 張延綬 등의 이름이 보여 혹시 그들의 가족 중에 하나인가 하였다.

45 이 논고는 졸고(2001a)의 것을 옮긴 것이다. 金文京(2013)에서는 孔子項託相問書에 대하여 좀 더 자세한 연구를 보였다. 특히 졸고(2001a)에 소개한 敦煌 寫本의 相問書와 서로 相違가 있어 확인할 필요가 있다.

5.2.1.1 첫째 단락

敦煌寫卷의 項託變文(아하 敦煌本으로 약칭)

昔者夫子{或作孔子}東遊, 行至荊山{或作經山}之下, 路逢三箇小兒. 二小兒作戲, 一小兒不作戲, 夫子怪而問曰: "何不戲乎?" 小兒答曰: "大戲相煞, 小戲相傷, 戲而無功. 衣破裏空, 相隨擲石, 不如歸舂. 上至父母, 下及兄弟, 只欲不報, 恐受無禮, 善思此事, 是以不戲, 何謂怪乎?" (띄어쓰기, 문장 부호 필자. 이하 같음)

<新鐫卓吾先生通考指掌雜字> 所收의 '小兒論'(이하 卓吾本으로 약칭)

昔文宣王, 姓孔名丘字仲尼, 魯國昌平鄉門里人, 聖人身長九尺六寸, 靈王三十一年己酉生. 於魯國之西置一學堂, 敎三千徒弟七十二賢. 遇一日領諸徒弟出遊, 路途數箇小兒作戲, 其中一個不戲. 孔子住車而問曰: "汝緣何不戲?" 小兒答曰: "凡戲無益, 衣破難縫, □毁父母, 不及門中, 必有爭鬪. 勞而無功, 豈是好事, 故乃不戲"[46]

Fuchs 박사 소장의 '小兒論'(이하 Fuchs본으로 약칭)

孔子名丘, 字仲尼, 設敎於魯國之西. 一日率諸弟子, 御車出遊. 路逢數兒嬉戲, 中有一兒不戲, 孔子乃駐車, 問曰: "獨汝不戲何也?" 小兒答曰: "凡戲無益, 衣破難縫, 上辱父母, 下及門中, 必有鬪爭. 勞而無功, 豈爲好事, 故乃不戲."

이에 해당하는 청학서 <소아론>은 다음과 같다.

녜 한나라 시졀에 부즈 國家를 다스려 天下 各省에 두루 든니다가 쟝강셩에 다드르니 부즈 가는 길히 쟈근 세 아히들이 막아셔서 셩 쓰

46 본문 가운데 "□毁父母 不及門中"은 아마도 "上毁父母 下及門中"의 탈자 및 오각으로 보인다.

고 노롯ᄒᆞ더니 부ᄌᆞ를 보고 노롯 아니 ᄒᆞ고 그저 안잣거ᄂᆞᆯ 부ᄌᆡ 니로되 “이 아ᄒᆡ 네 엇지 노롯 아니 ᄒᆞᄂᆞᆫ다?” 三歲兒ㅣ ᄃᆡ답호되 “官員 사ᄅᆞᆷ이 노롯 즐기면 國事ㅣ 어즈럽고 百姓 사ᄅᆞᆷ이 노롯 즐기면 農桑을 뉘 거두료? 官員 百姓 ᄆᆞᆯ논ᄒᆞ여 노롯ᄉᆞᆯ 원치 아니 ᄒᆞᄂᆞ이다.”

여기에 인용한 돈황본, 탁오본, Fuchs본과 <소아론>의 해당 부분을 비교하면 부분적인 차이가 보인다. 이러한 차이가 왜 일어났는지는 알 수 없으나 ‘공자항탁상문서’가 여러 이본의 설화에 존재했음을 말한다.

5.2.1.2 둘째 단락

이어서 다음 단락을 비교하면 다음과 같다.

敦煌本 :

項託有相 {一作常} 隨擁土作成, 在內而座 {可作坐} 夫子語小兒曰: “何不避車?” 小兒答曰: “昔聞聖人有言, 上知天文, 下知地理 {或作里}, 中知人情. 從昔至今, 只聞車避城, 豈聞城避車.” 夫子當時無言而對, 遂乃車避城下道, 遣人往聞: “此是誰家小兒, 何姓何名?” 小兒答曰: “姓項名託.” 夫子曰: “汝年雖小, 知事甚大,” 小兒答曰: “吾聞魚生三日, 遊於江海. 兎生三日, 盤地三畝. 馬生三日, 趁及其母. 人生三月, 知識父母. 天生自然, 何言大小?”

卓吾本 :

小兒低頭, 將瓦子作城. 孔子曰: “何不避車乎?” 小兒答曰: “爲車當避于城, 誰以城避其車? 我輩年幼, 何以避之?” 孔子曰: “你有多大年紀, 如何詐作?” 小兒答曰: “人生三日, 當別父母. 兎生三日, 走于郊野. 魚生三日, 遊於江湖. 龍生三日, 張牙舞爪. 天生自然有何詐乎?” 孔子曰: “汝居何鄕何里? 何姓何名?” 小兒答曰: “吾居賤地 姓項名槖, 無字卽是小兒.” 孔子曰: “吾車中有三十二人弟子, 與你博戱, 你意下何如?” 小兒答曰: “天子好博, 四海不理, 諸侯好博, 豈脩于己, 君子好博, 學問荒廢, 小人好博, 輸却家私, 農人好博, 耕種失時, 故乃不戱." 孔子曰: "吾共你同遊, 你意下如何?" 小兒答曰: "家有嚴父, 當須事之. 家有慈母, 當須養之. 家有明師, 當須學之. 家有長兄, 當須聽之. 家有弱弟, 當須敎之. 何必與你同遊?"

Fuchs본 :

低頭以瓦片作城, 孔子責之曰: "何不避車乎?" 小兒答曰: "自古及今, 爲當車避於城, 不當城避於車." 孔子乃勅 車論道, 下車而問馬: "汝年尙幼, 何多詐乎? 小兒答曰: 人生三歲, 分別父母. 兎生三日, 走地畎畝. 魚生三日, 遊於江湖. 天生自然, 豈謂詐乎?" 孔子曰: "汝居何鄕何里, 何姓何名何字?" 小兒答曰: "吾居敝鄕賤地, 姓項名託 未有字也." 孔子曰: "吾欲共汝同遊, 汝意下如何?" 小兒答曰: "家有嚴父, 須當事之. 家有慈母, 須當養之. 家有賢兄, 須當順之. 家有弱弟, 須當敎之. 家有" (이하 생략함)

이 단락은 청학서 <소아론>에는 해당부분이 없다. 아마도 이 부분은 생략된 것으로 보인다.

5.2.1.3 셋째 단락

敦煌本 :

夫子問小兒曰: "汝知何山無石? 何水無魚? 何門無關? 何車無輪? 何牛無犢? 何馬無駒? 何刀無環? 何火無煙? 何人無婦? 何女無夫? 何日不足? 何日有餘? 何雄無雌? 何樹無枝? 何城無使? 何人無字?" 小兒答曰: "土山無石, 井水無魚, 空門無關, 轝車無輪, 泥牛無犢, 木馬無駒, 斫刀無環, 螢火無煙, 仙人無婦, 玉女無夫, 冬日不足, 夏日有餘, 孤雄無雌, 枯樹無枝, 空城無使, 小兒無字." 夫子曰: "善哉善哉. 吾與汝共遊天下, 可得已否." 小兒答曰: "吾不遊也. 吾有嚴父, 當須侍之. 吾有慈母, 當須養之. 吾有長兄, 當須順之. 吾有小弟, 當須敎之. 所以不得君去也." 夫子曰: "吾車中有雙陸局, 共汝博戱如何?" 小兒答曰: "吾不博戱也. 天子好博, 風雨無期. 諸侯好博, 國事不治. 吏人好博, 文案稽遲. 農人好博, 耕種失時. 學生好博, 忘讀書詩. 小兒好博, 笞撻及之. 此是無益之事, 何用學之?"

卓吾本 :

孔子曰: "你知何火無煙? 何水無魚? 何山無石? 何樹無枝? 何人無婦? 何婦無夫? 何牛無犢? 何馬無駒? 何城無市? 何人無字? 何爲不足? 何爲有餘?" 小兒答曰: "螢火無煙, 井水無魚, 土山無石, 老樹無枝, 仙人無婦, 玉女無夫, 土牛無犢, 木馬無駒, 皇城無市, 小人無字, 冬日不足, 夏日有餘."

이에 대한 청학서 <소아론>에는 순서가 바뀌어 다음 부분이 이에 해당된다.

부ᄌᆞ 니로되 "쟈근 아히 네 엇지 그리 다 일을 아ᄂᆞᆫ다? 내 ᄯᅩ ᄒᆞᆫ 일을 무르리라." 三歲兒ㅣ 뒤흐로 믈러 두 손 잡고 니로되 "무슴 일을 무르시리잇가?" "엇던 사ᄅᆞᆷ의게 妻 업고 ᄯᅩ 어던 겨집의게 지아비 업고 ᄯᅩ 엇던 사ᄅᆞᆷ의게 일홈업고 ᄯᅩ 엇던 城에 官員 업고 ᄯᅩ 엇던 술의에 ᄡᅱ 업고 ᄯᅩ 엇던 믈에 고기 업고 ᄯᅩ 엇던 블에 ᄂᆡ 업고 ᄯᅩ 엇던 쇠게 쇠아지 업고 ᄯᅩ 엇던 ᄆᆞᆯ게 ᄆᆡ아지 업고 ᄯᅩ 엇던 약대게 삿기 업스뇨? 이런 일을 아ᄂᆞᆫ다?" 三歲兒ㅣ ᄃᆡ답ᄒᆞ되 "부텨의게 妻 업고 仙女의게 지아비 업고 ᄀᆞᆺ난 아ᄒᆡ게 일홈 업고 뷘 城에 官員 업고 轎子에 ᄡᅱ 업고 반도블에 ᄂᆡ 업고 나모ᄆᆞᆯ게 ᄆᆡ아지 업고 흙쇠게 쇠아지 업고 ᄀᆞᄅᆞ 약대게 삿기 업고 우믈 믈에 고기 업ᄂᆞ니이다."

이것을 보면 이 부분은 청학서 <소아론>의 해당부분이 탁오본(卓吾本)의 순서에 맞고 돈황본(敦煌本)은 순서가 바뀌었을 뿐 아니라 그 내용의 일부가 탁오본(卓吾本)에서 생략되었음을 알 수 있다.

5.2.1.4 넷째 단락

敦煌本 :

夫子曰: "吾與汝平却天下, 可得已否?" 小兒答曰: "天下不可平也, 或有高山, 或有江海, 或有公卿, 或有奴婢. 是以不可平也." 夫子曰: "吾以汝平却高山, 塞却江海, 除却公卿, 棄却奴婢, 天下蕩蕩, 豈不平乎?" 小兒答曰: "平却高山, 獸無所依. 塞却江海, 魚無所歸. 除却公卿, 人作是非. 棄却奴婢, 君子使誰?

卓吾本 :

孔子曰: "我與你平却山河, 意下如何?" 小兒答曰: "山河不可平乎, 却有一高低平却. 高山獸無所倚, 平却江湖, 魚無所歸, 除却王侯, 人多是非. 除却小人, 君子是誰?" 孔子不言.

이에 대한 청학서 <소아론>은 다음과 같다.

부지 니로되 "쟈근 아히 네 엇지 그리 만히 아ᄂᆞ뇨? 네 내 뭇ᄂᆞᆫ 일을 다 잘 ᄃᆡ답ᄒᆞᆯ다?" 三歲兒ㅣ ᄃᆡ답호되 "부ᄌᆞ의 무르시ᄂᆞᆫ 말ᄉᆞᆷ을 잘 ᄃᆡ답ᄒᆞ리이다." 부지 무르되 "쟈근 아히 네 드르라. 놉흔 뫼흘 업게 ᄒᆞ쟈 深川을 업게 ᄒᆞ쟈 官員 사ᄅᆞᆷ을 업게 ᄒᆞ쟈 그러ᄒᆞ면 고로 아니 되오랴?" 三歲兒ㅣ ᄃᆡ답호되 "놉흔 뫼흘 업게 ᄒᆞ면 범과 곰이 어ᄂᆡ 의지에 살며 深川을 업게 ᄒᆞ면 남샹이와 고기 어ᄂᆡ 의지에 이시며 官員 사ᄅᆞᆷ을 업게 ᄒᆞ면 법녜ᄅᆞᆯ 엇지 ᄇᆡ호며 百姓 사ᄅᆞᆷ이 뉘게 힘 어드료? 고로 되오믈 期約지 못 ᄒᆞ리이다."

이 부분은 돈황본(敦煌本)에서는 넷째 단락이지만 탁오본(卓吾本)과 청학서에서는 셋째 단락이 되어 서로 차이가 난다. 앞뒤가 바뀐 것으로보인다.

5.2.1.5 다섯째 단락

敦煌本 :

夫子曰: "善哉善哉, 汝知屋上生松, 戶前生葦, 床上生蒲, 犬吠其主, 婦坐使姑, 鷄化爲雉, 狗化爲狐, 是何也?"

小兒答曰: "屋上生松者是其椽, 戶前生葦者是其箔, 床上生蒲者是其席, 犬吠其主, 爲傍有客. 婦坐使姑, 初來花下也. 鷄化爲雉, 在山澤也. 狗化爲狐, 在丘陵也."

卓吾本 : 해당 부분 없음

이에 대한 청학서 <소아론>의 해당 부분은 다음과 같다.

부ᄌᆡ 니로되 "쟈근 아ᄒᆡ 네 그리 알면 내 ᄯᅩ 므르리라. 요 우희 골난다 ᄒᆞᆷ을 아ᄂᆞᆫ다? 집 앏해 ᄀᆞᆯ난다 ᄒᆞᆷ을 아ᄂᆞᆫ다? ᄃᆞᆰ이 ᄭᅯᆼ 번ᄉᆡᆼᄒᆞᆫ다 ᄒᆞᆷ을 아ᄂᆞᆫ다? 개 제 님자ᄅᆞᆯ ᄌᆞᆽᄂᆞᆫ다 ᄒᆞᆷ을 아ᄂᆞᆫ다?" 三歲兒ㅣ ᄃᆡ답호되 "골이라 ᄒᆞᆷ은 요ᄒᆡ ᄭᆞᆫ 돗기오, ᄀᆞᆯ이라 ᄒᆞᆷ은 거슬이 세온 발이오, ᄃᆞᆰ이 ᄭᅯᆼ 번ᄉᆡᆼᄒᆞᆫ다 ᄒᆞᆷ은 ᄡᅦ ᄀᆞᆺ호모로 그러ᄒᆞ니이다. 개 제 님자ᄅᆞᆯ ᄌᆞᆽᄂᆞᆫ다 ᄒᆞᆷ은 속절업시 여러 손을 만나 ᄌᆞᆽᄂᆞ이다."

이것을 보면 청학서 <소아론>에서 난해했던 어휘, 즉 "요 우희 골난다, 집 앏해 ᄀᆞᆯ난다, ᄃᆞᆰ이 ᄭᅯᆼ 번ᄉᆡᆼᄒᆞᆫ다"에서의 '골, ᄀᆞᆯ, 번ᄉᆡᆼ'이 각각 '골 = 蒲(왕골), ᄀᆞᆯ = 葦(갈대), 번ᄉᆡᆼ = 번생(繁生)'임을 알 수 있다. 즉 집 앞에 갈대로 발을 만들어 세운 것을 '집 앞에 갈 난다'고 한 것임을 알 수 있고, 왕골로 만든 돗기, 즉 돗자리를 요 위에 깔기 때문에 '요 위에 골 난다'고 한 것임을 알 수 있다. 돈황본(敦煌本)의 원문을 통하여 우리는 청학서 <소아론>의 난해 어휘를 명확하게 해독할 수 있게 되었다.

5.2.1.6 여섯째 단락

敦煌本 :

夫子語小兒曰: “汝知夫婦是親, 父母是親?” 小兒曰: “父母是親.” 夫子曰: “夫婦是親, 生同床枕, 死同棺槨, 恩愛極重, 豈不親乎?” 小兒答曰: “是何言與, 是何言與? 人之有母, 如樹有根. 人之有婦, 如車有輪, 車破更造, 必得其新. 婦死更娶, 必得賢家. 一樹死, 百枝枯, 一母死, 衆子孤, 將婦比母, 豈不逆乎?”

卓吾本 :

孔子曰: “你知父母至親, 親兄弟至親, 夫婦至親?” 小兒答曰: “父母與兄弟至親, 夫婦不親,”

孔子曰: “夫婦生則同衾, 死則同穴, 如何不親?” 小兒答曰: “若曰夫婦至親, 一日無父母, 諸子何以爲倚? 將妻比母, 豈不遠乎? 兄弟如手足, 夫妻如衣服, 衣破再縫, 又得其新妻苑再娶. 又得其親兄弟, 難買難換, 父母如樹根, 子孫如樹校, 何由而住? 無妻者如車無輪, 車造其輪又得其新. 賢家之女, 世間之屋, 三窓六螢, 不如一戶之光, 衆星朗之, 不如隻月能明.”

이에 해당하는 청학서 <소아론>의 내용은 없다. 어린이에게는 적합하지 않은 내용이어서 생략한 것으로 보인다.

5.2.1.7 일곱째 단락

敦煌本 : 해당 부분 없음

卓吾本 :

孔子曰: “你知天地之紀綱, 陰陽之致中, 下左何右? 或表或裡, 風從何起, 雲從何生? 天地相去幾萬里?”

小兒答曰: "九々八十一乃天地之紀綱, 八九七十二陰陽之致中. 東爲左, 西爲右, 外爲表內爲裡, 風從地起, 雲從山生, 天地相去, 有萬々餘里."

청학서 <소아론>에도 이에 해당하는 부분이 없다.

5.2.1.8 여덟째 단락

敦煌本 :

小兒却問夫子曰: "鵝鴨何以能浮? 鴻鶴何以能鳴? 松柏何以冬夏常青?"

夫子對曰: "鵝鴨能浮者, 緣脚足方. 鴻鶴能鳴者, 緣咽項長. 松柏冬夏常青者, 緣心中强."

小兒答曰: "不然也! 蝦蟆能鳴, 豈猶咽項長? 龜鼈能浮, 豈猶脚足方? 胡竹冬夏常青, 豈猶心中强?"

卓吾本 :

小兒問聖人: "鵝鴨能以浮水爲何?" 孔子曰: "束頁他有登水, 掌逼水毛, 因此浮之."

小兒又曰: "舟船無逼水毛, 水上亦能浮之." 孔子不答. 小兒又問曰: "松柏爲何冬夏常青?"

孔子曰: "束頁他心實津脉飽滿, 所以冬夏常青." 小兒又問曰: "竹杆空腔心又不實, 冬夏亦常青." 孔子不答.

小兒又問曰: "公鷄因何能鳴?" 孔子曰: "束頁他頸長, 因此能鳴."小兒又問曰: "蝦蟆項短, 何亦鳴之?" 孔子不答.

이에 대한 청학서 <소아론>의 해당 부분은 다음과 같다.

부ᄌᆞ 니로되 "쟈근 아히 네 엇지 그리 만히 아ᄂᆞ뇨? 네 내게 또 무르라" 三歲兒ㅣ 이리 니로믈 듯고 ᄃᆡ답호되 "내 무슴 말을 무르믈 잘 ᄒᆞ

며 부즈의 뭇지 아니ᄒᆞ여 엇지 잘 ᄒᆞ료? 이제 ᄆᆞ음에 ᄉᆡᆼ각ᄒᆞᆫ 일을 뭇고져 ᄒᆞᄂᆞ이다. 여러 나모 즁에 소남근 엇지ᄒᆞ여 겨ᄋᆞᆯ 녀름 업시 프르고 곤이와 기러기ᄂᆞᆫ 믈에 헤움을 잘 ᄒᆞ고 벅국이ᄂᆞᆫ 우ᄂᆞᆫ 소ᄅᆡ 크뇨?" 부ᄌᆡ 니로되 "松栢은 속이 ᄇᆡ모로 겨ᄋᆞᆯ 녀름 업시 프르고 곤이와 기러기ᄂᆞᆫ 발이 너브모로 믈에 헤움을 잘 ᄒᆞ고 벅국이ᄂᆞᆫ 목이 길모로 우롬이 크니라" 三歲兒ㅣ ᄃᆡ답호되 "松栢은 속이 ᄇᆡ모로 겨을 녀름 업시 프를지면 대ᄂᆞᆫ 어ᄂᆡ 속이 ᄇᆡ모로 겨ᄋᆞᆯ 녀름 업시 프르고 곤이와 기러기ᄂᆞᆫ 발이 너브모로 믈에 헤움을 잘 ᄒᆞᆯ지면 남샹이와 고기ᄂᆞᆫ 어ᄂᆡ 발이 너브모로 믈에 헤움을 잘 ᄒᆞ고 벅국이ᄂᆞᆫ 목이 길모로 우ᄂᆞᆫ 소ᄅᆡ 클지면 죠고만 머구리ᄂᆞᆫ 어ᄂᆡ 목이 길모로 우ᄂᆞᆫ 소리 크다 ᄒᆞ리잇가?"

5.2.1.9 아홉째 단락

敦煌本 :

夫子問小兒曰: "汝知天高幾許, 地厚幾丈, 天有幾樑, 地有幾柱, 風從何來, 雨從何起, 霜出何邊, 露出何處?"

小兒答曰: "天地相却萬萬九千九百九十九里, 其地厚薄, 以天等同. 風出蒼悟, 雨出高處 {或作山}, 霜出於天, 露出百草, 天亦無樑, 地亦無柱, 異四方雲而乃相扶, 故與爲柱. 有何怪乎?"

卓吾本 :

小兒又問曰: "天上明々, 多少星?" 孔子曰: "吾與汝論眼前之事, 何必論天地就問? 你尾毛共有多少根?" 聖人無言可答, 速忙下車來迎.

이에 해당하는 청학서 <소아론>의 내용은 없다. 아마도 존장에 대한 지나친 공박으로 생각하고 생략한 것 같다.

5.2.1.10 열째 단락

敦煌本 :

夫子嘆曰: "善哉善哉! 方知後生實可畏也."

卓吾本 :

聖人無言可答, 速忙下車來迎.

이에 해당되는 청학서 <소아론>은 다음과 같다.

부ᄌᆡ 니로되 "내 너ᄅᆞᆯ 試驗ᄒᆞ여 짐즛 무릿더니 네 아ᄂᆞᆫ 거시 ᄀᆞ장 明白다" ᄒᆞ여 크게 기리니 그 시졀의 듯ᄂᆞᆫ 사ᄅᆞᆷ들이 三歲兒ᄅᆞᆯ ᄀᆞ장 착다 ᄒᆞ여 니ᄅᆞ고 일로 ᄆᆞᄎᆞ니라.

5.2.1.11 열한째 단락

敦煌本 :

夫子共項託對答: "下下不如項託," 夫子有心煞項託, 乃爲詩曰: "孫景懸頭而刺股, 匡衡鑿壁夜偸光, 子路爲人情好用 {一作勇}, 貪讀詩書是子張." 項託七歲能言語, 報答孔丘甚能强, 項託入山遊學去. 叉手堂前啓耶孃, 百尺樹下兒學問, 不須受記有何方, 耶孃年老惛迷去, 寄他夫子兩車草, 夫子一去經年歲, 項託父母不承忘 {或作望}, 取他百束將燒却, 餘者他日餧牛羊, 夫子登時却索草, 耶孃面色轉無光, 當時便欲酬倍價, 每束黃金三錠强, 金錢銀錢總不用 , 婆婆項託在何方? 我兒一去經年歲, 百年樹下學文章, 夫子當時聞此語, 心中歡喜倍勝常, 夫子乘馬入山去登山蘺嶺甚分方, 樹樹每量無百尺, 葛蔓交脚甚能長. 夫子使人把湫金濯, 撅着地下有石室, 一重門裏石獅子, 兩重門外石金剛, 入到重門側耳聽, 兩伴讀書似雁行. 拔刀撩亂斫, 其人兩兩不相傷, 化作石人總不語. 鐵刀割截血汪汪, 項託殘去猶未盡, 廻頭遙望啓耶孃, 將兒赤血瓷盛着. 擎向家中七日强, 阿孃不忍見兒血, 擎將寫着糞石追傍. 一日二日竹生根, 三日四日竹蒼蒼, 竹竿森森長百尺, 節節兵馬似神王, 弓刀器械沿身帶, 腰間寶劍白如霜, 二人登時却覓勝 誰知項託在先亡, 夫子當時甚惶怕, 州縣分明置廟堂. 孔子項託相問書 一卷

卓吾本 :

詩曰: "休欺年少聰明子, 廣有英俊智過人, 談論世間無限事, 分明古聖賢其身."

이에 해당하는 청학서 <소아론>의 부분은 없다. 아마도 공자(孔子)에 관한 나쁜 이야기이기 때문에 유교를 국시로 하는 조선왕조의 사역원에서 고의로 제외시켰을 가능성이 있다.

5.2.2 〈소아론〉의 소재 설화

지금까지 항탁에 관한 여러 전설과 <소아론>의 내용을 비교해 보면, 같은 계통의 설화를 각기 다른 각도에서 편집한 것임을 알 수 있다. 실제로 많은 곳에서 부분적인 차이를 보여주며 상호 보완하여 읽어야 전체의 윤곽을 알 수 있다. 따라서 '공자항탁상문(孔子項託相問)'이라고 한 이 설화는 여러 변종을 가졌으며 청학서의 <소아론>은 그 가운데 하나를 택하여 훈몽교과서로 편찬한 것으로 추정할 수 있다.

현재까지의 비교로는 돈황(敦煌) 유전본의 '공자항탁상문서(孔子項託相問書)'가 청학서 <소아론>과 가장 유사함을 알 수 있다. 그러나 청학서 <소아론>이 돈황본을 저본으로 한 것은 아니라는 것도 위의 비교에서 분명해졌다. 그럼에도 불구하고 후대의 '소아론'과는 청학서의 <소아론>이 서로 맞지 않음을 통하여 적어도 이 책은 명대(明代) 이전의 <공자항탁상문서>를 저본으로 한 것임을 확인할 수 있다. 왜냐하면 후대에 올수록 유교의 영향을 받아 항탁(項託) 전설(傳說)은 많이 변질되는데 청학서의 <소아론>은 그 고형을 많이 유지하고 있기 때문이다.

'공자항탁상문'의 항탁 설화는 반유교적인 중국의 북방민족에 의하여 조성된 것으로 보이며 여진족의 국가, 예를 들면 여진의 금(金)이나 거란의 요(遼)에서는 이를 아동용 교과서로 만들어 사용하였던 것으로 보인다. 사역원에서는 이것을 수입하여 여진어 학습서로 사용한 것이『경국대전』에 여진어 출제서로 등재된 것임을 알 수 있다. 즉,『경국대전』의 여진학서인 <삼세아(三歲兒)>와 <구난(仇難)>, <칠세아(七歲兒)>는 그 서명으로 보아 '공자항탁상문'의 설화를 소재로 한 훈몽서임이 분명하다. <구난(仇難)>은 여진어 'gunan - 삼세아(三歲兒)'일 가능성이 크다.

위에 인용한 돈황사권(敦煌寫卷)의 항탁변문(項託變文) 말미에는 지혜겨루기에서 패한 공자가 '후생가외(後生可畏)'라고 하면서 항탁(項託)을 죽이려다가 실패하는 이야기를 시로 읊었다. 즉, 이 시에서 공자는 항탁과의 지혜 겨루기에서 진 것을 분풀이하기 위하여 입산수도하는 항탁을 찾아 살해하려다가 오히려 실패하는 어리석은 공자의 모습을 그린 것이다.

5.2.3 〈소아론〉의 반(反) 유교문화

이러한 황당한 이야기가 훈몽교과서로 편찬된 것은 한족(漢族)의 유교 국가인 송(宋)과 대치하고 있던 북방민족들의 국가, 즉 금(金) 또는 요(遼)에서 공자의 유교를 신봉하는 한족(漢族)의 송(宋)에 반대하여 반유교(反儒教) 교육을 실시하기 위한 교재로 채택한 것이라고 볼 수 있지 않을까 한다. 그것을 조선의 사역원에서는 대화체의 문장으로 되었기 때문에 여진어 학습서로 이를 수입하여 사용하였고 병자호란 이후에 이를 만주어 학습서로 개편하였던 것이다.

이상의 고찰을 통하여 청학서 <소아론>이 청대(清代) 이후에 만들어진 것이 아니고 금(金, 1115~1233)이나 요(遼, 907~1125)에서 사용된 훈몽교과서가 수입되어 사역원에서 사용된 것임을 말하여 준다.『세종실록』과『경국대전』에 보이는 <삼세아(三歲兒)>, 또는 <칠세아(七歲兒)> 등의 여진학서가 공자(孔子)와 지혜를 겨루어 어린 아이가 이기는 전국(戰國)시대

항탁(項託)의 설화를 아동교육을 위한 훈몽서로 만든 것으로 원래 여진인들이 아동의 문자와 지혜를 교육하기 위한 교재임을 주장하였다.

반유교적인 항탁(項託)의 설화(說話)가 금(金), 또는 요(遼)에서 훈몽서로 사용된 것은 유교를 신봉하고 그를 통치이념으로 하는 송(宋)과의 대립에서 북방의 여진민족이 자신들의 민족교육을 위한 것이었으며 그것이 한반도에도 수입되어 여진어 교육의 교과서로 사용된 것으로 보았다. 그리고 <팔세아>를 비롯하여 서명만 남아 있는 '칠세아(七歲兒), 삼세아(三歲兒), 구난(仇難)' 등의 여진학서도 모두 항탁 설화를 소재로 한 여진인들의 훈몽교과서였으며 병자호란 이후에 만주-위구르 문자로 고쳐서 만주어 학습서로 개편된 것이다. 또 이 가운데 <팔세아>, <소아론>은 훗날 신계암(申繼黯)에 의하여 신(新) 만주자로 고쳐서 만주어 교육에 사용하였고 정조 때의 중간본이 오늘날 규장각 등에 현전함을 밝혔다.

조선 사역원의 외국어 교재로 편찬된 역학서들은 피아(彼我) 양국어의 역사적 발전을 고찰하는 데 중요한 자료로서 각광을 받고 있다. 그러나 역학서들의 편찬 과정은 매우 다양하고 초기에는 해당국의 훈몽교과서를 수입하기도 하였기 때문에 그 언어연구 자료로서의 성격은 매우 복잡하다. 따라서 역학서 하나하나에 대한 올바른 이해가 없이는 이 자료를 언어의 역사적 연구자료로 이용하기가 매우 조심스럽다.

6. 청학사서와 〈청어노걸대신석〉

1) 청학사서(淸學四書)

6.1.0 조선시대에는 고려조의 뒤를 이어 사역원을 설치하였다. 주지하는 바와 같이 『경국대전』에서 사역원은 한학, 몽학, 왜학, 여진학의 사학(四學)을 두어 역관과 역관 지망생, 즉 역생(譯生)들로 하여금 한어, 몽고어, 일본어, 여진어를 학습하게 하였다. 그러나 중국에 청조(淸朝)

가 수립되고 이 땅에서는 병자호란(1636)을 겪으면서 여진학은 청학으로 바뀌게 되고 여진어 대신 만주어가 교육되었다. 실제로 『통문관지』(권1) 「연혁」 '관제(官制)' 조에 "國初置司譯院, 掌譯諸方言語, {出輿地勝覽} 其屬官有蒙、倭、女眞學, 通爲四學, {康熙丁未女眞學改稱淸學} 屬禮曺 {出經國大典}"이라는 기사에 의하면 강희(康熙) 정미(丁未, 1667)에 여진학을 청학으로 개칭하였음을 말하고 있다.

조선에서 청학(淸學), 즉 만주어 학습은 청조(淸朝) 이후의 만주어를 배우는 것으로 사역원에서는 만문(滿文), 즉 만주문자로 기록된 청학서를 교재로 하여 교육하였다. 청학서에 대하여는 『통문관지』(권2) 「과거」의 '청학팔책(淸學冊)' 조에 다음과 같은 기사가 있어 여진어를 학습하는 여진학서 가운데 몇 개를 골라 만주어 학습의 청학서로 바꾼 것이 있으며 또 그 중에 몇 개는 시용에 적합하지 않아서 없앴음을 알 수 있다.

즉, 본 장의 4.3.0에 인용한 '청학팔책'에 "八歲兒、小兒論、新飜老乞大、三譯總解、經國大典 {八歲兒、小兒論、老乞大、三譯總解 四冊 推七處寫字. 大典飜語同漢學 ○初用千字文、兵書、小兒論、三歲兒、自侍衛、八歲兒、去化、七歲兒、仇難、十二諸國、貴愁、吳子、孫子、太公、尙書 幷十四冊 兵燹之後只有仇難、去化、尙書、八歲兒、小兒論五冊. 故抽七處寫字以准漢學冊數. 康熙甲子始用新飜老乞大、三譯總解 而前冊中仇難, 去化, 尙書 訛於時語 故竝去之 見啓辭謄錄}"라는 기사에 의하면 『경국대전』에 규정된 여진학서 가운데 병란(兵亂)을 거치고 남아 있던 '<구난(仇難)>, 거화(去化), 상서(尙書), 팔세아(八歲兒), 소아론(小兒論)'을 만주어 학습서로 고쳐서 청학서로 사용하였다.

그 후에 '<구난>, <거화>, <상서>'마저 없애고 '<팔세아>, <소아론>'과 더불어 후에 새로 편찬한 '<신번노걸대>(<淸語老乞大>를 말함), <삼역총해(三譯總解)>'를 합하여 모두 4종의 청학서로 만주어를 교육하고 시험하였음을 알 수 있다. 따라서 <팔세아>, <소아론>, <청어노걸대>, <삼역총해>를 청학(淸學) 사서(四書)라 불렀고 이 '청학사서'만이 조선 후기의 역과 청학에서 출제하던 교재이었고 사역원에서는 이 청학서를 중심으로 만주어 교육이 이루어졌다.[47] 이제 그 각각의 편찬에 대하여 살펴보기로 한다.

6.1.1 〈청어노걸대〉의 편찬

<청어노걸대(淸語老乞大)>는 조선 사역원에서 편찬한 만주어 학습서로서 병자호란 때에 청군(淸軍)의 포로가 되어 만주에 끌려갔다가 돌아온 '동환자(東還者)'들이 <한어(漢語)노걸대>를 만주어로 번역하고 청학관 이세만(李世萬) 등이 서사(書寫)한 것을 박창유(朴昌裕) 등이 연재(捐財)하여 강희(康熙) 계미(癸未, 1703)에 활자본으로 간행한 것이다. 그리고 후대에 청학관 김진하(金振夏)가 수정한 <청어노걸대신석(淸語老乞大新釋)>이 건륭(乾隆) 을유(乙酉, 1765)에 평양에서 목판본으로 간행되었다.

원간(原刊) 활자본 <청어노걸대>는 현전하는 것이 없으며 김진하의 신석본(新釋本)도 국내에서는 아직 발견되지 않고 프랑스와 영국, 일본 등지에 전해온다. 이 가운데 프랑스 파리 동양어학교 소장본만이 민영규선생의 노력으로 사진판이 입수되어 이용되었으나 나머지 두 판본에 대하여는 별로 알려진 바가 없다.

졸저(1998)에 의하면 만주어 학습서인 <청어노걸대>의 편찬은 탁족본(濯足本) <청어노걸대(淸語老乞大)>의 권1에 부재된 홍계희(洪啓禧)의 '청어노걸대신석서(序)'(이 책판이 고려대 박물관에 소장되었음)에 다음과 같은 기사가 보인다.

47 현전하는 <소아론>의 권말에 부재된 李湛의 識에도 "淸學之書四, 老乞大、三譯總解圖校讐, 而刊行之矣。惟小兒論、八歲兒以弱小而語略, 業之者不專講習, 殆作廢書 - 청학의 책은 넷이니 <노걸대>, <삼역총해>는 교정과 수정이 이루어졌고 간행이 되었다. 다만 <소아론>과 <팔세아>는 분량이 적고 단어가 소략하여 배우는 사람들이 전혀 강습하지 않아서 거의 폐서가 되었다"라는 기사가 있어 淸學에는 앞에서 말한 <淸語老乞大>와 <三譯總解>, 그리고 <八歲兒>, <小兒論>의 네 청학서가 있어 만주어 학습서로 사용되었음을 말하고 있으며 주로 <노걸대>(<청어노걸대>를 말함)와 <삼역총해>를 주요한 강독교재로 하였음을 알 수 있다.

清學往今諸譯爲用最緊, 爲功最難. 其課習之書有老乞大及三譯總解. 而三譯總解則本以文字翻解, 無甚同異訛舛. 若老乞大則始出於丙子, 後我人東還者之語生解. 初無原本之依倣者, 故自初已不免齟齬生澁. [下略] - 청학, 즉 만주어 학습은 옛날이나 지금이나 모든 통역에서 그 쓰임이 가장 긴요한 것이고 또 배우기가 가장 어렵다. 그 학습서로는 '노걸대'(<청어노걸대>를 말함 - 필자 주) 및 '삼역총해'가 있다. '삼역총해'는 본래 문자(한문을 말함-- 필자 주)로 된 것을 번역하여 풀이한 것이어서 다르고 같은 것이나 서로 어긋나고 틀리는 것이 그렇게 심하지 않다. 그러나 <노걸대>는 병자(병자호란을 말함 - 필자 주)부터 나오기 시작한 것으로 후에 '동환자'(호란 때에 청군에 포로로 잡혀갔다가 되돌아온 사람들 - 필자 주)들이 생해(생생한 구어로 풀이함을 말함 - 필자 주)한 것이다. 처음에도 원본에 의지하거나 본뜬 바가 없었으며 그렇기 때문에 처음부터 어긋나고 막힘을 면하기 어려웠다. [하략][48]

이 기사에 의하면 <청어노걸대(淸語老乞大)>는 병자호란 때에 청(淸)에 납치되었다가 쇄환된 '동환자(東還者)'들이 <한어노걸대(漢語老乞大)>를 생해(生解)하여 편찬된 것임을 밝혔다. 따라서 당시 청(淸)에서 만주어의 구어를 학습하기 위하여 편찬한 학습서임을 알 수 있다. <한어노걸대>가 고려의 상인들이 중국을 여행하면서 일어나는 여러 장면의 대화를 내용으로 하였기 때문에 <청어노걸대>도 청학역관들이 중국에 갈 때에 사용될 구어체의 만주어이어서 매우 실용적인 회화 교재였다. 다만 어느 한 저자가 <한어노걸대>를 일관되게 번역한 것이 아니고 각 권마다 번역된 만주어가 서로 다르고 분명하지 못한 점이 있었음은 동환자 가운데 여러 사람이 이 번역에 참가했음을 말해준다.

48 <청어노걸대>의 新釋 서문은 洪啓禧가 쓴 것으로 그는 당시 判中樞府事(中樞府 判事)로서 司譯院 提調를 겸임하고 있었다. 홍계희는 사역원의 提調, 또는 都提調를 역임하면서 <老乞大新釋>과 <改修捷解新語>의 서문을 위시하여 많은 역학서의 서문(주로 改修, 新釋의 서문이지만)을 쓴 바가 있다.

그리고 또 위에 인용한 홍계희 서문의 마지막 부분, 즉 "初無原本之依倣者, 故自初已不免齟齬生澁 - 처음에도 원본에 의지하고 본뜬 바가 없었으며 그렇기 때문에 처음부터 어긋나고 막힘을 면하기 어려웠다"는 기사로부터 만주어로 된 <노걸대>가 애초부터 없었으며 <한어 노걸대>를 새로 번역한 것임을 미루어 짐작할 수 있다. 또 <삼역총해>의 원간 서문에도[49] "[前略]又解漢語老乞大, 爲淸語老乞大八卷 [下略] - [전략] 또 <한어노걸대>를 풀이하여 <청어노걸대> 8권을 만들다. [하략]"라는 기사가 있어 이 사실을 뒷받침하고 있다.

이렇게 만주어로 번역하여 만들어진 <청어노걸대>는 처음에는 '신번(新飜)노걸대'라고도 불렸던 것 같다. 즉, 『통문관지』(권2) 「과거」 '청학' 조에 "淸學八冊: 八歲兒、小兒論、新飜老乞大、三譯總解、飜經國大典{八歲兒、小兒論、老乞大、 三譯總解四冊, 抽七處寫字, 大典飜語同漢學} - 청학 8책은 <팔세아>, <소아론>, <신번노걸대>, <삼역총해>, 번역경국대전이다. {<팔세아>, <소아론>, <노걸대>, <삼역총해>의 4책에서 7처를 추첨하여 베껴 쓴다. 『경국대전』의 번역은 한학과 같다}"라는 기사가 있어 <청어노걸대>는 '신번(新飜)노걸대', 또는 그대로 '노걸대'란 이름으로 불렸음을 알 수 있다. 이에 대하여는 졸저(1988b:65~66)에서 상세하게 논의한 바 있다.

이 책의 간행은 『통문관지』(권8) '지물(什物)' 조에 "老乞大板、三譯總解板、小兒論板、八歲兒板, {幷廳官李世萬等書, 康熙癸未令淸學官朴昌裕等六人捐財, 以活字開刊. 藏於該學} - 노걸대 책판, 삼역총해 책판, 소아론 책판, 팔세아 책판은 모두 청학 우어청의 이세만 등이 쓴 것이다. 강희 계미에 청학관 박창유 등 6인이 재물을 내어 활자로서 간행하였다. 해당 학에 소장하다"라는 기사가 있어 동환자에 의하여 번역된 것을 이세만 등이 필사하여 강희(康熙) 계미(癸未, 1703)에 활자본으로 간행하였음을 알 수 있다. 이 활자본은 현전하지 않고 이를 전본으로 하여 김

49 이 서문은 원간 <三譯總解>(康熙 42년, 1703년 개간)에 부재되었던 것으로 현전하는 <중간삼역총해>에는 李湛의 '중간서'와 함께 添載되었다.

진하 등이 수정한 '신석본'이 프랑스 동양어학교 도서관과 영국의 대영도서관, 그리고 일본의 고마자와(駒澤) 대학 도서관 등에 전하고 있다. 이 각각의 판본에 대하여는 앞에서 이미 언급하였다.

6.1.2 〈삼역총해〉의 편찬

<삼역총해(三譯總解)>는 '청서삼국지(淸書三國志)', 다시 말하면 이탁오(李卓吾)의 『삼국지(三國志)』를 기충격(祁充格, Kičungge)이 만주어로 번역하여 순치(順治) 7년(1650)에 간행한 <만문삼국지(滿文三國志)>, '*Ilan Gurun i Bithe*'를[50] 저본으로 하여 이를 당시 국어로 대역하는 형식의 만주어 학습 교재로 편찬된 것이다. 다만 국어 대역문에는 이탁오(李卓吾)의 비평을 붙인 한문(漢文) 『삼국지』를 참고하였으며 만주어의 발음을 언문으로 전사하였고 그 뜻을 언해하였다.[51]

---

50 <三國志>의 만주어 번역은 아주 이른 시기에 시작된 것으로 보인다. 즉, 岸田文隆(1997)에 소개된 <滿文老檔>의 天聰 壬申년(1632) 7월 14일조에 "Manju의 大軍이 Baisgal이란 땅에 이르러 駐營한 후에 遊擊職의 Dahai Baksi가 병으로 돌아가다. 6월 1일에 병에 걸려서 44일째인 7월 14일 未時에 운명하다. 乙未년(1595) 생으로 38세였다. 9세부터 漢文을 배우고 滿文에도 한문에도 모두 매우 잘 통하였다. 먼저 太祖(누르하치를 말함-필자 주) 때부터 天聰 6년(1632)에 이르기까지 漢(明을 말함--필자 주)과 朝鮮과의 文書 업무를 담당하였다. 文(한문을 말함-필자 주)에 잘 통하였으며 성격이 매우 성실하고 두뇌가 명석하였다. [중략] 漢文의 글을 滿洲語로 번역하였는데 완료한 것은 萬寶全書, 刑部의 素書, 三略이 있고 또 번역하기 시작해서 완성하지 못한 것으로는 通監, 六韜, 孟子, 三國志, 大乘經이 있다[하략]"라는 기사가 있어 다하이 박사(達海 博士)가 <삼국지>의 번역을 시도하였음을 알 수 있다. 실제로 만주어로 번역된 삼국지로는 順治 7년(1650)에 간행된 Kičungge(祁充格)의 <ilan gurun i bithe>(24권 24책)가 있고 이것이 아마도 <淸書三國志>란 이름을 얻은 것으로 보인다. 그리고 雍正 연간(1723~1735)에 간행된 만주어와 한어로 된 삼국지로서 <滿漢合璧三國志>가 있으나 이것은 편찬 연대로 보나 그 내용의 비교로 보아 <삼역총해>와는 관련이 없다고 한다(岸田文隆,1997).

51 이에 대하여 일본의 만주어 학자인 岸田文隆 氏는 다음과 같은 주석을 붙였다. 즉, 岸田文隆(1997/26)에서는 魏源의 <聖武記>(1846 重修)의 "太宗崇德四年命達海譯通鑑·六韜·孟子·三國志·大乘經 未竣而卒 順治七年飜譯三國演義告成 大學士范文程等賞鞍馬銀幣"(권3, '武事餘記'조)라는 기사와 康祺의 <郎潛記聞>(1881각본)에 "羅貫中三國演義多取材於陳壽 習鑿齒之書 不盡子虛烏有也 太宗崇德四年命大學士達海 譯孟子·通鑑·六韜 兼及是書 未竣"이란 기사, 그리고 전술한 <滿文老檔>의 天聰 6년(壬申, 1632)의 기사를 들어 崇德年間에 達海博士(Dahai Baksi)가 번역한 '滿文三

이 책의 편찬에 대하여는 <삼역총해>의 서문에 비교적 상세하게 기록되었다. 현전하는 <삼역총해>에는 이담(李湛)의 '중간삼역총해서(重刊三譯總解序)'(간기는 乾隆 甲午, 1774)와 숙종(肅宗) 갑신(甲申, 1704)에 쓰인 '삼역총해서(序)'가 있다. 이를 이담의 '중간서(重刊序)'에 대하여 '원서(原序)'라고 부르기로 한다. 여기에 <삼역총해>의 편찬에 관한 원서의 일부를 옮겨 보면 다음과 같다.

> 國家設置譯學所, 以通四方語事大交鄰. 而於女眞學改號令爲淸學, 其語傳襲旣久, 訛繆(謬의 오자?)寔多. 逮自丙子以後, 凡於文書之往復者, 言語之酬酢者, 皆用此語, 而全不曉得. 伊時都提調楸灘吳相國, 具由入啓遴, 本學中有才者申繼黯, 每行連續差遣, 取八歲兒等五種書, 考證刪定, 俾業是學者習之. 今上卽位之七年庚申, 老峯閔相國提擧譯院, 以繼黯所刪書, 字少語不廣, 無以會其通, 而盡其變. 令崔厚澤、李戩、李宜白等, 更加釐正刪. 去化、仇難、尙書三冊, 而取淸書三國志, 相與辨難, 作爲三譯總解十卷. 又解漢語老乞大, 爲淸語老乞大八卷, 與舊八歲兒、小兒論各一卷, 通共二十卷用, 此爲程式. 使決其科等其食而顧, 其寫本易致傳訛, 而艱於布行, 以此病之. 癸未九月有朴昌裕等六人, 齊辭于都提調竹西申相國, 願出捐已財, 剞劂是書以廣其傳布則公可之. 於是吳廷顯、李白等, 以訓上主其事, 事訖名之曰淸語總解. 鳩工鋟梓, 苦心殫力凡十數月 [下略] - 국가가 역학을 설치한 까닭은 사방의 언어를 통하고 사대교린을 위한 것이다. 여진학을 바꾸어 청학이라고 부르게 하였는데 그 말은 전습되었으나 이미 오래되어 실제로 틀린 곳이 많았다. 병자호란에 이르러 이후의 모든 왕복문서의 언어와 수작의 말은 모두 이 말을 쓰게 되었으나 전혀 알 수가

國志'가 있었으나 그의 갑작스런 죽음으로 완성되지 못하였고 順治 7년(1650)에 이르러 祁充格(Kičungge)에 의해서 그 번역이 완성된 <ilan gurun i bithe>(<滿文三國志>, 24권 24책)을 저본으로 하여 <삼역총해>의 滿文이 이루어진 것으로 보았다(岸田文隆:1988). 필자도 <ilan gurun i bithe>와 <삼역총해>의 원문을 비교하여 본 결과 만문의 경우는 후자가 전자를 저본으로 하였음에 동의한다. 그러나 그 대역 국문의 경우는 아직도 한문본 <삼국지>를 참고한 것으로 보고 있다.

> 없었다. 바로 그 때에 추탄 오상국(吳允謙을 말함-필자 주)이 이런 사유를 모두 입계(入啓, 장계하여 임금에 알리다-필자 주)하였다. 본학(사역원의 청학을 말함-필자 주)에 재주있는 신계암이란 사람이 있었는데 매번 사행에 연속으로 보내어 <팔세아> 등 5종의 역학서(청학서를 말함-필자 주)를 고증하고 산정(刪定-깎고 고치는 것을 말함-필자 주)하여 만주어를 배우는 사람들로 하여금 학습하게 하였다. 이제 금상이 즉위하신지 7년째인 경신년(숙종 7년, 1680-필자 주)에 노봉 민상국(閔鼎重을 말함-필자 주)이 사역원의 제거로서 신계암이 고친 책들이 글자가 적고 말도 넓지 않아서 통화하는데 알 수가 없고 그 변화된 곳을 모두 고치지 못하였다고 하였다. 최후택, 이즙, 이의백 등으로 하여금 다시 고치게 하였다. 그리고 <거화>, <구난>, <상서>의 3책을 바르게 수정하게 하고 '청서삼국지'를 가져다가 서로 어려운 곳을 구별하여 <삼역총해> 10권을 지었다. 그리고 <한어노걸대>를 <청어노걸대> 8권으로 만들고 이와 더불어 옛 책인 '팔세아·소아론' 각 1권을 더하여 모두 20권을 사용하게 하였다. 이것을 정식으로 하여 과거(만주어를 시험하는 역과 청학을 말함-필자 주) 등에서 성적을 가늠하는 데 쓰게 하였다. 그 사본은 쉽게 와전되고 널리 쓰이기가 어려워서 이를 걱정하였다. 계미 9월에 박창유 등 6인이 있어서 도제조 죽서 신상국(申晥을 말함-필자 주)에게 말씀드리고 재물을 출연하여 이 책들을 기궐(剞劂, 목판에 글자를 새겨 넣는 것을 말함-필자 주)함으로써 이를 널리 전포하고자 원한다고 하였다. 공이 좋다고 하여 오정현, 이백 등이 훈상당상으로서 이 일을 주관하였으며 일이 끝난 다음에 이름을 '청어총해'라고 하였다. 공장장이를 모으고 목판에 판각하며 고심하고 힘을 다 쓰기를 열 몇 달이나 하였다. [하략]

이 서문에 의하면 병자호란 이후에 여진학을 청학으로 개편하였으나 여진어와 만주어가 서로 달라서 만주어에 대한 학습서가 필요하게 되었음을 알 수 있다. 신계암(申繼黯)이 <팔세아(八歲兒)> 등 병란 이후에 남아있는 여진학서 5종을 만주어를 학습하는 청학서로 개편하여 사용하였으며 숙종 7년(庚申, 1680)에 노봉(老峯) 민정중(閔鼎重)이[52] 사역원의 제거(提擧)로 있으면서 최후택(崔厚澤), 이즙(李濈), 이의백(李宜白) 등으로 하여금 신계암이 개편한 청학서 <거화>, <구난>, <상서>의 3책을 다시 수정하게 하였고 '청서삼국지(淸書三國志)', 즉 'Ilan Gurun i Bithe'를 국어로 다시 번역한 <삼역총해(三譯總解)>(10권)를 편찬하게 하였음을 알 수 있다.

또 이 기사에 의하면 숙종 계미(癸未, 1703)에 사역원 도제조였던 죽서(竹西) 신완(申琓)의[53] 허락을 얻어 청학(淸學) 당상역관인 오정현(吳廷顯), 이백(李白) 등이 주관하여 10여 개월 만에 목판본으로 간행하였음을 알 수 있다. 이는 전술한 바 있는 『통문관지』(권8) '즙물' 조의 <청어노걸대> 간행에 관한 기사, 즉, 박창유(朴昌裕) 등 6인이 숙종 29년(癸未, 1703) 9월에 사역원 도제조 신상국의 허락을 얻어 사본(寫本)으로 전하던 <삼역총해> 10권과 <청어노걸대> 8권, 그리고 <소아론>, <팔세아> 각 1권씩 모두 20권을 기궐(剞劂)에 붙였다는 기사와 일치한다.

그러나 서울대학교 규장각에 현전하는 <삼역총해>(규 3900)의 제1권 권두에 '삼역총해서(序)'와 함께 부재된 간판에 관련한 '제역함명(諸譯銜名)'은 사실과 조금 다르다(정광·윤세영, 1998). 이를 보면 김세홍 등이 수정

52 閔鼎重(1628~1692)은 仁祖~肅宗 연간의 문신으로서 자는 大受, 호는 老峯이며 본관은 驪興으로서 민광훈의 아들이다. 송시열의 문인으로서 西人이며 인조 27년(1649)에 庭試文科에 장원으로 합격하고 환로에 나아가 여러 요직을 두루 거쳤다. 숙종 1년(1675)에 南人이 세력을 잡자 장흥에 유배되었다. 숙종 6년(1680)에 庚申大黜陟으로 다시 서인이 득세하자 유배에서 풀려나와 左議政에 올랐다. 그러나 숙종 15년(1689)에 己巳換局으로 다시 남인이 세력을 잡자 실권하여 碧潼에 安置되어 그곳에서 세상을 떠났다. 그가 사역원의 도제조를 예겸한 것은 좌의정이었을 때(1680~1689)의 일로 보인다.

53 竹西 申琓은 조선 숙종조의 문신 絅庵 申琓(1646~1707)을 말하는 것으로 보인다. 본관은 平山이고 申汝挺의 아들로서 호를 絅庵, 자를 公獻이라 하였다. 그가 '竹西'라는 호를 사용하였는지는 다른 예에서 확인할 길이 없다. 신완은 현종 13년(1672) 별시문관에 합격한 이래 환로에 나아가 江襄道 觀察使를 거쳐 漢城府 判尹, 大司憲, 吏曹判書를 역임하고 숙종 26년(1700)년에 右議政, 그리고 숙종 29년(1703)에 領議政에 올라 平川君에 봉해졌다. 그가 언제부터 司譯院의 都提調를 겸임했는지는 분명치 않으나 숙종 29년(1700)에는 영의정으로서 재임하던 때에 사역원 도제조를 例兼한 것으로 보인다.

하여 간행한 <삼역총해>가 있음을 알 수 있는데 판본 <삼역총해>에 부재된 제역함명을 옮겨 보면 다음과 같다.

康熙四十二年癸未九月 日 開刊
讐整官 前判官 金世弘
吳允武
鄭 銑
李 海
書寫官 前判官 李世萬
金尙密
前奉事 李震馨
李東奎

乾隆三十九年甲午九月 日 改刊
檢察官
崇政大夫 行知中樞府事 金振夏
折衝將軍 行忠武衛副司直 高師彦
書寫官
朝散大夫 行司譯院副奉事 張再成

이것을 보면 강희(康熙) 42년(癸未, 1703)에 간판한 <삼역총해>는 김세홍·오윤무·정선·이해 등이 수정하고 이세만, 김상밀, 이동규 등이 서사(書寫)한 판본이 있었음을 알 수 있다. 이것은 전게한 '삼역총해서문(序文)'에 청학당상인 오정현(吳廷顯), 이백(李白) 등이 <청서삼국지>의 번역을 주관하였다고 하는 기사와 차이가 있다. 중간본에 부재된 개간(開刊)의 간기에는 '오정현, 이백'의 이름이 보이지 않는 것은 아마도 이들이 주관하여 <청서삼국지>를 번역한 '삼역총해'가 한동안 필사되어 사용되다가 김세홍(金世弘), 오윤무(吳允武), 정선(鄭銑), 이해(李海) 등이 다시 이를 수정하여 판본으로 간행한 것으로 보아야 할 것이다.

'삼역총해(三譯總解)'라는 서명은 <삼국지(三國志)>를 한어(韓語), 한어(漢語), 만주어의 세 나라말로 쓰였다는 뜻으로 보인다. 즉, 이탁오(李卓吾)의 <삼국지>를 기충격(祁充格, Kičungge)이 만주어로 번역하고 이를 오정현·이백 등이 주관하여 다시 우리말로 번역하여 한어(漢語)와 청어(淸語), 그리고 한어(韓語)의 세 언어로 기록되었음을 말한다.[54] 이 <삼역총해>도 다른 청학서와 함께 신석된다. 이에 대하여는 뒤에서 다시 논의할 것이다.

6.1.3 〈팔세아〉의 편찬

<팔세아>, <'소아론>은 전술한 바와 같이 <구난>, <거화(去化, 또는 巨化)>, <상서> 등과 더불어 여진학서를 청학서로 바꾼 것이다. 즉, 전게한 『통문관지』(권7) 「인물」 '신계암'조의 기사에서 "申繼黯平山人, [中略] 就本書中仇難、巨化、八歲兒、小兒論、尙書等五冊, 釐正訛誤, 至今用之於科試. {出啓辭謄錄} - 신계암은 평산 사람이다. [중략] 이 책 가운데 <구난>, <거화>, <팔세아>, <소아론>, <상서> 등의 5책을 가져다가 잘못된 것을 고쳐서 오늘에 이르도록 과거 시험에 사용한다. {<계사등록>에서 나오다}"라는 기사와 역시 전게한 『역관상언등록(譯官上言謄錄)』의 기묘(己卯) 5월 11일조의 기사에 의하여 신계암이 10년에 걸쳐 여진학서였던 <구난>, <거화>, <팔세아>, <소아론>, <상서> 등을 만주어로 수정하여 청학서로 사용하였음을 알 수 있다. 이들은 후대에 김진하(金振夏)에 의하여 수정된다.

6.1.4 〈소아론(小兒論)〉의 편찬

앞에서 살펴본 바와 같이 일부의 청학서, 즉 사역원의 만주어 교과서는 원래 여진학서였던 것을 병자호란 이후에 신계암이 청학서로 개편한 것이다. 즉 『경국대전』(권3) 「예전」의 '역과초시' '사자(寫字) 여진

---

54 '三譯總解'의 '三譯'이 <三國志>를 한어, 만주어, 한국어의 세 나라 언어로 번역한 것으로 보는 필자의 견해(졸저, 1988b:67)를 뒷받침할 전거는 아직 찾을 수 없다.

학' 조에 보이는 "千字文, 兵書, 小兒論, 三歲兒, 自侍衛, 八歲兒, 去化, 七歲兒, 仇難, 十二諸國, 貴愁, 吳子, 孫子, 太公, 尙書" 등의 출제서는 여진어 학습서를 말하는 것이고 이 가운데 왜란·호란 이후에 남은 '구난, 거화, 상서, 팔세아, 소아론'을 신계암이 만주어 학습서로 재편하였다는 기사가 『통문관지』 등의 기사에 남아있다.

그러나 『속대전』에서는 이 가운데 <구난>, <거화>, <상서>를 마저 없애고 <팔세아>, <소아론>에 <청어노걸대>, <삼역총해>를 추가하여 조선 후기의 역과 청학이나 취재 청학 등에서는 이 4책을 출제서로 하였다. 이것이 훗날 청학(淸學) 사서(四書)라고 불리던 것으로 물론 <동문유해(同文類解)>라는 만주어 어휘집이 있었지만 그것은 참고서이고 이 4책만이 조선 후기의 만주어 학습서로 인정하였다는 뜻이 된다.[55]

<삼역총해>나 <청어노걸대>에 비하여 <팔세아>, <소아론>은 매우 분량이 적다. 두 책 모두 본문이 12엽과 13엽 정도로서 두 책을 합해야 25엽을 넘지 못한다. 이 가운데 <소아론>은 공부자(孔夫子)와 세 살 먹은 어린이가 지혜를 겨루는 것이고 <팔세아>는 5천 선비와 여덟 살 먹은 아이가 황제 앞에서 글 경쟁하는 일을 적은 것이어서 이 두 책이 모두 아동용 훈몽서임을 알 수 있다. 현전하는 것이 없어 내용을 알 수 없는 <칠세아>, <삼세아>, 그리고 <구난>도 같은 내용의 교재로 생각된다.[56] 이것은 모두 여진자로 편찬되었을 것이며 여진인, 아마도 금(金)이나 요(遼)에서 아동용 훈몽서로 개발한 교재임을 알 수 있고 초기 사역원에서는 이를 수입하여 여진어 교재로 사용하였음을 알 수 있다.

앞의 5.1.5에서 소개된 <소아론>의 내용을 보면 삼세아(三歲兒)와 공

---

55 淸學四書의 刊行과 重刊에 대하여는 졸고(1998)을 참고할 것. 병자호란 이후 사역원 청학의 만주어 학습서로는 강독 교재인 淸學四書와 어휘 사전인 <同文類解>가 이용되었다.

56 <七歲兒>와 <三歲兒> 및 <仇難>이 어떤 내용의 교재였는지 현전하는 것이 없기 때문에 알 수 없다. 다만 중국 戰國시대의 項託의 傳說로 남아 있는 '孔子項託相問'의 說話를 소재로 한 <小兒論>과 같은 내용으로 일곱 살, 또는 세 살 먹은 어린이가 孔子와 더불어 재주를 겨루는 내용의 童蒙 교재가 아닌가 한다.

부자(孔夫子)가 지혜를 다툰 것이다. 그런데 이와 같은 내용의 이야기가 중국의 전국(戰國)시대 이전부터 설화로 전해졌으며 이 삼세아는 전설 속의 천재 소년 항탁(項託)을 말한다. 항탁은 일명 항탁(項橐)으로도 쓰고 『사기(史記)』의 감무렬전(甘茂列傳)에 감라(甘羅)와 여불위(呂不韋)의 대화 속에 "夫項橐生七歲爲孔子師 - 항탁은 태어난 지 7년 만에 공자의 스승이 되다."라는 구절에도 그 이름이 보인다. 또 이 설화는 『태평광기(太平廣記)』(권247)의 '산동인(山東人)' 조에 '孔子項託相問書'라는 이름으로 수록되었는데 내용은 <소아론>의 것과 유사한 것이 일부 들어 있음을 전술한 바 있다.

공자와 항탁의 상문서(相問書)라고 할 이 설화는 유교 사상에 반대하는 중국 전국(戰國)시대의 일부 지식인들에 의해서 조작된 것으로 보이며 '소아론(小兒論)'이란 이름으로 반유교적 교육의 훈몽서로 사용된 것으로 보인다. 공자와 항탁에 관련한 전설은 돈황(敦煌)에서 발견된 사권(寫卷)에서도 찾아볼 수 있다. 민영규(1964a)에 의하면 독일의 Stein과 프랑스의 Pelliot가 반출한 돈황문서 가운데 <소아론>과 같은 내용이 변문(變文)으로 기록되어 전해지며 Stein이 가져온 것(S.396 문서)에는 "天福八年癸卯歲十一月十日淨土寺學郎張延保記"라는 서사기까지 적혀 있어 후진(後晋)의 천복(天福) 8년(943) 10월에 정토사(淨土寺)의 학생인 장연보(張延保)가 베꼈음을 전술한 바가 있다.[57]

2) 청학서의 신석(新釋)과 중간(重刊)

6.2.0 병자호란 이후의 청학서는 앞에서 논의한 소위 '청학사서(淸學四書)'의 강독교재와 '청어물명(淸語物名)'이란 어휘집이 있었다. 영·정조 시대에 이르러는 피아(彼我)의 언어 변천에 따라 청학사서를 수정하여 만주어 교재로 사용하였으며 어휘집으로 사서(辭書)의 역할을 하던 <동

57 민영규(1964a)에는 Peillot가 가져온 敦煌 문서(p.3883)의 전문을 그와 Stein의 다른 문서와 교합하여 전재하였다. 이 연구는 이에 의존한 바가 많다.

문유해(同文類解)>와 <한청문감(漢淸文鑑)>이 편찬되었다. 다만 <한청문감>이 사역원의 만주어 학습에서 실제로 사전의 역할을 하였는지는 미지수이다. 여기서는 청학사서의 수정으로서 그의 '신석(新釋)'과 '중간(重刊)'에 대하여 살펴보기로 한다.

병자호란 이후에 여진학서가 대대적으로 개편되었고 여진학이 청학으로 개편되면서 여진학서는 모두 없어지고 만주어의 강독 교재로서 <청어노걸대>, <삼역총해>, <팔세아>, <소아론>의 4종이 있었으며 이를 '청학사서'라고 불렀음은 앞에서 살펴보았다. 그러나 이들도 피아(彼我)의 언어가 변함에 따라 수정에 수정을 거듭하게 된다. 한학 역관 김창조(金昌祚)에 의해서 <박통사>가 신석(新釋)된 것을 효시(嚆矢)로 하여 정조 연간에 당시 사용하던 역학서의 대부분을 '신석'이란 이름으로 전면적으로 개편할 때에 청학사서도 모두 수정되었다. 이렇게 수정된 청학서들은 모두 목판본으로 간행되면서 '중간'이란 이름을 얻었으며 이에 대한 기사가 『통문관지』에 실려 있어 그 전모를 살펴볼 수 있다.

6.2.1 조선 후기의 청학서 간판(刊板)

『통문관지』에 등장하는 역학서의 서명은 모두 세 곳이다. 첫째는 동서(권2) 「권장」제2의 '과거'(2앞~5뒤), '녹취재(祿取才)'(5뒤~7뒤), '부경취재(赴京取才)'(8앞) 등에 과시(科試) 혹은 취재(取才)의 출제서로 역학서의 서명이 보인다. 여기서는 『경국대전』의 규정이 어떻게 변경되었는가를 자세히 기술하였다. 둘째로는 동서(권8) 「집물」 {속부(續附)}조(7앞~8뒤)에는 당시 존재한 역학서의 책판과 소장처가 밝혀져 있다. 셋째는 역시 동서(권8)의 「서적(書籍)」조(8뒤~10뒤)에 사역원에 소장되어 있던 책들의 목록이 기록되어 있다. 『통문관지』(권8) 「집물」의 기사에, 특히 [속부(續附])의 기사에 청학서의 간행에 대한 기사가 있다.

『통문관지』(권8) 「집물」과 「서적」의 기록은 모두 넉 장에 불과하다. 그러나 18세기 전후의 역학서 및 책판에 관계되는 제반 사실들을 밝혀

줄 뿐만 아니라 현전하는 역학서들의 간행 경위와 책판들의 간판(刊板) 관계 사실을 종합적으로 알려주는 기록이다. 먼저 '집물(什物)' [속부(續附)]의 기사 가운데 청학서의 것만을 옮겨보면 다음과 같다.

老乞大板、三譯總解板、小兒論板、八歲兒板, {幷廳官李世萬等書, 康熙癸未令淸學官朴昌裕等六人捐財刊板, 藏於諸學} - <노걸대>판(청어노걸대의 책판을 말함--필자 주), <삼역총해> 책판, <소아론> 책판, <팔세아> 책판 {모두 청관(우어청의 청학관을 말함--필자 주) 이세만 등이 쓰다. 강희 계미에 청학관 박창유 등 6인에게 명하여 재물을 내어 간판하다. 해당 학에(청학을 말함--필자 주) 수장하다}. '什物' 조

新釋淸語老乞大板, {乾隆乙酉箕營刊板} 新釋三譯總解板, {乾隆甲午本院刊板} 新釋小兒論板, 新釋八歲兒板, {乾隆丁酉本院刊板} {以上四書淸語訓長金振夏修整}, 同文類解板 {乾隆戊辰淸語訓長玄文恒修整, 芸閣刊板} - <신석청어노걸대>의 책판, {건륭 을유에 기영에서 간판함}, <신석삼역총해>의 책판 {건륭 갑오에 사역원에서 간판함}, <신석소아론>의 책판, <신석팔세아>의 책판, {건륭 정유에 사역원에서 간판함}, <동문유해>의 책판, {건륭 무진에 청어 훈장 현문항이 수정하여 교서관에서 간판함}. '什物' [續]조

이와 같은 『통문관지』에 실린 청학서의 간행에 관한 기사를 정리하면 다음과 같다.

[표 5-1] 『통문관지』의 청학서 간판(刊板) 기사

譯學書名	刊板年代	刊板 譯官 및 官署	備考
老乞大	康熙 癸未(1703)	朴昌裕 等 六人 捐財	活字 開刊
三譯總解	〃	〃	
小兒論	〃	〃	
八歲兒	〃	〃	
同文類集	康熙 辛未(1691)	李海 等 捐財刊板	
新釋清語老乞大	乾隆 乙酉(1765)	箕營 刊板	金振夏 修整
新釋三譯總解	乾隆 甲午(1774)	司譯院 刊板	〃
新釋小兒論	乾隆 丁酉(1777)	〃	〃
新釋八歲兒	〃	〃	〃
同文類解	乾隆 戊辰(1748)	芸閣 刊板	玄文恒 修整

또 『통문관지』(권8) '서적(書籍)' {속부(續附)}조에도 사역원에서 간행한 청학서의 목록이 있다. 이를 정리하면 다음과 같다.

> 小兒論、八歲兒{各一本}、淸語老乞大{八本}、三譯總解{十本}、同文類集{一本}、滿漢四書{十本}, {康熙庚辰淸學官崔台相購得於燕肆以納}, 滿漢同文{五本}, {康熙辛巳漢學官金有基購得於燕肆以納,} 滿漢節要{六本}、滿漢類集{七本}, {康熙乙酉淸學官李碩材購得於燕肆以納} {以上淸學書} - <소아론>, <팔세아> {각1권}, <청어노걸대>{8권}, <삼역총해>{10권}, <동문유집>{1권}, <만한사서>{10권} {강희 경진에 청학관 최태상이 연경의 상점에서 구입하여 바치다}, <만한동문>{5권} {강희 신사에 한학관 김유기가 연경의 상점에서 구입하여 바치다}, <만한절요> {6권}, <만한유집>{7권} {강희 을유에 청학관 이석재가 연경의 상점에서 구입하여 바치다} {이상 청학서다}. '서적' 조

> 新釋淸語老乞大{八本}、新釋三譯總解{十本}、新釋小兒論{一本}、新釋八歲兒{一本}、同文類解{二本} {以上淸學書} - <신석청어노걸대>{8권},

> <신석삼역총해>{10권}, <신석소아론>(1권), <신석팔세아>{1권}, <동문유해>{2권} {이상은 청학서다} ‘서적’[속부(續附)]조

이에 의하면 사역원에서는 <소아론>(1권), <팔세아>(1권), <청어노걸대>(8권), <삼역총해>(10권), <동문유집(同文類集)>(1권)을[58] 간행하였으며 청나라에서 간행된 <만한사서(滿漢四書)>(10권)와 <만한절요(滿漢節要)>(6권) 및 <만한유집(滿漢類集)>(7권)을 연경(燕京)의 서점에서 구입하여 청학서로 사용하였음을 알 수 있다. 그리고 <신석청어노걸대>(8권), <신석삼역총해>(10권), <신석소아론>(1권)과 <신석팔세아>(1권), <동문유해>를 간행하였음도 알 수 있다. 특히 <동문유집>(1권)을 신석하여 <동문유해>(2권)를 만든 것은 특기할 만하다.

청학사서(淸學四書)의 신석과 중간에 모두 관여한 청학 역관으로 김진하(金振夏)가 있다. 그는 당대 제일의 청학 역관으로서 『역과방목(譯科榜目)』에 “擁正壬子式年三等金振夏, 字汝九, 辛卯生, 本金海, 淸學上通事崇政知樞, 父萬載 - 옹정 임자(1732) 식년시에 3등한 김진하는 자(字)가 여구이고 신묘년(1711)에 태어났으며 청학 상통사, 숭정대부(종1품) 중추부지사를 지내다. 아버지는 만재다”라는 기사가 있어 그의 생애를 어느 정도 살펴볼 수가 있다. 그에 의하여 주도된 청학 사서의 개정에 대하여 살펴보기로 한다.

6.2.2 〈청어노걸대〉의 신석과 중간

<청어노걸대(淸語老乞大)>의 신석은 김진하(金振夏)가 함흥(咸興)의 청학 역학으로 있을 때에 개시(開市)를[59] 위하여 회녕(會寧)에 갔다가 닝구타(寧

58 ‘同文類集’이 청학 어휘집 <同文類解>의 원명이었을 가능성이 있다. 그러나 安命說의 ‘同文類解跋文’에 이러한 사실이 언급되지 않았다. 현재로서는 서명만으로 추측할 수밖에 없다.

59 한반도 북방 국경지대에서의 ‘開市’는 『통문관지』(권3) 「事大」 ‘開市’(61엽 앞)조에 “崇德間定, 鳳凰城等處官人等往義州市易, 每年定限二次. 春二月秋八月, 寧古塔人每年會寧市易, 庫爾喀人等每二年一次往慶源市易, 禮部差通官二員寧古塔官員驍騎

古塔)의 비칙시(筆帖式-서기)를 만나 발음과 뜻을 질문하고 글자를 구별하게 하여 수정한 것을 말한다. 즉, 홍계희(洪啓禧)의 '청어노걸대신석서(序)'에

> 庚辰咸興譯學金振夏因開市往留會寧, 與寧古塔筆帖式質問音義, 辨明字畫, 凡是書之徑庭者改之. 差謬者正之 翌季開市時復質焉. - 경진년에 함흥 역학 김진하가 개시로 인하여 회녕에 가서 머물렀다. 닝구타(寧古塔)의 서기(筆帖式)에게 발음과 뜻을 질문하고 글자를 분명하게 구분하여 이 책의 잘못된 곳을 고치고 그릇된 것을 바르게 하였다. 다음 해의 개시(開市)할 때에도 다시 질문하였다.

라는 기사가 있어 개시(開市)의 감독을 위하여 회녕(會寧)에 간 김진하가 청(淸)의 닝구타(寧古塔, Ninguta, 寧安)에서 온 만주인 서기(筆帖式)들에게 <청어노걸대> 만주어의 음의(音義)와 문자를 질문하여 수정하였음을 알 수 있다. 또 책의 권말에 '檢察官 資憲大夫 行龍驤衛 副護軍 金振夏'가 보여 이 책의 수정에 김진하가 주도적 역할을 하였음을 알 수 있다.

<청어노걸대신석(淸語老乞大新釋)>의 간판은 전술한 『통문관지』(권8) '집물'의 [속(續)]조에 "新釋淸語老乞大板, 乾隆乙酉箕營刊板 - <신석청어노걸대>의 책판은 건륭 을유에 기영에서 간판하였다"라는 기사가 있

校筆帖式各一員監視, 騷鼠灰鼠鹿狗等皮准其市易, 貂水獺 江獺等皮不准市易, 定限二十日郎回. {出大淸會典}"라는 기사에 의하면 청의 숭덕 연간(1636~1643)에 만주 봉황성 등의 중국 관리들이 조선의 의주에 와서 매년 두 번에 걸쳐 교역을 한 것이 '開市'의 시작인 것 같다. 그리고 청의 寧古塔(Ninguta) 사람들은 매년 회녕에서, 庫爾喀 사람들은 2년에 한 번 慶源에서 교역을 하는 '개시'가 있었다. 開市에는 청의 예부에서 통관 2명을 보내왔고 寧古塔의 관원으로 효기교위와 筆帖式 각 1명이 감시하기 위하여 왔으며 수달피 등 각종 모피 교역이 있었음을 알 수 있다. 또 『통문관지』(권3) '開市' 조의 [續]조(64엽 뒤)에 "北關開市: 甲丙戌庚壬年只設會寧, 謂之單市, 乙丁巳辛癸年設會寧慶源, 謂之雙市. 乾隆己卯監司李彛章使譯學金振夏, 釐正從前濫贈之數狀, 請定例刊布遵行, 出備局謄錄及文獻備考."라는 기사가 있어 건륭 기묘년(1759)에 함경 감사 이이장(李彛章)이 역학 김진하를 시켜 개시에 사용되는 문서의 남발을 고치게 하였다고 하여 김진하가 회녕과 경원의 開市에 관여하였음을 알 수 있다.

고 이어서 '新釋小兒論板、新釋八歲兒板'조의 기사에 "以上四書淸語訓長金振夏修整 - <신석소아론> 책판과 <신석팔세아> 책판 등 이상 네 책은 청어 훈장 김진하가 수정한 것이다"라는 기사가 있어 청학관 김진하가 <신석청어노걸대>, <신석삼역총해>, <신석삼세아>, <신석팔세아> 등 소위 청학사서(淸學四書)를 수정하여 '신석(新釋)'이란 이름을 붙여 활자로 간행하였으며 이 가운데 <청어노걸대신석>은 건륭(乾隆) 을유(乙酉, 1765)에 평양에서 간판한 목판본이 있음을 알 수 있다. 이 책판의 간행은 선천역학(宣川譯學) 변상진(卞相晉)이 간판한 <청어노걸대신석>을 말하는데 원래 이러한 목판본의 간행은 중간이란 이름으로 이루어졌던 것이다. 이때 간판한 <청어노걸대>의 책판 25매가 고려대 박물관에 전해진다. 오늘날 남아있는 <청어노걸대>는 모두 중간본으로 탁족(濯足)본도 바로 이 책판의 판본이다.

따라서 현전하는 <청어노걸대>의 판본은 <청어노걸대신석>을 목판본으로 간행한 중간본으로서 건륭(乾隆) 을유(乙酉, 1765), 즉 영조 41년에 청학 역관 김진하(金振夏)가 변한기(邊翰基)와 현계백(玄啓百) 등과 함께 수정한 것을 선천역학 변상진이 감인(監印)하여 평양 감영에서 간판된 것이다. 원래 이의 판하본(板下本)은 강희(康熙) 계미(癸未, 1703), 즉 영조 29년 9월에 <삼역총해>·<팔세아>·<소아론> 등과 함께 개간된 <청어노걸대>로서 후대의 개정본이다. 병자호란 이후 만주어 학습의 필요에 의해서 <한어노걸대>를 새롭게 만주어로 번역한 <신번(新飜)노걸대>가 있으며 2차례의 개정본을 포함하여 '청어노걸대'의 이본(異本)은 모두 3종을 헤아린다.

중간본에 부재된 홍계희의 '청어노걸대신석서(序)'에 "而今過百季又古今之異, 假使熟於此書, 亦無益於通話之實, 從事本學者多病之. [下略 - [그렇기 때문에 처음부터 어긋나고 막힘을 면하기 어려웠고] 이제 백년이 지났으므로 고금의 차이가 있어 이 책을 익숙하게 공부한다 해도 역시 실제 통화에는 도움이 되지 못하여 청학에 종사하는 사람들이 많이 근심하였다. [하략]"라는 기사가 있어 <청어노걸대>의 신석이 왜 이루어졌는지를 말하고 있다.

또 이담(李湛)의 '중간삼역총해서(重刊三譯總解序)'에 의하면 이 구본(舊本) <청어노걸대>를 김진하가 수정하여 경연(經筵)에서 임금에게 말씀드려 간행한 일이 있음을 알 수 있다. 당시 이담은 역관으로서 중추부(中樞府) 지산(知事)의 직에 있었다. 이담의 '삼역총해중간서(序)'와 '청어노걸대신석서(序)'는 그 필치가 유사하다. 아마도 동일인이 쓴 것으로 보이는데 이를 보아도 현전하는 <청어노걸대신석>이 <삼역총해>와 같이 중간(重刊)된 것임을 알 수 있다.

고려대 박물관에 소전되는 <청어노걸대>의 책판에는 영조(英祖) 을유(乙酉, 1765) 가을에 당시 중추부 판사로서 사역원 제조였던 홍계희의 '청어노걸대신석서(序)'를 새긴 책판이 있어 주목을 끈다. 이 책판은 이담의 '삼역총해중간서(重刊序)'에 기록된 바와 같이 김진하가 수정한 것을 판하(板下)로 하여 평양에서 목판으로 간행한 것이다. 홍계희의 '신석서(新釋序)' 1판 2엽의 판심만이 '淸語老乞大新釋序'로 되었고 나머지 책판은 '淸語老乞大 卷之幾'로 되어 있어 김진하가 수정한 활자본을 다시 수정하여 판하본으로 사용하였음을 알 수 있다. 판심이 '청어노걸대신석서(新釋序)'로 된 부분의 반엽광곽(半葉匡郭)은 사주단변(四周單邊)에 24.0 × 18.5cm로 유계(有界) 5행에 한문 대자 1행 14자가 새겨졌다. 판심(版心)은 백구(白口)에 상(上) 화문어미(花紋魚尾, 四葉)를 갖고 있고 판심서명은 '淸語老乞大新釋序'이며 하단에 '一, 二'란 엽수(葉數)가 새겨졌다.

판심이 '淸語老乞大 卷之幾'로 된 부분은 역시 반엽광곽이 사주단변에 25.0 × 18.5cm의 크기이고 유계 6행에 만문(滿文)과 그 한글 주음이 쌍행(雙行)으로 적혔다. 한글 역문의 경우도 쌍행으로 하였다. 책판의 보존상태가 매우 양호하고 쇄출한 서(序)를 비롯한 49엽의 책판이 탈각이나 마모가 적어서 오히려 현전하는 판본보다 탁본의 것이 선명하다. 앞으로 탁족본의 판본과 고려대 박물관 소장의 책판을 비교하면 그 사이에 또 다른 수정(목판 수정이겠지만)이 있었는지를 알 수 있을 것이다.

6.2.3. 〈삼역총해〉의 신석과 중간

<삼역총해(三譯總解)>의 신석은 그 판본에 부재된 이담(李湛)의 중간서(重刊序)에 김진하(金振夏)가 원본을 수정하여 신석한 것을 그가 직접 감독하고 장재성이 글로 써서 입재(入梓)하여 간판하였다는 기사가 있다. 즉 이 책의 권두에 부재된 이담의 중간 서문에

> 書以載語, 書不明, 語亦不明, 顧淸語抂.[60] 今諸方語爲用最緊, 而舊有老乞大、三譯總解, 諸書歲月寢多, 卷帙散逸, 字句音釋亦不無古今之異, 學者病之. 金公振夏以善淸語名, 先以老乞大就質於淸人之習其書者, 筵白而刊行之. 繼又考校三譯總解刪其訛誤, 獲成全書 都提擧佰谷金相國聞而嘉之. 官給財力, 因使金公董其役, 張君再成書而入梓焉, [中略] 嗚呼玆書之成, 雖自金公其所以, 重刊而廣布之者緊, 惟我相國之賜. 後之學者一心孜孜毋替, 夫今日之深意也. 原敍之幷附, 以其有可攷云. 爾歲甲午秋, 崇政大夫行知中樞府事李湛序 - 말을 싣는 것이 글인데 글이 분명하지 않아서 말도 또한 명확하지 않으니 돌아보건대 청나라 말이 어렵도다. 이제 여러 나라의 말을 사용하는 것이 매우 긴요하지만 옛날에 있던 <노걸대>와 <삼역총해>의 모든 책이 세월이 차차 오래되어 권질은 흩어지고 자구와 음석이 또한 고금의 차이가 없지 않아서 배우는 사람이 힘들었다. 김공 진하가 청나라 말과 어휘를 잘하여 먼저 <노걸대>(<청어노걸대>를 말함- 필자 주)를 가져다가 청나라 사람 가운데 그 글자(만주자를 말함- 필자 주)를 배운 사람에게 물어서 고쳤다. 그리고 경연(經筵)에서 [임금에게] 말씀을 드려 간행하게 하였다. 이어서 또 <삼역총해>의 잘못된 것을 교정하여 책으로 만들게 되었다. 사역원의 도제거 백곡 김상

---

60 小倉進平·河野六郎(1964/626)에서는 이 부분을 "書以載語、書不明語亦不明、顧淸語在今諸方語爲用最緊、(하략)"(저선 필자)으로 인용하였다. 즉, 밑줄 친 '在'는 '抂'(어지러울 광)을 잘못 이기한 것이다. 이 방면의 연구에서 가장 권위있는 이 책에서도 이러한 잘못이 발견되는 것으로 보아 역학서 연구가 얼마나 어려운 일인가를 가늠할 수 있다. 이 부분은 고려대학교 박물관에 소장된 책판(원서 및 중간서의 책판)으로도 확인할 수 있다.

> 국이 이를 듣고 기뻐하여 관청에서 재력을 대어주고 김공으로 하여금 그 일을 감독하게 하였으며 장재성군이 글씨를 써서 입재(入梓-목판에 새겨 넣음- 필자 주)하였다. 오호라! 이 책의 이루어짐은 비록 김공의 한 바이나 중간하여 널리 배포하는 것도 중요하구나. 우리 상국이 베풀어 주시어 후대의 학자들이 일심으로 공부에 힘쓰고 힘써서 폐함이 없는 것은 대저 오늘에 있어 그 깊은 뜻이 있음이로다. 원서와 함께 그 올바른 생각이 있었음을 덧붙이노라. 해는 갑오년 가을에 숭정대부 중추부 지사 이담이 서하다.

라는 기사가 있어 김진하가 먼저 <청어노걸대>를 청인(淸人)들에게 질문하여 수정하고 간행한 다음에 뒤를 이어서 <삼역총해>를 고교(考校)하여 그 와오를 고치기를 전서(全書)에 이르렀다고 한다.

이를 보면 김진하가 원본 <삼역총해>를 질정하였으며 아마도 이것은 '신석본(新釋本)'이라 하여 활자본으로 간행되었을 것이다. 역학서의 간행은 먼저 활자본으로 간행한 다음 이를 수정하여 목판본으로 간행하는 것이 일반적인 방법이기 때문이다(졸고, 1989). <삼역총해>의 중간은 이 신석본을 판하로 하여 영조 50년(乾隆 39년, 1774)에 사역원 도제거(都提擧)인 백곡(栢谷) 김상국(金相國)의[61] 도움으로 관재를 들여 간행한 것

61 栢谷 金相國에 대하여는 아직 확실하게 밝혀진 것이 없다. 사역원의 도제조로 있었던 백곡 김상국은 『통문관지』의 '重刊序(李湛, 정조 2년, 1778)'와 <捷解新語>의 '重刊序'(李湛, 정조 5년, 1781), 그리고 <삼역총해>의 '重刊序'(李湛, 영조 50년, 1774) 등 역학서의 서문에 몇 번 등장한다. 그러나 모두 역학서의 중간서에 나타나고 또 반드시 李湛이 쓴 서문에만 등장한다. 이런 사실로 보아 정광·윤세영(1998)에서는 栢谷 金相國이 영조 42년(1766)에 우의정을 지내고 영조 51년(1775)에 영의정에 올랐으며 정조 5년까지 領中樞府事를 지낸 華西 金尙喆(1712~1791)이거나 그와 함께 영조~정조년간에 여러 차례 영의정을 지낸 古停 金致仁(1716~1790)이었을 가능성을 제시하였다. 또는 영조 21년(1745)에 공조판서, 그리고 후에 左參贊에 올랐던 梅谷 金始炦을 말하는 것일지도 모른다고 하였다. <삼역총해>의 중간서를 쓴 영조 50년(1774)에 영의정으로 있었던 사람은 金相福으로 그는 영조 48년(1772)에 영의정이 되었다가 영조 51년 6월에 삭직되었다. 따라서 『통문관지』의 중간서(정조 2년 작성)에 그 이름을 올릴 수가 없을 것이다. 金尙喆이 역학서의 중간서에 나오는 백곡 김상국일 가능성이 높은 것은 그가 아들 宇鎭의 죄에 연루되어

임을 알 수 있다.

이 <중간(重刊)삼역총해>의 권1의 권말에 전게한 바 있는 원본의 말미에는 "康熙四十二年癸未九月日開刊, 讐整官金世弘、吳允武、鄭銑、李海, 書寫官前判官李世萬、金尙密, 前奉事 李震馨、李東奎"와 더불어 "乾隆三十九年甲午九月日改刊, 檢察官崇政大夫行知中樞府事金振夏, 折衝將軍行忠武衛副司直高師彦, 書寫官朝散大夫行司譯院副奉事張再成. - 건륭 39년 갑오 9월에 개간(改刊)하다. 검찰관은 숭정대부 중추부 지사의 김진하, 절충장군 충무위 부사직의 고사언이고 서사관은 조산대부 사역원 부봉사 장재성이다"이란 중간본의 간기가 있다.

이것을 보면 <삼역총해>는 강희(康熙) 계미(癸未, 1703)에 김세홍(金世弘), 오윤무(吳允武), 정선(鄭銑), 이해(李海) 등이 수정하고 이세만(李世萬), 김상밀(金尙密), 이동규(李東奎) 등이 서사(書寫)하여 간판한 수정본이 있고 이를 다시 김진하(金振夏), 고사언(高師彦)이 수정하고 장재성(張再成)이 서사하여 건륭(乾隆) 갑오(甲午, 1774)에 간판한 중간본(重刊本)이 있음을 알 수 있다. 김세홍 등의 수정본은 오정현(吳廷顯), 이백(李白) 등이 간행한 활자본은 판하로 하여 간행한 목판본이었으나 이것은 오늘날 모두 실전되어 전하는 것이 없다. 오늘날 우리가 볼 수 있는 것은 김진하 등에 의해서 중간된 목판본이다. 현전하는 중간본 <삼역총해>는 다른 청학서와 함께 동방학연구소(연희대학교)에서 영인본으로 간행되었고 후에 여러 곳에서 영인되었다.[62]

파직된 정조 5년(1781) 이후에는 백곡 김상국의 이름이 나타나지 않기 때문이다. 그의 호는 華西만이 알려졌으나 역학서의 서문에 등장하는 사역원 제조, 또는 도제조의 별호는 실제 알려진 것과 다른 경우가 없지 않다. 예를 들면 <三譯總解>의 原序에 나타나는 '竹西 申琓'은 조선 숙종대의 문신 '絅庵 申琓'을 말하는 것으로 이제까지는 申琓의 호로 '絅庵'만이 알려졌었다. 더욱이 김상철은 梅谷 金始㸌의 아들로서 아버지의 호가 매곡이었으므로 그에 맞추어 栢谷으로 호를 삼았을 가능성이 있다. '竹西 申琓'과 같이 호와 더불어 그 이름이 보이지 않는 것은 김상철이 아들의 일로 인하여 파직된 때문으로 보인다.

62 동방학연구소의 영인본은 만주어의 주음에 붙였던 구별부호를 일부 지웠다. 예를 들면 만주어의 '[illegible]'를 표기하기 위하여 'ㄹ'에 붙인 '[illegible]'를 잘못된 것으로 알고 앞부분은 모두 지워 없앴다. 만주어에 대한 지식의 결여에서 일어난 어처구

고려대 박물관에 소장된 사역원 책판 가운데 <삼역총해>의 것은 중간본의 판목이다. 이 책판 가운데는 이담의 '중간삼역총해서(序)'와 숙종 갑신(甲申, 1704)에 쓴 원서문(原序文)의 책판도 전하고 있다. 현전하는 <삼역총해> 중간본의 책판을 보면 먼저 '重刊三譯總解序'라는 판심을 가진 이담(李湛)의 서문이 새겨진 책판이 있으며 이것은 반엽광곽이 사주단변(四周單邊)에 크기가 세로 25.4 × 가로 19.2cm이고 판심은 백구(白口)에 상태선(上太線) 흑어미(黑魚尾)로 되었다. 유계(有界) 5행에 1행 한자 14자가 각인되었고 자형과 필치가 홍계희의 '청어노걸대신석서(淸語老乞大新釋序)'와 방불하다. 서말(序末)에 "歲甲午秋, 崇政大夫行 知中樞府事 李湛序 - 갑오년(1774) 가을에 숭정대부 중추부 지사 이담이 서를 쓰다"라는 간기가 있다. 이 책판은 오늘날 현전하는 <삼역총해>의 판본(중간본이지만)의 책판이다.

판심이 '三譯總解序'로 된 숙종 갑신(甲申, 1704)의 원서문은 역시 반엽광곽이 사주단변에 19.4 × 25.0cm이고 유계 11행에 1행 18자의 한자가 각인되었다. 판심은 상하 화문어미(花紋魚尾, 4엽 화문)이고 판심은 백구(白口)에 서명이 '三譯總解序'이고 권수서명은 없다. 서문의 말미에 "歲 甲申 仲夏 上浣 識"이란 간기가 보일 뿐 서문을 쓴 사람의 이름은 없다. <삼역총해>의 원서와 중간서는 모두 한문으로 되어 있어 우철(右綴)을 해야 하며 만문(滿文)으로 된 본문은 좌철(左綴)이므로 이 두 서문은 권1의 말미에 우철되었다.

다음 '三譯總解 第幾'로 된 제일부터 제십까지의 원문은 반엽광곽이 19.7 × 24.7cm의 크기로 유계(有界) 6행에 만문(滿文)과 그에 대한 한글 주음이 쌍행(雙行)으로 되었고 대역 한글도 2줄로 되었다. 판심(版心)은 '삼역총해서'의 책판과 같이 백구(白口)에 상하(上下) 화문흑어미(花紋黑魚尾, 4엽 화문)를 갖고 있고 판심서명은 '三譯總解 第幾'로 되었다. 물론 이 본문은 만주어로 된 것이어서 왼쪽으로부터 시작되는 좌철(左綴)을

니없는 실수라고 하겠다.

하였다.

현전하는 중간본의 간행에 대하여는 전게(前揭)한 이담의 '중간삼역총해서(序)'에 "[前略] 又考校三譯**總**解, **刪**其訛誤, 獲成全書, 都提擧栢谷金相國聞而嘉之 官給財力 因使金公董其役 張君再成書而入梓焉 [下略]"라는 기사가 있어 백곡(栢谷) 김상국(金相國)이 사역원의 도제거(都提擧)로 있을 때에 김진하가 중심이 되어 이를 신석하고 이를 목판본으로 중간하면서 '중간서(重刊序)'를 제1권의 권미에 우철한 것이 중간본 <삼역총해>로 보인다. 고려대 박물관에 소장된 <삼역총해>의 책판도 이 때에 간판된 것이다.

고려대학교 박물관에 소장된 <삼역총해>의 책판은 모두 36판 72엽으로서 이 박물관에 소장된 역학서 가운데는 가장 많은 책판이 남아 있다. 이에 대하여는 정광·윤세영(1998)에서 상세히 논의한 바 있어 여기서는 더 이상의 논급을 피하기로 한다.

6.2.4 〈팔세아〉, 〈소아론〉의 신석과 중간

<팔세아(八歲兒)>는 전술한 바와 같이 <소아론(小兒論)>과 더불어 여진학서를 청학서로 바꾼 것이다. 즉, <신석소아론> 권미에 부재된 乾隆丁酉(1777)의 이담의 식(識)에 다음과 같은 기사가 있다.

> 清學之書四, 老乞大三譯**總**解已校讐而刊行之矣. 惟小兒論、八歲兒以弱小而語略, 業之者不專講習, 殆作廢書. 金公振夏諮于衆曰: "之二書以兵燹遺籍, 尙今流傳事不偶然, 有其書而廢, 其用非傳試之道." 乃就舊本而**刪**其註誤, 獲公財而付諸氣厥. 噫淸學諸書從茲益備, 而金公爲後學用心, 可謂勤矣. 由其書之備而知之博, 知之博而言之明, 則豈以其少而忽之哉. [後略 - 청학서는 넷인데 '노걸대'(<청어노걸대>를 말함- 필자 주)와 <삼역총해>는 이미 교정하여 간행되었다. 다만 <소아론>과 <팔세아>는 분량이 적고 단어가 소략하여 배우는 사람들이 전혀 강습하지 않아서 거의 폐서가 되었다. 김진하가 여러 사람에게 의논하여 말하기를 '이 두 책

> 은 병란 이후에 남은 책으로써 지금에 유전한 것은 우연한 일이 아니다. 그럼에도 책은 폐지하게 되어 가르치고 시험 보는 것에 쓰이지 않게 되었다'라고 하였다. 이제 옛 책을 가져다가 그 잘못을 고치고 공(김진하를 말함- 필자 주)이 재물을 내어 인각에 부치게 되었다. 아! 청학의 모든 역서가 이로부터 더욱 구비되게 되었구나. 그리고 김공이 후학을 위하여 쓰는 마음이 가히 참으로 부지런하구나. 이 책으로 말미암아 지식이 넓어지고 지식이 넓게 되면 말이 분명하게 되니 어찌 그것이 적고 소홀하다고 할 수 있으랴. [하략]

이에 의하면 <청어노걸대>와 <삼역총해>를 김진하가 신석하고 이어서 <소아론>과 <팔세아>도 신석하였으며 이어서 목판본으로 간행되었음을 알 수 있다. 다만 이 두 책은 <삼역총해>와는 달리 신석과 동시에 목판본으로 간행되어 '중간(重刊)'이란 이름을 얻지 못하였다.

이 책의 간판은 전술한『통문관지』권8 '집물(什物)'의 [속(續)]조의 기사에 "新釋小兒論板、新釋八歲兒板, {乾隆丁酉本院刊板 ○以上四書淸語訓長金振夏修整} - <신석소아론> 책판과 <신석팔세아> 책판은 {건륭 정유 본원에서 간판하다. ○ 이상 네 책은 청어 훈장 김진하가 수정한 것이다}"라는 기사로부터 <팔세아>와 <소아론>이 <청어노걸대>를 비롯하여 <삼역총해> 등과 같이 김진하에 의하여 신석되었고 <신석소아론>과 <신석팔세아>는 건륭(乾隆) 정유(丁酉, 1777)에 사역원에서 간판되었음을 말해준다.

<신석팔세아>의 판본은 서울대학교 규장각과 일본 고마자와(駒澤)대학의 탁족문고(濯足文庫) 등에 현전한다. 즉, 규장각 소장의 <팔세아>(규 1471)는 1책 13장의 작은 책으로 김진하가 수정한 신석본이다. 이 책의 권미에 "乾隆四十二年 丁酉 九月 日 改刊 -건륭 42년(1777) 9월 일에 개간(改刊)하다"라는 기사와 "檢察官 崇政大夫 行知中樞府事 金振夏 - 수정을 검토하고 고찰한 관리는 숭정대부로서 중추부의 지사인 김진하다", "書寫官 通訓大夫 行司譯院判官 張再成 - 서사한 관리는 통훈대부로서

사역원의 판관인 장재성이다"이란 기사가 있어 위의 사실을 다시 한 번 확인시켜준다.

<신석팔세아>도 1956년 동방학연구소(연희대)에서 <삼역총해>, <소아론>, <동문유해> 등 다른 청학서와 함께 영인본으로 간행되었고 후에 여러 곳에서 영인되었다. 그리고 고려대학교 박물관에는 <신석팔세아>의 권말에 부재된 간기(乾隆四十二年丁酉九月 日改刊)와 검찰관(檢察官, 崇政大夫 行知中樞府事 金振夏), 서사관(書寫官, 通訓大夫 行司譯院判官 張再成)의 함명(銜名)이 책판(D-1767)에 보인다.

<소아론>도 전술한 『통문관지』(권8) '집물' 조의 기사와 동 [속(續)]조의 기사에 의하면 다른 청학서와 더불어 김진하가 수정한 <신석소아론>이 있으며 건륭(乾隆) 정유(丁酉, 1777)에 사역원에서 간판하였음을 알 수있다. 이 판본이 역시 서울대 규장각에 소장되었다. 즉 규장각본 <소아론>(규 3234, 12135)은 1책 14장의 목판본으로 권말에 이담(李湛)의 식(識)이 있다. 이에 의하면 '소아론'과 '팔세아'는 책의 분량이 적고 어휘도 적어서 만주어 학습에 별로 도움이 되지 않아서 없애려 하였으나 김진하가 그 필요성을 주장하여 청학서로 남게 된 것이며 결국 목판본으로 간행하게 되었다고 한다. <소아론>의 판본은 서울대 규장각과 탁족문고 등 여러 곳에 현전한다.

6.2.5 〈동문유해〉의 수정

이상의 청학 사서 이외에 사역원의 만주어 학습에서 사전으로 사용된 어휘집으로 2종이 전한다. 그 하나는 <동문유해(同文類解)>이고 또 다른 것은 <한청문감(漢淸文鑑)>이다. <동문유해>는 청학서에서도 한학서의 <역어유해(譯語類解)>와 같은 유서(類書)의 어휘집이 필요하여 일찍부터 사역원에서 <물명(物名)>을 만들어 사용하였다. 그러나 건륭(乾隆) 무진(戊辰, 1748)에 청어(淸語) 훈장(訓長) 현문항(玄文恒)이 청(淸)의 <청문감(淸文鑑)>, <대청전서(大淸全書)>, <동문광휘(同文廣彙)> 등의 어휘집을 모방하여 <동문유해>라는 본격적인 유서(類書)를 편찬하였고 당시 사역원 제거(提擧)였던 이주진(李周鎭)이 연백(筵白)하여 교서관에서 간행하였다.

또 『통문관지』(권8) 「집물(什物)」 '속(續)' 조에 "同文類解板, 乾隆戊辰清語訓長玄文恒修整, 芸閣刊板 ○以上板材該學藏 - <동문유해>의 책판은 건륭(乾隆) 무진(戊辰)에 청어 훈장 현문항이 수정하여 운각에서 간판하다. ○이상 판재는 해당 학에 소장하다"라는 기사가 있어 현문항이 수정한 것을 건륭 무진(戊辰, 1748)에 교서관에서 인간하였고 그 책판이 사역원에 수장되었음을 알 수 있다.

6.2.5.1 <동문유해>의 편찬과 간행에 대하여는 현전하는 판본의 권말에 첨부된 안명열(安命說)의 발문에 상세히 기록되었다. 또 안명열의 발문은 그 책판(D-1442 앞면)이 다른 <동문유해> 책판 44판과 함께 고려대 박물관에 현전하고 있다. '戊辰 冬月--무진년(1748) 10월'이란 간기가 있는 안명열(安命說)의 발문(跋文)을 여기에 인용하면 다음과 같다.

> 清學舊有所謂物名, 是乃口耳郵傳一小册也. 業是者病其訛謬, 而莫戎正之且百年矣. 本學訓長玄同樞文恒慨然有意於斯, 得清文鑑、大清全書、同文廣彙等書, 專心用工釐以正之, 閱六寒暑而編成焉, 名之曰同文類解. 上自天文、地理、人事百用, 下至蟲魚、草木、褋語、俚談, 各自分門彙類而解釋之. 雖細且多而條理不亂, 習此書者與彼人接應對如流, 是知舊物名率多訛謬也. 提擧大宗伯李公周鎭筵白開刊, 俾用於課試, 卽能孜孜講習日有成就, 則是書之有功豈不大歟. 同學讐整官金振夏、書寫官崔重呂於是役也終始不惓, 而申玄漢相追加校訂, 盡得其精, 皆可嘉也, 已書以識之卷末. 戊辰冬月行副司直安命說題. - 청학은 옛날에 있었던 소위 '물명'이 입과 귀로 전해진 작은 책이었다. 배우는 사람들이 그 잘못된 것으로 괴로웠으나 또 백년이 지나도록 고쳐지지 않았다. 본학(청학을 말함)의 훈장인 중추부 동지사인 현문항이 이에 개연하여 뜻을 여기에 두었다. <청문감>, <대청전서>, <동문광휘> 등의 책을 얻어 열심히 공부하여 고치고 바르게 하였으며 6년이 걸려서 책으로 편성하여 이름을 '동문

> 유해'라고 하였다. 상권에는 천문, 지리, 인사의 백가지 쓰임으로부터 하권에는 벌레, 물고기, 초목과 잡스런 말과 속된 어휘를 각기 문항으로 분류하여 해석하였다. 비록 세세하고 많지만 조리가 있어 어지럽지 않다. 이 책으로 배운 자는 그쪽 사람을 접하고 응대하는데 물 흐름과 같았으니 이것은 옛 물명이 잘못된 곳이 매우 많았음을 알 수 있게 한다. [사역원] 제거 대종백 이주진 공이 경연(經筵)에서 [임금께] 말씀드려 개간하고 시험에 출제서로 쓰게 하였다. 곧 힘쓰고 힘써서 이를 강습하면 능히 성취할 날이 있을 것이니 어찌 이 책의 공이 크다고 아니하겠는가? 같은 청학의 김진하가 수정관이 되고 서사관은 최중려가 되어 일을 진행함에 시종 게으름이 없었다. 그리고 신현한(申玄漢)이 추가로 교정에 참가하여 자세함을 다하였으니 모두 가히 기쁜 일이다. 이제 권말에 써서 알리노라. 무진년 동월에 부사직 안명열이 제하다.

이 안명열의 발문에 의하면 옛날부터 전해오던 '(청어)물명'이란 소책자가 있었으나 별로 도움이 되지 못하던 중에 현문항이 청(淸)의 『청문감(淸文鑑)』, 『대청전서(大淸全書)』, 『동문광휘(同文廣彙)』와 같은 어휘집을 참조하여 새롭게 편찬한 만주어 어휘집이 '동문유해'임을 알 수 있다. 이 책은 사역원 제거(提擧) 이주진(李周鎭)의[63] 주청(奏請)에 의하여 건륭(乾隆) 무진(戊辰, 1748)에 간행되었음을 앞에서 살펴보았다.

이 책의 상권은 '천문(天文), 시령(時令), 지리(地理), 인륜(人倫), 인품(人品), 신체(身體), 용모(容貌), 기식(氣息), 성정(性情), 언어(言語), 동정(動靜), 인사(人事), 궁실(宮室), 관직(官職), 관부(官府), 성곽(城郭), 문학(文學), 무비(武備), 군기(軍器), 정사(政事), 예도(禮度), 악기(樂器), 잉산(孕産), 소세(梳洗) 복식(服

63 李周鎭(1691~1749)은 德水 李氏로 영조 때 左議政을 지낸 李土集의 아들이다. 숙종 17년에 태어나 영조 1년에 증광시의 문과에 을과로 합격하여 환로에 나아갔다. 영조 23년(1747)에 禮曹判書가 되고 判敦寧府事가 되었다. 字는 文甫, 號는 炭翁이라 하였으나 안명열의 跋에 보면 大宗伯이라고도 한 것으로 보인다. 아마도 그가 1747년에 예조판서가 되었을 때부터 사역원 提擧를 예겸한 것으로 보인다.

飾), 음식(飮食)' 등으로, 하권은 '전농(田農), 미곡(米穀), 채소(菜蔬), 과품(果品), 질병(疾病), 의약(醫藥), 상장(喪葬), 사관(寺觀), 전어(佃漁), 기구(器具), 장기(匠器), 주차(舟車), 안연(鞍韂, 轡), 산수(算數), 진보(珍寶), 포백(布帛), 매매(買賣), 쟁송(爭訟), 형옥(刑獄), 국호(國號), 희완(戲玩), 매욕(罵辱), 비금(飛禽), 주수(走獸), 수족(水族), 곤충(昆蟲), 수목(樹木), 화초(花草), 잡어(雜語)' 등의 문항으로 나누어 어휘를 분류하고 풀이하였다. 표제어는 중국어로 하고 그 바로 밑에 우리말의 뜻을 쓰고 ○표 아래에 만주어를 한글로 표기하였다.

6.2.5.2 규장각에 소장된 판본(규 1822)의 권말에는 <동문유해>를 수정하여 간행하는 데 관여한 제역(諸譯)의 함명(銜名)이 부재되었다. 판심서명이 '同文類解下'로 된 이 엽에는 다음과 같은 제역함명(諸譯銜名)이 각인되었다. 이를 옮겨보면 다음과 같다.

漢學讐整官

前正 洪大成　前正 朴道貫　前正 邊憲

清學讐整官

前判官 金振夏 兼監印

書寫官

前判官 崔重呂　行判官 皮載祿　前主簿 李東億　前副奉事 李寅德

前參奉 李漢翼　副司勇 金漢奎　副司勇 崔重逸　副司勇 金履瑞

前啣(口없음)　金漢盛

監印官

前奉事 林齊栢　前參奉 李城 兼書寫

이상의 수정관(讐整官)과 서사관(書寫官), 감인관(監印官)의 함명(銜名)을 보면 <동문유해>의 한어(漢語)로 된 표제어에 대하여는 한학관 홍대성(洪大成)과 박도관(朴道貫), 그리고 변헌(邊憲)이 관여한 것임을 알 수 있다.

변헌(邊憲)은 상술한 바와 같이 영조 41년(乾隆 乙酉, 1765)에 <박통사신석>과 동 언해를 수정하여 기영(箕營)에서 간판한 바가 있다. 그러므로 그가 관여한 <동문유해>도 이와 비슷한 시기에 수정된 것임을 알 수 있다. 특히 청학(淸學) 역관 김진하(金振夏)가 만주어의 수정을 주도했다는 것은 '청학수정관(淸學讐整官)'으로 오직 그의 이름만을 올린 것으로 보아 확인할 수 있다. 또한 김진하가 수정한 <청어노걸대신석>이 건륭(乾隆) 을유(乙酉, 1765)에 평양 감영(監營)에서 간판되었고 건륭(乾隆) 갑오(甲午, 1774)에 <삼역총해>를 신석하여 간행한 일이 있는 것으로 보아 <동문유해>도 건륭(乾隆) 연간에 수정되어 간행되었다고 볼 수 있다.

6.2.5.3 고려대학교 박물관에는 <동문유해>의 책판이 남아 있는데 이것은 다른 역학서에 비하여 비교적 많은 44판 88엽으로 되어 있다. 그런데 이 책판은 후일 여러 차례 교정이 있었던 듯하며 책판 앞뒤의 엽수(葉數)가 순서대로 된 것이 거의 없을 정도로 변모되었다. 그 책판의 목록을 정광·윤세영(1998)에서 옮겨보면 다음과 같다.

目錄 1,

上 1, 2, 3, 4, 5, 6, 7, 11, 12, 13, 14, 15, 16, 17, 18, 19, 20, 21, 22, 23, 26, 27, 28, 29, 30, 31, 33, 34, 35, 36, 37, 39, 41, 42, 45, 46, 47, 48, 50, 51, 52, 55, 56

下 1, 2, 3, 4, 5, 7, 8, 9, 10, 11, 12, 13, 14, 15, 16, 17, 20, 21, 22, 23, 27, 29, 32, 33, 34, 35, 36, 37, 38, 40, 42, 43, 46, 48, 49, 50, 51, 55, 56, 59, 60, 61

語錄解 6, 跋 1

현전하는 판본(규장각본)과 이 책판을 비교하여 본 바에 의하면 현전하는 <동문유해>는 모두 이 책판을 쇄출한 것이다. 그러나 책판과의 비교를 통하여 그 후에 이루어진 수정에 대하여는 이제부터 고찰되어야 할 것이다.

6.2.6 〈한청문감(漢淸文鑑)〉의 신간(新刊)

청학서로서 <동문유해>와 더불어 어휘집의 역할을 하던『한청문감(漢淸文鑑)』은 가장 후대에 편찬된 청학서로 보인다. 이 책의 권두에 부재된 '범례(凡例)'에

> 淸文鑑本爲較訂淸語而作. 故專以淸語爲主, 凡係事物無不備載. 且有註釋纖悉該暢, 實淸語之淵藪. 至若漢語則不過附揭而傍照. 然其所爲語率適時用, 亦足爲後學蹊逕. [中略] 若不文以註之諺以釋之, 則恐無以曉解. 故更加編摩改定體制, 首著漢語而繫以新註, 下附淸語而仍用原釋. 庶漢淸二語詳略得中閱覽俱便, 遂更名曰漢淸文鑑, 書凡十五卷, 三十六部二百八十七類. - '청문감'은 본래 청어, 즉 만주어를 교정한 것이다. 그러므로 전혀 만주어를 위주로 하였으며 모든 사물에 관련된 어휘를 싣지 않은 것이 없으니 실로 만주어의 연수(淵藪, 연못과 숲이란 뜻이니 이곳에 물고기와 짐승이 다 모이는 것처럼 모든 것을 모아 놓았다는 뜻-필자 주)라고 하겠으나 한어에 이르러서는 불과 부록으로 들어 있어서 옆에 붙여 찾아보게 하였을 뿐이다. 그러나 말이 모두 시용에 맞아서 후학들이 지름길로 배우기에 족하다. [중략] 만약에 문장을 주석하고 언문으로 풀이하지 않으면 깨닫지 못할까 두려워하여 다시 편집한 것을 덧붙이고 체제를 개정하였다. 먼저 한어를 싣고 새로운 주를 붙였으며 아래에 만주어와 그 원래의 주석을 추가하였다. 한어와 만주어 모두를 자세하게 설명하고 열람하기에 편리하게 하였다. 드디어 이름을 다시 '한청문감'이라 하니 책은 모두 15권이며 36부에 287류다.

라는 기사가 있어 '청문감(淸文鑑)'이란 만주어 어휘집에 의지하여 중국어와 우리말의 주석을 덧붙여 편찬한 '한(漢), 청(淸), 한어(韓語)'의 대역 어휘집임을 알 수 있다.

<한청문감>의 편찬 연대는 명확하게 기록되어 있지 않으나 권말에 '漢學檢察官、淸學檢察, 漢學校整官、淸學校整官, 漢學書寫官、淸學書寫官·監印官'으로 40명의 제역함명(諸譯銜名)이 열거되어 있다. 따라서 이 책의 편찬에 참여한 역관들을 통하여 이 책의 편찬 경위를 살필 수 있다. 먼저 한학검찰관(漢學檢察官)으로 제역함명(諸譯銜名)의 수위(首位)에 있는 이담(李湛)은 다른 역학서의 편찬에도 많이 관여한 사실로 보아 실제로 그의 감독하에 <한청문감>이 이루어진 것으로 보인다. 역시 당대 최고의 만주어 역관이었던 김진하(金振夏)가 청학검찰관(淸學檢察官)으로서 청학 역관 가운데 가장 수위에 있는 것으로 보아 역시 만주어 부분에는 그가 중심이 되어 이 책이 편찬되었음을 알 수 있다.

청학관 김진하는 <동문유해>와 <중간삼역총해>, 그리고 <청어노걸대신석>, <신석팔세아>, <신석소아론> 등의 만주어 수정에 참가했던 인물로서 그가 <동문유해>의 간행(乾隆 戊辰, 1748)에 '청학수정관(淸學讐整官)'으로 참여하였을 때는 '전판관(前判官)'의 낮은 관직이었으나 <청어노걸대신석>(乾隆 乙酉, 1766)의 검찰관에서는 자헌대부(資憲大夫, 정2품) 행용양위(行龍驤衛) 부호군(副護軍)이었고 <중간삼역총해>(乾隆 甲午, 1774)와 <신석팔세아>, <신석소아론>(乾隆 丁酉, 1777)의 간행에서 '청학검찰관(淸學檢察官)'으로 관여했을 때는 숭정대부(崇政大夫, 종1품) 지중추부사(知中樞府事)의 지위에 있었다. 김진하가 <한청문감(漢淸文鑑)>의 간행에 '청학검찰관(淸學檢察官)'으로 참여했을 때도 '숭정대부(崇政大夫) 지중추부사(知中樞府事)'였으므로 오구라(小倉進平)는 이 책의 간행도 역시 건륭(乾隆) 40년 경(1770년대 후반)의 일로 보았다(小倉進平·河野六郎, 1964:619).[64]

---

64 小倉進平·河野六郎(1964/619)의 <漢淸文鑑>에 대한 설명에 "本書には刊行年月が明記せられて居らぬが、本書編纂關係者の一人たる金振夏の名によって略々其の年代を察することが出來る。金振夏は朝鮮に於ける有數な滿洲語學者の一人であって、彼れが關係した滿洲語學書には<同文類解>(乾隆 13年)·<重刊三譯總解>(乾隆 39年)·<八歲兒>(乾隆 42年)及び本書(<漢淸文鑑等>을 말함--필자 주)がある。"라고 하였으나 여기서 김진하가 관계한 만주어학서는 <八歲兒>가 아니라 <新釋八歲兒>·<新釋小兒論>이며 <淸語老乞大新釋>(乾隆 乙酉, 1766)도 그가 개정의 손을 댄 것이다.

<한청문감>의 편찬에 주도적 역할을 한 인물로서 역시 '한학검찰관' 이담(李湛)을 들 수 있다. 이의봉(李義鳳)의 <고금석림(古今釋林)>(권1) '화한역어(華漢譯語)' 조에 "漢淸文鑑, 舌官李湛等較訂 - <한청문감>은 역관 이담이 교정하였다"라는 기사를 보더라도 그가 이 책의 편찬에 관여한 대표적인 인물이었음을 알 수 있다. 이담(李湛)은[65] 초명(初名)으로서 후에 '이수(李洙)'로 개명하였는데 <중간노걸대>의 편찬에는 교검관(校檢官)으로서 이수(李洙)의 이름이 보인다. 그는 한학관이었으나 청학관인 김진하(金振夏)와는 특별한 인연이 있었던 것으로 김진하가 관여한 <중간삼역총해>와 <팔세아신석>의 서문을 썼다. <한청문감>은 파리의 동양어학교에 1부가 현전한다. 그러나 이 책판은 고려대 박물관에는 전하지 않는다.

3) 〈청어노걸대〉의 현전본

6.3.0 <청어노걸대>는 조선 사역원에서 편찬한 만주어 학습서로서 병자호란 때에 청군에 납치되어 만주에 끌려갔다가 돌아온 '동환자(東還者)'들이 <한어노걸대>를 만주어로 번역하고 청학관 이세만(李世萬) 등이 서사(書寫)한 것을 박창유(朴昌裕) 등이 연재(捐財)하여 강희(康熙) 계미(癸未, 1703)에 활자본으로 간행한 것이다. 그리고 후대에 청학관 김진하가 수정한 <청어노걸대신석>이 건륭(乾隆) 을유(乙酉, 1765)에 평양에서 목판본으로 간행되었다.

원간(原刊) 활자본 <청어노걸대>는 현전하는 것이 없으며 김진하의 신석본도 국내에서는 아직 발견되지 않고 프랑스와 영국, 일본 등지에 전해온다. 이 가운데 프랑스 파리 동양어학교 소장본만이 민영규 선생

65 李湛에 대하여는 『譯科榜目』의 乾隆 辛酉(1741)의 式年試조에 "李洙: 字樂天, 辛丑生, (康熙 辛丑, 1721) 本金山, 漢學敎誨, 崇祿永付知樞。初名湛, 命夔子, 生父敎誨知樞命稷。"이란 기사가 있어 초명이 李湛이었고 한학 교회로서 命夔의 아들이지만 생부는 命稷임을 알 수 있다.

의 노력으로 사진판이 입수되어 이용되었으나 나머지 두 판본에 대하여는 별로 알려진 바가 없다.

6.3.1 파리 동양어학교 소장의 〈청어노걸대〉

프랑스 파리 동양어학교 소장의 <청어노걸대신석>은 연세대학교 인문과학연구소에서 간행되는 『인문과학(人文科學)』 제11집(1964년 7월)과 제12집(1964년 12월)에 사진판이 게재되어 이제까지 연구자들이 이용할 수 있었다. <청어노걸대(淸語老乞大)>(巴里東洋語學校圖書館藏, 箕營重刊本景)이란 제목 아래에 권1부터 권4까지 <인문과학> 제11집에, 그리고 권5부터 권8은 동 12집에 수록되었다. 그러나 사진판을 영인한 것이어서 판독하기가 매우 어렵고(예를 들면 권2의 10 앞과 11 앞) 전혀 보이지 않는 곳도 많을 뿐만 아니라 권6의 17엽 뒤와 18엽 앞이 낙장되었다(낙장에 대한 지적은 서상규, 1997:9의 주). 이 낙장은 원본에서 없어진 것 같지는 않고 사진판을 복사하는 과정에서 권6의 17엽 뒷면과 18엽 앞면이 빠진 것으로 보인다.[66]

이 판본은 권1의 권두에 홍계희(洪啓禧)의 '청어노걸대신석서(序)' 2엽(판심서명은 '淸語老乞大新釋序 一·二')이 있고 이어서 '淸語老乞大 卷之一'이란 권수서명이 보이며 곧 이어 본문이 시작된다. 이하 권8까지 같은 모습이고 표지서명도 '淸語老乞大 卷之幾'로 되었다. 그러나 후술할 탁족본에서는 홍계희의 신석서가 권1의 말미에 부재되었다. 현재로서는 탁족본의 편철이 올바른 것으로 보인다. 왜냐하면 <청어노걸대> 본문의 편철은 만주문자의 표기 때문에 본문이 왼쪽에서 시작하는 좌철(左綴)로 되어 있고 한문으로 된 신석서(新釋序)는 한문만으로 되어서 오른쪽에서 왼쪽으로 편철(編綴)하여야 하기 때문에 권1의 권미에 부재하여 본

---

66 『人文科學』 제12집에 영인된 <淸語老乞大> 권6에는 판심이 '淸語老乞大 卷之六 十八'의 앞면을 난외의 장차 표시에서 '六-十七 뒤'로 잘못 표시하였고 '十九'엽의 앞면을 '六-十八 앞'으로 표시하였다. 따라서 이후 권6의 장차 표시는 마지막 23엽까지 하나씩 틀려 있으며 마지막 23엽 뒤도 판심은 '卷之六 二十三'이지만 장차표시는 '六-二二 뒤'로 잘못 표시되었다.

문과는 반대로 우철(右綴)로 부재한 것이다. 그러나 『인문과학』의 사진본에서는 서문이니까 으레 권1의 권두에 서문이 올 것으로 생각하고 홍계희의 신석서가 권1의 앞에 오도록 편집한 것으로 보인다. 원래대로라면 탁족(濯足)본과 같이 권1의 말미에 우철(右綴)로 부재되었을 것이다.

또 동양어학교본에서는 최종권인 권8의 말미에 부재된 제역함명(諸譯銜名)이 이 판본에서는 보이지 않는다. 이 부분의 사진이 누락되었는지 처음부터 원본에 없었는지 아무런 해제가 없어 알 수 없으나 필자의 견해로는 이것도 원본에 있었던 것이 사진에서 누락된 것으로 생각되는데 이 사진판이 입수된 경위는 민영규(閔泳珪) 선생이 1965년 7월 15일자로 『인문과학』의 사진판과 함께 붙인 '인언(引言)'에서 찾아볼 수밖에 없다. 이 글의 전문을 여기에 옮겨보면 다음과 같다.

引言

老 엘리세프 先生이 기냐르 女史 事務室에서 나를 기다리고 있었다. 三週間의 巴里 滯留 豫定이 그 다음 다음 날로 막다르던 지난 二月 七日 한 낮의 일이다. 이곳 國立圖書館에서 東洋語學校로 가려면 세느를 건어야 한다. 그곳 圖書館長 므브레 女史와 同 司書 후지모리 女史가 우리를 맞아서 書庫 깊숙히 꾸랑의 韓國 古書 蒐集이 있는 곳으로 引導해 준다. 많은 珍籍 들이 나를 興奮케 했다. 우리 나라에선 이미 자취를 감추고 斷念할 수밖에 없었던 故國의 佚書 數種이 먼저 눈에 띄었다. 淸語老乞大 八冊은 그 중의 하나이다.

다음날 午後는 떠나는 나를 위하여 國立圖書館에서의 적은 모임이 約束되어 있었으므로 내가 꾸랑의 蒐集을 만질 수 있었던 시간은 이틀이 채 되지 못한다. 未盡한 것이 한 두 가지가 아니었다. 므브레 女史는 親切하게도 내가 願하는 것을 뒷날 필림으로 複寫해서 보내주기로 約束하였다. 그 고마움을 이루 形容키 어려운 것이 있다.

淸語老乞大는 滿洲語 學習을 위한 教材로서 일찌기 우리나라에서 著作된 것이다. 前後 두차례 版刻에 올려졌다. 肅宗 二十九年과 英祖 四十

一年의 그것이다. 前者는 이른바 淸語總解 四種 二十卷의 一部로서 때를 같이 하여 出刊된 것이었지만, 그 뒤 半世紀를 넘기기가 바쁘게 時用에 따른 改訂版의 要求가 時急해졌다. 英祖 四十一年에 老乞大가 箕營(平壤)에서 重刊케 된 經緯는 이러하지만, 나머지 三譯總解와 八歲兒·小兒論도 同 五十年과 正祖 元年에 繼續 改裝되어 나왔다. 이들이 모두 金振夏 한 사람의, 當代에 到底했던 발자취 아님이 없다. 一九五六年 東方學硏究所에서 國學叢刊 第九輯으로 모처럼 八歲兒·小兒論·三譯總解 등이 合刊되면서, 重刊 淸語總解의 全貌를 再現시키지 못했던 것은 이 老乞大 一部가 國內에서 이미 佚書에 속하고 다시 찾어낼 길이 없었기 때문이었다.

이제 前日의 缺을 補하고, 景印에 붙이려는 巴里 東洋語學校藏 淸語老乞大 八冊은 앞에서 말해온 바, 金振夏의 改稿로 된 두 번째의 刊行에 系한 것이다. 한가지 궁금한 것이 있다면, 오늘날 그 原 版木의 所在다. 解放 당시까지 이 淸語老乞大 版木은 다른 譯學關係의 그것과 함께 지금 大漢門옆, 中樞院 倉庫속에서 간직되어 있었다고 들었다. 그 뒤의 行方에 대하여 나는 아직 아무런 消息도 들은 바가 없다.[67]

일이 공교롭게 되느라고, 巴里에서 複寫된 필림이 到着하자, 人文科學 編輯部에서 그 第十一輯에 이 淸語老乞大를 公刊함이 어떤가 慫慂해 왔다. 全 八卷을 둘로 나누어 싣는데, 老乞大 全般에 관한 解題는 다음 號로 미루어서 써 주어도 좋다는 것이다.

무릇 巴里에서 原本의 複寫가 보내 오기까지 前後의 經緯를 적음으로써 여러 有緣之士들께 感謝를 드리고 머릿말에 대신한다.

閔泳珪(1964a:13-4) (한자, 철자법, 띄어쓰기는 원문대로)

---

67 司譯院에서 간판한 책판의 행방에 대하여는 정광·윤세영(1998)에서 자세히 살펴본 바 있다. 그에 의하면 司譯院의 大廳 천정 藏書樓에 보관되던 역학서의 책판들이 일시 朝鮮史編修會로 옮겨졌다가 해방 이후에 國史編纂委員會에서 관리하였으며 후에 고려대학교 박물관에 이관되어 소장되고 있음을 밝혔다. 물론 오늘날 전하는 목판은 여기저기 유전하는 과정에서 대부분 亡失되어 소량이 남아있을 뿐이다.

이 글을 보면 <청어노걸대>의 사진은 프랑스 파리의 동양어학교 도서관에서 촬영되어 필름을 보내왔으며 그것을 다시 영인한 것을 알 수 있다. 따라서 이 자료의 원본을 보지 않은 필자로서는 그저 추측할 뿐이지만 사진을 촬영할 때에 빠진 부분이 있을 가능성이 있으니 권말에 부재된 제역함명(諸譯銜名)은 사진에서 누락될 수도 있다. 실제로 이 영인 자료에는 일부 낙장된 곳도 있으며 해독이 불가능할 정도로 영인 상태가 나쁜 곳도 있다. 전술한 바 있는 권6의 17엽 뒤와 18엽 앞도 사진의 영인 과정에서 누락된 것으로 보인다. 그러나 동양어학교 소장의 원본이 훼손되었을 가능성도 물론 배제할 수 없다.

6.3.2 대영도서관 소장의 〈청어노걸대〉

1980년대 후반에 대영도서관(The British Library) 소장의 <청어노걸대>가 국내에 유포되어 이용되고 있다. 자세한 반입 경위는 영인본이 간행될 때에 소개될 것이지만 필자가 참고한 영인판으로 볼 때에는 『인문과학』에 영인된 것과 같은 판본으로 보인다. 다만 이 판본은 홍계희(洪啓禧)의 '청어노걸대신석서'가 권두에 부재되지 않고 권2의 권말(또는 권3의 권두)에 부재되었다. 전술한 동양어학교본에서는 권1의 모두(冒頭)에 실려 있었던 것과 같이 아마도 이 자료에서도 책을 편철할 때에 잘못이 있었거나 이를 영인할 때에 개철(改綴)한 것으로 보인다.

후술할 탁족(濯足)본에서는 이 한문으로 된 서문이 권1의 말미에 우철(右綴)되었기 때문이다. 또 대영도서관본은 이 서문의 마지막 '判中樞府事洪啓禧謹序'의 '洪啓禧'가 지워져 '洪■■'으로 되었다. 홍계희(洪啓禧)가 죽은 지 6년 후인 정조 1년(1776)에 그의 아들 술해(述海)와 손자 상간(相簡)이 대역(大逆)의 혐의를 받아 사형을 당한 바 있고 따라서 그의 관직도 추탈(追奪)되었다. 그의 이름이 지워진 것은 그 일과 관련이 있을 것이다.

영국 런던의 대영도서관본이 프랑스 파리의 동양어학교본과 현저하게 차이가 나는 것은 권6의 말미에 <청어노걸대>의 간행과 관련된 제역함명(諸譯銜名)이 부재되었다는 점이다. 이것은 평양 감영에서 중간할 때에 붙인 것으로 원래대로라면 최종권인 권8의 말미에 부재되어야 할 것이다. 역시 편철할 때에 잘못이 있었던 것으로 보인다. 이 부분을 여기에 옮겨보면 다음과 같다.

檢察官

資憲大夫行龍驤衛副護軍 金振夏

校正官

通訓大夫前行司譯院判官 邊翰基

朝散大夫前行司譯院直長

書寫官

通訓大夫前行司譯院判官 李光赫

朝散大夫前行司譯院奉事 李寅旭

通訓大夫前行司譯院判官 尹甲宗

監印官

通訓大夫行宣川譯學

이 제역함명(諸譯銜名)에는 검찰관(檢察官)으로 김진하(金振夏)의 이름이 선두에 나온다. 그러나 교정관(校正官)으로 '通訓大夫前行司譯院判官 邊翰基', 즉 사역원 판관의 변한기와 또 한 사람 '朝散大夫前行司譯院直長', 즉 사역원 직장으로 있던 역관이었으나 이름이 삭제되었다. 탁족(濯足)본의 제역함명에는 현계백(玄啓百)으로 되어 있는 이 교정관의 이름이 어떻게 이 판본에서는 지워졌는지는 알 길이 없다.

또한 마지막에 보이는 '通訓大夫行宣川譯學' 다음에도 역시 감인관(監印官)의 이름이 지워져있다. 탁족본에는 감인관으로 선천(宣川) 역학 변상진(卞相晉)이라 적혔는데 왜 삭제되었는지 역시 의문이 아닐 수 없다. 현재 고려대 박물관에 소장된 책판에는 제역함명(諸譯銜名)의 것은 전하지 않으므로 원래 책판에서 이 두 사람의 이름이 지워졌는지는 확인할 길이 없다. 그러나 이것은 대영도서관본이 정상적인 판본이 아님을 보여주는 한 예가 될 것이다.

이 판본은 책에 권점 등의 여러 가지 표시를 한 것으로 보아 실제로 역학생이 소지하여 학습하던 것이며 소지자가 제역함명 가운데 자신과 세혐(世嫌)이 있거나 아니면 또 어떤 다른 이유로 두 사람의 이름을 지웠을 것으로 볼 수 있다. 이름 위에 종이를 붙이는 방법이 주로 이용되었으며 이 경우에 사진에는 이름은 물론 아무런 흔적도 남지 않는다. 그렇지 않으면 후대에 아예 책판에서 이들의 이름을 삭제했을지도 모른다. 불행히도 이 부분의 책판이 현전하지 않아서 이 사실을 확인할 수 없다. 이 대영도서관의 판본이 <청어노걸대신석>의 자료로서 부적당한 것은 이와 같은 많은 잘못이 있기 때문이다.

6.3.3 고려대 소장의 〈청어노걸대〉 책판

고려대학교 박물관에는 사역원 역학서 책판이 다수 수장되었으며 그 가운데 <청어노걸대>의 책판도 25판이 현전한다. 고려대 박물관 소장의 <청어노걸대> 책판(실은 新釋本의 책판이지만)에 대한 언급을 정광·윤세영(1998)에서 옮겨 보면 다음과 같다.

> <청어노걸대>의 책판은 25판에 49엽이 남아있다. 이것은 제2장 제2절 3. 後期의 역학서와 책판의 간행에서 논의된 바와 같이 '新釋清語老乞大'를 말하는 것으로 앞의 <표>에서 살펴본 것처럼 金振夏 등이 수정한 것을 乾隆 乙酉(1765)에 平壤 監營에서 간판한 것이다. 현재 고려대 박물관에 남아있는 <청어노걸대>의 책판은 다음과 같다.

新釋序 1·2,
卷一 7·8, 11·12, 13·14, 15·16,
卷二 19·20, 23·24,
卷三 1·2, 3·4, 5·6, 11·12, 15·16, 17·18, 21·22, 23·卷四 25,
卷四 1·2, 7·8, 17·18,

卷五 23·공란

卷六 3·4, 7·8, 9·10, 15·16,

卷七 9·10, 15·16 정광·윤세영(1998:33~4)

그리고 이어서 이 책판의 상태는 다음과 같이 정리되었다.

[표 5-2] 고려대학교 소장 〈청어노걸대〉 책판 목록

連番號	板面	版 心	卷數	葉數	備 考
D-976	앞	淸語老乞大新釋	序	一	卷首 '淸語老乞大新釋序'
	뒤	〃	〃	二	乙酉秋提調行判中樞府事洪啓禧謹序
D-977	앞	淸語老乞大	卷之一	七	7앞의 5행에 역문 교정 흔적
	뒤	〃	〃	八	
D-978	앞	〃	〃	十一	
	뒤	〃	〃	十二	판면의 마모가 심함
D-979	앞	〃	〃	十三	13앞의 첫 행에 교정 흔적 있음
	뒤	〃	〃	十四	
D-980	앞	〃	〃	十五	
	뒤	〃	〃	十六	
D-981	앞	〃	卷之二	十九	19뒤의 5행에 교정 흔적
	뒤	〃	〃	二十	
D-982	앞	〃	〃	二十三	
	뒤	〃	〃	二十四	
D-983	앞	〃	卷之三	一	卷首 '淸語老乞大 卷之三'
	뒤	〃	〃	二	
D-984	앞	〃	〃	三	
	뒤	〃	〃	四	
D-985	앞	〃	〃	五	
	뒤	〃	〃	六	
D-986	앞	〃	〃	十一	
	뒤	〃	〃	十二	
D-987	앞		〃	十五	
	뒤	〃	〃	十六	

連番號	板面	版心	卷數	葉數	備考
D-988	앞	〃	〃	十七	
	뒤	〃	〃	十八	
D-989	앞	〃	〃	二十一	
	뒤	〃	〃	二十二	
D-990	앞	〃	〃	二十三	23뒤는 1행만 쓰였음. 4행은 공란
	뒤	〃	卷之四	二十五	25뒤는 공란
D-991	앞	〃	〃	一	卷首 '淸語老乞大 卷之四'
	뒤	〃	〃	二	
D-992	앞	〃	〃	七	
	뒤	〃	〃	八	
D-993	앞	〃	〃	十七	
	뒤	〃	〃	十八	
D-994	앞	〃	卷之五	二十三	23뒤는 공란
	뒤	공란	공란	공란	
D-995	앞	淸語老乞大	卷之六	三	
	뒤	〃	〃	四	
D-996	앞	〃	〃	七	
	뒤	〃	〃	八	
D-997	앞	〃	〃	九	
	뒤	〃	〃	十	
D-998	앞	〃	〃	十五	
	뒤	〃	〃	十六	
D-999	앞	〃	卷之七	九	
	뒤	〃	〃	十	
D-1000	앞	〃	〃	十五	
	뒤	〃	〃	十六	

이를 탁본한 것이 정광·윤세영(1998)에 게재되어 있어서 이를 전술한 두 판본과 비교하여 보면 오늘날 남아 있는 프랑스 동양어학교 소장본이나 대영도서관 소장본이 모두 이 책판을 쇄출(刷出)한 동판의 판본임을 알 수 있다.

6.3.4 일본 고마자와 대학의 탁족본(濯足本)

또 하나의 판본으로 고마자와(駒澤) 대학 도서관의 탁족문고(濯足文庫)에 소장된 탁족(濯足)본이 있다. 이 <청어노걸대신석>의 판본은 그 동안 駒澤大學圖書館(1987)과 津曲敏郎(1977~8) 등에서 그 존재가 알려졌었던 것이나 국내에서는 전혀 논급된 바가 없었다. 졸저(1998)에 영인 수록된 이 자료는 일본 메이지(明治)시대의 한국어 연구자였던 가나자와(金澤庄三郎)가 소장했던 것이다. 전술한 두 판본과 동일 책판에 의하여 쇄출되었다. 그러나 이 가나자와(金澤) 구장본(舊藏本)은 小倉進平(1940) 및 小倉進平·河野六郎(1964)에서도 거론된 바가 없어 대부분의 국내 학자들에게는 그 존재가 생소하였다.

졸고(1997) 등에 의하면 가나자와(金澤庄三郎)가 평생 수집한 한국어학 자료들이 그가 잠시 거처한 바 있는 에이헤이지(永平寺)의 별원(別院, 東京 麻布에 소재)에 일시 보관되었다가 현재는 도쿄(東京)의 고마자와(駒澤)대학 도서관의 탁족문고(濯足文庫)로 이장(移藏)되었다. 가나자와(金澤庄三郎)는 도쿄(東京)대학 언어학과 교수로 재직하면서 오구라(小倉進平)보다 앞서 우리의 향가(鄕歌)에 대한 연구를 시작한 것으로 유명하다. 그러나 일제(日帝)가 우리나라를 침략할 때에 유명한 '일선동조론(日鮮同祖論)'을 써서 일본의 한국 병합(倂合)을 합리화해 준 바 있어 한국에서의 평가는 많이 폄하(貶下)되었다. 그리하여 향가연구도 가나자와(金澤庄三郎)보다는 오구라(小倉進平)를 그 창시자로 여기는 논저가 적지 않다.

그는 1920년 도쿄(東京)대학을 퇴임하고 1928년부터 도쿄(東京)의 고마자와구(駒澤區)에 있는 불교재단의 사립 고마자와(駒澤)대학에서 22년간 교수로서 재직하였다. 제2차대전 당시 도쿄(東京) 대공습으로 혼고(本鄕)의 아케보노초(曙町)에 있는 그의 저택이 회진(灰塵)되어 있을 곳이 없게 되었다. 그리하여 여러 곳을 전전하다가 아케보노초(曙町)의 땅을 에이헤이지(永平寺)에 기증하고 자신은 이 절이 도쿄(東京)의 아자부(麻布)에 있는 별원(別院) 안에 지어준 탁족암(濯足庵)에 거주하였다. 에이헤이지(永平寺) 별원(別院)의 아케보노(曙) 유치원은 가나자와씨(金澤氏)의 옛 집

터에 세운 것으로 그는 이 유치원의 종신 원장을 겸하였다.

1967년에 그곳에서 사망하면서(당시 96세) 그의 장서는 에이헤이지(永平寺)에 기증되었다. 이 장서는 당분간 이 절의 아자부(麻布) 별원(別院)에 기탁(寄託)되었다가 1974년에 고마자와(駒澤)대학에 기증되었고 1985년에 대학도서관으로 이송되어 탁족문고(濯足文庫)란 이름을 붙여 연구자들의 열람이 가능하게 되었다(졸고, 1997).

이 자료는 고마자와(駒澤)대학 도서관에서 간행한 <탁족문고목록(濯足文庫目錄)>의 '592. 其他のアジア語' 部에 "濯足 491, 淸語老乞大新釋 8卷, 金振夏編, 朝鮮 英祖 41(1765), 8冊 和 34cm, 漢語老乞大を 飜案(崔厚澤等) 淸語老乞大を作り金振夏が新釋を作る. Ⓚ 592"라는 해제를 붙여 그 서명과 간략한 서지적 사실을 기록하였다. 실물을 보면 겉표지는 조선 후기에 제책된 우리의 고서에 많이 보이는 벽돌 무늬의 황색 표지에 5침(針)의 한 장본(韓裝本)으로 첫째 책은 표지의 우측 상단에 세로로 '淸語老乞大 卷之一'(卷之一은 小字)이라고 묵서되었으며([사진 5-12] 참조) 이하 권2부터 권8까지 같은 필치의 표지서명이 보인다.

[사진 5-12] 고마자와대학 소장 〈청어노걸대〉 권1 겉표지

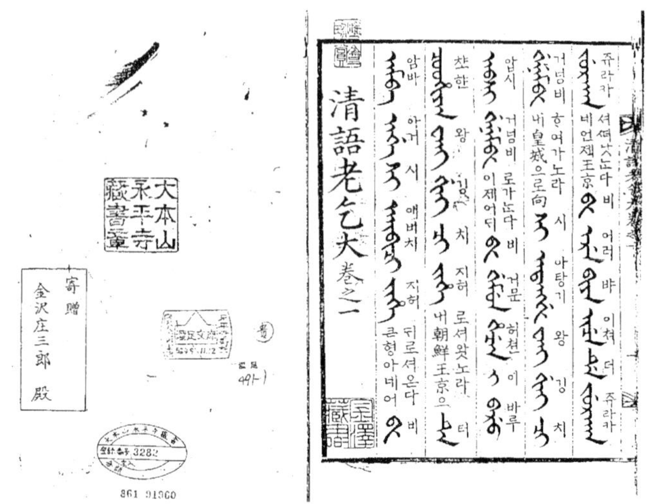

[사진 5-13] 고마자와대학 소장 〈청어노걸대〉 권1의 속표지와 첫장

제1권 표지의 우측 하단에는 '귀중서(貴重書)'라는 스티커와 '濯足 491-1'이라는 도서번호가 쓰인 서표가 붙어 있고 권2부터 권8까지도 이와 같다. 표지의 안쪽에는 다른 탁족문고의 귀중서와 같이 3개의 장서인과 1개의 스탬프가 찍혀 있다. [사진 5-13]에서 볼 수 있는 것처럼 중앙한 가운데에 '大本山永平寺藏書章'이란 주인(朱印)이 선명하고 크게 찍혀 있고 그 왼쪽 하단에 '寄贈 金澤庄三郎 殿'이란 직사각형의 기증인(寄贈印)이 묵인(墨印)되었으며 그 오른쪽에 '永平寺 寄託 濯足文庫 駒澤大學圖書館 昭 49\11.12'라는 붉은 장서인이 흐리게 보인다.

이어서 그 오른쪽에 '귀(貴)'라는 귀중본 표시의 도장이 있고 그 아래쪽에 '濯足'이란 스탬프 밑에 '491-1'이라고 도서번호가 묵서되었다. 또 중앙 하단에 '大本山永平寺藏書 登錄番號 3282 受入 分類'라는 타원형의 장서인이 있고 그 밑에 '圖書番號 861 91960'이란 수서 번호가 스탬프로 찍혔다. 이로 보아 가나자와(金澤庄三郎)가 에이헤이지(永平寺)에 기증한 것이 쇼와(昭和) 49년(1974) 11월 12일이며 이 날에 고마자와(駒澤)대학 도서관으로 이장(移藏)되었음을 알 수 있다.

권1의 첫째 장부터는 [사진 5-13]에 보이는 것처럼 사주단변(四周單邊)에 상하 내향(內向) 화문(花紋, 2葉)어미(魚尾)가 있고 유계(有界) 6행에 판심서명은 '淸語老乞大 卷之一'과 엽수 '一'이 있으며 둘째 장부터 장차만 다를 뿐 이와 같다. 첫째 장 권수서명 위에 '濯足庵 均賞'이란 사각형의 붉은 주인(朱印)이 있으며 하단에는 '金澤藏書'라는 장서인이 있다. 권1은 종 26엽으로 권미서명이 없으나 권말에 홍계희(洪啓禧)의 '청어노걸대신석서(序)'가 부재되었으며 권1의 뒤로부터 새로 장차가 매겨졌다. 이 홍계희의 '신석서(新釋序)'는 모두 2엽으로 판심(版心)이 '淸語老乞大新釋序 一·二'로 되었다.

탁족본의 특징은 이 판본의 간행에 관여한 제역함명(諸譯銜名)이 온전하게 갖고 있다는 점이다. 대영도서관본에 부재된 것은 두 사람의 역관 함명이 삭제된 불완전한 것이었는데 탁족본의 제역함명을 통하여 <청어노걸대>의 간행에 관한 많은 사실을 알 수 있게 되었다. 이를 여기에 옮겨 보면 다음과 같다.

檢察官

　　資憲大夫行龍驤衛副護軍 金振夏

校正官

　　通訓大夫前行司譯院判官 邊翰基

　　朝散大夫前行司譯院直長 玄啓百

書寫官

　　通訓大夫前行司譯院判官 李光赫

　　朝散大夫前行司譯院奉事 李寅旭

　　通訓大夫前行司譯院判官 尹甲宗

監印官

　　通訓大夫行宣川譯學 卞相晉

이것을 보면 김진하(金振夏)가 주관하여 변한기(邊翰基)와 현계백(玄啓

百) 등이 교정한 것임을 알 수 있으며 이광혁 등이 이를 서사하여 평양에서 선천(宣川) 역학 변상진(卞相晉)의 감독 아래에 목판에 새겨진 것임을 말하고 있다. 여기에서는 대영도서관본에서 지워졌던 교정관(校正官) 현계백(玄啓百)과[68] 감인관(監印官) 변상진(卞相晉)의 이름이 분명하게 보인다.

이제까지 살펴본 바를 정리하면 현전하는 <청어노걸대신석>은 탁족본과 동양어학교본, 대영도서관본, 그리고 고려대 박물관에 소장된 책판의 탁본(49엽) 등 모두 4종을 현재 우리가 이용할 수 있으며 그 가운데 탁족본이 가장 완전하며 또한 선본(善本)으로 판단된다. 이 탁족본은 졸저『駒澤大學 도서관 소장 淸語老乞大新釋』(解題·본문영인·국어색인)(서울: 태학사, 1998.12)에서 영인하여 공간하였다.

4) 조선 후기 청학서의 특징

6.4.0 이상 청학사서, 즉 <청어노걸대>와 <삼역총해>, 그리고 <소아론>·<팔세아>의 편찬과 간행 및 그의 신석(新釋), 중간(重刊)에 대하여 살펴보았다. 아울러 만주어 학습서로서 만주자 학습서인 만한<천자문>과 만주어 사전의 역할을 하던 <동문유해(同文類解)>와 <한청문감(漢淸文鑑)>에 대해서도 고찰하였다.

<청어노걸대>는 병자호란 때에 포로로 잡혀갔다가 돌아온 동환자(東還者)들이 <한어노걸대>를 생생한 만주어로 번역한 것으로 한 때 '신번(新飜)노걸대'란 이름을 얻었다. 그 판본은 강희(康熙) 계미(癸未, 1703)에 활자본으로 간행한 것이 있으나 실전되었고 오늘날 프랑스와 영국, 그리고 일본 등지에 전하는 것은 김진하 등이 수정한 신석본으로 건륭(乾隆) 을유(乙酉, 1765)에 평양에서 목판본으로 간행된 것이다.

청학서 <삼역총해>는 만주인 기충격(祁充格, Kičungge)이 이탁오(李卓吾)

68 玄啓百은 '蒙語類解'의 중간본을 간행할 때에 淸學官(副司直이었음)이면서도 蒙學官 李瀷과 함께 檢察官으로서 <蒙語類解>의 수정에도 참가하였다.

의 『삼국지(三國志)』를 만주어로 번역하여 順治 7년(1650)에 간행한 『滿文三國志(*Ilan Gurun i Bithe'*)』를 우리말로 대역한 것이다. 국어의 대역문에는 한문 <삼국지>의 영향이 남아있다. 숙종 때에 사역원의 도제거(都提調)였던 상국(相國) 민정중(閔鼎重)의 명으로 최후택(崔厚澤), 이즙(李戢), 이의백(李宜白) 등이 '청서삼국지(淸書三國志)'라고 불리는 만문삼국지를 번역하여 '삼역총해(三譯總解)'라는 이름을 붙였다.

이것은 오래도록 필사본으로 만주어 학습에 사용되다가 숙종 癸未(1703)에 박창유(朴昌裕) 등 6인이 재물을 내고 오전현(吳廷顯)·이의백(李宜白) 등이 주관하여 이를 목판본으로 간행하였다. 목판본으로 간행할 때에 김세홍(金世弘), 오윤무(吳允武), 정선(鄭銑), 이해(李海) 등이 다시 수정하였고 이세만(李世萬), 김상밀(金尙密), 이진형(李震馨), 이동규(李東奎) 등이 서사하여 간판에 붙였다. 후일 피아(彼我)의 언어 변화에 따라 김진하에 의하여 신석되어 활자본으로 간행되었다. 현전하는 <삼역총해>는 중간본으로 김진하의 신석본을 판하로 하여 영조 갑오(甲午, 1774)에 목판본으로 간행한 것이다. 이 중간본에는 이담(李湛)의 '중간삼역총해서(重刊三譯總解序)'가 부재되어 저간의 사정을 살필 수 있다.

<팔세아>와 <소아론>은 원래 여진어 학습서였으나 병자호란 이후에 신계암(申繼黯)이 청학서로 개편한 것이다. 역시 숙종 계미(癸未, 1703)에 위의 청학서들과 함께 목판본으로 간행되었으며 김진하에 의하여 신석된다. 이 신석본은 영조 정유(丁酉, 1777)에 간행되었으며 <신석소아론>의 권미에 이담(李湛)의 '신석서(新釋序)'가 있어 위의 사실을 확인할 수 있다. 이 두 책은 신석과 더불어 목판으로 간행되어서 <청어노걸대>나 <삼역총해>와 달리 중간이란 이름을 얻지 못하였다.

이밖에도 만주자 학습서로서 <만한 천자문>이 수입되어 사용되었으며 만주어 학습의 사전으로 <동문유해>와 <한청문감>이 편찬되었다. 만주자 학습서인 <만한 천자문>은 학습자가 만주자와 한자의 한음을 이해하기 위하여 만주자 표기의 경우는 한글로 축자 전사하였으며 한음의 경우는 한글로 표음하여 손으로 기입하였다. 필자의 생각으로

는 이 자료는 적어도 두 사람의 역생이 한글로 만주자를 전사하고 한음을 표음하여 기입한 것으로 보았으며 일부 즉, 5엽의 앞장까지는 초심자가 묵서로 부기하였고 그 이후부터는 상당한 수준의 역생이 붉은 글씨의 한글로 만주자를 전사하였다.

또 <만한 천자문>이 간행된 시기는 바티칸도서관 소장본의 간행 시기와 같기 때문에 神田信夫(1965)에서 주장한 바와 같이 강희 연간의 중엽에 간행되었을 것이다. 아니면 이 때의 간본을 후일 복각한 것일 수도 있다. 이 자료에 한글 표기가 삽입된 것은 훨씬 후대의 일로서 필자는 <삼역총해> 등 청학서들의 중간본이 간행된 시기(18세기 후반)보다는 조금 이른 시대에 <만한 천자문>의 만주자 한글 전사와 한자의 북경음 표음이 삽입된 것으로 보았다. <천자문>을 통하여 만주어, 또는 만주자를 학습하는 것은 여진어학으로 그 연원을 거슬러 올라갈 수가 있다. 여진학서에서 <천자문>으로 여진어의 기초와 여진자를 학습하다가 후대에 청학에서도 {만한}<천자문>으로 만주자 학습을 시행한 것으로 추정하였다. 마치 청학서인 <팔세아>, <소아론>이 원래 여진어 학습서였으나 신계암이 이를 만주자로 옮겨 청학서로 개편한 것과 같은 방법이다.

만주어 어휘집인 <동문유해>는 '청학물명(淸學物名)'을 확대하여 현문항(玄文恒)이 편찬한 것이다. 이 판본은 영조 무진(1748)에 교서관에서 간판하였으나 오늘날에는 전하지 않는다. 현전하는 <동문유해>는 역시 김진하가 수정한 것으로 건륭연간(乾隆年間, 1736~1795)에 간행된 것으로 보인다. 책판이 간행된 다음에도 많은 목판 교정이 있었으며 현전하는 판본 가운데 부분적인 차이가 보이는 것은 이러한 목판의 수정에 의한 것이다.

<한청문감>은 청학서로서는 마지막으로 편찬된 것이다. 편찬 연대는 확실하지 않지만 이담(李湛), 김진하(金振夏) 등이 편찬에 참여한 것으로 보아 역시 건륭연간의 일로 보인다. 김진하의 관직이 '숭정대부(崇政大夫) 중추부사(中樞府使)'인 것으로 보아 1760년대에 간행된 것으로 추정된다.

제6장

결론

제6장 목차

6.0.0 지금까지 조선시대 사역원(司譯院)의 외국어 교재인 역학서(譯學書)에 대하여 고찰하였다. 조선왕조의 외국어 교육기관이며 역관들의 관리 기관이던 사역원에서 어떻게 외국어가 교육되었으며 그를 위하여 사용된 외국어 교재, 즉 역학서에는 어떤 것이 있었는가, 그리고 그 교재들은 어떻게 편찬되었으며 오늘날 전하는 것은 어느 것이 있었는가를 고찰하였다.

사역원과 같이 외국어 전문 교육기관이 700여 년을 국가적 기관으로 유지되었고 외국어 학습 교재를 자체적으로 편찬하여 사용한 예는 세계적으로 찾아보기 힘들다. 간헐적으로 외국어 학교를 설치하여 임시로 외국어를 교육한 예는 다른 나라에서 찾아볼 수 있지만 조선왕조의 사역원과 같이 전문적으로 계속해서 외국어 교육을 이어온 경우는 거의 없다. 따라서 사역원의 외국어 교육이나 거기에서 사용한 외국어 교재들은 매우 중요하고 연구할 가치가 있다.

그동안 우리 학계는 이에 대한 연구가 단편적으로 이루어졌으나 해당국의 언어 변천과 문자 변화를 포함하여 고찰한 종합적이고 유기적인 연구는 거의 없었다. 또 사역원 자체의 언어 정책의 변화에 따른 교재의 변화를 고찰한 논저는 전혀 찾아볼 수 없었다. 그런 면에서 이 책은 의미가 있을 것이고 언어의 역사를 밝히는 자료로 역학서를 이용할 때에 보다 많은 도움이 될 것이다.

이제 이에 대한 연구를 목차의 순서대로 총론(總論), 한학서(漢學書), 몽학서(蒙學書), 왜학서(倭學書), 청학서(淸學書) 및 여진학서(女眞學書)로 나누어 중요한 내용을 정리하여 결론을 대신하고자 한다.

1. 총론(總論)

6.1.0 이제까지 논의된 내용에서 조선왕조의 외국어 교육기관인 사역원에서 언어 교육의 교재로 사용한 것을 역서(譯書)라고 불러왔으며

필자는 이를 역학서(譯學書)로 고쳐 불렀다. 왜냐하면 '역서'는 달력이나 햇수와 달수를 보여주는 '역서(曆書)'와 혼동되기 때문이다.

고려와 조선에서는 외국어의 학습을 역학(譯學)이라고 불렀다. 고려 말과 조선 초기에 학문과 기예(技藝)를 십학(十學)으로 분류하였다. 즉, 고려 공양왕 때에 십학(十學)을 설치하고 교수관을 각기 해당 관서에 나누었다는 기사가 있으며(『고려사』 권77, 「백관」 '諸司都監各色' '十學'조) 조선 태종 때에 태조의 육학(六學)에 4학을 더하여 십학(十學)을 설치하였다(『太宗實錄』, 권12, 太宗 6年 11月 辛未조의 기사). 역학(譯學)은 바로 이 십학(十學)의 하나로 제방(諸方)의 언어를 통역하기 위하여 외국어를 학습하는 일이다. 이렇게 교육된 관리를 역관(譯官)이라 부르면 사역원(司譯院)에서 이들을 교육하고 관리하였다.

6.1.1 고려의 통문관(通文館)에서 발달한 사역원은 원래 원(元) 제국(帝國)의 공용어인 한어(漢語)와 몽고어를 교육하기 위하여 설치한 기관으로 조선시대에 들어와서 일본어가 추가되고 다시 『경국대전』에서 여진어 교육의 여진학을 더하여서 사역원의 사학(四學)으로 한학(漢學), 몽학(蒙學), 왜학(倭學), 그리고 여진학(女眞學)이 정해진다. 이 사학(四學)의 외국어 교재를 이 책에서는 한학서, 몽학서, 왜학서, 여진학서라고 불렀다.

여진어 교육의 여진학은 병자호란(丙子胡亂) 이후에 만주어 교육의 청학(淸學)으로 교체된다. 여진어와 만주어가 서로 다른 언어였기 때문이다. 그리하여 『속대전』에는 사역원 사학(四學)이 한학, 몽학, 왜학, 그리고 청학(淸學)으로 정해졌으며 한때 여진어 교재, 즉 여진학서를 만주어 교재로 바꾸어 사용하다가 점차 만주어 교육을 위한 청학서(淸學書)를 자체적으로 편찬하여 사용하였다.

6.1.2 사역원에서 외국어 교육과 그 능력 평가는 다양한 방법으로 이루어졌다. 우선 사역원 자체에서 실시하는 고강(考講)과 원시(院試)가 있었으며 필요한 역관을 선발하는 취재(取才)가 있었다. 그러나 외국어 구

사(驅使) 능력의 최종적이며 가장 중요한 시험은 역과(譯科)였다. 조선왕조가 과거제도에 의하여 인재를 선발하여 관리로 임명하였음은 이미 주지의 사실이다. 역관들도 정6품의 고위직에 승차(陞差)하려면 반드시 역과(譯科)에 합격해야 했다.

역학서들은 역과와 취재의 출제서로 『경국대전』에 규정되었다. 조선왕조의 건국과 더불어 사역원을 설치할 때에 위구르인으로 고려에 귀화인 설장수(偰長壽)가 주역으로 활약했으며 그의 영향으로 몽학서와 여진학서가 몽고-위구르 문자로 작성되었다. 즉, 원(元) 제국(帝國)의 국자(國字)였던 파스파 문자를 제치고 몽고-위구르 문자의 몽고어 교재가 사용되었다. 여진학서도 여진족의 금(金)나라에서 제정한 여진문자가 아니라 위구르 문자로 표기된 여진어 교재를 사용한 것도 설장수의 영향으로 보인다.

6.1.3 설장수가 사역원을 설치할 때 올린 상서(上書)가 『태조실록』(권6) 태조 3년 11월 을묘(乙卯, 19일)조에 수록되었는데 이 상서에서 사역원의 설치 목적과 그 운용에 대하여 분명하게 밝혀두었다. 또 『세종실록』(권47) 세종 12년 3월 무오(戊午)조의 기사에는 사역원 삼학(三學), 즉 한훈(漢訓), 몽훈(蒙訓), 왜훈(倭訓)의 세 언어를 교육할 교재를 정하여 놓았다. 여기서 훈(訓)은 학(學)과 동일한 의미로 한어, 몽고어, 일본어의 학습을 말한다. 여기서 정해 놓은 외국어의 교재는 『경국대전』(권3) 「예전(禮典)」 '과거'조에 역과(譯科)의 출제서로 다시 등장하고 『경국대전』(권1) 「이전(吏典)」 '취재'조의 출제서로도 같은 역학서들이 나열된다.

『세종실록』과 『경국대전』에 게재된 역학서는 동일하지 않다. 후자가 전자에 비하여 40년 가까운 후대에 편찬된 것이기 때문에 추가된 역학서가 적지 않다. 이 책에서는 이와 같이 실록과 『경국대전』에 등재된 역학서를 초창기(草創期)의 것이라고 보았다. 이 때의 역학서는 대부분 해당 민족의 훈몽서(訓蒙書)를 수입하여 사용한 것으로 보고 해당국에서 사용한 동일 서명이나 유사 서명을 찾아 어떤 종류의 언어 교재였는지 살펴보았다.

6.1.4『세종실록』과『경국대전』에 기재된 역학서는 본서에서 초창기의 역학서로 보았다. 왜란(倭亂)과 호란(胡亂) 이전의 역학서로 주로 해당국의 훈몽서를 수입하여 교재로 사용하였다. 양란(兩亂) 이후의 중기 역학서는 정착기(定着期)의 것으로 왜란(倭亂)과 호란(胡亂)에서 납치되거나 포로로 잡혀갔다가 돌아온 사람들에 의하여 사역원에서 자체적으로 편찬한 것이 대종(大宗)을 이룬다. 왜학서의 <첩해신어>, 그리고 몽학서와 청학서의 <신번(新飜)노걸대>가 그러하다.

이 역학서들은 모두 전란 중에 피랍(被拉)되어 오랫동안 일본과 청(淸)나라에 살다가 돌아온 사람들의 저술이다. 주로『속대전(續大典)』의 역과 및 취재의 출제서로 지정되었고『통문관지(通文館志)』「권장(勸奬)」'과거(科擧)'조에 역과 출제서로 지정되었다. 모두 실용적인 회화로 이루어진 학습교재들로서 역관의 임무와 관련된 내용을 회화의 주제로 삼았다.

영, 정조 때를 기점으로 역학서는 크게 중흥(中興)이 된다. 우선 한학서들이 모두 청(淸)의 공용어로 바뀌고 왜학서도 에도(江戶)의 관동(關東) 일본어를 반영하도록 수정한다. 이 시대는 전대의 것을 수정(修整), 개수(改修), 보완(補完), 그리고 중간(重刊)하였다. 몽학서와 청학서의 몽고어와 만주어도 상당한 변화를 입어서 이를 교재에 반영하여 수정하였다. 본서에서는 이러한 역학서의 변천을 주의 깊게 고찰하였다.

2. 한학서(漢學書)

6.2.0 사역원의 외국어 교육에서 가장 중요한 언어는 말할 것도 없이 한어(漢語)였다. 당시의 한어는 오늘날의 영어와 같은 역할을 했는데 중국과의 접촉이 가장 빈번했고 또 가장 중요했기 때문이다. 사역원의 조직도 한어 역관이 수효가 다른 삼학(三學)의 전체 수효보다 2배나 많았다. 종7품의 교수(敎授)는 한학에만 있었고 나머지 삼학(三學)에는 훈도(訓導)만이 배치되었다. 당연히 사역원에서 한학서(漢學書)가 중요한 교

재로 편찬되고 간행되었다.

조선시대 한어 교재인 한학서는『세종실록』과『경국대전』에 역학(譯學)의 한훈(漢訓)의 교재와 역과(譯科) 및 취재(取才)의 한학(漢學) 출제서로 등장한다. 즉,『세종실록』(권47) 세종 12년 3월 무오(戊午)의 기사에 역학 한훈(漢訓)의 교재로 "書, 詩, 四書, 直解大學, 直解小學, 孝經, 小微通鑑, 前後漢, 古今通略, 忠義直言, 童子習, 朴通事, 老乞大"를 들어서 <서전(書傳)>, <시전(詩傳)>, <사서(四書)>, <직해대학(直解大學)>, <직해소학(直解小學)>, <효경(孝經)>, <소미통감(小微通鑑)>, <전후한(前後漢)>, <고금통략(古今通略)>, <충의직언(忠義直言)>, <동자습(童子習)>, <박통사(朴通事)>, <노걸대(老乞大)>를 교재로 하여 한어를 교육하였음을 알 수 있다.

대체로 이 시대에는 유교의 경전(經典)과 사서(史書)를 한어 교재로 하였는데 한어의 교재로 본다면 <효경(孝經)>도 원대(元代)의 소운석(小雲石) 해애(海涯)가 한아언어로 직해한 <직해효경(直解孝經)>일 가능성이 있다. <충의직언(忠義直言)>은 현전하는 판본이 있어 어떤 교재인지 알 수 있지만 나머지는 유교 경전을 통하여 대체로 어떤 내용의 한어 교재인가를 추정할 뿐이다.

6.2.1 현전하는 역과(譯科)의 시권(試券)도 당연히 한학의 것이 가장 많이 남았다. 본서에서는 영조 신묘(辛卯, 1771) 식년시(式年試)와 정조 기유(己酉, 1789) 식년시의 역과 한학(漢學) 시권을 예로 하여 이 시대의 한어 교육이 어떻게 실시되었으며 그 교재들은 어떤 것이 있는지를 살펴보았다. 이 두 시권에 출제된 한학서는 모두 이때에 신석된 <노걸대신석>과 <박통사신석>, 그리고 옹정(雍正) 갑인(甲寅, 1734)에 새롭게 편찬된 <경서정음(經書正音)>의 사서(四書)에서 출제되었다. 그리고 전에 사용되던 <직해소학(直解小學)>은 폐지되고 <오륜전비기(伍倫全備記)>에서 출제되었다.

한학서도 다른 역학서와 같이 세 시기로 나누어 볼 수 있는데 초창기에는 고려 말에 편찬된 {원본}<노박>과 사역원을 창설한 설장수(偰

長壽)의 <직해소학>을 사용하였고 초급 교재로 사서(四書)를 역과 한학의 출제서로 하였다. 그러나 <노박>은 명(明)의 건국으로 공용어가 원(元)의 수도였던 북경(北京)의 말이 아니라 명(明)의 서울인 남경(南京)의 관화(官話)로 바뀜에 따라 성종(成宗) 때에 명(明)의 사신(使臣)으로 조선에 온 한인(漢人) 갈귀(葛貴) 등에 의하여 관화로 산개(刪改)된다.

그러나 왜란(倭亂)과 호란(胡亂)을 겪으면서 청(淸)의 통용어인 북경(北京) 만다린으로 다시 수정되는데 이것이 <노박>의 '신석(新釋)'이란 이름으로 편찬된 한어 교재이다. 설장수의 <직해소학>도 전란 이후에 <오륜전비기(伍倫全備記)>로 바뀌었다. 그리고 종래 <물명(物名)>이란 이름으로 전해오던 것을 <역어유해(譯語類解)>란 이름으로 정비하여 편찬하면서 다른 삼학(三學)에서도 모두 '유해(類解)'란 이름의 유서(類書)가 어휘집으로 등장하여 사전의 역할을 하게 된다.

6.2.2 본서의 제2장에서는 한어 교재 <노박>에 대하여 상세하게 고찰하였다. 고려 말의 한어 역관들이 편찬한 것으로 보이는 <노박>은 <노걸대>가 북경을 오가는 여행에서 이루어진 대화를 중심으로 한 것이라면 <박통사>는 역과들이 북경에 체재하면서 일어나는 그곳 생활의 일상을 소재로 하여 만든 회화(會話)였다. 후자가 중급 정도의 한어의 교재였다면 전자는 초급 교재로 인정되어 역과 등의 출제에서 차등을 두었다. 즉, <노걸대>는 초시(初試)와 복시(覆試)에 출제되었다면 <박통사>는 오직 복시(覆試)에서만 출제되었고 그 분량도 많았다.

<노박>은 원본(原本)과 산개본(刪改本), 신석본(新釋本)이 있었고 <노걸대>만 중간본(重刊本)을 간행하였다. 원본은 원대(元代)의 공용어였던 중국 동북(東北) 지방의 한아언어(漢兒言語)를 학습하는 교재였으며 산개본은 명대(明代) 남경관화(南京官話)의 교재였고 신석본은 청대(淸代) 북경의 만다린을 학습하는 교재였다. 다만 <노걸대>의 중간본은 북경관화(北京官話)를 반영한 교재였다.

6.2.3 조선 세종 때에 한글이 발명되면서 역학서는 모두 이 문자로 번역, 언해되었다. 한학서는 중종 때에 최세진이 <노박(老朴)>을 번역한 것이 이러한 번역과 언해의 효시(嚆矢)인 것으로 보인다. 다음에 <노박>의 언해와 번역이 뒤를 이었다. 여기서 '번역(飜譯)'은 한자의 발음을 새 문자인 정음(正音)으로 표음하는 것을 의미하고 '언해(諺解)'는 문장의 내용을 우리말로 풀이하는 것을 말한다. 최세진이 <노박>을 처음으로 번역하면서 언해를 곁들였기 때문에 후대의 언해에서는 번역, 즉 한자의 좌우 밑에 정음(正音)과 속음(俗音)을 표음하는 것이 관례가 되었다.

<노박>의 번역(飜譯)은 중종 때에 한어 역관 최세진(崔世珍)에 의해서 이루어졌다. 즉, 훈민정음이란 이름으로 새로 발명된 표음문자는 동국정운식 한자음 표기를 위한 것이었으나 한자의 중국 표준음, 즉 정음(正音)을 표기하는데 사용되었다. 훈민정음(訓民正音)이 "백성들에게 가르쳐야 하는 올바른 한자음", 즉 동국정운식 한자음 표기를 위한 것이라면 이 문자의 다른 명칭인 정음(正音)은 한자의 표준음을 표기하는데 사용하는 문자라는 뜻이다. 모두 발음기호의 성격을 뜻하는 명칭이다. 그에 비하여 '언문(諺文)'은 우리말과 우리 한자음, 즉 동음(東音)의 표기에 쓰인 글자를 말한다. 이러한 기초적인 용어의 구별이 우리 학계에서 간과(看過)되고 있음을 개탄하지 않을 수 없다.

최세진은 정음(正音)으로 <노박>의 한자음을 모두 표음하였다. 이 <노박>을 번역한 것은 새 문자가 창제되고 불과 80년 정도의 세월이 흘렀을 때이다. 그때는 이미 이 글자로 우리말과 우리 한자음을 표기하는데 널리 사용되고 있어서 이에 사용된 언문(諺文)과 한자음 표기의 정음(正音)과의 구별이 점차 없어져 갈 때이다. 훈민정음으로 표기된 동국정운식 한자음은 이미 사라졌을 때이므로 최세진은 언문과 정음의 차이에 대하여 그의 <번역노박범례>에서 자세하게 언급하였다. 본서의 제2장에서는 최세진의 <노박> 번역에 대하여 그간의 연구와는 다른 시각에서 고찰하였다.

최세진이 번역한 <노박>은 산개본(刪改本)이었다. 이를 번역하고 언해하여 {번역}<노걸대>, {번역}<박통사>를 편찬한 것이다. 왜란(倭亂)과 호란(胡亂) 이후에 번역본이 모두 망실되어 다시 산개본을 번역하고 언해하여 <노걸대언해>와 <박통사언해>를 간행하였다. 청대(淸代)에 새로 고친 <노박>의 신석본도 언해되어 <신석노걸대언해(新釋老乞大諺解)>와 <신석박통사언해(新釋朴通事諺解)>란 이름으로 간행되었다. 중간본의 <노걸대>도 언해되어 <중간노걸대언해(重刊老乞大諺解)>가 최종적으로 간행되었다. 본서의 제2장에서는 이와 같은 <노박>의 원문과 그 언해의 변천 과정을 살펴보았다.

6.2.4 고려대 박물관에 소장된 한학서(漢學書)의 책판으로는 <상원제어(象院題語)>와 <박통사>의 신석본(新釋本), 그리고 동 언해본의 것이 전해온다. 다만 <노걸대>의 책판은 신석본과 중간본 모두가 없다. 앞에서 <중간노걸대>와 동 언해본이 가장 늦게 간판(刊板)되었음에도 고려대 박물관의 소장본에서 한 책판(冊版)도 남아있지 않은 것은 매우 이례적인 일이다. 왜냐하면 사역원의 장서루(藏書樓)에 보관되던 역학서 책판들이 조선사편수회(朝鮮史編修會)를 거쳐 고려대 박물관으로 대부분 이장(移藏)되었기 때문이다. 아마도 <노걸대>의 책판은 처음부터 다른 곳에서 보관하였거나 그 책판만 누가 모두 가져간 것으로 보인다. 본서에서는 이 각각의 책판에 대하여 고찰하고 상호 연관에 대하여 언급하였다.

3. 몽학서(蒙學書)

6.3.0 제3장 몽학서(蒙學書)에서는 몽고어 학습의 교재들을 고찰하였다. 몽고의 칭기즈 칸이 중앙아시아의 스텝 지방을 석권하고 대몽고제국을 건설한 다음에 동아시아에서 몽고어는 통치 언어로 혜성처럼 등장하였다. 그의 손자 쿠빌라이 칸이 중원(中原)을 정복하고 몽고의 원(元) 제국(帝國)을 세우자 고려의 사대 외교는 북경(北京)의 한어(漢語)와 더

불어 몽고어로 이루어지게 되었으며 따라서 몽고어의 교육이 필요하게 되었다.

한반도에서 외국어 교육의 본산(本山)이었던 고려 후기의 통문관(通文館)은 후대에 사역원(司譯院)으로 개명하여 조선시대로 연결되었다. 애초에 통문관은 한어와 몽고어의 교육을 위하여 설치되었다. 고려가 원(元)과의 교섭에서 필요한 언어였기 때문이다. 그러나 몽고의 원(元)이 멸망하고 명(明)이 중원을 차지하면서 몽고어는 급격하게 쇠퇴하였다. 그럼에도 불구하고 조선왕조에서는 계속해서 몽고어를 교육하였고 이 언어의 학습을 맡은 몽학(蒙學)도 사역원 안에서의 서열이 한어 교육의 한학(漢學) 다음으로 중시되었다.

그것은 조선 왕조의 건국과 몽고와의 깊은 관계가 있었기 때문이다. 즉, 조선을 건국한 이성계(李成桂)의 아버지 이자춘(李子春)은 몽고에 귀의하여 쌍성총관부(雙城摠管府)의 몽고의 천호(千戶) 벼슬인 다루가치(達老火赤, 達嚕噶齊, Darughachi)를 지냈으며 몽고어 이름인 우르스부카(吾魯思不花)를 쓰기도 하였다. 따라서 조선을 건국한 이성계의 집안은 몽고와 깊은 인연을 갖고 있다.

후대에 몽고어를 학습하는 이유로 조선왕조와 몽고와의 깊은 인연도 있지만 몽고에 의한 만일의 사변을 대비해야 함을 들기도 하였다. 그러나 실제로 원(元)이 멸망한 다음에도 동북지방에서는 여전히 몽고인들이 활약하고 있었으며 이들과의 접촉에서 몽고어는 필요했던 것이다. 그리하여 몽고어 교육의 몽학(蒙學)은 사역원이 폐쇄되는 갑오경장(甲午更張)까지 계속되었다.

6.3.1 사역원의 몽고어 교육은 역시 그 언어의 습득을 시험하는 여러 제도와 교재의 변천에서 살펴볼 수가 있다. 이 책에서는 몽학의 몽고어 교재인 몽학서의 변천을 역과(譯科) 몽학을 근거로 고찰하였다. 몽고어를 교육시켜 인재를 선발하는 과정은 『태조실록』(권6) 태조 3년 갑술(甲戌) 11월조의 기사에 소개된 통사과(通事科)의 시식(試式)에서 습몽어자(習

蒙語者)라는 제목으로 소개되었고 이어서 『세종실록』(권47) 세종 12년 경술(庚戌) 3월조에 소개된 상정소(詳定所)의 계문(啓文)에서 역학(譯學)의 몽훈(蒙訓)으로 몽고어 학습서들을 열거하였다. 여기에 등재된 <대루원기(待漏院記)> 등의 몽고어 교재는 모두 몽고인들의 훈몽서로 추정하였다.

『경국대전』(권3) 「예전(禮典)」, 「역과(譯科)」 '몽학'조에 몽고어 학습의 여러 교재와 몽고어 성취도를 시험하는 과거시험의 시식이 있어 몽고어 교육이 어떻게 이루어졌는지를 살펴볼 수 있었다. 여기에 소개된 몽고어 시험의 출제서는 "王可汗, 守成事鑑, 御史箴, 高難, 加屯, 皇都大訓, 老乞大, 孔夫子, 帖月眞, 吐高安, 伯顏波豆, 待漏院記, 貞觀政要, 速八實, 章記, 何赤厚羅, 巨里羅" 등으로 현재 전하는 것은 없지만 서명으로 그 내용을 추정할 수 있다.

이러한 초창기(草創期)의 몽학서는 왜란(倭亂)과 호란(胡亂)을 겪으면서 실제 이 땅에 온 몽고인들과의 대화에서 별로 도움이 되지 않았을 뿐만 아니라 전란으로 대부분의 교재들이 망실되어 전혀 새로운 몽학서를 개발하지 않으면 안 되게 되었다. 중기(中期)의 몽학서는 실용적인 회화 중심으로 바뀌게 되어 한학(漢學)의 <노걸대>를 새로운 몽고어로 번역한 <몽어노걸대>와 왜학(倭學)의 <첩해신어>의 형식으로 편성한 <첩해몽어(捷解蒙語)>를 교재로 사용하였다. 그리고 사전의 역할로 <몽어유해>를 후기에 편찬하였다.

이 책에서는 한양(漢陽) 유씨(劉氏) 종무소에 기거(寄居)하던 유종휘 씨 소장의 고문서 가운데 도광(道光) 갑오년(1834)에 시행된 역과 몽학(蒙學)에 응시한 것으로 추정되는 몽학 시권(試券)이 있어서 몽고어 시험의 실체를 살펴볼 수 있었고 후기의 몽학서의 실제 쓰임에 대하여 살펴볼 수 있었다. 다만 이 시권은 다른 삼학의 시권과 달리 낙방(落榜)한 것이어서 각 출제서의 첫 장 세 구절을 옮겨 쓴 특이한 형태의 시권이었다.

이 시권에 의하면 몽고어의 시험은 한자로 기술된 한어(漢語) 교재의 시험과 달리 몽고-위구르 문자로 작성하는 몽고어 시험이었으며 이를 사자(寫字)로 불러 한학의 강서(講書) 시험과 구분하였다. 실제로 한자가 아닌 해당국의 문자로 써야하는 다른 사역원의 삼학(三學)도 모두 사자(寫字) 시험을 한 것이다. 즉, 몽학의 몽고어는 몽고-위구르 문자로, 그리고 왜학(倭學)의 일본어는 가나(假名)문자로, 그리고 청학(淸學)의 만주어는 만주-위구르 문자로 사자(寫字) 시험을 하였다. 여기서 사자(寫字)란 필기시험을 의미한다.

6.3.2 조선 건국 초기에는 몽고인들의 훈몽서(訓蒙書)를 들여다가 몽고어 교재로 사용하였으나 임진왜란과 병자호란(丙子胡亂)을 거치면서 이 전쟁에 참가한 몽고인들과의 대화에서 초기 몽학서의 몽고어가 실재로 사용되지 않음을 깨닫고 몽고어 교재를 전면적으로 개편하였다. 소위 중기(中期)의 몽학서는 <몽어노걸대>, <첩해몽어>, <몽어유해>를 자체적으로 편찬하여 사용하였는데 이를 몽학삼서(蒙學三書)라고 부른다. 초기(初期)의 몽학서를 왜란(倭亂)과 호란(胡亂) 이후에도 일부 고쳐서 사용하였으나 후대에 이르러서는 전혀 몽학삼서에 의존하였다.

따라서 이 몽학삼서는 몽고어의 변화에 따라 수정을 계속하였다. 사역원에서 역학서의 개편은 사학(四學)이 서로 연계해서 이루어진다. 물론 한어 교재인 한학서의 개편이 중심을 이루지만 한학의 교재가 개편되면 다른 삼학도 이의 영향을 받아 개편되는데 <첩해몽어>의 권두에 부재(附載)된 이익(李瀷)의 '몽학삼서중간서(蒙學三書重刊序)'에 몽학서의 개편과 중간에 대하여 자세하게 언급되었다.

6.3.3 몽학서에서 또 하나 중요한 문제는 이들이 모두 몽고-위구르 문자로 작성되었다는 점이다. 몽고족은 문자가 없었으나 칭기즈 칸이 위구르족의 국가인 나이만(乃蠻)을 정복하고 그곳의 현인(賢人)인 타타퉁아(塔塔統阿)를 포로로 잡아 위구르 문자로 몽고어를 기록하게 하고 이를 태자(太子) 오고타이(窩闊台)와 여러 칸(汗)에게 가르쳤으니 이것이 바로 몽고-위구르(蒙古-畏兀) 문자다. 이 문자는 칭기즈 칸의 몽고 제국(帝國)의 공용문자가 되었다.

그러나 쿠빌라이 칸은 중원을 정복하고 원(元)을 세우면서 통치문자로 파스파 문자를 따로 제정한다. 이것은 중국을 통치하는데 필요한 한자의 학습을 위한 것으로 한자음의 정확한 표음을 위하여 제정한 것이다. 표음문자이기 때문에 몽고어와 제국의 여러 언어를 자유롭게 표기할 수 있어서 원(元)에서는 이를 국자(國字)로 삼았다.

또 이 문자는 쿠빌라이를 추종하는 세력의 문자가 되어 이 문자로 서로 소통하고 또 이를 시험하여 관원을 선발함으로써 자연스럽게 통치계급의 물갈이를 할 수 있었다. 동아시아 여러 민족의 문자 제정은 그런 목적을 함께 갖고 있었다. 한자의 경우에도 나라를 세우면 반드시 자신들의 발음을 정음(正音)으로 정하여 과거시험에 사용하였다. 그것으로 역시 통치계급의 교체를 도모했기 때문이다.

고려시대의 사역원 몽학(蒙學)에서는 이 두 문자, 즉 몽고-위구르 문자와 파스파 문자를 모두 교육하였다. 그러나 몽학서가 모두 몽고-위구르 문자로 작성된 것은 사역원 설치의 주역을 맡았던 설장수(偰長壽)가 위구르인이었기 때문이다. 설장수는 그 가족이 고려에 귀화하였다가 조선왕조의 건국으로 이태조(李太祖)에 발탁되어 사역원 설치의 중추적 역할을 맡게 되었다. 이미 조선의 건국 당시에는 몽고의 원(元)이 멸망하고 한족(漢族)의 명(明)이 중원을 통치하였으므로 파스파 문자를 강요할 세력이 없었고 오히려 명(明)의 압박으로 파스파 문자를 기피하기에 이른다.

6.3.4 초창기의 몽학서는 『세종실록』과 『경국대전』에서 취재(取才)와 역과(譯科)의 몽고어 출제서를 통하여 살펴보았다. 역시 몽고 민족의 아동 교육을 위한 훈몽서를 들여다가 교재로 삼았다, 이때의 몽학서는 전하는 것이 없어 어떤 몽고어를 교육하였는지 알 수 없다. 다만 교재의 서명으로 보아 칭기즈 칸 시대에 몽고인 아동들에게 가르쳤던 훈몽서로 추정된다.

임지왜란과 병자호란을 겪으면서 이 땅에 들어온 명군(明軍)과 청군

(淸軍) 가운데 몽고인이 있어 그동안 사역원에서 교육한 몽고어가 실용적인 회화에서 도움이 되지 않음을 깨닫고 새로운 교재를 편찬하였다. 병자호란 때에 포로 잡혀갔다가 돌아온 동환자(東還者) 가운데 몽고어에 익숙한 사람들로 하여금 한어(漢語) 교재로 널리 알려진 <노걸대>를 새롭게 번역하여 '신번(新飜)'이란 이름을 붙였다. 이것이 중기(中期)의 <몽어노걸대>이며 처음에 새로운 몽고어로 번역하였을 당시에는 <신번노걸대(新飜老乞大)>란 이름으로 불렀다.

이 외로도 <첩해몽어(捷解蒙語)>를 추가로 편찬하고 <물명>을 확대 개편하여 <몽어유해(蒙語類解)>를 편찬하여 사전의 역할을 하게 한다. 이 두 몽학서가 <몽어노걸대>와 함께 몽학삼서(蒙學三書)로 불리며 몽고어의 각종 시험에서 출제서의 역할을 하였다. 즉, 사역원의 몽고어 교육은 이 세 교재에 의존하게 된다. 이것은 몽고어가 변하여 전 시대의 몽학 교재, 즉 칭기즈 칸 시대의 중세몽고어가 더 이상 사용되지 않게 되었음을 의미한다.

6.3.5 영·정조 시대에 중기의 역학서들이 대대적으로 개편된다. '신석(新釋)', '개수(改修)', 또는 '중간(重刊)'이란 이름으로 사역원 사학의 교재들을 거의 모두 수정, 증보하는데 몽학서는 몽학삼서의 중간(重刊)으로 이러한 개편을 마무리 한다. 이에 대하여는 이익(李瀷)의 '몽학삼서 중간서(序)'가 있어 몽학서 개편의 전말을 알 수 있다.

특히 몽학의 취재나 역과(譯科)에서는 사자(寫字)라는 필기시험의 방식을 취했다. 그것은 한자를 사용한 한학서와 달리 몽학서는 몽고-위구르 문자를 외어서 쓰는 방식의 시험을 보았기 때문이며 한학(漢學) 이외의 삼학(三學)에서는 모두 이 방법으로 시험을 보았다. 한자의 한학서는 강서(講書)의 방법으로 시험을 본 것과는 대조적이다. 물론 강서에도 임문(臨文)과 배강(背講), 또는 배송(背誦)의 방법이 있었다.

이 책에서는 도광(道光) 갑오년(1834)의 초시에 응과(應科)한 몽학 시권을 통하여 실제로 몽고어의 사자(寫字) 시험이 어떠한 것인가를 살펴보았다. 몽고-위구르 문자로 작성된 몽학서, 즉 <몽어노걸대>와 <첩해몽어>의 몽고어를 외워서 쓰는 필기시험이었다.

4. 왜학서(倭學書)

6.4.0 사역원의 일본어 교육은 고려시대에는 없었고 조선왕조가 건국된 이후의 일이다. 물론 역사적으로 한반도에서 일본어 교육은 멀리 신라시대까지 거슬러 올라갈 수 있지만 사역원에서 일본어를 공식적으로 교육하기 시작한 것은 태종 14년(1414)의 일이다. 실록에 실린 왜객통사(倭客通事) 윤인보(尹仁甫)의 상서(上書)에서 볼 수 있는 것처럼 이때에 비로소 사역원에서 일본어를 교육하자는 논의가 시작되었다. 그러다가 정식으로 사역원에 왜학이 설치된 것은 태종 을미(乙未, 15년, 1416)의 일이다.

왜학 역관은 일본과의 접촉이 많아지면 많아질수록 그 수요가 늘어갔다. 서울의 사역원 본원에 당상 역관과 당하 역관을 배치한 것 이외에도 경상도 관찰사가 있는 동래(東萊)에 왜학 별차(別差)가 파견되어 왜학생도를 교육하였고 삼남(三南)의 수영(水營)과 제주 등에 왜학 역관을 배치하여 표류(漂流) 왜인을 심문하고 관리하였다. 자연히 여기에는 일본어를 학습한 왜학역관들을 파견하였으며 그들의 일본어 교육은 사역원 왜학에서 관장하였다.

사역원 왜학의 일본어 교재도 초창기(草創期)에는 일본의 무로마치(室町) 시대에 사학(私學)기관에서 사용하던 훈몽서(訓蒙書)를 수입하여 교재로 썼으나 임진왜란을 겪으면서 실용회화 중심의 일본어 교육이 필요함을 실감하고 왜학 역관의 실무에 쓰이는 회화 중심의 왜학서 <첩해신어>를 편찬하였다.

왜란(倭亂) 때에 진주(晋州)에서 피랍(被拉)된 강우성(康遇聖)이 저술한 것으로 알려진 <첩해신어>는 그 편찬과 간행 경위가 분명하지 않다. 이 책에서는 실록이나 『해행총재(海行摠載)』 소수(所收)인 통신사행의 일본 왕환기(往還記), 『통문관지(通文館志)』, 『승정원일기(承政院日記)』, 각종 왜학서의 서문(序文) 등을 고찰하여 <첩해신어>의 편찬과정과 간행에 대하여 고찰하였다.

다른 삼학(三學)의 역학서와 같이 왜학서도 초창기인 초기(初期)의 왜학서와 임진왜란 이후의 중기(中期), 그리고 영·정조 이후의 후기(後期)에 이루어진 <첩해신어>의 개수(改修)와 중간 과정을 고찰하고 <왜어유해(倭語類解)>의 편찬과 간행에 대하여 집중적으로 고찰하였다. 특히 초창기의 왜학서로서 오늘날 남아있는 <이로파(伊路波)>와 후대에 이를 개정한 <이려파(伊呂波)>를 각기 소장처인 일본의 가가와(香川) 대학 도서관과 로마의 바티칸 도서관을 직접 방문하여 귀중한 자료를 열람하면서 일본어 가나(假名)문자 교육에 대하여 살펴보았다.

6.4.1 초창기의 왜학서로는 『세종실록』(권47) 세종 12년에 수록된 상정소(詳定所)의 계문에 제학(諸學)의 취재 시에 사용할 경서(經書) 및 제예(諸藝)의 수목을 정한 것에서 왜훈(倭訓), 즉 왜학에서 사용할 역학서로서 <소식(消息)> 등의 11종의 교재가 기재되었다. 이들은 모두 무로마치(室町) 시대에 사찰(寺刹)에 설치한 아동 교육기관인 데라코야(寺子屋)에서 사용하던 훈몽서로서 이들을 수입하여 사용한 것으로 보았다.

『경국대전』(권3) 「예전」의 '역과 왜학'에도 <응영기(應永記)> 등 14개의 일본어 교재가 등재되었다. 이 왜학서에 대하여 일본 측의 자료인 마쓰시타 겐린(松下見林)의 『이칭일본전(異稱日本傳)』에서는 모두 '국속토원지책(國俗兎園之冊)'으로 보았고 이토 도가이(伊藤東涯)의 『소술잡초(紹述雜抄)』 「동애담총(東涯談叢)」(권하) '정훈(政訓)·동자교(童子教)'조에서 이 교재들이 조선 세종 때에 삼포(三浦)의 왜인들로부터 구입한 것이라는 증언을 살펴보았다.

초창기의 왜학서 가운데 사역원에서 수입하여 정음으로 발음을 붙여 일본어의 가나(假名)문자 교재로 사용한 『이로파(伊路波)』가 임진왜란 때에 아마도 소서행장(小西行長)에 의하여 반출된 것이 일본 가가와(香川) 대학 도서관에 소장되었다. 이 자료는 일본의 가나문자의 4체 자모(字母)를 보이고 정음으로 발음을 표기한 것으로 우리 정음자의 당시 음가와 일본 가나문자의 자형 변천에 매우 귀중한 자료다. 일본에서는 여러 차례 영인 출판되었고 많은 연구서가 출판되었다. 그러나 정작 이 자료의 고향인 우리나라에서는 거의 연구가 없었다.

6.4.2 중기의 왜학서는 임진왜란 이후에 일본인과의 접촉이 많아지면서 각종 서계(書契)나 편지 작성을 중심으로 편찬된 초기의 왜학서가 실제 회화에서 별로 도움이 되지 않음을 깨닫고 실용회화 중심의 <첩해신어>를 거의 유일한 일본어 교재로 사용하였다. 임진왜란 때에 납치되어 10년을 일본에서 지내고 고국에 쇄환(刷還)되어 사역원의 왜학교회(敎誨)가 된 강우성(康遇聖)이 저술한 <첩해신어>는 왜학 역관이 실제 임무를 수행하면서 일본인과 주고받은 회화를 교재로 만든 것으로 그 효용성이 매우 컸던 것으로 보인다.

그리하여 초창기 일본에서 수입해서 사용하던 일본어 교재를 모두 없애고 오로지 <첩해신어>에 의존하여 일본어 교육은 이루어졌다. 다만 가나(假名)문자의 교재인 『이로파』는 아마 보조교재로 계속 사용하다가 이것도 일본에서 가나문자의 자형이 변함에 따라 새롭게 개정되어 <이려파(伊呂波)>란 이름으로 간행되었다. 가나문자를 수정한 <첩해신어>의 제2차 개수 이후에는 수정한 <이려파>를 <첩해신어>의 말미에 부재(附載)하여 명실상부 <첩해신어>만으로 일본어 교육을 모두 할 수 있게 하였다.

6.4.3 후기에는 모두 <첩해신어>를 개수하거나 증보하여 일본어 교재로 삼았다. 즉, 1차, 2차에 걸쳐 <첩해신어>는 개수되었는데 제1차 개수는 영조 정묘(丁卯, 1747)에 일본을 다녀온 정묘(丁卯) 통신사행의 정사(正使)였던 홍계희(洪啓禧)가 독려하여 최학령(崔鶴齡)으로 하여금 어음

(語音)을 수정하였다. 그러나 최학령이 당시 압물(押物) 통사의 말직이어서 함께 수행한 당상역관들의 도움을 받았지만 문자의 개정에는 이르지 못하였다.

이때에 개수된 <첩해신어>는 무진(戊辰) 개수본으로 불리며 1980년대까지 현전하지 않은 것으로 보았으나 프랑스 파리의 동양어학교에 완본이 소장되었음이 알려져 安田章(1988b)에서 영인되어 일본에 소개되었다. 그리고 그 영인본의 필림을 전달 받아 정광·安田章(1991)으로 이 책의 고향인 서울에서 영인 출판되었다. 이때의 개수(改修)는 어음(語音)만 수정하고 가나(假名)문자는 원본의 것을 그대로 두었다.

제2차 개수는 실제로 최학령(崔鶴齡)이 원저자인 강우성과 같이 동래(東萊)의 왜학(倭學)교회(教誨)로 있으면서 오사카(大坂)과 에도(江戶)의 일본인과 교류하며 가나문자를 당시 자체로 고친 것이 <첩해신어>의 2차 개수이다. 이 2차 개수본은 사재(私財)를 들여 활자본으로 간행하였다는 기사가 이담(李湛)의 '첩해신어 중간서(重刊序)'에 보이지만 오늘날 전하는 것이 없다. 다만 고려대 박물관에 현전하는 <첩해신어> 중간본의 책판을 보면 제2차 개수본은 바로 목판본으로 간행되면서 중간(重刊)으로 불리게 된 것으로 보인다.

즉, 고려대 박물관에 소장된 <첩해신어>의 중간본 책판은 이담(李湛)의 서문이 있는 앞의 1엽만 '중간첩해신어(重刊捷解新語)'라는 판심서명이 있고 나머지는 모두 '개수첩해신어(改修捷解新語)'라는 판심서명이 있어서 실제로 <첩해신어>의 중간(重刊)이란 것이 서문만 덧붙이고 원문은 활자본, 또는 목판본의 <개수첩해신어>를 재간(再刊)한 것으로 보았다. 이것이 소위 말하는 <첩해신어>의 신축(辛丑) 중간본이다.

6.4.4 일본의 가나(假名)문자는 초서체(草書體)로 쓸 수가 있고 대부분의 서간문은 이러한 초서체의 가나문자를 사용한다. 각종 서계(書契)나 일본인들과 주고받는 서간문을 이해하기 위하여 왜학 역관들은 가나문자의 초서체를 배우지 않으면 안 되었다. 그러한 초서체의 가나문자

를 학습하기 위하여 <첩해신어문석(捷解新語文釋)>(1796)이 간행된다.

왜학 역관 김건서(金建瑞)가 편찬한 <첩해신어>의 문석본(文釋本)에는 권말에 '伊呂波眞字半字, 吐字, 合字, 草字及簡格語錄'라는 제목을 상단 난외(欄外)에 쓴 6엽(葉)의 부록이 있고 신축(辛丑) 중간본에는 이것 이외에 '伊呂波半字竪相通·横相通'이 첨가된 8엽(葉)으로 된 <이려파(伊呂波)>가 부재(附載)되었다. 중간본과 문석본의 것을 적기(摘記)하면 다음과 같다.

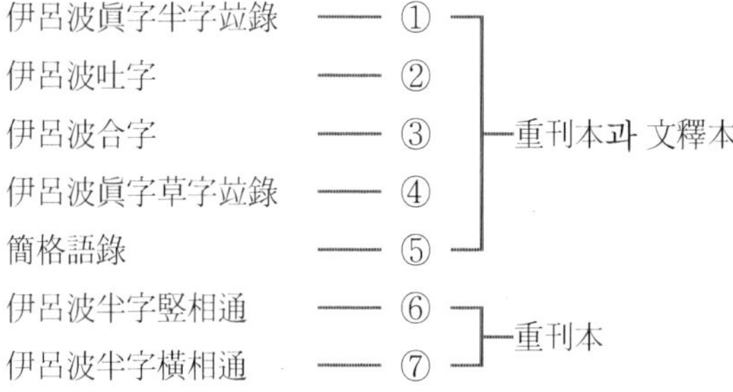

이 책에서는 이 각각이 의미하는 바를 자세하게 살펴보았다. 특히 'いろは(伊呂波)' 47자가 실담(悉曇)의 모음이 마다(摩多) 12자, 그리고 자음인 체문(体文) 35자를 합한 것이며 오늘날 일본인들이 사용하는 오십음도(五十音圖)는 헤이안(平安) 시대에 이루어진 것으로 역시 고대 인도의 비가라론(毘伽羅論)에 의거한 것임을 밝혀두었다.

즉, 오늘날의 오십음도(五十音圖)는 모두 51자의 가나(假名)문자를 말하는데 이것은 마다(摩多)를 16자로 하고 체문을 34자로 하는 고대인도의 반자론(半字論)에 맞춘 것이라고 주장하였다. 모두 불경(佛經)을 통하여 일본에 전달되어 일본의 승려(僧侶)들이 익히 알고 있는 문자 제정의 방법이었다.

6.4.5 왜학서에서도 다른 삼학(三學)과 같이『왜어유해』라는 유서(類書)를 편찬하여 일본어 사전으로서 사용하였다. 한어(漢語) 학습에서『역어

유해(譯語類解)』를 본뜬 것으로 원래 사역원에서 역관들이 사용하던 <물명(物名)>이란 어휘집을 증보하여 단행본으로 간행한 것이다. 왜학역관 홍순명(洪舜明)이 <왜어물명>을 확대하여 증보한 <왜어유해>를 몽학의 『몽어유해(蒙語類解)』(1768)와 청학의 『동문유해(同文類解)』(1748)와 함께 간행하려 하였다.

그러나 역학서의 개정은 반드시 현지에 가서 수정한 다음에 간행하는 사역원의 관례에 따라 대마도(對馬島)에 가서 <왜어물명>을 수정하여 <왜어유해>로 간행하려고 하였으나 돌아올 때에 배가 침몰하여 수정을 맡은 왜학 역관 현태익(玄泰翼)과 이명윤(李命尹), 현태형(玄泰衡)이 모두 익사하고 <왜어물명>을 수정한 원고도 없어져 같이 간행할 수 없었다.

『왜어유해』는 일본 동경(東京)의 고마자와(駒澤) 대학 도서관에 소장된 가나자와(金澤) 구장본이 유일한 것으로 알려졌다. 그러나 이보다 훨씬 선본(善本)이 한국 국립중앙도서관에 소장되어 있어 졸저(1988a)에서 영인되어 학계에 소개되었다. 이 책의 하권 말미에 <왜어유해>를 간행하는 일에 관여한 역관들의 함명(銜名)이 수정관(讐整官), 서사관(書寫官), 감인관(監印官)으로 부재(附載)되었다. 이 제역함명(諸譯銜名)의 맨 위에 '수정관(讐整官) 전판관(前判官) 한정수(韓廷修)'가 보인다. 이것은 『고금석림(古今釋林)』의 「삼학역어(三學譯語)」에 "倭語類解 舌官 韓廷修 讐整'란 기사와 같은 것으로 한정수가 <왜어유해>를 수정하여 간행한 것임을 알 수 있고 그의 관직이 판관(判官)이었을 때이니 1780년대 초에 간행된 것으로 보았다.

이 <왜어유해>는 임진왜란 때에 피랍된 조선 도공(陶工)들의 후예(後裔)들이 일본에 이상적인 도향촌(陶鄕村)을 만들어 살던 사쓰마한(薩摩藩)의 나에시로가와(苗代川)에서 모국어 학습을 위하여 필사한 <화어유해(和語類解)>가 있으며 가나자와 쇼사부로(金澤庄三郞)가 조선인의 일본어 교재로 재편한 <일어유해(日語類解)>의 저본이 되었다. 졸저(2004b)에서는 이 4본의 <왜어유해>를 모두 영인하여 <사본대조 왜어유해>란 이름으로 간행하였다.

또 W. H. Medhurst가 <천자문(千字文)>을 부재(附載)하고 영어로 번역하여 『조선위국자휘(朝鮮偉國字彙)』(영문명: Comparative Vocabulary of the Chinese, Corean and Japanese Languages: to Which is added the Thousand Character Classic in Chinese and Corean)를 출판하였는데 여기에도 <왜어유해>가 들어있다.

6.4.6 왜학의 취재나 역과는 몽학과 같이 사자(寫字) 시험이었다. 이 책에서는 영조 정묘(丁卯, 1747)의 식년시(式年試)에 역과 왜학의 복시(覆試)에 응시한 현계근(玄啓根)의 시권을 예로 하여 일본어 역과 시험의 전모를 살펴보았다. 필자가 발굴한 역과 시권 가운데 가장 오래된 것으로 모두 <첩해신어>의 출제된 부분을 외워서 필기하는 사자(寫字)의 시험이었다.

이 시권은 역학이 다시 꽃을 피우던 영·정조 시대의 일본어 교육과 그 평가를 알 수 있게 한다. 이 시권으로 3등 7인에 합격한 현계근(玄啓根)은 후일 <첩해신어>와 <왜어유해>의 개수에 많은 공을 세운다. 또 이 시권의 채점을 통하여 이 시대의 일본어 평가 방법을 알 수 있었는데 다른 삼학(三學)과 같이 '통(通), 략(略), 조(粗)'의 3단계 채점이고 통(通)은 2분, 략(略)은 1분, 조(粗)는 반분(半分)으로 통산하여 분수(分數)에 의해서 합격 여부를 결정하였다.

시권의 답안을 보면 거의 틀림없이 기재하였지만 결과는 통(通)이 3개, 략(略)이 4개여서 모두 10분(71%)을 받았으나 성적은 3~7로 거의 말석(末席)에 해당한다. 역시 왜학을 다른 삼학(三學)에 비하여 차별한 것으로 볼 수 있다.

5. 청학서(淸學書)

6.5.0 사역원의 청학(淸學)은 원래 여진어 교육의 여진학(女眞學)이던 것을 병자호란(丙子胡亂) 이후에 만주어 교육의 청학(淸學)으로 바꾼 것이다. 『경국대전』(권1) 「이전(吏典)」 '정삼품아문'의 '사역원'에는 사학(四學)

으로 한어의 한학(漢學), 몽고어의 몽학(蒙學), 일본어의 왜학(倭學), 그리고 여진어의 여진학(女眞學)이 있었다.

여진족은 압록강 주변에 살던 야인(野人)들인데 고려 초기에는 이들이 고려에 잘 복속하였으나 세력을 길러 금(金)을 세우고 중원을 넘볼 때에도 고려와의 관계는 그렇게 나쁘지 않았다. 그러나 금(金)이 몽고에 패하여 멸망하고 나서 여진족은 자주 고려를 침범하였고 조선 초기에는 이들과 크고 작은 많은 접전이 있었다. 후일 누르하치가 세력을 얻어 후금(後金), 즉 청(淸)을 세운 다음에 여진족은 이들에 융합된다.

조선왕조에서 사역원의 여진학은 다른 삼학(三學)에 비하여 늦게 설치되었다. 『세종실록』(권47) 세종 12년 3월 무오(戊午)조의 상정소(詳定所) 계문에는 한학과 몽학, 그리고 왜학의 취재에 사용하는 역학서의 이름이 보이지만 여진학은 없었다. 따라서 적어도 이때까지는 여진어 교육이 사역원에서 정식으로 시행되지 않았음을 알 수 있다. 그러나 『세종실록』(권64) 세종 16년 6월 경오(庚午)조에 보이는 기사에서는 여진어를 교육한 흔적이 보인다.

즉, 이 기사에는 여진자를 이해하는 자가 불과 2~3인이어서 장차 여진어 교육이 폐절될 수 있다고 걱정한 것으로 보아 여진어와 여진문자의 교육이 정식은 아니지만 시행되었던 것으로 볼 수 있다. 여진자는 금(金) 태조 아구타(阿骨打)가 완안희윤(完顔希尹)으로 하여금 거란 문자를 본떠서 새로 제정한 문자이며 후대에 다시 금(金) 희종(熙宗)이 표음적인 문자를 만들었다. 후자가 여진소자이고 전자를 여진대자로 부르지만 오늘날까지 이를 완전하게 해독하지 못하고 있다.

이 여진문자가 한반도에서도 교육되었다는 기사가 『고려사』(권22) 고종 12년 6월 신묘(辛卯)에 있다. 그러나 조선시대의 사역원에서는 여진자가 아니라 몽고-위구르 문자로 여진어를 교육시켰을 것으로 본서에서는 추정한다. 왜냐하면 조선 건국 초기에 사역원을 고려의 예에 따라 복치(復置)할 때에 설장수(偰長壽)라는 위구르 귀화인이 설치의 주역이었기 때문에 이미 금(金)이 멸망한지 100여년이 지나서 이미 사용하지 않는 여진문자보다 몽고어의 기록으로 널리 알려진 몽고-위구르 문자로 여진어의 교재를 편찬하여 사용한 것이라고 주장하였다(졸고, 2015c).

실제로 여진학서를 만주어의 청학서로 변환하여 사용하였다. 즉, 청학서인 <팔세아>, <소아론>은 원래 여진어를 학습하는 교재였으나 청학관 신계암(申繼黯)이 여러 차례 청(淸)을 왕래하면서 이 두 여진학서를 만주어 학습 교재로 바꿨다는 기사가 『통문관지(通文館志)』 등에 실렸다. 만일 이 교재들이 여진자로 작성되었다면 이를 만주-위구르 문자로 작성된 청학서로 고치기기 쉽지 않았을 것이다.

6.5.1 『경국대전』에는 사역원의 사학으로 여진학이 있고 역과(譯科)와 취재(取才)의 출제서로 <천자(千字)>, 천병서(天兵書), 소아론(小兒論), 삼세아(三歲兒), 자시위(自侍衛), 팔세아(八歲兒), 거화(去化), 칠세아(七歲兒), 구난(仇難), 십이제국(十二諸國), 귀수(貴愁), 오자(吳子), 손자(孫子), 태공(太公), 상서(尙書)” 등 15종의 여진학서를 들었다. 특히 <소아론(小兒論)>, <팔세아(八歲兒)>, <삼세아(三歲兒)>, <칠세아(七歲兒)> 등의 지혜로운 아동들의 활약을 주제로 한 훈몽서(訓蒙書)가 많다. 모두 여진인들의 아동 교육을 위한 교재였음을 알 수 있다.

특히 돈황(敦煌)의 변문(變文) 자료로 ‘공자항탁상문서(孔子項託相問書)’로 알려진 반유교적 설화를 주제로 한 아동 훈몽서가 많다. 즉, 7세, 또는 3세의 어린 아이 항탁(項託)이 공자(孔子)와 지혜를 다투다가 이겨서 공자의 스승이 됐다는 설화는 북방민족들 사이에 반유교(反儒敎)의 정신을 반영한 것이다. 따라서 <소아론>, <칠세아>의 두 여진학서는 분명히 항탁(項託) 설화를 소재로 한 혼몽서이며 유교를 국시(國是)로 한 조선 왕조에서 비록 외국어 교재이지만 이러한 내용의 책을 사역원에서 사용한 것은 조선 건국 초기에 얼마나 북방민족과의 관계가 긴밀했는가를 보여준다.

또 하나 여진학서의 특징은 병서(兵書)가 많다는 점이다. 거란의 요

(遼)를 정복하고 송(宋)과 대치하면서 여진의 금(金)이 얼마나 군사력을 중요시 했는가를 알 수 있다. 그리하여 훈몽서에서도 병서가 있어 아동들에게 군사 교육을 실시한 흔적을 보여준다.

6.5.2 여진학(女眞學)이 청학(淸學)으로 바뀐 것은 강희(康熙) 정미(丁未, 1667)의 일이다. 그러나 만주어의 교육은 이보다 더 이른 시기에 실시되었다는 기사가 『역관상언등록(譯官上言謄錄)』 등에 실려 있다. 청(淸) 태조 누르하치(努爾哈赤)가 후금(後金)을 세우고(1616) 태종(太宗)이 청(淸)으로 국호를 고치고 명(明)을 완전히 멸망시킨 사이(1636~1662)에 두 차례에 걸친 침략을 받은 조선에서는 만주어에 대한 수요가 급격하게 증대되었다. 비록 사역원에서는 명(明)이 완전히 망한 후인 강희(康熙) 정미(丁未, 1667)에 비로소 여진학을 청학으로 개칭하였으나 그 이전부터 여진어를 대신하여 만주어의 교육이 이루어지고 있었음을 알 수 있다.

만주어 교육의 청학서(淸學書)는 처음에 여진학서를 일부 수정하여 사용하였다. 이것은 몽고-위구르 문자로 편성된 여진학서를 만주-위구르 문자로 고쳐서 사용한 것을 의미한다. 만주-위구르 문자는 청(淸) 태조 누르하치(努爾哈赤)가 에르데니(額爾德尼) 등을 시켜 몽고문자, 즉 몽고-위구르 문자를 본떠서 만주문자를 만력(萬曆) 27년(1599)에 만들었다. 소위 만문(滿文) 노당(老檔)으로 불리는 무권점(無圈點) 만주자로서 이 문자는 청(淸) 태종이 숭정(崇禎) 5년(1632)에 몇 개의 자형을 더 첨가하고 권점(圈點)을 붙여 수정한 만주 신자(新字), 즉 유권점(有圈點) 만주자와 교체된다.

이러한 와중에서 여진학서를 청학서로 바꾸고 무권점(無圈點) 만주자를 만주 신자로 고치는 과정에서 활약한 역관은 신계암(申繼黯)이다. 그는 10여년간 청(淸)에 보내는 사행(使行)의 청학 역관으로 참가하면서 여진학서를 청학서로 바꾸는 작업과 만주 구자(舊字)를 신자(新字)로 고치는 작업을 수행하였다. 그리하여 여진학서 가운데 <구난(仇難)>, <거화(巨化, 去化)>, <팔세아(八歲兒)>, <소아론(小兒論)>, <상서(尙書)>를 만주어로 고치고 이를 다시 만주 신자(新字)로 바로잡아서 만주어 학습에 사용하였지만 오늘날 전하는 것은 <팔세아(八歲兒)>, <소아론(小兒論)> 뿐이다. 이 책에서는 이 두 여진학서를 통하여 여진어 교육의 실상을 규지(窺知)하였다.

6.5.3 병자호란 이후에 만주어 교육이 정식으로 사역원에서 시작되었음으로 청학서는 중기 이후의 역학서들이다. 호란(胡亂)에 포로로 끌려갔다가 돌아온 동환자(東還者)들 가운데 만주어에 능통한 자를 뽑아 한어 교재인 <노걸대>를 만주어로 번역하여 몽학서와 같이 <신번노걸대(新飜老乞大)>란 이름으로 사용하였다. 이것이 <청어노걸대(淸語老乞大)>로 <삼국지(三國志)>를 번역한 <삼역총해(三譯總解)>와 더불어 중요한 만주어 교재가 된다.

실제로 중기의 만주어 교육은 앞의 두 청학서와 신계암(申繼黯)이 여진학서를 청학서로 고친 <팔세아(八歲兒)>, <소아론(小兒論)>를 교재로 하여 진행되었다. 이를 청학사서(淸學四書)라 하고 만주어의 취재와 역과 청학에서 이를 출제서로 하였다. 후기에는 이 청학사서를 신석하고 중간하여 만주어의 변화에 대응하였다. 다만 초기 여진학서로서 여진어 교육에 사용하던 <천자문(千字文)>과 같이 만주어로 바뀐 <만한(滿漢)천자문>이 만주인들의 훈몽서로 사용되었던 것을 사역원에서는 이를 수입하여 한글로 주음(注音)하고 사역원의 만주어 교육에 사용하였다. 그러한 증거로 한글로 주음된 <만한천자문>이 프랑스 파리의 국립도서관에 소장되었다.

이 책에서는 이 자료에 대하여 검토하고 파리 국립도서관의 해제와 Courant(1894~6)에서의 이 책에 대한 설명이 사실과 많이 다름을 지적하고 이를 바로잡았다. 이 자료는 사역원에서 사용하던 것을 대한제국의 프랑스 공사였던 꼴랭 드 플란시(Colin de Plancy)가 서울에서 수집한 자료로 보았고 이것을 파리 동양어학교에 기증한 것이라 하였다. 현재 파리 동양어학교에 소장된 유일본 <개수첩해신어>도 그가 기증한 것임을 밝혔다. 한글 주음(注音)이 없는 <만한(滿漢)천자문>이 로마 바티칸 도서관과 런던 대영도서관에 소장되었다.

6.5.4 여진학서였던 <소아론>, <팔세아>가 중국 북방민족들의 반유교 사상을 보여주는 '공자항탁상문(孔子項託相問)'의 설화를 소재로 한 것임을 논의하였다. 특히 <소아론>은 돈황(敦煌) 문서 가운데 같은 내용이 있어서 변문으로 10세기 중반에 작성된 것과 일치한다고 보았다. 즉, 공자항탁상문의 설화를 소재로 한 여러 질의 변문 자료가 있는데 이들과 <소아론>의 내용을 비교하여 이 여진학서 겸 청학서였던 이 자료가 상당한 내용의 첨삭(添削)을 거친 것임을 밝혔다.

즉, '공자항탁상문(孔子項託相問)'의 설화를 소재로 한 많은 변문 자료 가운데 돈황(敦煌) 사권(寫卷)과 이탁오(李卓吾) 선생 소장본 그리고 Walter Fuchs 박사 소장본을 비교 검토하고 위의 사실을 확인하였다. 돈황 사권의 내용이 <소아론>에서는 서로 앞뒤가 뒤바뀐 경우가 있으며 이탁오(李卓吾)본과 Fuchs본의 내용이 <소아론>에서 생략된 부분이 있다. 지나치게 공자(孔子)를 폄훼(貶毁)한 부분은 삭제한 것으로 보인다.

반유교적인 공자항탁상문(孔子項託相問)의 설화가 여진의 금(金), 또는 거란(契丹)의 요(遼)에서 훈몽서로 사용된 것은 유교를 신봉하고 그를 통치이념으로 하는 송(宋)과의 대립에서 북방의 여진민족이 자신들의 민족교육을 위한 것이었다. 그리고 여진학서로서 <팔세아>를 비롯하여 서명만 남아 있는 '칠세아(七歲兒), 삼세아(三歲兒), 구난(仇難)' 등도 모두 항탁(項託) 설화를 소재로 한 여진인들의 훈몽교과서였으며 병자호란 이후에 만주-위구르 문자로 고쳐서 만주어 학습서로 개편된 것이라고 주장하였다.

6.5.5 후기 만주어 교육의 교재인 청학서는 도광(道光) 갑진(甲辰, 1844)에 시행된 증광별시(增廣別試)의 역과 청학의 시권(試券)에서 확인할 수 있다. 필자가 가장 처음으로 접했던 이 만주어 시권은 고려대 도서관에 소장된 것으로 가장 완벽한 모습으로 남아있는 역과(譯科) 청학의 만주

어 시험 답안지였다. 이 시권을 통하여 당시 역과가 어떻게 진행되었고 어떤 역학서에서 만주어가 출제되었는지 실증적으로 밝힐 수 있었다.

이 시권에 의하면 만주어는 청학사서(淸學四書), 즉 <청어노걸대>(2문제), <삼역총해>(3문제), <팔세아>(1문제), <소아론>(1문제)에서 출제되었으며 『경국대전』을 풀이하는 역어의 출제도 있었다. 모두 7문제를 출제한 것은 한학의 7문제 출제에 맞춘 것이다. 이 시권의 중앙에 '合'과 '二 ~ 七'란 주서(朱書)를 보면 이 시권의 주인공이 2등 7인으로 합격한 것임을 알 수 있다. 실제로 『역과방목(譯科榜目)』에는 이 시권의 주인공인 백완배(白完培)가 2등 7인으로 이름이 올랐다.

후기의 청학서도 다른 삼학(三學)의 교재처럼 신석(新釋)과 중간(重刊)을 거친다. 청학관 김진하(金振夏)에 의하여 주도된 청학사서의 신석과 중간은 역시 청인(淸人)들과의 교섭에서 언어의 변천을 깨닫고 전 시대의 교재를 개편한 것이다. 이에 대하여는 홍계희(洪啓禧)의 '청어노걸대 신석서(新釋序)'와 이담(李湛)의 '중간삼역총해서(序)'에서 청학사서의 신석과 중간에 대하여 설명하였다.

후기의 청학서 가운데 필자가 주목하는 것은 <동문유해(同文類解)>라는 어휘집이다. 다른 삼학의 <역어유해>, <몽어유해>, <왜어유해>와 같이 '물명(物名)'이란 이름의 어휘집을 유서(類書)의 형식에 따라 단행본으로 간행한 것인데 청(淸)의 <동문광휘(同文廣彙)>에 보이는 '동문(同文)'으로 청어(淸語), 또는 만주어를 표기한 것이다. 실제로 <몽문유해>는 건륭 무진(戊辰, 1748)에 청학관 현문항(玄文恒)이 청(淸)의 어휘집인 <청문감(淸文鑑)>, <대청전서(大淸全書)>, <동문광휘(同文廣彙)> 등을 참고하여 편찬한 것이다.

6.5.6 만주어 교재인 청학서는 구한말에 외국인들에 의하여 수집되어 외국으로 반출되었다. 당시에는 만주어 학습을 위한 적절한 교재를 찾을 수가 없었기 때문일 것이다. 그리하여 국내에는 청학서가 많이 남아있지 않다. 먼저 <청어노걸대>는 국내에는 없고 런던의 대영도서관

의 것이 세상에 알려졌지만 그보다 더 선본(善本)이 도쿄의 고마자와(駒澤) 대학 도서관에 소장되어서 졸저(1998)에 의하여 영인본이 우리 학계에도 소개되었다.

또 고려대 박물관에 청학서 책판(冊版)이 다수 소장되었다. 물론 후대의 신석본이나 중간본이지만 <청어노걸대>, <삼역총해>, <동문유해> 등의 책판이 남아 있는데 다른 책판에서는 잘 분실되는 서문이 있는 책판이 남아 있어 이 책을 서술하는데 많은 도움을 주었다. '청어노걸대 신석서(新釋序)'와 '중간(重刊)삼역총해서(序)'의 책판이 '몽어노걸대서'와 더불어 청학서와 몽학서의 간행에 대한 많은 정보를 제공하였다. 특히 '몽어노걸대서'의 몽고어 서문의 책판은 이 책의 이해를 위해서 없어서는 안 될 귀중한 자료이었다.

6. 마치면서

6.6.0 지금까지 조선시대 사역원의 외국어 교재인 역학서에 대하여 고찰하였다. 이 자료의 연구에는 현재 남아있는 역학서들에 대하여 서지학(書誌學)적인 연구와 더불어 해당국의 언어에 대한 기초적인 지식이 필요하기 때문에 우리 학계에서 기피하는 분야였던 것으로 보인다. 오히려 국내학자들보다 외국인의 연구가 성행한 이유가 해당국의 언어에 대한 역사적 지식의 결여에 있었다고 본다.

그러나 해당국 언어의 역사적 연구를 위하여 이루어진 외국인의 역학서 연구는 우리의 역사와 조선시대의 사역원에 대하여 지식이 많이 부족하여 여러 가지 오류가 있었다. 따라서 우리말의 역사적 변천을 고찰하는 중요한 자료이면서 동시에 해당국의 언어 역사 연구에 귀중한 자료임에도 불구하고 역학서에 대한 연구는 결코 만족하게 이루어졌다고 보기 어렵다.

다행히 필자는 오래 동안 일본에 유학하면서 일본 연구자들의 왜학서 연구를 섭력(涉歷)하였고 그들이 한국어의 역사나 사역원의 조직과 운영에 대한 지식의 미달로 잘못된 연구가 많음을 지적하여 왔다. 솔직하게 말하면 그로부터 역학서 연구에 매진하게 되었다고 볼 수가 있다. 특히 필자가 이 연구에 몰두하게 된 것은 고려대학교의 전임 교수로 부임하여 고려대부설 박물관에 소장된 비장(秘藏)의 역학서 책판(冊版)을 자유롭게 열람할 수 있었고 또 고려대 도서관에 소장된 많은 귀중한 역학서들을 비교적 쉽게 열람하고 영인할 수 있었기 때문이다.

특히 필자만이 연구논문을 쓸 수 있었던 역과 시권(試券)의 연구가 얼마나 역학서의 이해에 도움을 주었는지 가늠하기 어렵다. 필자는 사역원 사학(四學)의 역과(譯科) 시권, 즉 한어, 몽고어, 일본어, 그리고 만주어의 역과 시권을 찾아 조선시대의 역과제도와 그 시행방식을 고찰하고 이 시권의 답안 언어를 각 역학서에서 찾아 소개하는 논문을 여러 편 발표하였다. 이것으로 사역원의 외국어 교육 방식을 규지(窺知)할 수 있었기 때문이다.

또 하나 필자가 역학서 연구에서 다른 연구자들보다 유리했던 것은 외국을 많이 돌아다니면서 외국에 소장된 역학서 자료들을 많이 찾아볼 수 있었던 것도 이 책의 저술에 결정적인 도움을 주었다. 일본에 가장 많은 역학서 자료들이 소장되었음은 임진왜란과 일제 강점기에 이 자료들이 대량으로 일본으로 반출되었기 때문이다. 필자는 오래 동안 일본에 체류하면서 일본 곳곳의 도서관에 소장된 조선본 가운데 역학서를 찾아 우리 학계에 소개하였다.

여기에는 일본에서 한국학 자료의 연구에서 가장 권위자로서 조선서지학의 대가인 친우 후지모토 유키오 교수의 도움이 많았다. 50년이 넘도록 서로의 학문을 상부상조하는 두 사람의 우정은 아마 현대인에게는 찾아보기 어려운 미담일 것이다. 그리고 또 한 분, 필자의 학문을 이해하고 전폭적으로 신뢰와 성원을 아끼지 않은 고(故) 야스다 아키라(安田章) 교토(京都)대학 교수를 잊을 수가 없다. 일본에서 왜학서 연구의 권위자였던 고인(故人)은 필자의 사소한 논문이나 서평까지 모두 번역하여 읽고 평가하였다. 그리하여 졸저(1988a)를 출간할 때에 서명을 직접 지어주시고 본인이 평소에 모아놓은 <왜어유해>의 노트를 아낌없이 제공하였다. 국경을 넘은 고인의 학은(學恩)에 머리 숙여 감사를 표하지 않을 수 없다.

생각해 보면 이 책을 집필하면서 필자의 연구에 도움을 준 많은 사람들의 면면히 눈앞에 어른거린다. 특히 보통사람들에게 잘 허용되지 않는 로마 바티칸 도서관의 귀중본을 자유롭게 열람한 것은 사촌 형인 추기경의 도움이 있었다. 또 런던의 대영도서관에서 필자의 이름만으로 파스파 문자 관계의 자료를 흔쾌하게 보여준 이름 모를 사서의 호의도 잊을 수가 없다. 미국 뉴욕의 콜럼비아대학 동아시아 언어문화과의 사서였던 유진 채선생의 도움도 잊지 못한다.

그리고 도쿄 고마자와(駒澤)대학의 도서관 사서(司書)도 친절하게 청학서 자료들을 보여주고 영인 출판을 허가 받는데 도움을 주었다. 일본 센다이의 요네자와(米澤)에 있는 작은 도서관에서 임진왜란 때에 반출한 우리 문헌을 매우 부끄러워하면서 보여준 노년의 사서도 있었다. 나고야(名古屋)의 호사분코(峰左文庫)의 서고를 안내하면서 한국에 있었으면 모두 없어졌을지도 모르는 귀중한 문헌 자료들을 자기들이 잘 보존하고 있다고 자랑하던 뻔뻔한 사서도 생각난다. 도쿄 왕실 도서관이었던 소로부(書陵部) 문고의 콧대 높은 사서도 마지못해 필자에게 소장 조선본의 귀중본들을 보여주면서 못내 아까워하던 모습도 잊을 수가 없다.

그러나 지내고 보니 모두 이해가 되는 일들이다. 생각해 보면 이분들의 도움이 없었더라면 아마 이 책은 세상에 나올 수가 없었을 것이다. 여기에 한마디 남겨 고마움을 표하고 싶다.

역학서의 세계

-조선 사역원의 외국어 교재 연구-

참고문헌

한국과 중국에서 출판된 것은 저자명의 가나다순으로 정리하였고 일본에서 출판된 것은 역시 저자명의 가나(假名) 五十音圖 순으로 정리하였으며 로마자로 작성된 것은 역시 저자의 알파벳순으로 정리하였다.

姜信沆(1966a); “李朝初期 譯學者에 관한 考察”, 『震檀學報』 제29·30집.

______(1966b); “李朝中期 以後의 譯學者에 대한 考察”, 『論文集』(成均館大) 제11집.

______(1966c); “朝鮮時代의 譯學政策에 관한 考察－司譯院·承文院 設置를 中心으로 하여－”, 『大東文化硏究』(성균관대학교부설 대동문화연구원), 제2집, pp.1~31.

______(1967); “韓國語學史 上”, 『韓國文化史大系』 5, 高麗大學校民族文化硏究所, 서울.

______(1973); 『四聲通解硏究』, 新雅社, 서울.

______(1974); “飜譯老乞大·朴通事의 音系”, 『震檀學報』(震檀學會), 제38호.

______(1978); 『朝鮮時代의 譯學政策과 譯學書 I』, 塔出版社, 서울 .

______(1985); 『李朝時代의 譯學政策과 譯學者 II』, 塔出版社, 서울.

______(1988); “朝鮮時代 漢學關係 譯學者들의 業績에 대하여”, 『한국학의 과제와 전망』(제5회국제학술회의 세계한국학대회 논문집 I), 한국정신문화연구원. 서울.

慶北大學校 出版部(2000); 『元代漢語本老乞大』, 慶北大學校 古典叢書9, 경북대학교 출판부, 대구.

高麗大學校 博物館(1989); 『高麗大學校 博物館 創設 55周年紀念 博物館收藏品目錄』, 高麗大學校出版部, 서울.

국립도서관(1972); 『古書目錄』 제3, 국립도서관, 서울.

國史編纂委員會(1987); 『國史館開館紀念 史料展示會 目錄 및 解題』, 國史編纂委員會, 서울.

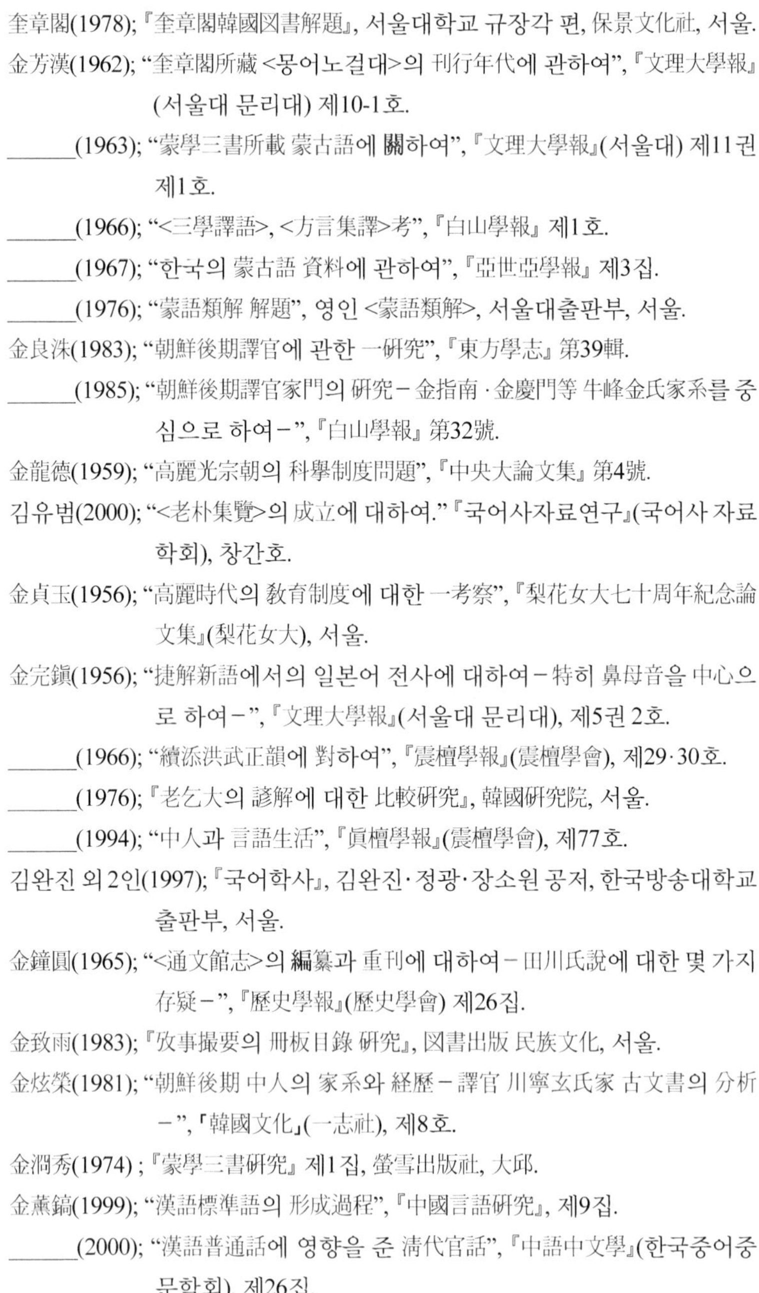

奎章閣(1978); 『奎章閣韓國図書解題』, 서울대학교 규장각 편, 保景文化社, 서울.

金芳漢(1962); "奎章閣所藏 <몽어노걸대>의 刊行年代에 관하여", 『文理大學報』(서울대 문리대) 제10-1호.

______(1963); "蒙學三書所載 蒙古語에 關하여", 『文理大學報』(서울대) 제11권 제1호.

______(1966); "<三學譯語>, <方言集譯>考", 『白山學報』 제1호.

______(1967); "한국의 蒙古語 資料에 관하여", 『亞世亞學報』 제3집.

______(1976); "蒙語類解 解題", 영인 <蒙語類解>, 서울대출판부, 서울.

金良洙(1983); "朝鮮後期譯官에 관한 一硏究", 『東方學志』 第39輯.

______(1985); "朝鮮後期譯官家門의 硏究－金指南·金慶門等 牛峰金氏家系를 중심으로 하여－", 『白山學報』 第32號.

金龍德(1959); "高麗光宗朝의 科學制度問題", 『中央大論文集』 第4號.

김유범(2000); "<老朴集覽>의 成立에 대하여." 『국어사자료연구』(국어사 자료 학회), 창간호.

金貞玉(1956); "高麗時代의 敎育制度에 대한 一考察", 『梨花女大七十周年紀念論文集』(梨花女大), 서울.

金完鎭(1956); "捷解新語에서의 일본어 전사에 대하여－特히 鼻母音을 中心으로 하여－", 『文理大學報』(서울대 문리대), 제5권 2호.

______(1966); "續添洪武正韻에 對하여", 『震檀學報』(震檀學會), 제29·30호.

______(1976); 『老乞大의 諺解에 대한 比較硏究』, 韓國硏究院, 서울.

______(1994); "中人과 言語生活", 『震檀學報』(震檀學會), 제77호.

김완진 외 2인(1997); 『국어학사』, 김완진·정광·장소원 공저, 한국방송대학교 출판부, 서울.

金鐘圓(1965); "<通文館志>의 編纂과 重刊에 대하여－田川氏說에 대한 몇 가지 存疑－", 『歷史學報』(歷史學會) 제26집.

金致雨(1983); 『攷事撮要의 冊板目錄 硏究』, 図書出版 民族文化, 서울.

金炫榮(1981); "朝鮮後期 中人의 家系와 経歷－譯官 川寧玄氏家 古文書의 分析－", 「韓國文化」(一志社), 제8호.

金泂秀(1974) ; 『蒙學三書硏究』 제1집, 螢雪出版社, 大邱.

金薰鎬(1999); "漢語標準語의 形成過程", 『中國言語硏究』, 제9집.

______(2000); "漢語普通話에 영향을 준 淸代官話", 『中語中文學』(한국중어중문학회), 제26집.

南廣祐(1972a); "新發見인 崔世珍 著 <飜譯老乞大> 卷上을 보고", 『국어국문학』(국어국문학회), 제55~57호.

______(1972b); "飜譯老乞大 解題", 『老乞大 上』(중앙대학교 대학원 영인), 중앙대학교 출판국, 서울.

______(1975); "飜譯老乞大 解題", 『老乞大 下』(인하대학교 인문과학연구소 영인), 인하대학교출판부, 서울.

閔丙河(1957); "高麗時代의 教育制度－特히 國子監을 中心으로－", 『歷史教育』第2輯.

閔泳珪(1943); "老乞大について", 『大正大學學報』(일본 大正大學), 제36집.

______(1964a); "<淸語老乞大> 影印 引言", 『人文科學』(연세대학교 인문과학연구소), 제11집.

______(1964b); "老乞大辯疑," 『人文科學』(연세대학교 인문과학연구소), 제12집 延世大出版部 영인본 <淸語老乞大>의 付祿으로 게재됨.

______(1964c); "滿洲字 小兒論과 敦煌의 項託変文," 『李相佰博士回紀念論叢』, 乙酉文化社, 서울.

______(1966); "朴通事著作年代", 『東國史學』(동국대), 제9·10집.

朴相國(1987); 『全國寺刹所藏木板集』, 文化財管理局, 世信出版社, 서울.

朴恩用 (1973); 『滿州譯文語硏究(2)』, 大邱.

______(1984, 1975); "韓國語와 滿州語와의 比較硏究", 『曉星女子大學 硏究論文集』, 14~15, (中) 同16, 大邱.

方鐘鉉(1963); 『一簑國語學論集』, 서울.

서상규(1997); 『淸語老乞大 語彙索引』, 옛말 자료 연구 총서 5, 도서출판 박이정, 서울.

成白仁(1976); "滿州語의 音韻史硏究를 위한 淸文啓蒙－異施淸字硏究 其1－", 『言語學』 第1号.

______(1977); "滿文特殊文字의 로마자表記法", 『言語學』 第2号.

______(1984); "譯學書에 나타난 訓民正音 사용－司譯院 淸學書의 만주어 한글 표기에 대하여－", 『한국문화』 제5호.

宋基中(1985); "経國大典에 보이는 譯學書 書名에 대하여(一)(二)", 『國語學』(國語學會), 제14~16호.

宋 敏(1968); "<方言集釋>의 日本語 'ハ'行音 轉寫法과 <倭語類解>의 刊行時期", 『李崇寧博士頌壽紀念論叢』, 서울.

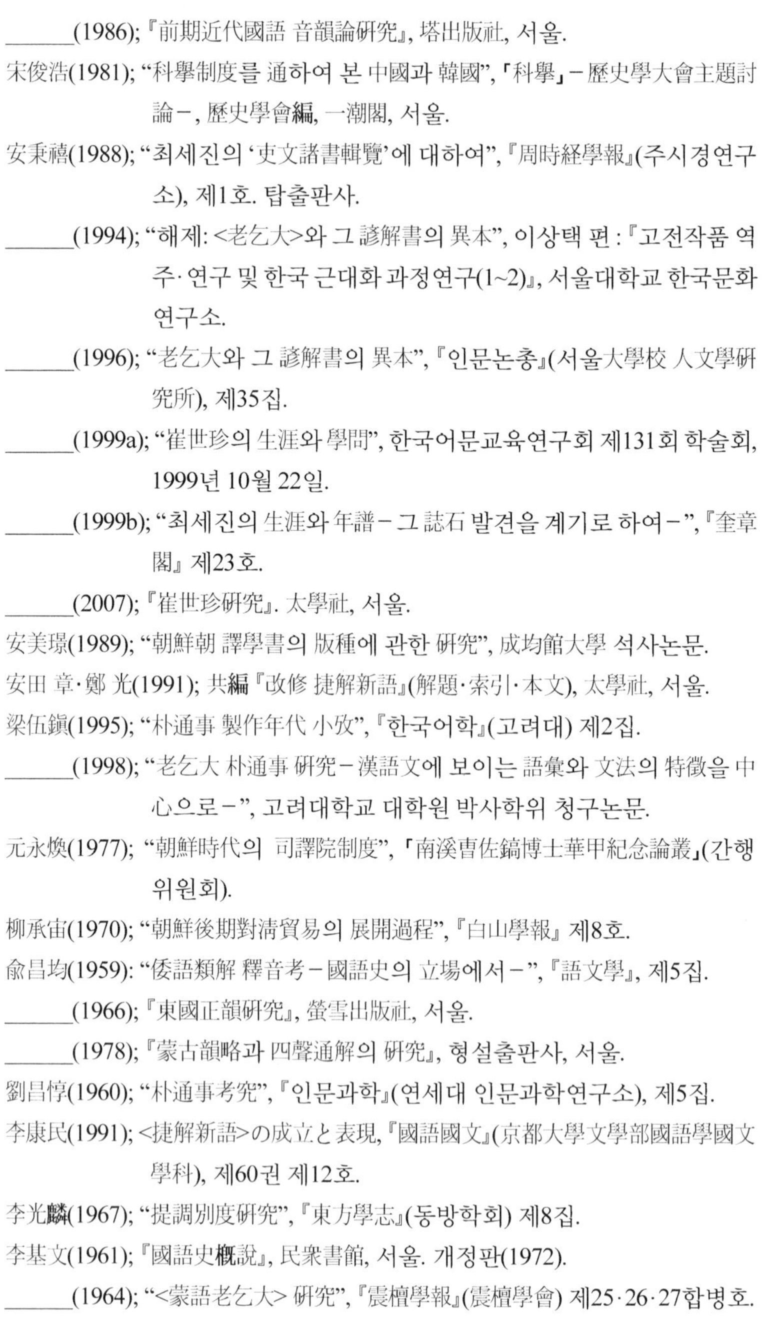

______(1986); 『前期近代國語 音韻論研究』, 塔出版社, 서울.

宋俊浩(1981); "科擧制度를 通하여 본 中國과 韓國", 「科擧」－歷史學大會主題討論－, 歷史學會編, 一潮閣, 서울.

安秉禧(1988); "최세진의 '吏文諸書輯覽'에 대하여", 『周時経學報』(주시경연구소), 제1호. 탑출판사.

______(1994); "해제: <老乞大>와 그 諺解書의 異本", 이상택 편 : 『고전작품 역주·연구 및 한국 근대화 과정연구(1~2)』, 서울대학교 한국문화연구소.

______(1996); "老乞大와 그 諺解書의 異本", 『인문논총』(서울大學校 人文學硏究所), 제35집.

______(1999a); "崔世珍의 生涯와 學問", 한국어문교육연구회 제131회 학술회, 1999년 10월 22일.

______(1999b); "최세진의 生涯와 年譜－그 誌石 발견을 계기로 하여－", 『奎章閣』 제23호.

______(2007); 『崔世珍研究』. 太學社, 서울.

安美璟(1989); "朝鮮朝 譯學書의 版種에 관한 研究", 成均館大學 석사논문.

安田 章·鄭 光(1991); 共編 『改修 捷解新語』(解題·索引·本文), 太學社, 서울.

梁伍鎭(1995); "朴通事 製作年代 小攷", 『한국어학』(고려대) 제2집.

______(1998); "老乞大 朴通事 研究－漢語文에 보이는 語彙와 文法의 特徵을 中心으로－", 고려대학교 대학원 박사학위 청구논문.

元永煥(1977); "朝鮮時代의 司譯院制度", 「南溪曺佐鎬博士華甲紀念論叢」(간행위원회).

柳承宙(1970); "朝鮮後期對淸貿易의 展開過程", 『白山學報』 제8호.

兪昌均(1959): "倭語類解 釋音考－國語史의 立場에서－", 『語文學』, 제5집.

______(1966); 『東國正韻研究』, 螢雪出版社, 서울.

______(1978); 『蒙古韻略과 四聲通解의 研究』, 형설출판사, 서울.

劉昌惇(1960); "朴通事考究", 『인문과학』(연세대 인문과학연구소), 제5집.

李康民(1991); <捷解新語>の成立と表現, 『國語國文』(京都大學文學部國語學國文學科), 제60권 제12호.

李光麟(1967); "提調別度研究", 『東方學志』(동방학회) 제8집.

李基文(1961); 『國語史概說』, 民衆書館, 서울. 개정판(1972).

______(1964); "<蒙語老乞大> 研究", 『震檀學報』(震檀學會) 제25·26·27합병호.

______(1967); "蒙學書硏究의 기본문제", 『진단학보』(진단학회) 제31호.

______(1980); 『改訂國語史概說』, 塔出版社, 서울.

李東林(1970); 『東國正韻硏究』, 동국대학교 국어국문학연구실, 서울.

______(1984); "諺文字母俗所謂 <反切27字』 策定根據", 『東大論文集』(梁柱東博士古稀紀念), 大邱.

李丙疇(1966a); "老朴集覽考究", 『論文集』(人文科學)(東國大) 제2호.

______編校(1966b); 『老朴集覽考』, 進修堂, 서울.

李崇寧(1965); "崔世珍硏究", 『亞細亞學報』, 제1호.

______(1976); 『革新 국어학사』, 박영사, 서울.

______(1981); 『世宗大王의 學問과 思想』, 亞細亞文化社, 서울.

李洪烈(1967); "雜科試取에 對한 考察－特히 燕山君 以後에 있어서의 医·譯·籌學의 경우－, 『白山學報』(白山學會), 제3호.

李姬載 譯(1994); 모리스 꾸랑 原著 『韓國書誌－修訂飜譯版』, 一潮閣, 서울.

張基槿(1965); "奎章閣所藏 漢語老乙大 및 諺解本에 대하여", 『亞細亞學報』, 제1호.

정광·金文京·玄幸子·佐藤晴彦(2002); 『老乞大－朝鮮中世の中國語會話讀本』, 鄭光解說, 金文京·玄幸子·佐藤晴彦 譯註, 東洋文庫 699, 平凡社, 東京.

정광·남권희·梁伍鎭(1999); "元代 漢語 <老乞大>－신발굴 역학서 資料 <舊本老乞大>의 漢語를 중심으로－, 『국어학』(국어학회), 제33호.

____(2000); "<元代漢語本 老乞大>의 解題", 『元代漢語本老乞大』, 慶北大學校 古典叢書9, 慶北大學出版部, 대구.

정광·송기중·윤세영(1992); "高麗大學校 博物館 所藏 司譯院 冊板", 『省谷論叢』(省谷學術文化財團) 제23집.

정광·梁伍鎭·정승혜(2002); 『吏學指南』(해제, 본문, 표제어 색인, 영인), 태학사, 서울.

____(2002); 『吏學指南』, 태학사, 서울.

정광·윤세영(1998); 『司譯院 譯學書 冊版 硏究』, 고려대학교 출판부, 서울.

鄭光 主編(2002); 『原本老乞大』(解題·原文·原本影印·併音索引), 鄭光 主編, 編者梁伍鎭, 鄭丞惠, 外語教學与硏究出版社, 北京.

鄭光·韓相權(1985); "司譯院과 司譯院 譯學書의 変遷 硏究", 『德成女大論文集』(덕성여대), 第14集, pp.169~234.

정승혜(1998a); "평양판 노걸대언해 서문", 『문헌과 해석』(태학사), 여름호(통권 3호).

______(1998b); "박통사언해 서문", 『문헌과 해석』(태학사), 가을호(통권 4호).

______(1998c); "노걸대신석 서문", 『문헌과 해석』(태학사), 겨울호(통권 5호).

______(2000a); "<譯語指南>의 편찬 경위와 의의에 대하여", 『문헌과 해석』(문헌과 해석사), 봄호(통권 10호).

______(2000b); "司譯院 漢學書의 基礎的 硏究",, 『藏書閣』(한국정신문화연구원) 제3집.

曺佐鎬(1958); "麗代의 科擧制度", 『歷史學報』(역사학회), 제10호.

______(1965); "科擧講経考", 『趙明基紀念仏教史學論叢』(간행위원회), 서울.

졸고(1971); "司譯院譯書의 表記法硏究", 『國語硏究』(서울대학교 국어연구회), 第25号. pp.1~125.

____(1974); "飜譯老乞大朴通事의 中國語音 표기연구", 『국어국문학』(국어국문학회), 제64호, pp.1~26.

____(1977); "최세진 연구－老乞大·朴通事의 飜譯을 중심으로－", 『덕성여대 논문집』(덕성여대), 제10집, pp.1~25.

____(1978a); "司譯院譯書の外國語の轉寫た就いて", 『朝鮮學報』(日本朝鮮學會), 제89호.

____(1978b); "類解類 譯書에 대하여", 『국어학』(국어학회), 제7호.

____(1978c); "朝鮮偉國字彙 解題", 影印 『朝鮮偉國字彙』(서울: 弘文閣), pp.1~5.

____(1984); "捷解新語의 成立時期에 관한 몇 문제", 『牧泉兪昌均博士還甲紀念論文集』(大邱: 螢雪出版社), pp.623~640.

____(1985a); "<捷解新語>의 伊呂波와 <和漢名數>", 『德成語文學』(덕성여대 국문과), 第2輯, pp.36~54.

____(1985b); "訓民正音과 한글表記法－譯學書의 發音轉寫에 있어서 한글表記法 硏究를 爲하여－", 『韓日比較文化硏究』(德成女大 韓日比較文化硏究所), 第1輯, pp.9~48.

____(1987a); "朝鮮朝 譯科 淸學初試 答案紙에 대하여", 『韓國語學과 알타이語學』(于亭朴恩用博士回甲紀念論叢, 河陽: 晩星女大出版部), pp.471~493.

____(1987b); "朝鮮朝における譯科の蒙學とその蒙學書－來甲午式年の譯科初試の蒙學試劵を中心として－", 『朝鮮學報』(日本朝鮮學會) 第124輯. pp.49~82.

____(1987c); "朝鮮朝譯科漢學과 漢學書－英·正祖代 譯科漢學試劵을 중심으로－", 『震檀學報』(진단학회), 제63호, pp.33~72.

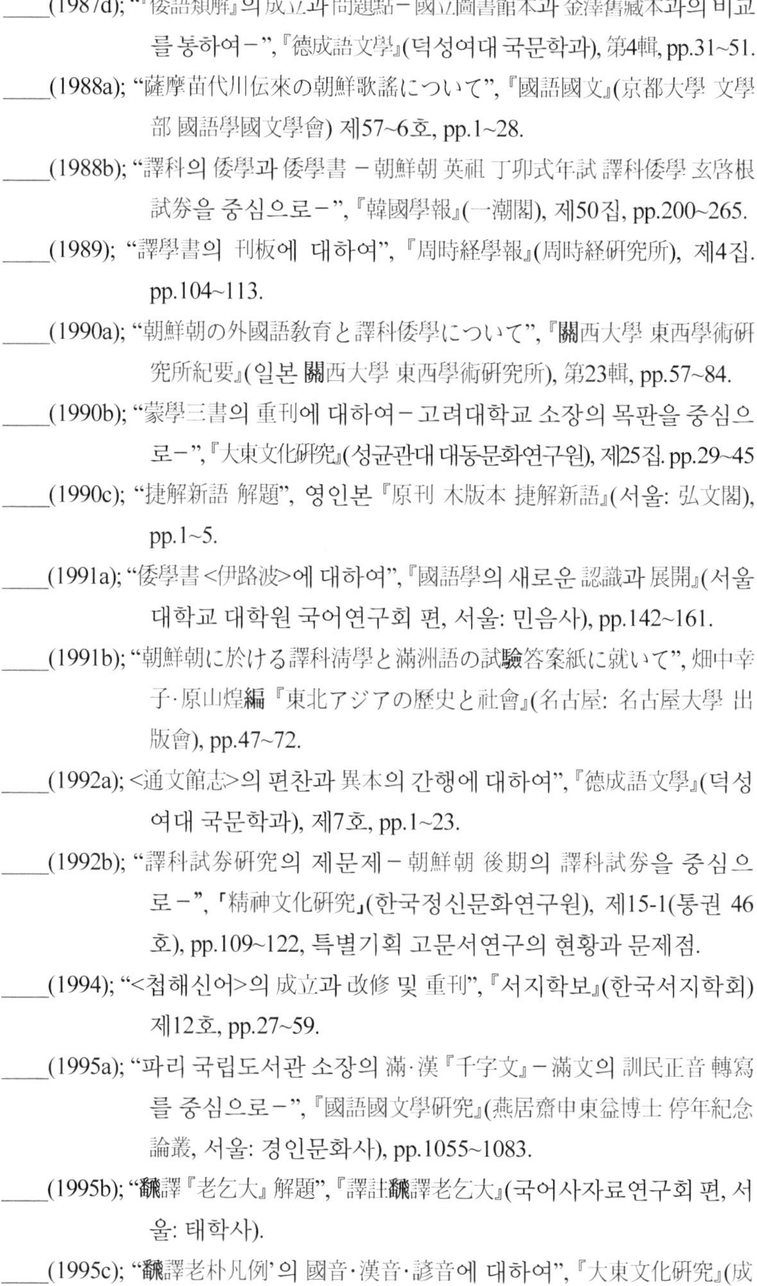

____(1987d); "『倭語類解』의 成立과 問題點－國立圖書館本과 金澤舊藏本과의 비교를 통하여－", 『德成語文學』(덕성여대 국문학과), 第4輯, pp.31~51.

____(1988a); "薩摩苗代川伝來の朝鮮歌謠について", 『國語國文』(京都大學 文學部 國語學國文學會) 제57~6호, pp.1~28.

____(1988b); "譯科의 倭學과 倭學書 －朝鮮朝 英祖 丁卯式年試 譯科倭學 玄啓根 試券을 중심으로－", 『韓國學報』(一潮閣), 제50집, pp.200~265.

____(1989); "譯學書의 刊板에 대하여", 『周時経學報』(周時経硏究所), 제4집. pp.104~113.

____(1990a); "朝鮮朝の外國語教育と譯科倭學について", 『關西大學 東西學術硏究所紀要』(일본 關西大學 東西學術硏究所), 第23輯, pp.57~84.

____(1990b); "蒙學三書의 重刊에 대하여－고려대학교 소장의 목판을 중심으로－", 『大東文化硏究』(성균관대 대동문화연구원), 제25집. pp.29~45

____(1990c); "捷解新語 解題", 영인본 『原刊 木版本 捷解新語』(서울: 弘文閣), pp.1~5.

____(1991a); "倭學書 <伊路波>에 대하여", 『國語學의 새로운 認識과 展開』(서울대학교 대학원 국어연구회 편, 서울: 민음사), pp.142~161.

____(1991b); "朝鮮朝に於ける譯科淸學と滿洲語の試驗答案紙に就いて", 畑中幸子·原山煌編 『東北アジアの歷史と社會』(名古屋: 名古屋大學 出版會), pp.47~72.

____(1992a); <通文館志>의 편찬과 異本의 간행에 대하여", 『德成語文學』(덕성여대 국문학과), 제7호, pp.1~23.

____(1992b); "譯科試券硏究의 제문제－朝鮮朝 後期의 譯科試券을 중심으로－", 「精神文化硏究」(한국정신문화연구원), 제15-1(통권 46호), pp.109~122, 특별기획 고문서연구의 현황과 문제점.

____(1994); "<첩해신어>의 成立과 改修 및 重刊", 『서지학보』(한국서지학회) 제12호, pp.27~59.

____(1995a); "파리 국립도서관 소장의 滿·漢『千字文』－滿文의 訓民正音 轉寫를 중심으로－", 『國語國文學硏究』(燕居齋申東益博士 停年紀念論叢, 서울: 경인문화사), pp.1055~1083.

____(1995b); "飜譯『老乞大』解題", 『譯註飜譯老乞大』(국어사자료연구회 편, 서울: 태학사).

____(1995c); "飜譯老朴凡例'의 國音·漢音·諺音에 대하여", 『大東文化硏究』(成

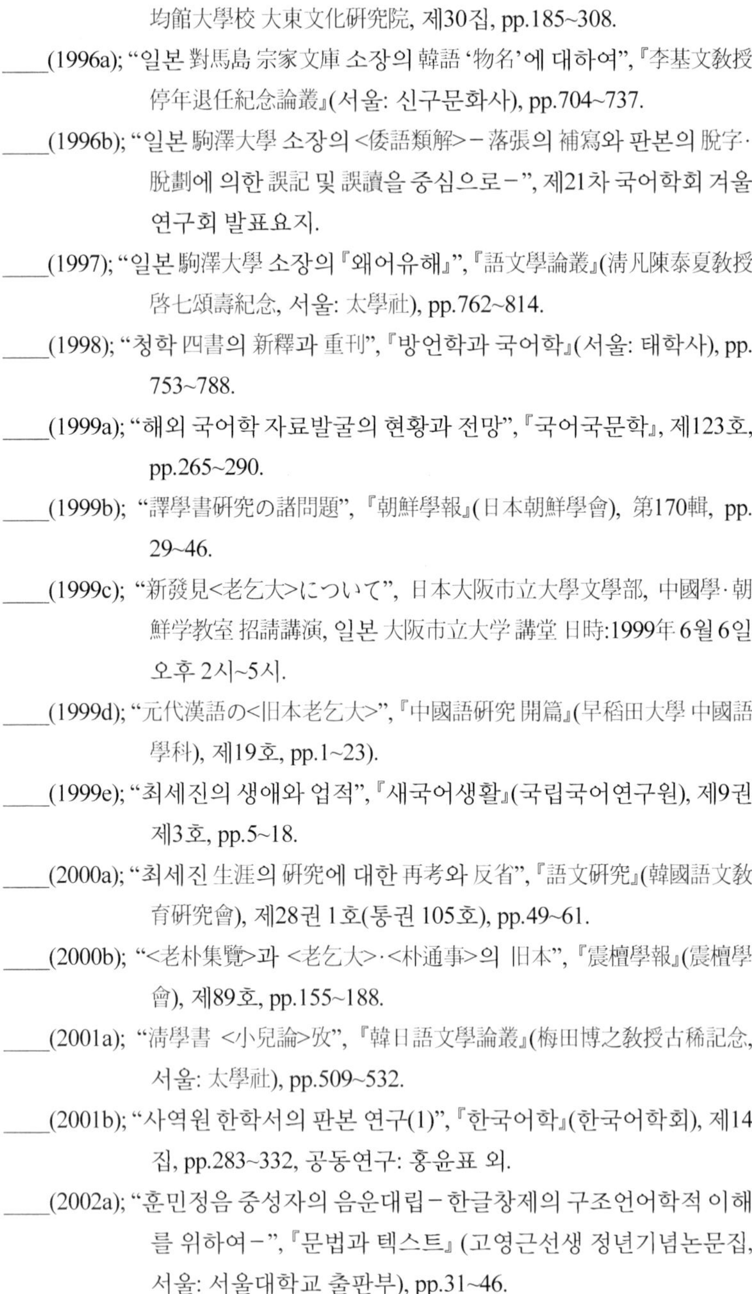

均館大學校 大東文化硏究院, 제30집, pp.185~308.

____(1996a); "일본 對馬島 宗家文庫 소장의 韓語 '物名'에 대하여", 『李基文敎授停年退任紀念論叢』(서울: 신구문화사), pp.704~737.

____(1996b); "일본 駒澤大學 소장의 <倭語類解>－落張의 補寫와 판본의 脫字·脫劃에 의한 誤記 및 誤讀을 중심으로－", 제21차 국어학회 겨울 연구회 발표요지.

____(1997); "일본 駒澤大學 소장의 『왜어유해』", 『語文學論叢』(淸凡陳泰夏敎授啓七頌壽紀念, 서울: 太學社), pp.762~814.

____(1998); "청학 四書의 新釋과 重刊", 『방언학과 국어학』(서울: 태학사), pp. 753~788.

____(1999a); "해외 국어학 자료발굴의 현황과 전망", 『국어국문학』, 제123호, pp.265~290.

____(1999b); "譯學書硏究の諸問題", 『朝鮮學報』(日本朝鮮學會), 第170輯, pp. 29~46.

____(1999c); "新發見<老乞大>について", 日本大阪市立大學文學部, 中國學·朝鮮学教室 招請講演, 일본 大阪市立大学 講堂 日時:1999年 6월 6일 오후 2시~5시.

____(1999d); "元代漢語の<旧本老乞大>", 『中國語硏究 開篇』(早稻田大學 中國語學科), 제19호, pp.1~23).

____(1999e); "최세진의 생애와 업적", 『새국어생활』(국립국어연구원), 제9권 제3호, pp.5~18.

____(2000a); "최세진 生涯의 硏究에 대한 再考와 反省", 『語文硏究』(韓國語文敎育硏究會), 제28권 1호(통권 105호), pp.49~61.

____(2000b); "<老朴集覽>과 <老乞大>·<朴通事>의 旧本", 『震檀學報』(震檀學會), 제89호, pp.155~188.

____(2001a); "淸學書 <小兒論>攷", 『韓日語文學論叢』(梅田博之敎授古稀記念, 서울: 太學社), pp.509~532.

____(2001b); "사역원 한학서의 판본 연구(1)", 『한국어학』(한국어학회), 제14집, pp.283~332, 공동연구: 홍윤표 외.

____(2002a); "훈민정음 중성자의 음운대립－한글창제의 구조언어학적 이해를 위하여－", 『문법과 텍스트』 (고영근선생 정년기념논문집, 서울: 서울대학교 출판부), pp.31~46.

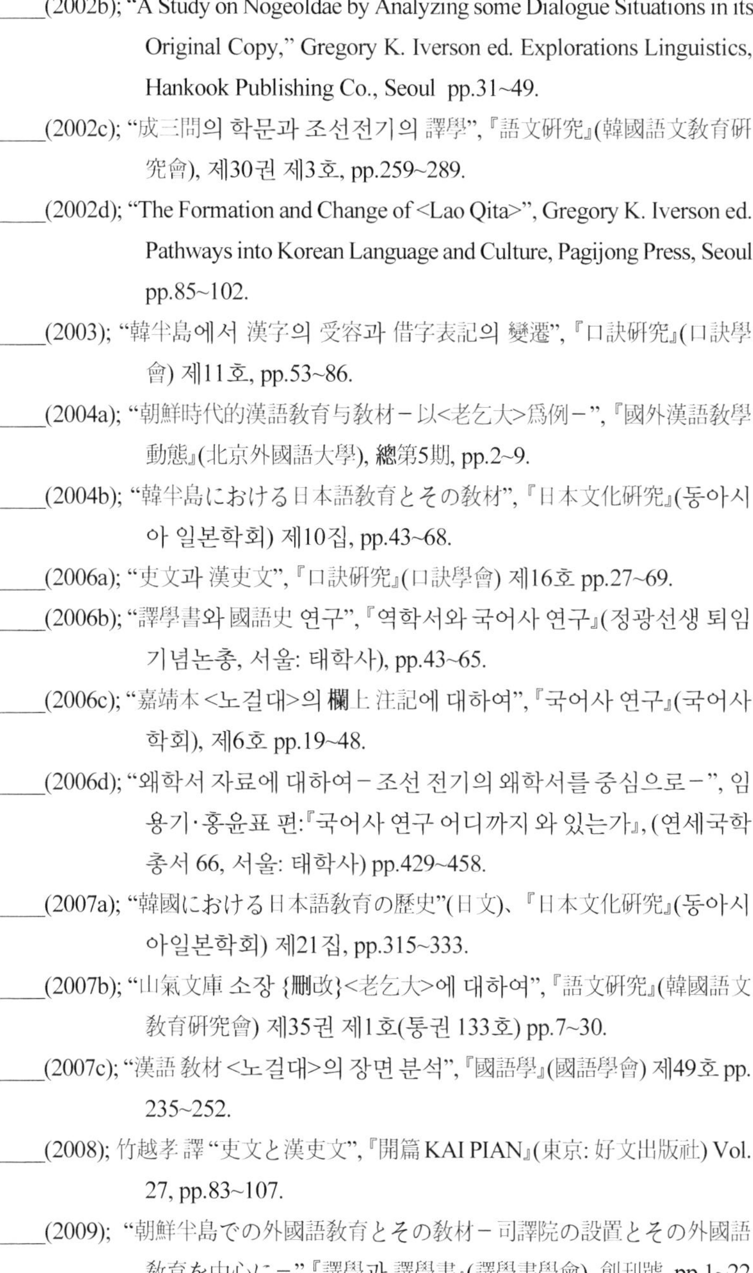

____(2002b); "A Study on Nogeoldae by Analyzing some Dialogue Situations in its Original Copy," Gregory K. Iverson ed. Explorations Linguistics, Hankook Publishing Co., Seoul pp.31~49.

____(2002c); "成三問의 학문과 조선전기의 譯學", 『語文硏究』(韓國語文敎育硏究會), 제30권 제3호, pp.259~289.

____(2002d); "The Formation and Change of <Lao Qita>", Gregory K. Iverson ed. Pathways into Korean Language and Culture, Pagijong Press, Seoul pp.85~102.

____(2003); "韓半島에서 漢字의 受容과 借字表記의 變遷", 『口訣硏究』(口訣學會) 제11호, pp.53~86.

____(2004a); "朝鮮時代的漢語教育与教材－以<老乞大>爲例－", 『國外漢語教學動態』(北京外國語大學), 總第5期, pp.2~9.

____(2004b); "韓半島における日本語教育とその教材", 『日本文化硏究』(동아시아 일본학회) 제10집, pp.43~68.

____(2006a); "吏文과 漢吏文", 『口訣硏究』(口訣學會) 제16호 pp.27~69.

____(2006b); "譯學書와 國語史 연구", 『역학서와 국어사 연구』(정광선생 퇴임기념논총, 서울: 태학사), pp.43~65.

____(2006c); "嘉靖本 <노걸대>의 欄上 注記에 대하여", 『국어사 연구』(국어사학회), 제6호 pp.19~48.

____(2006d); "왜학서 자료에 대하여－조선 전기의 왜학서를 중심으로－", 임용기·홍윤표 편:『국어사 연구 어디까지 와 있는가』, (연세국학총서 66, 서울: 태학사) pp.429~458.

____(2007a); "韓國における日本語教育の歷史"(日文)、『日本文化硏究』(동아시아일본학회) 제21집, pp.315~333.

____(2007b); "山氣文庫 소장 {刪改}<老乞大>에 대하여", 『語文硏究』(韓國語文敎育硏究會) 제35권 제1호(통권 133호) pp.7~30.

____(2007c); "漢語 教材 <노걸대>의 장면 분석", 『國語學』(國語學會) 제49호 pp. 235~252.

____(2008); 竹越孝 譯 "吏文と漢吏文", 『開篇 KAI PIAN』(東京: 好文出版社) Vol. 27, pp.83~107.

____(2009); "朝鮮半島での外國語教育とその教材－司譯院の設置とその外國語教育を中心に－",『譯學과 譯學書』(譯學書學會), 創刊號, pp.1~22

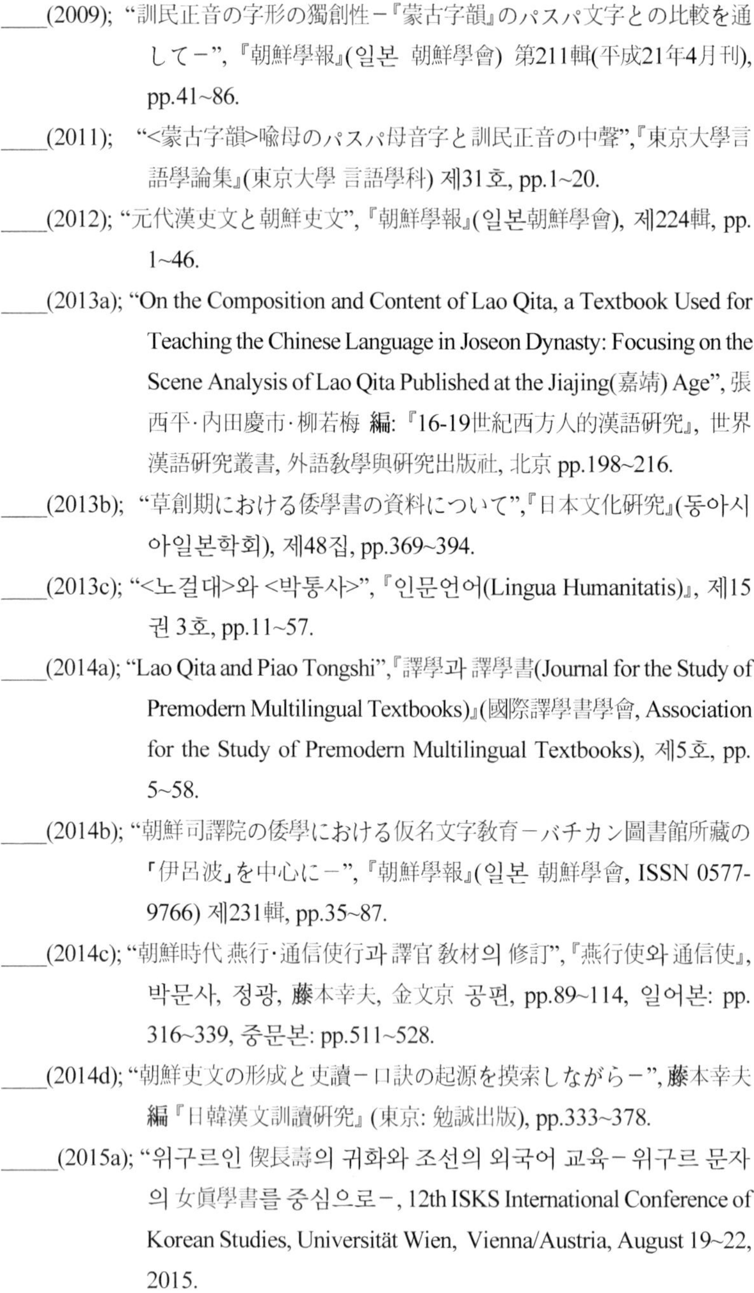

____(2009); "訓民正音の字形の獨創性－『蒙古字韻』のパスパ文字との比較を通して－", 『朝鮮學報』(일본 朝鮮學會) 第211輯(平成21年4月刊), pp.41~86.

____(2011); "<蒙古字韻>喩母のパスパ母音字と訓民正音の中聲",『東京大學言語學論集』(東京大學 言語學科) 제31호, pp.1~20.

____(2012); "元代漢吏文と朝鮮吏文", 『朝鮮學報』(일본朝鮮學會), 제224輯, pp. 1~46.

____(2013a); "On the Composition and Content of Lao Qita, a Textbook Used for Teaching the Chinese Language in Joseon Dynasty: Focusing on the Scene Analysis of Lao Qita Published at the Jiajing(嘉靖) Age", 張西平·內田慶市·柳若梅 編: 『16-19世紀西方人的漢語研究』, 世界漢語研究叢書, 外語教學與研究出版社, 北京 pp.198~216.

____(2013b); "草創期における倭學書の資料について",『日本文化研究』(동아시아일본학회), 제48집, pp.369~394.

____(2013c); "<노걸대>와 <박통사>", 『인문언어(Lingua Humanitatis)』, 제15권 3호, pp.11~57.

____(2014a); "Lao Qita and Piao Tongshi",『譯學과 譯學書(Journal for the Study of Premodern Multilingual Textbooks)』(國際譯學書學會, Association for the Study of Premodern Multilingual Textbooks), 제5호, pp. 5~58.

____(2014b); "朝鮮司譯院の倭學における仮名文字教育－バチカン圖書館所藏の「伊呂波」を中心に－", 『朝鮮學報』(일본 朝鮮學會, ISSN 0577-9766) 제231輯, pp.35~87.

____(2014c); "朝鮮時代 燕行·通信使行과 譯官 教材의 修訂",『燕行使와 通信使』, 박문사, 정광, 藤本幸夫, 金文京 공편, pp.89~114, 일어본: pp. 316~339, 중문본: pp.511~528.

____(2014d); "朝鮮吏文の形成と吏讀－口訣の起源を摸索しながら－", 藤本幸夫 編『日韓漢文訓讀研究』(東京: 勉誠出版), pp.333~378.

_____(2015a); "위구르인 偰長壽의 귀화와 조선의 외국어 교육－위구르 문자의 女眞學書를 중심으로－, 12th ISKS International Conference of Korean Studies, Universität Wien, Vienna/Austria, August 19~22, 2015.

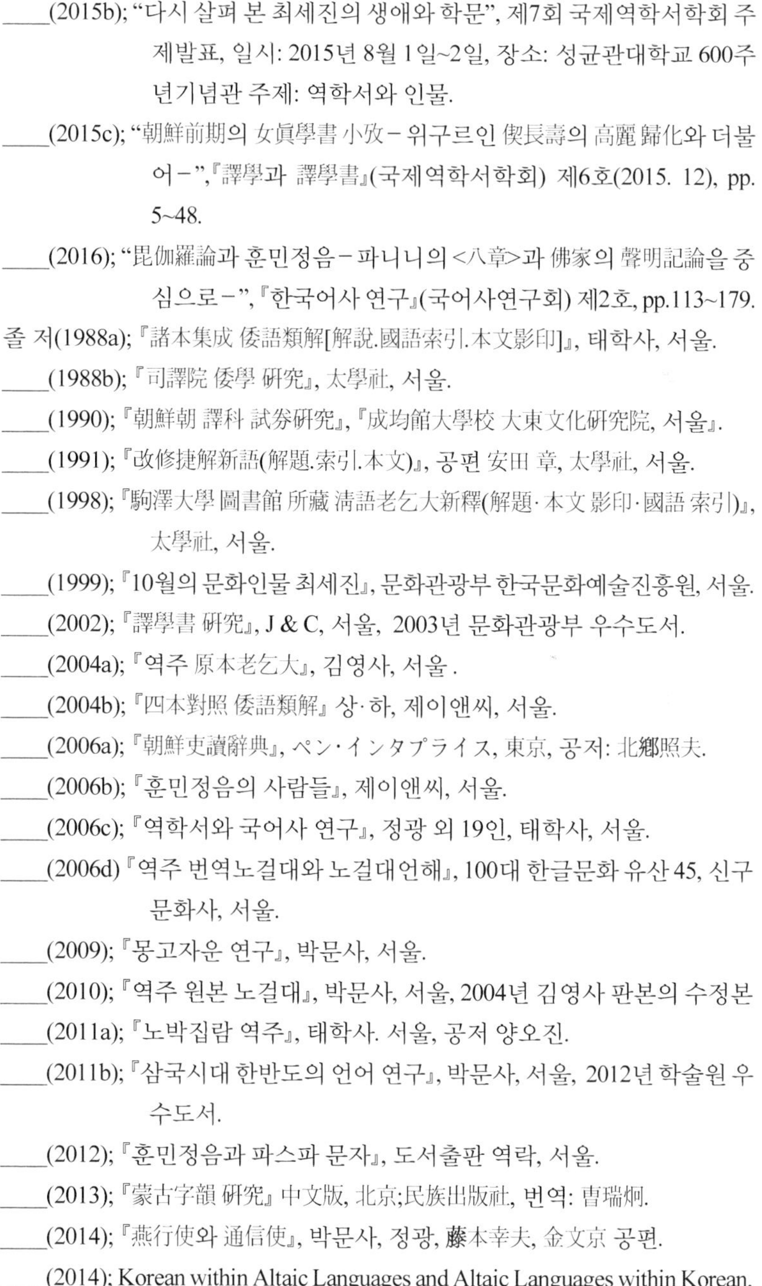

____(2015b); “다시 살펴 본 최세진의 생애와 학문”, 제7회 국제역학서학회 주제발표, 일시: 2015년 8월 1일~2일, 장소: 성균관대학교 600주년기념관 주제: 역학서와 인물.

____(2015c); “朝鮮前期의 女眞學書 小攷－위구르인 偰長壽의 高麗 歸化와 더불어－”,『譯學과 譯學書』(국제역학서학회) 제6호(2015. 12), pp. 5~48.

____(2016); “毘伽羅論과 훈민정음－파니니의 <八章>과 佛家의 聲明記論을 중심으로－”,『한국어사 연구』(국어사연구회) 제2호, pp.113~179.

졸 저(1988a);『諸本集成 倭語類解[解說.國語索引.本文影印]』, 태학사, 서울.

____(1988b);『司譯院 倭學 硏究』, 太學社, 서울.

____(1990);『朝鮮朝 譯科 試券硏究』,『成均館大學校 大東文化硏究院, 서울』.

____(1991);『改修捷解新語(解題.索引.本文)』, 공편 安田 章, 太學社, 서울.

____(1998);『駒澤大學 圖書館 所藏 淸語老乞大新釋(解題·本文 影印·國語 索引)』, 太學社, 서울.

____(1999);『10월의 문화인물 최세진』, 문화관광부 한국문화예술진흥원, 서울.

____(2002);『譯學書 硏究』, J & C, 서울, 2003년 문화관광부 우수도서.

____(2004a);『역주 原本老乞大』, 김영사, 서울 .

____(2004b);『四本對照 倭語類解』 상·하, 제이앤씨, 서울.

____(2006a);『朝鮮吏讀辭典』, ペン·インタプライス, 東京, 공저: 北鄕照夫.

____(2006b);『훈민정음의 사람들』, 제이앤씨, 서울.

____(2006c);『역학서와 국어사 연구』, 정광 외 19인, 태학사, 서울.

____(2006d)『역주 번역노걸대와 노걸대언해』, 100대 한글문화 유산 45, 신구문화사, 서울.

____(2009);『몽고자운 연구』, 박문사, 서울.

____(2010);『역주 원본 노걸대』, 박문사, 서울, 2004년 김영사 판본의 수정본

____(2011a);『노박집람 역주』, 태학사. 서울, 공저 양오진.

____(2011b);『삼국시대 한반도의 언어 연구』, 박문사, 서울, 2012년 학술원 우수도서.

____(2012);『훈민정음과 파스파 문자』, 도서출판 역락, 서울.

____(2013);『蒙古字韻 硏究』 中文版, 北京;民族出版社, 번역: 曹瑞炯.

____(2014);『燕行使와 通信使』, 박문사, 정광, 藤本幸夫, 金文京 공편.

____(2014); Korean within Altaic Languages and Altaic Languages within Korean,

Edited by Toh Soo Hee and Chung Kwang, Altaic Series 2, ACSI, Gachon University, Seoul.

____(2014); 『조선시대의 외국어 교육』 김영사, 서울, 2015년 학술원 우수도서

____(2015a); 『蒙古字韻研究』, 東京: 大倉출판사, 졸저(2009)의 일문판.

____(2015b); 『한글의 발명』, 김영사, 서울, 2016년 문화관광체육부 선정 세종도서 우수학술도서.

崔承熙(1981); 『韓國古文書研究』, 韓國精神文化研究院, 성남.

崔鉉培(1942); 『한글갈(正音學)』, 正音社, 서울. 재간(1961).

韓沽欣 外 4人(1986); 한우근·李成茂·閔賢九·李泰鎭·權五榮 『譯註 経國大典－註釋編－』, 韓國精神文化研究院, 성남.

허웅(1955); "傍点研究－慶尙道 方言 聲調와의 比較－", 『東方學志』(동방학회), 제2집.

羅錦堂(1978); "老乞大諺解·朴通事諺解 影印本 刊行 序文", 王必成(1978)의 序.

______(1978); "影印本 刊行 序文", 『老乞大諺解·朴通事諺解』(影印本), 聯経出版事業公司, 台北.

羅常培·蔡美彪(1959); 『八思巴字与元代漢語(資料彙編)』, 北京.

梅祖麟(1984); "從語言史看幾本元雜劇賓白的寫作時期", 『語言學論叢』 第13輯, 北京大學中文系, 北京.

孫錫信(1992); "<老乞大>,<朴通事>中的一些語法現象", 『近代漢語研究』, 商務印書館, 北京.

徐世榮 編(1990); 『北京土語辭典』, 北京出版社, 北京.

楊聯陞(1957); "老乞大朴通事裏的語法語彙", 『慶祝趙元任先生六十五歲論文集上冊』(中央研究院歷史語言研究所 集刊 第29本), 台北 이 논문은 개고되어 王必成(1978)에 재록됨.

呂叔湘(1985); 『近代漢語指代詞』, 上海: 學林出版社.

______(1987); "『朴通事』里的指代詞", 『中國語文』 1987-6, 北京: 中國語文雜誌社.

余志鴻(1983); "元代漢語中的後置詞'行'", 『語文研究』 1983-3, 北京.

______(1992); "元代漢語的後置詞系統", 『民族語文』 1992-3, 北京.

王必成(1978); 『老乞大諺解·朴通事諺解』(影印本), 聯経出版事業公司, 台北.

劉公望(1987); "『老乞大』里的語氣助詞'也'", 『漢語學習』 1987-5.

李學智(1981); "老乞大一書編成経過之臆測", 『中韓關係史研討會發表論文』, 台北 中央研究院.

林燾(1987); “北京官話溯源”, 『中國語文』(中國語文雜誌社) 1987-3, 北京.

丁邦新(1978); “老乞大諺解·朴通事諺解 影印本刊行 序文”, 『老乞大諺解·朴通事諺解』(影印本), 聯経出版事業公司, 台北.

程湘清 編(1992); 『宋元明漢語研究』, 山東教育出版社.

曹廣順(1995); 『近代漢語助詞』, 北京 語文出版社.

趙展(1985); 河内良弘 譯; “中國における滿洲學の復興について”, 『天理大學報』(天理大學), 第145輯.

朱德熙(1958); “『老乞大諺解』『朴通事諺解』書後”, 『北京大學學報』 1958-2. 이 논문은 杭州大學 中文系語言研究室 編 『老乞大·朴通事索引』(北京: 語文出版社)의 序文(代序) 전재되었다.

陳志强(1988); “『老乞大』‘將’ ‘的’初探”, 『廣西師院學報』 1988~1.

胡明揚(1984); “『老乞大』複句句式”, 『語文研究』(中國語文雜誌社), 1984-4, 北京.

池上二良(1950); “滿洲語の諺文文獻に關する一報告”, 『東洋學報』(東洋文庫內東洋學術協會) 제33~2호, 이 논문은 池上二良(1999)에 재록됨.

_______(1954); “滿洲語の諺文文獻に關する一報告(繼續)”, 『東洋學報』(東洋文庫內東洋學術協會), 제37호, 이 논문은 池上二良(1999)에 재록됨.

_______(1963); “ふたたび滿洲語の諺文文獻について”, 『朝鮮學報』(일본 朝鮮學會) 제26호 이 논문은 池上二良(1999)에 재록됨.

________(1999); 『滿洲語研究』, 汲古書院, 東京.

石川謙(1949); 『古往來についての研究』, 講談社, 東京.

______(1950); 『庭訓往來についての研究－教科書の取扱方から見た學習方法の發達－』, 金子書房, 東京.

______(1953); 『學校の發達－特に德川幕府直轄の學校における組織形態の發達－』, 岩崎書店, 東京.

______(1956); 『日本學校史の研究』, 小學館. 東京.

______(1960); 『寺子屋－庶民教育機關－』, 至文堂. 東京.

石川謙·石川松太郎(1967~1974); 『日本教科書大系』, 講談社, 東京.

石川松太郎(1978); 『藩校と寺子屋』, 教育社, 東京.

稻葉岩吉(1933); “朝鮮疇人考－中人階級の存在に就いて－”, 上·下, 『東亞經濟研究』, 第17卷 第2·4號.

今西春秋(1958); “漢淸文鑑解說”, 『朝鮮學報』(日本朝鮮學會), 제12집.

________(1966); “淸文鑑－單体에서五体까지－”, 『朝鮮學報』(日本朝鮮學會),

第39号·40輯.

入矢義高(1973); 陶山信男 "『朴通事諺解 老乞大諺解語彙索引』序", 采華書林.

太田辰夫(1953); "老乞大の言語に ついて", 『中國語學硏究會論集』 제1호.

________(1987); 『中國語歷史文法』 中文版(日文原版: 1958), 北京大學出版社.

________(1991); 『漢語史通考』 中文版(日文原版: 1988), 重慶出版社.

太田辰夫·佐藤晴彦 編(1996); 『元版 孝經直解』, 汲古書院, 東京.

大友信一(1957); "<捷解新語>の成立時期私見", 『文藝硏究』 第26集.

大野晉(1953); 『上代仮名遣の硏究』, 岩波書店, 東京.

大矢透(1918); 上田万年 監修 大矢透 編 『音図及手習詞歌考』, 大日本図書株式會社, 東京.

岡村金太郎(1922); 『往來物分類目錄』, 啓文會, 東京, 同增訂版 (1925).

小川環樹(1947); "<書史會要>に見える<いろは>の漢字對音に就いて", 『國語國文』(京都大) 제11권.

小倉進平(1934); "釜山に於ける日本の語學所", 『歷史地理』 第63卷 第2號.

________(1940); 『增訂朝鮮語學史』, 刀江書院, 東京.

小倉進平·河野六郞(1964); 『增訂補註 朝鮮語學史』, 刀江書院 東京.

小澤重男(1961); "中·韓·蒙對譯語彙集『蒙語類解』の硏究", 『地域文化硏究』(東京外大), 제8호.

金澤庄三郞(1911); 『朝鮮書籍目錄』.

__________(1933); 『濯足庵藏書六十一種』, 金澤博士還曆祝賀會, 東京.

__________(1948); 『濯足應藏書七十七種－亞細亞硏究に關する文獻－』, 創文社, 東京.

龜井孝(1958); "捷解新語小考", 『一橋論叢』 第39卷 第1號.

川瀨一馬(1943); 『日本書誌學の硏究』, 大日本雄辯會 講談社, 東京.

________(1974); 『增訂新訂 足利學校の硏究』, 講談社, 東京.

神田信夫等 譯注(1955-1963); 『滿文老檔』 I -IV, 東京.

神田信夫(1965); "歐米現存の滿洲語文獻", 『東洋學報』(東洋文庫內東洋學術協會), 제48호, pp.222~247.

管野裕臣(1963); "『捷解新語』のモゴル語", 『朝鮮學會』(일본 朝鮮學會) 第27호.

神原甚造(1925); "弘治五年活字版朝鮮本『伊路波』い就いて", 『典籍之硏究』 第3號.

岸田文隆(1988); "三譯總解の言語資料的価値について", 京都大學 大學院 言語學專攻 修士論文, 京都.

________(1994~5); パリ國民図書館所藏の滿漢『千字文』について(1·2),『富山大學人文學部紀要』(일본 富山大學), 제21·22집.

________(1997);『三譯總解の滿文にあらわれた特殊語形來源』, 國立亞非語言文化研究所(東京外國語大學), 東京.

金田一春彦(1979); 金田一春彦·三星堂編修所 編『新明解古語辭典』(補注版), 三星堂, 東京.

金文京(2007); "孔子的傳說－<孔子項託相問書>考",『說話論集』(淸文堂出版), 第16集.

河野六郎(1952); "弘治五年 朝鮮版<伊路波>の諺文標記に就いて－朝鮮語史立場から－",『國語國文』(京都大), 第 21卷 10號.

駒澤大學 圖書館(1987);『濯足文庫目錄』, 駒澤大學 圖書館, 東京.

佐瀨誠實(1890);『日本敎育史』上·下, 文部省 總務局 圖書課, 東京 同修訂版(1903)(全一冊), 大日本圖書, 東京 仲新·酒井豊(1973); 同校正版, 平凡社, 東京.

志村良治(1995);『中國中世語法史硏究』(中文版), 中華書局. 北京.

新村 出(1927); "東方言語史叢考", 京都(『新村出叢書』에 재록됨).

庄垣內正弘(1993);『古代ウイグル文阿毘達磨俱舍論實義疎の硏究』II, 松香堂, 東京.

高橋愛次(1974);『伊路波歌考』, 三省堂, 東京.

高稿俊乘(1923);『日本敎育史』, 永澤金港堂, 再刊(1971): 臨川書店, 京都.

________(1943);『近世學校敎育の源流』, 永澤金港堂, 再刊(1971), 臨川書店, 京都

田川孝三(1953); "『通文館志』の編纂とその重刊について",『朝鮮學報』(朝鮮學會), 第4輯.

田中謙二(1962); "元典章における蒙文直譯体の文章",『東方學報』, 1962年 第32冊.

田中健夫(1975);『中世對外關係史』, 東京大學出版會, 東京.

津曲敏郎(1977~8); "淸語老乞大の硏究－滿洲語硏究のための一資料(1·2)－",『札幌商科大學·札幌短期大學論集(人文編)』(札幌商科大學), 제21·22집

辻星兒(1975); "原刊『捷解新語』の朝鮮語について",『國語國文』(京都大文學部國語學國文學硏究室), 제46권.

土井忠生(1985); 室町時代語辭典編修委員會 編『時代別國語大辭典 室町時代編』, 三省堂, 東京.

中田祝夫 編(1983);『古語大辭典』, 小學館, 東京.

長澤規矩也·阿部隆一(1933); "元刊本成齋孝經直解に關して"『書誌學』(日本書誌學會), 第1卷 5號(昭和 8년 9월).

中村榮孝(1961); "『捷解新語』の成立·改修および『倭語類解』成立時期について、"『朝鮮學報』, 第19輯 이것은 '『捷解新語』と『倭語類解』'라고 改題되어 中村榮孝(1979)에 再錄됨.

________(1979); 日鮮關係史(上.下), 吉川弘文館, 東京.

中村完(1961); "紹介<朴通事上>",『朝鮮學報』(일본 朝鮮學會), 제18집.

中村幸彦·岡見正雄·阪倉篤義 編(1982);『角川 古語大辭典』, 角川書店, 東京.

日本大辭典刊行會 編(1975);『日本國語大辭典』, 小學館, 東京.

日本 陸軍省 編(1933);『蒙古語辭典』, 國書刊行會, 東京.

橋本進吉(1949);『文字及び仮名遣の研究』, 岩波書店, 東京.

浜田敦(1946); "國語を記載せる明代支那文獻",『國語國文』(京都大) 제10권.

_____(1952); "弘治五年朝鮮板<伊路波>諺文對立攷－國語史の立場から－",『國語國文』(京都大學 文學部 國語學國文學會) No. 21-10.

_____(1958); "倭語類解 解說",『倭語類解』影印(本文·國語·漢字索引), 京都大學文學部 國語學國文學研究室 編, 京都. 이것은 浜田敦(1970)에 再錄됨.

_____(1959); "『伊路波』解題." 影印『伊路波』(香川大學開學十周年紀念).

_____(1963); "『捷解新語』とその改修本－『日本』と『看品』－",『國文學攷』No. 30.

_____(1970);『朝鮮資料による日本語 研究』, 岩波書店, 東京.

濱田敦, 土井洋一, 安田章(1959); "倭語類解考",『國語國文』(京都大學 國文學會), 第28卷 第9號.

久木幸男(1968);『大學寮と古代儒教－日本古代教育史研究－』, サイマル出版社, 東京.

平泉澄(1926);『中世に於ける社寺と社會との關係』, 至文堂, 東京. 1982年 圖書刊行會에서 刊行.

福島邦道(1952; "<捷解新語>の助詞'を'について",『國語國文』第21卷 第4號..

_______(1969); "朝鮮語學習書による國語史研究",『國語學』(일본 國語學會) 第76号.

_______(1974); "朝鮮版伊路波合用言語格の研究",『實踐女子大學文學部紀要』(實踐女子大學文學部), 第16輯.

宮崎市定(1946);『科學』, 秋田屋, 東京.

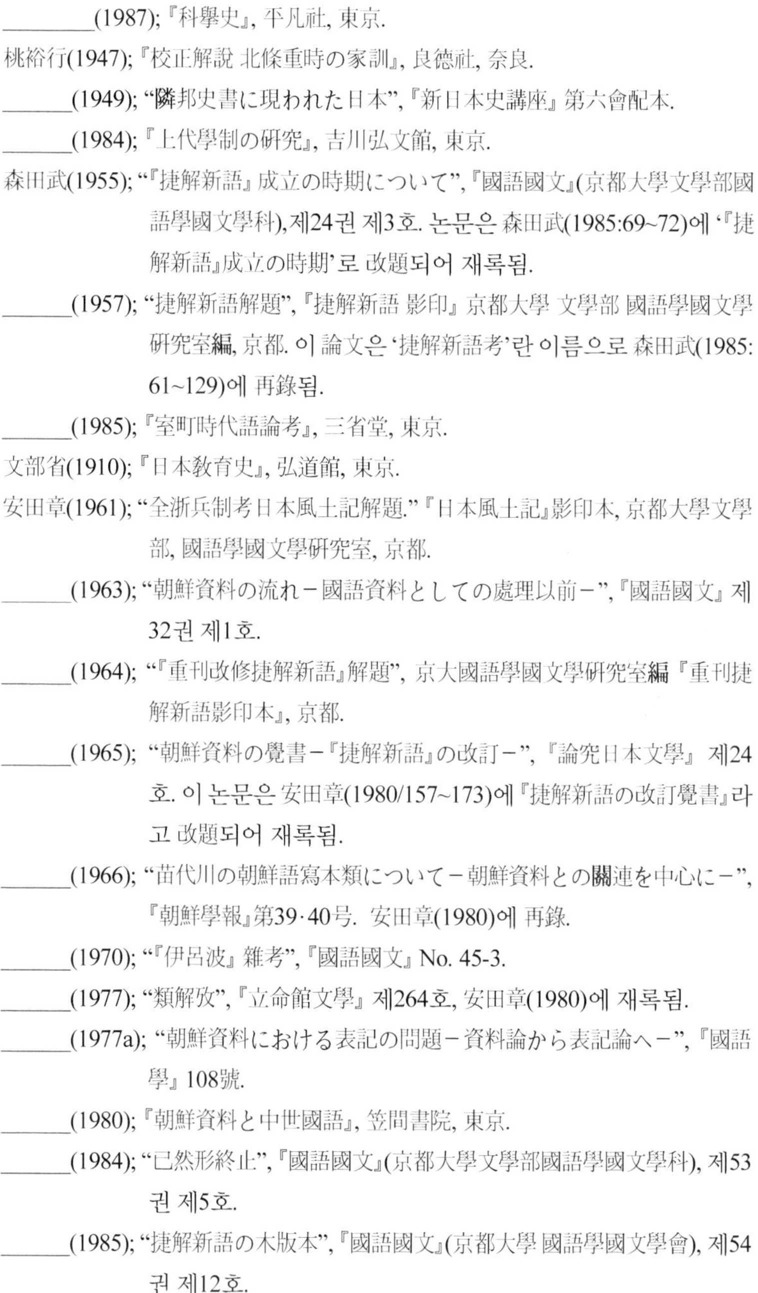

________(1987);『科學史』, 平凡社, 東京.

桃裕行(1947);『校正解說 北條重時の家訓』, 良德社, 奈良.

______(1949); "隣邦史書に現われた日本",『新日本史講座』第六會配本.

______(1984);『上代學制の研究』, 吉川弘文館, 東京.

森田武(1955); "『捷解新語』成立の時期について",『國語國文』(京都大學文學部國語學國文學科), 제24권 제3호. 논문은 森田武(1985:69~72)에 '『捷解新語』成立の時期'로 改題되어 재록됨.

______(1957); "捷解新語解題",『捷解新語 影印』京都大學 文學部 國語學國文學研究室編, 京都. 이 論文은 '捷解新語考'란 이름으로 森田武(1985:61~129)에 再錄됨.

______(1985);『室町時代語論考』, 三省堂, 東京.

文部省(1910);『日本教育史』, 弘道館, 東京.

安田章(1961); "全浙兵制考日本風土記解題."『日本風土記』影印本, 京都大學文學部, 國語學國文學研究室, 京都.

______(1963); "朝鮮資料の流れ－國語資料としての處理以前－",『國語國文』제32권 제1호.

______(1964); "『重刊改修捷解新語』解題", 京大國語學國文學研究室編『重刊捷解新語影印本』, 京都.

______(1965); "朝鮮資料の覺書－『捷解新語』の改訂－",『論究日本文學』제24호. 이 논문은 安田章(1980/157~173)에『捷解新語の改訂覺書』라고 改題되어 재록됨.

______(1966); "苗代川の朝鮮語寫本類について－朝鮮資料との關連を中心に－",『朝鮮學報』第39·40号. 安田章(1980)에 再錄.

______(1970); "『伊呂波』雜考",『國語國文』No. 45-3.

______(1977); "類解攷",『立命館文學』제264호, 安田章(1980)에 재록됨.

______(1977a); "朝鮮資料における表記の問題－資料論から表記論へ－",『國語學』108號.

______(1980);『朝鮮資料と中世國語』, 笠間書院, 東京.

______(1984); "已然形終止",『國語國文』(京都大學文學部國語學國文學科), 제53권 제5호.

______(1985); "捷解新語の木版本",『國語國文』(京都大學 國語學國文學會), 제54권 제12호.

______(1986); "韓國國立中央圖書館藏『倭語類解』", 『國語國文』(京都大學 文學部 國語學國文學會), 제55권 제4호.

______(1987); "捷解新語の改修本", 『國語國文』(京都大學 國語學國文學會), 제56권 제3호.

______(1988a); "捷解新語の木版本(續)", 『國語國文』(京都大學 國語學國文學會), 제57-12호.

______(1988b); "改修捷解新語解題", 『改修捷解新語影印本』, 京都大學國語學國文學研究室, 京都.

山中襄太(1976); 『國語語源辭典』, 校倉書房, 東京.

李元植(1984); "朝鮮通信史に隨行した倭學譯官について－捷解新語の成立時期に關する確證を中心に－", 『朝鮮學報』(朝鮮學會), 第111號.

渡部薰太郎(1932); "增訂滿洲語図書目錄", 『亞細亞研究』(大阪東洋語學會), 제3호.

________(1935); 『女眞語の新研究』, 大阪.

Benzing(1956); J. Benzing: *Die tungusischen Sprachen,* Wiesbaden.

Činčius(1949); V. I. Činčius: *Sravnitel'naya fonetika tungso-mančžurskix yazikov,* Leningrad.

Courant(1894~6); M. Courant: *Bibliographie Corèenne;* Tableau littèraire de la Corèe contenant la nomenclature des ouvrages publiès dans ce pays jusqu'en 1890, ainsi que la description et l'annalyse dètaillèes des principaux d'entre ces ouvrages. 3 vols. Paris.

Courant(1901); M. Courant: *Supplèment à la bibliographie Corèenne.*(Jusqu'en 1899), 1 vol. Paris.

Fuchs(1931); W. Fuchs: Neues Material zur mandjurischen Literatur aus Pekinger Bibliotheken, *Asia Major,* VII, 1931.

Fuchs(1936); W. Fuchs: *Beiträge zur Mandjurischen Bibliographie und Literature,* 1936, Tokyo: Otto Harrassowitz.

Fuchs(1942); W. Fuchs: *Neues Beiträge zur mandjurischen Bibliographie und Litera-tur,* Monumenta Serica, VII, 1942.

Grube (1896); W. Grube: *Die Sprache und Schrift der Jučen,* Leipzig. (Reprinted in 1941 in Tientsin).

Haenisch(1961); E. Haenisch: *Mandschu Grammatik, Mit Lesestucken und 23 Texttafeln,* Leipzig.

Konstantinova (1964); O. A. *Konstantinova: Evenkiiskii yazik, Fonetika, Morfologiya,* Moskva-Leningrad.

Kotwicz(1928); W. Kotwicz: Sur le besoin d'une bibliographie complète de la littèrature mandchoue, *Roczik Orjentalistyczny,* V, 1928.

Lee(1964); Ki-moon Lee: Mongolian Loan-words in Middle korean, *Ural-Altaische Jahrbücher,* Vol. 35, 1964, pp.188~197.

Ligeti (1952); L. Ligeti: Á propos de L'écriture mandchoue, *AOH* 2, pp.235-30.

Plancy(1911); Collin de Plancy: *Collection d'un Amateur* [v.Collin de Plancy], Objets D'art de la Corée, de la Chine et du Japon. Paris: Ernest Leroux, Editeur.

Pelliot(1922); *Inventaire sommaire des manuscrits et imprimchinoirs de la BibliothVaticane,* Rome

Pelliot Takada(1995); P. Pellio et T. Takada: *Inventaire sommaire des manuscrits et imprimchinoirs de la Biblioth Vaticane. A posthumous work by Paul Pelliot.* Revised and edited by Takada Tokio, Italian School of East Asian Studies Reference Series; Kyoto: Istuto Italiano di Cultura, Scuola di studi sull'Asia orientale. 이것은 Pelliot(1922에서 작성된 것을 T. Takakda(高田時雄)가 증보 편집한 것이다.

Poppe(1954); N. Poppe; *Grammar of Written Mongolian,* Otto Harrassowitz, Wiesbaden.

Poppe(1964); N. Poppe: *Introduction to Altaic Linguistics,* Otto Harrassowitz., Wiesbaden.

Poppe et al.(1964), N. Poppe & L. Hurvitz & H. Okada; *Catalogue of the Manchu-Mongol Section of the Toyo Bunko.* Tokyo: The Toyo Bunko & Washington: The University of Washington Press. 1964.

Puraimond et al.(1979); J. M. Puyraimond & W. Simon & M. R. Séguy; *Catalogue du fonds mandchou.* Paris:1979, Bibliothèque Nationale, 1979.

Ramstedt (1957); G. J. Ramstedt: *Einfuhrung in die altaische Sprachwissencchaft I,* Lautlehre, MSFOu 104: 1, Otto Harrassowitz, Wiesbaden.

Robeets(2015); Martine Robeets: *Diachrony of verb morphology: Japanese and the Transeurasian languages.* De Gruyter Mouton, Berlin.

Song(1978); Ki-Joong Song: Mong Ŏ Yuhae-Categorical Explanation of Mogorian

Language-, Unpublished Ph. D. dissertation, Inner Asian and Altaic Studies, 1978, Harbard University.

____(1981~2); Ki-Joong Song: The Study of Foreign Languages in the Yi Dynasty(1392-1910), Part Three, Books for the Study of Foreign Languages(1·2), 1982, *Journal of Social Sciences and Humanities.*

Stary(1985), G. Stary; *Oper Mancesi in Italia e in Vaticano,* Otto Harrassowitz, Wiesbaden.

Street(1957); John Charles Street; *The Language of the Secret History of the Mongols.* New Haven.

Voigt(1966), W. Voigt; Walter Fuchs Chinesische und Mandjurische Handschriften und Seltene Drucke, im Verzeichnis der Orientalischen Handschriften in Deutschland, Franz Steiner Verlag GMBH, Wiesbaden, 1966.

찾아보기

(ㄴ)

(ㅅ) ———————

(ㅋ) ———————

(ㅌ) ———————

(영문)